Die Vertreibung der deutschen Bevölkerung aus den Gebieten östlich der Oder-Neiße

**Dokumentation der Vertreibung
der Deutschen aus Ost-Mitteleuropa**

Band I/2

Die Vertreibung der deutschen Bevölkerung aus den Gebieten östlich der Oder-Neiße

Herausgegeben vom ehemaligen Bundesministerium für Vertriebene, Flüchtlinge und Kriegsgeschädigte.

2

EINE DOKUMENTATION

Weltbild Verlag

© Weltbild Verlag GmbH, Augsburg 1995
Sonderausgabe
Einbandgestaltung: Peter Engel, München
Gesamtherstellung: Ebner Ulm
Printed in Germany
ISBN 3-89350-547-4

DOKUMENTE

DIE VERTREIBUNG DER DEUTSCHEN BEVÖLKERUNG AUS DEN GEBIETEN ÖSTLICH DER ODER-NEISSE

Zweiter Abschnitt:

DIE ZERSTÖRUNG DER LEBENSGRUNDLAGEN DER OSTDEUTSCHEN BEVÖLKERUNG SEIT 1945

Dritter Abschnitt:

AUSTREIBUNG UND AUSWEISUNG DER DEUTSCHEN BEVÖLKERUNG AUS DEN GEBIETEN ÖSTLICH DER ODER UND NEISSE

Inhaltsverzeichnis

Band I/2

Zweiter Abschnitt:

Die Zerstörung der Lebensgrundlagen der ostdeutschen Bevölkerung seit 1945

I. ZWANGSDEPORTATIONEN DEUTSCHER ZIVILPERSONEN AUS DEN GEBIETEN ÖSTLICH DER ODER UND NEISSE IN DIE SOWJETUNION

1. **Verschleppung aus Ost- und Westpreußen über die Sammellager Ciechanów (Zichenau) und Insterburg Ende Januar/Anfang Februar 1945**

		Seite
Nr. 137	Zwangsverschleppung über Ciechanów (Zichenau) in den Raum südöstlich von Moskau; landsmannschaftliche Zusammensetzung der Lagerbelegschaft; Arbeitsbedingungen	3
Nr. 138	Transport über Ciechanów (Zichenau) nach Anjerka (Mittelsibirien); hohe Sterblichkeit unter den Zwangsverschleppten	5
Nr. 139	Überrollung durch die Russen, Festnahme zur Zwangsdeportation, Zurückstellung wegen Arbeitsunfähigkeit; Verhältnisse im Sammellager Ciechanów (Zichenau) bis Juni 1945	9
Nr. 140	Die Behandlung deutscher Zwangsdeportierter auf dem Transport zur Zwangsarbeit in den Ural	11
Nr. 141	Transport ins Insterburger Gefängnis; nach zahlreichen Mißhandlungen Deportation nach Rußland zur Zwangsarbeit	13
Nr. 142	Festnahme durch die Russen, Transport von Insterburg nach dem Ural; Zwangsarbeit bis Januar 1947	16
Nr. 143	Verschleppung von Frauen und Männern über das Sammellager Insterburg in die Sowjetunion, Verhältnisse in den verschiedenen Lagern des Bezirks Tscheljabinsk bis zum Rücktransport von Kranken und Arbeitsunfähigen im Juni 1948	18
Nr. 144	Verschleppung aus dem Kreis Elbing nach Rußland im Februar 1945	21
Nr. 145	Die ersten Wochen unter russischer Herrschaft und die Verschleppung nach Nordrußland	27
Nr. 146	Überrollung durch die Russen zwischen Bartenstein und Pr. Eylau, Transport nach Rußland; Zwangsarbeit in Turkmenien und in Stalingrad bis Anfang 1947	29
Nr. 147	Erlebnisse beim Eintreffen der Russen; Transport nach Rußland und Zwangsarbeit im Ural bis 1947	33

2. **Verschleppung aus Schlesien über die Sammellager in Gleiwitz, Beuthen und Hindenburg im Februar und März 1945**

Nr. 148	Internierung aller Männer von 17 bis 55 Jahren zum „Arbeitseinsatz im rückwärtigen Frontgebiet"	35
Nr. 149	Internierung und Verschleppung nach Rußland	39
Nr. 150	Verschleppung nach West-Sibirien; Verhältnisse in verschiedenen Lagern bis zur Heimfahrt im Januar 1947	41

Nr. 151 Verschleppungsschicksal von 15 Personen aus Trebnitz und Umgebung; Aufenthalt in den Lagern Alschewsk und Makejewka im Donezgebiet 43

Nr. 152 Verschleppung von Männern zwischen 16 und 50 Jahren aus den westlichen Kreisen Oberschlesiens, Zwangsarbeit im südlichen Uralgebiet bis zur Entlassung im Juli 1949 47

Nr. 153 Verschleppung von Männern und Frauen aus dem Kreise Glogau zur Zwangsarbeit nach Sibirien 49

Nr. 154 Verschleppung Ende März 1945 und Flucht; erneute Verschleppung nach Karelien (bis April 1949) 52

3. Verschleppung von Volksdeutschen aus dem westlichen Polen über die Sammellager Sikawa und Kutno im Februar 1945

Nr. 155 Zwangsverschleppung in das Donezbecken; Arbeit im Kohlenbergbau, nach schwerer Erkrankung Rückkehr nach Lodz 54

Nr. 156 Festnahme durch die polnische Miliz in Lodz, Gewaltakte polnischer Begleitmannschaften und Vorgänge auf dem Marsch zu den Sammellagern Sikawa und Kutno 57

4. Verschleppung aus Brandenburg über das Lager Schwiebus Ende Februar/Anfang März 1945

Nr. 157 Zwangsdeportation in den Raum südöstlich von Moskau; Vorkommnisse im Sammellager Schwiebus und auf dem Transport, Zustände im Arbeitslager Kolomna 60

Nr. 158 Verschleppung über das Lager Schwiebus nach Rußland; Zwangsarbeit in verschiedenen russischen Arbeitslagern bis zum Rücktransport im September 1946 62

5. Verschleppung aus Ostpommern und den angrenzenden westpreußischen Kreisen über die Sammellager Soldau und Dt. Eylau im Februar und März 1945

Nr. 159 Nach Festnahme durch die Russen Marsch über Zempelburg nach Soldau und Transport nach Rußland; Aufenthalt im Zwangsarbeitslager bis Oktober 1949 65

Nr. 160 Zwangsverschleppung über Soldau zum Südural; Lebens- und Arbeitsverhältnisse im Kohlenbergbau 66

Nr. 161 Verschleppung nach der Überrollung in Pommern, Marsch in Richtung Danzig, zurück nach Bütow und ins Sammellager Dt. Eylau, Transport nach Smolensk, Zustände im Arbeitslager 70

6. Verschleppung aus Pommern über die Sammellager Schneidemühl und Posen im März 1945

Nr. 162 Verschleppung aus Belgard, Aufenthalt im Sammellager Schneidemühl 73

Nr. 163 Verschleppung und Aufenthalt in den Sammellagern Schneidemühl und Posen 75

7. Verschleppung aus Westpreußen und den östlichen Kreisen Pommerns über das Sammellager Graudenz Ende März/Anfang April 1945

Nr. 164 Rücksichtslose Aushebung zur Zwangsverschleppung unter der deutschen Bevölkerung 77

Nr. 165 Flucht in den Kreis Karthaus, nach der Gefangennahme durch russische Truppen Deportation über das Sammellager Graudenz nach Rußland; Zwangsarbeit in verschiedenen Lagern bis März 1948 78

Nr. 166	Zusammentreffen mit den Russen auf der Flucht, Gefangennahme und Verhör, Zwangsverschleppung über Graudenz ins nördliche Uralgebiet: Transport, Arbeitseinsatz, Rückkehr wegen Arbeitsunfähigkeit	80
Nr. 167	Gewalttaten russischer Soldaten nach dem Einmarsch in Danzig; Zwangsverschleppung über Graudenz zum Südural	86
Nr. 168	Zwangsverschleppung über Graudenz zum Südural, Transport und Lebensverhältnisse	88
Nr. 169	Einmarsch der russischen Truppen in Danzig, Verhaftung und Verschleppung über Graudenz zum Südural; Transport, verschiedenartiger Arbeitseinsatz, Lebensverhältnisse in der Zeit von 1945 bis 1948	90
Nr. 170	Verhaftung und Verschleppung über Stolp—Graudenz—Dt. Eylau nach Rußland; Zwangsarbeit bis Oktober 1945	103

II. OSTPREUSSEN NACH DEM EINMARSCH SOWJETISCHER TRUPPEN: UNTER RUSSISCHER UND POLNISCHER VERWALTUNG

1. Das russisch verwaltete Gebiet Ostpreußens

Nr. 171	Erlebnisse und allgemeine Zustände in Königsberg von der Einnahme der Stadt durch die Russen bis zum Juni 1947	107
Nr. 172	Eindringen der Russen in Königsberg, Verschleppung von Zivilpersonen in die Umgebung, Verhöre und Schikanen, Rückkehr nach Königsberg; Zustände und Erlebnisse dort bis 1948	116
Nr. 173	Aufenthalt im Lager Pr. Eylau von Mai bis Oktober 1945	122
Nr. 174	Arbeits- und Lebensverhältnisse im Kreis Wehlau bis Ende 1947	126
Nr. 175	Die allgemeinen Zustände und Lebensverhältnisse in Heiligenbeil vom Juli bis November 1945	132
Nr. 176	Lebens- und Arbeitsverhältnisse deutscher Bewohner des Kreises Heiligenbeil unter russischen Verwaltungsmethoden und Wirtschaftsprinzipien in der Zeit von 1945 bis 1948	136
Nr. 177	Ereignisse und Zustände in Hohenbruch, Kreis Labiau, vom Juni 1945 bis zum September 1948	141
Nr. 178	Arbeit im Bernsteinwerk Palmnicken, Kreis Samland, unter russischer Herrschaft	143
Nr. 179	Ereignisse und allgemeine Zustände unter russischer Herrschaft in Gumbinnen und Umgebung von 1945 bis 1948	145
Nr. 180	Lebens- und Arbeitsverhältnisse auf verschiedenen Sowchosen im Kreis Gumbinnen in den Jahren 1945—1948	150
Nr. 181	Flucht aus dem Memelland im Herbst 1944, Zusammentreffen mit russischen Truppen bei Pr. Eylau (Januar 1945), verhinderte Rückkehr ins Memelland; Lebensverhältnisse im Kreis Tilsit bis April 1948	154
Nr. 182	Gewalttaten russischer Soldaten; Lebensverhältnisse der Bevölkerung im nordöstlichen Ostpreußen in der Zeit 1945 bis 1948	159
Nr. 183	Rückkehr nach mißglückter Flucht in die Heimat, Gewaltvergehen russischer Soldaten an deutschen Frauen; Kolchosarbeit im Kreis Ebenrode (Stallupönen); Aufenthalt in Litauen von 1947 bis 1951	162

2. Das polnisch verwaltete Gebiet Ostpreußens

Nr. 184	Russeneinmarsch in Goldbach, Kreis Mohrungen; Erlebnisse und Zustände dort bis zum Dezember 1945	165

Nr. 185	Überrollung durch russische Kampftruppen nach kurzer Flucht, Rückkehr in die Heimat und Erlebnisse unter russischer und polnischer Herrschaft bis Ende 1945 im Kreis Pr. Holland	170
Nr. 186	Erlebnisse und Zustände in Rössel und Umgebung vom Eintreffen der Russen im Januar 1945 bis zur Ausweisung im August 1945	173
Nr. 187	Erlebnisse und Zustände unter russisch-polnischer Verwalwaltung in Eichmedien, Kreis Sensburg, bis zur Ausweisung im Oktober 1945	177
Nr. 188	Das Chaos nach dem Einmarsch der Russen in Lötzen; Verhaftungen, Zwangsarbeit und allgemeine Lebensverhältnisse unter Russen und Polen im Jahre 1945	188
Nr. 189	Erlebnisse und Zustände unter Russen und Polen in Schönwiese, Kreis Bartenstein, vom Mai 1945 bis zur Ausweisung im Dezember 1946	194
Nr. 190	Erlebnisse und Zustände während der Rückkehr nach Allenstein und in den folgenden Jahren unter russisch-polnischer Herrschaft bis zur Ausweisung Ende 1950	200
Nr. 191	Ereignisse während der Polenherrschaft in Sensburg	202
Nr. 192	Polenherrschaft in Osterode und Polonisierungsbestrebungen gegenüber den Deutschen	204
Nr. 193	Aufforderung zur Option für Polen unter Androhung der Enteignung im Kreise Neidenburg	205
Nr. 194	Erlebnisse und Zustände seit der Rückkehr in den Kreis Lötzen (Juli 1945—April 1947)	206

III. POMMERN UNTER RUSSISCHER UND POLNISCHER VERWALTUNG

Nr. 195	Der Russeneinfall in Schrotz, Kreis Dt. Krone, Ende Januar 1945 und die folgende Zeit unter Russen und Polen bis zum Mai 1946	211
Nr. 196	Zustände und Ereignisse in der Kreisstadt Schönlanke, Netzekreis, vom Einfall der Russen im Februar bis zum November 1945	214
Nr. 197	Erlebnisse unter russischer und polnischer Verwaltung bis 1947 im Kreis Pyritz	217
Nr. 198	Schweres Schicksal einer Frau nach dem russischen Einmarsch; Zustände unter Russen und Polen in Bärwalde, Kreis Neustettin, bis zum November 1945	224
Nr. 199	Schicksal einer deutschen Bauernfamilie aus Naseband, Kreis Neustettin, unter Russen und Polen im Jahre 1945	232
Nr. 200	Von März bis September 1945 unter russisch-polnischer Herrschaft in Dieck, Kreis Neustettin	234
Nr. 201	Lebens- und Arbeitsverhältnisse unter russischer und polnischer Herrschaft im Kreis Neustettin in den Jahren 1945 bis 1947	236
Nr. 202	Gewalttaten sowjetischer Soldaten während der Besetzung des Kreises Köslin; systematischer Abtransport von Geräten und Vieh nach dem Osten; unter polnischer Herrschaft in Schlawe bis Ende 1946	241
Nr. 203	Die Zeit der Russen- und Polenherrschaft in Köslin vom April 1945 bis zum Mai 1946	243
Nr. 204	Vorgänge in Schivelbein, Kreis Belgard, vom Eintreffen der Russen bis zum Beginn der Ausweisungen im Sommer 1945	248

Nr. 205 Viehtreiben unter russischem Kommando; Verhältnisse in Pustchow, Kreis Belgard, unter Russen und Polen bis Ende 1945 254

Nr. 206 Eindringen polnischer Siedler in Bulgrin, Kreis Belgard, und Verdrängung der deutschen Bevölkerung aus ihrem Besitz. Lebens- und Arbeitsverhältnisse im polnisch gewordenen Bauerndorf und auf Gütern unter russischer Verwaltung 261

Nr. 207 Ereignisse und Zustände in Treptow, Kreis Greifenberg, vom Eindringen der Russen bis zum März 1946 264

Nr. 208 Vom März—August 1945 unter russischer Herrschaft in Stolp 268

Nr. 209 Erfahrungen im besetzten Ostpommern aus der Zeit vom März 1945 bis zum März 1946 275

IV. OSTBRANDENBURG UNTER RUSSISCHER BESATZUNG UND POLNISCHER VERWALTUNG

Nr. 210 Ausplünderung der Bewohner eines Dorfes im Kreis Meseritz durch sowjetische Truppen im rückwärtigen Frontgebiet; Maßnahmen der russischen Besatzung, Verhaftungs- und Vernehmungsmethoden des NKWD. 287

Nr. 211 Gewaltvergehen sowjetischer Soldaten an deutschen Frauen, Zwangsarbeiten der Zivilbevölkerung im rückwärtigen Frontgebiet, Räumung des Dorfes von seinen Bewohnern im Zuge der Kampfhandlungen; Eindringen polnischer Siedler in den Kreis Soldin im Sommer 1945 301

Nr. 212 Schicksal einer Dorfgemeinde im Kreis Sorau während der russischen Besatzungszeit bis zur Einwanderung der Polen und der folgenden Ausweisung im Juni 1946 307

V. SCHLESIEN UNTER RUSSISCHER BESATZUNG UND POLNISCHER VERWALTUNG

1. Das ostoberschlesische Industriegebiet

Nr. 213 Vorgänge vor dem Einbruch der Roten Armee ins oberschlesische Industriegebiet und unter russischer Besatzung. Verhältnisse unter polnischer Verwaltung in Beuthen; Zwangsarbeit, Aufrufe an die Bevölkerung zum Verlassen des Landes bzw. zur Erklärung ihrer polnischen Nationalität, Zwangsausweisung 313

Nr. 214 Vorgänge nach dem Einmarsch der Roten Armee in Hindenburg und Maßnahmen der russischen Militärverwaltung; das Vorgehen der polnischen Zivilverwaltung in der Zeit vom 26. April bis Ende August 1945 318

Nr. 215 Verhaftung und Mißhandlung durch polnische Sicherheitspolizei, Verhältnisse in den Internierungslagern Zgoda bei Schwientochlowitz und Jaworzno bei Myslowitz bis Ende 1945 321

Nr. 216 Verhaftung durch polnische Miliz im Juni 1945, Zwangsarbeit im oberschlesischen Industriegebiet, Aufenthalt in den Konzentrationslagern Zgoda und Jaworzno bis zur Entlassung im Juli 1949 über das Lager Potulice 325

2. Breslau

- **Nr. 217** Die allgemeine Lage in Breslau im Verlauf der Vorgänge von der Kapitulation über die polnische Invasion bis zur Einrichtung der polnischen Zivilverwaltung und die Zustände unter polnischer Herrschaft bis November 1945; das Verhältnis zwischen Russen, Polen und der deutschen Bevölkerung 327
- **Nr. 218** Vorgänge und allgemeine Verhältnisse in Breslau unter russischer Besatzung und polnischer Verwaltung während des Jahres 1945 336
- **Nr. 219** Vorgänge in Breslau nach der Kapitulation, allgemeine Verhältnisse unter russischer Besatzung und polnischer Verwaltung bis März 1946 344
- **Nr. 220** Allgemeine Zustände in Breslau im Sommer 1945; Mißhandlungen durch polnische Wachmannschaften im Gefängnis Kletschkau; Ausweisung Anfang Oktober 1945 345

3. Niederschlesien und die angrenzenden westoberschlesischen Kreise

- **Nr. 221** Gewalttaten russischer Truppen nach dem Einmarsch in Grünberg, Maßnahmen der Besatzungsmacht: Verhaftungen, Verschleppungen, Abtransport von Vieh und Sachgütern; Vorgänge unter polnischer Zivilverwaltung 349
- **Nr. 222** Allgemeine Verhältnisse im Kirchenkreis Lauban bis zur Zwangsausweisung Ende Juni 1946; Verhalten der russischen Besatzungstruppe und der polnischen Behörden und Siedler 352
- **Nr. 223** Allgemeine Unsicherheit im ersten Jahr der polnischen Verwaltung im Kreis Hirschberg; Not und Gefahren der deutschen Frauen unter polnischer Willkürherrschaft . . 355
- **Nr. 224** Heimkehr nach der Kapitulation, Zwangsaustreibungen in Schlesien vor dem Potsdamer Abkommen, die allgemeinen Verhältnisse und Lebensbedingungen der deutschen Bevölkerung von Liegnitz und Umgebung unter russischer und polnischer Herrschaft bis Mai 1946 362
- **Nr. 225** Rückkehr nach der Kapitulation, Verhältnisse auf einem russischen Militärsowchos im Kreis Wohlau; Willkürakte polnischer Miliz und Zwangsmaßnahmen der Behörden; Zustände unter polnischer Güterverwaltung bis zum Herbst 1946 374
- **Nr 226** Lebensverhältnisse der deutschen Bevölkerung im Kreis Ohlau unter Willkürakten und Zwangsmaßnahmen der russischen Besatzung und der polnischen Verwaltung bis zur Ausweisung 380
- **Nr. 227** Verhalten der russischen Besatzungstruppe, Verhältnisse unter polnischer Verwaltung im Kreis Frankenstein bis zur Ausweisung im August 1946 390
- **Nr. 228** Verhältnisse in der Landwirtschaft unter russischer Besatzung und polnischer Verwaltung im Gebiet der Grafschaft Glatz bis September 1947, Charakterisierung der polnischen Einwanderer 392
- **Nr. 229** Vorgänge unter russischer Besatzung in Bad Reinerz, 14 Monate in polnischer Haft, Mißhandlungen in den Glatzer Gefängnissen 395
- **Nr. 230** Vorgänge und Erlebnisse unter russischer Besatzung und polnischer Verwaltung im Kreis Habelschwerdt während des Jahres 1945 402

Nr. 231 Allgemeine Verhältnisse und Lebensbedingungen der deutschen Landbevölkerung im Kreis Leobschütz; Zwangsmaßnahmen der polnischen Verwaltung bis zur Ausweisung im Juli 1946 413

Nr. 232 Verhältnisse im Internierungs- und Zwangsarbeitslager Grottkau von Juli 1945 bis Mai 1946 415

Nr. 233 Vorgänge und Verhältnisse in dem von polnischer Miliz eingerichteten Konzentrationslager Lamsdorf, Kreis Falkenberg 423

Nr. 234 Vorgänge und Verhältnisse unter russischer Besatzung und polnischer Verwaltung im Kreis Schweidnitz: Eintreffen polnischer Siedler, Ausplünderung, Enteignung und Verdrängung der deutschen Bauern, Verhaftung und Mißhandlung durch polnische Miliz 433

Nr. 235 Verhältnisse nach der Kapitulation im Kreis Landeshut unter russischer Besatzung und polnischer Verwaltung bis Mai 1946; in polnischer Milizhaft 436

Nr. 236 Von polnischen Behörden veranlaßte Exhumierung auf dem jüdischen Friedhof in Landeshut, Drangsalierung der hier zusammengetriebenen Deutschen 439

Nr. 237 Geordnete deutsche Selbstverwaltung in einer Landgemeinde des Kreises Löwenberg unter russischer Besatzung; Banditenunwesen, allgemeine Unsicherheit, Enteignung und Verdrängung der deutschen Bevölkerung nach Übernahme der Verwaltung durch die Polen 441

Nr. 238 Enteignung und Entrechtung der deutschen Bevölkerung durch die polnische Verwaltung in Hirschberg 443

VI. DAS SCHICKSAL DER DEUTSCHEN BEVÖLKERUNG IN POLEN, DEN FRÜHEREN PROVINZEN POSEN UND WESTPREUSSEN UND DER FREIEN STADT DANZIG UNTER POLNISCHER STAATSHOHEIT UND VERWALTUNG

1. Die polnische Verwaltung in Danzig und in den 1937 zum Reichsgebiet gehörenden Kreisen Westpreußens

Nr. 239 Vorgänge nach dem Einmarsch der russischen Truppen in Elbing: Gewaltakte, Mißhandlungen von Frauen, Verschleppungen nach Rußland, Verdrängung der Deutschen durch polnische Ansiedler, Verhältnisse unter polnischer Verwaltung von Mai 1945 bis zur Ausweisung im November 1945 . . . 447

Nr. 240 Vorgänge und Erlebnisse unter russischer Besatzung und polnischer Verwaltung in Elbing bis zur Ausweisung im Juli 1946 453

Nr. 241 Vorgänge und Zustände in Danzig von Januar bis Dezember 1945 456

Nr. 242 Das schutz- und rechtlose Leben der deutschen Bevölkerung unter Russen und Polen in Danzig-Langfuhr 465

Nr. 243 Erlebnisse einer Deutschen in den Gefängnissen Danzig und Fordon-Bromberg 470

Nr. 244 Erlebnisse einer Bauersfrau in den Gefängnissen Marienburg und Fordon-Bromberg und im Arbeitseinsatz vom Lager Potulice aus 476

2. Die frühere Provinz Westpreußen nach der Wiedererrichtung des polnischen Staates 1945

Nr. 245 Schicksal einer Bauernfamilie im Kreis Karthaus unter russisch-polnischer Herrschaft 482

Nr. 246 Internierung der deutschen Bevölkerung nach dem Einmarsch der Roten Armee: Vorgänge und Erlebnisse in den polnischen Internierungslagern Schwetz (bis März 1946) und Potulice (bis Februar 1949) 484

Nr. 247 Die evangelische Kirche in Zempelburg als Internierungslager, Zwangsarbeit auf russisch verwalteten Gütern der Umgegend und bei einem polnischen Bauern, Flucht nach Westdeutschland 491

Nr. 248 Internierungslager Vandsburg; Zwangsarbeiten, Leichenumbettung in Jastrmken; Aufenthalt im Lager Potulice .. 493

Nr. 249 Behandlung der Deutschen im Kreis Kulm durch das polnische Nachkriegsregime, Vorgänge und Erlebnisse im Verlauf des Jahres 1945 bei der Zwangsarbeit und im Internierungslager Kulm 501

Nr. 250 Schicksal einer Mutter und ihrer drei Kinder unter dem polnischen Regime im Kreis Kulm bis zur Ausweisung 1949 506

Nr. 251 Internierung und Drangsalierung der deutschen Bevölkerung im Kreis Kulm, Zwangsarbeit; Ausweisung über das Lager Potulice im Mai 1949 511

Nr. 252 Vorgänge unter russischer Besatzung im Kreis Thorn; Internierung durch Polen, Zwangsarbeit in verschiedenen Lagern bis zur Ausweisung im Mai 1949 514

3. Die frühere Provinz Posen nach der Wiedererrichtung des polnischen Staates 1945

Nr. 253 Beobachtungen und Erlebnisse in Bromberg kurz vor Einnahme der Stadt durch die Rote Armee und unter russischer Besatzung; Verhältnisse und Vorgänge in den polnischen Internierungslagern Kaltwasser und Langenau im Laufe des Jahres 1945 517

Nr. 254 Zwangsarbeit in der polnischen Landarbeit, Kreis Bromberg; rücksichtsloses Auseinanderreißen deutscher Familien, Schikanen bei einer Leichenumbettung; Entlassung über das Lager Potulice im April 1949 529

Nr. 255 Behandlung der deutschen Bevölkerung im Kreis Schubin nach Beendigung der Kampfhandlungen: Beraubung und Enteignung, Internierung im April 1945; Aufenthalt im Lager Schubin 534

Nr. 256 Beschlagnahme des Eigentums durch Polen unmittelbar nach dem russischen Einmarsch in Labendzin, Kreis Hohensalza; Mißhandlungen im Internierungslager Petrikau; Zwangsarbeit auf einem polnischen Staatsgut, weiterer Arbeitseinsatz in der polnischen Landwirtschaft vom Zentrallager Potulice aus bis zum Juni 1949 535

Nr. 257 Erlebnisse einer Krankenschwester in den Lagern Hohensalza und Potulice 537

Nr. 258 Zustände im Lager Kruschwitz, Einsatz zur Landarbeit; Überweisung in das Zentrallager Potulice 540

Nr. 259 Als landwirtschaftlicher Spezialarbeiter im Kreis Hohensalza bis 1950, die Lebensverhältnisse der deutschen Bevölkerung und die Situation der polnischen Bauern und Ansiedler unter dem kommunistischen Regime 541

Nr. 260 Enteignung und Internierung der deutschen Bevölkerung im Kreis Mogilnow, ihre Behandlung in den Lagern Pakość, Gronowo und Landsberg/Warthe; Zwangsarbeit in der polnischen Landwirtschaft 544

Nr. 261 Verhaftung als ehemaliger Volkssturmmann, Erlebnisse im Gefängnis Znin und Lager Hohensalza; Verschleppung über das Sammellager Posen in das russische Arbeitslager Tucholice (Minsk); Rückkehr im August 1945 550

Nr. 262 Verdrängung einer deutschen Bauernfamilie von ihrem Besitz im Kreis Kolmar; Zwangsarbeit in der polnischen Landwirtschaft in der Zeit von 1945 bis 1950 553

Nr. 263 Enteignung und Inhaftierung durch polnische Miliz in Sliwnow, Kreis Grätz; Arbeitseinsatz bis Kriegsende im rückwärtigen Frontgebiet; persönliche Erfahrungen und allgemeine Verhältnisse während der Zwangsarbeit in der polnischen Landwirtschaft 556

Nr. 264 Schicksal einer Deutschen in Posen in der Zeit nach dem Russeneinmarsch 559

Nr. 265 Verhalten der ansässigen Zivilpolen und der polnischen Behörden gegenüber der deutschen Bevölkerung im Kreis Kempen; unterschiedliche Behandlung entsprechend den Kategorien der Volkszugehörigkeit 575

4. Im Zentralarbeitslager Potulice

Nr. 266 Vorgänge nach dem Einmarsch russischer Truppen in Konitz, Internierung aller Deutschen, Verhältnisse im Lager Potulice bis Mai 1947 578

Nr. 267 Erlebnisse und Vorgänge im polnischen Gefängnis Crone a. d. Brahe und in den Internierungslagern Langenau und Potulice bis zur Entlassung und Ausweisung im Sommer 1947 583

Nr. 268 Behandlung der deutschen Bevölkerung, insbesondere der Kinder, im Lager Potulice 593

Nr. 269 Kinderelend infolge Maßnahmen des polnischen Nachkriegsregimes gegenüber den Deutschen in Polen, insbesondere im Internierungslager Potulice während der Jahre 1945 bis 1947 607

Nr. 270 Internierungslager Potulice; Verlauf einer Besichtigung, Verhältnisse in der Unterkunft für Kranke und arbeitsunfähige Personen; Kindertransport im Juli 1949 609

5. Die westpolnischen Kreise im ehemaligen Kongreßpolen nach der Wiedererrichtung des polnischen Staates 1945

Nr. 271 Erlebnisse auf der Flucht nach dem Zusammentreffen mit russischen Truppen; im russischen Sammellager Posen, Zurückstellung von der Zwangsdeportation wegen Krankheit; Zwangsarbeit in Polen; Aufenthalt im Internierungslager Lissa bis zur Entlassung und Ausweisung im Jahre 1950 . 618

Nr. 272 Mißhandlungen nach der Verhaftung durch polnische Miliz im Kreis Konin; Zwangsarbeit in der polnischen Landwirtschaft bis 1951 620

Nr. 273 Plünderungen und Gewalttaten sowjetischer Soldaten nach ihrem Einmarsch im Kreis Sieradz; Drangsale während der Zwangsarbeit in der polnischen Landwirtschaft; Flucht nach dem Westen im Juni 1947 622

Nr. 274	Gewalttaten sowjetischer Soldaten nach ihrem Einmarsch im Kreis Lask; Verhaftung und Mißhandlung durch polnische Miliz; Drangsale in polnischen Gefängnissen und Strapazen während der Zwangsarbeit in der Landwirtschaft bis Ende Januar 1951	624
Nr. 275	Vorgänge in Warszewice, Kreis Lodz; Enteignung und zeitweise Internierung; die Lage der deutschen Bevölkerung im Kreis Lodz in den Jahren 1945 bis 1949	626
Nr. 276	Schutz- und Rechtlosigkeit der deutschen Bevölkerung gegenüber polnischer Willkür in Lodz; Rehabilitierungsgesetz für Volksdeutsche; Lohn- und Ernährungsverhältnisse; die russische Zwangsverschleppungsaktion in Lodz; Internierung der deutschen Bevölkerung in polnischen Arbeitslagern; Arbeitseinsatz in polnischen Unternehmen	629
Nr. 277	Enteignung und Internierung; erschwerte Lebensumstände in Lodz bis zur Flucht im Oktober 1945; die allgemeine Situation nach der Wiedererrichtung des polnischen Staates 1945	633
Nr. 278	Heranziehung zur Zwangsarbeit in Lodz unter unerträglichen Lebensbedingungen und ohne Rücksicht auf unmündige Kinder; Flucht nach Westdeutschland	635
Nr. 279	Erlebnisse in den Gefängnissen von Zdunska-Wola, die dortigen Verhörmethoden; Zwangsarbeit auf einem Gut	638
Nr. 280	Internierung in den Lagern Gronowo, Marysin und Sikawa; Lagerverhältnisse und allgemeine Vorgänge; Arbeitseinsatz in der polnischen Landwirtschaft; Flucht nach Niederschlesien (1949), unter polnischem Namen Fabrikarbeit bis zur Umsiedlung nach Bayern im April 1950	643
Nr. 281	Entscheid des Präsidiums des Nationalen Bezirksrats Lodz; Stadt-Mitte, vom 8. März 1951 über die Aberkennung der polnischen Staatsbürgerschaft und die Einziehung des Vermögens auf Grund deutscher Volkszugehörigkeit	645

Dritter Abschnitt:

Austreibung und Ausweisung der deutschen Bevölkerung aus den Gebieten östlich der Oder und Neiße

I. DIE AUSTREIBUNG DER DEUTSCHEN BEVÖLKERUNG AUS IHREN WOHNSITZEN IN DANZIG, POMMERN, OSTBRANDENBURG UND SCHLESIEN VOR DEM ABSCHLUSS DES POTSDAMER ABKOMMENS (2. August 1945)

Nr. 282	Austreibung der Deutschen aus Danzig im Sommer 1945	653
Nr. 283	Verlauf der Ausweisung aus Danzig im Juni 1945	654
Nr. 284	Beobachtungen eines Eisenbahnbeamten: Organisierte Plünderungen von Ausweisungstransporten ab Mai 1945; Ausweisung im August 1945 über das Lager Schivelbein	655
Nr. 285	Plünderung eines Rotkreuztransportes in Stolp im August 1945	656
Nr. 286	Ausweisungstransport von Danzig-Oliva im Juli 1945	659
Nr. 287	Ausweisung aus Zoppot im Juli 1945	659
Nr. 288	Vorbereitung und Verlauf des Ausweisungstransportes aus Danzig-Langfuhr	661

Nr. 289	Ausweisung aus Regenwalde am 26. Juni 1945; Fußmarsch über die Oder bis Pasewalk	665
Nr. 290	Ausweisung des Dorfes Rützow Ende Juni 1945 durch die Polen; Fußmarsch der Vertriebenen über Wangerin, Stargard, Verfolgung und Plünderung, Übersetzen über die Oder	667
Nr. 291	Ausweisung der Dörfer des Netzebruchs um den 1. Juli 1945, der Elendsmarsch über die Oder bis Fürstenwalde	670
Nr. 292	Enteignung der deutschen Bevölkerung im Kreis Landsberg a. d. Warthe, Besetzung der Höfe durch die Polen und anschließende Ausweisung im Juli 1945	682
Nr. 293	Austreibung der deutschen Bevölkerung aus Ostbrandenburg im Juni 1945	683
Nr. 294	Ausweisung der Bewohner des Dorfes Rogsen durch die Polen, Fußmarsch bis Müncheberg	685
Nr. 295	Ausweisung der Deutschen aus dem Kreis Züllichau-Schwiebus im Juni 1945, dreitägiger Marsch nach Frankfurt a. d. Oder und Zustände in der von Vertriebenen überfüllten Stadt	686
Nr. 296	Ausweisung aus Sorau durch die Polen im Juni 1945; Elendsmarsch über die Neiße nach Cottbus	688
Nr. 297	Massenaustreibungen im nördlichen Schlesien vor dem Potsdamer Abkommen, Vorgänge in Grünberg Ende Juni 1945	690
Nr. 298	Austreibungen durch polnische Militärkommandos im nördlichen Niederschlesien Ende Juni 1945	691
Nr. 299	Vertreibung aus Herrnstadt vor dem Potsdamer Abkommen durch polnische Miliz, Treck eines Altersheimes in 250 km langem Fußmarsch; Tod der alten Leute durch Hunger und Strapazen	691
Nr. 300	Vertreibung aus dem Kreis Liegnitz Ende Juni 1945, im Fußmarsch zur Neiße	693
Nr. 301	Austreibung durch polnische Militärkommandos an der Neiße im Juni 1945; Ausweisung aus dem Kreis Görlitz Anfang Juni 1946	694
Nr. 302	Austreibung im Juli 1945, im Fußmarsch von Wohlau nach Görlitz, Vertriebenenelend an der Neiße	696
Nr. 303	Erste Austreibung aus Krummöls bis über die Neiße Ende Juni 1945 und selbständige Rückkehr; Vorgänge bei der Ausweisung im Juli 1946	699
Nr. 304	Vorgänge bei der Austreibungsaktion Ende Juni 1945 im Kreis Goldberg; Zwangsarbeit bis zur Ausweisung im Juli 1946	701
Nr. 305	Austreibung aus Cosel am 2. Juli 1945	703

II. AUSWEISUNGSAKTIONEN 1945 NACH DEM ABSCHLUSS DES POTSDAMER ABKOMMENS (2. August 1945)

1. Die Vertreibung aus Schlesien

Nr. 306	Austreibung nicht arbeitsfähiger Personen aus dem Stadtgebiet von Leobschütz; Zwangsarbeit der zurückgehaltenen Bevölkerung	707
Nr. 307	Austreibung aller arbeitsunfähigen Männer und Frauen mit Kindern aus Leobschütz	708

2. Vertreibung der deutschen Volksgruppen aus ihren Wohnsitzen im ehemaligen Kongreßpolen und dem Gebiet der früheren Provinz Posen

Nr. 308   Ausweisung der deutschen Bevölkerung aus dem Kreis Wreschen im Oktober 1945 710

Nr. 309   Plünderung eines Ausweisungstransportes auf der Strecke von Posen bis Küstrin (Oktober 1945) 714

Nr. 310   Drangsalierungen bei der Ausweisung aus Turek im November 1945 715

3. Vertreibung aus Ostpreußen im Oktober und November 1945

Nr. 311   Polnische Ausweisungsmaßnahmen aus dem Kreis Lötzen und Transport nach Mecklenburg 716

Nr. 312   Zwangsweise Maßnahmen polnischer Behörden im Masurenland zur Herbeiführung der Option für den polnischen Staat, Ausreiseverbot, mißglückte Flucht nach Westdeutschland 1945 717

Nr. 313   Begleitumstände der Ausweisung aus Jägersdorf im Oktober 1945 719

Nr. 314   Verlauf einer Ausweisung aus Baarwiese, Kreis Osterode im Oktober 1945; Vorgänge bei der Abfertigung, Plünderung durch polnische Banden auf dem Transport 721

Nr. 315   Ausweisung der Bewohner eines Dorfes Ende Oktober 1945   723

Nr. 316   Ausweisung aus Steffenswalde Ende Oktober 1945 . . .   724

Nr. 317   Ausweisung aus Gr. Nappern Anfang November 1945 . .   725

Nr. 318   Plünderung während der Austreibung aus Osterode im November 1945 727

Nr. 319   Vorfälle auf einem Ausweisungstransport aus dem Kreis Mohrungen im November 1945 728

Nr. 320   Ausweisung Ende November 1945 aus dem Kreis Mohrungen: Aufforderung zur Option für den polnischen Staat; Durchführung des Transports unter unerträglichen Umständen 729

Nr. 321   Bemühungen um Ausreisegenehmigung; Transport von Allenstein nach Parchim in Mecklenburg im November 1945   733

4. Vertreibung aus Pommern, vornehmlich im Dezember 1945

Nr. 322   Die Austreibungsaktion im Herbst 1945 in der Umgebung von Bad Polzin; Plünderung auf dem Ausweisungstransport nach Scheune im Dezember 1945 735

Nr. 323   Ausweisung der deutschen Bevölkerung aus Gervin Mitte November 1945, Transport nach Körlin, organisierte Plünderungen auf dem Bahnhof Körlin und während des Bahntransportes nach Scheune bei Stettin; Fußmarsch zur Grenze 741

Nr. 324   Flucht vor der Erschießung im Dezember 1945 mit der Bahn bis Schivelbein, nach kurzer Rast weiter bis Scheune, Plünderungen und trostlose Zustände auf dem Bahnhof Scheune, Weiterfahrt nach Angermünde 745

Nr. 325   Austreibung der nicht arbeitsfähigen deutschen Bevölkerung aus Labenz und anderen Orten des Kreises Dramburg im Dezember 1945 748

Nr. 326   Plünderungen während des Ausweisungstransports von Stolp nach Scheune bei Stettin Ende Oktober 1945 749

Nr. 327   Plötzliche Ausweisung aus Stolpmünde durch polnische Miliz, Plünderungen auf dem Bahntransport nach Scheune . . . 751

Nr. 328   Der Vorgang der Ausweisung in Ostpommern 752

III. AUSWEISUNGSAKTIONEN IM VERLAUF DES JAHRES 1946

1. Vertreibung aus Pommern

Nr. 329 Die erste große Austreibung im Juli 1945; das Ausweisungssammellager Schivelbein von Januar—April 1946, seelsorgerische Tätigkeit im Lager; eigene Ausweisung im April 1946 759

Nr. 330 Erlebnisse auf einem Ausweisungstransport aus dem Kreis Dt. Krone Ende Februar 1946 762

Nr. 331 Ausweisung im Frühjahr 1946: Vorbereitungen, Fußmarsch nach Greifenberg, Bahntransport bis Stettin, Gepäckkontrolle im Lager Kreckow 764

Nr. 332 Von Russen unterbundene Austreibungsversuche im Kreis Greifenberg im Juli 1945; Ausweisung Ende April 1946   767

Nr. 333 Die Aussiedlung der deutschen Bevölkerung aus Köslin bis Juni 1946 770

Nr. 334 Erlebnisse auf einem Ausweisungstransport im Dezember 1946, Sammlung und Gepäckkontrolle in Stolp, Transport über Stargard-Posen-Breslau nach Forst 772

2. Vertreibung aus den nördlichen Kreisen Westpreußens

Nr. 335 Auswanderung aus dem Kreis Karthaus auf Grund unerträglicher polnischer Schikanen im Juni 1946; Erpressung durch polnische Milizangehörige während der Ausreise . . 775

Nr. 336 Ereignisse und Zustände während der Ausweisung aus Danzig im Juni 1946 776

Nr. 337 Ausweisung im Juli 1946 aus Elbing: Unerträgliche Verhältnisse beim Transport in Kohlenkähnen nach Danzig, Plünderung vor Verlassen des polnisch verwalteten Gebietes 778

3. Vertreibung aus Schlesien

Nr. 338 Austreibungen im Kreise Neiße von Juni 1945 bis Juni 1946 781

Nr. 339 Mangelnde Organisation bei einem Ausweisungstransport aus dem Kreis Neiße im Januar/Februar 1946 782

Nr. 440 Austreibung vor dem Potsdamer Abkommen; Drangsale in Borkendorf unter polnischer Herrschaft, Ausweisungstransporte im Januar 1946 783

Nr. 341 Rücksichtsloser Austreibungsversuch der polnischen Miliz; Behandlung der enteigneten deutschen Bauern durch polnische Umsiedler bis zu den Ausweisungen Ende Februar und Anfang Juni 1946 im Kreis Neiße 785

Nr. 342 Austreibung am 28. Juni 1945 und Rückkehr auf russischen Befehl; viertägige Plünderung durch polnisches Grenzwachtkommando; Vorgänge bei den Ausweisungen Ende Januar, Anfang Juni und Mitte August 1946 788

Nr. 343 Verdrängung der Deutschen durch polnische Umsiedler und Zwangsmaßnahmen der Verwaltungsbehörden, Vertreibung aus Wohnungen und Gehöften und Internierung im Zwangsarbeitslager Grottkau, Ausweisung Ende Mai 1946 790

Nr. 344 Allgemeine Vorgänge bei den polnischen Ausweisungs-Aktionen in Mittel-Schlesien bis Ende 1946 (mit charakteristischen Beispielen) 798

Nr. 345 Vertreibungen in Glatz und Umgebung, Abtransport in den Wintermonaten Anfang 1946 800

Nr. 346	Vorgänge bei der Vorbereitung und Durchführung eines Ausweisungstransportes im Kreis Reichenbach Mitte April 1946	802
Nr. 347	Austreibungen vor dem Potsdamer Abkommen, Abwanderung aus dem Kreis Landeshut unter dem Druck polnischer Zwangsmaßnahmen, systematische Ausweisung der Stadt- und Kreisbevölkerung im Mai 1946	805
Nr. 348	Kurzfristige Ausweisung aus Rudelstadt Mitte Mai 1946	810
Nr. 349	Austreibungsversuche Ende Juni 1945 („Haynauer Treck"); Lebensverhältnisse bis zur Ausweisung Ende Mai 1946	811
Nr. 350	Vertreibung aus dem Heimatdorf im Kreis Leobschütz, Ausweisungstransport Ende Juli 1946	815
Nr. 351	Vertreibung der Deutschen aus dem Landkreis Breslau; Ausweisungstransport im Juli 1946	817
Nr. 352	Vorgänge bei der Ausweisung aus dem Kreis Löwenberg im Juli 1946, Ausplünderung der Vertriebenen	820
Nr. 353	Ausweisungen aus dem Kreis Frankenstein in der Zeit vom Februar bis Ende August 1946	822
Nr. 354	Ausweisungen einer Gemeinde aus dem Kreis Strehlen (August 1946)	828
Nr. 355	Maßnahmen der polnischen Behörden bei der Ausweisung aus dem Kreis Wohlau im Oktober 1946	831
Nr. 356	Ausweisung der Bevölkerung des Kirchenkreises Trebnitz in der Zeit von Ende Juni 1945 bis August 1947	832

IV. AUSWEISUNGSAKTIONEN IM VERLAUF DES JAHRES 1947

1. Vertreibung aus Ostpreußen

Nr. 357	Ausweisungstransporte aus dem Kreis Rastenburg	837
Nr. 358	Ausweisungen aus Johannisburg im Juni 1947	839

2. Vertreibung aus Westpreußen

Nr. 359	Ausweisung im Juni 1947 aus dem Kreis Stuhm; Strapazen auf dem Transport, Beraubung bei der Gepäckkontrolle	840
Nr. 360	Ausweisung aus dem Kreis Rosenberg im Sommer 1947 nach verweigerter Option für Polen	844

3. Vertreibung aus Pommern

Nr. 361	Das Schicksal des Ausweisungstransportes Rummelsburg vom 4. Januar 1947; Zustände in den Lagern Stettin-Frauendorf und Schivelbein	846
Nr. 362	Ausweisungstransport im Juli 1947 aus dem Kreis Schlawe	850

V. AUSWEISUNGSAKTIONEN IN DEN JAHREN 1948/49

Nr. 363	Ausweisungsformalitäten, Transport aus Tapiau über Königsberg im April 1948	857
Nr. 364	Ausweisung aus Königsberg im März 1948	860
Nr. 365	Ausreisebestrebungen; Ausweisung im September 1948 aus Königsberg	862
Nr. 366	Ausweisung aus dem Kreis Labiau im Oktober 1948 über Königsberg nach Pirna in Sachsen	866

Nr. 367	Ausweisungen aus dem Kreis Gumbinnen im Frühjahr 1948	867
Nr. 368	Verzögerung der Ausweisung aus dem Kreis Schubin, Abtransport im Herbst 1948 vom Lager Potulice in die Sowjetzone	868
Nr. 369	Ausweisungsurteil für Wanda Jeske aus dem Kreis Turek i. Polen	870
Nr. 370	Entlassung aus dem Lager Potulice und Abfahrt nach Deutschland im Juli 1949	871
Nr. 371	Transporte aus Pommern im Februar/März 1950 im Rahmen der Aktion „Link"	873

VI. ERZWUNGENE OPTION DER DEUTSCHEN BEVÖLKERUNG SÜDOSTPREUSSENS FÜR DEN POLNISCHEN STAAT

Nr. 372	Erzwungene Option für den polnischen Staat unter Mißhandlungen und Gewaltmaßnahmen der polnischen Verwaltungsbehörden im Kreis Sensburg im Februar 1949	877
Nr. 373	Versprechungen, Drohungen und Foltermethoden der polnischen Verwaltungsbehörden im Kreis Sensburg zur Erzwingung der Option für Polen im Februar 1949	880
Nr. 374	Methoden polnischer Behörden zur Erzwingung der Option für den polnischen Staat	882
Nr. 375	Vorgänge bei den Aktionen zur Erzwingung der Option für den polnischen Staat im Februar 1949	884
Nr. 376	Die Lage der in Ostpreußen unter polnischer Verwaltung verbliebenen deutschen Bevölkerung und ihre Befürchtungen in den Jahren 1949/50	886
Nr. 377	Zwangsmaßnahmen der polnischen Verwaltungsbehörden im Kreis Sensburg zur erneuten Herbeiführung der Unterschriftsleistung der deutschen Bevölkerung im März 1951	890
Nr. 378	Vorgänge bei der im März 1951 von den polnischen Behörden geforderten Unterschriftsleistung	890
Nr. 379	Erneute Aktionen der polnischen Behörden im Kreis Sensburg im März 1951 zur Erzwingung von Unterschriftsleistungen; Not und Verzweiflung der Deutschen	892
Nr. 380	Not und Verzweiflung unter den im Kreis Sensburg zurückgehaltenen und von polnischen Behörden drangsalierten Deutschen	893
Nr. 381	Befürchtung erneuter Zwangsmaßnahmen der polnischen Behörden im Zusammenhang mit der Ausstellung von Personalausweisen Anfang 1952	894
Nr. 382	Hilferuf gegen jahrelange Polonisierungsversuche polnischer Behörden in Ostpreußen	896

Zweiter Abschnitt:

DIE ZERSTÖRUNG DER LEBENSGRUNDLAGEN DER OSTDEUTSCHEN BEVÖLKERUNG SEIT 1945

I. Zwangsdeportationen deutscher Zivilpersonen aus den Gebieten östlich der Oder und Neiße in die Sowjetunion.

1. Verschleppung aus Ost- und Westpreußen über die Sammellager Ciechanów (Zichenau) und Insterburg Ende Januar - Anfang Februar 1945.

Nr. 137

Erlebnisbericht des J. H. aus dem Kreis K u l m i. Westpr.
Original, 1. Mai 1946.

Zwangsverschleppung über Ciechanów (Zichenau) in den Raum südöstlich von Moskau; landsmannschaftliche Zusammensetzung der Lagerbelegschaft; Arbeitsbedingungen.

Am 25. Januar 1945 brachen die Russen in mein Heimatdorf ein. Sie belegten unser Haus und begannen bald mit ihren Vernehmungen. Mein Vater wurde zuerst abgeführt; am 29. Januar abends erschienen vier Soldaten, die meine Schwester A., und eine Stunde später zwei Soldaten, die mich in die Gefangenschaft brachten. Wir kamen in ein Haus im Dorf, in dem schon eine Anzahl Deutsche, eingedeutschte Polen und Nationalpolen saßen. Verpflegung erhielten wir nicht.

Am 1. Februar um 16.00 Uhr begann unser Abtransport in LKWs. bzw. der Abmarsch zu Fuß Richtung Kulmsee. Dort blieben wir drei Tage im Keller des Feuerwehrhauses, wo wir mit vielen Gefangenen aus anderen Kreisen zusammenstießen und registriert wurden.

Am 3. Februar begann der Abtransport bzw. der Abmarsch Richtung Lipno, ca. 48 km Fußmarsch in einem Tage. Etwas unzureichende Verpflegung bekamen wir in Kulmsee. Es war nasses Tauwetter. Unser Marsch ging weiter über Plock bis Zichenau, wo wir am 11. Februar eintrafen. Dort sah ich meine Schwester wieder. Wir wurden vollständig ausgeraubt von den Russen. Nur das Allernotwendigste, auch an Kleidungsstücken, konnten wir behalten. Wir waren in den Baracken des RAD. untergebracht, zunächst ohne Verpflegung. Am 14. Februar gab es etwas Hartbrot und eine halbe Tasse warmes Wasser, bevor wir in Waggons verladen wurden, Richtung unbekannt. Es waren 55 Mann im Waggon, die Türen mußten dauernd verschlossen bleiben, Verpflegung gab es 2 Eimer Wasser am Tage und etwas Hartbrot sowie Zucker. Diese Fahrt gehört zu den schrecklichsten Erinnerungen meiner Gefangenschaft. Vor der Gefahr des Erfrierens konnten wir uns nur durch dauerndes Hin- und Hergehen retten. Viele starben bei dem Transport an Entkräftung oder Erfrierungen. Die Alten hielten ihn alle nicht aus.

Am 1. März kamen wir im Barackenlager 325 an, nachdem wir in Szatura in die Kleinbahn verladen worden waren. Im Lager fand ich meine Schwester A. wieder. Zwei Tage blieben wir ohne Essen, dann gab es dauernd Kohlsuppe. Ich lag in Baracke 5, Stube 3. Bis zum 21. März mußten wir Torf fahren, Schnee schippen (Tag und Nacht) und unsere Toten fortschaffen. Die Sterblichkeit im Lager war sehr groß.

Fast zwei Drittel von 53 aus unserer Gemeinde Verschleppten sind gestorben. Sehr hoch war die Sterblichkeit der Verschleppten aus Kulmsee. Von 80 Personen blieben uns weniger als 10 am Leben. Man kann im allgemeinen aber mit einer Sterblichkeit von zwei Drittel rechnen.

Das Lager hatte die Nr. 325, Siewiernaja Griwa, und lag wahrscheinlich 150—200 km südöstlich von Moskau bei dem nächsten größeren Ort Szatura. Das Lager umfaßte schätzungsweise 1 800 Menschen, die in 6 Baracken untergebracht waren. Außerdem waren zwei Baracken für Kranke vorhanden. Eine Baracke diente zu Küchenzwecken.

Die Gefangenen setzten sich zusammen aus:
Deutschen aus Ostpreußen: Kreis Allenstein, Osterode, Gumbinnen, Mohrungen, Lyck, Pr. Holland, Neidenburg, Dt. Eylau, Ortelsburg.
   aus Westpreußen: Kreis Kulm, Thorn, Lipno, Rippin, Strasburg.
Deutschen Kriegsgefangenen.
Polen aus Westpreußen und Kongreßpolen.
Russen, die während des Krieges in Deutschland arbeiteten.
Einigen Franzosen und Litauern.

In der Hauptsache bestand das Lager aus Zivilgefangenen, Kriegsgefangene waren nur wenige vorhanden. Im Lager waren etwas mehr als die Hälfte Männer, das übrige Frauen und Mädchen.

Die Arbeit bestand in der ersten Zeit (März—Mai 1945) darin, daß sowohl die Männer als auch die Frauen gefälltes Holz im Walde zusammentragen mußten. Mitunter war der Weg über 200—300 m weit. Pro Mann war ein Mindestmaß pro Tag vorgeschrieben, das sich je nach Entfernung des Tragens und Arbeitsgruppe des einzelnen Mannes richtete. Für einen Mann aus Arbeitsgruppe 1 war bei einer Entfernung von über 150 Metern ein Mindestmaß von 1 cbm Holz zu bewältigen, was bei dem Gesundheitszustand der einzelnen Menschen unmöglich war. War der Weg weniger als 150 Meter, so wurde $1^{1/2}$ cbm pro Tag verlangt, das war die sogenannte „Norma". Wie hoch sie bei den Frauen festgesetzt war, kann ich nicht beurteilen. Diese „Norma" mußte geschafft werden, ganz gleich, ob die Menschen zusammenbrachen und nach Hause getragen werden mußten oder ob sie im Walde starben.

Schlagen und Kolbenstoßen waren namentlich in der ersten Zeit der Gefangenschaft an der Tagesordnung. Es wurde oft bis zu 12 ja 14 Stunden ohne Essen durchgearbeitet. Wenn man dann abends ins Lager zurückkam, erhielt man zweimal dünne Suppe ($1^{1/2}$ l) und $^{1/6}$ l Grütze und ging danach hungrig auf seine Pritsche, um am nächsten Morgen $^{3/4}$ l Suppe und 600 g Brot zu erhalten und sofort wieder zur Arbeit zu gehen. Es wurde uns nicht einmal die Zeit zum Essen gelassen, so daß wir unser Frühstück oft stehen lassen mußten und es dann abends nicht mehr wiederfanden. Das Brot mußte man immer bei sich führen oder gleich essen. Manchmal gab es dann Zucker für vier Wochen im voraus. Es war dies für vier Wochen eine Tasse voll braunen Einmachzucker. Sehr selten gab es auch etwas Fett oder Hering oder Trockenfisch. Es handelte sich dann oftmals um $8^{3/4}$ g pro Tag.

Die Arbeiter wurden in 5 Gruppen eingeteilt und mußten danach arbeiten:

Gruppe	1	Schwerstarbeiter	100%	Norma
„	2	Schwerarbeiter	85%	„
„	3	Arbeiter	75%	„
„	4	Invaliden	besondere Arbeiten	
„		O.K.¹)	Leichte Arbeit, 50% Norma oder besondere Arbeiten.	

O. K. sind diejenigen, die aus dem Lazarett entlassen, aber noch nicht schwerer arbeiten können.

Alle vier Wochen fand eine ärztliche Untersuchung statt, in der alle untersucht und in die 4 Gruppen eingeteilt wurden. Die Ärzte gaben sich Mühe, hatten jedoch nicht die geringsten Mittel und Medikamente zur Krankheitsbekämpfung. So starben beinahe alle Kranken an Unterernährung; anschließend trat Ruhr ein, und bald kam Wassersucht hinzu. Sehr viele konnten die wässerige Kost und die nasse Arbeit nicht vertragen und starben. Die Ärzte mußten aus Mangel an Medikamenten vielen Menschen erfrorene Glieder bei vollem Bewußtsein abnehmen. Als Verbandsmaterial standen auch nur ausgewaschene Stoffetzen zur Verfügung. Die Lazarettkost war sehr gering, aber gehaltvoller als die Lagerkost.

Später im Sommer wechselte die Waldarbeit über in Torfarbeit. Männer und Frauen mußten den gestochenen Torf zu Horden zusammenballen und ihn dann in Körben an die Kleinbahn tragen. Über diese Arbeit kann ich weiter nichts sagen, da ich sie nicht mitgemacht habe, sondern zu der Zeit im Lazarett lag.

Ich war oft krank und elend, magerte sehr ab, litt an geschwollenen Beinen und war zuletzt so wenig arbeitsfähig, daß ich im August in die Gruppe O. K. kam und am 26. August entlassen wurde, weil ich über drei Monate im Lazarett hatte zubringen müssen. Nach 18tägiger Bahnfahrt wurden wir in Frankfurt/Oder endgültig entlassen. Meine Schwester A. mußte ich im Lager zurücklassen. Sie hatte dort eine Stelle als Waschfrau inne, und zwar im Nachtdienst, in dem sie allnächtlich 30 Männerhosen waschen mußte. Ich war im Lager fast täglich mit ihr zusammen. Sie überstand die Arbeit besser als ich. Da sie nicht erkrankte, kam eine Entlassung für sie nicht in Frage. Ich warte jetzt auf sie und hoffe täglich, daß auch sie recht bald einmal wiederkommen wird²).

Nr. 138

Erlebnisbericht des Sägewerksbesitzers Erich Gerhardt aus Christburg, Kreis Stuhm i. Westpr.
Original, 1. Januar 1951.

Transport über Ciechanów (Zichenau) nach Anjerka (Mittelsibirien); hohe Sterblichkeit unter den Zwangsverschleppten.

Vf. schildert eingangs seine persönliche Situation vor und während des Einmarsches russischer Truppen. In diesem Zusammenhang erwähnt er seinen Versuch, am 7. Februar 1945 seine Mutter aufzusuchen.

---

[1]) osdorowitelnaja komanda = Genesungskommando.
[2]) Vf. fügte dem Bericht nachträglich die Anmerkung hinzu, daß seine Schwester im Sommer 1946 in Rußland starb.

Ich klopfte ans Fenster und rief einige Male laut nach meiner Mutter. Sie antwortete nicht. Ich vernahm, daß nur Russen darinnen waren. (Meine Mutter war nach den ersten Plünderungen zu Nax, Klein-Stanau, geflüchtet, dort angekommen, wie sie mir später sagte, hatten die Russen soeben den alten Herrn Nax erschossen. Frau Nax und meine Mutter betteten die Leiche unter Schnee.) Ich war nun mitten in den Russen und ging einfach in unser Haus hinein, wo mich die Russen sofort in Empfang nahmen und mich festsetzten. Ich wurde in den Keller gesperrt, wo etwa 50 Menschen im Dunkeln hausten. Am Abend brachte man mich auf das katholische Pfarrgehöft in Christburg. Man sperrte mich mit weiteren ca. 150 Menschen aus aller Gegend auf dem Heuschober über dem Pferdestall ein. Hier hielt man uns etwa 5 Tage fest. Es gab kein Brot, nur täglich einmal fette Schweinefleischsuppe, ein Stück Schweinefleisch in die Hand und eine Hand voller Pellkartoffeln.

Nach dem fünften Tage wurden wir nach Rosenberg zwei Tage lang über Alt-Christburg, Sandhof, wo wir übernachteten (in einer Scheune), Forstmühle, Finkenstein (woselbst wir das alte Schloß restlos niedergebrannt sahen) getrieben. Wir waren etwa 800 Zivilisten, Männer und Frauen, Jungen und Mädchen, im Alter von 12—70 Jahren. Bei Rosenberg wurden wir ca. 5 Tage in einer Streusiedlung der Ostpreußischen Landgesellschaft zu je etwa 100 Menschen untergebracht. Ein jeder ernährte sich davon, was auf der Wirtschaft zu finden war. Die Russen gaben uns nichts.

Nun wurden wir in Rosenberg in einen Viehtransportzug verladen und erreichten über Deutsch-Eylau in zwei Tagen den Ort Zichenau in Polen. Wir wurden entladen und in die neuen deutschen Beamten-Vierfamilien-Wohnhäuser eingesperrt. Ich schätze, daß wir in den 4 Vierzimmerwohnungen, Keller und Dachgeschoß etwa 2 500 Menschen in einem Gebäude zusammengepfercht wurden. Viele Bekannte aus der Heimat traf man hier. *Vf. zählt eine Reihe von Namen auf.*

Wir verblieben in Zichenau bei täglich 2 Scheiben russischem Trockenbrot und 1/2 Konservenbüchse dünnster Mehlwassersuppe ca. 10 Tage. Ende Februar 1945 wurden wir dann zu je 45 Mann in russische Waggons verladen. Unser Transport bestand aus ca. 40 Waggons. Insgesamt sollen wir 1 600 Menschen (die Hälfte Frauen und Mädchen, die andere Hälfte Männer und Jungen) gewesen sein.

In Zichenau herrschte unter uns schon sehr stark die Ruhr. Wir trugen täglich einige Tote aus dem Bau. Die Leichen wurden entkleidet in die Luftschutzgräben geworfen und blieben unbedeckt liegen.

Noch im Februar rollte der Transport mit uns Richtung Minsk ab. Es war unterwegs eine grimmige Kälte. In einen Waggon wurden die Toten zusammengebracht. Wir erreichten Moskau und danach gleich einige Tage später Tula. In Tula erhielt ich Leichenträgerkommando. Wir trugen die etwa 80 Toten auf Tragen, immer zwei Leichen auf einer Trage, etwa 1 km an der Bahnstrecke entlang und mußten sie dort in den Schnee den Abhang hinunterkippen. Wahrscheinlich sind die Leichen vom Wild und den Vögeln dann angeschnitten worden. Wer die Toten waren, wußte niemand von uns. Die Russen registrierten nur die Stückzahl.

Die Verpflegung unterwegs war, je nach Haltemöglichkeit, früh ca. 150 Gramm Trockenbrot, ca. 10 Gramm Schmalz oder amerikanische Konserven und ein kleiner Tassenkopf voller dicker Graupen-, Erbsen- oder Mehlsuppe. Gegen Abend wiederholte sich das Gleiche. Es sei noch gesagt, daß es auch noch 2 Stückchen Würfelzucker zu jeder Mahlzeit gab.

Mitte Februar durchfuhren wir den Ural. In Swerdlowsk (früher Jekaterinenburg, bekannt durch die Erschießung der Zarenfamilie) wurden wir entlaust und bekamen einmal gut satt zu essen. Wieder ging es in die Waggons, und die zweite Hälfte der Reise wurde angetreten.

Am 2. April 1945, wohl ein Osterfeiertag, erreichten wir den Ort Anjerka, bekannt in Mittelsibirien durch die Bergwerke hervorragender Kohle. Wir wurden wieder entlaust und kamen dann in ein Lager. An einer Jahreszahl, 1934, stellte ich fest, daß dort früher schon Häftlinge gewesen sein müssen.

Wir bekamen nun 14 Tage Ruhe, um uns angeblich zu erholen. Statt Fett gab man uns ein ranziges Öl in die Suppen. Es herrschte furchtbar die Ruhr und auch der Typhus. Täglich hatten wir mindestens 6 Tote. Die Todeszahl steigerte sich im Mai 1945 bis zu 28 je Tag. Die Leichen wurden völlig entkleidet und in eine Kuhle geworfen. Mit Eintritt der Dunkelheit wurde das Totenträgerkommando aus dem Lager herausgeholt. (Ich war jede Nacht mit dabei, da man mich bei den Russen als früheren Kapitalisten angeschwärzt hatte). Je zwei Mann faßten je eine Steinetrage, mußten sich aus der Kuhle eine Leiche herausnehmen und quer über die Trage legen. Im Gänsemarsch traten wir in der Dunkelheit unsern gewohnten 2 km weiten Weg durch Berg und Tal über Gräben usw. nach dem „Plenny-Friedhof"[1]) an. Oft trug ich Bekannte, so z. B. den Bauern Speckmann aus Liebwalde, den etwa 17jährigen Max Börger aus Taabern bei Saalfeld, den 51jährigen Bauern Steinke aus Preußisch Mark, den etwa 58jährigen Bauern Gehlhaar aus Reichenbach, den Molkereibesitzer Nickel aus Baumgart bei Elbing, etwa 55 Jahre alt, den etwa 47jährigen Posthelfer Kaiser aus Grunau bei Elbing, die Ehefrau des Landjägermeisters aus Gr. Arnsdorf bei Pollwitten und weitere unzählige junge Mädchen, Frauen, Männer und Jungen. Bis etwa Mitte Mai 1945 wurde eine ganze Tagessterbe, die bis zu 28 Personen anstieg, in eine Kuhle gekippt. Dann kam Befehl, daß jede Leiche einzeln das Grab erhalten soll. Es wurden extra Grabkommandos am Tage vorausgeschickt, die laufend für ca. 30 neue Gräber vorsorgen mußten. Als wir am 31. August 1945 das Lager, von wo aus wir ausschließlich im Kohlenbergwerk unter Tage ohne Rücksicht auf Alter und Geschlecht eingesetzt waren, verließen, hatten wir etwa 700 unserer Leidensgenossen der sibirischen Erde übergeben.

Im Juli 1945 war wohl auch meine Fälligkeit, denn ohne Besinnung lag ich wohl einige Zeit und blutete aus dem Munde ... In einigen Wochen Pritschenruhe erholte ich mich wieder halbwegs und kam dann auf einer Kolchose zum Einsatz. Danach kamen wir Restlichen in eine Glasfabrik, dann zu Holzbauten und dann wieder auf einer 2 000 Morgen großen Gemüsekolchose zum Arbeitseinsatz.

Den Hunger wurden wir niemals mehr los. Bei 1,76 m Größe gelangte ich bei 49 kg Körpergewicht an und war damit immer noch einer der Besten. Die

---
[1]) plenny = Gefaugener.

Behandlung durch die russischen Konvois war fast durchweg sehr schlecht. Wir waren nur noch wandelnde Skeletts und mußten bei grimmiger Kälte (bis über 60° unter Null) früh um sieben zur Arbeit, machten ca. 100 Minuten Fußweg und standen beim ersten Morgengrauen kurz vor 9.00 Uhr auf den Arbeitsstellen. Viele erfroren uns bei der Arbeit bzw. wurden von uns bei Arbeitsschluß besinnungslos mitgenommen und waren einige Stunden später tot. Der etwa 18jährige v. Gottberg aus Preußisch-Wilten, Kreis Preußisch Eylau, starb, ohne jemals eine Arbeit angefaßt zu haben.

Es war vom ersten bis zum letzten Tage ein Leiden ohne Ende, ein Sterben und ein Wehklagen. Unbarmherzig stießen die russischen Konvois die Schwächsten mit dem Kolben vor, wenn diese nicht mehr vorwärtskamen. „Tschirdischack!" war deren Fluchen, wenn sie von den Kolben Gebrauch machten. Ich war schon so schwach, daß ich am liebsten unter dem Kolben auf der Stelle verblieben wäre. Alles, was ich zu Friedenszeiten über Rußland von Edwin Dwinger gelesen habe, wie z. B. "Und Gott schweigt", und mich damals schon das Gruseln und Entsetzen packte, wurde durch das, was wir nun hier erlebten, weit in den Schatten gestellt.

Vom frühen Winter 1946 an war ich restlos fertig, ich konnte nichts mehr. Ich durfte im Lager zurückbleiben und hatte immer Ruhe, bekam besser zu essen, aber immer noch so wenig, daß ich nicht mehr arbeitsfähig wurde. So verbummelte ich ein ganzes Jahr im Lager, bis mich dann am 28. Oktober 1947 eine Ärztekommission als nicht mehr arbeitsverwendungsfähig mit weiteren 28 Kameraden und 13 Kameradinnen abstellte.

Am 30. Oktober rollte unser Transport von Anjerka ab, wenige Tage später erreichten wir Nowo-Sibirsk, wo wir zu einem großen 800-Mann-Transport zusammengestellt wurden, und am 27. November 1947 trafen wir in Frankfurt a. d. Oder ein. Anfang Dezember gelangten wir, die Angehörige in der britischen Zone hatten, bei Friedland/Göttingen über die Zonengrenze. Der Schlagbaum öffnete sich vor uns, und nach jahrelangem Entsagen, Entbehren und Sterbensehen sahen wir die langersehnte Freiheit wieder. Ich wurde gleich ins Lazarett nach Königslutter eingeliefert, wurde dann drei Monate später in das Heimkehrerlazarett Kl. Bülten bei Peine und zum Schluß nach Bremerhaven verlegt. Nach einem $10^{1/2}$monatigen Krankenhauslager wurde ich mit einer anerkannten Schwerkriegsbeschädigung von 70%, die ich nur durch Hunger, Kälte, schwere Arbeit usw. erlitten hatte, entlassen.

Die Bekleidung war während der Internierung sehr schlecht. Unsere Zivilkleider hatte man uns schon größtenteils in Zichenau fortgenommen und dafür alte, zerlumpte deutsche Uniformstücke gegeben. Zum Winter bekamen wir Wattehosen, Wattejacken, Pelzmützen und jeder einen Pelz. Als Wäsche, die immer nur aus Fetzen bestand und die wir 3—4 Monate ungewaschen tragen mußten, bekamen wir nur Leinensachen; Strümpfe oder Fußlappen gab es während der ganzen drei Jahre nur einmal.

Abschließend stellt Vf. einige Eindrücke zusammen, die er beim Russeneinmarsch gewann, und verbindet sie mit Mitteilungen über zerstörte Gebäude in der Stadt Christburg.

Nr. 139

Erlebnisbericht von Theodor Grub aus Pr. Holland i. Ostpr.
Original, 13. Februar 1950.

Überrollung durch die Russen, Festnahme zur Zwangsdeportation, Zurückstellung wegen Arbeitsunfähigkeit; Verhältnisse im Sammellager Ciechanów (Zichenau) bis Juli 1945.

Ich befand mich mit meiner Familie in einem Dorf ca. 9 km nördlich von Pr. Holland, als in der Nacht vom 23./24. Januar 1945 die russischen Panzer in Richtung Mühlhausen durchrollten. Am nächsten Vormittag erschienen die ersten russischen Infanteristen, die sich sehr für Uhren und Ringe interessierten, im übrigen sich anständig benahmen, was man im allgemeinen von den Fronttruppen sagen kann. Schlimm wurde es erst, als die Nachschubkolonnen erschienen. So erlebte ich, daß zwei Russen (anscheinend Offiziere) eines Abends kurz nach ihrem Eintreffen im Dorf zu uns (ca. 10 Frauen, 2 Männer und 3 Kinder) in die Stube kamen, die Männer hinauswiesen und 2 Frauen vergewaltigten, davon eine im 9. Monat schwanger. *Vf. nennt einen weiteren Zeugen dieses Vorfalls.*

Ca. 14 Tage nach der Besetzung, also in der Zeit vom 7.—10. Februar 1945, begannen die Verschleppungen. Bei uns wurden ganz wahllos Männer, Frauen und Kinder aus den Häusern herausgeholt, nachdem ihnen gesagt worden war, daß sie zwei Tage arbeiten müßten und dann wieder zurückkämen, und daß sie nichts mitnehmen sollten. Sicherheitshalber nahmen wir das, was wir schleppen konnten, vor allem Lebensmittel, mit.

Der erste, der uns verhörte, war ein Pole, der uns auch alles Geld abnahm. Es folgte dann Unterbringung in Pr. Holland, wo wir 2 Tage und 2 Nächte wie die Schafe zusammengepfercht in den ungeheizten Stuben verbringen mußten, Männer und Frauen getrennt. Ein Liegen oder Sitzen war nicht möglich infolge der Enge. Bei dem darauffolgenden Marsch nach Zichenau mußten wir unter stärkster Bewachung zu beiden Seiten der Kolonne täglich 30 km zurücklegen. Wer nicht mehr mitkonnte, wurde zuerst gewaltig verprügelt. Wenn er auch dadurch nicht mehr zum Marschieren zu bringen war, wurde er auf den mitgeführten Verpflegungswagen mitgenommen.

Anders wurden die Entkräfteten später auf einem Marsch von Soldau nach Zichenau behandelt: Sie wurden einfach erschossen, so auch ein Oberleutnant der Wehrmacht, der beim Antreten in Soldau schon von zwei Soldaten gestützt wurde. Einige Hundert Arbeitsfähige, darunter auch ich, wurden nämlich von Zichenau zur Entlassung nach Soldau, von dort aber nach ca. drei Wochen wieder zurück nach Zichenau geschickt.

In Zichenau wurden wir nach unserer ersten Ankunft in den während des Krieges aufgebauten Häusern untergebracht, bis die Arbeitsfähigen (darunter meine Frau und meine in diesen Tagen 14 Jahre alt gewordene Tochter) in Richtung Osten verladen wurden. Mein 15 Jahre alter Sohn kam krankheitshalber ins Revier. Die Zurückgebliebenen wurden in die Baracken des ehemaligen Reichsarbeitsdienstlagers verlegt, wo sich auch das Revier befand und wo ich meinen Sohn wiedersah, aber nicht sprechen durfte trotz der verschiedenen Versuche.

Hier begann eine fürchterliche Zeit. Wir wurden so eng zusammengelegt, daß man auf dem Fußboden ohne Unterlage nicht ausgestreckt liegen konnte. Die Fensterläden blieben auch bei Tag geschlossen, vermutlich, weil es keinen Zaun um das Lager gab. In den Fensterläden war eine Lücke von ca. 30 cm im Quadrat herausgeschnitten, durch die ein wenig Licht in die Stuben drang. Tag und Nacht mußten wir bei verschlossenen Türen in den Stuben bleiben. Nur zum heißen Wasser- (anstatt Kaffee) und zum Suppeholen ($^3/_4$ l ganz dünn) wurden wir herausgeführt und zweimal am Tag zum Austreten auf das freie Feld. Im übrigen standen Kübel in den Stuben, die von den vielen Durchfallkranken dauernd belagert waren, bei Nacht ohne Licht. Waschen durften wir uns vielleicht alle drei Wochen einmal. Versuchte man sich in einer Blechbüchse gelegentlich des Austretens oder Essenholens etwas Waschwasser aus einem auf dem Hof befindlichen Teich zu holen, war sofort einer der vielen Posten — alles ganz junge Burschen — zur Stelle und schlug mit dem Gewehrkolben drein.

Entlaust wurden wir am Anfang einige Male. Die Entlausungsanstalt wurde von Polen bedient, die, wenn irgend jemand noch ein ordentliches Hemd oder Bekleidungsstück hatte, sich dieses aneigneten. Ebenso durften auch junge Polen mit Erlaubnis der Posten in die Stuben gehen und alles Begehrenswerte wegnehmen. Ende März hörte die Entlausung ganz auf, so daß uns die Läuse fast auffraßen. Auch Bart und Kopf waren voller Läuse. Schere, Kamm, Bürste, Rasierzeug war uns bald nach der Gefangennahme abgenommen worden. Man konnte die Läuse vom Rock abscharren.

Nachdem die Arbeitsfähigen immer wieder herausgesucht wurden und wegkamen, blieben von zeitweise 1 600—2 000 Mann Anfang Mai 1945 noch etwas über 400 übrig, von denen täglich 7—8 starben. Ich blieb von neun Bekannten aus Pr. Holland und Umgebung allein übrig. Ein Arzt aus Elbing, dessen Name mir entfallen ist — es war der Arzt, der das Rote Kreuz im Kreise Elbing zu betreuen hatte —, kam mehrere Male durch unsere Stuben. Dies wurde aber bald verboten, da man anscheinend Nachrichtenübermittlung vermutete. Die Kranken mußten dann zum Revier. Helfen konnte er allerdings nicht, da er weder Medikamente noch Verbandszeug bekam und es auch keine Diätkost gab.

Am 7. Mai 1945 sollten wir alle in das Arbeitslager überführt werden. Dort wurden aber von den knapp 400 Mann 94 wegen Unterernährung (darunter auch ich) nicht angenommen. Hieraus kann man am besten sehen, wie ungenügend die Verpflegung war. Nach langem Hin- und Herführen durch einen betrunkenen russischen Hauptmann fanden wir längst nach Einbruch der Dunkelheit Aufnahme im Lazarett. Es folgte am nächsten Tag Haarschneiden, Rasieren und Entlausen. Hierbei mußte man im ungeheizten Raum nackt auf die entlauste Wäsche und Kleider warten. Hemd und Unterhose konnte man seit der Gefangennahme (7. Februar 1945), also seit drei Monaten, nicht wechseln oder waschen. Dies wurde im Lazarett anders, jedenfalls soweit der Einfluß der russischen Oberärztin reichte. Es wurden uns auch hier durch die russische Lazarettverwaltung die Pelze, die uns eigentümlicherweise vorher noch nicht abgenommen waren, weggenommen mit der Begründung, daß sich in den Pelzen Läuse aufhalten und daß durch diese das Fleckfieber übertragen wird. Sie wurden nachher für die Russen und Russinnen in der Lazarettschneiderei, die übrigens nur für die Russen arbeiten durfte, umgearbeitet.

Die Verpflegung und Behandlung war im Lazarett gut. Anfang Juli 1945 wurde ich nach einem Lager bei Thorn verlegt, das mit ca. 13 000 Mann belegt war. Hier waren Verpflegung und Unterbringung für russische Verhältnisse einigermaßen leidlich. Das schlimmste Kapitel waren hier die Entlausungen. Alle sechs Tage wurde alles entlaust; auch die Kranken, die nicht gehen konnten, wurden zur Entlausungsanstalt hingetragen. Die Entlausung ging auf folgende Weise vor sich: Die Kleidungsstücke mußten für jeden zusammengebunden abgegeben werden, jeder bekam eine Schüssel mit warmem Wasser zum Waschen, dann mußte man nackt in einem Raum, der bei dem verhältnismäßig kalten Sommer unangenehm kalt und zugig war, 1½ bis 2 Stunden warten, bis die Kleider und die Wäsche aus dem Ofen zurückkamen. An den Entlausungstagen und dem darauffolgenden Tag starben viele Gefangene. Die Toten wurden ohne jedes Bekleidungsstück täglich auf Feldbahnloren in eine vorbereitete Grube außerhalb des Lagers gebracht und mit Kalk bestreut. Wenn die Grube voll war, wurde sie mit Erde abgedeckt und eine neue ausgeschachtet.

Am 27. September 1945 wurde ich mit einem Transport sogenannter Invaliden nach Berlin verladen, wo die Entlassung erfolgte.

Nr. 140

Erlebnisbericht des F. K. aus B u r g k a m p e n (Jentkutkampen), Kreis E b e n - r o d e (Stallupönen) i. Ostpr.
Original, November 1951.

Die Behandlung deutscher Zwangsdeportierter auf dem Transport zur Zwangsarbeit in den Ural.

Ich wurde mit meiner Familie und vielen anderen Leidensgenossen auf der Flucht aus Ostpreußen mit dem Treck von den Russen am 1. Februar 1945 gefangengenommen. Wir wurden zu Hunderten bis in die Gegend Rastenburg zusammengetrieben. Immer mehr Flüchtlinge kamen dazu. Dort wurden wir in LKWs. verladen. Frauen, alte sowie kranke Männer und Kinder eng zusammengestopft. Alle konnten nur eng stehen. Keiner konnte sich drehen oder bewegen. So fing das schwere Leiden für uns an. Die Fahrt ging von Rastenburg über Insterburg, Gumbinnen, Stallupönen und Eydtkuhnen. 30 km hinter der litauischen Grenze wurde haltgemacht, und wir wurden aus den Autos herausgezerrt. Die Kinder bis zu zehn Jahren wurden den Müttern mit Gewalt entrissen und für immer getrennt. Die Mütter rangen die Hände. Die Kinder schrien fürchterlich. Es war herzzerreißend, dies anzusehen. Dann wurden wir in eine Kaserne eingesperrt. Für alle war da kein Platz vorhanden; aber die Russen haben uns mit Kolben zusammengeschoben, bis die Räume so überfüllt waren, daß jeder nur eng stehen konnte. In diesem Zustand mußten wir drei Tage aushalten. Einmal am Tage gab es eine dünne Wassersuppe. Die Fenster waren dicht mit Bretter vernagelt, so daß keine frische Luft hineingelangte. Ein Raum war noch frei. In diesem wurden wir Männer immer zu 30 Mann hineingetrieben, mußten uns dort nackend ausziehen, damit sie unsere Kleider einzeln durchsuchen konnten. Die Wertsachen sowie Urkunden, Photographien und Trauringe wurden uns fortgenommen. Sogar die Hosenträger hatten sie vor unseren Augen zerschnitten. Manchen Mann gingen jetzt schon die Nerven durch. In der dritten Nacht, am 5. Februar 1945, wurden wir wieder auf Lastkraftwagens verladen und wurden zu einem Bahnhof gefahren. Dort stand ein langer Güterzug. Nun wurden wir zu 120 Mann in jeden Waggon hineingepreßt, Frauen und Männer getrennt. Von jetzt an wurde das Leiden für uns immer schwerer. Die Waggons waren von oben bis unten verschmutzt. Kein Hälmchen Stroh war vorhanden. Als der letzte Mann mit den Kolben hineingestoßen war, konnten wir nur noch wie die Heringe zusammengedrückt stehen. In dieser Art ging die Reise nach dem Ural los. Bei dieser Verladung gingen die Russen mit uns um, als ob wir Tiere wären. Dabei wurden schon viele Menschen wahnsinnig.

Ein Eimer Wasser und eine verschmierte Zeltbahn mit Brotkrümmchen war unsere Tagesverpflegung. Am schlimmsten war stets die Nacht. Von dem ewigen Stehen wurden die Beine schwach, es kauerte sich einer auf dem anderen. Dieser Zustand war unerträglich. Denn die Fahrt dauerte 28 Tage. Wenn der Zug hielt, meistens nachtsüber, wurden wir nicht in Ruhe gelassen. Die Posten stiegen auf die Waggons und beklopften von allen Seiten den Raum mit Hammern. Dieses Verhalten konnten wir uns nicht erklären[1]). Aber so war es fast jede Nacht. In den ersten acht Tagen waren schon 10—15 Mann gestorben. Die Leichen mußten von uns Kameraden unter Bewachung nackend herausgetragen werden, und sie wurden am Ende des Zuges in leere Waggons wie Holz aufgestapelt. Und so starben nach und nach jeden Tag mehr. Unser Zustand wurde dadurch verschlimmert, weil in allen Waggons einige Polen und Litauer eingesperrt wurden. Diese hatten sich in einer Nacht aus dem Zuge herausgebrochen, wurden aber wieder eingefangen und jetzt zwischen uns Deutschen verteilt. Diese dachten, daß sie mehr Rechte als wir hätten, und machten sich Platz, indem sie sich auf schwache Menschen rauflegten, sich aber nicht um das Jammergeschrei der Unterdrückten kümmerten. Gab es Verpflegung, stürzten sie sich auf das Essen los, und für uns Deutschen blieb nichts mehr übrig. So gingen wir bei dieser Todesfahrt allmählich zugrunde. Der Durst war schlimmer als der Hunger. Von dem Dunst und Hauch waren die Eisenteile des Waggons mit Reif beschlagen. Dieses haben die meisten mit den verdreckten Fingern abgekratzt und gelutscht. Dadurch wurden viele krank. So nahm die Sterbeziffer von Tag zu Tag zu, und die Leichenwagen wurden hinter dem Zuge immer zahlreicher.

Ungefähr am 2. März kamen wir am Ural an. Da waren in jedem Waggon 30—40% weniger. Der klägliche Rest sah [nach] einem Haufen wandelnder Leichen aus. Nachdem wir aus dem Zuge herausgetaumelt waren, mußten wir bei 45° Frost vor dem Zuge antreten und zwei Stunden im tiefen Schnee knien. Dabei sind auch noch viele vor Kälte erstarrt. Wir waren vom Kopfe bis zum Fuße mit einer Dreck- und Kotkruste bedeckt und sahen schreckerregend aus. In diesem Aufzug führten uns die Russen taumelnd, vielmehr kriechend durch die Straßen des Urals. Die russische Bevölkerung stand am Wege mit entsetzten Gesichtern und schaute diesem Leidenszug der Tausenden Elenden an. Die nicht mehr gehen konnten, wurden mit Kolbenstößen Schritt für

---

[1]) Auf diese Weise prüften die russischen Begleitmannschaften, ob die Gefangenen Waggonbretter gelöst hatten.

Schritt weitergetrieben. Bis wir vor einer Sauna haltmachten. Dieser Aufenthalt war für die meisten von uns ein schlimmes Verhängnis. Da jeder durstig war, stürzte er sich auf die Bassäne[1]), die mit schmutzigen Wasser gefüllt waren, und schlürften sich den Leib voll. Dadurch entstanden sofort die fürchterlichen Ruhrkrankheiten. Hier wurden wir noch einmal ausgeplündert. Als wir dann in Lagern einrückten, war über die Hälfte von unserm kläglichen Rest, der noch übrig geblieben war, an der Ruhr erkrankt. In wenigen Tagen raffte diese Krankheit sehr viele dahin. Die wieder gesund wurden, wurden von Lager zu Lager geschleppt, wo sie schwere Arbeiten verrichten mußten. Die größte Anzahl von uns waren Bauern aus Stallupönen, Gumbinnen und viele aus dem Rastenburgischen Kreis. Nach zwei Jahren wurde dann ein sehr kleiner Rest nach der Heimat zurückgeschickt.

Das, was ich hier berichte, habe ich mit meiner Familie erlebt. Meine arme Frau ist dieser Katastrophe auch zum Opfer gefallen.

Nr. 141

Protokollarische Aussagen der H. B. aus R o d e n a u , Kreis L ö t z e n i. Ostpr.
Original, 2. März 1952, 6 Seiten. Teilabdruck.

Transport ins Insterburger Gefängnis, nach zahlreichen Mißhandlungen Deportation nach Rußland zur Zwangsarbeit.

Nach einigen Angaben über ihre Erlebnisse seit dem Eintreffen der Russen in Heilsberg sagt Berichterstatterin aus:

Dies Leben ging unter den gleichen Umständen bis zum 9. Februar 1945. An diesem Tage wurden durch russische Patrouillen Männer und Frauen zum Abtransport ausgesucht, darunter war mein Schwager Willy Brann aus Kl. B. und ich. Wir wurden auf eine Siedlung in der Nähe der Stadt getrieben. Unterwegs sahen wir, wie sich die saubere Stadt in den paar Tagen verändert hatte, überall brannte es, und überall lagen Tote herum, es waren fast nur Zivilpersonen beiderlei Geschlechts und jeden Alters.

Auf der Siedlung wurden wir von den Männern getrennt, und die Vernehmungen begannen, wobei es sehr viel Prügel gab[2]). Nach den Vernehmungen wurden wir wieder in die Stadt getrieben, wo LKWs. für unseren Abtransport bereitstanden. Unsere Angehörigen, die inzwischen von unserem Abtransport erfahren hatten, versuchten uns noch Kleinigkeiten für unser ferneres Leben zu bringen. Die kleinen Bündel wurden ihnen von Polen, die sich eingefunden hatten, entrissen. Rücksichtslos wurde mit dem Kolben dazwischen geschlagen, wenn sich Eheleute oder andere Verwandte voneinander verabschieden wollten. Ich sehe noch meine weinende Schwester, die trotz verschiedener Versuche sich nicht hatte von ihrem Mann verabschieden können, den Sammelplatz verlassen. Sie sollte ihren Mann nie mehr wiedersehen, er blieb in Rußland genau wie mein Kollege Herr Kuschmida, auch aus Kl. B.

---
[1]) Bassins
[2]) Über die Methoden der Verhaftung und Vernehmung zur Zwangsdeportation berichtet A. B. aus dem Kreis Sensburg, abgedruckt unter Nr. 187 (Bd. I, 2).

Wir wurden auf Lastkraftwagen nach Rastenburg verschleppt, es war der 13. Februar 1945. Die Chausseegräben lagen voller Leichen und Tierkadaver, um die sich noch niemand kümmerte. So kamen wir nach Rastenburg, wo wir wieder von den Männern getrennt wurden. Beides ging nicht ohne schwere Mißhandlungen ab. Man gab uns auch dort eine warme stinkende Suppe, die jedoch derart versalzen war, daß sie für die meisten von uns ungenießbar war. Die Nacht verbrachten wir Frauen in einem ungeheizten Raum, es war bitter kalt.

Am nächsten Abend ging es per Lastwagen wieder weiter, über Stock und Stein fuhr man uns über Goldap nach Insterburg, wo wir in einem Speicher untergebracht wurden. Unsere Bewachung bestand aus Polen, die dann feststellten, wer von uns Polen als Arbeiter beschäftigt hätte. Da sich nicht genug meldeten, griffen sich die Polen acht Männer, schleppten sie in den Keller, nur einer von ihnen kam am nächsten Tage vollkommen zerschlagen und von den Mißhandlungen halb irre zurück, die anderen hat niemand mehr gesehen. Alles schrie nach Wasser, denn die Männer hatten auch die versalzene Suppe essen müssen. Zuerst wurde mit Kolben und Stöcken auf die Durstenden eingeschlagen, dann holte man eine Waschwanne voll Wasser, zeigte es den Durstenden, aber man war weit entfernt, ihnen dann etwas zu geben, man zeigte es ihnen nur.

Am nächsten Tage wurden wir Frauen in Gruppen von ca. acht Menschen in einen Raum geführt, wo wir unsere Habseligkeiten den anwesenden russischen Offizieren zeigen mußten. Alles, was irgendwelchen Wert hatte, wurde uns abgenommen. Wir mußten uns auch öfter mit dem Gesicht zur Wand stellen und dachten, jetzt gibt es den Erlösungsschuß, aber es geschah nur, um uns einzuschüchtern und zu quälen.

Nach der Plünderung kamen wir ins Gefängnis, wo wir in Zellen untergebracht wurden. Deutsche Männer aus früheren Transporten waren dabei, unsere Fenster zu vernageln und die dazu benötigten Bretter zuzuschneiden. Es war nachts. Den Russen ging die Arbeit immer noch nicht schnell genug, trotzdem wir am Geräusch der Sägen hörten, wie sehr sich die Männer beeilten, deswegen schlugen die Russen immer in grausamster Weise auf die Arbeitenden ein. Die ganze Nacht hörten wir das Schreien und Stöhnen der Gequälten.

Nach einigen Tagen bekamen wir gegen Abend wieder eine Suppe, die noch versalzener als die erste war. Und in der Dunkelheit wurden wir alle, Männer und Frauen, irgendwo an die Eisenbahnstrecke getrieben, wo wir verladen wurden. Beim Verladen gab es unmenschliche Schläge, wir wurden eingepfercht, wir sollten aber bald Platz bekommen, denn der Hunger und Durst raffte viele von uns weg. Baten wir jemand um ein wenig Schnee, dann hieß es, Schnee und Wasser gäbe es nur für die Russen, Deutsche sollten dürsten. So ging es tage- und wochenlang. Unsere Verpflegung war täglich zwei Scheiben getrocknetes Brot und ein Stückchen Salzhering von ca. 1—2 cm.

Die Sterblichkeit war erschreckend. Am Ende des Zuges waren zwei große Waggons zur Aufnahme der Toten, diese waren bis Moskau vollgepackt mit nackten Leichen. Jeden Morgen wurden die Verstorbenen entkleidet und in diese Waggons geschleppt.

Nach drei Wochen waren wir in Moskau, wo eine höhere Kommission unseren Transport besichtigte. Sie stellte fest, daß wir nur noch arbeitsunfähig wären und schimpfte auf das Zugpersonal. Das Geschimpfe machte unsere Toten nicht wieder lebendig. In den Männerwaggons fehlten von ca. 90 Eingeladenen oft über die Hälfte, oft fehlte vier Fünftel. Unser Zugpersonal war während der ganzen Fahrt betrunken und quälte uns nach jeder Richtung, Vergewaltigungen und Schläge waren an der Tagesordnung. Von der Kommission über unseren Zustand zur Rede gestellt, behaupteten sie, sie hätten in Insterburg die Weisung erhalten, möglichst viel von uns unterwegs umkommen zu lassen.

Einen Tag vor dem Umladen wurden wir zum Baden und Säubern geführt. Es war nichts Menschenähnliches mehr, was die Waggons verließ. Verdreckt, voller Ungeziefer, Angst in den aufgedunsenen Gesichtern, verließen wir unsere mit Kot und Unrat gefüllten Wagen, — seit Wochen die erste Waschung! Nach dem Bad fuhren wir noch einen Tag, wir hatten unseren Bestimmungsort erreicht, wenn auch nur als zerbrochene Menschen. Wir waren in einem Lager im Gouvernement Samara in der Nähe der Stadt Kuibischew.

Am 6. März kamen wir dort an und hatten infolge unseres Zustandes eine Ruhezeit von drei Wochen. Nach dieser Zeit wurden wir untersucht und wir Arbeitsfähigen zur Arbeit in einer Ziegelei eingeteilt. Wir mußten eine Norm erarbeiten, das Schlimme war nur, die Norm wuchs mit unserer Leistung. Trotzdem rissen wir uns nach der Arbeit, weil wir Arbeiterinnen täglich in der Ziegelei eine warme Kohlsuppe erhielten. Unsere Körper waren aber bereits verbraucht. Als wir am 15. September 1945 gezählt wurden, wurde festgestellt, daß von 2 800 Eingelieferten noch 700 von uns lebten.

Von diesen 700 wurden 130, darunter auch ich, ausgesucht und wieder verladen. Wir wurden wieder eingepfercht, blieben sechs Tage unterwegs, ... als Verpflegung bekamen wir täglich zwei Scheiben trockenes Schwarzbrot. Im Lager waren wir schon wieder ein wenig körperlich vorwärtsgekommen, das ging uns durch die Fahrt wieder verloren. Eine von uns Frauen wurde unterwegs irre. Als wir ausgeladen wurden, gab es wieder Geschimpfe der russischen Offiziere auf die Begleiter, aber was half es. Wir wurden jedenfalls im neuen Lager bei Insa menschlich behandelt und auch ärztlich betreut. Drei Wochen hatten wir wieder Erholung, dann arbeiteten wir wieder in einer Ziegelei.

Inzwischen war es Winter geworden, den Rest unserer Habseligkeiten hatte man uns schon im ersten Lager abgenommen. Strümpfe hatten wir nicht, so hieß es, jeden Morgen barfuß in die gelieferten Filzstiefel steigen. Der Filz wurde feucht, und manchmal froren die Füße an die Stiefel an, es war bei 36^0 kein Wunder. Viele wurden krank, ich brach am 6. Dezember 1945 zusammen, später kam ich ins Lazarett. Ich hatte Ausschlag am ganzen Körper, Herzkrämpfe usw., alles infolge Vitaminmangel. Ich muß betonen, daß dort die russischen Offiziere uns anständig behandelten und auch mit uns Mitleid zeigten.

Am 9. März 1946 kam ich ins Krankenhaus, wo ich bis Ende August 1946 lag. Mein Leiden wurde immer schwerer. Meine Herzanfälle wiederholten sich öfter, die Schmerzen [wurden] größer. Ich lag als einzige Deutsche im Krankenhaus, müßte aber lügen, wenn ich mich über die Behandlung beschweren würde. Ärzte und Personal gaben sich mit mir die größte Mühe. Aber eines Tages kam nach Ansicht der Ärzte und auch nach meiner Ansicht das Ende. Ich wurde besinnungslos. Aber ich kam wieder zu mir, meine Wunden brachen auf, und mein geschwollener Körper gab das Wasser von sich, ich war gerettet.

Mitte September 1946 wurde ich als dauernd arbeitsunfähig entlassen und kam nach Westdeutschland.

Nr. 142

Erlebnisbericht von Frau A. K. aus G e r d a u e n i. Ostpr.
Original, 18. März 1951.

Festnahme durch die Russen, Transport von Insterburg nach dem Ural; Zwangsarbeit bis Januar 1947.

Am 13. Februar 1945 wurde ich in Gerdauen, Ostpreußen, von Soldaten der Roten Armee vom Wagen geholt, von meinen Eltern getrennt und zur Kommandantur gebracht. Dort befanden sich schon viele Frauen und Mädchen, und es hieß, wir müßten für einige Tage zur Arbeit dableiben. In der Gebetskapelle am Markt wurden wir von Posten bewacht. Eines Nachts mußten wir Lastkraftwagen besteigen, und im Morgengrauen kamen wir in Pr.-Eylau an. In den Gefängniszellen fanden wir viele Schicksalsgenossinnen vor, hauptsächlich aus den Kreisen Pr.-Eylau, Elbing und Königsberg. Es ging das Gerücht um, daß wir alle nach Rußland gebracht werden sollten. Und tatsächlich wurde dies wahr, denn eines Nachts mußten wir erneut Lastkraftwagen besteigen, und bei großer Kälte kamen wir am 18. Februar auf dem Bahnhof Insterburg an. Als wir dort die endlose Reihe der Güterwagen stehen sahen, wußten wir alle, was uns bevorstand.

Bei menschenunwürdiger Behandlung wurden wir von den Posten in die Waggons gestoßen. In meinem Waggon befanden sich Frauen und Mädchen im Alter von 15—60 Jahren. Weder Stroh noch Pritschen waren vorhanden, und so saßen wir, vor Kälte zitternd, auf dem Boden des Wagens. Je weiter der Zug nach Osten rollte, je kälter wurde es, und schon gab es die ersten Kranken infolge der schlechten Verpflegung (nur Wassersuppe und hartes Brot) und der großen Kälte. Uns stand auch noch etwas Fett, Zucker und Fisch zu. Jedoch befanden sich in unserm Waggon sechs Polenmädchen, die das Essen verteilten und uns um die Tagesration betrogen. —

Die ärztliche Betreuung war sehr schlecht. Für die vielen erfrorenen Gliedmaßen war keine Salbe, kein Verbandmaterial da, für die anderen aufgetretenen Krankheiten waren keine Medikamente vorhanden. Wir mußten es mitansehen, wie die Kranken mit dem Tode rangen und starben. Wenn wir dann die Posten baten, die Leichen herauszunehmen, so schlugen sie höhnisch grinsend die Waggontür zu und entfernten die Leichen erst nach 1—2 Tagen. Im Laufe der vier Wochen dauernden Fahrt, die uns allen zur Qual wurde, starben in meinem Waggon zehn Frauen. —

Am 18. März 1945 wurden wir in einem Durchgangslager im Vorural (der Name ist mir entfallen) ausgeladen. Der größte Teil der Frauen war von den Strapazen der Fahrt so geschwächt, daß sie hier blieben. Wir anderen, die wir uns noch aufrecht erhalten konnten, mußten noch 20 Kilometer bis zum nächsten Lager gehen. Nach ca. 10 Kilometer Fußmarsch waren auch unsere Kräfte so erschöpft, daß wir am Straßenrand in den Schnee sanken. Vorüberfahrende LKWs. brachten uns in ein Flußlager (Name entfallen).

Wenn wir nun glaubten, uns einige Tage ausruhen zu können, so hatten wir weit gefehlt, denn schon am nächsten Tag empfingen wir Wattezeug (Jacke, Hose und Mütze) und Filzstiefel. Wir wurden in Arbeitskommandos eingeteilt, empfingen Axt und Säge, und unter Postenbewachung mußten wir in kniehohem Schnee steile Berge, die zum Wald führten, erklimmen, Bäume fällen, die Stämme zersägen und stapeln. Wenn wir vor Kälte die Axt in den verklammten Händen kaum noch imstande waren zu halten, so erlaubten die Posten oder die Brigadiere (Antreiber zur Arbeit), daß wir uns ein Feuer anzünden konnten, die Glieder zu erwärmen. — Bei dieser uns Frauen ganz ungewohnten Arbeit, hieß es Normen schaffen, d. h. je mehr Bäume wir fällten, sägten und stapelten, je größer war die Brotportion, und statt einer gab es dann zwei Kellen Kascha (Grützbrei) oder zwei Kellen Kapusta (Kohlsuppe). So mußten wir manche Antreibung durch den Kommandanten oder die Brigadiere über uns ergehen lassen. —

Kurz vor Weihnachten kamen wir in ein anderes Lager, dort war es unsere Aufgabe, die Bahnstrecke von den großen Schneeverwehungen frei zu halten. Und mein Leben lang werde ich den 1. und 2. Weihnachtsfeiertag 1945 nicht vergessen, als wir bei eisigem Schneesturm die Strecke säubern mußten. Bei dem Gedenken an unsere Lieben in Deutschland traten uns die Tränen in die Augen und rollten als Eisperlen über die Wangen.

Im März 1946 wurde unser Lager nach Konratow, in der Nähe der Stadt Kisel und Molotow, verlegt, einem großen staatlichen landwirtschaftlichen Besitz, ähnlich unserer Domänenverwaltung. Hier durften wir uns etwas freier bewegen und hatten nicht mehr die Posten mit dem Gewehrkolben hinter uns. Unsere Antreiber zur Arbeit waren weibliche Brigadiere, wahre Bestien in Menschengestalt, die uns ständig schikanierten und demütigten. War es nun beim wochenlangen Schneetragen aus den Frühbeetanlagen der Gärtnerei oder beim Gemüsesäen und -pflanzen, Unkrautjäten, Gemüse- und Getreideernten, immer waren es die weiblichen Brigadiere, die Übermenschliches von uns verlangten und denen wir im Normenschaffen nie genug tun konnten. Bis in den Spätherbst hinein waren wir bei der Kartoffel- und Rübenernte dem feuchtkalten Wetter ausgesetzt. Selbst als schon Schnee lag, mußten wir die Rüben aus der Erde bergen, und die weiblichen Brigadiere standen mit zähnefletschenden Gesten hinter uns.

Durch die körperlichen Überanstrengungen hatte meine Gesundheit sehr gelitten, und Anfang November 1946 wurde ich wegen körperlicher Schwäche und Unterernährung einem Lazarett überwiesen, wo ich bis Ende Januar 1947 blieb. Dort wurde ein Krankentransport nach Deutschland zusammengestellt, und ich hatte das große Glück, darunter zu sein. Am 29. Januar setzte sich der Transportzug vom Bahnhof Kisel in Bewegung.

Es war für uns alle ein kaum faßbares Gefühl, daß wir nach zwei Jahren unsere Angehörigen wiedersehen sollten. Die Rückfahrt, wieder im Güterwagen, war nicht mehr so qualvoll als die Hinfahrt, da jede von uns über eine Holzpritsche verfügte und die Verpflegung auch etwas besser war.

Unvergeßlich wird mir der 19. Februar 1947 sein, als wir uns der Stadt Frankfurt/Oder näherten, und aus übervollem Herzen stimmten wir das Lied „Großer Gott, wir loben dich" an. Wir waren wieder in Deutschland, wenn wir uns die Heimkehr auch ein wenig anders vorgestellt hatten, so waren wir doch froh und glücklich, das so oft gepriesene Sowjetparadies weit hinter uns zu haben. —

Nr. 143

Erlebnisbericht der Gerlinde Winkler aus D ö r b e c k , Kreis E l b i n g i. Westpr. Original, 25. Juni 1951.

Verschleppung von Frauen und Männern über das Sammellager Insterburg in die Sowjetunion, Verhältnisse in verschiedenen Lagern des Bezirkes Tscheljabinsk bis zum Rücktransport von Kranken und Arbeitsunfähigen im Juni 1948.

Am 27. Januar 1945 brach in mein Heimatdorf Dörbeck die russische kämpfende Truppe ein. Nur sechs Familien waren aus unserm Ort geflüchtet. Ich selbst war auch zu Hause auf dem Hof meiner Eltern geblieben.

Vfn. schildert kurz das übliche Verhalten der Rotarmisten und fährt fort:

Vierzehn Tage lang beehrte uns die russische Besatzung des Elbinger Panzergrabens mit ihrem Besuch und hieß dann Lebensmittel allerorts mitgehen. Dann kamen die Besatzungstruppen. Aus unserm Wohnhaus trieb man uns innerhalb einer halben Stunde. Wir fanden bei unserm Nachbarn mit noch 40 anderen Leidensgefährten in einem Raum Unterkunft. Eines Abends holte man uns Mädel, junge Frauen ohne Kinder und Männer zur angeblichen Arbeit. Doch daraus wurde eine nächtliche Vernehmung. Zwei Mädels griffen sich die Russen heraus und vergewaltigten sie, und unsere deutschen Männer mußten tatenlos zusehen. Nach dieser schlaflosen Nacht ließ man uns noch für zwei Tage zurückgehen, um uns dann am dritten Tag von der GPU. abends wieder einzufangen.

Man trieb uns unter schärfster Bewachung, sozusagen als Schwerverbrecher, in ein kleines Zimmer [eines Hauses] der unteren Dorfhälfte. Dort fanden wir schon eine Anzahl Mädchen und Frauen vor. Unsre Männer waren im Nachbarhaus untergebracht. Auf engstem Raum zusammengedrängt, saßen wir dort drei Tage.

Am 17. Februar gings zu Fuß bis nach Schwangen, Kreis Pr. Holland. Ein eingeräumter Kuhstall diente als Quartier. In den drei Tagen Aufenthalt gab es stets nur nachts Vernehmungen. Und wieder zu Fuß weiter bis nach Pr. Holland. Hier sperrte man die Männer unten im Kohlenkeller ein, uns Frauen ließ man oben in zwei kleinen Räumen hausen. Fenster durften nicht geöffnet werden, aus Angst, daß wir eventuell ausrücken könnten. Zweimal am Tag durften wir unsere menschlichen Bedürfnisse draußen im Schnee erledigen. Waschen war Nebensache. Einmal am Tag gab's eine dünne mit Maden durchsetzte Erbsensuppe. Der Erfolg blieb dann auch nicht aus. Viele erkrankten an Ruhr, darunter auch eine Base von mir.

Von Pr. Holland gings mit LKW. weiter nach Bartenstein direkt ins Zuchthaus. Ich lag in einer 1-Mann-Zelle mit noch 30 Frauen zusammen. Die Enge war unerträglich, so daß unsere Beine nur noch ein unentwirrbares Knäuel bildeten. Unsere Arbeit: „Kohldampf schieben!" Die ruhrkranken Frauen durften nur einmal am Tag zum Austreten. Ein unverschließbarer Eimer wurde mit dem Bemerken: „Hier habt Ihr deutschen Schweine", hineingestellt. Der Gestank war unerträglich. Das kleine Fenster durfte nicht geöffnet werden.

Auf LKW. verfrachtet brachte man uns nach Insterburg, als angebliche „Schwerverbrecher" natürlich zum Zuchthaus. Nächtliche endlose Namensaufrufe. Mit unsern Namen konnten die Herren einfach nicht fertig werden.

Im Morgengrauen des 3. März wurden wir dann auf dem Güterbahnhof Insterburg je 50—52 Frauen in Viehwaggons verladen. Eng aneinander geklammert gingen wir Frauen von Dörbeck, um uns ja nicht zu verlieren. Aber wie der Waggon aussah, ist unbeschreiblich. Der Kot vom letzten Viehtransport schmückte die Wände. Mit unsren Leibern haben wir den am Boden liegenden Schnee trocknen müssen. Man ließ uns nicht Zeit, den Schnee hinauszukehren, denn sofort hinter der letzten Frau wurde der Waggon von außen verriegelt aus der Angst heraus, eine von uns könnte in letzter Minute entrinnen. — Die Männer von Dörbeck, darunter auch mein Bruder, wurden in einen etwas größeren Waggon mit 80 Mann gepfercht. — Mit angezogenen Knien haben wir gesessen, hinlegen konnte sich nur der, der wirklich nicht mehr konnte, dafür haben dann aber drei stehen müssen. Trockenbrot (Krümel), das ja unsere ganze Nahrung war, verabreichte man uns am Vormittag und [am] Nachmittag eine Wanne oder Eimer mit eisbelegtem Wasser. Das kam auch gar nicht so genau drauf an, ob das Wasser sauber war oder ob verweste Tiere drin gelegen hatten ... Durch Zufall hatte meine Base, Erika Winkler, eine Konservendose behalten, und ein kleines Töpfchen fand sich ebenfalls noch. Damit wurde nun gierig getrunken, denn jeder wollte ja zum mindesten einen Schluck davon ab haben.

Bei diesen 21 Tagen Fahrt kochte man uns dreimal warmes Essen. Anneliese Gaese, meine Base, die schon in Pr. Holland an Ruhr erkrankt war, starb am 19. März 1945. Die Leiche ließ man uns drei Tage im Waggon liegen, ohne sich darum zu kümmern. Zwei weitere Frauen starben, die Namen sind mir jedoch entfallen. Einem jungen Mädel waren die Zehen erfroren. Kein Russe hat sich blicken lassen. Ich selbst habe ihr die Füße verbunden, da ich zufällig Verbandsmaterial mithatte. Im Lager Maschalinka[1]) sind dem Mädel von einer russischen Schwester mit einer Schere alle zehn Zehen abgeschnitten worden. Die Blutvergiftung folgte sogleich auf dem Fuß. Innerhalb eines Tages starb dieses Mädel.

Am 23. März lud man uns aus. Die zwei Kilometer vom Bahnhof bis zum Erdbarackenlager Maschalinka war für mich eine Qual sondergleichen. Die Knie, durch den Transport dermaßen geschwächt, bogen einfach nicht und versagten vollkommen. Die Unterkunft war außerordentlich schlecht. Unsere Betten waren zweistöckige Holzgestelle. Strohsäcke existierten in den ersten 14 Tagen überhaupt nicht. Die kahlen Bretter waren für uns gut genug. Später durften wir uns dann Strohsäcke stopfen gehen von irgendeinem, durch die

---

[1]) M. gehörte zum Lagerbezirk von Tscheljabinsk.

große Kälte ausgefrorenen Dunghaufen. Die Decken, die wir noch von Hause besaßen, wurden uns fortgenommen und den Kranken im sog. Lazarett gegeben. Ich habe mich persönlich mit einem dünnen Mantel zudecken müssen, und mein zweites Kleid, das ich von Hause in aller Eile mitraffen konnte, diente als Matratze. Nachts entkleiden konnte man sich der unendlich vielen Wanzen [wegen] nicht.

Das Lazarett, das genau so aussah wie die Baracken der Gesunden, war vom ersten Tage an überbelegt. Doch der Tod schaffte immer wieder Platz. Es war eine Seltenheit, wenn nicht täglich fünf Männer und Frauen starben. Von ungefähr 600 Lagerinsassen starben 380. — Die russische Schwester, die das Lazarett unter ihrer Obhut hatte, trat jeden Morgen mit der Frage: „Frau kaputt?" an die Nachtwache heran. Wenn ja, so strahlten ihre Augen förmlich vor Freude, jedoch war's das Gegenteil, so wich man ihr am besten aus, denn dann ließ sie ihre Wut an unseren Pflegerinnen aus. Der erste russische Arzt, der nach einem Monat in Maschalinka eintraf, hat wohl vielen Patienten die Krankheit erleichtert, aber ihm waren die Hände gebunden. Er erhielt kein ordentliches Verbandsmaterial, keine ausreichenden Medikamente.

Nach zehntägiger Quarantäne beschäftigte man uns mit der unsinnigsten Lagerarbeit und Säuberung. Innerhalb eines Monats waren wir bei der „guten Verpflegung" (dreimal täglich dünne Kohlwassersuppe, die Fettaugen konnte man mit der Lupe suchen, 600 g trockenes Brot und zum Mittag einige Eßlöffel Hirse- oder Haferbrei) soweit gekräftigt, daß schon einige Frauenbrigaden zum Kohlenschacht über Tage geschickt werden konnten. Eine Männerbrigade ging gleichfalls zum Schacht unter Tage, darunter auch mein Bruder. Nach der ersten Gesundheitskommission wurde ich Arbeitsgruppe 1 und wurde daher auch für Untertagearbeit tauglich. Kniend haben wir Kohle geschippt, denn der Stollen war ja nur 1,50 m hoch. — In diese vier Wochen Schachtarbeit fielen auch die Vernehmungen. Die unsinnigsten Behauptungen wurden von den Russen aufgestellt, und wenn man diese bestritt, wanderte man für die Nacht in den Karzer, am Tage natürlich zum Schacht.

Am 13. Juli 1945 wurde ich von meinem Bruder getrennt. Meine Schwägerin und ich kamen in das Lager Rosa. Dort war die Sterblichkeitsziffer noch höher als in Maschalinka, 10—12 Personen täglich. Fast alle starben an Unterernährung, Ruhr, Wasser, Mundfäule. — Vom Lager Rosa schickte man uns auf Kolchose. Da gabs dann, ob Alltag, ob Sonntag, von Sonnenaufgang bis -untergang schwere Feldarbeit.

Anfang Oktober 1945 hieß es, wir würden entlassen, doch man lud uns nach fünf Tagen wieder aus und steckte uns in das Kriegsgefangenenlager Kystim. In diesem Lager herrschte wenigstens Ordnung und Sauberkeit, auch in sanitärer Hinsicht, dank der deutschen Lagerführung. Deutsche Fachärzte, die unter den Kriegsgefangenen waren, betreuten Ambulanz und Lazarett. Die Arbeitszeit war geregelter, so daß man auch etwas für die Erhaltung der Kleider sorgen konnte. Im Januar 1946 gings dann zum Schneeschippen bei 54 Grad Kälte. Vielen sind dabei Hände und Füße erfroren.

Am 30. April 1946 transportierte man eine Anzahl Frauen und Männer auf offenen Waggons zum Sammellager Tscheljabinsk zum angeblichen Heimattransport. Bei dieser Fahrt habe ich mir auch die Malaria geholt. Zu dem Lager Tscheljabinsk gehörte die Gärtnereikolchose Parnikowa. Mit LKW.

wurden wir zu dieser geschafft. Dort gabs viel Arbeit, und man wurde einfach gezwungen, die hohe Norm in der Arbeit zu schaffen. Jedoch wurde es geschafft, gabs am nächsten Tage einen höheren Normsatz. Wir waren ja billige Arbeitskräfte, aus denen die Russen alles herausholen konnten. — Anfang Oktober 1946 durften wir zum ersten Mal eine Heimatkarte mit 25 Worten nach Hause bzw. nach Deutschland schreiben.

Im Winter 1946/47 wurden wir auf eine Kolchose Smolino geschickt. Die Verpflegung war dort furchtbar. Buchstäblich nur reines Wasser zum Abend. Wer seine Arbeitsnorm nicht erfüllt hatte, bekam täglich nur 500 g Brot. Ich selbst war einfach nicht mehr fähig zu arbeiten. — Dann fuhr Mitte März 1947 ein LKW. mit Frauen wieder zum Lager zurück. Auch ich hatte das Glück, auf eine Weile ins Lager als OKD. (Dystrophiker[1]) zu kommen und auszuruhen. Lange dauerte diese Erholung jedoch nicht. Schon war ich innerhalb acht Wochen wieder arbeitsfähig für die schwere Arbeit im Panzerwerk Tscheljabinsk. Tagaus, tagein 8—10 Stunden schwere Eisenabfälle gekarrt. — Im Juli 1947 bekam ich die erste Heimatpost.

Den Winter 1947/48 verbrachte ich auf der Kolchose Tomino bei schwerer Holzarbeit draußen im Wald bei starker Kälte und überkniehohem Schnee. Mit Ochsenschlitten fuhr man in den Wald. Der großen Kälte wegen mußten wir jedoch zu Fuß laufen, um nicht mit erfrorenen Gliedern in die Baracke zu kommen. Müde und erschöpft fiel man abends auf seine Pritsche.

Von Februar bis Mai 1948 gings dann wieder zur Arbeit in die Panzerfabrik. Ich klagte zu der Zeit über Schmerzen in der Nierengegend. Doch unser deutscher Ambulanzarzt konnte mich nicht krank schreiben, da ich kein Fieber hatte. Wer fieberfrei war, war eben nicht krank! So habe ich mich 14 Tage lang mit einer Nierenkapselvereiterung herumschleppen müssen. Bis ich eines Tages umfiel und mit 38° Fieber endlich ins Lazarett eingewiesen wurde. Man brachte mich in ein russisches Stadtlazarett zur Operation. Selbige hat ein russischer Arzt ausgeführt. Nach 14 Tagen dortigen Aufenthalts wurde ich wieder ins Lazarett gewiesen.

Am 17. Juni 1948 bin ich zum Heimattransport verladen worden. Aus dem Lager Tscheljabinsk (7602) fuhren nur Kranke und Schwache nach Hause. In Brest Litowsk hielt man noch eine letzte Leibesvisitation ab, um jegliche Schriftsachen oder Adressenmaterial zu vernichten, nur um das Los der noch Zurückgebliebenen zu erschweren. Am 28. Juni 1948 trafen wir in Frankfurt a. d. Oder ein.

Nr. 144

Erlebnisbericht des Bauern Peter Koy aus T o l k e m i t , Kreis E l b i n g i. Westpr. Original, 21. Dezember 1952.

Verschleppung nach Rußland im Februar 1945.

Am 17. Februar 1945, wir saßen gerade beim Mittagstisch, erschienen, wie schon oft, plötzlich fünf bewaffnete Russen bei uns. Sie durchsuchten das ganze Haus nach Kleidungsstücken, Wäsche und anderen für sie brauchbaren Gegenständen, dann fragten sie jeden von uns nach dem Alter und forderten zwei Schwägerinnen von mir, die bei uns Zuflucht gesucht hatten, und mich auf, uns

---
[1]) Vgl. Bd. I, 2, S. 5, Anm. 1.

anzuziehen, für zwei Tage Verpflegung einzupacken, denn wir müssen sofort zwei Tage lang zur Arbeit, und zwar sollten die Frauen Hausarbeit und die Männer Aufräumungsarbeiten verrichten. Bis Tolkemit wurden wir auf einem auf meinem Hofe bereitstehenden Wagen mitgenommen. Als wir abgestiegen waren, führte man uns in eine Wohnung, in der schon 28 Menschen aus Tolkemit und Kadinen zusammengetrieben waren. Nachdem man den Männern die guten Stiefel ausgezogen, gegen schlechte vertauscht und einige Mädchen und Frauen im Nebenzimmer vergewaltigt hatte, wurden wir in Marsch gesetzt.

Von Tolkemit gingen wir bis zum Grundstück des Herrn Andr. Haussmann, Abbau Neukirch-Höhe (Steinberg genannt). Dort angekommen, mußten die Frauen schnell die letzten Hühner vom Hof für die Russen kochen; inzwischen wurden sie von den auf dem Hof mit der Abfuhr des Getreides beschäftigten Russen ebenfalls geschändet. Eine Flucht von hier nach Hause wäre mir geglückt, weil nicht weit vom Hofe Strauchwerk und etwas weiter Wald war, der an die Staatsforst Stellinen-Hohenwalde und die Forst von Kadinen Anschluß hatte, von denen mein Hof nur ein paar hundert Meter entfernt lag. Nach einigem Überlegen gab ich den Gedanken auf, weil ich meine Familie dadurch nicht in Gefahr bringen wollte, denn man wußte ja, von wo man mich geholt hatte.

Mit Eintritt der Dämmerung ging es weiter über Neukirch-Höhe nach Kreutzdorf, Kreis Braunsberg, auf das Gehöft des Bauern Naser, dort wurden wir in ein kleines Oberstübchen, in dem auch schon einige Menschen waren, eingepfercht. Nachdem wir dort einige Stunden gestanden hatten, sitzen konnte keiner, weil dazu kein Platz war, gingen die Vernehmungen los, und zwar wurden jedesmal drei Mann runtergeholt und an drei verschiedenen Tischen vernommen, als Dolmetscher fungierten ehemalige Ostarbeiter, die uns nicht gerade freundlich behandelten. Nach der Vernehmung ging es wieder nach oben. Gegen Morgen war alles durch. Ein russischer Zivilist kam zu uns und erklärte uns, daß wir in ca. 14 Tagen in unserem Beruf arbeiten werden.

Als es hell war, wurden wir unter Bewachung von zwei mit Maschinenpistolen bewaffneten russischen Soldaten mit uns unbekanntem Ziel in Marsch gesetzt. Da ich die Gegend kannte, wußte ich, daß wir nach Mühlhausen gingen. Von da aus wanderten wir die Chaussee in Richtung Pr. Holland. Gegen Abend kamen wir in ein Dorf, ca. neun Kilometer von Pr. Holland entfernt, und da einige Frauen von dem Marsch sehr ermüdet waren, wurden wir auf einen verlassenen Bauernhof geführt, um hier ein wenig auszuruhen. Auf dem Hof war kein lebendes Wesen mehr zu finden; nur in der Speisekammer standen noch zwei Kälber, von denen eines geschlachtet wurde, und da wir auch noch ein paar Kartoffeln fanden, mußten die Frauen, die dazu noch fähig waren, ein Essen bereiten. Obwohl wir 24 Stunden kaum etwas gegessen hatten, wollte es keinem schmecken, da wir nicht wußten, was man mit uns vorhatte und was uns die nächsten Tage oder gar Stunden bringen würden.

Am Abend holten wir uns ein bißchen Stroh rein und legten uns hin in der Hoffnung, ausruhen zu können. Leider hatten wir uns verrechnet, denn gegen Mitternacht kamen einige in der Umgegend stationierte Russen, durchsuchten das Haus, und das Theater mit den Frauen ging von vorne los. Wenn die Frauen sich weigerten, wurden sie durch Fußtritte und Kolbenschläge dazu gezwungen. Nach der zweiten durchwachten Nacht ging es dann weiter nach

Pr. Holland. Hier angekommen, wurde den Frauen das Gepäck, das die Männer ihnen auf dem langen Marsch getragen hatten, abgenommen, Frauen und Männer gesondert und, soweit vorhanden, in leere Stuben, sonst aber in Ställe und Keller hineingepreßt.

Bevor wir in unsere Unterkunft kamen, konnte ich beobachten, wie mehreren Frauen, die aus einer anderen Gegend hierhergebracht waren, die Kinder abgenommen wurden und in ein Haus in eine angrenzende Straße gebracht wurden. Eine mir unbekannte Frau aus Tolkemit, die bei einem russischen Kommandanten beschäftigt [war], sagte mir, daß die Kinder alleine in einem Gebäude untergebracht und dort verhältnismäßig gut verpflegt und behandelt [wurden], um dann in ein russisches Kinderheim gebracht zu werden, wo sie nach russischem Muster erzogen werden sollten. Meine Schwägerinnen kamen in einen kleinen Stall, der so stark besetzt war, daß diese bedauernswerten Menschen nur stehen konnten. Ich dagegen kam mit vielen anderen Männern in einen Keller, in dem wir zwei volle Wochen zubringen mußten.

Die Verpflegung bestand während dieser Zeit aus täglich einer Tasse dünner Kartoffelsuppe, sonst gab es nichts; es war ein großes Glück, daß die meisten Leute vom Lande waren und ein gutes Stück Speck oder Schinken bei sich hatten. Morgens und abends wurden wir fünf Minuten auf den Hof gelassen, damit wir unsere Notdurft verrichten konnten. Für den Bedarf in der Zwischenzeit stand uns eine offene Tonne, die auch im Keller war, zur Verfügung. Entleert wurde dieselbe bei unserem oben erwähnten Ausgang auf dem Hof.

Die ersten Tage ging es noch; da aber immer mehr Leute hinzukamen, wurde der Platz immer kleiner und die Luft immer schlechter. Wenn man aus dem überfüllten Raum schwitzig und erhitzt ins Freie kam, konnte man leicht atmen, und man merkte dann erst, wie schlecht die Luft im Keller war, zumal die meisten Insassen der schlechten Ernährung wegen einen furchtbaren Durchfall hatten. Und doch war man froh, wenn man wieder unter Dach war, weil der Körper durch die ungewohnte, man kann sagen, menschenunwürdige Lebensweise merklich schwächer wurde. Die ersten Toten, die wir hatten, wurden im Garten hinter dem Hof beerdigt, man wußte ihre Namen kaum, und heute — sieben Jahren — suchen ihre Familien noch nach ihnen.

Am 3. März kam eine große Kolonne Lastautos amerikanischer Herkunft. Wir mußten aufsteigen, ein Posten mit Gewehr hinzu, und fort ging es stundenlang durch zerschossene ostpreußische Städte und Dörfer bis spät in den Abend hinein. Auf den Straßen, Chausseegräben und Feldern lagen noch gefallene Soldaten, Zivilisten, Pferde und umgekommene Kühe. Ebenfalls lagen dort Wagen, Panzer, Betten und anderer Hausrat herum; es war ein trostloses Bild.

In Gerdauen wurde haltgemacht, weil der Treibstoff für die Fahrzeuge zur Neige ging und erst welcher besorgt werden mußte; in einem Saal einer Vergnügungsgaststätte wurden wir für die Nacht untergebracht, und am nächsten Tag ging es weiter nach Insterburg.

Auf dem Hofe des alten Zuchthauses wurden wir abgeladen, in einen großen Raum geführt und unsere Papiere und Personalien geprüft. Dann wurden 45—50 Mann in eine kleine Zuchthauszelle gesteckt, in die man ein großes Regal mit drei Etagen gebaut hatte, auf das sich einer neben den anderen legen mußte, nur damit wir Platz hatten. Die Fenster waren mit Brettern vernagelt. Dadurch war die Luft schlechter und die Hitze noch unerträglicher wie in Pr. Holland. Die Behandlung war dieselbe, nur bekamen wir hier täglich ein Stückchen Brot und einmal am Tage eine warme Suppe. Nachdem wir zwei Tage hier zugebracht hatten, wurden wir namentlich aufgerufen und in einen ehemaligen Arbeitsraum der früheren Zuchthäusler, der auf dem Hofe lag, gebracht. Die Fensterscheiben waren sämtlich kaputt, und da wir noch schwitzig waren und draußen ein rauher Wind mit Schneetreiben herrschte, haben wir in dieser zugigen Bude furchtbar gefroren. Zwischendurch wurden wir noch einmal nach Uhren, Messern und anderen Sachen durchsucht.

Kurz vor Eintritt der Dämmerung ging es zum Bahnhof. In jeden der bereitstehenden Viehwagen wurden 40—50 Mann, Frauen und Männer getrennt, gesteckt, die Türen geschlossen, und nun warteten wir geduldig wie Schafe auf unsere Abfahrt bis zum anderen Vormittag. Die Reise ging durch eine uns fremde Gegend, man sah nur an der Bauart der Häuser, Bauerndörfer und den Pferdefuhrwerken, daß wir uns von Deutschland entfernten. Je länger wir fuhren, je primitiver wurde alles. Während der Bahnfahrt gab es täglich einmal Verpflegung, die aus einer Scheibe Röstbrot und einer Tasse Wasser pro Mann und für alle Insassen des Wagens einem Pfund deutschen Schmelzkäse bestand, hin und wieder gab es auch einen Löffel Zucker. Das Wasser wurde irgendeiner Pumpe, Graben oder Teich entnommen. Vor der Ausgabe wurden die Toten herausgenommen und in einen hierzu mitgeführten leeren Waggon gebracht. Am Ende unserer Fahrt waren es gegen 200 geworden. Dreimal ist es vorgekommen, daß wir drei Tage hintereinander überhaupt nichts bekamen, und da wir alle furchtbaren Durst hatten, befestigten wir ein Stück Bindfaden an eine leere Käsedose und ließen diese, nachdem wir die provisorische Abortrinne entfernt hatten, durch ein kleines Loch der Türe neben den fahrenden Zug in den Schnee fallen und mitschleifen, bis sie voll war. Dann wurde sie eingezogen, entleert und wieder hinausgelassen. Zum Schluß wurde dann der auf diese Weise gewonnene Schnee brüderlich geteilt.

Am 18. März hielten wir auf einer Station in der Nähe einer größeren Stadt. Man sagte uns, daß wir in einem Vorort von Moskau seien. Die Türen wurden geöffnet, eine Feldküche erschien und teilte einen verhältnismäßig guten Eintopf aus. Satt wurde davon niemand. Spät abends, es kann auch Mitternacht gewesen sein, wurden wir aus dem Wagen geholt und zu einer Bade- und Entlausungsanstalt geführt. Nachdem wir uns entkleidet und die Sachen auf mit Nummern versehene Wagen gehängt hatten, ging es zum Duschraum, in dem wir etwa 60 Duschen vorfanden. Ein jeder bekam ein kleines Stückchen Kernseife, und dann haben wir uns tüchtig gewaschen. Es war auch höchste Zeit, denn seit dem 17. Februar hatten wir keine Gelegenheit dazu. Nach dem Bad mußten wir uns aufstellen, damit wir trocken wurden, denn Handtücher hatten wir keine mehr. Als wir trocken waren, wurden wir in einen großen, mit Fliesen ausgelegten Raum, den sogenannten Ankleideraum, gebracht, um unsere Sachen wieder in Empfang zu nehmen. Da die Anstalt für solch einen Betrieb nicht eingerichtet war, mußten viele Leute, darunter auch ich, 45 Minuten warten, bis die Sachen fertig entlaust waren. Die sogenannte Entlausungskammer ist ein auf 125 Grad erhitzter Raum, in den die Sachen 45 Minuten gebracht werden. Ledersachen dürfen nicht mit, da sie gänzlich vertrocknen und brüchig werden.

Endlich war es soweit, die letzten Sachen kamen; doch fehlte manches Stück. Zum Schluß lief ein älterer Mann völlig nackend herum, denn von seinen Sachen war nichts da. Ein russischer Offizier nahm sich seiner an und durchsuchte mit einigen Posten die Arbeitsräume der dort beschäftigten Arbeiter und kleidete ihn mit den dort gefundenen Sachen wieder ein. Am nächsten Morgen ging es, nachdem wir ein Stück Brot und eine Suppe erhalten hatten, wieder weiter.

Nach sechstägiger Fahrt erreichten wir Kotlaß, die Türen wurden geöffnet, und eine Kommission, darunter eine russische Ärztin, suchte sich eine Anzahl noch arbeitsfähiger Leute für ein Arbeitslager aus. Die Ärztin sprach sehr gut deutsch und fragte jeden nach seinem Gesundheitszustand. Die Kranken und Schwachen wurden gesondert in einen Wagen gebracht. Obwohl meine Füße vom vielen Stehen schon arg geschwollen waren, meldete ich mich nicht, weil ich mit meinen Kameraden aus der Heimat zusammenbleiben wollte.

Nachdem wir wieder verpflegt waren, ging es weiter. Von Zeit zu Zeit hielt der Zug, und jedesmal ging ein Trupp in ein Lager. Am 26. März, es wurde schon dunkel, stiegen auch wir aus und wurden in ein dicht an der Bahn gelegenes Lager geführt. Das Gehen fiel uns allen sehr schwer, ja, wir schleppten uns nur noch mit letzter Kraft bis dorthin. Im Lager brachte man uns in einen Erdbunker, in dem Holzpritschen aufgestellt waren, und doch waren wir froh, daß wir uns nach langer Zeit setzen und hinlegen konnten; abends gab es noch einen Topf warmes Wasser zu trinken, und dann legten wir uns zum Schlaf hin. Obwohl wir keine Unterlage auf der Pritsche hatten, schliefen wir ganz gut.

Am nächsten Morgen gab es Frühstück, bestehend aus einer salzigen, dünnen Wassersuppe, ein wenig Grützebrei (Kascha genannt) und ein Stückchen Brot. Kartoffeln gab es nie. Von einem Dolmetscher wurden dann nochmals unsere Personalien aufgenommen, nach unserem Tun und Treiben in der Heimat gefragt, ob man Soldat war oder nicht, wieviel Pferde, Kühe, Schweine usw. man gehabt; auch die genaue Größe meines Besitzes mußte ich angeben; wann und wo gefangen, selbst von meinen Eltern mußte ich dieselben Angaben machen.

Gegen Mittag erschien der Kommandant, er tat sehr nett und sagte in gebrochenem Deutsch, daß wir uns 14 Tage erholen sollen, und dann geht es an die Arbeit. Am Nachmittag kam ein Friseur, der uns die Haare schnitt und rasierte. Der Arzt, der am folgenden Tag kam, schrieb uns nach der Untersuchung alle arbeitsunfähig, und das soll schon etwas heißen. Nach acht Tagen kam er wieder und fand schon eine ganze Anzahl arbeitsfähiger Leute, die dann am nächsten Tag zum Holzeinschlag gingen und mit dem Bau eines neuen Erdbunkers begannen.

Meine Füße wurden immer dicker, die Schienbeine und Waden schmerzten furchtbar; ich glaubte, daß sie jeden Augenblick aufplatzen würden. Dazu hatte ich einen furchtbaren Durst und Durchfall. Meine Kameraden, denen es auch so ging wie mir, die aber trotz Warnungen von fachkundigen Leuten sich nicht beherrschen konnten [und tranken], mußten ihren Leichtsinn mit dem Leben bezahlen. Es gab keinen Tag, an dem es nicht Tote gab. Da meine Füße nicht besser wurden, kam ich in die Revierstube des Lagers, und als das auch nichts half, wurde ich mit einigen anderen Leidensgenossen in ein Krankenlager 100 Kilometer östlich, in der Nähe von Archangelsk unweit des Weißen Meeres, geschickt.

Die Verpflegung war dort etwas besser, auch hatten wir auf den Pritschen dünne Strohsäcke liegen, so daß die durchgelegenen Stellen langsam heil wurden. Bei Einlieferung in dieses Lager wog ich mit voller Kleidung und Schuhen bei meiner Größe von 1,81 m noch 89 Pfund.

Nachdem ich acht Wochen dort war, mich ein bißchen erholt hatte — wir pflückten uns im Lager noch einiges Kraut und Klee, schnitten dasselbe kurz und mischten es in die dünne Suppe — wurde ich Barackenältester. Meine Aufgabe war es nun, den Kranken täglich zweimal Fieber zu messen, das Essen aus der Küche zu holen, und wenn einer starb — es waren auch manchmal mehrere an einem Tag —, mußte die Wache benachrichtigt werden, damit der Wachhabende sämtliche in seinem Besitz gewesenen Kleidungsstücke buchte, die dann restlos abgeliefert werden mußten. In einem Schuppen, die sogenannte Leichenkammer, wurde die Leiche noch nach Goldkronen untersucht, die dann, falls welche vorhanden, auch noch entfernt wurden. Jede Leiche wurde seziert, um die Todesursache festzustellen. Jeder Todesfall mußte, wie man uns sagte, innerhalb 2 Stunden an das Hauptlager gemeldet werden, und dieses mußte es dann sofort nach Moskau weitergeben.

Am nächsten Morgen vor dem Wecken wurden die Leichen splitternackt auf einen Bretterwagen geladen und in einem Massengrab beerdigt. Kein Mensch durfte mit; nur zwei Mann, die sogenannten Totengräber, schaufelten die Löcher, die sie vor ein paar Tagen vorrätig gegraben hatten, wieder zu. An einem Morgen wurde ich unfreiwillig Zeuge einer solchen Bestattung. Die Leichen lagen kreuz und quer auf dem Wagen, Arme und Beine hingen über die Wagenbretter; es war ein furchtbarer Anblick.

Das Lager war mit 360 Personen beiderlei Geschlechts im Alter von 13 bis 65 Jahren belegt. Von Zeit zu Zeit wurde das Lager mit neuen Kranken aus den umliegenden Arbeitslagern aufgefüllt. Die meisten dieser bedauernswerten Menschen verstarben auch hier sehr schnell, denn sie waren durch die von ihnen verlangte Arbeit, Norm genannt, und schlechte Ernährung seelisch und körperlich zugrunde gerichtet.

Am 23. August 1945 kamen wieder 100 Mann, darunter auch alte Bekannte aus meiner Heimat, die uns erzählten, daß sie von hier nach Hause kommen sollten. Wir glaubten schon gar nichts mehr, und dennoch wurden wir am 25. August sehr früh geweckt. Jeder, der aufstehen konnte, mußte draußen antreten, wurde namentlich aufgerufen. Ich übergab die Baracke mit den Kranken und Utensilien an meinen Nachfolger, der einer kleinen Äußerung wegen drei Jahre länger dort bleiben sollte, und zwei Stunden später wurden wir in einen bereitstehenden Zug verladen. Einige Schwerkranke und 20 Mann, meistens Parteigenossen, behielt man noch zurück. Sie sollten solange dort bleiben, bis das Lager frisch belegt wird. Es sollten dort Russen hin, die in Deutschland als sogenannte Ostarbeiter bekannt waren.

Die Rückreise war bedeutend besser, jeder hatte seinen Platz, die Verpflegung war gut, da zwei Gulaschkanonen mitgeführt wurden. Die Lagerärztin begleitete den Transport und überwachte gewissenhaft Küche und Leute. Leider gab es doch noch einige Tote, die dann auf großen Bahnhöfen abgegeben und auf kleinen Stationen neben der Strecke von uns beerdigt wurden. Die Türen waren nicht mehr verschlossen, und man konnte bei schönem Wetter sich das Land und die Gegend ansehen. Am 15. September trafen wir in Frankfurt/Oder ein. Man sagte uns, daß wir, die jenseits der Oder-Neiße-Linie wohnen, nicht nach Hause können, sondern uns im restlichen Deutschland eine neue Heimat suchen müßten.

Abschließend berichtet Vf., wie er seine Frau in Westdeutschland wiederfindet.

Nr. 145

Erlebnisbericht des Pfarrers Dr. Gerhard Fittkau aus S ü ß e n b e r g , Kreis H e i l s b e r g i. Ostpr.
Original, 25. Februar 1946.

Die ersten Wochen unter russischer Herrschaft und die Verschleppung nach Nordrußland.

Eingangs berichtet Vf. über die Flucht im Januar 1945 und seinen Entschluß, nicht zu fliehen, um die katholische Gemeinde weiter betreuen zu können.

Unter dem Krachen der von den deutschen Nachhuten gesprengten Munition und Fahrzeuge zelebrierte ich am Vorabend des russischen Einmarsches auf dem Schreibtisch unseres größten, eben mit den Männern des Volkssturms in das Dorf zurückgekehrten Bauern einer großen Schar von Flüchtlingen die letzte heilige Messe vor unserer „Befreiung" durch die Rote Armee am 1. und 2. Februar. Durch die stark mit sibirischen und mongolischen Typen durchsetzten Truppen wurden sämtliche Gehöfte in unbeschreiblicher Weise verwüstet, die Kirche geschändet, die hl. Gefäße geraubt, alles Weibliche, dessen die Bestien habhaft wurden, viehisch immer wieder vergewaltigt und 25 harmlose Dorfbewohner und Flüchtlinge ermordet, darunter unser ehemaliger 71jähriger Küster, unser 65jähriger Glöckner und die 23jährige Organistin. Vier Opfer der wilden Mordgier waren über 80 Jahre alt, eins seit Jahren gelähmt, vier waren junge Mädchen von 15—23 Jahren. Ein schwerkranker Invalide wurde wiederholt mißhandelt und endlich erschossen. Mehrere Soldaten, die sich ohne Widerstand gefangen gaben, wurden grausam hingemordet. In den Nachbardörfern ist es nicht gelinder zugegangen, in vielen aber noch schlimmer. So wurden allein in unserer Gegend sechs durchweg über 60jährige Pfarrer erschossen. Auf Vorstellung wegen der grauenhaften Vergewaltigungen gab ein höherer Kommissar Bescheid, dies sei die von Stalin befohlene Antwort auf Hitlers Rassenpolitik.

Während die „Kulturr-Soldaten", wie sich die Rotarmisten immer wieder stolz bezeichneten, alles, was ihnen vom Vieh bis zum Küchengerät brauchbar erschien, von den Höfen schleppten, suchte ich mit Hilfe einer Grauen Schwester aus einer Nachbargemeinde — ihre Tracht hatten die Russen zu Fußlappen zerschnitten — unsere Toten unter die harte, blutgetränkte Erde zu bringen. Wir richteten die Leichen nach Art der Karthäusermönche her[1])

---
[1]) Die Karthäuser hüllten die Verstorbenen nur in ihr Ordenskleid und beerdigten sie ohne Sarg.

und konnten die letzten sogar auf dem Friedhof begraben. Der hl. Raphael hat uns dabei — einmal stand ich bereits fertig zum Erschießen auf dem Strohhaufen — aus mancher Gefahr errettet. Er blieb auch weiter mein treuer Begleiter.

Nach der pflichtgemäßen Registrierung auf der Kommandantur in Wernegitten mußte ich zunächst mithelfen, das letzte den Bauern geraubte Brotgetreide auf einen großen Haufen in der Schulklasse zu schütten. Dann erhielt ich mit den drei Nachbarpfarrern zusammen den Auftrag, die auf der dortigen Feldmark noch umherliegenden über 40 Leichen zu bergen und zu bestatten.

Am 22. Februar wurden wir schließlich durch die GPU. verhaftet und nach 14tägiger Traktur in verschiedenen Kellern (auf einem Raum von knapp 15 qm über 56 Mann zusammen und erhielten zehn Tage lang keine ausreichende Gelegenheit, unsere Notdurft zu verrichten) und nach drei je dreistündigen Verhören, die mit den üblichen Methoden einen Gestapoagenten oder Kapitalisten aus mir machen wollten, am 6. März mit ca. 2 000 Leidensgefährten in Insterburg mit unbekanntem Ziel verfrachtet.

Mit 46 Männern jeden Alters von 14—73 Jahren in einen finsteren, schmutzigen, eiskalten Waggon gepreßt, erhielten wir während der 21tägigen Fahrt nur fünfmal einen Schlag ($^1/_2$ l) warmen Graupen- oder Fischsuppengebräus. Sonst nur, wenn es den Wachen einfiel, geringe Mengen kalten Wassers und für die meisten unverdaulichen Dörrbrotes aus gröbstem Maisschrot. Wir hatten 7 Tote im Waggon, auf dem ganzen Transport waren es mindestens 350. Die Leichen wurden zunächst neben dem Fahrdamm aufgeschichtet, später in mitgeführten Waggons zu Bergen übereinandergeworfen. In Moskau wurden wir zum ersten Mal entlaust und standen dabei stundenlang nachts auf kalten, nassen Fliesen in ungeheizten Räumen.

Kurz geschoren und am ganzen Körper in ekelhafter Weise abgeschabt, wankten die Überlebenden zu Beginn der Karwoche in ein Zwangsarbeitslager in der arktischen Tundra am nördlichen Eismeer und der sibirischen Grenze. Etwa 260—280 „Internierte", Kriegsgefangene, russische und polnische Zwangsverschleppte, in der Hauptsache aber ostpreußische Zivilisten, sollten dort schwere Erd- und Holzarbeiten für einen Kanalbau verrichten. Die Arbeit begann bezeichnenderweise in der Frühe des ersten Osterfeiertages. — Gemeinsame religiöse Andachten wurden nach den ersten Versuchen von der Lagerleitung auf Anzeige von Spitzeln aus der Arbeitsabteilung verboten. Mit instinktiver Sicherheit gelangten die minderwertigen und verbrecherischen Elemente der Gefangenen auf die wichtigeren Posten im Lager und in der Küche. Verpflegung und Unterkunft war so, daß schon im ersten Monat ein Viertel der Belegschaft starb und mehr als ein Drittel arbeitsunfähig wurde und abgeschoben werden mußte. Mit dem zweiten Schub Ende Mai kam auch ich in ein etwa 300 Kilometer weiter nördlich gelegenes Lazarett, ein verfallenes früheres Arbeitslager. Ohne ernstliche Pflege, aber aufmerksam von einem Spezialisten für Avitaminosen und Hungerkrankheiten beobachtet, siechten wir elend dahin. Mitte August lebten nur noch 20% der Verschleppten.

Zum Skelett abgemagert, mit schweren Ödemen und am ganzen Körper mit Geschwüren und zu Borken verdichteten Ekzemen bedeckt, wurde ich durch das stille Wohlwollen des tatarischen Chefarztes und eines polnischen Professors auf die wiederum vier Wochen dauernde Heimfahrt geschickt. In Moskau verkaufte ich für 15 Kartoffeln und $^1/_4$ l Öl meinen Rock und meine

Weste an einen wolgadeutschen Dolmetscher. Eine mitverschleppte ermländische Ordensschwester erkannte mich und verband mich so gut, daß ich die Reise überstand. Mit letzter Kraft gelangte ich Ende September in das St.-Gertrauden-Krankenhaus der Katharinerinnen in Berlin, nachdem mich im Entlassungslager zu Frankfurt/Oder ein ermländischer Neupriester bestens betreut und für die Weiterfahrt ausgestattet hatte. Der Elendszug der kranken, mittellosen „Heimkehrer" wurde mit einem $^3/_4$ Brot, 1 Pfund Grütze, 15 g Konserven, 1 Löffel Kaffeeschrot und Zucker sowie mit einem hektographischen russischen Entlassungsschein von den humanen Kultursoldaten auf die Straße gejagt mit der Versicherung, daß niemand mehr in die Heimat jenseits der Oder zurückkehren dürfe.

Nach neunwöchiger Pflege durch unsere treuen Schwestern konnte ich in die britische Zone weiterreisen, wo inzwischen meine Eltern und Geschwister eine neue Heimat gefunden hatten. Mit ihnen preise ich Gottes Weisheit und Güte, die auf wundersamen Wegen schließlich doch über alle menschliche Grausamkeit und über allen verbrecherischen Wahn triumphieren.

Nr. 146

Brief von Käthe Hildebrandt aus G e r d a u e n i. Ostpr.
Original, 9. Juni 1948.

Überrollung durch die Russen zwischen Bartenstein und Pr. Eylau, Transport nach Rußland; Zwangsarbeit in Turkmenien und in Stalingrad bis Anfang 1947.

Nach einigen privaten Einleitungssätzen berichtet Vfn. über ihr Schicksal:

Es gelang uns nicht mehr, noch rechtzeitig dem Russen zu entfliehen. In einem Kessel zwischen Bartenstein und Pr. Eylau wurden meine Schwester, Frau Gertrud Croneberg, und ich von den sowjetischen Truppen eingeholt, und dies war der Beginn einer schweren Zeit, die nun folgen sollte. Ich wurde gleich am ersten Tag von meiner Schwester getrennt und ließ mich mit dem Gedanken, daß doch alles zwecklos sei, mit den Flüchtlingsströmen, die nach wie vor sämtliche Straßen und freien Plätze beherrschten, mittreiben. Ich kam nach Friedland, wo ich einige Zeit bei Aufräumungsarbeiten mithelfen mußte. Ich traf dort mit Herrn Albert und Frau Maria Horn aus Grünheim zusammen. Wie Ihnen auch schon bekannt, sind die beiden später verstorben. Ferner mit Herrn Schiemann aus Friedrichswalde, dessen Frau eben verstorben war und die er auf seinem Flüchtlingswagen aufgebahrt hatte, um sie an einem gegebenen Ort zu beerdigen, und mit Frau Maria Herzmann, geb. Kucklies, aus Schönlinde. Alle Gerdauer aus Stadt und Kreis mußten dann an einem Tag in Friedland antreten, und von einem Posten begleitet wurden wir zu Fuß nach unserer Heimatstadt gebracht. Dort kamen wir müde und erschöpft in den frühen Abendstunden an. Der Posten lieferte uns bei der russischen Kommandantur ab, und die befahl, es müsse jeder nach Hause in seine alte Wohnung gehen. Da mein Elternhaus noch 13 km weit ablag und ich allein den Weg dorthin nicht wagte, denn ich mußte am Flugplatz vorbei, der sehr stark in Betrieb war, ging ich mit andern Frauen aus Waldburg, deren Namen mir leider entfallen sind, auf die Neuendorfer Siedlung.

Beim Durchschreiten unseres Heimatstädtchens packte uns eine eisige Verbitterung gegen alles. War das unser Gerdauen? Alles in Schutt und Asche, die ganze Stadt ein wüstes Durcheinander. Einige Frauen waren zum Schneeschippen rangeholt, darunter Frau Krüger (Elektrogeschäft in der Lüdinghausenstraße). Ich suchte noch schnell die Wohnung meiner Schwester in der Villa N. auf, aber auch hier überall Spuren des Raubens und des Plünderns.

In den Neuendorfer Siedlungen konnten wir uns nicht lange aufhalten, denn wir wurden von den Russen oft belästigt, und zum Essen hatten wir auch nichts mehr. Die Frauen aus Waldburg zogen nach ihrem Heimatort, und ich siedelte nach Gut Rauschen über, wo ich Bekannte getroffen hatte, denen es dort gut ging. Ich war hier mit Familie Axenath aus Altendorf und mit Frau Herta Harnack, geb. Oelsner, aus Rauschen zusammen. Wir wohnten alle in einem Kellerraum des Gutshauses und hatten die Aufgabe, die Kühe und das Jungvieh zu versorgen. Zu essen gab es gut und reichlich, aber schon nach zwei Tagen, am 11. März 1945, holte uns die russische GPU., und wir wurden mit einem Lastauto nach Nordenburg in die Schule gebracht. Man nahm uns mit unter dem Vorwand, nach zweitägiger Arbeit wieder zurückgebracht zu werden. Wie sehr man uns belogen hatte, wurde uns erst später klar.

Am nächsten Tage wurden wir, wiederum mit Lastauto, über Gerdauen nach Bartenstein ins Gefängnis gebracht. Wir lagen in einer Zelle, die sonst nur als Einzelzelle galt, mit 30-35 Mann. Hier blieben wir etwa eine Woche. Wir waren so beengt, daß wir weder alle sitzen noch liegen konnten. Dann ging die Fahrt mit einer Kolonne von 20—25 Lastautos wieder über Gerdauen nach Insterburg ins Gefängnis. Von hier aus, das wußten wir, gingen laufend Transporte nach Rußland. Wie eben geschildert, sind wir noch einige Male durch Gerdauen gefahren. Wie schwer es uns aber wurde, gerade auf der Fahrt nach Insterburg hier durchzufahren, kann kaum jemand verstehen. Wir wußten, in ganz kurzer Zeit treten wir den Marsch in die Gefangenschaft an, und da hieß es Abschied nehmen von der Stadt, die so viele schöne Erinnerungen barg, vielleicht für immer. Wir haben bitterliche Tränen geweint und hätten wohl den Versuch gemacht, irgendwo abzuspringen, wenn wir nicht stark bewaffnete Posten auf unseren LKWs. gehabt hätten.

In Insterburg war das Gefängnis dermaßen überfüllt, daß wir sogar in gewaltigen Räumen unter dem Dach lagen. Mit der Verpflegung konnte keine Übersicht mehr gehalten werden, es klappte überhaupt nicht, und wir lernten schon hier den Hunger kennen.

Am 23. März 1945 wurden wir dann in einen endlosen Güterzug verladen und auch hier so in die Waggons gepfercht, daß wir zur Nacht fast übereinander lagen und uns zum Schlafen abwechseln mußten. Die Waggons wurden von draußen stark verriegelt, und in jeder Nacht wurden wir ein paar Mal aufgetrieben und gezählt. Ob dieses nur Schikane war oder ob die Russen wirklich glaubten, wir könnten die Flucht ergreifen, weiß ich nicht.

Unsere Tagesverpflegung bestand aus zwei Scheiben getrocknetes Brot, 100 g Tilsiter Schmelzkäse und ein Teelöffel Zucker. Auf größeren Stationen gab es pro Waggon eine Milchkanne Wasser. An manchen Tagen auch das nicht einmal, und wir glaubten, vor Durst umkommen zu müssen.

Unser Transport bestand aus etwa 2 000 Frauen und Mädchen im Alter von 15 bis 55 Jahren, dazu noch ungefähr 100 Männer (Zivil). Die Frauen, die ihre kleinen Kinder unbekannten Schicksalen überlassen mußten, nahmen sich das sehr zu Herzen und jammerten um ihre Kinder. Bei allem Mitgefühl, das wir für diese Frauen empfanden, konnten wir doch nichts daran ändern. Es tauchten auch schon allerlei Krankheiten auf, sogar Tote hatten wir zu beklagen. Täglich einmal kam der Arzt mit einem Dolmetscher an die Tür klopfen und ließ fragen, ob Tote im Waggon wären. Wenn wir dann aber riefen, wir hätten Schwerkranke, wurde die Tür erst gar nicht geöffnet.

So kamen wir nach 18 Tagen Bahnfahrt nach Baku, am Kaspischen Meer, an und glaubten, nun endlich unser Ziel erreicht zu haben. Doch wir hatten uns getäuscht, am nächsten Tag brachte uns ein Schiff übers Kaspische Meer und wir landeten in Krasnowodsk (Turkmenien in Asien). Hier sollten wir nun unser Dasein fristen. Zehn Baracken waren in der Erde eingebaut und von einem Drahtverhau umgeben, wie wir ihn noch nie gesehen hatten. Dazu noch ringsum acht erhöhte Postenhäuser, von wo aus unser Lager ständig beobachtet und abends mit Scheinwerfern abgeleuchtet wurde.

Um Ihnen ein wenig verständlich zu machen, wie hart uns unser Gefangensein traf, möchte ich folgendes schildern:

Die Eingeborenen dieses Landes konnte man unbedingt den Urzeitmenschen gleichstellen, sie waren halb schwarz und halb wild. In einem winzigen, dreckigen und lumpigen Etwas hausten sie ohne jegliche Kultur. Über ihr zigeunerhaftes Aussehen, wie Kleidung, Frisur und Ohrringe bis zur Brust, haben wir uns manchmal lustig gemacht.

Auch im Landschaftsbild bot sich uns ein völlig fremder Anblick. So weit man das Land zwischen den steilen Bergen übersehen konnte, sah man nichts Grünes. Es wuchs weder Gras noch Strauch oder Baum, es gab eben nur Sand und Wüste.

... Wir durften aber keinesfalls in den Baracken bleiben, wir wurden tagtäglich von Posten zur Arbeit herausgeführt, und zwar waren wir in mehrere Kommandos eingeteilt. Die einen gingen in den Steinbruch zum Steineschlagen, die andern waren beim Häuserbau beschäftigt oder beim Eisenbahnschienenlegen. Entschuldigungen gab es keine, es sei denn, daß man vom Arzt krank geschrieben wurde. Dieses geschah jedoch nur in Ausnahmefällen. Bei der Hitze versagte uns fast der Atem, und der Durst war unerträglich. Wasser zum Trinken gab es nicht, sondern nur das Salzwasser des Kaspischen Meeres, welches man uns strengstens verboten hatte. Gutes Wasser kam auf dem Wasserweg von Baku und wurde der Bevölkerung verkauft.

Auch unter der Schikane von seiten der Offiziere und der Posten hatten wir zu leiden. Das ewige Antreten und Zählen war gewiß nichts für die älteren Frauen und wurde auch uns zur Last. Am Sonntag wurde außerhalb des Lagers nicht gearbeitet, aber die Baracken mußten zweimal am Tage geschrubbt werden, der unendlich freie Platz vor und hinter den Baracken mußte abgesucht und mit Wasser gesprengt werden. Der größte Teil der Mädchen bekam Glatze geschnitten. Wenn man nicht vollkommen und auf der Stelle den Vorgesetzten, welche zum Teil auch Deutsche waren, Folge geleistet hatte oder sonst ein kleines Vergehen begangen hatte, was oft kaum der Rede wert war, wurde man eine Nacht in die Leichenkammer mit 20—30 Toten zusammen eingesperrt. Erst als dann mehrere Todesfälle durch Leichenvergiftung eintraten, wurde dieses von ärztlicher Seite verboten, und es wurden richtige Zellen eingerichtet.

Die Todesfälle häuften sich von Tag zu Tag, es tauchten die unmöglichsten Krankheiten auf, die manchmal beinahe zu Seuchen ausarteten. So starben täglich durchschnittlich 45—50 Personen. Die Leichen wurden nackt ausgezogen und jeden Abend in ein Massengrab gelegt und mit Sand zugedeckt. Inzwischen war ein zweiter Transport in unser Lager gekommen, dieses waren 2 000 Männer aus Oberschlesien, so daß unser Lager jetzt etwa 4 000 Mann umfaßte.

Die Aussicht, dieses Land des Elends wieder zu verlassen, bestand nicht, und wir hatten schon alle mit dem Leben abgeschlossen. Dazu kam noch die Sorge um die Lieben daheim. Wo mögen sie alle sein und wie mag es ihnen gehen? Diese Fragen begleiteten uns ständig, und wenn wir dann zusammensaßen und unsere schönen deutschen Lieder sangen, packte uns die Sehnsucht nach der Heimat, und manches Auge wurde feucht.

Nach einem halben Jahr — wir waren nur noch ein kleines Häuflein von 800 Mann, also 80 Prozent des Lagers waren ausgestorben — waren Vorbereitungen im Gange, die auf einen baldigen Abtransport schließen ließen. Unsere Freude war unbeschreiblich. Sollte es doch noch eine Rettung für uns geben? Die Kranken wurden unmittelbar nach Deutschland geschickt, und wir, die noch gesund und arbeitsfähig waren, wurden am 30. August 1945 auf ein kleines Frachtschiff gepackt, und hinaus ging's aufs Kaspische Meer. Nach viertägiger Fahrt, auf der wir den tollsten Wellengang erlebt hatten und alles seekrank am Boden lag, erreichten wir dann die Mündung der Wolga. Schon in der Nacht fühlten wir, wie unser Schiff ruhig dahinglitt, und sobald es hell wurde, standen wir alle hochaufgerichtet und sahen wie gebannt zum Ufer hinüber. Träumten wir nur, oder war es Wirklichkeit? Dort wuchsen zu beiden Seiten der Wolga grüne Sträucher, wir sahen grasende Ziegen auf grünen Wiesen. Wie lange hatte unser Auge diese Herrlichkeiten entbehrt. Wir fuhren dann über Astrachan und landeten am 4. September 1945 in unserm neuen Bestimmungsort Stalingrad. Hier wurden wir noch 1½ Jahre gefangen gehalten.

Wenn wir in Krasnowodsk genügend zu essen hatten, kam es daher, daß ein Teil an Appetitlosigkeit litt und die Sterbezahl so hoch war, daß man genügend Lebensmittel hatte, die wenigen, die gesunden Appetit hatten, wozu ich glücklicherweise auch zählte, sattzumachen. Ja, es wurde sogar viel Brei weggeworfen. Nur Kartoffeln haben wir dort sehr vermißt, denn die gab es dort überhaupt nicht. In Stalingrad nun war das Essen so unzureichend, daß wir ein Gefühl des Sattseins überhaupt nicht mehr kannten. Wie wochenlanger Hunger einen Menschen körperlich und seelisch kaputtmachen kann, kann nur jemand verstehen, der es selbst erlebt hat. Wir begannen zu klauen, wir schlichen uns auf Kartoffel- und Kürbisfelder, alles, was wir sahen, nahmen wir. Als dann der Winter kam und draußen nichts mehr wuchs, entfernten wir uns heimlich vom Arbeitsplatz oder aus dem Lager — hier in Stalingrad war die Bewachung nicht mehr so streng — und gingen zu den Leuten betteln. Es ist erstaunlich, wie die Bevölkerung Mitleid mit uns hatte und uns in der ersten Zeit reichlich zu essen gab. Nach Monaten wurde es den Leuten doch zuviel, die Bettelei nahm überhand, zumal der Bevölkerung die Rationen mehr und mehr gekürzt wurden, so daß sie sich selbst nicht einmal mehr durchhelfen konnten. Als die Not dann am größten war, griffen viele Mädels zum Äußersten, brachten sich Hunde und Katzen mit und kochten diese. Dabei hatten alle immer nur den Gedanken, ich will und muß meine Heimat wiedersehn.

Dann, wir waren schon alle der Verzweiflung nahe und zu 90 Prozent arbeitsunfähig durch Unterernährung, begann man, unser Lager aufzulösen. Voll unendlicher Dankbarkeit dem Schicksal gegenüber, das uns diese Stunde noch erleben ließ und uns den heißesten Wunsch erfüllte, traten wir am 21. Januar 1947 mit einem gewaltigen Transport gefangener Soldaten, die ebenfalls unterernährt und krank waren, die Heimreise an. Am 4. Februar erreichten wir Frankfurt/Oder.

Es folgen im letzten Teil des Briefes private Mitteilungen.

Nr. 147

Protokollarische Aussage der H. Z. aus **Gr. Lasken**, Kreis **Lyck** i. Ostpr. Original, 3. April 1951.

Erlebnisse beim Eintreffen der Russen; Transport nach Rußland und Zwangsarbeit im Ural bis 1947.

Am 27. Januar 1945 wurde unser Heimatdorf von den Russen besetzt. Gleich begann für uns die qualvolle Leidenszeit. Die Russen haben uns sofort restlos ausgeplündert; was sie nicht gebrauchen konnten, wurde vernichtet. Für uns Mädchen und Frauen war diese Zeit furchtbar, denn man hat uns vergewaltigt. Ich selbst war damals 18, meine Schwester erst 14 Jahre alt. Wir fanden nirgends Schutz, wir haben uns bei Tage im Walde auf den Bäumen oder im Stroh versteckt gehalten, da wir sonst jeder Qual durch Vergewaltigungen ausgesetzt waren.

Viele junge Mädchen und Frauen haben infolge dieser brutalen Gewalt einfach ihrem Leben durch freiwilligen Tod ein Ende gemacht. Am 19. März 1945 wurden meine Schwester und ich sowie noch 40 andere Mädchen aus unserem Dorf von unserer Arbeitsstelle weggeholt und nach Allenstein gebracht, hier wurden wir ins Gefängnis gesperrt. Einzeln hat man uns dann verhört und mußten aussagen, was wir wußten. War unser Bericht zu kurz, so hat man uns geschlagen und mit Füßen getreten. Im Gefängnis kam ich mit meiner Schwester auseinander, sie mußte zurückbleiben, und ich kam mit andern Mädels nach Insterburg ins Zuchthaus. Hier sperrte man in einen Raum von 40 qm 150 Frauen ein. Zu essen erhielten wir Kartoffelschalen mit gehackten Rüben.

Am 25. März 1945 wurden wir aufgerufen, zu fünf in einer Reihe aufgestellt. Anschließend ging es dann zum Bahnhof, es waren 1 363 Frauen und Mädchen vom 13. bis 65. Lebensjahr. In Viehwagen zu 46 Frauen hat man uns eingesperrt und die Türen verschlossen, und dann ging es dem Osten zu. Als Verpflegung erhielten wir auf der Fahrt zwei Scheiben hartes Brot, einen Salzfisch und einen Teelöffel Zucker. Das Essen war so knapp, daß wir nicht satt wurden. Infolge der schlechten Ernährung haben viele Ruhr und von dem harten Brot Mundfäulnis bekommen und sind dann gestorben.

Die Fahrt dauerte 16 Tage, am 11. April 1945 sind wir in Schubaksow an der Wolga angekommen. 30 Frauen haben schon auf dem Transport nach dort ihr Leben gelassen.

Dort kamen wir in ein großes Lager und wurden streng bewacht. Als der Schnee weggetaut war, wurden wir zur Arbeit eingesetzt. Wir mußten Straßen bauen, Häuser und Eisenbahnstrecken ausbessern. Nach dieser Arbeit trennte man die Hälfte der Mädel, und wir kamen in ein Torflager und mußten Torf graben. Die Verpflegung in dem Lager war sehr schlecht und dazu schwere Arbeit und die Moskitos. Wir durften nicht früher die Arbeitsstelle verlassen, bis wir unser Soll erfüllt hatten. In diesem Lager sind viele infolge der schlechten Ernährung an Hungertyphus, Malaria, Flecktyphus, Tbc. usw. gestorben.

Ich hatte im linken Bein auch Wasser, mußte aber damit trotzdem zur Arbeit gehen, bis ich eines Tages zusammenbrach. Von der Arbeitsstelle haben mich die Mädels ins Lager bringen müssen. Dann wurde ich vom Arzt nach Schubaksow ins Krankenhaus gebracht.

Sieben Monate lag ich in ärztlicher Behandlung, und mein Bein konnte nicht geheilt werden. Im April 1947 kam ich aus dem Krankenhaus wieder zurück ins Lager.

Im Mai 1947 ging ein Transport nach Deutschland, und so kam ich mit 199 Mädchen und Frauen nach Frankfurt a. d. Oder. Meine Mutter, meine Schwester und meine Großmutter sind heute noch in Ostpreußen unter polnischer Herrschaft. Mein Bruder und mein Großvater sind 1945/46 an Hungertyphus in Ostpreußen gestorben.

Ich selbst bin arbeitsunfähig, da mein in der Gefangenschaft zugezogenes Beinleiden bis heute noch nicht geheilt ist.

2. Verschleppung aus Schlesien über die Sammellager in Gleiwitz, Beuthen und Hindenburg im Februar und März 1945.

Nr. 148

Bericht des N. N. aus **Hindenburg** i. Oberschles.
Beglaubigte Abschrift, 18. Januar 1951.

Internierung aller Männer von 17 bis 55 Jahren zum „Arbeitseinsatz im rückwärtigen Frontgebiet"[1]).

Am 10. Februar 1945 hingen auf allen öffentlichen Plätzen und Straßen der Stadt Hindenburg große rote Plakate mit folgender Inschrift:

Sämtliche Männer im Alter von 17—55 Jahren haben sich zwecks Registrierung zu melden. Zweck dieser Meldung ist der Arbeitseinsatz im rückwärtigen Frontgebiet. Innerhalb von 48 Stunden hat die Gestellung ab 13. Februar zu erfolgen. Mitzubringen sind eine Schlafdecke, warme Wäsche, sowie Verpflegung für 2 Wochen. Meldestelle ist das Polizeiamt in der Hatzfeldstraße.

Tausende von Bergarbeitern waren während des Krieges im oberschlesischen Industriegebiet für den Arbeitseinsatz vom Heeresdienst befreit geblieben. Fast alle Betriebe standen still. Und in den vielen Männern, welche ohne Arbeit herumliefen, sah vielleicht der Eroberer eine Gefahr, die es galt zu beseitigen. Außerdem gehörte der größte Teil als dem Volkssturm verpflichtet an, ohne jedoch infolge der überstürzten Ereignisse zum Einsatz gekommen zu sein.

Die Fronttruppen sahen im Volkssturm keine anerkannte militärische Formation und behandelten Gefangene als Partisanen. Deshalb blieb aber allen anderen wehrfähigen Männern nichts erspart. Abertausende mußten ihr Bündel schnüren, um einer ungewissen Zukunft entgegen zu sehen. Schwere Strafen kündigte ein Kriegsgericht denen an, welche der Meldung nicht Folge leisteten.

Obwohl wir, mehrere Bekannte, Scheine für Notstandsarbeiten in den Händen hatten, waren dieselben wertlos, weil die Unterschrift des Stadtkommandanten fehlte, welche einzig und allein gültig war, von der Meldung befreit zu gelten.

Verschiedene Werke und Grubenanlagen brachten Eingaben für Freistellung ihrer Männer, [um] die Betriebe wieder in Gang zu bringen. Doch des großen Andrangs bei der Kommandantur und andrer Ereignisse wegen konnten alle diese Gründe in der verhältnismäßig kurzen Zeit, die zur Verfügung stand, nicht berücksichtigt werden.

Es blieb also nichts andres übrig, als dem Befehl Folge zu leisten, wollte man nicht größere Gefahr laufen, verhaftet zu werden. Wohl versteckten sich einige der Männer bei Bekannten oder Verwandten, um einer Denunzierung

___
[1]) Vgl. den Bericht Nr. 214 (Bd. I, 2).

durch Verräter zu entgehen, doch waren diese Zeiten für die Verborgenen furchtbar nervenaufreibend, bis es ihnen nach Monaten gelang, nach Westen zu flüchten.

Meldepflicht zur Registrierung waren 48 Stunden, doch vergingen 8 Tage, ehe der größte Andrang erfaßt werden konnte.

In den ersten Tagen kamen wir, einige Bekannte, die unbedingt beisammen bleiben wollten, gar nicht an die Reihe. Es waren hauptsächlich russenfreundliche Kommunisten, welche zu möglichst früher Meldung aufriefen, um dadurch am günstigsten im Arbeitseinsatz abzuschneiden. Leider erging es denen im Verlauf der Ereignisse später keine Spur besser als den andern.

Erst am dritten Tage meldete sich unsre Gruppe, nachdem man nochmals allen Schmerz des Abschieds von Frauen, Müttern oder Kindern verwinden mußte und sich damit die Tore der Freiheit hinter uns schlossen.

Die Registrierung erfolgte in einigen Parterre gelegenen Räumen des Polizeiamtes, während alle übrigen Räume vollgepfercht waren mit Männern, die von auswärts kamen, nicht mehr hinaus konnten, oder aber diese Art der Schutzhaft vorzogen, als in den Straßen von Truppenverbänden verschleppt zu werden. Deutsch sprechende russische Mädchen in Uniformen, hauptsächlich Ukrainerinnen, nahmen die Eintragungen der Registrierten in Akten vor, wobei jeder, welcher seine Parteizugehörigkeit bejahte, abgeführt wurde, um ins Gerichtsgefängnis zu wandern.

Die übrigen wurden sofort, wenn 1 000 Mann beisammen waren, im Hofe des Polizeiamtes zu einer Kolonne in Reihen zu acht Mann formiert. Unter schärfster Bewachung setzte sich jede Abteilung in Richtung Gleiwitz in Marsch. Eine Meldung gab bekannt, daß die ganze Reihe von acht Mann erschossen wird, sowie ein Mann flüchtet.

Die Abschiedsszenen von Müttern und Frauen, welche sich auf der Straße abspielten, waren herzzerreißend. Um der aufregenden Lage Herr zu bleiben, gaben die Begleitsoldaten dauernd Schreckschüsse ab. Trotzdem säumten noch Hunderte die Bürgersteige und waren gerade Angehörige in einer Kolonne, so gaben alle das Geleit, um zu wissen, wohin es geht. Alle paar Stunden gab es dasselbe Schauspiel, nur daß es sehr, sehr traurig war. Nasses, regnerisches Wetter machte diesen Marsch noch schwerer, denn es ging einem ungewissen Schicksal entgegen.

Am späten Nachmittag langte unser Zug in Gleiwitz an. Die alte Gießerei der Huldschinski Werke war unser erstes Obdach. Weil alle umliegenden Baracken bereits von andern Internierten, die vor uns kamen, überfüllt waren, kamen wir in eine große Fabrikhalle, wo noch angefangenes Kriegsgerät herumstand. Es wimmelte in diesen Hallen von Männern, welche bereits einige Tage hier warteten, und keiner wußte, was weiter geschehen soll. Anscheinend waren die russischen Dienststellen dieser Massenversammlung nicht gewachsen. Russisch sprechende Landsleute waren als Dolmetscher so etwas wie Vorgesetzte und hatten auch alle Verantwortung zu tragen, was nicht immer angenehm war. Also machte es sich jeder so bequem wie möglich, man kochte Kaffee, und, ohne viel zu schlafen, verging die Nacht, in Ecken oder Winkeln windgeschützt oder um ein offenes Koksfeuer lagernd.

Als es am nächsten Morgen zum Antreten ging, hatten sich, trotz der frühen Stunde zu Fuß von Hindenburg kommend, viele Frauen und Mütter eingefunden, die den Männern das Geleit gegeben hatten, um warmen Kaffee oder eine Suppe zu bringen. Alles konnten die Posten doch nicht übersehen, und da war es möglich, noch einen Abschiedskuß auszutauschen. Für viele wird es vielleicht der letzte im Leben gewesen sein.

Dann und wann kamen Autos mit Offizieren der Politischen Polizei, laut Namen aufrufend. Diejenigen, welche sich meldeten, waren voll freudiger Hoffnung, als reklamiert auf den alten Arbeitsplatz zurückkehren zu dürfen. So auch mein langjähriger Freund, der dann mitgenommen wurde, und von dem ich bis heute noch kein Lebenszeichen bekam. Wie nachher bekannt wurde, siebte man alle Männer aus aufgefundenen Listen der Kriegervereine als gleichgeschaltete Parteigenossen aus.

Langsam setzte sich der inzwischen geordnete traurige Zug in Bewegung nach den neuen Kasernen. Durch den starken Straßenverkehr verzögerte sich das Vorwärtskommen...

Wie sah bei diesem Marsch durch Gleiwitz diese schöne Stadt aus!

Obwohl die Stadt zur Verteidigung sehr wenig Militär besaß, hatte man den Eindruck, als wenn wochenlange Belagerung alles zerstört hätte. In den Straßenkreuzungen lagen zerstörte Panzer und andres Kriegsgerät herum. Unaufhörlich flogen Bomberverbände in Richtung zur Front. Aufgeregtes Treiben der Russen verriet eine Nervosität, die sich durch Beschimpfungen auf uns auswirkte.

Was von Gleiwitzer Bürgern vorhanden war, lebte in Kellern und andern provisorischen Behausungen, weil die Häuser mit Militär belegt waren.

Alles atmete erleichtert auf, als wir endlich das Kasernengelände erreichten, wo etwas Ruhe herrschte. Nach dem Einmarsch nahm ein russischer Offizier jede Kolonne unter seinen Befehl.

Große Mühe machte es, die neu hinzugekommenen Männer in den Kasernenblocks unterzubringen, da ja alles überfüllt war. Wenn normalerweise ein Kasernenblock 3—500 Mann Unterkunft bot, so waren es jetzt um die 3 000 Mann, welche Platz finden mußten. So hieß es, noch enger zusammenrücken, und das war nur möglich, indem aus den Stuben alles Mobiliar wie Spinde, Tische, Betten und Schemel auf den Hof geschafft wurden, damit Mann an Mann ein Plätzchen zum Hinlegen fand.

Der folgende Tag war ohne Mahlzeit vergangen, und wie die bereits früher hier angelangten Internierten fingen wir an, an offenen Feuern abzukochen. Je nach der Anzahl der daran beteiligten Leute brodelte es in Kochgeschirren oder Eimern, um wenigstens etwas Warmes in den Magen zu bekommen. Als Heizmaterial und zur Erwärmung diente das Holz der zerschlagenen Spinde und anderen herumstehenden Mobiliars. Die russischen Posten sahen diesem Zerstörungswerk gleichgültig zu, mochte jeder sehen, wie er mit sich selber fertig wurde.

In den angrenzenden, z. T. zerstörten Wirtschaftsgebäuden fand man doch noch etwas Mehl, Bohnen oder Grieß, was für die kommenden Tage von großem Wert sein sollte. Eine zwischen den Kasernenblocks errichtete Kartoffelmiete war trotz Wachtposten in wenigen Tagen ausgeplündert.

Endlich nach Tagen wurde eine geregelte Verpflegung eingerichtet, was aber nicht zum Sattwerden ausreichte. Stubenälteste wurden ernannt, Flure, Treppen, Stuben täglich geschrubbt. Die Klosetts waren verstopft oder eingefroren. Die Heizung funktionierte nur teilweise, die Keller standen unter Wasser. Es gab Arbeit in Hülle und Fülle, um halbwegs den Bau etwas wohnlicher zu gestalten.

Dann fing das Registrieren an. Dabei wurde auf dem Tauschweg aus einem Block in den andern umgezogen. Die Leute untereinander gemischt, wieder registriert und das mehrere Male, um durch Widersprüche in den Angaben oder Bespitzelung neue Parteigenossen herauszufinden.

Später fanden neue Umgruppierungen in Berufsformationen statt.

Gruppe 1 waren Post und Eisenbahner
Gruppe 2 Bergbau
Gruppe 3 Handwerker
Gruppe 4 freie Berufe

Wiederum je tausend Mann einer Berufsgruppe zusammengewürfelt, registriert, umquartiert und auf Abruf für den Einsatz bereitgestellt.

Es verging kein Tag, an dem nicht 20—30 Mann als Mitläufer der Partei ins Gefängnis abtransportiert wurden, selbst wenn einer nur Hauswart gewesen ist.

Von den Zivilinternierten waren sehr viele krank, zum Teil kriegsbeschädigt oder Invaliden. Selten jedoch wurde einer zur genauen Untersuchung zugelassen, solange äußerlich kein Zeichen einer Erkrankung vorhanden war.

Vorgelegte Rentenbescheide fanden keine Berücksichtigung, denn die russischen Ärzte meinten, wenn ein Invalide schon mehrere Jahre arbeitsunfähig war, müßte sich sein Leiden inzwischen gebessert haben, und der Mann galt als gesund.

Später überließ man deutschen internierten Ärzten die Krankenstuben, aber ohne Vollmacht, jemanden arbeitsunfähig erklären zu dürfen oder die Überweisung in ein Lazarett anordnen zu dürfen.

Einige Apotheker durften in Begleitung eines Postens und Dolmetschers in ihr Geschäft gehen und, falls noch etwas vorhanden war, Verbandstoff oder Medikamente mitbringen, damit in den dringendsten Fällen geholfen werden konnte.

Inzwischen waren drei Wochen vergangen.

Es starben einige Schwerkranke, ein paar Verzweifelte nahmen sich das Leben, und nur Prothesenträger wurden entlassen.

Ab und zu holten sich die Kommandanten der ihnen unterstellten Betriebe ihre Leute zur Arbeit, welche dadurch dem Los der Zwangsverschickung entgingen, auch ich war eines Tages unter den Glücklichen.

Die russischen Kommandanten versicherten oft, daß wir Internierten nur in der Heimat beim Wiederaufbau mitarbeiten sollten, doch verdichtete sich immer mehr das Gerücht, wir kämen nach dem Osten.

Jeden Tag kamen Familienangehörige der Internierten oft von weit her in die Nähe der Kaserne mit Essen und Wäsche in dem Glauben, diese Sachen abgeben zu dürfen. Jedoch durch Schreckschüsse oder mit Hunden wurde jeder Versuch vereitelt.

Nicht unerwähnt dürfte die tapfere Haltung der oberschlesischen Frauen bleiben, welche trotz aller Schwierigkeiten immer wieder versuchten, ihren Männern zu helfen. Die Lebensmittelversorgung war schon seit Wochen völlig unterbrochen. Wieviel Mut und Aufopferung war da notwendig, ohne Ernährer sich und die Kinder durch diese schwere Zeit zu bringen!

Nach emsiger Arbeit an Vorbereitungen für den Abtransport verschwand oft über Nacht eine Arbeitsbrigade nach der andern in unbekannter Richtung.

Erst jetzt stellte sich durch Heimkehrerberichte heraus, daß fast alle Internierten aus Gleiwitz in Rußland zur Arbeit eingesetzt wurden.

Der Arbeitseinsatz im rückwärtigen Frontgebiet fand damit auf ungeahnte Entfernungen Anwendung.

Nach der Übergabe der oberschlesischen Betriebe in polnische Verwaltung fingen abermals Verhaftungen aller Deutschen an, die auch mir ein Jahr Zwangsarbeit in einem Arbeitslager nicht ersparten.

Nr. 149

Erlebnisbericht des Lehrers Joseph Kohlstrung aus H i n d e n b u r g i. Oberschles. Original, 19. Oktober 1952.

Internierung und Verschleppung nach Rußland.

Am Aschermittwoch, 14. Februar 1945, mußte ich mich zur Internierung im Hindenburger Polizeipräsidium mit vielen Tausenden von Männern stellen. Wir wurden nach Gleiwitz in die Kasernen geschleppt, und am 10. März kam ich in das Gerichtsgefängnis nach Hindenburg. Schon vorher waren wir oft in den kleinsten Räumen zu Dutzenden zusammengepfercht bei fast keiner Verpflegung. Es gab täglich ein kleines Stück Brot und ab und zu etwas heißes Wasser. Am Gefängnistor wurden wir mit Stockschlägen, ausgeteilt von einem rothaarigen jüdischen russischen Sergeanten, empfangen und über der Gefängnisschmiede in zwei Räumen mit 206 Mann in drei Etagen eingepfercht, so daß wir nicht einmal richtig liegen konnten. Der Kübel für den Abort wurde einmal täglich entleert. Die Männer standen Schlange. Es kamen täglich nur einige Brote und etwas heißes Wasser als Verpflegung in die Räume. Alle drei bis vier Stunden kamen junge russische Soldaten schlüsselrasselnd und holten bis zehn Männer zu Verhören, auch des Nachts. Dabei wurde feste geprügelt, so daß der Kaufmann Miteka aus Klausberg an den Folgen der Mißhandlungen später im Lager starb. Hauptsächlich wurden Geschäftsleute geprügelt, um versteckte Warenlager zu erpressen.

Meine Vernehmung gestaltete sich wie folgt: Ich wurde mit ca. acht anderen Männern in das Hauptgebäude unter „dawai" geführt, wo es ins Kellergeschoß (Baderaum) ging. Als ich in die Verhörkammer kam, sah ich noch, wie ein junger großer Bergmann, Konrad Liß aus dem Kreise Tarnowitz, über einem Schemel lag und geprügelt wurde. Als Empfangsgruß bekam ich einen Schlag mit einem Gummikabel. Es waren zwei Kommissare, von denen der jüngere bestimmt ein Jude war, am Tisch. Das fingerstarke Gummikabel nahm er aus der Tischschublade, verschloß die Luftschutztür, und dann ging es los: „Du SS!" — weil ich 1,74 Meter bin. Ich sagte: „Nein." — „Was Du lernen von Hitler Deine Kinder?" Ich: „Lesen und schreiben." — „Du Kapitalist!" — Ich: „Ich habe fünf Kinder." — „Wo Gold, Devisen, Dollar?" — Die Tür wurde aufgemacht, ich verkroch mich in die Ecke...

Plötzlich kam mit einer Russenmütze in einem 1a braunen Anzuge ein Russe (Ukrainer), der gut deutsch sprach. Er bedrohte mich mit Erschießen und schlug auf mich ein, wollte mit der brennenden Zigarette meine Augen verbrennen, und als ich laut betete, stieß er mich in die Ecke. Ich krümmte mich und wurde dann gehackt[1]), vor allem von dem Kommissar, der mir die Schienbeine verletzte. Als man von mir abließ, mußte ich ein angefertigtes Protokoll in russischer Sprache mit meinem Namen unterzeichnen unter Androhung von Schlägen. Dann wurde ich in den vorher genannten Baderaum zu den anderen gebracht, wo mir erst meine Nerven revolutionierten und ich zusammenbrach. Die Schmerzen in den Schienbeinen verhinderten den Schlaf und hielten noch wochenlang an.

Am 20. März wurden wir abends in Gruppen von ca. vierzig Mann im Flur eingeteilt und vorgelesen. Auch zwei bis drei Frauen waren darunter. Dann wurden wir in eine Vier-Mann-Zelle gepfercht. Unter uns waren einige wegen offener Tbc entlassene Soldaten. Wir konnten nicht liegen sondern nur sitzen. Nächsten Tag wurden wir auf den Gefängnishof gebracht, wieder einmal geplündert (die abgenommenen Sachen, Photos, Geld, Papier, Nähzeug, Töpfe, Decken türmten sich zu Bergen). Es ging am 21. März (elf Tage war ich im Gefängnis) zu Fuß bei regnerischem Wetter nach Peiskretscham, wo wir im Finstern ankamen und zu 80 in bereitgestellte Eisenbahnwaggons gepfercht wurden. Täglich Untersuchung, und es ging in pausenloser Fahrt über Beuthen—Krakau (wo die Steine an den Waggon klatschten) — Lemberg — Kiew — Stalingrad — Uralsk in achtzehn Tagen nach Aktjubinsk, wo wir am 8. April (Sonntag) früh ausgeladen wurden. Karfreitag, Karsamstag bekamen wir kein Essen und auch kein Wasser. Der Transport hatte ca. 2 000 Zivilinternierte aus Beuthen, Gleiwitz, Hindenburg, darunter auch Frauen. Wir kamen in mehrere Lager um Aktjubinsk, wurden in der Steppe, Ziegelei und zeitweise auf Kolchosen beschäftigt. Die Verpflegung war sehr schlecht und knapp, das Klima mörderisch; Malaria, Typhus, Ruhr grassierten, und in den zwei Jahren meiner Internierung starben ca. 50 Prozent.

Wir wurden zu kleinen Arbeitstrupps, genannt Brigaden, zusammengestellt. Das Essen hing von der Arbeitsleistung ab. Der Brigadier (Führer) war immer ein Deutscher. Die Einteilung erfolgte in vier Gesundheitsgraden 1 bis 4[2]). Früh und abends fand Zählung statt mit Antreten. Für Arbeitende, die die Leistung vollbrachten, gab es 700 g Brot (ein Kleister aus Gerstenmehl-Schrot), 1/2 Liter Mehlsuppe, mittags ein Eßlöffel Kascha (Hirsebrei) und abends 1/2 Liter Tomatenkrautsuppe ohne Kartoffeln. Unsere schlesischen Schweineställe waren Villen gegen diese Unterkünfte... Ich erlegte einmal 28 Flöhe, als ich als Zimmermann die Pritschen im Dezember 1945 reparierte. Die Wanzenplage war so groß, daß im August-September niemand

---

[1]) in Schlesien gebräuchlicher Ausdruck für: treten, mit Fußtritten bearbeiten.
[2]) Vgl. S. 5 (Bd. I, 2).

in den Unterkünften schlafen konnte. Sie kamen zu Tausenden, diese blutrünstigen Wanzen, und alles schlief im Freien. Die Verlausung war allgemein.

Die russischen Ärztinnen gaben sich große Mühe. Manche Natschalniks (russische Arbeits-Abt.-Führer) waren Satane in Menschengestalt, die bei jeder Kleinigkeit Brot entzogen, statt 700 g 500 g oder gar bloß 300 g. Die greulichsten Fluchwörter wurden auf uns angewandt. Im April-Mai 1945 wurden wir auf dem Arbeitsweg auch mit Steinen beworfen, wenn wir an der Siedlung vorbeikamen. Wenn wir sprachen, wurden wir auf dem Heimweg zur Strafe vor dem Lager stehen gelassen, bis eine Stunde. — Es ließe sich noch vieles schildern.

Der Erfolg war, daß ich im August 1946 schwer erkrankte (Vereiterung des rechten Kniegelenks — Drüsenschwellung) und durch Gottes Hilfe für den Heimtransport bestimmt wurde. Ich kam nach 29 Tagen Bahnfahrt im Oktober 1946 in Frankfurt/Oder an und lag bis Mai 1947 im St. Josephs-Krankenhaus, Berlin-Tempelhof.

Anschließend folgen noch die Namen von fünf Personen aus Hindenburg, die die Aussagen des Vfs. bezeugen können.

Nr. 150

Erlebnisbericht des Lehrers Willy Biedermann aus Kl. **Sarne**, Kreis **Falkenberg** i. Oberschles.
Original, 1947.

Verschleppung nach West-Sibirien; Verhältnisse in verschiedenen Lagern bis zur Heimfahrt im Januar 1947.

Eingangs schildert Vf. einige Vorgänge beim Einmarsch der sowjetischen Truppen.

Am nächsten Tage, am 24. Februar 1945, wurde ich aufgefordert, in das Schulhaus zu kommen, um einige Angaben zu machen. Ich kam nicht mehr zurück sondern wurde auf einem Lastauto nach Schönau bei Brieg gebracht. Etwa eine Stunde später brachte man auch meine Frau und Tochter dorthin. Wir blieben nun fünf Tage in einem Stübchen beisammen, von einem Posten bewacht. In den Verhören fragte der russische Kapitän stets, weshalb wir im Dorf zurückgeblieben wären. Er glaubte, ich hätte von der Partei einen bestimmten Auftrag zur Sabotage bekommen. Frau und Tochter waren von drei zurückgebliebenen Volksgenossen, die sich an uns rächen wollten, in grundloser Weise beschuldigt worden. Nachdem der Kapitän auf die Bitte meiner Frau ein Verhör in Klein Sarne vorgenommen hatte, wodurch die Sinnlosigkeit der Anschuldigungen festgestellt wurde, erhielten beide die Erlaubnis, wieder heimzukehren.

Am nächsten Tage brachte man die Frau des zweiten Lehrers und zwei meiner ehemaligen Schülerinnen in Haft. Mit ihnen wurde ich am 10. März 1945 über Lugenhof nach Beuthen in das Gefängnis gebracht. Dort traf ich auch fünf der anderen Männer aus Klein Sarne. Das Gefängnis war überfüllt. In einem Raum, der für achtzehn Gefangene vorgesehen war, wurden 165 Mann untergebracht.

Am 23. März 1945 wurden 1 860 Zivilinternierte, darunter 120 Frauen, in etwa 40 Güterwagen verladen. Und nun begann die grausige Fahrt ins Ungewisse. Sie führte über Krakau—Lemberg und bei Samara über die Wolga. Von Tscheljabinsk am Ural fuhren wir noch etwa 2 500 km in einem Bogen nach Süden. Nach vier Wochen Fahrt trafen wir am 21. April 1945 in der Provinz Kasakstan in der Nähe von Karaganda ein. Dort wurden wir in dem Lager 502 in Lehmbaracken untergebracht.

Die Fahrt bis dahin war eine Todesfahrt. An jedem Morgen ertönte die gleiche Frage des Postens: „Wieviel Deutsche kaputt?" Während der Fahrt starben in meinem Wagen von 43 Mann neun, meist an Gesichtsrose; der erste Tote war ein Lehrer. Eine Stunde vor seinem Tode richtete er Abschiedsworte an uns und ermahnte, die Hoffnung an Heimkehr nicht aufzugeben und den Glauben an unser Vaterland nicht zu verlieren. Die Worte, die er nur noch leise flüstern konnte, wurden von seinem Nebenmann satzweise laut wiederholt. Durch Hunger und Durst geschwächt, starben auf der Fahrt etwa 200 Mann. Zwei wurden bei einem Fluchtversuch ergriffen und erschossen.

Im Lager 502 begann nun das Leben hinter Stacheldraht, der uns zwei volle Jahre von der Welt abschloß. Die Wohnbaracken und Magazine lagen etwa zwei Meter tief im Lehmboden. Die Räume waren hoch, so daß zwischen Dach und Erdboden noch niedrige Fenster mit meist zerbrochenen Scheiben auch etwas Licht und Sonne in unser dunkles Dasein lassen konnten. Nur in solchen Baracken konnte man im Sommer eine Temperatur von 58 Grad Wärme ertragen. Die Verpflegung im Lager war schlecht und einseitig. Außer Brot gab es einige Monate täglich drei Suppen von sauren Gurken und sauren Tomaten. Mittags brachten zwei Löffel „Kascha" die einzige angenehme Abwechslung.

Im Juli 1945 wurden von einer Kommission über jeden Internierten Protokolle aufgenommen und Fragebogen ausgefüllt. Damals glaubten wir bestimmt an die Parole von der baldigen Heimfahrt. Solche Parolen begleiteten uns zwei Jahre lang bis zur endgültigen Fahrt in die Heimat. Im September 1945 starben Hantke, Hermann und Arndt, Hermann nach kurzer Erkrankung. Seine Tochter mußte im fernen Land von ihrem Vater für immer Abschied nehmen. In ihrem tiefen Leid erwartete sie in den kommenden Wochen ein Kind. In dieser Zeit wuren 350 Mann und sechs Frauen zu einem angeblichen Heimtransport zusammengestellt. Ich war dabei, als nach einem der dort üblichen heftigen Stürme der Zug das Lager verließ. Nach acht Tagen Fahrt in nordwestlicher Richtung glaubten wir doch bald an Heimkehr.

Schon waren wir westlich von Tscheljabinsk im Ural, da hielt unser Zug plötzlich vor einem der äußerlich schon erkennbaren Lager mit den Wachtürmen, und wir mußten aussteigen. Es war das Lager Kopes, 20 km von Tscheljabinsk. Von diesem Lager wurden wir nach zehn Tagen auf eine der Kolchosen zur Erntearbeit gebracht. Wir blieben dort nur vier Wochen, aber es war in bezug auf Verpflegung und Behandlung die schlimmste Zeit. Am 1. November 1945 waren wir wieder in Kopes, und ich kam ins Lazarett. Hier verbrachten wir bei angemessener Verpflegung und Behandlung den ersten Winter. Das Lazarett wurde am 16. November nach Tscheljabinsk verlegt. Auch hier gingen die Parolen von baldiger Heimkehr um, zumal der leitende Arzt bekanntgegeben hatte, daß sein Lazarett für den Heimtransport freigegeben sei. Da traten einige Fälle von Flecktyphus auf, und wir mußten unsere Hoffnung für einige Zeit begraben.

Endlich, Mitte Januar 1946, nachdem wir das erste Weihnachtsfest in schöner Weise gefeiert hatten und ein neues Jahr mit neuer Hoffnung begonnen hatten, kam ein Transport von 300 Personen ins Rollen. Es ging aber nicht heim sondern in einer dreitägigen Fahrt 120 km nach Osten in ein Sanatorium zur Erholung. Die Erholung sollte angeblich nur drei Wochen dauern. Dieses Sanatorium war mit 700 bis 800 Männern und Frauen belegt. Für diese Zahl genügte ein Abort mit drei Sitzen für Männer und drei Sitze für Frauen. Da von 500 Männern natürlich viele oft den gleichen Wunsch hatten, kann man sich den Andrang zu diesem Raum lebhaft vorstellen.

Beim Bad nach etwa vier Wochen „badeten" zwei Männer in einem Eimer oder in einer Waschschüssel. Während bisher die Toten auf einem Lastwagen in Massengräber gebracht wurden, war hier ein Friedhof angelegt, auf dem die Verstorbenen in Einzelgräbern mit Namen auf einem eingegrabenen Pfahl beerdigt wurden. Ein zwei Meter tiefer Graben ersetzte den Zaun und hielt das frei umlaufende Vieh ab.

Als der beginnende Frühling wieder die Arbeiten auf den Feldern ermöglichte, wurden Arbeitsgruppen gebildet, und die „Erholung" dauerte fast ein halbes Jahr. Nachdem über die Hälfte der Sanatoriumsbewohner in Arbeitskolonnen mit unbekanntem Ziel abgefahren waren, wurde der Rest von ungefähr 300 Männern und Frauen in einem Transportzug verladen. Man sprach von einem Abwicklungslager bei Moskau. Tatsächlich endete unsere Fahrt in einem Lager etwa 300 bis 400 km südöstlich von Moskau bei dem Ort Jawas in der Provinz Mordwinen. Da hier einen Tag nach unserer Ankunft ein Transport in die Heimat abging, versicherten die neuesten Parolen, daß wir nach drei Wochen die Weiterfahrt nach Deutschland antreten würden. Das war am 18. Juli 1946.

Unsere Heimfahrt erfolgte am 16. Januar 1947 vom Lager Jawas aus. In diesem Lager war ein großer Teil der Kurland-Armee untergebracht. Behandlung und Verpflegung waren gut. Während in den früheren Lagern ein Teil der uns zustehenden Verpflegung meist andere Wege ging, war hier die Führung der Küche einwandfrei. Aber auch in kultureller Beziehung wurde sehr viel getan. So veranstaltete die Kapelle vom Zentrallager in der Stärke von 40 Mann einen Abend, der jedem unvergeßlich blieb.

Nr. 151

Erlebnisbericht des Gewerbeoberlehrers Karl Theodor Maschwitz aus T r e b n i t z i. Niederschles.
Original, 4. Juni 1951.

Verschleppungsschicksal von 15 Personen aus Trebnitz und Umgebung; Aufenthalt in den Lagern Alschewsk und Makejewka im Donez-Gebiet.

Vf. stellt seinem Bericht eine Liste mit Personalangaben seiner vierzehn Leidensgefährten voran.

Am 4. Februar 1945 nahm die NKWD., die die Büroräume des Klosters in Trebnitz belegte, ihre Tätigkeit auf.

Am 5. Februar wurden sämtliche Männer von 16—60 Jahren, die sich im Kloster befanden, von der NKWD. unter Bewachung in die Franzosenbaracke im Kloster eingesperrt und dauernd einige Leute zum Verhör geführt. Der größte Teil der Männer wurde zu Aufräumungsarbeiten herangezogen.

Am 6. Februar wurde ich mit Hilfe eines Dolmetschers, der fast kein Deutsch verstand, zweimal verhört und daraufhin plötzlich verhaftet. Warum, das ist mir bis heute unerklärlich. Nachdem sämtliches Eigentum bis auf die Kleidung, die ich auf dem Leibe hatte, abgenommen worden war, wurde ich mit dem Drogist Fila und dem Stellmacher May aus Peterwitz in den Keller des Hauses Prehn, Breslauer Straße, eingesperrt. Hier blieben wir unter den scheußlichsten Bedingungen (kein Licht, Schmutz, Läuse usw.) in Gesellschaft von Polen und Russen ca. 12 Tage. Die Zahl der aus Trebnitz und Umgebung stammenden Männer stieg in dieser Zeit auf 15. — Sch. wurde schon schwerkrank in den Keller geworfen und fieberte dauernd. Er wurde von einigen Mitgefangenen beschuldigt, bei seinem Verhör falsche Angaben über Parteizugehörigkeit mehrerer Kameraden gemacht zu haben. Er selbst bestritt dies jedoch entschieden. Außerdem wurde jeder einzeln verhört, so daß nichts bewiesen werden kann. Daß die Russen bei der Verhaftung völlig willkürlich verfahren, beweist mein Fall. Ich persönlich halte Sch. für die Verhaftung von mehreren von uns für völlig unschuldig. Dieselbe Meinung hatten auch die meisten.

Am 15. Februar wurde ich plötzlich mit einem Transport nach Heinzendorf gebracht, kam jedoch am 17. wieder nach Trebnitz zurück.

Die Verpflegung im Keller in Trebnitz war zwar eintönig, aber gut und reichlich, die Behandlung grob, aber ohne Mißhandlungen.

Am 18. Februar, früh morgens um 6 Uhr, wurden plötzlich doppelte Brotrationen ausgegeben, und um 7 Uhr erfolgte der Abmarsch von ca. 150 Mann Gefangenen, die überall aus den Kellern hervorgeholt wurden, nach Oels.

Sch., dessen Zustand ohne ärztliche Hilfe dauernd schlechter wurde, wurde, da er nicht laufen konnte, von einem Mongolen mit dem Pistolenkolben blutig und bewußtlos geschlagen. Dann wurde er auf einen Handwagen gelegt und mitgeschleppt. Fast ohne Pause ging es nun über Bingerau bis nach Oels, ein Marsch von 35 km, die ich mit meiner Prothese zurücklegen mußte. Auf halbem Wege war Sch. unterwegs gestorben. Seine Leiche wurde auf dem Bahnhof Oels zurückgelassen, in dessen Nähe sie wahrscheinlich eingegraben wurde. Noch am Abend ging es nun im Bahntransport weiter bis nach Krakau, wo wir nach dreitägiger Bahnfahrt, fast ohne unterwegs verpflegt zu werden, ankamen. Dort wurden wir im Gefängnis Monte Lupa eingesperrt, wo wir ca. 12 Tage blieben. Die Verpflegung war äußerst dürftig, die Läuseplage nahm überhand. Nachdem wir entlaust und kahl geschoren waren, ging es dann auf den großen Transport in das Innere Rußlands, ungefähr 2000 km weit.

Die Fahrt war furchtbar. Im Waggon waren über 40 Mann untergebracht, davon ca. 18 Deutsche. Das andere waren Wlassow-Truppen: Turkmenen, Tartaren, Kaukasier und Russen. Die Verpflegung war furchtbar schlecht, da wir Deutschen in fast allen Dingen benachteiligt wurden. Trinkwasser wurde fast gar nicht gereicht, so daß unterwegs Schnee gegessen wurde. Die Folge waren Magenkatarrhe mit starkem Durchfall, die mehrere von uns (ein Bauer aus Paulskirch, Müller aus Raschen, Münthner) sehr schwer erkranken ließen, so daß sie nach 14tägiger Fahrt kaum noch fähig waren, sich auf den Beinen zu halten. Auch Fila und Ulbrich waren schon schwer angeschlagen.

Als wir am Ende der Fahrt in Alschewsk bei Woroschilowgrad am Donez anlangten, wurden wir sofort in ein Lager gebracht, in dem wir bis zum 18. September 1945 blieben. Beim Eintreffen dort waren die Zustände noch chaotisch, nur drei Baracken waren beziehbar, in denen ca. 2400 Mann zusammengepfercht wurden. (In einer Stube 80—100 Mann untergebracht.) Aborte waren nicht vorhanden. Die Küche wurde erst am dritten Tage errichtet. Der Schnee lag noch ungefähr $1/2$ Meter hoch, taute aber sehr stark. Nach zwei Tagen wurde die Wlassow-Truppe ausgesondert, weggebracht (ca. 800 Mann) und die andern langsam auf die übrigen Baracken verteilt. Die Internierten wurden in die Stadt geschickt, um dort Bettstellen aus Stahl, die im Hüttenwerk (die ganze Stadt besteht fast nur aus diesem Hüttenwerk) von deutschen Kriegsgefangenen hergestellt wurden, zu holen. Auf eine Stube kamen nun ungefähr 30 Mann, so daß die Unterbringung nach 3—6 Tagen recht erträglich geworden war.

Die drei obengenannten Schwerkranken wurden schon sterbend in ein provisorisches Lazarett gebracht, wo sie schon am nächsten Tage starben. Der Arzt, ein Pole aus der Gegend von Rybnik, war ein Deutschenfresser, der uns nach Möglichkeit verrecken ließ. Das Lazarettpersonal, Deutsche und Polen, sah seine Aufgabe (auch späterhin) darin, die Kranken möglichst aller verwertbaren Sachen zu berauben, die auf dem Bazar, dem russischen öffentlichen schwarzen Markt, der erlaubt ist, verkauft wurden, ihnen das Essen nach Möglichkeit zu stehlen, und glaubte, damit seiner Pflicht Genüge getan zu haben. Beschwerden über diese oder andere Mißstände bei der russischen Lagerverwaltung waren zwecklos, da diese an den Zuständen völlig desinteressiert war. Sie überließ alles den internen Abt.-Führern aus den Reihen der Gefangenen, meistens Polen. Die Leichen der Verstorbenen wurden auf dem Lagerfriedhof, der Gurka, ohne irgendwelche Feierlichkeiten in Massengräbern beerdigt. Die Sterblichkeit war besonders am Anfang enorm hoch. Von rund 1 600 Lagerinsassen waren bis zum September 1945 über 1 100 gestorben.

Nachdem die Küche eingerichtet worden war, wurde auch die Verpflegung besonders in den ersten 14 Tagen wieder besser. Dann jedoch nahm die Korruption besonders in der Küche immer mehr überhand, wodurch die Qualität und Quantität der Verpflegung immer geringer wurde und zu einer allgemeinen Entkräftung führte.

So starben, da sie sich nicht durch die zu geringe Kost mehr erholen konnten, bald auch Fila und Ulbrich.

Nach der Quarantänezeit (sechs Wochen) mußten die Lagerinsassen, soweit sie arbeitsfähig waren, zur Arbeit gehen. Dafür gab es dann eine Brotzulage von 200 g.

Ich selbst hielt mich lange Zeit, bis zum September, dadurch über Wasser, daß ich meine Kleidung an die Russen verkaufte und mir dafür Brot kaufte. Mitte Juli war der Gesundheitszustand so schlecht geworden, daß die Arbeit in der Stadt und dem Hüttenwerk eingestellt wurde. Inzwischen waren auch verschiedene von uns, 15 Mann, in ein besseres Jenseits hinübergewechselt. Alle aus demselben Grunde: Entkräftung, Durchfall mit Hungerödem und anschließender Herzschwäche. So waren bis zum 26. Juli 1945 nur noch von uns 15 Mann fünf am Leben: August, ein Bauer aus Paulskirch, May, Sitte und ich.

Am 25. Juli ging erstmalig ein Transport in die Heimat, leider nur Polen und Oberschlesier. Jedoch war alles hoffnungsfreudig gestimmt worden. Auch der Rest, ca. 250 Mann, sollte anschließend folgen. Jedoch Hoffen und Harren machte in diesem Falle fast alle zum Narren!

Dadurch, daß die interne Lagerverwaltung, die bis dahin nur aus Polen bestand, jetzt fast ganz in die Hände der Deutschen überging, verschlechterte sich die Verpflegung noch mehr, da die Schiebungen nun noch größer wurden. Zwar waren die Russen in ihrer Haltung uns gegenüber durchaus korrekt und vielfach geradezu gütig, jedoch taten sie nichts, um die Mißwirtschaft abzustellen. Zum Teil waren sie selbst daran beteiligt, vorweg drei Ärztinnen, die sich unaufhörlich an dem Eigentum der Kranken und Verstorbenen vergriffen.

Im August 1945 starb auch August, der sich bis dahin tapfer gehalten hatte.

Am 18. September 1945 wurde das Lager (1236) in Alschewsk plötzlich aufgelöst und 150 Mann daraus in ein Lager bei Makejewka, ca. 200 km mehr westlich, ins Donezbecken überführt, darunter alle vier Überlebenden aus Trebnitz. Auch hier dasselbe wie in den meisten Lagern. Korruption und Schiebung an allen Ecken und Enden. Die Unterbringung war jedoch erheblich schlechter geworden. Ich selbst wurde ebenfalls schwächer und schwächer, magerte furchtbar ab. Dadurch paßte meine Prothese nicht mehr, so daß ich mich im November 1946 geradezu hoffnungslos auflief und am 20. ins Lazarett mußte. May war schon vorher ins Lazarett und von dort in ein Erholungsheim gekommen.

Am 11. Dezember 1945 wurden plötzlich 73 Mann in die Heimat entlassen (alle arbeitsunfähig), darunter auch Sitte und ich. Der Transport dauerte bis zum 31. Dezember 1945 und endete in Frankfurt a. d. O. Ich selbst machte ihn im Krankenwagen mit, in dem während der dreiwöchigen Fahrt 53 Mann starben, die aus dem Zug geworfen wurden. Jedoch war die Verpflegung in diesem Waggon durch das Massensterben sehr reichlich, so daß ich mich gut halten konnte. Fast alle Insassen waren Durchfall-Kranke, die still einschliefen, um nicht mehr aufzuwachen, während ich wegen meines Beines drin lag. Ich konnte deshalb auch Kameraden Sitte mehrfach mit

Brot und Suppe versorgen. Jedoch machte dieser, ich nehme an wegen dauernd zunehmender Schwäche, recht wenig Gebrauch von meinem Überfluß.

In Frankfurt wurden alle entlassen. Nur wir, die wir nicht gehfähig waren, kamen dort in ein Gefangenenlazarett, aus dem wir nach spätestens acht Tagen in ein Krankenhaus in Magdeburg oder Dessau entlassen und überführt werden sollten. Infolge dreier in meiner Stube aufgetretener Fleckfieberfälle mit anschließender Quarantäneverlängung zog sich der Aufenthalt jedoch auf fünf Wochen hinaus. Verpflegung war unter aller Kritik, Korruption des Pflegepersonals, das uns, die wir von den Russen zur Entlassung neu eingekleidet worden waren, unsere guten Sachen wegnahm und uns dann zur neuerlichen Entlassung nur Lumpen gab. Auch dort im Lazarett eine Menge Sterbefälle nur durch Unterernährung. Bei straffem Durchgreifen des russischen Aufsichtspersonals hätte sich vieles vermeiden lassen.

Endlich am 5. Februar 1946 Entlassung aus Frankfurt.

Am 6. Februar kam ich auf Krücken in Berlin an, dessen Bevölkerung bei aller eigenen Not von einer nie geahnten Hilfsbereitschaft gegen uns war, ging am 6. Februar ins englische Übernahmelager nach Staaken, von dort mit Transport am 9. Februar nach Munsterlager, wo wir am 11. ankamen.

Am 12. Februar Transport mit LKW. nach Braunschweig, wo ich endgültig entlassen wurde.

Hier fand ich bei Verwandten erste Aufnahme und auch Nachricht von den Meinen, die in Bayern waren.

In Braunschweig ging ich zur Ausheilung meines Beines und Hebung meines Gesundheitszustandes (104 Pfd.) drei Wochen ins Krankenhaus und am 15. März 1946 endlich ohne Grenzübertrittspapiere auf die Reise zu meiner Familie in die amerikanische Zone in die Nähe von Passau, die ich am 18. März 1946 endlich unerwartet erreichte.

Hier hörte ich, daß als Letzter Kamerad Sitte an den Folgen der Unterernährung in Deutschland gestorben ist, so daß nur ich bis auf May, der im Dezember 1946 noch in Rußland lebte, von uns 15 Mann übrig blieb. Von May ist bis heute keine Meldung eingegangen.

Nr. 152

Erlebnisbericht des G. F. aus dem Kreis N e i ß e i. Oberschles. Original, 25. Februar 1953.

Verschleppung von Männern zwischen 16 und 50 Jahren aus den westlichen Kreisen Oberschlesiens, Zwangsarbeit im südlichen Uralgebiet bis zur Entlassung im Juli 1949.

In den ersten Märztagen 1945 kamen die Russen unserem Heimatkreis und Heimatdorf G. immer näher. Es war von der Kreisleitung Neiße verboten, ohne Anweisung den Ort zu verlassen, zudem hätten wir auch nicht gewußt, wohin wir sollten. So drang am 17. März 1945 der Russe in unser 350 Einwohner zählendes Dorf ohne Widerstand ein, d. h. besetzte die Dorfaus- und -eingänge. In den ersten zwei Tagen verhielt sich alles ruhig, es waren wenig Russen im Dorfe gesehen worden.

Am 20. März, also nach drei Tagen, kam ein Russe mit zwei Polen und holte alle Männer von 16 bis 50 Jahren aus ihren Wohnungen. (Darunter waren auch 14—15jährige und ca. 60jährige.) Am Dorfausgange wurden wir gesammelt und ins Nachbardorf S. gebracht, wo das erste Verhör begann und alles abgenommen wurde, Geld, Messer etc. Nach zwei Tagen wurden wir aus G., waren ca. 15 Mann, mit den Männern aus S. weitertransportiert. Es ging von einem Dorfe ins andere, und so kamen immer mehr Männer zusammen. — So ging unser „Schweigemarsch" über Neiße—Grottkau—Brieg—Oppeln. Was mit dem Laufen nicht mitkam und sich an den Straßenrand setzte, wurde kurzerhand erschossen. (Ich sehe im Geiste einen ca. 70jährigen Mann aus Carlsruhe O/S, wie er sich an den Rand setzte, ihn die Russen prügelten und erschossen.)

Von Oppeln aus ging der Transport per Bahn bis Beuthen O/S, wo wir ins Gerichtsgefängnis gesteckt wurden, wo schon ca. 2 000 Männer, Mädels und Frauen waren. Wieder Verhöre. Am schlimmsten ging es hier den Frauen und Mädels, die dauernd von den Russen aus den Zimmern bzw. Zellen geholt wurden. — Am 17. April 1945 wurde unser Transport, bestehend aus ca. 1 000 Männern und 600 Frauen, von Beuthen aus verfrachtet, bis wir am 8. Mai in Kopeisk, ca. 2 km südlich Tscheljabinsk, ausgeladen wurden. Die Verpflegung bis dahin war nicht gut, aber so, daß es ein gesunder und sonst noch kräftiger Mann ertragen konnte, da die Russen zur Genüge Beutematerial mitführten. Dennoch starben während der drei Wochen ca. 50 Mann auf dem Transport, die beim Halten des Zuges zur Zeit der Verpflegung am Bahndamm verscharrt wurden, und die zu denen gehören, von denen niemand etwas weiß.

Im Lager selbst wurden gleich alle einer gründlichen Untersuchung unterzogen und nach Gruppen 1, 2, 3, 4 eingeteilt. Die Kräftigen mußten ins Kohlenbergwerk, natürlich Frauen auch, und die anderen zur Landarbeit, oder sie brachten das Lager, was erst neu war, in Ordnung. Zu letzteren gehörte ich. Hier und auch in den anderen Lagern zeichneten sich besonders die Polen und Tschechen aus, die uns schikanierten, wo sie nur konnten, und sie konnten es, weil sie der Russe vorschickte.

Im August kam ich auf die Kolchose, und es ging da ein Teil besser in bezug auf Verpflegung! Im November 1945 kam ich in ein Lager bei Tscheljabinsk und mußte da in die große Panzerfabrik, wo wir Gefangenen landwirtschaftliche Maschinen herstellen mußten. Daselbst blieb ich bis zum 6. März 1949, kam dann nach Magnitogorsk und am 1. Juli 1949 nach Magnitka zum Abtransport in die Heimat[1]).

---

[1]) Über einen weiteren Transport, der am 15. April 1945 in Beuthen verladen und in das Gebiet von Tscheljabinsk geleitet wurde, berichtet der Förster J. Z. aus Paulsgrund, Kreis Ratibor. — Dieser Transport faßte nach Angaben des Berichterstatters 2 300 Zwangsdeportierte, von denen während der Fahrt 45 verstarben.

Nr. 153

Erlebnisbericht des Bauern P. K. aus dem Kreis G l o g a u i. Niederschles.
Original, 21. Juni 1952, 15 Seiten. Teilabdruck.

Verschleppung von Männern und Frauen aus dem Kreise Glogau zur Zwangsarbeit nach Sibirien.

Im ersten Teil seines Berichtes schildert Vf. die Evakuierungsvorbereitungen und die Vorgänge beim Einmarsch der russischen Truppen Anfang Februar in sein Heimatdorf, in dem die überwiegende Mehrzahl der Bewohner zurückgeblieben war. Vf. berichtet dann über verschiedene Anordnungen der russischen Kommandantur, die am 13. März erfolgte Festnahme der Parteimitglieder, Bürgermeister und Gutsbesitzer, unter denen er sich selbst befand, ihren Abtransport nach Jakobskirch bei Glogau und weiter nach Grünberg, über dortige Vernehmungen und den Sammeltransport nach Beuthen in Oberschlesien[1]).

Nach dem Verlassen des Zuges wurden wir in ein großes Gefängnis in Beuthen geführt; es war schon überfüllt mit Unseresgleichen. Unsere Fleischdosen, noch vorgefundenes Geld, Brieftaschen und andere Sachen wurden uns abgenommen; wer gute Stiefel trug, [dem] wurden sie ausgezogen und durch schlechte Schuhe ersetzt. Ich hatte meine Stiefel schon in Jakobskirch eingebüßt. — In einer Zelle mit Aufschrift „Schlafraum für 25 Gefangene" wurden wir 124 Mann getrieben, ein Kübel zur Notdurft stand in der Mitte.

Eingepfercht blieben wir hier drei Tage, über Ostern, dann hieß es antreten. Im Gefängnishof wurden wir zu einem großen Zug formiert. Jetzt kamen schon viele aus der Gegend von Liegnitz und Oberschlesier dazu. — Der Transport soll 2 000 Mann und 200 Frauen stark gewesen sein. — Ohne Essen, wir hatten nur noch Brotreste aus Grünberg, wurden wir in einen auf dem Bahnhof stehenden russischen Transportzug verfrachtet, in kleinere Wagen mit 44, in Doppelwagen mit 88 Mann in zwei Etagen, die Frauen in besondere Wagen. Nun rollten wir ab an ein ungewisses Ziel, vielleicht in ein Lager nicht allzuweit, es wurde nun schon mit allem gerechnet.

In unserem Wagen entstand bald eine Schicksalskameradschaft, wir fünf aus unserm Heimatbezirk hatten uns zusammengehalten; sonst waren es Männer aus dem Kreise Liegnitz, zum Teil ältere Männer. Der älteste war 76 Jahre, schon nach ein paar Tagen erlag er den Strapazen.

Die Verpflegung war zum Verhungern; immer gegen Abend hielt der Zug, aus einem Küchenwagen wurde Verpflegung empfangen. Ein Zinkeimer voll Suppe wurde unter 44 Mann verteilt, auf jeden kam ein knapper Trinkbecher gleich $1/4$ Liter; 4 Mann erhielten ein kleines deutsches Kommißbrot, Wasser aus Gräben oder Teichen wurde auch nur ein Eimer voll verteilt. . .

---
[1]) Auch aus dem Nachbarkreis Sprottau wurden, wie A. S. aus Redwitz berichtet, arbeitsfähige Männer nach Beuthen transportiert und in die Sowjetunion verschleppt. Berichterstatter wurde in einem Transport am 31. März in ein Lager nach Kandalakscha geschafft, wo etwa 2 000 Verschleppte von 15 bis 60 Jahren (darunter 300 Frauen) untergebracht waren, die vorwiegend zu Waldarbeiten und beim Kanalbau eingesetzt wurden.

Abends kamen die Wachmannschaften in den Wagen und zogen Kleidungsstücke, mit Vorliebe dunkle Stiefelhosen und Jacketts, den wehrlosen Insassen aus, die sie dann an russisches Zivil gegen Schnaps absetzten. Ein Widerstand war zwecklos, sie nahmen es mit Gewalt. — Nach einer Woche Fahrt in dunklen Wagen, die Luken waren vergittert, ließ man uns einmal ins Freie aussteigen, wir erkannten uns bei Tageslicht kaum wieder...

Wir fuhren über die Wolga, erreichten den Ural, die Fahrt nahm kein Ende, Tag und Nacht wurde durchgefahren. In Nowosibirsk brachte man uns zum Baden und Entlausen in eine ziemlich moderne Badeanstalt, dann ging die Fahrt weiter. Wir durchfuhren jetzt schon eine sibirische Industriegegend; endlich, nach 23 Tagen Fahrt, waren wir am Ziel.

Man brachte russische Verpflegung an den Zug, und wir wurden gruppenweise ausgeladen. An die 60 Tote wurden aus dem Zug geholt und abgefahren. (Auf der Fahrt mußten von uns schon einmal eine Anzahl Toter aus dem Wagen, der für Schwerkranke bestimmt war, geholt werden und auf der Station in einen leeren Güterzug gelegt werden. Eine ärztliche Betreuung gab es auf der Fahrt nicht. Beim Halten des Zuges kam eine Frauensperson am Zug entlang, sie frug nur nach Toten in den Waggons; wir hielten sie für eine Ärztin, später im Lager stellte es sich heraus, daß sie eine polnische Schneiderin war. — Als erste Krankheit auf der Fahrt trat die Gesichtsrose, dann die Ruhr auf.)

...Nach dem Entladen aus dem Transportzug wurden wir in Gruppen zum Baden und dann in das Lager geführt, nur mühsam konnten wir das erreichen, es war nur 1 km entfernt, dicht bei Kemerowo am Ob.

Das Lager bestand aus: fünf Baracken für Männer (jede konnte an die 200 Mann aufnehmen), eine Baracke für Frauen, eine Leicht-, eine Schwerkrankenbaracke, eine Küchenbaracke mit Speiseraum und die sogenannte Banja[1]). Die Baracken waren in die Erde eingelassen, reihenweise standen Gestelle für je vier Mann, mit Holzpritsche ohne Auflage zum Schlafen. — Nun begann das Lagerleben; man gab uns zu essen viermal am Tag, man wollte uns recht bald arbeitsfähig machen. Zwanzig Tage sollten wir Ruhe haben.

Das Essen schlug nicht mehr an, die große Sterblichkeit setzte immer mehr ein, Ruhr und Herzschwäche rafften täglich viele hinweg... In einiger Entfernung vom Lager war ein Friedhof angelegt. Die auf dem Transport verstorbenen Kameraden waren in einem Massengrab beerdigt. Dann wurden nur Einzelgräber angelegt, 1,50 Meter tief. Auf einem Pferdekarren fuhr man in der Dunkelheit die Verstorbenen dorthin, sie wurden vollständig entkleidet in die Gräber gebracht, ein Pfahl wurde eingesetzt, der die Nummer der Toten nach der Liste tragen sollte. Daß die Nummer nicht mit der Liste übereinstimmte, habe ich feststellen können. Später wurde ein Beerdigungskommando eingeteilt; es ist möglich, daß dann die Bestattung gewissenhafter erfolgte.

Vf. berichtet dann noch, daß die Kleidungsstücke der Verstorbenen an Lagerinsassen ausgegeben wurden, deren Kleidung gelegentlich bei Entlausungen verbrannt war.

---

[1]) Badebaracke mit Wäscherei und Entlausungsanstalt.

Nach Ablauf der Erholungszeit wurden wir in Berufsgruppen eingeteilt, als Arbeiter in Ziegeleien, Bauten und zu verschiedenen Spezialistenkommandos, außerdem in eine Gruppe der Invaliden, die aber bald in den wöchentlichen Untersuchungen zur Arbeit ausgemustert wurden. Die Arbeitszeit dauerte von 8 Uhr morgens bis 8 Uhr abends. Es wurde auch teilweise in zwei Schichten gearbeitet oder Überstunden bis nach Mitternacht zum Verladen von Ziegelsteinen eingelegt; auch sonntags wurde gearbeitet. Die eingesetzten Normen mußten erfüllt werden. Es gab etwas mehr Beköstigung und 5 g Tabak pro Tag, aber keine Löhnung. Die schwere Arbeit und Unterernährung wirkte sich auch bei den noch kräftigen Männern aus. Beim Baden sah man so recht deutlich die abgemagerten Gestalten (nur die einen guten Posten als Antreiber oder Barackenpersonal erreicht hatten, konnten sich gut ernähren).

Die Frauen arbeiteten auch, zum Teil in Ziegeleien, Kolchosen, im Lager in der Küche und in den Krankenbaracken. Im allgemeinen hielten sich die Frauen besser gesund als die Männer.

Durch Wasser geschwollene Glieder, Durchfall mit Blut wurden nur von Russen als Krankheit anerkannt. Es fehlte auch an Medikamenten, ein deutscher Arzt aus Cosel/Oberschlesien tat in der Schwerkrankenbaracke Dienst. — Von uns sechs Kameraden aus dem Heimatbezirk erkrankte an Ruhr erst E. K. und starb schon im Mai, dann folgt im Juni E. S., kurz darauf auch G. Bürgermeister T. hatte sich wieder leidlich erholt, wurde aber dann, als das Lager zur Aufnahme kranker ostpreußischer Frauen teilweise geräumt wurde, wahrscheinlich in ein anderes Lager verlegt, seitdem fehlt bis heute jede Nachricht von ihm. Ich habe mich so leidlich durchgehalten, obwohl ich auch mit stark geschwollenen Gliedern sehr zu leiden hatte und schließlich arbeitsunfähig wurde. Auch Kamerad L. hat es überstanden.

Anfang Oktober 1945 wurden Gerüchte einer bevorstehenden Heimkehr Tagesgespräch im Lager, und am 10. Oktober wurde eine Liste der Heimkehrer in der Krankenbaracke verlesen, unter anderen L. und als Letzter auch ich. Am 11. Oktober war es schon so weit, ein Transport von 80 Mann und 20 Frauen konnten den Zug besteigen. 21 Rubel zahlte man uns im Zuge für geleistete Arbeit aus und fuhr uns zunächst zur Sammelstelle Nowosibirsk. Hier wurde ein größerer Transport zusammengestellt und in 35-tägiger Fahrt die Reise nach Deutschland angetreten.

Die Heimkehr verlief besser als die Fahrt nach Sibirien, wir waren nicht mehr in den Wagen eingeschlossen, die Verpflegung war besser, es wurde von deutschen Soldaten gekocht, die den größten Teil der Heimkehrer ausmachten. Trotzdem verstarben in unserem Wagen allein 6 Mann von 42 Insassen, obwohl der starke Wille zur Heimkehr jeden stark zu machen schien. Auch unter den mitfahrenden deutschen Kriegsgefangenen waren sehr viele Todesfälle. Auch viele dieser Schicksale werden die Angehörigen niemals erfahren können...

Als wir den Entlassungsschein in den Händen hatten, waren wir endlich frei. Aber nun die große Enttäuschung: „Heimatlos". Hier in Frankfurt haben wir es erst erfahren. Gedrückt fuhren wir nach Berlin, wo uns Auskunft über den Verbleib unserer Angehörigen in Aussicht gestellt worden war, [wir] aber auch keine erhalten konnten.

Jeder ging nun seiner Wege, fast alle ohne Ziel. — Unsere Angehörigen waren ja östlich der Oder-Neiße von den Polen vertrieben, die Polen hatten von unseren schönen Städten und Dörfern Besitz ergriffen. — Aus unserm Heimatdorf und Umgegend wurden die Bewohner Ende Juni 1945 ausgetrieben.

Nr. 154

Erlebnisbericht des W. K. aus dem Kreis G l o g a u i. Niederschles.
Photokopie, 13. Juni 1949, verfaßt in einem Heimkehrergenesungsheim.

Verschleppung Ende März 1945 und Flucht; erneute Verschleppung nach Karelien (bis April 1949).

Nach einigen Angaben zur Person berichtet Vf.:

Anfang Januar 1945 erhielt ich meine Einberufung zur Wehrmacht, die aber hinfällig wurde durch die Tatsache, daß die Russen schon bei Krakau standen. Am 23. Januar mußten wir unsern Heimatort verlassen, setzten über die Oder und verblieben zunächst in G., 20 km von unserm Dorf entfernt. Am 11. Februar folgten die Russen, die uns zunächst nicht übermäßig behelligten, abgesehen davon, daß uns Schuhe, Uhren und dergleichen Sachen weggenommen wurden. Der 19. Februar wurde zu einem Schreckenstag. Ein betrunkener Russe kam auf den Hof und schoß meinen Vater und zwei andere Männer nieder.

Fünf Wochen später, am 26. März 1945, wurde ich zusammen mit den jungen Leuten des Dorfes von russischen Banden verschleppt. In mehrtägigem Fußmarsch ging's nach Rawitsch in Polen, wo wir zuerst in ein Gefängnis und dann mit 180 Mann in ein Zuchthaus kamen (vom 5. April bis 28. Mai waren wir hier). Schlimmste Schikanen mußten wir erdulden, Stockschläge und nächtliche qualvolle, nervenaufreibende Verhöre. Das Hungeressen tat das Übrige dazu, daß wir körperlich völlig herunterkamen. So suchten wir dieser Hölle zu entrinnen.

Als wir am 28. Mai verladen werden sollten, glückte es mir, zusammen mit elf Mann im Dunkeln bei starkem Regen des Nachts zu entkommen. Das waldige Gelände bot uns Schutz. Wir schlugen westliche Richtung ein und gelangten schließlich in die Gegend von S., unweit von meiner engeren Heimat. Hier war uns zunächst ein Halt geboten. Bei einem älteren Russen mußten wir in der Landwirtschaft arbeiten, wurden aber gut behandelt.

Als am 13./14. Juni die meisten Deutschen von den Polen aus Schlesien vertrieben wurden und über die Neiße mußten, kamen wir jedoch nur bis Forst. Von den Polen festgehalten, mußten wir bis 1. Oktober auf einem Gut arbeiten. Dann marschierten wir zu Fuß nach Cottbus, kauften uns eine Fahrkarte nach Dresden. Aber auf dem Bahnsteig wurden wir, da einige Gefangene dort ausgerückt waren, um deren Zahl wieder voll zu machen, von der russischen Bahnpolizei kurzerhand festgenommen, obgleich wir mit der ganzen Sache gar nichts zu tun hatten (einer von den Russen oft geübten Praxis) und zu 32 Gefangenen in einen Bahntransport mit umfangreichen, von den Russen geraubten Gütern gesteckt (100 t Mehl, 25 Pferde, 22 Kühe und einige Waggons mit Möbeln, die Russen hatten ein ganzes Schloß ausgeraubt).

Nun folgte eine unfreiwillige Rundfahrt durch Rußland vom 1. Oktober bis 7. November 1945. Über Breslau ging's nach Kiew und dann nach Norden über Moskau in die finnisch-karelische Republik nach Petrosawodsk. Hier kamen wir in ein Lager mit 5 000 Kriegsgefangenen. Die Behandlung war zuerst sehr schlecht (an Weihnachten 1945 mußten wir bei 52 Grad Kälte arbeiten, so daß sich viel Gefangene die Füße erfroren), später erträglicher. Verpflegung blieb minimal. 50 Prozent der Gefangenen sind im Laufe der Zeit gestorben. Ich war zunächst in einem Sägewerk eingesetzt, dann in einem Außenlager, 180 km entfernt in Richtung Murmansk, zum Bau eines Gleisdreiecks und eines Lokschuppens, ab September 1947 wieder in Petrosawodsk. Endlich am 7. April 1949 hatte die Stunde der Heimkehr geschlagen.

Anschließend folgen noch einige Bemerkungen über das Schicksal der nächsten Angehörigen.

3. Verschleppung von Volksdeutschen aus dem westlichen Polen über die Sammellager Sikawa und Kutno im Februar 1945.

Nr. 155

Brief des Handelsvertreters Berthold Anders aus L o d z.
Vom Verfasser unterzeichnete Abschrift eines Briefes, 14. Juli 1946, 6 Seiten. Teilabdruck.

Zwangsverschleppung über Sikawa und Kutno in das Donezbecken; Arbeit im Kohlenbergbau; nach schwerer Erkrankung Rückkehr nach Lodz.

Am Anfang des Briefes macht Vf. allgemeine Angaben über die Lage der Deutschen in Polen und schildert seine Flucht bis Warta, wo er von den Russen eingeholt wird.

Nach Einzug der Russen bildeten sich Banden, die die Deutschen überfielen und ihre Wirtschaften ausraubten. Wir zählten bis zum 18. Februar 1945 23 Raubüberfälle mit Todesdrohungen, Vergewaltigungen der Dienstmagd usw. An diesem Tage wurde ich verhaftet und von meiner Frau getrennt. So wie ich stand, im leichten Herbstmantel, in Holzpantoffeln, ohne etwas für die Reise mitzunehmen, wurde ich mit meinem Schwager nach Kwiatkowice getrieben, und dort traf ich in einem Kuhstall meinen ersten Leidensgenossen, einen kleinen Gutsbesitzer aus der Gegend von Warta, in furchtbar zugerichtetem Zustand. Die Augen unterlaufen, eine deutsche Gendarmenmütze auf dem Kopfe. Ein hochintelligenter Mensch, Pole deutscher Abstammung. Hier bekam ich von Soldaten und polnischen Offizieren die ersten Schläge. In Konstantynów traf ich mit Herrn May aus Sofiowka (Buhle) zusammen. Wir bildeten eine Gemeinschaft und blieben bis zu unserer Rückkehr in treuer Verbundenheit zusammen.

Es ging nach Lodz ins Kommissariat, im Hause Oelsner auf der Gdanska, vorher drei Tage in der Kaserne am Blücherplatz. Nach abermals drei Tagen kamen wir nach Sikawa, bereits in einem Zuge von 500 Mann, auf dem Wege dorthin wurden drei Mann von uns erschossen, die schwach wurden; in Sikawa traf ich Glathe, Marquart von Eiser & Schweikert, Hübner von Karl Eisert, Pólkownik May-Majewski, den Bruder von May-Sofiowka, Makowski, Dr. Hüttmann und viele andere.

Nach sieben Tagen qualvoller Leiden und Entbehrungen ging's zu Fuß im Schneesturm in einem Zuge von ca. 4 000 Männern über Zgierz, Ozorków nach Kutno. In Ozorków übernachteten wir in einer Schule, andere in der evangelischen Kirche. Ganz erschöpft kamen wir in Kutno an. Abermals in einem Lagerraum auf Zement, ohne Essen, ohne Wasser, gab uns den Rest. Wir verloren alle an Gewicht und setzten alles zu, was wir in den Jahren 1939 bis 1945 noch auf uns hatten. Wir wurden dann waggoniert, ohne Stroh, auf Holzbrettern schlafend, ging es nach Osten, einem unbekannten Ziele zu. Der Sonne nach zu urteilen, mußten wir nach dem Südosten Rußlands fahren.

Über Kiew, Poltawa kamen wir am zehnten Reisetage am Bestimmungsort an, einer Kohlengrube im Nowy Donbass, hinter Stalino, genannt die „Amerykanka" Nr. 18, im Sniezanski Rayon, ganz durch Kriegseinwirkung zerstört. Wir kamen in Häuser hinein, die einmal deutschen Soldaten Schutz boten, alles zerstört, die erst hergerichtet werden mußten. Hier begann eine neue Leidenszeit für uns. Wir wurden ... zu Aufräumungsarbeiten eingesetzt, zuletzt unter Tage, 200 Meter, bei der Förderung der Kohle, zehn Stunden Arbeit, ohne Mittag und ohne Unterbrechung, vielfach zwölf Stunden, wenn unser „Dessiatnik"[1]) uns schikanierte. Die Beköstigung bestand aus 500 bis 700 g Brot und dreimal am Tage einer Kraut- oder salzigen grünen Pomidorensuppe[2]).

Nach zwei Monaten war ich mit vielen anderen am Ende unserer Kraft. Es starben sehr viele von uns, ganz besonders die körperlich nicht auf der Höhe waren. Unser Arzt stellte eitrige Nierenbeckenentzündung bei mir fest, und ich wurde auf die Krankenstube genommen. Nach zwölf Tagen Ruhe verlor ich endlich das nagende Gefühl des Hungers. Noch nicht wieder hergestellt, wurde ich nach der Kohlengrube 23, in ein Lager Ungarn-Deutscher, aus dem Banat und der Batschka, kommandiert, wo ich Delmetscher wurde. Das war meine Rettung, es ging mir dort verhältnismäßig besser. Die Folgen schlechter Ernährung blieben aber nicht aus. Ich bekam an den Füßen Geschwüre und eine Phlegmone, eine innere Vereiterung des linken Fußes bis zum Knie. Daran wäre ich beinahe gescheitert. Ohne Medikamente, ohne Verbandzeug mußte ich mir mit kalten Umschlägen selbst helfen. Da nahte meine Rettung. Gerüchte von unserem Rücktransport, alle aus Polen Gebürtigen, waren im Umlauf. Ein gütiger, alter russischer Arzt in der Kommission, der Lodz kannte, bestimmte meine Heimkehr. Auch der Natschalnik Schtaba, dem ich vieles verdanke, war maßgebend an meiner Befreiung beteiligt.

Am 10. Juli 1945 ging es los. Mein Schwager kam mit. Auf der Amerykanka traf ich wieder Rietschel, May und Stegmann, als walte über uns ein höherer, gütiger Geist, alle, die wir uns seelisch verbunden fühlten, kamen wieder zusammen und erreichten nach 23 Tagen Reise die Heimat.

Ich wurde auf dem Sammelpunkt der Rücktransportierten in einem Kriegsgefangenenlager von einem deutschen Arzt operiert. Das war meine Rettung, sonst wäre Blutvergiftung eingetreten. Er selbst bezeichnete meinen Zustand als eine gefährliche Geschichte, und ich hätte die Heimat lebend nicht erreicht. Im Transport wurde ich noch einmal operiert, es bildeten sich Eiterstellen, die keinen Ausfluß hatten. — Unser Weg ging südlich Poltawa durch die fruchtbare, leider vom Kriege ganz zerstörte Ukraine, über Kiew nach Lemberg und über Tarnów nach Krakau. Hier blieben wir zwei Tage liegen. Zu unserer nicht geringen Überraschung ging der Zug zurück nach Tarnów, Dębica, Jarosław, und angesichts Przemyśl, der russischen Grenze, entstand im fahrenden Zuge eine unbeschreibliche Panik. Aus Furcht, noch einmal nach Rußland zu kommen, sprangen 30 Prozent der Heimkehrer aus dem Zuge, ihre Sachen zurücklassend. Wir Alten legten

---
[1]) Aufseher einer Arbeitsgruppe von zehn Mann.
[2]) Tomatensuppe.

unser Schicksal in Gottes Hände. Es ging über Tarnów über Rawa Russka nach Lublin und über Siedlce nach Warschau, Kutno nach Posen. Hier nahm das NKWD.-Lager den Transport auf, während die Kranken, von sämtlichen Krankenhäusern abgewiesen, nach Hause geschickt wurden.

Am 3. August 1945 kam ich in Lodz an. Ohne Heim, ohne Zuflucht ging ich zu meiner Schwägerin, einer Polin, deren Mann immer noch nicht aus Rußland zurück ist. Da sie aus Furcht vor ihren Nachbarn mich nicht aufnehmen konnte, brachte sie mich bei einer Arbeiterin der Biedermannschen Fabrik, wo mein Schwager Spinnmeister war, unter. Nun wurde meine Frau gesucht. Mein Haus ist besetzt von Warschauer Polen. In meiner Wohnung wohnt chołota[1]) der schlimmsten Sorte, ich durfte mich dort gar nicht zeigen. Am 8. August 1945 traf meine Frau vom Dorfe ein, und wir stürzten uns in die Arme.

Du solltest unsere Heimkehrer aus Rußland gesehen haben, vorstellen kann man sich das Elend nicht. In abgerissenen Kleidern, seelisch vollständig zermürbt, körperlich Ruinen, abgemagert bis auf Haut und Knochen, der Kopf rasiert, ich auf Stöcken humpelnd, so kam ich in Lodz an. Was nun? Was sollte ich in der Stadt machen, die so feindlich ist, daß man sich auf der Straße nicht zeigen konnte? Ich beschloß, um dem Hunger zu entgehen, aufs Land zu gehen, möglichst nahe der Hede, damit wir zusammen sind und uns gegenseitig helfen können. Eine neue Not begann.

Trotz des kranken Fußes wurde ich Knecht bei einem Knecht, der eine deutsche Wirtschaft übernommen hatte, sogar einer Tante meiner Frau. Da mein Fuß infolge Überanstrengung immer am Abend anschwoll, mußte ich auf Anraten einer Wilnaer Ärztin, die die Wirtschaft meines Schwagers übernommen hatte, zwei Wochen mit erhobenem Fuß liegen, damit der Eiter herauslief. Auf Betreiben des Knechtes mußte ich das Gehöft verlassen und in einer zerfallenen Scheune Zuflucht suchen, wo mich eine deutsche arme Frau mit Unterstützung Hedes mit Essen versah. Nach zwei Wochen kam ich zurück zum Bauer und arbeitete dort unter ganz traurigen Verhältnissen. Ich schlief vom 24. November 1945 bis Anfang Januar 1946 in der Scheune. Ich folgte meiner Frau, die inzwischen nach Pabianice übergesiedelt war, arbeitete sechs Wochen bei einem Bäcker als Arbeiter des Nachts, von dort ging ich nach Ohojny in eine Limonadenfabrik, die einstmals einer deutschen Familie Weiss gehörte, übrigens einer Kundin von Oehme & Bayer-Leipzig, als Arbeiter (Frau Weiss soll von ihrem Arbeiter vor Gericht geschleppt und zum Tode durch den Strang verurteilt worden sein).

Nicht nur wir Deutschen, auch die National-Polen glaubten an eine Wendung der Dinge im März-April dieses Jahres. Als diese nicht eintrat, sannen wir auf Flucht, führten diese am 22. April 1946 aus und landeten am 5. Mai 1946 hier im Ammerland.

Abschließend schildert Vf. nach weiteren Angaben über die Lage des Deutschtums die Vorbereitung und Ausführung der Flucht nach Westdeutschland.

---

[1]) Gesindel.

Nr. 156

Protokollarische Aussage des N. N. aus Aleksandrów, Kreis Lodz.
Original, 13. Februar 1952.

Festnahme durch die polnische Miliz in Lodz, Gewalttakte polnischer Begleitmannschaften und Vorgänge auf dem Marsch zu den Sammellagern Sikawa und Kutno.

Meine Flucht aus Aleksandrów nach dem Westen wurde durch eine überraschenden Vorstoß der russischen Panzerspitzen von Zgierz vereitelt, so daß ich notgedrungen zurückbleiben und Schreckliches über mich ergehen lassen mußte. Bis zu meiner Abstellung nach Lodz am 17. März 1945 war ich wohl ein dutzendmal verhaftet worden. Ich saß zuerst in den Zellen des Arrestraumes des Alten Rathauses und später im Keller des evangelischen Pfarrhauses, in welchem die Deutschen mißhandelt wurden.

Am 23. Februar, dem Tag der Roten Armee, traf in Aleksandrów aus dem Arbeitslager Sikawa bei Lodz eine russische Kommission, bestehend aus einigen Offizieren in Uniform und Zivil sowie mehreren Kommissaren der politischen Polizei, ein. Sie sollte die Deutschen abholen, die nach Rußland zur Arbeit verschickt werden sollten. Da es schon spät war, zechten sie mit der polnischen Miliz.

Am Abend waren in den vorher erwähnten Keller der Miliz gegen 20 Aleksandrówer Deutsche eingeliefert. Nachts erschien ein russischer Oberleutnant mit polnischen Milizianten im Keller. Alle waren betrunken. Der Offizier schlug die Deutschen, die in Reih und Glied an der Wand stehen mußten, ins Gesicht, so daß sie bluteten. Dann ließ er sich eine Pistole reichen und schoß zwischen die Köpfe der Häftlinge, so daß sie mit Mörtel überschüttet wurden.

Am nächsten Morgen versammelten sich die noch in Freiheit befindlichen deutschen Männer und Jünglinge auf den Höfen des lutherischen Pfarrhauses und der deutschen Schule. Die Gefangenen aus dem Keller wurden dazugestellt. Dann erschienen die Russen sowie polnische Miliz. Es wurden mehrere Gruppen aus den Deutschen gebildet, die immer wieder neu geordnet wurden. Schließlich wurden zwei Gruppen, eine größere und eine kleinere gebildet. Die größere marschierte als erste ab. Die zweite, zu der auch ich gehörte, brach zwei Stunden später auf. Vorher wurden aber viele von uns noch einmal in den Keller geführt und dort von den polnischen Milizianten unbarmherzig geschlagen. Wir, die wir draußen in Erwartung des Abmarsches standen, vernahmen die entsetzlichen Schreie der Mißhandelten.

Wir wurden zunächst zur Kreisverwaltung der polnischen Miliz nach Lodz transportiert. Diese Behörde war in einem Fabrikgebäude untergebracht. Wir mußten im Torweg warten. Zu uns kamen einige junge Polen, die mit Gummiknüppeln, Knuten und Knüppeln ausgerüstet waren. Einer der Milizianten, die uns aus Aleksandrów begleitet hatten, wies auf einige von uns, und schon hagelten die Schläge auf diese Unglücklichen.

Aus der Kreisstelle der Miliz brachte man einige übel zugerichtete Deutsche, die uns zugesellt wurden. Einer von ihnen stammte aus Aleksandrów und war mir bekannt (Fiebich). Er war Polizist gewesen und hatte an

57

einem der Lodzer Gefängnisse Dienst getan. Seine Fußsohlen waren von Schlägen mit Gummiknüppeln dermaßen angeschwollen, daß sie wie kleine Kopfkissen wirkten. Die Zehen waren überhaupt nicht zu sehen. Fiebich konnte nur barfuß gehen und mußte sehr vorsichtig auftreten.

Wir erhielten eine neue Wachmannschaft, die aus lauter jungen üblen Burschen bestand, und setzten uns in Marsch. Unter uns befanden sich mehrere ältere Männer, die bereits viele schwere Mißhandlungen über sich hatten ergehen lassen müssen. Für diese war der Marsch sehr beschwerlich. An einer der nächsten Straßenecken brach einer von ihnen, der siebzigjährige Kaufmann und Feuerwehrkommandant Gustav Kussmann, zusammen. Zwei von der Begleitmannschaft nahmen ihn unter die Arme, schleppten ihn in den Hof des nächsten Hauses und erschossen ihn dort.

Als wir bereits die Stadt verlassen hatten und uns dem Arbeitslager Sikawa näherten, begegneten uns polnische Soldaten. Sie befragten über uns die Wachmannschaft und führten dann einige von uns Deutschen, darunter auch mich, in eins der Nachbarhäuser. Dort machten sie Miene, uns zu schlagen. Ein großer, stämmiger Soldat erhob sein Gewehr, um mir damit einen Schlag zu versetzen. Zwei polnische Frauen traten jedoch dazwischen. Sie sagten zu den Soldaten: „Hört doch schon endlich auf mit dem Morden! Wir gestatten nicht, daß in unserer Wohnung das Blut unschuldiger Menschen vergossen wird. Fürchtet Ihr Euch nicht, zu sündigen?!"

Die Soldaten beruhigten sich. Einer nahm mir meine Schuhe fort. Ein anderer erbarmte sich meiner und warf mir ein paar zerrissene Soldatenstiefel nach.

Je mehr wir uns Sikawa näherten, desto rasender gebärdete sich unsere Begleitmannschaft, die unbarmherzig auf unsere Köpfe einschlug. Kurz vor dem Lager begegneten wir einem Schlitten mit zwei russischen Offizieren, die vermutlich zur Besatzung des Lagers gehörten. Sie hielten unseren Zug an und durchsuchten jeden von uns, wobei sie Taschenuhren und Geld verlangten. Natürlich fanden sie bei uns nichts, denn alles, was irgendeinen Wert hatte, war uns längst von den polnischen Milizianten abgenommen worden.

Endlich waren wir in Sikawa angelangt. Wer noch einen Rucksack oder ein Bündel besaß, dem wurde dieses Gepäck geplündert.

Unsere Gruppe war anfangs in einem gedeckten Luftschutzgraben untergebracht. Im Dunkeln saßen wir auf nassem Stroh. Von der Decke tropfte es unaufhörlich.

So verbrachten wir jammervolle Tage und Nächte und hungerten. Abends fanden Appelle statt. Uns graute vor ihnen. Durch unsere Reihen schritten dann betrunkene polnische Offiziere aus den Ostgebieten, die kaum polnisch sprechen konnten, sowie gleichfalls betrunkene russische Offiziere. Die Polen fahndeten besonders nach Ukrainern, die sich mitunter als Volksdeutsche ausgegeben hatten. Wenn sie solche fanden, wurden sie sofort erschossen. Von den Russen benahm sich besonders einer sehr gemein. Betrunken wie die anderen, trug er zur Uniform stets einen Zivilhut und in der Hand einen Stock. Er fahndete nach SS.-Männern. Wer ihm ein gewesener SS.-Mann zu sein schien, den schlug er halbtot. Das tat er Tag für Tag, solange ich in Sikawa war.

Oft sah ich, wie erschossene deutsche Zivilisten auf Bahren zum Verscharren durch das Lager getragen wurden.

Endlich wurden wir abtransportiert. Über Zgierz ging es zunächst nach Ozorków, wo wir in der evangelischen Kirche einquartiert wurden. Am Morgen ging es weiter nach Kutno. Uns quälte der Durst. Da die polnische Bevölkerung sich weigerte, uns Wasser zu geben, stillten wir mit Schnee unseren Durst. Immer mehr Leidensgenossen brachen vor Schwäche zusammen. Die Russen zerrten sie ins Feld, wir hörten einen Schuß und alles war vorbei.

Zu Mittag passierten wir Lentschütz (Łęczyca). Es war Sonntag, die Polen kamen aus der Kirche. Sie verhöhnten uns, bewarfen uns mit Steinen und gefrorenen Schneebrocken.

Kurz vor Kutno bemerkte ich eine Gruppe junger deutscher gefangener Soldaten. Einer hatte die Füße wundgelaufen und konnte kaum auftreten. Ein polnischer Soldat schlug mit einem Knüppel so unbarmherzig auf ihn ein, daß er weinte.

Gegen Abend trafen wir in Kutno ein. In einem Getreidespeicher gegenüber dem Bahnhof mußten wir übernachten.

Am Morgen traten wir auf dem Hof an. In Reih und Glied. Russen kamen und musterten uns. Die arbeitsfähigen Männer mußten sich nun rechts aufstellen, die für arbeitsunfähig erkannt wurden, links. Auch ich war unter diesen Glücklichen. Meine Kameraden und ich erhielten Passierscheine und durften nach Hause.

Die anderen traten den Weg nach Rußland an.

4. Verschleppung aus Brandenburg über das Lager Schwiebus Ende Februar/Anfang März 1945.

Nr. 157

Protokollarische Aussage des F. S. aus K ö n i g s b e r g / Nm. i. Brandenbg.
Original, 22. Februar 1951.

Zwangsdeportationen in den Raum südöstlich von Moskau: Vorkommnisse im Sammellager Schwiebus und auf dem Transport, Zustände im Arbeitslager Kolomna.

Vf. berichtet zunächst über eine Reihe von Gewalttaten russischer Soldaten und die dadurch verursachte Selbstmordpsychose in Königsberg/Nm. und fährt fort:

Am 24. Februar 1945 wurde ich von einem Tschechen, Wrana, der deutscher Staatsangehöriger war und Spitzeldienste für die Russen tat, verhaftet. Die GPU. erschien mit Wrana im Landsbergschen Hause, um Studienrat Jänicke zu verhaften. Beim Weggehen sah Wrana meine Frau, stutzte und sprach zu den Russen. Darauf kamen diese zurück und fragten meine Frau: „Wo ist Ihr Mann?" Antwort: „Ich weiß es nicht." „Sagen Sie, oder Sie werden erschossen." „Ich weiß nur, daß er bei einem Arbeitskommando in der Kaiserstraße ist." Mit vorgehaltenem Revolver sagte der Russe: „Sag die Wahrheit, deutsches Schwein, oder Du wirst erschossen." Als meine Frau auch dann noch bei ihrer Aussage blieb, ließen sie sie laufen.

Ich wurde in den Trümmern meines Hauses verhaftet. Ich kam in einen Keller, wurde geschlagen und sollte sagen, wieviel Gefangene für mich in die Grube gestiegen wären, die für mich Kohlen gefördert hätten. (Ich hatte einen Kohlenhandel in der Stadt und natürlich mit Kohlenförderung gar nichts zu tun.) Einen Tag später kam ich in das Schulgebäude von Jädickendorf. Dort traf ich 18 Mann, meist Königsberger. Mit mir wurde Studienrat Jänicke eingeliefert. Bei seiner Verhaftung im Landsbergschen Hause war seine Wirtin, Frau Zittelmann, mißhandelt worden, eine 70jährige Dame, weil sie für ihn sprach.

Von Jädickendorf ging es nach dem Ort Gellen. Dort wurden wir in eine Scheune gebracht, in der schon 150 Gefangene aus der Umgegend waren, darunter auch polnische Jungarbeiter aus Polen. Diese durften die ihnen bekannten Bauern in der Scheune des Nachts beim Schein einer Laterne nach Herzenslust verprügeln. Am 26. wurden wir mit LKWs. nach Schwiebus gebracht und dort in einem ehemaligen Arbeitsdienstlager untergebracht; in einem Raum, der für 24 Betten Platz hatte, wurden 165 Mann zusammengepfercht, und zwar in sitzender Stellung ineinandergeschachtelt. In diesem Raum waren wir acht Tage und acht Nächte.

In der zweiten Nacht erschienen an der Tür plötzlich drei bis vier völlig nackte Männer, tasteten sich zwischen die Menschen, krampften sich fest und würgten sie. Beim Morgengrauen waren die nackten Männer und einige

Mitgefangene tot, die letzteren erwürgt oder zertreten, und wurden herausgeschafft. Die Zahl von 165 wurde wieder aufgefüllt. Das geschah im ganzen an sechs Nächten. In der achten Nacht erschienen keine Nackten, und wir wurden verladen[1]). Infolge dieser Eindrücke war mein Haar weiß geworden. Ein süddeutscher Nervenarzt, dem ich in der Gefangenschaft später von diesen Ereignissen erzählte und mehrere Male genau schilderte, erklärte sie damit, daß die Nackten künstlich in den Zustand von Amokläufern versetzt worden waren, vielleicht durch ein Gas.

Nur einmal am Tage durften wir ins Freie treten. Als Eßgeschirre wurden uns allerlei Gefäße gereicht, darunter sehr viele gebrauchte Nachtgeschirre, die man aus den Häusern in Schwiebus gesammelt hatte. Der Boden der Baracke war in kurzer Zeit völlig verunreinigt und der Gestank entsprechend. Auf den Rat von Dr. Seidlitz kamen wir Gefangenen überein, die nackten Wahnsinnigen selbst anzugreifen und zu erledigen, ehe sie uns wieder Unheil brachten. So mußten wir leider die unglücklichen Landsleute aus Notwehr erledigen. Die Leichen wurden jeden Morgen entfernt.

Beim Abtransport wurden wir zu 45 Mann in einen Waggon gebracht. Während der 16tägigen Fahrt haben wir einmal warmes Essen bekommen, reichlich Brot und wenig Wasser. Die Folgen waren, daß die Speicheldrüsen versagten. Es starben in unserem Waggon 13 Mann, die höchste Sterbeziffer war war in einem Waggon 24, die niedrigste in einem anderen 4. Gestorben sind von meinen Landsleuten auf diesem Transport Studienrat Jänicke, Angestellter Böffel, Ger.-Insp. Herlth, Feuersozietätskommissar Richard Klopsch, Förster Jürgens und Gastwirt Perleberg aus Mantel, Bäckermeister Lange aus Königsberg, Krankenkassenangestellter Georg Kümpel, Kreisinspektor Thiemke.

Wir wurden ausgeladen am 22. März in einem Waldlager bei Kolomna, 250 km südöstlich Moskau. Die halbwegs Gesunden mußten marschieren, während die Halbtoten auf LKWs. gefahren wurden. Von ihnen starben u. a. mein Landsmann Dr. Seidlitz. Im Lager starben später der Krankenkassenangestellte Sürow und der Krankenkassenangestellte Rade, ferner der Bäckermeister Grote aus Mantel und der Schuhmacher Düsterhaupt vom Jädickendorfer Bahnhof.

Wir wurden zu 20 Mann zur Arbeit eingeteilt, und über uns wurden Polen, Wolga- oder Schwarzmeerdeutsche gesetzt. Ein Schwarzmeerdeutscher hat zwei von unseren Bauern zu Tode geprügelt, den Bauer Albrecht von Woltersdorf und den Bauer Hochschild von Dölzig, während sich die russischen Posten passiv verhielten.

In unserm Lager waren auch 120 Frauen, wie wir in Erdbaracken untergebracht. Ihre Sterbeziffer war niedriger, weil sie mehr geschont wurden, auch wurden sie dort nicht mehr vergewaltigt. Von zwei 16- bis 17jährigen Zwillingsschwestern starb die eine. Der älteste Mitgefangene war 74, der jüngste 13 Jahre alt. Gestorben ist im Lager auch noch der Müller der Steinwehrer Mühle.

---
[1]) Von diesen Vorkommnissen im Lager Schwiebus berichtet in einer sehr sachlichen und ausführlichen Schilderung der deutsche Lagerarzt Dr. Siegfried v. Sivers aus Berlinchen. Die Veröffentlichung des Berichts von Sivers ist in Beiheften als ergänzende Publikationsreihe vorgesehen.

Unsere Arbeit bestand im Fällen von großen Bäumen in einer Schneise für eine Gasleitung, den ganzen Tag über ohne Essen, das es nachts dreimal hintereinander gab, so daß man es nicht alles essen oder nicht schlafen konnte. Der Weg zur Arbeit war 18 km weit. Hin wurden wir gefahren, zurück mußten wir laufen.

Von den 2 000 Männern und Frauen, die im Lager waren, sind etwa 380 bis 400 übriggeblieben. Die Leute sind gestorben an Erschöpfung und Herzschwäche. Sie wurden bis zu 20 in einem Erdbunker völlig nackt aufgestapelt und dann in einem viereckigen Loch begraben.

Im Entlassungslager traf ich mit Franzosen, Amerikanern, polnischen Edelleuten und einem Angehörigen der spanischen Gesandtschaft in Warschau zusammen, der in Danzig gefangen genommen worden war. Das Entlassungslager war in der Nähe von Stalinogorsk.

Die Russen waren des Glaubens gewesen, wir Zivilisten seien hinter der Front geblieben, um als Partisanen zu kämpfen. Wir konnten ihnen das nicht ausreden, und entsprechend wurden wir behandelt. Im Laufe der Zeit wurde die Behandlung besser. Entlassen wurden nur die Arbeitsunfähigen (Arbeitsgruppen 4 und 3). Als Strafe wurden die Gefangenen in ein 60 cm tiefes und oben zugedecktes Erdloch, nur mit Hemd und Hose bekleidet, eine Nacht eingesperrt, wobei ein Flintenweib Wache hielt.

Am 16. Oktober 1946 kam ich über das Lager Friedland hierher[1]), wo meine Frau war.

Nr. 158

Erlebnisbericht der Frau C. O. aus **L a n d s b e r g** a. d. Warthe i. Brandenbg. Original, 30. Juni 1951.

Verschleppung über das Lager Schwiebus nach Rußland; Zwangsarbeit in verschiedenen russischen Arbeitslagern bis zum Rücktransport im September 1946.

Am 3. März 1945 wurde ich plötzlich und unvorbereitet zur russischen Kommandantur in Landsberg/Warthe abgeholt, eine Nacht verhört, acht Tage in einem Keller in der Burchardstraße eingesperrt und am Sonntagvormittag um 10 Uhr mit ca. 200 bis 300 Personen in offenen Lastkraftwagen nach Schwiebus gefahren. Dort begann dann für uns das Leben in der Hölle.

Hier schiebt Vfn. einige Sätze über die Ungeheuerlichkeit der Vergewaltigungen ein.

Das Lager Schwiebus faßte einige Tausend deutscher Männer und Frauen. Die vielen dort zu Tode gequälten Menschen wurden in Massengräbern bestattet. Das Lagerpersonal bestand aus Russen und Polen. Die Letzteren gingen nicht minder grausam mit uns um. Die Toten wurden gewöhnlich an uns vorübergetragen, wenn wir beim Essenempfang waren. Unter ihnen befanden sich die mir aus Landsberg/W. bekannten Fleischermeister Dietrich, Vater Schwierske und Schneidermeister Schröder.

---

[1]) nach Westdeutschland.

Nach ca. 14 Tagen wurden wir — ca. 1500 Menschen — in Viehwagen verladen und nach Rußland abtransportiert, und das bei grausiger Kälte und mangelhafter Verpflegung. Jeden zweiten Tag erhielten wir eine Portion Wasser pro Person, das war eine Tasse voll. In Smolensk bekamen wir das erste warme Essen. Es bestand aus ausgekochten Fischköpfen und etwas Grieß in der Wassersuppe. Bei dem Aufenthalt in Moskau wurden einige Wagen unseres Transportes abgehängt und in eine andere Richtung weitergeleitet.

Wir waren ca. drei Wochen unterwegs und kamen am Karfreitag 1945 in Kolomna an der Oka an. Von dort wurden wir in einem Elendsmarsch in ein Waldlager transportiert und dort in Zelten untergebracht.

Unsere Leidenszeit hatte ihren Höhepunkt noch lange nicht erreicht, das merkten wir bereits bei unserer Ankunft in Kolomna. Der letzte Waggon unseres Zuges lag voller Tote, das waren die auf dem Transport Verstorbenen. Gleich beim Ausladen wurde Frau Wolf aus Landsberg/W., Angerstraße 44, durch Steinwurf eines 14jährigen Russenjungen an den Kopf schwerverletzt und starb nach drei Stunden. Frau Wolf wurde mit den auf dem Marsch zum Lager Verstorbenen Landsleuten in einem Massengrab beerdigt.

Durch Ansprache eines russischen Offiziers wurde uns im Mai 1945 die Kapitulation Deutschlands verkündet.

An der 400 km langen, von Moskau nach Süden führenden Gasleitung haben wir dann, in Arbeitsgruppen eingeteilt, unsere Norm erfüllen müssen. Diese bestand in der Ausschachtung eines Grabens von 1,50 Meter Länge, 1,50 Meter Tiefe und 1,50 Meter obere Breite. Mit unhandlichem und fast völlig unbrauchbarem Handwerkzeug wurde uns das Arbeiten zu einer drückenden Qual. Dazu mußten wir täglich während der ganzen Zeit in Kolomna zu dieser wie auch später zur Waldarbeit im An- und Rückmarsch 36 bis 40 km zu Fuß zurücklegen.

Nach vier Monaten versagten durch Überanstrengung meine Füße. Dadurch kam ich in das Lagerlazarett. Wer die russischen Spitäler kennt, kann sich auch von dem unserigen und der Behandlung der deutschen Kriegsgefangenen in diesem ein Bild machen. Nach 14 Tagen wurde ich von dem russischen Arzt zur Lagerarbeit, auch im Garten und auf dem Felde, bestimmt.

Am 1. Dezember 1945 mußten wir plötzlich im Lager antreten. Man verkündete uns, daß wir abtransportiert würden. Im Stillen hofften wir, daß es heim nach Deutschland gehen würde, denn wir bekamen etwas Verpflegung mit, die man als „Marschverpflegung" hätte bezeichnen können. In Moskau hatte unser Begleitkommando wohl den Transport nach Deutschland verpaßt, denn wir mußten zwei Tage und drei Nächte ohne Verpflegung und bei großer Kälte auf einem Moskauer Bahnhof zubringen.

Nach diesen Tagen fuhren wir dann doch endlich ab und landeten in dem fürchterlichen Lager Nr. 12 oder 16 in Stalinogorsk. Hier bekam ich am 27. April 1946 Flecktyphus, nachdem ich vier Wochen vorher an Malaria erkrankt war. Von hier brachte man mich in das Zentrallazarett Bobruisk.

Anfang Juli 1946 kam ich in ein wesentlich besseres Lager, das 800 deutsche Landser nach deutschem Muster eingerichtet hatten; es lag in der Nähe von Stalinogorsk und war — ein Schweigelager.

Nachdem ich körperlich einigermaßen wiederhergestellt war, — wegen allgemeiner Schwäche konnte ich nur noch mit Hilfsarbeiten in der Lagerküche beschäftigt werden — wurden wir am 10. September 1946 in Stalinogorsk verladen und fuhren nun endlich, endlich nach Deutschland, in die Heimat zurück. Diese Gewißheit bekamen wir aber erst, als wir merkten, daß wir über Brest-Litowsk und Warschau fuhren. Auf der Fahrt über die Weichselbrücke in Warschau erklang spontan aus 400 Männerkehlen und aus unserem Frauenwaggon der Choral: „Nun danket alle Gott." Das war wohl für uns alle der ergreifendste und auch der feierlichste Augenblick in der ganzen, besonders für uns Frauen so bitterschweren Zeit in der russischen Gefangenschaft.

Ende September 1946 trafen wir in Frankfurt (Oder)-Gronenfelde ein und wurden dort den Deutschen übergeben.

Abschließend berichtet Vfn., wie sie ihren Mann im Westen wiederfindet und fügt eine Liste der im Lager Kolomna verstorbenen Landsberger an.

5. Verschleppung aus Ostpommern und den angrenzenden westpreußischen Kreisen über die Sammellager Soldau und Dt. Eylau im Februar und März 1945.

Nr. 159

Erlebnisbericht der C. N. aus D o b r i n , Kreis F l a t o w i. Pom.
Original, 15. Juni 1951.

Nach Festnahme durch die Russen Marsch über Zempelburg nach Soldau und Transport nach Rußland; Aufenthalt im Zwangsarbeitslager bis Oktober 1949.

Nachdem die „Rote Armee" in den letzten Februartagen des Jahres 1945 auch unsere Heimat besetzt hatte, gerieten 13 Dobriner und ich als 14. nach kurzen Tagen des Schreckens am 28. Februar in Gefangenschaft. Man trieb uns in einem Wald bei Bärenwalde zusammen mit der Begründung, daß wir für einige Tage Aufräumungsarbeiten leisten sollten. Flintenweiber kamen mit der Nachricht, daß wir gehängt werden sollten. Ein alter Posten sagte schließlich: „Njet, Frau, Sibir, Sibir!" Und er sollte recht haben.

Über Barkenfelde, Stretzin, Preußisch Friedland, Dobrin, Linde, Ziskau marschierten wir 30 km bis Zempelburg an einem Tage bei Schneegestöber und hungrigem Magen, begleitet von unzähligen Posten, Wachhunden, Reitern und Kolbenschlägen. Dort angekommen, wurden wir nach mehrmaligem Zählen und Aufstellen schließlich in die ev. Kirche gepfercht.

Hier befand sich bereits eine unübersehbare Menschenmenge: Frauen, Kinder, Männer, Soldaten — Deutsche, Polen. Erfreute oder auch erschreckte Zurufe, überall Bekannte. Dort saßen wir zehn Tage. Morgens einmal austreten, abends einmal austreten. Das war die ganze Bewegung. Einmal am Tage gab es eine undefinierbare Wassersuppe. Brot gab es nicht. Die Ruhr plagte uns. Die Folge war natürlich, daß die Kirche total verunreinigt wurde. Die Nächte wurden zur unvorstellbaren Qual. Unser weichender Körperumfang wurde durch Schwellungen ausgeglichen. Eines Tages wurden bei einigen deutschen Soldaten und polnischen Eisenbahnern Handgranaten gefunden. Die Beteiligten wurden sofort vor die Kirche geführt und erschossen.

Endlich begann der Marsch von Zempelburg bis Soldau/Süd-Ostpreußen. Durch Westpreußen — Crone, Bromberg-Fordon. Marschverpflegung war für 14 Tage ¼ Brot und einmal täglich Suppe. Wer die Strapazen nicht aushielt, wurde kurz in den Straßengraben geführt, und — ein Genickschuß war das Ende. In Soldau brachte man uns in das ehemalige KZ. Nach den üblichen Formalitäten hatten wir endlich Ruhe. In sauberen Räumen fanden wir genügend Platz, um unsere erschöpften Körper auszustrecken. Obwohl es auch nur glatte Dielen waren, fühlten wir uns wohl und geborgen. Die Verpflegung war nach allem bisherigen großartig. Sie bestand aus Brot, guten Suppen, Fleisch, Zucker, Tee.

Nach drei Tagen war es mit unserer Erholung dort vorbei. Wir wurden aufgerufen und in bereitgestellten Güterwagen verladen. Anfangs war es warm und angenehm, doch allmählich erkannten wir unsere Reiseroute. Es wurde eisig kalt. Wenn wir mal durch eine Ritze des Waggons lugten, sahen wir nur Schnee, immer nur Schnee. Tag um Tag das Gleiche, ab und zu durch eine Ortschaft aus Holzhäusern unterbrochen. Die Älteren unter uns, besonders die Mütter, die man von ihren Kindern getrennt hatte, begannen zu verzweifeln. Die Ersten verloren die Nerven — starben. Nach drei Wochen wurden wir in „Inser", etwa 300—400 km östlich Ufa, der Hauptstadt der Baschkirenrepublik, ausgeladen, auf Autos gepackt und weiter in den Hochural, in das Waldlager „Nogatka", gebracht.

Nach dreiwöchiger Ruhezeit begann die Waldarbeit. Ein großer Teil von uns war durch Schwäche arbeitsunfähig. Polnische Brigaden hatten das Kommando. Sie schikanierten, peinigten und schlugen uns, wo immer sich eine Gelegenheit bot. Besonders galt ihr Haß den deutschen Bauern. Ein großer Teil von ihnen wurde geschlagen, bis sie tot liegen blieben. Ein Bauer, der auch in die berüchtigte sogenannte „Brigadierstube" bestellt wurde, hat sich vorher kurzerhand erhängt, um den Qualen zu entgehen. Erst dieses Ereignis veranlaßte die russische Lagerverwaltung zum Einschreiten. Das Schlagen wurde in diesem Umfange verboten. Verhöre, Durchsuchungen und politische Schulungen füllten unsere Freizeit aus.

Bis zum September 1948 war die Verpflegung stets schlecht und unzureichend. Die Folge war natürlich ein Massensterben. Im September 1948 war das Lager „Bealareyk" (7777), in welches inzwischen wir verlegt worden waren, aufgelöst. Wir, etwa 250 Personen, blieben als „Arbeitsbataillon" in einem kleineren, angenehmeren Lager in der gleichen Stadt, ein Teil fuhr nach Hause, und der Rest kam nach „Oktobersk" (Oktoberstadt) in das Ölgebiet. Als Arbeitsbataillon bekamen wir das verdiente Geld ausgezahlt. Wir mußten uns selbst verpflegen. Es blieb sogar etwas Geld zum Beschaffen von Kleidungsstücken übrig. Wenn nicht die ewige Sorge und Ungewißheit gewesen wäre, hätte das Leben dort nach den letzten Jahren erträglich sein können.

Endlich, am 3. Oktober 1949, bestiegen wir wieder mal einen Transportzug. Diesmal führte er uns aber wirklich zurück in die Heimat. Wir fuhren z. T. mit schweren Gedanken nach Haus; fast jeder von uns hatte einen oder mehrere liebe Menschen dort in den Bergen lassen müssen. Von den 14 verschleppten Personen aus meinem Heimatdorf Dobrin kehrten 1949 nur drei wieder zurück. Eine war bereits 1947 als Kranke entlassen worden. Alle übrigen waren gestorben.

Nr. 160

Erlebnisbericht von Ilse Lau aus Zandersfelde, Kreis Marienwerder i. Westpr.
Original, ohne Datum.

Zwangsverschleppung über Soldau zum Südural; Lebens- und Arbeitsverhältnisse im Kohlenbergbau.

Der 31. Dezember 1944, der letzte Sylvesterabend, den wir daheim verleben durften. Die ganze Familie war noch einmal beisammen. Am 22. Januar 1945 begann unsere Flucht über Weißenberg, Dirschau, hinein ins polnische

Gebiet. Drei unvergeßlich schöne Wochen verlebten wir auf der **Flucht** in Schöneck. Ich arbeitete als Sprechstundenhilfe beim Ohrenarzt im Kriegslazarett unter der Leitung von Dr. Gramsch.

Am 11. März unser erstes Zusammentreffen mit den Russen in Schönwalch, dicht an der Ostsee. Papa wurde sofort abgeführt. Er soll noch am gleichen Tage erschossen worden sein. Wir waren noch zwei Tage frei, hielten uns versteckt und sind nicht vergewaltigt worden.

Am 13. März 1945 ereilte uns unser Schicksal in Krussen, Kreis Stolp. Nach endlosen Verhören wurde Mutti nach Hause geschickt, Gert und ich blieben in Gefangenschaft. Nach sechs langen Fußmärschen kamen wir in Konitz an, wo wir zunächst im Zuchthaus untergebracht wurden. Von dort ging es nach Soldau.

Am 7. April 1945 wurden wir nach Rußland verladen. (Lena Gorda, Waltraut U.[1]) und Ilse Kohtz waren bei mir. Ilse Kohtz verstarb im August 1945, von Lena und Waltraut wurde ich getrennt).

Am 28. April 1945 wurde ich im Südural-Lager-Korken ausgeladen. Alle waren wir krank und schwach, denn die Verpflegung auf der Fahrt hatte viel zu wünschen übrig gelassen. Am 9. Mai teilte uns der russische Kapitän mit, daß der Krieg zu Ende sei. Was hatte das für uns Gefangene zu bedeuten? Würde unsere Heimkehr dadurch beschleunigt werden oder wartete unser jahrelange Zwangsarbeit? Das letztere war der Fall.

Am 13. Mai 1945 wurde ich zur Arbeit auf einer Kolchose abgestellt. Dort war das Leben erträglicher als in dem großen Lager Korken, wo ca. 3 000 Gefangene waren. Von Sonnenaufgang bis Sonnenuntergang waren wir draußen auf den Kartoffelfeldern. Jeder deutsche Bauer hätte seine Freude an dem guten, fetten Boden gehabt. Obwohl die Kartoffeln dort nur drei Monate zum Wachsen und Reifen Zeit hatten, waren sie ganz prächtig. Das Essen war auf der Kolchose verhältnismäßig gut, die Behandlung gut. Das Ungeziefer verschwand, weil wir uns gut sauber halten konnten. Man fing langsam an, sich wie ein Mensch zu fühlen. Doch die Zeit sollte nicht lange andauern.

Am 6. Juli 1945 — abends 9 Uhr — alle Sachen packen. Ein Lastauto erschien und gondelte die ganze Nacht mit uns durch die Gegend. Man hatte uns gesagt, wir führen heim. Im Kohlenbergwerk, in der Nähe von Tscheljabinsk-Südural landeten wir. Die amtliche Untersuchung ergab, daß ich 1. Gruppe wäre, also zur Untertagsarbeit herangezogen werden durfte.

Am 12. Juli bin ich zum ersten Mal in die Grube eingefahren. Ein eigenartiges Gefühl ist es schon, plötzlich 120 m unter der Erde zu landen. Unten um uns herum war alles dunkel, nur eine elektrische Birne beleuchtete den Fahrstuhl. Unser Grubenlämpchen wurde angezündet — und dann ging es los. Die Schächte hatten alle ihre Nummern. Dieser Schacht, in dem ich meine Feuertaufe erhielt, war der Schacht „42 bis". Es war der schlechteste Schacht weit und breit. Auf der Strecke stand überall Wasser. Ein Fehltritt von den

---

[1] Der Bericht der Waltraut U. aus Zandersfelde, Kreis Marienwerder, über ihre Erlebnisse als Zwangsverschleppte in Rußland ist in der Dokumentensammlung vorhanden.

Schienen herunter, auf denen die Kohlenloren geschoben wurden, und man war naß bis an die Knie. Aber auch an den ewigen Zustand der nassen Füße gewöhnte man sich. Auf Schacht „42 bis" hatte ich eine verhältnismäßig leichte Arbeit. Streckenhase war ich, d. h. ich mußte die Kanäle säubern, damit das Wasser sich nicht zu sehr staute. Außerdem waren Holzabfälle und dergleichen mehr wegzuräumen.

Unsere Verpflegung bestand aus drei Suppen am Tage, dreimal Kascha und 1 200 g Brot. Das Brot allein hat uns hochgehalten. Deshalb sind auch viele der Übertagler, die nur 500 g Brot am Tag erhielten, allmählich eingegangen. „Nie im Leben werde ich vergessen, wie gern ich trocken Brot gegessen."

Zwei Monate arbeitete ich auf diesem Schacht. Da brach Typhus im Lager aus. Quarantäne wurde über uns verhängt, d. h. wir durften nicht zur Arbeit heraus und erhielten jeden Tag eine scheußlich schmerzende Spritze. Außerdem wurden wir jeden dritten Tag entlaust. Läuse waren nun einmal unsere ständigen Freunde. Den ganzen lieben langen Tag haben wir unsere Köpfe und Kleider nachgesehen. Bei wem die Kommission eine Laus entdeckte, dem wurden unweigerlich die Haare abgeschoren. Nicht nur meiner Sauberkeit, sondern auch dem Umstand, daß ich Glück gehabt habe, verdanke ich es, daß ich nie mein Haar verlor. Überläufer wurden ja mal bei jedem gefunden. Im Oktober wurden wir von der Ärztekommission zur Arbeit freigegeben. Unser Häuflein war bedenklich kleiner geworden. So mußten wir nun auf die fünf Schächte der Umgebung verteilt werden.

Meine neue Arbeitsstätte fand ich nun auf dem Schacht 43. Der Schacht war zwar moderner eingerichtet als der andere, stellte aber viel höhere Anforderungen an uns Arbeiter. Unser Schachtnatschalnik ... wußte, wie man die Menschen aussaugt. Er behandelte die Russen und uns Gefangene wohl gleich, aber beneidenswerte Geschöpfe waren wir alle nicht. Nur der durfte aus dem finsteren Loch heraus, der seine Norm erfüllt hatte. So kam es vor, daß wir bis zu 16 Stunden unten hockten. Hatten wir unsere Arbeit mit letzter Kraftanstrengung geschafft, so durften wir nicht wie sonst üblich mit dem Fahrstuhl hinauffahren, sondern mußten die Leitern hochsteigen (138 m).

Damals waren wir oft der Verzweiflung nahe. Ausschlafen konnte man nie, und Hunger war Dauerzustand. Es ist ja erklärlich, je mehr vom Körper verlangt wird, um so mehr braucht er auch. Geld verdienten wir keins. Unsere Kleider fielen auseinander. Post von daheim hatte fast noch niemand. Die Lust zum Leben fehlte. Am 18. Dezember 1946 bekam ich von Meta die erste Karte. Ich habe gebrüllt wie ein kleines Kind. So wartete doch noch jemand daheim auf mich. Jetzt heißt es, sich zusammenzunehmen.

Im Januar 1947 war es dann so weit, daß wir unsere Arbeit nicht mehr bewältigen konnten. Ich war damals Lykowoya, d. h. ich füllte die Kohlewaggons und schob sie ein Stück auf die Strecke hinaus, von wo der Elektrobus sie abholte. Mir fehlte jegliche Kraft, und ich rechnete mir schon bald aus, wann mein Stündlein schlagen würde. Da kam der Befehl heraus, daß das Geld, welches wir verdienten, nicht mehr an die Offiziere unseres Lagers ausgezahlt würde, sondern daß jeder Schachter sein verdientes Geld auf die

Hand ausgezahlt bekam. 140 Rubel gingen monatlich an Steuern an das Lager ab. Die herrliche Holzpritsche, der Strohsack, das Licht — ja, das konnte man doch nicht umsonst verlangen. Durch die bare Geldauszahlerei erhoffte man von russischer Seite eine Arbeitssteigerung. Es war dann auch wirklich so. Je mehr ich arbeitete, um so mehr verdiente ich und um so besser konnte ich essen. Leider verdienten wir dem Russen aber bald zu viel, und so wurde der Tarif heruntergesetzt. Brot, Kartoffeln, Butter, Fleisch — alles gab es ab 1947 im freien Einkauf. Brot und Kartoffeln waren für uns gewöhnliche Sterbliche erschwinglich.

Ein Eimer Kartoffeln kostete 10 bis 15 Rubel und 1 kg Brot 3,30 Rubel. Wir haben es in der ersten Zeit fertiggebracht, bis zu 3 kg Brot am Tag zu verzehren. Es kam uns überhaupt bei allem nicht auf das Gute, sondern auf die Menge an.

Damals freundete ich mich mit meiner Margot an. Alle meine bisherigen Freundinnen: Ilse Kohtz aus Zandersfelde, Jutta Krause, Primanerin aus Mohrungen, und Klärchen Struck aus Stolp, waren mir weggestorben. Seitdem ich mit Margot zusammen war, hob sich mein Lebensstandard. Wir wirtschafteten beide zusammen. Wer nachts von uns beiden arbeitete, war Wirtschaftsminister und Koch. Einer konnte immer einen Monat sorglos leben. Als wir uns erst ein wenig eingefuttert hatten, fingen wir an, uns Blusen, ja, auch einen Wollrock, Strümpfe und dgl. anzuschaffen. Man wollte ja nicht ewig der arme Lazarus bleiben.

Margot arbeitete als Begleiterin des Elektrobusfahrers, und ich war Lessanoss[2]) geworden. Zusammen mit einer Kameradin hatten wir das Holz, das die Bergleute zum Abstützen der Stollen benötigten, heranzuschaffen. Das war oft sehr schwer. 2½ Meter lange, dicke Stämme durch einen niedrigen 100 Meter und längeren Gang zu schleifen, der immer nur einen Meter hoch war, war nicht ganz einfach. Es war dies eine Arbeit, an die die Russenweiber nicht zu bekommen waren. Das deutsche Mädel wurde natürlich nicht gefragt. Wurde die Arbeit einmal nicht gut von uns ausgeführt, so wurde das im Lager gemeldet. Sabotage — Karzer — — —

Im Laufe der Zeit hatte ich mich an die Holzschlepperei so gewöhnt, daß ich gar keine andere Arbeit mir wünschte, zumal der Verdienst nicht schlecht war. Ca. 500 Rubel bekam ich monatlich ausgezahlt. Ich hätte von dem Geld ganz gut leben können, wenn ich es in jedem Monat verdient hätte. Doch bin ich sehr viel krank gewesen: Eine Lungenentzündung, Malaria, Quetschungen bei der Arbeit brachten mich viel ins Lazarett. Während dieser Zeit bekam ich dann nie Geld und mußte von meinen kleinen Ersparnissen leben. Hätte meine Margot, die ja immer gesund gewesen ist, mich nicht so treu unterstützt, dann wäre es mir oft bitter ergangen. Bei längerer Krankheit bekam man zwar vom Lager etwas Verpflegung umsonst, doch das war zum Sterben zu viel und zum Leben zu wenig.

Am 21. Juli 1949 verunglückte ich das letzte Mal im Schacht. Durch die Quetschungen zog ich mir eine Phlegmone zu, die mich fünf Monate ans Bett fesselte.

---
[2]) Grubenholzträger.

Am 19. November 1949 war ich dann wirklich endlich heimatreif. Mit einem Soldatentransport ging es von Tscheljabinsk aus heim. Am 6. Dezember 1949 traf unser Transport in Friedland ein. Von dort aus trat ich die Fahrt durch die Krankenhäuser Göttingen, Bahlburg und Juist an. Anschließend verlebte ich vier herrliche Wochen in Wangerooge. Überall wurde ich aufs Beste bedacht. Wie schön ist es doch, wieder frei und in der Heimat zu sein.

Nr. 161

Erlebnisbericht des O. R. aus G o s s e n t i n , Kreis N e u s t a d t i. Westpr.
Original, 10. April 1952, 8 Seiten. Teilabdruck.

Verschleppung nach der Überrollung in Pommern, Marsch in Richtung Danzig, zurück nach Bütow und ins Sammellager Dt. Eylau, Transport nach Smolensk, Zustände im Arbeitslager.

Einleitend schildert Vf. die verspätete Flucht und die ersten Plünderungen durch die Russen.

Am 15. März wurden sämtliche Männer von 16—60 Jahren in Gefangenschaft gesetzt. Ich selbst wurde von meinen Lieben gerissen und ging mit einem größeren Trupp zu einer Sammelstelle einem ungewissen schweren Schicksal entgegen. Am anderen Tage wurden wir zum Protokoll vernommen, und jeder Gefangene, der nicht anerkennen wollte, daß er der Partei und dem Volkssturm angehörte, erhielt 50 und mehr Schläge mit dem Gummiknüppel auf den nackten Körper, bis er diese Angaben anerkannte. Anschließend sperrte man uns die Nacht in den Keller des Pfarrgebäudes ein. Die unendlichen Stunden und das Grauen in diesem GPU.-Keller werden mir unvergeßlich bleiben.

Der Kellerraum, der für 60 Mann ausgereicht hätte, war mit ca. 250 Mann überfüllt. Vor der Tür stand ein russischer Posten und ließ niemand heraus noch herein. Aufs Engste zusammengepfropft mußten wir stehend die Nacht zubringen. Wer zusammenbrach, wurde zertreten. Mehrere Kameraden machten durch Erhängen ihrem Leben und der Qual ein Ende. Die verbrauchte Luft und der Gestank waren unerträglich, und wir hatten wenig Hoffnung, am anderen Morgen noch am Leben zu sein. Als wir am Morgen ins Freie kamen, blieben tote Kameraden im Keller zurück. Wir erhielten anschließend eine Suppe von ½ Liter und machten anschließend einen Marsch von über 40 km in Richtung der Danziger Front.

Als wir das Dorf verließen, blieben die ersten erschöpften Kameraden am Wege liegen und wurden jeweils durch Schüsse erledigt. Zu trinken gab es nichts, der Durst quälte uns sehr. Ohne Pause bewegte sich der Zug nur langsam vorwärts. Als die Sonne im Westen sank, war meine Kraft am Ende. Ich hatte mehrere Schläge mit dem Kolben erhalten, weil ich nicht mitkommen konnte.

Vf. erwähnt, daß sich ihm in dieser verzweifelten Situation wiederholt der Gedanke an Selbstmord aufdrängte.

Unter Aufbietung aller Kraft, gestützt auf den Kameraden, erreichten wir das Ziel. Wir wurden auf engstem Raum in einem Viehstall untergebracht. Die Verpflegung, zweimal $1/2$ Liter Suppe und 400 g Brot täglich, war unzureichend, der Hunger quälte, und moralisch waren wir niedergeschlagen. Hätten wir aber geahnt, was uns bevorstand, wir hätten besser unserem Leben ein Ende gemacht. Als wir eine Woche in einem Kuhstall eingesperrt waren, ging man mit uns denselben Weg 40 km zurück und dazu 50 km, bis wir nach Bütow in Pommern kamen. Unsere Kolonne war kleiner geworden, viel Kameraden blieben am Wege liegen. In einer Burg wurden wir auf engstem Raum in Zimmern untergebracht. Die tägliche Suppe wurde auf zweimal $1/4$ Liter herabgesetzt. Mißhandlungen häuften sich, ich erhielt ebenfalls schwere Schläge mit einem Stock auf den Kopf. O. Petsch [aus] Lenz in Pommern konnte den Zustand nicht ertragen. Er sprang in einer schweren Stunde aus dem Fenster des dritten Stockwerks und machte dadurch seinem Leben ein Ende.

Nach zehn Tagen wurde angetreten zum Marsch nach Dt.-Eylau. Wir erhielten für sieben Marschtage ein Brot, welches viele Kameraden sofort mit Heißhunger verzehrten. Unsere Marschkolonne war jetzt auf 2 000 Mann angewachsen und bewegte sich nur langsam unter starker Bewachung, auch von Schäferhunden umkreist und gehetzt, nach Osten. Wenn jemand es wagte, im Schmutzwasser des Straßengrabens seinen quälenden Durst zu stillen, so wurde er mit dem Kolben schwer geschlagen, und oft blieb er liegen. Einmal am Tage wurden wir an einen See oder Wasser geführt und getränkt wie das Vieh. Tag für Tag machten Kameraden durch Sprung von Brücken ihrem Leiden ein Ende. Kranke und Schwache blieben tot am Wege liegen. Nach sieben Tagen schwersten Marsches erreichte unser Zug zusammengeschmolzen, halbtot Dt.-Eylau. Die Städte Graudenz und Freystadt, an denen wir vorüberkamen, lagen in Schutt und Asche. Unser Lager wurde täglich vergrößert, da Tausende von Zivilgefangenen aus Danzig hinzukamen.

In einigen Tagen trafen im Nebenlager die Reste der Kapitulationsarmee von Hela ein, und man sagte uns, wir sollten alle entlassen werden. Nach 14 Tagen gingen zuerst die Landser und dann wir Zivilisten in langen Reihen durch eine verlassene zerstörte Stadt dem Bahnhof zu. In langen Güterzügen verladen, setzte sich unser Transport in östlicher Richtung in Bewegung. Moralisch niedergeschlagen, ahnten wir nicht die grausige Zukunft, die vor uns lag. Über Warschau und Brest erreichten wir am 3. Mai Smolensk, 2 000 km von Königsberg entfernt. Die Behandlung auf dem Transport und unsere unmenschliche Herabwürdigung kann ich in kurzen Zeilen nicht wiedergeben.

Die Stadt, am Dnjepr gelegen, war ca. 80 Prozent zerstört und wartete auf unsere Aufbauarbeit. Von zehn ehemaligen Kirchen, die zerstört waren, war nur die Kathedrale verhältnismäßig gut erhalten, und das Glöcklein, das dort täglich ertönte, sprach eine besondere Sprache in den Weiten des Kommunistenlandes.

Unser Lager bestand aus 3 000 Gefangenen im Lager und 2 000 Mann Außenkommando. Die Verpflegung im Lager war besser, aber nicht ausreichend, so daß Hunger jahrelang unser Begleiter blieb. In unserem Raum lagen 500 Gefangene auf kahlen Pritschen ohne Stroh, von Läusen und

Wanzen gequält und gefressen. Von Zeit zu Zeit gab die Wasserleitung im Lager kein Trinkwasser, und tagelang quälte uns der Durst sehr. An den verschiedenen Gullys im Lager versuchten wir, mit ein wenig Schmutzwasser den Durst zu stillen.

Nach einigen Tagen brach Fleckfieber im Lager aus. Ich selbst lag auch schwer im Fieber mit aufgequollenen Lippen zusammen mit vielen Kranken in einem Raum, den man Lazarett nannte. Es gab nichts zu trinken, der Durst quälte uns sehr. Wer die Energie nicht aufbrachte, den Durst zu überwinden, sah seine Lieben nicht mehr. Die Kranken drängten sich an die Wassertonne mit Löschwasser und tauschten draußen ein Stück Brot, das sie durch Krankheit nicht essen konnten, an gesunde Kameraden gegen Wasser ein. Am anderen Tage lagen sie tot auf der Pritsche. Täglich wurden ca. 20 Tote ohne Kleidung hinter dem Drahtverhau vergraben.

Nach wochenlangem schwerem Krankenlager wurde ich aus dem Lazarett entlassen und kam körperlich schwach zum O.K.[1]) Täglich gingen 100 Mann O.K. zum Brennesselsammeln als Zusatz für die Lagerküche. Als ich einen Sack mit Brennesseln tragen mußte, verließen mich die wenigen Kräfte. Ich wurde mit dem Kolben geschlagen und blieb besinnungslos liegen. Kameraden mußten mich ins Lager schleppen. Ich kam darauf zur Dystrophie, und wir wurden mit Weißbrot und fünfmal 300 g Suppe als Sonderkost täglich aufgepäppelt. Unser Körpergewicht war auf ca. 80 Pfund heruntergegangen, und es fiel uns schwer, den vorgeschriebenen Spaziergang im Lager durchzuführen. Jeden Morgen übte man mit uns Gymnastik, aber wir konnten ja unsere dürren Arme kaum hoch heben.

Ab Herbst 1945 kam ich in Arbeitsgruppe 3 und arbeitete in verschiedenen Arbeitskommandos im Stadtbezirk. Ich erlernte das Maurerhandwerk, und wir hatten auf der Arbeitsstelle Gelegenheit, uns öfters ein paar Kartoffeln, Kapusta[2]) und Zusatzbrot zu besorgen. Es war allgemein bekannt, wer zusätzlich nichts organisieren konnte, ging langsam ein. Die Arbeitsleistung der Gefangenen war gering. Die Zivilrussen hatten für unsere Lage viel Verständnis, und trotz Verbot gingen wir fast nie ohne etwas Eßbares von ihnen, wenn unsere bittende Hand an ihre Tür klopfte.

Abschließend geht Vf. auf einige Erlebnisse ein, die ihm aus der Lagerzeit in Erinnerung blieben. Er schließt mit einer kurzen Schilderung seiner Entlassung im Juli 1948.

---

[1]) osdorowitelnaja komanda = Genesungskommando.
[2]) Kohl, Kraut.

6. Verschleppung aus Pommern über die Sammellager Schneidemühl und Posen im März 1945.

Nr. 162

Erlebnisbericht von Kurt Kath aus B e l g a r d i. Pom.
Original, 14. November 1952, 7 Seiten. Teilabdruck.

Verschleppung aus Belgard, Aufenthalt im Sammellager Schneidemühl.

Der erste Teil des Berichts handelt von der Flucht aus Belgard bis zur Rückkehr nach der Überrollung durch die Russen[1]).

Am dritten Tage [nach der Rückkehr] wollte ich zu meinem Bekannten, dem Tischlermeister Hans Grepp in der Lindenstraße, und wollte mal hören, was es Neues gab. Da wurde ich auf der Straße von französischen Kriegsgefangenen ergriffen und ins Amtsgericht gebracht. Diese Gefangenen waren ausgeschickt, die deutschen Männer zu holen. Ich hatte das alles geahnt, denn man hatte rote Plakate folgenden Inhalts angeschlagen:

Bekanntmachung!

Alle deutschen Männer im Alter von 17 bis 50 Jahren haben sich sofort zu melden.

Zweck: Herstellung der von der deutschen Wehrmacht zerstörten Brücken und Eisenbahnen.

Verpflegung für 14 Tage und zwei Decken sind mitzubringen.

Der Kriegskommandant.

Da sich niemand gemeldet hat, wurde alles durch die NKWD. ergriffen und zwar auf die oben erwähnte Art. Es wurden Männer bis über 70 Jahre alt verschleppt. Ins Amtsgericht brachte man immer mehr Männer, so waren wir abends etwa 500 Mann zusammen.

Herzzerreißende Szenen spielten sich ab, keiner konnte sich verabschieden, Frauen und Kinder standen auf der Straße, und man brachte diese durch Kolbenstöße und Schüsse immer wieder weg. Die Wachtposten waren alles Polen, die als Fremdarbeiter bei uns gewesen waren. Diese hatte man mit Waffen versehen. Was diese sich geleistet haben, spottet jeder Menschlichkeit.

Am nächsten Morgen, nachdem wir eine Nacht dort im Gericht zugebracht hatten, ging es morgens um 6 Uhr raus und im Fußmarsch los, keiner wußte, wohin. Erst ging es in Richtung Schivelbein. Das Dorf vor Schivelbein hieß Grössin. Dort brachte man uns in einer Feldscheune unter.

Unterwegs hatten wir schon einige eingebüßt. Ein Mann von der Belgarder Überlandzentrale — ich weiß den Namen nicht — fiel auf dem Marsch kurz vor mir um. Ich wollte ihm noch Wasser geben, da war er schon

---
[1]) Abgedruckt unter Nr. 61 (Bd. I, 1).

tot. Maurer Alwin Beilfuhr, Belgard, blieb zurück bei Stolzenberg; wir nahmen an, daß man ihn genau so erschossen hat wie die anderen Kameraden in den nächsten Tagen. Friseur Ramin aus Belgard blieb wegen seiner kaputten Füße in Grössin. Was aus ihm wurde, weiß keiner.

So ging es weiter am nächsten Tag nach Dramburg über Schivelbein. Da uns einige Leute fehlten, griff man in Schivelbein willkürlich soviel Männer auf der Straße und nahm diese gleich mit, damit die Zahl wieder stimmte. So ging es fünf Tage. Wer nicht mitkam, wurde erschossen.

Es würde zu weit führen, alles einzelne zu schildern. Jedenfalls kamen wir am fünften Tag ohne Essen — nur Wasser aus Gräben und Pfützen — nach Schneidemühl. Dort war das NKWD.-Auffanglager. Man nahm uns nochmals das Letzte, was wir noch hatten, und dann ging es ins Lager.

Nochmals Untersuchung durch eine russische Ärztin; und dann hatte man einfache, aus rohen Brettern hergestellte Regale gemacht, drei Etagen ohne Kopferhöhung, alle 50 cm ein Mann, überall drückte es, aber wir waren so müde, daß wir die erste Nacht tatsächlich die drei Stunden schliefen. Da gings schon wieder zum Appell. Es waren ca. 6—7 000 Mann dort, aber nur vielleicht 300 Eßnäpfe, es gab immer nur sauren Mais. Der wurde abends gekocht und morgens ausgegeben. Die ersten Toten waren Carl Hellermann aus Belgard, Selterwasserfabrikant, Schmiedemeister Paul Baller aus der Friedrichstraße.

Am 1. Osterfeiertag morgens um 3 Uhr mußte alles antreten, und da ging es los zum Transport nach Rußland. Zwei Kameraden und ich wurden von einem russischen Kapitän zurückgehalten, weil wir Elektriker waren. Wir kamen in eine andere Unterkunft und blieben in Schneidemühl, bis das Lager aufgelöst war. Es kamen immer wieder neue Transporte nach dort, aber nach dem 9. Mai brachten sie keine mehr nach Rußland. Die Parteileute waren in einem Sonderbau untergebracht und wurden eines Nachts so gegen 12 Uhr mit Lastwagen abtransportiert, — wohin?

Ich mußte in Schneidemühl oft in der Stadt unter Begleitung eines russischen Feldwebels und noch zwei Kameraden nach Radioteilen suchen, da wir Apparate reparieren mußten für die russischen Offiziere.

Da kamen wir mal an die Berliner Straße, dort sind die Krankenhäuser, und der Bauer aus Schneidemühl sagte, ob wir mal was sehen wollten. Dort in der Leichenhalle lagen Frauen und Kinder, die Kinder im Arm gepreßt. Mit Fahnenstangen in den Geschlechtsteilen. Furchtbar, furchtbar. Das Grauen konnte einem kommen. Frauen hatte man auch in Schneidemühl im Lager, aber nur einige, die waren gesondert untergebracht und sind jede Nacht mißbraucht worden.

Tote noch in Schneidemühl: Kupferschmiedemeister Müller, Vorwerk bei Belgard, Herr Gerlach, Parsow bei Köslin, gestorben. Viele Namen sind mir entfallen. Entweder hat man diese dicht hinter der Latrine verscharrt oder dicht am Gebäude — wir lagen in der Artilleriekaserne an der Bromberger-straße. Wie das Gebäude nicht mehr ausreichte, wurden die Leichen jeden Abend um 10 Uhr bis zum Waldrand gefahren und dort in großen Massengräbern verscharrt. Die Leichen wurden nackt in eine Kiste geworfen, ob

Kopf oben oder unten war egal. Schätzungsweise liegen dort über 1 000 (2 700 hat man noch in die polnischen Bergwerke nach Oberschlesien verschickt im Juli 1945[1]).

Wie das Lager aufgelöst wurde, kam ich wieder frei und konnte nach Hause, da bin ich wieder nach Belgard zurück zu meiner Familie. Die Polen hatten sich schon die meisten Wohnungen einverleibt, und es war für die Deutschen eine furchtbare Zeit.

Nr. 163

Protokollarische Aussage des E. T. aus Klaptow, Kreis Kolberg-Körlin i. Pom.
Original, 6. März 1951, 4 Seiten. Teilabdruck.

Verschleppung und Aufenthalt in den Sammellagern Schneidemühl und Posen[2]).

Der erste Teil des Protokolls enthält Angaben über Ereignisse beim Russeneinfall auf dem Gut Klaptow.

Am 31. März 1945 mußte das ganze Gutsdorf mit Frist von einer Stunde geräumt werden, und wir mußten ohne Angabe eines Grundes oder Marschzieles das Dorf verlassen. Für das Gepäck der etwa 40 Familien konnten wir drei Wagen anspannen, jeder konnte nur das Notwendigste in Koffern mitnehmen.

Am ersten Nachmittag marschierten wir etwa 18 Kilometer bis Redlin und am nächsten Morgen weiter nach Belgard. Dort holte mich ein Russe aus dem Zuge heraus. Nach einem Verhör wurde ich aber freigelassen und fand wieder Anschluß an den Treck, der nach Vietzow weitermarschieren wollte.

Wie ich später erfuhr, ist der Treck nicht dortgeblieben, sondern auf Umwegen wieder nach Hause zurückgekehrt. Zwei Tage darauf soll nochmals eine Räumung erfolgt sein, wobei die Dorfbewohner ebenfalls hatten zurückkehren können.

---

[1]) Die Angaben über die hohe Sterblichkeit im Lager und den Abtransport der Gesunden in das ostoberschlesische Industriegebiet im Juli 1945 werden bestätigt durch den Bericht von Werner S. aus Rütznow, Kreis Greifenberg, in dem es auf S. 3 heißt: „... im Lager war es mit der Verpflegung sehr schlecht, da gab es sehr wenig und war meist noch verdorben, und es dauerte auch nicht lange, da hatten wir auch die Seuche im Lager, alles Durchfall, und das große Sterben begann... Zuerst mußten alle ein Kreuz haben — wo sie her waren, geboren und gestorben — aber wie nun zu viele starben, mußten wir alle Kreuze wegreißen und vernichten, und Grabhügel wurden eingeebnet, damit nichts zu sehen war, und so sind jetzt die Stellen nicht mehr erkenntlich, wo sie alle begraben sind. Nun wurden wir dauernd von russischen und deutschen Ärzten untersucht..., und da hatte ich Glück und viele andere mit mir, denn wir hatten meist alle Wasser, und so wurden wir im Juli entlassen, während die, [die] gesund waren, nach Kattowitz in Schlesien kamen."

[2]) Posen war ebenfalls Sammellager für die Zwangsdeportierten aus dem Bereich der früheren Provinz Posen und des westpolnischen Raums um Lodz. s. die unter Nr. 261 und Nr. 271 (Bd. I, 2) abgedruckten Berichte.

Ich selbst wurde in Boissin, Kreis Belgard, von dem dortigen polnischen Bürgermeister aus dem Zuge herausgeholt, zur russischen NKWD. geführt und von dieser nach kurzem Verhör in einen Keller gestoßen, der fußhoch mit Wasser gefüllt war. Hier fand ich einen Bauern vor, und nach und nach kamen noch mehrere Bauern und der Lehrer des Dorfes hinzu. Am selben Tage, am 1. April 1945, kamen wir nach Belgard, wo wir zu 14 Personen in einer Garage untergebracht wurden.

Nach drei Tagen ohne Verpflegung wurde im Amtsgericht ein größerer Transport zusammengestellt, und von hier aus mußten wir zu vielleicht 300 Deutschen nach Bad Polzin marschieren. Nach einwöchigem Aufenthalt ging der Marsch mit rund 2 000 Mann weiter nach Schneidemühl. Der begleitende polnische Feldwebel, der gut Deutsch sprach, benahm sich einwandfrei und sorgte dafür, daß wir etwas Brot erhielten und Pumpenwasser trinken konnten.

In Schneidemühl, wo wir bis zum 20. April 1945 blieben, wurden wir in Kasernen gesammelt und zu etwa 60 bis 70 Deutschen in einer Stube zusammengepfercht, es gab Verpflegung, wenn auch recht unzureichend.

Dann ging es mit der Bahn weiter nach Posen, wo wir mit je zehn Mann in Einzelstuben von Hotelbaracken untergebracht wurden, aus denen alle Einrichtungsgegenstände entfernt worden waren. Hier erhielten wir geregelte, allerdings auch völlig unzureichende Verpflegung, ohne Fett, ohne Zucker, nur Brot und etwas Maggisuppe. Zur Arbeit wurden wir nicht eingesetzt, außer zum Ausbau des Lagers selbst. Ab und zu wurden wir verhört, wobei ich im wesentlichen nur nach meinem Lebenslauf gefragt worden bin.

Als das Lager im November 1945 den Polen übergeben wurde, wurde ein Teil entlassen und der andere mit der Bahn nach Landsberg/Warthe verfrachtet. Sehr viele Männer waren allerdings schon am Hungertyphus oder an anderen Infektionskrankheiten, Gesichtsrosen, Hautausschlägen usw. gestorben. In Landsberg, wo wir verhältnismäßig gut verpflegt wurden, blieben wir bis zum Januar 1946, bis auch dieses Lager den Polen überlassen wurde. Soweit die Lagerinsassen nicht auch hier an Unterernährung oder Infektionskrankheiten zugrunde gegangen waren, wurden wir nach Buchenwald transportiert, wobei auch unterwegs noch verschiedene gestorben sind.

Es folgen Angaben über die Zustände im Lager Buchenwald bei Weimar.

7. Verschleppung aus Westpreußen und den östlichen Kreisen Pommerns über das Sammellager Graudenz Ende März/Anfang April 1945.

Nr. 164

Erlebnisbericht der Pfarrersfrau Rosemarie Braunschweig aus P u t z i g , Kreis N e u s t a d t i. Westpr.
Original, 3. Februar 1951.

Rücksichtslose Aushebung zur Zwangsverschleppung unter der deutschen Bevölkerung.

Putzig wurde Mitte März 1945 — es war wohl am 13. — von den Russen besetzt. Mein Mann war natürlich bei seiner Gemeinde geblieben, die nur zum kleinsten Teil noch herausgekommen war. Morgens um 6.00 Uhr besetzten die Russen die kleine Stadt, die sich kampflos ergab, daher auch nicht zerstört wurde. Im Pfarrhaus wurden sogleich Ärzte und Schwestern stationiert, mein Mann, ich und unsere drei Kinder wurden in die oberen Zimmer verwiesen. — Da vor dem Haus Posten aufgestellt wurden, blieben wir vor Plünderung und Gewalttaten verschont, die in der Stadt, wie überall, in der schrecklichsten Weise verübt wurden.

Wenige Tage später wurde mein Mann von polnischer Miliz verhaftet und den Russen als politischer Gefangener übergeben. Auch ich wurde verhaftet, und am 21. März 1945 wurden wir mit ungefähr 800 anderen Gefangenen — Männern und Frauen, die nichts anderes begangen hatten, als deutsch zu sein — zu Fuß abgeführt. Unsere Kinder standen weinend am Straßenrand zusammen mit anderen Kindern, deren Mütter gefangen waren. Die Russen trieben sie mit ihren Kolben zurück und schlugen auf die Frauen ein, die zu ihnen wollten. So trieb man uns, die Männer voran, in fünfeinhalb Tagen bis nach Stolp. Unterwegs übernachteten wir in Scheunen oder stehengebliebenen Häusern, in denen vielfach Leichen von Erschlagenen oder Erschossenen lagen. — Besonders wir Frauen und die Mädchen waren in hoffnungsloser Verzweiflung. Alle, oder fast alle hatten blutige Füße, dazu kam die rohe Behandlung durch die begleitenden Russen und der Gedanke an die zurückgebliebenen Kinder, die wir vielleicht nie wieder sehen würden, da die Russen uns schadenfroh, angesichts unserer Tränen, zuriefen: „Nach Sibirien, nach Sibirien!"

Mein Mann tröstete uns und war ganz zuversichtlich. Später habe ich noch von vielen seiner Kameraden gehört, daß er sie im Glauben getröstet und aufgerichtet hat. In Stolp wurden wir getrennt, einige Tage sahen wir uns noch flüchtig, dann wurde er nach Graudenz gebracht; ich kam in die Krankenstube und wurde fünf Wochen später entlassen. Gott gab mir Kraft, trotz der Schwäche und Entkräftung mit einem lungenkranken Mädchen nach Putzig zurückzugelangen, wo ich unsere Kinder wohlbehalten bei unserer Küsterin vorfand. Gute, hilfsbereite Menschen — auch Polen, denen mein Mann früher beigestanden hatte — halfen uns auch weiterhin, als wir in eine Dachstube verwiesen wurden. Das inzwischen ausgeplünderte Pfarrhaus wurde erst Sitz der polnischen Miliz, dann Gymnasium. Im September wurden dann unsere kleinen Zwillingstöchter geboren, die ihren Vater nie gesehen haben. Im Frühjahr wurden wir dann endgültig ausgewiesen und wanderten über Stettin unter großen Strapazen aus.

Von meinem Mann hörte ich dann nichts Genaues mehr. Heimkehrer berichteten, er sei im Juni 1945 in Graudenz am Typhus gestorben; andererseits sandte er mir noch im August durch einen Kameraden Grüße; auch der Arzt Dr. Hoffmann, früher Zoppot, behauptet, er wäre nach Rußland gebracht worden. So hoffen wir, besonders die Kinder, immer noch auf eine Rückkehr und wissen nur, daß Gott sein Schicksal in seinen Händen hält.

Nr. 165

Erlebnisbericht der Frau L. T. aus Erlenbruch, Kreis Tilsit-Ragnit i. Ostpr.
Original, 10. Februar 1952.

Flucht in den Kreis Karthaus, nach der Gefangennahme durch russische Truppen Deportation über das Sammellager Graudenz nach Rußland; Zwangsarbeit in verschiedenen Lagern bis März 1948.

Ende Januar 1945 befand ich mich auf der Flucht von Ostpreußen mit meiner Schwägerin Erna T. und ihren vier Kindern. Der älteste Junge war sieben Jahre alt, das jüngste Mädel drei Jahre. Wir hatten geglaubt, daß, wenn wir den 48stündigen Weg über das Eis des Frischen Haffes überstanden hätten, etwas Schlimmeres uns nicht begegnen könnte. Das brüchige Eis, das nachsickernde Wasser, wenn die Wagen zu dicht aufeinander folgten, die vielen Toten durch Fliegerbeschuß, die eingebrochenen Wagen, es waren schreckliche Bilder und Eindrücke. Wir ahnten aber nicht, was uns noch bevorstand. Ein Entrinnen [aus] der russischen Umzingelung war nicht mehr möglich. Im Kreis Karthaus, bei den Kaschuben, die uns Flüchtlinge preisgaben, erlebten wir den Einbruch der russischen Truppen, die uns ausplünderten, die Männer zu Verhören wegholten, von denen sie nicht wiederkamen, und die Frauen vergewaltigten, ob es 13jährige Kinder oder Frauen über 60 waren. Namen kann ich nicht angeben, da die Leute, mit denen wir zusammen in einer Schule waren, uns fremd waren.

Am 20. März bin ich dann von meinen Angehörigen getrennt und von den Russen verschleppt worden. Die Frauen und Mädchen wurden von den Russen wahllos rausgesucht. Die Kinder blieben stehen, die Mütter wurden mitgenommen[1]). — In Karthaus war ich in drei verschiedenen Lagern, die durch die Überbelastung schon menschenunwürdig waren. Die Räume verlaust, keine Möglichkeit zum Waschen. Verhör folgte auf Verhör.

Von Karthaus wurden wir nach Gruppe bei Graudenz gebracht. Wir hatten das Glück, mit der Bahn transportiert zu werden. Wie viele Gruppen kamen an, die 100 bis 150 Kilometer Fußmarsch hinter sich hatten. Das Schuhwerk war den meisten entrissen worden. Durch die schlechte Fuß-

---
[1]) s. auch den unter Nr. 245 (Bd. I, 2) abgedruckten Bericht.

bekleidung waren fast alle fußkrank und durch die großen Märsche und schlechte Behandlung nach den vorangegangenen Vergewaltigungen und schrecklichen Erlebnissen erschöpft.

In Graudenz war in der ehemaligen Festung ein großes Sammellager. Viele tausend Männer und Frauen wurden dort immer wieder durchsucht und verhört. Da wir aber streng bewacht und hinter Schloß und Riegel gehalten wurden (wir waren eine Gruppe von 40 Frauen), hatten wir keine Gelegenheit, mit den andern zu sprechen. Nach achttägigem Aufenthalt in Graudenz wurde unser Transport von 1 200 Frauen und 300 Männern zusammengestellt. Unsere Fahrt ins Ungewisse dauerte vom 6. April bis 4. Mai 1945. Wir waren 42 Frauen in einem verplombten Waggon. Da wir uns alle nicht kannten, kann ich keine Zahlen über Tote angeben, da manche schon entfernt wurden, wenn sie noch lebten.

Zweimal am Tag gab es Verpflegung. Einmal Suppe (einen halben Liter), wo wir alles drin fanden, was man auf einem unsauberen Speicher zusammengefegt hatte, und einmal Brot und einen Becher Kaffee. Wasser zum Waschen gab es nicht.

Ich kam dann in das Lager 7503, Kemmerau, später Leninsk. In Kemmerau war das Lager sehr ungesund. Wir hatten sehr viele Tote. Ein Teil mußte im Schacht arbeiten, andere mußten stundenlang zur Feldarbeit marschieren. Wir lagen auf Holzpritschen und hatten zum Zudecken nur unsere Kleidungsstücke, die wir gerettet hatten. Es war meist nur das, was man anhatte. Bei häufigem Regenwetter wurden sie überhaupt nicht trocken.

Wir wurden dann immer wieder in kleinere Gruppen aufgeteilt, so daß wir die Kameradinnen aus den Augen verloren und nie wieder Verbindung mit ihnen erreichten. Besonders Familienangehörige wurden voneinander getrennt. Im Juli 1945 wurden wir von einem Durchgangslager aus auf Kolchosen verteilt. Wir waren 90 Frauen und 25 junge Männer, die noch nicht Soldat gewesen waren, auch ein 13jähriger Junge und ein 14jähriges Mädel waren dabei. Später kamen dann noch 15 polnische Ukrainer dazu, die ihre Wut an uns ausließen.

Auf der Kolchose mußten wir am Bau, in der Landwirtschaft arbeiten. Die Lebensumstände waren furchtbar. Wir mußten auf dem Boden schlafen, Wasser war kaum zum Trinken, geschweige denn zum Waschen da. Einmal bis zweimal im Monat konnten wir in die Sauna gehen. Wir waren verkommen und verhungert. Ich war schon im ersten Lager an Dystrophie erkrankt und kriegte hier eine schwere Lungenentzündung dazu. Ärztliche Behandlung hatten wir kaum. Eine junge Schwester, die keine vollwertige Ausbildung hatte, hat uns mit Hilfe einer Russin betreut. Wir hatten hier von 115 im halben Jahr 21 Tote.

Im Februar 1946 wurden wir zu einer Fabrik nach Leninsk gebracht. Wir waren so schwach, daß die meisten den 20 Kilometer langen Weg zur Bahnstation im Schnee nicht zurücklegen konnten. Das Lager wurde hier auf 180 Deutsche erweitert. Die Lebensumstände waren hier wohl etwas besser, aber die Arbeit war so schwer, daß wir sie kaum nach unserer Entkräftung bewältigen konnten. Wir haben nur Männerarbeit leisten müssen. Loren schieben, Kohlen für die Heizung der Fabrik mit Loren anfahren und

Schlacke entfernen, Waggons mit Koks beladen, natürlich mit der Hand, die gefürchtetste Arbeit, da alle Waggons geladen werden mußten, und wenn es 16 Stunden dauerte und die nächsten Waggons nach sechs Stunden schon wieder ankamen, in der Ziegelei, Ausbesserungsarbeiten an Bahndämmen.

Die Arbeitszeit richtete sich nach der zu leistenden Arbeit. Es mußten Prozente erarbeitet werden. Wer sie nicht hatte, dem wurde am Essen abgezogen. In den ersten zwei Jahren kannten wir keinen Sonntag. Im letzten Jahr hatten wir manchmal am Sonntag frei. Die Verpflegung war sehr schlecht, da wir in unserer Verwaltung nur Russen hatten, die uns um den größten Teil unserer Verpflegung betrogen haben. Wurde ein Betrug aufgedeckt, dann wurde wohl der Russe entlassen, aber der nächste, der an seine Stelle kam, machte es genau so. Wer sehr elend war, kam auf die „Polzowna" zur Arbeit. Die ärztliche Betreuung war sehr schlecht. Der Arzt, eigentlich Schmied, war im Krieg Sanitäter gewesen und betreute jetzt die Deutschen.

Aufrecht erhalten haben uns die Russen immer wieder damit, daß sie uns sagten, wir kämen bald nach Hause. Am 15. Januar 1948 mußten wir uns von einer Kommission von neun Russen, darunter nur einem Arzt, nackend zeigen. Das war die Voruntersuchung für den Transport in die Heimat. Wir haben in den drei Jahren immer hinter dem Zaun und streng bewacht gelebt. Außer einigen Gesangbüchern, den meisten waren sie von den Russen für Zigarettenpapier fortgenommen, haben wir kaum ein geschriebenes oder gedrucktes Wort gesehen. Wir durften wohl in den drei Jahren dreimal oder viermal schreiben, aber die Post ist nie in der Heimat angekommen. Wir wußten also nichts von unseren Angehörigen noch von unserer Heimat, die wir in den schwersten Tagen hatten verlassen müssen.

Am 15. März 1948 begann unsere Heimfahrt mit allen Kranken und Schwachen, und am 18. April 1948 langten wir in Frankfurt/Oder an. Meine Quarantänezeit und damit die letzte Zeit hinter Schloß und Riegel verbrachte ich in Pirna. Hier erhielt ich durch einen Zufall die Adresse meiner Mutter und Geschwister, die in der britischen Zone lebten. Erst als ich in Friedland die Zonengrenze passiert hatte und keine russischen Uniformen mehr sah, hatte ich das Gefühl, zu Hause zu sein, wenn auch fern der geliebten Heimat.

Nr. 166

Erlebnisbericht der Gertrud Schulz aus W i l l e n b e r g, Kreis M a r i e n b u r g i. Westpr.
Original, Sommer 1946.

Zusammentreffen mit den Russen auf der Flucht, Gefangennahme und Verhör, Zwangsverschleppung über Graudenz ins nördliche Uralgebiet: Transport, Arbeitseinsatz, Rückkehr wegen Arbeitsunfähigkeit.

Vfn. berichtet eingangs, daß sie einen Fluchtversuch nach Pommern unternahm und schließlich in den Landkreis Danzig abgedrängt wurde, wo sie verblieb, bis am 8. März 1945 der Russe kam.

Wir waren eingekesselt worden, ohne es zu wissen. Die russische Infanterie auf dem Vormarsch nach Danzig kam durch unser Dorf. Sie suchten zuerst nach deutschen Soldaten, nahmen uns die Uhren und andern Schmuck ab und vergewaltigten junge Mädels bis hinauf zu alten Frauen. Dies ging so eine Woche lang (16. März 1945.) Selbst nachts hatten wir keine Ruhe, da sämtliche Türen offen bleiben mußten. Mit Taschenlampen und vorgehaltenen Pistolen drangen die Russen nachts zu uns hinein. Was die Polen bzw. Russen von unsern Sachen nicht mitgenommen hatten, wurde kurz und klein geschlagen. Das war die erste Woche. Dann mußten alle Deutschen bis 60 Jahre, die arbeitsfähig waren, zum Ausbessern der Straßen unter Aufsicht eines russischen Leutnants und russischer Männer als Vorarbeiter.

Am 23. März 1945 kam dann ein russischer Kommissar an die Arbeitsstelle, die ca. 200 Deutsche besetzten, und ich wurde mit vielen anderen Frauen und Mädchen gefangengenommen. Wie eine Herde Vieh trieb man uns im Eiltempo vor dem Pferdewagen des Kommissars her, der einen Polen als Dolmetscher und Kutscher hatte.

Nach einem Marsch von 3 Kilometern landeten wir im Dorf Hoppendorf, wo im Gasthaus das Lager eingerichtet war. Ein Kommissar verhörte uns dort mit Unterstützung einer polnischen Dolmetscherin. Das dauerte drei Tage lang, da ca. 300 Gefangene waren. Dann folgte (26. März 1945) die zweite Vernehmung, immer 50 Personen bei drei verschiedenen Kommissaren. Man wurde bis ins Kleinste ausgefragt. Vor allem wollten sie alle dazu zwingen, Mitgliedschaft der Partei zu bekennen, wozu sie sogar NSV. und Luftschutzbund rechneten, denen ich ja nur angehört hatte. Die Polin glaubte dies nicht, hatte mir bei der ersten Vernehmung in meinen Fragebogen noch Frauenwerk eingetragen. Ein junger Kommissar, der großer Deutschenhasser war, verhörte mich; die älteren waren menschlicher. Auf seine Frage: „Frauenwerk?", die ich verneinte, wurde er so ausfallend, daß er mich blau und grün schlug (etwa 15 Stockschläge über linken Oberarm, Rücken und Oberschenkel). Ich brach zusammen, mußte wie beim ersten Verhör den Bogen unterzeichnen und wurde von einem Posten auf den Bodenraum gebracht, wo ich dann völlig erschöpft und kraftlos von einer Cousine, Hilde Engelbrecht, Pettelkau, aufgefunden wurde.

Nach drei Tagen (30. März) trieb man uns 18 Kilometer weiter nach Strippau. Es war Karfreitag. Dort wurden wir noch eingehend durchsucht, selbst leere Flaschen nahm man uns fort. Auf Zement in einem Stall blieben wir noch Samstag (31. März). Verpflegung war bis dahin ein Teller Suppe täglich. Bei der Aufstellung zum Weitermarsch fand ich noch Cousine Ursel Engelbrecht und Nichte Doris Engelbrecht. Wir drei marschierten gemeinsam am Ostermorgen (1. April) gen Graudenz, während die andere Cousine entlassen worden war. (Ausweis von Prag) [1]).

Abends kamen wir in Pr. Stargard an. Das Lager war ein Drei-Etagen-Privathaus. Ich kam in einer Schuhmacher-Werkstatt unter. Auf Nägeln und Lederabfällen lagen ca. 20 Frauen am Boden oder auf dem

---

[1]) Offenbar wurde dieser von den Russen als Legitimation der tschechischen Staatsangehörigkeit betrachtet.

Tisch diese Nacht. Morgens (2. April 1945) ging es weiter bis Neuenburg, dort kamen wir außerhalb der Stadt in einer Scheune unter. Wir lagen auf Preßstrohballen.

Am nächsten Tage (3. April) erreichten wir Graudenz. Die Weichselbrücke war für Fußgänger wieder hergerichtet. 120 Kilometer waren wir in 3 Tagen gegangen, zweimal durchnäßt worden. Im Gefängnishof wurden wir aufgerufen und in Gruppen geteilt. Die ganzen Fenster der Festungsgebäude waren voller Menschenköpfe, die unter den Neulingen nach Bekannten ausspähten. Ich kam mit allen Verwandten und Bekannten auseinander. Im Kellergeschoß wurden wir dann in den Zellen zu 20 Frauen eingesperrt und die Tür verschlossen. Eine Holzpritsche und eine eiserne Bettstelle waren alles, was wir vorfanden. Das Fenster hatte auch keine Scheiben. Nach drei Tagen gaben die Posten sechs Strohsäcke für uns, die wir auf dem Zementfußboden kauerten. Verpflegung pro Kopf ein Pfund Brot und eine Schale Wassersuppe, die an langen Tischen auf dem Hof eingenommen wurde.

Jeden Tag sahen wir zum Tor neue Scharen von Gefangenen hereinkommen und wieder lange Reihen hinausmarschieren. Nach zwei Wochen (14. April) waren auch wir dran. Es ging zum Bahnhof durch die zerstörte Stadt. Dort lud man uns in Viehwagen, immer zu 40 Personen, auf jeder Seite waren zwei Etagen. Ein winziges Fenster ließ mal etwas Luft herein, die Türen waren von außen verriegelt. Wir hatten sehr unter Schmutz, Durst und Ungeziefer zu leiden. In anderthalb Tagen gab es einmal Suppe, getrocknetes Brot, ein Eßlöffel Zucker und etwas Kaffee. Einmal hielt der Zug an einem kleineren Gewässer. Dort durften wir uns mal waschen nach drei Wochen. 1 200 Frauen und 800 Männer kamen fast alle (zwei Todesfälle) lebend am 1. Mai in Karpinsk, unserem Ziel im sibirischen Ural (65. Breitengrad), an. Doch erst am Tage darauf (2. Mai) durften wir den Wagen verlassen.

Der Weg zum Lager, drei Kilometer, führte über eine sumpfige Wiese. Im Lager wurden wir in Gruppen den Baracken zugeteilt. Ein Teil säuberte dieselben, andere wurden schon vernommen, Gepäck mal wieder kontrolliert, und dann ging's vor den Lagerarzt und vorher zum Friseur (3. Mai). Wer Läuse hatte, wurde gleich rasiert. Ganz entblößt, traten wir vor die Ärztin und den Kommandanten, die uns je nach Körperbeschaffenheit in Arbeitsgruppen einteilten. Ich kam zum 1. Bat., 2. Komp., 7. Rotte, Untergruppe 3. Unsere Führer waren polnisch sprechende deutsche Männer, auch Frauen. Das Lager war früher russisches Straflager gewesen für russische Soldaten. Posten und Offiziere, auch die Ärztin, alles Vorbestrafte der Roten Armee.

Früh, 5.30 Uhr, weckte eine Sirene, darauf holten die Rotten (80 Personen) nacheinander in Konservenbüchsen ein halben Liter Suppe, 200 Gramm Brot ab. Um 7.00 Uhr begann die Arbeit. Die Gruppen I und II gingen zum Schacht, hoben tiefe Gräben aus, schleppten Bohlen zum Bahnbau usw. Ich war auf Grund der Narbe der Gallensteinoperation in Gr. III. Wir mußten entweder zum Bahnhof nach Verpflegung oder zum Wald. Man lud uns acht große Brote in den Sack oder 40 Pfund Nährmittel. Zu vieren in Reih und Glied ging es durch die sumpfige Wiese. Oft holten wir auch Bretter vom Sägewerk. Drei Bretter, fünf Meter lang, übereinander trugen je zwei Frauen auf den Schultern. Machten wir schlapp, dann halfen erst Kolbenschläge, ehe wir eine dritte Frau zur Hilfe bekamen. Vier Posten bewachten oft eine Gruppe (Rotte). Aus dem Wald holten wir Baumstämme (Birken), auch immer zu zweien. Mitunter sind wir dreimal hingewesen, zweieinhalb Kilometer Weg. Die Gruppe IV waren Schwache und Kränkliche, die säuberten Baracken, nähten fürs Lazarett usw.

Jeden Abend war Zählung. Wir hatten täglich acht bis zehn Tote, im Kohlengrubenlager sogar 15 bis 25 Tote. Nachts um 12.00 Uhr wurden die entblößten Leichen auf Bahren in den Wald gebracht und in ein Massengrab getan.

An allen vier Ecken des Lagerzaunes waren Postentürme mit großen Scheinwerferlampen, die die ganze Nacht brannten. Es blieb dort sehr lange Tag, war es doch schon das Land der Mitternachtssonne. An den Sonntagen war unsere Arbeitszeit etwas kürzer (5.00 Uhr nachmittags). Danach fanden sich die gläubigen Christen, Katholiken wie Protestanten, um 18.00 Uhr zur gemeinsamen Andacht in einer unserer Baracken zusammen. Dabei überraschte uns mal ein Kommissar. Mit den Worten, „das wird Euch auch nicht helfen", verließ er uns mit der Dolmetscherin. — In Gruppe II fand ich dann meine Nichte Doris Engelbrecht wieder. Wir waren bis Juli im selben Lager. Dann kam sie vor mir in ein anderes Lager.

Am 15. Juli kam eine Meldung, nach der 300 Deutsche zur Arbeit von einem Torfbesitzer angefordert wurden. Vorher bekamen wir Spritzen gegen Typhus. In einer Woche betraten wir das Lager Pjerwomaisk. Dort durften wir uns gründlich waschen, wurden entlaust und noch mal geimpft. Das Lager war zwei Kilometer von der Stadt Nanetka entfernt am 60. Breitengrad.

Wir wurden in Brigaden eingeteilt zu 25 Personen. Hier wurden wir von russischen Zivilisten bewacht. Unendliche Torffelder lagen ringsherum. Die Pressen liefen Tag und Nacht. Vier Kilometer Weg hatten wir zur Arbeitsstätte. Auch bei Regen wurde gearbeitet. Doch hatten wir keinen Raum zum Trocknen der Mäntel und Schuhe. Im Juli/August war es sehr heiß dort. 14 Stunden Arbeitszeit waren kaum erträglich. Vor 10.00 Uhr waren wir nie vom Abendessen in der Baracke. Die Verpflegung war hier schlechter. Wir bekamen wohl auch 600 Gramm Brot den Tag wie im ersten Lager, doch dazu nur sehr dünne Suppen, meistenteils war es Kartoffelwasser mit geschnittenen Kohlblättchen oder rote Rübenschalen mit paar Nudeln. Mittags gabs dann noch etwa drei Eßlöffel Kascha (dicke Hirse oder Grütze, darauf kurze Zeit lang ein Teelöffel geräuchertes Ziegenfleisch lag).

Die Arbeit des Torfabstechens mit den Händen war hauptsächlich unangenehm, da die Haut leicht wund wurde und sich Ausschlag fand, da wir ja kaum Waschwasser bekamen, von Seife gar nicht zu sprechen. Wir blieben auf dem Felde bis wir den Torf nicht mehr von der Erde unterscheiden konnten. Dann luden wir uns ein Stück Stubbenholz auf die Schulter, und heimwärts ging es. Das Holz war Brennung für die Posten und

Flintenweiber, die als Lagerwache eingesetzt waren. Darunter waren gräßliche Menschen, die uns tyrannisierten nach Strich und Faden. Wir durften das Kreuz kaum mal grade machen, wollte man nicht Kolbenschläge haben.

Schon am zweiten Tag in diesem Lager hatte ich furchtbar geschwollene Beine bekommen und konnte kaum mehr gehen. Am Nachmittag durfte ich in der Baracke bleiben. Die Lagerärztin kam mit der Schwester zu den Kranken. Letztere sprach gut deutsch. Ich mußte sofort ins Lazarett. Während wir in den Baracken nur auf Holz lagen, befanden sich hier Feldbetten mit Strohsäcken. Aber auch hier gab es keine Decken. Unsere Mäntel taten diesen Dienst des Nachts. Das Wasser in meinem Körper nahm bis zum Morgen noch zu. Ich war am ganzen Oberkörper und Gesicht furchtbar geschwollen. Die Ärztin gab mir drei Koffeinspritzen, worauf ich etwas Linderung verspürte, da ich kaum noch Luft bekam und nachts oft vor der Baracke saß, weil ich in der Baracke nicht durchatmen konnte. Die Luft draußen war aber infolge des Nebels sehr ungesund. So kam es, daß ich schon nach drei Wochen Gelenkrheuma in Knien und Füßen verspürte. Die Ärztin gab sich große Mühe. Ich habe sehr viel Medikamente bekommen. Nach sechs Wochen wurde ich entlassen mit zwei Wochen Schonung.

Während dieser Zeit bestimmte mich der Arbeitsleutnant mit zur Nachtwache, die von nicht ganz einsatzfähigen Frauen gemacht wurde, in der Zeit von 10.00 bis 2.00 Uhr, 2.00 bis 6.00 Uhr früh. Vor den Baracken mußten wir dann auf- und abgehen und unsere eigenen Landsleute überwachen. Jede Nacht kam ein Leutnant zur Zählung durch die vier langen Baracken. Den mußten die Nachtwachen begleiten und Auskunft geben über nicht besetzte Lagerstätten usw. Am Tage mußte ich Baracken säubern und 15 Eimer Wasser von der Pumpe für Waschzwecke heranschaffen, außerdem sechs Eimer abgekochtes Trinkwasser aus dem Dorf ins Lager holen. Hierfür war extra ein Häuschen da mit zwei großen Wasserkesseln, die an die Leitung angeschlossen waren, von einer alten Russin betreut als Heizerin.

So war ich nach der „Schonzeit" schon wieder zwei Wochen zur Torfarbeit draußen, als eines Tages (1. Oktober) eine auswärtige Ärztekommission kam, die die Dystrophikergruppen, die nicht voll zum Einsatz kamen, untersuchte. Da hatte ich es unserer Lagerärztin zu verdanken, daß ich für den Transport für die Heimat bestimmt wurde. Noch zweimal wurden wir vernommen, für jeden eine Personalkarte ausgeschrieben. Dann mußte ich noch zwei Tage raus zur Torfarbeit. Erst am 4. Oktober war der Abmarsch zum Bahnhof Nanetka. Unsere deutschen Arbeitskameraden sahen uns tränenden Auges nach, als wir durchs Lagertor hinausgingen. Im Waggon zu 30 Personen kauernd, warteten wir noch sechs Tage bei Selbstverpflegung, bis wir endlich an einen Militärtransportzug angehängt wurden. Man hatte uns pro Kopf fünf Pfund kleine angefrorene Kartoffeln, etwas Mehl, getrocknetes Brot und etwas Zucker verabfolgt. Trotz des schon fußhohen Schnees suchten wir nach Holz draußen, um uns mittels Steinen eine Feuerstelle zu machen, wo wir nach und nach in unseren Konservendosen uns eine Wassermehlsuppe kochten.

Erst am 10. Oktober ging die Fahrt nachts los bis zur Hauptstadt des Ural Swerdlowsk. Dort wurde festgestellt, daß unser Fahrleiter mit unsern

Ausweispapieren nicht mitgekommen war. Der russische Hauptmann, der den Lazarettzug führte, konnte uns nicht weiter mitnehmen wegen Mangel an Proviant. So wurden unsere sechs Wagen einfach auf ein totes Gleis geschoben. Nach zwei Tagen (12. Oktober) gelang es unsern Männern, die Bahnpolizei zu bewegen, sich mit unserm Lager in Verbindung zu setzen. Darauf erschien am dritten Tag unser Begleitoffizier, so daß am 14. Oktober zuerst Verpflegung für uns verschafft wurde und wir später dem nächsten Transport angegliedert wurden. Von durchfahrenden Lazarettzügen mit deutschen Soldaten bekamen wir hin und wieder etwas Brot, das dann unter den Leidensgefährten verteilt wurde.

Die Fahrt ging dann über Kasan, Gorki, Jaroslawl, Welikie Luki am Ilmensee vorbei nach Dünaburg. Von dort über Kowno, Tilsit bis Königsberg (6. November). Hier lagen wir drei Tage, mußten Waggons säubern, die russisches Militär in furchtbarem Zustand verlassen hatte. Bis Königsberg waren breite Gleise, nun kamen wir in Wagen auf Schmalspur (9. November).

Wir fuhren Ponarth — Pr. Eylau, dort übernahm polnisches Bahnpersonal unsern Zug. Weiter ging es über Korschen, Allenstein, Dt. Eylau, Thorn. Allein die Fahrt durch Ostpreußen dauerte 14 Tage. Öfters sind Leute, die ausgestiegen waren, um Wasser zu holen, nicht mitgekommen, da uns weder Aufenthalt noch Abfahrt angesagt wurde. Wir trafen Transporte mit Deutschen, die schon wieder nach Rußland gingen. Unsere Verpflegung während der ganzen sechs Wochen bestand aus Rübenschnitzelsuppe mit Grütze und schlechtem Öl darauf, getrocknetes Brot und jeden dritten Tag einen Salzhering. Im Waggon hatten wir einen kleinen eisernen Ofen, für den wir auf den Bahnhöfen nach Holz und Kohlen suchen mußten. Dabei sahen wir öfter unbestattete Leichen von Soldaten liegen, die wohl von früheren Transporten stammten.

Seit der Fahrt nach Allenstein fühlte ich mich schon sehr elend. Ich konnte nichts mehr essen, Darm und Magen waren zu sehr angegriffen, dazu schmerzten meine Gelenke ganz furchtbar. Ich sah mein Ende schon nahen. Da erreichten wir endlich unser Ziel (20. November) Frankfurt/Oder. Ich konnte kaum noch einen Fuß setzen. Mit Hilfe von zwei Frauen wurde ich zum Lastauto gebracht, das die Schwächsten zur Kaserne brachte. Außer mir und etwa zehn Soldaten waren noch Frauen bzw. Mädel mit ihren Kindern, die unterwegs das Licht der Welt erblickt hatten, zur Fahrt bestimmt. Die übrigen gingen zu Fuß nach einem Lager. Deutsche Sanitäter betreuten uns. Wir durften unter die Brause, während die Kleider entlaust wurden. Am nächsten Tage brachte man uns ins Übergangslazarett. Dort lagen wir auf dem Fußboden auf Stroh ohne Decke. Rechts und links von mir starben die armen Verschlepptenopfer.

Nach Aufbietung aller Kräfte durfte ich weiter nach Berlin, das wir in sieben Stunden Bahnfahrt erreichten (26. November). Fünf Tage waren vergangen. Im Flüchtlingslager am Schlesischen Bahnhof wurden wir untersucht. Ich fand dann Aufnahme im Lager Neukölln. Der Lagerarzt verordnete Aufnahme in einem Krankenhaus (28. November). Zwei Tage lang schleppte ich mich zur Stadt von Krankenhaus zu Krankenhaus. Erst am 1. Dezember gelang es mir, im Gertraudenkrankenhaus Berlin-Wilmersdorf Aufnahme zu finden.

Dort wurde nach gründlicher Untersuchung (2. Dezember) Herzmuskelschwäche, Herzwasser, Bronchitis, Gelenkrheuma, Mundfäule (Skorbut), Ruhrverdacht und Nervenentzündung festgestellt. Nach sechs Wochen bekam ich noch eine Kiefernvereiterung und Furunkeln im Ohr und Nase dazu. Ich wog nur noch 39 Kilogramm bei der Aufnahme.

Vfn. beschließt ihren Bericht mit einigen Mitteilungen über ihre Genesung.

Nr. 167

Erlebnisbericht des E. P. aus C h r i s t b u r g , Kreis S t u h m i. Westpr.
Original, 20. März 1951.

Gewalttaten russischer Soldaten nach dem Einmarsch in Danzig; Zwangsverschleppung über Graudenz zum Südural.

Mitte März, als der Russe nach Danzig kam, hatte er durch Lautsprecher die Bevölkerung aufgefordert, ruhig in den Wohnungen zu bleiben, „er kommt als Befreier", garantiert jedem Leben und Freiheit. In Wirklichkeit sah es ganz anders aus. Wir suchten Schutz in der Hitlerstraße -- Langfuhr in einem Keller: Frauen, Männer und Kinder. Die Russen schossen in jeden Keller mit Maschinenpistolen. Dabei kam in unserm Keller eine Frau aus Marienburg ums Leben. Nachdem kamen die russischen Soldaten und suchten nach deutschen Soldaten. Da keine vorhanden waren, nahmen sie uns die Uhren und Goldsachen ab, Stiefel und gute Hosen wurden uns auch abgenommen. Wir durften am ersten Tage den Keller nicht verlassen.

Als die Kampftruppe abzog, kam die richtige Verbrechertruppe, die raubten alles und fragten nach Wodka. Frauen wurden in unserer Gegenwart vergewaltigt. Ausnahmen wurden keine gemacht, ganz junge Mädchen und alte Frauen über 60 Jahre. Wir Männer wurden durch Schießen in Schach gehalten. Da kein Trinkwasser vorhanden war, baten wir die Russen um Wasser. Beesch und ich wurden dazu bestimmt. Als wir auf die Straße kamen, wurde gerade ein Transport Männer und Frauen abgeführt. Ein ostpreußischer Bauer brach gerade vor unserer Tür zusammen. Der wurde von den Russen solange geschlagen, bis er anscheinend tot war. Beesch und ich brachten den Mann in unsern Keller, doch verstarb er bald. Dann gingen wir bald wieder auf die Straße, überall lagen tote Zivilisten, vor unserm Hause vier erschossene deutsche Soldaten, die wir auf dem Hof begraben haben. Langfuhr ging erst am dritten Tage nach dem Einmarsch der Russen in Flammen auf.

Zum Aufräumen der Straßen wurden Männer und Frauen aus den Kellern geholt. Wir mußten unter Aufsicht der Flintenweiber die toten Soldaten, Zivilisten, Männer, Frauen sowie Pferde und anderes Vieh in einem Loch verscharren.

Nach sechs Tagen wurden wir alle aus dem Keller geholt, unsere Personalien aufzunehmen. Dann wurden wir gleich in andere Keller zu Hunderten reingetrieben, ohne Unterschied, Frauen wie Männer. Dort blieben wir zwei Tage. Einmal am Tage wurden wir in einen Garten gejagt, unsere Notdurft zu verrichten. Essen und Trinken gab es nicht. Dann gingen die Vernehmungen los. Eine Dolmetscherin fragte uns aus. Diejenigen, die gleich zugaben, bei der Partei gewesen zu sein, kamen ohne Hiebe davon. Diejenigen, die es verneinten, wurden solange geprügelt, bis sie es zugaben.

Gegen Abend wurden wir unter schwerer Bewachung zur Husarenkaserne gebracht. Dort trafen wir schon 30 000 Leidensgefährten. Am nächsten Tage gab es Brot und eine fette Suppe. Ca. 1 000 Männer und Frauen wurden zusammengestellt. Es ging über Danzig, Mewe nach Graudenz. Drei Tage wurde marschiert, alle zehn Schritt ein Russe zur Bewachung. In Scheunen und Ställen wurden wir zur Nacht untergebracht. Als wir in Graudenz über die Weichsel gingen, sprangen fünf jüngere Leute in die Weichsel. Die Russen schossen solange, bis sie untergingen. Wer auf dem Marsch nach Graudenz liegen blieb, wurde erschossen. In Graudenz angekommen, wurden wir von den Polen beschimpft und mit Steinen beworfen.

In Graudenz kamen wir ins Zuchthaus, je zehn Mann in eine Zelle. Bewachungspersonal waren Polen, die uns das letzte fortnahmen. In Graudenz blieben wir acht Tage. Wir wurden geschoren und entlaust, 2 400 Mann abgezählt und verladen nach dem Ural. Ich kam in einen Waggon mit 90 Mann, kleinere Waggons wurden mit 45 Mann belegt.

In Moskau konnten wir zum ersten Male den Wagen verlassen zur Entlausung. Am nächsten Tage ging es weiter. Das Essen war sehr schlecht. 125 Gramm Trockenbrot und ein viertel Liter Suppe, die wir selten bekamen. Durch den großen Hunger stürzten sich alle auf den Suppenkessel, meist wurde alles vergossen. Als wir nach 24 Tagen im Ural ankamen, waren 12 Mann verhungert und verdurstet. Alle waren wir so schwach, wir konnten kaum auf den Beinen stehn.

Unser Lager (Kimpersay) bestand aus fünf Lehmbaracken, je 40 Meter lang, sieben Meter breit. Meilenweit kein Baum noch Strauch, nur Steppe. Wanzen und Flöhe zu Hunderttausenden. Wir lagen wie die Heringe, je 400 Mann in einer Baracke ohne Strohsäcke, die gab es erst im Oktober. Decken gab es keine.

Am sechsten Tage wurden wir zur Arbeit eingesetzt. Bis dahin wurden wir registriert, nach russischer Art untersucht. Die jüngeren kamen zum Bahnbau, die anderen zum Verladen von Nickelerde.

Ende Mai fing das große Sterben an: Ruhr, Typhus, Fleckfieber. Täglich verstarben 12 bis 28 Mann. Zur Hilfe wurden zwei deutsche Stabsärzte rangezogen, ohne Medikamente konnten sie auch nicht helfen. Die Toten wurden ohne Registrierung splitternackt vergraben. Bis Oktober waren 60 Prozent verstorben. Im Frauenlager, das neben unserm lag, sind von 800 Frauen 200 verstorben.

Unserm Lager waren zwei Majore zugeteilt. Der eine hatte Verpflegungs- und Arbeitsabteilung; der andere, ein Jude, 24 Jahre alt, mit vielen Orden, war für Drill und Sport. Der führte auch „Frontmachen" für jeden russischen Offizier ein. Er schlug mit der Reitpeitsche zu, wer dem Befehl nicht Folge leistete. Die Verpflegung war sehr schlecht. Die russischen Offiziere verschoben alles. Der alte Major ließ jede Woche die Baracken ausplündern, Trauringe, Anzüge, gute Koffer usw. Dafür kaufte er 36 Kühe und 60 Schafe. Die wurden im Lager geschlachtet; leider hat er alles auf dem Schwarzen Markt abgesetzt, wir Gefangenen bekamen nichts. Kuhhirt war Kreistierarzt Schmidt aus Stuhm.

Von Oktober an starben außer den Verunglückten keine Gefangenen mehr. Im Mai 1946 wurden die Kranken, die für schwere Arbeit nicht geeignet waren, nach der Industrie abgeschoben. Ich kam nach Orsk. Dort waren 4 000 Menschen in riesigen Rüstungswerken eingesetzt. Es wurde nicht gefragt, ob wir noch arbeiten konnten. Wir wurden einem Werk zugeteilt, mußten acht Stunden arbeiten, dann noch drei bis fünf Stunden Waggons ausladen, daß wir täglich 10 bis 13 Stunden arbeiten mußten. Dann Lagerdienst, abends 11.00 Uhr Appell. Geld haben wir selten bekommen. Ich habe einmal 38 Rubel bekommen, alles ging für Verpflegung, Lageraufenthalt und Kleidung drauf.

Im September 1946 war ich soweit, daß ich keine Arbeit mehr verrichten konnte. Durch den ewigen Hunger und Anstrengungen hatte sich in meinem Körper Wasser gebildet. Die letzten Wochen habe ich nur im Lazarett verbracht. Der russische Arzt sagte: „P. ganz kaputt, muß nach Hause." Beim nächsten Transport wurden ich und Hunderte andere, denen es gesundheitlich nicht besser ging, nach der Heimat verladen. Wir waren auf der Rückkehr 28 Tage unterwegs bis Frankfurt a. d. Oder.

Nr. 168

Erlebnisbericht des H. H. aus B a u m g a r t h , Kreis S t u h m i. Westpr. Original, Juni 1951.

Zwangsverschleppung über Graudenz zum Südural, Transport und Lebensverhältnisse.

Ende März 1945 wurde ich in Danzig-Langfuhr als Zivilist verhaftet und nach dreitägigem Aufenthalt auf dem Stadtgut Zoppot in das Gefängnis „Schießstange" in Danzig eingeliefert. Der Lagerführer in Zoppot war ein deutscher Kommunist, der zur Nazizeit Insasse des Straflagers Stutthof gewesen und sich jetzt auf freiem Fuße unter dem Schutz der Russen an uns zu rächen versuchte. Der Name dieses Mannes war übrigens den Danzigern bekannt. Er sollte nach seinen mehrfachen Äußerungen Bürgermeister von Zoppot werden, was ihm jedoch nicht gelungen ist, denn er soll zum Dank für seine Spitzelei später nach Rußland geschickt worden sein. — Seine rechte Hand war ein junger Pole, der einen Knüppel ständig bei sich führte, von dem er zur beschleunigten Ausführung seiner Befehle des öfteren Gebrauch machte. — Eine Nacht hatte man einen Teil von uns, darunter auch mich, in einen Kartoffelkeller gesperrt, der noch zur Hälfte mit Früchten gefüllt war. Nach kurzer Zeit wurde uns wegen Überfüllung und Raummangel die Luft knapp, und wir drohten zu ersticken. Auf unser Geschrei öffnete man nach geraumer Zeit ein Fenster. Die Bewachung waren Russen, die zum Unterschied von den allgemeinen unmenschlichen Vorgängen bei der Besetzung der Stadt sich im allgemeinen Mißhandlungen, Prügel und dgl. nicht zuschulden kommen ließen.

Die Verpflegung in Zoppot war sehr schlecht und bestand aus ungesalzenen Pellkartoffeln und einem kleinen Stück Brot. Im Gefängnis „Schießstange" dagegen war das Essen gut und reichlich.

Nach einigen Tagen marschierten wir in größerem Verbande (1 500) nach Graudenz. Während dieses Marsches blieben nach meiner Schätzung ca. 20 Mann infolge Entkräftung, schlechter Ernährung und der veränderten Lebensweise am Wege liegen. Es handelte sich, wie auch späterhin auf der Bahnfahrt, in der Hauptsache um Personen zwischen 60 und 75 Jahren. Konnte nun jemand nicht weiter, blieben ein bis zwei Begleitmannschaften, darunter ein Offizier, bei ihm zurück. Später sah man diese wieder, doch von dem Kranken sah und hörte man nichts mehr. Als zu viele Fußkranke waren, wurde ein Wagen eingesetzt, der einen geringen Teil aufnehmen konnte. In Klein Montau wurde ein Kamerad irre, zog sich aus und lief in eine überschwemmte Wiese hinein. Er folgte nicht den Befehlen der Russen und wurde im Wasser stehend erschossen.

Vor Graudenz überquerten wir auf einer Notbrücke die Weichsel. Während des Überganges mußten wir uns unterhaken mit der gleichzeitigen Drohung, falls einer aus der Reihe ausbricht und ins Wasser springt, die anderen erschossen werden. Etwa zehn junge Deutsche taten es doch und versuchten, schwimmend in Freiheit zu gelangen, doch die Kugeln der Russen erreichten, nach größerem Munitionsaufwand zwar, doch ihr Ziel[1]). Von uns wurde trotz der angedrohten Vergeltung niemand erschossen.

In Graudenz blieben wir eine Nacht auf dem Gefängnishof und wurden dann am folgenden Tage in einen Güterzug verladen, der uns in 28 Tagen nach Kimpersay in Kasakstan brachte. Auf dieser Fahrt erhielten wir in der Hauptsache trockenes Brot, gekochte Rübenschnitzel mit Büchsenfleisch. Auf der Bahnfahrt brach die Ruhr aus und forderte ca. 40 bis 50 Opfer, die auf den Bahnhöfen ausgeladen und am Bahndamm nackt bestattet wurden.

In den Nächten, die wir auf Bahnhöfen hielten, gingen die Posten dauernd an den Wagen entlang und schlugen mit langen Stöcken auf die Wand- und Dachflächen. Man wollte uns damit wohl dauernd stören, um Fluchtversuche zu verhindern. Im Lager Kimpersay (Nickelerdegrube) hatten wir in den ersten beiden Jahren 1945/46 ca. 60 Prozent an Toten, wonach nach meiner Schätzung ein Viertel Frauen waren. Letztere haben, trotzdem sie dieselbe Arbeit wie die Männer zu verrichten hatten, die Verbannung weit besser überstanden.

Die Ernährung war in den ganzen Jahren vollkommen unzureichend und schlecht. Sie bestand aus 400 bis 1 000 Gramm Brot, je nach Art und Leistung, morgens, mittags und abends eine ganz dünne Kohl- oder Tomatensuppe, außerdem mittags eine kleine Kelle Kascha (Hirsebrei). An Besichtigungstagen war das Essen einigermaßen zufriedenstellend!

---
[1]) Vgl. den vorstehenden Bericht, S. 87.

Alle zwei bis drei Wochen fand eine ärztliche Untersuchung statt, bei der das ganze Lager je nach Befund in Dystrophie- bzw. Arbeitsklassen eingeteilt wurde. Der Faltenschlag des Gesäßes war entscheidend, ob man arbeitsfähig war oder nicht.

Die in Kimpersay verstorbenen Frauen und Männer wurden täglich in einem kleinen Erdkeller übereinander aufgeschichtet und nachts auf einem in der Steppe angelegten Platz einzeln ohne Kleider bestattet. Später wurde ein Zaun mit glattem Draht gezogen und die Gräber mit Nummernschildern aus Blech versehen. Es hat im Lager auch Totenlisten gegeben, doch sollen diese, wie mir gesagt wurde, von russischer Seite 1947 vernichtet worden sein.

Unterernährung, Ruhr, Flecktyphus und Gesichtsrose haben uns die meisten Verluste gebracht. Die sanitären Verhältnisse waren in den ersten beiden Jahren sehr schlecht, da es an Medikamenten, Verbandszeug usw. mangelte. Das Krankenrevier war überbelegt, die Betten und Wäsche von Eiter und Blut verschmutzt. Soweit die Behandlung in Händen von deutschen Ärzten lag, haben diese alles getan, was in ihren Kräften lag. Bis Anfang des Jahres 1947 lagen wir auf kahlen Bretterpritschen, die in einer Reihe ohne Zwischenraum für ca. 80 Mann Platz boten, ohne jegliche Decken, in unseren Kleidern mit dem Mantel zugedeckt, wer noch einen hatte. Die Arbeiten [in] der Grube, der Nickelfabrik und den dazugehörigen Kolchosen waren sehr schwer. Die Arbeitsnormen waren von so mangelhaft ernährten Menschen selten zu erfüllen, und wurden 100 % nicht erreicht, folgte als Strafe eine verringerte Brotration.

Unser Lager umfaßte im Juni 1945 ca. 1 800 Frauen und Männer von 15 bis 65 Jahren. Von der Gesamtzahl sind ca. 60 Prozent tot, und laut Meldung der mit dem letzten Transport im September 1949 Heimgekehrten wurden beim Verlassen des Lagers am Tor noch drei Kameraden zurückgehalten und zu mehrjähriger Zwangsarbeit verurteilt. Diese drei Strafgefangenen sind: Fleischermeister Kuhn, Danzig, Landwirt Peters, Danziger Höhe, und ein Oberschlesier, Name entfallen. Vorgenannte waren sich einer schuldhaften Handlung nicht bewußt!

Nr. 169

Erlebnisbericht der Schneiderin Anna Schwartz aus Schönberg, Kreis Karthaus i. Westpr.
Beglaubigte Abschrift, 5. Juni 1952.

Einmarsch der russischen Truppen in Danzig, Verhaftung und Verschleppung über Graudenz zum Südural, Transport, verschiedenartiger Arbeitseinsatz, Lebensverhältnisse in der Zeit von 1945—1948.

Am 27. März 1945 marschierten die Russen in Danzig ein. Tagelang vorher war die Stadt ein einziges Flammenmeer, tagelang krachten Bomben und Granaten über uns, und tagelang hatten wir in den Luftschutzkellern zugebracht mit der Angst vor der Zukunft im Herzen. Russische Lautsprecher, die auf den Wällen der Stadt aufgestellt waren, forderten die Bürger Danzigs auf, sich zu ergeben. Es wurde ihnen Freiheit und Sicherheit garantiert, die schönsten Straußschen Walzer begleiteten diese Aufforderung, doch wir glaubten nicht daran und bereiteten uns auf das Schlimmste vor. Wer noch eine Möglichkeit hatte, diesem Hexenkessel zu entkommen, benutzte sie. Doch die ausfahrenden Schiffe boten auch keine Gewähr für ein Wegkommen, die meisten gingen unter. Die in Danzig kämpfenden deutschen Soldaten gingen demselben Schicksal entgegen wie wir, entweder sterben oder Gefangenschaft. Viele Männer und Frauen begingen Selbstmord, um nicht den Russen in die Hände zu fallen.

In den Morgenstunden des 27. März hörte der Beschuß langsam auf. In der darauffolgenden Stille hörten wir die russischen Panzer einrollen und das erste „Urra" der einmarschierenden Russen. Kurz darauf polterten Soldatenstiefel die Kellertreppe herunter. Die ersten Russen standen vor uns, und das erste Wort, das wir von ihnen hörten, war „Urr", „Urr". Ein Gestank nach Schnaps, Schweiß und schmutzigen Uniformen verbreitete sich im Keller. Nachdem sie mit vorgehaltenen Maschinenpistolen uns sämtliche Uhren abgenommen hatten, verschwanden sie eilends im Nachbarkeller, dort wiederholte sich dasselbe. Nach fünf Minuten kamen die nächsten zwei, und so ging es fort, bis wir keinen Schmuck mehr hatten und der Inhalt unserer Koffer um und um gewühlt war.

Zwischendurch hörten wir Frauen schreien, die von Mongolen vergewaltigt wurden. Plötzlich erschien ein russischer Offizier und forderte uns in gebrochenem Deutsch auf, sofort den Keller zu verlassen. In Hast ergriffen wir nun unsere durchwühlten Koffer und Rucksäcke und stürzten auf den Hof des Hauses, der voller Geschütze und Soldaten war. Ringsherum brannten die Häuser, Geschosse schlugen ein, deutsche Tiefflieger griffen an, verwundete Menschen und Pferde schrien, und durch dieses Durcheinander suchten wir einen Weg ins Freie. An brennenden Häusern vorbei, an russischen Panzern, Geschützen und Soldaten, die uns durchaus in die Häuser schleppen wollten, bahnten wir uns mit Todesverachtung einen Weg.

Als wir ein Ende gegangen waren, wurde es auch freier, aber, o Schreck, an der Straße standen russische Posten, die unser Gepäck plünderten. Als sie alles, was ihnen gefiel, weggenommen hatten, konnten wir weitergehen. Aber wir kamen nicht weit. Ein Ende weiter stand ein größerer Trupp Russen, die uns dann richtig gefangennahmen. Zwei Posten mit aufgepflanztem Seitengewehr führten uns, sieben Deutsche, in ein naheliegendes Gehöft, in dem sich schon eine größere Zahl deutscher Männer und Frauen befand. Wir wurden auf den Boden des Hauses gebracht, mußten uns einen Platz suchen und wurden mit einer guten Fleischsuppe gestärkt. Im Laufe des Nachmittags kamen immer mehr Gefangene dazu. Die Posten bewachten uns. Wir verängstigten Menschlein saßen dort und warteten dort nun der Dinge, die da kommen sollten.

In der Nacht stiegen die ersten Verhöre vor den Kommissaren. Es wurde nach Parteizugehörigkeit, Beruf, Alter usw. gefragt. Ein ukrainischer Dolmetscher übersetzte. Am anderen Morgen bei strahlendem Sonnenschein marschierten wir ab nach Zuckau, ungefähr 22 Kilometer von Danzig auf ein Gut. Dort mußten wir in einen Kartoffelkeller hinein, Männer und

Frauen zusammen. Wieder Verhöre und Protokolle. Einmal täglich gab es eine kleine Portion Suppe. Nach drei Tagen marschierten wir wieder zurück nach Danzig, Posten mit aufgepflanzten Gewehren begleiteten uns. In Danzig-Langfuhr wurden wir in den Ställen der ehemaligen Reiterkaserne Hochstrieß untergebracht. Wieder Verhöre, einzelne wurden namentlich aufgerufen, sie gingen mit dem Posten hinaus, wir hörten Schüsse, und sie kamen nicht wieder. Wir nahmen an, Polen hatten die Deutschen verraten.

Karfreitag 1945 ist mir ganz besonders in Erinnerung geblieben. Ungefähr 400 Frauen standen und lagen auf engstem Raum und kahlem Zementfußboden, wie ihn die Pferde verlassen hatten. Durch die scheibenlosen Fenster drang Zug und Kälte. Durst quälte uns, wir bekamen nichts zu trinken, nichts zu essen. Die Mütter weinten um ihre Kinder, von denen man sie gerissen hatte. Wir waren sehr verzweifelt, und in unserer großen Not sangen wir die Lieder: „Harre meine Seele", „Aus tiefer Not schrei ich zu Dir" und „Ich bete an die Macht der Liebe". Noch nie hat mich ein Gesang so ergriffen wie der, sogar die Russen stellten sich vor die Türe und lauschten. Uns allen war klar, daß auch unsere Leidenszeit begonnen hatte. Ich äußerte einige ängstliche Worte zu meiner Schwester, die tröstete mich aber und sagte: „Wir haben Gott nicht verlassen, und er wird uns auch nicht verlassen." Und diese Worte gaben mir auch später immer Trost und Kraft in schwerster Zeit.

Am nächsten Tag in aller Frühe wurden alle Frauen auf den Hof getrieben, nach den Protokollen aufgerufen und für den Marsch nach Graudenz fertiggemacht. Und bei dieser Gelegenheit kamen meine Schwester und ich auseinander, wir konnten uns nicht mal zum Abschied die Hand reichen. Ich bat den Posten, mich doch zu meiner Schwester zu lassen, er hatte nur einen Fluch dafür. Wir aufgerufenen Männer und Frauen, es waren ungefähr 500, kamen in einen anderen Stall, wo wir mehr Platz hatten, der aber noch schmutziger war als der erste. So gut es ging, machte sich jeder ein Plätzchen sauber zum Hinlegen, und so verbrachten wir die letzte Nacht in Danzig.

Am nächsten Morgen alles raus, zu vieren aufstellen, wir wurden gezählt, ein Mädchen hatte sich über Nacht vergiftet. Nachdem wir etwas zu essen bekommen hatten, begann unser Leidensmarsch nach dem 130 Kilometer entfernt liegenden Graudenz. Auf unserem Wege begegneten uns alte verstörte Menschen, ihre gerettete Habe mühsam tragend.

Ein Bild werde ich nie vergessen, das sich uns beim Durchmarschieren eines Danziger Vororts bot. Auf einen Friedhof hatte man die Einwohner des Städtchens getrieben. Dort standen nun Frauen mit Kindern, Greise und Kranke mit ihren Bündeln zwischen den Gräbern, Wind und Wetter ausgesetzt; denn Anfang April herrscht bei uns noch ziemlich kühles Wetter. Wie ich später hörte, sollen sie dort noch tagelang gelegen haben, weil sie nicht in ihre Wohnungen durften. Vor den Häusern lag sämtlicher Hausrat, und hin und wieder sah man einen verstörten Mann oder Frau über die Straße laufen.

Unseren Trupp begleiteten ungefähr 20 Posten, schwer bewaffnet. Jeden Tag mußten wir 30 Kilometer marschieren. Dann übernachteten wir irgendwo in einem Kuh- oder Schafstall. Einmal täglich gab es eine Wassersuppe, auch nur eine halben Liter. Das schlimmste war der Durst. Wir tranken aus jeder Pfütze, an die wir nur herankamen. Kein Wunder, wenn sich die Ruhr stark ausbreitete. Nur alle zehn Kilometer durften wir zehn Minuten ausruhen. Ein junges Mädchen sprang von einer Brücke ins Wasser, die Posten schossen wie wild hinterher, ich sah sie untergehen. Ein jüngerer Herzkranker sprang in die Weichsel, auch er wurde erschossen. Am vierten Tage konnten wir kaum noch vorwärts, der Durst war so quälend, wir waren so müde. — Manche hatten sich die Füße wundgelaufen und sie mit Lumpen umwickelt. Zwei Wochen haben wir uns weder waschen noch unsere Kleider wechseln können. Durch seelische Aufregungen und Strapazen waren wir um Jahre gealtert. Wer nicht weiter konnte und liegen blieb, wurde auf Leiterwagen, die hinter unserem Trupp fuhren, aufgeladen und nach Graudenz gebracht.

Am vierten Tage kamen wir völlig erschöpft in Graudenz an. Die erste Nacht brachten wir in einem Privathause zu. Es war furchtbar, überall lagen Kranke und Sterbende herum. Kein Mensch kümmerte sich um sie. Am nächsten Tage wurden wir in das Militärgefängnis gebracht. Ich selbst kam mit noch 14 anderen Frauen in eine kleine dunkle Zeller im Keller. Wir setzten uns auf den kalten feuchten Zementfußboden, und im Flüsterton wurde nach Name und woher gefragt. Wir kamen aus Ostpreußen, Westpreußen und Pommern. Eine Sterbende hatten wir in unserer Zelle und eine Frau, deren Arm durch Schläge gebrochen war. Zweimal am Tage wurden wir in den Hof geführt, wir mußten uns zu vieren aufstellen, die Hände auf dem Rücken zusammennehmen, und so wurden wir zum Essen und zur Toilette geführt.

Das Essen bestand aus einem Liter Wassersuppe, in der Hafer, Gerste, einige Kartoffelstückchen und Sand waren. Außerdem schmeckte es nach Autoöl. Die Toilette bestand aus einem langen, tiefen Graben, über den in Abständen Bretter gelegt waren. Wer nicht aufpaßte, trat auch mal daneben und fiel in die Grube. Neben dieser Toilette war gleich der Friedhof. Am Tage wurden tiefe Gruben ausgeworfen, in die in der Nacht die Toten verscharrt wurden.

Endlich durften wir auch baden, zwar nicht in einer Badewanne, sondern im Baderaum unter den Duschen. Wie waren wir im stillen entrüstet, als wir sahen, daß sämtliches russisches Badepersonal Männer waren. Jeder Russe, der nackte Frauen sehen wollte, kam ins Badehaus. Während des Badens wurden nebenan unsere Kleider entlaust, denn Läuse hatten wir schon reichlich. Von den Russen belästigt wurden wir aber nicht mehr.

Nach zehn Tagen wurden wir zum Güterbahnhof befördert, wo schmutzige und dunkle Viehwagen für uns bereitstanden. Zu 40 bis 50 Frauen kamen wir in einen Waggon, in den durch ein kleines vergittertes Fensterchen etwas Licht hereinfiel. Ein Nagel, der in der Seitenwand steckte, wurde mit großer Mühe herausgezogen, das Loch etwas erweitert, und dann konnte man mit einem Auge etwas hinaussehen. Das letzte Schöne, das ich von der Heimat sah, war ein blühender Frühkirschbaum.

18 Tage dauerte die Fahrt. Tag und Nacht raste der Zug mit seiner Menschenfracht dem Osten entgegen. In Moskau wurden wir gebadet und entlaust, gute Kleidungsstücke wurden uns von den Badefrauen abgenommen. Es ging weiter. Durst quälte uns, besonders die Kranken. Einmal täglich gab es eine Rübenschnitzelsuppe, drei Päckchen Knäckebrot und einen gehäuften Teelöffel Zucker. Die Stimmung sank immer tiefer, die Gedanken eilten in die Vergangenheit und beschäftigten sich mit der Zukunft. Die Nächte wurden immer kälter, und eines Tages sahen wir beim Öffnen der Türe Schnee. Schrecken bei allen, von Sibirien wurde gesprochen. Es dauerte aber noch fünf Tage, bis wir an unserem Bestimmungsort kamen, und wir waren wirklich in Sibirien, wenn auch im westlichen Teil.

Beim Ausladen gingen die meisten von uns in die Knie, so schwach waren wir schon. Die Kranken wurden von den Stärkeren getragen, und so wankte dieser Leidenszug die kurze Strecke ins Lager. Auf der Fahrt waren schon 200 Männer und Frauen gestorben, und nun ging das Sterben erst an.

Die Baracken, in die wir gebracht wurden, starrten vor Schmutz und Ungeziefer. Ganze Wanzenscharen stürzten sich auf uns. Wir vernichteten das Ungeziefer, so viel wir konnten. Wir lagen auf kahlen Brettern so dicht nebeneinander, daß, wenn wir uns umdrehen wollten, wir die Nachbarn rechts und links wecken mußten, damit wir uns gleichzeitig umdrehten. Die Kranken lagen auch zwischen uns, stöhnten und phantasierten. Keiner von uns lachte mal oder machte einen Scherz. Endlich wurden die Kranken in ein Spital gebracht. Das Spital war ein großer, leerer Raum, die Kranken mußten sich ihren Liegeplatz mit einem Handtuch oder Lappen sauber machen. Wer noch eine Decke hatte, war glücklich, die konnte er auf den Fußboden legen oder sich damit zudecken.

Im Lager waren wir 640 Frauen und rund 1 760 Männer. Es gab fast kein Wasser. Ein Kamel holte es aus einem drei Kilometer entfernt gelegenen Dorf. Wir haben uns wochenlang nicht waschen können, dann legten deutsche Männer eine Leitung, und wir hatten Wasser.

Eine russische Ärztin hat unser Lager betreut, die wegen ihrer Güte und Hilfsbereitschaft von uns sehr geschätzt wurde. Wenn ihr auch weder Medikamente noch Instrumente zur Verfügung standen, so sorgte sie doch dafür, daß die Kranken Pritschen, Strohsäcke, bessere Verpflegung und Pflegepersonal bekamen. Es wüteten Typhus und Ruhr, der Tod hielt reiche Ernte, und zu den meisten kam er nicht als Schrecken sondern als Erlöser. Die Toten wurden in einen Keller gebracht, wenn der bis oben voll war, wurde er entleert. Inzwischen hatten schon Ratten traurige Mahlzeit gehalten, bei der dort herrschenden Hitze (Juli, August) gingen die Leichen schnell in Verwesung über. Nachts fuhr dann unser Kamel mit demselben Wagen, auf dem es am Tage unser Brot geholt hatte, die Toten einen Kilometer in die Steppe zu ausgeschaufelten Massengräbern, in die die toten Männer und Frauen hineingeworfen wurden. Ein Posten stand mit „Dawai" und „Bystro" (schnell) dabei. Auch die Wölfe stillten dort später ihren Hunger. Kein Baum, kein Strauch stand an den Gräbern, ja nicht einmal ein Vogel sang den stillen Schläfern ein Lied, nur der Steppenwind heulte über die Gräber.

Auch die Lebenden hatten totenhafte Gesichter. Einseitige Ernährung und ungewohntes Klima machten uns stark zu schaffen. In den ersten Wochen gab es täglich dreimal ungeschälte Hirse in Wasser mit etwas Fett gekocht, dazu 800 Gramm Brot. Das Brot war ungenießbar, sauer, bitter und naß. Es war aus Weizen-, Hafer- und Gerstenmehl gebacken, Spreu mit vermahlen. Bald hatten wir blutendes Zahnfleisch und die Gaumen wund, so daß wir mit Recht sagen konnten, wir aßen unser Brot mit Tränen.

Unser Lager möchte ich Ihnen noch beschreiben: Ein großes, viereckiges Gelände war mit einem zwei Meter hohen Stacheldrahtzaun umgeben. Innerhalb dieses Zaunes, in zwei Meter Entfernung von dem ersten, gab es noch einen kleinen Stacheldrahtzaun, und in dessen Nähe durften wir nie gehen. In jeder Ecke außerhalb des Zaunes stand ein Wachturm, der Tag und Nacht mit Posten besetzt war. Außerdem erhellten nachts Scheinwerfer das ganze Lager. Frauen- und Männerlager waren auch durch einen Stacheldrahtzaun getrennt. Küche, Badehaus und Ambulanz lagen im Männerlager. Ein Posten bewachte das Tor. In jeder Baracke lagen dichtgedrängt 120 bis 140 Frauen. Es lag die Studienrätin neben der Fabrikarbeiterin, die Bäuerin neben der Stadtfrau, uns alle verband das gleiche Schicksal. Wir freuten uns, wenn wir unter den Barackeninsassen ein bekanntes Gesicht entdeckten.

In den ersten drei Wochen unserer Quarantänezeit wurden wir nur mit leichter Arbeit, wie Baracken- und Pritschenscheuern, Hof- und Wegefegen, beschäftigt. Jeden Morgen und Abend gab es Appell wie bei den Soldaten. Offiziere, alles Strafversetzte, brachten uns den militärischen Schliff bei. Das ging manchmal stundenlang. Regnete es gerade um diese Zeit, machten die Offiziere sich ein Vergnügen daraus, uns besonders lange stehen zu lassen; manchmal wurde es schon Nacht. Besonders schwer war es bei Frost und Kälte.

Nach drei Wochen hieß es: morgen ist Kommissionierung, das ist eine ärztliche Untersuchung auf den Gesundheitszustand. Wir mußten barackenweise zur Ambulanz. In einem kleinen Raum mußten wir uns nackt ausziehen und einzeln in das sogenannte Sprechzimmer gehen. Beim Öffnen der Türe sahen wir, daß der ganze Raum voller Offiziere war. Es gab deswegen unter uns wieder Aufregung und Tränen, aber es half nichts, wir mußten nackend hinein. Gott sei Dank, saß unsere gute russische Ärztin da, außer ihr noch fünf oder sechs Offiziere. Die letzteren machten sich lustig über unsere schamroten Gesichter und über unsere durch starke Abmagerung entstellten Figuren. Einzelne kniffen in unsere Arme und Beine, um die Festigkeit unseres Fleisches festzustellen. Dieses wiederholte sich alle drei Monate. Es gab drei Arbeitsgruppen, erste, zweite und dritte, dann OK., das waren Schwache und Dystrophiker. Letztere bekamen etwas bessere Verpflegung und durften nur ganz leichte Lagerarbeiten machen.

In den ersten Junitagen wurden wir zur Arbeit eingesetzt, und zwar an einer entstehenden Eisenbahnstrecke, die in ungefähr 25 bis 30 Kilometer Entfernung zwei Nickelbergwerke verbinden sollte. Wir Frauen mußten Dämme aufwerfen, die Männer Schwellen und Schienen legen. Es bekam jeder ein Stück Steppe abgemessen, und nun hieß es graben und die

Erde zu einem Damm aufwerfen. Vertriebene Deutsche aus der Ukraine waren unsere Vorarbeiter. Sie waren gut zu uns, wir waren Schicksalsgefährten. Bald hatten wir große Blasen an Händen, die Spaten bogen sich bei jedem Stich wie Blech, und die Hitze war unerträglich. Alle zwei Stunden gab es eine Ruhepause von zehn Minuten. Um die Mittagszeit kam ein Lastauto und brachte uns die dünne Wassersuppe, wir konnten unseren Hunger stillen und uns ausruhen. Dann ging es weiter, die schmerzenden Hände konnten den Spatenstiel kaum halten, aber es winkte der Feierabend. Unsere Begleitposten sorgten dafür, daß wir pünktlich mit der Arbeit aufhörten. Müde, mit schmerzenden Gliedern kamen wir im Lager an und konnten nur unseren Herrgott um Kraft für den nächsten Tag bitten.

Ich war sechs Wochen bei dieser Arbeit, dann war auch ich dystrophisch. Sechs Wochen täglich das gleiche: arbeiten, essen, schlafen. Wir wurden stumpf, ergeben in unser Schicksal, zu einer Herde Arbeitstiere. Der Sonntag war arbeitsfrei. Der Sonntag, der zu Hause der schönste Tag war, wurde uns auch dort zum schönsten. Wir konnten uns ausruhen, unsere Sachen in Ordnung bringen, uns von den Angehörigen und der Heimat unterhalten, die für uns alle verbrannt, verwüstet und verloren war.

Eine Parole breitete sich im Lager aus — es geht nach Hause. Alles faßte wieder neuen Mut und Hoffnung. Es wurde auch ein Transport zusammengestellt, aber nur aus alten Männern und Frauen, Schwachen und Kranken, die kaum gehen konnten. Wie schwer es uns wurde, von diesen Leidensgenossen Abschied zu nehmen, können Sie sich wohl denken. Es gab Tränen auf beiden Seiten. Unsere guten Wünsche begleiteten sie.

Ich kam Mitte August, nachdem ich mich wieder etwas erholt hatte, mit noch 30 Frauen auf eine Kolchose, die 35 Kilometer von unserem Lager entfernt lag. Ein Lastauto brachte uns dorthin. Der russische Chauffeur fuhr wie alle Russen über Stock und Stein, Berg und Tal in rasendem Tempo. Wir alle sahen den Tod vor Augen, denn das Gelände war sehr bergig.

Die nächsten Zeilen widmet Vfn. der Landschaftsbeschreibung. Sie fährt dann fort: Nachts froren wir jämmerlich in unseren durchlöcherten Zelten. Wir lebten dort nicht hinter Stacheldraht, hatten nur einen Posten mit, der sich wenig um uns kümmerte. Wir hatten auch bessere Verpflegung, konnten auf den Feldern Gemüse essen, aber wir mußten manchmal auch bis zu 16 Stunden arbeiten, auch am Sonntag. In der ganzen Zeit hatten wir uns nicht gründlich waschen können. Der Weg vom Feld zum Zelt war weit, und es war dunkel, ehe wir ankamen. Alle hatten Kopf- und Kleiderläuse, und wir bestanden darauf, uns einen Sonntag freizugeben, damit wir in dem kleinen Dorf baden und unsere Kleider und Decken entlausen lassen konnten. Der Bade- und Entlausungsofen wurde von einer Russin mit Stroh geheizt, entweder war er nur gut warm, so daß sich die Läuse noch schneller vermehrten, oder so heiß, daß der Inhalt des Entlausungsofens in Flammen aufging.

Alle Frauen, es waren inzwischen 150 geworden, kehrten im November ins Lager zurück, nur sieben blieben über Winter auf der Kolchose, darunter auch ich. Wir lebten und arbeiteten mit Ukrainern und Russen zusammen.

Wir sieben hatten einen kleinen Raum mit elektrischem Licht und einem dort üblichen großen Herd. Verpflegt wurden wir aus der Gemeinschaftsküche.

Im folgenden Abschnitt berichtet Vfn., wie sie Weihnachten und Sylvester verlebte.

1946 brach an. Ob es uns wohl die Heimreise bringen würde? Nichts sprach dafür. Wir sieben saßen eingeschneit auf der Kolchose, hatten auch keine Verbindung zum Lager, das 50 Kilometer entfernt lag. Durchfahrende Russen erzählten uns, im Lager wäre ein Unglück passiert. Eine Lokomotive wäre entgleist, es hätte viele Tote und Verletzte gegeben. Später hörten wir, daß es glücklicherweise keine Toten gegeben hätte, nur Schwer- und Leichtverletzte, mehrere mit starken Verbrennungen. Es waren Frauen, die im Sommer mit Lastautos, im Winter mit dem Zug zu ihrer Arbeitsstelle, einer Nickelgrube, gefahren wurden. Durch das übliche wahnsinnige Tempo der Kraftfahrer und Lokführer ist so manches Unglück entstanden. Bei den nachfolgenden Verhören hatten natürlich die Deutschen die Schuld, ja, es wurde ihnen sogar mit Karzer gedroht.

Waren z. B. jemandem die Füße erfroren, hieß es, warum hast Du Dir die Füße erfrieren lassen? Daß die armen Menschen bei 30 bis 40 Grad Kälte in Holzschuhen arbeiten mußten, wurde nicht eingesehen. Im Winter 1945/46 sind so mancher Frau die Beine erfroren, die Haut wurde wund und rissig, keine Salbe oder Verbandmittel waren da und die Schmerzen unerträglich. Während wir durch die Menschlichkeit des Direktors der Kolchose, der selbst Vertriebener aus der Ukraine war, schon im November 1945 Wattejacken, Wattehosen, Filzstiefel und Pelzmützen bekamen, wurden im Lager nur an wenige und vorzugsweise an gute Arbeiter Drillichhosen und alte schmutzige, zerrissene Wattejacken aus Wehrmachtsbeständen verteilt. Aber auch dieser erste böse Winter ging vorüber, und es sollten noch härtere folgen.

Im Frühling, es war Ende April, stand plötzlich ein Schlitten vor der Tür, der Lagerkommandant und ein Offizier waren da, um mich ins Lager abzuholen, denn man hatte herausgefunden, daß ich Schneiderin war, und man holte mich in die Schneiderstube des Lagers.

Vfn. erwähnt den Abschied von ihren Leidensgefährtinnen sowie die freundliche Gastlichkeit ukrainischer Bäuerinnen, die sie an einigen Beispielen veranschaulicht.

Bei meiner Ankunft im Lager mußte ich feststellen, daß sich vieles geändert hatte. Neue Offiziere waren da. Die Posten waren weniger geworden, durch ältere ersetzt, während vorher Komsomolzen[1]) unsere Bewachung waren. Der frühere Lagerkommandant war eingesperrt worden, denn er hatte Lebensmittel, Bekleidung, ja sogar Zucker, der uns zustand, verschoben. Es war ein neuer Kapitän da, der wohl sehr streng aber gerecht war. Nach einiger Zeit kam noch ein Kultur- und Propagandaoffizier dazu. Ein Offizier, der auch sehr streng war, leitete den Arbeitseinsatz, und so mancher deutsche Mann wurde von ihm grundlos geschlagen. Sobald er im Lager auftauchte, verschwand alles fluchtartig in den Baracken.

---
[1]) Kommunistischer Jugendverband.

Das Lagerleben hatte sich auch geändert. Täglich Appell, wir wurden gezählt und immer wieder gezählt, und es dauerte manchmal stundenlang, bis es stimmte und wir wieder in die Baracken gehen durften. Im Lager selbst war es viel leerer geworden, denn über 1 000 Männer und Frauen waren gestorben, und so manche liebe Kameradin fand ich nicht mehr unter den Lebenden. Es gab jetzt nicht mehr so viel Tote, wir hatten uns an Klima und Ernährung gewöhnt, aber im Spital waren alle Betten belegt. Es waren die bei der Arbeit Verunglückten, Malariakranke und Dystrophiker.

Die Leitung des Spitals hatten zwei deutsche Stabsärzte aus dem nächstgelegenen Kriegsgefangenenlager. Sie waren unermüdlich tätig, um den Kranken zu helfen. Sie sorgten für Medikamente, Verbandzeug und die nötigsten ärztlichen Instrumente. Diesen beiden Ärzten ist es zu verdanken. daß so mancher Mutter ihr Kind erhalten blieb. Die Kranken lagen jetzt auf sauberen Matratzen, hatten jeder eine Decke und auch kräftigeres Essen. Auch in den Baracken gab es jetzt für alle Strohsäcke, der Fußboden und die Pritschen waren sauber gescheuert, und es gab auch im Frauenlager eine Wasserleitung, so daß wir uns jetzt täglich waschen konnten. Nur sehr wenig Seife bekamen wir, monatlich ungefähr 50 Gramm. Manchmal gab es auch monatelang keine. Die Verpflegung hatte sich auch etwas gebessert. Das Brot war wohl noch naß und sauer, aber es war nicht mehr mit Spreu gemischt. Es gab sogar eine Stolowaja, das ist ein Eßraum und wurde auch Klub genannt. Draußen an der Hauswand stand in großen Buchstaben geschrieben: „Die Hitler kommen und gehen, aber das deutsche Volk und der deutsche Staat bleiben bestehen". Über der Essenausgabe der Spruch: „Wer nicht arbeiten will, soll auch nicht essen".

Und gerade das Essen bildete das Hauptthema. Die Immerhungrigen zählten ihre Kohlstücke in der Suppe, stürzten sich auf Brotkrümel und Fischgräten und stahlen den Kameraden sogar das Brot. Es gab auch wiederum solche, die vor Hunger nicht einschlafen konnten, aber trotzdem um keine Suppe bettelten. Die einzigen, die wohl immer satt waren, waren die Küchenfrauen; sie wurden zusehends füllliger und von den meisten beneidet. Zweimal im Jahr gab es für ein paar Wochen Kartoffelstückchen in der Suppe. Einmal im Frühling, wenn die Kartoffeln verlesen wurden, dann kamen die verfrorenen und verfaulten ins Lager, und zur Erntezeit gab es die kleinsten, von der Erbsen- bis zur Haselnußgröße. Wenn aber der russische Küchenchef keine Gelegenheit gehabt hatte, die im Lager zugeteilten Kartoffeln zu stehlen, dann gab es auch mal zu unserer größten Freude und Überraschung Kartoffelkascha. Wenn der Salzkohl, den wir täglich dreimal essen mußten, alle war, gingen die Lagerarbeiter, das waren Schwache und aus dem Spital Entlassene, in die Steppe, um Melde und Brennesseln zu suchen. Um die Zeit, da Rüben verzogen wurden, kamen Lastautos mit halbverfaulten Blättern, die dann zusammen mit Heringen, wie sie aus der Tonne kamen, gekocht wurden. Zwischendurch auch mal mit Stockfisch. Wieder waren es die Ärzte, die es bei den Offizieren und den Küchenchefs durchsetzten, daß der Hering oder Fisch extra gegeben wurde. Nach der neuen Ernte gab es auch mal Mohrrüben oder Kürbis als Kascha. Kam mal eine Fleischzuteilung, dann war es Pferdefleisch oder Köpfe und Därme von Rindvieh. Es ist vorgekommen, daß wir auch ein Stück Darm mit Inhalt fanden. Auch ein Kamel, das sich ein Bein gebrochen hatte und geschlachtet werden mußte, wurde von uns verspeist. Das Fleisch schmeckte nicht schlecht, ungefähr wie zartes Rindfleisch.

Womit haben wir uns nun in unserer Freizeit beschäftigt? Bücher, Zeitschriften und Zeitungen gab es nicht, aber wir hatten die Erlaubnis der Lagerleitung, die sogenannten bunten Abende zu veranstalten. Es gab stimmbegabte Männer und Frauen, die kleine Chöre bildeten. Die Frauen wurden Barackenheimchen, die Männer Zieselmäuse genannt. Eine kleine gutspielende Kapelle gab Konzerte und spielte auch zum Tanz auf. Lustige kleine Theaterstücke wurden aufgeführt, sogar Tänzerinnen zeigten ihre Kunst. Die russischen Offiziere mit ihren Frauen besuchten jeden dieser Abende, und wenn ein Tanz oder Musikstück gefiel, mußte es mehrere Male wiederholt werden Die Veranstaltungen waren auf Wunsch des Kulturoffiziers fast jeden Sonnabend.

Zur Feier des 1. Mai oder der Oktoberrevolution mußten diese Aufführungen politischen Charakter tragen. Es wurden dann russische Lieder gesungen und russische Stücke gespielt, in deutscher Sprache natürlich. Man hat uns sogar ins nächste Russendorf ins Kino geführt. Alles ging begeistert und neugierig hin, mit großer Enttäuschung kamen wir wieder; man hatte uns einen Hetzfilm übelster Sorte gezeigt.

Am Sonntag wurden wir auch zum Bazar geführt. Man konnte dort alles kaufen, Wäsche von Stenzel (Danzig), Klaviere, Zahnpasta usw., alles Raubgut aus dem deutschen Osten. Daneben standen Kosaken mit Machorka, Kinder mit einem Wasserglas, in dem ein paar Bonbons lagen, Tataren mit Hammelfleisch und vieles andere. Dazwischen betrunkene, schreiende Russen. Unsere Posten schützten uns vor der Neugier und Zudringlichkeit der Bazarbesucher so gut sie konnten. Sie sorgten sogar dafür, daß man uns, wenn wir etwas kaufen konnten, nicht mehr Geld abnahm wie die Ware wert war. Manche von uns hatten Kleidungsstücke verkauft, um sich dafür Lebensmittel zu kaufen.

Sie werden wissen wollen, was für Arbeit verrichtet wurde und wie die Bezahlung war. Wir wurden im Herbst 1946 in Arbeitsbrigaden eingeteilt, bekamen unsere Arbeitsnummer, und es hieß, wir wären mit dem russischen Arbeiter gleichgestellt, und es sollte uns das ausgezahlt werden, was wir verdienten. Ich will Ihnen nun erzählen, was ich als Landarbeiterin verdiente. Bei 12- bis 14stündiger Arbeit verdiente ich 8,40 Rubel. Dafür konnte ich zwei Eier oder einen halben Liter Milch kaufen. Die Lagerverpflegung kostete etwas über elf Rubel, so daß ich dem Staat täglich fast drei Rubel schuldig blieb. Dieser Betrag wurde als Schuld auf mein Konto geschrieben. Ich kam mit einem Sack Schulden in die Schneiderstube, und dort ging es weiter so.

Unsere Arbeit bestand aus Garderobenähen für die Offiziere und deren Frauen oder Freundinnen, die aber nicht bezahlt wurde, und die Schulden wuchsen. Bei den Männern war es genau so, es gab nur wenig Spezialisten, die Geld bekamen. Diese konnten sich dann zusätzlich Lebensmittel kaufen. Die Männer und Frauen, die in der Nickelgrube arbeiteten, verdienten bei schwerster Arbeit kaum das Essen. Ziegelei- und Straßenarbeiten waren auch schwer und wurden schlecht bezahlt. Wir waren nur Arbeitstiere, an denen man sich rächen wollte, die man ausbeutete und ausnutzte und, wenn sie am Ende ihrer Kräfte waren, nach Hause schickte.

Im August 1946 gab es große Freude im Lager, jeder bekam eine Karte und durfte darauf 25 Worte in die Heimat schreiben. Da wir alle ja kein Zuhause mehr hatten, schrieb jeder an Verwandte oder Bekannte im Altreich. Und dann fing das Warten auf Antwort an. Wir hofften, wenigstens zu Weihnachten etwas von unseren Angehörigen zu erfahren. Einzelne bekamen auch Antwort, aber die Mehrzahl mußte weiter in Ungewißheit leben. Ich selbst erhielt das erste Lebenszeichen von meiner Schwester Mitte April 1948.

Die Oktoberrevolution wurde mit zweitägiger Arbeitsruhe gefeiert. Es gab besseres Essen von vor- und nachher eingesparten Produkten. Vorher waren im Lager scharfe Kontrollen. Messer, Gabel, Schmuck und Geschriebenes wurden abgenommen. Die Posten wurden verstärkt, wir wurden strenger bewacht. Dieses wiederholte sich an allen nationalen Feiertagen.

Das zweite Weihnachtsfest kam heran, es waren immer Tage seelischer Depressionen. Wir sangen wieder unsere schönen Weihnachtslieder, hatten kleine Weihnachtsgeschenke gemacht, gehäkelt und gestrickt. Eine Baracke hatte sogar einen Adventskranz mit vier Lichtern. Diesen Kranz will ich Ihnen beschreiben. Ein Kranz aus Steppengras geflochten, bunte Stoffreste mit Watte gefüllt, die wir aus unseren zerrissenen Wattejacken gezupft hatten, waren als Kugeln drangehängt. Kleine Behälter mit Öl, das von der täglichen Portion abgespart war, und ein Faden drin waren Kerzen. Alles bewunderte den Kranz und freute sich daran. Leider ging dieses Kunstwerk durch ein umgekipptes Licht in Flammen auf, und wir waren froh, daß dieser Zwischenfall von den Posten unbemerkt geblieben war, denn es hätte die ganze Baracke abbrennen können.

Das Jahr 1947 brachte uns auch nicht die Heimreise. Nur Kranke und Schwache wurden zu einem Transport zusammengestellt. Wieder wurden Grüße aufgetragen, wieder die Bitte geäußert, vergeßt uns nicht! Wir Zurückbleibenden mußten weiter hoffen und warten.

Im Mai 1947 kam ich mit noch mehreren Männern und Frauen in ein anderes Lager. Es lag ungefähr 200 Kilometer weiter nordwestlich und direkt am Ural. Die nächste Stadt hieß Orsk. Das Lager und das nächste Dorf hieß Nickel. Das Klima war das gleiche, aber es gab Bäume und Sträucher und lag nicht so einsam. Im Lager trafen wir Deutsche aus dem Banat, Siebenbürgen, Ungarn, Rumänien, Österreicher, Tschechen und Polen. Das Lager war so überfüllt, daß wir in den ersten Tagen keinen eigenen Schlafplatz hatten. Wir legten uns auf die freigewordenen Plätze der Kameradinnen, die zur Arbeit gegangen waren.

In einer drei Kilometer entfernt liegenden großen Nickelfabrik bekam ich mit noch 18 Arbeitskameradinnen einen neuen Arbeitsplatz. Wir wurden von einem Posten zur Fabrik geführt, dort von einem Natschalnik übernommen und in einen Raum des Verwaltungsgebäudes geführt. Dort wurde uns von einem Dolmetscher gesagt, was für Arbeit wir zu tun hätten und was wir leisten müßten. Dann wurden wir noch ermahnt, vorsichtig bei der

Arbeit zu sein, wenn wir verunglückten, wäre es unsere Schuld. Ich mußte mit noch einer Frau Schlacke in einer Lore vom Fahrstuhl holen und sie dann in den glühenden Ofen kippen. Die ausströmende Hitze war so groß, daß Haare und Augenbrauen absengten. Ausströmendes Gas benahm uns den Atem und trieb uns die Tränen in die Augen. Wohl hatten wir einen Schutzanzug aus Filz, Filzstiefel und Lederhandschuhe gegen sprühende Funken. Oft flogen uns kleine glühende Metallstücke in das Gesicht, das ungeschützt war. In diesem Ofen wurde Nickelerde, Gips und Schlacke geschmolzen.

Unsere Arbeitszeit betrug nur sechs Stunden täglich, alle fünf Tage war Schichtwechsel und ein freier Tag. Obgleich wir bei dieser schweren und ungesunden Arbeit Verpflegung erster Klasse hatten, waren wir nach fünf Monaten so elend, daß wir nur mit Mühe ins Lager kamen und bei der nächsten Kommissionierung Arbeitsgruppe drei wurden. Jetzt kam ich mit noch einer Frau zu einer Arbeit im Freien, und zwar kamen wir an einen Transporteur und mußten Flugsand schaufeln, der auf einem Fließband gleich in einen Eisenbahnwagen befördert wurde. In drei Monaten hatten wir beide fünf 60-Tonnenwagen vollgeschaufelt. Dann war die Erde steinhart gefroren, und unsere Arbeit war zu Ende.

Danach kamen wir beide an eine Stelle und zu einer Arbeit, die zu der schrecklichsten Zeit meiner Gefangenschaft gehört. Abends 8.00 Uhr fing unsere Arbeit an und dauerte acht Stunden bis 4.00 Uhr morgens. Bei fast völliger Dunkelheit hatten wir ankommende Waggons mit Koks, Kohle und Kohlenschutt zu entladen. Diese Kohle kam von weither und war dann in den Waggons eingefroren. Die Bagger entluden nur die Waggonmitten, die Ecken und Seiten mußten wir mit Spitzhacken, Eisenzinken, eisernen Keilen und großen Hämmern freimachen, damit die Ladeluken frei wurden. Wenn wir mit diesem Werkzeug und unseren schwachen Kräften nicht schnell genug vorwärts kamen, mußten wir mit Preßluftbohrern arbeiten. Unsere russischen Posten standen da und trieben uns mit Schlägen und Flüchen an. Am Heiligabend 1947 haben wir bei 38 Grad Kälte und Schneetreiben, Flüchen und Fußtritten drei Waggons mit Kohlenschutt entladen. Keine Ruhepause wurde uns gegönnt, denn die Gleise sollten für den nächsten Transport frei werden. Trotz alledem wanderten unsere Gedanken in die Heimat zu unseren Lieben. Ob wir im nächsten Jahr wohl zusammen sein würden, fragten wir uns. Vier Monate dieses strengsten aller Winter blieb ich bei dieser Arbeit, dann bekam ich eine Rippenfellentzündung und durfte in der Baracke bleiben.

Nach achtwöchigem Krankenlager meldete ich mich freiwillig zur Arbeit auf einer Kolchose. Dort habe ich mich trotz langer und anstrengender Arbeit etwas erholt. Die Verpflegung war dort reichlicher und schmackhafter, die Arbeit durch Ruhepausen unterbrochen.

Vfn. verbreitet sich nun über einige Eigenheiten der dortigen Landwirtschaft.

Auch bei der Arbeit auf den Feldern hatten wir eine Norm zu erfüllen, die wir auch fast immer schafften. Eine große Plage waren die vielen Mücken und Fliegen. Dazu die Hitze bis 50 Grad. Die Nächte waren dagegen kühl, vor Sonnenaufgang war es richtig kalt, doch sobald die Sonne aufging, wurde es heiß. Das Mittagessen wurde auf dem Felde gekocht. Unsere Arbeit fing um 7.00 Uhr früh an.

Es folgt eine Schilderung der landschaftlich schönen Umgebung.

Das dreijährige Warten auf die Heimkehr machte uns zuletzt gleichgültig, zänkisch, launisch, wir schrien uns manchmal an, waren verdrossen, müde und abgestumpft. Dann gab es wieder mal eine Parole, die uns Hoffnung machte, um dann umso tiefer zu enttäuschen.

Unsere Natschalniks waren keine Engel, sie behandelten uns aber menschlich. Nach Wochen harter Arbeit gab es am 1. Mai den ersehnten Ruhetag. Man schien mit unserer Arbeit zufrieden zu sein, wir hatten die vorgeschriebene Norm erfüllt. Das Gemüse wuchs, aber auch das Unkraut. Wenn wir an einem Ende mit dem Hacken aufhörten, war der Anfang schon wieder grün von Unkraut. Unsere Zeit verging mit Hacken, Jäten, Essen, Schlafen, auf eine gute Nachricht hoffend. Eine kam auch, aber leider nicht für uns Reichsdeutsche. Eines Tages wurden die Ungarn und Rumänen aufgerufen, ins Lager gebracht und in ihre Heimat abtransportiert. Nun hieß es, der nächste Transport geht nach Deutschland, und nach sechs Wochen war es mit einigen von uns auch so weit. Auch wir wurden aufgerufen, mit Lastautos zum Lager gebracht. Alle Frauen über 30 Jahre, Kranke, Schwache und Invaliden sollten heimfahren. Noch eine Kommissionierung, Gott sei Dank die letzte, und wir durften uns auf die Heimkehr freuen. Den Zurückbleibenden wurde in die Hand versprochen, sie nicht zu vergessen und ihnen zu helfen, auch bald in die Heimat zu kommen.

Meine Heimreise sah anders aus als die Hinreise. Wir fuhren wohl auch in Viehwagen, aber die Türen standen offen, wir hatten Wasser, uns zu waschen und den Raum sauber zu halten. An den Haltestellen konnten wir Obst, Milch, Brot, Fleisch und anderes kaufen. Unser Zug war mit Grün, Stalinbildern und Transparenten geschmückt. Auf ihnen stand geschrieben: „Großer Stalin, Dir danken wir für die Heimkehr!" Unser Weg führte uns über Kuibyschew, Sysran, Pensa, Tula, Smolensk, Minsk und Brest-Litowsk, über den Dnjepr, die Wolga, Beresina und durch die Rokitnosümpfe. Überall waren noch die Spuren des Krieges zu sehen. Verbrannte Dörfer und Wälder, abgeschossene deutsche Flugzeuge, in den Rokitnosümpfen steckten Geschütze und Tanks. Vereinzelt sahen wir auch deutsche Soldatengräber. Die Städte, durch die wir hindurchfuhren, machten einen verwahrlosten und schmutzigen Eindruck, neben soliden Steinbauten stand ein Lehmhaus. Auch Kirchen mit ihren Zwiebeltürmen lagen an unserem Wege. Scheinbar diente selten eine ihrem Zweck. Die meisten waren verfallen, durch Dach und Fenster wuchsen Bäume. In anderen lagerte Getreide, oder sie dienten als Vieh- und Pferdestall.

Kriegsgefangene, die wir unterwegs trafen und sprachen, waren erstaunt, deutsche Frauen in Rußland zu treffen. Sie gaben uns Grüße für die Heimat auf und blickten uns traurig nach. In Minsk und Brest-Litowsk stießen noch Transporte mit Internierten und Gefangenen zu uns. — Minsk und Smolensk, vom Kriege sehr zerstört, waren zum größten Teil von Kriegsgefangenen aufgebaut worden, und zwar nach deutschem Muster. In

Brest erwarteten uns deutsche Wagen mit deutschem Personal, wir hatten die erste Berührung mit der Heimat.

Die Fahrt durch Polen dauerte nicht lange. Auf Befehl des Transportleiters wurden die Türen geschlossen. Wir wurden aber nicht belästigt. Am 25. Juli trafen wir nach einer Fahrt von 17 Tagen in Frankfurt/O. ein. Obgleich wir mit Musik, Ansprachen und guter Verpflegung empfangen wurden, waren wir doch sehr froh, als wir nach der Durchschleusung durch Gronenfelde uns in den Zug in die Westzone setzen durften. Hier erst fühlten wir uns frei. Wir kamen zwar nicht in die Heimat, aber doch ins Vaterland. Als einzige Überlebende meiner Familie erwartete mich meine Schwester, und mit ihr zusammen begannen wir das neue Leben. — Ich schließe meinen Bericht mit dem Wunsch und der Hoffnung, daß Ihnen und allen deutschen Frauen mein Schicksal erspart bleiben möge.

Nr. 170

Erlebnisbericht des A. G. aus **Warbelow**, Kreis **Stolp** i. Pom.
Original, 18. Juni 1952.

Verhaftung und Verschleppung über Stolp—Graudenz—Dt. Eylau nach Rußland; Zwangsarbeit bis Oktober 1945.

Am 7. April 1945 kamen von allen Seiten Russen in meinen Heimatsort Warbelow, Kreis Stolp, und trieben alle jungen Frauen, Mädchen und Männer, deren sie habhaft wurden, zusammen. Im ganzen 100 Personen, worunter sich auch viele ostpreußische Flüchtlinge befanden, und brachten uns über Ludwigslust und Reitz nach Stolp. Unterwegs sahen wir, daß auch von anderen Ortschaften Frauen und Männer nach Stolp gebracht wurden. Man sagte uns, wir sollten nur für zwei Tage nach Stolp, um dort Aufräumungsarbeiten zu verrichten. Aber es kam anders.

Wir wurden in der Bütower Straße im „Raphael-Wolf-Stift" eingesperrt. Ich lag dort mit 35 Mann zusammen im Keller auf Kohlen. Wir wurden jeden Tag mehrere Male einzeln verhört. Man wollte von uns herausbekommen, wer der NSDAP. angehörte. Als Beköstigung erhielten wir zwei Schnitten Brot und ungefähr ein Liter Suppe und wurden jeden Tag zweimal ungefähr fünf Minuten zum Austreten in den Hof gelassen. An ein Entrinnen war nicht zu denken, denn an allen Seiten war strenge Bewachung.

Nach fünf Tagen wurden wir im Heeresverpflegungsamt in der Wasserstraße untergebracht. Verpflegung war hier dieselbe, nur die Behandlung etwas roher. Sobald die Wachposten merkten, daß noch einer von uns etwas Eßbares hatte, so wurde es ihm sofort genommen und mit Stöcken drauflosgeschlagen.

Nach ungefähr zehn Tagen wurden wir zum Bahnhof getrieben und dort zu 60 Mann je Waggon verladen und die Wagen verschlossen. Unsere Reise ging zunächst über Bütow — Konitz nach Graudenz. Dort brachte man uns in einer alten Fachwerkkaserne ganz oben unters Dach, wo allerhand Schmutz und Staub lag. Hier gab es schon die ersten Toten, denn einige ältere Leute, darunter auch ein 74jähriger Mann, hielten die Strapazen nicht aus. Von hier aus ging die Reise zu Fuß nach Dt. Eylau. Diese kurze Strecke sind wir infolge der schlechten Wegekenntnis unserer Begleiter neun Tage gegangen. Wer unterwegs aus dem Glied trat und aus einer Regenpfütze oder Bach Wasser schöpfen wollte, wurde sofort mit dem Gewehrkolben niedergeschlagen. Machte jemand infolge Krankheit oder vor Hunger schlapp, auf den wurde ebenfalls mit dem Gewehrkolben eingeschlagen, und sobald wir anderen außer Sicht waren, hörte man zwei Schuß, und wir haben keinen der Ärmsten mehr gesehen.

In Dt. Eylau angelangt, brachte man uns ebenfalls wieder auf Dachböden unter. Am nächsten Morgen hatten sich zwei von uns erhängt. Wer sich krank meldete, wurde unmenschlich geschlagen. Am darauffolgenden Tage war eine ärztliche Untersuchung, und alle Kranken kamen in ein Lazarett. Alles übrige marschierte ins Gefangenenlager hinter Stacheldraht, worin sich schon viele Soldaten befanden. Hier war die Behandlung schon menschlicher, und die Quälereien hatten auch ein Ende. Sogar ein deutscher Arzt kümmerte sich um unser Wohl.

Am 9. oder 10. Mai 1945 ging dann unser Transport zu 50 Mann je Waggon zum Ural, bei Trockenbrot und ein Liter Suppe. Öfter gab es auch nur alle zwei Tage einen Liter Suppe. Die Fahrt dauerte 23 Tage. In Saratow kamen wir zum erstenmal aus dem Waggon, und der ganze Transport wurde dortselbst gebadet und entlaust, denn es war unter uns schon Typhus ausgebrochen. Zwei Tote, einer aus meinem Heimatort, wurden am Bahndamm verscharrt. Unser Transport ging bis Orsk, und [wir] wurden dann noch weiter mit Lastautos befördert und gelangten in ein Lager, worin sich schon 15 000 Mann befanden.

Dortselbst wurde eine Stadt neu angelegt und wir zu Ausschachtungsarbeiten verwandt. Jeder mußte pro Tag zwei Kubikmeter ausschachten. Die Norm war eigentlich nicht sehr hoch, und bei vollem Magen hätte man wohl das Doppelte schaffen können, aber uns fiel es doch sehr schwer, denn die Verpflegung war unzureichend. Vor allem fehlte es an Fett, und ich bekam dort schon angeschwollene Füße. Eines Tages nahm man uns dort unsere letzten Habseligkeiten. Wer einen guten Rock, Hose oder Stiefel anhatte, mußte sie ausziehen und bekam dann alte Sachen, als Fußbekleidung ein Paar Holzschuhe; auch Taschenmesser, Rasierapparate, Photographien von Angehörigen usw. wurden uns abgenommen.

Mitte Juli 1945 wurden sämtliche Landwirte einer Kolchose zugeteilt, und man versprach uns, daß die Verpflegung dort für uns besser sein sollte und wir auch mehr Freiheit hätten. Das letztere traf zu, wir konnten uns etwas freier bewegen, aber die Verpflegung blieb dieselbe. Ende August 1945 erkrankte auch ich an Malaria und kam gleichzeitig auch als Unterernährter in ein Lazarett. Die uns behandelnden Ärzte waren Deutsche und Rumänen. Da ich infolge Unterernährung und Wasser in den Beinen nicht mehr arbeitsfähig war, wurde ich Ende Oktober entlassen. Mit einem Transport von 1 500 Mann, von dem unterwegs noch 126 Mann starben, kam ich im November 1945 in Frankfurt an der Oder an und habe meine Heimat nicht wiedergesehen.

II. Ostpreußen nach dem Einmarsch sowjetischer Truppen:
   Unter russischer und polnischer Verwaltung.

1. Das russisch verwaltete Gebiet Ostpreußens.

Nr. 171

Erlebnisbericht von Hermann Balzer aus K ö n i g s b e r g i. Ostpr.
Original, 6. Mai 1951, 24 Seiten. Teilabdruck.

Erlebnisse und allgemeine Zustände in Königsberg von der Einnahme der Stadt durch die Russen bis zum Juni 1947.

Die Zahl der aus den verschiedensten Gründen (Zwang, Berufsethos. Alter, Gebrechlichkeit usw.) in dem durch zwei Fliegerangriffe Ende August 1944 im Innersten zerstörten und in den Rand- und Vorortbezirken vielfach schwer beschädigten Königsberg zurückgebliebenen Zivilbevölkerung, zusammen mit den nach Januar 1945 hinzugewanderten Flüchtlingen aus ostpreußischen Städten und Dörfern wird beim Einmarsch der Russen (8./9. April 1945) mindestens 100 000 betragen haben[1]). Zu den verhältnismäßig wenig beschädigten Stadtteilen gehörte u. a. auch der in Maraunenhof gelegene Wohnblock, der die Straßen zwischen Oberteich und Schindekop-Brücke (Cäcilien-Allee, Wartenburg-, Caub-, Nollendorf-, Tauroggenstraße, Augusta-Victoria-Allee, Samitter-Allee, Reickestraße, Böttchershöfchen) umfaßte. Ich bewohnte im Hause Caubstraße 10, das bis auf einige Fensterscheiben und den Schornstein unbeschädigt war, eine Dreieinhalb-Zimmer-Wohnung, die mit gutem Hausrat, Kleidung usw. versehen war.

Am 9. April 1945 morgens zwischen 7.00 und 8.00 Uhr drangen russische Soldaten in den Luftschutzkeller, worin die Bewohner die Nacht zugebracht hatten, und forderten von uns, nachdem sie sich überzeugt hatten, daß deutsche Soldaten nicht versteckt und wir nicht bewaffnet waren: „Urri" = Uhren, die sie uns ohne weiteres abnahmen. Mir gelang es hier noch, meine goldene Taschenuhr zu verbergen. Auf Ringe legten diese Soldaten noch keinen Wert.

---

[1]) Nach mehreren übereinstimmenden Schätzungen waren im eingeschlossenen Königsberg 100 000 Personen zurückgeblieben. Bei den Kämpfen um die Stadt und in den ersten Tagen nach der Besetzung, als die Masse der Bevölkerung aus der Stadt heraus und kreuz und quer durchs Land getrieben wurde, sollen nach russischen Angaben (s. Hans Deichelmann: Ich sah Königsberg sterben, Aachen 1949, S. 6) etwa 30 000 Personen ums Leben gekommen sein. — Das Gros der Zivilbevölkerung wurde von den Russen wochenlang in provisorischen Lagern festgehalten, wo weiterhin mehrere Tausend starben. Diese Lücke wurde in den Monaten Juni/Juli 1945 durch Rückkehrer von der Flucht aufgefüllt. Zum Zeitpunkt der allgemeinen Registrierung Ende Juli dürfte die Zahl der deutschen Zivilbevölkerung in Königsberg nach Angaben von H. Deichelmann (S. 41), der diese Zahl aus den Nummern der damaligen Registrierscheine errechnete, etwa 70 000 betragen haben. — Nach übereinstimmender Schätzung von damals in Königsberg tätig gewesenen Ärzten und Geistlichen lebten im Sommer 1947 nur noch zwischen 22 000 und 24 000 Deutsche in der Stadt. Etwa 2 300 Personen konnten bis dahin mit russischer Genehmigung in ersten Transporten ausreisen (vgl. Hugo Linck: Königsberg 1945—1948, Oldenburg [1950], S. 118). — Nach vorsichtigen Berechnungen sind in Königsberg unter sowjetischer Besatzung und Verwaltung bis Ende 1947 fast 50 000 Deutsche gestorben, wozu noch 30 000 Tote durch die Kampfhandlungen und die „Propagandamärsche" nach der Besetzung kommen.

Unter der Vorspiegelung registriert zu werden, wurden wir in die Augusta-Victoria-Allee geführt, wo schon Bewohner aus anderen Häusern warteten. Ich hatte lediglich eine Ledertasche mit ein wenig Lebensmitteln, Handtuch, Rasierzeug usw. bei mir, andere hatten vorsorglich Rucksack oder Koffer mitgenommen. Bei längerem Warten konnten wir beobachten, wie russische Soldaten Koffer und Kästen aus den von uns verlassenen Wohnungen schleppten, die sie zum Teil auf bereitstehende Panzer luden. Endlich wurden wir, ohne daß uns Gelegenheit gegeben war, unsere Wohnung noch einmal aufzusuchen, unter Bewachung an der Handels-Hochschule vorbei nach der Samitter Allee in Marsch gesetzt, wobei wir in ein kurzes Gewehrfeuer gerieten und einige Verwundete hatten. Für die älteren und körperbehinderten Personen war das Herab- und Hinaufklettern der steilen Böschung an der zerstörten Hochbrücke an der Samitter Allee bereits recht beschwerlich, zumal wer noch Gepäckstücke mit sich führte. Der Sorge um das Gepäck bzw. deren Last waren die meisten Eigentümer bald entledigt: es wurde ihnen während des Marsches und der Rast nach und nach geraubt. Ich büßte dabei meinen Ehering ein.

Bei der ersten Rast, in der Gegend von Ballieth, wurde von dem russischen Transportleiter bereits ein junges Mädchen (Kahleck), das er in eine nahegelegene Ruine zerrte, vergewaltigt. Bei der nächsten Ruhepause bereits wiederholte sich dieser Vorfall. Dieses Mädchen ist später, wie so viele, verhungert.

So wurden wir, scheinbar ziel- und zwecklos, zwei bis drei Tage zwischen Maraunenhof — Rothenstein — Ballieth — Quednau hin- und hergeführt. Andere Kolonnen mußten weit ins Samland hineinmarschieren[1]). Nachts lagerten wir in Kellern von Ruinengrundstücken oder in verlassenen Häusern auf dem Fußboden, ohne uns bedecken zu können. Die Nachtruhe wurde durch herumstreunende Soldaten, die uns ins Gesicht leuchteten, um Frauen für sich herauszusuchen, mehr oder weniger oft unterbrochen. Der Ruf: „Frau komm!" versetzte Frauen und Mädchen in Angst und Schrecken. Widerstand wurde durch rohen Zwang gebrochen.

Die Beraubungen nahmen kein Ende und wurden offiziell fortgesetzt. In einem Grundstück in der Johanniterstraße mußten wir der Reihe nach vor einem Offizier auf den vor ihm stehenden Tisch unsere Sachen entleeren. Die ihm wertvoll erscheinenden Sachen mußten wir dort liegen lassen, während er die anderen mit verächtlicher Handbewegung auf den Fußboden herunterfegte, von wo wir sie aufheben durften. Von meinen wenigen Sachen erweckte mein Füllfederhalter sein Verlangen, den er behielt.

Am 12. oder 13. April 1945 bereits durfte ich mich mit meiner Ehefrau und anderen Bewohnern aus der Caubstraße mit Einverständnis der uns bewachenden Russen entfernen, um den Heimweg anzutreten. Verpflegung war bisher nicht ausgeteilt worden. Wer Glück hatte, erhielt vielleicht einmal etwas Brot oder gar eine Suppe vom russischen Koch. Auf dem Heim-

---

[1]) s. hierzu den nachfolgenden Bericht.

weg wurden wir bereits an der Ottokarkirche in Maraunenhof von Soldaten festgehalten, die uns in die Kirchenruine hineinzubringen versuchten. Ein vorbeikommender General, dem ich unsere Freilassung und Erlaubnis zur Rückkehr klarzumachen versuchte, ordnete unsere erneute Festnahme an.

Wir wurden nunmehr, Männer von Frauen getrennt, nach den großen Autohallen in der Cranzer Allee (Nähe Rothenstein) gebracht, die bereits mit dort internierten Deutschen überfüllt waren. Dort verbrachten wir eng zusammengedrängt die Nacht. Wer austreten mußte, erhielt meist einen Kolbenstoß von der mongolischen Bewachung. Die über Fünfzigjährigen durften am andern Morgen die Halle verlassen, um nach bestimmten Häusern in der Cranzer Allee überzusiedeln.

Bei der angetretenen Frauenabteilung bat eine Mutter einen Offizier, sie bei ihrer Tochter in der Autohalle bleiben zu lassen, was abgelehnt wurde. Als sie flehentlich bittend auf ihn zutrat, versetzte der Offizier ihr einen gewaltigen Stoß, so daß sie mehrere Schritte weit fortgeschleudert wurde und mit blutendem Kopf zunächst liegenblieb.

Kaum hatten wir uns in dem Hause Cranzer Allee 7, in welchem je Raum etwa sechs bis acht Mann untergekommen waren, etwas einzurichten versucht, als wir fortwährend von russischen Soldaten belästigt wurden, die zu rauben und zu plündern suchten, was sie fanden. So wurde einem unserer Zimmergefährten der Mantel trotz Widerstand entrissen, ein anderer (Rechtsanwalt Nueske) mußte sein Jackett hergeben; eingelegte Gurken, die wir als Nahrung aufgestöbert hatten, wurden uns weggenommen. Die Anrufung eines Offiziers blieb erfolglos. Erschreckt und bedroht wurden wir bald darauf durch den unmotivierten Wutausbruch eines jungen NKWD.-Offiziers, der seinen Dolch wiederholt in den Tisch stieß und unter Todesandrohung Herausgabe etwa noch vorhandener Goldsachen verlangte. Bei dieser Gelegenheit habe ich meine bisher gerettete Taschenuhr eingebüßt. Durch solche Erfahrungen war unsere erste Freude über unsere morgens erfolgte Freilassung bald verflogen, und für einige von uns sollte es gleich noch „besser" kommen.

Abends, ich war im Begriff, mich endlich einmal zu rasieren, stürzten plötzlich drei bis vier bewaffnete Soldaten in unser Zimmer und stießen mich, ohne mir Gelegenheit zu lassen, mich zu reinigen oder etwas mitzunehmen, auf die Straße in einen dort vorgefahrenen LKW., bald folgten von meinen Zimmergenossen u. a. Rechtsanwalt Nueske, Justizinspektor Krüger, sowie aus anderen Räumen u. a. Mittelschullehrer Krause, Amtsgerichtsrat Brezezinski, Schuhmacher Kankreit und ein Klempnermeister aus der Kalkhöfchenstraße, insgesamt 14 Personen.

Im folgenden berichtet Vf. ausführlich, wie er zusammen mit anderen ins Gefängnis nach Labiau transportiert, zahlreichen Verhören und Mißhandlungen ausgesetzt und schließlich wieder nach Königsberg entlassen wurde.

Endlich in Königsberg angelangt, mußte ich leider feststellen, daß ganze Straßen, insbesondere des eingangs erwähnten Vororts Maraunenhof, die bei unserer Austreibung am 9. April 1945 fast völlig intakt waren, nunmehr völlig eingestürzt oder doch ausgebrannt waren, nur selten war ein Haus noch bewohnbar geblieben, aus dem die Deutschen entweder bereits herausgetrieben waren oder demnächst heraus mußten. Um dieses, im Hinblick auf die geplante Einverleibung Königsbergs doppelt unsinnige Zerstörungswerk und Ausraubungen der Wohnungen ungestört und unbeobachtet vornehmen zu können, mußte die Bevölkerung wandern! Im noch nicht ausgebrannten Luftschutzkeller des sonst zur Ruine gewordenen und ausgebrannten Grundstücks Caubstraße 10, wo ich die erste Nacht verbrachte, habe ich mich endlich einigermaßen säubern können und fand später auch meine Frau sowie meine dann in Königsberg verstorbene Schwester wieder.

Die in der Autogarage in Rothenstein internierten Frauen waren dort vor größeren Ausschreitungen geschützt, mußten aber sehr hungern. Erst in der zweiten Woche gab es etwas getrocknetes Brot und bald darauf auch täglich eine dünne Suppe. Nach zwei Wochen wurden die über 50jährigen Frauen entlassen, während die jüngeren noch einige Zeit im Lager verblieben. Nachdem sie die Zerstörung ihrer Wohnung feststellen mußten, blieb den Frauen nichts anderes übrig, als in Trümmergrundstücken in Kellerräumen gemeinsam Unterkunft zu suchen. Sogleich begannen wieder einzelne Vergewaltigungen, so daß sich die Frauen gezwungen sahen, ihre in Kellern gefundenen Unterkünfte wieder aufzugeben, zumal mit besonderen Ausschreitungen zur bevorstehenden Maifeier gerechnet werden mußte. In der Straße Am Stadtgarten fanden dann viele Frauen und Männer sowie Kinder in mehr oder weniger beschädigten Häusern auf das engste zusammengedrängt Unterkunft. Durch meine Frau, die mit zehn Personen ein Zimmer teilen mußte, kam auch ich dorthin. Hier, in unmittelbarer Nähe der Kommandantur 2, waren die Frauen bei einiger Vorsicht endlich vor Vergewaltigungen, die offiziell nicht mehr geduldet wurden, geschützt. Zwar versuchten Soldaten noch manchmal, in die Wohnräume zu dringen, doch konnte man sich ihrer durch Rufen nach eingesetzten Patrouillen bereits erwehren.

Vf. rekapituliert noch einmal die Zeit der schlimmsten Verfolgungen und berichtet über Gewaltvergehen an ihm namentlich bekannten Personen.

Dagegen wurde die Not und Sorge um Beschaffung des Lebensunterhalts von Tag zu Tag größer. Bei bestehendem Arbeitszwang wurden als Tageslohn neben 500 Gramm Brot mitunter etwas Wurst und eingesalzene Schwarten ausgegeben. Wer nicht arbeiten konnte, — und es kam allgemein nur körperliche, oft schwere Arbeit wie Graben und Schaufeln, Lastentragen in Frage, — erhielt nichts. Bald entfiel jeglicher Zusatz zu der täglichen Brotration, auf deren Austeilung nach zehn- bis zwölfstündiger Arbeitszeit oft noch lange gewartet werden mußte. Später erhielten nachweislich Arbeitsunfähige 200 Gramm Brot täglich, bis im Juni 1946, wo sozusagen als Abfindung einige Pfund Mehl ausgeteilt wurden, endgültig jede weitere Zuteilung entfiel.

Die Unterkünfte am Stadtgarten mußten bereits im Sommer 1945 von Deutschen geräumt werden. Ich war, nachdem ich im Juni 1945 bei den in der Arno-Holz-Straße eingerichteten Werkstätten, wo deutsche Handwerker (Schlosser, Schmiede, Tischler, Glaser, Schuhmacher, Schneider u. a.) für die

Russen arbeiten mußten, als Pförtner und zum Führen von Listen eingesetzt worden, mit meiner Frau dort verhältnismäßig gut untergebracht. Da es jedoch allgemein bei der Entlohnung von 500 Gramm Brot täglich verblieb (bei täglich zehneinhalb- bis zwölfstündiger Arbeitszeit — Feiertage oder freien Sonntag gab es noch nicht), war ich Ende Oktober 1945 bereits arbeitsunfähig, ebenso wie meine Frau, bei der von dem russischen ersten Arzt der Kommandantur, Goldmacher, Arbeitsunfähigkeit festgestellt wurde. Wir waren daher für unsere Ernährung auf 200 Gramm Brot täglich angewiesen (die seit Juni 1946 auch noch entfielen), das zudem noch wegen Verlegung der Kommandantur nach der Hans-Sagan-Straße von der Brotverteilungsstelle in Kohlhof geholt werden mußte, was einen täglichen Marsch von etwa acht bis zehn Kilometern bei oft kaum passierbarem Weg bedeutete. Dem Hunger versuchten wir vergeblich mit gekochten Brennesseln, Meldekraut, Giersch, Löwenzahn und Lindenblättern zu stillen. Besonders begehrt waren Kartoffelschalen und ausgekochte Suppenknochen, wie sie von den Abfallstellen russischer Haushaltungen gesammelt wurden, sowie Muscheln aus dem immer stärker verkrauteten Oberteich. Hunde und Katzen hatten ihre „Liebhaber" gefunden und waren von der Bildfläche verschwunden.

Auch die Ernährung der sogenannten „Spezialisten", wie alle Handwerker kurzweg bezeichnet wurden (Angehörige weniger einsatzfähiger Berufe hießen „Parasiten"), war durchweg unzureichend, wenngleich sie seit etwa September 1945 auf Lebensmittelkarte gewisse Zuteilungen an Fett, Fleisch, Zucker usw. zu verbilligten Preisen erhielten. Für die Preise des offiziell geduldeten Schwarzmarktes, auf dem Brot, Fleisch, Butter, Eier, Fische, Getreide, Mehl u. a. seit Herbst 1945 nach Einführung der Rubelwährung, die die Alliiertenmark ablöste, in genügender Menge zu erhalten waren, reichte der seit diesem Zeitpunkt gezahlte Barlohn allerdings auch nicht annähernd aus. Bei einem Durchschnittslohn von 200 bis 400 Rubel monatlich betrug der Schwarzmarktpreis: ein Brot 40 bis 80 Rubel, ein halb Kilo Butter 80, ein Kilo Roggen oder Weizen 20 bis 40, Speck 240 Rubel je Kilo, ein Kilo Kartoffeln 13 bis 18 Rubel, eine Zuckerrübe 5 bis 8 Rubel, ein Ei 5 bis 10 Rubel; Getreide und Mehl wurde vielfach wasserglasweise zu 5 bis 10 Rubel je Glas gehandelt[1]).

Und doch ist es gerade dem Bestehen des Schwarzmarkts, der sich zunächst auf dem Luisenmarkt (Nähe Hagenstraße) und sodann auf dem Platz zwischen Schrötterstraße — Schleiermacherstraße in der Nähe von Kohlhof abwickelte, zu verdanken, daß doch noch eine gewisse Anzahl der deutschen Bevölkerung sich vor dem Hungertod hat retten können. Hatte doch die völlig ausgepowerte Bevölkerung hier immer wieder Gelegenheit, irgendwie doch gerettete, aufgestöberte, durch die zahlreichen Todesfälle angefallene oder auch neu angefertigte Sachen, etwa Strümpfe, Handschuhe usw. zu veräußern oder gegen Lebensmittel einzutauschen und sich dadurch wieder ein paar Tage durchzuschlagen. Deutsche Hausfrauen haben hier Mehl oder Getreide — letzteres mußte meist auf der Handkaffeemühle recht mühselig gemahlen werden — zu Brot oder Brötchen verbacken, wodurch sie sich und Angehörige wenigstens vor dem Verhungern bewahren konnten. Denn die Hausarbeit bei russischen Familien brachte oft kaum das Essen ein.

[1]) Das Wasserglas (stakan) ist in Rußland ein im Kleinhandel gebräuchliches Hohlmaß.

Vielfach waren Deutsche auch bloß als Verkäufer für Russen, die nicht selbst in Erscheinung treten wollten oder durften, tätig. Es bestand immer die Gefahr, daß bei etwa zweifelhafter Herkunft der Ware Verurteilung des deutschen Händlers zu unwahrscheinlich hohen Strafen erfolgte. So ist mir etwa der Fall einer Frau Pflaumbaum bekannt, die wegen Handelns mit Strümpfen zu sieben Jahren Zuchthaus verurteilt worden ist. Einzelverhaftungen, Razzien, Taschendiebstähle und Beraubungen, vor Hunger wimmernde Kinder, die sich wie Hunde auf Abfälle stürzten, gaben dem Markt, der sich an Sonntagen — durch Zufuhren aus Polen und Litauen oft reichlich beschickt — zur Völkerwanderung ausweitete, sein Gepräge. Abgezweigt war ein besonderer Trödelmarkt, wo Möbel, Handwerkszeug, Kleider. Betten, Wäsche gehandelt wurden[1]).

Soweit körperliche Arbeit und der doch meist höchst armselige Handel überhaupt noch ausgeübt werden konnten, waren die Erträgnisse bei den hohen Preisen nicht einmal für notdürftige Ernährung ausreichend. Daneben mußte aber bald für oft recht menschenunwürdige Unterkunft noch Miete gezahlt werden. Vor Hunger schützen konnten sich wohl Handwerker, die neben ihrer Arbeit für Russen gegen Lebensmittel Sachen anfertigten oder reparierten. Auftretenden Krankheiten wie Typhus, Malaria, Krätze usw. war die wegen Unterernährung besonders anfällige Bevölkerung immer stärker ausgesetzt, und der Tod hielt reiche Ernte. So sind allein von den im Grundstück Arno-Holz-Straße 4-8 wohnenden und meist im dortigen Werkstättenbetrieb beschäftigt gewesenen 30 bis 40 Deutschen in der Zeit von etwa Juli 1945 bis Mai 1946 mindestens 13 gestorben und meist gleich im Garten beerdigt worden. Die Frau eines Schuhmachers hatte sich zwischen Weihnachten und Neujahr vor den Augen ihres vor Hunger geschwächten und völlig teilnahmslosen Ehemannes, der eine Woche später an Unterernährung starb, erhängt.

Um hinzugezogene Zivilrussen unterzubringen, mußten die Deutschen denen es gelungen war, eine ausreichende Unterkunft zu finden und mit Möbeln aus verlassenen Wohnungen auszustatten, ihre Unterkunft wiederholt und meist recht kurzfristig räumen, wobei auch bestimmt wurde, ob und welche Sachen zurückzulassen seien. So mußte auch ich nach Verlegung der Werkstätten meine Wohnung in der Arno-Holz-Straße 4-8 im Mai 1946 binnen einer Frist von zwei Stunden aufgeben. Schrank und Tisch mußten dagelassen werden. Meine Frau befand sich damals wegen Malaria im Infektionskrankenhaus Yorckstraße. Zwei alte Frauen nahmen mich sowie eine andere alte, obdachlos gewordene Frau in ihrer Unterkunft, einem früheren Stallraum an der Palve, auf. Es war die Unterkunft eines im Werkstättenbetrieb als Wächter tätig gewesenen und inzwischen verstorbenen Herrn Goyke. Seine Witwe, die Schwägerin sowie die mit mir hinzugezogene Frau sind sämtlich in Königsberg umgekommen.

In dieser Unterkunft herrschte eine entsetzliche Rattenplage, die durch Jagen und Pfeifen die Nachtruhe kaum ermöglichen ließ. Die Ratten waren so dreist, daß sie versuchten, ein letztes Stückchen Brot, das, unter der Kopfunterlage verwahrt, als kostbare Nahrung für den nächsten Tag dienen

[1]) Vgl. S. 122 (Bd. I, 2).

sollte, uns zu entreißen. Ohne einen Stock in der Hand konnte man sich gar nicht mehr zur Ruhe begeben.

Eine abgeschrägte enge Dachkammer, sogenannte „Abseite", an der Palve war die nächste Unterkunft, wo wir durch zahllose Wanzen aus dem Nebenraum geplagt wurden, abgesehen davon, daß es durchregnete. Hier wurde auch ich von der Malaria geschüttelt und bald darauf in das Krankenhaus in der Yorckstraße eingeliefert. Nur mit Chininpillen behandelt, bekam ich bereits acht Tage nach der Entlassung einen Rückfall, so daß ich wiederum das Krankenhaus aufsuchen mußte, wo diesmal wieder Plasmochin verabreicht werden konnte. Der leitende Arzt, Prof. Dr. Starlinger, ist später von den Russen verhaftet und verschleppt worden.

Da nicht genügend Bettwäsche vorhanden war, mußten die Kranken, darunter Personen, die an Krätze und Ekzemen litten, teilweise in unbezogenen Betten liegen, und bei Neuaufnahme wurde, soweit die Betten bezogen waren, die auch von solchen Kranken länger benutzte Wäsche, so unhygienisch sie bereits äußerlich wirkte, nicht immer gewechselt, so daß man zwar von Malaria befreit, jedoch mit Krätze infiziert, entlassen werden konnte, wie es auch mir passiert ist. Ich hatte den Eindruck, daß dies nicht nur an dem zweifellos vorhandenen Mangel an Bettwäsche sondern auch auf Unterlassen nicht immer geeigneten Pflege- und Verwaltungspersonals zurückzuführen war.

Der deutschen Ärzte kann ich dagegen nur mit Anerkennung und Dank gedenken. Sie haben so manchem Kranken, der nicht wußte, wo er bleiben und sich ernähren sollte, großzügig Gelegenheit zu längerem Verweilen bei täglich regelmäßigen, wenn auch noch so dürftigen, unzureichenden Mahlzeiten gegeben und dadurch Verzweiflung und manche Not zeitweilig behoben. Bemerkenswert ist noch, daß sich im Sommer 1946 in einem für Unbefugte unzugänglichen kleinen Bauwerk des Lazarettgrundstücks Yorckstraße ein Leprakranker aufhielt, über dessen Verbleib mir nichts bekannt geworden ist.

Das geräumige Gartengelände des Lazarettgrundstücks war durch die zahlreichen Grabhügel der in der ersten Zeit nach der Eroberung der Stadt dort beigesetzten verstorbenen Patienten gleichsam zum Friedhof geworden, wie überhaupt Gärten zunächst vielfach als Begräbnisstätten dienten, ohne daß eine Registrierung der Verstorbenen stattfand. — Der Kloakengrube auf dem Hof konnte nach Entleerung der Eimer aus den Stationen auch durch Chlorbeigabe der zeitweise pestilentialische Gestank schwer genommen werden.

Im September 1946 — Königsberg war inzwischen offiziell in Kaliningrad umbenannt worden, womit bisher noch gehegte Hoffnungen auf endliche Wiedereinsetzung deutscher Verwaltung entfielen — mußten auch wir nach Kohlhof übersiedeln und fanden dort in einem Grundstück, dessen Dach und Seitenwände meterlange und -breite Löcher und sonstige starke Beschädigungen aufwiesen, eine diesem Zustand entsprechende Unterkunft, wo bei Regen untergestellte Eimer die Überschwemmung des Raumes kaum verhüten konnten und ein von einer Familie bewohnter Kellerraum meist unter Wasser stand. In diesem Hause, dessen obere Decke durchzubrechen drohte, hielten sich etwa 40 Personen eng zusammengepfercht auf, von denen in der Zeit von September 1946 bis Juni 1947 elf verstorben, d. h. verhungert sind. Ähnlich waren die Verhältnisse in den Nachbargrundstücken sowie in Charlottenburg, Ballieth usw. Als Abort dienende Trümmergrundstücke, fehlende Müllabfuhr, erschwerte Beschaffung von Wasser waren bezeichnend für die allgemeinen sanitären Zustände, unter denen Ratten und Mäuse sowie Ungeziefer sich ungehindert ausbreiten konnten. Die hungergequälte, von Krankheit geplagte deutsche Bevölkerung harrte vergeblich auf Ausreiseerlaubnis. Auf die übliche Frage: „Wann kommen wir heraus?" gab es meist nur noch die müde resignierende Antwort: „Wir werden alle noch hier verrecken." Je und dann versuchten manche, ohne den überall notwendigen „Propusk" (Erlaubnisschein) auszureisen, doch wurden sie immer angehalten und zurückgeschickt. Dagegen ist die Einreise nach Litauen, insbesondere [von] Frauen, die sich und ihren Kindern bessere Ernährung zu verschaffen suchten, meistens geglückt. Wer zurückkam, brachte Speck, Brot usw. mit [1]).

Als Ausnahmeerscheinungen aus dieser schweren Notzeit ist mir die Fürsorge der russischen Verwaltung für eine Anzahl deutscher Waisenkinder aufgefallen. Es handelte sich um Knaben, etwa im schulpflichtigen Alter, gleichmäßig sauber in Grau gekleidet, die regelmäßig zu einem für die Russen eingerichteten Baderaum in Kohlhof geführt wurden und einen ausreichend ernährten Eindruck machten. Ich hoffe, daß sie inzwischen ebenfalls in Deutschland (West oder Ost) aufgenommen sind.

Die vorstehend geschilderten Akte brutaler Willkür und Gewalt (böswillige Vernichtung von Häusern, Herumjagen und Beraubung der Bevölkerung, Vergewaltigung von Frauen und Kindern, Freiheitsberaubung und Mißhandlung, Arbeitszwang ohne ausreichende Ernährung) ergeben den Zustand vollkommener Rechtlosigkeit, in dem die deutsche Bevölkerung, die im Vertrauen auf die Achtung wenigstens der primitivsten Grundsätze der Menschlichkeit ihr Heim nicht verlassen hatte, zu vegetieren gezwungen war. Wurden die schlimmsten Auswüchse roher Gewalt nach dem ersten Siegesrausch mit der Zeit auch abgestellt, so blieb es, ganz abgesehen von dem Fehlen jeden subjektiven Rechtsschutzes bei der allgemeinen Unsicherheit in Unterkünften und auf Straßen und Plätzen. So konnten deutsche Frauen auch im Verlauf der Zeit sich nur unter steter Gefahr zum so bitter notwendigen Sammeln von Blättern, Beeren und Pilzen und von Brennholz nach außerhalb begeben, und so manche russischen Schulkinder machten sich einen Sport daraus, sie mit Flaschen zu bewerfen, zu bespeien oder ihnen die Tasche zu entreißen, wobei wiederum nicht verschwiegen werden soll, daß vorbeikommende Russen hiergegen auch eingeschritten sind.

Aus den ersten Besatzungstagen ist mir in Erinnerung geblieben das Verhalten eines russischen Soldaten, der den von ihm geleiteten verwundeten Kriegsgefangenen, auf den ein vorbeikommender russischer Soldat plötzlich einschlug, vor versuchten weiteren Mißhandlungen durch Bedrohung mit der Waffe zu schützen wußte. Es kam vor, daß ein angeb-

---

[1]) Vgl. dazu den unter Nr. 179 (Bd. I, 2) abgedruckten Bericht.

licher Beamter unter Vorzeigung eines in Russisch abgefaßten Schriftstücks zur Legitimation bei Deutschen erschien und auf das Fehlen einer notwendig sein sollenden Erlaubnis etwa zum Handel usw. hinwies und mit Verhaftung drohte, sich aber für Zahlung einer für Deutsche erheblichen Summe in Rubeln als „Strafe" zufrieden gab. Um dem Weg zur Kommandantur und endlosen Plackereien, wie sie für die deutschen Verhältnisse kaum vorstellbar sind, zu entgehen, wurde dann meist nach längerem Feilschen gezahlt.

Nächtliche Einbrüche russischer Banditen in deutsche Unterkünfte waren in Kohlhof und Umgebung nicht selten; auch in dem von mir bewohnten Ruinengrundstück wurde wiederholt eingebrochen und mit mehr oder weniger Erfolg zu rauben versucht. In zwei Fällen wurde bei Widerstand der Betroffenen Raubmord verübt. Das Opfer eines weiteren Raubmordes wurde ein deutscher Schneider gelegentlich seines Handels mit Zivilrussen. In diesen Fällen wurde von der russischen Polizei nach den Verbrechern gefahndet, wie ich aus Vernehmungen weiß.

Außergewöhnliche Beanspruchung der körperlichen Arbeitskraft bei ständiger Unterernährung, mangelhafter Bekleidung und zerrissenem Schuhzeug — wofür Ersatz nicht aufzutreiben, jedenfalls nicht erschwinglich war —, die schlechten Unterkünfte wie die unhygienischen Verhältnisse allgemein verursachten notwendig ein steigendes Ansteigen der Invalidität und der Sterbeziffern bei Männern, Frauen und Kindern. Frauen wurden ohne Rücksicht auf ihre Kräfte ebenfalls zu schweren Aufräumungsarbeiten, Leichentransporten und dgl. herangezogen. Die Feststellung der Invalidität durch russische Ärzte war für den Invaliden nur insofern von Bedeutung, als er nicht mehr arbeitspflichtig war, er hatte damit aber gleichzeitig auch keinen Anspruch mehr auf verbilligte Lebensmittelzuteilung. Die anfänglich vielfach gehegte Hoffnung, daß den arbeitsunfähigen Deutschen bevorzugt Ausreisegenehmigung aus Königsberg erteilt werden würde, erfüllte sich nicht. Mit dem Einströmen der Zivilrussen war übrigens der Arbeitszwang, soweit es sich nicht um „Spezialisten" handelte, praktisch weitgehend weggefallen.

Auch in den Krankenhäusern war seit Herbst 1946 der Einfluß der Russen spürbarer geworden. Auf Überweisung durch die deutsche Ärztin des Ambulatoriums wurde ich durch eine russische Ärztin in das Katharinen-Krankenhaus zwar aufgenommen, auf Weisung des russischen Oberarztes aber zusammen mit anderen Kranken unbehandelt und ungeheilt entlassen. Die Mehrzahl der Patienten bestand damals bereits aus Russen, die von russischen Pflegerinnen versorgt wurden. Die Wäsche war sauber und die Betreuung deutscher Kranker durch deutsche Ordensschwestern vorzüglich; daß die Verpflegung für Deutsche unzureichend war, braucht nicht erst erwähnt zu werden.

Es folgen sehr ausführliche Bemerkungen des Vfs. über die Schwerfälligkeit und mangelnde Ordnung der russischen Behörden sowie über das vergebliche Warten der Deutschen auf eine Ausreisemöglichkeit [1]).

---

[1]) Vgl. den unter Nr. 365 (Bd. I, 2) abgedruckten Bericht.

Vor Unterernährung und Krankheit dem Erlöschen nahe, erhielt ich endlich Mitte Juni 1947 die ersehnte Ausreisebewilligung, jedoch nur für meine Person, während solche meiner Frau nach inzwischen verhängter Sperre erst im November 1947 erteilt wurde.

Vf. schließt seinen Bericht mit einer Schilderung seiner Ausweisung und allgemeinen Betrachtungen über das Schicksal der Gebiete jenseits von Oder und Neiße.

Nr. 172

Erlebnisbericht von Hildegard Rohmann aus K ö n i g s b e r g i. Ostpr.
Original, 26. Februar 1952.

Eindringen der Russen in Königsberg, Verschleppung von Zivilpersonen in die Umgebung, Verhöre und Schikanen, Rückkehr nach Königsberg; Zustände und Erlebnisse dort bis 1948.

Am 9. April 1945 ereilte uns in Königsberg (Pr.) das Schicksal, dem wir zu entrinnen geglaubt hatten, weil wir bis zu diesem Tag von Bombenangriffen, Artilleriebeschuß und Tieffliegern auf unsere Häuser zwischen Kunstakademie und Juditten verschont geblieben waren. Noch heute vermeine ich das unheimliche Geräusch der Stalinorgel zu hören, dem plötzlich eine unheimliche Stille folgte, als die Nahkämpfe in unseren Gärten begannen. Apathisch und vorbereitet durch die lange Belagerungszeit ließ man alles über sich ergehen, hielt Schmuck, Stiefel und Getränke den die Kellertreppe hinunterstürzenden, wild um sich blickenden russischen Soldaten entgegen, um sie abzulenken von einer jungen Frau, die bei meinem Mann und mir im Luftschutzkeller saß.

Nachdem keine „Uhri" mehr zu finden war, suchten sie nach versteckten Frauen, und viele Male wurde Frau T. in den Nebenraum geschleift; denn aufrecht gehen konnte sie nicht mehr. Gegen Abend wurden die Bewohner unserer Straße — es waren ca. 30 Menschen — in den größten Keller zusammengetrieben, jeder sein Luftschutzgepäck bei sich tragend. Niemand getraute sich einzuschlafen; denn ob jung oder alt, immer neue Soldaten holten ihre gellend schreienden Opfer aus dem Keller.

Am Morgen mußten wir uns auf der Straße aufstellen, nachdem man uns das Gepäck abgenommen hatte. Die meisten hatten nur eine Tasche mit Lebensmitteln bei sich. Von einigen Straßen wurden die Menschen zusammengetrieben, und als eine junge Frau bei der Berührung durch einen russischen Soldaten unwillig auswich, erschoß er sie mit zwei Schüssen vor unseren Augen. Ein Mann, der sie beschützen wollte, wurde von demselben mit Tritten in den Rücken um die Straßenecke geführt. Nach einigen Wochen lag die Leiche der Frau entkleidet an unserem Gartenzaun mit einer Forke im Leib.

Ob alt, ob jung, alle wurden über noch nicht vollständig entminte Felder bei Juditten gejagt [und] bis zur Ausgangsstelle zurück. Nun wurden die Männer von uns Frauen getrennt und weggeführt. Die Übrigbleibenden trotteten abgestumpft und müde ihrem gut deutsch sprechenden Führer nach. Es ging an der Fürstenschlucht vorbei nach dem Landgraben, der Weg mit Leichen deutscher Soldaten und zerschossenen Fahrzeugen bedeckt. Über uns flogen Verbände von Flugzeugen, von Metgethen kommend, nach der Innenstadt, die sich noch nicht ergeben hatte. Wir wußten nicht, wohin es ging, oft hörte man das Wort „Sibirien".

Es dunkelte, vor uns lag die brennende Stadt. Wir wußten nicht, durch welche Straßen wir getrieben wurden. Meiner Schätzung nach war es Ecke Beeckstraße — General-Litzmann-Straße (Hufen). Der Feuerschein brennender Häuser geisterte über Maschinengewehre. Da hieß es: „An die Mauer stellen!" Hin und wieder schrie jemand und weinte. Wir erwarteten irgendwie unser Ende. Nichts geschah. Dann wieder aufstellen und in Häuser gejagt und in Zimmern eingepfercht, bis der Rauch und die Hitze unerträglich wurden. Um Mitternacht ging es dann wieder nach der Außenstadt, und in den Gärten von Ballieth wurde Rast gemacht. Wir bogen die Zweige der Sträucher auseinander und legten uns todmüde darauf. Die kalte Aprilnacht ließ unsere Glieder erzittern, doch etwas Ruhe fanden wir.

Am Morgen des 10. April ging es weiter durchs Samland. Die folgende Nacht verbrachten wir in einer großen Scheune, alle stumm vor Angst und Leid und verzweifelt über das, was wir auf unserem Leidensweg gesehen hatten. An der Spitze des Zuges gingen ein paar Franzosen. Einer von ihnen trat auf eine Mine und wälzte sich in seinem Blut, bis er durch einen Schuß des Postens erlöst wurde. Mütter setzten sich mit ihren Kindern an den Wegrand und weigerten sich, weiterzugehen. Der Posten riß sie hoch und stieß sie mit dem Kolben vorwärts. Handwagen mit kranken Menschen mußten stehen gelassen werden. In jeder Männerleiche, die mit dem Gesicht auf dem Erdboden lag, sah ich meinen Mann.

Am Abend des 11. April 1945 kamen wir im Lager Karmitten bei Labiau an; dort wurden wir in nach mir unbekannten Regeln den verschiedenen Stallgebäuden zugeteilt. In der Dunkelheit der Nacht wirkte alles so grauenvoll, ganz besonders, als Hunde losgelassen wurden, die die Frauen ansprangen. Eine Arbeitskollegin zeigte mir später den zusammengenähten Riß in ihrem Mantelrücken. Zuerst kam man in einen Raum, in dem man von einem russischen Soldaten gynäkologisch nach Schmuck untersucht wurde. Als ich es überstanden hatte, wurde ich in einen vollständig dunklen, überfüllten Raum hineingestoßen und trat auf Menschen, die aufschrien; ich landete zwischen zwei Frauen, die mir ein wenig Platz machten. Mit meinem Bademantel bedeckt, sah und hörte ich nichts mehr.

Beim Aufwachen fand ich mich im Viehstall des Gutes Karmitten. Aufgeweckt war ich durch das chormäßige Rufen: „Abort, Abort". Dann strömten alle hinaus, und in Gegenwart der Posten verrichteten wir unsere Notdurft auf langen Brettern, die über eine Grube gelegt waren und ca. zehn Löcher hatten. Die Umgegend war mit unzähligem deutschen Papiergeld bedeckt. Im Stall wieder eingesperrt, wurde Knäckebrot aus deutschen Wehrmachtbeständen verteilt. Einmal am Tage gab es eine warme Suppe aus grünen eingesäuerten Rübenblättern. So blieb es nicht aus, daß einer und der andere an Ruhr erkrankte und den Stall durch Exkremente verunreinigte. Hier machte ich auch die erste Bekanntschaft mit Kleiderläusen. Täglich wurden einige zum Entlausen und Baden in ein provisorisch aufgebautes Saunabad gebracht, wo wir uns ausziehen mußten, ebenfalls im Beisein von Soldaten. (Ich schreibe „Soldaten", es waren wohl aber alles Angehörige der russischen Geheimpolizei.)

Nur langsam ging es mit den Verhören, die nachts stattfanden, vorwärts. Wenn sich die Aufgerufenen (der Name hörte sich immer anders an) nicht meldeten, weil sie vor Erschöpfung schliefen, kam der Posten mit seinen schweren Stiefeln und trat, wohin er traf. Niemand kam in den alten Stall zurück, und es spielten sich herzerschütternde Szenen ab, wenn Mütter von ihren großen Töchtern getrennt wurden. Das Gerücht tauchte auf, daß man nur auszusagen brauche, daß man „Nazi" gewesen sei, dann bekäme man gutes Essen, und es passiere einem nichts.

Nach 14 Tagen kam ich zum Verhör. Ein Posten brachte mich ins Gutshaus, und dort stellte sich ein junger Russe vor mich hin und schlug mit einer Reitpeitsche links und rechts im Wechsel an mir herunter und schrie: „Du lugst, du lugst!", als ich meine Mitgliedschaft verneinte. Dann nahm er mir meine Handtasche mit Photographien und Geld weg und ließ mich in einen anderen Stall bringen. Es ist wohl eine Wagenremise gewesen. Hier war kein Fenster, so daß man auch tagsüber im Dunkeln saß. Dort war ein Bottich für Exkremente aufgestellt, der überschwappte und uns beschmutzte. Ich fand dort zwei bekannte Frauen wieder, deren Rücken blutig zerschlagen waren. Wieviel Tage ich dort zugebracht habe, weiß ich nicht, ich verschlief die Zeit; denn ich litt an ruhrähnlichen Durchfällen und fiel oft in Ohnmacht.

Ende April hieß es plötzlich: Alle aus unserem Stall aufstellen, es geht nach Königsberg zurück [1]). Im großen Gutspark standen einige hundert Menschen, Männer und Frauen. Unter den Männern s o l l e n viele Angehörige der Königsberger Intelligenz gewesen sein, auch Professoren der Universität. Ich sehe vor mir einen alten Herrn, der vor Schwäche auf der Erde lag und seine Arme gen Himmel hob und rief: „Ach bitte, nehmt mich doch mit". Doch jeder war so hinfällig, daß er sich selbst kaum schleppen konnte. Und doch kamen wir unter Aufbietung der letzten Kräfte in Rothenstein an, wo wir in ein anderes Lager sollten. Doch eine Nachbarin und ich wagten es am nächsten Morgen, allein durch die schwelende Stadt nach den Hufen zu gehen.

In der Hagenstraße sahen wir einen offenen Fleischerladen, in dem ein Stück Pferdefleisch hing, das wir gierig einpackten. Nur hin und wieder trafen wir einen Soldaten, der uns „Matkas" gehen ließ, weil er nichts in unseren Taschen fand. In unserer Straße Totenstille und kein Lebewesen.

---

[1]) Bei oben geschildertem Hin- und Hertreiben handelt es sich nicht um einen Einzelfall. Zahlreiche unveröffentlichte Erlebnisberichte von Königsbergern schildern gleichfalls, daß viele Bewohner nach der Einnahme der Stadt zu Kolonnen zusammengefaßt und einige Wochen lang unter Verhören und Strapazen in der Umgegend der Stadt umhergetrieben wurden, bis sie wieder nach Königsberg zurückkehren durften. Es handelt sich offenbar um eine systematische Maßnahme, die eine ungenierte Plünderung der Wohnungen ermöglichen sollte und gleichzeitig der Registrierung diente. Auch von anderen Städten werden ähnliche zeitweilige Austreibungen zu solchen Zwecken berichtet.

Wir legten uns in ein Gartenhaus und wurden dort von einer anderen deutschen Frau aufgefunden, die uns zu sich in ihr Zimmer nahm und uns in unserer Krankheit beistand, bis sie als erste von uns verstarb. Meine Weggenossin verhungerte später ebenfalls. Beiden danke ich mein Leben.

Bald mußten wir in eine größere Gemeinschaft von Deutschen; denn Partisanen, die den russischen Soldaten folgten, setzten uns jetzt zu und nahmen uns das weg, was wir in den Kellern wiedergefunden hatten.

In den verlassenen Wohnungen sah es wüst aus. Die Betten waren aufgeschlitzt, Weckgläser geöffnet und verunreinigt, Polstermöbel durchstochen und der Bezug abgeschnitten. Wir lebten einige Wochen, bis ca. Anfang Juni 1945, zu sieben in einem Raum. Nacht für Nacht kamen Soldaten und holten sich eine jüngere Frau heraus; es nützte uns kein „Kommandant-, Kommandant-Rufen". Wir mußten nach Juditten umsiedeln, wo sich die meisten Deutschen zusammengefunden hatten und bis zu acht Menschen in einem Zimmer hausten. Da widerfuhr mir das Glück, daß ich meinen Mann wiederfand. Auch er war durch ein Lager gegangen, kam zu einem Kommando, das Pferde begraben mußte. Wir blieben bis zu seinem Hungertod am 1. März 1946 zusammen. Allmählich bekamen wir Deutschen eine Scheibe Brot (ca. 200 Gramm) und manche auch einmal Suppe den Tag.

Ausgangs des Sommers 1945 kamen Zivilrussen, die Arbeitskräfte brauchten, auch die Zellulosefabrik stellte Arbeitskräfte für Brot ein. Mein Mann und ich arbeiteten dort getrennt. Er mußte ein Zementlager bewachen, und ich mußte mit anderen Frauen Eisenstangen stapeln und Balken und Bretter aus dem Sägewerk Friedrichsberg — Holsteiner Damm mit Pferdefuhrwerken holen.

Nun gab es nur Brot für Arbeitende, Alte und Kranke mußten schneller verhungern; denn auch die anderen konnten ohne Zucker und Fett und bei schwerster Arbeit nicht lange durchhalten. Bald sah man deutsche Menschen dahinschleichen mit erdbraunen Gesichtern und aufgequollenen Beinen und Leibern. Sie fielen vor Schwäche auf der Straße um und verschieden. Eine Lehrerin, Fräulein Rauter aus Juditten, griff in ihrem Hungerwahnsinn Mäuse und kochte sie. Sie starb auch.

Einmal noch sah ich meine Schwester wieder, die das schwere Schicksal einer Mutter durchmachen mußte, zwei Töchter, die jüngste 16 Jahre, durch Vergewaltigungen und deren Folgen hinsiechen zu sehen und sie selbst auch vor ihren Augen geschändet. Sie wurden auf eine Kolchose Kl. Noskitten bei Insterburg verschleppt und starben dort. Ihr Sohn, der als 12jähriger wie ein Mann und Vater durch Holzhacken und Betteln für sie gesorgt hatte, konnte sie jedoch nicht vor dem Hungertod retten. Er ist dreimal während der Zeit von Insterburg nach Königsberg zu Fuß gewandert, um die Brille und andere Kleinigkeiten für ein Stückchen Brot einzutauschen und nachzuforschen, ob ich noch am Leben sei.

Als sich im Herbst 1945 das Leben anfing zu normalisieren, war es für die meisten schon zu spät. Tuberkulose und Hungerdystrophie machten sie für schwere Arbeit unfähig. Meistens versuchten sie, sich noch etwas über Wasser zu halten, indem sie Holz verkauften, das sie sich in den Ruinen organisierten.

Anfang 1946 entspann sich auf dem Luisenmarkt — Ecke Luisenallee — Hagenstraße ein lebhafter Tauschhandel. Litauer brachten ihre Erzeugnisse auf den Markt. Panjewagen fuhren durch die Straßen und gaben unserer schönen Stadt Königsberg das Aussehen einer Kleinstadt von vor 50 Jahren. Die Deutschen verkauften ihre letzten Habseligkeiten für ein paar Kartoffeln. Sie kosteten damals 20 Rubel für 1 Kilo bei einem Arbeitslohn von 300 Rubel monatlich. In Wassergläsern wurden Mehl, Zucker und Graupen verkauft, und manch eine deutsche Frau verdiente gut ihren Lebensunterhalt damit. Bald war der Platz zu klein, und man verlegte den Basar nach der Schrötterstraße — Taubstummenanstalt und 1947 nach dem Haus der Technik — Steindammer Wall.

Inzwischen fuhr auch die Elektrische von Juditten bis zur Stadt, aber es war mit Lebensgefahr verbunden, mit ihr zu fahren. Die Russen mit ihren wattierten Jacken und Pelzmützen hingen wie die Trauben an ihr, und wagte man als Deutsche sich hineinzudrängen, entlud sich ihr Haß auf die „Germanski", und man bekam Puffe und Fauststöße, so daß man lieber zu Fuß ging.

Nach dem bitteren Tode meines Mannes, der am 1. März 1946 in einem Massengrab auf einem Platz neben der Altroßgärtner Kirche begraben wurde, überkam mich die Angst, jetzt allein dem Lebenskampf gegenüberstehen zu müssen ...

Nun galt es, allein mit dem Leben fertig zu werden. Es gab nur eins: die Hoffnung auf einen Transport nach Innerdeutschland. — In dem früheren Schwesternheim gegenüber dem Juditter Gemeindehaus fand ich eine „Lebensstellung" bei der russischen Oberärztin, die dort ein Krankenhaus für die Betriebsangehörigen der Fabrik einrichten mußte. Am Tag war ich Stationshilfe, Gartenfrau, Kohlenschipperin, Küchenhilfe und Kanalisationsarbeiterin, und abends war ich im Haushalt vom „Oberdoktor", wie wir sie nennen mußten, Klavierspielerin und Gesellschafterin. Ich muß ihr das Lob spenden, daß sie nicht gehässig zu ihren ca. 25 deutschen Arbeitskräften war. Wir haben ziemlich pünktlich unsere Rubel bekommen, und wenn man sich im „Magazin" nach „Produkten" anstellen mußte, kam es nicht so darauf an, wenn man es während des Dienstes tat. Ihre eigenen Leute hat sie strenger behandelt. Eine junge Ärztin, die einen Tag zu spät von ihrem Urlaub aus Moskau kam, erhielt sechs Wochen „Kellerstrafe". Eine russische Schwester, die ein paar Wäschestücke nach Hause genommen hatte, mußte sieben Monate dafür büßen.

Unter den Sinas, Veras, Schuras, Katjas, Nataschas war eine rothaarige Mascha, die mich von ganzem Herzen haßte. Sie trug fünf Orden, die sie für „Puck Puck"-machen auf deutsche Frauen (wahrscheinlich Nachrichtenhelferinnen) erhalten hatte. Einmal mußte ich 50 Eimer Wasser aus einem 150 Meter weitgelegenen Brunnen aufziehen und in die Küche schleppen; ein anderes Mal goß sie schmutziges Wasser in die soeben gescheuerte Küche. Auf dem Hof mußte ich öfter die Bäume kalken, damit die „Kommission" aus Moskau Freude daran hatte. Am schwersten fiel mir das Hineinschleppen von Kohlen in den Keller; einmal stand ich allein vor einem Berg von zwei großen Lastwagen voll. Nachdem ich zu müde war, legte ich mich einfach daneben und keine „Tschorts" [1]) und andere russischen Schimpfwörter ließen mich aufstehen. Da errettete mich die Ärztin, und ich hörte heraus, daß sie mehrmals das Wort „Intelligenz" gebrauchte.

Die tägliche Begrüßung unter den Deutschen war: Wann geht es los, wann fahren wir endlich? Und jeder wußte ein neues Datum. Der Tod lauerte überall. Sieben Menschen aus meiner nächsten Umgebung sind ermordet worden. Einmal habe ich alle alten Bekannten aus meiner Straße und Umgegend zusammengerechnet und bin auf 120 gekommen, von denen nur 15 Deutschland wiedergesehen haben.

Der Hammerweg und die Lawsker Allee waren gefährliche Gegenden. Bei wem eine Uhr oder Schmuck vermutet wurde, war seines Lebens nicht sicher. Banditen, wahrscheinlich ehemalige Partisanen, machten selbst der Miliz das Leben sauer. Aber auch aus den Deutschen machte der Hunger Verbrecher. In der Nähe der Burgschule war eine Menschenfalle. Eine Frau, die noch rechtzeitig aus dem Kellerfenster gekrochen war, habe ich selbst gesprochen. Eine ehemalige Villenbesitzerin von den Hufen hat der Bande angehört. In der Junkerstraße sind ebenfalls Deutsche verschwunden. — Am Goldenen Sonntag 1946 ging ich in die Bachstraße, um mit einer Verwandten den Tag zu verbringen. Es gab für jeden sieben gebratene Spatzen und einen Pudding aus Körnern, da sie auf einem Getreidespeicher arbeitete.

Vergessen waren die Eindrücke meines Weges über den Hammerweg, wo ich kleinen Schlitten mit einer traurigen Last begegnet war. Müde und teilnahmslos zog einer den zu kleinen Schlitten und brachte die Leiche in ein Massengrab auf den neuen Luisenfriedhof. Ich wagte mich einmal auf den alten Luisenfriedhof und fand auf dem Hauptweg einen verkommenen Mann über eine Leiche gebückt und an ihr herumzerren. Ich ging entsetzt zurück. Gleichgültig erzählte man mir, daß es Leichenfledderer gäbe, die Leber und Schenkelfleisch herausschneiden und dieses dann auf dem Basar als Bratklops verkaufen. Bestätigt wurde es mir von einem höheren Milizbeamten und meiner Ärztin, die oft zu mir sagte: „Fleisch nicht gut, Menschenfleisch!" [2])

Am Goldenen Sonntag war es auch, als mein guter Arbeitskamerad Heinrich Mehlfeld, früher Altroßgärtner-Kirchen-Straße, an der Luisenkirche ermordet wurde. Ich will ihm in meiner Erinnerung ein Denkmal setzen und ihm dafür danken, daß er öfter ein paar Kartoffeln und Fleisch von vergrabenen Pferden anbrachte und uns ein bißchen das Leben verlängerte. Ich scheue mich nicht zu sagen, daß auch ich jede Gelegenheit benutzt habe, in dem harten Winter 1946/47 zusätzlich etwas Fett und Zucker in den Körper zu bekommen. Die Frau „Oberdoktor" stand solange an dem Herd, bis das Fett in der Pfanne zergangen war; dann drehte sie den Rücken, so aß ich das Fett mit einem Löffel. Zucker hatte ich zitternd verstreut, so daß sie mir drohte: „Frau, du zapp-zarapp!" Der Selbsterhaltungstrieb war stärker als alle Moral.

[1]) Teufel.
[2]) Derartige Vorkommnisse werden in zahlreichen Berichten aus Königsberg erwähnt, so daß es sich hierbei offenbar nicht um bloße Gerüchte handelt. s. auch Hugo Linck, Königsberg 1945—1948, S. 68 ff. und Hans Deichmann, Ich sah Königsberg sterben, S. 18 (19. März 1946), S. 29 (25. Februar 1947).

Anläßlich des Mordes wurde ich in der Nacht zur Miliz gebracht und sollte sagen, ob ich Ansprüche an den Nachlaß stelle. Es handelte sich um eine kostbare goldene Sprungdeckeluhr. Ich stellte keine, denn niemals hätte es Segen gebracht; mir wäre dasselbe Geschick wie M. zuteil geworden. Vier Wochen später mußte ich deshalb noch einmal zur Hauptmiliz nach der Beethovenstraße; ich blieb bei meiner Aussage. Im anderen Falle wäre ich kaum aus dem Gebäude herausgekommen. Eine Arbeitskollegin aus der Woermannstraße hatte einen Ring auf dem Basar verkaufen wollen; man fand ihre Leiche in der Fürstenschlucht. Ein deutscher 17jähriger Junge soll es gewesen sein, der sie in die Hände von Banditen gespielt hat.

Frühjahr 1948 schlug dann die Stunde der Erlösung. Ende März wurden wir auf Lastautos nach dem Güterbahnhof gebracht, ein Häuflein in Lumpen und Kopftüchern, ein Bündel mit Decken und anderen Habseligkeiten. Dort mußte man noch einige Male durch Kontrollen. In der Halle gab es Verkaufsstände mit Zucker, Brot und anderen Eßwaren. Auch Textilien wurden angeboten, und besonders seien noch Zigaretten genannt. Familien, in denen mehrere Arbeitskräfte waren, hatten dementsprechend auch Rubel verdient, und diese konnten Einkäufe tätigen. Wir wurden immer wieder darauf aufmerksam gemacht, daß es solche Dinge in Deutschland nicht gäbe. Ein letzter Schreck kam noch hinzu, als wir mitten in der Nacht, schon im Güterwagen schlafend, aufgeweckt wurden und sechs Überzählige aussteigen mußten. Darunter ich. Wir mußten auf einen neuen Transport warten. Ein paar Tage später stiegen Dankgebete gen Himmel, als die Güterwagen sich in Fahrt setzten. Und waren die Strapazen auch groß, größer war die Freude, unter deutsche Verwaltung und deutsche Menschen zu kommen.

Nr. 173

Erlebnisbericht von Frau E. L. aus K ö n i g s b e r g i. Ostpr.
Original, 25. Mai 1951, 15 Seiten. Teilabdruck.

Aufenthalt im Lager Pr. Eylau von Mai bis Oktober 1945.

Vfn. berichtet zunächst ausführlich, wie sie im Februar 1945 in Cranz den Russen in die Hände fiel und welche Strapazen und Schikanen sie in der Gefangenschaft und bei zahlreichen Verhören im Zuchthaus Tapiau zu erdulden hatte. Sie fährt dann fort:

Am 15. Mai 1945 wurden wir mit LKWs. nach Pr. Eylau/Ostpr. ins Lager gebracht. Es war die ehemalige Infanterie-Kaserne, bestehend aus acht großen Blocks. Hohe Wachtürme befanden sich an allen Ecken und Enden, außerdem ringsherum Stacheldraht. In Block vier und fünf waren die Männer untergebracht. Hier herrschten auf den Etagen Polen als Etagenälteste, die man nur mit großen Knüppeln bewaffnet sah, von denen sie mehr als genug Gebrauch machten. Wenn die Männer über den Hof auf die Toilette geführt wurden, so setzte es oft Schläge, besonders für Alte und Gebrechliche, die nicht mehr so schnell laufen konnten. Es kam ja gar nicht darauf an, wenn einer togeschlagen wurde, denn was galt den Russen oder Polen damals schon ein Menschenleben und dazu noch ein deutsches!

Hier in Preußisch Eylau war ich von Juni bis September 1945 Etagenälteste. Ich hatte die Betreuung und die Essenausgabe für 478 Frauen zu übernehmen. Außerdem gehörten dazu die Arbeitseinteilung und die Sauberhaltung der Räumlichkeiten. Hier herrschte ein Russe, der lange in Deutschland gelebt hatte und von der Kultur beleckt war. Trotzdem wir auf dem Fußboden schliefen und auch aßen, herrschte überall peinliche Sauberkeit. Täglich waren über 100 Arbeitskräfte für die Feldarbeit zu stellen, es gab einen festen Trupp, der dauernd in der Sauna arbeitete, einen anderen, der täglich ins Offiziers-Casino zur Arbeit ging. Der letzte hatte es verpflegungsmäßig am besten. Wenn man bedenkt, daß weit über die Hälfte der Frauen an Stauungsödemen (Herzwassersucht) litten und wie aufgeblasene Frösche aussahen, so wird man die Schwierigkeiten verstehen, die die Gestellung der Arbeitskräfte mit sich brachte. Was nützte es, daß später eine russische ärztliche Betreuung einsetzte und die Ärztin von Zimmer zu Zimmer ging? Sie schrieb die Frauen krank, und der Russe jagte später diese Frauen mit Schlägen und Fußtritten doch zur Arbeit. In dieser Beziehung war ich ziemlich machtlos, trotzdem habe ich in aller Heimlichkeit den Russen so manches Schnippchen geschlagen, um diesen bedauernswerten Menschen zu helfen. Sich offen dagegen aufzulehnen, hätte geheißen, sein eigenes Grab graben, ich wäre ganz einfach verschwunden, denn es gab dort viele GPU.-Keller, in denen so mancher verschwand, um niemals wieder zurückzukehren.

Zuerst hatte den Posten der Etagenältesten eine Frau K... inne. Nach kurzer Zeit wurde sie ihres Postens enthoben und ich ihre Nachfolgerin. Frau K. war eine Bestie und der leibhaftige Satan. Sie hat die Frauen in unglaublicher Weise schikaniert und hielt die Frauen tagsüber eingeschlossen, so daß sie nicht einmal zur Toilette gehen konnten. Da fast alle Frauen infolge der Wassersuppen an Durchfall litten, haben sich oft ekelerregende Szenen abgespielt. Frauen, von denen sie annahm, daß sie Läuse hatten, sperrte sie ein oder ließ ihnen die Haare abschneiden. Bis ich mir eines Tages den tizianroten Lockenkopf von Frau K. vornahm und nicht weniger als 72 Läuse herunterholte.

Meine erste Tätigkeit bestand darin, daß ich alle Türen öffnete, so daß die Frauen ungehindert ein und ausgehen konnten. Das Essen wurde von nun an so gerecht verteilt, daß niemand zu kurz kam. In meine besondere Obhut nahm ich die Jugendlichen und die schwangeren Frauen. Daß es nicht einfach ist, 478 Menschen unter einen Hut zu bringen, ist klar, denn das sind auch 478 Meinungen. Und es so vielen Menschen recht zu machen, die durch monatelange Ungerechtigkeit mißtrauisch geworden waren, war ein schweres Stück Arbeit und nicht immer gerade dankbar. Jedoch habe ich mit zäher Ausdauer mein schweres Amt durchgeführt, und ich glaube, letzten Endes zu aller Zufriedenheit.

So nach und nach lockerte sich die Haft insofern, daß wir uns auf dem Kasernenhof frei bewegen durften. Ja, es wurde sogar ein Lagertheater eingerichtet, dessen „Künstler" von uns gestellt wurden. Auch ich wirkte dort mit, und wir haben unser Bestes getan, um den unglücklichen Menschen wenigstens ein paar frohe Stunden zu schenken. So oft es meine Zeit am

Tage erlaubte, ging ich durch alle Stuben und habe den Frauen Mut und Trost zugesprochen. Denn zu allen sonstigen Qualen kam eine neue seelische Belastung hinzu. Unzähligen Frauen wurden die Haare abgeschnitten, ein großer Teil lief bereits kahlköpfig herum, so daß man oft nicht wußte, ob das ein Mann oder eine Frau ist. Eines werde ich nie vergessen. Jeden Abend mußte ich mit ihnen singen und allen „Gute Nacht" sagen, erst dann schliefen sie ein. Waren sie nicht alle meine Kinder? Ich hieß dort ganz einfach „Mutti L."

Meiner Arbeit wurde ein jähes Ende gesetzt. Am 16. September 1945 bekam ich Typhus und kam ins Lazarett. Dieses hatte ich schon lange vorausgesehen, da täglich unzählige Frauen von dieser furchtbaren Krankheit erfaßt wurden, die ich selbst betreut und ins Lazarett gebracht hatte. Die hier bessere Verpflegung kam bei den meisten schon zu spät, da der Lebensnerv bereits angegriffen war. Männer und Frauen starben wie die Fliegen, und ich muß sagen, noch mehr Männer als Frauen. Denn es war tatsächlich so, daß die Frauen weit mehr Strapazen und Entbehrungen aushielten als die Männer.

Als ich am 16. Mai 1945 nach Preußisch Eylau kam, faßte das Lager etwa 14 000 Personen, und bereits Ende Juli waren wir nur noch 6 000. Die übrigen 8 000 waren inzwischen gestorben, die meisten an Hungertyphus[1]). Täglich fuhren mehrere Hehl-[2]) und Rollwagen mit Leichen zu den in der Nähe befindlichen Splittergräben. Die nackten Leichen wurden in die Gräben geworfen, mit Chlor begossen und vergraben. Es ist auch kaum anzunehmen, daß die Russen diese Todesfälle registriert haben, über deren Schicksal niemand etwas weiß.

Im Lazarett gab es dreimal Suppe täglich, eine Ration Brot und abends eine Tasse Milch, die immer angebrannt war. Während fast alle Typhuskranken ihr Gehör verloren, verlor ich mein Augenlicht. Eine unsinnige Angst befiel mich, wenn ich daran dachte, daß ich mutterseelenallein und blind diesen Horden ausgeliefert war. Der deutsche Arzt Dr. ? tröstete mich, so gut es ging, und hoffte, daß ich, sobald das Fieber nachließ, meine Sehkraft wiederfinden würde. Gott sei Dank war es auch so, jedoch kann ich seit der Zeit sehr schlecht sehen. Im Lager befand sich auch der ehemalige Direktor des Park-Hotels in Königsberg, der erst einige Zeit im GPU.-Keller saß und später dem „Wanzen-Kommando" zugeteilt wurde. Im Lazarett wurden wir von Wanzen und Läusen buchstäblich aufgefressen, es war ganz furchtbar. Wenn ich mir im Geiste diesen eleganten Mann im Abendanzug bei der Begrüßung seiner prominenten Gäste vorstellte — und hier ent-

---

[1]) So hoch diese Zahl erscheinen mag, sie muß doch als glaubwürdig gelten, weil sie recht genau mit anderen Angaben übereinstimmt. Ein evangelischer Pastor aus Königsberg schreibt in seinem unveröffentlichten Bericht vom 28. Juli 1949 an das Evangelische Hilfswerk in Stuttgart auf S. 9: „Im Lager Pr. Eylau starben von 12 000 Insassen 8 000 im ersten Jahr." Ähnliche Angaben macht Frau K. L. us Rastenburg i. Ostpr. in ihrem Bericht vom 20. Februar 1949, wo es auf S 2. heißt: „Schätzungsweise befanden sich in diesem Lager 10 bis 12 000 Gefangene, von denen ungefähr die Hälfte verstorben sind. Die Todesursache war hauptsächlich Hungertyphus und Wasser."

[2]) Kastenwagen.

wanzte er mein Bett —, so konnte ich mich eines Lächelns nicht erwehren. O, Ironie des Schicksals!

Am 9. Oktober 1945 wurde ich aus dem Lazarett ganz plötzlich mit Parole „Heimat" entlassen — und das einen Tag, bevor auch mein Haar abgeschnitten werden sollte. Es geht nach Hause, hieß es. Was hieß „Heimat" und was „Zuhause"? Wir hatten weder das eine noch das andere. Das einzige war die Freiheit! Aber diese Freiheit war wiederum sehr gefährlich, denn wir waren ja schutz- und rechtlos und einer Willkür ausgesetzt, die ihresgleichen vergeblich in der Welt suchen dürfte. Außerdem bestand jetzt wieder die Gefahr der Vergewaltigungen und Ausplünderungen. In dieser Beziehung gewährte das Lager in Preußisch Eylau doch einen gewissen Schutz. Zu Fuß versuchten wir, d. h. ein Mann, ein junges Mädchen und ich, 38 Kilometer nach Königsberg zu wandern. Da wir drei Lazarettinsassen und vom Typhus kaum genesen waren, sind wir elf Kilometer bis Weißenstein mehr geschlichen als gegangen und konnten nun nicht mehr weiter. Außerdem regnete es wie aus Gießkannen, die Chaussee war lauter Morast und Schlamm, und an den Füßen trug ich nur Klappersandalen, die mir ein Gefangener in Preußisch Eylau angefertigt hatte. Ich faßte also Mut und hielt einen LKW. an, der uns auch tatsächlich bis Schönfließ, einem Vorort von Königsberg, mitnahm.

Nun begann der Marsch durch unsere alte Heimatstadt Königsberg. Da wir im Lager mit niemand aus der Außenwelt in Berührung kamen, auch keine Zeitung hatten, geschweige denn einen Rundfunk, so konnten wir uns überhaupt keine Vorstellung davon machen, wie es in Königsberg aussah. Die Wirklichkeit übertraf alle unsere Vorstellungen. Trotz des Terrorangriffs im August 1944, durch den etwa 80 Prozent der Stadt zerstört wurden, ging das Leben doch weiter, wie in einem Ameisenhaufen krabbelte alles in den Trümmern herum. Was sich unseren Augen jedoch jetzt bot, war das Trostloseste, das man sich überhaupt auch nur vorstellen kann. Wir gingen drei Stunden lang durch eine tote Stadt. Überall machte sich ein scheußlicher Verwesungsgeruch bemerkbar, sicher von den vielen Leichen, die unter den Trümmern begraben sein mochten.

Drei Tage lang irrte ich in Königsberg umher und konnte nichts und niemand finden. Wo waren meine Verwandten, meine Schwester, meine vielen Freunde und Bekannten geblieben? Wo unsere letzte Wohnung gewesen war (Tiergartenstraße), ragten nur noch die Schornsteine gen Himmel. Kein Obdach, nichts zu essen, ich glaubte mich am Ende! Sollte ich einen vorübergehenden Russen anbetteln? Nein, das verbot mir mein Stolz und auch die Angst vor einer Gegenleistung. Es mußte aber etwas geschehen, und zwar gleich, denn wie lange würde ich es noch aushalten, ohne zu essen? Hatte der liebe Gott mich denn ganz und gar vergessen? Erschöpft setzte ich mich am Nordbahnhof auf einen Stein und habe gebetet wie noch nie zuvor in meinem Leben. Plötzlich stand, wie aus dem Erdboden gewachsen, der 14jährige Bruder meiner Freundin vor mir, der von einem Krankenhausbesuch seiner Schwester, die im Yorck-Lazarett an einem schweren Typhus daniederlag, kam und mich sofort zu seinen Eltern nach Kohlhof, einem Vorort von Königsberg, mitnahm.

In Kohlhof standen viele Ruinen, aber auch Häuser, die nur zum Teil oder gar nicht beschädigt waren. In den guten Häusern wohnten die russischen Offiziere, die Deutschen wohnten in Ruinen, die teilweise ohne Dächer, also ganz komfortabel mit „fließend Wasser" eingerichtet waren. Niemand kann sich eine Vorstellung davon machen, unter welch primitiven Verhältnissen wir dort drei Jahre lang vegetierten, denn von einem Leben kann überhaupt keine Rede sein. Die einzelnen Wohnungen waren in „Quartiere" eingeteilt und numeriert. In einem Raum wohnten oft vier bis acht Personen zusammen, Frauen und Männer, die sich vollkommen fremd waren. Ich selbst wohnte mit drei Frauen, einem Säugling und einem Mann zusammen.

Im folgenden beschreibt Vfn. ihre weiteren Erlebnisse in Königsberg bis zur Ausweisung im November 1947.

Nr. 174

Erlebnisbericht des K. K. aus F r i e d r i c h s d o r f, Kreis W e h l a u i. Ostpr.
Original, 10. Januar 1952, 7 Seiten. Teilabdruck.

Arbeits- und Lebensverhältnisse im Kreis Wehlau bis Ende 1947.

Vf. berichtet eingangs von seiner Flucht mit Frau und Kindern nach Pommern, vom Zusammentreffen mit russischen Truppen am 10. März in der Nähe von Lauenburg und von verschiedenen Gewalttaten russischer Soldaten. Nach Schilderung des Arbeitseinsatzes, zu dem Vf. dort gezwungen wurde, fährt er fort:

Unser Arbeitseinsatz erfolgte hier bis zum 18. Juni 1945. Am 19. Juni wurden wir auf Anordnung des polnischen Amtsvorstehers und des russischen Offiziers in unsere frühere Heimat ausgewiesen. Auf LKWs. wurden wir zum Bahnhof nach Lanz gefahren, wo wir in Güterwagen zusammengepfercht verladen wurden. In Bromberg mußten wir die Wagen wieder verlassen. Hier kümmerte sich anfangs niemand um uns. Bis zum Abend des ersten Tages lagen wir auf den Bahnsteigen herum. Zur Nacht wurden wir durch die Polen in den Bahnhofstunnel getrieben, wo wir ihrem Gespötte ausgesetzt waren. Hier wurden noch einige Deutsche ohne Grund von den Polen niedergeschlagen und dann abgeführt.

Am nächsten Tage wurden wir zu Aufräumungsarbeiten auf dem Bahnhof eingesetzt, der durch polnisches Militär vollkommen verunreinigt war. Menschenkot mußten wir mit den Händen aufnehmen, da uns kein Handwerkszeug zur Verfügung gestellt wurde. Am dritten Tage wurden wir wieder in Güterwagen verladen und in Thorn wieder ausgeladen. Hier lagen wir auf den Bahnsteigen, auf denen gleichzeitig polnisches Militär exerzierte. Von den polnischen Soldaten wurden wir angespuckt und mit Füßen getreten. Ich hatte noch einen Handkoffer bei mir. Ein polnischer Soldat verlangte den Koffer von mir. Da ich ihm den Koffer nicht freiwillig gab, gab er mir plötzlich einen Fußtritt in den Unterleib, daß ich auf der Stelle zusammenbrach. Aber eine Hilfe gab es ja für uns hier nicht.

Am zweiten Tage mußten wir auf einen vollbeladenen Kohlenzug klettern, der uns bis Korschen mitnahm. Hier stopfte man uns wieder in einen Güterwagen und brachte uns nach Insterburg. Hier auf dem Bahnhof wimmelte es voller Russen. Niemand kümmerte sich um uns, und keiner konnte uns Auskunft geben, wie wir hier weiterkommen sollten. Essen bekamen wir auch keins. Die kleineren Kinder weinten vor Hunger, aber wir konnten ihnen ja auch nicht helfen. Am zweiten Tage sind wir dann mit drei Familien (14 Personen) auf einen leeren Kieszug in Richtung Gr. Lindenau geklettert und sprangen in Wehlau von diesem Zuge ab.

Von hier aus machten wir uns dann auf den Weg in unser Heimatdorf. Überall wurden wir von russischen Soldaten angehalten und ausgelacht, einige versuchten sich an den größeren Mädels zu vergehen. Vor dem Dorfe Frischenau ging ich dann zu einem russischen Posten und bat hier um Schutz, da wir dauernd belästigt wurden und es Nacht wurde. Wir konnten dann in der Nähe dieses Postens die Nacht verbringen. Am nächsten Morgen zogen wir dann weiter; da die kleineren Kinder nicht mehr laufen konnten, mußten sie von den Großen abwechselnd getragen werden.

Nachmittags um 4.00 Uhr langten wir dann vor unserem Heimatdorf Friedrichsdorf an. Die Ausbauten waren größtenteils abgebrannt. Überall, wo man hinsah, wimmelte es von russischen Soldaten. In das Dorf durften wir nicht rein. In der ehemaligen Abdeckerei fanden wir dann die einzigen Deutschen vor. Es waren hier insgesamt 44 Deutsche, die früher hier in der Umgegend gewohnt hatten. *Vf. zählt eine Reihe von Namen auf.*

Da in dem Hause die unteren Stuben alle belegt waren, haben wir 14 Personen uns zur Nacht auf den Boden hingelegt. Nachts begannen dann die Vergewaltigungen. Am nächsten Morgen ging ich dann nach Friedrichsdorf zum russischen Kommandanten, um Arbeit zu bekommen, aber mein Gang war vergebens. Wir waren dem Verhungern nahe. Die kleinen Kinder mußten sich an die Straße stellen und bei den vorbeikommenden Russen um Stückchen Brot prachern[1]). Am sechsten Tage bekamen der Bauer M. und ich bei einem russischen Major vorübergehend etwas Arbeit. Mein für den Tag hier verdientes Essen nahm ich abends mit. Im Quartier wurde es mit Wasser verdünnt und unter uns drei Familien (14 Personen) verteilt. Etwa am 10. Juli wurde das Haus des Bauern K., der hier mit uns zusammen war, von russischem Militär geräumt, und der russische Offizier sagte mir, wir könnten jetzt dort mit den drei Familien einziehen.

Wir haben uns dann am 12. Juli dort einquartiert. In der einen Stube standen noch die Holzpritschen von den Soldaten, die uns dann auch als Schlafstelle dienen sollten. — Plötzlich nachts ein fürchterlicher Lärm auf dem Hofe. Die Tür wurde aufgerissen, und etwa 50 russische Soldaten drangen ins Zimmer. Mit zusammengedrehten, angezündeten Papierschlangen suchten sie nach Frauen und Mädchen. Meine Frau und meine Tochter (16 Jahre alt) wurden rausgeschleppt. Auf meinen Einspruch erhielt

---

[1]) Ostpreußischer Dialektausdruck für betteln.

ich einen Kolbenschlag, daß ich zusammenbrach. Gegen Morgen brachten zwei Soldaten meine Frau, die kaum noch gehen konnte, ins Zimmer zurück. Kaum, daß ich sie mit einer Decke bedeckt hatte, stürzten schon wieder einige Soldaten ins Zimmer und schleppten sie wieder heraus. Nach etwa zwei Stunden schleppte meine Frau sich ins Zimmer, ihre Kleider waren vollkommen mit Blut durchtränkt. Plötzlich fielen draußen mehrere Pistolenschüsse. Ich glaubte, jetzt hätten diese Bestien meine Tochter erschossen. Kurze Zeit darauf brachte ein russischer Offizier meine Tochter ins Zimmer geschleppt. Er sagte mir, daß er nur durch Abgabe der Schüsse meine Tochter von den Soldaten errettet habe. Meine Tochter schwamm förmlich im Blute. Die Vergewaltigungen erfolgten in bestialischer, tierischer Weise. In dieser einen Nacht wurde meine Frau 26mal vergewaltigt, meine Tochter ist bei der 16. Vergewaltigung ohnmächtig geworden.

Am Morgen des nächsten Tages lief ich, da die starken Blutungen bei den zu Tode Gemarterten nicht aufhörten, zu einem in der Nähe einquartierten russischen Oberarzt. Ich bat ihn, meiner Frau und meiner Tochter, die beide dem Verbluten nahe waren, zu helfen. Als Antwort wurde mir gesagt: „Für euch Deutsche gibt es keine Hilfe, ihr sollt sterben wie die Schweine." Es gelang uns dann selbst, die Blutungen zu unterbinden. Da wir annehmen mußten, daß sich dieses Drama in der nächsten Nacht wiederholen würde, zogen wir gegen Abend wieder in das alte Quartier zurück. Meine Frau und meine Tochter waren durch den starken Blutverlust so geschwächt, daß sie diese Strecke von drei Kilometer nicht zu Fuß zurücklegen konnten. Ich besorgte zwei Schubkarren, auf welchen wir die beiden Frauen dann gefahren haben, darüber haben dann vorbeikommende Russen tüchtig gelacht. Am Tage blieben die Frauen im Quartier, zur Nacht brachte ich sie in ein in der Nähe des Hauses gelegenes großes Distelfeld. In der Nacht kamen dann diese Bestien wieder und suchten die Frauen. Da sie sie nicht fanden, wurden wir dafür verprügelt. Daraufhin erschienen einige Russen dann am Tage, und trotzdem meine Tochter schon fast einer Leiche ähnlich war (70 Pfund), schreckten sie auch jetzt nicht vor ihr zurück, sondern vergewaltigten sie.

Ich bin dann in das in der Nähe gelegene Dorf Sechshuben gegangen, wo der russische Stab lag. Hier habe ich alles erzählt, was sich in den vergangenen Tagen und Nächten bei den Deutschen zugetragen hatte. Bei dem Stab war ein russischer Major, der mir versprach, sofort gegen diese Schandtaten einzuschreiten. Alle Deutschen, mit Ausnahme des Abdeckers J. M. und Frau, die in ihrer Wohnung verblieben, wurden auf Anraten dieses Majors in das in der Nähe gelegene Dorf Kühnbruch gelegt, hier wurde ein russischer Posten gestellt, und wir bekamen Arbeit beim Ernteeinsatz. Der Abdecker J. M. wurde dann einige Zeit später, als seine Frau vergewaltigt werden sollte und er sich dagegen wehrte, aus seiner Wohnung geführt und erschossen. Ebenso wurde die 14jährige Tochter der Frau Berta Kirchhof an der Straße nach Friedland von Soldaten vergewaltigt und vor den Augen ihrer Mutter dann erschossen. Die Mutter selbst ist im Sommer 1947 in Tapiau dem Hungertod zum Opfer gefallen.

Nachdem wir die Getreidefelder in der Umgegend von sechs Kilometern abgeerntet hatten, wurden wir nach Stockheim und von dort nach Puschkeiten und später nach Sommerfeld verlegt. (Die Kirche in Stockheim war mit Ackergeräten vollgefahren.) Nach Beendigung der Erntearbeiten kamen wir zum Dreschkommando. Hier bekamen wir je Tag zwei Pfund Roggen, den wir uns auf einer Handmühle zu Mehl gemahlen haben. Da wir in der langen Zeit nie ein Stückchen Fleisch zu essen bekommen hatten, man aber das Verlangen nach Fleisch hatte, habe ich einfach, soweit anzutreffen waren, Hunde und Katzen gefangen und geschlachtet und mir dadurch auch mal ein Stückchen Fleisch verschafft. Wegen dieser Sache wurde ich dann eines Abends, als ich von der Arbeit kam, durch einen russischen Posten mit aufgepflanztem Bajonett zum russischen Stab nach Stockheim gebracht, wo ich gefragt wurde, aus welchem Grunde ich Hunde und Katzen geschlachtet hätte. Ich sagte, daß wir bei der schweren Arbeit auch mal ein Stückchen Fleisch essen müßten, um überhaupt arbeiten zu können, und da die Russen uns kein Fleisch geben, so habe ich mir eben was besorgt. Man entließ mich wieder. Eine Zeit später gab man uns neben dem Roggen auch etwas Konserven und etwas Fett als Produkte.

Am 9. Dezember 1945 kam ich mit meiner Familie zur Militärkolchose nach Nickelsdorf, Kreis Wehlau. Ich hatte hier den Pferdestall mit 34 Pferden, mein Sohn den Kuhstall mit 40 Kühen zu besorgen. Neben der Tagesarbeit mußten wir nachts noch in den Ställen Wache schieben. Hier bekamen wir täglich etwas Brot und einen Liter Milch. Da wir bei diesem wenigen Essen kaum in der Lage waren, die schweren Arbeiten noch zu verrichten, entschloß ich mich (auf Grund eines Buches, das mir im Herrenhaus auf Gut Dommelkeim in die Finger gekommen war: „Meine Erlebnisse beim Russeneinfall 1914", erzählt von einem Privatförster) in dem in der Nähe gelegenen Walde Schlingen auf Hasen aufzustellen. Nachts während meiner Nachtwache fertigte ich mir einige Schlingen an, und am Tage, nachdem ich meine Arbeit im Stalle verrichtet hatte, ging ich in den Wald, um die Schlingen aufzustellen. Ich hatte Erfolg und fing auch einige Hasen, so daß wir durch den Genuß des Fleisches wieder etwas zu Kräften kamen.

Mittlerweile erfuhren die Russen, daß ich Förster von Beruf sei, und fragten mich, ob ich die umliegenden Waldungen kenne. Da ich vor 1937 zehn Jahre im Forstamt Gertlauken tätig gewesen war, so waren mir die Wälder hier ja bekannt. Sie faßten nun etwas Zutrauen zu mir und nahmen mich, wenn ich Zeit hatte, auf ihren täglichen Jagden, die sie machten, mit. Dadurch bekam ich auch oft ein Stückchen Fleisch von ihnen ab. An einem Nachmittag schoß unser Natschalnik auf ein Schmalreh, ich sah, daß er dem Stück einen Vorderlauf entzweigeschossen hatte, da natürlich sehr viel Schweiß lag, glaubte er, das Stück müsse liegen. Er gab mir den Auftrag, ihm das Stück zu schaffen. Da es Abend geworden war, sollte ich es am nächsten Morgen (Sonntag) holen. Ich bat mir von ihm einen Schlitten aus, und eine Russin mußte mitfahren, falls wir im Walde Soldaten antreffen, und nahm auch einen Schäferhund, den wir als Wachhund bei uns hatten, mit. Im Walde ließ ich die Russin mit dem Schlitten auf dem Gestell, auf

dem sich auch die Anschußstelle befand, halten, nahm den Hund an einen
Strick und setzte ihn auf der Schweißfährte an. Etwa 200 Meter im Jagen,
vor einer Dickung, zog der Hund sehr stark an, und ich gab ihm freien
Lauf. Nach ganz kurzer Zeit hörte ich das Klagen des Rehs und lief schnell
nach der Stelle hin. Als ich durch die Dickung komme, steht plötzlich ein
russischer Offizier mit auf mich gerichtetem Karabiner vor mir. Ich glaubte,
mein Herzschlag stocke. Ich bat ihn auf russisch, von seinem Vorhaben abzulassen und mich erst anzuhören. Dann erzählte ich ihm, welchen Auftrag
ich von meinem Natschalnik erhalten habe. Anfangs glaubte er mir nicht
und wollte mich als Spion erschießen. Dann mußte ich das Reh nehmen und
vor ihm hergehen; als wir auf das Gestell kamen, stand dort die Russin mit
dem Schlitten, die erklärte ihm alles, und ich konnte wieder abhauen.

Am 8. März wurde unsere Kolchose nach Wargienen bei Tapiau verlegt.
Im September, an einem Nachmittag, flammte plötzlich eine mit Heu voll-
gefahrene Scheune auf. Mein Sohn Manfred und Helmut S., beide 16 Jahre
alt, wurden, da die Russen Streichhölzer bei ihnen gefunden hatten, durch
die GPU. verhaftet. Sie wurden stundenlang verhört und mit vorgehaltener
Pistole gezwungen, auszusagen, daß sie die Scheune angesteckt haben. Da
die Jungen es aber nicht getan hatten, blieben sie bei ihrer Aussage. Darauf
sollten sie erhängt werden. Die GPU. wollte sie gewaltsam zum Eingeständnis
einer Tat, die sie nicht begangen hatten, zwingen. Sie wurden daraufhin
fortgeschafft. Nach etwa 14 Tagen erfuhr ich durch einen russischen GPU.-
Leutnant, daß die Jungens sich im GPU.-Keller in Tapiau befinden. Ich bin dann am Sonntag hingegangen und bekam auch den aufsichtsführenden Major zu sprechen. Hier wußte niemand, aus welchem Grunde
die Jungens hier eingesperrt seien. Auf meine Bitte hin wurden die Jungens
am anderen Sonntag entlassen. Bei ihrer Rückkehr erzählten sie, daß sie
täglich bei schlechtem Essen haben fünf Raummeter Brennholz zerkleinern
müssen. In ihrem Keller hätten noch zwei deutsche Soldaten gesessen.
Diesen Soldaten wurden täglich ca. 25 Schläge mit dem Gummiknüppel auf
die Fußsohlen geschlagen, dadurch wollten die Russen sie zu einer Aussage
zwingen. —

Im November 1946 kamen Zivilrussen nach Wargienen, und die Militärkolchose wurde mit uns nach Bonslak bei Tapiau verlegt. Das Herrnhaus
war niedergebrannt. Die Russen quartierten sich in das Obergärtner- und
Schweizerhaus, wir Deutschen in die Insthäuser ein. — Die Zivilrussen
erzählten mir auch, daß sie gegen ihren Willen mit LKWs. hiehergebracht
worden seien, es wäre dies ehemaliges russisches Gebiet, das sie jetzt wieder
besiedeln müßten. Sie waren auch zum größten Teil gegen das russische
Regime eingestellt. —

Insgesamt waren wir hier 101 Deutsche. Gearbeitet wurde von Sonnenaufgang bis zum Dunkelwerden. Da wir auch keine Zeit hatten, unsere
Kleider und Wäsche sauberzuhalten, so waren wir vollkommen verlaust.
Pumpen und Brunnen waren zerstört oder mit Unrat vollgeworfen. Wasser
holten wir aus einem verfallenen Brunnen, wo es von Fröschen und Ungeziefer wimmelte. Sämtliche Aborte waren zerstört. Jeder verrichtete seine

Notdurft, wo er eben war. Gearbeitet wurde nach russischem Muster — alles Normarbeiten! Bei dieser ungenügenden Ackerbestellung konnten auch keine Erträge erzielt werden.

Im Februar 1947 wurde ich durch die russische Militärverwaltung auf dieser Kolchose als Brigadier eingesetzt. Diesen Posten nahm ich jedoch erst an, nachdem man mir versprochen hatte, uns Deutsche nicht als Vieh, sondern als Menschen zu behandeln. — Jetzt begann für uns zwar eine harte, dafür aber eine etwas freiere Arbeit. Wir hatten sogar öfters einen freien Sonntag. Die Frühjahrsbestellungen erfolgten jetzt nach deutschem Stil. Angebaut haben wir hier: 40 Hektar Erbsengemenge, 10 Hektar Hafer, 8 Hektar Kohl, 4 Hektar Karotten, 4 Hektar Gurken, 4 Hektar Tomaten. Die Ernteerträge waren recht gut. Wir bekamen hier 300 Gramm Mehl, Kohl, Karotten und Tomaten. Für nichtarbeitende Personen gab es keine Produkte. — Bestellt waren nur die Felder um die einzelnen Kolchosen, alles andere waren nur Distelplantagen.

In Tapiau gab es einen Schwarzen Markt, wo man, wenn man Rubel hatte, alles zu kaufen bekam. Eine Schnitte Schwarzbrot kostete 10 Rubel, ein Pfund Butter 75 Rubel usw. Zwischen Tapiau und Königsberg bestand Dampferverbindung (eine Fahrt 11 Rubel). In der ehemaligen Besserungsanstalt waren etwa 700 deutsche Jungens eingesperrt. Das Militär lag in den Kasernen, in der Heil- und Pflegeanstalt, und ein großer Teil lag in aufgestellten Holzbauten im Walde längs der Deime hinter Waldschlößchen bis Freudenberg. Die Offiziere wohnten in den Siedlungshäusern. Die ehemalige deutsche Mittelschule war als russische Schule eingerichtet. Eine Schule für deutsche Kinder gab es nicht. Überall in den Straßen traf man deutsche Kinder zerlumpt und vollkommen abgemagert an. — Zerstört waren das Bahnhofsgebäude, einige Häuser in der Bahnhofstraße (Glaubitz, Klein u. a.), ein Teil der Häuser in der Neustraße und einige in der Königsberger Straße. (In Wehlau war die Innenstadt vollkommen ausgebrannt, ebenso auch in Allenburg.)

Am 7. November 1947 wurden zwei deutsche Frauen von unserer Nachbarkolchose, die sich auf dem Wege von Tapiau befanden, hinter dem an der Straße von Tapiau befindlichen und niedergebrannten Grundstück (Knoke) ermordet und verstümmelt aufgefunden. Nachforschungen über die eventuellen Täter wurden natürlich bei uns Deutschen durch die GPU. angestellt.

Unter den hier gegebenen Umständen hatten wir hier schon mit unserem Dasein abgeschlossen, und niemand glaubte noch daran, daß sich auch unser Schicksal noch einmal wenden sollte. Plötzlich am 17. November nachmittags 4.00 Uhr ging die große Hofglocke. Alle Deutschen wurden zusammengerufen. Es waren russische Offiziere erschienen, die uns mitteilten, die Militärkolchose werde aufgelöst, und wir werden nach Deutschland entlassen.

Abschließend schildert Vf. den Vorgang der Ausweisung im Dezember 1947 sowie das weitere Schicksal in der Ostzone.

Nr. 175

Erlebnisbericht von Wilhelm Knoll, ehemals Kreisbaumeister des Kreises Samland i. Ostpr.
Original, 28. Mai 1951, 8 Seiten. Teilabdruck.

Die allgemeinen Zustände und Lebensverhältnisse in Heiligenbeil vom Juli bis November 1945.

Vf. schildert im ersten Teil seines Berichts seine Erlebnisse während der ersten Wochen nach dem Zusammentreffen mit den Russen in Palmnicken im Samland.

Am 3. Juli 1945 traf ich mit meinen Gefährten von Palmnicken in Heiligenbeil ein. Nach dem Kampf waren etwa 1 200 Deutsche nach Heiligenbeil zurückgekommen. Trostlos war das Leben dieser Bevölkerung. Etwa 30 Personen hatten sich während des Kampfes in der Stadt verborgen gehalten. Nach dem Einzug der Russen wurden diese Personen nicht in Heiligenbeil gelassen, sondern aus den erhalten gebliebenen Quartieren bis nach Deutsch Thierau gejagt und erst nach acht Tagen nach Heiligenbeil gebracht. In der Zwischenzeit wurden ihre Quartiere geplündert.

Nach Besetzung der Stadt begann für die zurückgekehrte Bevölkerung ein sehr hartes Leben. Alle, soweit sie arbeitsfähig waren, mußten morgens auf dem „Sklavenmarkt" vor dem Bürgermeisteramt antreten und wurden vom eingesetzten Bürgermeister zur Arbeit unter Aufsicht der Russen eingeteilt. Abordnungen der verschiedenen russischen Truppen holten den Bedarf für die Küchen, für Quartierreinigung und zum Waschen der Wäsche. Es wurden auch besondere Bauaufräumungs- und Erntetrupps gebildet. Die arbeitende Bevölkerung erhielt täglich je Person 400 Gramm Brot und eine dünne Wassersuppe. Der Lohn betrug monatlich 80 bis 100 RM. Die nicht arbeitenden Personen, also Alte, Kranke und Kinder, erhielten nur 200 Gramm Brot und keine Wassersuppe. Die Kommandos bei den Truppen hatten es etwas besser. Dort erhielten sie etwa 600 Gramm Brot und dreimal am Tage warme Suppe. Aber nur wenige, etwa 100 Personen, hatten diese Vergünstigung. Für 25 Personen gab der Russe sogenannte Spezialisten-Verpflegung. Diese enhielt: 600 Gramm Brot, 100 Gramm Nährmittel, 20 Gramm Fett, 20 Gramm Zucker, 60 Gramm Büchsenfleisch, 800 Gramm Kartoffeln täglich. Diese Sätze erhielten aber nur die Spezialisten, also Handwerker, Arzt und Bürgermeister. Zu kaufen gab es nichts. Tausende von Kühen und Pferden wurden in langen Zügen tagelang weiter nach dem Osten getrieben. Die Stadt Heiligenbeil erhielt jedoch für die Zivilbevölkerung nur eine Kuh. Die Milch reichte noch nicht einmal für die wenigen Säuglinge. An jedem zweiten Tag erhielt ein Säugling einen Viertelliter. Er war ein Weltwunder geworden, da man ihn selten sah. Man sah nur noch abgehärmte, müde und hungrige Menschen, die sich vor nichts mehr fürchteten und mit dem Leben nahezu abgeschlossen hatten.

Die Sterblichkeit der Bevölkerung war entsprechend groß. Es starben damals in Heiligenbeil wöchentlich sechs bis acht Personen, das ist fast zehnmal soviel als vor dem Kriege. Die Begräbnisse gestalteten sich armselig.

Wo noch Angehörige waren, zimmerten diese für ihre Toten einen Sarg aus den von den Russen übriggelassenen alten Möbeln. Am Tage nach dem Tode kam dann der Totengräber Lange mit einem Einspänner und holte den schmucklosen Sarg ab. Das Totengefolge betrug nie mehr als sechs bis acht Personen. In vielen Fällen wurden die Leichen nur in Decken gehüllt und so begraben. Die Beerdigung erfolgte auf dem neuen evangelischen Friedhof in Einzelgräbern. Fast täglich war mindestens ein Begräbnis. Pfarrer Westphal war stets zur Beerdigung auf dem Friedhof. Er betreute gleichermaßen Evangelische und Katholiken.

Es war damals nicht ein Hund oder eine Katze oder Kleingetier zu sehen. Manche Leute versuchten, die Gemüsegärten zu bestellen. Kaum war jedoch das Gemüse aufgegangen, dann wurde alles gleich geplündert. Die Kartoffel- und Getreideernte erfolgte unter Aufsicht der Russen, welche die für die russischen Truppen nicht gebrauchten großen Vorräte sammelten und abtransportierten. Das Obst auf den Bäumen kam nicht zur Reife, haselnußgroße Äpfel und Birnen wurden von den Banditen gestohlen. Die deutsche Zivilbevölkerung erhielt keine Winterkartoffelvorräte. Nur nachts oder bei Dunkelheit konnte sie Kartoffeln heimlich vom Felde besorgen, die von den Kommandos bei der Ernte zu diesem Zwecke stehen gelassen wurden. Ebenso wurde der Mehlbedarf gedeckt. Die Dreschkommandos versteckten etwas Roggen unter Stroh. Bei Dunkelheit wurde er dann abgeholt, auf der Kaffeemühle gemahlen und Brot davon gebacken. Nur so konnten viele das Leben erhalten.

Auf dem Lande waren die Verpflegungsverhältnisse etwas besser, weil die Landbevölkerung sich immer noch etwas dazu besorgen konnte. In einzelnen Ortschaften waren Erntetrupps zusammengestellt. Dort wurde während der Erntezeit von Sonnenaufgang bis Sonnenuntergang gearbeitet. Bei dieser langen Arbeitszeit war die Verpflegung auch etwas reichlicher. Der Bürgermeister Wermke aus Arnstein hatte die Möglichkeit, der dortigen Bevölkerung ausreichend Brot zukommen zu lassen. In Schwanis war Bürgermeister Hempel besonders findig. Im benachbarten Grünwiese wurden 500 Zentner Raps gefunden. Die Russen legten anfangs hierauf keinen Wert. Hempel konstruierte eine Ölmühle und preßte Öl.

Die Fischerei auf dem Frischen Haff wurde fast ausschließlich von den Russen betrieben. Abordnungen verschiedener Truppen aus dem Innern der Provinz fischten für die eigenen Auftraggeber. Auch wurde gestattet, daß ein deutsches Fischereikommando für die Zivilbevölkerung fischen durfte. Leider waren die Fänge nur klein, weil die Netze von den Russen genommen waren und für den eigenen Bedarf nur unzureichendes Material zur Verfügung stand.

Deutsches Geld wurde nicht geachtet. Die Plünderer nahmen es selten. Die Bevölkerung erhielt keine Nachrichten. In Abständen von sechs bis acht Wochen gab es eine Zeitung, die in Moskau gedruckt war (Freies Deutschland). So wußte auch niemand, daß unser Geld gesetzliches Zahlungsmittel in den anderen Zonen war. Ich sah oft völlig verschmutzte 10- und 50-Mark-Scheine in Winkeln liegen. Niemand achtete darauf. Auch das alliierte Geld war nicht gefragt. Wert hatten nur Sachgüter, die bei passender Gelegenheit getauscht wurden.

Die Bevölkerung nahm in den verwüsteten Häusern Wohnung. Fast auf allen Häusern, die noch einigermaßen bewohnbar waren, fehlten die Dachziegel und vor allem das Fensterglas. Niemand hatte Zeit, die Häuser in Ordnung zu bringen, weil die Arbeitszeit in der Stadt zehn Stunden und auf dem Lande 12 Stunden täglich betrug. Es gab keine Sonntagsruhe. Sobald es regnete, drang die Nässe in die Wohnräume. Das Wasser mußte aus den vorhandenen Pumpen besorgt werden. Selbstverständlich gab es für die Zivilbevölkerung kein elektrisches Licht. Jedermann saß am Abend im Dunkeln, denn es gab auch keine ordentlichen Öl- oder Petroleumlampen. Die Russen betrieben einige Aggregate mit Rohöl, gaben aber nichts von dem erzeugten Strom der Zivilbevölkerung ab. Trotz allem glaubten viele, daß der Russe abziehen würde und das Gebiet den Deutschen wieder überlassen würde. Emsig suchten sie darum aus verlassenen Unterständen und Kellerräumen die von den Plünderern verschleppte Wäsche usw. zusammen und brachten aus Höfen und Gräben aufgelesene Möbel in Ordnung. Sobald die Russen jedoch merkten, daß ein Haus wieder wohnlich war, wurden die Deutschen daraus wieder vertrieben.

Eine deutsche Schule wurde gegründet. Der Stadtkommanndant war mit der Schule für die sechs- bis zwölfjährigen Kinder einverstanden. Unterrichtet wurde im Amtsraum des katholischen Pfarrhauses. Fräulein Lojewski war Schulleiterin, ferner unterrichteten Fräulein Karpinski und Pfarrer Westphal. Etwa 150 Kinder waren schulpflichtig. Sie gingen gern in die Schule, und die Eltern schöpften aus dem Vorhandensein der Schule neue Hoffnung auf Besserung der Lebensverhältnisse. Lange währte die Freude aber nicht. Mein weitgehender Antrag, die Schulpflicht bis zum 14. Lebensjahr auszudehnen, wurde nicht berücksichtigt. Mitte Oktober 1945 gebot der Kommandant zunächst Ferien, um, wie er sagte, die Gemüter nicht zu beunruhigen. Die Ferien wurden nicht beendet.

Für Sicherheit und Ordnung sollte ein Wachkommando mit 18 Personen sorgen. Hierzu wurden aber nur invalide Männer über 60 Jahre bestellt. Ihre Kennzeichnung war eine rote Kommandanturbinde am linken Arm. Die Wachmänner waren unbewaffnet. Sie erhielten nur Pfeifen, mit denen sie notfalls die russischen Polizeistreifen herbeirufen sollten. In jeder Nacht erfolgten Überfälle und Einbrüche in die Wohnungen der Deutschen. Es gab in Heiligenbeil nur wenige Familien, die im Sommer 1945 nicht geplündert wurden. Wenn die Haustüren verschlossen waren, drangen die Räuber durch Keller- und Dachfenster ein und plünderten. Vor allem suchten sie Frauen, um diese zu vergewaltigen. Die Wachmänner oder Polizeistreifen kamen meist zu spät, um dieses zu verhindern.

Bürgermeister in Heiligenbeil war bis August Herr Ernst Sadlack, früher Kontrolleur im Industrie-Werk. Später als S. erkrankte, wurde Herr Hastrak, auch ein Angehöriger des Industrie-Werkes, sein Nachfolger. Das Bürgermeisteramt war nicht begehrt. Der Bürgermeister hatte eben nur die Befehle des russischen Kommandanten auszuführen, der selbstverständlich nicht die deutschen, sondern die russischen Interessen vertrat.

Die Stadt selbst ist durch den mehrtägigen Kampf Ende März 1945 sehr mitgenommen. In der Altstadt stehen nur noch folgende bewohnbare Häuser: Haustöchterheim, Neues Wasserwerk, Maske, Brall, katholische Kirche, katholisches Pfarrhaus, Kreisbauernschaft, Volksschule, Haus neben der katholischen Kirche, Krankenhaus, Volgnandt, Mittelschule, Kroll, Arbeitsamt, Gericht, Post, Kösling, Finanzamt, drei Häuser am evangelischen Friedhof, Gerberei Sahm, Wassertum und Bohn. Alles andere ist vernichtet. In der Siedlung auf dem Gebäude hinter der Tannenhecke sind etwa 60 Prozent der Häuser nur gering beschädigt. 40 Prozent sind vernichtet oder so zerstört, daß eine Instandsetzung nicht mehr möglich ist. An der Herzog-Albrecht-Straße stehen etwa 50 Prozent der Häuser, ebensoviele in der Straße „Am Sportplatz". Das Volksgemeinschaftshaus ist vernichtet. Die Siedlung hinter dem Kreishaus steht noch zu 70 Prozent. Gut erhalten sind die Kasernen. Schwer mitgenommen ist das Industriewerk. Sämtliche Hallen sind vernichtet. Das Kreishaus ist zwar nicht ausgebrannt, hat aber mehrere Artillerietreffer erhalten. Die gebauten massiven Deckungsgräben boten während des Kampfes um Heiligenbeil guten Schutz. Leider hat der Dekkungsgraben am Volksgemeinschaftshaus einen schweren Bombenvolltreffer erhalten. Elf Flaksoldaten fanden hier den Tod und wurden neben dem Graben beerdigt. — Rosenberg und Balga sind vernichtet. Kein Haus ist hier unbeschädigt geblieben.

Im August 1945 gründete der Stadtkommandant eine deutsche Ingenieurabteilung und ernannte mich zum Ersten Ingenieur des Kreises Heiligenbeil. Dieser Abteilung gehörten ferner an: Unternehmer Komos, Heizungsingenieur Stukowski und Elektroingenieur Merkert. Ich erhielt ein Gehalt von 650,— Mark und dazu ausreichende Verpflegung, so daß ich einen Hausstand mit drei Personen führen konnte. Mein Dienst war angenehm. An Dienststunden war ich nicht gebunden. Meine Aufgabe bestand darin, dem Kommandanten Verbesserungen in baulicher und kultureller Hinsicht zu machen. Unter anderem baute ich die Schlachthofruine zur Badeanstalt und die Gerberei Sahm zur russischen Waschanstalt um. Ferner reparierte ich ein Hallendach der Maschinenfabrik und setzte das Postgebäude und die Mittelschule wieder instand. Die Gebäude dienten natürlich russischen Zwecken. Soweit meine Vorschläge im Interesse der deutschen Bevölkerung erfolgten, wurden sie vom Kommandanten abgelehnt. Unter anderem verlangte ich die Einrichtung eines deutschen landwirtschaftlichen Betriebes mit mindestens 16 Kühen, um die Stadtbevölkerung versorgen zu können. Hierauf ging der Kommandant grundsätzlich nicht ein und vertröstete mich auf spätere Zeiten.

Vom November 1945 ab begannen die Russen mit der Ausweisung der deutschen Bevölkerung. Es wurden aber nur Alte, Kranke und Kinder ausgewiesen. Die arbeitsfähige Bevölkerung wurde zurückgehalten. Für mich bestand die Gefahr, weiter nach dem Innern Rußlands verschleppt zu werden. Da ich keine Ausreisegenehmigung erhielt, entschloß ich mich, über die "Grüne Grenze" [1]) zu gehen, und suchte mir als Reise- und Schicksals-

---

[1]) Es handelt sich um die Grenze zwischen dem nördlichen, russisch besetzten und dem südlichen, polnisch verwalteten Teil Ostpreußens.

kameraden zwei furchtlose Gefährten, Bruno Hempel und Fritz Brand, aus meinen Bautrupps. Die Mitte Oktober errichtete und sehr stark bewachte Grenze verläuft vom Haff bei Leysuhnen über Schettnienen, Grunau, weiter zur Omazaschlucht bei Grünhöfchen nach Deutsch Thierau und westlich Zinten nach dem Kreise Preußisch Eylau.

Da mir jeder Weg, jedes Gewässer und jedes Waldstück im Kreise Heiligenbeil aus meiner Dienstzeit bekannt ist, konnte ich meine Reisekameraden bei Nacht gut durch die mir bekannten Postenstellungen führen. Es war ein gefährliches Unternehmen, mußte aber gewagt werden, wollte man nicht bei der unberechenbaren Einstellung der Russen in ihrem Reich umkommen. Wir zogen südlich an Braunsberg vorbei über Mehlsack nach Wormditt. Hier konnten wir einen von den Polen geführten Eisenbahnzug nach Allenstein benutzen. Das von uns durchquerte ostpreußische Land war fast menschenleer. Die Ernte war vielfach noch stehen geblieben. Das Land war unbestellt und nicht gepflügt. Die Äcker waren mit hohem Unkraut bestanden. Der größte Teil der Gehöfte ist zerstört. Als ich nach Allenstein kam, gab es dort keine deutsche Bevölkerung mehr. Den ausziehenden Deutschen folgten Horden aus dem Innern Polens oder Rußlands. Sie nahmen Besitz von den verlassenen Wohnungen der vertriebenen Deutschen.

Es folgen einige abschließende Bemerkungen darüber, unter welchen Erlebnissen Vf. von Allenstein nach Berlin gelangte.

Nr. 176

Erlebnisbericht des Gärtners A. Riemann aus L u d w i g s o r t , Kreis H e i l i g e n b e i l i. Ostpr.
Original, Januar 1953, 8 Seiten. Teilabdruck.

Lebens- und Arbeitsverhältnisse deutscher Bewohner des Kreises Heiligenbeil unter russischen Verwaltungsmethoden und Wirtschaftsprinzipien in der Zeit von 1945—1948.

Vf. berichtet zunächst über seine Erlebnisse während der Flucht und beim Zusammentreffen mit den Russen im Samland bis zur Rückkehr nach Ludwigsort im Mai 1945.

Im Laufe des Sommers 1945 kehrten immer mehr deutsche Familien nach Ludwigsort zurück. Manche waren schon in Pommern oder sogar noch weiter im Westen gewesen. Sie kehrten nach Ostpreußen zurück — um dort zu sterben. Im Herbst zählte der Ort ca. 400 Einwohner [1]. Ich wurde vorübergehend zum Bürgermeister ernannt und sollte Listen über die Einwohner führen und Sterbefälle registrieren. Hauptsächlich sollten Arbeitskräfte für alle möglichen und unmöglichen Zwecke gestellt werden. Bezahlung gab es natürlich keine. Die Verpflegung [war] außerdem unzureichend. Niemand ging gerne. Im Frühjahr 1946 übernahm die NKWD. die gesamte Verwaltung.

[1] Nach dem Amtlichen Gemeindeverzeichnis von 1939 zählte Ludwigsort 1 252 Einwohner.

Im Herbst 1945 wuchs noch unsere Wintersaat zur Ernte heran. Obwohl das Getreide größtenteils auf den Feldern blieb, rettete es doch vielen Tausenden während der Wintermonate das Leben. Im Jahre darauf erst setzte das große Sterben ein. Es gab weder Brot noch Kartoffeln, weil in der Provinz fast nichts angebaut worden war. Dornen und Disteln bedeckten die Felder meilenweit. In unserem Kreis waren ca. 20 000 Morgen notdürftig beackert. Alles übrige lag brach und wurde im Laufe der Zeit Wald[1]).

Woran lag das? Größtenteils an dem Normsystem, das auch in der Landwirtschaft eingeführt ist. Alle Arbeit wird nach Normen bewertet und bezahlt. Sie zu erfüllen, ist in den meisten Fällen unmöglich, zumal bei dem ausgemergelten Körper. Sollte also nur das Lebensnotwendige verdient werden, mußte schlechte oberflächliche Arbeit geleistet werden. Auf je 30 Arbeiter kommt ein Brigadier. Er bekommt Gehalt und hat mit einem Meßzirkel die geleistete Arbeit nach Quadratmetern auszurechnen. Für jede Arbeit gibt es eine besondere Norm. Z. B. bestehen für das Hacken von Zwiebeln drei verschiedene Sätze, erste, zweite und dritte Hacke. Die ganze Arbeitsweise ist so kompliziert, daß für die Bewirtschaftung eines 2 000 Morgen großen Gutes ein Heer von Beamten gebraucht würde. Das verpönte Akkordsystem ist von den Kommunisten durch ein raffiniertes Ausbeutungssystem ersetzt worden.

Bis Ende Juni 1945 konnten wir nach eigenem Ermessen wirtschaften. Dann aber änderte sich alles. Wirtschaftsoffiziere kamen zu den Kommandanturen und bestimmten, was zu machen sei. Jede Ortschaft, in der Deutsche wohnten, erhielt einen bestimmten Bezirk zur Aberntung zugewiesen. Das Erntegut sollte ausschließlich den Deutschen zur Ernährung dienen. Maschinen wurden beschafft, in der Hauptsache Ableger. Pferde stellte das Militär. So wurden im Laufe des Sommers von der Ludwigsorter Bevölkerung fast 300 Fuder Roggen und Weizen zusammengefahren, in Schobern und Scheunen trocken eingelagert. Trotzdem blieb ein großer Teil auf den Feldern, weil Arbeitskräfte und ausreichende Maschinen fehlten. Das Sommergetreide — soweit die Russen überhaupt etwas gesät hatten — blieb restlos stehen. Kaum eingefahren, wurde auch schon mit dem Dreschen begonnen, jedoch nicht für die Deutschen, sondern jede beliebige Militärdienststelle, durchziehende Truppen usw. besorgten sich einen Dreschkasten, einige Deutsche zur Bedienung und nahmen das gedroschene Getreide natürlich mit. Was nicht gedroschen wurde, blieb liegen und regnete voll. Selbst bis aus Weißrußland kamen Zivilisten und droschen das Getreide mit Knüppeln, um daraus Schnaps zu brennen. Durch Verkauf an die Soldaten verdienten sie so ihren Unterhalt. Für die Deutschen blieb, was sie sich selber nehmen konnten. Obwohl ich den Kommandanten bat, das wilde Dreschen durch fremde Einheiten zu verbieten, erfolgte eine Abhilfe nicht. Was die Ludwigsorter Kommandantur gedroschen hatte, wurde in der Schule eingeschlossen. Es sollte später als Saatgetreide verwandt werden.

Nach der Ernte ergingen neue Anordnungen. Der Acker mußte für die Wintersaat bereitet werden. Männer und Frauen hatten den Acker umzu-

---

[1]) Die landwirtschaftliche Nutzfläche im Kreis Heiligenbeil umfaßte vor dem Kriege 71 690 ha = 286 760 Morgen.

graben. 200 Quadratmeter war die Norm pro Tag. Körperlich schon heruntergekommen, schaffte die Mehrzahl kaum die Hälfte. Ein Gespann mit zwei abgemagerten Pferden sollte täglich einen Hektar pflügen. Kein Wunder, daß statt des Pflügens nur geschält und statt des Grabens nur gewühlt wurde. Außerdem kam die Saat viel zu spät in den Boden. Es war schade um das Getreide, das hier sinnlos vertan wurde; Befehl, Norm, Plansoll. Es konnte niemand etwas dagegen unternehmen.

Die Verhältnisse wurden immer schlechter. Zunächst lösten die Russen im Oktober 1945 die Ortskommandantur auf. Es kam ein Wirtschaftsoffizier aus Heiligenbeil von Zeit zu Zeit nach Ludwigsort. Im übrigen hatte ein Oberst eines Inf. Rgt. in Ludwigsort zu bestimmen. Ludwigsort war Garnison geworden. Junge Litauer wurden eingezogen und in Ludwigsort ausgebildet. Schießplätze wurden angelegt und Bombenabwurfplätze bestimmt. Das Rattern der Maschinengewehre erstarb kaum während des Tages. Der Russe rüstete also bereits 1945 mit Hochdruck. Ohne Verbindung mit der übrigen Welt schwand unsere Hoffnung auf eine baldige Änderung dieser verzweifelten Lage.

Zwar gingen die wildesten Gerüchte um, so etwa, daß amerikanische Schiffe in Pillau eingetroffen seien, um uns abzuholen. Es blieb lediglich der Wunsch der Vater des Gedankens. Die Grenzen waren überdies inzwischen streng bewacht und mit hohem Stacheldraht abgeriegelt. Niemand durfte nach Polen oder Litauen. Wir waren nun Gefangene in unserer eigenen Heimat. Nur die Hoffnung, daß sich unser Schicksal doch einmal ändern würde, hielt uns aufrecht. Übergriffe und Gewalt nahmen zu. Schießereien auf unserem Hof waren keine Seltenheit. Waren am Abend die Türen verriegelt und konnte beim Klopfen nicht gleich geöffnet werden, wenn draußen Russen standen, krachten auch schon Gewehrschüsse durch Fenster oder Türen. Meist galten solche abendlichen Besuche den Frauen. Wer sich schützen wollte, mußte natürlich auf der anderen Seite des Hauses Hals über Kopf durchs Fenster, ganz gleich ob man bekleidet oder unbekleidet, ob es regnete oder eisigkalt war. Die einzige Rettung blieb die Flucht in die Nacht und in den Wald. Erst wenn alles wieder ruhig schien, wagten sich die Frauen zurück.

Eines Abends hörten wir vor der Tür unseres Hauses lebhaftes Stimmengewirr und kurz darauf einen Schuß. Wir stürzten nach allen Seiten hinaus und fanden einen russischen Soldaten sich am Boden wälzen. Die sofort alarmierte Polizei erschien und brachte den Verwundeten zu einem Arzt. Er lebte glücklicherweise noch und hatte aussagen können, daß er von einem russischen Hauptmann, der natürlich die Flucht ergriffen hatte, getroffen worden sei. Der Schuß habe aber nicht ihm, sondern einem deutschen Nachtwächter, der hatte verhindern wollen, daß die beiden Russen auf der Suche nach Frauen ins Haus eindringen, gegolten. Hätte der Russe nicht mehr sprechen können, wäre die Schuld natürlich den Deutschen in die Schuhe geschoben worden. Wir lebten dann wohl nicht mehr.

So gingen die Herbstmonate langsam dahin. Weihnachten 1945 stand vor der Tür. Da hieß es plötzlich, Ludwigsort müsse von den Deutschen geräumt werden. Ein schönes Weihnachtsgeschenk. Gerade am Heiligen Abend sollten die Wohnungen — soweit solche überhaupt vorhanden waren — aufgegeben werden. Nur ein paar Handwerker, also Spezialisten, durften bleiben. Wir mußten aus unserem Haus auch heraus, konnten aber zu meinem Bruder Franz ziehen, der als Schneider für die Russen tätig war und in seinem eigenen Hause hatte wohnen dürfen. Alle übrigen mußten in die Nachbarorte Schwanis, Rippen, Wendelau, Laukitten, Groß Klingbeck usw. ziehen. Für Unterkunft war natürlich nirgends gesorgt. Jeder mußte sehen, wo er blieb. In besonderen Fällen wurden sogar einige noch vorhandene Möbelstücke in die neuen Dörfer gebracht, als Entgegenkommen der Militärverwaltung.

Die Stimmung wurde dadurch verständlicherweise immer schlechter, zumal mit dem übrigen Deutschland keine Nachrichtenverbindung bestand. Im Laufe des Winters wurde in Rippen eine Sowchose (Staatsgut) eingerichtet, die sämtliche Produkte für das Militär zu liefern hatte. Der Direktor mit seinem Stabe wohnte in Rippen, wo sich auch die Büroräume befanden. Zu diesem Wirtschaftsgebiet gehörten die drei Abteilungen Lank, Laukitten und Pohren. In jeder Abteilung befanden sich etwa 80 Kühe, 150 bis 200 Pferde und auch einige Schweine. In Schwanis wurde die Molkerei und die Gärtnerei eingerichtet. Mein Bruder Paul, auch Gärtner, ging bereits im Winter 1945/46 nach Rippen und wohnte dort bei dem russischen Wirtschaftshauptmann.

Als in Ludwigsort die Verhältnisse immer schlechter wurden und inzwischen die Militärs durch Zivilisten abgelöst worden waren, zog ich im Sommer 1946 mit meiner Frau nach Schwanis, um dort auf dem Gelände des Herrn Diester für die Sowchose eine Gärtnerei zu betreiben. Meine Gewächshausanlage in Ludwigsort war bereits im September 1945 abmontiert und nach Rußland verfrachtet worden.

Fast alle Deutschen fanden bei den Sowchosen sowie bei anderen Verwaltungsstellen (Post, Kommune, Schule usw.) Arbeit. Die arbeitende Bevölkerung erhielt auch Lebensmittelkarten. Wer nicht mehr arbeiten konnte (alte Leute, Kranke usw.), erhielt auch keine Lebensmittelkarten. Hatten diese Bedauernswerten keine Angehörigen, die vielleicht für sie mitsorgen konnten, waren sie gewöhnlich dem Hungertode preisgegeben. Unverständlich unter einem Regime, das das fortschrittlichste und sozialste zu sein vorgibt. Die Bezahlung, soweit eine solche überhaupt stattfand, war infolge des Normsystems denkbar schlecht, doch immerhin ließ sich das Leben dadurch fristen.

In der Gärtnerei Schwanis wurden durchschnittlich 40 bis 50 Frauen beschäftigt. Hier blieb ich bis zum Transport nach Deutschland im Jahre 1948.

Wie bereits erwähnt, wurde das Militär aus Ludwigsort im Juni 1946 nach Litauen verlegt und durch eine Zivilverwaltung ersetzt. Wir hatten schon von den Soldaten gehört, daß wir damit nichts Gutes zu erwarten hätten. So war es denn auch. Erst als die Rayonverwaltung mehrmals ihre Führung gewechselt hatte, wurde es im Jahre 1947 etwas besser. Die Rayonverwaltung hatte zuerst ihren Sitz in Heiligenbeil im Amtsgericht. Zwei Monate später zog sie nach Ludwigsort und etablierte sich im Hause des Schornsteinfegermeisters Steinau. Ludwigsort wurde gewissermaßen damit Kreisstadt und hieß fortan Laduschkin.

Schon in den ersten Tagen des Bestehens der Zivilverwaltung wurden alle Bürgermeister nach Heiligenbeil bestellt. Zunächst fand einzeln nach Gemeinden eine Vernehmung statt. Mehrere Anmelde- und Wartezimmer mußten wir passieren, bis wir schließlich zum Rayonchef durchkamen. Empfangen wurden wir verschiedentlich mit dem Wort: „Faschist!" In einem Saal, in dem Tische und Stühle halbmondförmig angeordnet waren, saß die Obrigkeit. Ein eigenartiger Anblick. Man wußte nicht, ob man weinen oder lachen sollte. Nach kurzem Verhör wurden sofort die Arbeitsaufträge vergeben. In Ludwigsort sollten bis Ende Juli 1946 750 t Heu geerntet werden. Ich äußerte Bedenken, weil es unter den gegebenen Verhältnissen unmöglich schien. „Sibirien", war die einzige Antwort. Wenn wir keine Pferde hätten, sollten wir das Heu zusammentragen. Am nächsten Tage kam auch bereits ein Vertreter des „Landrats" nach Ludwigsort, allerdings nur, um die Räumung und Säuberung der für die Unterbringung der Verwaltung vorgesehenen Häuser anzuordnen. Selbst Sonntags mußte gearbeitet werden, oftmals völlig unsinnig, wie Moos im Walde auszupfen und Tannennadeln aufsammeln.

Mit der Verwaltung kam auch russisches Zivil nach Ludwigsort, so daß für die Deutschen gewöhnlich nur Scheunen und Ställe als Unterkünfte zur Verfügung standen. Auffällig war, daß Gebäude, die vom Kriege durchaus verschont geblieben waren, nunmehr in die Öfen der Russen wanderten und nach und nach verschwanden. Selbst die Wirtschaftsgebäude des Gutshofes Schmidt, die von der Militärverwaltung noch instandgesetzt worden waren, wurden größtenteils abgerissen und verfeuert. Als in Ludwigsort nichts mehr zu holen war, kamen die anderen Ortschaften mit dem Ausschlachten dran. Wurde irgendwo ein Wohnhaus repariert, mußten zur Materialbeschaffung anderswo zwei neue abgebrochen werden. Ebenso sah es auch mit der Bestellung der Felder aus. Wiesen versumpften, Felder wurden zu Wald. Stellenweise erreichte der junge Aufwuchs bereits drei Meter Höhe. Malaria herrschte unter der deutschen Bevölkerung.

In den Jahren 1947 und 1948 kamen die ersten Russentransporte an. Aus dem fernsten Asien kamen sie. Mit großen Versprechungen waren sie auf die Reise geschickt worden. 2 000 Rubel, eine Kuh, ein Schaf und ein paar Hühner sollten sie erhalten. Auch ein schönes Haus war ihnen versprochen worden. Wie groß war jedoch die Enttäuschung, als sie erfuhren, auf den Kolchosen arbeiten zu müssen. Viele verkauften schon nach kurzer Zeit heimlich ihr Viehzeug und zogen wieder nach Rußland zurück.

Wenn die russischen Wirtschaftsmethoden sich im Prinzip auch nicht änderten, wurden Ende 1947 — Anfang 1948 doch die Lebensbedingungen für die deutsche Bevölkerung, die die schlimmste Zeit überlebt hatte, langsam erträglicher. Die geleistete Arbeit fand allmählich regelmäßige Entlohnung, und für Rubel konnte man auf dem freien Markt und auch in dem Magazin Lebensmittel erstehen. Zwar war die Versorgung noch recht lückenhaft, zumal nicht selten Unregelmäßigkeiten und Unterschlagungen seitens der Russen vorkamen, aber das große Hungern schien doch gebannt. Schließlich besserte eine allgemeine Währungsreform den Kaufwert des Rubels nicht unerheblich. Natürlich wurde die russische Bevölkerung zuerst mit Produkten versorgt, und nicht selten mußten die Deutschen, nachdem sie stundenlang angestanden hatten, mit hungrigem Magen wieder leer abziehen.

Nicht unerwähnt soll noch bleiben, daß während der Wintermonate 1946/47 für die elternlosen Kinder ein Waisenhaus eingerichtet wurde, das unter russischer Aufsicht von deutschen Frauen betreut werden durfte. Mit einem Transport kamen diese Kinder Ende 1947 nach Deutschland. Einzelschicksale hier aufzuzählen, würde den Rahmen dieses Berichts überschreiten. Sie liegen alle auf derselben Ebene der Willkür und der Rechtlosigkeit, der die Deutschen in ihrer eigenen Heimat ausgesetzt waren. In einer beigefügten Liste sind die Toten der Jahre 1945 bis 1948 aus dem Ludwigsorter Bezirk, soweit noch in Erinnerung, aufgeführt[1]).

Die Friedhöfe, an denen man gewöhnlich das Kulturniveau eines Volkes erkennen kann, verfielen während der Besatzungszeit vollkommen. Grabsteine wurden mit Vorliebe zur Errichtung russischer Obeliske und zum Ausbessern der Straßen verwandt. In den Kirchen, soweit diese nicht abgebrochen waren, befanden sich Kinos und Magazine. Nicht alle Russen sind von der Unfehlbarkeit der kommunistischen Lehren und Prinzipien überzeugt. Im Gegenteil steht die ältere Generation größtenteils dem Terrorsystem ablehnend gegenüber. Solche Leute halfen den Deutschen auch nach besten Kräften und steckten ihnen schon ab und zu heimlich etwas zu. Jedoch liegt es nun einmal in der Mentalität des Russen, daß er heute sein letztes Stück Brot mit jemand teilt, den er morgen schon grausam mißhandeln kann. Für uns Deutsche jedenfalls unverständlich.

So gab es denn trotz allem nur ein Ziel: Noch einmal frei unter deutschen Menschen leben dürfen. Bei dem fortschreitenden Tempo der Sowjetisierung Ostpreußens schien unsere Vermutung, daß die Deutschen dem Russen doch langsam unwillkommen seien, vor allem im Hinblick auf die militärische Befestigung des Kaliningrader (Königsberger) Bezirks, sich zu bestätigen. Die ersten Gerüchte von Transporten nach Deutschland gingen um. Endlich war es so weit. Am 27. November 1947 konnten die ersten 1 100 Deutschen Ostpreußen über Allenstein in Richtung Erfurt verlassen. Beim zweiten Transport am 7. April 1948 waren auch wir dabei. Der Rest unserer Verwandten, der noch hatte zurückbleiben müssen, kam mit dem dritten Transport im Oktober 1948 heraus.

Nr. 177

Erlebnisbericht von Adolf Schiewe aus H o h e n b r u c h , Kreis L a b i a u i. Ostpr. Original, 20. Mai 1951, 5 Seiten. Teilabdruck.

Ereignisse und Zustände in Hohenbruch vom Juni 1945 bis zum September 1948.

Vf. berichtet eingangs über seine Flucht ins Samland sowie über Erlebnisse während der ersten Wochen und Monate unter den Russen bis zur Rückkehr.

---

[1]) Die genannte Liste enthält die Personalien von 69 Toten, wovon 34 aus Ludwigsort selbst stammen. Die Todesfälle verteilen sich folgendermaßen:
1945: 15 Todesfälle   1946: 26 Todesfälle   1947: 28 Todesfälle.

Am 11. Juni 1945 war ich dann endlich in meinem Dorfe angekommen. Als ich eine Woche zu Hause war, wurde ich vom deutschen Bürgermeister Krowinus zur Arbeit für die Russen bestimmt, ohne jede Entlohnung: Heuernte, dann Getreideernte, Dreschen, Herbstbestellung usw. Meine Frau war schon Anfang Mai zurückgekehrt und hatte mit Hilfe ihres Bruders Fritz Titschkus ein Hektar mit Kartoffeln bestellt. Im September 1945 wurde ich zur Kommandantur bestellt, hier wurde ich gefragt: wieviel ich Kartoffeln angebaut habe und weshalb ich an andere Menschen Kartoffeln weggebe, ein Morgen muß ich für die Kommandantur abgeben, drei sind für mich, ich darf keine weggeben; acht Tage später wurde mir die Hälfte weggenommen ohne Entschädigung. Dann hieß es, jeder soll sich selber Land umgraben und Roggen säen; ich hatte das Glück, Pferde von der Kommandantur zum Pflügen zu bekommen, mithin hatte ich über zwei Hektar Roggen, ein Hektar Winterweizen bestellt.

Am 15. Dezember wurde ich wegen Erkrankung des Bürgermeisters zum Bürgermeister bestellt. In Hohenbruch waren 487 Deutsche zurückgekehrt einschließlich ca. 60 Personen aus anderen Kreisen [1]). Im Januar 1946 wurde neu registriert, und anfangs Februar bekam jeder einen Ausweis. Mitte Februar wurde die Försterei Domschin und die Moorverwaltung Moorgrund mit je 15 Russen besetzt, angeblich Jagdkommandos — Absperrkommandos für die ganzen Ortschaften im Gr. Moosbruch, damit die Menschen nicht flüchten konnten.

Am letzten Februar 1946 kamen bei Einbruch der Dunkelheit 84 LKWs. nach Hohenbruch, am 1. März 1946 ging die Menschenverschleppung los, kleine Familien zwei je LKW., größere eine Familie je LKW. Den nötigsten Hausrat und Lebensmittel durfte jeder mitnehmen, wohin wußte keiner. So wurden die ganzen Moosbruch-Ortschaften bis zum 6. März 1946 leergefegt. — Viele flüchteten in die Wälder oder nach den Haffdörfern usw. Viele kamen nach acht Tagen zurück. — Alle kamen in die Gegend um Gumbinnen auf die Kolchosen hin; Stannaitschen, Nemmersdorf, Springen und andere. In Hohenbruch blieben wir nur 83 Personen zurück, zur Arbeit im Walde und Sägewerk. (Der Russe schrieb hierzu in seiner Zeitung, die ganzen Bauern aus dem Überschwemmungsgebiet sind auf dem Flachland umgesiedelt usw.). Von unserem gesäten Roggen durften wir nicht ernten, vor Beginn der Ernte stellte die Kolchose Liebenfelde schon Posten und ließ auch alles einernten usw.

Seit Mai 1946 wurden wir für unsere Arbeit gelöhnt. Im Juni 1946 kamen die ersten Zivilrussen nach Hohenbruch, nach und nach mehr, die ersten bestellten noch etwas an Gerste und Kartoffeln, die spätern nichts. So wurde die Not größer, denn viele Deutsche kamen von der Verschleppung zurück und konnten nichts mehr pflanzen, die Russen verließen sich nur aufs Plündern. Schäfer Gustav, geb. 9. September 1871, wurde am 22. Dezember 1946 in Elchtal von den Russen auf der Straße ermordet, weil er sich weigerte, seine Strickjacke auszuziehen; seine Frau wurde von den Russen durch Oberarm und Brust geschossen und ihr alles geraubt, wurde

---

[1]) Nach dem Amtlichen Gemeindeverzeichnis von 1939 zählte Hohenbruch 1 155 Einwohner.

aber noch gesund. Böhnke Auguste, geb. Arnold, wurde im März 1947 von einem russischen Tierarzt ermordet und auf dem Hofe unter altem Holz versteckt; Grund: sie hat sich geweigert, ihre letzten 15 Pfund Kartoffeln und 4 Pfund Fische wegzugeben. Der Winter 1946/47 war der Höhepunkt der Plünderungen. Am 10. März 1947 wurde uns bekanntgegeben, daß Ostpreußen zu Rußland gehört und wir nach Deutschland kommen usw. Termine kamen 25. März 1947, 1. April 1947 usw., bis wir endlich am 30. September 1948 alle Deutschen aus Hohenbruch, Karlsrode, Langendorf und Timber rauskamen.

Es folgen noch einige Angaben über Umstände und Erlebnisse bei der Ausweisung.

Nr. 178

Protokollarische Aussage (I.) und Erlebnisbericht (II.) von **Hella Blasey** aus **Königsberg i. Ostpr.**
Originale, 18. November 1948.

Arbeit im Bernsteinwerk Palmnicken, Kreis Samland, unter russischer Herrschaft.

(I.)

Ich habe von Juli 1945 bis zum September 1948 auf der Bernsteinfabrik in Palmnicken (Samland) arbeiten müssen. Die Arbeitszeit betrug acht Stunden. Der Verdienst betrug am Anfang ein Teil Lebensmittel und ein Teil in Rubeln. Da ich bereits früher in diesem Fach gelernt habe, hat man mich als Spezialistin bis jetzt dortbehalten, und nachdem jetzt die restlichen Deutschen aus Palmnicken ausgewiesen wurden, war ich auch dabei.

In der Bernsteinfabrik sollten nach unserer Ausweisung Russen arbeiten. Die Lebensmittelversorgung war bis 1947 so, daß wir uns nur mit Mühe am Leben erhalten konnten. Da wir dann mit 30 Spezialisten zurückgehalten wurden, übernahm uns dann das Kombinat Nr. 9, das direkt mit Moskau in Verbindung stand. Das war eine Art blau-uniformierte Polizeitruppe. Es gelang uns, mit denen Akkordsätze zu vereinbaren, wodurch wir dann monatlich 1 200 Rubel verdienten. Dieser Verdienst war um 200 Rubel höher wie das Einkommen eines russischen Ingenieurs, Kapitäns und Majors. Dieses war darauf zurückzuführen, daß die Russen von dieser Arbeit nichts verstanden.

Bis zu meiner Ausweisung wurde lediglich deutsches Vorratsmaterial verarbeitet. Mit dem Instandsetzen des Tagebaues wurde erst jetzt begonnen. Bei dieser Arbeit stellen sich die Russen so ungeschickt an, daß sie keinen ganzen Stein zu Tage bringen, daher das anfallende Material lediglich zu Bernsteinlack und Bernsteinöl verarbeitet wird.

In Königsberg selbst sollen keine Deutschen mehr sein, dafür aber in der Umgebung. Diese Menschen sollten noch bis Ende des Jahres auch abgeschoben werden.

Bebaut werden in Ostpreußen nur einzelne verstreut liegende Kolchosen. Der Großteil des Ackers liegt brach. Gebaut wird nichts. Als Brennholz werden noch stehende Gebäude, die Zäune und sonstige Holzbauten abgebrochen.

Alte arbeitsunfähige Leute bekommen weder Unterstützung noch Lebensmittel und befinden sich in der größten Not. Nach meiner Schätzung sind mehr wie 50 Prozent der dortgebliebenen Leute gestorben.

Die Straßenverhältnisse sind katastrophal. Ausgebessert wird nichts. Brücken sind nur die wichtigsten als Notbrücken gebaut. Nebenstraßen bleiben dabei unberücksichtigt. Der Eisenbahnverkehr findet nur auf den Hauptstrecken statt. Königsberg — Pillau verkehrt der Zug zweimal am Tage. Personenwagen sieht man kaum, lediglich Güterwagen.

Nach Ausweisung der Deutschen sind Russen aus Zentralrußland angesiedelt worden. Es sind dieses Leute, die in trostlosem Zustand nach Ostpreußen kamen. Sie haben sich die Deutschen ganz anders vorgestellt, waren angenehm überrascht und kamen uns mit einer gewissen Achtung entgegen. Sämtliche Betriebe sind russisch, deutsches Eigentum gibt es nicht.

(II.)

28. September 1952.

Ich versuchte im Januar 1945 mit meinem Kind und Mutter zu fliehen, das ist uns nicht geglückt. Wir waren in Königsberg zu Hause. Nachdem der Russe Danzig eingenommen hatte, sind wir von dort zu Fuß zurück nach Königsberg. Irgendeine Verpflegung gab es da nicht. Ganze Trecks von Flüchtlingen zogen damals wieder heimwärts. In Königsberg fanden wir wohl noch unsere Wohnung, aber vollkommen ausgeplündert und belegt durch Russen. Wir sind dann anderwärts zusammen mit anderen deutschen Menschen untergekommen.

Noch im Frühjahr 1945 mußten wir zur russischen Ortskommandantur zur Registrierung. Dort hat man bald festgestellt, daß ich gelernte Bernsteinseilerin war. Zusammen mit anderen Bernsteinfachleuten hat man uns dann auch nach Palmnicken gebracht, um dort das Bernsteinwerk in Betrieb zu setzen. Palmnicken war so gut wie unversehrt. Mein Kind und die Mutter waren so lange noch bei mir.

Im Juli 1945 haben wir dann angefangen zu arbeiten. Für die Arbeiter gab es dann endlich wenigstens zweimal täglich Suppe und etwas Brot, Zucker und Fett. Da ich von dieser kargen Ration noch das Kind und die Mutter ernähren mußte, war ich auch vollkommen unterernährt und wurde im Sommer 1946 krank. Da es für kranke und solche Leute, die nicht arbeiten, nichts gab, war es schlimm für uns. Das Kind und bald auch die Mutter starben vor Hunger. Mitleidige Arbeitskolleginnen und Ansässige in Palmnicken halfen mir die Zeit so, daß ich durchkam.

Die Leiter des Bernsteinwerks wechselten öfter, weil jeder geschoben hat. Später bekamen wir dann Lohn und erst noch Lebensmittelkarten. Da der Russe zu dumm war in Bernsteinsachen, haben wir unsern Akkordsatz selber so weit heraufgeschraubt, daß wir im Verhältnis zum Preis dann ein gutes Geld verdienten. Seit 1946 tröstete uns der Russe damit, daß wir bald heim können.

Im Herbst 1947 sind dann auch die ersten weggekommen. Ich und andere Spezialisten sollten dann noch russische Weiber — meist Strafgefangene — anlernen und dann auch wegkommen. Das verzögerte sich bis September 1948. Was wir da besessen haben, durften wir mitnehmen. Verarbeitet wurden da ausschließlich noch die riesigen Bestände an Bernstein, die liegengeblieben sind. Uns letzten 20, die ausgewiesen wurden, wurde noch der halbe Himmel versprochen, wenn wir noch freiwillig länger geblieben wären. Meiner Ansicht nach werden die Russen selber kaum fertig geworden sein weiterhin.

Nr. 179

Erlebnisbericht des B. L. aus G u m b i n n e n i. Ostpr.
Beglaubigte Abschrift, 1. Dezember 1952.

Ereignisse und allgemeine Zustände unter russischer Herrschaft in Gumbinnen und Umgebung von 1945—1948.

Ich wurde als Jahrgang 1893 im Oktober 1944 von Gumbinnen aus Soldat und am 9. Mai 1945 bei Berlin-Pankow von den Russen gefangengenommen. Nach dem Durchgang durch viele Gefangenenlager in Brandenburg und Pommern glückte es mir, im Juni 1945 nach sechs Wochen Gefangenschaft wegen akuter Bindehautentzündung entlassen zu werden. Wohin aber nun? Ich hatte Gumbinnen als meinen Heimatort angegeben, und prompt erhielt ich einen Entlassungsschein und auch einen Fahrschein nach Gumbinnen. Nach einer Eisenbahnfahrt mit vielen Beschwernissen stand ich am 1. Juli 1945 auf dem zerstörten Bahnhof in Gumbinnen.

Es war in den frühen Morgenstunden zwischen 3.00 und 4.00 Uhr. Kein Mensch war zu sehen. Öde, leer, verlassen, mit Schutt und Schmutz überhäuft waren die Straßen. Ich kam durch die Königstraße, über die Holzbrücke, die die Russen in der Verlängerung der Poststraße über die Pissa gebaut haben, bis zum Königsplatz. An dem Denkmal Friedrich Wilhelm I. standen zur Sicherung des Königsplatzes zwei russische Posten mit Gewehren. Ich zog mich zurück. Die Russen sahen mich nicht.

Ich trabte durch die Poststraße — Dammstraße nach der Wilhelmstraße, um nach meiner Wohnung in der Parkstraße zu gelangen. Auch hier fand ich nichts als leere Räume. Es wurde unheimlich. Noch immer hatte ich außer den beiden Posten keinen Menschen gesehen. Ich suchte deutsche Landsleute. Ich marschierte weiter nach Preußendorf (Pruszischken). Ich mußte weit durch das wenig zerstörte Preußendorf laufen, bis ich auf dem Grundstück Gärtnerei Wengrofski die ersten deutschen Landsleute sehen und sprechen konnte. Es waren der alte Fleischermeister Schönke mit Schwiegertochter und Enkelkindern, Frau Hinz, Franz Schätzki, Rudolf Fischer, Frau Schneider aus Thuren, Frau Hundsdörfer mit Kindern und Fritz Gruber aus Preußendorf. Ungefähr 18 bis 20 Landsleute hatten auf diesem Grundstück eine Bleibe gefunden. Ich wurde hier freundlich aufgenommen und erhielt zum erstenmal seit Wochen ein warmes Essen. Hier blieb ich wohnen.

Preußendorf war von russischen Soldaten belegt. Die Soldaten hatten fast alle bewohnbaren Häuser für sich in Anspruch genommen. Auf einem Grundstück war eine Schlächterei eingerichtet. Täglich wurden hier zehn bis fünfzehn Rinder geschlachtet. Die Russen hatten in Preußendorf einen großen Teil des von den Deutschen zurückgelassenen Viehs gesammelt. Es wurde also ohne Maß und Ziel geschlachtet. Von den geschlachteten Rindern nahmen die Russen nur das Beste. Minderwertige Teile und besonders die inneren Teile wie Leber, Herz usw. warfen sie weg. Diese Abfälle wurden in Lauf- und Schützengräben geworfen und mit Erde beschüttet. Und hier sei auf die Gutmütigkeit vieler russischer Soldaten hingewiesen. Wir Deutschen durften uns fast täglich von diesen frischen Fleischabfällen holen, soviel wir wollten. Die russischen Soldaten kamen auch zu uns. Wir mußten ihre Wäsche waschen, und wir erhielten dafür und für andere Verrichtungen Brot, Lebensmittel. In Preußendorf haben wir nicht gehungert.

1946 mußten wir auf Befehl der russischen Wehrmacht Preußendorf räumen, wir sollten nach Gumbinnen ziehen. Die Stadt war mit der Zeit wieder belebter geworden. Einige Hundert russischer Zivilisten hatten sich dort niedergelassen, und auch Deutsche hatten sich mehr und mehr wieder eingefunden. Die Russen nahmen Wohnung in den unzerstörten Häusern, und Deutsche, die man dort antraf, mußten das Feld räumen und sich eine andere Bleibe suchen. Manche Deutsche sind dauernd im Umzug gewesen.

Ich wohnte fast drei Jahre lang mit etwa 20 Landsleuten Meelbeckstraße 12. Es war die frühere Wohnung des Schuhmachermeister Zielasko. Dieses Haus war sehr verfallen, darum haben uns die Russen hier nicht herausgeholt. So wohnten in allen Teilen der Stadt, wo immer sich die Gelegenheit bot, deutsche Landsleute. In alten oder verfallenen Häusern, überall, wo sie glaubten, nicht von Russen vertrieben zu werden, hatten sie sich eingerichtet. In der Poststraße und in der Langen Reihe hausten 150 bis 200 deutsche Landsleute. In manchen Räumen hatten drei bis fünf Familien zwangsläufig ein Unterkommen gefunden.

In den Jahren 1947/48 waren ständig etwa 1 000 Deutsche in Gumbinnen. Es waren nicht alles frühere Gumbinner, der größte Teil davon waren Landsleute, die aus anderen Orten Ostpreußens hierher gekommen waren. In den größeren Städten Königsberg, Insterburg u. a. wurde den Deutschen das Leben recht schwer gemacht. Wer es ermöglichen konnte, zog nach einer kleineren Stadt in der Nähe der litauischen Grenze. Hier lebte es sich durch die nähere Verbindung mit Litauen und Lettland leichter. Wenn man von dort mit Hamsterrucksäcken kam, brauchte man nicht Insterburg oder gar Königsberg passieren, wo die Miliz besonders streng mit der Kontrolle war.

Die Zivilrussen, die unsere Stadt bevölkerten, kamen aus allen Gegenden Rußlands. Sie kamen in einem Aufzug, der bei uns nur Kopfschütteln hervorrufen konnte. Zerlumpt, verdreckt stachen sie von uns Deutschen, die wir auch nicht mehr sehr gepflegt aussahen, recht merklich ab. Sie bezogen also die Häuser und Wohnungen, die man uns vorenthielt, brauchten für die ganze Familie nur einen Wohnraum, während in den anderen Räumen ihr Vieh und sonstige mitgebrachte Dinge untergestellt wurden.

Mit der Zunahme der russischen Zivilbevölkerung begann auch ein wirtschaftliches Leben wieder in Gumbinnen aufzukommen. Zum Verkauf von Lebensmitteln und allen anderen Bedarfsartikeln wurden Magazine (Verkaufsläden) aufgemacht. 1948 waren in Gumbinnen 10 bis 15 Magazine, dazu kamen noch 20 bis 30 Restaurationsbetriebe, die sich über die ganze Stadt verteilten. Für Rubel bekam hier jeder, was er brauchte.

Neben diesen staatlichen Verkaufsstellen gab es in Gumbinnen noch einen Schwarzen Markt. 1946 bis 1947 war er auf dem Turnplatz in der Hindenburgstraße. 1948 wurde er in einen Schuppen der Holzhandlung Birnbacher, Königstraße, verlegt. Hier verkauften die Zivilrussen ihre Erzeugnisse: Milch, Butter, Eier, Gemüse usw., und hier hat mancher Deutsche seine letzten Sachen verkauft, um sein Leben zu erhalten. Eine noch größere Verkaufsstelle dieser Art war der Schwarze Markt in Wirballen.

Hier kauften und verkauften Deutsche, Russen und Litauer. Aus ganz Ostpreußen kam man nach dort, um Sachen besser zu verkaufen und um Lebensmittel bedeutend billiger einzukaufen. Die Deutschen brachten zum Teil eigene, zum Teil gefundene oder ausgegrabene Sachen aus den Ruinen der Häuser und Gärten. Auf diesem Markt wurde alles angeboten: Forken, Spaten, Handwerkszeug, Nägel, Haushaltungsgegenstände, Töpfe, Pfannen, Porzellan, Bekleidungsstücke, Anzüge, Frauenkleider, Schuhe. Alles ging zu verkaufen und wurde von den Litauern gerne gekauft.. Besonders gefragt waren landwirtschaftliche Geräte: Eggen, Pflüge, Wagenräder, Maschinen. Lieferanten dieser Sachen waren vielfach Deutsche von den Kolchosen, die sich für den Erlös Arbeitskleider kauften.

Die Litauer boten dagegen: Butter, Eier, Fleisch, Gemüse, Kartoffeln, alles wesentlich billiger als in den Städten Ostpreußens. Der Markt fand zweimal in der Woche statt. Es war stets ein Auftrieb von 150 bis 200 Bauernwagen. Ein Personenzug, ein sogenannter Arbeitszug, der morgens von Insterburg nach Wirballen und mittags wieder zurückfuhr, begünstigte den Einkauf in Wirballen. Der Zug mit fünf bis sechs Wagen für Personen und zwei bis drei Wagen für Güter war an Markttagen von Deutschen und Zivilrussen überfüllt. Oft ging es den Deutschen schlecht. Brauchte die russische Miliz (Polizei) Schnaps, nahm sie den Deutschen ihre Sachen ab und vertrieb sie vom Markt. Auch auf dem Markt selbst mußte der Deutsche sehr aufpassen. Es wurde unheimlich viel gestohlen. Mit Rasierklingen wurden Taschen, Rucksäcke, oft auf dem Rücken des Trägers, aufgeschnitten. Neulinge kamen selten ohne Lehrgeld ab.

Im allgemeinen kümmerte sich der Russe um uns Deutsche nicht. Wir kamen nur dann mit ihm in unsanfte Berührung, wenn er unsere Wohnungen, unsere Kleider oder andere Sachen brauchte, dann waren sie sein Eigentum. Wie wir lebten, ob wir hungerten, darbten, verkamen oder starben, war ihm gleichgültig. Anfang 1946 fand eine Registrierung der Deutschen statt, die jedoch nicht vollständig durchgeführt wurde. Erst im Jahre 1947 wurde der Paßzwang für alle Deutschen eingeführt. Von nun an fanden rege Kontrollen statt. Diese Paßkontrollen wurden durch die Miliz in den Wohnungen vorgenommen, vielfach am späten Abend oder des Nachts. Solange sich noch nicht genug Zivilrussen in Gumbinnen angesiedelt hatten, waren die Deutschen von den russischen Militär- und Zivilkommandanturen als Arbeiter gefragt. Die deutschen Männer und Frauen wurden mit Waschen, Aufwarten, Entrümpeln der Straßen und anderen Arbeiten beschäftigt. Wer Spezialist war, wurde gesucht. Spezialisten waren: Maurer, Maler, Schneider u. a. Die verdienten Rubel reichten in der ersten Zeit kaum dazu aus, um Brot zu kaufen. Später wurde die Bezahlung besser. Spezialisten haben verschiedentlich sogar sehr gut verdient. Wer aber nicht mehr arbeiten konnte, wer nichts mehr zu verkaufen hatte, unseren alten und kranken Landsleuten ging es sehr schlecht. Sie darbten dahin, bis der Tod sich ihrer annahm. Die meisten sind an Entkräftung und Hungertyphus gestorben.

Sehr viel haben wir uns gegenseitig geholfen. Es war für alle schwer, die Zeiten des Hungers und der Kälte zu überstehen. Viele, allzu viele deutsche Landsleute sind den Strapazen des Elends erlegen. So zählen wir unter diese Opfer Kaufmann Birnbacher und Viehhändler Conrad und noch viele andere Gumbinner.

Ich selbst habe meinen Lebensunterhalt damit verdient, indem ich für die Magazine (Verkaufsläden) Brennholz beschaffte. Jeden Tag habe ich aus Hausruinen Holz geholt und sechs bis acht Körbe kleingemacht. Als Anfang 1948 immer mehr Zivilrussen zuzogen, wurde ich nicht mehr gebraucht. Ich bin dann auf Fahrt nach Litauen gegangen.

Und wie gestaltete sich sonst unser Leben? In kurzer Zeit waren wir gezwungen, uns völlig umzustellen. Was uns früher unmöglich gewesen wäre, jetzt ging es. Der Fußboden war unser Bett, ein Mantel oder eine alte Decke unser Deckbett. Unsere Wäsche, unsere Kleider waren zerrissen, unsere Schuhe gingen auseinander. Zum Waschen und Rasieren fehlte uns die Seife. Die Haare beschnitten wir uns gegenseitig. Läuse, Wanzen und besonders Flöhe waren ständig mit uns und um uns. Mit allen Mitteln versuchten wir, uns selbst und, wenn es möglich war, auch unsere Unterkünfte sauber zu halten. Die aufdringlichen Gäste fanden sich immer wieder ein.

Wir besuchten uns gegenseitig, um uns auszusprechen und besonders um Pläne zu schmieden, wie man fortkommen konnte. Wir wollten unser Leben ja nicht beim Russen beschließen. Wir nahmen teil an Gebetsstunden, die in größeren Wohnungen abgehalten wurden. In unsern Gesprächen bei unserer Arbeit mußten wir vorsichtig sein, man konnte zu leicht auffallen. Dann waren wir bei Tag und Nacht nicht sicher. Die GPU. oder NKWD. konnte jeden zum Verhör, zur Untersuchung holen: „Du Spion, du Faschist?" Und einige sind nicht wiedergekommen.

Eine Verbindung mit der Außenwelt, mit Deutschland, gab es im Jahre 1945 noch nicht. Wir wußten nichts und hörten nichts. 1946 kam dann die erste Post aus Deutschland. Sie wurde in dem früheren Eisenbahngebäude, Meiserstraße 5 (Medizinaluntersuchungsamt), verteilt. Postverteilerin war Fräulein Gross, früher Stallupöner Straße. Ende 1947 wurde Fräulein Gross abgebaut. Die eingehende Post wurde auf einen Tisch im Postraum gelegt, und jedermann konnte darin suchen und seine Post und die seiner Bekannten mitnehmen. Dabei ist sehr viel Post verlorengegangen und nicht an die richtige Stelle gekommen. Die Post war durchschnittlich drei Monate unterwegs, bis sie in Gumbinnen den Empfänger erreichte. Aber nur ein Teil meiner deutschen Leidensgenossen war so glücklich, Post zu erhalten. Die meisten waren ja irgendwo mit ihren Angehörigen, Verwandten und Bekannten auseinandergekommen. Es wußte ja einer vom andern nichts.

Ich habe in der ersten Zeit sehr viele fremde Post von Bekannten erledigt und viele Schreiben beantwortet, die Anfragen nach Angehörigen enthielten. Später mußte ich dies einstellen, da mir das Papier und die Rubel für das Porto fehlten.

Es kamen viele sehr eigenartige Anfragen an die Gumbinner doch gar nicht mehr vorhandenen deutschen Behörden wie Stadtverwaltung, Polizei, Amtsgericht usw. Und nicht nur Private, sogar deutsche Behörden aus Westdeutschland forderten Urkunden und Bescheinigungen an. Bei der Polizei fragte man an, ob die Möbel in dem und dem Hause noch wohlverwahrt wären, von der Kirchenverwaltung wollte man wissen, ob die Gräber betreut würden, und das Grundbuchamt sollte Auskunft geben über gewisse Grundstücke und Ländereien.

Ich bin über hundertmal in Litauen und Lettland gewesen. Es waren Bettelfahrten, die wir Deutschen nach dort unternahmen, unternehmen mußten, um unser Leben zu fristen. Wir fuhren nach und durch Litauen natürlich schwarz in Personen- und Güterzügen. Bei Personenzügen auf Trittbrettern oder flach auf das Dach gelegt, bei Güterzügen versteckt hinter Eisen, Kohlen, Kisten und Ballen. Wir fuhren im Sommer, wir fuhren im Winter bei 20 bis 25 Grad Kälte. Das Wasser lief aus den Augen, uns froren Hände und Füße an. Es war nicht so einfach, bei dieser Kälte stundenlang fast ohne Bewegung, um nicht das Zugpersonal oder die Miliz auf den einzelnen Stationen auf uns aufmerksam werden zu lassen, durchzuhalten, bis unsere Station kam, wo wir absprangen, meistens im Dunkel der Nacht. — Wir mußten fahren. Entweder du hältst durch oder gehst vor die Hunde. Zu Hause war nichts zu essen, und viele warteten, daß man etwas mitbrachte. Die Fahrten waren ein Spiel mit dem Tode. Wen die russische Miliz fand, [der] wurde oft rücksichtslos vom fahrenden Zuge geworfen. Ich bin jedesmal — Gott sei Dank — reich beschenkt und dort richtig sattgemacht wieder zurückgekommen. Die Litauer und Letten haben uns geholfen, wo sie konnten. Trotz Verbote und drohender Verfügungen der Russen — Geldstrafen standen darauf und Ausweisungen nach Sibirien sollten stattfinden, falls Deutschen in Lettland und Litauen Verpflegung und Unterkunft gegeben wird — half man uns.

Immer wurden Mittel und Wege gefunden, wenn wir bittend vor ihrer Tür standen, uns zu helfen. Es sind auch viele Deutsche für immer nach Litauen gegangen. Ich fand im Sommer 1948 noch sehr viele Deutsche: Männer, Frauen und Kinder, die bei den litauischen Bauern Unterkunft und Arbeit gefunden hatten. Die Kinder hatten schon vielfach ihren deutschen Vatersnamen vergessen. Es gibt auch Fälle, wo Litauer deutsche Kinder als eigene angenommen haben. So leben heute viele Deutsche in den Staaten Litauen und Lettland. Viele, sehr viele Deutsche sind durch Litauer und Letten vom Hungertode gerettet worden.

Wir gedenken in tiefer Dankbarkeit dieser Hilfe. Wir werden sie nicht vergessen und wollen es auch unseren Nachkommen einprägen, wie Litauer und Letten uns in dieser Notzeit geholfen haben[1]).

Nr. 180
Erlebnisbericht von Ernst Wegner aus **Gumbinnen** i. Ostpr.
Beglaubigte Abschrift, März 1950, 11 Seiten. Teilabdruck.

Lebens- und Arbeitsverhältnisse auf verschiedenen Sowchosen im Kreis Gumbinnen in den Jahren 1945—1948.

Auf den ersten Seiten des Berichtes wird geschildert, wie Vf. nach Barth in Vorpommern flüchtete, dort den Waffenstillstand erlebte und auf Anordnung des russischen Kommandanten nach Gumbinnen zurückkehrte. Dort wurde er verhört und zur Zwangsarbeit nach Nemmersdorf, Kreis Gumbinnen, transportiert.

Bei unserer Ankunft am 14. Juni 1945 in Nemmersdorf kam mir voll zum Bewußtsein, wohin mich das Schicksal geführt hat. Wir wurden von dem von den Russen eingesetzten Bürgermeister (einem Polen) empfangen, der uns nach Erledigung der üblichen Formalitäten die Unterkünfte anwies. Diese verlassenen Wohnungen befanden sich in einem fürchterlichen Zustand, verschmutzt, ohne Türen und zertrümmerte Fensterscheiben. Kein Stuhl, Tisch oder Bettgestell war vorhanden. Hier also sollten wir uns häuslich einrichten und uns das Leben erträglich gestalten.

Nach und nach wurden diese Unterkünfte instandgesetzt und bewohnbar gemacht. Geschlafen haben wir in der ersten Zeit auf Strohlagern, bis dann allmählich Möbelstücke aus verlassenen Wohnungen der umliegenden Ortschaften herangeschafft und verteilt wurden. Das Essen mußten wir uns selbst kochen, hierzu gab es meistens Roggenmehl und Gerstengrütze. Die übrigen Zutaten konnten wir uns denken. Durch diese einseitige Ernährungsweise mußte sich der Körper vollständig umstellen und kam hierdurch langsam in Verfall. Wer noch über einen gesunden Magen und Herz verfügte, hat diese plötzliche Umstellung der einseitigen Ernährung überstanden. Alte Leute und kleine Kinder konnten sich an diese einseitige Kost nicht gewöhnen, und so erkrankte einer nach dem anderen zum Teil an Wassersucht, andere an Stoffwechsel- und Kreislauf-Störungen mit Herzschwäche.

Ärztliche Betreuung und Medikamente waren im Jahre 1945 überhaupt nicht vorhanden. Auch die sanitären Verhältnisse in dem provisorisch eingerichteten Krankenhaus waren die denkbar schlechtesten und spotteten jeder Beschreibung. Die Kranken, die hier eingeliefert wurden, legte man in ein mit Haferstroh ausgelegtes Holzbettgestell. Jeder bedeckte sich mit seinen mitgebrachten Kleidungsstücken, da Schlafdecken nicht vorhanden waren. Starb ein Kranker, so wurde dieses Stroh aus dem Bett des Kranken nicht entfernt, und man legte den nächsten Kranken unbesorgt wieder hinein. Das Ungeziefer fand hier den besten Nährboden und vermehrte sich in erschreckendem Ausmaß. Abwehr- und Reinigungsmittel wie Seife gab es zur Bekämpfung dieser Plagegeister nicht.

[1]) Vgl. S. 166 (Bd. I, 2); s. auch die Veröffentlichung des Göttinger Arbeitskreises: Dokumente der Menschlichkeit, 1950, S. 107.

Wie nicht anders zu erwarten, brach im Spätsommer 1945 eine Typhusepidemie bei uns aus, die unter den Lagerinsassen viele Todesopfer forderte. Diese Leichen mußten ja nun auch bestattet werden, und so erhielt ich vom Bürgermeister den wenig beneidenswerten Auftrag, dafür zu sorgen, daß diese Toten so schnell wie möglich beerdigt wurden. Zwei Tischler (Otto Schmidt und Franz Braun) waren mehrere Wochen nur mit dem Anfertigen von Särgen beschäftigt. Die Bretter hierzu wurden von Scheunen abgerissen. Um meine Arbeit beginnen zu können, suchte ich mir vier unerschrockene Männer, die mich bei den ständigen Leichenbestattungen in anerkennenswerter Weise tatkräftig unterstützten. Es gehört schon eine gute Natur und Energie dazu, um eine solche nicht beneidenswerte Arbeit überhaupt ausführen zu können. Als Leichenwagen diente uns ein großer Handwagen. Im Lager wurden wir als die Männer vom „Himmelfahrtskommando" ironisch benannt. Etwa 250 dieser Toten habe ich mit meinen Männern eingesargt und mit unserem kleinen Leichenwagen zum Friedhof gezogen. Dort haben unsere Toten in ostpreußischer Heimaterde unter uralten Eichenbäumen des Gutsfriedhofs ihre letzte Ruhestätte gefunden.

Der unerbittliche Tod hatte im Lager unter den Leidensgenossen große Lücken gerissen. Die noch verbliebenen wenigen Arbeitskräfte reichten nicht aus, um die umfangreichen Arbeiten dieses großen Gutsbetriebes bewältigen zu können. Diese entstandene Lücke mußte wieder durch neue Arbeitskräfte ausgeglichen werden. Im Frühjahr 1946 trafen dann die angekündigten neuen Leidensgenossen in mehreren Lastkraftwagen aus dem Großen Moosbruch in dem Labiauer Kreis im Lager Nemmersdorf ein [1]). Diese in Arbeit stehenden Menschen erhielten dort den Befehl, sich innerhalb zwei Stunden mit dem notwendigsten Gepäck zur Abreise in eine unbekannte Gegend bereit zu halten. Vieh, Geflügel und dgl. mußte für die eingetroffenen Zivilrussen zurückgelassen werden. Zu meiner bisherigen Beschäftigung erhielt ich zusätzlich noch einen neuen Auftrag, und zwar die Betreuung der jetzt eingetroffenen Moosbrucher Landsleute zu übernehmen, diese Menschen möglichst schnell in neu instandgesetzte Unterkünfte der beiden noch unbewohnten Güter Grimm und Rothgänger unterzubringen. Türen und Fenster waren auch hier nicht vorhanden. Aber es mußte hier in kürzester Zeit Abhilfe geschaffen werden, damit diese verschleppten Volksgenossen so schnell wie möglich zur Arbeit herangezogen werden konnten. Wer nicht arbeiten konnte, erhielt vom Russen keine Verpflegung. Alte Leute waren dem Hungertode preisgegeben, wenn diese nicht junge Familienangehörige zur Arbeit stellen konnten.

Im Herbst 1946 trafen die ersten Transporte Zivilrussen in Nemmersdorf ein. Wir mußten nun unsere nett eingerichteten Unterkünfte für die Russenfamilien räumen und in andere Quartiere in der weiteren Umgebung des Lagers ziehen. Fünf Lastkraftwagen brachten mehrere Familien, die vorher vom Direktor für diesen Umzug bestimmt waren, nach dem ausgestorbenen Gut Adl. Heinrichsdorf. Es war ein totes, von Unkraut überwuchertes Adl. Gut. Das Gutshaus war nur ein Trümmerhaufen, die übrigen

---

[1]) Vgl. die Ausführungen von Adolf Schieve aus Hohenbruch, Kreis Labiau, in seinem Bericht, abgedruckt unter Nr. 177 (Bd. I, 2), S. 144.

Gebäude ohne Türen und Fenster. Mit unserem Einzug zog hier wieder neues Leben ein, und deutscher Fleiß brachte Ordnung in diese jahrelang verwaisten Räume. Zwei Zimmerleute machten sich unverzüglich an die Instandsetzungsarbeiten, und die Frauen schafften den von den abgezogenen Truppen hinterlassenen Schmutz und Unrat aus den leeren Stuben.

Nachdem wir uns die neuen Unterkünfte wieder wohnlich gestaltet hatten, begannen die weiteren Aufräumungsarbeiten auf dem großen Gutshof und in den noch gut erhaltenen drei massiven Ställen. Wie mir dann gelegentlich einer Besichtigung der Direktor mitteilte, würde in Kürze hier ein Pferdetransport — etwa 40 — für längere Zeit untergebracht werden. Der angekündigte Transport traf dann auch bald ein. Zur Betreuung der Pferde waren außer zwei erfahrenen älteren Kutschern keine weiteren geeigneten Männer vorhanden, die Gespanne übernehmen konnten. Nun mußten 12jährige Jungen und 15- bis 18jährige Mädchen die Pflege der Pferde übernehmen. Jeder dieser neugebackenen Kutscher bekam zwei Pferde (ein Gespann) anvertraut und hatte nun das Tränken, Putzen, die Sielen und seinen Wagen in Ordnung zu halten. Die Aufsicht und Einteilung der Tagesarbeit der Gespanne wurde mir vom Direktor übertragen. Damit hatte ich eine große Verantwortung übernommen, denn mit diesen jungen Menschen — zum Teil noch Kinder — mußte die Tagesnorm im Pflügen, Eggen, Dungfahren usw. erreicht werden. Jeden Abend hatte ich nun einen Arbeitsbericht der geleisteten Arbeit nach Nemmersdorf abzugeben. Diese Tätigkeit übte ich noch bis zum Frühjahr 1947 aus, bis dann auch hier ein größerer Transport Zivilrussen eintraf und uns auch von hier wieder verdrängte.

Wir zogen nun nach dem Ort Pennacken, drei Kilometer von Nemmersdorf entfernt. Durch den andauernden Zustrom russischer Familien wurde für uns Deutsche die Wohnungsfrage ein besonderes Problem. In diesem großen Gut, das noch gut erhalten war, wurden nun zwei bis drei Familien in einem Raum zusammengelegt. Auf die Dauer war diese Zumutung ein unhaltbarer Zustand, denn jeder wollte sein Essen zuerst auf den Herd stellen und seine Mahlzeiten zur rechten Zeit fertig haben.

Die Arbeitszeit begann vor Sonnenaufgang und endete mit Sonnenuntergang und betrug in den Sommermonaten täglich bis zu 15 Stunden. Wir lebten wie die Wilden, von der Außenwelt isoliert, ohne Uhrzeit, ohne Zeitungsnachrichten und von den Angehörigen jahrelang kein Lebenszeichen. Da auch an Sonn- und Feiertagen durchgehend gearbeitet wurde, verblieb uns zur körperlichen Reinigung keine Zeit. Die Folge dieser ungesunden Lebensweise — die unausbleibliche Läuseplage — war das Ergebnis. Seife war zu einem normalen Preis nicht zu bekommen und nur auf dem Gumbinner oder Wirballener Schwarzen Markt zu unerschwinglichen Preisen zu haben. So kostete z. B. ein Stück gewöhnliche Riegelseife 30 Rubel, ein Zwei-Kilo-Brot 60 bis 70 Rubel.

Diese phantastischen Preise standen zum geringen Arbeitsverdienst in keinem Verhältnis. Wer noch in der glücklichen Lage war, irgendeinen nützlichen Gegenstand oder Kleidungsstück auf dem Schwarzen Markt umzusetzen, konnte sich diesen Luxus einmalig leisten. Eine Frau mit zwei bis drei Kindern verdiente pro Tag drei bis höchstens fünf Rubel. Dieser geringe Verdienst reichte gerade noch aus, um das Roggenmehl zur Herstellung der Mehlsuppe zu bezahlen. Kartoffeln gab es auf normalem Wege nur selten zu kaufen und waren durch den anhaltenden Zuzug der vielen Russen sehr knapp und Mangelware. So mußten wir uns mit Kartoffelersatz, der Zuteilung von Runkelrüben, bei der Verpflegungsausgabe begnügen, die abgekocht und in kleine Stücke geschnitten, statt Gemüse gekocht wurden.

Im Frühjahr, als die Natur uns die ersten Brennesseln schenkte, sahen wir von nun an hoffnungsvoller in die Zukunft. Hieraus bereiteten wir uns einen dickgekochten Spinatbrei. Als die Brennesseln dann größer und härter wurden, fanden wir Ersatz in der sogenannten Melde.

Ein besonderes Kapitel war die Beleuchtungsfrage. Wer nicht im Dunkeln sitzen wollte, hat sich seinen Beleuchtungskörper selbst hergestellt. Den Brennstoff hierzu, ein Treibstoffgemisch (Kirassin), mußte man sich von hinten herum besorgen. Streichhölzer waren nur auf dem Schwarzen Markt zu ein und zwei Rubel je Schachtel erhältlich. Das Leben wurde durch den großen Zustrom der unaufhörlich neu eintreffenden Nachbarn aus dem Osten immer unerträglicher. Die Lebensmittelversorgung wurde knapp und die Sklavenarbeit immer brutaler. Die schlechteste und schwerste Arbeit mußten unsere deutschen Frauen verrichten.

Mit dem Beginn der Heuernte bekam ich ein neues Arbeitsgebiet. Ich wurde Messerschleifer für Grasmähmaschinen und hatte nun jeden Tag für sechs Grasmäher auf einem Spezialschleifstein zwölf Messer zu schleifen. Mein Dienst begann schon vor Sonnenaufgang, damit die Gespanne frühzeitig hinausfahren konnten. Diese Arbeit hielt auch während der Roggenernte bis zum halben August 1947 an. Als dann die Kartoffelernte näherrückte, mußte ich meine bisherige Tätigkeit einstellen und wurde von nun an Wachposten an den Kartoffelmieten eines großen Kartoffelfeldes.

Mein neuer Dienst begann bei Eintritt der Dunkelheit und endete mit Anbruch des neuen Tages. Der Unterstand aus großen Wellblechtafeln mit Stroh verkleidet befand sich auf einer Anhöhe am Waldesrand. Es war eine gefährliche Ecke, da in diesem Waldabschnitt ein Rudel Wildschweine ihr Unwesen trieb. Solange das milde Wetter noch anhielt, ließ sich dieser Dienst auf einsamem Posten ertragen; als dann aber die Kälte und Schneetreiben einsetzten, war ein längerer Aufenthalt im Freien ohne Pelz und Filzstiefel unmöglich. Meine Fußbekleidung bestand aus gewöhnlichen Holzschuhen, in die der Schnee ungehindert eindringen konnte. So war ich gezwungen, ab und zu vorübergehenden Unterschlupf in einem ein Kilometer entfernten Pferdestall zu suchen. Diesen Nachtdienst habe ich noch bis Ende Januar 1948 versehen und erkrankte dann an Erkältung mit hohem Fieber, daß ich das Bett eine Woche lang hüten mußte. Einen Arzt und Medikamente konnte man nicht bekommen. In dieser Zeit war nun ein Zivilrusse dort als Posten eingesetzt.

Nachdem ich dann wieder soweit hergestellt war, bekam ich eine neue Arbeit im Innern. Ich wurde nun Seiler (Strickdreher). Mit einem Labiauer Schicksalsgenossen, der hierin Kenntnisse besaß, haben wir gemeinsam im

Akkord Stricke, Pferdeleinen (ein- und zweispännig) sowie zehn Meter lange Neuleinen für die Ernte aus ostpreußischem Mähmaschinenbindegarn gedreht. Der Tagesverdienst war ein guter, da diese Arbeit als Spezialarbeit gewertet wurde.
Abschließend berichtet Vf. über seine Ausweisung Ende März 1948[1]*).*

181

Erlebnisbericht von Frau G. B. aus Birstonischken, Kreis Pogegen, i. Memelland.
Original, 13. Dezember 1952, 9 Seiten. Teilabdruck.

Flucht aus dem Memelland im Herbst 1944, Zusammentreffen mit russischen Truppen bei Pr. Eylau (Januar 1945), verhinderte Rückkehr ins Memelland; Lebensverhältnisse im Kreis Tilsit bis April 1948.

Unser Treck verließ am 8. Oktober 1944 unser Heimatdorf Birstonischken, Kreis Pogegen, Memelland. Nach vier Tagen Rast im Umkreis von Königskirch ging es weiter nach Kreis Bartenstein, wo wir verteilt wurden. Nun folgten einige Monate der Ruhe. Ende Januar mußten wir auch hier räumen, und niemand wußte, wohin es nun gehen sollte; denn der Russe rückte immer näher. Uns verschlug es in Buchholz bei Landsberg, Kreis Preußisch Eylau. Die beiden hochtragenden Stuten zogen nicht mehr, und den Fußweg mit zwei kleinen Kindern und meinem kranken Mann konnten wir nicht machen. Die Front rückte immer näher (zwei Kilometer); in Buchholz befanden sich noch fast alle Einheimischen und viele Evakuierte aus den nordöstlichen Kreisen Ostpreußens.

Am Vormittag des 17. Februar 1945 waren dann die Russen da. Was nun innerhalb einer Stunde geschah, kam mir erst später zum Bewußtsein. Unsere letzte Habe, die auf einen Leiterwagen geladen war, wurde restlos auf Lastwagen verladen; nur was wir anhatten, durften wir behalten. Wurden wie das Vieh in die Scheune getrieben, später dann in das nächste Gehöft gebracht. Nun wurden alle Personen einzeln vernommen. Es waren Russen, Zivilgefangene, Polen, Franzosen und Deutsche. Dem Weißrussen, der bei uns viereinhalb Jahre gearbeitet hatte, wurde auch die Uhr genommen. Man wollte ihm auch die Stiefel und die Lederjacke ausziehen; er ließ es sich aber nicht gefallen. Dann hat man ihn gefragt: „Hast du für die Deutschen gearbeitet? Als er diese Frage mit „Ja" beantwortete, schlug man ihn in das Gesicht. Dem treuen Menschen standen ob dieser Schmach, von seinen eigenen Landsleuten geschlagen zu werden, die Tränen in den Augen.

Nun wurden sämtliche Frauen mit Kindern und Leute über 60 Jahre entlassen und Richtung Landsberg geschickt. Die Männer, darunter auch mein Mann, der 1940 eine schwere Lungenoperation durchgemacht hatte (Vollplastik), wurden alle da behalten und sollen später nach dem Ural verschleppt worden sein. Die erste Nacht in Landsberg werde ich nie vergessen. Begannen doch hier die ersten Vergewaltigungen. Fest hielt ich die

---

[1]) Abgedruckt unter Nr. 367 (Bd. I, 2).

Kinder an mich gepreßt, in der Hoffnung, so der Drangsal zu entgehen. Ich ließ es darauf ankommen und sagte zu dem Posten, der die Maschinenpistole auf uns gerichtet hielt: „So schieße doch!" Er tat es aber nicht, sondern sagte auf gut deutsch: „Du bist ja bekloppt!"

Am anderen Morgen ging es dann in Richtung Korschen weiter. In Eichhorn machten wir halt, denn alle hatten Hunger und froren. Wir suchten ein leeres Haus, um etwas zu kochen. Überall zerstörter Hausrat und dergleichen. Die Höfe und Wege standen voll verlassener Flüchtlingswagen. Überall lagen Betten, Wäsche und Lebensmittel umher, die bei der Witterung bald verdarben. Und doch haben die Menschen von diesen Lebensmitteln, die neben toten Menschen und Vieh lagerten, essen müssen, um ihr Leben zu fristen.

Acht Tage lang hielten wir uns in Eichhorn auf (ca. 16 Personen). Eines Morgens holte uns ein russischer Posten nach Dirsen zur Arbeit. Hier war einiges Vieh, das wir betreuen mußten. Hier wurden wir regelmäßig verpflegt. Anfang März 1945 wurden vier Frauen, darunter auch ich, nach Eichhorn geholt. Hier sollten wir die Wohnungen säubern. Diese Arbeit hatten wir bis zum Spätnachmittag getan. Nun brachte uns ein Posten in einen Keller, in dem ca. 14 Leichen lagen. Als Anfang Februar 1945 die Front näher kam, hatten sich diese Menschen in den Keller geflüchtet. Sie alle waren durch Maschinenpistolen getötet worden. Nun sollten wir diese Toten, die unter Gerümpel schon vier Wochen lagen, aus dem Keller hochschaffen und hinter der Scheune in eine nur einen halben Meter tiefe Kalkgrube bringen. Eine Tragbahre gab man uns. Mit umwickelten Händen faßten wir die Toten an, es war ein furchterregender Anblick, und ich konnte ihn lange nicht vergessen. Später gewöhnte man sich auch daran.

In den Monaten März, April, Mai und auch noch Anfang Juni haben wir viele Tote, Soldaten, Freund und Feind, Kinder, alte Leute, zur letzten Ruhe gebettet. Wer kennt ihre Namen? — Auch viel Großvieh lag auf den Feldern umher, welches wir Frauen unter die Erde brachten. Ende Mai wurde dieses Vieh, das wir betreuten, nach Rußland getrieben, und wir waren wieder arbeitslos, brotlos, schutzlos.

Ende Juni gingen wir nach dem Gut Neukrug, wo auch Vieh untergebracht war. Hier war schon alles besser organisiert. Das Vieh wurde bei Tag gehütet und zur Nacht in sauberen Ställen untergebracht. Nun erhielten wir auch wieder Verpflegung. Hier lernte ich auch Frau Johanna S. aus Schloßberg kennen, die drei Frauen mit sieben Kindern betreute. Im Juli wurde auch diese Wirtschaft aufgelöst, das Vieh in Richtung Insterburg getrieben. Die Leute, die in Neukrug und Umgebung beheimatet waren, blieben dort.

Frau S. und mich aber zog es nach der Heimat. Am 7. August 1945 packten wir unsere geringen Habseligkeiten auf unsere Handwägelchen und fuhren in Richtung Tilsit ab. Unterwegs wurden wir sonderbarerweise nicht ausgeplündert. Kam es daher, weil meine Beine noch voller Narben waren von der eben überstandenen asiatischen Krätze, so daß sie wohl Angst vor Ansteckung hatten?

Unterwegs erhielten wir sogar Brot, Obst und Gemüse von vorüberfahrenden Russen. Als wir näher nach Tilsit kamen, erfuhren wir, daß niemand nach dem Memelland darf. Es blieb uns nun nichts übrig, als nach Königskirche zu gehen. Ich hoffte, in E., wo mein Schwager E. S. gewohnt hatte, jemand anzutreffen. Unseren Handwagen ließ ich bei Frau Minna G., die schon im Mai 1945 zurückgekehrt war und in ihrem Hause wohnte. Der Ehemann von Frau G. ist auch von Russen erschossen worden.

In E. waren nur die Geschwister K. Das Gehöft meines Schwagers war total niedergebrannt. Nur die Mauern von dem Stall standen noch. Bei G., K., P. standen nur die Wohnhäuser. Nur das Gehöft von S. war unversehrt. Aber an Mobiliar fand man auch dort nichts.

Wir sind dann in Königskirch geblieben. Leere Wohnungen gab es genug, und etwas Hausrat fand man auch. Nach acht Tagen wurde ich mit zwei anderen Frauen nach Kriplauken (13 Kilometer von Königskirch) zur Arbeit mitgenommen. Frau S. blieb mit den Kindern ohne Nahrungsmittel und in Ungewißheit über mein Schicksal in Königskirch zurück. Nach 14 Tagen erhielten wir Urlaub und auch etwas Mehl und Pferdefleisch für die Familie. Groß war die Freude des Wiedersehens. Meine Lieben waren auch in dieser Zeit nicht verlassen gewesen. Ein Russe hatte ihnen Brot, Kartoffeln und Gemüse gebracht.

Nach weiteren 14 Tagen wurden wir von einer Einheit, die Befehl hatte, in Königskirch und Umgebung Roggen anzubauen, zurückgeholt und mußten in der Küche arbeiten. Hier erhielten wir gutes und reichliches Essen. Leider ging dieses nur sechs Wochen, und wir waren wieder schutzlos. Übrigens ist von diesem ausgesäten Roggen (mehrere 100 Zentner) nicht ein Halm aufgegangen. Es war schon Ende Oktober — Anfang November und sehr kalt. Der Boden wurde nur gepflügt, auch die Dauerweiden ganz leicht geeggt und die Saat mit der Hand darüber gestreut.

Am Donnerstagabend vor Totensonntag 1945 umstellten vier Mann unser Häuschen und begehrten Einlaß. Zunächst suchten sie Frauen, aber dieses war nur ein Vorwand; denn als wir verängstigt herumstanden, rissen sie den Kindern die Betten im Schlaf fort und flohen damit. Daß ich in dieser Nacht nicht den Verstand verlor, wundert mich heute noch. Der Winter vor der Tür, und nichts, womit wir uns zudecken konnten. Doch auch dieses ging vorüber, und das Leben mußte weitergehen. Die Kinder und auch wir wollten ja essen, und so ging man in die Scheune das noch von der Ernte 1944 vorhandene Getreide dreschen. Dieses geschah mit einem Flegel und wurde dann geputzt und mit der Hand gemahlen. Es fand sich ja nur noch Gerste, Hafer und Erbsen. Doch wie froh waren wir, dieses noch zu finden, haben wir uns doch lange davon ernähren können.

Im Februar 1946 wurde in Königskirch eine Kolchose eingerichtet. Nun schauten wir wieder etwas hoffnungsvoller in die Zukunft; denn Arbeit hieß für uns Brot und Schutz. Zunächst wurden alle deutschen Wohnungen nach

Möbeln usw. durchsucht, und was ihnen am besten gefiel, wurde für den Direktor und Genossen mitgenommen. Im Anfang erhielten wir keinen Lohn und nur etwas an Verpflegung, die bei weitem nicht für uns ausreichte, viel weniger noch für die Familie. Im Mai 1946 kam dann Vieh aus Königsberg, und auch ich hatte das Glück, als Melkerin angestellt zu werden, war doch die Entlohnung besser als bei den Feldarbeitern, und man hatte die Möglichkeit, für die Familie Milch zu „zappzerieren" (stehlen). Man mußte nur erfinderisch sein, um die Flaschen recht unauffällig zu verbergen; denn es war streng verboten, Milch mit nach Hause zu nehmen. Ich hatte mir zwei Feldflaschen besorgt, die ich in den Achselhöhlen verbarg und, die Hände in den Hosentaschen (fast alle Frauen trugen bei der Arbeit Männerhosen), sie mit den Armen festhielt. Die Hosen waren überhaupt sehr praktisch zum Verbergen von „Diebesgut"; band man unten die Hosenbeine zu, so konnte man darin allerlei unterbringen: Zuckerrüben, Säckchen mit Hafermehl, Salz usw.

In der Königskircher Kirche, die ausgebrannt war, wurden Silos ausgemauert, in denen Futter für das Vieh eingestampft wurde. Dieses Futter bestand zum größten Teil aus grünem Kartoffelkraut, Disteln, Sonnenblumen und Rübenblättern. Im Pfarrhaus wurden in einem Zimmer die Kälber untergebracht. Später wurden dann in den Wirtschaftsgebäuden des Postgebäudes ein richtiger Kälberstall und Abkalbestall eingerichtet, in denen ausschließlich nur Russenfrauen arbeiteten.

Im Juli 1946 erhielten wir die ersten Lebensmittelkarten. Leider aber nur die Arbeiter, die Alten und Kinder erhielten nichts. Einige Monate, August—September, gab es auch für die Kinder Brotmarken. Nun kam aber eine böse Zeit. Von Oktober 1946 bis zum halben Februar 1947 gab es pro Tag und Arbeiter nur 300 Gramm Brot, weiter nichts. Wer da nicht etwas Vorrat an selbstgedroschenem Getreide besaß, litt Hunger. Im Dezember des Jahres 1946 ging ich zum ersten Mal nach Birstonischken. Wenn mir jemand gesagt hätte, du wirst einmal von Königskirch über Tilsit nach Birstonischken und zurück auf Holzklumpen gehen, so hätte ich es als einen Scherz angesehen. Für diesen Gang erhielt ich von unserem Brigadier drei Tage Urlaub, und so konnte ich mich einen ganzen Tag dort aufhalten. In Tilsit sah ich mir den dort jeden Tag abgehaltenen Wochenmarkt (Basar) an, der von den im Memelland auf unseren Höfen lebenden Litauern beschickt wurde. Es gab alles, vom Ei angefangen bis zum kostbarsten Porzellan und Kristall. Diese von den russischen Offizieren sehr begehrten Artikel wurden von den Deutschen angeboten, die ihre vergrabenen Sachen hervorholten und verkauften, um sich für den Erlös Lebensmittel kaufen zu können.

Nun ging es über die ehemalige Königin-Luise-Brücke nach der alten Heimat. Die Brücke war ja nicht mehr, doch hatte man versucht, sie aus Holz nachzubauen; allerdings sah man statt des deutschen Adlers den Sowjetstern. Unangefochten gelangte ich in Birstonischken an. Überall auf den Höfen saßen Litauer. Die Weiden und Äcker sahen ziemlich gepflegt aus; jedenfalls bedeutend besser als auf unserer Kolchose. Auf der Kolchose wurde nur ganz wenig Getreide angebaut, das meistens mißriet. Die fruchtbaren Weizen- und Kleeäcker lagen ungenutzt da. Kartoffeln, Tomaten, Gurken und Weißkohl gediehen sehr gut. Das auf der Kolchose gehaltene Vieh fand genug Weide im Sommer. Nur im Winter machte sich der Futtermangel bemerkbar. Im Frühjahr 1948 wurde Heu von den Baubelner Wiesen geholt, welches in Ballen gepreßt in Miekiten lagerte.

In Birstonischken und Trakeningken war nichts zerstört. Nur was im Sommer 1944 von Bomben beschädigt wurde, war nicht wieder aufgebaut. Habe auch Frau O. B. in Trakeningken besucht, die mit ihrem Mädchen und Wirtschafter auf ihren Hof zurückgekehrt war und dort mehr schlecht als recht lebte. Der Wirtschafter arbeitete auf der Kolchose in Baubeln. (Das frühere Gut Baubeln.)

Im Januar 1947 machte ich zum zweiten Mal den Weg, um Kartoffeln zu kaufen. Vielleicht bekam man auch welche geschenkt? Ich hatte das Glück, von dem früheren Bauern F. S. aus Trakeningken, der auf dem Hof von Otto S. als Tagelöhner bei den Litauern arbeitete, einen Zentner für 190 Rubel zu kaufen. In Tilsit kosteten die Kartoffeln à Zentner 600 bis 700 Rubel. Der Monatsverdienst betrug aber nur 250 bis 300 Rubel. Von einem litauischen Bauern erhielt ich einen halben Zentner geschenkt, auch etwas Brotmehl und Rauchfleisch. Nun fuhr ich glücklich mit eineinhalb Zentner Kartoffeln mit dem Handwagen nach Königskirch zurück.

Im September 1947 ging ich dann zum letzten Mal dorthin. Auf unserem Hof saß auch ein Litauer, der nicht einmal Roggen oder Kartoffeln angebaut hatte. Nur Zuckerrüben und Tabak, ebenso etwas Gemüse. Die siebenköpfige Familie besaß nicht einmal eine Kuh. Wovon die Leute lebten, war mir ein Rätsel. Auch konnte ich es nicht begreifen, daß alle in einem Zimmer schliefen, sogar am Fußboden, wo doch das Haus genug Räume hatte. Die Gebäude standen alle unbeschädigt, und es hätte nur kleinerer Reparaturen bedurft, um wieder weiter wirtschaften zu können. Doch es konnte ja nicht sein. waren doch all die alten Bekannten nicht da und unseres Bleibens auch nicht. Auf dem Gehöft von R. in Birstonischken lebte Frau S., die früher in Lompönen gewohnt hatte, mit ihrem alten Vater und Bauer M. aus Lompönen. Im September 1947 traf ich auch Fräulein Helene R. dort, die solange in Tilsit gearbeitet hatte. Im September 1947 erfuhr ich auch, daß Frau Bechußas und der Wirtschafter von russischen Partisanen erschossen worden waren (ungefähr Februar 1947) ... Das Mädchen Vera konnte entfliehen.

Im September 1947 wurde in Königskirch eine Schule eingerichtet. Die deutschen Kinder hatten bei einer deutschen Lehrerin Unterricht, mußten aber auch Russisch lernen. Es wurde viel gelernt, vor- auch nachmittags, und mein Mädel konnte nach siebenmonatigem Schulbesuch in Thüringen in dem dritten Schuljahr mitkommen. Im November 1947 ging der erste Transport von unserer Kolchose nach Deutschland ab. Nun hatten wir alle keinen anderen Gedanken als den: „Wann komme ich mit?"

Im folgenden berichtet Vfn., wie sie im Frühjahr 1948 mit einem Transport über Königsberg nach Thüringen gelangte.

Nr. 182

Erlebnisbericht von Frau F. M. aus G r. O t t e n h a g e n , Kreis S a m l a n d i. Ostpr.
Original, 5. April 1951.

Gewalttaten russischer Soldaten; Lebensverhältnisse der Bevölkerung im nordöstlichen Ostpreußen in der Zeit von 1945—1948.

Am 24. Januar 1945 mußten wir unsere Heimat Groß Ottenhagen, Kreis Samland, Ostpreußen, auf dem schnellsten Wege verlassen. Wir fuhren mit unseren Mitarbeitern gemeinsam mit vier Pferdewagen nach Wittenberg, Richtung Kreuzberg. Infolge Straßenverstopfung kamen wir nicht mehr vorwärts und machten einen Umweg Richtung Königsberg. In der Mahnsmühle vor Mahnsfeld hatten wir am 27. und 28. Fliegerbeschuß, und durch Bomben wurden vier Pferde getötet.

Am 29., um 4.00 Uhr morgens, als es weitergehen sollte, waren plötzlich acht Russen da. Der Offizier schloß uns neun Personen ein, während die anderen Russen das Gepäck plünderten. Dann wurden den Männern Stiefel ausgezogen, Geld, Uhren und Papiere abgenommen, mit den letzten Pferden und Wagen versuchten wir weiterzukommen.

Die Wege waren schon durch deutsches Militär (Lastwagen) in der Auflösung versperrt, wir gerieten jedenfalls hinter Mahnsfeld schon in russische Kolonnen, die uns sofort die guten Pferde umtauschten, doch konnten wir nur schrittweise weiterkommen und irrten umher bis zum Abend. In einem kleinen Wäldchen versuchten wir zu übernachten und trafen dort Herrn Rehberg mit Angehörigen, die dort Schutz suchten.

Gemeinsam irrten wir nun weiter bei tiefem Schnee und großer Kälte und wurden von kleinen Truppen Russen überholt, die immer Uhr und Stiefel verlangten. Dabei ist der 80jährige Herr B., Mahnsmühle, beim Austreten im Walde erschossen worden.

In Angst und Aufregung ging es weiter bis zu einem größeren Gut, das schon von Russen besetzt war, dort mußten wir unseren Wagen verlassen. Zu Fuß ging es nun weiter, bis wir einen andern Wagen trafen, dem wir uns anschlossen, zusammen waren wir 19 Personen und 4 kleine Kinder. Es kamen immer wieder Russen, die Uhren usw. verlangten. Plötzlich kamen zwei Personenautos mit Russen, die blitzschnell alles nahmen, Handtaschen, Koffer, Gepäckstücke, Pelze, was sie sahen und wertvoll war. Dann — ein schnelles Aufstellen zum Erschießen. Der Überfall kam so schnell, daß niemand wagte, etwas zu sagen. Mein Mann, einer der ersten, hatte Kopfschuß vor meinen Augen. Da wir gleich am Anfang standen, habe ich nur Schreien und Schießen gehört, der Schmerz hat mir das Bewußtsein genommen, und ich fiel hin. Von 19 Personen war ich allein ohne Verletzung übrig geblieben. Herrn Rehfeld, Deputant Wagner hatten fünf Schuß schwer verletzt, und drei Personen waren leicht verletzt. Sogar die halbgelähmte Frau Rehberg wurde vom Wagen gehoben und auch erschossen. — Mit letzter Kraft hatten wir uns zusammengetan und sind weitergefahren, wurden dann aber von

Russen angehalten und ins Lager Schönmohr gebracht, das war ein Sammellager. Ob sich dort jemand um die Verletzten gekümmert hat, kann ich nicht sagen, da ich selbst mit einigen andern Frauen ausrückte aus Angst vor Vergewaltigungen der Russen.

Zu Fuß im tiefsten Schnee kamen wir nach Fuchsberg, dort war es wie überall, vergewaltigt wurden fast alle Frauen, besonders die jungen. Am nächsten Tag wurden wir in langer Kolonne nach Löwenhagen geführt und in Siedlungen untergebracht, auch Polen waren darunter. In aller Frühe ging es am andern Tag weiter über Hohenhagen nach Groß Barthen, dort wurden viele Männer nach dem Pregel transportiert, alle andern gingen weiter über Groß Ottenhagen ins Lager Seewalde.

In Seewalde wurde eine Leibesvisitation vorgenommen, und was noch übriggeblieben war, wurde nun gefunden, so daß man nur noch die Kleider behielt. Des Nachts kamen dann die Soldaten mit Taschenlampen und suchten sich Frauen aus, wenn sich dieselben sträubten, bekamen sie Schläge, bis sie mitgingen. Ältere beherzte Frauen, die russisch sprachen, haben dann für das Essen gesorgt, da man dort noch reichlich vorfand.

Nach vier Tagen wurden wir, immer in Kolonnen, nach Gr. Lindenau geführt, wo wir in Schweineställen und Holzställen untergebracht wurden, später dann in Häusern. In Gr. Lindenau sind viele Erschießungen vorgenommen worden, die im Walde ausgeführt wurden. Die Flüchtlinge mußten sich sehr oft versammeln, und dabei wurden von den Russen immer wieder bestimmte Personen gesucht, die dann des Nachts geholt wurden und nicht mehr wiederkamen. Die größeren Jungen wurden den Müttern fortgenommen und sind auch nicht wiedergekommen. Der Aufenthalt dauerte 14 Tage.

Während dieser Zeit herrschten schon Krankheiten und viele Sterbefälle und große Angst und Aufregung unter den Flüchtlingen. Frauen verschwanden des Nachts und kamen auch nicht wieder. Vergewaltigungen waren an der Tagesordnung, und man hörte in den Häusern oft Schießereien. Um Verpflegung mußte sich jeder selbst kümmern.

Anfang März wurden wir von Gr. Lindenau auf sechs offenen Lastwagen über Insterburg, Budwethen nach Tilsit gefahren, bei 20 Grad Kälte. Es gab viele Erkrankungen und zwei Todesfälle. In Schillen wurden wir in engen Räumen untergebracht, ein Elend war es für jeden, der dabei war. Es waren Menschen in jedem Alter dabei, viele ältere haben die Strapazen nicht ausgehalten, und blieben unterwegs am Wege liegen. Gewehrschüsse sagten uns dann, daß die russischen Posten diese armen Menschen erschossen hatten.

In Lengwethen wohnten wir in der Johanna-Ambrosia-Schule ungefähr acht Tage. Wir gingen in Gruppen auf Suche nach Lebensmitteln und fanden tote Mädchen, im Alter zehn bis zwölf Jahre, vergewaltigt in Ställen und Scheunen, auch junge Mädchen waren mit zerrissenen Kleidern verblutet, die Spuren waren deutlich.

Überall, wo wir hinkamen, fanden wir tote Personen. Dann wurden wir wieder auf abgelegene Ortschaften verteilt und kamen in die Nähe von Breitenstein, wo eine Kommandantur war. Es sollte immer ärger mit Angst und Aufregungen werden, wir wurden zu allen möglichen Arbeiten geholt (Tote beerdigen usw.). Auch hier war es am besten, wenn man nicht aus dem Hause ging, da immer die Gefahr der Vergewaltigung und Plünderung war. So haben meistens die älteren Männer alles herangeschafft, was nötig war.

Nach einigen Tagen ging es weiter über Breitenstein, Fußmarsch nach Budwethen und weiter nach Schloßberg mit einmal Übernachten. Fast jeder Flüchtling hatte einen kleinen Handwagen, und es war sehr schwer für Frauen mit Kindern, auf eisglatter Straße vorwärtszukommen bei großer Kälte ohne Essen. In Schloßberg wurden wir in einem gebombten, verschmutzten Krankenhaus untergebracht, dann wurden wir registriert und von den Russen Ansprachen an uns gehalten (etwa in dem Sinn, daß die Zeit für uns jetzt vorbei sei, nur immer auf den Klingelknopf zu drücken, jetzt wird gearbeitet), das hatte sich dann auch bewahrheitet.

Wir wurden nach Kussen verteilt, auch Fußmarsch, das für uns die Hölle bedeutet hat. Die Ernährung schlecht, da dort nichts mehr zu finden war, die Russen gaben nur wenig Mehl an Frauen, die arbeiteten. Das Ungeziefer nahm überhand, und viele Personen sind dort verhungert. Trotzdem mußten alle Personen arbeiten, jeden Morgen in aller Frühe antreten, und dann ging es in Gruppen aufs Feld. 18 bis 20 jüngere Frauen wurden an den Pflug gespannt und mußten täglich den Pflug ziehen, und wehe, wenn sie [es] nicht zwangen!

Es war entsetzlich, wenn die Frauen versagten, dann kam es immer zu Prügelstrafen, da die Russen immer dabei waren und drohten. Die älteren Frauen wurden an die Eggen gespannt, Frau Förster May, Löwenhagen, ist oft ohnmächtig geworden. Ich hielt dieses auch nicht aus, und wir durften uns dann im Gemüsegarten beschäftigen.

Etwa drei Wochen waren wir dort, und, da die Ernährung immer schlechter wurde, war uns das auszuhalten nicht mehr möglich, und wir beschlossen, heimlich des Nachts auszurücken. Es waren fast alle dabei, ich war unter den ersten zu ganz früher Stunde, und es glückte uns, bis Rautenburg zu kommen und uns dort zu verstecken. Wir waren ungefähr 35 Personen, die letzten wurden wieder von den Russen zurückgeholt, und so haben wir noch die Prügelstrafen beobachten können. Nach einigen Tagen Aufenthalt suchten wir wieder Roggen und Kartoffeln und fanden vier deutsche Soldaten in einem Weidegarten unweit eines Hauses mit Stacheldraht zusammengebunden, und es waren ihnen die Gliedmaßen abgeschnitten, es war ein entsetzlicher Anblick.

Da die Ernährung immer schlechter wurde, mußten wir weiter ausrücken und kamen dann nach Warnen bei Breitenstein, wo wir von russischen Soldaten gefangengenommen wurden. Wir bekamen dort aber Brot und Mehl, und so hatten die Frauen mit ihren Kindern etwas zu essen. Die Soldaten zogen bald weiter, und wir kamen nach Breitenstein zur Kommandantur und wohnten dort im Ort. Dort herrschte Typhus, und so wurden auch viele davon ergriffen und sind an den Folgen gestorben. Ich hatte diese furchtbare Krankheit überstanden und blieb dadurch in Breitenstein, weil ich zu schwach war, um noch weitere Fluchtversuche zu machen. Ich arbeitete dann in der Gärtnerei, und ich bekam dann auch Mehl und Brot dafür. Es gab aber immer Aufregung, da man nie wußte, was die Russen mit uns planten. Um Kranke kümmerte sich der Russe nicht, ebenso nicht um ältere Leute, die nicht mehr arbeiten konnten, und so sind viele Personen verhungert.

Im Jahre 1946 war es noch schlechter für uns, denn nun gab es keine Getreidevorräte mehr, und wir waren ganz auf die Russen angewiesen. Von den Feldern holten wir heimlich Gemüse und Kartoffeln, und wer erwischt wurde, wurde bestraft, und 1947 wurden die Personen ins Straflager gebracht und bekamen je nach Menge bis zu sieben Jahren. Die Frauen, die noch kleinere Kinder hatten, waren oft verzweifelt in dieser Zeit. Selbst zehnjährige Kinder wurden schon zur Arbeit herangeholt. Die Frauen taten alles, um nur für die Kinder Brot zu haben.

Es wurden mehrere Frauen nach Königsberg gebracht, angeblich weil sie eine Verschwörung planten. Dabei wollten sie nur mehr Brot für ihre Kinder haben. Sie bekamen aber trotzdem je ein halbes Jahr Straflager, eine Frau lebenslänglich. Haussuchungen waren danach täglich, mitunter des Nachts.

Im Oktober 1947 kamen Zivilrussen nach Breitenstein, und wir kamen nach Gröhnen bis April 1948, dort gab es auch viele Verhaftungen, nun bekamen wir alle 14 Tage Mehl und etwas Brot aus dem Magazin gegen Rubel, die wir nun für die Arbeit bekamen. Im April 1948 herrschte nochmals eine Fieberepidemie, wochenlang hielt es bei den Erkrankten an, ob es Malaria war, weiß man nicht, da kein Arzt für die Deutschen da war. Auch diese Krankheit mußte ich noch sechs Wochen durchhalten und habe sie auch überstanden. Es gab auch da noch einige Tote.

Anfangs waren die Zivilrussen sehr gegen die Deutschen, die Gräber wurden geschändet, Kreuze, Blumen fortgenommen und das Vieh auf den Friedhof getrieben. Als bekannt wurde, daß die Deutschen endlich herauskommen, wurde das Verhältnis endlich erträglicher, besonders da sie noch die letzten Habseligkeiten von den Deutschen erben wollten. Haussuchungen wurden dann noch vorgenommen, bis wir endlich soweit waren und unsern Rucksack nehmen durften.

Im September 1948 war es dann soweit, und wir fuhren mit Lastwagen bis Ragnit, nach drei Tagen Wartezeit wurden wir in offenen Waggons und Viehwagen über Labiau nach Königsberg geschafft, dort nochmals alles untersucht, alle Briefe und Papiere, Schmucksachen fortgenommen und dann in geschlossene Wagen geladen und verschlossen. So sind wir zum letzten Mal aus unserer Heimat gefahren.

Nr. 183

Protokollarische Aussage von Frau Johanna Mrowka aus E b e n r o d e (Stallupönen) i. Ostpr.
Original, 15. Juni 1951, 2 Seiten. Teilabdruck.

Rückkehr nach mißglückter Flucht, Gewaltvergehen russischer Soldaten an deutschen Frauen; Kolchosarbeit im Kreis Ebenrode (Stallupönen); Aufenthalt in Litauen von 1947—1951.

Der erste Teil des Protokolls enthält Angaben der Berichterstatterin über ihre mißglückte Flucht sowie Erlebnisse beim ersten Zusammentreffen mit den Russen im Samland.

Einige Frauen, mein Sohn und ich machten uns auf den Weg [zurück] nach Stallupönen. Fast jeden Tag legten wir 20 Kilometer zurück. Zur Nacht suchten wir uns dann eine Unterkunft. Überall auf den Straßen trieben sich noch Russen herum, und diese paßten auf, wo die Deutschen hingingen. In der Nacht drangen sie dann in unsere Unterkunft und haben uns alle vergewaltigt. Ich wurde auf dem Fußmarsch nach Stallupönen oft von den Russen vergewaltigt. In einer Nacht holten mich die Russen fünfmal. Viele Frauen wurden bis zu 15 Mal von den Russen geholt. Es sind sehr viele kurz darauf verstorben.

Unterwegs sahen wir an den Straßen junge und alte Frauen liegen, die einfach zu Tode gequält waren. Diesen Frauen hatten die Russen dann die Röcke über den Kopf geschlagen. Wir konnten dann sehen, daß Unterwäsche und Unterleib vollkommen blutig waren. In einem Bunker fanden wir ein junges Mädchen mit ihrem alten Vater, die beide von den Russen ermordet waren. Dem Mädchen waren ebenfalls die Röcke hochgeschlagen, und wir konnten sehen, daß auch ihre Unterwäsche blutig war. Auf dem Marsch nach Stallupönen haben wir während der ganzen Zeit jede Nacht solche Schrekkensbilder gesehen oder sogar selbst erlebt. Wir sind dann schon gar nicht mehr in die Häuser gegangen, sondern hielten uns während der Nacht im Freien auf.

Als wir in Stallupönen ankamen, fanden wir dort nur etwa 20 deutsche Frauen, die die Straßen reinigten, vor. Alles, was uns der Russe versprochen hatte, war gelogen. Er hatte uns gesagt, daß wir in Stallupönen Arbeit und Essen bekommen werden. Wir sollten sogar wieder eingekleidet werden, und alles sollte seinen alten Gang weitergehen. — Wir fanden nichts vor. Unsere Wohnungen waren vollkommen ausgeräubert. Es waren nur noch die kahlen Wände zu sehen. Sogar die Dielen waren aufgerissen, und die Zentralheizung war abmontiert. Wir suchten uns etwas Stroh und machten uns ein Lager.

Nach drei Tagen wurden wir dann von den Russen zur Kommandantur geschickt. Dort sagte man uns, daß wir nach Sodargen gehen möchten. In Sodargen wäre eine Kolchose eingerichtet, und auf dieser sollten wir arbeiten. Man versprach uns auch, daß wir dort wieder etwas Essen bekommen. Es waren ungefähr 9 km bis Sodargen, und wir machten uns auf den Weg.

Als wir in Sodargen ankamen, fanden wir gar nichts vor. Es war nicht einmal ein Haus dort heilgeblieben. Wir gingen wieder zurück und sahen an der Straße ein Haus, das noch unzerstört war. Hier gingen wir hinein und trafen drei alte Leutchen an. Wir wurden aufgefordert, doch in diesem Hause noch etwas zu warten. Es kamen dann auch immer mehr Menschen nach Sodargen, die ebenfalls auf der Kolchose arbeiten sollten. Danach kam ein russischer Posten, der den Auftrag hatte, uns die Arbeit zuzuteilen. Es war gerade zur Heuernte. Wir mähten das Gras und ließen es trocknen, bis es von den Russen abgeholt wurde. Das Land war noch von den deutschen Bauern bestellt. Wir arbeiteten dann auf dieser Kolchose. In der ersten Zeit bekamen wir gar nichts zu essen. Später bekamen wir etwas Roggenmehl und sonst weiter nichts. Wir holten uns von den Feldern Bohnen und anderes Gemüse, um nicht verhungern zu müssen.

Später schickte man immer mehr Frauen nach Sodargen, und die Kolchose wurde zu klein für die vielen Menschen. Einige Frauen und ich wurden nach Gurschen bei Stallupönen versetzt. Dort mußten wir ebenfalls in der Landwirtschaft die schwerste Arbeit verrichten. Jeden Sonntag und jeden Feiertag mußten wir auf die Felder, und wenn dann die Arbeit auf den Feldern fertig war, mußten wir als Dachdecker gehen oder Leichen vergraben.

Wir bekamen 300 bis 400 Gramm Brot, manchmal auch nur 200 Gramm und eine Wassersuppe. Ich habe meinem 12jährigen Sohn, der ja keine Verpflegung bekam, immer die Hälfte abgeben müssen. Hierbei mußte ich dann noch schwer arbeiten. Ich wog damals nur noch 90 Pfund. Morgens gingen wir Frauen mit leerem Magen auf das Feld. Um 11.00 Uhr fielen die meisten Frauen vor Hunger um. Als ich mich einmal vor Schwäche auf mein Arbeitsgerät stützte, kam sofort ein Posten und schlug mich ins Kreuz. Viele junge Frauen, die nicht mehr ein noch aus wußten, haben sich vor Verzweiflung das Leben genommen und sind einfach in einen Brunnen gesprungen. Oft blieben zwei oder drei Kinder zurück.

Bis Juni 1947 waren mein Junge und ich auf dieser Kolchose. Wir gingen dann, weil wir gar nichts mehr zu essen hatten, nach Litauen. Der Weg dorthin war auch sehr mit Schwierigkeiten verbunden. Wir durften uns nicht von der russischen Streife erwischen lassen. Die Litauer durften keine Deutschen aufnehmen. Es gab trotzdem sehr anständige Litauer, und diese gaben uns zu essen und haben uns vor der Polizei versteckt. Wenn sie dabei selbst erwischt wurden, marschierten sie ab nach Sibirien. Viele deutsche Frauen, die von der Polizei gefaßt wurden, wurden geschlagen und vergewaltigt.

Mein Sohn fand dann bei einem litauischen Bauern eine Arbeit. Der Bauer war sehr gut zu ihm. Er hat ihn ebenfalls dauernd vor der Polizei versteckt. 1948 wurde es dann besser, und ich bekam ebenfalls eine Arbeit. Wir durften etwas später auch schon nach Deutschland schreiben und unsere Angehörigen suchen lassen. Wir bekamen eine Unterkunft in einem Haus, aus dem die litauische Familie nach Sibirien verschleppt war. Hier blieben wir bis zu unserer Ausreise am 4. Mai 1951.

2. Das polnisch verwaltete Gebiet Ostpreußens.

Nr. 184

Erlebnisbericht von Frau Anna Bodschwinna aus P r o s t k e n , Kreis L y c k i. Ostpr.
Original, 15. November 1951, 9 Seiten. Teilabdruck.

Russeneinmarsch in Goldbach, Kreis Mohrungen; Erlebnisse und Zustände dort bis zum Dezember 1945.

Im Sommer des Jahres 1944 wurden aus meinem Heimatort Prostken, Kreis Lyck (Masuren), sämtliche Frauen und Kinder in den Kreis Mohrungen evakuiert, weil es in dem dicht an der russischen Grenze gelegenen Prostken allmählich brenzlich wurde. Meine Mutter, meine beiden Kinder und ich kamen auf diese Weise in das Dorf Goldbach, Kreis Mohrungen. . . .

Am 23. Januar 1945 war die ohnehin schon mit fieberhafter Spannung geladene Atmosphäre auf dem Höhepunkt angelangt. Der Bürgermeister des Dorfes hatte am Vortage angeordnet, daß die Fuhrwerksbesitzer unter Mitnahme sämtlicher Dorfbewohner versuchen sollten, der russischen Umklammerung zu entgehen. Trotz dieser Anordnung waren die Fuhrwerksbesitzer allein losgefahren. Sie hatten — das muß zu ihrer Schande festgestellt werden — a l l e statt der zurückbleibenden Menschen einen Teil ihrer Habe aufgeladen.

Wir Übriggebliebenen waren nun allein dem kommenden Unheil preisgegeben, und mit dem stündlichen Näherrücken des Geschützdonners stieg auch unsere Angst ins Ungemessene. Durch unser Dorf kamen viele Trecks mit durchfrorenen, durchnäßten, verängstigten Menschen, die teilweise nicht mehr weiter konnten, denn es herrschte in jenen Tagen ein außerordentlich strenger Frost, verbunden mit heftigen Schneestürmen, wie ich als alte Ostpreußin sie selten erlebt hatte. Es war, als hätte sich die Natur gegen uns verschworen. Die Wege waren dick verschneit und teilweise überfroren, und es stiemte Tag für Tag unaufhörlich. Am Nachmittag des nächsten Tages kamen die Goldbacher Trecks zurück. Sie waren bereits wenige Kilometer hinter Goldbach — in Schmauch — auf Russen gestoßen. Außerdem war ein Weiterkommen in dem immer schlimmer werdenden Wetter nicht mehr möglich.

Am Nachmittag des 24. Januar hörte ich zum letzten Mal Radio. „Der Feind ist südlich Mohrungen tief in ostpreußisches Land eingedrungen. Frauen und Kinder sind in Sicherheit," — das waren die letzten Worte, die ich hörte, und sie haben sich tief in mein Gedächtnis eingegraben. Am Abend des gleichen Tages waren die Russen da.

Fast zu gleicher Zeit wie die Russen fluteten viele, viele Trecks in das Dorf hinein, die durch die Kämpfe von den Haupt- auf die Nebenstraßen gedrängt worden waren. Vielleicht war dies unser Glück, weil der einzelne Mensch sich dann doch leichter verstecken konnte.

Diese erste Nacht unter der Russenherrschaft verbrachte ich auf dem Fußboden vor dem Kinderbett meiner Jüngsten, neben der ein russischer Soldat schlief, und es ist wohl keine Übertreibung, wenn ich sage, daß ich die ganze Nacht vor Erregung am ganzen Körper zitterte.

In der nun folgenden Zeit herrschte ein unbeschreibliches Durcheinander. Die Russen kamen und gingen in unserem Hause, bis sich schließlich — wahrscheinlich zu unserem Glück — ein russischer Stab darin festsetzte. Durch diesen Stab war in unserem Hause ein gewisser Schutz vorhanden. Die Russen nahmen sofort sämtliche Männer gefangen, die auf Nimmerwiedersehen verschwanden. Auch von den jungen Mädchen und Frauen sind die meisten schon in den ersten Tagen verschleppt worden, darunter befanden sich 13- bis 14-jährige Kinder. Ich hatte mir eine das halbe Gesicht bedeckende Pelzmütze aufgesetzt und Kleider meiner Mutter angezogen, um mir dadurch das Aussehen einer alten Frau zu geben, was mir in den meisten Fällen auch gelungen ist.

Die Plünderungen setzten gleich am ersten Tage der Russenherrschaft ein. Meine Koffer und Kisten, die ich aus Prostken mitgebracht hatte, wurden gleich, ohne überhaupt erst geöffnet worden zu sein, aufgeladen und weggebracht. Ich muß sagen, daß mich der Verlust meines Eigentums in der ersten Zeit kaum berührte. Wir hatten alle vor Verschleppung oder Vergewaltigung viel mehr Angst, so daß wir in unserem halben Traumzustand von den Plünderungen kaum etwas merkten.

Schon am nächsten Tage wurden sämtliche Frauen des Dorfes zum „Straßendienst" kommandiert, d. h. sie mußten die Straßen für den russischen Nachschub freihalten, Schnee schippen usw. Da meine jüngste Tochter schwerkrank war — sie hatte wahrscheinlich Lungenentzündung —, war es mir zunächst gelungen, von diesem Dienst freizukommen. Ich betätigte mich in den ersten Tagen beim Kartoffelnschälen, meine Mutter mußte für die Russen Hühner und Gänse rupfen, ausnehmen usw.

Später mußte auch ich mit den anderen Dorfbewohnern — es waren zum überwiegenden Teil Frauen — an den Straßen Schnee schippen. Da sahen wir russische Autos vorbeifahren, deren Kühler mit Betten bedeckt waren, und Lastwagen, auf denen lachende und singende Soldaten auf Polstersesseln thronten. Uns tat bei diesem Anblick das Herz weh; zumal wir es den Russen deutlich ansehen konnten, daß ihnen der Anblick der schneeschippenden Frauen äußerst wohltat.

Der Vorteil bei dieser Arbeit war, daß wir hier unter der Aufsicht von russischen Posten, vor Gewalttaten sicherer waren als zu Hause. Trotzdem waren, besonders während der ersten Zeit, Verschleppungen und Gewalttaten an der Tagesordnung, und man war nie sicher, ob man nicht schon am folgenden Tage von den Kindern gerissen wurde, um den Marsch nach Sibirien anzutreten.

Gerade in dieser ersten Zeit der russischen Herrschaft spielten sich, wie wohl in allen Teilen Ostpreußens, so viele menschliche Tragödien ab, daß man sie gar nicht alle beschreiben kann. Da war z. B. der Goldbacher Bauernführer, der sein Haus anzündete, weil er lieber verbrennen als in die Hände der

Russen fallen wollte. Der 12jährige Sohn konnte sich in letzter Minute durch einen Sprung durch das Fenster retten; er war furchtbar zugerichtet und lebte noch einen Tag unter den fürchterlichsten Qualen. — In einem Nachbarort hatte eine Mutter ihre Kinder in einen Brunnen geworfen und war dann selbst nachgesprungen. Die Russen hatten ihren schwerkranken Mann fortgetrieben, und der Jammer über diesen Anblick trieb sie zu der Tat. Von den herzzerreißenden Szenen beim Abschied der verschleppten Mütter oder Töchter will ich ganz schweigen, denn diese wiederholten sich täglich, ja, fast stündlich in allen Variationen.

Am 14. Februar 1945 mußten wir aus unserer bisherigen Wohnung — ein kleines Zimmer für drei Familien — in den Stall ziehen, weil die Wohnung für Polen benötigt wurde. In diesem Stall war es unerträglich kalt, zumal wir nicht mehr genügend Betten besaßen, um uns wenigstens notdürftig gegen die Kälte schützen zu können. Wenn in dem Stall noch Vieh gestanden hätte, wäre es vielleicht nicht gar so kalt gewesen, aber das Vieh hatten die Russen schon in den ersten Tagen ihrer Herrschaft restlos fortgetrieben. Da meine Jüngste immer noch krank war, fand ich mit meinen Kindern bei einer Frau mit sieben kleinen Kindern im Goldbacher Armenhaus Aufnahme. Meine Mutter mußte in dem Stall mit vielen anderen Flüchtlingen den ganzen Winter über bleiben. Die Frauen, die in dem Stall wohnten, wurden Nacht für Nacht von den Russen heimgesucht; und auch meine alte, fast 70jährige Mutter ist mehrmals nur mit knapper Not den Vergewaltigungen entgangen. Ich bin wie durch ein Wunder — wahrscheinlich dank der vielen kleinen Kinder meiner neuen Wirtin — damals meinem Schicksal noch entgangen...

Der Verschleppung entging ich mehrmals nur durch einen glücklichen Zufall. Einmal wollten einige GPU.-Leute mich sofort, wie ich ging und stand, mitnehmen. Als ich schon alle Hoffnung aufgegeben hatte, diesmal der Verschleppung zu entgehen, verschwanden die Soldaten plötzlich zu meiner unglaublichen Erleichterung. Ich weiß nicht, ob mein Jammern oder das Geschrei der vielen kleinen Kinder das furchtbare Geschick von mir abgewendet hatte.

Inzwischen hatten die Russen alles Eßbare mitgenommen, und die Dorfbevölkerung begann zu hungern. Es war weder eine Kuh noch ein Schwein, weder eine Gans noch ein Huhn, ja, nicht einmal eine Taube im Dorf vorhanden. Am schlimmsten waren die Mütter von Säuglingen und Kleinkindern dran, die für ihre Kinder keinen Tropfen Milch bekommen konnten. Noch heute steht mir das Bild eines etwa $1/2$jährigen Kindchens vor Augen, das völlig abgemagert, mit langen dünnen Fingerchen, großen, hervorquellenden Augen und mit verschorftem Kopf einen schrecklichen Anblick bot. Unter dem Schorf der Kopfhaut fanden sich sogar winzige weiße Milben. Viele, viele Säuglinge und Kleinkinder sowie auch alte Leute sind damals gestorben. Begraben wurden die Leichen im günstigsten Falle in einer irgendwo vom Boden geholten Kiste ohne irgendeine Feier.

Am 20. April brachten die Russen eine große Herde Vieh ins Dorf. Es handelte sich teilweise um Vieh, das vom langen Hin- und Hertreiben quer durch Ostpreußen krank und völlig ungepflegt war. Sämtliche Ställe des Dorfes mußten von den noch übriggebliebenen Dorfbewohnerinnen gesäubert werden, und dann wurden wir fast vier Wochen lang mit der Pflege und Betreuung der Kühe beschäftigt. Damals ist es mir ebenso wie mehreren anderen Frauen gelungen, für meine Familie Milch zu „organisieren", freilich nicht ohne die tägliche Angst vor einer Entdeckung. Wenn wir von den Russen beim „Organisieren" erwischt worden wären, dann hätten diese uns bestimmt ohne Gnade niedergeknallt, ohne daran zu denken, daß wir es doch nur aus größter Not taten, denn wir hatten kaum mehr etwas zu essen.

Viele Kühe sind an der Maul- und Klauenseuche und an anderen Krankheiten eingegangen. Als kein Stroh im Dorf mehr zu finden war, wurden die Ställe auf Befehl der Russen mit ungedroschenem Korn gestreut, während fast die ganze Bevölkerung des Dorfes buchstäblich nichts zu essen hatte.

Um Himmelfahrt herum wurde das Vieh wieder fortgetrieben. Nun kamen nach und nach polnische Familien ins Dorf, die sich auf den einzelnen Höfen festsetzten. Die Plünderungen und Gewalttaten nahmen ein immer größeres Ausmaß an. Uns wurden die Betten gestohlen, während wir darunter schliefen. Die Polen hatten besondere Stöcke mit einer Spitze am unteren Ende, mit deren Hilfe sie alles fanden, was versteckt oder vergraben war, so daß wir jetzt auch den letzten kärglichen Rest unserer Habe los wurden.

An einem Augustabend kam eine alte Frau mit einem jungen Polen auf unseren Hof und verlangte die „junge Frau" — das war ich — zu sprechen. Als ich arglos aus dem Haus kam, verlangte der Pole, ich solle „fünf Minuten mit ihm fortgehen". Jetzt erst merkte ich, daß das Dorf völlig ausgestorben war. Die meisten Leute waren fortgelaufen oder hatten sich versteckt, also mußte bereits irgendetwas vorgefallen sein, wovon ich keine Ahnung hatte. Ich wehrte mich mit Händen und Füßen, aber der Pole ließ nicht locker. Er schlug mich mehrfach mit den Fäusten nieder und stieß mit den Füßen nach mir. Meine Mutter, die mir zu Hilfe eilte, wurde von dem Polen hinausgeworfen. Als sie dann noch einmal wiederkam, schleppte der Pole sie in den Hausflur und schlug die alte Frau wie ein Besessener halbtot. Ich war inzwischen fortgelaufen, um womöglich Hilfe herbeizuholen. Meine Jüngste hatte ich durch das Fenster in den Garten gesetzt, damit sie sich verstecken konnte. Meine ältere Tochter sollte bei der Großmutter bleiben und um Hilfe rufen.

Nachdem der Pole meine Mutter niedergeschlagen hatte, kam er mir wieder nachgelaufen. Ich war so zerschlagen, daß ich mich kaum weiterschleppen, geschweige denn laufen konnte, so holte er mich schnell ein. Er schlug in vollster Wut mit Händen und Füßen solange auf mich ein, bis ich die Besinnung verlor.

Als ich wieder zu mir kam, war es dunkle Nacht. Es war totenstill im Dorf, nur von ferne hörte ich meine kleine Tochter leise und verzweifelt vor sich hinwimmern und ab und zu „Mutti!" rufen. Mit großer Mühe gelang es mir, mich aufzuraffen. Ich war am ganzen Körper so zerschlagen, daß ich nur ganz vorsichtig gehen konnte, nicht ohne daß ich bei jedem Schritt die Zähne zusammenbeißen mußte. Meine Mutter fand ich immer noch ohnmächtig im Flur liegen. Mit Hilfe der endlich zurückgekommenen Nachbarn brachten wir die alte Frau ins Bett. Sie war fürchterlich zugerichtet. Das Gesicht war so verschwollen, daß es kaum wiederzuerkennen war. Ein Auge war überhaupt nicht zu sehen, das andere quoll weit heraus, so daß sie einen angsterregenden Anblick bot. Viele Nächte lag meine Mutter in wilden Fieberphantasien, und ich glaubte damals nicht, daß sie noch jemals wieder gesund würde. Allmählich wurde meine Mutter durch immer wieder erneuerte Kamillenumschläge wieder halbwegs gesund. (Kamille gab es damals in Ostpreußen reichlich, da sie überall auf den unbebauten Äckern in rauhen Mengen blühte.) Ich selbst konnte noch lange Zeit nach diesem Vorfall weder richtig gehen noch stehen und hatte am ganzen Körper Beulen und Geschwüre.

Der gleiche Pole, der uns halbtot geschlagen hatte, war in der ganzen Gegend als ein besonderer Wüterich bekannt und berüchtigt. Er hatte bereits mehrere ähnliche Schlägereien, sogar mit tödlichem Ausgang, auf seinem Konto.

Nach und nach wurden sämtliche Bauernhöfe des Dorfes mit Polen besiedelt. Auf den Bauernhof, auf dem wir wohnten, kam eine polnische Familie, deren mitgebrachtes Hab und Gut aus zwei Kaninchen und zwei Hühnern bestand. Die bisherige Besitzerin des Hofes mußte ebenso wie wir Evakuierten bei den neuen Besitzern arbeiten. Es war eine sehr schwere Arbeit, die wir vor allem infolge unserer Unterernährung nur mit größter Anstrengung schaffen konnten. Wir mußten das Getreide mähen, Staken bauen und ohne Pferde in selbstgezimmerten Handwagen einfahren. Später mußten wir die wenigen von uns selbst gepflanzten Kartoffeln graben und das Korn mit Flegeln dreschen. Das, was wir unter Anspannung unserer letzten Kräfte schwer erkämpften, gehörte aber beileibe nicht uns. Bis zum letzten Korn und bis zur letzten Kartoffel mußte alles den Polen abgeliefert werden. Wenn wir von den Polen etwas zu essen bekamen, so war dies ihr guter Wille.

So hungerten und quälten wir uns bis zum Herbst durch. Am 11. November 1945 sollte ein Transport von Deutschen nach Westdeutschland zusammengestellt werden. Wir packten das wenige, was wir noch besaßen, zusammen und hofften, daß nun endlich ein Ende unserer Elendszeit abzusehen war. Aber wir hatten uns geirrt. Wir gehörten zu denjenigen, die nicht mitfahren durften. Als ich protestieren wollte, hätte der polnische Bürgermeister mich um ein Haar mit der Reitpeitsche geschlagen. So blieben wir verzweifelt zurück. Ich wußte nicht, wie ich meine Familie durch den kommenden Winter bringen sollte, wir besaßen nichts, weder zum Essen noch zum Anziehen. Außerdem hatte ich gehofft, in Westdeutschland meinen Mann wiederzuzufinden, der damals in Prostken geblieben war.

Als wir in der hoffnungslosesten Stimmung nach Hause zurückkamen, hatten unsere Polen uns die letzten Betten sowie unseren Tisch und unseren Stuhl weggenommen. Zwar bekamen wir die Betten auf unsere Bitte „leihweise" für die Zeit unseres Aufenthalts zurück, aber Läuse hatten wir dadurch sofort bekommen.

Endlich, am 1. Dezember, ging der zweite Transport von Mohrungen ab, mit dem wir mitfahren durften.

In einem folgenden Abschnitt gibt Vfn. eine ausführliche Schilderung ihrer Erlebnisse während der Ausweisung im Dezember 1945[1]).

---
[1]) Abgedruckt unter Nr. 320 (Bd. I, 2).

Nr. 185

Erlebnisbericht der E. B. aus dem Kreis Pr. Holland i. Ostpr.
Original, 14. Februar 1950.

Überrollung durch russische Kampftruppen nach kurzer Flucht; Rückkehr in die Heimat und Erlebnisse unter russischer und polnischer Herrschaft bis Ende 1945 im Kreis Pr. Holland.

Als uns im Januar 1945 der Fluchtbefehl erreichte, tobte der Kampf bereits um Mohrungen, und die Vorhuten stießen schon auf unser Heimatstädtchen Pr. Holland vor, durch das unser Weg führen sollte. Ich entschloß mich nur zögernd, den Hof zu verlassen, denn bei dem hohen Schnee und der eisigen Kälte war an ein Fortkommen mit bepackten Wagen kaum zu denken. Außerdem war die Treckstraße vollkommen verstopft. Mein Mann war gefallen, meine Kinder noch klein, fünf und acht Jahre; als evtl. Kutscher waren nur Ausländer da, und vor mir standen 13 Mütter mit ihren teils kranken Kindern, die auf meine Anordnungen warteten. Wir sagten uns, dann lieber zu Hause sterben, wenn es sein müßte, als zu sehen, wie die Kinder auf der Landstraße erfrieren. — Was wußten wir damals wohl, was Krieg im Lande heißt. — Doch wir kamen nicht mehr viel zum Überlegen. Berittene Truppen forderten uns auf, sofort den Hof in Richtung Braunsberg zu verlassen.

Nun überstürzten sich die Ereignisse. Die Straße war voller Treckwagen und zurückflutendem Militär. Wir kamen nur mit leichtem Handgepäck bis Mühlhausen, da war der Russe schon da. Die Treckkolonne wurde beschossen, alles auseinandergesprengt, keiner fand den anderen mehr, aus den Orten wurde das Feuer erwidert, der Kampf tobte um uns, wir waren mitten drin. Ich lag im Schnee, die Kinder neben mir, zwischen Russen und stöhnenden Verwundeten, ich glaubte, den Verstand zu verlieren.

In einer kleinen Kampfpause wurden die gefangengenommenen Landser sowie jüngere Zivilisten auf den Treckwagen sofort erschossen, wir Frauen und die Alten einzeln zum Verhör geführt. Ein älterer Herr, Finanzbeamter aus Osterode, lag noch mit Genickschuß da, als ich zum Dolmetscher geholt wurde; sicher hatte er nicht die gewünschte Antwort gegeben. Auf meine Bitte, meine Kinder und mich zu erschießen, wurde mir zynisch geantwortet: „Wir brauchen gesunde Frauen." — Was das bedeutete, haben wir später erfahren. — Ich wurde sofort verdächtigt, Lehrerin zu sein und die Kinder antikommunistisch unterrichtet zu haben. In dieser Angelegenheit bin ich viermal vorgeführt worden, sicher aus Spaß an seelischer Quälerei.

Als sich der Kampf weiterzog, wurden wir in ein Dorfgasthaus gebracht (Sammellager) und sortiert. Alle jungen Mädchen, kinderlose Frauen und Männer unter 60 Jahren, die nicht sichtbar krank waren, wurden abgeführt. Man sagte uns, zu Aufräumungsarbeiten am Bahnhof. Damals glaubten wir es noch. Wir haben sie nie wiedergesehen. Mein Kindermädchen, 15 Jahre, die man auch mitnahm, ist vor zwei Monaten aus Sibirien zurückgekehrt. Nicht alle Kommissare handelten so human, an anderen Orten wurde keine Rücksicht auf die Kinder genommen, die Mütter wurden mitgeführt, die Kinder blieben allein.

Uns anderen wurde geheißen, nach Hause zu gehen und die Arbeit unverzüglich aufzunehmen. Wir wanderten die leichenbedeckten Straßen entlang, die weinenden Kinder an der Hand, an Trümmern und brennenden Orten vorbei. Zu Hause derselbe trostlose Anblick, alles zertrümmert und zerstört, dazwischen schnüffelnde Russen, die uns gleich unser Handgepäck durchsuchten. Hier konnten wir unmöglich bleiben, hier war es auch für mich als Besitzerin des Gutes zu gefährlich. Wir gingen auf ein kleines Anwesen, wo sich immer mehr Wandernde einfanden, einer suchte die Nähe des anderen, keiner wollte allein bleiben.

Nun begann die Schreckenszeit, es blieb uns nichts erspart. Wir wurden zusammengetrieben, 20—30 Personen in einem Raum. Von hier aus wurden wir zur Arbeit geholt, hier tobten nachts die Horden mit den Frauen ohne Rücksicht auf die Kinder oder holten sie sich mit Gewalt in ihre Quartiere. Wir versteckten uns im Heu und Stroh auf den Schuppen, lagen draußen im Schnee in den Unterständen, unter Friedhofshecken und Grabumrandungen. Dann wurden die Kinder bedroht: „Wo ist Mutter? Wenn Ihr nicht sprecht, schießen wir." Wir hörten dann ihr angstvolles Schreien.

Am Tage wurden wir zur Arbeit geholt zum Viehtreiben, Getreideschippen, Waschen, Melken, später Kartoffeln einmieten und Leichen beerdigen. Dabei war uns strengstens untersagt, den Toten Papiere abzunehmen. So wurden bei uns Tausende in den Wäldern, auf den Wiesen und an den Gräben beerdigt, deren Angehörige nie mehr etwas von ihnen erfahren werden. Wenn wir abends heimgingen, wurden wir von anderen Arbeitskolonnen aufgegriffen, an andere Orte zur Arbeit gebracht und kamen dann nach Tagen erst heim. So kam es oft, daß Frauen ihre Kinder ganz verloren. Wer sich widersetzte, bekam Schläge mit dem Kolben oder einem Stock, den die Posten meistens bei sich trugen. Wir waren ja vogelfrei, jeder konnte mit uns tun, was er wollte. Wir waren seelisch vollkommen zermürbt.

Wir hatten kaum noch etwas anzuziehen, alles wurde uns fortgenommen, verlaust und zerlumpt gingen wir zur Arbeit. Aus alten gefundenen Lumpen nähten wir uns Sachen, niemals Ruhe vor Plünderern und Horden. Dazwischen Kommissare, die Frauen für die Arbeitslager suchten, sie hatten es besonders auf etwas Korpulente abgesehen, von denen sie annahmen, daß sie Besitztum gehabt hatten und nicht gearbeitet hatten. Da ich verhältnismäßig klein und schlank war, fiel man dabei nie auf mich. Nur einmal war einem suchenden Kommissar irgendwie meine Herkunft bekannt geworden, und nur dadurch, daß ich bei ihm in der Küche arbeitete und zu seiner Zufriedenheit kochte, entging ich dem Arbeitslager.

Der Sommer kam, und wir durften uns jetzt etwas auf die leerstehenden Häuser verteilen. Die Arbeitskommandos wurden von festen Kommandanturen abgelöst. Wir arbeiteten nun beim Vieh, auf den Feldern oder in den Küchen. Bestellt wurden die Felder nur, wo eine Kommandantur Vieh hatte, auch da nur etwas Kartoffeln, Rüben, evtl. Hafer, alles andere blieb brach liegen. Die Lebensmittel wurden immer knapper, selbst den Russen. Das Getreide war fortgeschafft. Vieh gab es wenig, alles war abgetrieben, die Kartoffeln verladen. Wir hatten uns heimlich welche gepflanzt, die wir auf dem Friedhof versteckt hatten. Ich hatte Glück, auf einer Polizei-Kommandantur Arbeit zu finden, wo ich auch etwas Verpflegung für die

Kinder mitbekam. Die Hungersnot nahm zu, die alten Leute, die nicht arbeiten konnten, siechten dahin und starben an Unterernährung. Meine Kinder gingen, während ich zur Arbeit war, von meinen eigenen Feldern Ähren stehlen zu Brot, ebenso Obst, um einmal eine Suppe zu bekommen. — Plötzlich brach Typhus aus, die Menschen starben wie die Fliegen. Auch ich lag mit meinen Kindern krank, kein ordentliches Essen, keine ärztliche Hilfe, keine Pflege; es war eine fürchterliche Zeit.

Allmählich zog sich der Russe zurück und überließ das Gebiet bis Braunsberg den Polen. Alles, was wir noch hatten, wurde beschlagnahmt, sogar unsere mühselig gezogenen Kartoffeln. Dieses dreckige verstohlene Gesindel, das hier hereinflutete, hatte nichts und fand nicht viel; gehässig und verschlagen beraubten und belogen sie einander, von uns hatten sie nur noch die Arbeitskraft, die sie auch weidlich ausnützten.

Wir hörten von Transporten ins Reich. Jeder wollte raus aus dem Elend. Der Winter stand vor der Tür, zu essen und anzuziehen hatten wir fast nichts, die Kinder wurden immer elender. Nur war es nicht so einfach, Papiere zur Ausreise zu bekommen. Wer konnte die Bedingungen erfüllen, und jedes Mal waren es andere.

Zuerst kamen nur Alte und Kranke in Frage und erst diejenigen aus den Städten. Dann wurden wieder einzelne Ortschaften systematisch erfaßt und abtransportiert. Wir warteten und hofften und mußten noch bleiben. Wir hörten von den ausgeplünderten Transporten, den erfrorenen Kindern unterwegs und trotzdem [war] unser einziger Gedanke „fort von hier". Viele versuchten es allein, wurden von der Polizei ergriffen, mißhandelt und zurückgebracht.

Ich hatte Arbeit in der Bahnmeisterei Güldenboden als Wirtin gefunden, bekam etwas Geld und konnte so für die Kinder und an Lebensmitteln etwas kaufen. Für 1$^1/_2$ Tage Arbeit = 1 kg Brot. „Hatte man uns im Reich vergessen? Wußte man nicht, daß es hier noch deutsche Menschen gab, die hungerten und darbten?" — so waren unsere Fragen. Deutsch durften wir nicht sprechen, wir wurden angespien. „Deutsches Schwein" war unsere Anrede.

Der Sommer kam, nichts änderte sich. Es hieß, sofern die Ernte eingebracht ist, werdet ihr abtransportiert. Welche Ernte? Die Felder lagen brach, nur um die Häuser herum wurden etwas Kartoffeln und Getreide angebaut für den eigenen Bedarf. Das UNRRA.-Getreide, das zur Saat geliefert wurde, wurde von den polnischen Bauern zum größten Teil zu Schnaps gebrannt oder verbacken. Nur längs der Straßen wurde geackert, sinnlos, in zu später Jahreszeit; evtl. kontrollierende Kommissionen sollten den Eindruck haben, alles wäre unter Kultur, überall würde gearbeitet, wie man mir sagte.

Die Polen überboten sich beinahe an Gehässigkeit uns gegenüber, vornehmlich die Frauen, jeden Tag Verleumdungen, Beschimpfungen, Schikanen. In dieser Zeit wurde ich auch wegen Spionage verhaftet, ebenso meine älteste Tochter, 9 Jahre. Es war uns strengstens verboten, irgendwelche Bücher oder sonst etwas Schriftliches zu besitzen; man entdeckte bei mir alte Kochbücher und einige Seiten aus einem Volksschulatlas, was die

Kinder gefunden hatten. Die Verhöre waren furchtbar, schlimmer noch die Angst um die Kinder. Da ich Arbeit hatte, kam ich nicht ins Lager, sondern wurde bald freigelassen.

Plötzlich wurden alle Deutschen aus polnischen Diensten entlassen, wir standen wieder vor einem Winter. Ohne Arbeit, ohne Brot, ohne Brand, ohne warme Kleidung. Da gab uns der polnische Bürgermeister frei, auf eigene Gefahr hin zu versuchen, das Sammellager Stettin zu erreichen. Vielen glückte es, auch mir, vielen mißlang der Versuch, sie kamen zurück ins Arbeitslager.

Nr. 186

Erlebnisbericht der Frau Ruth Dorsch aus R ö s s e l i. Ostpr.
Original, 10. November 1952, 10 Seiten. Teilabdruck.

Erlebnisse und Zustände in Rössel und Umgebung vom Eintreffen der Russen im Januar 1945 bis zur Ausweisung im August 1945.

Am Sonntag, dem 28. Januar 1945, kam Rössel in die Schußlinie der einbrechenden Front. Es war uns angeraten worden, in die Keller zu gehen. Plötzlich war unser Haus, das zum Schluß von Flüchtlingen gewimmelt hatte — von der Straße kamen sie herein, sogar Soldaten, die flehentlich baten, sich aufwärmen zu dürfen (bis 30 Personen waren manchmal da) — ganz leer, nur mein Mann, meine 83jährige Mutter, um derentwillen wir nicht flüchten konnten, und ich waren darin. Gegen Mittag kam ein uns sonst fremder Regierungsrat aus Treuburg, Herrmann, dessen Frau, als sie im August evakuiert worden war, bei uns einquartiert war, von der Straße herein mit drei Frauen, die sich von ihrem Fußmarsch von Sensburg her ausruhen wollten. Da ein Weitergehen ebenso unsicher war wie ein Bleiben, so blieben sie, und wir richteten uns alle zusammen in unserm kleinen Heizkeller, wo es warm war, ein. Draußen waren schon tagsüber 15⁰ Frost. In der Nacht hörten wir schießen, aber nicht viel (man hörte schlecht im Keller). Mein Mann ging ab und zu auf die Straße und sah brennende Häuser.

Gegen Morgen, es war noch dunkel, kamen die Russen, schlugen die Haustür ein und tobten oben in unsern Zimmern. Die drei Damen glaubten nun, den Russen sich nicht ausliefern zu können. Es war eine junge Apothekerin mit Mutter und Tante. Sie zog ein Fläschchen Zyankali hervor, und alle drei nahmen sich trotz unseres Protestes vor unsern Augen, Ellbogen an Ellbogen neben uns sitzend, das Leben. Es war schrecklich. Schließlich kamen zwei Russen nach unten, durchsuchten die Herren und nahmen ihnen die Uhren ab. Mein Mann erklärte ihnen durch Gebärden und polnische Brocken den Freitod der drei Frauen, die schon nebenan in der Waschküche lagen. Dann verschwanden die Russen, gingen anscheinend fort, andre kamen, und wir hörten ihr Toben, ihr Gröhlen und das Demolieren der Wohnung.

Als wir endlich wieder heraufkamen, sahen wir furchtbare Verwüstungen. Schließlich räumten wir uns ein Zimmer wohnlich [ein], und das Leben schien weiterzugehen. Die Russen kamen öfter mal herein, aber da bereits alles durchwühlt war, gingen sie wieder.

Wir mußten uns an das veränderte Leben gewöhnen. Es gab weder Wasser noch Licht. Wasser und Kohlen holte man aus Brunnen und Lagern, wobei einem passieren konnte, daß man, mit zwei schweren Eimern beladen, dem entgegenkommenden Russen die Schuhe überlassen mußte. Es wurde mit russischer Genehmigung ein Arbeitskommando gebildet, das die vielen Toten der Stadt auf dem Kirchhof begrub. Es war viel Schreckliches geschehen, aber ich will nichts berichten, wovon ich nicht Augenzeuge war. Schließlich ging ich sogar wieder auf die Straße, natürlich nur im Schutz meines Mannes, und wir kauften „russisch" ein, denn man wußte ja nicht, was kommen würde.

Am 8. Februar kamen mehrere Rösseler Männer und baten meinen Mann, Kriegsbürgermeister zu werden. Sie brachten es vor den Kommandanten, der sofort meinen Mann zu sich rief. Dort mußte er stundenlang warten, dann bekam er als einzige Amtshandlung den Auftrag, den Ausweisungsbefehl für die ganze Bevölkerung zu verbreiten; er hafte mit seinem Kopf dafür, daß nach 20 Stunden nicht ein Einwohner zurückblieb. Mitnehmen durfte man, was man auf Handkarren schleppen konnte. Kein Pferd, kein Auto war erlaubt.

Da galt kein Zögern; schon am Nachmittag begann man, in die bezeichneten Dörfer zu wandern. Rössel sollte Garnison werden und darum ganz frei von Deutschen. Natürlich gab es Alte und Kranke, die nicht allein fort konnten. Da kamen nachher die Russen, holten alle aus allen Winkeln, taten sie in Autos und legten sie irgendeinem Bauern einfach in die Stube.

Mein Mann und ich schlossen uns bei unsrer Austreibung unserm Schwager, dem Dr. Erich Parschau, an, der mit mehreren Flüchtlingen nach dem Dorf Gr. Mönsdorf, 7 km von Rössel, zum Bauern Scheiba ging. Dort wurden wir 23 Personen in drei Zimmern untergebracht. Unsre beiden Gebrechlichen, meine Mutter und des Doktors hüftkranke Frau (meines Mannes Schwester), wurden in einem Handwagen mühselig auf zu Matsch getauter Straße gezogen. Dort in Mönsdorf blieben wir über $^{1}/_{2}$ Jahr in völliger Ungewißheit über unser Schicksal. Mit den wenigen geretteten Sachen suchte man sich einzurichten, aber bald begannen die Plünderungen.

Täglich kamen die Russen in kleinen Trupps, oft 5—11 Gruppen an einem Tag, und stahlen, was sie sahen. Das Gehöft lag frei sichtbar, und immer wieder ging der Ruf: „Russen kommen!" Dann lief alles durcheinander, suchte Verstecke, die Frauen banden sich Kopftücher um und machten sich alt, und die Belegschaft verteilte sich auf die Zimmer, damit kein Zimmer leer blieb. Dann stahlen die Russen nicht so viel, denn eigentlich war Plündern verboten.

Besonders schlimm war es, wenn sie des Nachts an der Tür donnerten. Dann leuchteten sie in alle Zimmer. Was im Kleiderschrank hing, nahmen sie mit, die Seife, Zahnbürste, Kamm, die nasse Wäsche von der Leine und erst die Lebensmittel! Oder sie wollten sich aufs Stroh zwischen die jungen Mädchen werfen! Aber vor dem Schreien und den vielen Menschen liefen sie fort. Zwei junge Mädchen hatten wir zu hüten, und so viel ich weiß, ist bis zu meiner Abreise keiner etwas passiert. Es waren zu viele Menschen im Haus. Keine Gewalttat passierte im Haus.

Nur einmal passierte Schreckliches. Es war die letzte Nacht, die der junge Bauer zu Haus verbrachte; am nächsten Tage hatten er und sein Nachbar sich dem Russen „zur Arbeit" zu stellen; sie kamen nie wieder. — Also in der Nacht rütteln zwei Russen an der Tür, dringen ins Zimmer des Bauern und verlangen, die Frau, die hochschwanger war, und die Hebamme, eine junge Frau, sollten sofort mit ihnen „zum Kommandanten" kommen. Es half kein Weigern, beide mußten mit. Auf der Chaussee zogen sie dann eine Frau heraus aus dem Wagen, und beide wurden im Wagen und auf der gefrorenen Straße von beiden Russen abwechselnd vorgenommen. Dann wollten die Russen sie im Auto zurückfahren, aber sie verzichteten darauf und gingen zurück. Am andern Tag mußte der junge Bauer fort. Das war am 22. Februar.

Nun begann neben den täglichen vielfachen Plünderungen der Menschenraub, resp. Männerraub. Jeder wurde einzeln geholt, immer mit der Vertröstung: „Kommt in ein paar Tagen wieder, soll Proviant mitnehmen." Am 27. Februar holten sie von Frau und vier Kindern hinweg Gutsbesitzer Friedrich aus Klein-Kessels bei Johannisburg. Am 28. Februar wurde Regierungsrat Herrmann aus Treuburg geholt, und am 1. März wurde mein fast 70jähriger Mann von russischen Offizieren mitgenommen. Man hat von keinem erfahren, wohin sie gebracht wurden. Erst am 6. November 1945 erfuhr ich von Pfarrer Leonhard Braun aus Ostpreußen meines Mannes Schicksal. Er wurde mit einem Sammeltransport — man weiß ja, wie das in den Viehwagen zuging, kein Stroh, alle zwei Tage eine Wassersuppe und verschimmeltes Brot — bei etwa 15—20° Frost in etwa 17 Tagen nach Knospodosk[?] bei Archangelsk am Weißen Meer gebracht, wo er schon nach kurzer Zeit in das „sogenannte" Lazarett eingeliefert werden mußte. Dorthin kam auch Pfarrer Braun und wurde als Bundesbruder und Schicksalsgenosse schnell bekannt mit meinem Mann, so daß er noch einen Freund und Seelsorger bei seinem Sterben hatte. Am 1. April, es war der 1. Ostertag 1945, morgens früh ist mein Mann von seinen Leiden erlöst worden.

In unserm Gutshause blieben nun etwa 50 Personen zurück, größtenteils Flüchtlinge, darunter nur drei Männer, die nicht geholt wurden: der Arzt, der mit primitivsten Mitteln die Umgebung, deutsch und russisch, ärztlich betreute, ein Kunstmaler, noch nicht 60 Jahre alt, und ein Mühlenbesitzer Lingk, kränklich aussehend. Die Plünderungen gingen täglich weiter, die Kühe waren längst fort, bald wurde das letzte Pferd fortgeführt, Hühner und Schweine wurden auf dem Hof erschossen und aufgeladen, nach vergrabenen Lebensmitteln und andern Sachen wurde mit Erfolg mit einem langen Spieß oder Degen gesucht. Der letzte Sack Weizenmehl wurde fortgeschleppt, und in den Zimmern wurde täglich geplündert.

Einmal kamen ein paar uns schon bekannte Russen zu Dr. Parschau, ließen sich Tropfen und Tabletten geben, klopften ihm dann, jovial lachend, auf die Schulter und sagten dann lachend: „Du Dogdor, komm rauf!" Sie gingen oben in eine Kammer, und dort mußte er den einzigen Anzug, den er besaß, vom Leibe ziehen. Etwas später ging es dem Mühlenbesitzer ebenso. Die Instleute mußten dann mit Kleidungsstücken ihrer Männer aushelfen.

Am 1. März war mein Mann geholt worden; am 17. März starb meine alte Mutter, der keine Medizin, keine Diät, keine noch so kleine Erleichterung das Sterben erleichtern konnte. Wir begruben sie unter einem Wegkreuz vor dem Gut, nachdem wir sie in einen sauber gescheuerten Kälbertrog, mit Tannen ausgelegt, gebettet hatten. Der Kunstmaler, unsre „technische Nothelfe", hatte einen richtigen Sargdeckel und später ein Kreuz für das Grab gearbeitet.

Nun hatte ich Mann und Mutter verloren; jetzt lag mir nichts mehr an meinem Leben, und da fing ich an, meist mit einer alten Frau als Begleitung (ich selbst war auch schon gegen 60), nach Rössel zu gehen, um irgendetwas zu holen. Es fehlte uns ja soviel, und wir brachten Salz, Waschmittel, Hausratsgegenstände, einmal sogar Pökelfleisch und vielerlei mit.

In Rössel sah es furchtbar aus; alle Häuser mit offnen Türen, ohne Fenster, die Stuben durchwühlt, alle Betten aufgeschlitzt, alle Polster abgerissen. Die Straßen waren durch Deutsche leidlich in Ordnung gehalten; aber auf allen Höfen lagen riesige Haufen von zerbrochenem Hausrat und Unrat.

Wenige Häuser waren von Russen bewohnt. In unserm sonst so schmucken Häuschen sah es furchtbar aus; alle großen Möbel waren entfernt, der Inhalt lag kniehoch auf dem Boden verschüttet. Brauchbares war kaum noch zu finden. Die Sendung der Samenhandlung lag unter anderm da, jedes einzelne Teilchen extra durchgerissen. Ich klaubte, soviel ich fand, noch vom Fußboden auf, und davon konnten wir dann in Mönsdorf unsern Gemüsegarten bestellen.

Alle brauchbaren Möbel hatten die Russen auf Autos geladen (das deutsche Arbeitskommando mußte einpacken), und wochenlang hörten wir die Lastautos das geraubte Gut über die Chausseen ostwärts fahren. Ebenso kamen die großen Rinderherden vorbei. Die armen Tiere verkamen z. T. bei den Transporten. Manchmal durften deutsche Frauen sie an ihren Übernachtungsstätten melken. Kleine Meiereihöfe hatten die Russen eingerichtet; wenn man Glück hatte, bekam man dort etwas Magermilch. Oft schütteten sie die Magermilch vor den Augen der wartenden Frauen auf den Hof. „Nicht für deutsche Schweine!"

Wenn ich nach Rössel ging, das von Russen wimmelte, passierte mir nie etwas. Meinen Wintermantel, der noch gut war, hatte ich mit Flicken und Stopfen getarnt, öfters hatte ich verschiedene Schuhe an, denn mein einziges Paar durfte ich keiner Gefahr aussetzen. Die Russen ließen uns meist vorbei, oder sie bedrohten uns mal mit dem Gewehrkolben. Einmal nahmen sie uns einen Rucksack fort.

Später mußten die Deutschen die Wohnungen aufräumen. Ich war noch einmal in unserm Haus; eine dort bedienende Deutsche ließ mich ein. Es standen fremde, von überall zusammengeholte Möbel drin, denn dort wohnten die Offiziere der russischen Kommandantur, die zwei Häuser weiter in einem Gasthof untergebracht war. Über der Tür hing in einem großen Goldrahmen, in dem einst ein Ölbild des väterlichen Gutshofes meines Mannes gesteckt hatte, ein Bild von Stalin. Unser Hausrat lag in großen Haufen rechts und links in den Gärten.

Unsre Frauen im Haus wurden fast täglich vom Arbeitskommando geholt; wer über 55 Jahre war, brauchte nicht mit. Im Sommer bei Feldarbeit gab es trotz 12—14stündiger Arbeitszeit sehr wenig und schlecht zu essen.

Auf unsre Anfragen bei den Russen, die oft am Tisch bei uns saßen (während andre unterdes unsre Zimmer plünderten), was aus uns werden würde, bekamen wir stets ausweichende Antworten. Die Lebensmittel stahl man uns, die Felder wurden kaum bestellt (sie standen voll hohen Unkrauts), und Zuteilungen an Lebensmitteln gab es nicht, was sollte aus uns werden?

Nach Rössel waren nun schon Polen gekommen, die sich mit den Russen öffentlich verbrüderten; trotzdem war der Haß der Polen auf die Russen groß, denn das Land, das man ihnen nun freigab, war völlig ausgeplündert, die Städte demoliert, die Höfe von jeglichem toten und lebendigen Inventar geplündert. Der Pole war genau so arm wie wir.

Plötzlich hieß es: Wer ins Reich will, muß um Erlaubnis einkommen, und im November muß sowieso alles heraus, da werden die Deutschen ausgewiesen. ...

Abschließend schildert Vfn. den Verlauf des Ausweisungstransports, der Ende August 1945 abging.

Nr. 187

Erlebnisbericht des Gutsbeamten A. B. aus E i c h m e d i e n , Kreis S e n s b u r g i. Ostpr.
Beglaubigte Abschrift, Mai 1950, 19 Seiten. Teilabdruck.

Erlebnisse und Zustände unter russisch-polnischer Verwaltung in Eichmedien bis zur Ausweisung im Oktober 1945.

Nach ausführlicher Schilderung des vergeblichen Fluchtversuchs und der schrecklichen Ereignisse in den Tagen des Durchzugs der russischen Truppen durch Eichmedien fährt Vf. fort:

Am 13. Februar 1945 mußte ich mit den letzten Männern des Hofes unsere letzten 20 Kühe und 300 Schafe nach Gut Glubenstein treiben. Da war eine der ersten russischen Kommandanturen. Um überhaupt leben zu können, holte ich vom Hauptgut Eichmedien Schafe und für jede Familie eine Kuh. Im nahen Wald sah ich ein paar Pferde sich rumtreiben. Mit einigen Buben fing ich sie ein. Es waren noch Fohlen, aber ich dachte, für leichtere Arbeit wird man sie schon gebrauchen können, denn wir hatten ja kein einziges Pferd mehr. Meine Mühe war jedoch umsonst gewesen. Am andern Tag kam wieder so ein Haufen plündernder Russen und nahm uns alles (Pferde, Kühe, Schafe) wieder weg. Ich hatte an die Familien Erbsen, Korn und Mehl vom Speicher verteilt gehabt, diese Lebensmittel hatte jeder auf seinem Boden versteckt. Sogar dieses Korn und Mehl nahmen die plündernden Russen mit.

Am 18. Februar 1945 nahm ein durchfahrender russischer Offizier meinen Teppich und mein Radio mit. Aus der uns verbleibenden Wäsche suchte er die besten Stücke aus.

Jeder Tag brachte neue Schrecken! Am Abend sah man von überall den Feuerschein brennender Häuser, Scheunen und Strohberge, die die Russen angesteckt hatten! Auch die acht großen Berge mit Roggen, Weizen und Raps, die zu unserem Hof gehörten und die auf den Feldern verteilt standen, wurden kurz hintereinander von Russen angesteckt und niedergebrannt.

Am 25. und 28. Februar holten plündernde Russen mir meine zwei Schwestern, ferner die Schafe, die bisher noch nicht entdeckt worden waren, aus meinem Stall, der etwas versteckt lag. Sie durchsuchten und durchwühlten wieder das ganze Haus. Ich durfte mit Frau und Kind die Küche nicht verlassen, während sie am Rauben und Plündern waren. Hierbei fanden sie auch das Versteck auf dem Boden, wo ich Kleider von mir und das Flüchtlingsgut vernagelt hatte. Mit Angst und Bangen saßen wir unten. Falls sie in den Kisten der Flüchtlinge Waffen oder Munition finden würden, würden sie mich als Partisan hinstellen und zur Rechenschaft ziehen. Gott sei Dank fanden sie nichts dergleichen. Nur einen Telephonapparat hielten sie mir vors Gesicht und verfluchten mich als „großer Kapitalist". Während einer mit der Pistole bei uns Wache stand, luden die anderen alles auf, was sie gefunden hatten.

Inzwischen waren nun in den Städten und größeren Orten russische Kommandanturen eingerichtet. Ein fester Standort mit großer Kommandantur, viel Polizei (GPU.) und viel Soldaten befand sich in der kleinen Stadt Rhein. (Rhein war immer schon wegen seinem großen Zuchthaus bekannt gewesen.)

Die Russen suchten besonders alle Männer, die dem Volkssturm angehört hatten. Sie behandelten sie wie Partisanen und verhafteten jeden, von dem sie erfuhren, daß er mit dem Volkssturm etwas zu tun gehabt hatte. Obwohl der Volkssturm in Eichmedien und Umgebung nie zum Einsatz kam, war doch jeder, der einigermaßen gesund und nicht zu alt war, auf der Liste des Volkssturms aufgeführt! So hatten die Russen wenigstens einen Grund — und verhafteten demzufolge auch viele, viele Männer, vom jüngsten bis zum ältesten. Die Verhafteten wurden alle zuerst nach Rhein gebracht. Was dort mit ihnen geschah, habe ich einige Zeit später selbst miterlebt.

Am 1. März 1945 wurde dann auch ich von den Russen verhaftet und nach Rhein gebracht. Ein Mann (Br.) hatte beim Verhör angegeben, daß auch ich auf der Liste des Volkssturms gestanden hätte. Vielleicht hat er es nur getan, um Schlägen und Mißhandlungen beim Verhör zu entgehen.

Der Raum, in dem ich mit noch vielen Gefangenen eingesperrt war, befand sich gerade über dem Zimmer, in dem die Verhöre stattfanden. Andauernd hörte man deutlich die Schläge, mit denen die Verhörten mißhandelt wurden, und die Schreie der Gepeinigten. Außer Männern des Volkssturms waren da noch viele Männer und Frauen, die der Partei angehört hatten. Sie wurden beim Verhör besonders geschlagen und mißhandelt.

Als ich verhört wurde, merkte ich, daß es den Russen gar nicht darum ging, hier Schuld oder Unschuld festzustellen, sondern daß der Hauptzweck der war: erstens, durch Zwang und Erpressung Männer ausfindig zu machen, die sich vielleicht noch irgendwo versteckt hielten, um sie zu verhaften; und zweitens, um genaue Personalien für lange Listen zu erhalten, die den Russen als Unterlagen dienten, um Arbeitskolonnen für die Sowjetunion zusammenzustellen. Das Verhör, bei dem nach den Personalien, Beruf, Schulbildung, Partei, Volkssturm, Angehörigen usw. gefragt wurde, wurde von russischen Dolmetscherinnen geführt.

Am frühen Morgen des andern Tages (2. März) wurden alle Gefangenen zum Abtransport auf Lastautos verladen. Alte und junge Männer, ältere Frauen und junge Mädchen, alle wurden wir durcheinander auf die Autos verladen. Da nicht ausreichend Autos zur Verfügung standen, mußten wir so dicht wir möglich zusammenrücken. Die Wagen waren vollgepfropft mit Menschen. Bis zu 40 Personen befanden sich auf jedem Auto. So zählte ich 20 Autos in unserer Kolonne. Auf dem Auto, auf dem ich mich befand, waren viele Männer, Frauen und junge Mädchen aus Eichmedien, von denen ich ganz genau weiß, daß sie weder dem Volkssturm noch sonst irgendeiner nationalsozialistischen Organisation angehört haben.

Als die Autos sich in Bewegung setzten, versuchten einige, Heimat- und Abschiedslieder anzustimmen. Sehr bald aber schon erstickten die Tränen jeden Ton — aus dem Singen war ein haltloses Weinen geworden. Wie Vieh zusammengepfercht, so fuhren wir als Sklaven Rußlands einem fremden Schicksal entgegen.

Die Fahrt ging bei großer Kälte über Lötzen nach Insterburg. Bis hierher mußte alles mit Autos transportiert werden, weil ja sonst auf allen Eisenbahnstrecken die Geleise von deutschen Gefangenen abmontiert wurden. (Auch die Schienen der Kleinbahn Rhein—Rastenburg wurden von Gefangenen aufgehoben.) In Insterburg kontrollierte ein russischer Offizier noch einmal die Wagen und verglich die Zahl der Gefangenen mit den Angaben seiner Listen. Als er mich sah, stutzte er einen Moment und befahl mir dann, abzusteigen und auf die Wache mitzugehen. Bekannte aus Eichmedien riefen mir noch zu, daß ich sicher nach Hause käme und Gruß an Frauen und Kinder ausrichten sollte. Dieses wagte ich jedoch nicht zu hoffen, ich glaubte nicht, daß die Ausnahme etwas Gutes für mich zu bedeuten hätte.

Auf der Wache war schon ein älterer Mann. Er war aus Gneist. Der Offizier suchte die Listen mit unseren Namen, musterte uns noch einmal von Kopf bis Fuß. Dann nahm er einen roten Stift und strich unsere Namen auf der Liste durch. Auf einen einfachen Zettel aus seinem Notizbuch schrieb er einige russische Sätze, unterschrieb mit dem roten Stift (Stempel) und reichte jedem von uns so einen Zettel. Er erklärte uns dann, daß wir zu alt seien und wieder nach Hause dürften. Wie es uns bei diesen Worten ums Herz war — — ich kann es nicht schildern. — —

Als wir wieder ins Freie traten, standen die Autos noch da, sie waren aber leer. Auf dem nahen Bahnhof stand ein langer Güterzug mit geschlossenen Wagen. Die Türen und Fenster der Wagen waren mit Stacheldraht vernagelt, und die Lokomotive wurde gerade angekoppelt. Zu diesem Zug führten die vielen Fußtritte einer Kolonne, die hier bei den Autos gestanden hatte und die durch den hohen Schnee zum Bahnhof marschiert war.

Wie durch ein Wunder hat mich Gott vor diesem Schicksal bewahrt. Die leere Autokolonne fuhr wieder nach Rhein zurück, sicher um einen neuen Transport zu holen. Mit einem dieser Wagen, zwischen russische Posten ängstlich gekauert, fuhren wir nach Rhein zurück. Auf der Kommandantur wurde uns immer wieder strengstes Schweigen befohlen. Ihr dürft keinem Menchen erzählen, was hier vor sich geht! Das sagten die Bolschewisten immer wieder!

Zu Fuß machte ich mich dann mit meinen Leidensgenossen auf den Heimweg und kam nach fünf Tagen seit meiner Gefangennahme am 5. März in der Nacht zu Hause an. Frau und Kind konnten es nicht fassen, daß ich wieder da sein sollte — von all den Geholten war noch nie jemand wiedergekommen! Und doch war es so. Tagelang unrasiert, vor Kälte blaugefroren, vom Hunger eingefallene Backen, dieses alles hatte dazu beigetragen, daß der russische Offizier mich für zu alt und zu schwach befunden hatte, obwohl ich erst 59 Jahre alt war. Er wußte, was für Strapazen jeden einzelnen erwarten, und war überzeugt, daß ich kaum den Transport überstehen würde, viel weniger eine Arbeit in großen Lagern tief in Rußland. Das war mein Glück, und nur diesem Umstand verdanke ich es, daß ich heute noch am Leben bin.

Von Bekannten (G.), mit denen ich heute noch in Briefverkehr stehe, habe ich erfahren, daß der Transport damals von Insterburg bis tief hinter den Ural nach Rußland reinging. Einige sind (jetzt nach 3—4 Jahren) als krank entlassen und in die russische Zone ausgewiesen. Diese brachten die Nachricht, daß sie hinter dem Ural in Lagern unter unmenschlichen Verhältnissen leben und schwer arbeiten mußten. Viele sind an Entkräftung und ansteckenden Krankheiten gestorben, darunter auch Bekannte, mit denen ich auf demselben Auto von Rhein nach Insterburg zusammen war.

Nun war ich ja zu Hause, lebte aber immer in der Angst, daß andere Russen kommen und mich mitnehmen könnten. Jeden Tag hörte man von Verschleppungen. Ob Männer, Frauen und Mädchen, wer den Russen zur Arbeit geeignet erschien, wurde verhaftet und verschleppt. Zu meinem Stück Papier mit der roten Unterschrift und dem Stempel hatte ich kein Vertrauen. Ich hatte schon öfters aus anderen Orten gehört, daß solche Bescheinigungen von anderen Russen einfach zerrissen wurden und der Betreffende trotzdem verschleppt wurde. So hielt ich mich tagelang im Keller versteckt... Eines Tages überraschte mich ein Russe doch in der Wohnung. Als er den Zettel las, sagte er: „Alles gut, du hier arbeiten", da faßte ich wieder neuen Mut.

In den fünf Tagen meiner Abwesenheit, in der meine Frau mit dem Kind allein war, haben die Russen in der Wohnung furchtbar gehaust. In der Nacht vom 3. zum 4. März brachten vier Russen meiner Frau ein kleines Schwein und befahlen, es zum Essen fertigzumachen. Sie gingen wieder weg und kamen nach einer Weile mit vier Frauen wieder. Jeder hatte sich eine Frau, wo er sie gerade fand, mitgenommen. Von den vier Frauen war eine hochschwanger und eine ein Kind von 14 Jahren. Die Frauen mußten helfen, das Fleisch und das Essen fertigmachen.

Als die Russen gefressen hatten (essen konnte man das nicht mehr nennen), zerrten sie die Frauen ins Schlafzimmer. Aus den zwei Betten hatten sie inzwischen Lagerstätten gemacht. Meine Frau und die 12jährige Tochter mußten im Nebenzimmer auf dem Sofa schlafen und mußten das Jammern und Schreien der armen Frauen die ganze Nacht mit anhören. Die ganze Nacht wurden sie von den teuflisch entmenschten Russen gequält! Nur durch Verstellung und Verkleidung entging meine Frau der Schändung und Vergewaltigung. Eine für meine Frau und das Kind unvergeßliche grauenvolle Nacht!

Am Sonntag, dem 11. März vormittags, brachten mir einige Russen ein Reh, das sie irgendwo geschossen hatten. Ich sollte es abziehen und fertigmachen, sie würden es um 3 Uhr abholen. Es wurde 6 Uhr — 8 Uhr und abends 10 Uhr, es kam aber niemand. Da es draußen stockfinster war, nahm ich an, daß sie erst am nächsten Morgen kommen würden, und da wir auch kein Licht hatten (das elektrische war außer Betrieb) legten wir uns schlafen. Ich war aber kaum im Bett, als kräftig an der Tür gerüttelt wurde.

Als ich aufmachte, wurde mir heftig ins Gesicht geschlagen. Es war ein junger russischer Offizier, er fluchte fürchterlich, und ich merkte, daß er samt dem ganzen Haufen, der hinter ihm stand, betrunken war. Er wollte wissen, warum die Tür verschlossen sei. Die Russen seien Soldaten und keine Hunde, sie dürften überall rein!

Unter den Russen befanden sich mehrere Offiziere. So lange wie sie in der Stube saßen und sich wärmten, mußte ich draußen bei den Pferden stehen und auf die sechs Schlitten aufpassen, mit denen sie gekommen waren. In der Stube hörte meine Frau, wie sie sich aufgeregt darüber unterhielten, daß es an der Front nur langsam vorwärtsginge. Die verfluchte SS. hielt sie überall auf. Wir hofften immer noch auf eine Wendung. — —

Da auf unserem Hof nun kein lebendes Stück Vieh mehr war, wir auch keine Milch und fast kein Mehl mehr hatten, beschloß ich, ins Hauptgut nach Eichmedien umzuziehen. Da war eine russische Kommandantur, die aus drei bis vier Russen bestand, und wer da arbeitete, der erhielt Korn, Kartoffeln und sonstige Lebensmittel. Ich hoffte, mich da mit einer Familie ernähren zu können. Auch glaubte ich, in Eichmedien etwas mehr vor den andauernden Überfällen umherziehender Russen geschützt zu sein. G. lag abgelegen für sich, da konnten die wilden Russen ungestört toben. (Später habe ich jedoch erfahren, daß es auch in dem großen Dorf Eichmedien trotz der russischen Kommandantur nicht besser war.) Ich erzähle den Familien des Hofes meinen Plan und forderte sie auf mitzukommen, was sie jedoch ablehnten. Sie wollten ihre Wohnung und ihr Zuhause, wo sie nun schon lange, lange Jahre gelebt hatten, nicht verlassen! (Sie mußten einige Monate später den Hof innerhalb einer Viertelstunde rä men!)

So bin ich dann am 19. März allein mit meiner Frau und Tochter nach Eichmedien umgezogen. Leute, die ein Zimmer freimachen konnten, nahmen mich auf. Vom Gut bekam ich Pferde und Wagen und konnte so meine Möbel, Holz usw. holen. Als wir noch beim Laden waren, erschienen überraschend einige Russen. Ich bangte um die Pferde und glaubte bestimmt, daß die Russen sie nehmen würden. Ich hatte jedoch Glück. Als ich ihnen erklärte, es wäre alles für die Kommandantur, ließen sie mich ungehindert fahren.

Hier auf dem Gut gab es noch Pferde, Kühe und Schafe. Ich hoffte, hier etwas ruhiger arbeiten zu können. Am 23. März mußte von jeder Familie ein Mitglied nach Rhein. Wir aus Eichmedien fuhren mit großen Leiterwagen hin. Es fand eine allgemeine Registrierung statt. Registrierscheine wurden als Ausweise ausgehändigt.

Auch hier in Eichmedien nahmen umherziehende Russen alles mit, was sie brauchen konnten. Da es sehr kalt war, war auch gesägtes und gehacktes Holz ein gesuchter Artikel. Ein Holzvorrat, den ich mir aus G. mitgebracht hatte, wurde mir am 4. April von Russen, die in einem Nachbarort lagen, gestohlen. Da half kein Bitten und kein Drohen mit dem Kommandanten, das Holz wurde am hellen Tage auf ein Auto geladen, und fort war es.

Eines Tages holte ich mit einigen Buben Futterrüben von G., um sie an die Kühe in Eichmedien zu verfüttern. Als wir beim Laden waren, kamen Russen und spannten uns die zwei besten Pferde aus. Als ich ihnen sagte, die Pferde wären von der Kommandantur, schlugen sie mich, lachten mich aus und ritten davon. Ähnliches ereignete sich alle Tage!

Allmählich kamen immer mehr Polen ins Dorf. Es wurde gemunkelt, daß wir unter polnische Verwaltung gestellt werden sollten. Etwas Genaues wußte aber niemand. Da wurde eines Tages eine Versammlung aller Einwohner angeordnet. Es erschien ein Pole aus Sensburg, der dann erklärte, daß wir zu dem nun von Polen verwalteten Gebiet gehörten und den polnischen Anordnungen Folge zu leisten hätten. Er fragte dann die Versammlung, wen sie als Bürgermeister einsetzen wollten. Ich wurde daraufhin von den Versammelten vorgeschlagen.

Am 2. Mai mußte ich daraufhin nach Sensburg. Mir wurde ein großes polnisches Schreiben ausgehändigt, und ich war nun „Sołtys" (Bürgermeister) von Eichmedien! Hier bei den Verhandlungen kamen mir meine guten polnischen Sprachkenntnisse sehr zu Hilfe. Hatte ich damals gehofft, hier in Eichmedien etwas Ruhe zu finden, so hatte ich mich schwer getäuscht. Jetzt als „Bürgermeister" fing die schreckliche Zeit für mich erst richtig an!

Die Bauern waren alle verschleppt, vermißt, gefallen. Den Frauen war von den Russen alles genommen. Kühe und Schweine gab es fast nicht mehr. Hühner, die nicht lebend gefangen worden waren, wurden von den Feldern abgeschossen wie Spatzen. Die Kühe, die noch da waren, gehörten der russischen Kommandantur. Und die Leute, die noch irgendwo ein Schwein versteckt hielten, schlachteten es in aller Stille, um selbst etwas zu essen zu haben.

In diese Verhältnisse hinein kamen dann die russischen und polnischen Anordnungen über Abgaben an „Produkten" — Lebensmitteln! Die russische Kommandantur mußte jede Woche mit Lebensmitteln (Butter, Eier, Speck usw.) versorgt werden. Auch aus Sensburg schickten die Polen lange Listen, auf denen die abzuliefernden „Produkte" genau aufgeführt waren. Auch hier handelte es sich um große Mengen an Speck, Fleisch, Eiern, Butter usw. Für das Aufbringen dieses Abgabesolls war der Sołtys (Bürgermeister) voll verantwortlich! Wie sollte ich das machen?

Einzelne Höfe der Gemeinde waren im Umkreis bis zu mehreren Kilometern von einander entfernt. Da bin ich dann herumgefahren und gelaufen. Habe Stück für Stück zusammengebettelt, nur um das Soll zu erfüllen. Bei Nichterfüllung war mit Gefängnis gedroht. Die Bauern, die ja alle selbst nicht viel hatten, wollten mir bald nichts mehr geben. Sie sagten, ich würde den Russen und Polen helfen, sie auszuplündern! Was ich damals mitgemacht habe, kann niemand ermessen!

Da ja in den Häusern vor plündernden Russen nichts sicher war, versteckte ich die Lebensmittel, die ich für die Abgabe mühsam zusammengetragen hatte, immer draußen im Garten oder im freien Feld. Eines Tages hatten die Russen entweder durch Verrat oder durch Zufall das Versteck gefunden. Als ich morgens hinkam, war nichts mehr da! Meine ganze Mühe und Arbeit war umsonst gewesen.

Ein andermal hatte ich die Lebensmittel schon aufgeladen und war auf dem Wege zur polnischen Kommandantur nach Sensburg. Unterwegs wurde ich von einigen Russen angehalten. Als sie sahen, daß ich Speck, Eier, Butter und Fleisch hinten auf dem Wagen hatte, nahmen sie mir alles weg! Als ich ihnen erklärte, es wäre doch für die polnische Kommandantur, sagten sie: „Die Polen haben sich das Land nicht erkämpft, darum haben sie auch nicht das Recht, etwas aus dem Land zu nehmen! Wenn sie etwas haben wollen, müssen sie es sich erst erarbeiten!" Wenn ich solche Vorfälle den Polen erzählte, glaubten sie mir nicht. Ich würde nur nichts abliefern wollen. So mußte ich Schimpf und Drohungen über mich ergehen lassen.

Da zu mir als Bürgermeister nun immer sehr viel Leute kamen, und ich auch sehr viel zu schreiben hatte (die Polen verlangten u. a. genaue Aufzählung der gesamten Ländereien der Gemeinde, genau aufgeführt, wieviel Ackerland, Wiesen, Wald usw.) war ich inzwischen umgezogen. Ein altes Ehepaar nahm mich mit meiner Familie auf. So hatte ich wenigstens etwas mehr Platz.

Bei einer Kontrolle kam ein höherer russischer Offizier aus Lötzen zu mir. In Bezug auf das Abgabesoll und auf die Versorgung der russischen Kommandantur mit Lebensmitteln, schrie er mich an: „Wenn Du nicht dafür sorgen wirst, daß wir alles erhalten, was wir verlangen, dann kommst Du bei Wasser und Brot in den Keller, und Deine Familie jagen wir raus, hinter die Oder!"

Immer wieder kamen nachts Russen ins Dorf, um zu plündern und zu stehlen. Besonders suchten sie Kühe und Pferde, die sie dann auch immer mitnahmen, wo sie sie fanden. Ich glaube, sie handelten damit bei den Polen.

Ein Witwer (R.), der mehrere Kinder hatte und die Milch unbedingt brauchte, versteckte seine Kuh in einem Zimmer. Als die Russen die Kuh doch fanden und er sie nicht hergeben wollte, schossen sie auf ihn. Er ist kurz darauf an den Verwundungen gestorben.

Junge Frauen und Mädchen wurden von den Russen täglich zur Zwangsarbeit nach Rußland verschleppt. Einigen gelang es, von den großen Sammelstellen, auf denen sie wie das Vieh zusammengetrieben wurden und auf denen ein ungeordnetes Durcheinander herrschte, zu entfliehen. Durch die Wälder kamen sie dann nach Hause geschlichen, wo sie sich versteckt hielten.

Um der Schändung und Vergewaltigung zu entgehen, hielten sich die Frauen und Mädchen des Nachts meistens in den Feldern versteckt.

Eines Nachts kamen Russen zu mir und verlangten Quartier. Als ich sie in das leerstehende Schul- und Pfarrhaus weisen wollte, schrien sie mich an. Sie wären die siegreiche Rote Armee! Sie wollten warme Quartiere! Ehe ich noch etwas unternehmen konnte, schlugen sie mit ihren Gewehren die Fenster ein und stiegen da ein, wo es ihnen gefiel. Die Türen hielten die Leute verschlossen, damit die Frauen und Mädchen Zeit fanden, sich zu verstecken, wenn nachts gerüttelt wurde. Die Leute, bei denen die Russen eingestiegen waren, meinten, ich hätte die Russen zu ihnen ins Quartier geschickt, und waren mir böse. So brachte jede Nacht neue Schrecken, Schießereien und die Schreie verfolgter Frauen. Jeder kam dann zu mir nach Hilfe und Beistand, und was konnte ich denn machen? Die Schrecken der Zeit kann nur der verstehen, der sie miterlebt hat!

Einst fuhren die Kommandanten des Nachbargutes H. wie die Verrückten durch Eichmedien. Sie waren total besoffen und schossen links und rechts an den Pferden vorbei, daß diese im gestreckten Galopp liefen. Ein deutscher Junge saß vorn weinend auf dem Kutscherbock und mußte die Leine halten. Alles lief an die Straße, um zu sehen, was da los sei. Als die Russen einige Frauen sahen, hielten sie an und suchten nach ihnen. Die Frauen hatten sich aber rechtzeitig verstecken können, so wurden sie nicht gefunden. Die Russen durchsuchten mehrere Häuser. In verschlossene Türen schossen sie rein. Sie benahmen sich wie die Schweine. Bei diesem Herrn Kommandanten sollten wir Schutz und Hilfe vor räubernden Russen suchen!

Am 20. Mai war Pfingsten. Trotz Not und Angst versammelten wir uns in unserer Kirche, um für unsere verschleppten Männer, Frauen und Mädchen zu beten. Auch für unsere Männer, Söhne und Brüder, die als Soldaten wer weiß wo waren und von denen wir doch schon so lange keine Nachricht hatten. Wie sah unsere einst so schöne Kirche doch aus! Der Altarbehang zerrissen, die Teppiche alle fort, gestohlen. Trotzdem hat einer Gottesdienst gehalten und den Herrn um Hilfe und Beistand angefleht.

Die Zeit, in der wir in der Kirche waren, haben Russen ausgenutzt, um die Wohnungen zu durchsuchen und zu plündern. Mir hatten sie während der Zeit große Bilder und meine Spiegel von den Wänden gestohlen. Eines Tages waren wir beim Saatkartoffelsortieren, da kamen Russen, die hatten viel Orden und Auszeichnungen an der Brust. Sie schrien uns an, warum wir denn nicht aufstehen und sie grüßen würden. Im Garten erblickten sie meinen Hahn. Nun sind sie hinter ihm her, bis sie ihn gefangen hatten. Einer sagte, sie hätten irgendwo eine Hühnerfarm und brauchten ihn zur Zucht. Der gestohlene Sack hatte aber ein Loch, und mein Hahn entfloh ihnen. Da haben sie ihn totgeschossen und nahmen ihn doch mit.

Immer wieder kamen Russen mit Autos und holten den Leuten ihre Betten, Matratzen, Wäsche und Kleider fort. Um die Betten besser verpacken zu können, haben sie während der Fahrt die Betten aufgeschnitten und die Federn ausgeschüttet. Das sah dann auf den nun schon grünen Feldern aus, als ob es geschneit hätte. Während der Fahrt sortierten sie auch ihre gestohlenen Sachen. Was ihnen nicht gefiel oder zu alt war, warfen sie einfach in den Straßengraben. Vieles blieb an den Bäumen hängen — ein trostloses Bild.

Wochenlang wurden bestimmte Frauen aus Eichmedien von Russen als Arbeitskommando eingesetzt. Sie wurden morgens abgeholt und abends wieder gebracht. Sie durften sich Sachen, die sie unterwegs im Straßengraben fanden, mitnehmen.

Diese Frauen mußten in der Umgebung von Queden alle mögliche Arbeit verrichten. Unter anderem mußten sie Tierkadaver verscharren und tote Soldaten und Zivilisten begraben, die, seitdem der Schnee getaut war, freilagen. Sie mußten Massengräber von Soldaten, die nach der Schneeschmelze zum Teil freilagen, frisch zuschaufeln. Auch mußten sie Wehrmachtsgut, Uniformen, Ausrüstungen usw. sortieren und stapeln. Die Sachen gingen alle als Beutegut nach Rußland. Diese Frauen haben Schreckliches erzählt von all dem, das sie zu sehen bekommen haben.

Eines Nachts wurde dem Bauern (R.) ein Pferd gestohlen. Russen hatten ihm erzählt, daß die Polen das Pferd haben sollten. Er kam nun zu mir und bat mich, mich doch für ihn einzusetzen. Er meinte, mir mit meinen polnischen Bürgermeisterpapieren würden die polnischen Behörden entgegenkommen. Da wir ja nun schon ein halbes Jahr unter Russen und Polen lebten, war auch ich nicht mehr so ängstlich. Ich wollte bei den Polen die Rückgabe des Pferdes erwirken.

Mit einem Pferd und Wagen fuhr ich mit dem Bauern nach Lötzen, weil sich da die zuständigen polnischen Stellen befanden. Aber in Lötzen kamen wir richtig an — besoffene, gröhlende Polen, wohin man blickte. Eine polnische Stelle schickte mich auf die andere. Überall hatte man für mich nur ein höhnisches Lächeln und Achselzucken. Schließlich hielt mir ein besoffener Pole eine Pistole vors Gesicht und sagte: „Ich schieße die Deutschen immer nur in die Augen." Da machten wir, daß wir aus Lötzen rauskamen, und waren froh, als wir heil und gesund wieder daheim waren.

Immer noch wurden Männer und Frauen, die gesund und nicht zu alt waren, zur Arbeit nach Rußland verschleppt. In dem Haus, in dem die Russen die Kommandantur eingerichtet hatten, waren die oberen Zimmer ausnehmend schmal und klein. In diese Räume wurden die Menschen über Nacht eingesperrt, die nach Rußland transportiert werden sollten. Meistens waren es so viele, daß sie in dem engen Raum kaum Platz hatten. So mußten sie dann eng zusammengerückt die Nacht verbringen. Morgens sahen wir dann, wie die armen Menschen nach Rastenburg (10 km) getrieben wurden. Die Russen ritten oder fuhren mit Pferd und Wagen hinterher.

Unser Nachbardorf Gr. Bürgersdorf lag wie ausgestorben da. Die letzten Männer und Frauen hatten die Russen auf das Nachbargut H. zum Arbeiten geholt. Aus dem leerstehenden großen Dorf holten die sich immer mehr ansammelnden Polen alles Brauchbare heraus. Hausrat, Möbel, Holz usw., alles nahmen die ankommenden Polen, die gar nichts hatten, für sich in Beschlag. Das Dorf war tot. Wohlhabende Bauern hatten hier seit Generationen ihren Hof und ihre Heimat gehabt.

Am 3. Juli holte ein Kommando Zivilrussen 1 190 (eintausend einhundertneunzig) Schafe und Kühe. Die Tiere gingen als Reparationen nach Rußland. Auch an diesem Tage fanden wieder Schießereien, Plünderungen und Vergewaltigungen statt (u. a. eine 83 Jahre alte Frau Fr. B.)! Die Frauen im Ort waren fast alle schwanger oder geschlechtskrank. Die entmenschten Russen waren alle verseucht. Ein Vater, der seine Tochter vor der Vergewaltigung schützen wollte, wurde zusammengeschlagen. Die Tochter wurde dann doch geschändet.

Die Russen ließen nun immer mehr Polen in das Gebiet rein, das Polen zugesprochen war. Es kamen viele Polen, die früher hier als Landarbeiter bei den Bauern gearbeitet hatten. Obwohl sie fast die gleichen Rechte wie ein deutscher Arbeiter gehabt hatten, galten sie jetzt als ehemalige Verschleppte und hatten alle Vorrechte. Ich mußte ihnen bescheinigen, daß sie vier Jahre bei dem und dem Bauern gearbeitet hatten. Daraufhin durfte der Pole sich im ganzen Ort einen Hof aussuchen, der ihm gefiel. Er war dann sein Eigentum. Wo der alte Bauer oder die Bäuerin blieb, das interessierte niemanden.

Da die ankommenden Polen gar nichts hatten, stahlen sie sich alles zusammen. Sie ließen sich dabei von den Russen helfen. Die Russen schossen nachts in die Häuser. Wenn die Frauen dann in die Felder flüchteten, nutzten die Polen die Zeit aus, um mitzunehmen, was ihnen gefiel. Sie stahlen selbst die Kleider, die die Frauen zum Schlafen ausgezogen hatten und die sie in der Eile nicht mehr hatten anziehen können. — Schutz und Hilfe gab es nicht! Die russischen Kommandanten fanden immer eine Ausrede. Die Deutschen waren Freiwild.

Die Russen und Polen bestahlen sich aber auch untereinander. Ich kannte einen Polen, der den Russen ein Pferd gestohlen hatte. Er hatte es in einem Zimmer des Wohnhauses stehen, damit die Russen es nicht fanden. Zusammengetriebene Kühe wurden von den Russen auf unseren Hof gebracht und an die Leute verteilt, die auf dem Hof arbeiteten. Sie verlaugten aber, daß die Kühe bezahlt werden sollten. Nur um etwas Milch zu bekommen, suchte jeder noch zusammen, was er bisher versteckt gehalten hatte — Uhren, Mäntel, Hemden, Stiefel usw., alles wurde in Zahlung gegeben, nur um leben zu können.

Die Russen machten mit den Sachen wieder Geschäfte bei den Polen. So hatte auch ich eine Kuh, die gab drei Liter Milch täglich, ein Beweis, in welchem Zustand sich die Tiere befanden. Als ich später fortmußte, bekam ich nichts für die Kuh, die ich doch eigentlich bezahlt hatte. Der Russe sagte, die Kühe gehören alle der Kommandantur. Wenn die Kühe auf der Weide waren, mußten wir wenigen Männer, die wir noch da waren, Wache halten. Aber was konnten wir machen, wenn mehrere Russen oder Polen kamen? Wenn sich jemand zur Wehr gesetzt hätte, wäre er rücksichtslos erschossen worden.

In der Nacht vom 9. August erwachte ich wieder durch Schüsse und Schreie. Ein Haufen besoffener Russen plünderte und schändete Frauen und Mädchen. Als ich zum Kommandanten lief, sagte dieser, seine Maschinenpistole wäre kaputt, und so könne er nichts machen. Als ich den Russen entgegentrat, wurde ich mit Peitschen geschlagen. Meine Frau, die einer anderen Frau beistehen wollte, wurde mit einem Pistolenkolben niedergeschlagen, so daß sie blutüberströmt zusammenbrach.

Am 13. August machten bewaffnete Polen eine Razzia im Dorf. Sie suchten nach Waffen. Sie hatten erfahren, daß Kinder Waffen usw. in den Feuerlöschteich geworfen hatten. Der 13jährige G. H. mußte nach den Sachen, die alle längst verrostet waren, tauchen. Er wurde zusammen mit Frau P. verhaftet und nach Sensburg abgeführt.

Am 15. August wurde Frau M., die auf einem abseits gelegenen Hof wohnte, von Russen erschossen. Am 20. August wieder Schändungen und Vergewaltigungen durch die Russen. Frau Dr. furchtbar von Russen geschlagen. Frau J., die krank im Bett lag und nicht ins Feld flüchten konnte, von Russen vergewaltigt. So ging es fast jede Nacht.

Viele Frauen und Mädchen übernachteten später öfters in einem Raum bei mir, da die Russen und Polen, seitdem ich Soltys (Bürgermeister) war, bei mir doch nicht mehr so getobt haben.

Es war deutlich zu erkennen, daß die Russen noch so viel wie möglich aus dem Gebiet herausholen wollten, bevor die Polen es endgültig besetzten. Von unserem Gut hatten die Russen alle Maschinen und Traktoren schon lange weggeholt. Die letzten Tage im August brachten die Russen 30 Männer mit Sensen, die das Korn mähen mußten. Es waren Männer aus Oberschlesien, die schon an vielen Orten zur Ernte eingesetzt waren. Sie wurden bewacht und wußten nicht, was mit ihnen alles noch geschehen würde.

Um das Korn einzufahren, holten die Russen alle Leute zusammen, die sie finden konnten. Auch die Polen mußten mit Pferd und Wagen helfen. Da ich die Felder kannte, hatten die Russen mich beauftragt, die Einteilung der Arbeit vorzunehmen und das Einfahren des Korns zu leiten. Obwohl es regnerisch und schlechtes Wetter war, mußte doch eingefahren werden. Die Russen hatten es eilig. Damit es schnell gehen sollte, holten die Russen mehr Leute zusammen, wie ich überhaupt gebrauchen konnte. Ich hatte mitunter über hundert Menschen auf dem Feld.

Immer mehr Polen besetzten nun die Bauernhöfe. Da sie sahen, daß die Russen alles wegholten und ihnen fast nichts übrig ließen, kam es zu Streitigkeiten zwischen ihnen. Die Polen weigerten sich, für die Russen Korn einzufahren. Als die Russen daraufhin auf der polnischen Kommandantur in Rhein vorstellig wurden, kam es zu einer Schießerei zwischen Russen und Polen, sodaß die Russen Verstärkung aus Rastenburg holen mußten.

Da die Russen sämtliche Radioapparate geholt hatten und wir auch von keiner Seite eine Zeitung erhielten, wußten wir überhaupt nicht, was in der Welt vorging. Am 2. September hörten wir zum ersten Mal von der deutschen Kapitulation und dem Waffenstillstand. Die Polen brachten die Nachricht mit dem ersten Aufruf zur Umsiedlung hinter die Oder-Neiße.

Im Anfang hat natürlich niemand daran gedacht, die Heimat zu verlassen. Wir hatten uns doch jeder ein Stück Kartoffel angebaut, die wollten wir ernten und so einen kleinen Vorrat für den Winter anlegen. Wir hofften doch, daß es dann im kommenden Frühjahr wieder besser werden würde. Die Russen und Polen würden doch nicht immer hier bleiben können.

Doch dann begannen die Polen immer stärker auf eine Ausfahrt zu drängen. Der polnische Dolmetscher sagte mir: „Warum arbeitet ihr noch hier? Ihr müßt früher oder später ja doch alle raus!" Wir hörten auch, daß aus anderen Orten schon Transporte nach dem Westen abgegangen seien. Die einen sagten, daß sie wirklich ins Reich fahren, die anderen sagten wieder, sie würden zur Arbeit transportiert. So wußte man nicht, wo dran man war.

Am 25. September mußten sämtliche Leute, die noch in G. waren, die Häuser innerhalb einer Viertelstunde räumen. Für 16 Familien stand nur ein Leiterwagen zur Verfügung. So konnten sie fast gar nichts mitnehmen. Sie wurden notdürftig in der leerstehenden Schule untergebracht. Vor G. hatten die Russen einen Schlagbaum mit einem Totenkopfzeichen quer über den Weg gelegt. Wehe dem, der sich vielleicht noch Holz oder Kartoffeln aus seiner früheren Wohnung holen wollte. Es wurde sofort scharf geschossen. Der Hof diente den Russen als Gelände zum Scharfschießen.

So manchmal bin ich verstohlen und vorsichtig auf den Hof gegangen, um ihn wieder noch mal anzusehen. Wie sah doch der Hof aus, auf dem ich jahrelang gearbeitet und gewirtschaftet hatte! Ein Anblick des Jammers!

Ein toter, öder Hof. Nur halbverhungerte Ratten und Katzen wankten über die Plätze und Wege, auf denen mannshoch die Brennesseln und Disteln wucherten.

Jetzt forderten die Polen durch ihre Polizeiorgane immer energischer zur Ausfahrt nach Westen auf. Sie forderten uns auf, für Polen zu optieren und uns durch unsere Unterschrift für Polen zu entscheiden. Wer unterschrieb, dem versprachen die Polen alles. Er durfte dableiben und sollte die gleichen Rechte wie ein polnischer Staatsbürger haben. Es unterschrieb aber natürlich niemand. Niemand wollte Pole werden! (Später haben die Polen mit Gewalt solche Unterschriften erpreßt. Sie sperrten die Menschen ein und drangsalierten sie so lange, bis sie zermürbt waren und nur, um noch weiteren Leiden zu entgehen, ihre Unterschrift gaben[1]). Diese Unterschriften wurden dann von den Polen zu Propagandazwecken herangeholt.)

Auch mir versprachen die Polen einen Hof und volle Gleichberechtigung, falls ich für die Polen unterschreiben würde. Als ich es immer wieder ablehnte, wurde ich am 1. Oktober meines Postens als „Bürgermeister" enthoben. Als die Polen meine Papiere und sämtliche Akten geholt hatten, wußte ich, daß ich in der Zukunft nichts Gutes zu erwarten hatte, und befaßte mich zum ersten Mal mit dem Gedanken, ins Reich zu entfliehen.

Ich habe es mir wohl überlegt und alles genau erwogen, bevor ich die Heimat verließ. Aber es bestand ja keine Hoffnung für uns. Unser Los in der Zukunft war, Sklavenarbeiter für Polen zu sein. Der neue polnische Bürgermeister sagte mir, ich solle nur schnell fortmachen. Die Ersten würden es noch besser haben. Die Letzten, die bis zuletzt ihre Heimat nicht würden verlassen wollen, würden mit Peitschen rausgejagt werden.

Daraufhin ging ich nach Rastenburg, um mich direkt an der Bahn nach den Bedingungen und Möglichkeiten einer Ausreise zu erkundigen. Die notwendigen Papiere erhielt ich sofort, denn die Polen wollten die Deutschen so schnell wie möglich raushaben.

Abschließend schildert Vf. die Vorbereitung und den Verlauf der Ausweisung.

Nr. 188

Erlebnisbericht der Geschäftsfrau A. S. aus L ö t z e n i. Ostpr.
Original, 9. Oktober 1951, 7 Seiten. Teilabdruck.

Das Chaos nach dem Einmarsch der Russen; Verhaftungen, Zwangsarbeit und allgemeine Lebensverhältnisse unter Russen und Polen im Raum Lötzen im Jahre 1945.

Bald nach der überstürzten Flucht aus Lötzen erlebte Vfn. in Korschen am 28. Januar 1945, im Keller versteckt, das Eindringen der Russen.

Wir haben uns nun weiter im Keller versteckt gehalten, während die Russen sich tagsüber in Haus und Hof — auch über unseren Köpfen — mit viel Lärm und Schießerei aufgehalten haben, so daß wir oft annahmen, jetzt kommen sie in den Keller; doch eine unsichtbare Macht muß vor der Tür Wache gehalten haben. Nach vier Tagen trieb uns jedoch Hunger und Durst

---

[1]) Vgl. die unter Nr. 372 bis Nr. 382 (Bd. I, 2) abgedruckten Berichte.

aus dem Keller, und wir sind morgens früh, nachdem wir keine Fußspuren im hohen Schnee feststellen konnten, in gebückter Haltung zum Wohnhaus geschlichen.

Furchtbar war der Anblick der Wohnräume. Türen und Fenster standen weit offen, Schränke und Polstermöbel umgeworfen, Wäsche, Kleider und Geschirr alles durcheinander auf dem Fußboden, und dazwischen hatten sie gleich ihre Notdurft verrichtet. Auf den Tischen standen leere Schnapsflaschen, und überall herum lagen Reste von Brot, Fleisch und Knochen, die wir uns aufgelesen haben, um unseren Hunger zu stillen. Nachdem wir uns noch schnell ein paar Decken und etwas Stroh zusammengesucht haben, um nicht weiter nur auf dem Zementboden zu liegen, sind wir schnell wieder in den Keller geflüchtet, damit wir ja nicht gesehen würden.

Täglich kamen dann die russischen Plünderer und holten nach und nach alle beweglichen Sachen wie Möbel, Kleidung, Maschinen und Ackergeräte ab, die sie auf dem Sammelplatz zusammengetragen haben, um dann später nach Rußland zu verladen, wobei wir dann selbst später noch mithelfen mußten.

Jeder Tag war für uns im Keller eine große Nervenprobe. Voller Angst und Schrecken mußten wir mit anhören, wie Schweine, Schafe und Federvieh geschossen, Pferde und Kühe fortgetrieben wurden. Ca. 14 Tage lang diente uns die Milch einer Kuh als Nahrung, die sich prompt jeden Abend allein im Stall einfand. Als diese jedoch auch eingefangen war, mußten wir uns zum Nachbargrundstück schleichen, um uns Trinkwasser zu holen, da die elektrische Wasseranlage außer Betrieb war.

Die letzten 14 Tage hatten wir nur noch ein paar Möhren, Kohlrüben und Erbsen zum Essen. Wir waren manchmal dem Wahnsinn und der Verzweiflung nahe. Wir wußten nicht, was in der Welt geschah. Diese Ungewißheit war entsetzlich. Meine Schwägerin und die beiden Nichten wollten schon selbst ihrem Leben ein Ende machen, doch mir war es immer noch gelungen, sie davon abzuhalten. Wir hofften immer noch auf eine Wendung und somit auf eine Befreiung; nur dieses hat uns alles ertragen helfen.

Die vier Wochen im Keller waren für uns eine Ewigkeit. Dadurch, daß wir gegen Abend immer über den Hof schlichen, hatten uns die russischen Soldaten vom Kommandanten entdeckt, die unweit von uns Stellung bezogen hatten. Am 24. Februar wurde plötzlich in den Keller geschossen, doch die Kugeln flogen über unsere Köpfe hinweg, so daß niemand verletzt wurde. Auf mein lautes Zurufen hin wurde mit dem Schießen aufgehört, und wir mußten schnell aus dem Keller raus.

In einer Reihe aufgestellt stellten sich der Kommandant und sechs Mann, die Pistolen auf uns gerichtet, vor uns hin. Nun dachten wir bestimmt, unsere letzte Stunde hätte geschlagen. Doch nein. Wir wurden nur noch mal von den letzten Habseligkeiten befreit und ins Wohnhaus geschickt, damit wir uns etwas kochen sollten. Doch wir hatten kaum unsere Pellkartoffeln gegessen, als schon wieder die russischen Soldaten vor uns standen. Diese kamen mit der Absicht, meine Nichten zu vergewaltigen. Alles Bitten und Flehen half nichts; die eine wurde sogar mit einem Stuhl geschlagen.

So ging es dann am laufenden Band; wenn die einen Russen fort waren, kamen die nächsten, so daß es für die beiden Mädchen unerträglich war, und wir haben uns in einer Scheune versteckt. Im Morgengrauen des nächsten Tages haben wir uns dann nach Korschen geschlichen. Bald danach wurde das Gehöft in Brand gesteckt. Als Grund dafür hat ein Russe das Verschwinden der beiden Nichten angegeben.

In Korschen wurden wir in kleine Häuser gesteckt, ca. 12 bis 15 Personen in einen Raum, schlafen natürlich auf dem Fußboden. Täglich wurden wir unter russischer Aufsicht an einen anderen Arbeitsplatz gebracht, wo wir bei der Kälte im Freien schwer arbeiten mußten, ohne jedoch etwas zu essen zu bekommen. Bei den Aufräumungsarbeiten fanden wir verschiedentlich Nährmittel, Roggen, auch etwas Mehl, wovon wir dann satt sein mußten. Besonders schwer war das Kohlenschippen sowie das Verladen von Munitionskisten, Eisenteilen und Bahnschwellen.

Am schlimmsten aber waren die Nächte. Trotzdem schon viele russische Streifen des nachts auf ihre Kameraden achten mußten, daß sie nicht in die Wohnungen der Frauen eindrangen, ist es noch sehr vielen gelungen, sich Einlaß zu verschaffen. Diese Wüstlinge achteten auf das Klopfen der Streifen, denen man sofort die Tür öffnen mußte, und sobald die Streifen fort waren, verlangten diese Wüstlinge unter demselben Klopfzeichen Einlaß. Falls das Öffnen verweigert wurde, gaben sie Schreckensschüsse ab, schlugen die Türen oder Fenster ein und fielen über die Frauen und Mädchen her, ohne Rücksicht auf die schreienden Kinder. Sie machten vor Kindern und Großmüttern keinen Halt; alles mußte daran glauben.

Eine Mutter stellte sich vor ihre kaum 14jährige Tochter, da wurde die Mutter erschossen, dann die Großmutter und die jüngere Schwester. Auf den Wunsch der 14jährigen, sie auch zu erschießen, da sie jetzt allein im Leben steht, wurde nicht reagiert. Ja, das war ein Fall von vielen. Es gab auch Frauen, die sich freiwillig dazu hingaben, daß die Russen nachts bei ihnen Unterschlupf fanden. An eine Nachtruhe konnten wir nicht denken. Des öfteren wurden die Frauen auch unter dem Vorwand „Komm zum Kommandanten" herausgeholt. Viele wehrten sich, aber viele gingen auch aus Angst mit.

Unter uns herrschten auch allerhand ansteckende Krankheiten, Krätze, Ruhr und Typhus usw. Auch hatten wir nur noch zerrissene Schuhe, so daß wir durch die nassen Füße ewig erkältet waren. Als wir an einem Tag mit hohem Fieber nicht zur Arbeit gingen, wurden wir vom russischen Posten mit aufgepflanztem Gewehr zur schwersten Arbeit geholt, und wer es nicht ausgehalten hat und zusammenbrach, blieb eben liegen. Oft waren wir den ganzen Tag am Arbeiten mit nur einer Schnitte Brot....

Einmal bekamen wir zu Mittag einen Korb voll abgekochter und abgelesener Knochen und etwas trockenes Schwarzbrot, so daß wir dann hungrig auf Anraten eines russischen Sergeanten leider ohne Posten früher nach Hause gingen. Von einem GPU.-Kommissar wurden wir festgenommen und verhört und uns Arbeitsverweigerung zur Last gelegt. Wir älteren Frauen wurden jedoch wieder freigelassen, aber die jüngeren, darunter auch eine meiner beiden Nichten, durften sich nur kurz unter russischer Bewachung einige Sachen holen und wurden mit einem Auto weggebracht; wir haben sie dann nie mehr gesehen.

Meine zweite Nichte wurde morgens fast täglich zu den jüngeren Frauen eingeteilt, die in der Kommandantur kochen mußten. Eines Tages gehörte auch sie zu denjenigen, die unter dem Vorwand mit einem Auto weggebracht wurden, daß sie drei Tage in Bartenstein — ca. 30 Kilometer entfernt — kochen sollten. Seitdem fehlt auch von diesen Frauen und Mädchen jede Spur.

Oft wurden wir plötzlich durch GPU.-Kommissare direkt von der Arbeit zum Verhör nach der Kommandantur geholt. Die hauptsächlichsten Fragen waren nach Parteizugehörigkeit, Angehörigen, die Offiziere bei der Wehrmacht waren, ob Ausländer während des Krieges beschäftigt usw. Zweimal mußten wir auch mehrere Tage und Nächte im GPU.-Keller sitzen, weil wir nicht die von den Kommissaren erwarteten Antworten gaben.

Der zu Anfang über uns Deutsche eingesetzte russische Kommandant war verhältnismäßig sehr menschlich denkend. Als wir einmal aus der GPU.-Haft entlassen wurden, mußten zwei Frauen und ich für diesen Kommandanten ein Schwein schlachten, absengen und zerlegen und durften uns anschließend sogar mal richtig sattessen. Leber, Kopf und Füße durften wir zu unserer großen Freude mit in unsere Unterkunft nehmen. Nach ganz kurzer Zeit wurde dieser Kommandant von einem 20jährigen abgelöst, der uns sehr tyrannisiert hat. Oft hat er uns Frauen mit der Hundepeitsche geschlagen und mit Fußtritten bearbeitet, wenn das Antreten morgens zur Arbeit nicht schnell genug ging. Ein 12jähriger polnischer Lümmel hat dem Kommandanten dabei sehr geholfen.

Eine Frau wagte einmal beim Arbeiten vor Hunger den Ausspruch, als ein Russe uns aufforderte, schneller zu arbeiten: „Als wir bei Hitler gearbeitet haben, da haben wir genug zu essen bekommen, jetzt arbeiten wir für Stalin, und der gibt uns nichts zu essen." Die alten Leute und die Kinder, die noch nicht arbeiten konnten, sind in Korschen zu Hunderten gestorben. In Korschen war auch die Hauptzentrale der GPU.

Im Monat März wurden sämtliche Deutschen von der GPU. ins Gefängnis gesteckt, und so war ich zum dritten Male wieder dabei. Wir lagen in einem Zimmer bis zu 35 Personen, so daß man gerade nur so sitzen konnte. Einmal am Tag eine Wassersuppe oder paar Pellkartoffeln gab es zum Essen. Die jungen Mädchen wurden wieder laufend rausgeholt und vergewaltigt. Zweimal durften wir täglich nur austreten gehen; da aber die meisten von uns die Ruhr hatten und ein öfteres Austreten notwendig war, mußte dieses im Raum selbst geschehen. Die Luft im verschlossenen Raum wurde dadurch so entsetzlich, daß es wieder eine andere Qual war.

Die Männer wurden allein eingesperrt und Frauen mit BDM. zusammen. Alle mußten wir bis zu viermal Unterschriften leisten und wußten nicht wofür. Männer, die der Partei angehört hatten, und Frauen vom Frauenwerk, auch BDM. mußten ihr Todesurteil unterschreiben. Viele Frauen hatten drei bis fünf Kinder, oft Säuglinge, doch ohne Rücksicht darauf wurden sie alle verschleppt. Die Kinder wurden noch von älteren Frauen betreut, doch der Hunger hat zu viele Todesopfer gefordert.

Die Frauen, die bei den vielen Verhören nicht die Wahrheit sagten oder denen sie nicht glaubten, wurden nach und nach zu Tode geprügelt. Es war entsetzlich, dieses mitansehen zu müssen. Meinen Aussagen wurde wohl etwas Glauben geschenkt — daß mein Sohn in Rußland gefallen und nur Gefreiter gewesen war —, und so gehörte ich zu den 35 Frauen, die nach neun Tagen solcher Qualen das Glück hatten, auf ein drei Kilometer entfernt liegendes Gut zum Arbeiten gebracht zu werden.

Mein Mann, auch meine Schwägerin waren so entkräftet und krank, daß sie nicht mit konnten, und wir waren auseinandergerissen. Diese Kranken bekamen auch nichts zu essen, wenn ihnen nicht der eine oder andere etwas zusteckte, das er sich entzog.

Das Gut, auf dem wir arbeiten mußten — Wendehnen — war ca. 5 000 Morgen groß. Mehrere von uns mußten kochen, und ich mußte zwei Pferde betreuen, um 4.00 Uhr aufstehen, füttern, putzen usw. Nach ca. 14 Tagen wurde ich von einem Hengst geschlagen, so daß ich dachte, mein Arm wäre gebrochen. Ich hatte furchtbare Schmerzen und konnte nicht arbeiten; jedoch einen Arzt oder eine andere Hilfe gab es ja nicht, und man war seinem Schicksal überlassen und wurde immer wieder zur Arbeit geholt. Nach fünf Tagen mußte ich täglich elf Kühe melken, Stall misten und füttern.

Anfang Mai mußten wir dann unter Aufsicht eines russischen Soldaten die Kühe, ca. 600 bis 700, auf der Weide hüten. Die Milch mußten wir in der Meierei gleich schleudern, die Magermilch zu Quark verarbeiten, der für uns Deutsche zusammen mit trockenem Brot als Nahrung diente; von der Butter haben wir nie etwas gesehen, die war nur für die Russen. Das Fleisch, welches wir ab und zu bekamen, war von kranken Tieren.

Außer ca. 300 Deutschen waren noch einige hundert Polen und Russen mit ihren Familien auf diesem Gut, die freiwillig bei den Deutschen gearbeitet hatten. Viele von diesen waren auch recht deutschfreundlich, doch wenn das entdeckt wurde, verschwanden auch diese durch die GPU.

Fast drei Monate habe ich auf diesem Gut gearbeitet. In der ersten Zeit durften wir uns nicht rausbewegen, aber später bekamen wir Ausweise und durften auch unsere Angehörigen in Korschen besuchen, die doch dem Verhungern nahe waren. Wir haben uns — meine Schwägerin und ich — in der Woche einmal auf dem halben Wege getroffen, und ich brachte verschiedene Lebensmittel wie Brot, Milch, Kartoffeln und Quark, die ich beschaffen konnte, dorthin. Meine Schwägerin hat dann meinen Mann, auch ihren Bruder und dessen Frau mit diesen Lebensmitteln versorgt. Als ich dann nicht mehr auf dem Gut war, sind der Bruder meiner Schwägerin und dessen Frau nach längerem Siechtum zusammen mit vielen anderen älteren Menschen verhungert. Die Leichen wurden von Verwandten oder Bekannten in Decken gewickelt und vergraben.

Im Frühjahr wurden von diesem großen Gut nur ca. 100 bis 150 Morgen mit Kartoffeln, etwas Mischgetreide und Rüben bestellt, alles andere blieb voller Unkraut liegen.

Als wir im Sommer die Kühe hüteten, hatten wir oft Gelegenheit, die Nachbargehöfte zu besichtigen. Alles war leer und ausgestorben. Die Leichen von den im Januar ermordeten Deutschen lagen noch überall herum; in den

Häusern, auf den Feldern, in den Dunggruben, schwimmend auf den Teichen und im Getreide bemerkten wir die Toten durch den entsetzlichen Verwesungsgeruch; aber es wurde nicht angeordnet, daß diese Leichen unter die Erde gebracht wurden. Auch mehrere Wehrmachtsangehörige, besonders Panzersoldaten, konnten wir unter den Leichen feststellen.

Wir arbeiteten und lebten in einer Ungewißheit. Die Russen feierten am 9. Mai ein Freudenfest, die ganze Nacht wurde geschossen, daß wir dachten, der Krieg beginnt noch einmal. Doch als immer neue Flüchtlinge zu Fuß zurückkamen, die schon in Sachsen und Mecklenburg gewesen waren und dort in ihre Heimat zurückverwiesen wurden [und] uns erst von dem Schicksal Deutschlands erzählten, da war unser letzter Hoffnungsschimmer dahin. Einer Frau, die ich noch aus Lötzen kannte, wollte ich ein bißchen Milch für die Reise mitgeben; dieses sah leider der russische Posten und versetzte mir so einen Schlag mit dem Kolben, daß ich zusammenbrach.

Zweimal versuchte ich zusammen mit mehreren Frauen, von dem Gut zu flüchten; einmal wurden wir von einem deutschen Russenfreund verraten und das zweite Mal geschnappt und eingesperrt. Doch wir gaben den Versuch nicht auf, und das dritte Mal ist es uns gelungen, Anfang Juli zu entkommen. Ich bin mit dem Jungen des Hausmeisters vom Lötzener Gymnasium, der von einem Auto sprang, als er zusammen mit noch vielen anderen Kindern durch Korschen in Richtung Rußland gefahren wurde, in Etappen zurück nach Lötzen gewandert. Der Junge fand dort noch seine Oma und jüngere Geschwister, die 14jährige Schwester war auch ermordet worden.

In Lötzen angekommen, mußten wir uns bei einem von den Russen und Polen eingesetzten, unmenschlichen deutschen Kommandanten melden, und wurden gleich wieder zur Arbeit eingesetzt. Von den ganzen Strapazen war ich körperlich so runter, daß mir das Arbeiten furchtbar schwer fiel, aber um etwas zu essen zu haben, mußte ich es tun. Untergebracht waren wir Deutschen alle in der Neuendorfer Straße, ich bei Tischlermeister Tennig. Frau Zwalina war Bürgermeisterin. Die hat viele NSDAP.-Angehörige der GPU. übergeben.

Mein Mann kam drei Wochen später nach Lötzen zurück und erzählte, daß auf dem Gut Wendehnen der Pole eingezogen war und alle dort noch arbeitenden deutschen Männer und Frauen zusammen mit Kühen, Pferden und Wagen nach Anordnung eines jüdischen Kommandanten auf eine russische Kolchose kommen sollten. Vor dem Abzug sind jedoch noch viele Deutsche geflohen.

In Lötzen wurden wir für alle Arbeiten eingesetzt, des morgens früh durch eine Glocke geweckt, in Reihen antreten und zur Arbeit eingeteilt. Auch hier gab es sehr wenig zu essen, besonders fehlte es uns an Brot, da der Russe alles für sich verbrauchte. Ich war hauptsächlich bei den Aufräumungsarbeiten, z. B. Gaswerk und Läden, in die sich dann der Pole reinsetzte. So auch in meinem Laden. Ende Juli kam ich zum polnischen stellvertretenden Bürgermeister, der aus Warschau stammte. Ich mußte bei ihm die Kühe melken und diese auch versorgen; hierdurch hatte ich wenigstens etwas Milch zusätzlich und konnte somit auch meinem kranken Mann etwas geben. Schrecklich war auch hier die ständige Angst, in der wir Frauen abends und des Nachts leben mußten, und zwar waren es wieder die Belästigungen und Vergewaltigungen durch die russischen Soldaten.

Als wir uns doch trotz allem schon etwas eingelebt und von den Strapazen erholt hatten, kam die für uns schrecklichste Nachricht, daß wir unsere geliebte Heimat verlassen sollten. Wir wurden ein paarmal aufgefordert, für Polen zu optieren, aber das haben die meisten abgelehnt. Nur ganz wenige, die sich nicht von ihrem Hab und Gut trennen wollten, haben sich für Polen unterschrieben.

Vfn. schließt den Bericht mit der Schilderung ihrer Ausweisung Ende Oktober 1945.

Nr. 189

Erlebnisbericht der Bauersfrau L. T. aus Schönwiese, Kreis Bartenstein i. Ostpr.
Original, 27. Februar 1952, 45 Seiten. Teilabdruck.

Erlebnisse und Zustände unter Russen und Polen in Schönwiese vom Mai 1945 bis zur Ausweisung im Dezember 1946.

Nach eingehender Schilderung ihrer Erlebnisse auf der Flucht, dem Zusammentreffen mit den Russen nördlich Karthaus und der langwierigen Rückkehr mit ihren drei Kindern nach Schönwiese, Kreis Bartenstein[1]), berichtet Vfn. über die folgende Zeit:

Wir sind nun vom 9. März bis 8. Mai unterwegs gewesen. Total abgerissen, halb krank und verkommen sind wir.

Natürlich sind meine Schwiegereltern nicht da, sind zur Zeit geflüchtet, aber einige gute Nachbarn. — Im T.schen Bauernhaus spielt sich eine polnisch sprechende Deutsche (Evakuierte aus Berlin) als Herrin auf und herrscht über elf Flüchtlinge (die aus allen Gegenden zusammengewürfelt sind) auf dem leeren Bauerngrundstück. Frau Salecker heißt diese — gelinde ausgedrückt — sehr berechnende Frau.

Ich ziehe in die leere Dachwohnung des zu unserm Hof gehörenden Freiarbeiterhauses. Unten in diesem Haus sind drei Frauen mit ihren Kindern in ein Zimmer gezogen aus Angst vor den Russen: Frau Kallweit, Frau Zerrath, Frau Stamm, die schon seit Jahren bei meinen Schwiegereltern wohnten. Sie sind mir stets gute und treue Nachbarn gewesen.

„Endlich zu Hause", jubeln die Kinder, nicht mehr dieses Hasten und Laufen auf der Straße, endlich etwas Ruhe. Mir ist es, als ob der Geist meines Schwiegervaters, der ein guter, edler Mensch war, hier uns in unserm Elend helfen wird.

Kartoffeln sind noch genug da zum Essen. Alle haben hier schon die Kartoffeln gesetzt, denn sogar ein Pferd haben die Freudenhammerschen

---

[1]) Abgedruckt unter Nr. 88 (Bd. I, 1).

Jungens sich aufgegriffen, das die Furchen gezogen hat. Leider schießen es die Russen am Sonnabend vor Pfingsten tot, und die aufgehende Pfingstsonne sieht uns Schönwieser Frauen das junge Pferd im grünen Klee aufbrechen, und es uns verteilen. Wir erholen uns bei dem schönen frischen Pferdefleisch; dazu drei Wochen kein Plünderwagen der Russen. Auch werden wir bald die Läuse los. — Sogar zwei Scheunen mit etwas ungedroschenem Roggen gibt es in Schönwiese. Meine beiden geschickten Jungen fertigen mir einen stabilen Flegel an, und ich dresche Roggen für uns zum Brot. Das Mahlen auf der schweren Schrotmühle mit der Hand ist zwar äußerst anstrengend für den achtjährigen Gerhard und mich.

Schon Ende Juli beginnen die Russen mit der Roggenernte, den Roggen, den unsre deutschen Männer im Herbst 1944 gesät haben und der überall gut steht. Täglich werden wir Schönwieser Frauen von den Russen nach Kumkeim gefahren und müssen dann dort auch in Topprienen, Dixen und zum Schluß auch in Schönwiese den Roggen binden. Unzählige Mähmaschinen stehen vor der Kumkeimer Schmiede, aber ewig ist bei den Maschinen etwas nicht in Ordnung, und so mähen die Russen mit Sensen. In Schönwiese ist Schiemanns, Bludaus und Baumgarts Scheune voll Roggen gefahren, denn die andern Scheunen sind fast alle zerschossen oder verbrannt, auch setzen die Russen mit Hilfe der Frauen einige Roggenberge, darunter auch einen auf unser T.sches Feld. Erst abends um 9.00 Uhr ist immer Feierabend.

Mein kleines Gretchen wird mir erschreckend elend, muß bald zu Bett liegen, über 40 Grad Fieber, Flecktyphus meinte Schwester Else im Landsberger Krankenhaus. Kein Arzt, keine Diät.

Unvergeßlich ist mir der 10. August 1945, mein zehnjähriger Hochzeitstag. Unruhiger denn je ist das kleine Ding den ganzen Tag gewesen, klagt Gerhard, der am Tag das Essen wärmt, das ich am Abend vorher koche. — Todmüde lege ich mich zur Ruhe, da schreit die Kleine wieder wie ein Säugling. In nasse Laken hülle ich sie ein, damit das Fieber fallen soll. Doch plötzlich wird sie ganz still und kalt. Ich bekomme eine große Angst und laufe in unser Wohnhaus, um mir von der guten Frau Mazat ein paar Zündhölzchen zu holen. Klarer Sternenhimmel, am Horizont im Norden zucken Scheinwerfer. Nein, Frau Mazat hat auch keine Zündhölzchen, tröstet mich aber: „Beruhigen Sie sich, Frau T., wenn es Gottes Wille ist, nimmt er sie zu sich, sie hat es dann besser." — Ich laufe wieder schnell zurück, packe die Kleine in warme Tücher, nehme sie auf den Schoß und bete ihr Kindergebetchen mit ihr, und da geschieht das Wunder, daß das kleine Ding, die schon tagelang nicht mehr sprechen kann, „Amen" sagt, dann ruhig schläft. Das war die Krisis, denke ich. Von da an ging es aufwärts. Sie war zwar noch ein Viertel Jahr gelähmt, doch nahm ich sie dann stets mit aufs Feld, als ich dann, nachdem das Arbeiten bei der Ernte bei den Russen zu Ende war, mit Gerhard zwei Morgen Roggen für uns mähte. Und die Sonne und die schöne frische Luft tun Wunder. Sie lernt kriechen wie ein Säugling, stehen und laufen, und ist bis heute noch niemals mehr ernstlich krank gewesen.

Solch ein großes Glück haben andre Mütter in Schönwiese nicht gehabt. Frau Bachert (Flüchtling aus der Stallupöner Gegend) verlor in der Zeit ihr dreijähriges Mädel.

Mitte Juli 1945 setzte ein Massensterben ein in Schönwiese. Es starben: Herr Dorsch, Herr Karnal, Frau Karnal (alle aus Schönwiese), Frau Adler (Flüchtling aus Gotenhafen). Aus unserm Wohnhaus starben die Mutter von Frau Salecker, Frau Sommer, Herr Sommer, noch zwei weitere Flüchtlingsfrauen (Name entfallen). Der dreijährige kleine Ingo verhungerte im September (Mutter erschossen, weil sie sich nicht vergewaltigen ließ), Name entfallen, Ingos beide Schwestern Sabine und Heidi brachte Frau Salecker im Frühjahr 1946 ins polnische Waisenhaus nach Landsberg. Ebenso Inge Brand ins Waisenhaus, Frau Brand, Inges Mutter, im November 1945 verstorben. Juli 1945 starb Frau Lewering. Frau Bachert starb sicher an Lungentuberkulose im Frühjahr 1946. Im eigenen Haus beim Einmarsch der Russen kam um: Bauer Neumann. Draußen tot im Schnee fand man Frau Flucht nach dem Einmarsch. Bald darauf starb auch Bauer Flucht und der alte Herr Pirwaß. Um die Zeit starb auch das älteste Fräulein Huhn, Herr Eduard Huhn starb auf dem Weg nach Sibirien. Von den Russen beim Einmarsch erschossen wurde Bauer Bludau (Schönwiese) mit noch einem Flüchtling, weil Bludau ein Stück Riemen in der Tasche hatte (Revolverriemen: Partisan!). Das sind nur einige Namen. Wie unendlich viele mögen mögen anderweitig umgekommen sein aus diesem kleinen Dorf.

Der Herbst 1945 sieht uns bei der Kartoffelernte. Ich setze alle meine Kraft daran, um meine mit dem Spaten ausgesetzten Kartoffeln auszugraben.

Wie eine Landplage sind jetzt die russischen Matrosen, die zur Bergung der von den Russen im Frühjahr ausgesetzten Kartoffeln eingesetzt sind, die aber keinen Finger rühren, sondern deutsche Frauen und Mädchen zur Arbeit antreiben. Sie sind in Neuendorf und Wokellen stationiert, von hier aus überfallen sie öfter total betrunken uns Schönwieser des Nachts, und einmal bekomme ich furchtbare Prügel von ihnen, weil ich Gretchen und Lisa Kallweit oben in meiner Dachwohnung, die sie bis dahin noch nie gefunden, versteckt halte.

Um diese Zeit muß die junge Frau Perbandt ihr Leben lassen. Man kann sagen, daß die Russen nicht schuldlos daran sind. Noch als die Ärztin bei ihr zur Entbindung ist, lungert ein Russe schon draußen herum, erzählte mir Frau Krause, mit der sie zusammen wohnt. An einem der nächsten Tage, als ein Russe in ihr Zimmer tritt, schießt der alte Hofhund, der unter Frau Perbandts Bett liegt, auf diesen zu. Sich hinter der Tür versteckend und dem Hund durch die Türspalte eine Kugel gebend, war eins für den Russen. Dann erst hat er sich an Frau Perbandt gemacht. Kein Wunder, daß die arme Frau bald starb.

Durch einen polnischen Offizier bekommen wir Nachricht, daß wir uns zu einem Transport „ins Reich" in Landsberg einfinden können. „Fahrt in die Hungersnot nach Berlin, dort gibts Karten, aber nichts darauf zu kaufen." Das ist die erste Nachricht, die wir von Deutschland hören.

Bei unserm deutschen Bürgermeister, dem alten Herrn Pokall, finden wir uns zur Besprechung noch am Abend vorher ein, alles fix und fertig gepackt, und wir kommen zu der Überzeugung: Bleiben wir geschlossen hier, werden unsere Männer auch hierher kommen, und Ostpreußen bleibt deutsch; ziehen wir leichten Kaufs fort, nimmt der Feind Besitz von allem. Es müßte doch eine Abstimmung stattfinden, wie damals nach dem ersten Weltkrieg: also, wir bleiben! — Der Transport geht ab, aber ohne uns Schönwieser. (Nur Frau Bludau und Frau Meißner fahren heimlich mit, ohne unser Wissen.)

Weihnachten 1945 ist der letzte Russe abgerückt. Wir atmen auf, wir schlafen wieder ruhig. Mit Flegeln dreschen wir den Roggen, den die Russen mit unserer Hilfe eingefahren haben. Brot, Kartoffeln und Viehsalz unsere Nahrung. Keiner wird von uns Gesunden mehr krank, kein Husten, kein Schnupfen, dünn besiedeltes Land, keine Ansteckungsgefahr, denke ich.

Ende Januar 1946 scheint die Sonne schon wärmer, es wäre Zeit zum Dungfahren, denken wir. Kommen unsere Männer bald?

Wilde Aufkäufer erscheinen, um gute alte Sachen gegen eine Lächerlichkeit zu kaufen. Wir kommen ins Gespräch mit ihnen: „Wie gut, daß Ihr hier seid, alle Transporte sind stets abends von den Städten abgegangen, alle landeten in den Wäldern, wo schon Massengräber beizeiten geschaufelt waren (Beispiel Katyn). Uns schaudert. Merken immer noch nicht, daß der Pole Arbeiter braucht.

Einmal erscheinen diese Banditen auch bei Nacht, räubern Familie May (Abbau Schönwiese) aus. Mit vorgehaltenem Revolver jagen sie den 14jährigen Fritz May im Hemd barfuß auf seinem Hof herum, muß Ehrenrunden laufen (alle Schönwieser wissen das).

Auch Frau Salecker wird eines Nachts von solch einem Banditen ausgeplündert und am Hals gewürgt. Wir alle haben sie in großer Angst schreien gehört.

Anfang Februar 1946 erscheinen die ersten Polen in gutsitzenden deutschen Mänteln, um sich Grundstücke auszusuchen. Unser armer alter Herr Pokall muß die ganzen Tage rumjagen, um die Grenzen der einzelnen Besitzungen zu zeigen.

Auf unser Grundstück haben wir die Ehre, die gebildetsten Polen zu bekommen, zwei Brüder (alleinstehend), die sogar das Wilnaer Gymnasium besucht haben. Frau Salecker, deren Mann in der Westzone ist, hat für beide Brüder sehr viel übrig und macht sich durch ihre Tüchtigkeit und Arbeitswut den beiden unentbehrlich.

Frühjahr 1946, ade, du Traum, daß eines Tages unsere deutschen Männer kommen! Wir sind Sklaven der Polen. Frau Kallweit, Frau Zerrath und ich aus dem Arbeiterhaus gelten als ihre Arbeiter. Müssen arbeiten ohne Essen, ohne Lohn; zuerst die niedergebrannte Scheune aufräumen, dann den harten Lehm-Estrich der Scheune umgraben und einen Gemüsegarten auf der Stelle, wo die große Scheune stand, anlegen. (Ein Stück aus dem Tollhaus!) Dann den riesigen Tiefstall auskarren. Später erscheint ein Pferd, das nie zieht, wenn es soll, sondern nur dann, wenn es zufällig mal will!

Gerhard und Heini müssen öfter helfen beim Dachdecken. Sie sind sehr elend, alles geht zu Ende, keine Kartoffeln zum Setzen, der Roggen ist bald zu Ende. — Einen polnischen Bürgermeister haben wir, der aber nicht der schlechteste ist. Der Schrecken von Schönwiese ist Lubich Witkowski, der Polizist, von uns Schönwiesern genannt „Lulatsch", ein 19jähriger, großmauliger Lümmel, ein Schweinehund. Durch sein Schreckensregiment wird Schönwiese das berüchtigste Dorf im ganzen Umkreis; liegt Schönwiese doch seit Januar oder Februar 1946 am sowjetisch besetzten Teil Ostpreußens, dicht am Niemandsland, seitdem in Kumkeim dann alle Deutschen von der polnischen Miliz rausgeworfen wurden, raus aus ihren Wohnungen, wo sie ihre Kartoffeln und ihren gedroschenen Roggen stehen hatten, sie wurden ins leere Gutshaus von Woymanns gejagt. In ihre Wohnungen durften sie nicht mehr zurück, das erbten alles andre (ich meine die Lebensmittel). Ich weiß das alles von Frau Kallweits Schwiegermutter, die auch in Kumkeim herausgeworfen wurde.

Der 1. Mai 1946. Von Zeit zu Zeit tauchen Flüsterparolen auf: „Haltet aus, eure Männer kommen bald. Am 1. Mai wird Ostpreußen deutsch. Lubich, der Polizist, hatte sicher auch davon gehört. Er bestellt die Landsberger Miliz, und am 1. Mai setzt ein schreckliches Strafgericht ein: Unser alter, tapferer Herr Pokall wird furchtbar geschlagen, ebenso Frau Wiesen-Müller. Ob an demselben Tag, weiß ich nicht, aber entsetzlich Frau Krause und Bauer Gustav Müller mit Familie.

Mitte Juni 1946 müssen wir nach Landsberg, um registriert zu werden. Unterwegs treffe ich die Frau des alten deutschen Bürgermeisters, Frau Fuhr mit dem Sarg ihres Mannes. Die Polen haben ihn furchtbar in der Wohnung in Woymanns geschlagen, ihn dann in die Scheune geschleppt. Sie, die Angehörigen, durften nicht aus dem Haus. Am nächsten Morgen fanden sie den alten Mann erhängt in der Scheune, Frau Fuhr meint, er hätte nicht soviel Kraft gehabt, sich aufzuhängen.

Mitte Juni 1946 werden alle Deutschen in Schönwiese aus ihren Wohnungen rausgeworfen, auch wenn die noch so ärmlich sind. Ich ziehe mit meinen Kindern in das total zerschossene Huhnsche Insthaus, Gerhard und Heini tragen Dachpfannen auf das Dach über unsrer Wohnung, wir suchen uns Türen, haben sogar ein halbes Fenster mit Glas.

Inzwischen geht unser Roggen zu Ende, denn seit die Polen im Februar kamen, dürfen wir nicht mehr in den Scheunen dreschen. Wir Schönwieser stürzen uns jetzt über die verfaulten Roggenberge, die uns die Russen vor einem Jahr gesetzt haben und die schon von Anfang an eingeregnet waren; suchen die rot und grün verschimmelten Ähren, die die Mäuse gelassen haben. Finden kaum etwas. Auch die Kinder suchen wie wild.

Frau Pohl und ich müssen notgedrungen die Betten der deutschen Frauen in Schönwiese retten. Seit Juli wohne ich mit den Kindern nicht mehr allein im Huhnschen Insthaus. Frau Pohl hat sich die Wohnung hergerichtet nebenbei mit ihren Kindern. Frau Pohl hat die glückliche Gabe, alles mit stoischer Ruhe zu tragen, auch sehr Schweres. Sie hat als einzige in Schönwiese das Unglück gehabt, ein Russenkind zu bekommen, doch starb das bei der Geburt. (Man muß sich wundern, daß so wenig Russenkinder geboren sind, was haben wir Frauen nur alle für Angst gehabt!)

Eines Abends, es war der 17. September 1946, nimmt der gefürchtete Lubich Frau Pohl und mir fast die ganzen Federbetten fort. Mir läßt er nur zwei Betten für uns vier Personen. Die beherzte Frau Kasnal meldet den Vorfall der Miliz in Landsberg, Frau Pohl und ich müssen zur Miliz den Vorfall zu Protokoll geben, und nach einiger Zeit findet ein Termin (T. —Pohl gegen Lubich Witkowski) statt auf dem Amtsgericht (poln.) in Landsberg. Lubich als Angeklagter wirft uns armen Weibern höhnische Blicke von seiner Anklagebank zu und zeigt auf das Gefängnis. Ich habe die ganzen Nächte nicht geschlafen, wie kann man seinen Peiniger anklagen? Aber es wird besser, als ich fürchtete: Lubich wird verurteilt, uns die Betten zurückzugeben und als Sühne (nennt man das so?) einen Korb Kartoffeln für Pohl und T. Die Betten haben wir ja nie wiedergesehen, und der Korb Kartoffeln war faul, — aber Frau Pohl und ich haben wenigstens die Genugtuung, den Schönwiesern die Betten gerettet zu haben, denn Lubich war etwas eingeschüchtert.

Die Lebensmittel werden immer knapper. Mit Gretchen Kallweit gehe ich drei Wochen Holz sägen auf der polnischen Kreisbauernschaft, nur in der ersten Woche geben sie uns etwas Geld, dann sehe ich, auf gute Weise dort loszukommen. Heini wird erschreckend elend. Wir andern auch. Wie lange noch werden wir aushalten. Ist kein Transport in Sicht?

Ende Oktober 1946 endlich ein Lichtblick, damit wir nicht ganz mutlos werden: ein Brief an uns von meinem Mann aus Braunlage, wo er im Sägewerk arbeitet.

Jetzt gehe ich betteln, fast Tag für Tag, ein bitteres Los. Oft nach Landsberg, die Polen haben auch wenig, ab und zu findet man einen mitleidigen Menschen, aber selten. Alle Schönwieser betteln jetzt, uns ist der Lebensfaden abgeschnitten. In den schlaflosen Nächten steht mir die Verzweiflung wie Dornenhecken um mein Bett.

Wenn die Not am größten ist, ist Gottes Hilfe am nächsten. Ein Transport in Sicht! Zwar sollen wohl nur alle Schönwieser mitfahren, bei denen die Polen etwas erben können, aber ich bitte unsern polnischen Bürgermeister sehr, daß ich mit meinen Kindern auch mit darf. Zum Glück habe ich mich entschlossen, am Tage vorher den guten Mantel meines Mannes zu verkaufen in Landsberg. Ich bekam die für mich große Summe von 2 000 Zloty, die gebe ich restlos dem Bürgermeister, und er läßt mich mitfahren. Am 15. Dezember 1946 verlassen wir unser geliebtes Schönwiese, am 24. Dezember 1946 bei sehr strengem Frost kommen wir in Torgau-Elbe an.

Es folgt eine kurze Schilderung der weiteren Erlebnisse bis zum Grenzübertritt nach Braunlage sowie rückblickende Betrachtungen über die vergangene Zeit.

Nr. 190

Erlebnisbericht von Frau Meta Kirschstein aus **Allenstein** i. Ostpr.
Original, 8. Oktober 1951, 8 Seiten. Teilabdruck.

Erlebnisse und Zustände während der Rückkehr nach Allenstein und in den folgenden Jahren unter russisch-polnischer Herrschaft bis zur Ausweisung Ende 1950.

Vfn. war auf der Flucht von Allenstein mit der Bahn nach Danzig gelangt und hatte in Zoppot Ende März 1945 das Eintreffen der Russen und die nachfolgenden Wirren erlebt.

Zum 1. Mai 1945 sollten die Flüchtlinge nach Hause gehen, und wir wollten das ja auch gern. Von der russischen Kommandantur gab es einen Passierschein für 32 Personen, und am 28. April begann die Rückreise zu Fuß in Richtung Dirschau. Unterwegs immer mit Vorsicht und beim Morgendämmern gleich auf die Beine, damit man an den Milizen und russischen Kommandanturen ganz früh vorüber war. In Dirschau mußten wir acht Tage in einer Ziegelei liegen bleiben, weil der Russe uns wegen der Mai-Feierei nicht über die Weichsel setzte. Als wir dann glücklich das Räuberviertel in Dirschau hinter uns hatten, marschierten wir mit Zuversicht in Richtung Marienburg weiter.

Wir konnten schon die Marienburg sehen, da ereilte uns in Kunzendorf ein hartes Geschick: vier junge Polen mit roter Binde und Gewehr und zwei alte Zarenrussen schnitten uns den Weg, bugsierten uns alle auf ein Gehöft mit der Aufforderung, alles hinzustellen. Man zog mir den Pelz und das Kleid aus, und alle Mann rein in einen Schweinestall. Vier- bis fünfmal kam ein Russe zu uns und rief: „Uhrr oder fünf Minuten Brand!" Diese seelische Aufregung kann man ja gar nicht schildern, das Erleben ist furchtbar. Zuletzt hieß es, wenn wir nicht schreien, dann können wir heraus. Wir sahen dann gerade noch einen großen Tafelwagen ganz hoch beladen davonfahren, und auf der Tenne lag das, was die Räuber nicht mochten. Ich stand im Unterrock, nichts mehr als meine Hände und Füße zum Gebrauch. Die Nächte waren besonders kalt, und meine Mutter nahm mich dann in ihren Mantel, denn wir schliefen doch nur immer in Ruinen, meist sitzend und natürlich angezogen.

In den Ruinen fanden wir manchmal etwas zum Essen, und auf den Gütern lagen Hülsenfrüchte in großen Mengen, womit wir uns ernährt haben. In den Mieten gab es Kartoffeln und Zuckerrüben.

Hinter Marienburg stießen wir schon auf deutsche Bewohner. Ich trennte mich nun von meiner großen Kolonne, denn dann hatte man mehr Glück, zur Nacht richtig unterzukommen, und es waren bestimmt nur einfache, arme Menschen, die uns Gastrecht gaben, aber rührend lieb zu uns waren. In Mohrungen schenkte mir eine Königsberger Dame eine Zahnbürste, die ich heute noch in Ehren halte.

Ein paar Dörfer vor Allenstein sagte man uns bereits, wir möchten nicht weitergehen, der Russe wüte noch immer und wir würden eingesperrt. Doch das sollte uns nicht schrecken, wir erlebten doch täglich irgendetwas, und die Sehnsucht nach Hause war soo groß.

In Göttkendorf (Gutkowo) blieben wir die letzte Nacht, und früh tippelten wir ins Städtchen. Schon an der Garnisonkirche wurden wir von einem Russen angehalten. Er nahm uns mit, und wir bekamen Arbeit: Räume säubern und aus der Alle mit einem großen Waschkessel Wasser tragen. Meine alte Mutter brach fast zusammen. Zu essen gab es nichts, trotzdem es in der Küche lieblich duftete und ganz große Töpfe auf dem Herd standen.

Am Nachmittag brachte man uns in die Wilhelmstraße zu einer anderen Kommandantur. Diese Büros waren ja dutzendweise vorhanden. Dort saßen schon zwei Männer, ein Pole und ein Deutscher. Mit einem großen Sergeanten gingen wir vier im Gänsemarsch zur Erzpriesterei; da sollten wir wahrscheinlich in den früheren katholischen Kindergarten eingesperrt werden. Als der Russe im Gebäude verschwand, machte ich als Letzte kehrt, rannte mit Todesangst aus dem Hof und Mutter hinterher. In der Unterkirchenstraße rein in ein kleines Häuschen, und dort brach ich zusammen. Als ich die Augen aufschlug, stand auf der steilen Treppe oben eine alte Frau und neben ihr ein Russe. Also schnell raus.

Wir drückten uns an den Mauern in den hinteren Gassen [entlang] und gingen durch den Wald nach Göttkendorf zurück, wo wir auch Aufnahme fanden. Vier Wochen wurde gebettelt, dann fand sich Arbeit und somit das Essen. Die Russen, Miliz, Polen verschonten uns nicht mit ihren Anliegen, aber Brot hat man sich dann wenigstens verdient.

Jede Woche schlich ich mich in die Stadt, ging jedesmal zu meiner Wohnung, hatte aber nie Gelegenheit, hineinzukommen. Mein Anzug war eine Wirtschaftsschürze und Holzpantoffeln; die Strümpfe waren schon längst zerrissen. Ich wartete Kinder, half auf dem Felde, grub Kartoffeln und wurde geschickt, dieselben auf dem Rynek (Markt) zu verkaufen. Für den Erlös brachte ich Fleisch, Öl, Zucker usw. und bekam als Lohn immer etwas davon ab und Essen. Dann strickten wir für Deutsche und Polen für Lebensmittel. Es waren harte und bittere Monate, und der Winter so kalt. Die Russen liefen immer noch wie die Hunde, besonders nachts.

Nach Weihnachten 1945 suchten und fanden wir Stellung jeder in einem polnischen Haushalt. Nun hatten wir gutes Essen, einen gewissen Schutz, ein Dach und Geld; das erste polnische Geld. Ach, man brauchte ja alles. Wenn es auch nur Stoffschuhe und Baumwollstrümpfe waren und überhaupt alles derb und einfach, aber man war schon froh.

Doch die Länge trägt die Last, und der Mensch ist keine Maschine. Die Polen waren wohl gut zu mir mit einigen Ausnahmen, die es bei uns ebenfalls immer gegeben hat, aber von früh bis in die Nacht schwer beschäftigt sein, geht auf die Dauer nicht. Ich genoß volles Vertrauen, hatte alles in Fülle, was man in einer guten und feinen Küche findet, konnte schalten und walten, wie ich wollte, man lobte und ehrte mich, denn die Liebe des Polen geht sicher auch durch den Magen, doch was zuviel ist — ist eben zuviel, man wird k. o.

Wo nun aber hin? Auf die Straße? Also erbarmten sich wieder einmal Deutsche, und als man sich ausgeruht hatte, ging es von vorn ins Joch. Ich avancierte sogar zur Köchin beim Wojewoden, d. i. Oberpräsident, in der

Harichsen Villa. Das wurde mir zum Verhängnis, d. h. ich wurde von eigenen Landsleuten denunziert, weil ich nur deutsch sprach. In Wirklichkeit gönnte man mir ohne polnische Kenntnisse diese „gehobene" und gut bezahlte Stellung nicht.

Es kam nun zum Verhör, laut Protokoll sofort des Landes verwiesen, als Reindeutsche hinter die Oder. Der Wojewode konnte mir nicht helfen, um nicht in den Verdacht zu kommen, er stehe für Deutsche.

Eine Woche warteten wir vergebens auf unsere Ausfahrt, denn die Transporte waren abgeblasen. Vom 1. Oktober 1947 durfte nicht mehr geplündert werden; die Züge bekamen Militärbewachung und nicht wie vordem Miliz. Uns holte man erst im Juli 1948. Wir kamen nach Lichark = Heilsberg, lagen dort mit über 2 000 Menschen in einem Kasernenkomplex, wurden sogar verladen, und noch im letzten Moment hieß es, Mutter sei zu alt für die russische Zone, also raus und zurück. — Die englische Zone hatte damals wohl die Repatriierung verboten.

Erneut Unterkunft und Stellung suchen; wir waren ohne jeden Złoty, hatten alles ausgegeben, weil wir doch nach Deutschland fahren sollten. So saßen wir wieder da. Im Januar 1950 brach ich mir in der Kronenstraße = ul. Wyzwolenia durch Fall auf Glatteis den rechten Arm. Weil ich gerade stellenlos war, gab es kein Krankengeld, und auch die Wohlfahrt kümmerte sich trotz eines Bittgesuches nicht um mich, weil ich eine Niemka [1]) war. Von Mutters sauer verdientem Geld lebte ich nun recht und schlecht, fand außerdem viel Liebe und Hilfe bei bekannten Deutschen und Polen. Am 3. August 1950 wurden wir dann endlich auf den Weg nach Westdeutschland gebracht und landeten am 19. August 1950 in Detmold bei meiner Schwester, die aber selbst ein Flüchtling aus Danzig ist.

Anschließend gibt Vfn. eine Schilderung ihres Ausweisungstransports sowie eine abschließende Charakterisierung des Zustandes, in dem sich Allenstein 1950 unter polnischer Herrschaft befand.

Nr. 191

Erlebnisbericht des Kaufmanns Paul Rehaag aus S e n s b u r g i. Ostpr.
Original, 6. April 1951.

Ereignisse während der Polenherrschaft in Sensburg.

Am 26. Januar 1945 um 21.00 Uhr erfuhr ich, daß Sensburg geräumt werden muß, und am 27. Januar zog ich mit meiner Familie nach Stangenwalde, wo ich bei Bauer Josef Schmidt Aufnahme fand. Hier war bereits der Kompagniegefechtsstand einer Infanteriebegleitbatterie.

In der Nacht vom 28. zum 29. Januar setzten sich die letzten deutschen Soldaten ab, und am 29. Januar vormittags 11.00 Uhr kamen die ersten Russen, um uns unsere Wertsachen, Uhren usw. abzunehmen. Nur was im Gänsestall im Mist tief vergraben war, blieb uns erhalten.

---

[1]) Deutsche.

Kleider, Wäsche und Betten raubten uns die Polen; es waren meist Polen, die von Bauern aus Treuburg und Johannisburg zurückgelassen worden waren. In Abständen von zwei bis sechs Tagen kamen dann Russen, die immer noch etwas Mitnehmenswertes fanden und mir dann im Mai den letzten guten Anzug vom Leibe rissen. ...

Der Bauer Schmidt hat mit uns alles redlich geteilt. Sein gesamtes Vieh, bis auf eine Kuh, wurde abgetrieben. Mit einem Beutepferd hat er mit seinem alten Instmann Kraft und meiner Frau ca. 110 Zentner Kartoffeln gepflanzt und seine Pflicht bis zu seinem Tode im August 1945 erfüllt.

Am 7. Juni 1945 zog ich nach Sensburg zurück. Meine Wohnung war von Flüchtlingen aus Mittenheide, Kreis Johannisburg, besetzt, die nicht räumten. Ich zog daher mit meinen vier Personen ins Fremdenzimmer ins Dachgeschoß. Geschäft und Wohnung waren restlos ausgeplündert, nur zwei große Kleiderschränke, Bücherschrank und Büfett waren zurückgeblieben.

Am 14. Juli mußten alle Deutschen aus den Hauptstraßen heraus, und ich zog in das Haus meines Bruders, Langgasse 16. Zu den Hauptstraßen gehörte auch die Inselstraße, weil dort im Hause Dr. Inkermanns der polnische Starost wohnte.

In den Werkstätten meines Bruders waren alle Maschinen von den Russen restlos abgebaut worden. In den leeren Räumen richteten die Polen ihre Eisenwaren-Magazine ein, das heißt, sie schleppten dort alles zusammen, was sie an Stabeisen, Hufeisen, Pflugteilen, Nägeln, Schranken, Teerfässern, Zinkblechen, Armaturen aus der Molkerei und ausgeglühten Wagenachsen usw. vorfanden. Die verbrannten Speicher von Steputat und Jeramski wurden umgegraben, um alles das zu bergen, was den Russen entgangen war.

Durch Fürsprache eines gut polnisch sprechenden Treuburgers wurde ich Lageraufseher in diesem Magazin und bekam einen polnischen Ausweis. Acht bis zwölf deutsche Frauen sortierten dort, und wir bekamen dafür 400 Gramm Brot, während alle, die nicht arbeiteten, nur 200 Gramm bekamen.

Am 15. September 1945 mußten alle Straßen westlich der Königsberger — Warschauer Straße plötzlich geräumt werden. Polnische Miliz gab eine Stunde Frist, nur Handgepäck durfte mitgenommen werden, und in einem langen Elendstreck ging es in Begleitung polnischer Miliz nach Seehesten. Ich durfte mit meiner Familie auf Grund meines Ausweises zurückbleiben. Alle Stadteingänge wurden bewacht, und es konnte niemand in die Stadt hinein noch heraus. Gleich nach dem Abzug des Trecks wurden große polnische Kommandos zusammengestellt, und alles, was in den so freigemachten Wohnungen vorgefunden wurde, wurde in die Sammelmagazine zusammengefahren. Nach etwa sechs Tagen war dieses beendet, und dann kamen die Sensburger allmählich zurück, um vor ganz leeren Räumen zu stehen.

Die polnische Verwaltung und Miliz hat so die meisten um ihre letzte Habe gebracht. Es setzte nun die große Auswanderung ein, nachdem Ende September Herr Superintendent Matern, Kaplan Woelke und Prediger Pelzer ausgewiesen wurden. Ich bekam mit meiner Familie mit einiger List meine Reisepapiere am 15. Oktober 1945, und am 18. Oktober waren wir schon in Berlin-Lichtenberg, um dann am 17. November 1945 in Herten i. W. zu landen.

Nr. 192

Erlebnisbericht des J. E. aus Osterode i. Ostpr.
Original, Juli 1951, 13 Seiten. Teilabdruck.

Polenherrschaft in Osterode und Polonisierungsbestrebungen gegenüber den Deutschen.

Der russischen Truppe sind von Anfang Februar 1945 ab, manchmal in großen Trecks, die Polen gefolgt. So gab es denn im Mai 1945 in Osterode bereits mehr Polen als Deutsche.

Am 26. Mai 1945 übergab der russische Kommandant in öffentlicher Feier auf dem Sportplatz am Bismarckturm die Zivilverwaltung an die Polen. Zu dieser öffentlichen Verhandlung waren durch drei Deutsche, die gewisse Funktionen bei den Russen versahen, auch die Deutschen eingeladen. Da die deutsche Bevölkerung sich an dieser Feier nicht beteiligen wollte, Polen auch kein großes Kontingent stellen konnte, wurde uns durch jene drei Deutschen Meier, Szillat und Teubert erzählt: „Auf dieser Versammlung würde auch eine deutsche Ansprache gehalten werden!" Nur aus diesem Grunde ging auch ich hin zu der Versammlung, zumal ich leidlich russisch und gut polnisch verstehe und spreche.

Auf dem Sportplatz war eine unbedeutende Tribüne erbaut, mit Bildern Stalins und Bieruts geziert. Etwa 200 zusammengeschleppte Stühle boten Sitzgelegenheit. Nach zwei Stunden Wartens erschien der russische Kommandant mit fünf oder sechs Begleitern zu Pferde. Nach einer halben Stunde schien die Feier ihr Ende erreicht zu haben, denn ich hörte deutlich die begeisterten Polen rufen: „Polska niech żyje! niech żyje, niech żyje!" (Polen es lebe, es lebe, es lebe!)

So bekam denn Polen die Zivilverwaltung in Osterode/Ostpr. in seine Hand. Allmählich wurden die Behörden, Kreisverwaltung und Stadtverwaltung wenigstens im Anfang aufgebaut. Zunächst änderte sich in der Lage für uns Deutsche nichts. Wenn früher Razzien nach Menschen durch die Russen getan wurden, jetzt taten solches die Polen.

Die Menschen wurden zusammengetrieben und in Arbeitstrupps festgehalten. Vor allem galt es, die arg verdreckten Hauptstraßen zu säubern. Ich selbst wurde in solch einen Arbeitstrupp eingereiht. Ich wurde sogar wegen Beherrschung der polnischen Sprache ihr Truppführer. Etwa 20 Personen, in der Hauptsache Frauen, wurden mir zugeteilt. Wir taten gern die Pflicht, denn schließlich war es ja unsere Heimatstadt, die wir von dem angesammelten Dreck reinigen mußten.

Das Rathaus in der Schillerstraße war völlig erhalten, aber immer noch bewachten russische Posten dasselbe; denn darin waren ja seine zusammengeschleppten Wäschevorräte, die zum Abtransport dalagen. Die Kreisbehörde unter einem Starost (Landrat) sorgte nun zuerst dafür, daß möglichst viele Deutsche zu Polen gestempelt wurden.

Wenn der Deutsche Anspruch auf Schutz und Arbeit erhob, so mußte er den sogenannten Masurenschein annehmen. Das war ein Quartblatt mit den Personalangaben des Inhabers. Den erhielt jeder, der ihn haben wollte. Also in ihrer Bedrängnis nahmen ihn auch Gumbinner Flüchtlinge an. —

Ich habe mit viel Entrüstung feststellen müssen, wie groß die Zahl derer war, die den Schein sich ausfertigen ließen —. Gedruckt standen unten die Worte: Przyznaję, że z polskiego narodu pochodzę! (Ich erkenne an, daß ich aus dem polnischen Volke hervorgegangen bin.) So setzte die Polonisierung ein.

Im Herbst 1946 wurde der zuerst ausgegebene sogenannte Masurenschein für ungiltig erklärt. An Stelle dieses ersten wurde ein anderer ausgegeben, der sich äußerlich von jenem nur durch seine Halbbogengröße unterschied, darin stand aber gedruckt folgender Satz: Ja przyznaję, że do polskiego narodu należę! (deutsch: Ich erkenne an, daß ich zum polnischen Volke gehöre!)

Daß es den Polen darauf ankam, möglichst viele des deutschen Volkes in ihr Volk einzuverleiben, war klar zu erkennen. Da mich in Osterode/Ostpreußen und Umgegend jeder deutsche Volksgenosse kannte, bin ich öfters im Frühjahr 1945 von Einwohnern um meine Meinung und Stellung zum Masurenschein befragt worden. Ich habe, soweit es ging, vor Annahme jenes Scheines gewarnt, da diese Angelegenheit eine grobe Polonisierung in meinen Augen war. Leider blieb mein Rat wenig beachtet. Ja, es hat sich hernach sogar herausgestellt, daß mein gegebener Rat den polnischen maßgebenden Stellen bekannt geworden war. Deshalb erfolgte meine Verhaftung durch die polnische Miliz. Deshalb mußte ich fast eineinhalb Jahre in Haft verbringen.

Für den Zulauf um den Masurenschein gibt es nur eine Erklärung. Die Lebensmittelnot war im späten Frühjahr 1945 recht fühlbar geworden. Denn was die Russen hier und da noch gelassen hatten, eigneten sich die Polen an. Die Not wurde also fühlbarer. Deshalb auch griff man zu jenem Schein, um einen kleinen Anspruch auf bezahlte Arbeit zu bekommen.

Tatsache ist, daß nur solche ehemaligen Deutschen in bezahlte Arbeit genommen wurden, die diesen Schein vorwiesen. Bahn und Post, größere Geschäftsbetriebe stellten nur solche Neupolen ein.

In gesonderten Abschnitten berichtet Vf. noch über andere Erlebnisse unter Russen und Polen, so besonders über den Vorgang der Ausweisung aus Osterode im November 1945 [1]).

Nr. 193

Amtliches Schreiben des Starosten (Landrat) von Nidzica (Neidenburg i. Ostpr.). Original in Form eines Handzettels. Text hektographiert, Adresse und Unterschrift des Beauftragten handschriftlich. 9. Juni 1948.

Aufforderung zur Option für Polen unter Androhung der Enteignung.

STAROSTA POWIATOWY NIDZICKI   Nidzica, dnia ... 1948.
    Nr. xy

Do
Ob. N. N.
w N.

W związkuz niewyjaśnionym dotychzcas stosunkiem do Państwa i Narodu Polskiepo, wzywam Obywatela do oświadczenia się w terminie dwóch tygodni

---
[1]) Abgedruckt unter Nr. 318 (Bd. I, 2).

od daty otrzymania niniejszego, czy pragnie nabyć obywatelstwo polskie przez zweryfikowanie się i podpisanie deklaracji wierności narodowi i państwu polskiemu.

Zaznaczam, ze na wypadek nieoświadczenia się w powyzszym terminie zostanie gospodarstwo będące dotychczas w posiadaniu Obywatela zgodnie z art. 2. p./1/ lit. b Dekretu P.K.W.N. z dnia 6. 9. 1944r o wykonaniu reformy rolnej Dz. U.R.P. Nr. 4 poz 17 przejęto na rzecz Skarbu Państwa.

Starosta Powiatowy
/ B. W a n k e /

Übersetzung

Der Landrat des Kreises Neidenburg   Neidenburg, d. ... 1948
    Nr. xy

An
Bürger N. N.
in N.

In Verbindung mit Ihrem bisher ungeklärten Verhältnis zum polnischen Volk und Staat fordere ich Sie auf, sich innerhalb von 2 Wochen, gerechnet vom Datum des Erhalts dieses Schreibens, zu erklären, ob Sie die polnische Staatsangehörigkeit dadurch zu erwerben wünschen, daß Sie die Treueerklärung dem polnischen Volk und Staat gegenüber bekunden und unterzeichnen.

Für den Fall, daß Sie sich in der oben erwähnten Frist nicht erklären, bemerke ich, daß Ihre Wirtschaft, die Sie zur Zeit in Übereinstimmung mit Art. 2 Pkt. 1 Buchst. b der Verordnung des P.K.W.N. vom 6. 9. 1944 über die Durchführung der Bodenreform Ges. Bl. R.P. Nr. 4 Pos. 17 besitzen, vom Staat übernommen wird.

B. W a n k e , Landrat.

Nr. 194

Brief von K. L. aus dem Ort X. im Kreis Lötzen i. Ostpr.
Original, 20. April 1947, vom Vf. 1947 aus Ostpreußen an eine früher in der Nachbarschaft, jetzt in Westdeutschland wohnende Frau gesandt. Teilabdruck.

Erlebnisse und Zustände in Ostpreußen (Juli 1945—April 1947).

Nach einigen allgemeinen Einleitungssätzen schildert Vf. sein und seiner Familie Schicksal nach 1945:

Meine Frau ist mit den Kindern und Leno am 22. Januar 1945 geflüchtet. Zunächst nach Steintal und schickte das Fuhrwerk noch zurück, um mehr Sachen zu holen. In der Nacht nahm das deutsche Militär sämtliche Pferde und Wagen und verschwand. Meine Frau ist dann mit den Kindern mit dem Steintaler Fuhrwerk mitgeflüchtet. Der starken Kälte und der kleinen Kinder wegen sind sie jedoch nur bis hinter Rastenburg gekommen. Dort wurden sie von den Russen überrascht, verloren das letzte Hab und Gut und kamen im Juni 1945 mit dem Kinderwagen zu Fuß nach Hause. Aber hier war alles öde und verlassen und ausgeplündert und viel Belästigung durch Russen, und dann zog meine Frau nach paar Tagen in ihr Insthaus zusammen zur Frau B. Dort fand ich sie auch bei meiner Rückkehr.

Mein Vater war nicht geflüchtet. Er wurde gleich von den Russen erschossen, zusammen mit meiner Schwester G. und der Tante aus P. Sie wurden im Frühjahr von B. in meinem Garten vor dem Schlafzimmerfenster verscharrt.

Ich selbst bin von meinem Urlaub ins Lazarett zurückgefahren, zwar über Pillau — Swinemünde und mit Verspätung. Ich wurde dann noch operiert, aus dem Beckenknochen wurde ein Knochenstück ausgemeißelt und in den Unterkiefer verpflanzt. Die Operation war sehr schmerzhaft, ist jedoch gelungen.

Als ich einigermaßen reisen konnte, wurde ich direkt vom Lazarett in die Heimat entlassen. Ich sah mich noch ein wenig in den Flüchtlingslagern nach Bekannten um und habe das ganze Elend der dort lebenden Flüchtlinge kennengelernt und kam am 14. Juli 1945 bei meinen Angehörigen bettelarm an.

Von unsern Gehöften war nichts verbrannt oder zerstört, nur alles öde und verlassen und ausgeplündert. Jeder holte sich, was er fand und gerade gebrauchen konnte. An lebendem Inventar nichts! Nicht ein Huhn war mehr unser eigen. Und an totem Inventar waren alle besseren Maschinen fort, desgleichen die Möbel. Und alles, was unsere Eltern und wir in jahrelanger Arbeit geschaffen.

Ich bin dann nach R. zum Kolchos in Arbeit gegangen, um nicht zu verhungern und wenigstens für meine Familie Brot zu verdienen. Als dann die Plünderungen immer mehr wurden, zogen im August zuerst B. und dann wir nach R., um wenigstens das Leben und das letzte Hab und Gut nicht zu verlieren. Auf den Abbaugehöften konnte damals keiner bleiben. Alle zogen ins Dorf oder unters Gut. Kurz darauf zogen auch Ihre Nachbarn K. aus G. mit der Frau S. nach R. Auf Ihrem Hof wurden im Oktober vier Personen erschossen.

In R. mußte damals jeder aus den umliegenden Dörfern arbeiten. Täglich kamen 60 bis 100 Personen. Gegessen wurde in Frau R.s besten Räumen. Morgens, mittags und abends Suppe und grobes trockenes Brot. Sonst weder Geld noch sonst was.

Am 2. September 1945 erkrankte ich an Typhus. Vom 10. September bis 25. Oktober 1945 war ich im Lazarett. Aber erst am 20. November 1945 bin ich zum erstenmal wieder aufgewesen; zum Skelett vermagert. Daß ich überhaupt leben blieb, ist ein Wunder.

Am 28. November zog ich dann wieder auf meine Wirtschaft zurück. Ich bin mit meiner Familie polnischer Staatsbürger geworden und brauchte nicht mehr bei den Russen zu arbeiten. Mit paar Zentnern Kartoffeln, etwas Roggen zog ich auf meinen ausgeräuberten Hof zurück. An lebendem Inventar hatten wir zwei Kaninchen und paar Küken. Not und Knappheit waren bald unsere täglichen Gäste. Heute habe ich ein Pferd, zwei Schweine, paar Schafe und Bienenvölker, so daß man schon leidlich leben kann. Kuh habe ich noch keine. Ich bekomme aber jeden Tag ein Liter Milch von den Leuten, die auf Ihrer Wirtschaft sind.

Wenn ich jetzt beim Schreiben durchs Fenster gucke auf Ihre Wirtschaft, ist scheinbar alles so wie früher: die schwarze Scheune, das ganze Gehöft und die Tannen, die Willy pflanzte. Wenn ich aber mal hin muß, um irgendwas zu erledigen, ist alles doch so ganz anders wie früher. Andermal schreibe ich vielleicht ausführlicher darüber.

Nach einer namentlichen Aufzählung von Bekannten, die noch in X. wohnen, fährt Vf. fort:

Es sind viel zu wenig Leute und Inventar, das Land zu bearbeiten. Iu X. sind nur acht Pferde zum Anspannen und sieben Kühe. Die Felder stehen größtenteils voll Unkraut, und im Sommer ziehen ganze Schneewolken von Distelsamen durch die Luft.

Abschließend folgen noch private Mitteilungen und Grüße des Vf.

III. Pommern unter russischer Besatzung und polnischer Verwaltung.

Nr. 195

Erlebnisbericht der Pächtersfrau M. K. aus S c h r o t z , Kreis D t. K r o n e i. Pom. Original, 21. Oktober 1952, 3 Seiten. Teilabdruck.

Der Russeneinfall in Schrotz Ende Januar 1945 und die folgende Zeit unter Russen und Polen bis zum Mai 1946.

Meine Heimat wurde vom Vormarsch der Russen völlig überrascht. Nicht nur in meinem Heimatort, sondern in der ganzen Nachbarschaft ist die deutsche Bevölkerung fast vollzählig zu Hause geblieben und vom Russen überrascht worden.

Unser Gut lag etwas abseits vom Gut Schrotz, so daß wir besonders schlechte Nachrichtenverbindungen hatten. Mein Mann wurde mit dem Gros der anderen Männer der Gegend am 21. Januar zum Volkssturm eingezogen, kehrte jedoch nach einigen Tagen wieder nach Hause zurück, weil weder eine Kommandostelle noch Ausrüstung oder Waffen für den Volkssturm vorhanden waren.

In unserer Nachbarschaft lagen noch deutsche Truppen, als am 29. Januar 1945 der Russe vom Dorf Schrotz im Anmarsch gemeldet wurde. Es war morgens früh. Uns blieb nur soviel Zeit, uns anzuziehen und in den Keller zu fliehen, den wir verriegelten.

Es kamen zunächst nur einige wenige Russen, die den Keller erbrachen und zunächst alles plünderten, was ihnen des Mitnehmens wert schien Im übrigen taten sie uns Deutschen zunächst nichts, weil deutsche Truppen in unmittelbarer Nähe unsres Gutes Widerstand leisteten und sich in der Folge eine heftige Schießerei entwickelte. Deutsche Artillerie und Infanterie nahm unser Gehöft und die anderen Gehöfte unter Feuer, einige wenige deutsche Flieger belegten die Gehöfte mit Bomben, es krachte an allen Ecken, so daß wir unseren Keller nicht verlassen konnten. Ich kann daher über den Verlauf des Gefechtes im einzelnen nichts aussagen, konnte aber nach dessen Beendigung am 2. Februar feststellen, daß etwa neun gefallene Russen von ihren Kameraden feierlich beerdigt wurden.

Ferner war ich Zeuge, wie vier deutsche gefangene Soldaten von den Russen erschossen wurden. Bei meiner Tante in der nächsten Nachbarschaft wurden 22 deutsche Soldaten erschossen. Die Toten mußten etwa drei Wochen liegen bleiben, es war ein grauenhafter Anblick, die allmählich blau werdenden Leichen verwesen zu sehen.

Noch während des Gefechtes kamen aus dem Dorf Schrotz (zwei Kilometer) eine Anzahl deutscher Mädchen auf unser Gut, da sie im Dorf dauernden Vergewaltigungen ausgesetzt waren und bei uns Schutz zu finden hofften.

Tatsächlich waren wir vorerst von derartigen Schrecken verschont geblieben, weil wir einen General mit Stab in unserm Gutshause hatten. Zwar mußten wir das Wohnhaus räumen und mußten in ein Insthaus ziehen, doch bewahrte uns die Anwesenheit der Offiziere immer wieder vor den zuchtlosen Mannschaften, die in manchen Fällen ihren Offizieren nur widerwillig gehorchten und nur durch gutes Zureden dazu zu bringen waren, von uns Frauen abzulassen.

Dieser Stab kam am 4. Februar zu uns. Gleichzeitig wurde mein Mann verhaftet und ins Nachbardorf zum Verhör gebracht. Da die als Zeugen fungierenden Ostarbeiter jedoch für meinen Mann günstig aussagten, wurde er nicht erschossen, sondern mit vielen anderen Männern zusammen „nur" nach dem Südural verschleppt, wo er später gestorben ist. Verschleppt wurden im übrigen alle Männer von Dorf und Gut, die jünger als 60 Jahre waren, es waren etwa 40 Männer und vier Frauen, von denen der größte Teil nie wieder gesehen wurde. Einige junge Mädchen mußten mit einem russischen Lazarett nach Berlin mitgehen.

Derweil mußten wir Frauen für die Russen arbeiten, sei es in der Küche, im Stall oder wo sonst Hilfskräfte gebraucht wurden. Da ich vier Kinder hatte, wurde ich von der Verschleppung verschont, wurde aber ebenfalls zur Arbeit herangezogen. An jedem Morgen kam der Koch des Generals und holte sich drei Frauen zum Melken in den Stall. Nach dem Melken wurden wir dann regelmäßig vergewaltigt; mit vorgehaltener Pistole wurden wir dazu gezwungen, das Furchtbare über uns ergehen zu lassen. Ich mußte aber für meine Kinder leben bleiben, und so mußte auch ich mich in das Unabänderliche fügen. Es muß aber gesagt werden, daß unsere Beschwerde bei den Offizieren Erfolg hatte und daß fortan diese Vergewaltigungen unterblieben.

Am 16. Februar wurde mein Vater, der ebenfalls ein Gut am anderen Ende des Dorfes Schrotz hatte, als letzter von 36 Schrotzer Männern von den Russen erschossen. Auf die Nachricht von seinem Tode ging ich auf seinen Hof und fand meinen Vater tot in einer Blutlache liegen. Im Angesicht des toten Vaters mußte ich einem Russen, der mich mit vorgehaltener Pistole dazu zwang, zu Willen sein. Eine Freundin von mir, die ebenfalls im Dorf wohnte, erlitt das gleiche Schicksal, selbst ihre 60jährige Mutter wurde im Schnee im Freien vergewaltigt und dann erschossen.

Auffallend waren die vielen Brandlegungen im Laufe des Monats Februar. Obwohl die Kämpfe am 3. Februar abgeschlossen waren, brannte es mal hier, mal dort. Ich entsinne mich, daß ich am 16. Februar von meinem erhöht liegenden Haus an einem Abend 20 Brände in der nächsten oder weiteren Nachbarschaft zählte. Diese Brände wurden nicht von russischen Truppen angelegt, sondern von russischen Deserteuren oder Marodeuren, die sengend und plündernd durchs Land zogen, mordeten und vergewaltigten. In meinem Haus ist es nur deshalb zu keinen Brandstiftungen gekommen, weil die russische Truppe Posten ausgestellt hatte, die die Marodeure in Schach hielten.

Ab Anfang Mai wurden alle deutschen Werte nach und nach nach Osten verladen. Landwirtschaftliche Maschinen, Radios, Möbel, alles, was nicht niet- und nagelfest war, auch das Mobiliar, das sich die inzwischen zu Herren gewordenen polnischen Arbeiter angeeignet hatten, wurde evakuiert. Ich selber habe einige Zeit hindurch bei den Verladungen helfen müssen.

Alles lebende Inventar ging den gleichen Weg mit Fußmarsch, nur einige wenige Pferde blieben zurück und nur so viel Maschinen, daß die Ernte notdürftig eingebracht werden konnte. Die Pferde reichten allerdings nur zum Bespannen der Mähmaschinen aus, das „Einfahren" mußten wir Deutschen auf zusammengezimmerten Holztragen machen. Auf diesen Tragen transportierten wir die Ernte zu den [in] großer Zahl auf dem Felde angelegten Staken, die dann möglichst bald ausgedroschen wurden. Da das Getreide schon vor dem „Einfahren" zusammengewachsen war, kam beim Dreschen nur wertloses Auswuchskorn zutage, das in der evangelischen Kirche gelagert und später abtransportiert wurde. Wir haben hiervon nie etwas bekommen, nur die Nächte hindurch mußten wir es in der Kirche klappern [1]) und reinigen.

Elektrisches Licht und Kraft gab es nirgends, denn die Russen hatten gleich nach dem Einmarsch aus allen Transformatoren aus unerfindlichen Gründen das Öl abgelassen, anscheinend um es bei ihren Autos zu verwenden.

Waren die Schober ausgedroschen, dann wurde das Stroh angesteckt, mit dem dann manches Gebäude mit abbrannte.

Im Herbst 1945 wurden auch die Brennereien in Gang gesetzt, die aber nicht etwa frisch geerntete Kartoffeln verarbeiteten, sondern vorjährige Kartoffeln, die naturgemäß in den Mieten völlig verfilzt oder verfault waren. Diese „Kartoffelverwertung" fand zeitlich mit dem letzten Teil der Getreideernte statt.

Die polnische Verwaltung trat erst im November 1945 in Tätigkeit, die eine große Zahl von deutschen Kriegsgefangenen überall zur Arbeit einsetzte, so daß ich selber und andere Frauen nicht mehr zur Arbeit herangezogen wurden. Wir konnten daher uns vermehrt um die Ernährung unserer Kinder kümmern. Wir durchsiebten die Kaffhaufen, die von der Dreschmaschine abgepustet waren und dank der schlechten Einstellung der Dreschkästen eine schöne Menge Körner enthielten. Diese wurden auf selbstgemachten Steinmühlen zerkleinert und in jeder Form gegessen. Die auf den Speichern lagernden vollwertigen Zuckerschnitzel, mit denen die Russen oder Polen nichts anzufangen wußten, verarbeiteten wir zu Syrup, als Salz diente Viehsalz. So haben wir unsere Kinder und uns schlecht und recht über den Winter gebracht.

Wir hatten das Glück, einen einsichtigen polnischen Gemeindevorsteher zu haben, wie auch die früheren polnischen Arbeiter, die jetzt die deutschen Bauernhöfe besetzt hatten, sich uns gegenüber nicht ausgesprochen feindlich verhielten.

Im Mai 1946 erhielten wir plötzlich den Ausweisungsbefehl nach Deutschland.

Es folgt abschließend eine Schilderung der Ausweisung über Stettin nach Lübeck.

---

[1]) d. h. mit einer handgetriebenen Reinigungsmaschine bearbeiten.

Nr. 196

Brief der Kreisangestellten I. R. aus Schönlanke, Netzekreis i. Pom.
Beglaubigte Abschrift, 5. April 1946, 3 Seiten. Teilabdruck.

Zustände und Ereignisse in der Kreisstadt Schönlanke vom Einfall der Russen im Februar bis zum November 1945.

Einleitend stehen einige private Mitteilungen.

Der Kampf in unserer Stadt hat nur zwei Tage gedauert und war erträglich gegenüber den folgenden Wochen. Licht und Wasser waren sofort aus und wurden erst im September bzw. Oktober wieder in Gang gebracht. Da in Schönlanke aber nur wenige Pumpen erhalten geblieben waren — wegen der Wasserleitung —, so können Sie sich vielleicht denken, in was für primitive Zustände wir zurückversetzt waren, wenn [man] selbst mit jedem Tropfen Wasser geizen muß.

Die Lichtfrage wurde besser, je länger die Tage wurden. Ersatz dafür, also Kerzen oder Petroleum, gab es nicht. Nicht einmal Streichhölzer. Die Hausfrauen liefen morgens von Haus zu Haus, um vom Nachbarn vielleicht streng betreffs Arbeitseinsatz überwachen.

Die Ernährung war auch schwierig. Das erste Brot gab es im März, also nach ca. sechs Wochen. Nur mit den Vorräten in den Kellern, namentlich Kartoffeln, konnte die Bevölkerung sich erhalten. Aber Arbeit wurde sofort verlangt.

Für mehrere Straßen zusammen wurde ein „Straßenführer" von der Behörde ernannt, die einzige Vertretung der Deutschen gegenüber der Besatzung. Dieser Straßenführer (meistens früher KPD.) war für alles verantwortlich, was von den Deutschen geschah. Sie mußten ihren Bezirk auch streng betr. Arbeitseinsatz überwachen.

Ungefähr acht bis zehn Tage nach dem Feindeinbruch mußten sich alle Männer von 16 bis 60 Jahren melden. Angeblich wurden sie zu Arbeitskolonnen zusammengestellt. Man sah sie abtransportiert werden nach Scharnikau, Posen, Landsberg usw. In Schönlanke haben wir keinen der Männer wiedergesehen. Kranke wurden aber später ins „Reich" entlassen.

Bürgermeister Fröse mit Oberinspektor Klug sah ich öfter mit Offizieren der Kommandantur verhandeln. Sie wurden aber auch bald abtransportiert. Wohin, weiß niemand. Frau Fröse wurde aus der Wohnung gesetzt, Fräulein Fröse ist erschossen worden.

Aus Furcht vor den Bestien aus dem Osten haben viele Schönlanker ihrem Leben ein Ende gemacht (ca. 500!). Ganze Familien sind dadurch ausgelöscht. Zu ihnen gehört Dr. Mohr, Chefarzt unseres Krankenhauses, der auch auf Wunsch eine Reihe Krankenschwestern erschoß. Medizinalrat von Sassen soll noch rechtzeitig herausgekommen sein und ist bei Goslar, unser OGL.[1]) G. [ist] bei Ihnen in Hannover.

Nachdem die Männer aus Schönlanke fort waren, ging es an die Frauen. Nicht genug, daß wir alle Unmenschliches von der Kampftruppe zu erdulden hatten, so begann nun der Leidensweg durch die „Keller". Die GPU. streifte

---

[1]) Ortsgruppenleiter.

Tag und Nacht durch die Straßen und holte bald hier, bald dort Frauen und Mädchen ab. Man war keinen Moment sicher. Zuerst waren es Mitglieder der Frauenschaft und des BDM., später aber auch wahllos andere. Nach vielen Verhören in den einzelnen Kellern wurden auch sie abtransportiert. Das hörte erst im April auf, nachdem polnische Verwaltung kam.

Sie würden Schönlanke nicht wiedererkennen! Wochenlang brannten die Siegesfeuer, d. h. Haus bei Haus wurde angesteckt, und somit ist die ganze Innenstadt ein Schutthaufen. Aber die öffentlichen Gebäude blieben erhalten, auch die Schulen (bis auf die Hindenburgschule, die ja Lazarett war) und das Krankenhaus. Die landrätliche Villa ist abgebrannt. Auch das Haus von Polizeirat Krause ist abgebrannt, trotzdem die Friedrichstraße verhältnismäßig gut abgeschnitten hat.

Aus den wenigen Häusern, die erhalten blieben (etwa ein Drittel!), wurde geraubt und geplündert, solange etwas vorhanden war. Wir Frauen haben die Möbel und Einrichtungsgegenstände mit Handwagen zu großen Lagern zusammengefahren, wo sie verpackt und dann nach Rußland verladen wurden. Auch sämtliche Eisen und Maschinen wurden abmontiert und verladen. Da auch keine Pferde vorhanden waren (auch die Kühe waren weggetrieben), mußte die Frühjahrsbestellung ganz primitiv erfolgen. Das Land mußte von Frauen gegraben werden, Frauen spannten sich vor die Egge und zogen sie über den Acker. Auch das Kartoffellegen und die Einsaat, alles geschah im Handbetrieb. Daß trotz äußerster Anspannung viel Land unbebaut blieb, kann sich wohl jeder denken.

Die Russen sahen ihre Hauptaufgabe darin, für ihre Gefallenen ein würdiges Denkmal zu errichten. Daran wurde den ganzen Sommer gearbeitet. Und zwar wurde der Marktplatz umgegraben und in einen schönen Park verwandelt. In der Mitte ruhen unter einem Säulentempel die im Kampf um Schönlanke Gefallenen. Mit einbrechender Dunkelheit wurde das Ehrenmal mit riesigen Scheinwerfern beleuchtet bis an den Morgen. Elektrizität wurde durch eigenen Motor erzeugt. Anfang November wurde das Ehrenmal in einer Feier an die Polen zur Pflege übergeben.

Da nun ein Marktplatz fehlt, wird die Straßenfront vom Kaufhaus Plaumann bis Donner abgerissen und zum freien Platz umgewandelt. Somit hat man, wenn man die Bahnhofstraße herunterkommt, vom Magistrat aus schon die freie Sicht auf das Ehrenmal, im Hintergrund die evangelische Kirche.

Bei Einbruch der Russen herrschte größte Panik in Schönlanke. Schon die aus dem Warthegau durchziehenden Trecks hatten viel Unruhe gebracht. Für den Abtransport der Bevölkerung kamen weder Züge noch Autos oder dergleichen in Betracht. Nicht einmal die Umquartierten kamen fort. Und der Donner der Artillerie kam immer näher.

Am 25. Januar 1945 stießen schon die ersten Panzer auf Schönlanke vor, die aber schon vor dem Bahnhof abgeschossen wurden. Mitten in dieses Gefecht kam ein Zug, der unter Beschuß beladen wurde. Der Zug gelangte aber nur bis Stieglitz, weiter vor war die Bahnstrecke schon durch Russen unterbrochen. Der Zugführer wurde tödlich getroffen.

Nachts wurde der Zug zurück nach Schönlanke geholt. Und nun ging alles, was irgend konnte, zu Fuß los, meistens in Richtung Eichfier. Dort wurden die Menschenmassen von russischen Panzern überholt und mußten zurück nach Schönlanke. Dadurch hatten wir immerhin noch 4 000 bis 5 000 Deutsche [1]).

Am 20. Mai schickte der Russe auch die westlich der Oder Geflüchteten zurück. Da aber kaum jemand etwas vorfand, meistens nur einen Trümmerhaufen, und keine Existenzmöglichkeit bestand, waren sie gezwungen, baldigst ihre Heimat wieder zu verlassen.

Schwierig wurde die Lage ab August, als der polnische Złoty als Zahlungsmittel eingeführt wurde. Arbeit wurde von jedem Deutschen verlangt, aber ohne Geld. Als Ausgleich bekamen wir das Brot umsonst, 200 bzw. 300 Gramm pro Kopf und Tag. Was sonst noch auf den Lebensmittelkarten stand (etwas Fleisch, Mehl, Grütze), das bekamen wir nicht, weil es angeblich nicht hereinkam. Es mußte ja aus dem Warthegau bezogen werden! Also hat die deutsche Bevölkerung buchstäblich für das trockene Brot gearbeitet.

Sowie die Behörden mit polnischem Personal besetzt waren, blühte auch das bis dahin tot gewesene Geschäftsleben wieder auf. Insbesondere Bäckereien mit Konditoreien, Fleischereien und Gastwirtschaften. Dort konnte man alles haben, wenn man Złoty besaß, allerdings zu Inflationspreisen, z. B. ein Schwarzbrot 15 Zł., ein Weißbrot 10—12 Zł., ein Stück Kuchen 10—20 Zł., eine Torte 600—800 Zł., ein Pfund Zucker 180 Zł., ein Pfund Schweinefett 120 Zł., Speck 150—300 Zł., Fleisch 40—50 Zł., Wurst 80 Złoty usw. Dagegen verdiente ein polnischer Arbeiter oder Angestellter 300—500 Złoty den Monat. Die Folge war, daß das Fehlende auf unreelle Weise beschafft wurde. Die Deutschen, die doch früher oder später mit ihrer Auswanderung rechneten, verkauften alles Entbehrliche, da es ihnen doch nur geraubt wurde. Abnehmer hierfür waren die Polen, die von der Gegend am Bug von den Russen vertrieben und hier angesiedelt wurden.

Im Oktober wurde die erste polnische Schule eröffnet, für deutsche Kinder gab es keine Schule. Aus diesem allen ist ersichtlich, daß für Deutsche dort keine Lebensmöglichkeit besteht und jeder versuchen mußte, bald herauszukommen.

Im Spätsommer wurde das Korn durch die Russen verladen, und mit jedem Kornzug, der ins Reich fuhr, fuhren einige 100 Deutsche mit, weil man dabei reichlich Gepäck mitnehmen konnte. Fuhr man mit dem Personenzug, so wurde das Gepäck erst kontrolliert und meistens gewogen (25 Kilo pro Person). Im Sommer, etwa Juli, wurden alle, die 1939 nicht ansässig waren, ausgewiesen. Das waren meistens die Umquartierten. Im November wurden ganze Straßen ausgewiesen, um Platz zu schaffen für die ankommenden Bug-Polen.

Der Bahnhof war bis November noch nicht fertiggestellt. Auf den Feldern standen noch die im Frühjahr mühsam gepflanzten Kartoffeln. Ge-

---

[1]) Nach dem Amtlichen Gemeindeverzeichnis von 1939 hatte die Kreisstadt Schönlanke 9 618 Einwohner.

pflügt oder gesät wurde auch nicht, da Pferde und Arbeitskräfte fehlen. Es ist also ein vollkommen ödes Land geworden.

Auf den Dörfern sah es noch trüber aus. Man nahm den Bauern alles fort, auch die letzte Kuh aus dem Stall; Schweine waren schon längst nicht mehr, und auch das Geflügel war fort. Wovon sollten die Bauern leben? Sie bekamen nicht einmal das trockene Brot wie in den Städten. Sie waren also zur Auswanderung gezwungen. Die Höfe waren auch meist mit Polen besetzt, so daß die Bauern höchstens als Knechte oder Mägde mithelfen durften (!).

Ich danke es Frau v. Wuthenau, daß sie mich immer, wenn es sich ergab, in die Arbeit des Roten Kreuzes gesteckt hat, wodurch ich mir die Kenntnisse aneignete, die es mir möglich machten, als Schwester in einem neu eingerichteten Altersheim zu arbeiten, in dem die zurückgebliebenen Alten Aufnahme fanden. Da ich die Verwaltung des Heimes ab Mai übernehmen mußte, hatte ich täglich mit den Behörden zu tun, da das Heim städtisch versorgt wurde. Dank meiner Erfahrung aus meiner Behördentätigkeit kam ich mit allen, besonders mit dem Bürgermeister, sehr gut aus. Der Bürgermeister stammte aus dem Kreis Scharnikau und war mehr Deutscher als Pole. Er hat mir nie eine Bitte abgeschlagen, sofern es in seiner Macht stand, sie zu erfüllen. Er hatte auch Vertrauen zu mir, denn er ließ uns im Heim selbständig, also ohne polnische Aufsicht, arbeiten, was es in Schönlanke nicht ein zweites Mal gab.

Selbst das Krankenhaus und alle vorhandenen Betriebe standen unter polnischer Verwaltung. Wir wurden ausreichend mit den uns zustehenden Lebensmitteln versorgt. Allerdings gab es für Deutsche kein Fett, Zucker, Kaffee, Tee, Essig, Öl usw.

Am 16. November wurde das Heim liquidiert, und es erfolgte der Abtransport aller Insassen einschließlich Personal. Bei dieser Gelegenheit kam auch ich ins „Reich". Im November waren schätzungsweise noch 600 bis 800 Deutsche in Schönlanke. Die Zahl ist aber im Laufe des Winters noch gesunken.

Es folgen abschließend noch einige nachgetragene Bemerkungen über Einzelheiten.

Nr. 197

Erlebnisbericht der Lehrerin S. L. aus G n e s e n i. Posen.
Original, 21. April 1952, 13 Seiten. Teilabdruck.

Erlebnisse unter russischer und polnischer Verwaltung bis 1947 im Kreis Pyritz in Pommern.

Auf den ersten Seiten ihres Berichts schildert Vfn. Erlebnisse aus der Zeit vor dem Kriegsausbruch, ferner die Flucht nach Naulin in Pommern im Januar/Februar 1945. Sie fährt dann fort:

Als die Russen nach Naulin kamen, trieben sie uns erstmal alle zusammen in den Saal, dann nahmen sie allen die Uhren ab und holten sich aus den Räumen, was ihnen gefiel. Unterstützt wurden sie von den Frauen der polnischen Arbeiter des Gutes, die hemmungslos plünderten, Schränke und Truhen aufbrachen und wahllos wegschleppten, was sie - fanden. Zwischendurch wurden wir in den Keller getrieben, wenn die deutschen Flugzeuge Bomben in der Nähe abwarfen.

Als meine Mutter und ich in einem Zimmer, in dem ein elektrischer Herd stand, etwas für mein kleines Töchterchen kochen wollten, kam ein wüst aussehender Russe mit einem Weibsbild an, die da plündern wollten. Da wir keine Uhren bei uns hatten, die er haben wollte, setzte er uns die Pistole an die Schläfe und wollte uns totschießen. Das Weib zog ihn aber fort, so blieben wir am Leben, kamen aber natürlich nicht zum Kochen, sondern gingen schnellstens fort.

Nachdem die Russen einige Stunden da waren, waren meine Kusine und eine andere Verwandte meiner Tante bereits vergewaltigt. Die jungen Mädchen waren 17 und 15 Jahre alt. Auch ich wurde des öfteren vergewaltigt, das erstemal gleich von drei russischen Soldaten. Wir waren Tag und Nacht vor ihnen nicht sicher, denn sie hatten gleich alle Türschlüssel abgezogen, so daß wir unsere Zimmer nicht abschließen konnten.

Der Oberinspektor hatte an dem Morgen, als die Russen kamen, sich und seine ganze Familie erschossen, und der Rechnungsführer hatte sich mit seiner Familie erhängt. Die Leichen lagen tagelang in den Räumen, bis die Russen endlich erlaubten, daß die deutschen Männer des Gutes sie beerdigten. Ein alter General, der bei meiner Tante zu Besuch weilte, nahm in der Nacht, ehe die Rusen kamen, Veronal. Er wurde morgens mit friedlichem Gesichtsausdruck tot im Bett aufgefunden.

Nach einigen Tagen wurden wir aus dem Gutshaus herausgejagt und in die Beamtenwohnung umquartiert. Das ging alles so schnell, und bei dem Wirrwarr wurde natürlich wieder viel gestohlen. Da im Gutshaus mehrere aus dem Westen evakuierte Familien untergebracht waren, waren wir alle zusammen etwa 40 Menschen, die in drei Räumen zusammengepfercht wurden. Wir schliefen z. T. auf der Erde. In der Beamtenwohnung waren wir wenigstens vor den Russen sicher, denn es wurde ein Posten vor die Tür gestellt. Das waren manchmal ältere Leute, die schon den ersten Weltkrieg mitgemacht hatten und gutmütig und deutschfreundlich waren.

Einige russische Offiziere waren auch einigermaßen anständig und beschützten uns, soweit es ihnen möglich war. Am besten hatten es die Kinder. Der Russe ist sehr kinderlieb und tut Kindern nichts. So brachten die Kinder immer allerlei für uns an, meistens Brot, manchmal auch Fleisch.

Solange wir noch in Naulin waren, konnten wir von den geretteten Vorräten meiner Tante leben. Da wir aber so viele Menschen waren, war das Kochen in einer kleinen Flüchtlingsküche sehr schwierig, denn die Gutsküche und die Küche der Beamtenwohnung durften wir nicht benutzen, das waren die getrennten Küchen für den General, die höheren Offiziere und Unteroffiziere. Nur die Mannschaften aßen aus der Gulaschkanone! Das nannte sich also Kommunismus!

Da die Stadt Pyritz sich noch verteidigte, wurde Naulin als vorderste Front von Zivilpersonen geräumt. Im Gutspark standen Panzer und „Stalinorgeln" und feuerten die ganze Nacht durch. So mußten wir nun auch nach der nächsten Stadt Lippehne ziehen. Wir bekamen zwei Ochsenwagen und durften nur das Notwendigste mitnehmen. Da wir erst nachmittags abfuhren und die Ochsen sehr langsam gingen, kamen wir auch nur sehr langsam vorwärts. In Mellentin mußten wir lange warten, weil russische Panzer durchfuhren. Das benutzten die dort liegenden Russen dazu, unsere Wagen zu plündern und Mädchen und Frauen wegzuholen.

Abends mußten wir in einem Gehöft an der Straße Rast machen, weil wir Lippehne nicht mehr erreichten. Das war eine der furchtbarsten Nächte, die wir erlebt haben. Die dort untergebrachten Russen holten die ganze Nacht fortlaufend die Frauen und Mädchen, um sie zu vergewaltigen. Mich schützte meine kleine Tochter, der ich unentwegt die Brust gab, wenn Russen kamen. Aber meine Kusinen, von denen die eine Mutter von vier Kindern war, und fast alle Frauen und Mädchen wurden geholt. Meine Mutter saß mit meinen beiden jüngsten Geschwistern auf einem Sofa, und jedesmal, wenn die Kerle mit ihren aufziehbaren elektrischen Taschenlampen ins Zimmer kamen, hatte sie Todesangst, daß sie meine zwölfjährige Schwester holen würden. Zum Glück blieb sie verschont.

Am nächsten Tag kamen wir in Lippehne an und fanden Wohnung in einem fast leeren Hause. Ein russischer Offizier, den wir „Pan" nannten und der sich unserer manchmal schützend annahm, verschaffte sie uns. Die Russen ließen uns dort aber auch Tag und Nacht nicht in Ruhe. Wir konnten die Haustüre noch so fest verrammeln, sie schlugen sie ein, ja, wenn sich die Frauen wehrten, schossen sie in die Decke oder Wand. Es gab jedesmal ein großes Geschrei in den Zimmern, in die sie einbrachen. Schließlich zogen wir alle in den Oberstock zusammen, und wenn die Russen unten die Tür einschlugen, schrien wir alle so laut wir konnten. Dann liefen sie oft davon, denn manchmal kam ein Posten oder Offizier und jagte sie weg.

Mitte März fiel Pyritz, und Ende April mußten wir wieder nach Naulin zurück. Ende Februar waren meine Mutter und mein Onkel aus Kl. Rybno zum Schippen auf den Flugplatz Pyritz abgeholt worden. Mitte März kamen sie zurück, und am selben Tage wurde mein Onkel von den Russen abgeholt und ist dann Anfang April auf dem Transport nach Sibirien gestorben.

Meine Tante und ihre Tochter arbeiteten in Lippehne in einer Gärtnerei und brauchten deshalb nicht zurück nach Naulin. Meine Mutter hatte in Lippehne für uns alle gekocht, und ich brauchte wegen meines Kindes nicht zu arbeiten. Mein 13jähriger Bruder arbeitete in einer Landwirtschaft in der Nähe von Lippehne.

Meine jüngste Schwester war mit ihren gleichaltrigen jüngeren Vettern und Kusinen viel unterwegs und erbettelte von den durchfahrenden Russen Brot für uns oder schaffte Gemüse und Kartoffeln aus den Mieten, die überall auf den Feldern waren, heran. Wir mußten alles zusammenbetteln und — stehlen, um leben zu können!

Ende April gingen wir mit mehreren Familien zurück nach Naulin und richteten uns dort mit Möbeln aus dem Gutshaus eine kleine Wohnung in einem Arbeiterhaus ein. Diese Zeit war aber wieder furchtbar. Jede Nacht brachen die Russen unsere Tür und Fensterläden auf und belästigten uns. Schließlich sprang ich immer aus dem hinteren Fenster, sobald die Russen kamen und versteckte mich im Felde. Wenn sie dann weg waren, hängte meine Mutter ein Handtuch heraus, dann kam ich halberfroren zurück. Wir kamen wochenlang nicht aus den Kleidern und hatten den ganzen Tag Angst vor den Nächten. Endlich, im Laufe des Sommers, wurde es besser, dann hatten wir meistens Ruhe.

Am 25. Juni wurde das ganze Dorf geräumt, nur wenige ausgesuchte Familien blieben da, darunter auch leider wir, weil ich in der Brennerei mitarbeitete. Die mit Sack und Pack ausziehenden Familien wurden außerhalb des Dorfes von den Russen und Polen gänzlich ausgeplündert.

Die Ernährung meines kleinen Kindes war sehr schwierig, denn in ganz Naulin gab es nur noch eine elende Kuh, und die hatte der neue polnische Bürgermeister, der alle paar Wochen wechselte. Ab und zu bekam ich mal ein Viertel Liter Milch fürs Kind. Manchmal kamen auch Kuhherden, die gen Osten getrieben wurden, durchs Dorf, dann ging ich mit den Frauen zum Melken, trotzdem ich gar nicht melken konnte, und brachte dann mal einen Eimer voll Milch an. Mein Kind wurde in der Folgezeit auch sehr krank, und es ist ein Wunder, daß es diese schlimme Zeit überstanden hat.

Wir ernährten uns hauptsächlich von dem Gemüse und den Kartoffeln aus den Mieten. Brot bekamen wir sehr knapp zugeteilt. Wenn bei den durchziehenden Viehherden Tiere notgeschlachtet werden mußten, wurde auch mal Fleisch verteilt. Von den Zuckerschnitzelvorräten, die auf dem Gut lagen, holten wir uns mehrere Zentner und kochten davon Sirup. Brennmaterial, Haus- und Küchengeräte, und was wir so brauchten, holten wir uns nach der Räumung von Pyritz aus den leeren Wohnungen.

Meine Schwester brachte immer Bücher mit, für die sie ein besonderes Findetalent hatte. So hatten wir schließlich eine kleine Bibliothek mit teils guten Büchern. Das ging so bis zum Herbst. Ich arbeitete auf dem Felde, im Garten und später in der Brennerei. Mein Bruder arbeitete auf dem Felde. Meine Schwester half zuerst meiner Mutter und arbeitete später mit im Garten, damit wir für sie Deputat bekamen.

Nachdem Vfn. eine Episode mit Russen erzählt hat, schreibt sie weiter:

Im Sommer 1945 zogen die ersten Zivilpolen in Naulin ein und neben russischem Militär auch polnische Soldaten. Die angstvollen Nächte, in denen wir immer befürchten mußten, von Russen überfallen und vergewaltigt zu werden, hörten auf. Wir konnten endlich wieder entkleidet in unseren Betten schlafen. Das polnische Militär benahm sich anständig und belästigte uns in keiner Weise. ...

Obwohl wir Deutschen jetzt mehr zum Aufatmen kommen konnten, kam es doch gelegentlich noch vor, daß Russen zum Plündern in unsere Wohnungen einbrachen. Es war zwar offiziell verboten, aber weder der russische Kommandant und noch weniger der polnische "Bürgermeister" gaben uns einigen Schutz. Die deutschen Menschen waren in diesen Jahren vollständig vogelfrei, es gab keine Gesetze und keinen Schutz für sie. Dafür will ich noch zwei Begebenheiten erzählen, die sich im Jahre 1946 zugetragen haben.

Im Sommer 1946, als ich im Büro arbeitete, drangen drei Russen in unsere Wohnung und räumten unseren einzigen Kleiderschrank leer. Meine Mutter, die vor der Wohnung saß, wurde von ihnen festgehalten und konnte auch meiner Schwester nicht helfen, die gerade in der Wohnung war und laut schrie, weil sie auch von einem Russen festgehalten wurde. Sie riß sich aber los, sprang durchs Fenster und jagte durch den Garten zu mir ins Büro. Einer der polnischen Buchhalter ging mit mir, und wir trafen die Russen, als sie gerade unsere und andere geraubte Sachen auf einen Wagen verstauten. Ich erreichte schließlich, daß ein Russe, der anscheinend Mitleid hatte, mir einige Kleidungsstücke zurückgab, natürlich nicht die wertvollsten. Der andere Russe gab mir aber aus Wut darüber einen Fußtritt an meinen Oberschenkel, der einen Bluterguß zur Folge hatte, so daß ich drei Tage zu Bett liegen mußte. Einer der Russen soll angeblich der russische „Kommandant" gewesen sein.

Am 5. November 1946 mußte meine Mutter mit der Bahn nach Lippehne fahren, da sie ein schlimmes Bein hatte und kaum laufen konnte. Als sie auf der Rückfahrt wieder im Zug saß, gingen ein russischer und ein polnischer Soldat anscheinend als Kontrolle durch den Zug, und als sie merkten, daß meine Mutter Deutsche war und nicht polnisch sprechen konnte, zwangen sie sie gegen Protest der polnischen Frauen zum Aussteigen. Meine Mutter suchte ein anderes Abteil, und der Zug fuhr ab.

Auf der nächsten Station Mellentin gingen die beiden wieder durch den Zug, fanden meine Mutter und jagten sie wieder heraus, diesmal aber bis zum Güterwagen und zwangen sie, dort aufzusteigen. Im letzten Moment kletterte sie herauf, der Waggon war aber verschlossen, und sie mußte mit ihrem kranken schmerzenden Bein außenstehend mitfahren an den vor Freude johlenden Polen und Russen vorbei. Da sie in Lippehne gleich Lebensmittel besorgt hatte, war das Einkaufsnetz ziemlich schwer. Die Finger wurden ihr klamm und die Kräfte verließen sie, so daß sie das Netz herunterwerfen mußte.

Als sie mit ihren Kräften schon ganz am Ende war, kam zum Glück der Bahnhof Naulin in Sicht. Ganz erschöpft setzte sie sich auf den Bahndamm, wo meine Schwester sie fand. Die holte dann das Netz mit den Lebensmitteln und brachte dann meine Mutter nach Hause. Dieser ganze Vorfall war reine Schikane. Auf sowas mußte man damals immer gefaßt sein.

Langsam bevölkerte sich das Dorf mit polnischen Bauern. Sie besaßen selten ein Pferd oder eine Kuh. Später legten sie sich noch Federvieh und eine Ziege zu. In jedem der großen Bauernhöfe wurden zwei bis drei polnische Bauernfamilien gesetzt. Sie nannten sich zwar „Besitzer", aber das Land blieb weiter brach liegen oder wurde schlecht und nur zum kleinsten Teil bestellt. Erst ein Jahr später sorgte man von Stettin aus dafür, daß die Bauernfelder mit amerikanischen Treckern umgepflügt wurden. Aber trotzdem gab es Steppengebiete in unserer Gegend, die sich kilometerweit erstreckten, und im Herbst schneite es Distelsamen.

Am Ende des Jahres 1945 begann für uns eine schlimme Hungerzeit. Es gab keine durchziehenden Kuhherden mehr. Im Sommer waren die von den Deutschen noch bestellten Felder von dem polnischen Militär abgeerntet und ausgedroschen worden.

Im Mai 1945 waren nur sehr wenig Kartoffeln gepflanzt worden. Wir Deutschen hatten uns wohl kleine Gärten zwischen dem ganzen Unkraut angelegt, sie wurden von Polen und Russen zertrampelt und das Gemüse gestohlen. So ernteten wir selber nichts davon.

Im Dezember 1945 übergab das polnische Militär der Zivilverwaltung das Gut Naulin. Nun unterstanden wir einem Administrator und einem Inspektor. Beide waren tüchtig und tatkräftig, wobei sie die deutschen Arbeitskräfte reichlich ausnutzten. Mit der Zeit kamen auch polnische Arbeiter mit ihren Familien hinzu. Nun wurde auch die Lohnfrage geregelt. In der Zeit vor der Übernahme der Zivilverwaltung bekamen die Brennereiarbeiter eine bestimmte Menge Sprit, den sie verkaufen konnten, um sich dafür Lebensmittel zu kaufen, die es in einigen Geschäften schon schlecht und teuer gab.

Mein Bruder bekam als Pferdeknecht eine bestimmte Menge Getreide und Deputat. Das Deputat, das wir auch für meine Schwester und zeitweise für meine Mutter bekamen, bestand aus Brot, Grütze, Mehl und Magermilch, dies galt nur bis zum Dezember 1945, dann wurde alles neu geregelt.

Der Administrator und Inspektor galten anfangs als große Deutschenhasser. Sie waren diese Geste aber den Polen gegenüber schuldig. Letzten Endes versuchten sie doch, das Leben für uns einigermaßen tragbar zu machen, vor allen Dingen, uns das zukommen zu lassen, was uns Deutschen rechtlich zustand. So erhielten wir im Jahre 1946 bis 1947 die Hälfte des Arbeitslohnes und die Hälfte des Deputats der polnischen Arbeiter in Getreide, Kartoffeln und Hülsenfrüchten.

Im Jahre 1946 mußte Deputat- und Saatgetreide für unsere Gebiete aus Zentralpolen eingeführt werden. Die Organisation klappte sehr schlecht, und es kam vor, daß wir längere Zeit auf unser Getreide warten mußten und dann nur Kartoffeln zum Essen hatten. Einmal haben wir auch zehn Tage lang nur von Erbsen gelebt, weil nichts anderes, auch keine Kartoffeln da waren!

Da es Deputat nur für die arbeitenden Deutschen gab, bekamen meine Mutter und meine Tochter nichts, meine 13jährige Schwester mußte im Garten und später auf dem Felde mitarbeiten, um Deputat zu erhalten. Das Mädel hatte sich damals erhebliche organische Schäden zugezogen, denn die Kinder wurden bei der Arbeit keineswegs geschont. Mein Bruder mußte mit 14 Jahren schwerste Männerarbeit machen, er arbeitete als Pferdeknecht, meistens auch sonntags. Er konnte sich nicht ausschlafen, dazu kam die schlechte Ernährung, so klappte er öfter zusammen.

Einmal bekamen wir 14 Tage lang nur Maismehl, daraus mußte Brot gebacken und Suppe gekocht werden. Ach, damals schmeckte alles, es war nur immer viel zu wenig. Wir bekamen manchmal das Deputat für mehrere Monate, wenn gerade etwas da war. Dann hatten wir mehrere Säcke mit Weizen stehen und wußten nicht, wie wir sie vor den Ratten schützen sollten, die eine entsetzliche Plage waren, alles zernagten und viel Schaden machten und oft die Nachtruhe raubten. Um möglichst wenig Korn zu verlieren, drehte meine Mutter den Weizen mühsam durch die Kaffeemühle, und wir lebten dann mal wochenlang von Schrotsuppen und Schrotgerichten, allerdings meist ohne Fett.

Der Barlohn war so niedrig, daß wir uns nur ganz geringe Mengen von Fett und anderen Lebensmitteln dazu kaufen konnten. Wir mußten später auch selber Brot backen. Da wir wenig Feuerung hatten, die wir uns sowieso zusammenstehlen mußten, backte meine Mutter zeitweise im Winter jeden Tag ein Brot und heizte dabei das Zimmer.

Da ich die polnische Schrift und Sprache ziemlich gut beherrschte und als einzigste im Dorf eine Schreibmaschine bedienen konnte, wurde ich bald Bürohilfe der Gutsverwaltung. Ich habe dabei einen tiefen Eindruck von den damaligen Arbeitsverhältnissen bekommen.

Es war nicht leicht, die Wirtschaft nach der Zerstörung in Naulin wieder anzukurbeln. Es gab keine Kuh, nur ein paar müde, klapprige, vom polnischen Militär übernommene Pferde. Eggen, Pflüge und Geräte mußten von leerstehenden Gütern zusammengesammelt werden, sie waren meist in schlechtestem Zustand, denn die wertvollen Maschinen hatten bereits die Russen abtransportiert. Im Laufe des Jahres 1946 kamen Kühe und Pferde, auch Trecker, Ackerwagen usw. von der amerikanischen UNRRA.-Hilfe an. Diese lieferte auch Lebensmittel, Saatgut und für die polnischen Arbeiter auch Schuhe und Bekleidungsstücke.

Je näher die Ernte heranrückte, desto schwieriger wurde die Ernährungslage. Auch für das Vieh fehlte das Futter. Hervorragende Organisatoren waren die Polen nie, bei diesen unnormalen Verhältnissen versagten sie ganz. Es klappte also nirgends. Wie sehnlich erwarteten wir damals die Ernte.

Nicht wenige Deutsche hatten auch diesmal vergebliche Versuche gemacht, Gärten anzulegen. Sie ernteten nie etwas, denn die Polen, die im Laufe des Jahres nach Naulin zugezogen waren, stahlen alles. Der Gutsgarten war unter meiner Leitung bestellt worden. Es war schwer, auch hier Obst und Gemüse bis zur Ernte zu behalten, aber vor dem Administrator hatte man doch etwas Respekt. So hat meine Familie wenigstens immer genug Obst und Gemüse gehabt.

Ohne Stehlen ging es aber leider auch bei uns Deutschen nicht. Wenn wir nicht erfrieren und verhungern wollten, mußten wir uns manchmal auf diese Weise das Nötige beschaffen. Besondere Schwierigkeiten bereitete uns das Brennmaterial. Wir sollten es eigentlich kaufen, das konnten wir aber nicht, also mußten wir es nehmen, wo wir es fanden. Wenn mein Bruder Holz und Kohlen für die Dampfpflüge fahren mußte, lud er regelmäßig erst bei meiner Mutter ein Teil des Brennmaterials ab, denn Pyritz war nun auch von Polen bewohnt, und wir durften von dorther nichts mehr holen. Als ich einmal vom Holzplatz des Gutshauses einen großen Holzkloben mitnahm und die Frau des Administrators dabei traf, sagte ich ihr, das nähme ich mit als Bezahlung für meine vielen Überstunden, die ich oft bis in die halbe Nacht im Büro machen mußte. Sie fand auch gar nichts dabei. Als mein Bruder mal drei Wochen im Kuhstall arbeitete, brachte er uns jeden Morgen auf Schleichwegen durch das Gartenfenster unserer Wohnung zwei Liter Vollmilch mit. *Es folgen Angaben über Vorgänge in der polnischen Verwaltung der Spiritusbrennerei.*

Die Deutschen waren Arbeitstiere, die auch sonntags meistens arbeiten mußten, und die Polen spielten sich hauptsächlich als Aufseher der Deutschen auf. Zum Arbeiten hatten die „Sieger" dieses Krieges noch keine Lust. Die Polen waren der Meinung, sollen doch die „psiakrew Niemcys" nun mal arbeiten, nachdem sie all die Jahre unter Hitler nichts getan hatten und zur Arbeit die armen geplagten Ausländer ins Reich riefen.

Anfang des Jahres 1947 wurden die Lebensverhältnisse unter dem letzten Administrator, den ich in Naulin erlebte, für uns Deutsche tragbarer. Der deutsche Arbeiter verdiente zwei Drittel Deputat und Lohn der Polen. Wir bekamen Land zugemessen und pflanzten uns Gemüse und Kartoffeln an, und da die Polen jetzt seßhafter in Naulin waren, ernteten wir auch aus unseren Gärten. Die Ernährung war auch so einigermaßen gesichert, nur mit den Kartoffeln haperte es. Man hatte sie schlecht eingewintert, und so waren die meisten Mieten erfroren, und wir bekamen im Frühjahr fast nur erfrorene Kartoffeln. Später bekamen wir ganz kleine, noch nicht walnußgroße Futterkartoffeln als Deputat, die wir immer in der Schale kochen und essen mußten, weil beim Abschälen sonst nichts mehr übrig blieb. In Pyritz wurden die ersten Läden eröffnet, und so konnten wir uns auch für unser Gehalt etwas mehr Speck, Butter und Zucker kaufen, es reichte zum ganz bescheidenen Leben, aber nur zum Essen. Etwas anderes konnte man nicht kaufen und mußte die alten Kleiderreste immer wieder reparieren.

Je mehr polnische Arbeiter mit ihren Familien nach Naulin kamen, umso knapper wurde der Platz. Wir Deutschen hatten natürlich unsere Wohnungen in der Zeit schon gut instand gesetzt. Da die Polen aber zu faul waren, für sich Wohnungen in Ordnung zu bringen, wurden die Deutschen kurzerhand herausgesetzt und in der sogenannten Schnitterkaserne zusammengepfercht, wo sehr schlechte kleine Wohnungen waren. Früher hatten dort die ausländischen Arbeiter gewohnt. Einige Familien wurden auf das Nebengut Brederlow umgesiedelt; auch wir mußten im Juli 1947 dort hinziehen, konnten aber alle unsere Sachen mitnehmen, ohne beraubert zu werden.

Abschließend schildert Vfn., wie sie und ihre Angehörigen im August 1947 den Ausweisungsbefehl erhielten und über Forst in der Lausitz nach Brandenburg transportiert wurden.

Nr. 198

Erlebnisbericht der Ehefrau M. N. aus B ä r w a l d e , Kreis N e u s t e t t i n i. Pom. Original, 15. Juli 1952, 13 Seiten. Teilabdruck.

Schweres Schicksal einer Frau nach dem russischen Einmarsch, Zustände unter Russen und Polen in Bärwalde bis zum November 1945.

Vfn. schildert eingangs, daß sie sich trotz der ständig zunehmenden Gefahr ihrer Kinder wegen entschloß, in Bärwalde zu bleiben und mit ihrer Familie in einem Bunker die Ankunft der Russen zu erwarten.

Am Sonntag, dem 4. März wurde mittags der Beschuß schwächer. Die SS.-Einheit, welche zuletzt im Lucknitzer Busch gekämpft hatte, hatte sich zurückgezogen und die Rote Armee die Stadt besetzt. Dieses muß auch wohl mein Mann, der direkt vor dem Bunkereingang saß, wahrgenommen haben, auch hatte man uns entdeckt hatte; denn er wurde stark nervös und bestand darauf, wir müssen uns ergeben, wozu er von mir ein weißes Tuch verlangte. Ich weinte und wollte es ihm nicht geben, da ich um sein Leben fürchtete. Mein Mann machte mir Vorwürfe, daß ich es wäre, die als erste die Nerven verliere, und dabei hätte er gerade von mir am meisten erwartet, daß ich tapfer wäre. Da riß ich mich zusammen und gab ihm das Tuch. Darauf ging mein Mann mit zwei Polen aus dem Bunker raus, kam nach kurzer Zeit zurück, alle drei waren die Uhren los und hatten Befehl, uns alle aus dem Bunker zu holen.

Wir begaben uns auch alle raus und bekamen nach dem üblichen Ruf „Urri, Urri" Befehl, uns aufzustellen und zum Kommandanten zu gehen. Wir baten, unsere Sachen mitnehmen zu dürfen, das wurde uns erlaubt, und jetzt sollten wir nicht zum Kommandanten, sondern in unsere Häuser. Begleitet wurden wir von russischer Feldgendarmerie.

Unterwegs begegnete uns russische Kavallerie, alles Mongolen und Asiaten, sahen furchtbar aus, und unsere Angst wurde immer größer. Zwei Feldgendarme begleiteten uns, meine Schwester und Kinder, in unser Haus. Der eine gab uns Erwachsenen aus seiner Feldflasche gleich Wodka, jeder mußte zwei Glas trinken. Dann bekam jeder ein Stück Wurst, und wir mußten essen, trotzdem wir keinen Appetit hatten. Wir freuten uns, daß sie so freundlich waren, und ahnten nicht das Ende.

Darauf forderte mein Mann mich auf, mit zum Bunker zu kommen, um den Rest unserer Sachen zu holen. Meine Schwester bat mitzugehen, um nicht mit den Kindern und den Soldaten allein im Haus bleiben zu brauchen. Darüber war mein Mann zufrieden. Denn beide glaubten, ich würde besser mit den Gendarmen auskommen. Meine Schwester war nämlich sehr ängstlich. Sie stellte ihren Koffer in mein Zimmer und bat, achtzugeben.

Als beide das Haus verlassen hatten, wurde ich erstmals von den beiden russischen Schweinen vergewaltigt. Danach öffnete der eine meiner Schwester Koffer, und meines Schwagers goldene Uhr, welche obenauf lag, wanderte in seine Tasche, und ich bekam zum erstenmal die Pistole auf die Brust gedrückt.

Dann kamen meine Lieben zurück, mein Mann so weiß wie der Kalk an der Wand, meine Schwester wie mit Blut übergossen. Aber sie war dem entgangen, was ich schon hinter mir hatte, wozu man sie auch hatte im Bunker zwingen wollen, wo aber mein Mann zukam. Und jetzt wurde sie das Opfer dieser tausendmal verfluchten Feldgendarmerie.

Darauf ging der eine fort, der andere stellte sich vor unser Haus und rief den fortwährend vorbeikommenden russischen Truppen zu, worauf mehrmals Horden von sieben bis zehn Mann kamen, und meine Schwester wurde auf einer Seite meiner Wohnung im Beisein ihrer siebenjährigen Tochter, ich auf der anderen Seite im Beisein der beiden anderen Kinder und meines Mannes, welchem man eine brennende Kerze in die Hand gedrückt hatte, unter viel Weinen und Schreien vergewaltigt.

Die Bestien standen bei uns an. Der Feldgendarm hielt während dieser Zeit die Haustür zu. Dieses sah ich, als ich einmal früher frei war als meine Schwester. Diese sowie ihre Tochter schrien einmal ganz unnatürlich, da dachte ich, man macht sie tot, wollte zu ihnen hinüber, da kam der Gendarm, die Bestie, in unser Zimmer gestürzt und schlug meinen Mann mit dem Gewehr zu Boden. Ilschen warf sich weinend auf meinen Mann, und der Junge und ich hielten dem Gendarm weinend den Arm fest, sonst hätte er wohl meinen Mann gleich erschlagen.

Als wir nach diesem eine kleine Ruhepause hatten und mein Mann wieder zu sich gekommen war, kam meine Schwester zu uns rüber und bat meinen Mann weinend, ihr zu helfen, und frug: „Karl, was soll hieraus bloß werden?" Mein Mann sagte: „Ich kann Euch nicht helfen, Ihr seht, wir sind Horden, aber keinen Soldaten in die Hände gefallen, sie sind alle sinnlos betrunken." Ich sagte: „Karl muß sich verstecken, sonst schlagen sie ihn tot, man hat ihn schon halbtot geschlagen." Darauf wollte sich mein Mann auch verstecken, aber Grete hielt ihn zurück und bat ihn, doch an ihre armen Kinder zu denken. Darauf erwiderte mein Mann: „Grete, ich kann Euch allen nicht helfen, aber ich bleibe bei Euch, das einzigste wäre, wir verstecken uns alle, wir gehen auf den Heuboden."

Gesagt, getan. Aber wir waren noch nicht ganz oben, da waren wieder drei Mann da, und da Schnee lag, fanden sie uns sofort durch die Spur, die wir hinterließen. Wir mußten wieder runter, die beiden kleinen Mädchen wurden geküßt und ihre Mutter wieder gebraucht. Sie weinte mit ihren Kindern herzzerbrechend. Sie rief verzweifelnd: „O Gott, o Gott, wie soll dies werden." Darauf mein Mann: „Mich schlagen sie tot, Euch machen sie tot, und was aus den Kindern wird, könnt Ihr Euch denken."

Mein Mann meinte dann auch, das Verstecken hat keinen Zweck, wir haben gar keine Zeit dazu. Ich sagte darauf: „Geht alle rauf, ich schließe alle Türen ab, dann müssen sie die erst aufbrechen", und hoffte, dadurch Zeit zu gewinnen, hatte aber in der Aufregung vergessen, daß unsere Hoftore aufgebrochen waren, denn die hatten wir ständig verschlossen.

Wir waren knapp oben, da kam schreiend und johlend wieder eine Meute auf den Hof, schossen wie wahnsinnig auf den Boden und kamen dann rauf. Es war inzwischen schon dunkel geworden, die hatten Taschenlampen. Es waren Zivilpersonen und Militär mit eckigen Mützen und Pompom.

Was jetzt kam, sträubt sich die Feder, es zu schreiben. Der Schluß war, wir wurden alle gehenkt mit Ausnahme der beiden Kleinen, die hat man mit dem Strick erdrosselt. Später sagten mir alle, die bei Hackbarths im Keller in der Polziner Straße saßen, daß man unser unnatürliches Schreien weit gehört, auch im Keller gehört hat, aber niemand hatte Mut zum Kommen, jeder kämpfte zur selben Zeit selbst um sein Leben.

Trotzdem ich auf dem Boden bei meinen Angehörigen war, wußte ich doch nicht, welches Schicksal sie hatten, wenn ich auch ahnte, was geschehen war. Genaues wußte ich nicht. Denn mich selbst hatte man auf den Boden geworfen, auf den Kopf geschlagen und vergewaltigt, danach gehenkt. Ich war sofort besinnungslos.

Später hörte ich Stimmen, ich lag auf dem Boden, vier Mann knieten bei mir und sagten: „Frau komm!" Als ich aufstehen wollte, fiel ich wieder hin.

Später war ich auf dem Hof, zwei Mann hielten mich, man brachte mich ins Zimmer, legte mich aufs Bett, einer der vier Mann (ein Zivilist, Pole) blieb bei mir und fragte: „Frau, wer gemacht?" Ich sagte: „Die Russen." Da schlug er mich wieder und sagte: „Russen, gute Soldaten, deutsche SS.-Schweine hängen Frauen und Kinder." Ich bekam einen Schreikrampf, es war unmöglich, zu weinen aufzuhören. Da kamen die andern drei wieder herein, als sie mich sahen, verließen sie meine Wohnung.

Bald darauf kam ein Russe mit Peitsche rein, schrie mich immer an, wahrscheinlich sollte ich still sein, leider konnte ich nicht. Da gab er mir mit der Peitsche einen Schlag und schlug danach immerzu aufs Bett neben mir. Als auch das nichts half, verließ er mein Haus.

Ich hörte dann Stimmen vor dem Haus und bekam eine so furchtbare Angst wie nie zuvor und nachdem. In meiner Todesangst lief ich in den Gänsebach neben meinem Garten. Ich wollte mich ertränken, hab lange, lange gebraucht, bis ich ohnmächtig wurde. Aber auch hier war mein Leben noch nicht zu Ende.

Wie alles gekommen ist, weiß ich heute noch nicht. Jedenfalls hat mich jemand rausgeholt aus dem Bach. Denn ich kam später zu mir und lag in Fräulein Bauch ihrem Zimmer bei Kaufmann Schmechel am Erdboden. Mich fror ganz gotterbärmlich, denn Fenster und Türen waren nicht da oder kaputt, und die nassen Sachen, dazu Nacht 4. bis 5. März mit Eis und Schnee.

Mit der Zeit sah ich, daß ein Bett im Zimmer war, dahinein legte ich mich und glaubte allein im Zimmer zu sein. Aber jetzt sah ich, daß jemand am Tisch gesessen hatte und aufgestanden war und an mein Bett kam und, o Schreck, es war ein Russe.

Da stand mit einem Mal mein ganzes Elend wieder vor meinen Augen. Ich schrie wieder und bat, er möchte mich erschießen. Er leuchtete mir mit der Taschenlampe ins Gesicht, zog seinen Mantel aus, zeigte auf seine Orden und sagte mir, er wäre Oberleutnant, und ich brauche keine Angst zu haben.

Er nahm von der Wand ein Handtuch und fing an, mich trocken zu reiben. Als er meinen Hals sah, welcher von der Schnur durchschnitten war, frug er mich: „Wer gemacht?" Ich sagte: „Die Russen". — „Ja, ja", sagte er, „das Bolschewiken waren, jetzt nicht Bolschewiken, jetzt Weißrussen, Weißrussen gut". Dann schnitt er mit dem Bajonett meine Schlüpfer vom Körper, wobei ich wiederum mein Leben aufgab, denn man weiß ja nie, was kommt. Rieb auch meine Beine trocken, aber ich fror und wußte nicht, wo ich vor Frost hin sollte. Danach zog er nur den Ring ab und steckte ihn ein, frug, wo mein Mann ist — und vergewaltigte mich dann trotz meines elenden Zustandes auch noch. Danach versprach er, mir einen deutschen Mediziner zu schicken. Da freute ich mich sehr, aber ich hatte vergessen, daß gar kein deutscher Arzt mehr am Orte war.

Kurze Zeit, nachdem er gegangen war, erschienen vier ungefähr 18- bis 20jährige Russen, total betrunken, rissen mich aus dem Bett und vergewaltigten mich auf unnormale Art wieder. Als ich aber bei meinem elenden Zustand dazu nicht mehr in der Lage war und vorm Bett hinfiel, wurde ich mit Stiefeln bearbeitet, wo es gerade hintraf, ich wurde wieder ohnmächtig.

Als ich wieder zu mir kam, ging ich wieder ins Bett. Danach kamen nochmal zwei solcher Strolche, aber es war nutzlos, denn ich war mehr tot als lebend. Da habe ich kennengelernt, was ein Mensch aushalten kann, ich konnte nicht mehr sprechen, nicht mehr weinen, ja, nicht einmal mehr einen Laut von mir geben. Nachdem sie mich dann auch noch schlugen, was ich aber nicht mehr fühlte, da ich fast ohne Gefühl geworden war, gingen sie wieder fort. Und ich bin vor Erschöpfung eingeschlafen.

Als ich dann gegen Morgen wach wurde, konnte ich erkennen, wo ich mich befand. Bald darauf sah ich im offenen Schrank ein Kleid hängen, fand auch noch ein Hemd und Schlüpfer. Und trotzdem alles viel zu klein war, zog ich diese Sachen an, denn meine Sachen waren zu naß. Ich mußte das Kleid hinten ungeschlossen lassen. Strümpfe fand ich nicht, und meine waren bis zum Knöchel wie abgeringelt.

Bald darauf bekam ich auch wieder Russenbesuch. Erst einer, welcher wohl glaubte, das Zimmer ist leer, und als er mich im Bett sah, sofort wieder den Raum verließ. Er kam mit drei Mann wieder, der eine wollte mich erschlagen, aber der Offizier ließ es nicht zu, zeigte aber auf das Hitlerbild an der Wand, welches mehrere Einschläge hatte, und sagte nur, ich wäre Hitlerfaschist. Ich sagte: „Nein! Ich bin nicht in meinem Quartier", da sagte er: „Komm, Dein Quartier!"

Ich mußte vorgehen in meine Wohnung und werde wohl ein schönes Bild abgegeben haben, denn als ich in mein Haus wollte, stand ein Lastwagen davor, und mehrere russische Soldaten trugen gerade mein Vieh geschlachtet ins Auto. Die Soldaten wollten sich totlachen, als sie mich sahen. Danach bedeuteten sie dem Offizier, indem sie sich mit dem Finger vor den Kopf tippten, ich wäre verrückt, und als noch vier weibliche Soldaten zukamen, wollten sie mich erschießen. Der Offizier ließ es aber nicht zu. Er fragte nach meinem Hals, woher. Ich sagte: „Russische Soldaten, Mann, Schwester, Kinder auch." Als er Kinder hörte, war er entsetzt. Ich bat, mit mir zu kommen zum Stall, das wollte er nicht, ich durfte auch nicht hin. Ich bat dann, zum Kommandanten zu können. Damit war er gleich einverstanden und schickte einen Soldaten mit. Aber als wir bei Kollatz an der Ecke waren, bedeutete er mir, die Neustettiner Straße entlangzugehen.

Auf dem Markt waren schon einige Männer mit Aufräumungsarbeiten beschäftigt. Als ich bei Fleischermeister Albert Nass kam, sagte ein russischer Soldat, ich sollte dort hineingehen, Kommandantur!

Vfn. wurde dann zusammen mit anderen Deutschen eingesperrt und nach einigen Tagen nach Neustettin getrieben, wo sie mehrere Verhöre bezüglich ihrer Parteizugehörigkeit über sich ergehen lassen mußten und erneut zahlreichen Belästigungen ausgesetzt war.

Und da ich nirgends organisiert oder in der Partei war, bin ich entlassen. Mußte dann den furchtbaren Weg alleine nach Hause antreten. War fünf Tage unterwegs. In den Wäldern wurden noch immer Partisanen bekämpft; kam ich in ein Dorf und wollte über Nacht bleiben, waren die Häuser zum großen Teil von Polen bewohnt, die ließen keinen Deutschen übernachten. In anderen Häusern waren Tote. Wo Deutsche waren, meldeten sie sich gar nicht aus Furcht, oder es waren mehrere Familien zusammen, trotzdem noch immer dasselbe Bild, „Frau, komm" und räubern und plündern.

Die Polen, die mit den Fuhrwerken unterwegs waren, frugen vom Wagen herunter: „Deitsch oder Polacke?" Sagte man „deutsch", „Deitsch nix gut", und zur Bekräftigung gab es mit der Peitsche um die Ohren. In den Waldrändern irrte hungerndes Vieh umher. Und unzählige Leichen lagen noch immer da. Viele mit zertrümmertem Schädel, den Frauen waren die Röcke hochgeschlagen. Es war genau so grausam als der Einmarsch.

Als ich in der Nähe von Grabunz war, kamen mir Frauen und Männer aus Bärwalde entgegen, die sollten die Leichen, die die Straßen bedeckten, beerdigen. Von denen erfuhr ich dann, daß am Abend vorher meine Lieben von jenen in meinem Garten beerdigt worden sind. Solange hatten sie gehangen. Da wurde mein Weg noch schwerer. Gleichzeitig, wo man die Beerdigung vorgenommen hat, ist auch mein Haus ausgeplündert worden, alles in die Kirche zum Abtransport nach Rußland gebracht worden.

Als ich endlich die Stadt Bärwalde erreicht hatte, waren Männer und Frauen mit Aufräumungsarbeiten und Beseitigung der Panzersperren beschäftigt. Herr Maars trat an mich heran, der einzige, der mich ansprach, und frug mich teilnehmend, was in der Schreckensnacht bei uns los war, denn er war auch bei der Beerdigung zugegen. Die Antwort, die ich gab, habe ich vergessen. Er sagte, ich sollte mich bei Kaufmann Tründelberg, der z. Z. Bürgermeister ist, melden, dann bekomme ich ein Brot. Als ich's tat, saßen dort [die] Fräulein Tetzlaff, welche sofort entsetzt aufstanden und das Zimmer verließen. Später sagten sie mir, sie wären in dem Glauben gewesen, ich wäre gestern beerdigt [worden]. Man hatte mich mit meiner Schwester verwechselt.

Als ich bei meinem Haus angelangt war, war es aus mit mir. Die Fenster sämtlich entzwei, die Fensterladen und Bekleidungsstücke lagen auf dem Fahrdamm, der rechte Giebel war zum Teil durch die Bomben zerstört oder zerschossen. Im Haus alles Mobiliar, was noch vorhanden war, zerschlagen, Tische und Stühle umgeworfen. Was in den Schränken war, lag am Erdboden, dazwischen Wasser und Schmutz. Ich war nicht in der Lage, mein Haus zu betreten. Ich lehnte am Haustürrahmen und wäre am liebsten tot [gewesen]. So entdeckte mich Maurermeister Hackbarths Familie. Herr Hackbarth holte mich dann in sein Haus, nachdem er mich frug: „Sind Sie Frau N. oder sind Sie es nicht?" Einige Tage danach frugen meine Schwägerinnen, Frau Marquardt und Frau Holz, welche mich auf der Straße trafen, dasselbe.

Dann rieten Hackbarths, daß ich zum Stadtkommandanten gehen sollte und mich anmelden und meine Nähmaschine und Betten zurückverlangen. Meine sieben Stand Federbetten, Uhren, Spiegel, Sofa, Radio usw. waren, wie ich schon schrieb, in der Kirche. Ich hatte Angst vor dem Weg, aber Hackbarths sagten, der Kommandant ist ein gerechter guter Mann. So faßte ich mir ein Herz.

Die Dolmetscherin trug ihm mein Anliegen vor. Er ließ fragen, wo ich wohne, ich sagte ihm, in dem Haus, wo er gestern meine Angehörigen zur Beerdigung freigegeben hätte. Da frug er, wie solches passiert wäre, ich sagte: „Russische Soldaten, halb Zivil, halb Militär, hatten es getan". „Wann gewesen?" Ich sagte: „4. März gegen Abend." Und als ich weinte, ließ er mir sagen, wenn ich nicht gleich aufhöre, zu weinen, käme ich in den Keller, und er ließe sich nicht mehr sprechen, denn deutsche SS. hätten vier Jahre in Rußland so gehaust. Und Soldaten mit eckigen Mützen wären polnische Soldaten gewesen, ebenfalls die Zivilpersonen. Es wären polnische Partisanen, welche bei Neustettin im Gefangenenlager gewesen sind, am 4. März durch Bärwalde gekommen, die hätten es getan. Meine Nähmaschine könnte ich wiederhaben, wenn ich mich verpflichte, für die Kommandantur, aber nur für diese, zu nähen. Ich willigte ein. Ein Bett bekäme ich nicht, das, und was ich sonst brauche, soll ich mir aus anderen Häusern holen. Und da mein Haus kaputt und verschmutzt ist, soll ich mir eine andere, aber gute Wohnung suchen und dann Bescheid sagen.

Ich habe dann die Wohnung von Bürgermeister Stöckmann bei Hackbarths bezogen. Ein Pole, welcher gerade in die Kirche Betten fuhr, brachte meine Nähmaschine dorthin. Derselbe hieß Smuda, hat mir dann öfter Fleisch, Schmalz und dergleichen gebracht, denn mein Schicksal tat ihm sehr leid. Verpflegung oder Bezahlung bekam ich für meine Arbeit nicht, nur das übliche Brot, alle Woche eins, und hin und wieder zwei Pfund Sirup.

Nach zwei Monaten kam die Frau des Kommandanten mit Kind. Da wurde es für mich besser, da bekam ich Verpflegung, und die war auch sehr nett im Gegensatz zu den Dolmetscherinnen. Nach wiederum zwei Monaten wurden die ganze Polziner Straße sowie einige Häuser der Schirlitzstraße von den Russen enteignet. Die Stadtkommandantur kam weg, dafür die Kriegskommandantur. Ich wurde auch an die Kriegskommandantur übergeben, mußte für sie nähen, und da Hackbarths das Haus räumen mußten, zog ich in mein Haus. Das hatte Herr Hackbarth inzwischen wieder einigermaßen hergestellt.

Jetzt kamen auch die Kongreßpolen in unsern Ort. Ähnlich oder noch schlimmer als die Zigeuner. Total zerlumpt, barfuß gingen sie auf die polnische Bürgermeisterei, holten sich einen Zettel und trieben uns Deutsche aus den Häusern. Bei mir waren sie zweimal, konnten aber nichts machen, da mein Haus für die russische Kommandantur beschlagnahmt war.

Ich mußte zu der Zeit noch mehrere Frauen beschäftigen. Es waren Frau H., Fräulein W., Fräulein S.. und Frau S. kochte für uns. Wir mußten für das Bataillon, welches in Greifenberg, Altdamm stand und bei uns 200 Mann, der sogenannte Stab, nähen.

Uns ging's in der Zeit gut. Wir bekamen dieselbe Verpflegung wie der russische Soldat. Außerdem mußten wir abends den Offizieren noch immer etwas Nettes kochen und hatten dadurch noch Zusatzverpflegung. Gegen etwaige russische oder polnische Ausschreitungen wurden wir geschützt, hatten auch Bescheinigungen, daß wir bei ihnen beschäftigt wären. Besonders nett und gerecht war Hauptmann Koslowski. Er sorgte wie ein Vater für uns, wenn wir mit irgendeinem Wunsch uns an ihn wendeten. Und wenn die Polen nicht gewesen wären, hätten wir in dieser Zeit keinen Grund zur Klage gehabt.

Anders die Bevölkerung, die nicht beim Kommando war. Diesen ist es seinerzeit mehr als traurig ergangen. Die polnische Miliz hauste wie irre, die Polen, die die Häuser belegten, nicht anders. Oft kamen Frauen zu mir und baten, ich möchte es doch der Kommandantur melden. Einmal kam ich Fräulein Minna Schulz, das ganze Gesicht blau geschlagen von ihrem Polen, danach kam sie noch ins Gefängnis. Ich meldete die Sache der GPU., und etwas Abhilfe wurde geschaffen. Die Kaufmannsfrau Manske aus Patzig bat mich um Meldung, sie würde jede Nacht von Russen vergewaltigt, auch ihre alte Schwiegermutter. Der Kommandant sagte mir einige Tage nachdem, es wären Russen, die die Telephonleitung dort legten. Und so noch mehr Frauen.

Morgens um 7.00 Uhr mußten die Frauen auf dem Marktplatz antreten, dann kamen die Russen und Polen und suchten sich ihre Sklaven aus. Zu den Polen wollten nur wenige. Eher zu den Russen, denn dann bekamen auch die Kinder etwas zu essen, bei den Polen nicht. Hatten die Polen nicht genug Arbeitskräfte abbekommen, ging die polnische Miliz mit Gewehr von Haus zu Haus, und ohne Erlaubnis wurde Haus, Stall, ja, selbst der Garten durchsucht, und falls jemand angetroffen wurde, unter Bewachung zur Arbeit getrieben. Haussuchungen mußte man sich Tag und Nacht gefallen lassen.

Ich wurde nun öfters nach den Tätern betreffs meiner Lieben gefragt, ich sagte dann natürlich, daß es die Polen gewesen sind. Hierauf wurde ich mehrmals von Deutschen gewarnt, daß mich die Polen verhaften wollten. Am 5. November 1945 kam dann auch Fr. St. zu Fräulein S., rief sie auf den Flur und sagte ihr, sie hätte gehört, daß ich bestimmt morgen früh von den Polen ins Lager gebracht würde. Ich sagte es dem einen russischen Offizier, er möchte mich doch über die Oder bringen lassen, wie es mir versprochen worden ist, wenn ich gut arbeite. Er sagte, es ginge seit drei Tagen nicht mehr. Über dieses hätten seit drei Tagen die Polen zu bestimmen; ich spielte darauf verrückt, hoffte, daß man mich dann erschießen würde, aber die Russen blieben sehr ruhig.

Abends war unsere Angst sehr groß, — Margot S. schlief seit Beschlagnahme ihres Hauses vor drei Monaten bei mir — grenzenlos. Um ungefähr 12.00 Uhr klopfte es ans Fenster: „Aufmachen!" Margot hielt mich fest umklammert, wir zitterten beide wie Espenlaub. Es klopfte wieder, ich faßte mir ein Herz, denn es waren vier Schläge, wie mit den Russen verabredet, wenn nachts Arbeit abgeholt wurde, um zu verladen. Und, o Wunder, es waren die russischen Offiziere.

[Sie] sagten mir, ich soll schnell mein Bett und etwas Kleidung einpacken, morgen früh zehn Minuten vor 8.00 Uhr kommt ein russisches Auto, bringt mich nach Müncheberg bei Berlin ins Lager. Sie hätten Erkundigungen eingezogen, um 8.00 Uhr wollen mich die Polen holen. Margot dürfte niemand, auch keinem Deutschen, die Wahrheit sagen, soll sagen: Frau N. Greifenberg, neue Schneiderstube.

Bald nach 7.00 Uhr am 6. November fuhr ein russisches Sanitätsauto vor, sechs GPU.-Soldaten drin, und los ging mit mir die Fahrt. Da unterwegs noch Brücken und Straßen ausgemessen wurden, war ich nach zwei

Tagen in Küstrin und wurde in Manschow abgesetzt. Meine Frauen sowie Familie St. wurden Anfang Februar über die Oder gebracht. Allerdings vorher vollkommen ausgeplündert.

Abschließend trägt Vfn. noch Angaben über einzelne Erlebnisse nach.

Nr. 199

Erlebnisbericht der Bauersfrau M. A. aus N a s e b a n d , Kreis N e u s t e t t i n i. Pom. Original, 20. Mai 1951; im Anhang: Enteignungsurkunde, beglaubigte Abschrift.

Schicksal einer deutschen Bauernfamilie unter Russen und Polen im Jahre 1945.

Die Front rückte näher, und so begann am 3. März 1945 die Flucht. Am 4. März 1945 hatte uns der Russe in Belgard schon eingeholt. Am 7. März wurden uns die Pferde genommen, am folgenden Tage kamen russische Reiter und nahmen die anwesenden Männer gefangen, darunter auch mein Mann und 15jähriger Sohn. Mein Sohn kam am 20. Juni 1945 krank und mit Oberarmdurchschuß zurück. Er berichtete, daß mein Mann im Posener Lager gewesen war, von da fehlt bis heute jede Spur von ihm. Wie mein Schwiegervater hörte, daß Mann und Sohn mitgenommen waren, hat er durch Erhängen seinem Leben ein Ende gemacht.

Am 9. März 1945 trat ich mit meinen Kindern den Heimweg an und kam auf unserm Hof an. Am 26. März 1945 nachmittags kamen zwei Russen auf unsern Hof, schossen, was die Maschinenpistolen hergaben, einer stürmte ins Haus, suchte nach Schmuck, was er auch fand. Der andere stand Wache auf dem Hof. Die Betten waren aufgeworfen, Schränke aufgerissen, Schubladen auf den Fußboden geworfen.

Wir hatten uns inzwischen in die Waschküche geflüchtet. Jetzt kam dieser Russe aus dem Haus gestürmt, und in diesem Augenblick kam ein deutscher Mann auf den Hof und wollte übernachten. Der Russe nahm diesen Betreffenden in Empfang, durchstöberte seinen Rucksack; darauf mußte dieser Deutsche drei Schritte vor dem Russen hergehen; 30 Meter von unserm Gehöft fielen zwei Schüsse, und der Deutsche war durch den Russen erschossen.

Nun kam der Russe zurück, fand uns neun Personen in der Waschküche, stürmte auf mich zu und sagte: „Mann kaputt". Jetzt ging eine furchtbare halbe Stunde los, wir mußten uns aufstellen, und da legte er auf uns an, um uns zu erschießen. Durch Schreie und Bitten ließ er dann von seinem Vorhaben ab. Was ich hier von neun Personen schreibe, darunter waren fünf Kinder, drei, die mir gehörten im Alter von fünf bis dreizehn Jahren. Am 5. Mai 1945 wurde ich von einem Russen vergewaltigt.

Am 23. Mai 1945 war ein schrecklicher Tag, eine Russenkutsche mit drei Mann kam auf den Hof, durchstöberten Haus und Kornspeicher, fanden Photos von Mädchen, und diese sollte ich sofort ranschaffen. Das konnte ich nicht, da hatte ich drei Ohrfeigen weg. Der zweite Russe stand hinter meinem Rücken und gab mir Kolbenstöße. Sofort sollte ich mit nach Sibirien. Durch vieles Bitten meiner Schwiegermutter ließen sie mich mit ganz häßlichen Schimpfworten zurück. Am 2. Juli 1945 wurde ich von einem Sohn entbunden.

Am 16. Juli 1945 mittags kam eine Russenkutsche mit fünf Mann, nur mit Turnhosen bekleidet, wollten essen und schlafen, was sie auch taten. Mein 15jähriger Sohn, der inzwischen zurückgekehrt war, sollte junge Mädchen ranschaffen, sonst würde er erschossen. Der Abend kam ran, mein Sohn mußte auf die Kutsche steigen und sollte im Walde erschossen werden, haben ihn an einen Baum gestellt und geängstigt, nach einer halben Stunde haben sie ihn losgelassen.

Am 26. Juli 1945 wurde unser Hof von einer neunköpfigen Polenfamilie besetzt. Am 14. September 1945 mußte ich mich in fünf Minuten unter polnischer Polizei von Haus und Hof abschreiben[1]). Wer dieses nicht tat, wurde mit in den Keller genommen.

Am 26. September 1945 kam eine Polenkutsche auf den Hof (zwei Mann). Ich sollte sofort Motorrad und Karabiner aus dem Walde holen. Eine Schaufel mußte ich mitnehmen. Die beiden Polen nahmen mich in die Mitte. Am Walde angelangt, sagte ich, ich könnte das nicht ranschaffen, weil ich das nicht besessen habe. Da mußte ich sofort anfangen, mein Grab zu graben, da sollten meine Kinder und ich rein. Da wagte ich zu fragen, warum ich erschossen werden sollte, da antwortete mir der eine Pole, deutsche SS. hätten in Polen auch Frauen und Kinder erschossen. Ich wurde noch angetrieben, schneller zu graben. Meine Kinder haben sehr geschrien. Da mußte ich auf die Kutsche steigen und sollte im Walde erschossen werden. Durch Bitten und Flehen ließen sie mich dann doch nach Hause gehen. Heute komme ich mir ja feige vor, aber in der größten Not und Angst war doch Gottes Macht da.

Anfang Oktober 1945 kamen polnische Soldaten ins Haus, traten zum Kinderwagen, da sagte einer von den Soldaten — erst haben sie nachgesehen, ob es ein Junge oder Mädel war —, es wäre ein kleiner SS., dem müßte jetzt schon der Hals durchschnitten werden. Ach, es war so furchtbar, ich mag gar nicht an die schreckliche Zeit zurückdenken.

Am 30. November 1945 kamen nachts polnische Soldaten, und wir mußten in zehn Minuten ohne Verpflegung nur mit dem nackten Leben Haus und Hof verlassen. ...

Wie wir ausgewiesen wurden, gab es noch eine körperliche Durchsuchung; nach sechstägiger Bahnfahrt kamen wir nach Neustrelitz/Mecklenburg ins Lager. Hier habe ich das Schwerste in meinem Leben durchgemacht. Meine beiden jüngsten Kinder Manfred im Alter von sechs Monaten und Herbert im Alter von sechs Jahren erlagen beide dem Hungertod. Als Mutter mußte ich zusehen und konnte nicht helfen.

---

[1]) Daß die Verzichterklärung erzwungen war, geht hervor aus der Bescheinigung, die am Schluß des Berichts in wörtlicher Übereinstimmung mit dem Original abgedruckt ist.

Enteignungsbescheid der polnischen Verwaltungsbehörde
Gemeindeamt Gr. Krössin   Gr. Krössin, den 12. September 1945

    An
den Deutschen M. A.[1])
Eigentümer der Landwirtschaft Nr. X
in Naseband

Auf Verordnung des Vertreters der polnischen Regierung gebe ich Ihnen zur Kenntnis, daß Sie mit dem heutigen Tage keine Rechte mehr zu Ihrer Wirtschaft haben.

Richtiger Eigentümer ist der Pole Z... [Vorname unleserlich], welchen Sie Folge leisten müssen. Im Falle, wenn der Pole bestimmt, daß Sie ihm zur Arbeit nötig sind, können Sie bei ihm als Arbeiter bleiben, falls aber nein, schicke ich Sie dorthin, wo Sie nötig sind.

                  Gemeindevorsteher Gr. Krössin
                  (Siegel)   gez. Unterschrift

Nr. 200

Erlebnisbericht des Lehrers F. L. aus D i e c k , Kreis N e u s t e t t i n i. Pom. Original, 12. Dezember 1951, 7 Seiten. Teilabdruck.

Von März bis September 1945 unter russisch-polnischer Herrschaft in Dieck.

Auf den ersten Seiten seines Berichts schildert Vf. Erlebnisse auf dem Treck, die Überrollung durch die Russen und die Rückkehr nach Dieck unter fortgesetzten Plünderungen und Gewalttaten der Russen.

Am 9. März 1945 kamen wir auf verschneitem Weg nach Dieck. Hier waren die Russen am Tage vorher abgezogen. Im Hause wüste Unordnung, alle Bücher, aus Wohnung und Schule geworfen, lagen im Hofe in Schnee und Dreck, Spiegel zertrümmert, Aufsatz vom Schreibtisch im Keller, Schlösser an den Türen zerschlagen, in der Scheune lagen Reste von geschlachteten Kälbern und Schweinen. Das Rindvieh war vor der Flucht abtransportiert, viele Kühe waren entlaufen und trieben sich in der Nähe der Dörfer herum. Wir haben über 20 Stück gefangen und in die Ställe gebracht.

Bauer Drews war vor uns zurückgekehrt von Kölpin aus. In den nächsten Wochen trafen weitere Familien ein, zum Teil aus der Gegend von Greifenberg (Glasenapps, Frau Oldenburg, Redmers, Buses, Kasulkes). Am 9. Mai 1945 kam auch der Bürgermeister Stollner von Rügen zurück, Frau Mansoff aus Stralsund. Der Ortsgruppenleiter Franz aus Thurow wurde bei seiner Rückkehr von den Polen erschlagen. Auch Leute aus Lottin, Wulfflatzke, Thurow kamen auf dem Rückweg durch Dieck, zum Teil noch mit Fuhrwerk, die meisten zu Fuß, sogar barfuß.

---

[1]) Namen und Nummer sind im Original vorhanden, können aber aus Gründen persönlicher Sicherheit nicht abgedruckt werden.

Durchziehende Russen (Troß) plünderten, machten Jagd auf die letzten Hühner. Polnische Miliz ordnete Reinigung der Straßen an. Am Seeufer lag ein toter deutscher Soldat ohne Erkennungsmarke oder Papiere. Wir haben ihn auf dem Friedhof beerdigt.

Russen setzten mich als Bürgermeister ein; ich mußte jeden Sonnabend zu Fuß nach Neustettin zum Wojt (Amtsvorsteher), um Befehle entgegenzunehmen. In den Dörfern täglich neue Plünderung durch Russen und Polen. Alles, was ihnen gefiel (Kleider, Wäsche, alles, was glänzte), wurde mitgenommen. Es wurde erst etwas besser, als ein russisches Kommando aufs Gut kam zur Bewachung von 250 deutschen Gefangenen, die aus dem Lager Stargard kamen und die Ernte einbringen mußten.

Männer, Frauen und Mädchen mußten arbeiten und erhielten Beköstigung. Meine Frau und Frau H. mußten jeden zweiten Tag für die Russen Brot backen; dabei blieb jedesmal für uns ein Brot übrig, auch Mehl zur Suppe. Die Kühe waren bis auf drei von den Russen genommen.

Am 9. April 1945 war ich in Neustettin, um vom Starosten die Erlaubnis zum Kornmahlen zu holen, und wurde auf der Straße von polnischer Miliz verhaftet, trotz Ausweis als Bürgermeister. Ich wurde ins Haus von Oberstleutnant Husen gebracht, wo die Zimmer schon von andern Aufgegriffenen voll waren. Am Abend wurden wir ins Gefängnis gebracht, wo schon viele Männer aus umliegenden Dörfern waren. Auf meinen Protest gab es Fußtritte und Kolbenstöße.

Am 10. April 1945 begann der Abmarsch von 600 Mann nach Schneidemühl. Am ersten Tag ging es bis Bahrenbusch, in Scheunen einquartiert; zwei Mann aus Thurow und Münchowshof blieben unterwegs liegen und wurden erschossen. Am zweiten Tag ging es über Ratzebuhr, Flederborn, das völlig zerstört war, Jastrow bis Betkenhammer, dasselbe Scheunenquartier. Am Morgen erhielten wir Pellkartoffeln, und dann ging es am dritten Tag über Plietnitz, Kramske, Borkendorf nach Schneidemühl.

Die Innenstadt war fast völlig zerstört. In der Kaserne wurden wir von [einer] russischen Ärztin untersucht. 160 Alte und Kranke konnten zurück, wurden aber von Polen angehalten und mußten drei Tage arbeiten (Regierungsgebäude und Hauptzollamt ausräumen. Essen: Erbsen aus Büchsen und ein Stück Brot). Die Polen waren furchtbar gehässig. Am 16. April 1945 konnten wir 160 Mann abmarschieren. Fleischermeister Richard Glasenapp-Neustettin war Transportführer. In Borkendorf hielten uns die Russen an, und wir mußten drei Tage beim Brückenbau über die Küddow helfen. Am 19. April 1945 Abmarsch nach Neustettin, in Betkenhammer erneut von Russen angehalten, mußten Kohlenzug beladen; am Abend auf dem Kohlenzug bis Jastrow, auf dem Bahnhof ohne Essen und Schlaf übernachtet und am nächsten Morgen auf offenen Loren mit Zug in Richtung Neustettin. In Lottin abgesprungen und übers Feld nach Wulfflatzke und Dieck (Postbote Krause-Wulfflatzke, Behnke-Labenz und ich).

Die Freude meiner Frau war groß, als ich hereinkam; denn sie hatte ja keine Ahnung, wo ich geblieben war. Im Hause war ein russischer Kapitän einquartiert, ein freundlicher Mann, eine rühmliche Ausnahme. Im allgemeinen waren die Russen roh, [sie] durchsuchten Gärten und Ställe mit spitzen Drahtstäben nach vergrabenen Sachen.

Ein Glück für uns war die Feindschaft zwischen Russen und Polen. Der Russe überließ dem Polen nichts. Riesige Viehherden, Pferde und Schafe wurden ostwärts getrieben, sämtliche Maschinen und Ackergeräte abtransportiert. In Neustettin sah ich, wie ganze Lastzüge mit Klavieren oder Betten und Matratzen zur Bahn gebracht wurden. Der russische Kommandant in Dieck sagte zu mir: „Er, der Pole, behält die Erde."

Nach dem Potsdamer Abkommen wurden die Polen immer frecher und riefen uns zu: „Über Odder!" Wer irgend konnte, verließ daher die Heimat. Ein polnischer Straßenaufseher sagte zu mir: „Herr Lährer, fort, letzten beißen die Hunde, kommen alle in Lager."

Am 17. September 1945 gingen auch wir mit einem Transport aus Neustettin nach Westen ab. 14 Tage später sind dann auch die andern gefolgt. Drei Familien, Buchholz, Horn und Drews, wurden von den Polen zurückbehalten. Diese sind erst 1947 ausgewiesen worden und haben solange bei den Polen arbeiten müssen.

Abschließend folgen noch einige Bemerkungen des Vfs. über Ereignisse während der Austreibung sowie allgemeines über das Schicksal des Ortes Dieck.

Nr. 201

Protokollarische Aussage der Lehrerswitwe E. V. aus Eichkamp, Kreis Neustettin i. Pom.
Original, 27. Juni 1952, 6 Seiten. Teilabdruck.

Lebens- und Arbeitsverhältnisse unter russischer und polnischer Herrschaft im Kreis Neustettin in den Jahren 1945—1947.

Das Protokoll beginnt mit Angaben über die schweren Erlebnisse während des Einzuges der russischen Truppen in Eichkamp.

Kurz darauf hieß es, daß das ganze Dorf in einer halben Stunde geräumt werden müßte. Ich versuchte noch, von meinen Sachen etwas zu holen, und fand hierbei die Reste des völlig ausgeplünderten Trecks. Meinen Koffer fand ich geöffnet und ausgeleert im Gasthof und in den Ecken zwei verschiedene Schuhe, die ich dann anzog.

Nun ging es unter Bewachung von Polen und Russen auf Umwegen in das Dorf Persanzig, wo wir die nächste Nacht verbrachten. Die polnische Bewachung ließ uns zufrieden und ermöglichte uns sogar, Stroh zu holen und Kaffee zu kochen.

Am nächsten Morgen ging es weiter nach Kucherow. Dort mußten wir uns alle in Reih und Glied aufstellen, die Männer wurden in die Schule geschickt und von dort aus verschleppt. Es können sechs bis sieben Männer gewesen sein, von denen m. W. drei zurückgekehrt sind, so der Bürgermeister, der aus Posen sehr elend und kaputt zu Fuß zurückkehrte, ferner ein 17jähriger Bauernsohn, der nach längerer Zeit mit viel Wasser erschien, und ein Ingenieur. Ein Siedler soll sich in Hammerstein aus dem Fenster gestürzt haben, während ich von den anderen Verschleppten nichts erfahren habe.

Die Frauen wurden ohne Bewachung weitergeschickt und von jedem unterwegs befragten Posten immer weiter gewiesen. Schließlich blieben wir in Gellin, wo wir zehn Tage lang tagsüber Ruhe hatten, aber nachts die Vergewaltigungen über uns ergehen lassen mußten. Wir Frauen aus Eichkamp waren in mehreren Räumen eines Hauses untergekommen, in meinem Zimmer befanden sich vielleicht 16 Personen.

Von den furchtbaren Nächten abgesehen, ging es uns ganz leidlich. Einige Russen sorgten sogar für uns, damit wir zu essen hatten, schickten uns in die anderen Häuser, um dort Lebensmittel zu suchen, und ein Russe schoß für uns ein Schwein tot. Bis auf ganz wenige Arbeiterfrauen, bei denen wir unterkamen, war das Dorf ganz leer. Auch die übrigen Dörfer, durch die wir gezogen waren, machten einen völlig geräumten Eindruck. Nach zehn Tagen entschlossen wir uns dann, zurückzukehren.

Als wir Mitte März wieder in unserm Dorf waren, fanden wir es völlig leer, aber ein Lastauto empfing uns, das Frauen und Männer zusammensuchte. Von uns wurden zwei junge Mädchen sowie ein älteres Mädchen und ich mitgenommen. Ein ganz junger Russe sah mich zweifelnd an und fragte nach meinem Alter. Obwohl ich 50 Jahre angab, meinte er nach kurzem Besinnen: „Auch mit!" Wir fuhren nach Neustettin, und unterwegs wurden weitere Personen zugeladen.

In Neustettin wurden wir in ein großes Haus gebracht, um dort verhört zu werden. In unserm Raume waren vielleicht 10 bis 15 Frauen eingeschlossen. Unser russischer Wachposten war sehr freundlich und mitfühlend, brachte uns eine Kerze und einen Eimer Wasser mit einer Tasse und bedauerte uns wegen der Kälte.

Mein Verhör fand um Mitternacht statt. Hauptsächlich wurde ich gefragt, was ich gearbeitet hätte, worauf ich erklärte, daß ich viel krank gewesen sei. Als ich herauskam, sagte mir der Posten, ich solle nach Hause gehen. Ich weigerte mich aber, weil ich in der Nacht nicht wußte, wohin ich mich wenden sollte. Mit vier Frauen wurde ich wieder in einem Raum eingeschlossen. Als vormittags die Namen derjenigen verlesen wurden, die entlassen werden sollten, war mein Name nicht dabei. Der Posten veranlaßte mich aber, ebenfalls zu gehen.

Zu vier Frauen machten wir uns auf den Heimweg, wurden häufig von bewaffneten Polen angehalten, durften jedoch weitergehen, wenn wir erklärten, daß wir von der Kommandantur kämen. Ich fühlte mich sehr schwach, weil ich zwei Tage lang nichts gegessen hatte. In Eichkamp blieben wir in einem Bauernhause, in dem über 30 Personen hausten, und dort habe ich ein halbes Jahr zugebracht.

Die drei Mädchen, mit denen ich zusammen nach Neustettin gekommen war, sind verschleppt worden. Mir ist nur von einem Mädchen bekannt, daß es zurückgekehrt ist.

Wir hatten zunächst einigermaßen Ruhe. Verschiedentlich versuchte ich, unser Haus aufzusuchen, um etwas Ordnung zu schaffen und mir die restlichen Sachen zu holen. Meine Möbel und etwas Geschirr waren noch vorhanden.

Aber die Schränke und Truhen waren sämtlich leer. Die Matratzen hatten die Russen schon frühzeitig weggenommen, um sie als Sitze für ihre Wagen zu verwenden. Auch was ich versteckt hatte, haben die Russen alles gestohlen.

Nach Ostern holte uns der als Bürgermeister eingesetzte Siedler zur Arbeit auf das Gut Eichkamp, das unter russischer Bewirtschaftung stand. Im Laufe der Zeit waren dort rund 300 Kühe zusammengeholt, auch einige Pferde, Schweine und Kälber waren vorhanden. Die Kälber wurden in dem sehr hübschen Gasthaussaal mit Parkettfußboden und in Wohnungen untergebracht. Dort wurden Buchten gebaut, und alles wurde schön ausgeweißt; das Ausweißen geschah übrigens alle vier Wochen und war eine meiner Haupttätigkeiten. Aus meinem Büfett wurden Stücke herausgesägt, um hiervon Tafeln für die Kälber herzustellen.

Wir Frauen haben auf dem Gut alle Arbeiten verrichten, Kunstdünger streuen, Vieh versorgen, Felder bestellen und abernten müssen. Für die Kühe wurde sehr gesorgt, sie mußten möglichst täglich abgewaschen werden. Auch für die Ställe hatten die Russen besonders viel übrig. So stand am Eingang zum Kuhstall mein Herrenzimmertisch mit einer schönen Decke und einem Blumenstrauß. Dazu zwei Korbsessel und der Klaviersessel, natürlich war auch ein Teppich vorhanden. Ähnlich wurden die übrigen Ställe irgendwie ausgeschmückt, in einem Stall befand sich mein Korbtisch, ebenfalls mit einer schönen Decke, einer Vase mit Blumen und davor mein Bild. Als ich dieses zerriß, suchte die Russin, die das Bild dort aufgestellt hatte, ein anderes von mir heraus, und ich thronte wieder im Ochsenstall.

In unserm Dorfe waren übrigens etwa zehn Russinnen, die in Deutschland gearbeitet hatten. Ihre Wohnungen hatten wir zu säubern. Im allgemeinen waren sie aber sehr nett. Wir mußten jedoch mit ansehen, wie sie in unsern Kleidern erschienen, mit Vorliebe aber in Nachthemden, in denen sie sich besonders schön vorkamen. Immer wieder erzählten sie uns, daß wir nach Sibirien oder ins Arbeitslager kommen würden. Diese Angst stand die ganzen Jahre hinter uns.

Als wir alle am 9. Mai 1945 von der Arbeit weggerufen wurden, waren wir der festen Annahme, daß wir verschleppt werden sollten. Ein fremder Russe wollte uns jedoch nur klarmachen, daß der Krieg aus und Deutschland und Berlin kaputt seien. Die Russen jubelten, während wir verzweifelt zu unsern Kühen zurückkehrten und noch nicht an dieses Ende glauben konnten.

Zur Arbeit wurden wir sehr hart herangezogen. Morgens um 3.00 Uhr mußten wir bereits auf dem Gutshof sein, um zu melken, und der Arbeitstag dauerte bis abends 8.30 Uhr, mit nur einer Stunde Mittagspause. Die Leitung hatten der russische Kommandant und der deutsche Hofmeister. Im ersten Jahre war alles bestellt, und hatten wir eine sehr gute Ernte. Später wurde ein geringer Teil des Gutes bestellt, vom Bauernland fast gar nichts. Aber die Russen hatten zu unserer Verwunderung mit den Ernten Glück; selbst auf den unmöglichsten Landstücken wuchs alles heran, was dort gesät war. Von der Ernte wurde der größte Teil nach Groß Born gebracht, wo auch die Sowjets einen Truppenübungsplatz hatten.

Unsere offizielle Verpflegung war sehr gering. Wir bekamen täglich 300 Gramm Brot, für zehn Tage ungefähr ein Pfund schlechtes, stinkendes Fleisch, dazu etwas Zucker, Marmelade, auch ein wenig Mehl. Im ersten halben Jahr etwa gab es aber überhaupt keine Zuteilung, auch keinen Lohn. Die meisten Frauen besaßen zu Hause noch Vorräte, im übrigen mußten wir uns Lebensmittel besorgen. Selbst nachts gingen wir auf Raub aus, im allgemeinen ohne dabei von den Russen gestört zu werden. Von dem Roggenschrot, mit dem die Kühe gefüttert wurden, habe ich mir z. B. täglich etwas mitgenommen.

Die Russen waren ängstlich besorgt, daß nicht andere Russen oder Polen ihnen etwas wegholten. So wurden die Ställe nachts von Russen oder Russinnen bewacht, außerdem standen auf dem Hof noch Posten.

Infolge der schlechten Ernährung sind in der ersten Zeit vor allem ältere Menschen gestorben. An besonderen Gewalttaten ist in unserm Dorf wenig geschehen. Im April 1945 fanden wir auf dem Felde eine weibliche Leiche, offenbar nach Vergewaltigung ermordet, und einen erschossenen Neustettiner. Diese Leichen haben wir auf dem Friedhof beerdigt, dazu noch fünf deutsche Soldaten, in deren Gräber die Russen Schweinekadaver hineinpackten. Ein junges Mädchen, das sehr unter Vergewaltigungen zu leiden hatte, hat sich in derselben Zeit aufgehängt. — Die Vergewaltigungen ließen übrigens nach, als wir arbeiteten und die Kommandantur auf dem Gute war.

Wir haben unter dem Russen bis zum 30. September 1947 gearbeitet. Aus dieser Zeit ist erwähnenswert, daß wir zu drei Frauen aus unserm Dorf Weihnachten 1946 weggebracht wurden, angeblich nach Neustettin, um ein bißchen Holz zu hauen. Als wir gegen unsere Verschickung Einwendungen erhoben, schimpfte der sehr deutschfeindliche Kommandant und spuckte vor uns aus. Wie wir standen und gingen, in Holzpantoffeln, mußten wir los und fuhren mit dem Zuge zu etwa 30 Männern und Frauen nach Hohenkrug bei Stettin. Dort sollten wir Holz fällen und verladen. In völlig verwüsteten Häusern, in denen Türen und Fenster und das Mobiliar fehlten und selbst die Treppen größtenteils abgebrochen waren, wurden wir mitten im Walde untergebracht.

Am ersten Abend, dem Weihnachtsabend, hatte der uns begleitende russische Leutnant bei den Polen gefeiert und kam total betrunken zurück. Er suchte eine Frau und verfiel ausgerechnet auf mich, obwohl er schon unterwegs wiederholt gesagt hatte: „Du, Mutter, nach Hause fahren", weil er offenbar mit den jungen Mädchen allein sein wollte. Zu meiner Rettung kam ein älterer Russe auf den Gedanken, sich auf mich zu legen und mich ganz zuzudecken. Der Leutnant suchte und tobte umher, bis er schließlich einschlief; da ließ mich der alte Russe wieder frei. Am nächsten Tage war dem Leutnant, der sonst ein sehr vernünftiger Mann war, die ganze Angelegenheit äußerst peinlich.

In Hohenkrug haben wir 14 Tage ohne jegliche Arbeit bei ausreichender Verpflegung zugebracht. Die vorgesehene Arbeit scheiterte daran, daß die

Polen keinen Wagen zum Abfahren zur Verfügung stellten. Als wir nach zwei Wochen nach Hause zurückkehrten, wurden wir ganz entgeistert angesehen, weil alle angenommen hatten, daß wir nach Sibirien verschleppt worden seien.

Die Kinder, die sich im Dorf befanden, mußten bereits vom achten, neunten Lebensjahr ab mitarbeiten. Die Jungen hatten in der Hauptsache mit Pferden zu fahren. Im allgemeinen waren die Russen zu den Kindern sehr freundlich, besonders der Kommandant war kinderlieb und ließ sich nur von einem deutschen Jungen fahren. Ab und zu bekam der Junge von ihm sogar Schnaps.

Schule gab es nicht. Einmal hieß es, daß wieder eine Schule eingerichtet werden solle, es geschah aber nicht. In unserm Schulgebäude waren keine Bänke mehr vorhanden, alle waren zerschlagen und als Brennholz benutzt worden. Brennholz wurde übrigens nicht aus dem nahen Walde geholt, sondern die Russen ließen von uns die Scheunen nach und nach abbrechen. Auch wir selbst durften von diesem Holz nehmen, nachdem die Russen unsere Feuerungsvorräte abgefahren hatten. Die Sparren und Balken der Scheunen hatten wir Frauen mit der Kreissäge zu schneiden. Die Männer brauchten solche Arbeit nicht zu verrichten... Der deutsche Bürgermeister z. B. kam niemals zur Feldarbeit, sondern betätigte sich als Stellmacher. Gottesdienst hatten wir die ganze Zeit hindurch nicht. Im Jahre 1945 hatte im Nachbardorf noch eine Einsegnung stattgefunden, aber der Geistliche blieb nicht lange dort.

Ende September 1947 waren die Russen bis auf einen vom Gut verschwunden, damit aber auch alles, was auf dem Gute vorhanden war. Die Maschinen waren schon 1945 auf den Maschinenfriedhof gewandert, um dort zu verrotten. Das Vieh wurde jetzt restlos nach Rußland verladen, ebenso wurden sämtliche Vorräte weggeschafft. Soweit noch Möbel vorhanden und heilgeblieben waren — das meiste war im Laufe der Zeit durch betrunkene Russen zerschlagen worden — ließen sie diese zurück.

Nun erschien der polnische Verwalter, der das Gut mit den leeren Ställen übernahm. Er brachte lediglich ein Pferd und einen kleinen amerikanischen Trecker mit und war ganz hilflos, da er ohne Maschinen, Vieh und Vorräte wirtschaften sollte. In das Dorf kamen jetzt auch einige polnische Familien, und ein polnischer Bürgermeister wurde eingesetzt. Die Polen suchten sich die besten Wohnungen aus.

Eines Abends kam ganz unvermittelt der Sohn des Bürgermeisters zu mir in die Wohnung und fragte mich, ob ich denn nicht weg wolle, die Lastwagen ständen vor der Tür, aber kein Deutscher erscheine. Wir hatten bis zu diesem Tage noch unter den Russen auf dem Gut gearbeitet und sogar noch am letzten Nachmittag Löhnung erhalten, niemand hatte jedoch davon verlauten lassen, daß wir ausgewiesen werden sollten.

Abschließend folgen Angaben über den Vorgang der Ausweisung im Oktober 1947 bis zur Ankunft in Magdeburg.

Nr. 202

Erlebnisbericht des P. K. aus Z e t t h u n , Kreis K ö s l i n i. Pom.
Original, 10. März 1952, 5 Seiten. Teilabdruck.

Gewalttaten sowjetischer Soldaten während der Besetzung; systematischer Abtransport von Geräten und Vieh nach dem Osten; unter polnischer Herrschaft in Schlawe bis Ende 1946.

Am 27. Februar 1945 drangen plötzlich und unerwartet russische Panzer ein. Diese Truppe benahm sich einigermaßen. Außer Durchsuchung blieb alles verschont. Ihr folgten dann andere Truppen, teils zu Fuß, teils mit Wagen und Pferden. Diese zogen nur durch. Am 1. März des Abends folgten weitere Truppen, die kurze Zeit dablieben. Mit diesen trat das übliche Chaos ein.

Fast sämtliche Frauen wurden vergewaltigt. Nur wenige entgingen diesem Schicksal. Die zwölfjährige Tochter der Witwe M. R. wurde ebenfalls vergewaltigt, wie mir diese erzählte. Sie selbst befindet sich jetzt noch in der Heimat unter den Polen. Es war keine Seltenheit, daß Frauen des öfteren mehrere Male hintereinander von Russen vergewaltigt wurden.

Uhren und sonstige Schmucksachen waren sehr begehrte Dinge. Wer dem Ausruf „Urre, Urre" nicht mehr folgen konnte, da andere diese schon hatten, wurde an die Wand gestellt mit dem Hinweis, wenn diese nicht in bestimmten Minuten verabfolgt würde, er erschossen würde. So graste jeder Russe jedes Haus und Wohnung ab, so daß die Bevölkerung stundenlang in Angst und Schrecken lebte.

Etwa 50 Prozent der Bevölkerung wurde in das Schloß getrieben und in ein Zimmer eingepfercht[1]). Dort wurden vor ihren Augen Drähte gezogen. Die Russen erklärten, wenn sie nicht in 15 Minuten ihre Uhren, Ringe und sonstigen Schmuck, den man ihnen schon bereits abgenommen hatte, hergäben, würde das Schloß gesprengt. Niemand konnte hinaus. Nach etwa einer Stunde zogen die Russen ab. Machten aber keinen Gebrauch von der angekündigten Sprengung.

Am 2. März 1945 wurden ohne Grund — und bis jetzt unerklärlich — 15 Personen erschossen. Sie befanden sich im Alter von 12 bis 76 Jahren, darunter vier weibliche Personen Zwei Personen machten dem Leben selbst ein Ende.

Die von den Russen erschossenen Personen sind: der landwirtschaftliche Oberinspektor Willi Karow (40 Jahre), der Kraftfahrer Max Rattunde (57 Jahre), der landwirtschaftliche Arbeiter Reinhold Klosinski (55 Jahre), der landwirtschaftliche Arbeiter Max Pannwitz (52 Jahre), der landwirtschaftliche Arbeiter Gerhard Pannwitz (16 Jahre), der Brennereiverwalter Paul Berweger (63 Jahre), der Kutscher Franz Beckmann (50 Jahre), der Bauer Albert Sorgatz (76 Jahre), der Bauer Hermann Klaehn (70 Jahre) und dessen Ehefrau Anna, geb. Pufahl (67 Jahre), und dessen Tochter Anna Ueckert, geb. Klaehn (38 Jahre), der Landwirt Helmut Zühlsdorf (43 Jahre)

---
[1]) Nach dem Amtlichen Gemeindeverzeichnis von 1939 hatte Zetthun 242 Einwohner.

und dessen Ehefrau Frieda, geb. Zirke (40 Jahre), und dessen Tochter Christel Zühlsdorf (12 Jahre), der Hausverwalter Franz Görg (54 Jahre). Dem Leben selbst ein Ende machten der Rentmeister Max Utecht (58 Jahre) und der Diener Eduard Effenberger (54 Jahre). Die letztgenannten Personen fand man auf dem Hof des Zühlsdorf in einer Reihe liegen. Das Mädchen Christel Zühlsdorf hatte einen etwa im Durchmesser fünf Zentimeter starken Holzbohrer im Unterleib. Das Wohnhaus der Familie Zühlsdorf brannte ab; vermutlich von den Russen angesteckt. Ebenso wurde das Wohnhaus des Rentmeisters Utecht und ein Arbeiterwohnhaus von den Russen in Brand gesetzt.

Durch diese Horden wurde die Bevölkerung den überwiegenden Teil ihrer Bekleidung, Schuhzeug usw. los. Ebenso wurde von diesen fast sämtliches Geflügel abgeschlachtet sowie die Bienenstände vernichtet. Eßwaren, auch Konserviertes, wurde von diesen geöffnet und größtenteils fortgeworfen.

Am 9. März zogen diese Truppen dann ab, so daß eine merkliche Erleichterung eintrat. In den Ort kamen dann zwei Zivilisten. die die Besatzung des Dorfes bildeten. Diese konnte man als anständig bezeichnen. Sie haben niemanden belästigt. Von Zeit zu Zeit zogen dann hin und wieder Truppen durch. Hierbei kam es selbstverständlich zu Vergewaltigungen und Plünderungen. Verschleppt ist aus dem Dorf niemand.

Nach dem 1. April 1945 setzte dann die totale Ausplünderung ein. Trupps von Militär erschien[en], nahm[en] Männer, Frauen, teils auch Kinder mit, zwecks der bekannten Demontage. Die Bahngleise der Strecke Pollnow — Zollbrück, Pollnow — Schlawe, Pollnow — Gramenz und Pollnow — Köslin wurden abgebaut. Fabrikeinrichtungen wie Molkerei, Spinnerei, Ziegeleien und Kraftwerke usw. wurden ausgebrochen und verladen und abtransportiert, so daß diese Gebäude nur noch mit kahlen Mauern, ohne Fenster und Türen, standen. Nur die Brennereien blieben ungeschoren. In diesen wurde von den Russen, nach ihrer Art, weiter Spiritus gebrannt.

Kurz vor dem 15. Mai wurden dann die landwirtschaftlichen Betriebe von ihren Maschinen und Geräten entblößt. Von der kompliziertesten Maschine bis zum primitivsten Gerät wurde, unter Aufsicht von russischem Militär, alles abgefahren oder aufgeladen und auf den Bahnhof Pritzig gebracht. Von hier aus ging die Verladung und Abtransport vor sich, nachdem zunächst Nähmaschinen, Standuhren, Regulator, Klaviere und Polstermöbel abtransportiert waren.

Sämtliches Vieh wurde zusammengetrieben und zu größeren Herden zusammengestellt. Es gab sehr viel Dörfer, in denen man nicht mehr ein Stück Vieh vorfand. Nach und nach wurden diese großen Herden weiter ostwärts getrieben oder verladen. Eine Bestellung der Ländereien war nicht möglich, sondern sogar auch teils von Russen unter Strafe verboten, so daß die Ackerflächen ein fast steppenartiges Aussehen erhielten.

Ende Juli 1945 kamen dann Polen in die Ortschaften. Sie übernahmen dann einen Bauernhof, den sie sich aussuchten. Sie kümmerten sich aber wenig um die Bewirtschaftung, sondern überließen dies dem eigentlichen Besitzer, während sie selber auf Handel gingen und auch teils auf Raub.

Das Verhältnis zwischen Russen und Polen war sehr gespannt. Es kam des öfteren zu Tätlichkeiten. Besonders gespannt war es dort, wo in einem Dorf beide Völker waren. Auf den Bauernhöfen die Polen, auf dem Gut die Russen. Hierdurch brach ein Zustand an, der noch fast schlimmer war wie die Zeit des russischen Einmarsches. Das Leben bestand fast nur noch aus Angst, weil in jedem Fall die Deutschen als die Sündenböcke angesehen wurden.

Da die Zustände immer trostloser wurden, riet mir ein Vetter, der in Schlawe wohnte, nach dort zu kommen. Er sagte, daß die dortigen Polen sehr deutschfreundlich seien und hilfsbereit. Er wollte dafür sorgen, daß die Polen mich nach dort holten. Da mein Besitz total ausgeplündert war, die Familie, bis auf mich, von den Russen erschossen war, sagte ich zu. Zudem sickerte es durch, daß sämtliche Deutsche westseitlich der Oder transportiert wurden und die Gebiete östlich der Oder polnisches Gebiet werden. Auch sei die Abtransportierung aus den Städten gesicherter als vom Lande. Unter all diesen Umständen sagte ich zu.

Zwei Polen W. M. und W. R. holten mich dann im Auftrage meines Vetters. Diese waren in Schlawe. Sie hatten bei einem polnischen Reiterregiment gedient. In Schlawe wurde dieses aufgelöst, und die Polen bekamen ein Grundstück. Es waren nette und anständige Menschen. Sie hatten dann im Laufe der Zeit noch weitere meiner verwandtschaftlichen Personen nach Schlawe geholt. Sie haben uns sehr gut behandelt und waren hilfsbereit in jeder Form. Leider hatten sie selbst auch fast gar nichts.

Fast sämtliche Polen in Schlawe konnten deutsch. Sämtliche, die ich habe kennen gelernt, waren sehr deutschfreundlich. Bei ihnen haben wir gearbeitet. Man kann diese Arbeit als minimal bezeichnen. Trotzdem bestanden sie darauf, daß wir Mittagsruhe hielten.

Eines Tages sagte dann M., daß wir auch raus müßten. Es sei aber noch nicht die richtige Zeit, und er würde dafür sorgen, daß wir noch bleiben dürften. Denn alle kämen nach Stettin erst ins Lager, und das sei nicht gut. Wir sollten noch warten. Die Zeiten würden besser.

Anfang Dezember 1946 sagte M. dann, daß kurz nach Weihnachten ein Transport abgehe, und mit dem müßten wir fahren.

Abschließend schildert Vf., daß der Ausweisungstransport über Posen nach Forst i. d. Lausitz ohne Zwischenfälle vonstatten ging.

Nr. 203

Protokollarische Aussage des Verwaltungsangestellten Franz Schwenkler aus Köslin i. Pom.
Original, 3. Juni 1951, 8 Seiten. Teilabdruck.

Die Zeit der Russen- und Polenherrschaft in Köslin vom April 1945 bis zum Mai 1946.

Berichterstatter hatte den Einfall der Russen am 6. März 1945 in Nessin bei Kolberg erlebt und sich nach fünfwöchigem Aufenthalt dort in seine Heimatstadt Köslin zurückbegeben.

Als wir am 12. April 1945 in Köslin ankamen, mußten wir feststellen, daß die Stadt einige Tage vorher von Deutschen restlos geräumt worden war. Nur vereinzelt waren diese bereits zurückgekehrt [1]). Unbehelligt kamen wir bis kurz vor unser Haus, als uns zwei russische Soldaten anhielten und zwei unserer Koffer auf der Straße entleerten.

Unser Haus hatte bei den Kämpfen zwei Treffer abbekommen, war aber bewohnbar. Im Innern fanden wir aber alles durchgewühlt und ausgeplündert und ein unbeschreibliches, wüstes Durcheinander vor. Unsern Eintritt in das Haus mußten zwei Russen bemerkt haben, denn kurz darauf drangen sie ebenfalls ein und entwendeten uns von unseren Sachen das ihnen brauchbar Erscheinende wie Anzug, Mantel, Schuhe, Wäsche usw.

In der ersten Nacht im eigenen Hause wurde ich von einer russischen Streife verhaftet. Die Streifen durchsuchten damals sämtliche Häuser nach Arbeitsfähigen. Während eigenartigerweise aus meinem Hause nur ich mit genommen wurde, aber meine Frau und einige andere jüngeren Frauen verschont blieben, wurden sonst auch Frauen mitgenommen. Das war offenbar auf den menschlich eingestellten Führer dieser Streife zurückzuführen.

Gegen Morgen wurden wir zu etwa 25 Deutschen in einen Keller am Runden Teich zu vielleicht 100 bereits vorhandenen Deutschen hineingepfercht, nachdem wir auf der russischen Kommandantur ein Verhör durchgemacht hatten. Am nächsten Tage wurden die Arbeitsfähigen nach Bedarf aus dem Keller geholt; übrig blieben nur einige Alte und Invaliden, zu denen auch ich als Kriegsversehrter gehörte. Nach eingehender Prüfung durch mehrere russische Offiziere wurde ich am darauffolgenden Tage nach Hause geschickt. Während dieser zwei Tage hatten wir nichts zu essen bekommen.

Mit meinen Angehörigen, die ich zu Hause vorfand, räumte ich nun Haus und Grundstück auf und reparierte die Einschüsse in Dach und Hausecke. In den folgenden Tagen griff mein Vater zwei umherlaufende Pferde auf und bestellte mit ihnen das umliegende Land, um den zurückkehrenden Deutschen im Herbst das Ernten von Nahrungsmitteln zu ermöglichen. Von durchtreibenden Rinderherden irrte eines Tages eine Kuh mit Kalb ab und gelangte in unseren Stall. Das Kalb lieferte uns für die nächsten Tage Fleisch und die Kuh Milch. Hierdurch konnten wir auch die im nahegelegenen Ulrikenstift befindlichen alten Menschen mit Nahrungsmitteln unterstützen.

Von den Insassen des Stifts erfuhren wir viel über die bisherigen Ereignisse in Köslin. So berichteten sie, daß die Russen gleich nach dem Einmarsch zwei alte Männer am Kaffeetisch erschossen hatten, ferner im Nachbarhause einen Mann, weil er keine Uhr abgeben konnte. Einige Diakonissinnen und alte Frauen des Stifts waren nach ihren Angaben vergewaltigt worden. Meinen Nachbarn Wruck, der durch Kriegsverwundung ein steifes Bein hatte, hatten die Sowjets verschleppt; er ist bis heute nicht zurückgekehrt.

---

[1]) Dazu heißt es in einer protokollarischen Aussage der I. G. aus Köslin vom 5. Februar 1951 auf S. 1: „Ende März wurden wir alle registriert. Dabei wurden viele junge Menschen, Männer und Frauen in ein Lager gebracht und dann verschleppt. ... Nach der Registrierung mußten die Kösliner die Stadt verlassen, die zum Plündern freigegeben worden war. Nach 8 Tagen konnten wir zurückkehren."

Aus den übereinstimmenden Berichten der zurückgebliebenen Augenzeugen ergab sich weiterhin, daß die Innenstadt, die ein trostloses Bild der Verwüstung darbot, nicht durch das Kampfgeschehen vernichtet, sondern nach der Besetzung von besonderen russischen Kommandos angezündet und niedergebrannt worden war [1]). Den Feuerschein hatten wir selbst wohl zehn Tage lang beobachtet. Die Aufräumungsarbeiten wurden erst später durch deutsche Arbeitskommandos durchgeführt. Besondere Trupps mußten die in den Gärten und Plätzen vergrabenen Leichen exhumieren und auf dem Friedhof in Massengräbern einscharren.

Aber nach unserer Rückkehr kamen noch oft Morde und andere Verbrechen vor. So wurde eines Tages eine Frau Knop aus der Schützenstraße in einer Hecke ermordet aufgefunden. Eine Frau Meyer aus der Ritterstraße wurde am Tage auf der Straße von Russen erschossen. Eines Morgens wurde Bäckermeister Köhler, der in einer polnischen Bäckerei arbeitete, in der Wilhelmstraße erschossen aufgefunden. Da er schwerhörig war, halte ich es für möglich, daß er den Anruf eines russischen oder polnischen Postens überhört hat und deshalb erschossen worden ist.

Wie ich immer wieder feststellen mußte, haben die Deutschen in den Dörfern zu Beginn der Besetzung wie auch später noch mehr zu leiden gehabt als die Stadtbewohner, ob es sich um dauernde Plünderungen, Vergewaltigungen oder um Verschleppungen handelte. Besonders furchtbar war es in den Dörfern, in denen keine „Kommandantur" war, die Banden also völlig freie Hand hatten. Dort waren die Unsicherheit und Rechtlosigkeit der Deutschen unbeschreiblich. Ich hatte in meiner späteren Tätigkeit bei der deutschen Verwaltungsstelle ständig auch mit den Bewohnern der ländlichen Gebiete zu tun und konnte mir dadurch ein einwandfreies Bild über die Ereignisse im ganzen Kreisgebiet verschaffen.

Aber auch in der Stadt waren die völlige Unsicherheit und Rechtlosigkeit der Deutschen, die noch lange andauerte, besonders zermürbend. Die Frauen waren Freiwild. Eines Tages wurde die Tochter des Maurers Schüttner aus der Jamunder Straße von einem russischen Offizier erschossen, weil sie ihm energisch Widerstand leistete.

Ebenso gingen die Verschleppungen weiter, die von Anfang an in großem Umfange durchgeführt worden waren. Jeder mußte bei Tag und bei Nacht damit rechnen, von russischen oder polnischen Soldaten aus der Wohnung oder von der Straße weg verhaftet und eingesperrt oder verschleppt zu werden. In der Stadt befanden sich verschiedene Lager, in die die verhafteten Landsleute gebracht wurden, bevor sie den Marsch gen Osten antreten mußten. Auch mehrere meiner Verwandten sind verhaftet und verschleppt worden. Man hatte keine Möglichkeit, sie mit Lebensmitteln oder sonst zu unterstützen. Sie waren ohne jeden Anlaß verhaftet worden und sind heute noch nicht zurückgekehrt. Von vielen Verschleppten ist be-

---

[1]) In dem Bericht von Frieda Zenke aus Köslin heißt es auf S. 3: „In den ersten Tagen nach der Besetzung wurde abends sehr viel geschossen in der Stadt, auch brannte es jeden Abend irgendwo. Einmal war die Marienkirche ganz in Brand und Flammen gehüllt. Aber sie ist verhältnismäßig wenig beschädigt worden. Die Häuser am Markt, am Fischmarkt und Ecke Böttcherstraße, überhaupt der ganzen inneren Stadt sind fast alle ausgebrannt."

kannt, daß sie unterwegs oder in den Gefängnissen elendiglich umgekommen sind, während von anderen jede Spur fehlt, wie auch von verschiedenen meiner Verwandten und näheren Bekannten bisher nichts zu erfahren war. Die Verschleppungen gingen anfangs in der Art vor sich, daß alle arbeitsfähigen Männer und Frauen erfaßt wurden, wobei es auch nicht ins Gewicht fiel, daß man Mütter von ihren Kindern trennte.

Als wir einige Tage wieder in Köslin weilten, drang ein russischer Kapitän in unser verschlossenes Haus mit Gewalt ein und beschlagnahmte für sich ein Zimmer. Dies war für uns insofern nützlich, als durch seine Anwesenheit das Haus vor umherstrolchenden Soldaten sicher war. So wohnten wir in unserem Heim bis Anfang Juni 1945 ohne außergewöhnliche Belästigungen.

In der Zwischenzeit waren rund 12 000 Deutsche wieder nach Köslin zurückgekehrt [1]). Es hatte sich eine sogenannte deutsche Verwaltung gebildet, die aus Kommunisten und KZlern bestand und russischen Schutz genoß. Einige dieser Kommunisten lieferten an die Russen diejenigen Deutschen aus, die der NSDAP. oder ihren Gliederungen angehört hatten. Diese Landsleute wurden eingesperrt, und bis auf einzelne dürften sie im Osten umgekommen sein.

Unterdessen war vorgesehen worden, daß die Verwaltung der Stadt in polnische Hände übergehen sollte. Nach und nach waren polnische Soldaten und Zivilisten nach Köslin verlegt worden, die durch ihre Plünderungen und Schikanierungen der Deutschen noch größere Unruhe als bisher in die Stadt brachten. Um die Deutschen vor den dauernden Übergriffen der Polen einigermaßen schützen zu können, ordnete der russische Kommandant an, daß sämtliche Deutschen in ein von ihm bezeichnetes Stadtviertel umsiedeln mußten. Dieses Stadtviertel wurde durch russische Posten vor den Polen geschützt, was aber nicht verhindern konnte, daß die russischen Posten ihrerseits bei den Deutschen plünderten. Ich selbst zog nach Erlaß der Umsiedlungsverordnung mit meiner Familie in die Rosenstraße 16a. Unsere Sachen konnten wir auf ein Fuhrwerk laden und mitnehmen, ohne daß der russische Kapitän uns hieran hinderte.

Mitte Juli ging die Verwaltung der Stadt in polnische Hände über, und eine der ersten Taten der Polen war es, daß sie in einer Nacht sechs Straßen — nämlich Marien-, Annen-, Bismarck-, Dorotheen-, Karkutsch- und Gärtnerstraße — innerhalb von zehn Minuten von den Deutschen räumen ließen. Diese konnten sich in der kurzen Zeit kaum anziehen, geschweige denn Nennenswertes mitnehmen. Sie wurden sämtlich auf den von unserem Stubenfenster aus zu beobachtenden Schulhof getrieben. Von hier aus mußte ich am nächsten Tage mitansehen, daß mehrere Personen bei der herrschenden großen Hitze ohnmächtig wurden und daß polnische Soldaten auf die Deutschen einschlugen. Die Polen hatten vor, diese ausgetriebenen Deutschen zu verfrachten und über die Oder zu schicken. Auf Vorstellungen bei dem russischen Kommandanten vereitelte dieser den Plan, und die Menschen konnten sich schließlich von dem Schulhof entfernen, durften sich jedoch

---

[1]) Nach dem Amtlichen Gemeindeverzeichnis von 1939 hatte die Stadt Köslin 33 479 Einwohner.

nicht in ihre bisherigen Wohnungen begeben. Sie zogen zum Teil in die Nachbardörfer und an den Stadtrand.

Die Rosenstraße, in der ich wohnte, wurde von der Räumung nicht betroffen, sie wurde von russischen Posten abgesperrt. Nach einer Postenablösung drangen die abgelösten Posten in unsere Wohnung ein, durchwühlten sie vollkommen und nahmen alles ihnen brauchbar Erscheinende mit. Es waren vier Soldaten, die jeder einen Sack voll Beute wegschleppten. Trotzdem empfanden wir es als eine weitere Fügung des Schicksals, daß wir von dieser schrecklichen, menschenunwürdigen, nächtlichen Räumungsaktion verschont geblieben waren. Darüber hinaus hatten wir das Glück, bis zu unserer Ausweisung am 12. Juli 1946 in dieser Wohnung bleiben zu können.

Die von den Russen seinerzeit eingerichtete deutsche Verwaltungsstelle wurde von den Polen übernommen. Da ein Bekannter von mir dort beschäftigt war und ich in unmittelbarer Nähe wohnte, wurde ich eines Tages in diese Verwaltungsstelle eingestellt. Als Leiter fungierte ein polnischer Kommissar. Anfangs bestand diese Verwaltung nur aus deutschem Personal, später trat polnisches Personal zur Wahrung der polnischen Interessen hinzu. Zu befassen hatten wir uns insbesondere mit dem Arbeitseinsatz der Deutschen, der Verteilung der Lebensmittelkarten, die allerdings kaum praktischen Wert besaßen, der Quartierbeschaffung für die zuziehenden Polen und mit der Zusammenstellung der Aussiedlungstransporte.

Für die Quartierbeschaffung wurde vom polnischen Landrat ein Pole angestellt, dessen Tätigkeit darin bestand, binnen zehn Minuten die Deutschen unter Hinterlassung ihrer Habe hinauszuwerfen und die geräumte Wohnung mit Polen zu besetzen. Das Hinauswerfen aus der Wohnung passierte einigen Deutschen bis zu zehn Malen, so daß sie absolut nichts mehr besaßen, auch wenn sie sich jedesmal wieder verschiedene Gegenstände verschafft hatten und ihnen schließlich nicht anderes übrig blieb, als die Heimat zu verlassen.

Bis Anfang 1946 fanden die Aussiedlungen mehr oder weniger auf freiwilliger Grundlage statt, wenigstens in formeller Hinsicht, da jeder unterschreiben mußte, daß er die Heimat freiwillig verlasse. Diese ungeschützten Transporte wurden auf der Fahrt fast restlos ausgeplündert [1]). Weil ich dies wußte und die politische Lage zunächst noch nicht geklärt war, empfahl ich den Deutschen anfangs, nicht auszusiedeln.

Im August beschlagnahmte ein polnischer Angestellter des Landratsamts ein Zimmer unserer Wohnung für sich. Obwohl wir zunächst davon nicht erbaut waren, mußten wir doch feststellen, daß wir durch diese Einquartierung wieder vor polnischen Banditen Schutz genossen, die sonst laufend die Wohnungen der Deutschen durchwühlten und plünderten. Unser Pole trat den polnischen wie auch den russischen Plünderern sehr energisch entgegen, und da sich seine Dienststelle nur drei Häuser entfernt befand, war er bei Übergriffen sofort zur Stelle.

In dieser aufwühlenden Zeit gebar meine Frau am 17. Oktober einen Sohn, der aber — sicher infolge der Aufregungen und Strapazen, die meine

---

[1]) Vgl. die unter Nr. 284, Nr. 285, Nr. 288, Nr. 322 — Nr. 328 (Bd. I, 2) abgedruckten Berichte.

Frau durchzumachen hatte — nicht lebensfähig war, langsam weniger wurde und am 15. Juni 1946 verstarb. Damals hatten wir noch deutsche Pastoren in Köslin, so daß das Kind ordnungsmäßig auf dem Friedhof beerdigt werden konnte.

Bis etwa Mai 1946 fand in Köslin noch allsonntäglich ein evangelischer Gottesdienst statt, bis der letzte Pastor — Mahlendorf — ausgewiesen wurde. Dieser hatte sich in jeder Beziehung furchtlos für die Landsleute eingesetzt und war so den Polen seit langem ein Dorn im Auge.

Durch den Mangel an Lebensmitteln und fehlende Hygiene entstanden im Winter 1945/46 Seuchen wie Typhus und Ruhr, die eine große Anzahl der Landsleute dahinrafften. Ein deutsches Seuchenkrankenhaus wurde eingerichtet, in dem die in Köslin verbliebenen Diakonissen sich vorbildlich für dir armen Menschen einsetzten. Von der polnischen Stadtverwaltung erhielten sie weder finanziell noch materiell irgendwelche Unterstützung und waren hinsichtlich der Beschaffung von Lebensmitteln auf ihr eigenes Organisationstalent angewiesen. Die deutschen Ärzte hatten sich aus den Beständen der Apotheken usw. Medikamente verschafft, nach deren Verbrauch sie ohne Hilfsmittel dastanden.

Wieviel Todesopfer die Seuchen erfordert haben, kann ich nicht übersehen. Es muß sich aber um eine erhebliche Zahl gehandelt haben, denn aus meinem Verwandtenkreis sind allein zwei Frauen mit zwei Kindern damals gestorben, während eine an Typhus erkrankte Base mit dem Leben davonkam.

Ein besonderes Kapitel bildeten die Geschlechtskrankheiten und Schwangerschaften auf Grund der besonders zu Anfang sehr zahlreichen Vergewaltigungen. Die deutschen Ärzte versuchten, den Frauen zu helfen, wo es irgend anging. Als Ärzte setzten sich damals Dr. Peglow, Dr. Krüger und der damals 82jährige, auf der Flucht von Ostpreußen dort gebliebene Dr. Spurgat ein. Ein weiterer über 80 Jahre alter Arzt, der auch im polnischen Krankenhaus Dienst tun mußte, dessen Name mir entfallen ist, wurde eines Tages von den Polen verhaftet und derart mißhandelt, daß er im Gefängnis verstarb.

Im folgenden schildert der Berichterstatter, wie sich die Ausweisung der Deutschen aus der Stadt und Umgebung von Köslin im Frühjahr und Sommer 1946 vollzog[1])*.*

Nr. 204

Erlebnisbericht des Superintendenten W. L. aus S c h i v e l b e i n , Kreis B e l g a r d i. Pom.
Original, 31. Januar 1952, 10 Seiten. Teilabdruck.

Vorgänge in Schivelbein vom Eintreffen der Russen bis zum Beginn der Ausweisungen im Sommer 1945.

Eingangs berichtet Vf. über die immer hoffnungsloser werdende Lage, über die ständig wachsende Zahl von Flüchtlingen in Schivelbein und seinen Entschluß, trotzdem nicht zu fliehen.

[1]) Abgedruckt unter Nr. 333 (Bd. I, 2).

Sonnabend, den 3. März 1945, meldete sich ganz in der Frühe ein Amtsbruder bei mir ab, der mit seiner ganzen Gemeinde treckte. Schneller hat sich wohl kaum die Übergabe eines Pfarramtes vollziehen können. Am Morgen meldete ein anderer Amtsbruder, daß russische Panzer in seiner Gemeinde gesichtet seien. Wie lächerlich wirkten bei dieser Meldung die schnell in Stadt und Land errichteten Panzersperren. Der zweite Anruf desselben Geistlichen fragte mich, was er tun solle. Ich bat ihn, einen Entschluß in der Verantwortung vor Gott und seiner Gemeinde zu fassen. Auch er treckte dann mit seiner Gemeinde. Beide Pastoren habe ich nicht wiedergesehen. Einer von ihnen starb Ende 1945 in Vorpommern, der andere hat sich mit seiner Frau und wohl auch der Tochter das Leben genommen, als sein Treck von den Russen überrannt wurde.

Als mich mittags ein Gemeindeglied anrief, schlug mitten in dem Gespräch der erste Kanonenschuß in den Kirchturm, in dem mein dritter Junge mit einem Freund die herannahende Front beobachtete. In Staub gehüllt erschien er bald, und die dankbaren Eltern konnten ihn erfreut begrüßen. Er sollte uns oft später eine wirksame Hilfe sein, etwa auch durch Klavierspiel gegenüber den plündernden Russen. Er ist mir nie von der Seite gewichen.

Die Schüsse wurden stärker. Wir gingen mit Nachbarn, die sich bei uns eingefunden hatten, in den Keller des Pfarrhauses. Es war doch ein eigenartiges Gefühl, als ich durch die Tür lugend russische Panzer an der Kirche stehen oder weiter gegen Kolberg vorstoßen sah. Die Fronttruppen machten einen guten Eindruck, was an Etappentruppen folgte, war furchtbar. Wir zogen uns in dieser Nacht nicht aus, was auch später noch sehr oft geschah.

Am nächsten Morgen kamen Gemeindeglieder zu uns, dankbar, daß sie uns fanden und daß wir alles überstanden hatten. „Nun sind wir russisch", mit diesem Gefühl der Erleichterung wurde die neue Lage festgestellt. Wie dankbar war ich, daß die Kirche stand und auch in der Stadt nicht allzu große Schäden entstanden waren. Wie schnell aber wurde alles anders.

Es wurde schon allerhand erzählt von Verhaftungen, Austreibungen, Erschießungen und Vergewaltigungen. Das gesamte, sonst geordnete Leben stand mit einem Male stille. Es gab kein Geld, keine Läden mehr, kein Gas und kein Licht. Schon am Sonntag, also einen Tag nach der Eroberung der Stadt, merkten wir, daß wir es mit einem unbarmherzigen Feind zu tun hatten. Sämtliche Polizisten, die treu auf ihrem Posten ausgeharrt hatten, waren erschossen. Sie lagen auf dem Marktplatz und in seiner Nähe. Mein Nachbar, ein Schmiedemeister, wurde an meinem Gartenzaun von einem ehemaligen Gesellen, einem Ausländer, aus Rache erschossen.

Nach kurzer Zeit hörten wir, was für Schicksale und Tragödien sich in wenigen Nächten abgespielt hatten. Ganze, gut kirchliche Familien hatten sich das Leben genommen, waren ins Wasser gegangen, hatten sich zusammen erhängt, die Pulsadern aufgeschnitten oder sich in ihren Häusern verbrennen lassen. Zu Furchtbares hatten sie gesehen und erlebt. Viele Glieder einer Familie lagen später auf dem Friedhof im Tode vereint.

Ich selbst hielt mich zwei Nächte im Kirchturm versteckt, weil ich unsicher war, wie die Russen sich zu einem Geistlichen stellen würden und weil ich nicht freiwillig mich verschleppen lassen wollte. Ich nahm von meiner Familie Abschied. Die Nächte im Kirchturm stehen lebendig vor meinem Auge. Ich konnte sehen, wie die Russen Stroh in die Läden brachten, um ein Haus nach dem andern anzuzünden. Nach zwei Tagen zeigte ich mich wieder öffentlich und kam mit meiner Familie wieder zusammen. Nun begannen viele furchtbare, lange Tage und lange Nächte. Schivelbein wurde besonders gebrandschatzt, weil angeblich die Stadt sich verteidigt hatte.

Eine besonders schwere Wunde wurde uns dadurch zugefügt, daß unser altes herrliches Gotteshaus, eine Ordenskirche aus dem frühen Mittelalter, am Sonntag, dem 4. März, in Flammen aufging. Wir mußten zusehen, wie die Kirche, an der die Gemeinde mit ganzem Herzen hing, völlig zerstört wurde. Ein Löschen war nicht möglich und auch nicht erlaubt. Die Russen schossen mit Brandgranaten in den Turm, dessen oberste Spitze eine Holzbekleidung trug. Eine ganz kleine Flamme schlug zuerst aus dem Turm, und in der Nacht war die Kirche völlig ausgebrannt. Die Glocken stürzten rasselnd herunter, und die Gewölbe brachen allmählich in sich zusammen. Die ganze Nacht waren wir bemüht, unser Haus zu retten, das in unmittelbarer Nähe der Kirche lag. Wir waren dankbar, daß uns dies gelang.

Unser Haus hatten wir vormittags schon vorsichtigerweise geräumt, weil die Brandgefahr zu groß war. Meine Frau brachte unseren Kleinsten zu einer benachbarten Familie in Sicherheit, im Glauben, daß diese Familie noch dort sei. Als sie nach wenigen Stunden wiederkam, war das Haus von Russen besetzt und der Kleine (einjährig) saß auf dem Schoß eines Russen, wohlaufgehoben. Von der herrlichen Orgel blieb nur ein kleiner Zinnrest übrig.

Was nun im einzelnen geschah, möchte ich nicht im einzelnen beschreiben. Bei Tag und Nacht zogen die plündernden Soldaten durch alle Häuser, die immer offenstehen mußten. Wie oft habe ich die Soldaten durch unsere Räume begleitet. Besonders schlimm waren die Nächte. Eine Reihe junger Mädchen suchte bei uns Zuflucht, und durch Gottes Freundlichkeit konnten sie auch wirklich, wenn auch oft unter dramatischen Umständen, Schutz finden. Vergewaltigungen, auch von Konfirmandinnen, nahmen überhand.

Um ein wenig sich zu sichern, wohnten oft Gemeindeglieder eng zusammen, bis zu 80 Menschen in einem Zimmer. Im Pfarrhaus suchten und fanden Gemeindeglieder Zuflucht und bildeten mit meiner Familie eine schöne Notgemeinschaft. In besonders lieber Erinnerung stehen mir die Abendandachten, zu denen wir uns regelmäßig versammeln konnten nach oft sehr schwerem Erleben am Tage.

Ich selbst wurde gleich in den ersten Stunden sehr gewalttätig mit dem Revolver vor der Stirn bedroht, weil ich einem unheimlich aussehenden Russen den Aufenthalt meiner Frau nicht nannte, die wie durch ein Wunder immer bewahrt geblieben ist. In einer Nacht wurde ich von einem Russen stark körperlich geschlagen, weil ich mich vor unsere Hausgehilfin schützend stellte.

Am 7. März, dem ersten Geburtstag unseres Jüngsten, sollten wir von einem Mongolen erschossen werden und waren bereits, während er seine Waffen fertigmachte, in der Küche aufgestellt. Da stimmte meine sonst sehr zurückhaltende Frau den 62. Psalm an, den sie kürzlich bei der Einsegnung gesungen hatte. Den Schlußteil der Verse sangen wir mit. Tief bewegt hörte sich der Russe das Lied an, das von dem Gott redet, zu dem unsere Seele still ist und der uns hilft. Er gab uns bewegt die Hand und ging dann still aus dem Zimmer. Wir haben noch viel Schweres erlebt, aber dieses Erlebnis, das sich ohne unser Zutun weit herumgesprochen hat, überstrahlte alles und ließ uns Schweres ertragen. Gott war sichtbar unter uns gewesen.

Erstaunlich war, wie schnell sich hilfsbereite Hände fanden, Kranke zu pflegen, Alte zu versorgen, Tote zu beerdigen. Ein Hilfsaltersheim wurde neben der Superintendentur eingerichtet. An Lebensmitteln war zunächst kein Mangel, in den Läden fanden sich Vorräte, Hühner und anderes Vieh liefen in den Straßen umher. Soweit noch Bauern auf ihren Höfen saßen, wurden wir rührend versorgt. Auch Polen gaben uns Brot.

Eine ganz besonders schwere Stunde war für mich, als ich von meiner kranken Frau Abschied nahm, um mich mit meinem Schwager, der als Volkssturmmann bei uns gestrandet war, zum Arbeitseinsatz bei den Russen zu melden. Mir selbst war klar, daß dieser Arbeitseinsatz nur eine Tarnung war und in Wirklichkeit Verschleppung bedeutete. Zu dieser Meldung wurden alle Männer durch Maueranschlag verpflichtet.

Ohne den Erfolg der Meldung abzuwarten, hatten eines Tages die Russen sämtliche Männer vom Konfirmanden- bis zum Greisenalter von den Straßen, aus den Häusern verhaftet und in der Oberschule zusammengetrieben. Ich selbst war nicht verhaftet, mußte mich aber melden. Und hier durfte ich nun eine weitere ganz große freundliche Fügung Gottes erleben und will auch hier gerne ein schlichtes Dokument der Menschlichkeit bezeugen.

Während wir gemustert wurden, trat plötzlich ein Pole, der längere Zeit in Schivelbein als Kriegsgefangener gearbeitet hatte und mich kannte, zu dem sehr gut aussehenden russischen Obersten hin, zeigte auf mich und verhandelte mit ihm. Ich hatte etwa im Jahr 1943 einen verstorbenen kriegsgefangenen Polen auf unserem Friedhof wie einen Deutschen würdig beerdigen lassen und auch die Glocken läuten lassen. Das hatten mir die Polen nicht vergessen. Ich selbst habe bei dieser selbstverständlichen Handlungsweise meinerseits nicht geahnt, daß mir diese Sache, menschlich gesprochen, das Leben einmal retten würde. Der Oberst war sichtlich beeindruckt von dem Bericht des Polen, trat auf mich zu, legte die Hand an die Mütze und gab mir die Hand mit den Worten — ich höre sie heute noch: „Mein Herr, bitte gehen Sie nach Hause!" Freudig bewegt, wenn auch bedrückt von dem Schicksal der anderen Männer, ging ich nach Hause und war meiner Familie und meiner Gemeinde neu geschenkt.

Von meinem Schwager ist bis heute kein Lebenszeichen eingetroffen. Auch von den anderen Männern sind nur wenige wiedergekommen. Selbst eben erst Konfirmierte wurden bis in den Ural verschleppt. Schon unterwegs blieben viele Männer an Entkräftung liegen und wurden einfach erschossen. Manch gutes Gemeindeglied wurde ohne Verhör erschossen, Gründe wurden nicht angegeben. Auch eine Reihe von Frauen wurde verschleppt, von denen ein Teil ein halbes Jahr später wiederkam.

Das Gehen auf der Straße war oft sehr gefährlich. Ein Mann, der zu einer kleinen Besorgung unterwegs war, wurde aufgegriffen, mußte eine Kuhherde nach Warschau treiben und kam nach getaner Arbeit wohlbehalten wieder in Schivelbein an. Ich selbst drehte mich meist gar nicht um, wenn auf der Straße hinter mir hergerufen wurde. Es war immer wieder ein erschütternder Anblick, größere oder kleinere Trupps von deutschen Männern, oft auch kriegsgefangene Soldaten, durch unsere Straßen ziehen zu sehen, ohne ihnen helfen zu können.

Nach meiner Entlassung brannte ich nun darauf, wieder meines Amtes als Seelsorger zu walten. Vom polnischen Bürgermeister, der auch schon in Schivelbein während des Krieges als Kriegsgefangener beschäftigt war, bekam ich einen Paß in polnischer, russischer und deutscher Sprache, auf Grund dessen ich voll amtieren konnte.

Zunächst galt es, etwas im stillen zu wirken, Tote zu beerdigen und Schwerkranke zu besuchen. Wir haben auf unserem Friedhof einige Hunderte bekannter und unbekannter Menschen jeglichen Standes und Alters, darunter auch viele Soldaten, beerdigt. An jedem Grabe wurde eine kleine Feier, oft ohne Angehörige, nur mit den Friedhofsarbeitern, abgehalten. Es wurden lange Reihengräber angelegt und meistens die Toten, wie im Felde, in Tücher gehüllt beerdigt. Manchmal wurde auch schnell eine schlichte Kiste gezimmert. Ganz neue Grabreihen entstanden.

War auch die Gewalt des Todes groß, die Botschaft des Osterlebens, der Kirche anvertraut, war noch größer. Wie oft bin ich zum Friedhof gegangen, meistens täglich und dann eigentlich immer im Talar, quer durch die von Russen und Polen wimmelnden Straßen, man hat mich eigentlich immer mit Respekt behandelt. Noch heute beim Niederschreiben dieser Erinnerungen bin ich überrascht, daß ich niemals auf der Straße, erkannt oder unerkannt, belästigt wurde.

Ich habe viele Hunderte von Kilometern 1945 und 1946 mit dem Rade zurückgelegt, das ich als einziger Deutscher besitzen durfte. Da mein eigenes Rad gestohlen war, durfte ich mir eines von den vielen Rädern aussuchen, die auf der Straße herumlagen. Als Erkennungszeichen trug ich immer ein kleines Kreuz auf der Brust, teils sichtbar, teils unsichtbar. Meist genügte schon ein kurzer Hinweis auf dieses Kreuz, und ich konnte Kontrolle passieren.

Bevor ein polnischer Geistlicher kam, habe ich auch an Polen Amtshandlungen vollzogen. Einmal mußte ich sogar einem polnischen Bataillon eine Andacht halten, die gedolmetscht wurde. Meinen Gemeindegliedern gab ich immer wieder den Rat, sich vor den Feinden würdig, nicht unterwürfig zu bewegen.

Nachdem Vf. auf seine seelsorgerische Tätigkeit eingegangen ist, fährt er fort:

Nachdem der geldlose Zustand beseitigt und die Złoty-Währung eingeführt war, hatten viele Deutsche, insonderheit Alte und Kranke, oft nicht die geringsten Mittel, zumal wenn die Wohnung noch ganz ausgeplündert war. Gearbeitet wurde ja gegen oft nur ganz geringes Entgelt oder nur gegen Lebensmittel. Ich selbst bekam die ersten Monate eine geringe Złotysumme vom polnischen Magistrat, weil ich den Friedhof verwaltete, auf dem auch Polen beigesetzt wurden. Auch für Amtshandlungen an Polen erhielt ich öfter Geldentschädigung. Sehr dankbar war ich, daß mit Hilfe treuer Menschen der Friedhof lange Monate in guter Ordnung gehalten werden konnte. Es wurde gern auf dem Friedhof gearbeitet, weil es dort keine polnische Aufsicht gab und alles friedlich zuging. Jetzt wird der Friedhof auch nicht mehr wiederzuerkennen sein.

Wir haben die letzten Monate davon gelebt, daß wir Möbel und Wäsche verkauften. Auch sonst schickte Gott immer wieder freundliche Menschen. Die Raben am Bache Krith haben nicht gefehlt.

Die Kollekten in den Gottesdiensten ergaben immer soviel Złotys, daß wir wöchentlich viel Alten und Armen haben Brot dafür kaufen können. Die Barmherzigkeit in der Gemeinde war trotz eigener Not nicht erstorben. Oft konnte auch das deutsche Geld gegen polnisches eingetauscht werden.

Wir lebten immer mit der Gemeinde wie auf einem Vulkan. Am Morgen fragte man, wer in der Nacht geplündert war. Sicherheit für Deutsche gab es überhaupt nicht. Morgens hörte man das Klopfen mit Gewehrkolben an den Türen, um Leute zur Arbeit herauszuholen. Viele Unglücks- und Todesfälle, hervorgerufen durch betrunkene Polen und Russen, erregten uns immer wieder. In ihren eigenen Häusern wohnten nur noch die wenigsten. Die Bauern waren Arbeiter bei den Polen, die Handwerker Gehilfen bei polnischen Handwerkern.

Sehr schwierig war die Betreuung der Kranken in den Krankenhäusern. Deutsche Ärzte und Schwestern leisteten Vorbildliches, aber später waren die Kosten in Krankenhäusern und für Medizinen unerschwinglich teuer. Dankbar denke ich an die polnische Apotheke im zweiten Pfarrhaus, die uns nicht selten umsonst Medizin gab. Typhus und schlimme Hautkrankheiten gingen um. Ich habe stets Zugang zu den Krankenhäusern und Lazaretten gehabt, in denen noch deutsche Soldaten gepflegt wurden. Ich konnte Seelsorge üben und Andachten ungestört halten.

Ein Ghetto für Deutsche war geplant, aber dann nicht durchgeführt. Eine freundliche Fügung Gottes war es, daß die Superintendentur von allen Beschlagnahmungen frei blieb und so dem Dienst für die Gemeinde erhalten blieb. Auch ist meine Wohnung später nicht mehr geplündert worden. Es hieß, daß über mein Haus Plünderungsverbot ausgesprochen war. Überrascht war ich immer, wie schnell sich die Deutschen in ihren kümmerlichen Wohnungen wohnlich und gemütvoll einrichteten. Bald lag eine Decke auf dem Tisch und erfreute ein Blumenstrauß das Auge, mochte die Vase auch eine Konservenbüchse sein. ...

Im letzten Teil seines Berichts schildert Vf. die im Sommer 1945 beginnende Ausweisung[1]).

---
[1]) Abgedruckt unter Nr. 329 (Bd. I, 2).

Nr. 205

**Erlebnisbericht des Bauern Max Haeger aus P u s t c h o w , Kreis B e l g a r d i. Pom.
Original, 15. November 1952, 22 Seiten. Teilabdruck.**

Viehtreiben unter russischem Kommando; Verhältnisse in Pustchow unter Russen und Polen bis Ende 1945.

Auf den ersten Seiten seines Berichts schildert Vf. die Tage vor und nach dem Einfall der Russen in Pustchow.

Am Morgen des 8. März 1945 ging ich wieder zum Dorfe, um mein Vieh zu besorgen, und des Abends nach den Ausbauten, weil es da verhältnismäßig ruhig war. So ging es über eine Woche lang. Das Trommelfeuer um Kolberg hörte sich schaurig an. Am 16. oder 17. März nahm ich meine Frau mit nach dem Dorfe. Es kamen nur vereinzelt russische Panzer mit aufgesessener russischer Infanterie und auch Fuhrwerke durch.

Am Sonntag, dem 18. März, war ich nach meinem Nachbar vis-à-vis gegangen. Plötzlich kam ein Russe mit Maschinenpistole in das Zimmer und bedeutete uns, ihm zu folgen. Wie wir draußen waren, waren verschiedene Polen da. Es wurde uns gesagt, wir sollten sofort sämtliche Kühe und Kälber losbinden, denn das Vieh würde abgetrieben und zwar nach Köslin, und wir sollten als Treiber mit. Es würde drei bis vier Tage dauern, ehe wir zurück wären.

Nun wurden sämtliche Kühe und Kälber aus dem Dorfe — die Ausbauten blieben diesmal noch verschont — nach dem Dorfe Silesen abgetrieben. Im Laufe des Sonntagnachmittag trafen dort auch die Kühe aus den Dörfern Klempin, Darkow, Pumlow und Butzke ein. Am Montag früh ging es über Krähenkrug, Barzlin usw. nach dem Dorfe Neuklenz. Da wurde haltgemacht, weil es dunkel wurde. Es waren ca. 80 Männer, ca. 25 bis 30 Frauen und Mädchen als Treiber dabei. Die Hälfte der Männer mußten Wache halten bei dem Vieh, die andere Hälfte konnte schlafen. Die Frauen und Mädchen kamen für sich!!

Am andern Morgen ging es nach Köslin. Die Kühe auf eine Ziegelei kurz vor Köslin. Es mußte die Ziegelei des Besitzers Wunder oder Wunderlich sein. Wenn wir nun gedacht hatten, wir könnten nun wieder nach Hause, so hatten wir uns geirrt. Es wurde uns bedeutet, wir hätten jetzt das Vieh zu betreuen.

Da es unmöglich war, auch nur einen kleinen Teil der Kühe zu melken, brachen bald allerlei Krankheiten und Seuchen aus, z. B. Milchfieber, Maul- und Klauenseuche u. a. Zwar mußten wir Futter aus umliegenden Dörfern heranholen, aber bei den Tausenden von Kühen war eine auch noch so primitive Fütterung unmöglich. Es wurden wohl Heu und Stroh auf die Erde geworfen. Die Vordersten bekamen wohl etwas ab, doch die Hinteren drängten nach, und schon war alles in Grund und Boden gestampft. Wir mußten wohl Futterraufen bauen, auch wurden die Ziegeleischuppen für das Vieh hergerichtet. Aber es waren alles nur halbe Maßnahmen. Das Vieh krepierte massenweise. Aus Wut darüber ordnete der russische Kommandant an, wir sollten als Strafe dafür arbeiten.

Es kam öfter vor, daß wir 20 Stunden und auch noch mehr arbeiten mußten. Z. B. mußten wir, weil der Russe wohl nichts besseres wußte, ungedroschene Weizengarben aus einer Scheune auf das Feld tragen, wahrscheinlich, damit es dort verderbe. Ich persönlich mußte mit noch einem Deutschen am Tage für die Kühe Wasser pumpen, des Nachts aufpassen, daß sie nicht ausbrachen. Es waren dort auch noch mehr Kühe zusammen als aus den anfangs erwähnten Dörfern, z. B. Nassow, Biziker, Kratzig u. a. Der größte Teil des Viehs ging natürlich ein.

Infolge der schlechten Verpflegung und sonstiger harten Maßnahmen versuchten wir einzeln und auch mehrere zusammen zu fliehen, um wieder nach Hause zu gelangen. Vielen, hauptsächlich Männern, ist die Flucht auch geglückt, sind aber zu Hause von dem Russen wieder kassiert und anderweitig hin verschleppt worden. Ich hatte mich mit meinem Kameraden in der letzten Aprilhälfte an einem Sonnabend verabredet. Doch es kam anders.

Am Freitagmorgen kam der Pole, der über uns die Aufsicht hatte: sofort fertigmachen, mit den Kühen weiter. Vor Wut, daß unser Plan nun vereitelt war, stiegen mir Tränen in die Augen. Es wurden 350 bis 400 Kühe zusammengesucht, es mußten sechs deutsche Männer und ungefähr 25 Frauen und Mädchen mit. Es ging durch Köslin, bei der abgebrannten Papiermühle vorbei nach einem kleinen Dorfe am Jamunder See, der Name des Dorfes war „Puddemsdorf".

Das Dorf war vollständig von der deutschen Zivilbevölkerung geräumt. Ein 15 Kilometer breiter Streifen an der Küste entlang war auf Befehl von den Russen von der deutschen Zivilbevölkerung geräumt worden. Die Aufsicht in dem Dorfe hatte ein russischer Kommandant und noch ein Russe und dann auch noch verschiedene Polen, die zum Teil auch bewaffnet waren. Wir sechs Männer bekamen zusammen ein Quartier angewiesen. Ungefähr 60 Kühe, die besten, wurden in den dort vorhandenen Stallungen ordnungsmäßig untergebracht, gemolken und gefüttert. Die übrigen mußten sich draußen, wo die Vegetation schon einsetzte, ihr Futter suchen. Es war eine deutsche Frau als Köchin angestellt, die für uns Deutsche kochen mußte. Die Verpflegung war den Umständen nach gut, ebenso die Behandlung. Der russische Kommandant sagte: „Männer viel roboten, dann auch gut essen."

Der andere Russe, der noch da war, hatte am Tage die Aufsicht über die Kühe, die ich mit einem Teil der Frauen und Mädchen hüten mußte. So gut dieser Russe gegen mich war, so gemein und häßlich konnte er gegen weibliche Personen sein. Was man von dem Russen denken sollte, wußte ich öfter selber nicht.

Einmal war eine Kuh krank geworden und in einen Graben gefallen. Wie wir sie rausgezogen hatten, konnte sie sich nicht mehr erholen. Da fing dieser Iwan an zu weinen, streichelte die Kuh, gab mir sein Gewehr, ich sollte der Kuh den Gnadenschuß geben, er könnte es nicht. Einmal grausam, dann wieder ein großes Kind.

Wenn die Arbeit auch sehr gut auszuhalten, die Verpflegung auch ausreichend war, so quälte mich doch die Ungewißheit über das weitere Schicksal meiner Frau und der beiden Pflegekinder — das Mädel aus Berlin und der Junge aus Mülheim-Ruhr. Ich trug mich mit dem Gedanken, die **Flucht** zu versuchen.

Schließlich nahm ich mir einen Polen, der gut deutsch sprechen konnte, zum russischen Kommandanten als Dolmetscher mit, ob ich nicht einmal Urlaub bekommen könnte. Es war Sonnabend vor Pfingsten. Auf seine Frage, wie weit von Hause, sagte ich „Sorok Kilometer", also 40 Kilometer; es war wohl weiter. Ich wollte einen Schein haben. „Nix Papier", sagte er, „Dienstag Du wieder zurück". Inzwischen waren von der Zivilbevölkerung verschiedene Familien zurückgekehrt, an Leuten hatte er also keinen Mangel.

In der Nacht zum Pfingstsonntag gingen drei andere Männer und ich los. Die Gegend war mir unbekannt. Aber zwei von den Männern aus dem Dorfe Poppenhagen wußten etwas Bescheid, denn eine Chaussee oder öffentlichen Weg zu benutzen, war nicht ratsam, denn wenn uns zufällig ein anderer Russe traf, der kassierte uns sofort wieder ein.

Morgens gegen 4.00 Uhr passierten wir die Dörfer Bast, Kasimirsburg. Wir sahen in der Ferne ein russisches Fuhrwerk ankommen. Wir versteckten uns auf dem Friedhof zwischen den Gräbern. Als der Wagen vorüber war, marschierten wir weiter. In Poppenhagen nahmen die beiden, die da beheimatet waren, Abschied. Ich ging mit dem anderen Kameraden, der ungefähr acht Kilometer von meinem Heimatort entfernt wohnte, weiter auf das Dorf Varchmin zu. Da trafen wir deutsche Zivilbevölkerung, die uns den Weg weiter beschriebn.

Es war ein trauriges Wandern. Auf den Feldern wucherte das Unkraut, keine fleißige Hand des Bauern oder Landwirts hatte sich gerührt, das Feld zu bestellen. Wir kamen ungehindert bis zum Dorfe Kratzig. Die Gegend war mir schon etwas bekannt. Auf dem Kratziger Friedhof machten wir eine kleine Pause. **Wir mußten nun über die Radüe.** Es blieb uns nun keine andere Wahl, als bei Nassow über die Brücke zu gehen. Wir kamen auch unbehelligt rüber. Nun ging es quer durch den Nassower Wald auf die Pustchower Ausbauten zu, die ich zu Anfang dieses Berichtes erwähnte.

Gegen 12.00 Uhr war ich bei meiner **Schwester** und deren **Schwiegertochter.** Wie ich Pustchower Grund und Boden betrat, machte mein Herz einen Freudensprung, denn hier waren die Felder bestellt. Der Hafer war grün, auch die Kartoffeln waren gepflanzt. Daß meine Frau mit den beiden Pflegekindern gesund, erfuhr ich sofort durch meine Schwester.

Wie ich näher zum Dorfe kam, war es ein ganz friedlicher Anblick, der sich mir darbot. Der Bahnwärter weidete seine Kuh am Bahngraben. — Um 13.00 Uhr Pfingstsonntag traf ich nach genau neunwöchiger Abwesenheit zu Hause ein.

Im Hause hatte sich vieles geändert. Meine Frau hatte über ein Dutzend Flüchtlinge im Hause, teils aus Ostpreußen, teils aus Pommern. Es war auch eine russische Kommandantur, bestehend aus einem Zivilrussen und einem Kosaken im Dorfe, die, wie ich später wahrnehmen konnte, nicht sehr polenfreundlich war.

Am Pfingstmontag kam der Kosak auf meine Hoflage und stocherte mit seinem Degen in meinem Garten umher. Meine Frau hatte mit den Flüchtlingen allerlei Unrat und Scherben untergegraben. Ich ging zu ihm hin, was er wollte. Da er mich noch nicht gesehen hatte, frug er: „Wo du her?" Ich hatte noch einen Ausweis aus der ersten Zeit in Köslin. Ich zeigte ihm den, aber Lesen schien nicht seine starke Seite zu sein, denn er hielt den Schein verkehrt rum. „Was du da machen?" war seine Frage. Ich sagte: „Patrouille bei Korowa" (Wache bei Kühen). „Du nicht zurück, du bei mir auf Kuh aufpassen." Also konnte ich zu Hause bleiben, mußte des Nachts bei den Kühen aufpassen und zwar von 20.00 Uhr bis morgens 4.00 Uhr. Das war gut auszuhalten, denn den ganzen Tag hatte ich frei.

Es befanden sich auch deutsche Kriegsgefangene in der Nähe, dieselben mußten in der Landwirtschaft arbeiten. Die übrigen Dorfbewohner mußten unter der Aufsicht des Bürgermeisters Beilfuß in der beginnenden Heuernte arbeiten. Es wurde mit Maschinen sowie auch mit Sensen gemäht; wenn das Heu trocken war, wurde es in ganz große Haufen gesetzt und sollte später abgefahren werden.

Nach und nach sickerten immer [mehr] Polen ein, so daß im Juli der größte Teil der Wirtschaften von Polen besetzt war. Auf meine Wirtschaft durfte kein Pole rauf, weil auch die Flüchtlinge, die in meinem Hause waren, bei der Kommandantur beschäftigt waren. Die Polen auf den Wirtschaften waren in der ersten Zeit ziemlich bescheiden. Jedoch nach sieben Wochen, in der letzten Julihälfte, kam die russische Kommandantur von Pustchow fort. Nun kam einer, der polenfreundlich war. Gleich machte sich der Pole breit.

Eines Morgens kam die polnische Miliz in das Dorf, verhaftete den Lehrer Stegemann, Bürgermeister Paul Beilfuß, den Bauer Max Ebert und mich. Wir wurden nach dem Dorfe Pumlow gebracht. Wurden dort verhört, blieben einen Tag und Nacht fort. Am andern Morgen ging es nach Belgard und wurden in den Keller des Rathauses eingeliefert. Nach kurzem Verhör kamen wir in verschiedene Zellen. Es waren schon mehrere Schicksalsgenossen dort. Am Tage holten uns öfter Zivilpolen, bei denen wir arbeiten mußten, am Abend wurden wir wieder zurückgebracht. Daß wir auch öfter die verstopften Klosetts sauber machen mußten, bemerke ich nebenbei.

Im übrigen war die Behandlung gut. Es waren ältere Wachtmeister, die wohl im ersten Weltkrieg bei den Deutschen gedient hatten und sprachen auch ziemlich Deutsch. Die Verpflegung war allerdings mangelhaft. Wir konnten bald unsere Angehörigen so hintenrum benachrichtigen, wo wir uns befanden. Die Aufseher duldeten es auch, daß wir unsere Angehörigen auf kurze [Zeit] sprechen konnten, d. h. soweit sich dieselben nach Belgard hineingewagt hatten.

Nach 14 Tagen kam ich zum Verhör und sollte entlassen werden. Auf meine Frage, ob meine Kameraden, die mit mir gekommen, nicht entlassen würden, die hätten bestimmt nichts verbrochen, da wurde mir bedeutet, dann müßte ich noch acht Tage warten. Nach acht Tagen — es können auch zehn sein — wurden wir vier auf einen Schein entlassen. Der Bürgermeister Beilfuß konnte mit Einwilligung des polnischen Wachtmeisters für seine kleine Enkelin einen Teddybären mitnehmen.

Zu Hause war bei allen die Freude natürlich groß. Doch in unserm Dorf war nun fast jede Wirtschaft von einem Polen besetzt. Sie fuhren öfter in ihre frühere Heimat zurück und brachten die Sachen, die sie sich zusammengestohlen hatten, wohl dorthin.

Inzwischen war die Roggenernte beendet worden. Jede deutsche Familie, die bei den Russen gearbeitet hatte, bekam als Lohn ungefähr 0,50 Hektar Roggen, damit jeder Brotkorn für ein Jahr hatte. Die Personenzahl spielte dabei keine Rolle.

Nach 14 Tagen, in der ersten Hälfte des Monats August, an einem Sonnabend gegen 17.00 Uhr, wurde meine Hoflage von fünf schwer bewaffneten Polen umstellt. Ein junger polnischer Bengel im Alter von ungefähr 22 Jahren kam in die Stube rein und stellte sich als Kriminalkommandant der neuen polnischen Regierung [vor] und frug, ob ich der Bauer Max Haeger wäre, was ich bejahte. Daraufhin sollte ich ihm folgen, denn für mich gebe es kein Wiedersehen mehr. Meine Frau brachte mir noch schnell einen Mantel, den ich jedoch nicht bekam, sondern einer der fünf Polen nahm den Mantel gleich an sich. Ich wurde auf den Wagen geworfen, ein Russe war als Kutscher darauf. Die Polen stiegen auch auf, und fort ging es Galopp nach dem Dorfe Kösternitz. Dort fuhren sie auf ein mir bekanntes Gehöft — Gerhard Krause.

Ich wurde in ein Zimmer gebracht, ich wurde durchsucht, und meine Sachen, die ich bei mir hatte, Brieftasche, Rasierapparat, Hosenträger, Stiefel usw. wurden mir weggenommen. Darauf mußte ich niederknien und die Arme ausstrecken. Da fragte mich der junge Pole, wie ich mir jetzt vorkäme als Ortsbauernführer[1]. Er fing an zu schreiben, und zwischendurch sagte er zu mir: „Wir Polen quälen keine Leute, wir erschießen sie nur". Er werde es sich überlegen, ob ich mit einem sechs oder neun Millimeter erschossen würde.

Als er mit dem Schreiben fertig war, meinte er, so, jetzt würde ich erschossen. Ich sollte in den Garten gehen, ein Pole Gewehr im Anschlag hinter mir. Mein Gedanke: „Nun ist es bald vorbei." Wir mußten bei einem Keller [vorbei], und plötzlich wurde ich hineingestoßen. Nach einer Stunde, es können auch zwei gewesen [sein], wurde ich rausgerufen, und der angebliche Kriminalkommandant faßte meine Hand und schlug mit der anderen mir ins Gesicht. Wie ich beinahe zusammenbrach, stieß er mich die Kellertreppe hinunter.

Des Nachts trug ich mich mit dem Gedanken zu flüchten, aber der Gedanke an meine Frau, wenn mir auch die Flucht gelang, hielt mich zurück.

Am andern Morgen mußte ich rauskommen. Der Pole hoch zu Roß. Ich mußte zu ihm hintreten und in einen Spiegel schauen. Ich sah fürchterlich aus, das Gesicht geschwollen, die Augen blutunterlaufen, dabei fragte er zynisch, ob ich mich gestern gestoßen hätte.

Jetzt wurde ich durch das Dorf geführt. Er hoch zu Roß, ein Milizsoldat mit Fahrrad und Karabiner hinterher. Mehrere Mal hielt er an, und ich mußte wieder in den Spiegel gucken, und schließlich bekam ich mit der Reitgerte eine über das Gesicht gezogen.

---
[1] Vf. hatte in Pustchow die Funktion des Ortsbauernführers innegehabt.

Dann ging es die Chaussee entlang nach Belgard. Er Galopp voran, ich in der Mitte und der Milizsoldat mit dem Fahrrad hinterher. Wenn ich nicht mehr laufen konnte, bekam ich einen Fußtritt in das Steißbein. Bei der Pankniner Schule wurde halt gemacht, und ich wurde der dortigen Miliz übergeben. Ich hörte nur das Wort „Partisan" heraus.

Nach kurzem Aufenthalt ging es weiter, aber nicht mehr in diesem Tempo. In Belgard wurde ich nicht im Keller des Rathauses, den ich schon kannte, sondern in den Keller des Töpfermeisters Dombrowski eingeliefert. Hier war die Behandlung sehr schlecht, die Verpflegung völlig unzureichend. Zwischen 11.00 und 12.00 Uhr paar Kartoffeln in Wasser und nachmittags zwischen 17.00 und 18.00 Uhr 200 Gramm Brot und Kaffeebrühe.

Des Nachts brannte in der Zelle eine 100kerzige Birne. Soweit Pritschen vorhanden waren, lagen wir darauf, die übrigen auf Zementfußboden. Decken waren keine vorhanden. Nachts mußte sich jeder bis aufs Hemd ausziehen. In den Pritschen waren keine Bretter sondern Sprossen, die das Liegen zur Qual machten. Und wenn des Nachts die angetrunkenen Wachtmannschaften die Zelle revidierten und es hieß „raus", wehe dem, der als letzter von seinem Lager runterkam, der mußte auf den Gang kommen, sich über einen Stuhl legen, und dann gab es mit einer daumendicken, aus Leder geflochtenen Peitsche, und dabei wurde ganz langsam bis zehn gezählt. Damit das Geschrei — ich möchte sagen Gebrüll — nicht zu laut war, wurde der Mund zugedrückt. Dasselbe passierte dem, der als letzter wieder auf sein Lager kam; einer mußte es schließlich immer sein.

Es freute sich jeder, der am Tage ein Arbeitskommando bei den Russen bekam. Derselbe bekam was zu essen; wenn es gut ging, konnte er auch noch ein Stück Brot mit in die Zelle schmuggeln. Morgens wurden wir einmal zur Latrine geführt. Die nicht auf der Latrine waren, mußten im Kreise einmal links- und dann rechtsrum laufen. Wenn dem Posten es zu lange dauerte, mußten viele so rein, wie sie rausgekommen waren.

Darmkrank waren fast alle, und in der Zelle nur ein Gefäß zum Austreten, oft lief es über, und keine Entlüftung. Was für ein Geruch in so einer Zelle war, kann sich jeder selbst denken.

Öfter mußten wir Kohlenzüge entladen, aber wir waren wenigstens aus der Zelle raus und bekamen zu Mittag eine dünne Wassersuppe. Wenn einer Glück hatte, fand er auch ein Stück Brot oder in Gärten am Bahnhof eine Zuckerrübe. Nach ungefähr 14 Tagen wurde ich eines Morgens aus der Zelle rausgerufen zu einem älteren Polen in Zivil. Was der vorstellte, weiß ich nicht. Der gab den Auftrag, auf die drei Gänse, die auf dem Hof waren, aufzupassen, daß die nicht wegliefen. Diese Beschäftigung hatte ich nun fast alle Tage und war somit jeden Tag an der frischen Luft. Bekam ab und an von russischen Soldaten ein Stück Brot rübergeworfen. Dieses durfte die polnische Miliz natürlich nicht sehen.

Eines Tages sah mich eine gewisse Frau P. aus Belgard. Sie war während des Krieges bei der Kreiskommunalkasse beschäftigt, ich hatte als Gemeindekassenführer öfter dienstlich mit ihr zu tun. Besagte Frau P. war im Haushalt eines russischen Offiziers beschäftigt, und das Haus grenzte an den Hof unseres Gefängnisses. Zum Glück war diese Ecke durch eine große Weide mit herabhängenden Zweigen ziemlich verdeckt. Die polnische Miliz konnte diese Ecke vom Fenster aus nicht genau beobachten. Wir verabredeten ein Zeichen, — wenn sie das eine Fenster im ersten Stock öffnen und mit der Hand nach unten zeigte, würde sie etwas Eßbares in die Ecke stellen. Es mußte natürlich unbeobachtet geschehen. Es gelang mir auch, meiner Frau ein Lebenszeichen durch Vermittlung meiner Nichte Gertrud Meserk zuzustellen.

Nach ungefähr viereinhalb Wochen wurden wir Sträflinge alle sortiert und zwar in drei Klassen: I. Wehrmachtsangehörige, II. Mitglieder der NSDAP. und III. Zivilgefangene. Ich gehörte zur II. Gruppe. Es wurden alle namentlich aufgerufen. Zuletzt blieben fünf Mann übrig, darunter auch ich. Ich meldete mich, daß ich noch nicht aufgerufen war und daß ich zur NSDAP. gehörte. Worauf mir der polnische Miliz, ich glaube, es war ein Sergeant, erwiderte: „Ach laß, Du entlassen", was ich natürlich nicht glaubte.

Abends kamen wir fünf in eine Zelle alleine. Ein Posten kam zu uns rein und sagte: „Ihr jetzt entlassen." Wie wir losgehen wollten, lachte er uns aus: „Nicht so schnell." Am andern Tage kamen vier Mann raus. Ich blieb alleine.

Am andern Tage kam ein Wachmann, ich sagte zu ihm, ob ich nicht entlassen würde: „Ja, Du zum Kommissar!" Ich ging hin, es war der ältere Pole in Zivil, der mich zum Gänsehirten bestimmte. „Du kannst gehen." Ich mußte noch was unterschreiben. Es war [ein] Bogen, soviel ich mich besinnen kann, in Maschinenschrift. Was ich unterschrieben habe, weiß ich nicht, denn es war polnisch.

Wie ich das Tor passieren wollte, hielt mir der Posten die Maschinenpistole vor: „Zurück, Papier." Ich ging zum Kommissar zurück, ich käme nicht durch. Darauf schrieb er was auf einen Zettel, ein Stempel war nicht darunter, und kam selber mit. Er sprach mit dem Posten, ich konnte durchgehen und war „frei". Es war der 2. Oktober 1945. Ich ging an der Bahnstrecke teilweise auch über die Wiesen nach Pustchow zurück.

Es hatte sich im Dorfe vieles geändert. Die russische Kommandantur war fort, ebenso alles Vieh, bis auf eine Kuh und ein Schwein auf jeder Wirtschaft. Meine Frau hatte noch ein Schwein von 120 Pfund versteckt, aber es wurde uns bald gestohlen. Auf jeder Wirtschaft war ein Pole, schon meist mit Familienangehörigen. Jetzt zeigten die meisten ihr wahres Gesicht.

Auf meiner Wirtschaft war ein einzelner Pole, ein ausnahmsweise ehrlicher Mensch. Doch leider blieb der nicht lange, sondern zog zu einer Polin, die auch im Dorfe wohnte. Nun kam ein etwa 30jähriger und ein 17jähriger. Er führte sich ein mit den Worten: „Ich hier jetzt Bauer, komm, zeig mir Grenze." Er brachte einen älteren Gaul mit. Ich durfte natürlich damit nicht ackern, sondern er verborgte das Pferd an andere Polen gegen Zloty.

Die Flüchtlinge aus meinem Hause waren zum Teil hinter die Oder gezogen, es waren nun noch zwei Männer und drei Frauen da. Anfang November, 3. oder 4., zogen auch die fort.

Die Polen holten sich, was ihnen gefiel. Der polnische Lehrer holte sich aus meiner Küche den elektrischen Dreiplattenherd mit den Worten: „Ich nur aufbewahren, damit Russe nicht nimmt."

Das Leben wurde immer schwerer. Die deutschen Einwohner gingen wie gehetztes Wild umher. Ich sagte zu meinem Polen, wir müßten doch endlich etwas Roggen säen. „Ach was, vielleicht ich gar nicht hierbleiben." Also wurde kein Roggen gesät. Die Kartoffeln hatten wir bis auf einen Morgen rausgebuddelt und auf dem Felde eingemietet. Und so viele haben wir in Körben und Säcken nach Hause geschleppt, daß wir über Winter Vorrat hatten. Wir wurden auch öfter vom Felde runtergetrieben und mußten für diesen oder jenen Polen die Kartoffeln ausbuddeln. Kam hin und wieder ein Russe vorbei, mußten wir aufhören. „Nix für Pole arbeiten, nur für die Russen." Wer eigentlich zu bestimmen hatte, weiß ich nicht.

Der Bericht endet mit der Schilderung der Ausweisung über Belgard nach Scheune und der weiteren Erlebnisse bis zum Eintreffen in der Britischen Besatzungszone.

Nr. 206

Erlebnisbericht des Landwirts K. S. aus B u l g r i n , Kreis B e l g a r d i. Pom. Original, 18. Dezember 1947, 8 Seiten. Teilabdruck.

Eindringen polnischer Siedler und Verdrängung der deutschen Bevölkerung aus ihrem Besitz; Lebens- und Arbeitsverhältnisse im polnisch gewordenen Bauerndorf und auf Gütern unter russischer Verwaltung.

Einleitend bemerkt Vf., daß er im Sommer 1945 verwundet und aus Kriegsgefangenschaft entlassen auf seinen 12,75 Hektar großen Hof in Bulgrin zurückgekehrt war.

Kurze Zeit, nachdem ich nach Hause gekommen war, kamen — zuerst vereinzelt— die Polen auch in unser Dorf. Die besahen sich die Größe des Ortes und ließen sich auf dem Hof, der ihnen gefiel, nieder. Wir Deutschen mußten ihnen zunächst ein Zimmer mit allem, was dort an Möbeln, Wäsche usw. drin war, überlassen.

Um möglichst viel von uns über die Bewirtschaftung des Hofes usw. zu erfahren, behandelten uns die Polen zunächst ziemlich kameradschaftlich. Wir dachten zunächst, und die Polen bestärkten uns durch Redensarten auch in dem Glauben, daß sie nur für eine kurze Zeit bei uns Asylrecht haben würden, da in Polen alles durch den Krieg zerstört worden war. Wir waren ja dort in der Heimat nur auf Gerüchte und Redereien angewiesen, die von den Polen in Umlauf gesetzt wurden, da es dort keine Zeitungen für uns Deutsche gab. Unsere Radioapparate aber waren von den Russen zerstört worden.

Daß wir aber zunächst dort in der Heimat bleiben durften, um für die Eindringlinge die Arbeit zu tun und die Wirtschaft weitzuführen, von der die meisten wenig Ahnung hatten, das ahnten wir damals noch nicht!

Nach kurzer Zeit kamen auch die Familien unserer „Gäste" nach, ohne jedes Gepäck, das ihnen angeblich „unterwegs auf der Reise gestohlen worden war!" Selbstverständlich war für sie nun ein Zimmer nicht mehr ausreichend, und die Bekleidung, Wäsche, Möbel und Hausrat, das uns gehörte, betrachteten sie jetzt als ihr Eigentum.

Bald war im Ort eine polnische Polizei (Miliz) stationiert, in der sich junge Burschen, die während des Krieges bei den Bauern gearbeitet hatten und auch meistens gut behandelt worden waren, sammelten, und die daher die Verhältnisse sehr gut kannten. Diese schikanierten die Deutschen und plünderten sie aus.

Unter dem Schutze dieser „Miliz" erlaubten sich die Polen immer größere Übergriffe gegen uns Deutsche, die des Nachts z. B. aus den Betten geholt, geschlagen und auch tagelang verschleppt und eingesperrt wurden. Wenn z. B. die Deutschen nachts schliefen, kam plötzlich eine Horde meistens betrunkener Polen ins Zimmer, und die deutschen Familien mußten, so wie sie waren, in die Zimmer des Polen ziehen. Die bisherige Wohnung der deutschen Familie mit allem, was an Möbeln, Bekleidung usw. drin war, nahm der Pole. Schlechte Gegenstände und Bekleidungsstücke, die keinen Wert hatten, wurden den Deutschen nachgeworfen.

Dafür wurden die Lebensbedingungen für uns immer schlechter. Der Pole auf meinem Hof gab mir für meine sechsköpfige Familie pro Monat 12 Pfund Roggen, genau abgewogen, die wir schroten und uns dafür Brot backen konnten, und das, obwohl wir in demselben Jahre über 40 Zentner Roggen geerntet hatten. Meine Frau und ich hatten von über einem Hektar Kartoffeln rund 500 Zentner geerntet, die wir im Sommer gepflanzt und bearbeitet hatten! Aber trotzdem durften wir nicht soviel Kartoffeln aus dem Keller nehmen, wie wir zu unserer und unserer Kinder Ernährung benötigten!

Da es aber an Brot mangelte, waren wir hauptsächlich auf Kartoffeln angewiesen. Andere Nahrungsmittel gab es für uns Deutsche kaum. Fleisch, Fett und Eier nahmen die Polen für sich in Anspruch.

Das Vieh bis auf eine Kuh je Familie hatten die Russen bei ihrem Einmarsch abgetrieben. Von dieser einen Kuh die Milch und Butter wurde von den Russen und Polen verbraucht, besonders da diese auch eine große Familie waren, die dauernd dazu noch „Besuch" hatte! Wir mußten dafür umso mehr arbeiten! Im Winter wurden wir morgens um 6.00 Uhr aus dem Bett geholt, auch Vater, der 70 Jahre alt ist, mußte dann schon im dunklen Holzstall Brennholz zerkleinern.

Da die Russen schon vorher auch die landwirtschaftlichen Maschinen zum größten Teil abgefahren hatten, war die Arbeit noch schwieriger für uns, da wir das meiste mit der Hand machen mußten. Die Maschinen und Geräte aber, die noch vorhanden waren, wurden von den Polen in kurzer Zeit unbrauchbar gemacht, da diese nicht verstanden, damit umzugehen. Z. B. wurden die elektrischen Sicherungen ganz unsachgemäß mit zu dickem Draht überbrückt mit dem Erfolg, daß die angeschlossenen Motoren usw. bei der Überlastung bald durchschmorten und unbrauchbar wurden!

Im Herbst 1945 wurde unsere alte Dorfkirche, in der unsere Vorfahren und wir getauft und getraut wurden, von den Polen in Besitz genommen. Dabei wurden alle Einrichtungen, die irgendwie an uns Deutsche erinnerten, darunter auch die alten Gedenktafeln für die Gefallenen der Kriege 1866, 1870/71 und 1914/18 herausgerissen und zerstört. Wir mußten die Aufräumungsarbeiten rings um die Kirche tun, und die Einweihung der Kirche wurde von den Polen mit viel Alkohol gefeiert, wobei es auch zu Ausschreitungen gegen uns Deutsche kam.

Wir Deutschen mußten unseren Gottesdienst anmelden, den wir in irgendeinem Raume abhalten konnten. Aber trotzdem kam es vor, daß die Besucher dieser Gottesdienste wegen angeblicher Abhaltung politischer Versammlungen verhaftet, tagelang eingesperrt und geschlagen wurden.

Da die Lebensbedingungen für uns immer schlechter wurden und wir einem sicheren Verhungern entgegengingen, sind wir im Februar 1946 ins Nachbardorf gezogen, wo eine russische Kommandantur war. Die Bauerndörfer waren hauptsächlich von den Polen in Besitz genommen worden, dagegen bewirtschafteten die Russen die großen Gutsdörfer, deren Ertrag sie für die Truppen brauchten.

Unser Umzug mußte bei Nacht und Nebel geschehen; hätten die Polen etwas davon bemerkt, hätten sie uns sicher geschlagen und mißhandelt und restlos ausgeplündert. Von dem, was wir einst besessen hatten, konnten wir nur einen kleinen Handwagen voll mitnehmen, und zwar nur das Allernotwendigste an Kleidern und Wäsche. Möbel konnten wir nicht mitnehmen. Bei den Russen waren die Verhältnisse etwas besser, besonders dort, wo ein etwas deutschenfreundlicher Kommandant war. Und man konnte die Zeit, die bis zur endgültigen Festlegung der deutschen Ostgrenzen nicht mehr lange sein konnte, wie wir glaubten und hofften, besser überstehen, denn wir hofften noch immer, daß unsere Heimat nicht von Deutschland abgetrennt werden würde, bei den Polen mußten wir aber jeden Tag damit rechnen, ausgewiesen zu werden, sobald es ihnen paßte.

Bei den Rusen bekam jeder, der arbeitete, folgende Lebensmittel:
650 Gramm Brot, 10 Gramm Mehl, 140 Gramm Grütze, 10 Gramm Nudeln, 25 Gramm Fleisch, 10 Gramm Speck oder Ersatzfett, 10 Gramm Öl, 35 Gramm Zucker, 30 Gramm Fisch, 30 Gramm Salz, 4 Gramm Kaffee und 920 Gramm Kartoffeln und Gemüse. Dies waren die festgesetzten Rationen, von denen aber sehr oft einiges, besonders Öl, Zucker, Fleisch, Speck und Nudeln nicht verteilt wurde! Fleisch und Fisch gab es niemals in frischem Zustand. Das Fleisch bestand nur aus Knochen. Es gab z. B. je einen Knochen vom Schwein, Rind, Wild usw., alles durcheinander und nur Abfall wie Füße, Köpfe usw. Das Fleisch hatte tagelang ungesalzen gelegen, wenn wir es bekamen! Besonders in der heißen Jahreszeit stank es schon und war meistens ungenießbar. Die Lebensmittel wurden für fünf Tage ausgegeben. Alte Leute, Kranke und Kinder, also alle, die nicht arbeiten konnten, bekamen keine Zuteilung, und man mußte für diese Eßbares durch Stehlen besorgen.

Da das Gut einen deutschen Verwalter hatte und auch sonst auf dem Speicher und in den Ställen Deutsche mit der Aufsicht und Leitung betraut waren, erhielten wir durch diese öfters eine „Sonderzuteilung"! Aber es mangelte uns auch an Waschmitteln usw., und so blieb es nicht aus, daß manche von uns Läuse bekamen, deren Beseitigung infolge Fehlens von Waschmitteln ungeheuer schwierig war.

Im Juli erkrankte ich an Typhus, obwohl die Russen mehrmals Schutzimpfungen durchgeführt hatten. Ich kam nach Köslin ins Krankenhaus, das in einem Gemeindehaus untergebracht war, wo die Fenster undicht und nur notdürftig repariert waren. Auch mangelte es an ärztlicher Betreuung, vor allem an Medikamenten für uns Deutsche! Die Medikamente, die die Polen dem Krankenhaus überließen, waren sehr teuer, z. B. kostete eine Spritze 150 Złoty. Wir bekamen aber nur pro Monat 10 bis 20 Złoty pro Person von den Russen für unsere Arbeit neben der Verpflegung ausgezahlt.

Die Verpflegung in dem Krankenhaus war denkbar schlecht. Aus den Küchenabfällen wie Fischgräten, die aus einer russischen Küche geholt wurden, wurden für die Kranken Suppen gekocht. Nach drei Monaten wurde ich zwar aus dem Krankenhaus entlassen, da ich aber als Folge des Typhus Rheumatismus bekommen hatte und am Stock gehen mußte, war ich völlig arbeitsunfähig. Am 1. November wurde auch meine Frau aus der Arbeit entlassen, da die Russen nach Beendigung der Feldarbeit rücksichtslos alle Arbeitskräfte entließen, die sie nicht zum Viehhüten und den notwendigen Arbeiten auf dem Hof gebrauchten!

Und so standen wir vor Eintritt des Winters vor dem Nichts, ohne Nahrungsmittel; denn da wir nicht arbeiteten, bekamen wir auch keine Zuteilung mehr von den Russen!

Bei unserer Entlassung sagten uns die Russen, daß sie uns über die Oder bringen, also ausweisen würden, da dies die Polen ja doch bald tun würden. Da wir aber den Sommer über bei ihnen gearbeitet hätten, wollten sie für unseren Abtransport sorgen, damit wir nicht ganz von den Polen ausgeplündert würden. Am 14. November luden uns die Russen auf zwei Trecker-Anhänger, aus dem Ort waren es ca. 180 Personen, meistens Alte, Kranke, Frauen, Kinder und fuhren uns nach Köslin. Hier sorgten sie auch dafür, daß wir mit dem bereitstehenden Transportzug am selben Tage mit fortkamen. So blieb es uns erspart, wochenlang in Köslin im Lager zu liegen.

Abschließend schildert Vf. den Vorgang seiner Ausweisung bis zum Eintreffen in Westdeutschland.

Nr. 207

Erlebnisbericht der Ehefrau G. O. aus T r e p t o w, Kreis G r e i f e n b e r g i. Pom.
Original, 1. August 1952, 8 Seiten. Teilabdruck.

Ereignisse und Zustände in Treptow vom Eindringen der Russen bis zum März 1946.

Vfn. berichtet anfangs über die letzte Zeit vor dem Russeneinfall in Treptow mit ihrem allgemeinen Wirrwarr von Flucht, Furcht und Ratlosigkeit.

Die Russen waren um 5.00 Uhr[1]) im Besitz unserer Stadt, und die ganze Nacht fuhren sie und marschierten durch die Stadt. In der ersten

---
[1]) Am 4. März 1945.

Angst nahmen sich viele angesehene Bürger das Leben. (Bürgermeister Dr. Falk, Dr. Bolle mit Familie (ein Sohn blieb am Leben), Frau Klinge, Frau Krenin vom Markt, Frau Pollack, Frau Köppe sen. und viele andere.) In den ersten Tagen hausten die ausländischen Zivilarbeiter (Polen), und der deutsche Mob plünderte, was er konnte. Russen kamen ab und zu ins Haus, verlangten Uri, Uri, wühlten alles durch und nahmen, was sie wollten.

Vfn. schildert Szenen und Zustände unmittelbar nach dem Russeneinfall und fährt dann fort: Am 9. März 1945 war die erste große Austreibung[1]) der Zivilisten in Richtung Plathe. Im früher Leiskaschen Haus war russische Kommandantur, ebenfalls gehörten die Häuser in der oberen Kaiserstraße dazu. Die Kaserne wurde fast nicht benutzt. Das Militär der Russen lag in den Häusern der Bahnhofstraße, Pratenweg und Schleusenweg.

Im Gemeindehaus Schleusenweg hatte Herr Studienrat Blösius viele alte und kranke Leute aus Treptow und Umgegend aufgenommen und ist auch noch lange dort geblieben. In den ersten drei Monaten der Besatzung gab es nichts zu kaufen an Lebensmitteln usw., da zeigte es sich so richtig, was treue Nachbarschaft war...

Der erste Bürgermeister war der Pole von Kaufmann Leckow, das dauerte ein paar Tage, dann hatte er nur die Polizeigewalt. Bürgermeister wurde dann Pantoffelmacher Lüdtke aus der Botenstraße, der als Dolmetscher eine Baltendeutsche und Fritz Zielinski erhielt. Später wurden dann Zielinski und Herr Töpfermeister Langenfeldt Bürgermeister. Dem letzteren wurde ab Mitte Juli 1945 ein Pole als Bürgermeister übergeordnet. Bis Ende August 1945 arbeiteten von dem alten Personal der Stadt Fräulein Techmer, Fräulein Meschke ... im polnischen Bürgermeisteramt.

Die Austreibungen wiederholten sich regelmäßig, fast alle 10 bis 14 Tage. Zweck der Sache: Plünderung und Männer und Jungen verhaften. Auch fanden sich Deutsche, die zu den Russen und Polen gingen und Namen angaben von früheren Pgs.; diese wurden oft bei Nacht und Nebel verhaftet, und viele sind nie wieder zu ihren Angehörigen zurückgekehrt...

Möbel wurden alle zum Flakbeständelager gefahren, und was nicht nach Rußland verladen wurde, wurde mit Benzin übergossen und angesteckt, dicke Rauchschwaden lagen oft tagelang hiervon über der Stadt.

---

[1]) Gemeint sind nicht die Austreibungen über die Oder, die erst später einsetzten, sondern jene zeitweiligen Austreibungen, die in nahezu allen Städten unmittelbar nach dem Eintreffen der Russen, teils aber auch noch Monate später stattfanden, um eine ungehemmte Plünderung und Beschlagnahme der Wohnungen ganzer Straßenzüge und Stadtviertel zu ermöglichen. Für Treptow wird diese Maßnahme auch bestätigt durch den Bericht von Frau Helene G. aus Treptow, in dem es heißt: „Am 4. März 1945 brach der Russe in Treptow/Rega ein und besetzte die Stadt ohne Kampfhandlungen. Nachdem dann die Kommissare eingetroffen waren, wurden wir ohne Ziel ausgewiesen, mit dem Hinweis, in 10 Minuten das Haus zu verlassen... Unter unsäglichen Strapazen zogen wir bis zum Vorwerk Gramkusen bei Plathe i. Pom., wo wir fürs erste in einem Kuhstall Unterschlupf fanden. ... [Am 15. April] konnten wir wieder zurück in die Wohnungen. Ausgeraubt, verschmutzt und verwüstet fand ich mein Haus vor." Bestätigend äußert sich auch Bäckermeister Gädtke aus Treptow in seinem Bericht (S. 4): „Nun fingen die Russen mit Austreibungen an. Sie nahmen immer einige Straßenzüge, gingen in die Häuser und forderten die Leute auf: „In anderthalb Stunden alles raus, Richtung Stolzenberg." Sie plünderten dann diese eben verlassenen Wohnungen aus, und wenn die Leute nach einigen Tagen oder Wochen zurückkamen, fanden sie ihre Behausungen fast leer."

Gleich in den ersten Märztagen kam ein Anschlag, darin jeder Deutsche aufgefordert wurde, Radio, Photoapparate und Telefon abzugeben. Alle, die dies lasen, kamen der Aufforderung nach, und die Flintenweiber holten sich Frauen und Mädchen zum Wohnungen durchsuchen nach Radio, Lampen und Hitlers „Mein Kampf".

Jede arbeitsfähige Frau mußte sich morgens um 7.00 Uhr bei jedem Wetter zur Arbeit melden vor dem Bürgermeisteramt. Jungen und Mädchen, oft erst acht Jahre alt, mußten Vieh treiben. Oft kamen große Herden Kühe durch, die alle nach Rußland getrieben wurden.

Am 31. März 1945 war wieder Austreibung, diesmal trieben Mongolen und Kosaken. Wir zeigten den Schein vom russischen Arzt, der wurde zerrissen, und: „Dawai, Dawai!" mußten wir los. Am ersten Tag wurden wir 20 Kilometer getrieben, Kosaken auf ihren flinken Pferden immer als Antreiber dabei. Nachdem sich herausstellte, daß zwichen Greifenberg und Plathe alles von Zivilisten voll war, wurden wir zurückgetrieben und mußten nach Rütznow, dort kamen wir um 9.30 Uhr im Stockdunkeln an.

Auf der Dorfstraße kamen Russen, die uns anleuchteten, viele von uns Deutschen liefen weg, aber meine Familie und noch zwei andere konnten nicht mehr, und wir wurden in ein Haus eingewiesen. Die Russen brachten Talglichter, Milch, Brot und Käse und sagten, keine Angst, um 2.00 Uhr Patrouille und sonst nichts, dies stimmte.

Morgens brachten sie uns warmen Kaffee und fragten, wer arbeiten wollte, der bekäme Wohnung und Essen. Meine Schwägerin und ich meldeten uns, wir mußten im Schulhaus aufräumen und alles zum Lazarett einrichten. Die drei Wochen in Rütznow waren die besten während der Besatzungszeit. Kein Russe hat uns belästigt.

Dann kam ein Anschlag, wer Haus und Wohnung behalten wollte, müßte in seinen Wohnsitz zurück, und da war trotz aller Vorstellungen bei den meisten kein Halten mehr, und es ging zurück. Wir kamen aber nur bis Klätkow, da Treptow noch gesperrt war. Klätkow lag an der Hauptstraße, und jeden Tag durchziehende Truppen setzten den Frauen und Mädchen viel zu. In dieser Hölle mußten wir 14 Tage bleiben.

Es waren hier im Dorf viele Ostpreußen, die hier von Russen eingeholt waren. Da sie kein Brot usw. hatten, waren wir alle an Durchfall erkrankt, und meine Mutter ging die sechs Kilometer nach Treptow, um Medikamente und Schwarztee für uns zu holen, erhielt dies auch von lieben Bekannten und kam damit bis kurz vor Klätkow. Dort wurde sie von einem 22jährigen Russen vergewaltigt und beraubt, alle Vorstellungen der 62jährigen halfen nichts. — Wie oft mußte nachts eine einzige Frau fünf bis zehn Russen über sich ergehen lassen! Nach 14 Tagen konnten wir endlich die Hölle verlassen.

Nach Wiedergabe eines Zwischenfalls, den ein russischer Offizier verursachte, heißt es im Bericht weiter:

Am 8. Mai 1945 kamen Lautsprecherwagen durch die Stadt mit Marschmusik und Ansagen von der Kapitulation.

Am 15. Mai 1945 zogen die Polen ins Rathaus, die Verwaltung wurde von den Polen übernommen. Die polnische Miliz, fast alle unter 20 Jahre, konnte sich nicht genug tun, uns Deutsche zu quälen. Kamen morgens nicht genug zur Arbeit, wurden sie von der Miliz geholt. Wegen kleinster Übertretungen wurden die Deutschen verhaftet und gequält. Alle Deutschen mußten sich im Bürgermeisteramt registrieren lassen. Wer arbeitete, bekam täglich 150 Gramm Brot, wöchentlich ein Pfund Knochen. Mit der Zeit wurde es so, daß kein Deutscher mehr Vieh hatte und es auch keine Milch gab. Die Ackerbürger auf der Kolberger Vorstadt wurden alle vertrieben. Die Häuser auf der Vorstadt wurden mit polnischem Militär belegt.

Anfang Juni 1945 kamen dann die ersten Ausweisungen „über die Oder", es betraf erstmal die Leute von der Heilanstalt und der Kolberger Vorstadt. Ich sehe heute noch diesen Elendszug. Nach ungefähr drei Wochen folgten Leute aus der Stadt wieder wie das erste Mal zu Fuß, für Alte und Kranke fuhren Leiterwagen mit.

Aus den Wohnungen wurden täglich Deutsche vertrieben, oft durften diese nicht mal Lebensmittel mitnehmen, geschweige noch Wäsche und Kleidung. Ebenso ließen die Vergewaltigungen nicht nach, ich weiß Fälle, wo 8jährige Mädchen und Frauen von 70 bis 80 Jahren vergewaltigt worden sind. Es waren wirklich Unmenschen, die auf die Zivilbevölkerung losgelassen wurden.

Die täglichen Nervenproben und die Ungewißheit zehrten ebenso wie der Hunger an den dortgebliebenen Deutschen, und viele starben, die in Massengräbern links von der Friedhofskapelle beigesetzt wurden, alle ohne Sarg und drei bis vier Schichten Leichen übereinander. Meine Schwägerin starb am 26. August 1945, an ihrem Grabe sagte Herr Superintendent Schulz, sie wäre die 990. Leiche. Wenn man bedenkt, daß nur ungefähr 2 000 bis 2 500 Einwohner in der Stadt waren[1]), also eine große Zahl[2]). — So bezahlten auch zwei Diakonissen und Fräulein Else Berger ihre Pflege in der Typhusstation mit dem Tode. —

Die alte Schwester Minna, eine Diakonissin — ich glaube, schon im Ruhestand — tat sehr viel Gutes und pflegte viele mit ihren großen Erfahrungen, mancher verdankt ihr sein Leben. — Herr Studienrat Blösius hatte im Gemeindesaal Schleusenweg ein Asyl für alte und vertriebene Leute und betreute diese solange, bis auch diese ausgewiesen wurden.

Herr Superintendent Schulz hielt erst noch in der Marienkirche Gottesdienst, dieser war sehr stark besucht. Die Polen scheuten sich nicht, diese Gottesdienste zu stören, und [es] wurden Frauen vor der Kirche abgefangen

---

[1]) Nach dem Amtlichen Gemeindeverzeichnis von 1939 hatte Treptow 10 883 Einwohner.

[2]) Sie wird bestätigt durch den Bericht des Bäckermeisters Johannes Gädtke aus Treptow, in dem es auf S. 5 heißt: „Infolge des jämmerlichen Lebens und der immer schlechter werdenden Ernährung brach im Sommer 1945 eine Typhus-Epidemie aus. Es wurden ungefähr 1 000 Treptower Bürger in 3—4 Monaten dahingerafft. Särge konnten nicht genug angefertigt werden. Es wurde eine Begräbniskommission gebildet, welche die in Decken oder Tücher gehüllten Leichen abholte und auf einem Tischlerhandwagen, manchmal sogar übereinandergeschichtet, bei uns vorbei nach dem Friedhof fuhr. Dort wurden sie dicht vor der Kapelle und links vom Eingang auf dem Rasenplatz in Massengräbern dicht an dicht beerdigt."

zur Arbeit. „Du Zeit für Kirche, dann auch roboti." Was half es, wenn [es] die Bevölkerung erboste, die Fremden hatten die Macht.

Dann wurde das alte Gotteshaus und das Pastorenhaus für die Polen enteignet. Die Deutschen mußten in der sehr beschädigten altlutherischen Kirche ihre Gottesdienste abhalten, und trotz aller Willkür waren diese stark besucht. Im Februar 1946 ging Herr Superintendent Schulz dann heimlich über die Oder, da er die vielen Verhöre usw. nicht mehr ertragen konnte und, da er keine Deutschen verriet, selber verhaftet werden sollte...

Es gab aber auch Deutsche, die an die Machthaber Deutsche auslieferten. Im Beuthlerschen Hause war polnische Gestapo, und das Schreien der gequälten Deutschen war oft zu hören. Herr Telegrafensekretär Röhl wurde dort zu Tode gequält, obwohl dieser für die Polen in der Post arbeitete, natürlich wie alle Deutschen ohne Entgelt. Der Fall Röhl passierte im Dezember 1945.

Im Laufe des Sommers wurde auch die Gasanstalt wieder in Ordnung gebracht, und man mußte Lichtgeld in Złoty bezahlen. — Viele Geschäfte wuchsen wie Pilze aus der Erde, es gab alles, was man sich denken konnte, aber nur gegen Złoty. Man stand vor den überfüllten Schaufenstern wie ein Kind zu Weihnachten. Die letzte Habe wurde an die Polen verschleudert, nur um etwas Lebensmittel zu kaufen.

Als Arbeit für die Deutschen gab es Straßefegen, Häuser reinmachen, die fast alle gleich aussahen, Betten waren aufgeschlitzt, Papier in großen Mengen, Mehl und andere Lebensmittel mit Marmelade, Sirup und Honig vermengt, bedeckten die Fußböden. Dann hieß es, schnell aufräumen und saubermachen. Ställe säubern, Schienen aufnehmen und dann der berüchtigte Ernteeinsatz, drei bis acht Wochen in einem andern Ort, ohne Wäsche usw. mitnehmen zu können, da man von der Straße weg dazu geholt wurde. Es war ein wirklich schweres Leben für die Deutschen.

Am 3. oder 4. März [1946] wurden wir nochmals von zwei Russen tüchtig geplündert, die letzten Mäntel, Mutters Trauring, Wäsche und Wolldecken wurden uns genommen. Am 9. März kam dann unsere Ausweisung.

Abschließend schildert Vfn. den Vorgang ihrer Ausweisung bis zu ihrer Ankunft in einem Flüchtlingslager in Kiel.

Nr. 208

Erlebnisbericht des O. M. aus S t o l p i. Pom.
Original, 7. August 1951, 14 Seiten. Teilabdruck.

Vom März—August 1945 unter russischer Herrschaft in Stolp.

Auf den ersten Seiten seines Berichts schildert Vf., wie er mit seiner Familie vor den näherkommenden Russen floh, in Virchenzin (ca. 20 Kilometer nordöstlich Stolp) den Einfall der Russen in seiner ganzen Schrecklichkeit erlebte und schließlich wieder nach Stolp zurückkehrte.

Die ganze Innenstadt, umgrenzt von der Ringstraße, dem Stolpe-Fluß, Hindenburgstraße, Bismarckplatz und Stefansplatz, war durch Brand zerstört. Nur eine Apotheke am Markt und das Kaufhaus Zeeck am Stefansplatz standen noch. Auch die schöne Marienkirche war ganz ausgebrannt.

In der Kirche standen Polstermöbel, doch alle Bezüge waren abgetrennt. Der Turm der Kirche zusammengestürzt, wahrscheinlich gesprengt. Auch die Schloßkirche war ausgebrannt. Andere Straßen, wie Hindenburgstraße, Töpferstadt, Blumenstraße, Hospitalstraße, Schlawer Straße, waren zur Hälfte abgebrannt, während die anderen Stadtteile nur teilweise zerstört waren. Mehr als die Hälfte der Stadt, die vor dem Einmarsch der Russen über 50 000 Einheimischen und weiteren 50 000 Evakuierten und Flüchtlingen Wohnung gab, bestand nur noch aus Ruinen.

Die großen Geschäftshäuser in der Neuen Torstraße, am Markt und in der Langenstraße mit allem Bestand an Waren und Lebensmitteln und viele Betriebe waren ein Raub der Flammen geworden. Russische Brandkommandos, mit Offizieren an der Spitze, waren, wie Augenzeugen berichteten, von Haus zu Haus gegangen und [hatten] diese mit Brandbomben angesteckt. Aus Haß und Dummheit wurden so große und dringend benötigte Waren vernichtet. Soweit Gebäude noch standen, waren fast alle Fenster durch Luftdruck oder Hitze zerfetzt. Die Deutschen hatten vor ihrem Abzug alle Brücken, das Wasserwerk, das Elektrizitätswerk und das Gaswerk gesprengt. Die Stadt selbst wurde aber nicht verteidigt, sondern kampflos übergeben.

Es kam uns zunächst darauf an, einen Wohnraum zu suchen. Wir entschieden uns, in der Bütowstraße zu bleiben, und zwar im Hause Nr. 12. Hier hatte unser Sohn gewohnt, und wir betraten das Haus. Alle Türen und Türrahmen zu den Wohnungen waren eingeschlagen, und in den Wohnungen war ein wüstes Durcheinander. Zimmerschränke, Wohnschränke, Spiegel, Frisiertoiletten und sonstige Möbel zerschlagen, aufgebrochen, der Inhalt geplündert, der Rest auf dem Fußboden zertreten und beschmutzt. Ein Teil der Möbel war einfach durch die Fenster geworfen. Die Bücher waren aus den Schränken gerissen, auf den Fußboden geworfen und zertreten. Die Küchen mit Töpfen und Pfannen waren als Klosett benutzt worden.

Zunächst wurde die eingeschlagene Tür verschließbar gemacht, dann aufgeräumt und die Wohnung so hergerichtet, daß wieder deutsche Menschen darin wohnen konnten. Als wir alles fertig hatten, kam ein russischer Offizier, beschlagnahmte die Wohnung für seine Zwecke und zwang uns, in einer Stunde zu räumen.

Nun kam polnisches Gesindel, suchte zwischen den Sachen, plünderte und nahm mit, was ihm gefiel. Vor der Haustüre stand ein russischer Posten in einem Haufen Polen, die noch einmal alles durchsuchten und das Beste behielten. Hierbei verloren wir Mäntel, Anzüge, Kleider und Schuhe. Meine Frau außerdem ihre Brille und mein in englischer Kriegsgefangenschaft befindlicher Sohn seine Klarinette. Einige Sachen konnten wir durch das Fenster nach dem Hinterhaus werfen und diese Stücke nachholen.

Wir zogen nun nach der Bütower Straße 9 und richteten uns dort ein. Wieder war ein Saustall sauber zu machen, und wir hatten acht Tage Arbeit, um die Wohnung menschlich herzurichten. Dann kam wieder ein russischer Offizier und warf uns heraus. Diesmal wurde streng verboten, überhaupt etwas mitzunehmen, und vor und hinter dem Hause Posten aufgestellt, die darauf achten mußten, daß nichts herausgetragen wurde. Mit uns mußten alle anderen Bewohner das Haus räumen. Auch Kranke und Sterbende wurden rücksichtslos auf die Straße gesetzt. Wir waren Freiwild geworden und völlig schutzlos.

Nun suchten wir uns eine neue Wohnung, Weidenstraße Nr. 23. Hier konnten wir bleiben, obwohl in der Folge die Polen immer wieder versuchten, uns zu vertreiben. Der russische Kommandeur hatte diese Straße den Deutschen zugewiesen.

Die Verpflegung für uns Deutsche war ein schweres Problem, denn in den ersten drei Monaten gab es überhaupt keine Zuteilung. Dann wurden einige Wochen täglich 100 bis 200 Gramm Brot ausgegeben, doch nach vier Wochen hörte diese Zuteilung wieder auf, weil angeblich kein Mehl vorhanden war. Auf Betreiben deutscher Stellen wurde dann eine Volksküche eingerichtet, die jeden zweiten Tag einen Teller Kartoffelsuppe, ohne Salz und ohne Fett, gelegentlich mit etwas Pferdefleisch vermischt, ausgab. Die Menschen verhungerten langsam und starben.

Wir lebten die ersten drei Wochen nur von Kartoffeln und bekamen davon Magen- und Darmkatarrh. Dann verloren auch wir alle Hemmungen und gingen in unbewohnte Häuser und suchten nach Lebensmitteln. Hier und dort wurde noch etwas gefunden. Meine Frau und Tochter wuschen und bügelten für russische Offiziere und Soldaten, brachten ihnen die Wohnung in Ordnung und bekamen dafür ab und zu ein Stück Brot oder ein Stück Speck.

Aber dies alles war nur ein Tropfen für die hungernden Mägen. Unsere körperliche Verfassung wurde immer bedenklicher. Mein ursprüngliches Gewicht von 95 Kilo war schon während des Krieges auf 80 gesunken. Jetzt verlor ich jeden Monat weitere fünf Kilo. Das Gewicht meiner Frau war von 70 Kilo auf 45 Kilo gesunken. Ich war morgens kaum noch in der Lage, aufzustehen.

Die nach Stolp zurückgekehrten Einwohner mußten sich zur Registrierung melden. In den Büroräumen der früheren Firma Boldt am Stefansplatz war das Registrierungsbüro eingerichtet. Wir gingen also auch hin. Mehrere hundert Männer, Frauen und Kinder standen angereiht und warteten darauf, vorgelassen zu werden. Bei der Registrierung wurde ich von einem jüdischen Kommissar angebrüllt und gefragt, ob ich einer Organisation der NSDAP. angehört habe. Ich zeigte ihm meine Mitgliedskarte vom Verband der Demokratischen Parteibeamten und erklärte ihm, daß ich immer ein Gegner Hitlers gewesen wäre. Darauf beruhigte er sich und meinte, ich wäre einer der wenigen, die gegen Hitler gestimmt hätten. Auf dem Hofe wurde ich vom Posten daran gehindert, fortzugehen, und mußte zu einem Haufen Männer treten und warten. Wahrscheinlich sollten wir abgeschoben werden. Nach einer Stunde kam ein neuer Posten, den wir baten, uns doch fortzulassen, denn es wären alles Männer zwischen 60 und 80 Jahren. Schließlich konnten wir gehen.

Meine Frau wurde ebenfalls aus der wartenden Kolonne herausgerissen und mußte in der Schmiedestraße den ganzen Tag Ziegelsteine tragen. Viele Frauen wurden in einen Keller gesperrt, oft von den Kindern getrennt und dann verschleppt. Fast alle Männer bis 60 Jahre und in einigen Fällen auch darüber hinaus wurden in Kolonnen zusammengestellt und nach Rußland in Marsch gesetzt. Auch viele Frauen mußten diesen Weg gehen. Andere wurden in Güterwagen verladen und abgefahren.

Das Grundstück des Amtsgerichtes war mit Stacheldraht umgeben und mit Posten umstellt. Hier waren immer Hunderte von Deutschen zusammengepfercht, bekamen den Tag einen Viertelliter Wassersuppe und warteten auf ihre Vernehmung. Viele wurden hier schon krank und starben, andere wurden dann später verschleppt und kamen um.

Die Russen glaubten, die Deutschen zu quälen, wenn sie diese zum Straßenfegen zwangen. Wahrscheinlich war dies in ihren Augen die niedrigste Beschäftigung, und sie hatten ein großes Vergnügen daran, die Deutschen so zu demütigen. In der Straße fegten Trupps von 20 bis 30 Frauen von morgens bis abends. Sogar die drei Kilometer lange Chaussee von Stolp nach Kublitz wurde täglich gefegt. „Wir werden euch Kultur beibringen", sagten die Russen.

Zur russischen Kultur gehörte es auch, daß auf den Höfen, den Hinterfronten der Stadt, alles Gerümpel und aller Schmutz liegen [blieb], so daß die Luft dadurch verpestet wurde. Die Bewohner unseres Hauses bildeten eine Straßenfegegemeinschaft, und wir fegten unentwegt die Bütower Straße von der Weidenstraße bis zum Bahnübergang, vier Wochen lang. Eines Tages wurde ich plötzlich auf den Viehmarkt geholt, in die Transportkolonne eingereiht und mußte hier Möbel, Bohlen und Maschinenteile von einer Baracke forttragen und 100 Meter weiter aufstapeln.

Nach der Schilderung verschiedener Arbeiten, die Vf. verrichten mußte, fährt er fort:

Die Russen waren dauernd auf der Jagd nach Arbeitskräften. Dabei bekamen nur diejenigen am Tage eine Kartoffelsuppe und 400 Gramm Brot, die in einer Kolonne mitarbeiteten. Auch dann nur für sich persönlich, nicht aber für andere Familienangehörige. Straßenfegen, Aufräumen und ähnliche Beschäftigungen gelten nicht als Arbeit, sondern als Strafe. Dafür wurden Lebensmittel nicht ausgegeben. Auch wurde nie gesagt, wohin die Arbeitskräfte kamen und wie lange sie fort blieben. Es kam vor, daß einzelne wieder bald zurückkehrten, andere nach Wochen oder aber spurlos verschwanden. Unter diesen Umständen war niemand bereit, freiwillig eine Arbeit anzunehmen. Darum wurden die Menschen zur Arbeit gepreßt.

Um 6.00 Uhr morgens russischer Zeit, also 4.00 Uhr mitteleuropäischer Zeit, kamen die Russen mit ihren deutschen Handlangern in die Wohnungen und suchten nach Arbeitskräften. Wer irgend konnte, versteckte sich aus Angst, daß er verschleppt wurde. Dann wurde bekanntgegeben, morgen früh muß alles zur Registrierung antreten. Gingen die Menschen dann hin, wurden sie in Arbeitskolonnen zusammengestellt und abgeführt. Wer nicht unbedingt aus dem Hause brauchte, ging nicht auf die Straße, sondern schloß sich ein.

Dann kamen Tag und Nacht die Russen in die Häuser und suchten nach Frauen, Schnaps und Uhren. Die Frauen waren in dauernder Angst. Wenn die Russen an der Haustür trommelten, dann flüchteten alle Frauen und versteckten sich. Die zu ebener Erde Wohnenden sprangen aus den Fenstern.

Oft konnten sie entkommen, manchmal wurden sie gefaßt und vergewaltigt. Selbst Frauen von 70 Jahren wurden von betrunkenen viehischen Menschen mißhandelt und vergewaltigt.

Am schlimmsten war es nachts. In der Bütower Straße war ich der einzige Mann im Hause und mußte die Haustür öffnen. Dauerte es den Russen zu lange, dann wurde ich angebrüllt und mit Erschießen bedroht. Ich mußte in den Kleidern schlafen, um schnell öffnen zu können. ... Ein bekannter Bäckermeister wurde z. B. am Frühstückstisch erschossen, weil er keinen Schnaps geben konnte. Später wurden derartige Morde verboten, doch ganz hörten die Belästigungen nicht auf.

Im Schlachthofrestaurant in der Bütower Straße hatte sich eine sogenannte Transportkompanie niedergelassen. Unter Leitung russischer Offiziere und polnischen bzw. lettischen Hilfspersonals wurden Hunderte deutscher Arbeitskräfte, größtenteils Frauen, beschäftigt. Diese montierten Maschinen aus den noch vorhandenen Betrieben und Werkstätten ab, entfernten Arbeitsgeräte, Werkzeuge, nahmen aus Privatwohnungen Polstermöbel, Betten, Matratzen, Nähmaschinen, Uhren, Bilder, Haushaltungsmaschinen u. a. m.

Weiter wurden Bahnanlagen abgebaut, Dampfkessel abtransportiert, desgleichen landwirtschaftliche Maschinen und Geräte. Die kleineren Stücke wurden in den früheren Wehrmachtsbaracken sortiert und aufgestapelt. Hier waren Holzarbeiter damit beschäftigt, die empfindlichen Sachen in Kisten zu verpacken. Diese Kisten wurden dann nach Rußland abgefahren. In Stolp waren zahlreiche Fuhrwerksbesitzer beauftragt, mit den entsprechenden Arbeitskräften die ganze Stadt abzusuchen und alles Brauchbare zu verladen und zum Bahnhof zu fahren. Unter anderem wurde die ganze Provinzialbahn, die Stolp mit Budow, Dargeröse und Schmolsin in drei Linien verband und einen großen wirtschaftlichen Wert hatte, völlig abgebaut und nach Rußland abtransportiert. Nicht nur die Gleise, sondern auch Signal- und Büroeinrichtungen, Werkzeuge und Ersatzteile und alles sonstige Material.

In dieser Weise wurde der ganze deutsche Osten kahl geplündert und Milliardenwerte nach Rußland geschafft. Was nicht verbrannt war, wurde gestohlen. Wir nannten diesen Verein „Firma Klau und Klemm". In etwa drei Monaten war Pommern ausgeräumt, und nun konnten die Polen kommen.

Als die Fabriken, Werkstätten und die Wohnhäuser ausgeräumt waren, kamen die Polen ins Land. Von Anfang Juli 1945 ab kamen mit jedem Zug Hunderte von Polen nach Stolp. Man hatte ihnen gesagt, Deutschland wäre reich, und sie würden alles vorfinden, was sie brauchen. Nun kamen sie in großen Scharen, mit leeren Koffern, an und waren bitter enttäuscht über das wenige, was sie vorfanden. ...

Die russische Kommandantur hatte angeordnet, daß der Stadtteil östlich der Stolpe für die Polen geräumt werden müßte. Da die Stadtrandsiedlungen für russische Offiziere freigemacht waren, mußten sich die Deutschen in den wenigen noch bewohnbaren Häusern behelfen, so gut es ging. Sie wurden auf immer engerem Raum zusammengedrängt und auch dann noch dauernd von Polen belästigt. Oft mußten die Deutschen die Hilfe der russischen Soldaten und der russischen Kommandantur in Anspruch nehmen, damit sie von den Polen nicht aus ihren Wohnungen vertrieben wurden.

Das Stadtbild begann sich schnell zu ändern, denn in den Hauptstraßen wurden polnische Geschäfte eingerichtet, in denen Waren angeboten wurden, die aus Polen oder in Deutschland gekauft oder gestohlen waren. Überall, wo Polen wohnten, hatten diese ihre weißroten Fahnen ausgehängt.

Da die freie Wirtschaft gleich nach dem Einmarsch von den Russen wieder eingeführt wurde, kostete ein Zwei-Kilo-Brot 60 Złoty, ein Kilo Fleisch 200 Złoty, ein halb Kilo Speck oder Butter 200 Złoty. Ein Złoty wurde gleich einer Reichsmark gewertet. Die polnischen Geschäfte nahmen aber kein deutsches Geld an, und wer etwas kaufen wollte, mußte sich erst Złoty besorgen. Die Deutschen verkauften nun alle noch irgendwie entbehrlichen Gegenstände wie Wäsche, Teppiche und dergleichen gegen Złoty, um sich einmal satt zu essen. Da ein deutscher Spezialarbeiter, soweit er Beschäftigung bei den Polen hatte, den Monat etwa 120 Złoty verdiente, konnte er sich für den Monatsverdienst zwei Brote kaufen.

Ein Teil der Polen ging auf das Land, vertrieb die Bauern und übernahm deren Höfe. In einigen Fällen konnten die Bauern als Knechte bleiben. Im Juli mußten alle Grundstücke, sowohl in der Stadt als auch auf dem Lande, den polnischen Behörden gemeldet werden und wurden verstaatlicht. Dasselbe geschah mit den Werkstätten und dort, wo noch Möbel von geflüchteten Deutschen vorhanden waren, auch mit diesen. Die Hausbesitzer wurden durch Blockchefs ersetzt. Diese waren den Russen und den Polen verantwortlich und wurden dazu benutzt, die Deutschen zu schikanieren.

Im übrigen war das Verhältnis zwischen Russen und Polen denkbar schlecht. Die Russen schauten mit Verachtung auf die Polacken, und es waren Tag und Nacht Schlägereien und Schießereien zwischen diesen im Gange. Eine hohe Politik führte Russen und Polen zusammen, aber die Menschen selbst konnten einander nicht besehen.

Im Jahre 1944 war die Herbstbestellung noch rechtzeitig und vollständig erfolgt. Das Wintergetreide stand gut. Nach dem Einmarsch der Russen, Anfang März 1945, unterblieb die Frühjahrsbestellung zum größten Teil, besonders die großen Güter konnten eine Bestellung des Landes nicht mehr vornehmen. Die Besitzer der landwirtschaftlichen Großbetriebe waren mit wenigen Ausnahmen verschleppt oder erschossen. In der Umgebung von Stolp war nur der Besitzer des Gutes Kussow geblieben, der schwer mißhandelt und dann die Schafe hütete. Seine Frau wurde im Kuhstall als Magd beschäftigt. Das Wohnhaus wurde abgebrannt.

Ein Teil der Bauern war tot oder geflüchtet, so daß auch der Acker der kleinen Landwirte nur zum Teil bestellt werden konnte, zumal den Landwirten die Pferde abgenommen waren und das Rindvieh nach Rußland abgetrieben wurde. Einen kleinen Teil des Viehbestandes übernahm die Besatzungsmacht, die dann die Milch in verschiedenen Molkereien für den Bedarf der Besatzungstruppe verarbeiten ließ. Es gab überhaupt keine Schweine und kein Kleinvieh mehr. Selbst die Fischteiche waren abgelassen und die Fische verzehrt. Immerhin waren in den reinen Bauerndörfern die Äcker noch einigermaßen bestellt und die größere Hälfte des Landes in Ordnung.

Die russische Besatzung verpflegte sich dann aus den Beständen und holte aus Speichern alles, was sie brauchte, ohne zu fragen. Sie öffneten die Mieten, fuhren die Kartoffeln ab, holten Speck aus den Speisekammern und verbrauchten sonstige Lebensmittel, so daß auch die Bauern im Sommer vielfach nichts mehr zu essen hatten. Auf den Wiesen aber weideten die Pferde der Russen, so daß fast kein Wiesenheu geerntet werden konnte.

Als das Wintergetreide reif war, wurden die großen Felder der Güter abgeerntet, das Getreide gleich gedroschen und nach Rußland abgefahren. Auch die Polen beteiligten sich daran und rafften weg, soviel sie konnten.

So ging die landwirtschaftliche Bevölkerung langsam einer Hungersnot entgegen. Man kann sich vorstellen, welche Aussichten sich unter diesen Umständen für die Stadtbevölkerung eröffneten.

Die Stadt Stolp war vor dem Einmarsch der Russen eine der saubersten Städte Deutschlands. Die Stadt hatte seit 1910 Straßenbahn und eine gute Bahnverbindung nach dem 18 Kilometer entfernt liegenden Stolpmünde und dem Ostseestrand. Das Klima war gesund und verhältnismäßig milde.

Unter der russischen Besatzung verschlechterte sich der Gesundheitszustand sehr schnell. Hierfür waren drei Faktoren bestimmend:

1. Der Hunger. Es gab in den ersten drei Monaten russischer Besatzung keine Lebensmittelzuteilung. Dann wurden fünf Wochen 100 bis 200 Gramm Brot je Kopf und Tag ausgegeben, worauf auch diese Zuteilung aufhörte, da angeblich kein Mehl vorhanden war. Es wurde dann auf Betreiben deutscher Persönlichkeiten eine Volksküche eingerichtet, die jeden zweiten Tag einen Teller Kartoffelsuppe, ohne Salz und ohne Fett gekocht, ausgab. Durch diese Zuteilung wurde das Verhungern nur wenig hinausgeschoben. Die Menschen waren nur noch Schatten und bewegten sich mühsam am Stock durch die Straßen, um ihre Suppe zu holen.

2. Die Stadt war zur Verteidigung eingerichtet, und Panzergräben umgaben die einzelnen Stadtteile. Hier stand das Wasser, und alle möglichen Gegenstände waren hier hineingeworfen. Eine faulige Masse verbreitete einen üblen Gestank in der ganzen Stadt. An den Hinterfronten der Häuser lagen aus den Fenstern geworfene Möbel und sonstige Sachen, dazu Unrat und Kot, besonders die Anlagen der Kasernen und deren Umgebung waren Brutstätten von allerlei Ungeziefer. Im Sommer wimmelte es hier von Milliarden Fliegen, die alle Krankheitskeime in der Stadt verschleppten. Über der Stadt stand eine Dunstwolke verpesteter Luft.

3. Die Stolper Ärzte hatten sich zum größten Teil vergiftet, waren umgekommen oder geflüchtet. Die Ärztinnen wurden vergewaltigt und nahmen sich das Leben. Nur noch ein Arzt, Dr. Heiligendorff, übte seine Praxis aus, doch fehlten die Medikamente. Zwar waren einige russische und polnische Ärzte tätig, aber auch diesen fehlten Instrumente und Medikamente. Die Apotheken waren bis auf eine niedergebrannt.

So entstanden bald ansteckende Krankheiten, und alle möglichen Seuchen wie Flecktyphus, Bauchtyphus, Ruhr, Diphtherie u. a. breiteten sich aus. Während in normalen Zeiten von 50 000 Einwohnern durchschnittlich drei bis vier Menschen den Tag starben, stieg die Todesziffer bei etwa 30 000 Einwohnern auf 60 bis 80 den Tag. Die Toten wurden einfach auf den Wagen geladen und in Massengräbern beerdigt. Da nichts Durchgreifendes geschah, konnte man sich ausrechnen, daß in etwa Jahresfrist alle Stolper tot sein würden.

In der Nacht vor dem russischen Einmarsch vom 7. zum 8. März 1945 begann in Stolp ein großes Sterben. Fast die gesamte Intelligenz, aber auch viele Arbeiter, Beamte und Handwerker nahmen Gift oder erschossen sich. Viele Stolper gingen aber auch ins Wasser und ertranken, andere erhängten sich. Dann kamen die Russen, fielen über die zurückgebliebenen Frauen und Mädchen her, vergewaltigten diese und ermordeten viele. Die Russen gingen dann in die Häuser und verlangten Schnaps. Da sie diesen nicht bekamen, wurden viele Männer erschlagen oder erschossen.

Im folgenden sind zahlreiche dem Vf. bekannte Personen aufgezählt, die Selbstmord verübten bzw. von den Russen getötet wurden.

Über die Zahl der Stolper Toten sind keine zuverlässigen Angaben möglich. Nach meiner Schätzung sind von 50 000 Einwohnern der Stadt etwa 10 000 umgekommen, davon mögen sich etwa 1 000 selbst das Leben genommen haben. Weitere 1 000 wurden erschossen oder erschlagen, und ebenso viele sind auf der Flucht über Stolpmünde, Gotenhafen und Danzig umgekommen, größtenteils auf der See ertrunken. Dann dürften etwa 3 000 Menschen verschleppt worden sein, von denen nur sehr wenige am Leben geblieben sind.

Im folgenden gibt Vf. neben einer persönlichen Stellungnahme zu seinen Erlebnissen eine ausführliche Schilderung seiner Ausweisung im August 1945[1]).

Nr. 209

Bericht von Frau Helene Kluge aus K ö s l i n i. Pom.
Original, 25. März 1952, 8 Seiten. Teilabdruck.

Erfahrungen im besetzten Ostpommern aus der Zeit vom März 1945 bis zum März 1946[2]).

Der russische Soldat war uns durch die Presse als Bestie geschildert worden, so waren wir auf alles gefaßt. Von seiner Einstellung als Soldat an, die, oft im Knabenalter erfolgt, schon sechs Jahre zurücklag, hatte er niemals Urlaub erhalten, war also gewöhnt, daß der Krieg den Krieg ernährt, und erschreckend gierig. Vergewaltigungen von Kindern und Alten

---

[1]) Abgedruckt unter Nr. 285 (Bd. I, 2).
[2]) Es handelt sich bei der folgenden Darstellung nicht um die chronologische Aufzählung individueller Erlebnisse, sondern um den Versuch, die eigenen Erfahrungen zu einer allgemeinen Aussage über die Verhältnisse in Ostpommern 1945—46 zu erweitern. Vfn. hat während dieser Zeit vor allem in Köslin gelebt, aber auch die Verhältnisse in zahlreichen anderen Orten Ostpommerns kennengelernt. Da ihre Aussagen fast ausnahmslos durch eine Vielzahl von anderen Berichten und Briefen bestätigt werden können, sind sie an dieser Stelle abgedruckt, obwohl sie weniger Bericht als Deutung und Analyse darstellen. Ausgelassen sind Teile mit zu stark hervortretender subjektiver Wertung.

und der jedes Maß überschreitende Mißbrauch von jüngeren Personen ergaben sich von selbst. Daß er auch all unseren Besitz als den seinen ansah, konnte nicht erstaunen. ...

Der durchschnittliche russische Soldat erscheint geistig völlig einfach, körperlich vorzüglich im Stande, auch bestens bekleidet. Sein Körperbau ist meist kurz und stark, die Köpfe sind glatt geschoren, mit niedriger Stirn und breitem, meist aufgeworfenem, gutmütig wirkendem Mund, der ebenso gern lacht wie kaut, raucht oder Schnaps trinkt. Ein Liter Wodka gehört zur täglichen Ration, was wohl auch die Grundlage abgibt für seine heitere Gemütslage und das Kraftgefühl, was aus ihm spricht.

Der einfache Mann, wie die Viehtreiber in unserem Dorf, kennt nur zwei Mahlzeiten am Tage, morgens und abends. Beide Male gibt es fette Suppe, in der Sauerkraut, Kohl oder große Mengen Sauerampfer mit viel, in faustgroße Stücke gehacktem Fleisch gekocht sind. Auch pfundweise Butter und Kartoffeln kommen in die Suppe, diese sind aber weniger wichtig, da große Mengen Brot in zolldicken Scheiben unbegrenzt dazugehören. Neben dem Teller steht die Teetasse (im Notfall Kaffee oder süße Milch) mit viel Zucker. Als sechs Mann nur einen großen Tassenkopf voll Zucker zugeteilt bekamen, war das Murren deutlich.

Natürlich nimmt der Sieger als Besuch in den Häusern auch gern sonstige Mahlzeiten: Setzeier, Schinken, kaltes Fleisch, Weckgläser voll Wurst mit dem Eßlöffel gegessen, zu jeder Tageszeit und in jeder Menge.

Heiteren Leuten und Kindern gibt er gern ab. Tränen ärgern ihn nur, und Angst weckt seine nur schlummernden grausamen Instinkte. Eine wie die verkörperte Angst um sich schauende Gutsfrau mit ihrer zwölfjährigen Tochter zog geradezu magnetisch auf sich und auf uns Gefahren herbei; daß ich andererseits von unseren Wirten und anderen Deutschen so begehrt, oft geradezu geholt wurde, lag nicht an meinen wenigen russischen Brocken, sondern an meinem furchtlosen Auftreten. Daß der Russe besonders roh sei, habe ich nicht erfahren. Er ist selbst fast schmerzunempfindlich und setzt dasselbe bei Mensch und Tier voraus. Ein Kerl, der über einer Frau im Walde liegt, küßt sie nicht nur, sondern tupft mit zartgemeinten Fingern die Mücken von ihrer Stirn fort, aber schlägt sie grob mit der Faust zwischen beide Augen, sowie sie Anstalten macht zu schreien.

Die entsicherte Maschinenpistole ist sein ständiges, nie an Reiz verlierendes Spielzeug. Er knallt, wenn er in den Wald eintritt, er knallt, sowie ein Vogel fliegt, er schießt nach Zielen über große Strecken, ohne recht zu wissen, auf was er zielt und was der Ausgang ist. In Köslin gab es kaum noch eine Schwarzdrossel in den sonst so vogelreichen Gärten. Auf den Dörfern wurden die letzten Störche abgeknallt, und daß es so etwas wie Jagdgesetze gibt, schien ihm unbekannt. Tragende Ricken, säugende Häsinnen wurden ebenso abgeschossen wie etwa der Brunfthirsch, nach dem er lang an kalten Oktoberabenden anstand. Ob er dann am nächsten Tage ein Fuhrwerk bekam zum Heimfahren der Beute, ob er auch nur die Stelle wiederfand, wo das gefällte Stück Wild lag, war völlig Nebensache. Die Wildbestände unserer schönen Forste sind — ebenso wie diese selbst — gewesen.

Auffällig ist für unser Gefühl das Fehlen jeder Distanz zwischen Vorgesetztem und Mann. Ein Oberleutnant kommt auf einem neuen, glänzenden Fahrrad. Er lehnt es kaum an die Wand, um zu seinem Mädchen zu gehen, da faßt das Rad schon ein Soldat, um darauf zu lernen, es geht von Hand zu Hand, solange bis der Offizier das nun stark veränderte Fahrrad wieder selber besteigt. Bei einer Autopanne im Walde steigt der Ortskommandant, der auf einer Dienstreise ist, vom Sitz und legt sich unter die Maschine, um bei der Reparatur zu helfen; beschmiert wie ein Neger kommt er wieder hervor, wischt sich gleichmütig die Finger am Polster ab und fährt weiter.

Dagegen der Pole. Wir alle haben, wie meine „polnische Gräfin", bei der ich in Stellung war, stets betont, nicht den wahren Polen, sondern nur den Abhub dieses Volkes erlebt. ... In der Uniform oft nur durch die eckige Mütze vom Russen zu unterscheiden, weicht der Pole schon in seinem finsteren, oft scheuen Gesichtsausdruck von ihm ab.

Der in Deutschland gefangen gewesene Pole wurde anfänglich vom Russen als Dolmetscher und als „Bürgermeister", d. h. zur Erfassung von Mensch und Vieh in den Ortschaften verwendet, soweit er nicht in Regimentern zur militärischen Ausbildung gesammelt und nach Osten verschickt wurde. Viele suchten sich dann auf eigene Faust durchzuschlagen und zu Besitz zu kommen. Sie geben gefürchtetere Räuber ab als der Russe selbst, denn sie kennen die deutsche Art, finden alle Verstecke, begrüßen jede Gelegenheit, dem Deutschen zu befehlen und ihn zu peinigen, mit Freuden. Auf jede Vorhaltung steht die Antwort bereit: „Ihr habt noch viel ärger gehaust!" Auch von solchen natürlich, die nichts Böses erlebten, sondern in voller Eintracht und gut behandelt mit deutschen Bauern oder Herren gelebt haben.

Ein Beispiel: Der Russe läßt für die zum Abtransport nach Osten zusammengetriebenen Viehherden aus den Dörfern und auch aus unseren ärmlichen Ausbauten alle Heu- und Strohvorräte abfahren. Der Pole sagt ihm, wieviel auf jedem Gehöft zu erwarten ist, der Russe befiehlt je nachdem acht oder zwölf oder mehr Fuder und reitet weiter. Die Leiterwagen fahren an. Deutsche Bauern, Knechte und Jungen übernehmen das Beladen unter Aufsicht der Polen. Diese, bewaffnet mit langen Eisenstäben, begeben sich, nachdem sie das letzte Ei aus den Nestern und auch unter den Bruthennen entwendet haben, ans Suchen, indem sie an geeigneten Stellen im Garten oder in Scheunen in die Erde bohren. Stößt der Stab auf Widerstand, so wird das Eigentum sofort ausgegraben und mitgenommen oder zerstört. Einmal benutzte ich hierbei den auch sonst von mir beliebten Trick, mich als Französin auszugeben. So erfuhr ich, daß wir unter den Polen drei belgische Zuchthäusler im Hause hatten.

Als Soldat macht der Pole mit seltenen Ausnahmen einen kümmerlichen Eindruck. Ich erlebte einen Appell, bei dem ein dicker Hauptmann eine Rede verlas. Die zweigliedrige, etwa 80 Mann starke Gruppe benahm sich **vor** und während der Ansprache wie ein Haufe albern aufgelegter Quartaner, zwei etwas schnittigere Leutnants an beiden Enden der Reihen paßten auf, daß kein Soldat weglief.

Die Kleidung des polnischen Soldaten ist ebenso wie seine Beköstigung und Besoldung ganz unzureichend. Ich erlebte in Köslin zwei Oberleutnants, die seit zwei Monaten kein Gehalt bezogen und sich an Wäschestücken durch die deutschen Wirte aussteuern lassen mußten. Ihre Verpflegung in den Kasinos war ebenso schwach wie knapp, der Kapitän in unserer Wohnung mußte mit seiner vierköpfigen Familie manchmal bis zum 9. des angefangenen Monats auf sein sicher sehr geringes Gehalt warten, also darben. Hemden zum Wechseln oder gar doppelte Uniform besaß dieser, von einer wirklich fleißigen Frau betreute Mann auch nicht.

Das Verhältnis zwischen Russen und Polen habe ich bis zuletzt nicht durchschauen können. Anfangs und auf dem Lande war der Pole deutlich dem Russen unterstellt. Gleichzeitig gab es in den Städten schon polnische Behörden: Post, Eisenbahn, Landrat, d. h. den Starosten, Einwohnermeldeamt, die berüchtigte Milizia und in steigendem Maße Militär in den Kasernen, die bald wie Zigeunerbuden aussahen. Z. B. erfolgte die Beköstigung einer Truppe auf dem Hofe, den auf dem Erdboden liegenden Soldaten auf Papierstücken gereicht, ohne Geräte.

Ortschaften und Straßen waren schon von Mai 1945 an polnisch benannt. Daneben gab es eine russische Kommandantur, viele russische Krankenhäuser und den ganz von Russen besetzten Villenstadtteil Köslins mit seinen großen Anstalten Napola und Salem.

Man meldete z. B. eine Beraubung durch Russen oder Polen in der russischen Kommandantur. Im Laufe eines Vormittags liefen viele solcher Meldungen ein, die zu Protokoll genommen wurden. Gegen Mittag fuhr dann ein LKW. mit sämtlichen Klägern, einem Dolmetscher und einem russischen Offizier kreuz und quer durch die ganze Stadt zu sämtlichen Plätzen und stellte das Recht durch Anordnung wieder her. Später bekam man bei solcher Gelegenheit drei Soldaten mit, die es dann aber meist vorzogen, sich mit den Polen anzufreunden und den Raub zu teilen.

Nachts hielt polnische Miliz Wache in den Straßen, die der Deutsche nach 8.30 Uhr nicht mehr betreten durfte. Schießerei und Hilferufe gab es jede Nacht. Oft hieß es dann morgens, zwei Russen tot, drei Polen verwundet usw. Die russischen Krankenhäuser, die in die Stadt, z. B. in die Schulen, gelegt waren, schlossen durch Gitter ihre Zufahrtstraßen. So war das ganze vornehme Wohnviertel und der südliche Teil um das Proviantamt herum rein russisch, alles andere polnisch. Ein russischer Soldat auf dem Wagen war die conditio sine qua non, wenn man über Land fuhr.

Das Gesicht der Städte war durch den Polen bestimmt, noch bevor die Tausende von ländlichen Polen in unsere armen, schönen Dörfer hineinfluteten. Zwar stammten die Ruinen der Häuser und die entsprechenden Schuttmassen nicht von ihm, aber die Straßen und Anlagen, die bewohnten Häuser, Vorgärten und besonders Höfe zeigten bald eine unvorstellbare Verkommenheit. Der Russe hatte in unseren geliebten und gepflegten Wohnungen und Gärten mit Absicht soviel Kot niedergelegt, soviel Scheiben eingeschlagen, soviele Obstbäume ruiniert, wie die Zeit ihm erlaubt hatte, und war abgezogen. Aber der Pole wohnte ja hier und wollte es sich gemütlich machen. Er ließ die Deutschen in großen Kolonnen unter Führung junger Bengels, die mit Stöcken bewaffnet waren, zwar täglich dieselben Straßenzüge reinigen, dennoch nahmen die Haufen an Unrat und Trümmern zu, keine Verschmutzung schien ihn anzufechten.

Die Charaktereigenschaft der Unzuverlässigkeit gibt der Pole selbst zu, und die veranlaßt ihn auch, alle Ladenfenster und -türen wie Gefängnisse zu vergittern. In Geschäften mit wichtigeren Lagern, z. B. Elektro- oder Fahrradwerkstätten, Handwerksbetrieben aller Art, kam er nur mit deutscher Hilfe aus. Die eigenen Landsleute bestahlen ihn hoffnungslos, und oft genug erlosch der Betrieb, wenn der Deutsche auswanderte.

Auf dem Lande geht es eher noch schlimmer zu. Vieh, Geräte und Futtermittel sind bis auf geringe Reste hinter dem russischen Eroberer nicht verblieben. Der Pole, dem eine Hofstelle zugeteilt ist, muß sehen, den einstigen Besitzer als Wirtschafter zu behalten, da dieser noch am ehesten das Allernötigste herbeischafft, das Land und die Arbeit kennt. Oft geht es anfangs leidlich friedlich her. „Unser Pole geht noch", hört man oft den Deutschen sagen; die ganze Familie arbeitet für den Polen, sie teilen das magere Essen, die letzten Hühner. Aber sowie eine deutsche Hilfe zu gehen scheint, beraubt der „gute Pole" seine Mitbewohner ohne Rücksicht auf frühere Zusagen. Er zwingt ihn, in der kurzen Frist von zehn Minuten, meist abends, oder bei strömendem Regen, für immer abzuziehen.

Mit Kind und Kegel, ohne Brot, oft ohne Schuhzeug kommen dann solche Unglückshaufen in Köslin vor der deutschen Behörde an. Hier werden sie kaserniert, im Beetsaal der Baptistenkapelle oder ähnlichen Plätzen; sie erhalten — seit der Engländer es verlangt — zweimal täglich dünne Suppe und werden, nachdem sie unterschrieben haben, daß sie „freiwillig" über die Oder gehen, für den Transport vorgemerkt. So ist Schivelbein, so sind sämtliche Dörfer zwischen Kolberg und Köslin, auch zwischen Schlawe und Köslin, ausgeleert worden.

Die Folge der nunmehr ganz polnischen Wirtschaft auf dem Lande ist handgreiflich. Kilometerweise nur blühende Unkräuter in leuchtender Pracht, Mohn, Kornblumen, Kamillen, überragt von massenhaften Ackerdisteln, mageres, milcharmes Vieh, wenig Hühner; Schweine, Gänse und anderes Kleinvieh fehlen ganz. Holz wird gefällt nach Bedarf, kniehoch bleiben die Stubben im Boden, die Zöpfe liegen herum, der Holzkäfer hat den Vorteil davon.

Ein anderes Bild bietet der russische Kolchos, der auf besonders wertvollen und reich eingerichteten Gütern verbleibt. Hier soll in großem Stil erzeugt werden, und an nichts wird gespart. Deutsche Arbeiter und Handwerker werden in fünftägigem Turnus gut und leidlich verpflegt, erhalten Wohnung, Heizung, Licht und haben meist freie Sonntage und Feiertage, obwohl der Russe selbst im Gegensatz zum kirchlichen Polen keinerlei Beziehung zu irgendeiner Religion zeigt. Aus diesen Betrieben durften bis Ende März 1946 nur Alte und Arbeitsunfähige über die Oder gehen. Auch westdeutsche Evakuierte wurden, wenn nur ein zwölfjähriger Junge in der Familie war, nicht freigelassen.

Hier gab es auch noch deutsche Kriegsgefangene. Die ärztliche Versorgung geschah durch einen deutschen Stabsarzt. Die Landwirtschaft besorgt im besten Falle ein deutscher Inspektor. Die Gutsbesitzer sind, soweit sie hierblieben, wohl ohne Ausnahme erschossen. Natürlich kann der Russe das Befehlen auch auf diesen Betrieben nicht lassen. So ließ er bereits im August in Streckenthin und Thunow den Winterroggen einsäen, von ungedroschenem Roggen und Hafer, trotz reichlich vorhandener Hofgebäude und Feldscheunen, kleine, recht unordentliche Mieten setzen. Die Kartoffelmieten sind feucht und ebenfalls zu früh eingedeckt worden. Die Folgen sind nicht ausgeblieben: ungeheure Breiten fast kniehoher, später faulender Wintersaaten, ein großer Ausfall an Kartoffeln.

Mit dem Vieh, das anfänglich reich vorhanden war, ging es ähnlich. Zwar werden die besten Stücke an Rindern und Pferden zu Tausenden ostwärts getrieben, aber durch Enteignung kleinerer Besitzer blieben die Ställe der Kolchosen leidlich voll. Doch nun traten Seuchen auf: Rotlauf, Maul- und Klauenseuche, Räude etc. und keine Impfung, keine noch so übertriebene Sauberkeit (weiße Schürzen, Hände- bzw. Euterkontrollen), peinliche Nachtwachen konnten sie eindämmen. Dazu der enorme Fleischverbrauch. Im März 1946 war das Ende deutlich vor der Tür.

Und nun der Deutsche ... Mit einziger Ausnahme weniger, bettlägeriger Kranker hat zeitweise in Stadt und Land j e d e r Behausung und Heimatort verlassen müssen, denn ungestört wollte der Feind sich erst einmal ausstatten. Wer etwa schon nach einer Woche zurückkehrte, hatte es oft — nicht immer — verhältnismäßig richtig gemacht, d. h. er fand sein Eigentum je nach Glück nur wenig beschädigt und verhinderte durch seine Anwesenheit das Enteignen durch den lieben Volksgenossen, das in großem Stile einsetzte. Daß der, dem die Küche leergeraubt war, z. B. sich vom abwesenden Nachbarn Töpfe etc. nahm, war verständlich und nötig.

Bald verschwand aber auch anderes, ja, in Konkurrenz zogen Deutsche und Polen mit Handwagen zu den leerstehenden Häusern der Reicheren und holten wild zusammen, auch Dinge, die nur als Verkaufswert Sinn haben konnten, wie Bilder, Kristallsachen, Teppiche, Lampen usw. Die Kolonialwarengeschäfte wurden naturgemäß lebhaft durchsucht, und mancher Deutsche hat noch im März 1946 Reste von Nähr- oder Waschmitteln aus dieser Quelle als letzten Schatz gehortet und von einer kümmerlichen Behausung in die andere geschleppt.

Wohnen mußte der Deutsche von der Rückkehr an, also seit April oder Mai 1945, im „Deutschen Viertel". Es waren die alten Straßen vom Holzmarkt südlich, die als Wohnviertel längst nicht mehr begehrt wurden. Viele winzige Häuschen neben großen, häßlichen Kasernen, enge holprige Straßen ohne Bäume, auch hier viele Ruinen. Jeder Deutsche, der nach Köslin zurückkehrend nicht in sein Haus konnte, wurde vom deutschen Wohnungsamt irgendeinem Volksgenossen in dieser Gegend zudiktiert.

Aber wäre es nur „deutsch" geblieben, dieses Viertel! Der Pole legte sich nun mit hinein. Jede Wohnung hatte ihre polnische Einquartierung, die an Kopfzahl die Bewohner übertraf. Das Eigentum war höcht gefährdet, wir rechtlos, wehrlos. Aber dies genügte noch nicht. Öfters gab es frühmorgens plötzlich Räumungsbefehl. Binnen 20 Minuten sind die Marienstraße, die Rosenstraße, die Annenstraße, Husarenstraße und sogar die große Bismarckstraße so enteignet worden. Wenn dann am Tage die weinenden Leute noch Sachen aus ihren Räumen nachholen wollten, durften sie nicht hinein. Oft wurden ihnen Federbetten aufgeschnitten oder Porzellan in hämischer Weise von oben zugeworfen. Die Panik in sämtlichen angrenzenden Straßen war begreiflich und führte nun ihrerseits zu Schädigungen aller Art. Und immer noch hörte man biedere Deutsche sagen: „Unsere Polen sind ja noch ganz nett."

Man ernährte sich im wesentlichen von dem „noch Vorhandenen" und übernahm dazu Arbeit beim Feinde, um täglich ein bis zwei Mahlzeiten sicher zu haben. Durchaus üblich war es, als Dienstmädchen oder Waschfrau, Köchin oder Bedienerin in Privathäusern oder Wirtschaften Dienst zu tun, meist von acht Uhr russischer Zeit (d. h. zwei Stunden vorgestellt) bis 20.00 Uhr. Dienste beim Russen waren des besseren Essens wegen beliebter als beim Polen.

Ohne Arbeitsausweis durfte sich kein weibliches Wesen auf der Straße blicken lassen, sonst wurde es vom Polen geschnappt, d. h. in irgendeine Kaserne, Behörde, Bahnspeicher zu schwerer Arbeit geholt und bis zum Abend bei einem Teller schwacher Suppe festgehalten. Zuweilen half nicht einmal ein Ausweis, ja, eine „bessere" ländliche Polin erfuhr trotz aller Beteuerung dieselbe Behandlung, was uns herzlich freute.

Man mußte durch Umsicht dieser Gefahr ausweichen — um des Lebensunterhalts willen —, denn Sommer und Herbst über galt es, die Erträgnisse der verlassenen Gärten, die ja alle seit der Russenzeit zaunlos geworden waren, zu nutzen, Beerenobst zu pflücken, Kartoffeln zu graben, Fallobst oder Gemüse heimzubringen. Außerdem mußte ja Brennholz herangeschafft werden, das in Gestalt von zerschlagenen Zäunen, Lauben und Möbeln aller Art reichlich zu finden war. Auch lagen längs der Straßen stets Radspeichen oder sonstige Wagenteile, Zeugen des Gespanne und Fahrzeuge mordenden Fahrens der Russen und Polen.

Brot gab es auf Karten drei Pfund pro Kopf in der Woche sehr billig für drei, später fünf Złoty. Aber nur unbestimmt war die Ausgabe, um langes Anstehen erhielt man bestenfalls zweimal im Monat diese Wochenration. Im freien Handel gab es beliebig Schwarz- und Weißbrot, gute Semmeln, sogar auch feinen Kuchen. Preis für die Semmel 5 Złoty, drei Pfund Schwarzbrot 30 bis 40 Złoty, eineinhalb Pfund Weizenbrot 30 Złoty, Milch der Liter 25 Złoty, Seife, Schuhwichse, Senkel, Haarkämme, alle Nährmittel, Schönheitsmittel, Papier usw. gab es gegen Złoty, aber nur wer Tauschware hatte, kam zu Geld, denn Arbeit wurde nicht entlohnt.

Eine Dame, die ein goldenes Armband mit einem Brillanten für 17 000 Złoty hatte verkaufen können, lebte mit dem alten Vater und 15jährigen Sohne bei großer Wohltätigkeit gegen andere etwa dreiviertel Jahr von dieser Summe. Handtücher, Bettzeug, vor allem Kleider und Mäntel waren sehr gesucht, brachten aber wenig Geld (ein Damenmantel auf Seidenfutter 200 Złoty, ein neuer Fuchspelzfußsack 100 Złoty).

Fast jeder Laden kaufte auch Ware von uns ab, und ständig strichen die Polen um uns herum „Nix zu verkaufen?" Ich selbst, immer erneut auch noch in Köslin bestohlen, hatte keine Tauschware, konnte aber teils durch meine Landwanderungen, Ortskenntnis und unerschrockenes Auftreten für andere viel Nützliches herbeibringen und fand bei lieben Freunden, wenn ich es wollte, den Tisch gedeckt. Unterernährt waren wir alle, fast alle hatten wir Krätze mit ihren furchtbaren nervösen Folgeerscheinungen (vor allem dem Juckreiz).

Schwieriger als das Essen war und wurde immer mehr die Frage der Kleidung. Wer wie ich in Anbetracht der zu bestehenden Strapazen in seinen schlechtesten Sachen auf den Treck gegangen war und hernach alle seine Koffer einbüßte, war schon sehr bald übel dran. Da half nichts anderes als finden, was von anderen Trecks verstreut im Walde herumlag, geschenkt zu nehmen, zurechtzubasteln.

Aus Soldatenhemden sämtliche Frauenkleidung herzustellen, hatten wir schnell gelernt. Selbstverständlich wurde alles mit der Hand genäht, schon aus Garnknappheit. Aus gefundenen Wollknäueln der geflüchteten Landbevölkerung entstand das übrige. Schuhzeug, meist unpaarig, fand man auch. Noch heute ist weitaus das meiste meiner Kleidung aus gefundenen und geschenkten Sachen zusammengesetzt, nur ganz weniges davon ist ursprünglich Frauen- oder gar Damenkleidung gewesen.

In Köslin gestaltete sich die Sache ganz ähnlich, nur fand man statt an Waldwegen in den Kellern oder auf Schuttbergen verlassener Landhäuser. Manches von so gefundenen Sachen, z. B. alte Mäntel, brachte sogar noch Zloty ein. Wie man sich bei diesem Verfahren schämte, erübrigt sich zu sagen. Aber da man ja noch leben mußte, ging die Sorge um die Gesundheit über den natürlichen Stolz...

Männer, die da führen oder raten konnten, fehlten gänzlich. Es gab nur Greise. Denn zeigte sich ein arbeitsfähiger Mann in Stadt oder Land, so wurde er schleunigst in irgendein Lager, womöglich weit nach Polen hinein, zu schwerer Arbeit bei ungenügender Kost und Kleidung verschleppt. Das wußte man von solchen, die täglich geprügelt und schwer für immer geschädigt solchen Lagern heimlich entronnen waren. Auch Frauen wurden ja oft grausam mißhandelt. Ausgeschlagene Zähne, Rippenbrüche habe ich bei nächsten Freunden erlebt. Das Gefühl der Rechtlosigkeit war äußerst drückend, je länger, desto mehr. Rechtlos, wehrlos, ehrlos! Ja, auch das letztere, denn es gab keinen Deutschen mehr mit wirklich sauberen Fingern. Wir mußten ja nehmen, was anderen gehörte, ernten, was andere gesät hatten!

Am schlimmsten wirkte sich das auf die Kinder aus. Seit Januar 1945 gab es keine Schule mehr, also ohne Anleitung waren die Kinder im März 1946 seit eineinviertel Jahr, aber keineswegs waren sie unbeschäftigt. Sie hatten alle Angst und Not der Invasion erlitten, viele hatten schlimmen Szenen beigewohnt, alle hatten Hunderte von Malen peinlich genaue Schilderungen solcher mitangehört. Die Enge des Zusammenlebens hatte das Schamgefühl abgestumpft. Verwünschungen, Verzweiflungsausbrüche, Selbstmordgedanken waren täglicher Gesprächsstoff; geistige Nahrung, richtunggebender Lesestoff fehlten gänzlich. (Als ich einmal beim Anstehen einem bekannten zwölfjährigen Jungen zuflüsterte, ich wäre bereit, Unterricht zu erteilen und er dürfe auch ein oder zwei Freunde mitbringen, erschienen

17 Kinder zum Entsetzen meiner Wirtin zur festgesetzten Stunde!) Als Ausgleich bot sich den Kindern nur die Tat, d. h. in diesem Falle das „Besorgen" für die Familie. Die Begriffe Mein und Dein, das siebente Gebot, sind bei dieser Jugend gar nicht erst wach geworden, sie sind einfach nicht da. In Gesprächen erlebt man eine Schamlosigkeit, die alles übersteigt. Oft wissen sie wohl gar nicht, was sie sagen. „Komm zu mir ins Bett, Kleiner", sagt eine Sechsjährige zu einem 15jährigen Jungen. „Mensch, du hast ja Tripper", ruft ein zwölfjähriger Gespannjunge dem gleichaltrigen Gefährten zu und meint sicher nichts anderes als: „Du bist wohl dumm!"

Geschlechtliche Frühreife und erotische Erregtheit bei allen Jugendlichen sind wohl stets Begleiterscheinungen der Kriege gewesen. Viele sonst gewiß in den Schranken der Sitten heimische Mädchen hatten jetzt „ihren" Polen oder Russen, mit der Entschuldigung: „Dieser Eine bewahrt mich vor den Vielen". Ebenso denken junge Frauen; ohne sich als Ehebrecherin vorzukommen, nimmt die junge Frau, die noch auf ihren Mann hofft, auch einen deutschen Mann zu sich mit der gleichen Begründung.

Unter die sittliche Verrohung muß man auch die schreckliche Erfahrung rechnen, daß oft ein Deutscher den anderen nicht nur bestahl, sondern dem Feinde anzeigte, seine Verstecke verriet, um sich lieb Kind zu machen. Und schon im ersten Sommer auf dem Lande erlebte ich, daß gut versteckte junge Mädchen von den neidischen Müttern anderer dem Russen gemeldet wurden — „Warum sollen es die besser haben als unsere" — und daß die Schadenfreude unverhohlen triumphierte, wenn das Unheil einen besonders edlen Menschen ereilt hatte.

Der Gesundheitszustand der Bevölkerung hat natürlich bei den geschilderten Umständen der Ernährung, Kleidung, Wohnung und Entsittlichung stark gelitten. Geschlechtskrankheiten, Tuberkulose, Herzerkrankungen greifen um sich. Die schweren monatelangen Durchfälle brachten so hohe Grade der Unterernährung mit sich, daß Herzschwächen, Leberschwellungen, nervöse Kopfschmerzen ganz alltägliche Leiden waren. Die Kinder starben schnell an leichten Infektionskrankheiten, alte Leute sind täglich viele in Köslin erlegen. Männer scheinen auf die Dauer unzureichender Ernährung schlechter gewachsen zu sein als Frauen. Die Krätze und ihre Folgeerscheinungen, die Eiterbeulen, beherrschten vom Einzug des Feindes bis Ende 1945 die Bevölkerung in Stadt und Land, was sich besonders bei der Strumpflosigkeit bei Klein und Groß zeigte. Eimerweise haben die Ärzte Schwefelsalben verabreichen müssen und wurden doch nicht Herr der Krätzenplage. Qualvoller Juckreiz viele Monate nach Erlöschen der Krätze blieb oft zurück, wohl weil die unterernährten Hautschichten zu schlecht durchblutet sind. Die Krankenhäuser waren hauptsächlich mit Typhus und Aborten beschäftigt. Alt und Jung flehte, vom „kleinen Iwan" befreit zu werden. Da Medikamente und anderes ärztliches Zubehör fast ganz fehlten, die Ernährung, völlig fett- und fleischlos, fast nur aus dünnen Kartoffelsuppen bestand, sind die entlassenen Patienten mit großer Wahrscheinlichkeit nicht so bald, wenn überhaupt, wieder leistungsfähige Menschen geworden.

IV. Ostbrandenburg unter russischer Besatzung und polnischer Verwaltung.

Nr. 210

Erlebnisbericht des Gendarmeriebeamten a. D. Friedrich Paetzold aus K u r z i g , Kreis M e s e r i t z i. Brandenbg.
Original, 10. Juni 1952, 29 Seiten. Teildruck.

Ausplünderung der Bewohner eines Dorfes im Kreis Meseritz durch sowjetische Truppen im rückwärtigen Frontgebiet; Maßnahmen der russischen Besatzung, Verhaftungs- und Vernehmungsmethoden des NKWD.

Zunächst berichtet Vf. über Ereignisse und Erlebnisse beim Einmarsch der Russen in das Dorf Kurzig und die Ermordung seines Vetters[1]).
Von den Deutschen wagte sich keiner vom Hof. Von der nahen Kreisstadt Meseritz kam ein russischer Major, er setzte den zweiten Bahnbeamten Bressel als Bürgermeister ein. Am Nachmittag wurde bekanntgegeben: Am 3. Februar um 8.00 Uhr sammeln sich alle männlichen Einwohner am Bahnhof, für 14 Tage Verpflegung ist mitzubringen. Angeblich sollten sie an der Bahn arbeiten. Von der Siedlung waren es Manfred Paetzold, 16 Jahre alt, Bruno Plötz, 48 Jahre alt, mit Sohn Ernst, 15 Jahre alt, Otto Stresse, 42 Jahre, Kurt Paetzold, 40 Jahre, Sattler Wolf, 38 Jahre, Wilhelm und Erich Binder, 40 Jahre, im ganzen acht Männner bzw. Knaben.
Soweit ich bis heute unterrichtet bin, ist nur Bruno Ploetz, auch ein Vetter von mir, Anfang Dezember 1945 zu seiner Frau und Tochter, die in Buberow bei Löwenberg bei einem Bauern Zuflucht gefunden hatte, zurückgekommen. Von dort schrieb er mir nach Berlin, ich solle kommen. Ich konnte erst acht Tage später fahren. Als ich ankam, zeigte seine Frau weinend nach dem unweit des Hauses gelegenen Friedhof und sagte: „Dort haben wir Bruno gestern begraben, er kam todkrank zurück, man konnte ihn nicht mehr gebrauchen, er wog noch 54 Kilo!" Bruno war ein großer, starker Mann und hatte über 100 Kilo gewogen. Er habe erzählt, sie hätten bei Minsk in einem Torfwerk arbeiten müssen, die Aufsicht hätten Mädchen vom Lehrerseminar gehabt, die mit Pistolen und Peitschen zur Arbeit angetrieben hätten. Bei Kohlwassersuppen hätten sie täglich 16 Stunden arbeiten müssen. Von der Siedlung seien über die Hälfte der Deportierten jetzt schon tot.
Am 3. Februar, den ganzen Tag über, wurden die Gehöfte von Russen durchsucht und durchwühlt, eine Horde ging, die andere kam. Karabiner oder Maschinenpistole hatten sie stets schußbereit. Nie betrat ein Russe ohne schußfertige Waffe das Haus. Wir sind im ersten Weltkriege in französischen und russischen Orten ohne Waffen herumgelaufen.
Auf dem Hof waren 54 Hühner, sie verschwanden im Handumdrehen; die vier Frauen waren ständig beim Schlachten, Rupfen und Kochen. Blaß und ängstlich waren sie bei der Arbeit, die Russen standen daneben, oft mit der Pistole in der Hand. Es waren durchweg junge Bengels. Die abgesteppten, wattierten Uniformstücke glänzten von Dreck. Wie die Wölfe fielen sie über die halbgaren Hühner her, mit Fingern und Zähnen das Fleisch von den Knochen zerrend. Man mußte an die Fütterung von Raub

[1]) Abgedruckt unter Nr. 105 (Bd. I, 1).

tieren denken. Die Knochen flogen auf den Fußboden, und die Nasen schnaubten sie sich während des Fressens aus dem Handgelenk in die Küche. Den Frauen graute jedesmal vor dem Reinemachen. Lieber den Stall ausmisten, sagten sie.

Nach 14 Tagen Russenherrschaft hatten wir nur noch Mäuse auf unserem Hof. Zuerst gingen die Pferde weg, nur vier einjährige Fohlen und eine alte Fuchsstute, die zum zwölften Male fohlen sollte, blieben uns. Auf dieser eingetragenen Stute hatte mein Vetter die Zucht aufgebaut. Ich dachte, es ist gut, daß er das nicht mit ansehen muß. Einen dreijährigen Fuchswallach ritt ein Major, der so dick war, daß er dem Tier bald das Kreuz eindrückte. An sonstigem Vieh hatten wir noch 14 Milchkühe, 2 angekörte Bullen, 15 Stück Jungvieh, 2 Schafe, 22 Schweine und 4 Zuchtgänse.

Am Sonntag, dem 5. Februar, wurde das Rindvieh abgetrieben. Eine große Herde war es allein aus den 17 Gehöften der Siedlung, fast alles Herdbuchtiere. Die Tiere, die den Winter über nicht aus dem Stall gewesen waren, gebärdeten sich wie wild. Als Treiber waren von den Russen alle vorhandenen alten Leute, Frauen und Kinder zusammengetrieben worden. Ich ging an zwei Stöcken, sagte dem etwas deutschsprechenden Unteroffizier, ich sei Invalide und könne nicht laufen. Er zwang mich, den Hof lang zu laufen. Ich markierte so geschickt den Lahmen, daß ich freikam.

Das ganze Vieh wurde nach dem etwa zwölf Kilometer entfernten Dorf Kalau getrieben, von wo es mit der Bahn abtransportiert werden sollte. Der Weg soll nach Aussagen von Treibern mit hochtragenden Kühen gesäumt gewesen sein, die liegen blieben und elendiglich verreckten. Die begleitenden Russen vergnügten sich mit Schießereien, um die Treiber bei der Stange zu halten. Von unserm Vieh war nur der über 20 Zentner schwere Zuchtbulle und eine Kuh mit Zwillingskälbern geblieben, die Russen machten ihre Witze darüber, wir aber hatten wenigstens etwas Milch.

Die restlichen Schweine versorgte ich mit dem 15jährigen Landjahrmädel Erika Lessing, deren Eltern auch von Kurzig-Mühle zu uns geflüchtet waren; der Vater sprach Russisch. Er war im ersten Weltkrieg 1916 mit seiner Familie aus Wolhynien gekommen und im benachbarten Picske angesiedelt worden. Er war etwas zänkisch veranlagt, und ich mußte manches schlichten, damit wenigstens unter uns Friede blieb. Erika, ein hübsches, blondes Mädel, trug noch ihre langen Zöpfe. Die Bolschewisten sahen ihr immer mit lüsternen Augen nach. Ich hatte ihr für die Nacht eine Schlafstelle hinter dem Schornstein gemacht, noch über der Räucherkammer. Da kletterte sie abends mit der Leiter nach oben und zog diese nach. So war sie ziemlich sicher, ohne Leiter konnte man schlecht rauf.

Ich wurde Nacht für Nacht von Rotarmisten, die auf der Suche nach Frauen und Mädchen waren, geweckt. Dabei leuchteten sie mir ins Gesicht, und einmal setzte mir einer die Pistole auf die Brust, zeigte dreimal fünf Finger: „Wo ist Mädchen?" Er meinte die 15jährige Erika. Ich zuckte immer nur die Achseln. Schließlich zog er fluchend wieder ab.

Die Schweine brauchten wir nur bis zum 10. Februar füttern, dann gingen auch sie weg. Sie wurden in den großen Ställen des ehemaligen Gutes untergebracht und von zwangsgestellten deutschen Mädchen gefüttert, zu denen nun auch unsere Erika gehörte. Man ließ uns zunächst eine Zuchtsau und ein Schlachtschwein, doch dauerte die Freude nicht lange. Die Zuchtsau stahl eines Nachts die Bahnhofswache, die sich zu diesem Zweck in Braunhemden eingekleidet hatte.

Von den russischen „Soldaten" machte jeder gerade, was er wollte. Von der erwähnten Wache kam regelmäßig einer und nahm uns von unserem kärglichen Frühstück das oft letzte Stückchen Brot, den Jungen Günther schickte er unter Drohungen nach Eiern aus. Das war sehr schwer, denn die meisten Hühner waren ja von den Russen schon geschlachtet. Ehe er uns verließ, revidierte er stets Speisekammer und Keller. Aber da war nichts mehr zu holen, und das Wenige, was wir noch hatten, suchten wir in immer neuen Verstecken zu bergen. Durch Erfahrung waren auch die letzten Vertrauensseligen klug geworden, sie haben schweres Lehrgeld zahlen müssen. Zuschließen durfte man nicht, die Türen wurden sofort kurz und klein geschlagen. ...

Etwa Mitte Februar kam ein deutscher PKW. mit Russen — diese hatten überwiegend deutsche Wagen — auf den Hof gefahren. Es war noch früh am Tage, ich hatte gerade meinen Beobachtungsposten auf dem Heuboden bezogen. Ein Offizier, mit einem deutschen Degen in der Hand, führte die Bande an. Unser Hof war so groß, daß man mit vier Pferden im Galopp eine Acht fahren konnte. Sie durchsuchten die Ställe. Unsere beiden Schafe kamen zum Vorschein und wurden auf der Stelle abgeschlachtet. Da dies mit einem offenbar völlig stumpfen Messer vor sich ging, war die Quälerei kaum mit anzusehen. Die Schafe wurden auf den Wagen geworfen. Dann knallte es zweimal im Stall, und auch unser Schlachtschwein ging den Weg alles Fleisches.

Unglücklicherweise kamen nun auch unsere vier Zuchtgänse von der Koppel her auf den Hof marschiert. Es gab ein großes Geschrei. Ich lief herunter und versuchte, den Russen klarzumachen, daß es alte Eierleger wären, die sie nicht mehr weichgekocht kriegen würden. Vergeblich, auch unsere vier Gänse wurden im Wagen verstaut. Der Offizier lachte und zeigte mir sogar noch stolz, was sie erbeutet hatten. Man sah ihnen an, daß sie aus dem vollen lebten, sie wurden täglich dicker. ...

Nach diesem Erlebnis schlachteten wir rasch die beiden Kälber und vergruben das Fleisch im Garten. Die alte Stute hatte inzwischen ein prächtiges Hengstfohlen bekommen.

Die Russen lagen an der Oder fest. Jeden Morgen flogen die Ratas dicht über unsere Dächer weg nach vorn und kamen mittags wieder zurück. Deutsche Flugzeuge bekamen wir nicht zu Gesicht, wir waren ohne jede Verbindung und Nachricht. Den ganzen Februar über rollten Tag und Nacht Panzer Richtung Oder, wir hörten das Gerassel von der nahen Frankfurter Straße. Keinen Tag waren wir ohne Einquartierung.

Die Trainkutscher, eine Sorte für sich, waren reichlich vertreten. Ihre Panjewagen waren durchweg mit deutschen Pferden bespannt. Den Hafer fuhren sie in Garben an die Front. Auch unsern Weizen und vier Zentner Ölsaat wurden wir los. Dann waren Speicher und Keller leer. Ein Russe band unsere letzte Kuh an seinen Wagen. Keine Vorstellungen halfen. Was nicht an die Front ging, ging nach Rußland, so war es mit den Menschen und so mit dem Vieh, mit den Vorräten und mit den Maschinen. Und das, obwohl die Russen selbst sagten, daß der Pole das Land bekommen sollte. Selbst Telefon- und Lichtleitungen wurden abmontiert, sogar Jauchetonnen wurden verladen.

Eines Tages kam ein Offizier mit zwei Mann. Sie holten den vereinsamten Bullen aus dem Stall und legten ihn mit der Maschinenpistole um. Die besten Stücke schnitten sie sich heraus, das andere ließen sie liegen. Wir sammelten es auf und salzten es ein. Schon am nächsten Tage wurde es uns genommen. Wir hatten nun noch zwei Hunde, Rolf und Prinz, und ein paar Tauben. Auf diese schossen einkehrende und vorüberkommende Russen. Als sie alle waren, schossen sie die Ziegel von den Dächern, sie schossen immer. Ich bin 17 Jahre Soldat gewesen, wenn wir uns das erlaubt hätten, wären wir eingesperrt worden.

Die Leiche meines Vetters stand in dem selbstgezimmerten Sarg immer noch auf der Scheunendiele, wir mußten an die Beerdigung denken. Ich konnte aber niemanden bewegen, mit nach dem abgelegenen Friedhof zu kommen, die Angst war zu groß. So grub ich mit Lange ein Grab auf der Koppel hinter der Scheune. Die Erde war fast ein Meter tief gefroren, einen ganzen Tag haben wir uns mit Hacke und Spaten gequält, ehe wir die Gruft fertig hatten.

Am 10. Februar 1945 haben wir Otto Zillmann beerdigt. Die wenigen noch vorhandenen Nachbarn waren dabei. Otto Plötz, der Schwager des Ermordeten, schlug vor, die beiden letzten Verse von „O Haupt voll Blut und Wunden" zu singen. Aber die Russen im nahen Pionierpark hätten es gehört. So blieb es bei einem still gesprochenen Vaterunser. Ich stand mit Grete noch lange am Grab.

Vf. gibt seine Gedanken wieder, die ihn bei der Rückkehr von der Beerdigung seines Vetters bewegten.

Um den Herd saßen stumm die Frauen. Jede trug ein großes Kopftuch, welches das Gesicht verhüllte. Die Russen sollten es nicht sehen. Sie kamen allabendlich und machten Menschenjagd. Nächst der Tür pflegte die älteste und resoluteste zu sitzen, eine evakuierte Berlinerin, 65 Jahre alt. Daneben ihr 14jähriger Pflegesohn Günther, ein großer, hübscher Junge. Dann Frau Riemer, eine Witwe aus dem Posenschen. Sie war mit Pferd und Wagen von dort geflohen, die hatte man ihr dann hier genommen. Daneben meine Cousine Grete, die Frau des ermordeten Otto Zillmann, jetzt Besitzerin des Hofes. Dann kam Frau Lange, sie verstand Polnisch und sah mit ihren 53 Jahren noch recht gut aus. Als letzte Frau Lessing, die Mutter der blonden Erika. Diese wurde von uns immer zuerst in ihr Versteck geschickt. Das waren die weiblichen Bewohner des Hauses. Die männlichen, Bruno, Lange, Lessing und ich, saßen am Küchentisch. Bruno Nether war 54 Jahre alt, wir drei andern alle über 60. Seit dem Eintreffen unserer Befreier ließen wir uns einen Vollbart stehen. Jeder machte sich so alt und unansehnlich wie möglich, und da wir täglich mehr abmagerten, gelang uns dies auch ganz gut.

Es sprach sich bald herum, daß Lessing auch die russische Sprache beherrschte. Lessings hatten das Zimmer der beiden Mädels, das neben meinem lag, bezogen, und dort waren ständig Russen. Wir hatten zwei tadellose Klosetts mit Wasserspülung. Viele Russen fragten, was das wäre. Ich machte jede Einquartierung auf die Gelegenheit aufmerksam, aber weder Offizier noch Mann haben je ein Klosett benutzt. Trat man morgens aus dem Haus, so sah man an jeder Haus-, Stall- oder Scheunenecke einen Russen in Hockstellung, ohne das geringste Schamgefühl. Man konnte zuletzt vor lauter Haufen kaum mehr auf den Hof gehen. Ich überwand meinen Ekel und karrte, um Seuchen zu verhindern, jeden Tag das ganze Gehöft ab. Wenn ich fertig war, konnte ich wieder von vorne anfangen.

Unsere Wäsche und Kleidungsstücke hatten wir in Koffern und Säcken unter dem Heu versteckt. Eines Tages, als die Russen wieder alles durchstöberten, hörten wir großes Geschrei, sie hatten Gretes Koffer entdeckt. Ich wurde geholt und sollte mit einer Forke das ganze Heu umwenden. Ich zeigte auf meine Stöcke und sagte: „Invalide!" Der Russe griff nach dem an der Stallwand lehnenden Karabiner und setzte mir die Mündung auf die Brust. Ich riß wieder meine Jacke auf und sagte: „Bitte!" Er tippte sich an die Stirn und stellte den Karabiner weg. Meist folgte dann noch ein nicht wiederzugebender Fluch. Als die Wagen vom Hof waren, schaffte ich meine Sachen, die sie nicht gefunden hatten, in den Holzschuppen, vergrub sie und packte Holz darüber. Ich mußte dabei sehr vorsichtig zu Werke gehen.

Im Herbst 1944 hatte ein Kriegskamerad von Otto, der ein Geschäft in Posen eröffnet hatte, zehn große Kisten geschickt. Sie waren mit Bandeisen beschlagen und trugen die Aufschrift: „Geschwister Streich, Posen". Diese Kisten, die eine wertvolle Geschäftsausstattung an Teppichen, Tischdecken, Leinen, Wolle usw. enthielten, waren schon in den ersten Tagen des Russeneinbruchs erbrochen und ausgeplündert worden, aber wie immer war dabei ein Rest des wild herausgerissenen Gutes auf dem Boden liegen geblieben, und da niemand Zeit zum Aufräumen gefunden hatte, zog selbst noch dieser in Dreck getretene Rest immer wieder neue beutelüsterne Russen an.

Nächst Uhren waren sie auf Fahrräder scharf, aber sie konnten nicht fahren. Man hatte den Eindruck, daß ihnen alle diese Dinge fremd waren. Sie gingen wie die Kinder damit um.

Schlimm wurde es, wenn sie betrunken waren, und das waren sie sehr oft. Dann waren sie zu allem fähig. Die ältesten Frauen mußten flüchten. In einer der ersten Nächte mußten sich im Hause des Bauern Golze drei über 50 Jahre alte Frauen entkleiden und stundenlang nackend vor der johlenden, betrunkenen Horde Spießruten laufen. ... Die Scham verschloß ihnen lange den Mund.

In den Baracken des Pionierparks hatte unendlich viel Handwerksmaterial gelegen. Die Bauern hatten weder Nagel noch Schraube. Hier lagen Schubkarren, Äxte, Spaten, Beile, Hacken u. a. m. umher. Günther hatte etwas davon auf den Hof geschafft, wir brauchten es dringend. Aber so wie wir es hatten, nahm der Russe es uns wieder weg. Schließlich begann auch die Abfuhr im Pionierpark, und nun wurden jeden Morgen die Einwohner zum Aufladen zusammengetrieben, darunter Frauen bis zu 70 Jahren. Das ging so wochenlang.

In den Wohnbaracken des Lagers feierten die Russen allnächtlich ihre Orgien, und am nächsten Tage mußten die Frauen dort reinemachen, daß ihnen oft übel wurde. Immer wieder wurden wir als Kapitalisten beschimpft, aber was wir auch besaßen, die Russen eigneten es sich nur zu gerne an.

Auf dem Dach der Brennerei saß auch eine Wache, die konnte von dort aus den Pionierpark und die ganze Siedlung absehen. Sie schoß, sobald sich etwas Ziviles, gleich ob Mensch oder Tier, regte. Auch Langes schöne Schäferhündin „Anka" mußte dran glauben, sie lag eines Tages erschossen am Bahndamm.

Allmählich wurden die Lebensmittel knapp, am empfindlichsten war der Mangel an Salz. Schon längst hatten wir von dem roten Viehsalz genommen. Als auch dies auf die Neige ging, sagte ich zu Lange: „Morgen gehen wir zum alten Militärlager in den Wald, vielleicht, daß wir da noch etwas finden!"

Mit einem Handwagen erreichten wir am nächsten Tage auch tatsächlich unangefochten das Lager. Dort sah es wüst aus. Was nicht genommen war, war sinnlos zerstört worden. Wir gingen durch den großen Saal, wo einst das Wehrmachtstheater gespielt hatte, bis in die Küche. Dort fanden wir zu unserer großen Freude in einer Kiste 50 Pfund Salz und sackten sie schleunigst ein. Außerhalb der Küche lagen zwei geschlachtete Schweine. Wir machten, daß wir mit unserm Schatz nach Hause kamen. Kartoffeln hatten wir noch. Der Bäcker Krüger in Kurzig hatte seinen verbliebenen Mehlvorrat bis Mitte Februar verbacken. Seither drehten wir Roggen durch die Kaffeemühle und buken selber Brot. Es war mühsam für die vielen Menschen, aber wir waren dankbar, daß wir noch etwas Roggen hatten.

In der Siedlung und im Dorf Kurzig waren etwa 20 männliche und ebenso viel weibliche Polen bei den Bauern beschäftigt gewesen. Sie waren immer gut behandelt worden und haben sich auch beim Einzug der Russen gut betragen. Sie requirierten sich gleich in den ersten Tagen Pferd und Wagen und zogen singend nach ihrer nahen Heimat ab.

Unser Nachbar Scheffler trug immer lange Gummistiefel und meinte: „Die nimmt der Russe nicht!" Ich war auch dumm genug, mir ein Paar fast neue Gummistiefel vom Sohn meines Vetters Otto anzuziehen, ich sollte bald klüger werden. Das Wasser, um unser kleines Hengstfohlen zu tränken, mußte ich gegenüber von Schefflers holen. Die hatten den Hof auch voll Russen. Ich humpelte mit zwei Eimern nach Wasser. Als ich damit zurück über den Hof kam, hielt mich einer der Russen an, und ich sah gleich, daß er mir auf die Füße guckte. „Komm, komm!" sagte er. Dies Wort führten sie ständig im Munde, und die Frauen erblaßten, wenn sie es hörten. Er machte mir bald klar, ich solle die Stiefel ausziehen. Diesmal half mir nichts. Ich mußte mein Wasser auf Strümpfen nach Hause bringen ...

Mit der Verpflegung wurde es zusehends schlechter und schwieriger. Es wagte sich ja auch niemand auf die Straße, um vielleicht irgendwo noch etwas aufzutreiben. Entweder man wurde zu irgendeiner Arbeit geschleppt, oder mindestens wurde einem das bißchen, was man besorgt hatte, abgenommen. So wurden die Menschen völlig mutlos und sagten: „Es hat alles keinen Zweck mehr." Unsere letzte, sorgsam gehütete Reserve, einige Gläser mit eingewecktem Fleisch, die wir in Brunos Schlafraum versteckt hatten, nahmen sie mit, als sie eines Tages die Tür verschlossen fanden und daraufhin einschlugen.

Kurz darauf wurden die Mädels, die auf dem Gut die Schweine besorgten, so wie sie waren, vom Stall weg auf Lastwagen geladen und nach Rußland verschleppt. **Keine konnte mehr von ihren Angehörigen Abschied nehmen. Aus der Siedlung waren dabei unsere Erika Lessing, 15 Jahre alt, Edelgard Plötz, 16 Jahre, Ilse Scheffler, 17 Jahre, und Inge Jokisch, 18 Jahre alt; lauter blühende, hübsche Mädels ...**

Der Februar ging zu Ende, ein Monat des Schreckens. Wie würde es weitergehen? Wie mochte es im übrigen deutschen Vaterland aussehen? Wo war meine Frau? Wir waren ohne Nachricht. Wenn ich nachts am unbeleuchteten Fenster als Warnposten für die Frauen und Mädchen stand, quälten mich die Gedanken. Wie lange sollte es so noch weitergehen?

Wir werden immer weniger, kommen nicht zur Ruhe. Kürzlich haben die Russen die ganze Siedlung umstellt und Haus für Haus abgesucht, um der Mädchen habhaft zu werden. Einzig Helga Kaiser konnte ihrem Schicksal entgehen. Als ein russischer Arzt sie in sein Zimmer zerren wollte, gelang es ihr, sich loszureißen. Sie sprang aus dem offenen Fenster und entkam in der Dunkelheit.

Der Armamputierte D. aus Kurzig-Dorf, als Telefonist im Pionierpark beschäftigt gewesen, wurde von betrunkenen Russen gezwungen, den Leuchter zu halten, während sie seine Frau schändeten. Ebenso erging es einem andern Kriegsinvaliden (Beinamputierten), Erich J. Er hatte die Krankenschwester, die ihn im Lazarett gepflegt hatte, eine Bauerntochter aus Bayern, geheiratet. Sie hatten ein Töchterchen von drei Monaten. Erich wurde aus dem Bett gejagt, und die Russen fielen, einer nach dem andern, über seine Frau her. Dies sind nur zwei Fälle unter vielen.

Es gab aber auch andere Frauen, z. B. die Frau von Bauer S., der gleich zu Anfang nach Rußland verschleppt war. Sie „bediente" den General, der mit seinem Stabe im Haus von Karl H. hauste. Karl selbst erzählte mir, es sei schamlos, wie sie sich aufführe, sie liefe den ganzen Tag im Nachthemd herum oder bade, und es gefiele ihr so, habe sie zu ihm gesagt. Ich muß sagen, dieses Frauenzimmer war Gott sei Dank eine Ausnahme in unserm Dorf.

In den Monat März retteten wir mit viel List noch ein paar Karnickel.

Von der Oder hörten wir Kanonendonner. Allerlei Gerüchte wurden laut. Wenn die Luft einigermaßen rein war, kamen wir Männer bei Max Scheffler zusammen, man konnte die unglaublichsten Ansichten hören. „Das Feuer war heute ganz nah", sagte Max, „nun werden Unsere bald kommen, und dann sind wir erlöst!" Sie glaubten, was sie hofften. Man konnte es ihnen nicht widerlegen.

Am 9. März abends wurden alle noch vorhandenen Männer von den Russen zusammengetrieben. Ich hörte schwere Schritte die Treppe zu mir heraufkommen, zwei schwerbewaffnete Bolschewisten: „Komm, komm!" Im Hof schrie Bressel, der von den Russen eingesetzte Bürgermeister: „Paetzold, Lange, mitkommen!" Er überschlug sich fast vor Diensteifer, um sich bei den Russen beliebt zu machen, er ahnte nicht, wie nahe sein eigenes Verhängnis war.

Auf der Straße kamen mir überall Männer entgegen, die von den Russen zusammengetrieben wurden. Vor Bressels Haus endete der Marsch. Wir sahen uns an. Was stand uns bevor? Wir sollten es bald erfahren.

Ein Kommissar, eine Liste in der Hand, kam mit einem deutsch sprechenden Polen als Dolmetscher aus dem Haus. Auf dem Hof stand ein Lastwagen, daneben bewaffnete Soldaten. Der Kommissar, ein noch junger Mensch, in funkelnagelneuer Uniform, musterte die Anwesenden. Dann rief er die Namen auf und fragte jeden einzelnen, ob er in der Partei gewesen sei. Bei jeder Antwort verglich er auf seiner Liste, die so genau war, daß sie ihm nur ein Verräter geliefert haben konnte. Er ging um uns herum wie auf dem Viehmarkt und schätzte mit abwägenden Blicken unsere Arbeitskraft ein.

Zuerst kamen die gut Genährten an die Reihe. Richard Bode, ein Arbeiter. Der Kommissar deutete mit der Hand auf den Lastwagen. Die Soldaten halfen nach. Ortsbauernführer Greulich, Bauer Otto Plötz, Bruno Nether, Schlachter Scheffler, Bauer Sawade, Bauer Robert Marowski, Brenner Schütz, alles Männer zwischen 50 und 70 Jahren. Bauer Linke und Bauer Binder wurden als zu mager abgelehnt.

In diesem Augenblick kam Bressel mit dem Rest der Männer von jenseits der Bahn und stellte sie eifrig dem Kommissar vor. Arthur Jokisch, sein Schwager, ein Finanzbeamter und Bauer Alfred Paetzold mußten auf den Wagen. Ich stand noch immer in meinen Holzpantoffeln, mager und krumm mit verwildertem Bart, ich hätte auf jeden Steckbrief gepaßt. Lange wurde ich gemustert, dann winkte der Kommissar ab, rief laut und deutlich: „Bressel!" — nie werde ich dessen Gesicht vergessen — und deutete auf den Wagen. Das Urteil war gesprochen. Wir konnten gehen.

Die andern wurden abtransportiert, so wie sie waren, ohne Mantel und Decke. Wir haben nie wieder etwas von ihnen gehört.

Die Front stand immer noch an der Oder. Infolgedessen hatten wir schon so eine Art Stammkundschaft auf dem Hof. Auf dem Zaun hingen die Häute der geschlachteten Kühe, von denen die Köpfe für uns abfielen. Mit Roggenschrot, Kartoffeln und etwas Leinöl hielten wir uns weiter durch. Da kein Vieh mehr, wohl aber noch Kartoffeln vorhanden waren — vor allem aber wohl wegen der Schnapsgewinnung —, brachten die Russen die Brennerei wieder in Gang. Unter anderen mußten auch Lange und Karl Hämerling dort arbeiten und bekamen Verpflegung. Es sah aus, als ob die Russen etwas ruhiger würden. Aber wir sollten bald eines Besseren belehrt werden. ...

Am 9. April spät abends kamen zwei Wagen auf den Hof gefahren. Die Kerle hatten grüne Achselklappen und Mützen. Ich sagte zu Lange: „Was sind denn das für welche?" Einer postierte sich im Garten, einer vorm Stall, genau dort, wo die Tür zum Boden ging. Zwei stiegen, ohne zu fragen, zu Lessing herauf, sie wußten offenbar Bescheid. Ich holte mir aus dem Pferdestall die Futterschwinge. Lange war im Schuppen und hackte Holz. Da kamen die beiden von Lessing wieder runter und hielten mich an. Sie nannten meinen Namen, ich mußte die Futterschwinge hinstellen und mit zum Nachbargehöft kommen. Dort war eine Stube zur Vernehmung eingerichtet. In der Mitte ein Tisch, ich mußte mich davor hinsetzen. Auf der anderen Seite am Fenster stand ein Kommissar mit dem mir bekannten

Polen aus der Brennerei als Dolmetscher. An der Tür zum Ausgang standen zwei schwerbewaffnete Posten. Jetzt wurde mir klar, daß ich die russische Gestapo, die berüchtigte GPU., vor mir hatte.

Der Kommissar fragte nach meinen Papieren. Ich sagte, daß mir dieselben längst abgenommen seien, was ja auch der Wahrheit entsprach. Ich nahm mir überhaupt vor, ohne Widerspruch dabei zu bleiben. Der Kommissar sprang wütend auf und hielt mir die Faust unter die Nase: „Du lugen!" Der Dolmetscher sagte, ich hätte doch sicher noch irgendetwas. Ich sagte, nur einen Briefordner, keine Ausweispapiere. Sofort mußte ich unter Bedeckung der Posten, die kein Auge von mir ließen, den Ordner holen. In demselben hatte ich alles eingeheftet, was für mich, vor allem für meine Pensionsansprüche, von Wichtigkeit war. Der Kommissar fand eine Karte darunter, die vom Polizeipräsidium Berlin nach Kaunas, der Hauptstadt Litauens, an mich gerichtet war und meine Gehaltszahlung betraf. Da hakte er sofort ein. Ich sagte, daß ich 1942 vom Wehrkreiskommando der Landbewirtschaftungsgesellschaft Ostland in Riga überwiesen worden sei und bis September 1943 dort gewesen sei.

Nun wurde eine Pause gemacht, meine Cousine, die Frau des erschossenen Otto Zillmann, geholt und über mich vernommen. Dann ging es in meine Wohnung, wo alles durchwühlt wurde. Ich wurde dabei meine letzten Sachen einschließlich Seife los. Der Kommissar packte Bücher und Zeitungen ein, die Bücher waren von meinen Neffen, die Zeitungen hatten als Tischbelag gedient. Natürlich waren es Zeitungen des Dritten Reiches, Abbildungen von deutschen Flugzeugen waren darunter.

Der Kommissar sagte mir, daß sie mich mitnehmen würden, ich solle Verpflegung einpacken. Ich zog mir Stiefel und einen alten Lodenmantel meines toten Vetters an. Meine Cousine brachte mir noch ein Stückchen Speck. Es war unterdessen 14.00 Uhr geworden. Auf dem Wagen fand ich schon die Frau des Ortsbauernführers aus Kurzig-Dorf vor, deren Mann, Lemke, am 1. Februar ohne weiteres erschossen war. Den Gutsbesitzer Zerndt aus Kriescht hatten sie nicht gefunden. Zwei GPU.-Soldaten nahmen neben uns Platz, ein zweiter Wagen mit dem schimpfenden polnischen Dolmetscher und weiteren Soldaten folgte. In einem Trabe ging es nach dem 25 Kilometer entfernten Städtchen Zielenzig. Wir kamen durch das ehemalige Militärlager Wandern, das voller Russen lag.

In Zielenzig hatte die GPU. das Gehöft eines Maurermeisters und zwei danebenliegende Häuser beschlagnahmt. Nach nochmaliger gründlicher Untersuchung kam ich in den Keller, wo fünf Männer im Stroh lagen, auf dem für mich kein Platz mehr war. Der Keller war eng, dunkel und feucht. In einer Ecke stand ein alter Sessel mit drei Beinen. Auf dem habe ich die ganze Zeit geschlafen.

Als Neuankömmling wurde ich eingehend betrachtet und befragt. Meine Schicksalsgefährten hatten seit Tagen gehungert, ich verteilte meinen Proviant und war im Augenblick die Hauptperson. Ich hörte, daß im Keller nebenan Frauen untergebracht seien. Die Anwesenden waren: ein 72jähriger, noch rüstiger Bierfahrer aus Zielenzig, ein Straßenbahner aus Köln und drei Zielenziger, ebenfalls ältere Männer. Keiner wußte, was er verbrochen haben sollte.

Gegen 23.00 Uhr wurde ich zur Vernehmung geholt, die in einem Raum des Nachbarhauses stattfand. Wieder in der Mitte ein Tisch, darauf eine Petroleumlampe und ein paar Pakete Tabak. Dahinter saß ein Kommissar, ein vielleicht 30jähriger Mensch. Neben ihm ein dunkler Zivilist mit Vollbart, der Dolmetscher. Er sprach gut deutsch. Ich mußte mich etwa vier Schritt vor dem Tisch auf einen Stuhl setzen. Eine ganze Weile war es still im Zimmer. Die Russen drehten sich Zigaretten und rauchten.

Schließlich sagte der Kommissar etwas auf russisch zu dem Dolmetscher. Der überlegte einen Augenblick und fragte mich dann, warum ich nicht geflohen sei. Ich erwiderte, ich hätte meine Sachen nicht im Stich lassen wollen, außerdem wäre ich als alter Soldat der Meinung gewesen, die Russen seien Soldaten, wie ich sie im ersten Weltkrieg kennen gelernt hätte. Hierauf ging der Kommissar nicht ein, fragte dagegen, was für einen Auftrag ich gehabt hätte. Ich sagte, ich hätte keinen Auftrag gehabt. Er sagte, dies sei eine Lüge, bei ihnen habe beim Rückzug der Truppe jeder Zurückbleibende einen Auftrag gehabt, ich hätte doch Geld von Hitler bekommen — dies bezog sich auf die gefundene Postkarte —, ob ich bei der Gestapo gearbeitet hätte. Ich sagte, nein. So ging es bis 2.00 Uhr nachts hin und her, dann wurde ich wieder in den Keller gebracht. Morgens erzählten die anderen von ihren Vernehmungen. Ein schwerkriegsbeschädigter Schlosser aus Zielenzig erzählte, er habe dem Kommissar gesagt, er sei Kommunist, er habe ihm sogar seinen Parteiausweis von 1933 vorgelegt. Der Kommissar habe den Ausweis zerrissen und ihm an den Kopf geworfen. Der Straßenbahner aus Köln wurde erst am Vormittag vernommen, er kam weinend zurück und jammerte unentwegt. er sei furchtbar geschlagen worden. Er konnte sich gar nicht beruhigen. Ich sagte ihm schließlich, er sei doch ein Mann und solle mit der Heulerei aufhören. Er erzählte dann noch, der Kommissar habe behauptet, er sei von Berlin per Flugzeug mit einem Hauptmann nach Zielenzig gekommen, dabei wisse er nicht einmal, wie ein Flugzeug von innen aussehe.

Zu essen bekamen wir an diesem Tage nichts. Nachmittags wurden wir auf dem Hof mit allerlei Arbeiten beschäftigt, abends wieder eingesperrt. Um 23.00 Uhr ging erneut die Vernehmung los. Ich mußte meinen ganzen Lebenslauf erzählen. Am meisten interessierte den Kommissar, wo ich überall als Landjäger gewesen war. Er fragte, wieviel Personen ich festgenommen hätte und warum. Das ging wieder so bis 2.00 Uhr. Am andern Morgen wurde ich wieder aus dem Keller geholt und mußte den Hof fegen. Mittags bekamen wir etwas Suppe, hatten aber keinen Löffel. Ein Russe war mitleidig und gab uns einen. Der Löffel ging reihum. Das hört sich alles ganz gemütlich an, aber wenn man die ausgehungerten Gestalten mit gierigen Augen um den Eimer mit dem Essen herumsitzen sah, dann mußte man befürchten, daß um den Löffel ein Kampf entstehen könnte.

Am Nachmittag kamen zwei 17jährige Burschen als Zuwachs. Die Schwester des einen saß im Nebenkeller. Sie berichteten, daß sie schon auf der GPU.-Hauptstelle in Lieben bei Reppen gewesen wären, da gehe es scharf zu.

Um 23.00 Uhr wieder Vernehmung. Thema Litauen. Ob ich Rosenberg gesehen und persönlich mit ihm gesprochen hätte. Ich sagte, nein. Was ich denn für eine Stellung gehabt hätte. Ich sagte wahrheitsgemäß, ich sei ja nur ein kleiner Beamter gewesen und habe auf meiner Dienststelle bei der Landbewirtschaftungsgesellschaft in Kaunas die Registratur mit Postein- und -ausgang gehabt. Dabei blieb es.

Ich war nun in vier Nächten vernommen worden, und es war nach meiner Meinung nichts dabei herausgekommen. Ich hätte vielleicht am nächsten Tage bei der Arbeit fliehen können, aber noch glaubte ich, man müsse entlassen werden, wenn man schuldlos sei.

Beim Kartoffelschälen konnte ich ein Messer an die Seite bringen. Mittags kam einer von der GPU. in den Keller, schrie meinen Namen und fragte, ob ich einen Bruder in Warschau habe. Ich verneinte. Gleich darauf wurde ich in das Vernehmungszimmer geholt. Man legte mir ein Protokoll vor, das ich unterschreiben sollte. Ich weigerte mich mit dem Hinweis, daß es russisch abgefaßt sei. Daraufhin las es der Dolmetscher vor, und ich unterschrieb. Von Entlassung war keine Rede.

Am 14. April wurde ich dem obersten für Zielenzig zuständigen GPU.-Chef vorgeführt. Er hatte mein Protokoll und die in Kurzig beschlagnahmten Papiere vor sich liegen. Er legte mir eine Photographie vor, auf der ich mit Angestellten der Haupttreuhandstelle Ost zu sehen war. Ich erklärte ihm dies. Er sprang auf, schlug mit der Faust auf den Tisch und schrie: „Alles Luge, alles Luge!" Ich wäre in der Partei gewesen. Hitler hätte keinen eine Stunde im Dienst gelassen, der nicht in der Partei gewesen wäre.

Ich wurde in den Keller zurückgebracht. Eine Stunde verging. Dann kam der Kommissar, der mich vordem vernommen hatte, mit einem Rucksack und sagte: „Komm!" Auf dem Hof stand ein Opelwagen. Der GPU.-Chef setzte mich in den Rücksitz, sich selber vorne neben den Fahrer. Es ging nach Westen, der Front zu. Mir schoß es durch den Kopf: Jetzt machst du deine Todesfahrt, irgendwo im Walde legen sie dich um, und andererseits: die Russen waren leichtsinnig, ein verzweifelter, zu allem entschlossener Mensch konnte ihnen sein Messer in den Rücken stoßen! Der Tod schreckte mich nicht mehr.

Es ging durch verschiedene Dörfer, eine lange Strecke durch Wald. Dann auf einen großen Gutshof. Später erfuhr ich, daß es Lieben bei Reppen war. Ich wurde in ein Zimmer gebracht. Vor dem breiten Fenster ein langer Tisch, rechts vom Tisch ein großer Schrank. Vor dem Tisch ein Teppich. Rechts von der Tür befand sich ein vielarmiger Garderobenständer. Linkerhand die Wand war mit einer Karte bedeckt. Ich beschreibe dieses Zimmer im ehemaligen Gutshaus von Lieben so genau, weil ich dort später schwer mißhandelt worden bin.

In dem Zimmer hinterm Tisch saßen gleich drei Kommissare. Einer, der jüdisch aussah, hielt meine Papiere in der Hand, mit der anderen griff er gleich in meinen Bart und drehte mir ganze Büschel Haare aus, dabei „Stary Faschist"[1]) schreiend. Ich suchte keine Miene zu verziehen, starrte ihm nur ins Gesicht.

---
[1]) Alter Faschist.

Ohne weitere Vernehmung wurde ich in den Keller gebracht, bekam noch einen Tritt, und die Tür schloß sich hinter mir. Hier im Gutshause befanden sich viele Keller. Vor jeder Tür stand ein Posten mit Maschinenpistole.

In meinem verhältnismäßig großen, hellen und sauberen Keller fand ich nur einen Gefangenen vor, einen etwa 45jährigen Mann, der gut gekleidet und frisch rasiert war. Er fing gleich ein Gespräch mit mir an, sagte: „Wir sind Leidensgenossen und sagen Du zueinander!" Er erzählte mir, er sei stellvertretender Volkssturmführer gewesen. Er kannte die ganze Gegend, auch Kurzig-Dorf, Mühle und Siedlung. Seine Tochter sei bei dem Herausgeber der Kreiszeitung, Herrn Matthias, in Meseritz in Stellung gewesen. Er selber habe im Kriege eine glänzende Stellung als Kontrolleur sämtlicher Molkereien im Warthegau gehabt.

Er erzählte viel, und ich hörte mir alles an. Schließlich teilte er mir mit, daß er fliehen wolle, ob ich mitmachen würde. Zeitweise wäre nur ein Posten im Gang, den könnten wir beim Austreten leicht überwältigen, ob ich nicht irgend sowas wie eine Waffe hätte. Ich war längst mißtrauisch geworden, winkte ab und sagte, das Fliehen hätte ich in Zielenzig leichter haben können, ich wolle nicht. Er meinte, dann müsse er es alleine machen, aber eine Waffe müsse er auf jeden Fall haben, ob wir denn keine versteckt hätten. Ich sagte, nein.

Um auch etwas zu sagen, erzählte ich ihm, ich sei zwangspensioniert worden, weil ich mich nicht nazimäßig genug benommen hätte. Ich sei nicht Mitglied der Partei gewesen, ich wisse nicht, was der Russe von mir wolle. Er meinte, ob ich nicht irgendetwas angeben könne, warum ich nicht geflohen sei. Ich dachte: Genau so haben die Russen auch gefragt! Ich gab ihm die gleiche Antwort wie diesen.

Er redete unentwegt weiter. Ich besinne mich noch genau, daß er bis zu Schiller und Goethe kam, von denen er sogar einiges zitierte, was mir nicht unbekannt war. Er meinte, ich sei doch ein ganz intelligenter Mensch, es sei ein Wunder, daß ich nicht entweder eine Rolle in der Partei gespielt habe oder von ihr hinter Schloß und Riegel gesetzt sei. Er wollte mich immer wieder zur Partei bringen.

Es war unterdessen Abend geworden. Der Posten stellte uns einen Kübel Essen rein. Der andere hatte einen Löffel und fing gleich an zu essen. Dann gab er ihn mir. Während ich meinen Hunger stillte, zog er ein kleines Wörterbuch aus der Tasche und lernte Russisch.

Wir lagen schon eine Weile im Stroh, als mit einem Male die Tür aufgerissen wurde und der Dolmetscher rief: „Erich Materna!" Er rief es so auffallend barsch, daß das Gemachte herauszuhören war. Er brüllte noch einmal: „Schnell, schnell!", und tat so, als ob er mit dem Fuß nach ihm stoßen wolle. Ich sah — froh, allein zu sein — hinter ihnen her und dachte: Also, Erich Materna heißt du, den Namen muß man sich merken! Der kam erst nach Stunden zurück. Ich stellte mich schlafend. Am Morgen erzählte mir Materna, er sei sonst auch sehr schlecht, diesmal aber anständig behandelt worden, habe Zigaretten und Wodka bekommen. Ich beschränkte mich auf einige allgemeine Redensarten, sollte aber bald erfahren, daß ich immer noch nicht vorsichtig genug gewesen war. Materna erzählte mir, sein Bruder sei ein großes Tier in der Partei gewesen, er habe in Küstrin die erste Geige gespielt. Aber Erich Materna wurde von dem Posten beinahe mit Respekt behandelt.

Ich fand im Stroh eine alte Gardinenschnur und sagte gedankenlos: „Die ist gut zum Aufhängen." Materna wurde wieder geholt. Am nächsten Morgen um 10.00 Uhr auch ich. Man legte mir gleich Handschellen an. Ich stand auf dem Teppich neben dem Garderobenständer, der Dolmetscher neben mir, die drei Kommissare vor mir. Der Dolmetscher redete laut auf mich ein: Sie wüßten alles von mir! Der GPU.-Chef kam herein. Der Dolmetscher fragte: „Du Geheimer?" Ich sagte laut: „Nein!" Im selben Augenblick bekam ich von dem GPU.-Chef einen Tritt in den Leib, daß ich umfiel. Nun fielen alle über mich her, es hagelte Fußtritte, ich sah nur Stiefel über mir. So schnell es mit den Fesseln ging, war ich wieder hoch. Ich sah die haßerfüllten Augen des GPU.-Chefs dicht vor mir und war versucht, diesem Menschenschinder die gefesselten Hände unter das Kinn zu hauen. Da bekam ich schon den nächsten Fußtritt. Ich wurde zu Boden geschlagen, stand wieder auf, mußte wieder runter, kam wieder hoch, das wiederholte sich wohl zwanzigmal, ich hatte nur den Gedanken, du darfst dich nicht unterkriegen lassen, du mußt ihnen ins Gesicht sehen. Aber da bekam ich von dem GPU.-Chef einen Schlag auf das linke Ohr (auf dem ich seither das Gehör verloren habe), daß mir das Blut aus Mund und Nase stürzte und ich liegen blieb. Die Vier ließen eine Schüssel Wasser kommen und wuschen sich die Hände. Nur mit Anspannung meiner letzten Willenskräfte kam ich auf die Beine. Gefesselt brachte mich der Dolmetscher in einen anderen Keller. Als er unterwegs wieder anfing, mich zu treten, blieb ich stehen und schrie ihn an: „Genug jetzt!" Da ließ er mich in Ruhe.

Im Keller lagen etwa 20 Menschen auf faulendem Stroh. Es stank nach Unrat und Verwesung. Völlig zerschlagen sank ich auf den Boden. Neben mir lag ein Mann in meinem Alter. Er erzählte, er sei Forstmeister und habe die Waldungen eines Prinzen von Preußen in der Nähe von Drossen betreut. Ich fragte ihn, ob er schon im Keller bei dem Spitzel Materna gewesen sei. Er verneinte, und ich warnte ihn. Schon am nächsten Tage kam er tatsächlich dorthin. Ich blieb in dem Keller, einem furchtbaren Aufenthaltsort, in einer Ecke stand ein viel zu kleiner Eimer, der als Abort benutzt wurde. Die meisten hatten Durchfall.

Am Nachmittag kam der Dolmetscher und ließ ein 10 Zentimeter im Quadrat großes Loch in die Kellertür sägen. Ich bat um einen Schluck Wasser. Er sagte: „Du wolltest dir doch das Leben nehmen, das könnte dir so passen!" Nun wußte ich endgültig Bescheid mit dem Herrn Materna.

Unser einmal am Tag verabfolgtes Essen, wenn man es so nennen kann, wurde neben den Aborteimer gestellt, man sah, daß es zusammengekratzt war. Trotzdem fielen die meisten wie die Wölfe darüber her. Der Ekel war groß, der Hunger größer.

Links neben mir lag ein 14jähriger Junge, Sohn eines Gastwirts aus der Nähe. Um 19.00 Uhr wurden wir unter schwerer Bedeckung zum „Ausgang" auf den Hof geführt, ich benutzte die Gelegenheit, um in einem Gebüsch meine Notdurft zu verrichten. Da ich immer noch gefesselt war, mußte mir der Junge die Hosen auf- und wieder zuknöpfen. Auf einmal stand Materna vor mir. „Nanu!", sagte er und deutete auf meine Fesseln. Da packte mich die Wut, ich schrie: „Junge, sieh dir diesen Verräter an, das will ein Deutscher sein. Das ist keiner mehr, sieh dir den Verbrecher genau an!" Materna schlug die Augen nieder, er erwiderte nichts und ging...

Ich wurde nun nicht mehr zur Vernehmung geholt, aber auch die Fesseln wurden mir nicht abgenommen. Es waren veraltete Handschellen, Marterwerkzeuge, wie man sie sonst nur noch in Museen sehen kann. Wenn man mit den Armen eine ungeschickte Bewegung machte oder irgendwo anstieß, dann schnappte die Fessel einen Zahn weiter. Bald saßen sie so fest um meine Handgelenke, daß mir die Arme blaurot anschwollen. Ich mußte die Arme hochhalten, hatte aber trotzdem die furchtbarsten Schmerzen. Ich bat den Dolmetscher um Lockerung, zeigte ihm die entzündeten Handgelenke, die zu eitern anfingen. Er lachte hämisch und verhöhnte mich.

So habe ich bis Ende April in dieser Höhle gelegen, die von Ungeziefer wimmelte. Tagsüber peinigten uns die Läuse, nachts liefen die Ratten über uns hin. In kurzen Abständen leuchtete der Posten durch die kleine Öffnung den Keller ab. Stand man, weil man es im Liegen nicht mehr aushalten konnte, dann kam er herein und bedrohte einen mit der Waffe. Wir waren ja wehrlos. Ich weiß, daß sich in solcher oder ähnlicher, vielleicht noch schlimmerer Lage unzählige Deutsche befunden haben und zum Teil noch befinden...

An Brot bekamen wir pro Tag eine Scheibe geröstetes Kommißbrot, das so steinhart war, daß sich Zunge und Gaumen entzündeten.

Eines Morgens wurden wir alle auf den Hof getrieben. Die Russen waren im Aufbruch, sie hatten wohl endlich die Oder überschritten. Ein Kommissar sagte, wir wären entlassen. Ich zeigte auf meine gefesselten Hände. Er rief einen GPU.-Soldaten, der holte die Schlüssel und befreite mich von den Fesseln. Noch ganz benommen ging ich auf die Straße nach Westen. Ich hatte das Dorf jedoch noch nicht hinter mir, als ich von anderen GPU.-Soldaten aufgegriffen und zum Gutshof zurückgebracht wurde. Der Dolmetscher brüllte mich an, ich solle machen, daß ich fortkäme. Ich bat ihn um meinen Rucksack und meine Papiere. Ich bekam einen Tritt und stand wieder auf dem Hof. Diesmal wandte ich mich dem Ostausgang des Dorfes zu. Von hier konnte man bis zu dem etwa zwei Kilometer entfernten Walde sehen, die Gegend war menschenleer.

Ich setzte mich in den Straßengraben und überdachte meine Lage. Daß ich elend und ohne Essen war, schien mir weniger schlimm, als daß ich keinen Entlassungsschein hatte. Würde ich ohne einen solchen Kurzig erreichen? Ich rechnete mir zwei gute Tagesmärsche bis dorthin aus. Also los.

Als erstes mußte ich den Wald gewinnen. Ich hatte ihn gerade erreicht, da sprang hinter einem Baum ein Russe mit angeschlagener Waffe auf mich los: „Stoi!" Er durchsuchte mich. Dann: „Komm, komm!" Er trieb mich tiefer in den Wald. Da saßen an einem Feuer zwei Soldaten, von denen einer etwas Deutsch konnte. Er forderte mich auf, am Feuer Platz zu nehmen. Etwa 20 Meter entfernt sah ich den Eingang zu einem Unterstand. Dann kam ein Offizier, der mich oberflächlich verhörte. Der Posten war wieder weggegangen. Nach einer Weile erschien er mit zwei Zivilisten, die einen Handwagen zogen. Auch sie mußten sich am Feuer hinhocken und wurden kurz vernommen. Es waren ein Italiener und ein Pole. Nach längerem Hin und Her zwischen diesem und dem Russen machte sich der eine Soldat fertig und forderte uns zum Mitkommen auf.

Wir marschierten nach Norden zu, immer den Waldrand entlang. Überall stießen wir auf versteckte Posten, der Wald stak voller Russen und war abgeriegelt. Wir begegneten einem total betrunkenen Kapitän, um den unser Begleiter sich nicht kümmerte. Ich sah viele Unterstände. Stundenlang ging es so weiter. Schließlich kamen wir aus dem Wald heraus in ein Dorf, das von vielen kleinen Gewässern umgeben war. Wie wir später feststellten, hieß es Biberteich.

Wir wurden nach einem etwas abgelegenen Gehöft gebracht. Ich prägte mir die Gegend genau ein, ich wollte die erste beste Gelegenheit zur Flucht benutzen. Zunächst aber landete ich im Keller, wo ich zu meiner Überraschung meine sämtlichen Mitgefangenen aus Lieben vorfand. Keiner war durch die Postenkette gekommen, und nun konnten wir unsere Erfahrungen austauschen. Ich hatte noch einen Kampf mit einem russischen Oberleutnant um meine Brille zu bestehen. Zu essen gab es nichts. Auch kein Stroh, wir lagen auf der feuchten Kellererde, hatten aber eine Zisterne im Keller, so daß wir wenigstens unsern Durst löschen und uns notdürftig waschen konnten.

Als wir am nächsten Tag arbeiten sollten, machte ich schlapp. Ein Russe, der etwas Deutsch sprach, sah ein, daß ein Mensch, der arbeiten soll, auch essen muß. Er sah wohl auch, wie es mit mir stand, und hatte Mitleid. Kurzum, er brachte uns zum Koch, der uns ein paar Kartoffeln und Fleischabfälle zuwarf. Im Nu hatten wir aus Ziegelsteinen einen Herd gebaut, Feuer gemacht und Wasser aufgesetzt. Nie werde ich vergessen, wie wir erwartungsvoll um unsern verbeulten Kessel herumstanden und es nicht erwarten konnten, bis die Suppe gar war. Man muß erst mal erfahren haben, was wirklicher Hunger bedeutet.

Hier schließt sich die Schilderung der Flucht des Vfs. und seines an Abenteuern reichen Heimweges an.

Den Abschluß des Berichtes bildet die Beschreibung der Austreibung der Deutschen aus dem Dorfe Kurzig und des Marsches über die Oder[1]).

Nr. 211

Erlebnisbericht der Lehrerin E. W. aus dem Kreis S o l d i n i. Brandenbg.
Original, Februar 1951.

Gewaltvergehen sowjetischer Soldaten an deutschen Frauen, Zwangsarbeiten der Zivilbevölkerung im rückwärtigen Frontgebiet, Räumung des Dorfes von seinen Bewohnern im Zuge der Kampfhandlungen; Eindringen polnischer Siedler im Sommer 1945.

Einleitend schildert Vfn. nach vorangestellten Bemerkungen über die Situation der deutschen Bevölkerung während der Besatzungszeit das erste Zusammentreffen mit den Russen.

---
[1]) Abgedruckt unter Nr. 293 (Bd. 1, 2)

Vier Tage waren in Sorge und Not vergangen. Ein deutsch sprechender Russe hatte uns vor einer Truppe gewarnt, die nach ihm das Dorf passieren würde. Wir beschlossen, dieser Truppe auszuweichen und begaben uns heimlich — etwa 50 Deutsche — zu einer einsamen Wassermühle, die etwa eineinhalb Kilometer vom Dorf entfernt lag. Die Russen hatten sie noch nicht besetzt. Außer uns befanden sich noch etwa 20 Polen in der Wassermühle.

Bald nach unserer Ankunft erschienen russische Reiter — eine Patrouille. Ein Pole mußte dolmetschen, daß das übliche Essen und Alkohol herbeigeschafft werden. Danach verschwand der jüngere im Schlafzimmer und ließ uns sagen, daß sein Kamerad eine Frau wünsche — freiwillig. Als niemand sich erhob, bestimmte der alte Russe eine Berliner Evakuierte. Er trieb sie in das Schlafzimmer.

Als die Frau wieder erschien, mußte sie ausrichten, daß der Russe ein unberührtes Mädchen wünsche. Die Mädchen klammerten sich an ihre Mütter, es war ein furchtbarer Anblick, bis wieder der Russe ein schmächtiges Ding (evakuiert aus dem Rheinland) bestimmte und mit Schlägen heraustrieb. Danach verschwanden die Reiter.

Wir standen wie aufgescheuchtes Wild vollkommen angezogen umher und wußten nicht wohin. Wir hatten erfahren, daß nun alle Verbindungswege von Russen besetzt waren. Der Abend kam und brachte Fahrzeuge mit Russen und auffallend vielen Offizieren. Unserer Meinung nach ein Stab.

Die alte Wassermühle besaß ein gewaltig großes Wohnzimmer. Wir Deutschen blieben darin und legten unsere Kinder auf den Fußboden. Die Möbel stellten wir heraus, damit wir alle Platz hatten. Die Polen hatten alle alkoholischen Getränke aus dem Keller geholt und sangen. Sie blieben in den unteren Räumen.

Als nun die Russen kamen, mußten wir jungen Frauen zunächst in die Küche und Essen bereiten. Wir unterhielten uns leise und hatten Angst vor der Nacht. Ein russischer Soldat, der am Herd saß, sagte darauf plötzlich in gutem Deutsch: „Sehr schlecht wird die Nacht. Die Truppe hat über zwei Jahre keinen Urlaub mehr gehabt." Es war ein Jude aus Litzmannstadt.

Der Hof wimmelte von russischen Soldaten. Irgendwo mußten wir unsere Notdurft verrichten. Einige Frauen und ich stahlen uns aus dem Hause. Es müssen uns einige Russen bemerkt haben. Sie griffen nach uns. Ich stolperte und fiel. Sofort hatten mich zwei Männer gepackt. Ich schrie um Hilfe und versuchte mich loszureißen. Ein Russe hielt mir den Mund zu. Sie ergriffen mich an Armen und Beinen und schleppten mich in die Mühle und warfen mich auf den Boden. Noch heute meine ich den entsetzlichen Geruch zu spüren, der von den speckigen Wattejacken ausging, ein Gemisch von Tabak, Dreck und Alkohol — ganz zu schweigen von der Demütigung, die ich als Frau erfuhr.

Wir erwarteten mit Bangen die Nacht. Wir lagen alle dicht nebeneinander im Zimmer — vollkommen angezogen mit Schuhen und Mänteln. (So schliefen wir Monate hindurch.) Wir hatten nichts zum Zudecken, empfanden aber keine Kälte, weil wir immer auf die Schritte lauschten, die sich der Tür näherten. Ein Verstecken war nicht möglich, ringsum Russen und außerdem konnte ich meine drei Kinder nicht allein lassen. Plötzlich öffnet sich die Tür. Russen-Offiziere kommen in das Zimmer. Sie beleuchten alle. Wer sich wegwendet bekommt einen Fußtritt. Sie sind zum Teil halb angezogen. Der Major verrichtet seine Notdurft unter uns. Wir können nicht ausweichen, da wir eng aneinander liegen. Sie werfen sich zwischen uns. Mein Junge bekommt dabei einen tüchtigen Schlag auf den Kopf. Es ist ein Schreien und Stöhnen im Zimmer. Die Wirtschafterin der Wassermühle, eine Frau über 60 Jahre, schreit um Hilfe. Da legt ihr jemand die Hände um den Hals. Männer, die neben ihren Frauen lagen, mußten alles miterleben. Neue Russen kamen herein, es war eine entsetzliche Nacht. Der Jude aus Litzmannstadt hatte sich nicht beteiligt — es waren in der Hauptsache Offiziere. Die einfachen russischen Soldaten waren zu polnischen Mädchen gezogen. Wir hörten sie lachen und tanzen.

Mehrere Tage mußten wir auf der Wassermühle bleiben. Als fast alle Russen einmal fortgeritten waren, kehrten wir in unser Heimatdorf zurück. Mein Elternhaus war inzwischen abgebrannt. Noch immer wälzten sich Massen russischer Soldaten wie ein endloser, häßlicher, brauner Wurm, durch die völlig aufgeweichte Dorfstraße. Wir fürchteten besonders die Infanterie. Sie bestand in der Hauptsache aus kleinen tartarisch aussehenden Männern, während bei der motorisierten Truppe europäisch aussehende Soldaten in der Regel zu finden waren.

Wir mußten in vier Kilometer Entfernung vom Dorf einen Flugplatz bauen. Es war Februar und schneidende Kälte. Steine wurden aus ausgebrannten Häusern zusammengefahren. Wir Frauen luden sie auf. Wir be- und zerklopften sie, trugen sie in Büchsen und Eimern in Gräben zusammen. Wir fuhren Erde mit Loren und planierten. Wenn es dunkel wurde, steckte man Stroh zur Beleuchtung an. Es war fast kein Werkzeug da. Aber der Flugplatz wurde fertig. Hunderte von Frauen aus allen Dörfern ringsum arbeiteten dort. Wir konnten später die sowjetischen Flugzeuge beobachten, die aufstiegen und landeten.

Wir aßen, was eßbar war und sich fand. Noch hatten wir Kartoffeln. Brot gab es kaum. In der Anfangszeit aßen wir oft Haché, das wir aus dem Inneren liegengebliebener Tiere zubereiteten. So mit diesem Essen fing der Tag an. Meine kleinen Kinder mußten dieses mitessen, da nichts anderes vorhanden war.

Mannigfaltig war die Arbeit. Ich wusch die Wäsche für ein Lazarett, das in der neuen Schule untergebracht wurde. Ich säuberte Zimmer für die immer wechselnde Einquartierung, scheuerte Closets, die in einem widerlichen Zustand waren. Der Russe kennt keine Sitzbretter und liebt es, sich auf das Sitzholz zu stellen.

In einem Bauernhause fand ich zwischen ausgegossenen Kirschen, Kinderspielzeug, Federn, Geldscheinen, Kleidern ein Hochzeitsbild von mir. Wie mochte es dahin gekommen sein? Der Besitzer des Hauses hatte nie in irgendwelchem Konnex mit uns gestanden, so daß er das Bild besessen hätte. In einem anderen Hause fand ich das Zigarettenetui meines Vaters, der inzwischen verhaftet worden war, weil er zur Intelligenz des Dorfes gehörte. Wir erfuhren nichts über seinen Verbleib. Er ist dann nach eineinhalb Jahren krank aus einem Lager hinter Moskau entlassen worden.

Nach etwa drei Wochen mußten wir unser Heimatdorf räumen, da die Rote Armee das Dorf brauchte. Wir sollten uns in Richtung Osten in Bewegung setzen. Wagen und Pferde gab es nicht mehr. So machte sich alles zu Fuß auf. Es wurde ein qualvoller Weg, im Schnee mit drei kleinen Kindern, von denen das älteste drei und ein halbes Jahr alt war. Ohne die Hilfe einer ostpreußischen Flüchtlingsfrau hätte ich wohl meine Kinder diesen Weg nicht lebendig durchbekommen.

Wir machten halt in einem Dorf, in dem noch die Bevölkerung da war. Alle Häuser waren überfüllt. Wir blieben zunächst in einem Kuhstall. Man holte uns gleich wieder zur Arbeit: Schützengräben schippen. Der Kampf um Arnswalde tobte.

Es war ein schauriges Schauspiel, was wir erlebten. Wir mußten bis in die Nacht hinein oft schippen. Der Boden war gefroren, das Handwerkszeug war katastrophal. Vor Hunger und Kälte brachen wir fast zusammen. Und vor uns in der Ebene sahen wir diesen Kampf um Arnswalde, das sich lange hielt[1]). Die russischen Gulaschkanonen fuhren auf. Und zwar für die Wachmannschaft — wir hatten nicht ein Stückchen trockenes Brot. Die mitgenommenen Pellkartoffeln waren längst in gefrorenem Zustand aufgegessen.

In diesem Dorf erlebten wir eine offizielle Poststelle der Russen. Einige meiner Verwandten waren auch dort beschäftigt. Wundervolle Tischtücher wurden zerschnitten und mußten kunstvoll um die Pakete genäht werden. Die Frauen konnten den Inhalt der Pakete zum Teil sehen oder befühlen: Silber, Kleider, Schuhe und anderes. Badestuben wurden überall eingerichtet. Es war eine gefürchtete Arbeit für uns, die Stuben zu heizen — nur mit Mühe entzog man sich hierbei den Vergewaltigungen. Weinen konnten wir nicht mehr. Wir waren auf dem tiefsten Punkt menschlicher Hoffnungslosigkeit angelangt.

Ich erinnere mich eines persönlichen kleinen Erlebnisses. Es war im März, ich hatte an einem Tag meine Arbeit in einem Pfarrhaus. Man war innerlich völlig ausgebrannt. Da sehe ich plötzlich an einer geschützten Stelle in der Wand des Pfarrhauses ein kleines Veilchen blühen. Es überraschte mich so sehr in dieser Welt der Unordnung, Disharmonie, der Zerstörung einen Frühlingsboten zu finden — ein Beweis, daß die göttliche Ordnung trotz allem noch vorhanden war. Es hat mir irgendwie Kraft gegeben, und ich habe damals viel darüber nachgedacht.

Nach Wochen durften wir in unser Heimatdorf zurückkehren. Es war inzwischen Frühjahr geworden. Es begann die Kolchosenarbeit. Das Gut, die Bauernhöfe sollten von allen noch vorhandenen Dorfbewohnern gemeinsam bewirtschaftet werden. Zum ersten Mal erhielten wir eine „Obrigkeit". Ein ehemaliger Kriegsgefangener aus dem ersten Weltkrieg, der damals im Dorf geblieben war, wurde Bürgermeister. Er zog auf den Hof seines einstigen Brotherrn (500 Morgen). Er schikanierte die ehemalige Besitzersfrau sehr. Sein Sohn diente bei der deutschen Wehrmacht. Seine Töchter hatten zum Teil deutsche Männer.

---

[1]) Bei Arnswalde fanden während des ganzen Monats Februar heftige Kämpfe statt.

Wir atmeten erleichtert auf, als eine geregelte Arbeit begann. Nur fort aus den Häusern. Die Arbeit begann um 5.00 Uhr morgens. Eine Uhr besaß niemand mehr außer dem Bürgermeister. Er läutete eine Glocke zu Arbeitsbeginn. Alle — ohne Ausnahme— ob krank oder gesund, mußten zur Arbeit. Wir klapperten zuerst Kartoffeln, wochenlang. Zur Bestellung waren nur einige wenige Pferde da und einige Gespanne Ochsen. 12jährige Kinder wurden Gespannführer. Wir mußten viel graben — immerhin wurden einige Stücke eingesät.

Wie war nun unsere Entlöhnung? Für die arbeitende Person gab es ab und zu Roggenmehl, das die Bäckerfrau umsonst backen mußte. Wenn ein Ochse nicht mehr arbeiten konnte, wurde er geschlachtet. Dann mußten alle zur Fleischverteilung antreten. Das Einhauen des Tieres geschah auf dem großen Eßzimmertisch des Gutes.

Zu Anfang waren noch einige Kühe im Dorfe, die man dann in einem Stall zusammen fütterte und die nachts bewacht wurden. Da gab es noch etwas Milch für die Kinder. Meine Mutter war eine der Melkfrauen dieses gemeinsamen Stalles. Gute Tage waren es, wenn eine Kuhherde durch das Dorf getrieben wurde. Dann bekamen wir die Erlaubnis, die Kühe zu melken. Wir junge Frauen trauten uns nie dahin, weil die Viehtreiber eine besonders widerliche Gesellschaft waren, vor denen man sich besser nicht sehen ließ.

Wir entdeckten dann Schnitzel in den Kellern ausgebrannter Häuser und auf den Stallböden. Nun kochten wir Sirup und besaßen etwas ganz Köstliches damit. Was läßt sich aus Sirup alles herstellen! Oft aßen wir Brennesseln als Spinat zubereitet. In den Gärten konnte nur der etwas säen, der irgendwo noch eine Samentüte entdeckte. So gab es kein Gemüse.

Übrigens war auch der Sonntag ein Arbeitstag, ebenso Ostern und Pfingsten. Das Feuer wurde wie etwas Kostbares gehütet. Wir hatten ja keine Streichhölzer. War das Feuer trotz aller Vorsicht mal erloschen, mußte der Nachbar aushelfen. Da wir kein Salz besaßen, kochten wir mit rohem Viehsalz. Waschmittel gab es natürlich auch nicht. Wir nahmen Kalk zum Einweichen und auch, wenn vorhanden, Molke.

Der 20. April 1945 war wieder ein besonders aufregender Tag. Eine neue Einquartierung kam ins Dorf — Flieger. Wir mußten sofort die guten Häuser räumen und in den abgebrannten Teil des Dorfes ziehen. Eine Schranke wurde über die Dorfstraße gebaut, an der ein russischer Posten stand. Es befanden sich auffallend viel russische Frauen bei dieser Truppe. Noch in der Nacht begann in allen Häusern eine Razzia der GPU. mit großen Spürhunden. Man suchte angeblich deutsche Soldaten. Aus einem Bauerngehöft war über Nacht ein Bauerngefängnis geworden, umgeben mit hohem Stacheldraht. Man verhaftete Frauen und Kinder (zwischen 14 und 16 Jahren). Niemand durfte das Haus verlassen.

So saßen wir Stunden. Ich höre noch den Ausspruch eines Mannes, der den ersten Weltkrieg erlebt hatte, daß er ein ähnliches Gefühl gehabt hätte vor den großen Schlachten. Die unheimliche Stille und das Warten fraß an den Nerven. Endlich um 11.00 Uhr vormittags der Befehl: raboti. Wie befreit gingen wir auf die Felder und stellten manche Lücke unter den Arbeitskameraden fest. Niemand von uns hatte auch nur mit einer Silbe an den Geburtstag von Adolf Hitler gedacht.

Einmal fanden wir ein deutsches Flugblatt auf dem Felde: Nr. 5 vom 8. April 1945. Der Hauptsinn gipfelte in dem einen Punkt: „Deutsche haltet aus, wir kommen wieder." Wir glaubten und hofften erneut. Es begann ein eifriges Suchen nach anderen Flugblättern. Es hat wohl nie mehr ein deutsches Flugblatt Nr. 6 gegeben. Es war ein bitterer Prozeß, der sich da in uns vollzog, bis wir die Unmöglichkeit einer Befreiung einsehen mußten. Es schoß nicht mehr, die Front mußte weit fort sein. Die russischen Truppen hatten auffallend viel Zeit.

Am 9. Mai 1945 kamen plötzlich betrunkene Russen aufs Feld mit dem Ruf: „Woina[1]) kaputt — alles nach Hause!" Wir glaubten es nicht bis einige Tage später LKWs. aus Berlin mit deutschen Männern drauf ins Dorf kamen, die Kartoffeln holen sollten. Sie zeigten uns die Kapitulationsblätter. Als nun nicht mehr daran zu zweifeln war, gab es eine neues Entsetzen. Was würde nun aus uns werden? Übrigens waren die Berliner Männer wie Boten aus einer anderen Welt, in der es noch elektrisches Licht, Radio usw. gab.

So kam der Sommer. Das letzte Milchvieh wurde fortgetrieben. Der Russe errichtete Stützpunkte, in denen das Vieh zusammenkam. Katzen und Hunde gab es aus begreiflichen Gründen schon lange nicht mehr — das Federvieh war seit den ersten Tagen fort. In den Dörfern saßen jetzt die sogenannten Brigadiers als russische Obrigkeit.

Eines Tages erschien ein Trupp junger Leute im Dorf, einige mit Pappschachteln — andere ohne Gepäck und barfuß. Es waren Polen. Es ließe sich viel erzählen, über die Art der Besitznahme der Bauernhöfe. Die Kolchosarbeit hörte auf — wir wurden polnische Arbeiter und kamen dadurch vom Regen in die Traufe. Das Verhältnis zwischen den Polen, die ihre Familien allmählich nachholten, und den russischen Brigadiers war oft sehr schlecht. Ging es jedoch gegen die Deutschen, so war plötzlich große Einigkeit. Die Polen begannen ihre Arbeit als Bauern ohne irgendwelches lebendes Inventar. Die Häuser waren ebenfalls durch die vielen Einquartierungen in schlechtem Zustand. So blieben wir Deutschen mit unseren Habseligkeiten doch immer noch eine neue Quelle billigen „Einkaufs". Während wir arbeiteten, durchsuchten sie unsere Stuben und nahmen alles, was gefiel. Besonders fürchteten wir die polnische Miliz, eine Polizeitruppe übelster Prägung. Immer neue Plünderungen kamen. Wir schliefen auf unseren Kleidungsstücken. Das hatte man bald heraus. So schleppten wir unsere Bündelchen dann in ausgebrannte Keller, in die Kirche, die übrigens toll aussah, in alte Räucherkammern. Aber fast jedes Versteck wurde ausfindig gemacht. Ein polnischer Nachtwächter mußte dafür sorgen, daß mit Einbruch der Dunkelheit kein Deutscher das Haus verließ.

Wir Deutschen hielten gut zusammen. Ich habe manch eine Frau hochachten gelernt und manch eine verabscheuen, die ein leichtes Leben in der Kommandantur der Feldarbeit vorzog! — Die ersten Trecks gingen. Wir waren nicht darunter. Viele machten sich heimlich auf den Weg. Wir hatten

---

[1]) woina = Krieg.

80 Kilometer bis zur Oder. Fast alle sind unterwegs geplündert und in polnische Arbeitslager gesteckt worden.

Wir besaßen alle einen sogenannten Oderwagen. Heimlich hatten wir Pflugräder abmontiert und uns ein Kastengestell darauf gezimmert. Da hinein sollten die Kinder. Der Wagen wurde versteckt gehalten.

Der Sommer verging, der Herbst — es kam der Winter. Wir hatten keine Kohlen. Nach der Arbeit mußten wir Holz sammeln. Und noch immer hatten wir keine Gelegenheit gehabt „über die Oder zu gehen". Über die Oder, das war für uns das Ziel. Nachrichten waren durchgesickert, wie auch dort alles nicht rosig aussah. Für uns aber waren die Verhältnisse der anderen Oderseite durchaus lebenswert.

Im Spätsommer hatte mich der Typhus überfallen. Wir waren gerade beim Dreschen. Ich fiel oben auf der Dreschmaschine um. Meine ganze Familie erkrankte. Es gab keinen Arzt, keine Medikamente. Deutsche Schwestern hatten in der drei Kilometer entfernten kleinen Stadt einige Krankenzimmer provisorisch eingerichtet. Dorthin brachte man mich. Auch sie konnten nicht helfen, da sie auch keine Medikamente besaßen. Wie durch ein Wunder kamen wir durch die schweren, bösen Wochen hindurch. Es begann das Massensterben auf den Dörfern ringsum. Wir waren jetzt viel zu geschwächt, um den Marsch an die Oder anzutreten.

Endlich am 2. Mai 1946 durften wie die Heimat verlassen, die uns längst zur Fremde geworden war. Fremde Straßenschilder, fremde Namen, östliche Menschentypen, ein Kruzifix am Eingang des Dorfes mit rotweißer Fahne — das alles war ein neues Gesicht. Wohl dem, der aus der Heimat vor dem großen Sturm ging und in seinem Herzen das festgefügte Bild der Ordnung und des Wohlstandes trägt.

Nr. 212

Erlebnisbericht des Bauern und Gastwirts Oswald Pegesa aus J e ß m e n a u , Kreis S o r a u i. Brandenbg.
Original, 3. September 1952, 9 Seiten. Teilabdruck.

Schicksal einer Dorfgemeinde während der russischen Besatzungszeit bis zur Einwanderung der Polen und der folgenden Ausweisung im Juni 1946.

Einleitend berichtet Vf. über die letzten Tage vor dem Einbruch der Russen und schildert dann, wie sich die Dorfbevölkerung in einer Braunkohlengrube verbirgt, nach drei Tagen entdeckt und ins Dorf zurückgeholt wird.

Wir fanden nun im Dorf eine Unmenge Russen vor, Fahrkolonnen, unübersehbar, bewegten sich vor der Straße Hennersdorf nach Gebersdorf zu. Unsere Gehöfte waren z. T. stark mitgenommen, viele Dächer waren durch Einschläge stark beschädigt; in den Wohnungen waren die Schränke durchwühlt, viele Sachen schon verschwunden.

Das Vieh war alles noch in den Ställen mit Ausnahme der Pferde, die sofort abgetrieben wurden. Am nächsten Tage, 22. Februar, kamen eine Unmenge Autos, die auf alle Höfe verteilt wurden, und Einquartierung. In meine Wirtschaft kamen drei junge Artillerieoffiziere und ungefähr 20 Mann. Diese Offiziere waren höchst anständig und haben uns in keiner Weise belästigt, auch nicht die Mannschaften. Wir mußten das Vieh besorgen.

Abends sammelten sich die Dorfbewohner zur Nachtruhe in zwei großen Kellern. In der Nacht war alles ruhig. Das Unheil begann in der zweiten Nacht. Gegen 2.00 Uhr kamen diese Unholde, stark angetrunken, und rissen die Kellertüre auf. Mit Taschenlampen suchten sich diese Tiere ihre Opfer, junge Frauen. Darüber beschwerte sich am nächsten Tage eine ältere Frau, die auch etwas polnisch sprechen konnte, beim russischen Kommandanten. Gegen 10.00 Uhr abends kam dieser Kommandant, ein schon älterer Mann, mit seinem Stabe in den Keller und versprach Abhilfe. Aber nachts 2.00 Uhr erschienen diese Menschen wieder, als erster der Kommandant, alle betrunken. Was manche junge Frauen hier haben leiden müssen, ist nicht zu beschreiben.

Als ich diesen Vorfall am nächsten Tage einem der Offiziere erzählte, die bei mir einquartiert waren, sagte mir dieser, daß wir nicht mehr in diesem Keller übernachten sollten, sondern in der eigenen Wohnung bleiben sollten. Wir haben nun auch in allen folgenden Nächten keine Belästigungen mehr erfahren. An einem der nächsten Tage brannten zwei Scheunen nieder.

Ende Februar mußten die meisten Bewohner das Dorf verlassen, ungefähr 60 Personen. Im Orte durften nur alte, kränkliche Leute und vier Familien verbleiben. Wir zogen nach Eckartswalde und verblieben dort einige Tage. Schon daheim und jetzt unterwegs dauernd Kontrollen. Wer von den Männern noch nicht 50 Jahre alt war, wurde mitgenommen.

Dann zogen wir nach Mildenau. Hier wohnten wir in der Mühle. Mehl hatten wir uns von Zuhause noch mitgebracht und mußten uns unser Brot backen. Fleischbüchsen waren überall zu finden, und [wir] hatten deshalb in der ersten Zeit keine Not. Von hier wurden wir wieder ausgewiesen und zogen nach Schönwalde. Immer hieß es: „Ihr müßt nach Sorau — Sagan — Sprottau." Von Schönwalde zogen wir wieder nach Mildenau und verblieben noch mehr als eine Woche.

Wir Männer mußten auf dem Gute arbeiten. Dann führte uns unser Weg nach Gurkau. Zunächst Arbeit auf dem Flugplatz, dann in einem Munitionslager in einer großen Scheune; für die Arbeit bekamen wir nichts, auch kein Essen. Wir litten hier Hunger. Unsere Verpflegung bestand aus Kartoffeln, Salz und Sirup, den wir uns aus Futterrüben herstellten. Von Kämpfen haben wir in diesen Wochen weiter nichts gesehen, nur einzelne Luftkämpfe.

Am 22. April bekamen wir von den Russen Bescheid, daß wir wieder nach Hause könnten. Wir zogen die Chaussee Linderode — Gräfenhain. Hier wurden wir wieder einige Tage festgehalten. Männer mußten Kühe hüten, die Frauen für die Russen waschen. Dann am 25. April konnten wir wieder in unser Dörflein einziehen. Die vier Familien, die zunächst noch im Ort verbleiben durften, später aber auch rausgeworfen wurden, waren auch dabei.

Das Dorf war als Lazarett eingerichtet gewesen. In den Wohnungen und Scheunen standen Betten bzw. Matratzen oder Strohsäcke. In der Nähe unseres Friedhofes waren eine Anzahl Russengräber. Die Wohnungen waren leer, von all den versteckten Sachen war nichts mehr vorzufinden, jedes Versteck war von den Russen aufgefunden und durchsucht worden.

Roggen war noch reichlich vorhanden, auch etwas Weizen. Wir schroteten dieses auf Schrotmühlen und haben es verstanden, ein prima Brot herzustellen. Trocken Brot, Kartoffeln, Salz und Sirup war unsere Speise. In dieser Zeit nun kamen viele Flüchtlinge, hauptsächlich Sorauer, zurück. Viele übernachteten in unserem Dorfe. An Lebensmitteln hatten diese noch mehr als wir, und erhielten wir auch von manchen etwas Zucker und richtiges Speisesalz.

An Vieh war im ganzen Orte nichts mehr vorhanden, keine Kuh, kein Schwein, keine Henne, — nur reichlich Mäuse. Eines Tages erhielten wir von den Russen einige Pferde und mußten unsere Felder bestellen, Hafer säen, Kartoffeln pflanzen. Vor der Ernte kamen polnische Soldaten, und blieb ein kleines Kommando im Dorf. In Triebel war polnische Miliz. Jetzt ging erst die Plünderei richtig los. Alles wurde wieder durchsucht, und was die Herrschaften gebrauchen konnten, weggenommen. Auch unsere Vorräte an Getreide schwanden mehr und mehr.

Die Ernte kam. Die Frauen gingen jetzt auf das Triebeler Gut und sammelten reife Rapsschalen. Unser ehemaliger Bürgermeister hatte eine Ölpresse angefertigt. Auf einer Haferquetsche wurde der Raps gemahlen, dann geröstet und ausgepreßt. Für uns gab es ein ausgezeichnetes Öl; die Polen verschmähten dieses, nicht aber das Öl von Leinsamen, den wir auch im Frühjahr gesät hatten. Davon mußten wir einen Teil diesen Räubern abgeben. Nun mußten wir auch Brotgetreide haben; wir gingen deshalb in unsre Felder und schnitten Ähren ab. Als ich dies eines Tages in meinem Weizen tat, wurde von der polnischen Kommandantur, die ungefähr 300 Meter ablag, in dieses Weizenstück geschossen.

Die Ernte wurde eingefahren und in eine große Miete gesetzt. Bald danach erfolgte der Drusch, und erhielten wir dafür einige Zentner Roggen. Weizen mußten wir uns schon stehlen. Eines Sonntags erschienen bei meinem Nachbarn drei polnische Soldaten und forderten ihn auf, seinen Weizen rauszugeben. Er hatte aber keinen. Darauf wurde er halb bewußtlos geschlagen, so daß er eine Woche im Bett liegen mußte. Im Herbst mußten alle Frauen und Männer zur Triebeler Braunkohlengrube und dort Aufräumungsarbeiten machen, einige auch nach Zelz, um das dortige Elektrizitätswerk wieder herzustellen. Die Behandlung war nicht schlecht. Wir erhielten alle zwei oder drei Tage ein kleines Brot und am Wochenschluß ungefähr ein Viertelpfund Fleisch, Speck oder Fett, auch pro Tag 25 Złoty.

Eines muß ich noch erwähnen· Bis zum Sommer bestand in Zibelle noch ein russisches Pferdelazarett. Todkranke Pferde, vielleicht auch schon krepierte, konnten wir uns holen und das Fleisch verbrauchen. Den meisten ist es aber nicht bekommen, es stellten sich Durchfälle ein.

Daß wir überhaupt noch leben konnten, verdankten wir dem Raps- und Leinöl.

Im Winter und Frühjahr 1946 kamen die ersten polnischen Familien, meist mit leeren Rucksäcken, ohne Vieh. Von diesen Menschen wurden uns nun noch die letzten „besseren" Kleidungsstücke abgenommen, auch unser weniges Getreide. Wir mußten ihnen bei der Arbeit helfen, und gaben sie uns dafür einige Körner und Kartoffeln. Viel Getreide wurde von ihnen zu Schnaps gemacht und „große" Feste veranstaltet.

Im Frühjahr 1946 mußten noch einige Frauen und Männer nach Teuplitz, um auf dem dortigen Gute zu arbeiten, ohne Lohn.

Eines Tages, am 23. Juni, kam unsere Ausweisung.

Den Abschluß bildet eine kurze Schilderung des Ausweisungstransportes über Sorau — Kohlfurt — Uelzen in die westdeutschen Aufnahmegebiete.

V. Schlesien unter russischer Besatzung und polnischer Verwaltung.

1. Das ostoberschlesische Industriegebiet.

Nr. 213

Brief der Lehrerin E. D. aus B e u t h e n i. Oberschles.
Beglaubigte Abschrift, 2. August 1946. Aus der Sammlung des Dr.-Ing. H. Ż.
„Flüchtlingsbriefe unserer Verwandtschaft".

Vorgänge vor dem Einbruch der Roten Armee ins oberschlesische Industriegebiet und unter russischer Besatzung; Verhältnisse unter polnischer Verwaltung: Zwangsarbeit, Aufrufe an die Bevölkerung zum Verlassen des Landes bzw. zur Erklärung ihrer polnischen Nationalität, Zwangsausweisung.

Grete kann wirklich froh sein, daß sie mit ihren Kindern Hals über Kopf weggefahren ist[1]).

Am Tage nach Gretes Abreise steigerte sich die allgemeine Unruhe. Niemand wußte recht, ob es besser sei, auch die Abreise zu versuchen oder zu bleiben. Parteiangehörige in ihren braunen Uniformen bemühten sich überall, die Bevölkerung zu beruhigen. Sie selber fuhren erst mit dem letzten Zug ab. Die Schule wurde am Donnerstag (18. Januar) geschlossen. Die Lehrer durften aber nicht abreisen, ehe nicht der Gauleiter Bracht die Erlaubnis dazu gegeben hatte. Es hieß, wer seinen Posten vorzeitig verläßt, verliert sofort seine Stellung. Das Gleiche galt auch für Banken und sonstige Betriebe.

Ganz überraschend besuchte uns mein Bruder Kurt. Er befand sich von Osten her auf einer Dienstreise. Er riet uns, sofort abzufahren.

Dem standen zwei Hindernisse entgegen: Einmal wollte Deine Ma mit der Liese nicht fort, und dann sagte mir der Rektor auf einen Anruf, daß die Luftschutzwache, die ich am Sonnabend in der Schule zu stehen hätte, unbedingt noch gestellt werden müsse. Außerdem war Mutter erkältet, und ich hoffte auch, daß durch mein Dableiben die Wohnung besser geschützt würde. Also blieb ich zu unserem Unglück in Beuthen...

Wer am Sonntag abfahren wollte, mußte zehn Stunden länger auf einen Zug warten. Älteren Leuten gelang es nicht mehr, in die Wagen zu kommen. Wenn dann ab und an die Luftsirenen Alarm gaben, suchte sich die große Menge der auf dem Bahnsteig Wartenden planlos einen Unterschlupf. Es waren bei weitem nicht genügend Luftschutzräume vorhanden.

Im dichten Schneefall sah ich die Leute mit Pferdewagen und mit Handwägelchen wortlos der Landstraße nach Gleiwitz zustreben. Männer mit Koffern und Rucksäcken machten sich auf den Weg. Es war kälter geworden, und der Schnee knirschte unter den Füßen. Ich hatte nun den sehnlichsten Wunsch, auch hinauszugehen, aber es war für uns zu spät.

---

[1]) In der Woche vor dem Einbruch der Roten Armee in das oberschlesische Industriegebiet war Frauen mit Kindern das Verlassen der Städte in Evakuierungszügen gestattet worden.

Am Montag und Dienstag gab es fast ständig Fliegeralarm, so daß man sich kaum aus dem Keller rühren konnte. Die Bäckerei von Landsmann gegenüber dem Landratsamt, wurde von Bomben getroffen, und zwölf Personen, die dorthin einkaufen gegangen waren, wurden unter den Trümmern begraben.

Wir hörten, daß die ersten Russen schon in Gleiwitz seien, auch schon in Oppeln. Die Polizei rückte ab und schließlich die Feuerwehr. Wir waren eingeschlossen und schutzlos preisgegeben. In den Straßen sah man vereinzelt Volkssturmleute. Mich fragten zwei offensichtlich ortsunkundige Männer nach ihrer Sammelstelle. Der arme Volkssturm! Er war kaum bewaffnet, nicht warm gekleidet, ohne Ausbildung und ohne rechte Führung. Man nahm selbst die sechzehnjährigen Jungen dazu.

Anschließend berichtet Vfn. über mehrere Luftangriffe auf die Stadt und schildert, wie sie mit ihren Angehörigen die folgenden Tage bis zum 26. Januar verbrachte.

Am nächsten Morgen waren die Russen da. Sämtliche Läden wurden geplündert, zuerst die Großhandelsgeschäfte. Neben den roten Soldaten zeigte sich allerhand polnisches Gesindel, das mitplünderte und raubte. Uns hatte lähmendes Entsetzen ergriffen, und wir wagten uns nicht auf die Straße.

Die Versorgung mit Wasser und Licht hatte aufgehört. In den geplünderten Geschäften gab es nichts mehr zu kaufen, es wurden also die Keller der Geflüchteten geöffnet und damit wenigstens Kartoffeln in heller Menge beschafft.

Die Einheimischen halfen einander, auch wenn sie sich vorher kaum angesehen hatten. Wir bekamen von unserem Hauswirt ein Pfund Butter, zwanzig Semmeln und später einen Zentner Kartoffeln geschenkt. Das Wasser zum Kochen und Waschen holte man aus den Löschteichen. Ich hatte als Vorsichtsmaßnahme gegen einen Brandbombenabwurf die Badewanne stets mit frischem Wasser gefüllt. Das kam mir jetzt gut zu statten.

Als die Russen nichts mehr in den Läden zu holen fanden, plünderten sie die Wohnungen. Sie begannen damit bei den Nationalsozialisten. Alle Parteigenossen wurden herausgeholt und abgeschleppt. Sie kamen bis auf wenige Schwerkranke nicht mehr zurück. Man konnte die Freilassung dadurch erkaufen, daß man zehn andere Parteimitglieder verriet. Die Denunzianten wurden aber nach einigen Wochen unter irgendeinem Vorwand wieder abgeholt.

Die GPU. besuchte auch unseren Hauswirt auf der Bismarckstraße, den alten Herrn P., durchsuchte alles, nahm mit, was ihr gefiel, und gelangte dann durch die Verbindungstür in unsere Wohnung. Jede Schublade wurde durchwühlt, die gute Wäsche, alle Anzüge von Kurt und was sonst Wert hatte, wurde mitgenommen. Das weniger Wertvolle wurde aus den Schränken und Schüben gerissen und auf den Fußboden geworfen, der so damit bedeckt war, daß man keinen Schritt tun konnte, ohne auf irgendwelche Gegenstände zu treten. Hinter dem Buffet stand ein altes verrostetes Jagdgewehr, das seit langem dort lag und an das niemand von uns gedacht hatte. Mutter wäre deshalb beinahe mitgenommen worden. Man schlug den alten P. und steckte ihn eine Woche ins Gefängnis.

Die roten Soldaten machten bei den Vergewaltigungen keinen Unterschied, ob jung oder alt. Sie vergingen sich sogar an der neunundsechzigjährigen Frau Z., die darauf starb. Viele Herren töteten sich selbst, als die Russen hereinkamen. Andere wurden niedergeschossen, so der

Apotheker der Marienapotheke,
der Zahnarzt Wlochowsky und
der Kaplan Lerch von St. Maria.

Letzterem verlangten die Russen die Uhr ab: „Zegarek, Zegarek!" Da er kein Polnisch verstand, griff er, in der Meinung, sie wollten Zigaretten, in seine Rücktasche. Dabei wurde er erschossen.

Zweimal kamen die Russen nachts in unsere Wohnung, das erste Mal gegen Mitternacht. das andere Mal gegen 2.00 Uhr. Haustür und Wohnungstür wurden erbrochen. Als ich sie polnisch fragte, was sie wollten, sagten sie: „Spać" (schlafen). Sie raubten mir Wäsche und Kleidung, und es gelang mir nur mit größter Mühe und mit dem Hinweis, daß ich ja schon fünfzig Jahre alt sei, sie zum Fortgehen zu bewegen.

Das zweite Mal, als alles nichts half, gab ich vor, sehr krank zu sein: „Ja jestem bardzo chora!"[1]) Einer von beiden leuchtete mir die Augen ab und sagte, er glaube nicht, daß ich Syphilis hätte. Da sie aber im Ungewissen waren, stieß mich einer plötzlich fort, daß ich rücklings gegen den Küchenofen fiel und ein großer Topf in die Flammen polterte (es war dunkel in der Küche, und es brannte nur ein Öllämpchen). Mutter fing schrecklich zu schreien an, vielleicht zehn Minuten lang. Sie hatte einen Schreikrampf, ich fürchtete, sie sei irre geworden. Man drohte, sie zu erschießen. Aber das Schreien schien die Bande doch abzuschrecken, ich schrie aus Leibeskräften mit. Schließlich zogen sie weiter. — Ich habe nie so innig gebetet, wie bei diesen Einbrüchen in unsere Wohnung. In dieser Nacht blieb in den umliegenden Häusern kaum jemand verschont.

Alle Männer bis zu 60 Jahren mußten sich zur Arbeit melden. In Beuthen stellten sich allein elftausend Mann. Es hieß zunächst, sie würden nur für vierzehn Tage eingezogen, aber sie wurden alle nach Rußland geschafft und sind bis jetzt noch nicht zurück[2]). Unter ihnen befand sich auch der Baumeister M.

Vorerst hieß es, die rote Fahne sei zu hissen. In Eile wurden die Hakenkreuze von den alten Fahnen abgetrennt und die einfarbigen dann zum Fenster hinausgesteckt. Wenige Tage später kam eine neue Verordnung, es sei weiß/rot zu flaggen. Wollten die Sowjets wirklich den Polen das Land überlassen? Das Unwahrscheinliche geschah! In den nächsten Tagen zogen die Polen ein. Sie gebärdeten sich friedlich und harmlos und wollten nur möblierte Zimmer für einige Zeit mieten.

Die Polen führten im russischen Auftrag zunächst die Zwangsarbeit ein. Es war ja Krieg, und wir waren völlig schutzlos. Da die Männer schon verschickt waren, wurden die Frauen eingezogen. Bis zum Alter von 50 Jahren wurden sie an schwerste körperliche Arbeit gestellt. Sie mußten Eisenbahnschwellen tragen, Eichenbohlen zum Brückenbau schleppen, Ziegel abtragen

---

[1]) Ich bin sehr krank.
[2]) Vgl. die unter Nr. 148 und Nr. 149 (Bd. I, 2) abgedruckten Berichte.

und ähnliches. Jeder hatte in der Woche zwei bis drei Tage solcher Arbeit abzuleisten und das alles ohne Mahlzeiten und ohne Entgelt. Nur selten gab es einmal ein Brot für die Woche. Rücksicht wurde vorerst gar nicht genommen, und selbst Frauen, die kaum gehen konnten, führte der Pole mit. Er war stets bewaffnet, desgleichen der aufsichtführende Russe. Letzterer führte im allgemeinen eine Maschinenpistole bei sich.

Der Pole redete nur polnisch zu uns und verlangte polnische Antworten schon, als wir uns beim Polizeiamt zur Arbeit meldeten. Anderenfalls schimpfte er auf alles Deutsche.

Ich mußte einmal an der Bahnstrecke Holzbohlen tragen, die für mich viel zu schwer waren. Trotzdem ich immer hinwies: „Nie idzie" oder „Ja nie mogę tak ciężko pracować"[1]) wurde ich dazu gezwungen. Ich hatte meinen einzigen guten Mantel an, und die Bohlen waren vom Regen und dem aufgeweichten Lehm völlig verschmutzt. Ein mongolischer Sowjetsoldat grinste mich nur an und schrie unentwegt: „Dally, dally!" Ich kam kurz vor der Sperrstunde, also um 18.00 Uhr, mit großen Schmerzen nach Hause. Dr. H. von der Friedrichstraße stellte mir eine Bescheinigung aus, daß ich nur zu leichter Arbeit eingesetzt werden könnte. Am nächsten Morgen zerriß der Pole den Zettel und verwünschte den Arzt: „Der soll sich zurecht machen!" In der Nacht wurde Dr. H. völlig ausgeraubt.

Manchen gelang es, den Polen zu bestechen, daß er sie nicht zur Arbeit aufschrieb. Ich versuchte es auch und gab dem Polen meine gute Geige. Er tauschte sie mir gegen ein halbes Brot ein, und schließlich wurde ich doch wieder aufgeschrieben.

Da mit der Zeit viele von der Arbeit wegblieben, fing man die Frauen von der Straße weg. „Proszę legitymacją!"[2]) Wer keinen Arbeitspaß bei sich hatte, wurde auf den nächsten Lastwagen aufgeladen und nach irgendwo abgeschoben, meist in die Richtung Heydebreck. Die Betreffenden blieben dort mehrere Monate lang, ohne daß die Angehörigen benachrichtigt wurden.

Inzwischen kamen immer mehr Polen ins Land. Sie hatten bald alle besseren Wohnungen ausgespürt und sich in die möblierten Zimmer eingemietet. So kam es, daß später bei den Deutschen-Austreibungen alle brauchbaren Wohnungen schlagartig von den Polen besetzt waren.

Die Kirchen weigerten sich, Gottesdienst lediglich in polnischer Sprache abzuhalten. Sie wurden deshalb geschlossen. So hatten wir einen Monat hindurch gar keinen Gottesdienst und dann nur Andachten in polnischer Sprache. Die schutzlose Geistlichkeit konnte dagegen nichts ausrichten.

Es wurde polnischer Unterricht für jedermann unentgeltlich in den Schulen erteilt. Ich beteiligte mich mit zwei Doppelstunden je Woche und kam gut mit. Als es hieß, daß wieder Schulen mit deutschem und polnischem Unterricht eingerichtet werden sollten, atmete ich erleichtert auf.

Ein früherer deutscher Lehrer übersetzte unsere Bewerbungen ins Polnische. Als wir uns die Antwort später abholten, erhielten wir den Bescheid, daß nur polnische Schulen vorgesehen seien und sich deutsche Lehrkräfte nicht bewerben dürften.

---

[1]) „Es geht nicht" — „Ich kann nicht so schwer arbeiten."
[2]) „Bitte, die Papiere!"

Auf dem Nachhauseweg wurden einige von uns Lehrerinnen abgefangen. Eine jüngere Kollegin sprang vom fahrenden Lastwagen ab, der Wagen hielt, man lief hinter ihr drein und schoß. Glücklicherweise wurde sie nicht getroffen. Inzwischen war auch eine andere abgesprungen und ebenfalls entkommen.

In Bezug auf die Ernährung war „einzigartig" vorgesorgt. Für die alten Leute gab es ein einziges Mal, sage und schreibe, zwei Pfund Roggenmehl, das war alles! Wer bei den Verteilungen deutsch sprach, wurde beschimpft und mußte bis zuletzt warten. Deine Ma auch.

An sich waren sämtliche Nahrungsmittel frei, und es war auch alles zu haben: Speck, Butter, Schokolade, Bohnenkaffee. Allerdings nur für Besitzer polnischen Geldes.

Natürlich bildete sich der Schwarze Markt aus. Am Moltkeplatz und am Reichspräsidentenplatz konnte man seine Habe verhökern. Dabei mußte polnisch verhandelt werden, andernfalls verkaufte der Betreffende meist sehr ungünstig. Deine Ma brachte auch einiges von Gretes Eigentum auf den Markt. Sie hatte aber leider die besten Gegenstände sorgfältig aufgehoben, die dann den Polen in die Hände fielen, als sie die Wohnung wegnahmen.

Einschätzen mußte man die Sachen selbst. Wir rechneten 100 Złoty gleich einer Reichsmark. Wenn ich also für ein Paar Schuhe 6 Mark wollte, verlangte ich 600 Złoty.

Es war ein Jammer zu sehen, wie die Deutschen ihr bestes Eigentum losschlugen. Trotzdem haben es die am klügsten gemacht, die alles verkauften. Auch wir lebten dadurch einige Zeit nicht schlecht, aber wir hätten schlechthin alles verkaufen und den Polen nichts hinterlassen sollen.

Etwa im Juli wurde ein Aufruf bekanntgegeben, der wie alle Verordnungen nur in polnischer Sprache erschien, wonach sich jeder, der das Land verlassen wollte, auf dem Rathaus melden sollte. Ich hätte das gern getan, aber Mutter und Tante wollten noch immer nicht fort. Viele sagten, freiwillig gingen sie nicht fort, das könnte den Polen nur in den Kram passen. Andere fürchteten, auf solche Weise nach Warschau zu kommen anstatt ins Reich.

Anfang Juli erging eine neue Aufforderung, daß jeder, der bleiben wolle, bis zum 20. dieses Monats einen Wniosek[1]) unterschreiben und von drei Polen beglaubigen lassen solle. Ich besorgte mir den Schein. Er hatte etwa folgenden Wortlaut: Ich erkläre, daß ich polnischer Nationalität bin. — Selbst wenn man das unterschreiben könnte, hätte es mir an Zeugen gefehlt, denn ich fürchtete mich, die Straße zu betreten. Wenn ich weggefangen worden wäre, was hätte dann die Mutter gemacht?! Deine Ma riet auch ab. „Wir sind doch Deutsche, wie könnten wir so etwas unterschreiben", sagte sie.

Am Tage vor dem Abgabetermin waren Helene Z. und Deine Ma bis 20.00 Uhr bei uns. Nachdem sie fort waren, versuchte eine im Hause wohnende Russin mit ihren Begleitern in unsere Wohnung zu dringen. Wir rührten uns nicht und machten nicht auf. Bald darauf hörten wir, wie die Wohnung der Frau über uns vollständig ausgeplündert wurde. Aber auch uns blieb dies Schicksal nicht lange erspart.

[1]) Antrag.

Am frühen Morgen wurde ich durch Marschtritte aufgeweckt. Ich sah hinter der Gardine durch das Fenster, daß unser Haus und die umliegenden von bewaffneten Polen umstellt waren. Ehe ich mir einen rechten Sinn von dieser Maßnahme machte, kam eine Kommission herein: Ob wir Polen wären oder Deutsche? Ich erwiderte polnisch, daß wir Deutsche waren und nun zu Polen gehören würden. — Ob ich einen Bruder hätte, der deutscher Soldat sei? Als ich das bejahte, war es um uns geschehen. Innerhalb von zehn Minuten waren wir aus der Wohnung getrieben. Was ich Wichtiges in einen Koffer packen konnte, wurde mir aus der Hand gerissen. Im Flur öffnete man mir den Koffer und warf Verschiedenes zum Fenster hinaus. Den Wintermantel, den ich über dem Arm hatte, nahm man mir ab. Mutter, die gerade frühstücken wollte, konnte es gar nicht begreifen, daß wir nun hinaus mußten.

Vfn. kam in ein Flüchtlingslager nach Mecklenburg, wo ihre Mutter an den Folgen der Strapazen bei der Vertreibung starb.

Nr. 214

Bericht des ehemaligen Beamten N. N. der Grube „Königin Luise" in H i n d e n -
b u r g i. Oberschles.
Beglaubigte Abschrift, September 1945, 6 Seiten. Teilabdruck.

Vorgänge nach dem Einmarsch der Roten Armee in Hindenburg und Maßnahmen der russischen Militärverwaltung; das Vorgehen der polnischen Zivilverwaltung in der Zeit vom 26. April bis Ende August 1945.

Als die Russen am Sonnabend, dem 27. Januar 1945, Hindenburg vollständig besetzt hatten, haben sie sich zunächst nicht um die Betriebe gekümmert, sondern als erstes begonnen, die Wohnungen zu untersuchen. Hierbei wurden besonders die leerstehenden Wohnungen geplündert, z. T. auch demoliert oder gar in Brand gesetzt. Es wurden noch keine Möbel, sondern in der Hauptsache Wertgegenstände, Kleider, Lebensmittel, Alkohol, Uhren, Ringe, auch Trauringe usw. fortgenommen.

Die Wohnungen, in denen man Bilder von Leuten in Uniform der Partei oder diese Uniform fand, wurden häufig demoliert oder ausgebrannt. Ebenso wurden bereits in den ersten Tagen alle Geschäfte geplündert, die zum Teil noch größere Warenlager hatten. Hierbei holten die Russen nur das Wertvollere heraus, vor allem Schuhe und Bekleidungsgegenstände. Die Lebensmittelbestände wurden zum Teil auf der Straße ausgeschüttet, zertreten usw. Später kam dann die einheimische Bevölkerung und hat den Rest geholt. Danach schlossen die Geschäfte und machten erst im Juni wieder auf.

Ein Bäcker in A. verkaufte im Anfang noch etwa zehn Tage Brot, stellte dann aus Mangel an Mehl den Verkauf aber auch ein. Man mußte von seinen Vorräten leben, bis unter den Polen der freie Handel wieder begann. Es gab keine Marken, die Lebensmittel sind außerordentlich teuer. Bergarbeiter bekommen vom Konsum (Kooperative) monatlich acht Pfund Mehl, die übrigen Zuteilungen stehen meistens nur auf dem Papier.

Bereits in den ersten Tagen wurden die Frauen und Mädchen vergewaltigt, meistens vor den Augen der Männer und Kinder, die erschossen wurden, wenn sie sich wehrten. In der Horst-Wessel-Straße wurde kein Haus verschont. Eine Reihe von Frauen wurde ermordet, andere begingen Selbstmord. Um die Kinder kümmerte sich niemand, viele von ihnen sind gestorben.

Die Angehörigen der Stadtverwaltung wurden, soweit sie noch da waren, zum größten Teil verhaftet und durch einheimische Kommunisten ersetzt.

Etwa eine Woche nach der Besetzung kam der erste russische Befehl heraus, der das Plündern verbot. Trotzdem wurde bis zuletzt noch fast jede Nacht geplündert.

Nach etwa einer Woche begannen auch die Verhaftungen der Parteigenossen, die aus den Wohnungen und Betrieben heraus verhaftet und in regelrechten Verhandlungen der GPU. und den Militärgerichten vorgeführt wurden. Diese Verhandlungen fanden z. T. in der Direktion statt, wo jeder Fall einzeln verhandelt wurde. In den Kellern der Direktion waren Hunderte von Gefangenen untergebracht. Der Berichterstatter selbst hatte ebenfalls eine Zeitlang dort unten zugebracht.

Im Direktionsgebäude befand sich zu jener Zeit die GPU.-Zentrale für ganz Oberschlesien. Dort arbeiteten etwa 30 Offiziere mit 40 Dolmetschern und 40 Dolmetscherinnen. Anfang April wurde die Dienststelle nach Breslau verlegt. Im übrigen war auch das Direktionsgebäude verwüstet und demoliert, Fensterscheiben zerschlagen, das Leder aus den Sesseln geschnitten, Stühle zertreten und zerhackt usw.

Bei den Verhandlungen spielte natürlich die Hauptrolle die Parteizugehörigkeit. Zeugen wurden nicht aufgerufen. Die meisten gaben aus Angst vor Denunziation die Parteizugehörigkeit selbst zu. Ferner wurde dann mit Zeugen das Verhalten gegen Kriegsgefangene, Mitarbeiter, Mitbewohner usw. geprüft. Strafen schwankten zwischen einem Jahr und lebenslänglicher Zwangsarbeit. Inhaber des Kriegsverdienstkreuzes wurden ebenfalls bestraft. Die Parteigenossen — übrigens auch Frauen —, die der Partei oder der Frauenschaft angehört hatten — kamen in [die] Lager Auschwitz und Blechhammer und sind von dort zum Teil bereits nach Rußland verbracht worden.

Ebenfalls etwa nach einer Woche der Besetzung übernahm ein kommunistischer Betriebsrat die Führung in den Betrieben, zunächst getrennt auf den einzelnen Anlagen. Es mußten Listen über Zugehörigkeit zur Partei, SA., SS., NSKK. usw. auf den Anlagen aufgestellt werden. Jeder Arbeiter mußte eine eidesstattliche Erklärung abgeben, daß er diesen Organisationen nicht angehört hatte. Die Parteigenossen der Betriebe kamen zunächst in ein Lager nach Gleiwitz und wurden von da aus nach Rußland verschleppt. (Die Parteigenossen des Ostfeldes sammelten sich damals am Polizeipräsidium.) Später erschien dann der sogenannte Befehl II des russischen Befehlshabers, der besagte, daß sich alle Männer zwischen 16 und 50 Jahren mit Verpflegung für 14 Tage zu melden hätten. Diese Leute kamen in ein Lager nach Laband und wurden von dort nach Rußland abtransportiert.

Es meldeten sich bei dieser Aktion aber nur ein Teil der Männer; einzelne hatten versucht, nach Westen zu entkommen, andere hatten die Absicht, sich etwa vier bis sechs Wochen unter Tage aufzuhalten, um damit über die Zeit der Besetzung hinwegzukommen. Diese Leute bekamen später zum Teil einen Reklamationsschein von der Kommandantur und wurden auf den Anlagen zu Notstandsarbeiten eingesetzt. Der reguläre Betrieb konnte aber erst später aufgenommen werden, weil zunächst Gas, Strom und Wasser fehlten.

Nach etwa zwei bis drei Wochen wurden die Frauen von den Straßen und aus den Wohnungen geholt, in Lager zusammengezogen und von dort aus zur Arbeit eingesetzt. Im März und April wurden die Frauen regelrecht registriert, viele wurden eingesetzt oder abtransportiert; auf Kinder wurde hierbei keine Rücksicht genommen.

Die russische Besatzung war zunächst ziemlich stark. Die Truppen wurden ausschließlich in Privatwohnungen untergebracht, die sofort von den Bewohnern geräumt werden mußten. Den Wohnungsinhabern wurde nur erlaubt, ihre Betten mitzunehmen, meistens wurden sie sofort auf Lastwagen verladen und ins Lager gebracht. Einzelne Straßenzüge und Häuserblocks mußten vollständig geräumt werden. Dazu gehören Promenadenweg, Gymnasialstraße, Gartenstraße und die Häuser der Kokswerke auf der Kronprinzenstraße.

Am 26. April übernahmen die Polen die Zivilverwaltung. Bis dahin gab es nur eine russische Militärverwaltung. Die russische Kommandantur blieb aber weiter bestehen, die höheren Offiziere blieben Russen, auch bei der Miliz. Polnische Beamte, meistens Kongreßpolen, übernahmen die Stadtverwaltung und die Aufsicht auf den Betriebsanlagen.

Die Russen nahmen bei ihrem Abzug mit, was sie konnten. Die Wohnungen wurden wiederum geplündert. Außerdem bauten sie Maschinen und Einrichtungen aus den Betrieben aus. Dies setzten sie auch unter polnischer Verwaltung bis jetzt fort. Ausgebaut wurden u. a. die neue Kesselanlage der OEW., die Betriebseinrichtungen und Maschinen der Skaleyer Anlagen nebst Kokerei Skaley, der Redenhütte, der Deichselwerke, der Schultheißbrauerei. Wesentliche Teile wurden entfernt aus der Donnersmark-Hütte und aus privaten Werkstätten. Von den Gruben wurden nur die Lademaschinen (Salzgitterlader usw.) sowie wertvoller Pumpen und dgl. fortgeschafft.

Die Polen beschlagnahmten weitere Wohnungen und verfuhren dabei mit den Einwohnern fast noch schärfer als vorher die Russen. Eine neue Verhaftungswelle kam. Zugehörigkeit zum BDO.[1]) war besonders belastend, nachdem ja die Parteimitglieder alle schon verhaftet waren. Ferner wurde das Verhalten gegen Polen und polnische Bestrebungen in den letzten Jahren geprüft.

Während unter der russischen Militärverwaltung die Amtssprache noch Deutsch gewesen war, führten die Polen sofort die polnische Sprache und das polnische Geld ein (mit dem Kurs ein Złoty = zwei RM). Die Banknoten kommen im übrigen nicht aus Warschau sondern über die polnische Bank in Gleiwitz aus Moskau. Auf den Straßen und Verkehrsmitteln darf nur polnisch gesprochen werden. Die Straßenbahn verkehrt halbstündlich, Fahr-

---

[1]) Bund deutscher Osten.

räder und Autos sind auf den Straßen nicht mehr zu sehen, sie waren zum größten Teil schon von den Russen beschlagnahmt worden. Die Polen machten noch einmal ausgedehnte Haussuchungen nach Rädern, Photoapparaten und Radios. Radios und Photoapparate mußten binnen drei Tagen abgegeben werden; auf Nichtablieferung stand Todesstrafe.

Unter den Polen begannen erneute Verhaftungen und Ausweisungen. Zuerst wurde die Betriebsführung durchgekämmt, dann die Bürgermeistereien, später ging man zur straßenweisen Erfassung der Einwohner über. Die polizeilichen Melderegister waren zum größten Teil vernichtet, während die Partei ihre Register nicht vollständig vernichtet hatte. — Eine Erfassung der Erschossenen, Verschleppten und Ausgewiesenen findet im übrigen nicht statt.

Die Bewohner der geplünderten Häuser kamen meistens in das Lager bei Ludwigsglück und in die Kriegsgefangenenlager bei Hindenburg. Die Verpflegung war außerordentlich schlecht. Männer und Frauen wurden zusammen inhaftiert und wurden vom Lager aus zur Arbeit eingesetzt.

Die Ausweisungen erfolgten auf Antrag der Auszuweisenden. Hierbei wurden Männer fast nie ausgewiesen, Frauen mit Kindern bekommen leichter eine Ausweisung. Ohne einen Ausweisungsschein über die Grenze zu kommen, ist fast unmöglich, weil die Polen an der Neiße regelrechte feste Stellungen ausgebaut haben und die Grenzen sehr stark mit polnischem Militär — auch hier sind die höheren Offiziere russisch! — besetzt sind.

Zwangsweise wurden nur etwa 7 000 Personen aus Ostoberschlesien ausgewiesen. Die Deutschen, die dortblieben, werden gezwungen, die polnische Staatsangehörigkeit anzunehmen, doch wird auch hierbei seitens der Verwaltung eine Auswahl getroffen. Diese neuerworbene Staatsangehörigkeit schützt im übrigen nicht vor Ausplünderung. Ebenso haben bekannte Anhänger des Polentums aus deutscher Zeit keine Vorteile. Die maßgeblichen Stellen sind ausschließlich mit Kongreßpolen besetzt, ebenso wie alle Betriebsführer und Aufsichtspersonen auf den Anlagen Kongreßpolen sind.

Die Gottesdienste sind wieder rein polnisch. Einen Teil der polnisch sprechenden Pfarrer hat man im Amt belassen, die andern sind ausgewiesen worden. Im ganzen ist die Stimmung nach den vergangenen sechs Monaten sehr antipolnisch und antikommunistisch. Man verdenkt es keinem mehr, der im Januar Oberschlesien verlassen hat. An Gebäudeschäden durch Luftangriffe und Beschuß hat Hindenburg nicht viel aufzuweisen.

Es folgen Angaben über die ersten Veränderungen in der Verwaltung einiger Industriebetriebe und Mitteilungen über Einzelpersonen.

Nr. 215

Erlebnisbericht von Frau J. F. aus P l e s s i. Oberschles.
Original, 13. Dezember 1951.

Verhaftung und Mißhandlung durch polnische Sicherheitspolizei, Verhältnisse in den Internierungslagern Zgoda bei Schwientochlowitz und Jaworzno bei Myslowitz bis Ende 1945.

Vfn. war bei der Evakuierung ihres Heimatortes im Februar 1945 nach Teschen gelangt.

Am 3. Mai wurde dieses Mährisch-Ostrauer Gebiet von der deutschen Wehrmacht geräumt und den Polen überlassen. Wir machten uns demzufolge auf den Weg, um zu Fuß die 50 Kilometer entfernte Heimatstadt Pleß zu erreichen. Wir passierten die zerstörten Dörfer Chiebi, Pruchna und näherten uns nachmittags dem Dorfe Schwarzwasser, Kreis Bielitz.

Auf den Landstraßen vor dem Ort machte die polnische Miliz Streife und kontrollierte jeden Fußgänger nach Ausweisen. Als sie unsere Ausweise sah, die uns als Deutsche kennzeichneten, nahm sie uns mit auf die Wache. Wir waren zu viert, mein Mann und ich, ferner der fürstliche Kammerdiener L. mit seiner Frau.

Mein Mann wurde in einem Amtszimmer verhört, nachdem man ihn geohrfeigt hatte und ihm bereits aus seinem Gepäck die Wertsachen — zwei goldene Uhren mit Kette, eine Glashütter Uhr, Ringe usw. — gestohlen hatte. Mit Herrn L. wurde genau so verfahren. Von uns Frauen wurden Personalien aufgenommen, und wir mußten vor der Wache warten, bis alle anderen anwesenden Personen verhört waren.

In der Dämmerung wurden alle, ungefähr zehn Personen, zu der sogenannten Bespieka (GPU.) [1]) mit dem restlichen verbliebenen Gepäck geführt. Dieselbe befand sich in dem Mansardenzimmer eines kleinen Häuschens. Eine elegant gekleidete Polin führte Protokoll.

Mit Stößen und Flüchen forderte uns ein polnischer Offizier (Mongolentyp) auf, alle [Wert-] Sachen abzugeben. Ich hatte meinen wertvollen Schmuck, den ich in einem Brustbeutel bei mir trug, in all der Angst und Aufregung vergessen abzugeben. Als dieser Offizier nun das Bändchen bemerkte, riß er mir den Brustbeutel heraus, und ich erhielt mehrere Schläge mit einem Gummiknüppel, so daß ich mehrere Wochen lang grün- und blauunterlaufene Stellen hatte. Den Schmuck im Werte von mehreren tausend Mark nahm die protokollführende Polin an sich.

Nachdem man uns alles abgenommen hatte, sogar Kamm, Handtuch und Seife, wurden wir ins Gefängnis geführt und daselbst getrennt in Zellen gesperrt. In der Zelle hockten schon fünf Frauen auf zerlumpten Matratzen auf dem Steinfußboden. Einen fürchterlichen Gestank verbreitete ein Eimer, der drinnen stand, da es keine Möglichkeit gab, diesen zu leeren. Es gab Unmengen von Ungeziefer. Am nächsten Morgen bekamen wir die erste Mahlzeit, ein Stück Brot und schwarzen Kaffee.

Gleich darauf wurden wir nach Bielitz, der nächsten Kreisstadt, abtransportiert. Es waren außer uns zumeist Bauern aus den dortigen Dörfern, die verhaftet worden waren, weil sie bei der NSV. einen völlig untergeordneten Posten bekleidet hatten. Der Weg war grausam, die Miliz trieb uns mit Gewehrkolben an, und mein Mann, der wegen seiner Kurzatmigkeit nicht so schnell laufen konnte, bekam die meisten Schläge, da er immer wieder zurückblieb.

In Bielitz wurden wir auf die dortige „Bespieka" (GPU.) in der Mühlenstraße geführt. Im Flur standen zitternde Gestalten, denen wir angereiht wurden. Wir standen stundenlang und hörten die Schreie der Menschen, die bei der Vernehmung mißhandelt wurden. Ich wurde verhört und noch-

---

[1]) Urzad Bespieczenstwa Publicznego (Amt für öffentliche Sicherheit).

mals durchsucht, dann wurde ich auf den Boden des Hauses geführt, wo schon ca. 100 Frauen auf der Erde kauerten und ich kaum noch ein Plätzchen fand. Als ich dort oben um meinen Mann bangte, kam er nach seinem Verhör zu mir herauf und war bereits blau von den Schlägen, die er erhalten hatte. Man Mann war nicht in der NSDAP., was man ihm nicht glaubte, deshalb diese Mißhandlung.

Die Männer wurden dann im Nebengebäude in den Keller gesperrt. Morgens und abends gab es Appell auf dem Hof. Als ich dabei meinen Mann zum erstenmal sah, war er bereits auch seines Anzugs beraubt und in Lumpen gehüllt. Ich stellte mich so auf, daß ich am Ende der Frauenkette und am Anfang der Männerkette [war], wo mein Mann stand, so daß ich einige Worte mit meinem Mann unbemerkt wechseln konnte. Mein Mann hatte ganz dick geschwollene Hände und sah von den nächtlichen Mißhandlungen grauenvoll aus. Zu essen gab es drei Tage lang nichts. Am dritten Tage zum Appell war mein Mann nicht mehr da. Ich forschte innerhalb der Gruppen, die von der Arbeit kamen, aber da wußte man nicht, wo er geblieben war.

In den späten Abendstunden des dritten Tages wurden wir in ein anderes Gebäude im Sulkowskipark verlegt. Die Frauen wiederum auf den Boden, die Männer in ein gegenüberliegendes Haus in den Keller.

Als wir durch die Stadt getrieben wurden, ist ein Mann aus der Kolonne, welcher zur Seite sprang, um der Straßenbahn auszuweichen, auf offener Straße von den Wachmannschaften erschossen worden.

Ich versuchte wiederum, über das Schicksal meines Mannes zu erfahren. Es wurde gesagt, daß in der Mühlenstraße im Keller einige Männer zurückgeblieben wären, die durch die Mißhandlung nicht mehr transportfähig waren. Ich habe erst, als ich nach Monaten aus dem Lager entlassen wurde, von Augenzeugen erfahren, daß mein Mann so grausam mißhandelt worden war, daß er am dritten Tag verstorben ist.

Dieser Augenzeuge war ein entlassener Soldat, der wie viele andere durch die „Bespieka" (GPU.) geschleust wurde und der entlassen wurde, als sich herausstellte, daß er Volksliste 3 hatte. Er hatte alles mit angesehen, wie satanisch man über die Opfer hergefallen ist. Meinem Mann hatte man sämtliche Zähne herausgeschlagen, und er ist gewürgt worden. Diesem Augenzeugen war es selbst nach Monaten unmöglich, über die Mißhandlungen zu sprechen, da es ihm selbst als Mann zu grauenvoll war.

Ich wurde nun nochmals verhört und nach zehn Tagen in das Lager Zgoda bei Schwientochlowitz mit ungefähr 15 Frauen und 30 Männern transportiert. Um vier Uhr morgens stellten wir uns an und warteten, bis die Männer da waren, die mit einem gewaltigen Stoß aus der Haustür geschleudert wurden und in den tiefen Schmutz fielen. Wir wurden mit der Eisenbahn nach Kattowitz und mit der Straßenbahn nach Zgoda [gebracht].

Im Lager Zgoda angekommen, standen wir stundenlang auf dem Hof, bis wir aufgenommen wurden. In einem großen Raum befanden sich dreistöckige Holzgestelle, und man konnte sich auf den Brettern wenigstens ausstrecken, nachdem wir in Bielitz nur auf dem Zementfußboden gekauert hatten. An Verpflegung gab es nur einmal täglich eine dünne Suppe und ein kleines Stück Brot, das bis zum nächsten Morgen reichen mußte.

Uns Frauen wurden auf Befehl des Kommandanten die Haare völlig abgeschnitten, die jungen Mädchen und einige darunter befindliche Künstlerinnen weigerten sich und wurden mit vorgehaltenem Revolver zu dieser Prozedur herangeholt. Ich erkrankte sehr bald und konnte nicht mehr zur Arbeit gehen. Die anderen Frauen gingen täglich zur Eintrachtshütte, um Eisen zu verladen.

Das Lager hatte sieben Baracken, in einer davon waren nur Mitglieder der NSDAP. untergebracht. Diese Baracke war so überfüllt, daß einer neben dem andern kauern mußte, und keiner konnte sich weder hinlegen noch ausstrecken. Der Anblick dieser zum Skelett abgemagerten Männer war entsetzlich. Es waren Bergwerksdirektoren, Gutsbesitzer und alle Volksschichten darunter.

Tagtäglich wurden aus diesem Lager, das ungefähr 500 Menschen faßte, zwölf bis fünfzehn Menschen tot auf einem Arbeitswagen herausgefahren und in einem Massengrab begraben. Als im Juni die Typhusepidemie ausbrach, starben täglich 60 bis 80 Menschen. Drei- bis viermal täglich fuhr der Arbeitswagen, von Gefangenen gezogen, auf den Friedhof.

Täglich wurden neue Gefangene eingeliefert, die man zumeist in Gleiwitz/OS., wo man alle Reisenden kontrollierte, festgenommen hatte und nach einem Verhör in unser Lager brachte. Es kamen trotz der vollkommenen Überfüllung der Baracken täglich Transporte von Männern; die ließ man Tag und Nacht auf dem Hof stehen, verhörte und mißhandelte sie und transportierte sie zu den Gruben zur Arbeit. Von da kam keiner mehr wieder. Darunter waren auch Bürger unserer Stadt, die ich noch gesprochen habe und von denen ich bis heute nichts wieder gehört habe.

Ich selbst bin dann auch an Typhus erkrankt. Wir lagen in den Baracken ohne jegliche Betreuung und ärztliche Hilfe. Viele Frauen bekamen Geschwüre, die infolge des vorhandenen Ungeziefers und der furchtbaren Zustände voller Würmer waren. Ich lag mehrere Tage besinnungslos auf meinem Lager, und als ich wieder aufwachte, waren im Saal nur noch ein Zehntel der Frauen, die mit mir erkrankt waren. Die Sachen, die ich nicht am Leibe trug, waren sämtlich gestohlen. Als ich so weit hergestellt war, daß ich mich allein auf den Füßen halten konnte, kam ich in die Baracke für Genesende. Dort war die Verpflegung besser. Es gab Kartoffel- und Maissuppe.

Im November 1945 wurde das Lager Zgoda aufgelöst, und wir sind nach dem KZ.-Lager Jaworzno bei Myslowitz transportiert worden. Dort waren Tausende von Gefangenen, die täglich zur Arbeit mußten. In einer der Baracken befanden sich Frauen mit Kindern, die man auf ihrer Rückreise von Österreich über Galizien nach Berlin in Neu Sandetz festgenommen hatte und die im Lager festgehalten wurden. Eines Tages hat man ihnen die Kinder weggenommen; es war ein erschütterndes Erlebnis, als die Mütter nach den Kindern und die Kinder nach den Müttern schrien.

Ich wurde, da ich völlig arbeitsunfähig geworden war, in ein anderes Lager und zwar nach Liliacz bei Chrzanow in Galizien gebracht. Von dort aus bin ich am 9. Januar 1946 entlassen worden, weil meine Schwester sich unermüdlich für meine Entlassung eingesetzt hatte.

Nr. 216

Erlebnisbericht des Buchhalters Walter Freund aus Gr. Kunzendorf, Kreis Neiße i. Oberschles.
Original, 14. Dezember 1952.

Verhaftung durch polnische Miliz im Juni 1945, Zwangsarbeit im oberschlesischen Industriegebiet, Aufenthalt in den Konzentrationslagern Zgoda und Jaworzno bis zur Entlassung im Juli 1949 über das Lager Potulice.

In der Nacht vom 26./27. Juni 1945 erschien in meiner Wohnung in Groß-Kunzendorf, Kreis Neiße, die polnische Miliz und holte mich aus dem Bett. Ich wurde in das Gasthaus Christen abgeführt und fand dort schon etwa 30 Mann vor. Nach der Plünderung der Taschen wurden wir in die Borkendorfer Schule abgeführt und mußten in dem Keller hausen.

Nach drei Tagen wurden wir auf zwei Bretterwagen nach Neiße gefahren und in den Kellern der Koch- und Marienstraße untergebracht. Am Tage haben wir im Elektrizitätswerk Heidau gearbeitet. Am 10. Juli wurden wir hundert Mann aus dem Kreise Neiße in zwei Güterwagen nach dem Konzentrationslager Zgoda (bei Eintrachthütte in der Nähe von Schwientochlowitz) gebracht.

Die drei folgenden Wochen waren die schrecklichsten meines Lebens. Zehn Tage bekamen wir nur eine dünne Kraut-Suppe, dann ein Viertel Brot. Die Baracke war verseucht, vier Mann auf einer Pritsche, 150 Mann „Bodenpersonal", die überhaupt kein Bett hatten. Läuse und Wanzen zu Millionen.

Diese Unterernährung und das Ungeziefer bewirkten, daß Typhus ausbrach. Jeden Tag fuhr ein großer Bretterwagen mit den nackten Toten zum Tore hinaus. Fast jeden Tag gingen Transporte in die benachbarten Gruben und Hütten. Das Lager faßte etwa 5000 Mann. Kommandant war ein gewisser Morell, ein Schweinehund ohnegleichen. Aber auch unter seinen Leuten forderte die Seuche Opfer.

Am 30. Juli wurden wir 50 Mann nach der Baildonhütte in Kattowitz-Domb verfrachtet. Diesen Umständen habe ich es zu verdanken, daß ich überhaupt mit dem Leben davonkam. Ich selbst und ein Teil meiner Kameraden war schon typhuskrank, als wir in der Baildonhütte ankamen. Da sich aber unser Lager innerhalb des Betriebes befand und die Fabrikleitung auf alle Fälle ein Übergreifen der Seuche auf die Belegschaft verhindern wollte, wurden wir ärztlich betreut. Von den 50 Mann starben 28 innerhalb von sechs Wochen.

Nachdem ich die Krankheit überstanden hatte, arbeitete ich bis März 1946 auf der Halde. Ende März 1946 wurde dieses Lager aufgelöst, und wir kamen auf die Eminenzgrube in Kattowitz. Nachdem ich dann drei Monate auf dem Holzplatz gearbeitet hatte, wurde ich mit zwölf andern Arbeitsunfähigen nach dem Hauptlager in Jaworzno gebracht. Dort blieb ich noch drei Jahre.

Dieses Lager faßte 5 000 bis 6 000 Personen, Männer, Frauen und Kinder. Besonders in der ersten Zeit starben viele an Typhus und Unterernährung. Später war es nicht mehr so schlimm. — Die Arbeitsfähigen wurden auf Außenkommando geschickt, Gruben und Fabriken. Die Arbeitsunfähigen mußten die Lagerarbeiten machen. Die Ernährung war sehr mangelhaft, ich habe nicht einen Złoty bekommen und mußte mein spärliches Brot verkaufen, um eine Briefmarke zu bekommen.

Die polnische Miliz rächte sich bei jeder Gelegenheit durch Schläge oder Bunker. Als ein von mir „schwarz" geschriebener Brief von der polnischen Miliz abgefangen wurde, bekam ich mit zwei Kameraden eine Woche verschärften Bunker. Bei 10 Grad Kälte wurden wir in einen Keller gesperrt bei offenem Fenster. Alles wurde uns vorher abgenommen, sogar meine Brille und Mantel. Wenn wir dies überstanden haben, verdanken wir es dem „Barakowi" [1]), der uns heimlich mit Decken versorgte.

Im Juli 1949 wurden wir, etwa 800 Mann, in Güterwagen verfrachtet und kamen nach dem Entlassungslager Potulice [2]). Schlechte Ernährung und Milliarden von Wanzen. Schläge und Arbeit gab's dort nicht. Der Aufenthalt dauerte nur etwa 14 Tage. Dann wurde der Transport „in die Heimat" losgelassen. Über 1 200 Männer, Frauen und Kinder. Zunächst ging's nach Dessau und dann nach Friedland.

---

[1]) Barackenaufseher.
[2]) im Kreise Bromberg. — Über die Verhältnisse und Vorgänge in diesem Lager in der Zeit bis 1949 s. die unter Nr. 266 bis Nr. 270 abgedruckten Berichte.

2. Breslau.

Nr. 217

Bericht des ehemaligen Bezirksbürgermeisters[1]) H. aus B r e s l a u.
Beglaubigte Abschrift, (1946).

Die allgemeine Lage in Breslau im Verlauf der Vorgänge von der Kapitulation über die polnische Invasion bis zur Einrichtung der polnischen Zivilverwaltung und die Zustände unter polnischer Herrschaft bis November 1945; das Verhältnis zwischen Russen, Polen und der deutschen Bevölkerung.

Als die Kapitulation Breslaus und damit die Beendigung des Krieges bekannt wurde, ging ein Aufatmen durch die Bevölkerung. Zwar stand noch das große Rätselvolle und Unbekannte, die unmittelbare Berührung mit dem Feind von gestern, dem Sieger von heute bevor, von vielen — insbesondere von den Anti-Faschisten und von wenigen überlebenden Juden — als Befreier vom Nazijoch begrüßt. War er nun wirklich der halbwilde Asiate, wie ihn eine als verleumderisch und lügnerisch bekannte Nazipropaganda in abschreckendsten Bildern vor Augen führte, der raubte und plünderte und Frauen und Mädchen schändete? Die Antwort lautet: er war es, und er war es nicht!

Wer diese zwiespältige Antwort verstehen will, muß den russischen Menschen, muß die russische Seele kennen, wie sie uns beispielsweise Tolstoi und Dostojewski immer wieder geschildert haben, die großen Kinder, aber gleicherweise der Grausamkeit fähig, völlig unberechenbar in ihrem Denken und Handeln. Die Nichtachtung, ja sogar Verachtung des menschlichen Lebens ist ebenso kennzeichnend für die russische Mentalität wie die Mißachtung jeglichen Besitzes.

Man muß erlebt haben, wie der russische Soldat mit deutschen Kindern sein letztes Brot teilt oder wie ein russischer Kraftfahrer ein altes Mütterchen auf der Landstraße samt ihrem halbzerbrochenen Handwagen unaufgefordert auflädt und heimbringt; man muß aber auch erlebt haben, wie dieselben vielleicht sich auf einen Friedhof auf die Lauer legten, um dort einzeln gehende Frauen und Mädchen zu überfallen, auszuplündern und zu vergewaltigen.

Diese Dinge waren an der Tagesordnung, ebenso Plünderungen größten Stiles. Daß sie von der oberen Führung verboten waren, daß die russische Militärpolizei, wenn sie von der deutschen Bevölkerung zu Hilfe gerufen wurde, oftmals einschritt, ja, daß es deswegen sogar zu Hinrichtungen gekommen ist, spricht für den Ordnungssinn der militärischen Führung.

Die deutsche Bevölkerung nahm diese Dinge anfänglich hin als das, was sie waren, nicht als feindselige Akte, sondern als spontanen Ausdruck des Siegerrausches von Männern, die in einem drei Monate währenden ver-

---
[1]) Vom russischen Militärkommandanten eingesetzte deutsche „Quartalsleiter".

bissenen Häuserkampfes um diese Stadt gerungen hatten. Daß sich derartige Akte in gleicher Weise auch gegen Juden oder Antifaschisten richteten, legt Zeugnis dafür ab, daß auch unter den Russen das Wissen um die letzten Ziele dieses Krieges keineswegs Allgemeingut war; oder es siegte aber auch hier oftmals die Sucht nach Genuß oder Besitz über alles bessere Wissen. Nur so ist es zu erklären, daß sich diese Dinge auch viele Wochen später immer wieder ereigneten, als die Kampftruppen längst abgelöst waren.

Der großen Masse des besitzlosen Sowjetvolkes ist der Eigentumsbegriff fremd; es ist deshalb verständlich, daß auch fremdes Eigentum keine Achtung und Anerkennung finden kann. Ganz offen wurde von den Russen wiederholt erklärt, jeder deutsche Arbeiter sei ein Kapitalist; um in der breiten Masse der russischen Soldaten den hohen Besitzstand des deutschen Arbeiters verständlich zu machen, wurde die Erklärung verbreitet, dieser ganze Besitz sei gestohlenes Gut. Besonders befremdlich erschien auch, daß sofort nach der Kapitulation sämtliche Radioapparate ohne Unterschied der Person abgeliefert werden mußten. Auf diese Weise war die gesamte deutsche Bevölkerung völlig von der Welt abgeschnitten. Anfangs wäre diese Maßnahme mit den noch nicht abgeschlossenen Kriegshandlungen in anderen Teilen des Reiches erklärbar gewesen. Sie blieb aber auch in späteren Wochen und Monaten in verschärftem Maße in Kraft.

Zu den positiven Maßnahmen der Besatzungsmacht gehört die Konstituierung der antifaschistischen Kräfte in der sogenannten „Antifaschistischen Freiheitsbewegung" und dem jüdischen Komitee.

Die Verbindung zwischen der Militärregierung und der deutschen Bevölkerung stellten die vom Militärkommandanten eingesetzten deutschen Quartalsleiter (Bezirksbürgermeister) her, gleichzeitig untere und mittlere Verwaltungsinstanz, da von ehemals deutschen Behörden oder Verwaltungsstellen nichts mehr existierte, aber auch nichts mehr ins Leben gerufen wurde.

Eine Lebensmittelversorgung gab es nicht, außer einer sehr mangelhaft funktionierenden Brotzuteilung, bei der zwei Pfund für zehn Tage vorgesehen waren. Häufig genug konnten auch diese nicht zugeteilt werden, weil das Mehl oder fertige Brot von Russen oder Polen beschlagnahmt worden war. Die ungeheuren Lebensmittelvorräte in Breslau, die nach fachmännischer Schätzung zwei Jahre zur Versorgung der Bevölkerung ausgereicht hätten, waren zum größten Teil von den russischen Truppen geplündert, z. T. von der Militärregierung beschlagnahmt und schließlich noch zu einem kleinen Teil von der deutschen Bevölkerung geplündert worden.

War für uns Antifaschisten schon das erste Erscheinen der Russen als Befreier eine Enttäuschung, so kam hierzu in der zweiten Phase die Invasion der Polen. ... Anfangs handelte es sich um die Massen jugendlicher Polen in und um Breslau, die sich teils aus Kriegsgefangenen, teils aus „DPs." rekrutierten.

Zu den Übergriffen russischer Besatzungsangehöriger traten nun noch diejenigen der bewaffneten Jugendlichen, allerdings aus ganz anderen Motiven, für die wir Antifaschisten vollstes Verständnis hatten, solange sie uns nicht selbst betrafen. Denn nach all den Leiden, die dem polnischen Volke durch die Nazis zugefügt waren, mußten Haß- und Rachegefühl bei dem ohnehin leicht entzündlichen polnischen Charakter die Oberhand gewinnen. Allerdings, und hier zeigten sich wieder positive Kräfte der russischen Militärverwaltung, leistete die russische Kriegskommandantur auf Ansuchen häufig Schutz und Hilfe gegen polnische Gewalttaten.

Den bewaffneten Jugendlichen folgten in wenigen Wochen Massen von Zivilpersonen beiderlei Geschlechts, die Schlesien und Breslau regelrecht überfluteten und die Deutschen auf immer engerem Raume zusammendrängten. Binnen kurzem hatten sie von allen noch verbliebenen wirtschaftlichen Einrichtungen Besitz ergriffen, für die wenigen noch in Betrieb befindlichen Fleischereien und Bäckereien Treuhänder eingesetzt und die Verwaltung der ehemaligen Reichsbahn in Schlesien übernommen.

Immer mehr häuften sich Proteste und Beschwerden der deutschen Bevölkerung bei der russischen Militärregierung. In den täglichen Bürgermeisterbesprechungen beim Ortskommandanten wurden die Beschwerden vorgebracht, der Kommandant ließ sie gewissenhaft notieren und versprach Abhilfe; aber wenn nach einigen Tagen neue Klagen vorgebracht wurden, so war den alten noch nicht abgeholfen.

Beschlagnahmten die Polen Wohnungen oder ganze Häuser, aus denen die Deutschen nur 20 bis 30 Pfund ihrer Habe mitnehmen durften, so wurde seitens der russischen Kommandantur erklärt, die Polen hätten kein Recht dazu und müßten die Wohnungen wieder räumen; tatsächlich aber geschah nichts.

Als eines Tages von den zwischendurch von Polen in Besitz genommenen Apotheken die Preise auf das Zehnfache der bisherigen festgesetzten Preise festgesetzt wurden, erklärte die Kommandantur, daß die Apotheken hierzu kein Recht hätten und jeder Apotheker, der höhere als bisherige Stopppreise verlange, würde eingesperrt. Es wurde wohl einmal ein Apotheker in kurze Haft genommen, das änderte aber nichts an der Tatsache, daß ungehindert nach wie vor die hohen Preise verlangt wurden.

All diese Maßnahmen, sei es reiner Terror oder wirtschaftlicher Druck, wurden von der Bevölkerung als unberechtigt und unverdient empfunden; es wurde mit Recht immer wieder gefordert, man solle doch die Schuldigen an all diesem Elend zur Verantwortung ziehen. Tatsächlich aber war die Masse der Nazis ungeschoren geblieben, abgesehen von den Führern bis zum Ortsgruppenleiter abwärts; sie arbeiteten sogar in polnischen Verwaltungsstellen oder Geschäften, oder sie lebten gut von den ihnen noch verbliebenen Vorräten ihrer großen Geschäfte, die sie früher gehabt hatten.

Inzwischen wurde aus der Bevölkerung immer dringender der Ruf laut nach Nahrungsmitteln; denn auf der einen Seite bestand absolute Arbeitspflicht für die gesamte männliche und weibliche Bevölkerung zwischen 15 und 65 Jahren, auf der andern Seite gab es nicht einmal eine auch nur im entferntesten ausreichende Brotversorgung. Die in der Belagerungszeit von der Zivilbevölkerung angesammelten Vorräte waren aufgezehrt, soweit sie nicht Russen oder Polen in die Hände gefallen waren. Zwar hatte sich ein öffentlicher Markt herausgebildet und Lebensmittelgeschäfte ihre Türen geöffnet, aber kaufen konnte nur, wer polnisches Geld besaß.

Auf dem Markt konnte man Kleidungsstücke und sonstige Gebrauchsgegenstände gegen polnisches Geld verkaufen oder gegen Lebensmittel eintauschen; die Bewertung der verkauften Gegenstände im Verhältnis zu den Lebensmittelpreisen erfolgte aber in einem Verhältnis, das in kurzer Zeit zu einem völligen Ausverkauf der deutschen Bevölkerung führen mußte. Dafür ein Beispiel: Wenn für ein Paar neue Schuhe im Wert von 15 Mark (Vorkriegsbewertung) ein Kilo Butter im Werte von 4 Mark (Vorkriegsbewertung) gegeben wird. Einzig und allein von diesen Verkäufen hielt sich von nun an die deutsche Bevölkerung notdürftig über Wasser.

Am 1. Juli 1945 übernahmen die Polen offiziell die gesamte Zivilverwaltung, die deutschen Bezirksbürgermeister wurden einem polnischen Zivilkommissar unterstellt. Es entwickelte sich mit diesen eine durchaus loyale Zusammenarbeit, die zu den schönsten Hoffnungen berechtigte, die vor allem von den Antifaschisten gehegt wurden.

An dem Verhalten der polnischen Bevölkerung änderte sich aber nichts, im Gegenteil, sie wurde nun erst recht anmaßend und aggressiv. Die willkürlichen Maßnahmen Einzelner wurden nun noch verwaltungsmäßig sanktioniert.

Schon vorher war die deutsche Währung von den polnischen Geschäftsleuten (deutsche gab es schon lange nicht mehr) einfach außer Kraft gesetzt und der polnische Złoty als Währung eingeführt worden, der gleichzeitig gegenüber seinem früheren Kaufwert auf ein 100stel herabgesetzt war. Reichsmark wurden zwar noch in Zahlung genommen, aber nur bei einer Entwertung auf ein 120stel bis 150stel. Ein Dreipfundbrot z. B., das früher 30 Pfennig kostete, mußte nunmehr mit 40 Mark bezahlt werden; ein Pfund Fleisch mit 100 Złoty oder 150 Mark usw., und das nicht etwa auf einem Schwarzen Markt, sondern im offiziellen Geschäfts- und Markthandel.

Besonders katastrophal wirkte sich diese Entwertung der Mark bei den Arzneimitteln aus, da mit zunehmender Verschlechterung des Ernährungszustandes der Bevölkerung der Bedarf an Medikamenten in gewaltigem Umfang anstieg. Die ersten Fälle von Hungertyphus traten auf. Wenn schon deutsche Ärzte die Bevölkerung kostenlos behandelten, woher sollten dann Medikamente zu diesen unerschwinglichen Preisen kommen? Eine einzige Aspirintablette kostete 8 bis 10 Złoty oder 10 bis 15 Mark. Eine kleine Flasche Hustenmedizin für Kinder 50 Mark. Wurden diese Klagen dem Zivilkommissar vorgetragen, dann hieß es, die Leute hätten ja noch genügend Sachen zu verkaufen.

Wurden Klagen vorgebracht, daß noch keine Lebensmittelverteilung stattgefunden habe, während von der Bevölkerung ununterbrochener Arbeitseinsatz verlangt wurde, dann hieß es, die Vorbereitungen zur Kartenausgabe seien im Gange, aber es müßten erst noch neue Bevölkerungslisten aufgestellt werden. Waren die neuen Bevölkerungslisten abgegeben, dann hörte man drei bis vier Wochen nichts, bis wieder neue Listen verlangt wurden, da die alten angeblich veraltet oder abhanden gekommen seien. So wurden die Bezirksbürgermeister und die Bevölkerung von einem Monat zum andern vertröstet und hingezogen.

Inzwischen schossen immer neue Lebensmittelgeschäfte wie Pilze aus dem Erdboden — überall Lebensmittel in Hülle und Fülle, Bäckereien und

Fleischereien waren überladen wie in tiefsten Friedenszeiten, die Restaurationen boten eine Auswahl an Speisen und Getränken wie nicht einmal in den letzten Friedensjahren, auf den Straßen gingen die Bäuerinnen von Haus zu Haus, um Milch und Sahne, Butter und Eier zu verkaufen — aber die Bevölkerung hungerte. Wer konnte diese Dinge kaufen, da sich die Preise trotz des ungeheuren Angebots nicht geändert hatten!? Weder die Deutschen — und das war das Tragikomische — noch die Polen; kaufen konnte nur, wer etwas zu verkaufen hatte oder geschickt genug war, sich in diesen allgemeinen Handel mit einzuschalten und dabei zu verdienen.

Abgesehen davon, daß die Deutschen auf Grund des Arbeitszwanges arbeiten mußten, ohne zu verdienen, arbeiteten die Polen grundsätzlich nicht, weil sie dabei auch nichts verdienen konnten, zumindest erschien ihnen der Arbeitsaufwand im Verhältnis zu dem, was sie erhielten, nicht lohnend genug. Dabei hatten die Beamten und Angestellten der polnischen Verwaltung noch besondere Vergünstigungen durch Lebensmittelzuteilungen, die sie unmittelbar von ihrer Dienststelle erhielten. Aber wenn man weiß, daß das Höchstgehalt, das z. B. der Stadtpräsident von Breslau bezog, 1 500 Złoty (gleich 4 Kilo Butter) betrug, so kann man sich ausrechnen, wie die anderen Gehälter aussahen.

Und so war es eine Selbstverständlichkeit, daß jeder, so gut es ging, noch mehr oder weniger saubere Geschäfte nebenbei machte. Ein beliebtes Mittel der Polen, zu Geld zu kommen, war z. B. die Wohnungsbeschlagnahme. Ein polnischer Beamter oder Angestellter nahm sich zwei Milizianten (gegen entsprechende Beteiligung), ging in die Häuser und Wohnungen, suchte sich die besteingerichtete aus und ließ durch Milizianten die Bewohner heraussetzen, d. h. es wurde ihnen eine Frist — meist eine halbe Stunde — gesetzt und gestattet, daß sie je nach der Großzügigkeit des betreffenden Polen 20, 30 oder 50 Pfund ihrer Habe mitnehmen durften; dann setzte sich der Pole in die Wohnung, nachdem er seine beiden Helfer abgefunden hatte, ging zum polnischen Wohnungsamt und erklärte, er habe eine Wohnung für sich gefunden, und erhielt eine amtliche Bescheinigung zur Verfügung über diese Wohnung.

Nun ging er sofort daran, die Wohnung auszuverkaufen, da er sie ja gar nicht zum Wohnen benötigte. Hatte er alles Lohnende aus der Wohnung verkauft, dann verkaufte er die Wohnung wieder weiter, entweder an einen wirklich Wohnungssuchenden oder an einen anderen, der den Ausverkauf einschließlich der Möbel fortsetzte. Die polnische Verwaltung wußte um diese Dinge und — ließ sie ruhig geschehen. Bei einer Großaktion zur Freimachung von Wohnungen für Polen assistierte sogar russische MP. Daß daneben auch die Korruption blühte, kann nicht wundernehmen. Zahlreiche polnische Beamte, die aus dem Innern Polens nach Breslau versetzt waren, nahmen Urlaub und kamen einfach in ihren Dienst nicht mehr zurück, weil sie nicht genügend zu essen bekamen.

Ein besonders dunkles Kapitel in der jungen polnischen Geschichte war die bereits wiederholt erwähnte Miliz, von deren Raub- und Plünderungszügen bereits berichtet wurde. Es gab polnische Geschäftsleute, die sich Milizabteilungen regelrecht gekauft hatten und diese von Fall zu Fall auf

Raub ausschickten. Mir ist nachfolgender Fall authentisch bekannt: Ein polnischer Zuckerwarenfabrikant hatte sich eine Gruppe von Milizleuten gekauft. Kam nun jemand und bot ihm Rohmaterial (überwiegend also Zucker) an, so verhandelte er mit dem Betreffenden, ließ ihn aber unverrichteter Sache abziehen; dann schickte er einen Beauftragten hinterher, der die Wohnung des Betreffenden festzustellen hatte. War das geschehen, dann sandte er in der Nacht seine Miliz hin, die einfach alle bei dem Betreffenden vorgefundenen Waren beschlagnahmte — ohne Rücksicht darauf, ob es sich um Polen oder Deutsche handelte.

Den deutschen Eisenbahnern, die bei der polnischen Eisenbahnverwaltung arbeiten mußten und keineswegs etwa die Arbeit niederlegen durften, weil sie keine Bezahlung oder ausreichende Ernährung erhielten, stellte die Verwaltung ein Pfund Brot pro Woche und mittags eine Suppe von Sauerkraut oder Grütze; die polnischen Eisenbahner erhielten eine besondere Verpflegung aus besonderen für sie eingerichteten Küchen.

Zu einer Katastrophe wuchs sich die Gesundheitsbetreuung der Bevölkerung aus. Der Typhus griff mehr und mehr um sich, an vielen Häusern sah man schon die gelbe Warnflagge, die das Betreten dieser Häuser verbot. In den ersten Monaten der polnischen Verwaltung gab es noch ein Sozialamt, welches, wenn auch erst nach tagelangen Bemühungen, auch für deutsche Kranke einen sogenannten Freikurschein ausstellte, der zur kostenlosen Behandlung durch einen Arzt oder, in schwersten Fällen, zur Krankenhausaufnahme berechtigte. Aber was nützte dieser Freikurschein, wenn die Leute nicht in der Lage waren, sich die notwendigen Medikamente zu kaufen. Den Krankenhäusern war außerdem verboten, Deutschen, die auf Freikurschein Aufnahme gefunden hatten, Medikamente zu verabfolgen.

Aber auch die Freikurscheine wurden bald wieder abgeschafft und die deutsche Bevölkerung in gesundheitlicher und fürsorgerischer Hinsicht dem völligen Chaos überlassen. Was von deutschen und jüdischen Ärzten in dieser Zeit getan wurde, um die Leiden der gequälten Menschen zu lindern, verdient höchste Anerkennung. Bezeichnend in diesem Zusammenhang, daß die polnischen Behörden für deutsche Ärzte ein Ausreiseverbot erlassen haben.

Und wir Antifaschisten? Wir fühlten uns verraten und verkauft! Hatten wir nicht der Bevölkerung die Erlösung vom Nazijoch versprochen? Und was hatte sie dagegen eingetauscht? Aber Juden und Antifaschisten waren ebenso Freiwild für die Behörden. Hierzu nur ein Beispiel für viele: Bei einer der Wohnungsbeschlagnahmungen suchten sich die Polen eine Wohnung eines bekannten Antifaschisten aus. Vom Bezirksbürgermeister darauf hingewiesen, daß sie doch davon Abstand nehmen möchten und lieber die Wohnung eines Nazis übernehmen sollten, erklärten die Polen, ob Faschist oder Antifaschist — das ist alles eine Sch———.

Als der Bezirksbürgermeister erklärte, die Angelegenheit dem polnischen und russischen Kommandanten vorzutragen, wurde er von der Miliz mit den Worten bedroht: „Dich werden wir schon fertig machen". Die dann tatsächlich bei polnischen und russischen Stellen vorgetragenen Beschwerden hatten lediglich den Erfolg, daß dieser Antifaschist etwas mehr von seiner persönlichen Habe mitnehmen durfte als gewöhnliche Sterbliche — sonst änderte sich nichts.

Den wenigen deutschen Juden, die aus den verschiedenen KZ.-Lagern von Auschwitz bis Mauthausen in ihre Heimat nach Breslau zurückgekommen waren, wurden von der polnischen Verwaltung Lebensmittel genau so verweigert wie allen anderen Deutschen. Eine Existenzmöglichkeit hatten sie auch nicht, da der Handel fast ausschließlich in polnischer Hand bzw. in der Hand polnischer Juden lag, die sich oft genug sogar feindselig gegen deutsche Juden äußerten.

Es blieb also weiter nichts übrig als erneute Auswanderung. Diese wurde von dem jüdischen Komitee in Erfurt in die Wege geleitet, das seinerzeit auch die Rückwanderung der KZler nach Schlesien und Breslau organisiert hatte. Erfurt schickte einige Autobusse, die in Abständen von 15 Tagen jüdische Auswanderer ins Reichsgebiet brachten.

Nachdem vier Transporte gelaufen waren, wurden die Autobusse an der polnisch-russischen Grenze in Görlitz angehalten und ihnen die Einfahrt in das polnische Gebiet verweigert. Alle Vorstellungen und Verhandlungen bei polnischen und russischen Kommandostellen waren erfolglos, bis nach zwei Monaten — ungefähr Anfang November 1945 — von der polnischen Verwaltung die Abfertigung von Eisenbahntransporten zugesagt wurde, sofern Waggons aus dem Reichsgebiet gestellt wurden.

Gegen Ende November lief der erste Transport ab, der aus gewöhnlichen Güterwagen bestand, in denen Männer, Frauen und Kinder, Alte und Kranke acht Tage ohne Heizung, ohne warme Verpflegung bis zur Erreichung ihres Bestimmungszieles zubringen mußten. Das war das Los der deutschen Juden und Antifaschisten, die aus den nationalsozialistischen Konzentrationslagern zurückkamen — unter der polnischen Verwaltung, von Rußland geduldet.

Vf. äußert die Ansicht, daß zum Verständnis des Gesamtvorgangs in den deutschen Ostgebieten auch das Verhältnis zwischen Russen, Polen und Deutschen aus seinen psychologischen und politischen Gründen bedacht werden müsse, und sucht an den folgenden als beispielhaft angeführten Gesprächen, die polnische Mentalität zu charakterisieren.

Ich führte mit einem Polen hoher Intelligenz, von Beruf Ingenieur (er hatte außer polnischen Hochschulen das Oxford-College besucht), ein Gespräch über berufliche Zukunftsfragen. Als ich meine Absicht äußerte, wieder in den schlesischen Bergen in der Holzindustrie tätig zu werden, äußerte er sich folgendermaßen: „Tun Sie das nicht, sehen Sie zu, daß Sie so bald als möglich aus Schlesien herauskommen. Sie kennen die Polen und den polnischen Charakter zu wenig; der Pole ist so geartet, hat ein so ausgeprägtes Nationalgefühl, daß er keine Minderheit neben sich duldet, er wird diese immer wieder unterdrücken."

Der so sprach, war ein Nationalpole oder Kongreßpole, wie man sagt, und er mußte ja seine Landsleute beurteilen können. Er wußte auch, daß ich Jude bin; da ich aber nicht polnisch spreche, galt ich auch als „Niemiec", als Deutscher. Insoweit erkennt der Pole auch keinen Unterschied an zwischen Deutschen und deutschen Juden.

Anschließend gibt Vf. eine antisemitische Äußerung dieses Polen wieder, in der dieser die Liquidierung von Juden in Polen unter dem NS.-Regime während des Krieges bedenkenlos guthieß.

Auch diese Äußerung ist nicht die Auffassung eines Einzelnen, sondern spiegelt die Stellung der überwiegenden Mehrheit des polnischen Volkes zur Judenfrage wider, oder wie soll man anders die Kampfansage deuten, die der Leiter der jüdischen Gemeinde in Breslau den polnischen Behörden auf einer öffentlichen Versammlung der Zionisten ins Gesicht schleudern mußte: „Man gibt uns keine Nahrungsmittel, man gibt uns keine Existenzmöglichkeit, ja, man behindert uns sogar unsere Ausreise, also bleibt uns nichts anderes als der offene Kampf".

Das zweite Gespräch par excellence hatte ich kurze Zeit vor meiner Ausreise in meiner Eigenschaft als Bezirksbürgermeister mit unserem polnischen Zivilkommissar, gleichfalls Akademiker hohen Bildungsstandes, seiner Anstellung nach unmittelbar dem Stadtpräsidenten unterstellt. Wir unterhielten uns über meine bevorstehende Ausreise, und er meinte, ich dürfe mich glücklich schätzen, daß ich herauskönnte. Ich war im Augenblick verdutzt über diese Worte und fragte ihn — wieso? Da brach es aus ihm heraus, daß ich entsetzt war, ob nicht ein Unberufener seine Worte gehört hätte. „Sie sind doch selbst ein intelligenter Mensch, Sie sehen doch, was hier vorgeht, das ist doch kein Staat, das ist keine Verwaltung — das ist ein Misthaufen." Ich wollte, da ich mich als Deutscher nicht berechtigt fühlte, Kritik am polnischen Staat und polnischen Volk zu üben, einlenken und sagte: „Glauben Sie nicht, daß das polnische Volk ein Opfer der Verhältnisse ist, daß es zwischen den Mühlsteinen der Hohen Politik eingeklemmt ist und selber nicht aus noch ein weiß?" — Er meinte daraufhin ganz klar: „Nein, das ist es nicht... es war ja früher bei uns auch nicht anders..." Dem konnte ich nun nichts entgegenhalten noch hinzufügen.

Als Kuriosum mag hier noch ergänzend eingefügt werden, daß mich der erste Sekretär des gleichen Zivilkommissars, ebenfalls ein weit über dem Durchschnitt stehender Pole, eines Tages fragte — als er von meiner bevorstehenden Ausreise hörte —, ob ich ihm nicht dazu verhelfen könnte, ins „Reichsgebiet" zu gelangen. Auf meinen Einwand, daß er doch eine ganz angesehene Stellung habe, äußerte er lediglich: „das bricht ja doch eines Tages alles zusammen!"

All diese Einzelheiten geben uns aber noch nicht den Schlüssel in die Hand, der letzten Dinge Hintergrund zu erkennen. Der Pole ist Nationalist, sogar Chauvinist und Militarist. Es wiederholt sich alles an ihm, was uns an den Nazis hassenswert erschien...

Aber auch mit all diesem ist das Wesen der Polen und ihr Verhältnis zu den Deutschen noch nicht erklärt. Es ist da noch ein entscheidender Faktor, das polnisch-russische Verhältnis und damit die Politik. Der Russe haßt den Deutschen nicht, keineswegs; der Germanski, der Deutsche, war sein Feind, er ist besiegt, gut, der Krieg ist aus. Abgesehen von Einzelnen, die persönlich oder in ihren Familien arg unter den Deutschen gelitten haben, gibt es keinen Haß. Aber den Polen verachtet der Russe, um n i c h t zu sagen, er haßt ihn, obwohl ich oft genug von Russen eindeutige Äußerungen dieser

Art gehört habe und in der Zeit, als Breslau noch eine starke russische Garnison hatte, Mord und Totschlag zwischen Polen und Russen an der Tagesordnung waren — wenngleich in solchen Fällen alkoholischer Einfluß, dem sowohl Polen als auch Russen hemmungslos unterliegen, ursächlich war.

Zu Anfang, als den Russen bekannt wurde, daß Breslau und Schlesien polnisch werden, setzten sie ganze Häuserzeilen in Brand aus Wut darüber, daß sie ihr Leben für die Eroberung dieses Landes und dieser Stadt eingesetzt hatten und daß ihnen die Frucht ihres Sieges nun von einem Haufen von Marodeuren streitig gemacht wurde, die sich in einer Art und Weise als Sieger gebärdeten wie wirkliche Sieger niemals zuvor. Noch Wochen später, als sich die Verhältnisse bereits beruhigt hatten, sah man immer wieder hier und da ein Haus in Flammen aufgehen — von Russen angezündet.

Was verstand auch der einfache Muschik von der hohen Politik, die da in Potsdam geschmiedet wurde, und was wußte er davon, daß diese Stadt wie andere Städte Schlesiens wie das ganze Land den Polen nach den Potsdamer Beschlüssen überlassen wurde, ja überlassen werden mußte, weil Rußland seinerseits Ansprüche auf altes polnisches Gebiet bis zur sogenannten Curzon-Linie erhob, ... daß die ganzen schlesischen Städte und das ganze schlesische Land, das er erobert hatte und jetzt den Polen überlassen mußte, durch seine eigene Militärverwaltung so gründlich von allem Brauchbaren an Nahrungsmitteln, Nutz- und Schlachtvieh, industriellen und landwirtschaftlichen Maschinen, ja, bis zur letzten Sense ausgekämmt worden war, daß der Bauer, der noch Wintergetreide zu ernten hatte, zur Sichel, Schere und zum Dreschflegel greifen mußte wie vor 100 Jahren, wenn er nur etwas Korn zum Brotbacken haben wollte.

Als der Verfasser dieses Berichtes, von der russischen Militärverwaltung als Ernteleiter eingesetzt, für deutsche Erntekolonnen Sensen und Sicheln beschaffen wollte, fuhr er auf einer Straße von ca. 15 Kilometern mehr als fünf, zwar kaum zerstörte, aber völlig verlassene Dörfer ab; alles, was er dort auftreiben konnte, waren zwei Sensen, drei Sicheln und zwei Heurechen.

Wieviel Nutz- und Schlachtvieh der Landkreis Breslau vor dem Kriege hatte, weiß ich nicht, da der Landkreis Breslau aber bester landwirtschaftlicher Boden ist und von bestbewirtschafteten Gütern besiedelt war, müssen sich die Zahlen in einer fünfstelligen Größenordnung bewegt haben. Wieviel jetzt noch vorhanden war, hörte ich vom Vertreter des Landrates authentisch: 20 Kühe und 15 Pferde!

Man kann 15 und 20 Kilometer um Breslau herum das Gebiet abfahren, man sieht nichts wie verlassene und zerstörte Dörfer, man sieht keinen Menschen, man sieht kein Stück Vieh, das ganze Land ist eine einzige öde Wildnis, und an Stelle der einst unübersehbaren wogenden Getreidefelder oder riesigen Kartoffel- oder Rübenäcker, die ausschließlich mit Dampfpflügen und großen Traktoren bewirtschaftet wurden, sieht man heute nur mannshohes Gras wachsen.

In dieses ausgebrannte und ausgesogene Land nun kommen die Polen, vertrieben von eigenem Grund und Boden, aus ihren Städten und Wohnungen, die sich zum großen Teil im Kriege besser erhalten hatten als die deutschen Städte unter den Luftangriffen und dem Artilleriebeschuß der

Kampfhandlungen. Konnten ihre Gefühle gegen die Deutschen freundlich sein, die ja den Krieg entfacht hatten und die erste Vertreibung der Polen von Haus und Hof organisierten — zum Teil wieder auch in Auswirkung gleicher chauvinistischer Maßnahmen der Polen in den Jahren 1920 bis 1922 — und letzten Endes ursächlich, wenn auch nicht verantwortlich waren für das, was jetzt östlich der Curzon-Linie geschah?

... Von Moskau aus war der Bogen zu straff gespannt worden gegen Polen; — man wußte und empfand dies auch, darum tat man nichts, nichts, um den polnischen Chauvinismus einzudämmen, und nichts, um den Deutschen dagegen zu helfen. Was will das schon besagen, wenn russische Militär-Polizei anfangs gegen polnische Plünderer einschritt oder wenn russische Soldaten und Offiziere den Deutschen ihre weißen Armbinden, die sie auf polnische Anordnung hin zur Kennzeichnung gegenüber den Polen tragen müssen, heruntergerissen mit dem Bemerken: „Das braucht ihr nicht!" Das waren spontane Ausdrücke eines Mitempfindens mit den Besiegten, aber keine aktive Hilfeleistung. Zudem war Polen Siegerstaat, also konnte man unmöglich offiziell Stellung nehmen gegen die Polen.

Politisch geht die Tendenz eindeutig auf immer weitergehende Stärkung des sozialistisch-kommunistischen Einflusses in Polen, weil Rußland genau weiß, daß es nur auf dem Wege über das kommunistische Regime Volk und Land für sich gewinnen kann. Aber der Pole ist dafür wenig empfänglich. Er ist und bleibt das, was er war — Nationalist; nur so ist es zu verstehen, wenn die Mehrzahl der Polen eine Lösung der gegenwärtigen Spannungen lediglich in einem bewaffneten Konflikt sehen wollen und dabei nach Westen schauen; daß dies allerdings das Ende Europas bedeuten würde, vermögen sie nicht einzusehen.

Die deutsche Tragödie im Osten nimmt aber inzwischen ihren Fortgang und wird in wenigen Monaten vollendet sein.

Nr. 218

Erlebnisbericht des Maklers B. F. aus Breslau.
Original, Januar 1953, 25 Seiten. Teilabdruck.

Vorgänge und allgemeine Verhältnisse in Breslau unter russischer Besatzung und polnischer Verwaltung während des Jahres 1945.

Im ersten Teil seines Berichtes schildert Vf. die Umstände der Flucht aus Breslau vor Einschließung der Stadt und seine Rückkehr aus dem Sudetenland Ende Mai 1945.

Endlich kamen wir über den Vorort Opperau an. In den Häusern, welche nicht zerstört waren, hausten Russen über Russen. Sonst ein schreckliches Bild der restlosen Zerstörung. An allen Ecken brannte es noch, war doch die Festung Breslau erst vor kurzem gefallen. Die Straßen waren kaum wiederzuerkennen und das ganze Stadtviertel verschwunden. Tote sah man viele, auch Russen. Unter den Trümmern mußten offenbar Tausende den ewigen Schlaf halten.

Im Süden hatte ich mehrere Häuser zu verwalten. Diese wollte ich alle aufsuchen und mich überzeugen. Auf Trampelpfaden über Schuttberge sahen wir nur Trümmer, Trümmer — eine Mondlandschaft. Selten, wenn im Süden noch ein Haus stand. Oft waren noch Unterstände mit Geschützrohren zu sehen. Endlich landeten wir auf Umwegen in der Lehmgrubenstraße. Das Haus meines Sohnes resp. die Wohnung war der Erde gleich. Acht von mir verwaltete Häuser hatten das gleiche Schicksal erlitten. Mit letzter Kraft bogen wir in die Gartenstraße ein, auch sehr schwer verwüstet. An den Straßenecken saßen auf Stühlen die Russen und fanden es schön, ab und zu Feuergarben die Straßen entlang zu jagen... Weiter zogen wir, am Hauptbahnhof (eine Teilruine) vorbei in die Taschenstraße.

Unsere Wohnung und Heimat, meine Firma, alles restlos ausgelöscht und für immer dahin. Gebrochen, wortlos zogen wir unsere Karre weiter über Berge von Schutt nach der Vorwerkstraße. Die Bäckerei, die Wohnung meines Schwiegersohnes, überhaupt das ganze Haus restlos zerstört. Ich stieg in die Parterrewohnung, wenn auch die Decke heruntering, und konnte nur noch Fetzen von Spielsachen meiner Enkeltochter Erika finden. Offenbar waren die Möbel vorher schon ausgeräumt worden. Auf Umwegen stieg ich vom Hofe aus von der Werkstatt in den Keller, d. h. ich ließ mich hinab, da keine Treppe mehr da war. Die Zimmerdecken hingen zerstört darüber. In diesem Keller war alles Bewegliche verlagert. Man hatte für Zerstörung gesorgt. Kopfkissen und Kleinigkeiten konnten wir aus dem Unrat herausholen und später als Andenken übergeben. Auch hier das Werk eines Lebens restlos vernichtet.

In der Nähe gab es schon so etwas wie [ein] Quartieramt. Uns wurde eine zerschlagene Wohnung in der Tauentzienstraße zugewiesen, und [wir] bekamen auch Anweisung für ein Brot. Ja, ein Brot, was für uns eine Kostbarkeit war. Den Karren brachten wir unter, und in der leeren Wohnung haben wir uns ausgeruht. Es gab selbstverständlich kein Wasser, kein Licht, alles unbrauchbar. Da und dort gab es irgendwo eine Hofpumpe, und man mußte sich anstellen, um ein Gefäß Wasser zu bekommen.

In den Straßen waren von den Russen Kolonnen von „Trümmerfrauen" eingesetzt. Männer sah man wenig, nur ganz alte. Diese Frauen, meist in Lumpen, waren als solche kaum noch zu erkennen und waren völlig ungepflegt. Trotzdem [waren sie] der Willkür der Soldateska restlos ausgeliefert. Leider mußte man feststellen, daß auch die Frauen zusehends radikaler wurden, sie nahmen das ganze oft gleichgültig hin. — Was sollte der Einzelne auch machen? Alles war zerrissen, jede Familienbande aufgehoben. Man lag in Höhlen, in Räumen ohne Unterschied. Sogar die Notdurft wurde in aller Öffentlichkeit verrichtet.

Anschließend berichtet Vf. über seine weiteren Eindrücke auf dem Wege zum Haus seiner Schwiegereltern in der Woyrschstraße, wo er sich einzurichten begann.

Eine regelrechte Ernährung und Lebensmittelkarten gab es nicht. Man hungerte und lebte von Nahrungsmitteln aus den meist zerschlagenen Kellern. Die Folge war, daß alles mehr oder weniger krank wurde, und alle Menschen sahen immer elender aus, auch wir. Alle Ankommenden mußten sich in der Baracke des früheren Parteiamtes melden. Der vom Russen eingesetzte Bürgermeister war nach Berichten ein erheblich vorbestrafter ehemaliger städtischer Gärtner. Dieser spielte in Pilsnitz—Kosel—Schmiedefeld jetzt die Hauptrolle.

Alle mußten Sühnearbeit verrichten, also auch ich und meine arme Frau. In der Bürobaracke herrschten schlimme Zustände und alles ein wüstes Durcheinander. Der Bürgermeister fragte mich nach meinem Beruf und sagte: „Schaffen Sie" — diese Anrede war damals ein Wunder unter diesem Regime, ein Wunder — „auf dem Korridor Ordnung." Zu ihm dürfe nur [jemand] mit einem Ausweis von mir. Es gab da manch böses Blut, und oft mußte ich mehr als energisch werden.

Da kommt eine gutangezogene Frau und will in die Stube des Bürgermeisters. Ich halte diese an, und [sie] stellt sich vor als die neue, vom Russen eingesetzte Kommandantin (sie war auch Ärztin), nimmt mich au meinem damaligen Knebelbart und sagt: „Sind sie nicht Arzt?" — denn ich sehe so aus... Kurz, ich hatte bei dieser Frau einen Stein im Brett. Sie ging zum Bürgermeister und bestimmte, ich wäre sofort abzulösen und solle die Bürgermeisterei einrichten und leiten...

Jetzt konnte ich tätig werden. Ein Lehrer wurde abgelöst, unbrauchbare Leute auch, und ich konnte mir passende Leute wählen aus der Masse der ziellosen Menschen. Ohne jede Bezahlung, [aber] man riß sich um diese Büroarbeit, kam [man] doch von der Straße weg. Bald hatte ich drei Räume voll Frauen allen Alters sitzen, und es gelang mir auch, im Nebenzimmer meine Frau unterzubringen, welche dabei war, eine Art Wohnungsamt einzurichten.

Listen wurden von allen noch verfügbaren Wohnungen aufgestellt. Diese Wohnungen mußten alle besichtigt werden. Ich ging mit [einem] Knüppel mit. Oft lagen Russen in den Wohnungen, und man war froh, wenn man wieder verschwinden konnte.

Hin und wieder bekam ich von der Kommandatur als Entgelt ein Brot. Dann konnten auch die Mitarbeiter ab und zu ein solches erhalten. Es kam vor, daß ein Brot unter sie brockenweise verteilt wurde, nur trocken selbstverständlich. Dann kam die Genehmigung, Rüben aus den Feldern zu nehmen, und man hatte einige Tage etwas zu essen.

Im Zimmer des Bürgermeisters ging es oft hoch her. Er nahm sich die schönsten Frauen, und als verheirateter Mann mit zwei Kindern hatte er ein festes Verhältnis mit einer Soldatenfrau. Ganz offen! Die betreffenden Frauen waren schutzlos. — Oft kamen auch Russen, manchmal schwer angetrunken, und benahmen sich danach, auch höhere Dienstgrade... Man war eben Freiwild, und der Russe sagte oft: „Ruski haben auch alle Frauen erobert. Befehl von Stalin."

Die schlimmsten Truppen waren die durchreisenden mit Wagen. Diese mußten auf Tage und auch Wochen untergebracht werden, also in Wohnungen, die an sich belegt waren. Es gab Frauen, welche meist Offiziere freiwillig aufnahmen und verpflegten, bekochten und benähten, so daß diese große ernährungsmäßige Vorteile hatten. Sie verkauften sich selbst. Andere machten gute Miene zum bösen Spiel. — Fest steht aber, daß, sobald es dunkel wurde, die Notschreie der Frauen schauerlich durch die Finsternis ertönten, und das Entsetzen war allgemein. Die Tochter konnte die Mutter nicht schützen und umgekehrt.

Inzwischen hatte die Verseuchung einen derartigen Umfang angenommen, daß eine Geschlechtskrankenstation im „Allerheiligen Hospital" eingerichtet werden mußte. Ich mußte zwecks Untersuchung und eventueller Behandlung einen Schein ausstellen. Täglich kamen nun Frauen und baten um eine Bescheinigung. Grund: Vergewaltigung, oft in einer Nacht vielmals. Manche [waren] gleichgültig, manche lebensmüde und zerbrochen. Vor dem Hospital standen die Bedauernswerten Schlange. Unterhaltung: auch Du und so.

Die oberen Räume waren für die Sieger reserviert, die Kellerräume für die Deutschen. Dort soll es ganz schlimm ausgesehen haben, wie mir mitgeteilt wurde. Untersuchung in Massen, fast öffentlich unter menschenunwürdigen Verhältnissen. Schmutz und Dreck auch hier in nie gekannten Ausmaßen. Wohl denen, die aus dieser Hölle gesund herauskamen oder ganz verschont blieben.

Ein Pastor war zu einer Beerdigung gegangen. Am Grabe hatte man ihm die Schuhe ausgezogen und geraubt. Überhaupt nahmen Gewalttaten nie ein Ende.

Meine Frau konnte der polnischen Kommandantin mehrere Kleidungsstücke verkaufen gegen Lebensmittel. Ein polnischer Bäckermeister machte neben der Bürobaracke eine große Bäckerei auf und mußte eine Bauzeichnung (Skizze) einreichen. (Dieser wurde an mich verwiesen, weil sich der Bürgermeister beliebt machen wollte.) Ich habe diese ohne viel Kenntnisse zusammengedoktert, und meine Frau konnte dafür Brote und Gebäck in Empfang nehmen. Ich riskierte evtl. Verhaftung, aber ich hörte nichts mehr, es ging also.

Viele Menschen kamen zurück, auch Soldaten, auch aus KZ.-Lagern. Radikale Elemente dabei, mit denen ich große Not hatte und ebenso diesen Ton anschlagen mußte, um die Lage überhaupt noch zu meistern.

Inzwischen waren sogenannte kommissarische Straßenmeister eingesetzt worden (rote Binden). Diese mußten die Menschen zur Sühnearbeit holen und antreiben. Bei mir resp. dem Bürgermeister jeden Tag Meldung abgeben, wer da war und wer fehlte. Diese Meldungen wurden von mir listenartig erfaßt und dann an die Kommandanturen weitergegeben. Jede fehlende Person mußte begründet werden. Ich hatte oft Krieg mit dem Bürgermeister, da immer die Listen stimmten, trotzdem er behauptete, es würde nur „so gemacht", und immer wieder treffe er und der Kommandant Frauen auf dem Schwarzen Markt. Ich wußte, daß es so war; aber ich wollte deutsche Frauen nicht ins Unglück bringen. Er war nicht intelligent genug, um hinter die Schliche zu kommen... Was sollte ich machen? Wäre ich ganz scharf vorgegangen, so hätte eine nächtliche Kugel meinem noch so armseligen Leben ein Ende bereitet, und meine Frau hätte dann allein auf dieser schönen Welt gestanden...

Kamen Parteileute zurück, welche bekannt waren, so wurden diese in oder vor der Bürobaracke manchmal niedergeschlagen, bis sie zusammenbrachen. Oft bekam einer dann einen Wink, zu verschwinden, was stets geschah. Ich selbst brauchte mich an diesen Taten nicht beteiligen und hätte dies auch nicht getan.

Geringster Widerstand, auch Worte genügten, um in den Keller auf mehrere Tage gesperrt zu werden, Prügel waren ganz selbstverständlich. Die Betroffenen konnten froh sein, der GPU. nicht übergeben zu werden. — Eines Tages hörte ich von dem Bürgermeister selbst, er hätte jetzt als Kommissar der GPU. einen Ausweis erhalten und jeder solle sich vorsehen. Er selbst räuberte und plünderte, wo er konnte, und nahm den Deutschen das letzte Huhn weg, um es selbst oder mit Genossen zu verzehren...

Ununterbrochen kamen Russen, meist hohe Offiziere, und verlangten vom Ort Gegenstände zum Abtransport. Der Bürgermeister diktierte mit Dolmetscher: z. B. Klavier, Nähmaschine, Garderobe, Schlafzimmer usw. Ich schrieb eine Meldung an einen Straßenmeister, welche wußten, wo noch etwas zu holen war. Diese holten die verlangten Gegenstände erbarmungslos den Leuten weg, ohne jede Quittung. „Wann abholen du?" Zur bestimmten Zeit standen die Sachen, oft von den Eigentümern hergeschleppt, vor der Baracke. Ein gewohntes Bild: Die Sachen wurden von Russen im LKW. verladen und abtransportiert.

Die hiergebliebenen Menschen wurden immer armseliger. Tausende hatten in der Festung gelebt, waren nicht weggegangen und geblieben. Diese hatten gut gelebt, wenn auch dauernd auf dem Marsch wegen der ununterbrochenen Beschießung. Als aber dann der Russe die Stadt in Besitz nahm, soll die Hölle wochenlang los gewesen sein. Man hatte vor der Kapitulation riesige Mengen von Wein und überhaupt Alkohol in die Oder geschüttet; immerhin wurde in den Lagerkellern noch so unendlich viel gefunden, daß alles sinnlos [betrunken] war und sich austobte. Die Schreckensszenen sollen nicht wiederzugeben sein, wie uns immer wieder versichert wurde. Tausende kamen ums Leben, noch [nach] der Übernahme der Festung. Die Unterwelt war losgelassen, und auch diese tobte sich aus.

Immer mehr Polen kamen an. Sie hielten vor der Bürobaracke, fragten nach dem Bürgermeister. Der Führer des jeweiligen Polentransportes zeigte irgendeinen Ausweis vor, und schon begann die Einweisung durch Miliz mit Waffen. Erst Wohnungen, dann ganze Straßen wurden geräumt und mit Polen belegt. Man hatte wohl die Ärmsten der Armen umgesiedelt, denn fast alle waren nur in Lumpen gehüllt und wollten immer nur haben, haben. Die Straßenmeister holten Möbel, Betten und Decken herbei.

Dann kamen Industriepolen, welche wieder die Fabriken einrichten sollten. — Einer suchte eine Wohnung oder ein kleines Haus. Der Dolmetscher stellte hinter meinem Rücken eine Zuweisung über das ganze Haus der Eltern aus. Meine Frau war gerade im Hause und kochte Kartoffeln. Da kam eben der polnische Ingenieur mit einem jungen Milizsoldaten, zeigte seinen Wisch. Ich wurde geholt und glaubte immer noch an einen Irrtum. Er legte mir die MP. an die Brust und sagte: „Genau wie die Deutschen es machten. Ich gebe sieben Minuten Zeit, noch sechs, ——, noch fünf ——" Meine Frau nahm in ihrer Verzweiflung einen Rucksack, ich eine Kanne und Kleinigkeiten. Die Kanne wurde genommen, der Rucksack ausgeschüttet und alles, bis auf wirkliche Kleinigkeiten, mußte dableiben. Der Topf mit Kartoffeln wurde auf dem Hof unter freiem Himmel aufgegessen.

Wir gingen zum Dolmetscher und dem Bürgermeister und legten Verwahrung ein. „Gibt kein Eigentum mehr", war der Bescheid. Und wir konnten froh sein, daß wir eine leere Wohnung von zwei Stuben übernehmen konnten.

Nun saßen wir wieder einmal da mit unseren Kenntnissen. Aber jetzt sahen wir klar, was uns noch blühte. Die Verhältnisse wurden immer unerträglicher und unleidlicher.

Anschließend berichtet Vf. über den Besuch bei Bekannten und fährt fort:
Der Hunger wurde immer größer. Brot bekamen wir fast nichts mehr. Zu kaufen gab es ganz selten etwas. Als einmal zwei Pferde von Minen zerrissen wurden, gab es Fleisch, und das waren Festtage. Die Straßenmeister konnten immer weniger heranschaffen, und die Trümmerkeller wurden ständig umgewühlt, um oft Dutzende Tote freizuschaufeln.

Da brach Typhus aus. Ich mußte dafür sorgen, daß gelbe Fahnen in den befallenen Häusern aufgestellt wurden. Die Seuche nahm an Umfang ständig zu. Ein Toter lag auch in unserem Hause im Keller. Es wurde so schlimm, daß die Toten auf Plateauwagen durcheinander auf den Friedhof gefahren wurden, eingehüllt in Lumpen. Da auf dem schlechten Pflaster die Köpfe hin- und hertanzten, bestimmte ich, daß diese mit Latten an den Hals gebunden werden und die Gesichter zu bedecken sind. — In diesen Tagen waren die Russen etwas zurückhaltender; denn vor Seuchen haben sie großen Respekt.

Meine Frau hatte es auch gepackt, und schon glaubten wir, daß es zu Ende geht. Aber sie hat es durchgemacht, und dann kam ich selbst dran, nichts zu essen und wenn, konnte man nichts behalten. Die Qualen waren schlimm, und der Körper magerte immer mehr ab. Aber die Seuche hat uns nicht dahinraffen wollen, und der Lebensmut kam wieder.

Jetzt hieß es, alles muß fort, die seit langem geschlossene Grenze wird wieder geöffnet werden, aber nur für die Transportzüge. Auch Plakate wurden angeklebt, auch vor der Bürobaracke: Alles muß Schlesien bis zur Oder-Neiße-Linie verlassen. Alles Eigentum gehört Polen.

Seit vielen Monaten gab es keine Post, kein Telefon, keine Zeitungen. Man war nur auf Parolen und Anschläge angewiesen. — Die polnische Kommandantin war abgelöst. Ich wurde auch abgelöst, angeblich wegen meines Alters und weil der Pole alle Posten übernommen hätte. In Wirklichkeit, weil ich offenbar zu viel wußte. Vorher hatte ich wöchentlich Vorträge ausarbeiten müssen, welche vom Bürgermeister öffentlich verlesen wurden. Alle mußten vor der Baracke antreten. Die Vorträge klangen schon wegen der Russen und Polen, welche dabei waren, sehr radikal, doch hatten sie den bestimmt guten Zweck, Deutsche von unüberlegten Handlungen abzuhalten ...

Sehr oft fuhren LKWs. vor und brachten Befehl: „Dreißig oder mehr Frauen zur Erntearbeit." Die Straßenmeister holten diese Frauen von der Arbeit oder aus den Stuben, und [sie] wurden ohne Ziel aufgeladen. Manche blieben wochenlang weg. Sie wurden irgendwo zur Erntearbeit eingesetzt und von Russen bewacht. Nachts Verpflegung von den Russen. Oft Aufenthalt in einem gemeinsamen Raum. Über die eventuellen Erlebnisse wurde später kaum gesprochen. — Diese Kommandos waren an der Tagesordnung. [Bei] Weigerung: Keller, Hunger, Prügel und dann doch zur Arbeit. Niemand kann es je ermessen, der diese Seelennot nicht selbst miterlebt hat.

Vf. berichtet über seine Fahrt in das Waldenburger Gebiet, um dort untergestellte Gepäckstücke zu holen, und hebt die hierbei von einem russischen Kraftfahrer und der polnischen Ärztin erfahrene Hilfe hervor.

Die Russen traten nach und nach nicht mehr so sehr in Erscheinung, und nur wenn irgendein Fest war, Alkohol ausgeschenkt wurde, dann wußten wir, wenn die Gesänge erschollen, was bald los sein würde. Bald erschollen die bekannten Rufe: „Aufmachen!"

Nun waren wir auch einmal dran. Eine Tochter des Untermieters von eigenen Gnaden hatte sich trotz Warnung am Tage auffällig gezeigt..., und dieses Mädchen war wohl die Ursache. Wir waren uns im Hause einig: „Wir machen nicht auf." Drohungen wüstester Art, dann Schweigen. Man hatte offenbar Balken geholt und nahm Rammstöße vor, bis die Tür mit der Sperre zusammenfiel. Ich stand hinter der Eingangstür hinter der Mauer. Meine Frau lag auf dem Balkon unter Säcken und Gerümpel versteckt auf der Erde.

Russen stürmten die Treppe herauf, und bald dröhnte es an der Eingangstür. Schüsse, Schläge gegen die Tür, welche aber noch hielt. Ich regte mich nicht. Auf einmal stürmten die Kerle nach oben und suchten das Mädchen. Diese aber war, im Hemd, aufs Dach durch die Luke geklettert und saß hinter einem Schornstein...

Oft kamen LKW.-Kolonnen vorbei, und [ich] konnte einmal sehen, wie diese wie Katzen aus dem LKW. stiegen, Scheiben einschlugen, verschiedene Gepäckstücke in den Wagen warfen und davonfuhren. Man wurde dies gewöhnt. — Polen kamen am Tage auf Fahrrädern aus Breslau, durchweg Juden, und riefen: „Wir zahlen hohe Preise für Gold, Ringe usw."... Die Juden hatten stets die Taschen voll Goldsachen. — Einmal wurde so ein Händler von Russen ausgeplündert und nackt auf der Landstraße liegen gelassen.

Überall in den Gärten lagen Minen. Direkt an Häusern wurden spielende Kinder zerrissen. Die einzige Tochter eines Ehepaares, welches mit uns später fortmachte, wurde beim Pflücken einer Blume von einer Tellermine zerrissen.

Vf. berichtet zunächst über einige Vorgänge im Zusammenhang mit der Aufstellung der ersten Ausweisungstransporte und fährt mit seiner Schilderung der allgemeinen Verhältnisse fort:

Neugeborene Kinder waren fast ausnahmslos zum Tode verurteilt, jedenfalls hier. Die Mütter konnten die Kinder nicht stillen, da [sie] keine Nahrung [hatten]. Alles Vieh war fortgetrieben oder abgeschlachtet. — Wieder erbarmte sich die polnische Ärztin und Kommandantin und besorgte eine Kuh, und die Wöchnerinnen konnten bei ihr täglich etwas Milch erhalten. Trotzdem starben die meisten Kinder. Es war ja nichts da. Kein Badewasser, keine Wäsche und keine Pflege, da die Frauen meist „Sühnearbeit" ausführen mußten. Eine jüdische Schwester besorgte die Beerdigung. In Lumpen gehüllt, ohne Sarg selbstverständlich, wurde so ein unschuldiges Wesen auf einem verwüsteten Friedhof verscharrt — ohne jede Formalität ...

Die Schreckenstaten wollten kein Ende nehmen, und stündlich war man seines Lebens nicht sicher. Polnische Miliz war wohl da, aber nur gegen die Deutschen. Oft betrunken, gaben sie Salven in die Bürobaracke ab, und es war ein Wunder, daß wir dabei keinen Schaden hatten.

Durch unsere Büroarbeit, welche zuerst mindestens voll anerkannt wurde, bekamen wir [ein] Bett, etwas Wäsche usw. Durch Verkauf von einzelnen Stücken auf dem Schwarzen Markt bekamen wir Złotys, und so fristeten wir unser Leben. Man konnte dann auch schon Brot kaufen gegen viel Geld und gute Worte.

Einmal rollten mehrere vollkommen verrostete Tonnen an. Bei Öffnung stellte sich der Inhalt als übelriechendes Fett heraus. Alles war begeistert, und bald wurde diese Masse an die Massen ausgegeben. Ein Kartoffelpuffer-Backen begann in großen Ausmaßen. Bald hörte man von Beschwerden, und der Bürgermeister ließ eine Probe in Breslau untersuchen. Ich selbst hatte inzwischen festgestellt und trotz Verrostung entziffert: „Tierkadaververwertungsgesellschaft usw." Der Befund lautete: für menschliche Zwecke unbrauchbar. Auch wir hatten genügend gegessen, und man kam sich vor Grauen vollkommen vergiftet vor. Es gab Menschen, welche sich heimlich weitere Portionen nahmen, und bald waren alle Tonnen leer. Wer dabei zugrunde ging, war nicht zu übersehen, da ja der Tod unser ständiger Gast war ...

Als die Not wieder besonders groß war, gingen viele zu den russischen Küchen, und ab und zu gaben die Köche einen Schlag Grütze und Brühe, und wer Glück hatte, [erhielt] auch mal einen Knochen mit etwas dran, auch Brot. Die Offiziere duldeten dies zumeist.

Auch ich machte mich mehrfach auf mit einer Kanne. „Komm, du Alter" — und man winkte mir, und [ich] hatte das Gefäß bald voll. Für uns war es die Rettung. Das seelische Empfinden, von unserem Besieger Nahrung nehmen zu müssen, war ausgeschaltet. Der Erhaltungstrieb hatte gesiegt. Am besten waren alte Mannschaften.

Einmal kam ich mit einer Kanne, und da verstellten mehrere Iwans den Weg, zeigten auf meine Schuhe und sagten: „Auch haben, wo und wann?" Ich stellte die Kanne hin und nickte mit dem Kopf, zeigte eine Zeit mit den Fingern, und diese sagten: „Versteh, versteh". Ich zeigte nach einer bestimmten Richtung, ein Stück gingen diese mit, und dann zeigte ich auf eine Ecke und verschwand um diese, machte einen großen Bogen — und die Schuhinteressenten haben vergeblich warten müssen. Aus war es mit der Futterstelle.

Dann ging ich einige Male mit in eine Kaserne nach Kosel. Dort hatte ich selten Glück. Die Iwans bevorzugten junge Frauen, welche sie mit Lächeln heranwinkten und auch auf die Stuben mitnahmen. Manchmal aber gab es ein großes Wehklagen. Plötzlich kamen Rotgardisten mit Waffen angestürmt und verfolgten Frauen und Kinder. Wer hinfiel, wurde geschlagen und am hellen Tage Frauen vor ihren Kindern vergewaltigt. Natürlich sprach sich dies herum, und doch gingen Hungrige immer wieder hin, ohne die Gefahren zu fürchten.

Abschließend berichtet Vf. noch über einige Einzelvorkommnisse und schildert ausführlich die Umstände, unter denen er Breslau verlassen mußte, die Überführung des Ausweisungstransportes nach Westdeutschland (Anfang März 1946), die Not der Vertriebenen und seine eigenen Erfahrungen beim Neuaufbau einer Existenz in Westdeutschland.

Nr. 219

Bericht des Tapezierers Georg Fritsch aus B r e s l a u.
Original, 4. Mai 1951.

Vorgänge in Breslau nach der Kapitulation, allgemeine Verhältnisse unter russischer Besatzung und polnischer Verwaltung bis März 1946.

Vf. berichtet eingangs über sein persönliches Schicksal als Verfolgter des NS.-Regimes und einige Vorgänge im belagerten Breslau.

Von dem Waffenstillstand wurde die Bevölkerung durch Lautsprecher in Kenntnis gesetzt, desgl. von den weiteren Bedingungen.

Während die Wehrmachts- usw.-Angehörigen sich auf der Frankfurter Straße zum Abtransport nach dem Riesenlager Hundsfeld zu sammeln hatten — die stets mißtrauischen Sowjets durchsuchten Keller für Keller nach Versprengten und haben sicherlich Unzählige hierbei erschossen —, mußte sich die Zivilbevölkerung auf den blockweise eingerichteten Kommandanturen zur Registrierung einfinden. Alles irgendwie Verdächtige oder Denunzierte wurde natürlich sofort dabehalten und abtransportiert.

Die ersten acht Tage nach dem Waffenstillstand herrschte verhältnismäßige Ruhe und Ordnung. Dann begannen die furchtbaren Plünderungen, die nun an Gemeinheit ständig zunahmen. Zwar war für jeden Block ein Kommandant zu ihrer Verhütung bestellt worden, zwar riet so ein völlig machtloser Kommandant persönlich an, durch Lärmen, Schreien, Alarme die Wachen zu bestellen, aber welcher Sowjet würde es wagen, einem andern in den Weg zu treten?

Meister im Plündern und Auffinden jedes noch so geschickt angelegten Verstecks waren diese asiatischen Horden: Kalmücken, Kirgisen, Tartaren.

Bei der Registrierung wurde ich dank meiner Papiere und Behandlung in der Nazizeit Vertrauensmann meines Blocks und stand mit dem zuständigen Kommandanten in gutem Kontakt, trotzdem es keine Rolle spielte, ob jemand Faschist oder Antifaschist gewesen war; es genügte, Deutscher zu sein!

Was an Vergewaltigungen geschehen ist, ist nicht wiederzugeben. Leider gab es aber auch würdelose deutsche Frauen und Mädchen, die sich freiwillig hingaben, aus Sensationslust oder um irgendwelcher persönlichen Vorteile willen.

Trotz dickverrammelter Türen nahmen die Plünderungen und Überfälle durch sowjetische Deserteure und langsam einsickernde polnische Verbrecher zu. Diese Banden hatten die Grüfte des Pohlanowitzer Friedhofs erbrochen, die Leichen herausgeworfen und benutzten nun diese Höhlen als persönliche Schlupfwinkel und zur ersten Unterbringung ihrer Beute, ehe diese ganz nach dem Osten abtransportiert wurde.

Die Haupttätigkeit der Vertrauensleute war nun die Registrierung aller vorhandenen Klaviere, Fahrräder, Radios, Schreibmaschinen usw. Auf ihr Verschweigen waren schwerste Strafen angesetzt worden. Listenmäßig erfaßt, wurde alles wahllos auf LKWs. verladen, abtransportiert und rücksichtslos von diesen in Güterzüge umgeladen. Es drehte sich zum Schluß ja nur noch darum, alles vor der Übergabe Schlesiens an die Polen wegzuholen.

Als diese dann eintrat, blieb zwar die sowjetische Kommandantur bezüglich militärischer Angelegenheiten weiter bestehen, die Verwaltung aber wurde vollkommen polnisch. Wir sollten vom Regen in die Traufe kommen: Die polnische Miliz = PPS. oder PPR. ging radikal vor. Jeder Deutsche war Nazi, jeder Deutsche war daher vogelfrei und hatte entschädigungslos und nach Belieben zu arbeiten. Die Plünderungen erreichten ihren Höhepunkt. Nichts war mehr sicher. Wurde nicht sofort geöffnet, wurde durch die Fenster und Türen geschossen, die Bewohner zusammengehauen, verschleppt. Ganze Viertel wurden in wenigen Stunden völlig von der Bevölkerung geräumt. 20 Kilo Gepäck durfte mitgenommen werden, was hiervon noch der Kontrolle gefiel, wurde ebenfalls abgenommen. Proteste hätten das Ende bedeutet. Stellenweise beließ man den Müttern kleinster Kinder nicht mal den Kinderwagen. Unsere Haupttätigkeit war die Beseitigung der vielen Leichen. Die Verwendung von Särgen war verboten; so bestattete man diese in Massengräbern, notdürftig in Packpapier eingehüllt, an den unmöglichsten Stellen.

Es gab zwar Lebensmittelkarten; ich habe keine gesehen! Wer am Leben bleiben wollte, mußte sehen, auf dem Schwarzen Markt, auf dem es alles zu unerschwinglichen Preisen zu kaufen gab, sich gegen Verschleuderung des letzten Geretteten etwas zum Leben zu verschaffen. Unterwegs riskierte man auf Nebenstraßen unbekümmert um Jahreszeit und Witterung, die Schuhe und Kleidung am hellen Tage ausgezogen zu bekommen.

Am 12. März 1946 hatte ich die für meinen Bezirk notwendigen Papiere, in deutsch/polnisch/russischer Sprache ausgefertigt, zusammen, und wir wurden als Bettler abgeschoben.

Nr. 220

Erlebnisbericht des Reichsbahnsekretärs Adolf Walda aus B r e s l a u.
Original, Sommer 1950.

Allgemeine Zustände in Breslau im Sommer 1945; Mißhandlungen durch polnische Wachmannschaften im Gefängnis Kletschkau; Ausweisung Anfang Oktober 1945.

Als Reichsbahnsekretär habe ich mich in meiner Heimatstadt Breslau am 23. Mai 1945, um überhaupt leben zu können, bei der Polnischen Staatsbahn — die Polen hatten ja bekanntlich nach der Besetzung die Verwaltung der Stadt und somit auch aller Staatsbetriebe übernommen — gemeldet und wurde mit mehreren Hundert in der Stadt auf Anordnung der Reichsbahndirektion vor Einschließung der Stadt durch die Russen verbliebenen Beamten und Arbeitern zur Wiederherstellung der durch Bomben beschädigten Eisenbahneinrichtungen und besonders der unterbrochenen Strecken und gesprengten Brücken herangezogen. Dort mußten wir unter denkbar unwürdigster Behandlung seitens der aufsichtsführenden Polen und bei schlechtem Essen und kümmerlicher Bezahlung schwerste Arbeit verrichten.

Mit meinen Freunden K. W. und M. K., deren Wohnungen ebenso wie meine dem Bombenhagel zum Opfer gefallen waren, bewohnten wir auf dem Benderplatz im Hause Nr. 20 eine notdürftig hergerichtete Wohnung im ersten Stock, deren Fenster wir mit Pappe verkleideten. In diesem Hause wohnten noch eine Anzahl Familien, darunter junge Frauen und Mädchen, die Freiwild für die meist unter Alkohol stehenden Russen und Polen waren.

Abends wurde die Haustür verrammelt und ein organisierter Wachdienst der im Hause befindlichen Männer eingerichtet. Ständige Hilferufe und Schießereien auf dem Benderplatz zeugten von der Jagd nach wehrlosen Frauen. Allnächtlich begehrten die Horden Einlaß, und da ihnen nicht aufgemacht wurde, schossen sie einfach durch die Fenster.

Am Tage kamen die Russen angetrunken mit Säcken und holten sich, ihnen mitnehmenswert erschien. An Widerstand war bei der schwerbewaffneten Soldateska nicht zu denken, man wäre einfach umgelegt worden. Auf der Straße konnte man sich nur in schlechtester Garderobe sehen lassen, sonst wäre man glatt ausgezogen worden.

Am 9. Juli 1945 erschienen in unserer Wohnung gegen 19.00 Uhr zwei polnische Kriminalbeamte und verhafteten mich, weil ich als Reichsbahnbeamter auch Angehöriger der Bahnschutzpolizei war und den Rang eines Oberzugführers besaß. Ich wurde dem Gefängnis Kletschkau zugeführt.

Bei der Vernehmung beschuldigte mich der polnische Kommissar, Chef der Breslauer Gestapo gewesen zu sein. Ich verneinte dies natürlich und verwies auf meinen Ausweis mit Lichtbild, der mich als Reichsbahnsekretär legitimierte. Sofort erhielt ich von dem Posten einen derartigen Faustschlag ins Gesicht, daß mir das Blut aus der Nase lief und ein Zahn ausgeschlagen wurde. Immer wieder, wenn ich die falschen Anschuldigungen zurückwies, wurde ich unbarmherzig geschlagen und in den Unterleib getreten. Ich habe dann das Protokoll unterschrieben, was verlangt wurde, sonst wäre ich wohl erschlagen worden.

Man brachte mich dann in das Gefängnisgebäude. Beim Betreten wurde ich von dem Torposten mit einem Gummiknüppel über den Kopf geschlagen und in ein Zimmer gestoßen, wo man mich wiederum ohne jeden Anlaß mißhandelte. Dort sind mir meine sämtlichen Sachen, wie Brieftasche mit 500,— RM., Taschenmesser, Schlüssel, Hosenträger usw. abgenommen worden.

Beim Abtransport in die im ersten Stockwerk gelegene Einzelzelle mußte ich durch ein Spalier der angetretenen Wachmannschaften Spießruten laufen, die von beiden Seiten mit Gummiknüppeln auf mich einschlugen, bis ich zusammenbrach. Von einem Wüstling durch Tritte in den Unterleib wieder hochgebracht, mußte ich denselben Weg noch einmal machen. Mehr tot als lebendig schaffte man mich in die Zelle. Dort stürzten sich vier Mann auf mich, rissen mir die Kleider vom Leibe, warfen eine Decke über meinen Kopf und schlugen mit Knüppeln so lange auf meinen nackten Körper, bis ich besinnungslos war.

Am Morgen Antreten zum Appell. Ich konnte kaum gehen und wurde wieder geschlagen. Mein Rücken war eine einzige blutige und verschwollene Masse. Beim Antreten erblickte ich unter den ca. 200 Inhaftierten einen alten Bekannten, F. S. von der Waisenhausstraße. Aus seinen Augen sprach das Grauen. Ich wußte, daß dieser brave Mann mit seinen 60 Jahren die gleiche Prozedur hinter sich hatte. Es gelang mir in den nächsten Tagen, flüsternd mich mit ihm zu verständigen. Immer wieder erklärte er mir, sich aufhängen zu wollen. Ich sprach ihm Mut zu, und wir stellten uns nun beim Appell immer nebeneinander. Was aus ihm später geworden ist und ob er dieser Hölle entronnen ist, habe ich bis heute nicht feststellen können.

Die Appelle früh und abends waren eine einzige Marter. Der Kommandant, etwa 27 Jahre alt, ein sadistischer Rohling, schlug wahllos mit seinem Rohrstock in die Gesichter der Angetretenen. In Kniebeugen quer durch den Gang Wippen, gegenseitiges Ohrfeigen, Hinlegen — und über diese Liegenden liefen und sprangen die Wachmannschaften mit ihren schwerbeschlagenen Stiefeln — Wegtreten und immer wieder Antreten, alles durch Pfiffe auf einer hellen Trillerpfeife kommandiert und durch Schläge mit dem Gummiknüppel angetrieben, waren unendliche Quälereien. Dann wieder Hervortreten der Angehörigen der SS., SA., Polizei usw. Diese wurden einzeln geschlagen, in die Nierengegend getreten, auf unmenschliche Art mißhandelt. Dies alles vor den Augen der anderen kahlgeschorenen Häftlinge.

Glaubte man dann, in der Zelle Ruhe zu haben, wurde diese aufgerissen, und es mußte in strammer Haltung gemeldet werden: „Zelle 117 belegt mit einem deutschen Schwein." Wieder gab es Schläge, weil die Meldung dem kaum 20jährigen Posten nicht exakt genug war. Jede Nacht um 12.00 Uhr hörte man das Schmerzensgebrüll der Mißhandelten, denn um diese Stunde war Kontrolle durch die immer betrunkenen Wachmannschaften. Aber auch zu jeder anderen Nachtzeit wurde kontrolliert und immer auch geschlagen.

Nach 14 Tagen Gefängnishaft war auch ich körperlich und seelisch am Ende meiner Kräfte. Ich hängte mich an meinen Schnürsenkeln auf, riß aber, nachdem ich bereits das Bewußtsein verloren hatte, ab. Der Herrgott wollte es nicht. Seit diesen Tagen ertrug ich alle Quälereien und Mißhandlungen, bis ich plötzlich und mir auch heute noch unerklärlich am 14. August 1945 ohne jeden Anlaß entlassen wurde, nachdem ich vor einem polnischen Offizier den Eid ablegen mußte, über alles, was ich im Gefängnis erlebt, gesehen und durchgemacht habe, gegen jedermann zu schweigen. Es ist mir heute noch unerklärlich, dieser Hölle entronnen zu sein.

Am 5. Oktober 1945 wurde ich dann mit noch 1 200 Deutschen aus Breslau ausgewiesen und bis nach Forst/Lausitz in Viehwagen abtransportiert. Bei diesem Transport, der sechs Tage und fünf Nächte dauerte, ohne jede Verpflegung, waren die Ausgewiesenen noch einmal der Willkür der polnischen Begleitmannschaft ausgesetzt. Alle Nächte waren Kontrollen, und das Wenige, das mitgenommen werden durfte, wurde von den polnischen Soldaten geplündert. Auch die polnischen Eisenbahner beteiligten sich ohne Ausnahme daran.

Ein Aufatmen ging durch die Reihen der Gehetzten, als in Forst der Russe den Transport übernahm und sofort alle auf freien Fuß setzte. Ich konnte dann am 25. Oktober 1945 endlich mit meiner Frau und Tochter in einem kleinen Ort Oberfrankens Wiedersehen feiern und mich erholen.

3. Niederschlesien und die angrenzenden westoberschlesischen Kreise.

Nr. 221

Bericht des Pfarrers Georg Gottwald, Dechant von G r ü n b e r g i. Niederschles.
Original, 15. Juni 1949, 6 Seiten. Teilabdruck.

Gewalttaten russischer Truppen nach dem Einmarsch in Grünberg, Maßnahmen der Besatzungsmacht (Verhaftungen, Verschleppungen, Abtransport von Vieh und Sachgütern); Vorgänge unter polnischer Zivilverwaltung.

Die Russen rückten am 14. Februar 1945 in Grünberg ein. Von 35 000 Einwohnern waren ca. 4 000 in der Stadt verblieben. — Nach Aussagen russischer Soldaten war Stadt und Landkreis für drei Tage zur Plünderung freigegeben, in Wirklichkeit dauerte sie mehrere Wochen. Überall lohten Brände auf, ganze Straßenfronten brannten vollkommen ab. Bis Mitte Juni gab es in der Stadt weder Licht noch Wasser, die wenigen Brunnen reichten bei weitem nicht aus. Wasserwerk, Lichtzentrale wurden gesprengt, die Gastanks abgeblasen.

Die Stadt hallte bei Tag und Nacht wider vom Wehgeschrei der gequälten, vergewaltigten Einwohner. Frauen und Mädchen wurden Freiwild. In mein Pfarrhaus flüchteten eine große Anzahl von Mädchen und Frauen, die zwanzig- bis vierzigmal an einem Tag in ununterbrochener Reihenfolge vergewaltigt worden waren. Lustmorde wurden mir mehrere gemeldet (Aufschlitzen des Leibes, der Geschlechtsteile, Abschneiden der Brüste usw.). Ich habe die Leichen gesehen und beerdigt.

Wie furchtbar diese Greueltaten waren, läßt sich daraus ermessen, daß von den etwa 4 000 Zurückgebliebenen in den ersten vierzehn Tagen über 500 Personen an Selbstmord endeten (ganze Familien, Männer, Frauen, Kinder), darunter Ärzte, hohe Gerichtsbeamte, Fabrikanten und begüterte Bürger. Die Leichen der Selbstmörder durften zwei Wochen lang nicht beerdigt werden. Sie mußten in den Wohnungen verbleiben oder wurden auf den Bürgersteigen zur Abschreckung der anderen ausgestellt.

Kapitalisten (Fabrikherren), derer man habhaft werden konnte, Männer, in denen man Soldaten vermutete — der Besitz von ein Paar Stiefeln oder eines Monturstückes genügte —, ebenso Männer, die ihre Frauen und Töchter verteidigen wollten, wurden sofort erschossen oder erschlagen.

Die Möbel von geflüchteten Personen, alles an Kleidern, Wäsche usw. wurden auf LKW. verladen und nach Rußland geschafft, der weniger kostbare Besitz zum Fenster hinausgeworfen oder in Müll-, Kies- und Sandgruben geschafft, alles zertrümmert. Deutsche Frauen mußten, in Kolonnen eingeteilt, wochenlang diese „Räumung" unter Aufsicht von Flintenweibern und russischen Troßknechten unter entsprechender Behandlung vornehmen.

Sämtliche Krankenhäuser wurden von allen Einrichtungsgegenständen geräumt, bis auf die Lichtschalter demontiert, die sanitären Anlagen zertrümmert. Furchtbarster Vandalismus mit allen nur erdenklichen Rohheiten.

Alle Männer und Jungen von 14 bis 65 Jahren wurden eingefangen, in Fabrikräumen eingesperrt und dann nach Zentralrußland abtransportiert. Kaum zehn von den vielen Hunderten sind bisher zurückgekehrt. — Drei Nachbarpfarrer wurden erschossen bzw. erschlagen. Einer, weil er ein Paar langschäftige Stiefel besaß (also SS.-verdächtig), der zweite, als er in seine Tasche griff, um seinen Rosenkranz herauszuholen, der dritte, weil er sich eines von russischen Soldaten erschossenen neunjährigen Knaben annahm. Zwei meiner Dekanatsgeistlichen wurden mit nach Rußland geschleppt, obwohl sie sich als Geistliche auswiesen. Einer kehrte voriges Jahr zurück, der zweite (mein Kaplan) starb im Gefangenenlager.

Während des ganzen Sommers 1945 und auch noch 1946 wurden Frauen und Mädchen zusammengetrieben oder auf der Straße abgefangen und oft in notdürftigster Kleidung, so wie sie gefangen wurden, zur Erntearbeit nach dem Osten geschafft. Nach Monaten erst kehrten sie körperlich und seelisch demoralisiert zurück. Viele Hunderte haben bis heute ihre Heimat noch nicht wiedergesehen.

Ein gräßliches Drama war der Abtrieb des Viehes. Durch Wochen, bei Tag und Nacht, wurden unübersehbare Herden von Pferden, Rindern, Schweinen, Schafen und Ziegen auf Straßen, und als diese nicht mehr genügten, über Stock und Stein nach dem Osten getrieben. Im Kreise Grünberg durfte jedes Dorf nur eine Kuh behalten. Welch grauenhafte Szenen konnte man da erleben!

Auf den Dörfern wurde der gesamte Vorrat an Getreide, Kartoffeln und jeglichen Lebensmitteln beschlagnahmt und abgeschleppt, ebenso die riesigen Lebensmittellager der Kaufleute. Die Leute wurden angewiesen, sich aus den Kellern der Geflohenen die kleinen Bestände an Vorräten und Eingewecktem für ihren Lebensunterhalt zu holen. Eine allgemeine Hungersnot mit allen ihren Krankheitserscheinungen brach aus, Seuchen und Epidemien drohten. Für tagelange schwerste Arbeiten erhielten die Leute nur ein Stückchen trockenes Brot.

Das größte Unglück für Grünberg waren die gewaltigen Vorräte an Wein, Sekt und Cognac sowie Schnäpsen aller Art. Grünberg war ja Weinbauland führend in Schlesien in der Getränke-Industrie. Dazu waren noch die bekannten Weingroßlager von Bremen und anderen westdeutschen Orten im Kriege nach Grünberg verlagert worden. Die Bestialität und die Orgien der ständig besoffenen russischen Soldateska überstiegen jedes vorstellbare Maß. Grausamkeiten und Vergewaltigungen ohne Maß und Zahl auf offenen Straßen und Plätzen.

In der Osterwoche 1945 wurden die Tresore sämtlicher Grünberger Banken und Sparkassen von russischen Offizieren gesprengt und ausgeplündert. Der Kommandant der NKWD. (GPU.) rühmte sich mir gegenüber, man hätte in den Tresoren allein über sechseinhalb Zentner an Gold und Edelsteinen gefunden. Er selbst trug in allen seinen Taschen ganze Hände voll goldener Ketten, Uhren, Ringe und kostbaren Schmuckes bei sich. Er hat mir sie selbst gezeigt. — Kostbare Archivalien gingen bei diesen Sprengungen zugrunde.

Im Schloß der Exkaiserin Hermine in Fürsteneich, Kreis Grünberg, war der größte Teil des Staatsarchivs Breslau untergebracht. Das Schloß liegt zwischen Oder und den Fürsteneicher Seen. Zu Tausenden sah man die unersetzlichen Urkunden mit ihren kostbaren Siegeln vom Winde verweht auf den Oder-Auen oder auf dem Wasser der Seen treiben. Alle kostbaren Möbel, Kunstgegenstände, Bücher und Archivalien durch die Fenster in den großen Burggraben gestürzt. Ein Grauen ohne Ende!

Das sind nur die hauptsächlichsten Momente der leidvollen Ereignisse aus der Russenzeit. Die grauenvollen Einzelereignisse aufzuzählen und zu beschreiben, ist unmöglich, das müßte ein Roman werden, den kein Mensch glauben und verstehen würde, der ihn nicht selbst erlebt hat.

Am 8. Mai 1945 zog mit Musik ein polnisches Eisenbahner-Regiment in Grünberg ein, gefolgt von einem Schwarme beutelüsterner Polen, und nun verdoppelte sich alles Unglück und Leid. ... Die Polen gebärdeten sich als unumschränkte Herren. Infolgedessen kam es bisweilen zu schlimmen Auseinandersetzungen und wüsten Schießereien mit den Russen. Täglich und allnächtlich gab es Tote und Verwundete. Die Russen behielten die militärischen Kommandanturen besetzt, die Polen die zivilen Verwaltungsstellen.

Im Mai wurde der Kreis Grünberg/Schlesien von der Provinz Schlesien abgetrennt und zur Provinz Posen geschlagen, wie man sagte, als „militärischer Brückenkopf" links der Oder zur Abwehr der Deutschen. Auch kirchlich wurden wir Kardinal Hlond-Posen, später dem päpstlichen Administrator Nowicki in Gorzow (Landsberg/Warthe) unterstellt.

Alle Privatwohnungen mußten von Deutschen verlassen werden, und diese wurden unter Zurücklassung ihrer gesamten Habe in den Elendsquartieren und Hintergassen und Hinterhäusern der Stadt, bis acht Partien in einem Raum, zusammengepfercht. Das Elend war unbeschreiblich!

Die Deutschen erhielten keine Lebensmittelkarten, sondern mußten sich durch schwerste Sklavenarbeit bei Aufräumungsarbeiten in der Stadt oder Feldarbeiten auf dem Lande das kärgliche Brot verdienen. Eine furchtbare Hungersnot brach unter den Deutschen aus, Elend und Krankheiten. Der Schwarze Markt feierte Triumphe, aber kein Deutscher durfte dort kaufen, noch konnte er es, weil er kein polnisches Geld besaß. Alte Leute und Kinder starben hin wie die Fliegen.

Anschließend berichtet Vf. in einem geschlossenen Abschnitt[1]*) über die von der Lubliner polnisch-kommunistischen Regierung vor dem Potsdamer Abkommen befohlene Massenaustreibung der deutschen Bevölkerung, von der in den Tagen des 24. bis 26. Juni 1945 der überwiegende Teil der in Grünberg verbliebenen Bevölkerung betroffen wurde.*

Nach dieser Austreibung wurde die Lage der Zurückgebliebenen in der Stadt noch elender. Eigentum durften wir nicht mehr besitzen. — Ein trauriges Kapitel, auch im Verhalten der polnischen Geistlichen, das ich hier nur erwähne, im übrigen aber an den Vatikan berichtet habe.

---

[1]) Gesondert abgedruckt unter Nr. 297 (Bd. I, 2).

In der Nacht zum 8. Januar 1946 wurde ich selbst nach einer furchtbaren Haussuchung und vollkommenen Ausplünderung mit meinen Angehörigen verhaftet und ins Gefängnis, in den Tresor und Aktenkeller der Deutschen Bank, gebracht, ohne Licht, Luft und Sonne, auf kleinstem Raum Männer und Frauen zusammen, zum Schlafen gemeinsame Holzpritschen; Ernährung: dreimal täglich „Kaffee" und trockenes Brot, einmal wöchentlich eine „Brühe" aus Pferdeknochen. Während meiner achttägigen Haft konnte ich folgende Wahrnehmungen machen. Die „Gefangenen" wurden zu allen niedrigsten Arbeiten herangezogen, die sie unter Peitschenhieben verrichten mußten.

Ein hochachtbarer Bürger unserer Stadt, Stadtrat und Baumeister Kintzel, wurde gezwungen, jeden Morgen zwischen fünf bis sechs Uhr die Straßen um das Gefängnis auf den Knien mit einem Handfeger zu kehren. Er stand im Alter von 75 Jahren. Vollkommen zerschlagen wurde er dann ausgewiesen, wohnte bei einer Tochter in .../Thüringen, wurde aber „als Kapitalist" im Oktober 1946 dort von Russen und Polen wieder verhaftet und starb dann in einem KZ. des Ostens, nachdem er im Kriege fünf Söhne verloren und der jüngste 14jährige Sohn von Russen nach dem Osten verschleppt und dort zu Tode gepeinigt worden war.

Während der acht Hafttage wurde uns an zwei Abenden verboten, während der Nacht unsere Zellen zu verlassen (z. B. zum Abort). In diesen beiden Nächten hallte das Haus wider von Peitschenhieben und Stockschlägen und vom Wehgeschrei der Häftlinge aus den benachbarten Zellen. Die Strafprozedur wurde im großen Vestibül der Bank vollzogen.

Vorstehendes ist nur ein kleines, schwaches Bild der Qualen und verbrecherischen Maßnahmen, die unsere Landsleute in Grünberg/Schlesien über sich ergehen lassen mußten.

Nr. 222

Bericht des Superintendenten Johannes Klein aus **L a u b a n** i. Niederschles. Original, 29. März 1950.

Allgemeine Verhältnisse im Kirchenkreis Lauban bis zur Zwangsausweisung Ende Juni 1946; Verhalten der russischen Besatzungstruppe und der polnischen Behörden und Siedler.

Eingangs bemerkt Vf., daß es kaum möglich sei, die Erlebnisse aus der Zeit nach 1945 so zu schildern, daß der Fernstehende einen der Wirklichkeit nahekommenden Eindruck erhält.

Ich beschränke mich daher auf die Schilderung einzelner Tatsachen und Vorgänge, die die ganze Situation beleuchten. Der ganze Zeitabschnitt zerfällt in drei Phasen:

1. Das Rückfluten der evakuierten Bevölkerung in den schlesischen Raum nach dem Zusammenbruch im Mai 1945. Diese Zeit dauerte etwa bis zum August/September 1945. Sie war eine Zeit emsigen Schaffens und des Bemühens, nach dem Chaos wieder zu geordneten Verhältnissen zu kommen. In dieser Zeit beherrschte der Russe hauptsächlich das Feld. Polen gab es nur wenige.

2. Diese Zeit wurde abgelöst durch das ständig zunehmende Einströmen polnischer Bevölkerung, die zum großen Teil selbst als Evakuierte und völlig Ausgeplünderte ankamen und sich nun an den Deutschen für das durch den Russen Erlittene schadlos hielten. Sie nahmen Häuser und Höfe in Besitz und drückten die deutsche Bevölkerung immer mehr in den Winkel. Trotzdem war diese Zeit gekennzeichnet von einer durch allerhand Gerüchte ständig genährten und aufgefrischten Hoffnung auf baldigen Abzug der Polen und Russen und eventuelle westalliierte Besetzung des Raumes.

3. Seit März 1946 setzten dann die Zwangsevakuierungen großen Stiles mittels der Evakuierungszüge ein. Jeder wartete ängstlich, z. T. aber auch sehnsüchtig, wenn die Reihe an ihn kommen würde. Zu unterscheiden ist ferner die Lage unter russischer und unter polnischer Besatzung bzw. Verwaltung, wobei ziemlich allgemein gilt, daß die Drangsale von Seiten der Russen weit geringer waren als von Seiten der Polen.

Mir ist allerdings deutlich geworden, daß man vom Russen als einem einheitlichen Begriff nicht sprechen kann. Es ist erstens sehr zu unterscheiden zwischen Mongolen und Kaukasiern einerseits und Russen andererseits, wie zwischen den Jahrgängen unter 25 bis 30 Jahren und den älteren, vor allem alten 50- bis 60jährigen. Der Russe war vor allem der Schrecken aller Frauen und Mädchen. Vergewaltigungen waren an der Tagesordnung, während der Pole im allgemeinen in diesem Punkte weniger zu fürchten war.

Aber im übrigen war der Pole der bei weitem brutalere, sadistische, während dem Russen trotz allem eine gewisse Menschlichkeit nicht abzusprechen war. Er hatte Mitleid mit Kindern, Müttern kleiner Kinder und Hungernden. Er gab Brot und Tabak, wenn er darum gebeten wurde, während der Pole das Brot eher in den Schmutz trat, als daß er es einem bittenden Deutschen gegeben hätte. Der Deutschenhaß der Polen hatte keine Grenzen.

Dies zur allgemeinen Charakteristik nach meiner persönlichen Erfahrung.

Persönlich erlebten wir die Entführung unserer 19jährigen Tochter durch Russen. Sie wurde am 14. Mai 1945 aus dem Treck heraus, der sich nach unserer Ausweisung aus der Tschechei, wohin wir evakuiert waren, auf dem Rückweg nach Schlesien befand, mit noch zwei Mädchen von drei Russen geraubt. Die Mädchen wurden im Auto entführt, auf freiem Felde vergewaltigt und dann ihrem Schicksal überlassen. Unsere Tochter fand uns erst nach zehn Wochen angstvollen Suchens wieder.

Wir erlebten die mehrfache Plünderung unseres Pfarrhauses durch Polen. Alle im Hause Anwesenden wurden bei solchen Gelegenheiten in einen Raum gesperrt und bewacht, während bis zu 15 Polen das ganze Haus durchsuchten und mitnahmen, was ihnen gefiel.

Wir erlebten am eigenen Leibe sinnlose Schläge eines bei Dunkelheit eingedrungenen betrunkenen Polen, der uns mit einem Knüppel und seinem Revolverknauf bearbeitete und blutig schlug.

Ich war mehrfach verhaftet, meist nur kürzere Zeit, einmal fünf Tage lang. Grund: angebliche Spionage, weil man Briefe in meinem Rucksack fand. (Die Superintendenturen und Pfarrämter hatten, da es keine Post gab, die Weitergabe von Privatbriefen von Kirchenkreis zu Kirchenkreis und Pfarramt zu Pfarramt übernommen.)

Vf. berichtet kurz über den Hergang der Vernehmung und fährt fort: Sogar auf dem Kirchenboden bin ich einmal verprügelt worden. Zwölf Polen mit zwei Polizeihunden forderten mich auf, mit ihnen in die Kirche zu kommen, wo angeblich Waffen und Radios versteckt wären. Alles wurde durchsucht, wunderschön bemalte alte Holzverkleidung mit der Axt einfach durchschlagen und aufgebrochen. Da in der Kirche nichts gefunden wurde, wurde zuletzt der sehr dunkle Kirchenboden ebenfalls ergebnislos durchsucht, wo man dann an mir Wehrlosen seine Wut über die mißlungene Suche ausließ.

Der Gottesdienst selbst, den ich regelmäßig in zwei durch einen Gebirgskamm getrennten Orten hielt, wurde nie gehindert, wohl aber wurde den Gemeindegliedern der Besuch sehr erschwert. Oft wurden sie auf dem Wege zur Kirche (wir hatten tägliche Morgenandachten) zur Arbeit weggeholt oder auf dem Rückweg von der Kirche in ihren besten Kleidern, die man ihnen gelassen hatte, zu sehr schmutzigen Arbeiten gezwungen. Nach dem Jahresschlußgottesdienst 1945 wurden alle Kirchgänger von betrunkenen Polen mit Peitschen, Gewehrkolben u. a. verprügelt. Störungen des Gottesdienstes sind nicht vorgekommen, auch nicht Störungen von Amtshandlungen.

Ich habe mehrfach Männer begraben, die in polnischen Milizkellern totgeschlagen worden waren oder die sich aus Furcht, weil sie zur Miliz bestellt waren, das Leben genommen hatten. (Ich muß hier einschalten, daß sich dies nur auf die eine Gemeinde, Gebhardsdorf, bezieht. In der anderen Gemeinde, Schwertburg, gab es keine Männer. Dort waren alle Männer von den Russen abgeführt worden. Nur einige Greise und Kranke waren zurückgeblieben.) Immer war in solchen Fällen polnische Miliz als Spitzel anwesend.

Anschließend berichtet Vf. über das Verhalten russischer Besucher seines Gottesdienstes und das kirchliche Leben im Kreis Lauban.

Das Leben allgemein war gekennzeichnet durch fortwährende Angst. Ängstlich fragte man am Morgen: Was wird der heutige Tag bringen?, und ängstlich fragte man am Abend: Wie wird die Nacht verlaufen? Die Türen wurden verrammelt. Balken wurden unter alle Türklinken gestellt, damit sie nicht heruntergedrückt werden konnten. Bei jedem Tritt, der sich in Hausnähe hören ließ, erschrak man, das Licht wurde gelöscht, kein Wort gesprochen. Jeder Morgen brachte neue Schreckensnachrichten von Vorfällen in der Nacht, Plünderungen, Mißhandlungen, Verhaftungen. Dankbar war man für jede Bewahrung und für die wunderbare Durchhilfe Gottes.

Rührend war die Fürsorge der Gemeinde für ihren Pastor. Da unsere Besoldung ja gleich Null war, waren wir ganz auf die christliche Nächstenliebe angewiesen. Da alle Bauern enteignet waren und als Sklaven der Polen auf ihren Höfen arbeiteten, war es schwer und gefährlich für sie, von dem „Ihren" etwas abzugeben. Aber sie brachten es immer wieder fertig. ...

Wir hatten fast ständig Nachtgäste im Haus, was ebenfalls verboten war. Aber es war doch ein ständiges Fluten oder Sickern über die Neiße in beiden Richtungen. Menschen, die das Heimweh nach Schlesien zurücktrieb, und Menschen, die die Drangsale nicht mehr aushielten und freiwillig die Heimat verließen. Sie alle suchten bei Nacht das Pfarrhaus als Unterschlupf. Und wie freute man sich in aller eigenen Armut, wenn man einem noch Ärmeren helfen konnte. ...

Schlimm war dann noch die Zwangsevakuierung selbst. Es durfte an Gepäck ohnehin nur mitgenommen werden, was jeder tragen konnte. Die Wege zur Bahnstation oder zur Kontrollstelle waren zumeist so lang, daß schon auf diesen Wegen, die oft noch von Polen belauert waren, vieles weggeworfen werden mußte. Bei der Kontrolle ist manchem dann auch noch das Letzte abgenommen worden. Man wußte nie, wie man es machen sollte. Es ging alles nach Willkür. Wer Glück hatte, behielt seine Habseligkeiten; wer an den Unrechten kam, verlor viel oder alles.

Der Druck wich erst von den Menschen, als sie die Neißegrenze passiert hatten und die weißen Armbinden, die jeder Deutsche als Kennzeichnung tragen mußte, in weitem Bogen aus den Güterwagen warfen. Die Eisenbahnschienen an dieser Stelle waren weiß wie Schnee von diesen abgeworfenen Binden, die freilich auch ihr Gutes gehabt hatten. Denn es war immer eine Erleichterung, wenn man auf der Straße von Ferne einen Menschen mit der weißen Binde sah und wußte, dem kannst du dich getrost nähern, das ist ein Deutscher.

Nr. 223

Bericht von Frau Dr. I. R. aus S c h r e i b e r h a u, Kreis H i r s c h b e r g / Riesengebirge i. Niederschles.
Original[1]), September 1946.

Allgemeine Unsicherheit im ersten Jahr der polnischen Verwaltung; Not und Gefahren der deutschen Frauen unter polnischer Willkürherrschaft.

In den 14 Schreckensmonaten — 13 davon unter Polenherrschaft — waren wir zu jeder Stunde des Tages wie der Nacht von vier Seiten her in unserem besonderen Frauen-Lebenskreise bedroht und, sowie die Gefahr eintrat, [ihr] völlig hilflos preisgegeben:

1. in Heim und Häuslichkeit durch Plünderung, Einbrüche und Raubüberfälle (besonders nachts), durch Zwangseinquartierung, Möbeltransport, Zusammenpferchung in Kellern und Bodenkammern bis zum völligen Herauswurf.

2. in der Ernährung der Familie durch die polnische Inflation, die selbst Liebesgaben aus dem Ausland nur zum 200fachen Preise hergab. — Versetzen von Wäsche, Kleidern kam dem Verschleudern gleich; die Substanz war schnell erschöpft, da das Beste immer wieder geplündert wurde; der Tausch, erst beim deutschen, später beim polnischen Bauern, der jenen verdrängt hatte, verlangte gefährliche, lange Wege mit Beraubungen, Schlägen, Vergewaltigungen.

---
[1]) Abgedruckt ohne die Sperrungen und Unterstreichungen im Text des Originals.

3. an Leib und Leben durch Schläge, Fausthiebe, Fußtritte, Gummiknüppelprügel, Vergewaltigung, Bedrohung mit Schußwaffen.

4. an der Arbeitskraft und -leistung durch die jede Stunde ohne Ankündigung mögliche Abrufung zu jeglicher Art von Arbeit auf unbestimmte Zeit bis zur wochenlangen Verschleppung zur Zwangsarbeit im Gebirge.

Dabei ist zu betonen: reguläre Truppen, mit Uniform und Waffen, willkürlich kostümierte Miliz mit irgendwelchen Waffen, bolschewistische Kommissare, reine Banditen oder Männer der Verwaltung waren praktisch nie zu unterscheiden: Waffen hatten sie alle, irgendwelche Ausweispapiere oder Amtsbescheinigungen keiner, Kleidungsstücke wurden zur Verkleidung und Tarnung von ihnen dauernd getauscht, besonders auch Uniformteile der Russen.

Ob eine Amtshandlung oder ein Banditenstreich vorlag, war niemals festzustellen. Eine Stelle, bei der man sich beschweren konnte, gab es praktisch nicht, da die Attentäter oder ihre Komplizen ja mit in den Scheinbehörden saßen und, wie es jedesmal geschah, durch erneute Plünderung mit Prügel die versuchte „Anzeige" rächten.

Zu Punkt 1 und 2 schildert Vfn. nur einige, für zahllose Fälle typische Einzelbeispiele und wendet sich in ausführlicher Darstellung den unter Punkt 3 und 4 genannten Vorgängen und Verhältnissen zu:

Am Leibe beraubt wurden wir immer wieder, auf offener Straße am hellen Tage wie auf einsamen Hamsterwegen. Ich habe es oft mit eigenen Augen gesehen, wie Frauen die Mäntel und besonders die Stiefel ausgezogen wurden, so daß sie weinend auf Strümpfen durch den Schnee nach Haus liefen. Noch bei der „Zollkontrolle" bei der Austreibung wurden den Frauen aus den Kreisen Landeshut und Reichenbach die warmen Schlüpfer buchstäblich vom Leibe gezogen. — Mitten im Orte wurden von Soldaten, die einen plötzlich anhielten, die Eheringe abgedreht. ...

Zuletzt hieß es sogar, die Goldgier der Polen risse uns die Goldzähne und Prothesen aus dem Munde! Davon kenne ich keinen namentlichen Fall, aber mindestens die Angst davor ist charakteristisch.

Beschossen, mit geladener Waffe bedroht, wurden wir alle zu wiederholten Malen. Auf meine Tochter und mich legte der „Feuerwehrkommandant" an, als er am Tage nach der Beschlagnahme unser Haus ausgeplündert fand. Seine Begleiterinnen fielen ihm in den Arm.

Eines Tages, gerade als ich bei der Heimkehr mein Haus aufschließen wollte, erschienen sechs Männer, z. T. in Uniform, verlangten die Zimmer und meine Dokumente zu sehen. Als ich, sehr laut sprechend, mich vom Hause weg bewegte mit dem Hinweis, ich müßte erst mit dem polnischen Besitzer sprechen und ihn in der benachbarten Talbaude anrufen, legten zwei der Kerle mit dem Revolver auf mich an.

Nicht nur des Nachts, auch am Tage hörten wir immer wieder Schüsse knallen, mit denen Frauen in der Häuslichkeit bedroht wurden. Auch als meine Tochter und ich in der Nacht vom 19. zum 20. Oktober 1945 von Plünderern überfallen wurden und schreiend in die Nacht flohen, wurde mehrfach hinter uns her geschossen.

Schläge ins Gesicht, Fausthiebe, Fußtritte haben wir alle immer wieder erhalten, nicht etwa nur durch die nächtlichen Plünderer. Am hellen Tage, im Orte selber, von „amtlichen" Personen wurden z. B. aufs fürchterlichste ins Gesicht geschlagen Frau Professor Storm, Frau Professor Steller, die Hausbesitzerinnen Fräulein Blinzig, Frau Elfriede Höflich, weil sich irgendeine Unstimmigkeit ergab gegenüber einem rohen Befehl, dessen Zuständigkeit man bezweifelte. Frau Luise Herleb hatte tagelang die dunkelblauen Blutergüsse durch den Faustschlag ihrer Einquartierung im Gesicht. Als ich an einem der Zwangsarbeitstage im Schnee meiner früher entlassenen Gruppe nacheilte — verspätet durch Rückgabe einer Schaufel —, setzte ein polnischer Soldat mit Hunden hinter mir her und trieb mich mit schweren Schlägen ins Gesicht, Fausthieben und Fußtritten wieder den steilen, verschneiten Zackenberg empor wie ein Stück Vieh.

Gummiknüppelhiebe auf Frauen wurden in den Haftlokalen und Gefängnissen angewendet. Angedroht wurden sie oft, um Aussagen zu erpressen, z. B. gegenüber meiner Mitgefangenen L. H. oder mir selber bei meiner ersten Vernehmung (s. w. u.). Die 16jährige E. H. aus Petersdorf, die von der Feldarbeit weg eingefangen wurde — für mehr als sechs Wochen! —, bekam dabei schwere Gummiknüppelhiebe über die Schultern, die 46jährige Bäuerin M. R. aus Kammerswaldau, die geäußert hatte, dies Land sei immer deutsch gewesen, erhielt schwere Gummiknüppelschläge, daß sie mit Nierenbluten ins Gefängnis kam (wo sie acht Wochen gesessen hat). Die dort als Küchenhilfe beschäftigte 22jährige I. N. hatte beim Ausfegen des Büros fortgeworfene Zigarettenstummel der Polen gesammelt und den deutschen Gefangenen zugesteckt; dafür bekam sie selber außer acht Tagen Gefängnis 22 Gummiknüppelhiebe über das Gesäß. Die 22jährige F. M. aus Petersdorf fand ich schluchzend auf der Matratze in der Zelle, das Gesäß von 25 schweren Hieben entstellt; sie hatte aussagen sollen, wo sich Partisanen befänden! Es hat nie welche gegeben.

Vergewaltigt, davon unmittelbar bedroht gewesen, sind eigentlich ausnahmslos alle Frauen, auch seitens der Polen — sei es bei den Plünderungen, sei es auf den Hamsterwegen, sei es bei der Zwangsarbeit und Verschleppung. Fast alle jungen Mädchen haben diese Gefahr an Leib und Leben erlitten — so, wie die 19 Bewohnerinnen des Hauses Nr. 700 am hellen Tage im Angesicht des Ortes Seifershau. ...

Die Ärztin Frau Dr. H. K. kennt die Fälle der erst 13- und 15jährigen Mädchen mit den nachfolgenden Selbstmorden. Aber auch die 58jährige Studienrätin Frau A. und das ebenso alte Fräulein H. sind vergewaltigt und auf acht Stunden zusammen in einen Kleiderschrank gesperrt worden; die eine hatte eine Infektion als Folge zu erleiden. Die 70jährige, leidende Bäckersfrau N. erlitt in ihrer Wohnung Joppenmühle das gleiche Schicksal.
— Die typischen grauenvollen Vergewaltigungen auch von Greisinnen erklären sich vielleicht durch den Aberglauben, das brächte Glück! Ich habe es erlebt, daß der eine Pole angeblich amtlich das Haus besichtigte, d. h. plünderte, während sein Komplize, die Waffe vorhaltend, die Tochter zu vergewaltigen suchte. Monatelang haben Frauen und Mädchen auswärts geschlafen, vor allem jene, die sich von einem bestimmten Polen verfolgt

wußten. Sie befanden sich auch wochenlang als angebliche Patientinnen in den Krankenhäusern, ehe diese von rein polnischen Ärzten übernommen wurden.

Ermordet wurden bei nächtlichen Plünderungen die ... *Hier folgen Ortsangaben und Namen von sechs Frauen.*

Selbstmordfälle geschahen bei der Zwangsaustreibung.

Frauen im Gefängnis: Ende Juli 1945, als die Not unerträglich wurde, schickte mich die Gemeinde nach Berlin — größtenteils auf Fußwanderung —, um Hilfe zu holen. Nach meiner Rückkehr fanden die Polen ein von mir verfaßtes Gedicht über das erlebte Flüchtlingselend in Abschrift bei zwei anderen Frauen — bei mir selber war es, trotz zwei fürchterlichen Haussuchungen, nicht mehr auffindbar. Obgleich das Gedicht nur den „Friedensrechtspruch" und den „Glauben an das Recht" fordert, kamen wir drei Frauen ins polnische Gestapogefängnis, erst in Schreiberhau, später in Hirschberg. Es gab ein paar provisorische Vernehmungen, bald vor „Kommissaren", bald vor Leuten der Miliz — meist wurden wir dazu mitten in der Nacht von der Pritsche geholt. Verteidigung, Urteil, Strafmaß gab es nicht. Weder wir noch die sieben mit uns gefangenen Schreiberhauer Männer wußten, wie lang wir in dem trostlosen Loch sitzen, ob wir ins Innere Polens oder in ein Konzentrationslager verschleppt werden würden — angedroht wurde es immer wieder.

Den Hauptteil der Zeit hockten wir in einem Kellerzimmer von drei mal vier Quadratmeter Raum, der Erdboden lag etwa dreiviertel Meter über unserer Kopfhöhe. Eine alte Bettstatt, vier Holzstühle, einige alte Strohsäcke waren die ganze Ausstattung für mindestens sieben, tagelang aber elf bis dreizehn Frauen, so daß wir die Nächte z. T. sitzend verbringen mußten. Es gab täglich 200 bis 250 Gramm Brot und etwa sechs Kartoffeln in blankem Wasser gekocht, sonst nichts. An manchen Tagen durften wir mit den polnischen Kriminalgefangenen im Vorkeller Kartoffeln schälen, einige Begünstigte durften mit die Büros säubern oder gar die Küche scheuern. Da suchten wir denn nach Möglichkeit, Brotreste zu naschen, Schüsseln auszukratzen und Kochtöpfe, sahen aber auch, wie die vom Gulasch wohlgenährten Beschließer zwischen den Mahlzeiten die Vollmilch aus Seideln tranken, während an deutsche Säuglinge daheim grundsätzlich keine Milch gegeben wurde!

An unserem zweiten Unterbringungsort, in der „Alten Hoffnung" zu Hirschberg, sahen wir beim Kartoffelschälen, wenn die Tür zum „Männerbunker" aufging, unter den im Halbdunkel Zusammengepferchten mit entblößten Oberkörpern auch mehrere totenblasse Kinder, Knaben von etwa elf bis vierzehn Jahren! Beim Transport von dem einen Gefängnis zu anderen wurden nicht nur der 70jährige Geh.-Rat P., sondern auch wir Frauen ohne Anlaß und hinterlistig von den Posten mit Fußtritten und Kolbenstößen drangsaliert!

Die Entlassung geschah ebenso willkürlich wie die Gefangennahme — nach fünf Wochen! Wir mußten, während uns nunmehr Konzentrationslager angekündigt wurde, eine polnische eidesstattliche Erklärung unterschreiben, niemals etwas zu sagen von dem, was wir gesehen, gehört oder erlebt hätten. Drei Minuten später jagten uns die Posten mit erhobenem Gewehr aus dem Hoftor in die Freiheit.

Tägliche Zwangsarbeit im Orte: Während der polnischen „Verwaltung" hatte jede Frau, soweit sie nicht schon bei Polen bedienstet war, — auch die mit kleinen Kindern — sich täglich um 8.00 Uhr früh auf dem Gemeindeamt einzufinden, um zu irgendwelcher Arbeit eingesetzt zu werden; verlassene Wohnungen, Soldatenquartiere, Gasthausküchen zu reinigen, Tanzsäle zu fegen, Holz oder Kohlen zu tragen, in den Kellern Kartoffeln oder Rüben auszulesen oder in Kolonnen auf den Straßen Schnee zu schippen, Misthaufen bei den Polen umzusetzen, ihre Höfe vom Pferdemist rein zu fegen usw. Da nur ein Teil der Frauen diesem täglichen Gestellungsbefehl nachkommen konnte, wurde man einfach von einem beliebigen Posten auf der Straße „geschnappt" und zur Arbeit auf einige Stunden behalten oder von Bewaffneten zu beliebiger Stunde aus dem Hause geholt. So geschah es mir persönlich an den Sommerabenden abends um 9.00 oder gar 9.30 Uhr noch. ...

Ferner gab es den sogenannten „Ordnungshüter", deutsche Frauen, die den Briefträger spielen und uns für den nächsten Morgen zur Arbeit bestellen mußten. Jede Frau bekam im Lauf der Zeit eine „Robottkarte", in der die abgeleistete Arbeitszeit eingetragen wurde.

Das ärgste Schrecknis des Winters war Robott Karlstal; in 900 bis 1 000 Metern Höhe ein paar längst leer geplünderte und verlassene Häuser, im tief verschneiten Isergebirge, nahe der tschechischen Grenze — offenbar Strafversetzungsorte für die Polen —, wohin den ganzen Winter lang größere und kleinere Frauentrupps auf Tage und Wochen zur Zwangsarbeit verschleppt wurden. Ich habe zweimal eine solche Robott-Zeit mitgemacht.

Das erstemal fanden wir uns, an sechzig, auch durch Attest als untauglich Beglaubigte, um acht Uhr auf dem Amtshause ein — in Erwartung eines Einzelarbeitstages ein Stück trocken Brot in der Tasche. Zwischen zwei blutjungen Bewaffneten mußten diese z. T. älteren Frauen und Mütter vier Stunden durch den Schnee nach Karlstal marschieren — z. T. in leichtesten Sommerschuhen! Dort wurden auf der Straße die Papiere abgegeben und, ohne Essen und Trinken, sofort mit dem Ausschaufeln des zehn Kilometer langen, zwei bis drei Meter verschneiten Weges nach Hoffnungstal begonnen: „Leutnant will morgen früh galoppieren!" — Es wurde Abend, es wurde Nacht, Mitternacht kam, der Morgen graute auf, — längst waren vier von uns ohnmächtig geworden: Da endlich erlaubten die Posten, bei denen man sich für jedes „Austreten" zu melden hatte, den Heimweg nach dem leergeplünderten Gasthause Karlstal. Um 6.00 Uhr langten wir, durchnäßt, tödlich erschöpft von Hunger und Kälte, dort an. Zwei Stunden durften wir dort auf leeren Bettstellen und Holzbänken hocken, um 8.00 Uhr ging es ohne einen Schluck oder einen Bissen weiter in die Schnee-Arbeit, diesmal in Eisregen und Sturm. Zweimal stürzten Fichten, entwurzelt, krachend an unserer Seite nieder. Püffe und Fußtritte bedrohten jene, die die Arme sinken ließen, da der feuchtklebrige Schnee schwer war und sich nicht von der Schaufel löste. Dazu die Daueranrede „Stara kurva". (Alte Hure: wir sind in der ganzen Polenzeit als deutsche Frauen nie anders angeredet worden!).

Erst mit der Dämmerung gelangten wir wieder ins Quartier, erhielten noch immer keinerlei Nahrung oder Getränk, aber den Befehl, in zwei Stunden zur abermaligen Nachtarbeit anzutreten. Bis 10.00 Uhr warteten wir in den nassen Sachen — es gab nicht einmal kaltes Wasser zu trinken! Dann hieß es plötzlich „Nachtruhe", offenbar, weil ein 60jähriger Deutscher aus der Gruppe von uns auf dem Heimwege vor Hunger und Erschöpfung in den Schnee gestürzt, von Kameraden zurückgebracht worden und in der Zwischenzeit Wand an Wand mit uns verstorben war. — In zwei Stuben hingen die nassen Kleidungsstücke von achtzig Menschen an Schnüren; es gab kein Licht, am Morgen sahen wir, daß Decke und Wände dicht mit schweren Tropfen beschlagen waren!

Wir stopften Stroh aus den Säcken in Schuhe und Strümpfe, bedeckten die blutenden Füße mit Holzwolle. Die Schreie einer Frau mit Blasenkrämpfen, das Stöhnen der anderen, die sich Hände und Füße erfroren hatten, ging durch die Nacht. Um halb sieben Uhr früh ging es, immer noch ohne jede Nahrung, wieder an die Schnee-Arbeit. ... Ohne Nahrung vom Sonntagmorgen bis Dienstagabend, bei schwerer Tag- und Nachtarbeit in Frost und Nässe! Der Frauentrupp vor uns hat dies Martyrium fünf Tage und Nächte aushalten müssen!

Die Zustände, die Erfrierungen, die Blasen- und Nierenschäden, die Nervenzusammenbrüche der Heimgekehrten schreien zum Himmel. Auf dringende Vorstellungen der Ärztin Frau H. K. wurde Besserung versprochen. Sie sah folgendermaßen aus:

Mitte März wurden wir auf drei Tage einberufen. Es wurden mindestens elf, für sehr viele vierzehn Tage, für einige drei Wochen daraus! In der Gaststube gab es statt der Holzbänke und leeren Bettstellen für 40 Frauen eine in Hufeisenform um den Raum laufende Massenpritsche mit alten Strohsäcken. In der Mitte lagen acht bis zehn deutsche Männer auf Stroh am Boden. Toilette gab es nicht, Wasser nur in einem offenen kleinen Brunnenrohre jenseits der Fahrstraße. Aller Schnee ringsum gefroren. Ein ausbrechendes Feuer, entstanden durch Holz, das hinter dem Ofen trocknete, konnte nur durch den Glückszufall gebändigt werden, daß wir am Abend vorher eine Wasserkanne mit Kaffee in den Raum geschmuggelt hatten, den ich hinter den Ofen gießen konnte, ehe die Flammen die ersten Strohsäcke erreicht hatten.

Die „Vorsorge für Verpflegung" bestand darin, daß vier Frauen täglich zum Stämme-Sägen und Holzhacken in einem kleinen Wachtschuppen abkommandiert waren und dort, durchaus heimlich und „schwarz", auf dem Eisenöfchen in lauter kleinen mitgebrachten Einzeltöpfchen mit je ein bis zwei Eßlöffel von Hause mitgebrachten Mehles für die anderen Suppe kochten, die dann, im Umherstehen oder Hocken auf den zersägten Stämmen, während der Essenspause der Soldaten hastig verzehrt wurde. Da jede nur für drei Tage Vorrat mithatte und nur einigen der Nachschub von Hause glückte, indem der täglich in den Ort fahrende Kutscher ihnen ein Päckchen mit herausbrachte, mußten wir sehr bald diese Suppe mit Kleie strecken, die wir in einer Waschkanne vom Boden stahlen. Trotzdem man schwesterlich teilte, was herauskam, haben die meisten von uns den Hauptteil der Zeit von Kleie, in Wasser mit etwas Viehsalz gekocht, gelebt — eine weitere Mahlzeit war nicht möglich. Es glückte den zum Schuppendienst Abkommandierten meist nicht, den Ausrückenden vor der Arbeit einen Becher schwarzen Kaffees aus dem Schuppenfenster zu reichen.

Die Arbeit bestand meist darin, daß wir mit vier großen Holzschlitten früh um 7.00 Uhr auf die Iserkammhöhe heraufzogen, um dort die verlassenen Häuser vom letzten Heu leer zu plündern: je vier Frauen zogen vorne an den Sielen, vier schoben von hinten, je zwei an den Seiten! Den Pferden muteten die Polen diese Arbeit nicht zu, da sie in dem scharfen Bruchschnee sich die Fesseln blutig scheuerten. Dieser Weg in den Sielen, vier bis sechs Kilometer, mußte zweimal, gelegentlich auch dreimal am Tage gemacht werden. An einem Tage mußten wir zwanzig Frauen unter dem Kommando des polnischen Leutnants hinten in Groß-Iser eine schwere Häckselschneidemaschine herausschleppen, aufladen, sodann einen schweren „Mähbinder" aus dem Eise hacken, hochwuchten, auf den nächsten Schlitten schaffen und als drittes gar eine vierrädrige Kutsche! Diese Lasten mußten wir dann, in den Sielen keuchend, durch den tiefen Bruchschnee nach Karlstal ziehen!

An den Sonntagen hatten wir in der Umgebung des Kommandanturhauses auf der Straße die Schmutz-, Stroh- und Pferdemistkruste der hohen Schneewälle mit frischem, festzuklopfendem Schnee schön weiß zu „verputzen". Auch das „Leutnant will galoppieren" zeigt: der Karlstaler Robott ist nicht nützliche und notwendige Hilfe, sondern in der Hauptsache sinnlose Schikane, Demütigung oder Plünderungsbeihilfe gewesen!

Die jungen Mädchen wurden schon bei Ankunft zum „Küchendienste" gezwungen und hatten — sie erhielten dort Verpflegung — abends den Wünschen der Leutnants und Unteroffiziere — „Du Täubchen heut zu mir kommen" — zu folgen. Es gab einige, die wochenlang in Karlstal blieben und dadurch andere vor solchem Unheil bewahrten.

Ich erlebte es an den Sonnabendabenden, daß nachts um 11.00 Uhr, um 1.00, um 3.00 Uhr die Soldaten mit Taschenlampen in den Schlafraum drangen und die „Panienkas", die Mädchen, suchten, die sich unter den Mänteln und Bedeckungen der älteren Frauen versteckt hielten. Unter rohem Gelächter mußten die aufgespürten Opfer zum „Tanze" und den sonstigen Gefälligkeiten abgeführt werden! Zwei ganz junge Dinger bekamen zweimal Kommando nach Hoffnungstal, wo sie allein in unverschließbarem Quartier acht Soldaten überlassen waren!

Das Schreckliche war, daß in der ganzen polnischen „Verwaltung" nicht ein einziges weibliches Wesen, nicht einmal ein älterer Mensch von mehr als 40 Jahren war, an den man sich hätte wenden können!

Das alles sind von mir selbst erlebte oder mir von den Betroffenen erzählte Tatsachen, keine Berichte aus drittem Munde. Ich kann alle Namen nennen! Ferner sind das alles nur Angaben aus Schreiberhau, einem Orte mit 8 000 Einwohnern, von denen damals schon ein gut Teil geflohen war. Mit den Nachbarorten durften wir keine Verbindung mehr haben, wir erfuhren nur, daß es dort um nichts besser, unser Schicksal also typisch war!

Wie war das alles auszuhalten? Durch die Rechtsverdrehungen und Gewalttaten der Hitlerzeit, durch das jäh erwachende Bewußtsein der völligen Rechtlosigkeit unter den Polen erwuchs nun in der Bevölkerung eine geradezu fanatische Rechtsgläubigkeit, genährt auch durch die illegitimen Trostsender, die wir hörten, ein Rechtsglaube, der die Engländer und Amerikaner stündlich, täglich, in ferner Zukunft erwartete als die Engel der Gerechtigkeit! Das Bewußtsein „Dies Land war immer deutsch, darum lassen die Engländer und Amerikaner es nicht plötzlich polnisch werden", blieb unerschütterlich. Wußte doch die kleinste und dümmste Frau auf dem Lande, daß schon im Juli-Anfang alle Ortsnamen polonisiert und auf jedem Wegeschild ihre Zugehörigkeit zum polnischen Staate angeschrieben war und daß erst im August die Potsdamer Beschlüsse gefaßt wurden und daß diese die „Verwaltung" bis zur „Festsetzung der Westgrenze" bestimmten, daß aber all das, was uns widerfuhr, keineswegs „Verwaltung", sondern restlose Ausraubung und Vergewaltigung war!

„Asien ist über uns gekommen — der Westen wird uns helfen." Mit dieser Erkenntnis und Zuversicht bildeten wir ganz bewußt den letzten Menschenwall im Osten. Als die Freigabe der Austreibung diesen Damm durchstach, fügte sich die Bevölkerung unter tausend Schmerzen, ohne Widersetzlichkeit jedoch, im Glauben an die kommende Gerechtigkeit.

Der Bericht endet mit einem eindringlichen Appell, diesen Rechtsglauben nicht zu enttäuschen.

Nr. 224

Erlebnisbericht der ehemaligen Lehrerin I. F. aus L i e g n i t z i. Niederschles. Original, Sommer 1948, 41 Seiten. Teilabdruck.

Heimkehr nach der Kapitulation, Zwangsaustreibungen in Schlesien vor dem Potsdamer Abkommen, die allgemeinen Verhältnisse und Lebensbedingungen der deutschen Bevölkerung von Liegnitz und Umgebung unter russischer und polnischer Herrschaft bis Mai 1946.

Vfn. war im Januar 1945 von Breslau aus nach Mährisch-Trübau evakuiert worden und schildert auf den ersten Seiten ihres Berichts die allerorts üblichen Vorgänge mit Plünderungen und Vergewaltigung nach dem Einmarsch der russischen Truppen.

Der Krieg war zu Ende, die Waffen ruhten. Man konnte wohl annehmen, daß man einigermaßen sicher die Heimat erreichen würde. Zwar gingen schlimme Gerüchte über Ausplünderungen und Mißhandlungen, denen die Rückwanderer ausgesetzt seien. Man munkelte auch schon von zwangsweisem Lageraufenthalt und von Bahnsperre für Flüchtlinge. Aber wir konnten nicht bleiben und fuhren bei strömendem Regen mit fünfstündiger Verspätung Ende Mai 1945 aus Mährisch-Trübau ab. Auskünfte waren nirgends zu erhalten, da überall nur tschechisches Bahnpersonal eingesetzt war. In

Böhmisch-Trübau mußten wir alle aussteigen und wurden auf einen kleinen Hof abseits des Bahnhofs getrieben. Dort kauerten wir Deutschen eng aneinandergerückt und erwarteten mit Herzklopfen die Nacht. Totenstille herrschte. Man fühlte das Unheil förmlich herannahen.

Es dunkelt. Russen und Tschechen beobachten uns. Da, uns allen bleibt schier das Herz vor Schreck stehen, blitzte die erste Taschenlampe auf, danach noch mehrere andere. Die Russen und Tschechen bahnen sich einen Weg durch unsere Mitte und nehmen weg, was sie wollen. Eine Frau wird hochgerissen und in die Büsche gezerrt. Gellend schreien ihre zurückgebliebenen Kinder vor Angst. Wieder wird eine Frau hochgerissen. Sie wehrt sich verzweifelt, schreit, schlägt um sich. Was nützt das aber? Neben uns steht ein Pastor. Außer seinem Gepäck muß er auch seinen Mantel und seinen Rock hergeben. Jeder weiblichen Person wird ins Gesicht geleuchtet. Wer gefällt, muß mit in die Büsche. Das Weinen, Schreien und Beten wird mir zeitlebens in den Ohren klingen.

Um drei Uhr morgens ist diese Quälerei beendet. Wir dürfen wieder auf den Bahnsteig gehen. Von fünf Frauen stehen die Gepäckstücke noch herum. Wohin hat man diese Unglücklichen gebracht? Wir können uns darum nicht kümmern. Jeder muß sehen, wie er selbst durchkommt. In ganz kleinen Etappen geht unsere Reise langsam vorwärts.

Die Tschechen wollen uns mit der Bahn nicht mehr weiterbefördern. Wir wollen zu Fuß weiter. Nach Tagen gelangen wir nach Glatz. Deutsches Bahnpersonal empfängt uns. Wir waren felsenfest davon überzeugt, nun sicher und geborgen nach Hause zu gelangen, aber wir hatten uns gründlich getäuscht. Bis Reichenbach-Eulengebirge konnten wir mit vielen Schwierigkeiten transportiert werden, dann war die Bahnverbindung wie abgeschnitten.

Ich sprach selbst mehrere Polen, die aus ihrer Heimat von den Russen vertrieben worden waren mit dem Bemerken, sie sollten nach Schlesien gehen, dieses Land sei von den Deutschen völlig geräumt, und es bebauen, damit die Äcker nicht brachlägen. Die deutschen Städte Glatz und Reichenbach waren aber noch voll von Deutschen. Allerdings hatten die Russen Häuser oder auch ganze Straßenviertel beschlagnahmt. — Die Polen und Tschechen haben sich also mit Gewalt Eingang in die noch von Deutschen bevölkerten Gebiete verschafft.

Mit Mühe und Not gelangten wir einige Tage später nach Schweidnitz. Die Stadt, im Gegensatz zu Reichenbach, hatte schwer gelitten, jedoch war auch hier schon der größte Teil der Bevölkerung zurückgekehrt. Sogar einige Läden waren geöffnet. Man bezahlte mit deutschem Geld. Zwei Tage hielten wir uns in der Stadt auf und wurden von einem Drogeriebesitzer sehr gut aufgenommen. Sehr hatten hier die Russen schon gewütet und taten dies noch. Auf Lastautos schafften sie weg, was sie erraffen konnten. . . .

Wieder ging es zu Fuß, bis Striegau. Hier konnten wir nicht mehr weiter, die Erschöpfung machte sich sehr bemerkbar. Die Stadt sah wüst aus, wohl die Hälfte war abgebrannt. Trostlosigkeit überkam uns. Wir schleppten uns bis ins Schwesternheim und wurden von Schwester Charlotte, einer Bekannten, beherbergt. Sie erzählte mir, daß die Russen sie, ebenso wie andere Schwestern, bald nach Einnahme der Stadt so oft vergewaltigt hätten, daß sie die Schwesterntracht vor Scham ablegte. ...

Vom ersten bis zum letzten Tage fühlte ich mich hier in Liegnitz inmitten vertrauter Häuserreihen fremd. Beschreiben kann man das Chaos schlecht, man muß es selbst erlebt haben. Die Häuser standen zum größten Teil offen, und jeder hatte Zutritt. Im ganzen Südviertel wohnte nur ein alter Mann. Die Straßen waren menschenleer. An einem großen Teil der Häuser klebten polnische Plakate mit dem Vermerk, daß sämtliche Wohnungen von den Polen beschlagnahmt seien. Wie wir kurze Zeit später jedoch feststellten, änderte sich das alles ständig. Die Wohnungen waren unbeschreiblich verwüstet. ...

Die Deutschen waren für die Polen wie für die Russen vogelfrei. In den ersten Wochen nach dem Waffenstillstand erhielten wir mit vieler Mühe irgendein zerschlagenes und verunreinigtes Zimmer inmitten der Stadt. Einige der verrufensten und häßlichsten Straßen im Stadtinnern wurden uns Deutschen zugewiesen. Vereinzelt bewohnten Deutsche auch Wohnungen in weiter außerhalb gelegenen Straßen, aber meist war dies nicht von längerer Dauer, denn stündlich konnte man damit rechnen, mit Fußtritten und Püffen und unter Verlust seiner letzten Habe herausbefördert zu werden.

Vfn. veranschaulicht dies an einem Beispiel.

Die chaotischen Zustände steigerten sich von Woche zu Woche. Die Polen wurden immer zudringlicher. Zweimal im Juli 1945 versuchten sie, in Schlesien schlagartig die Deutschen zu vertreiben [1]). Die Haustüren wurden eingeschlagen, bewaffnete Polen und zum Teil auch Russen drangen in die Wohnungen ein und warfen mit Gewalt alle Hausbewohner binnen fünf Minuten auf die Straße. Diese konnten nur das mitnehmen, was sie in der Hast erreichen konnten. Vollständig ausgeplündert und verwüstet boten die Wohnstätten nach ganz kurzer Zeit einen entsetzlichen Anblick. ... Auf Kranke wurde keinerlei Rücksicht genommen. Viele betteten ihre Kranken in einen Leiterwagen und zogen so nach Westen.

Unglücklicherweise setzte ein Landregen ein, der etwa eine Woche anhielt. Bald waren die Landstraßen von den Flüchtlingen verstopft. Zu essen und zu trinken gab es außer Wasser nichts. Deutsches Geld hatte keine Gültigkeit, geöffnete Läden gab es nicht. Abgestumpft schlichen die Unglücklichen auf den Landstraßen weiter. Unterkunft zum Schlafen fand ein großer Teil von ihnen nicht.

Nur dem ersten Flüchtlingsschub gelang es, Westdeutschland zu erreichen, die übrigen Deutschen, schätzungsweise ein Viertel der Ausgewiesenen, wurden von den Russen wieder zurückgejagt mit der Begründung, daß keine Anweisung für eine Landesverweisung vorliege. Vollkommen erschöpft, verhungert, zerlumpt und erfroren kamen die Armen zurück, irgendwo

---

[1]) In den näher an der Oder-Neiße-Linie gelegenen Kreisen Niederschlesiens begann diese Aktion bereits in den letzten Juniwochen 1945. — Vgl. die unter Nr. 297 bis Nr. 304 (Bd. I, 2) abgedruckten Berichte.

schlüpften sie unter, nahmen heimlich aus den leerstehenden Häusern, was irgend noch zu gebrauchen war, und vegetierten weiter. Leben konnte man diesen Zustand nicht mehr nennen.

Sicher war man nie. Immer wieder versuchten die Polen und auch die Russen, in die Häuser einzudringen und alles das gewaltsam wegzunehmen, was die Deutschen etwa noch besaßen. Im Sommer und Herbst 1945 waren die Deutschen im Innern der Stadt noch einigermaßen sicher. Aber im folgenden Winter und im Frühjahr 1946 wurde der Zustand unerträglich.

Am Abend, in der Nacht, ja, selbst am Tage drangen bewaffnete Scharen in die Häuser ein, schlugen die deutschen Bewohner, vergewaltigten die Frauen, plünderten. Niemand stand uns bei, Polizei gab es nicht. Die polnische Miliz war dafür bekannt, höchst grausam zu verfahren. Sie scheute sich nicht, auf großen Lastwagen oftmals den Rest der gebliebenen Habe fortzuschaffen.

Eine Bekannte aus Glogau, Mutter von fünf zum Teil schon erwachsenen Kindern, siedelte im Spätherbst 1945 vom Lande in die Stadt Liegnitz über. Eines Nachts zertrümmerte eine Schar bewaffneter Miliz die Haustür, schlug beide Töchter und die Mutter mit Fäusten und Gewehrkolben ins Gesicht und raubte alles an Kleidern und Lebensmitteln. Betten, Stühle, Kartoffeln wurden auf den unten stehenden Lastwagen gepackt, und dann fuhren die Polen weiter und plünderten so lange, bis der Lastwagen vollbeladen war.

Anfang des Jahres 1946 wurde selbst auf die Deutschen, die im abgegrenzten deutschen Viertel wohnten, keine Rücksicht mehr genommen. Binnen fünf Minuten vertrieb man uns aus den Wohnstätten, Polen zogen ein, und wir hockten auf der Straße auf ein paar armseligen Wäschebündeln.

Da von einer Ausweisung keine Rede war, wir auch hörten, daß es unmöglich sei, über die Grenze zu gelangen, kroch man immer enger zusammen, bis schließlich die Stadt Liegnitz am 1. Juli 1946 zwangsevakuiert wurde, indem man alle Deutschen plötzlich um 6 Uhr früh aufforderte, binnen zehn oder auch binnen zwanzig Minuten ihre Wohnung zu räumen.

Die Lebensbedingungen für jeden Deutschen waren unerhört schwer. Deutsches Geld wurde nicht in Zahlung genommen. Wer beim Russen oder Polen arbeitete, erhielt in den seltensten Fällen Bezahlung in polnischem Geld. Man mußte zufrieden sein, eine Wassersuppe oder ein Stück trockenes Brot als Lohn zu erhalten.

Wer wegen Krankheit oder hohen Alters nicht arbeiten konnte, mußte Schmuck oder Wäsche gegen Lebensmittel umtauschen oder langsam verhungern. Die erschütterndsten Szenen spielten sich ab.

Von den Russen oder Polen war kein Erbarmen zu erwarten. Wer elend umkam, wurde in ein Laken oder einen Sack gehüllt, auf einen Leiterwagen gelegt und im Massengrab beigesetzt. Zahlenmäßig wird nie festzustellen sein, wieviele Unglückliche durch Hunger und Seuchen umgekommen sind.

Für diejenigen, die krank wurden, sah es besonders traurig aus. Nicht genug, daß sie nicht in der Lage waren, für sich und ihre Kinder das Essen zu verdienen, fehlte es auch an den nötigen Medikamenten und an dem Geld, um sich etwa solche zu beschaffen. Ich selbst befand mich längere Zeit in dieser Lage. ...

Eine eigenartige Methode, die Deutschen zur Arbeit zu zwingen, bestand darin, daß Frauen und Männer auf der Straße aufgegriffen wurden und zwangsweise irgendwo einen Tag oder mehrere Stunden arbeiten mußten. Es kam oft vor, daß Deutsche auf dem Wege zu ihrer eigentlichen Arbeitsstätte trotz ihres Ausweises auf solche Weise mit Gewalt entführt wurden. Oft zerriß auch der Pole den Arbeitsausweis des Deutschen und begann nun mit ihm, was ihm beliebte. Meistens arbeitete der Deutsche unter diesen Umständen ohne Bezahlung und, was noch schlimmer war, ohne Essen zu bekommen.

Mit uns ging man nicht sanft um. Mit Püffen und Schlägen wurden wir zur Arbeit angetrieben. In der letzten Zeit scheute sich der Pole auch nicht, im Falle irgendeines Ungehorsams hinter uns herzuschießen.

Sehr zahlreich waren die Fälle, in denen Deutsche ohne Grund auf der Straße aufgegriffen wurden und tagelang ohne Nahrung im Gefängnis zubringen mußten. Viele wurden geschlagen, ohne daß sie wußten, warum. ...

In der ersten Zeit wunderten wir uns oft, woher die vielen Polen kamen. Später erfuhren wir dann, daß die Russen innerhalb kurzer Frist die Polen aus ihrem ursprünglichen Heimatgebiet herausgedrängt hätten mit der Begründung, sie sollten nach dem „menschenleeren Schlesien" gehen und sich aneignen, was der Deutsche besitze.

Demgemäß handelten die Polen. Meist erschien der Pole allein oder in Begleitung polnischer Miliz. Die Deutschen waren gezwungen, Schränke, Kommoden oder sonstige Behältnisse zu öffnen, und dann nahm sich jeder mit den Worten: „Alles mein", was er brauchte. Gefielen ihm die Betten, Matratzen oder sonstigen Möbel, so hielt einen Tag später ein Lastauto vor der Tür, und alles wurde aufgeladen.

Wie der Pole sich fremdes Eigentum aneignete, mag folgendes Beispiel zeigen: Ich arbeitete im Frühjahr 1946 in Gassendorf bei Liegnitz bei einem polnischen Militärkommando, das unter russischem Befehl stand. Das polnische Militär hatte ursprünglich seinen Sitz in der Nähe von Sorau. Da die Polen keine Fachkräfte hatten, wurde ein deutscher Maschinenschlosser gezwungen, längere Zeit hindurch in Gassendorf zu arbeiten. Er erzählte uns, daß dort jeder Deutsche beim Polen arbeiten mußte. Während die Deutschen an ihrer Arbeitsstelle waren, wurde planmäßig Haus für Haus erbrochen, ein Lastwagen fuhr vor, und alles, was zu gebrauchen war, wurde mitgenommen.

Wie verhielten sich nun die Russen? In den ersten Monaten bis ungefähr August 1945 versuchten uns die Russen meist gegen die Polen zu schützen. Wurde uns also irgendetwas entwendet und wir konnten einen Polen als Täter angeben, so erschien — ersichtlich gern — der Russe und nahm dem Polen das entwendete Gut wieder ab. So erstaunlich es klingt, der Russe konnte den Deutschen im allgemeinen viel besser leiden als den Polen.

Wir hatten dies bald heraus und brauchten dem Russen nur zu sagen: „Russki gut, Polski schlecht", so strahlte der bärbeißigste Russe. Ich selbst habe mich mit vielen Russen unterhalten, die ihre Wut gegen den Polen nur schwer mäßigen konnten. Einige Schlägereien zwischen Russen und Polen habe ich selbst beobachtet. Daß der Russe die Oberhand hatte, ersah man auch an den Wohnverhältnissen.

Einige Zeit nach dem Waffenstillstand beschlagnahmten die Polen den gesamten Südblock der Stadt Liegnitz für sich. Ein großer Teil der Häuser wurde mit polnischen Schildern versehen, auf denen zu lesen war, daß das Haus mit allem, was darin noch vorhanden war, dem Polen gehöre. Die Häuser standen alle noch offen, jeder Russe und Pole hatte ungehindert Zutritt. Mit Zittern und Bangen ging auch mancher Deutsche hinein. Jeder Pole holte sich, was er brauchte und schleppen konnte. Schon nach wenigen Tagen waren alle Häuser so gut wie leergeräumt und grauenhaft verwüstet. Die Russen rissen die polnischen Zettel ab und zogen in einige Häuser selbst ein. Einige andere Häuser, die von Polen bewohnt wurden, mußten von den Polen geräumt werden, die in das Stadtviertel hinter der Katzbach, die sogenannte Karthause, vertrieben wurden.

So wechselte der Besitz hin und her. Einmal waren die Stadtmühle, der Bahnhof, das Elektrizitätswerk, die Gasanstalt, kurz, alle wichtigen Betriebe in polnischer Hand, dann übernahmen die Russen die Verwaltung, und das wechselte öfters. Wir Deutschen wurden aus diesem Durcheinander nicht mehr klug.

Viele Polen, die während des Krieges in Deutschland gearbeitet hatten und auch offen zugaben, sich dabei recht wohl gefühlt zu haben, lobten die deutsche Genauigkeit, Pünktlichkeit und Gewissenhaftigkeit sehr und behaupteten frei und offen, daß unter deutscher Verwaltung Schlesien in kurzer Zeit wieder aufblühen würde.

Die Polen haßten die Russen und schüttelten den Kopf über solche sinnlose Zerstörungswut und hemmungslose Sittenlosigkeit. Während meiner Tätigkeit beim polnischen Militärkommando hatte ich öfter Gelegenheit, Zeuge bei Gesprächen zu sein, oder wir sprachen auch ganz offen mit den Polen über das politische Durcheinander. Manche Polen sprachen sich sehr abfällig darüber aus, daß die polnische Regierung aus zwei sich erbittert bekämpfenden Parteien bestände, der kommunistischen und der nationalen, ferner darüber, daß die Russen doch über alles bestimmten und die Polen an und für sich nichts zu sagen hätten.

Für die Richtigkeit dieser letzteren Auffassung ein sichtbares Zeichen war für uns, daß das polnische Militärkommando in Gassendorf einem russischen Kapitän unterstand. ... Der russische Sergeant von Lobendau, ein großer Polenfeind, sprach offen davon, daß die Russen die Polen aushungerten.

Ausgezeichnet vertrugen sich Russen und Polen aber in einem Punkt, im Trinken. War die Feindseligkeit auch noch so groß, wenn es galt, etwas in Schnaps zu vertauschen, so waren sich beide Nationalitäten stets einig. Wir Deutschen hatten da nichts zu lachen, denn ein betrunkener Russe ist zu allem fähig. Der Russe kennt sich dann selbst nicht und weiß am nächsten Tage nicht mehr, was er angerichtet hat. Ich habe selbst gesehen, wie zwei betrunkene Russen unsere siebzigjährige Nachbarin, die das zweijährige Enkelkind auf dem Arm hielt, auf schamloseste Art zu vergewaltigen versuchten. Polen kamen hinzu. Anstatt aber zu helfen, klatschten sie Beifall und spornten die Russen noch an.

Vfn. schildert anschließend, wie sie — durch Hunger aus der Stadt getrieben — einer russischen Anwerbung zur Landarbeit auf dem Militärkolchos Gassendorf folgte.

Wir Kolchosenarbeiter waren durchweg Städter. Wie in den umliegenden Dörfern, so waren auch in Gassendorf die Bewohner sämtlich im Juli 1945 von den Polen vertrieben worden. Erst im August kehrten drei Viertel der Einwohner wieder heim. Die Bauernhäuser standen sämtlich offen. Jeder holte sich in Kisten und Körben, was ihm beliebte. Bettstellen, Schränke, Tische, Kommoden, Federbetten, Teller und Töpfe, kurzum, alles, was nicht niet- und nagelfest war, wurde binnen wenigen Tagen weggeholt. Nur die grauenhafteste Verwüstung blieb zurück. Die Russen stellten uns frei, zu gehen und uns zu holen, was wir brauchen könnten. Das war also damals in Schlesien so üblich.

Die Russen und Polen schöpften nur aus dem Vorhandenen und verbrauchten alles, aber wer schaffte etwas Neues? Wer baute etwas an? Wer ergänzte das Vernichtete? Mit dem Wiederaufbau angefangen hat bis zum Mai 1946 wohl niemand. Die Deutschen wollten dies, aber sie konnten und durften nicht.

Wie muß man sich den Zustand des bis dahin reichen und kulturell hochstehenden landwirtschaftlich genutzten Gebietes vorstellen? Leere und offenstehende Häuser ohne Fensterscheiben, unkrautumwuchert und verunreinigt, Ratten und Mäuse in Mengen, zum Teil unabgeerntete Felder, früher fruchtbares Ackerland, jetzt gänzlich verunkrautet und brachliegend, in keinem Dorf sah man noch eine Kuh, ein Pferd oder ein Schwein, geschweige denn Kleinvieh oder auch nur eine einzige Taube. Alles hatten die Russen ostwärts geschafft oder aufgebraucht.

Fehlte Brennmaterial, so wurden meist ganze Wälder eingeschlagen, oder aus den vielen leerstehenden Häusern wurden die Fensterkreuze und Türen herausgerissen, gleich an Ort und Stelle zerschlagen und verfeuert. Sogar die Treppenaufgänge und Geländer benutzten die Russen und Polen als Brennmaterial. Ja, sogar ganze Häuser wurden im Laufe der Zeit für Heizzwecke abgedeckt. Unsere beiden Lauben auf unserm Grundstück im Süden der Stadt Liegnitz wurden so gleichfalls vollständig von den Russen, die unser Haus bewohnten, verfeuert. Mit Möbeln wußten die Russen offenbar nicht viel anzufangen. Die schönsten Speisezimmermöbel, Bücherschränke, Kommoden und so weiter zerschlug man und steckte sie in den Ofen.

Alles dies geschah während der ersten Waffenstillstandsmonate. In dieser Zeit wurde die hauptsächlichste Verwüstung angerichtet. Planmäßig räumten die Russen alles aus, was für sie noch von Wert war, beispielsweise alle Nähmaschinen, Klaviere, Flügel, Badewannen, Wasserhähne, elektrische Anlagen, Betten, Matratzen, Teppiche. Was sie nicht wegbefördern konnten, vernichteten sie. Tagelang standen oftmals bei Regen Lastwagen mit den kostbarsten Teppichen und Möbelstücken herum, bis das wertvolle Gut vermoderte und verkam.

Der größte Teil der landwirtschaftlichen Maschinen wurde nach Aberntung der Felder im Herbst 1945 sinnlos der Vernichtung preisgegeben. Sämaschinen, Dreschmaschinen und so weiter standen auf den Feldern herum und waren Wind und Wetter ausgesetzt. Im Frühjahr 1946 war dieses alles unbrauchbar geworden. Man muß die Frage stellen, warum die Russen nicht alle diese wertvollen Güter haben den Polen zukommen lassen. Wir beschäftigten uns oft mit dieser Frage.

Im Anschluß berichtet Vfn. ausführlich über die Arbeits- und Lebensbedingungen auf dem Kolchos unter dem Willkürregiment russischer Kommandanten und Aufseher.

Der August 1945 ging zu Ende. Wir besaßen nur das Allernotwendigste an Kleidung. Zwei Koffer und einen vollgepackten Rucksack hatte ich in Schweidnitz und Striegau auf dem Rückmarsch liegen lassen. Wenig Hoffnung bestand, noch irgendetwas davon vorzufinden. Mit der Bahn zu fahren, war unmöglich, denn erstens besaß ich kein polnisches Geld, und zweitens verfuhr man mit den Deutschen auf der Bahn sehr schlimm. Was tun? Zwei Tage gab mir der Russe Urlaub, aber nur für Liegnitz. Wir stellten uns also auf der Landstraße auf und hatten Glück: Für kleinere oder größere Strecken nahmen uns die Russen im Auto mit. Ohne meinen Jungen hätte ich diesen Weg niemals wagen können, denn jeder Russe verlangte einen Dank. Wenn unsere Not nicht so groß gewesen wäre, hätte ich mich niemals solchen Glücksfällen anvertraut.

Wie sah unser schönes Schlesien nun aus? Die Dörfer waren kahl und verödet. Vereinzelt standen abgehärmte Deutsche vor ausgeplünderten und zerschlagenen Häusern. Kein Garten, kein Feld war bestellt. Die Deutschen verhungerten buchstäblich auf ihrem früheren Grundbesitz.

Vor Striegau machten wir Rast. Die dortigen Deutschen erzählten mir, daß jeden einzelnen der Hungertyphus erfaßt hatte. Ihre Nahrung bestand nur aus Kartoffeln mit Salz. Die Gemeindeschwester in Striegau bestätigte mir dies alles. Die Polen hatten auch hier überall in den Dörfern und Städten am 8. Juli 1945 alle Deutschen schlagartig kurzerhand aus ihren Häusern getrieben und auf die Landstraße gejagt. Die Russen trieben dann die Deutschen sämtlich wieder zurück. Also überall das gleiche Bild.

Es schließt sich eine ausführliche Schilderung der nachfolgenden Zeit auf dem Kolchos Gassendorf an. Dann zeigt Vfn. an mehreren Beispielen, wie das russische Aufsichtspersonal, neben der ihm selbstverständlichen Behandlung der Deutschen als bloße Arbeitssklaven, sie noch bei jeder Gelegenheit, oft nach Willkür und Laune, schikanierte, ohne ersichtlichen Anlaß quälte und an Leib und Leben bedrohte.

Der Herbst kam heran. Allenthalben munkelte man, daß die Russen aus Gassendorf abziehen würden. Viel war in dem Kolchosenbetrieb nicht geleistet worden. Die Russen hatten lediglich die Getreidefelder, die noch von den Deutschen im Herbst 1944 bestellt worden waren, abgeerntet und ausgedroschen. Über die Erntemethoden schüttelten die eingesessenen Bauern die Köpfe...

Der Spätherbst kam, und was wir für unmöglich gehalten hatten, es wurden die Äcker weder bearbeitet noch wurde etwas angebaut. Das vom Dreschen übriggebliebene Stroh blieb auf dem Felde liegen und verfaulte. Nicht eine Scheune wurde mit irgendwelchen Wintervorräten gefüllt. Das ausgedroschene Getreide wurde, wie die Russen uns gegenüber zugaben, nach dem Osten gebracht. Einen Teil setzten die russischen Soldaten auch in Alkohol um oder in Geld für ihre persönlichen Zwecke. Das Essen wurde noch dürftiger, weil auch die beiden russischen Köche die Vorräte in Alkohol und polnisches Geld umtauschten...

Eines Tages rückten die Russen aus Gassendorf ab, aber die Verwüstung, die sie hinterließen, war unvorstellbar. Absichtlich schlugen sie alles kurz und klein. Im Schloß, das sie bewohnt hatten, ließen sie nicht eine Fensterscheibe ganz. Auf den Fußböden schütteten sie Kübel Wasser aus, so daß bei Kälte Glatteis in den Zimmern herrschte. Die Kacheln in den schönen Badezimmern, die Badewannen, Türen, Wände, Schränke wurden ein Opfer dieser Zerstörung. Überall trat man auf Kothaufen. Wir Deutschen mußten sämtliche Scheunentore aus den Angeln heben. Dann fuhren die Russen mit ihren schweren Bulldogs darüber, so daß die Türen unbrauchbar wurden. Öde, verkommen, dem Verfall preisgegeben, lag der einst so ordentliche Gutshof da.

In den Nachbardörfern sah ich nach dem Abzug der Russen das gleiche Bild.

Nach und nach rückten auch die wenigen verbliebenen Deutschen ab. Jeder fürchtete sich in der verlassenen Ortschaft. Einige zogen in das Nachbardorf Lobendau, wo ein russisches Militärkommando von 800 Mann lag. Es bildeten sich ausgesprochene Russendörfer oder Polendörfer. Die Russen duldeten keine Polen in ihrem Bereich. Überließen sie das Dorf den Polen, so schlugen sie vorher alles kurz und klein.

Unser Dorf war nun in den Wintermonaten den durchziehenden Scharen preisgegeben. Ich wechselte meine Wohnung und suchte mir ein Zimmer in einem mehr in der Mitte des Ortes gelegenen Hause. Von Tag zu Tag wurde es unheimlicher. Stündlich wurden wir von Russen und Polen behelligt. Unsere Haustüren verbarrikadierten wir mit Eisenschienen und Baumstämmen, ohne daß dies etwas half. Russen und Polen kletterten durch die Fenster oder schlugen die Tür ein. Die Russen kamen hauptsächlich wegen der Frauen, die Polen wollten plündern.

Ein Teil der Dorfbewohner war nach dem Russendorf Lobendau geflohen, und wir waren Anfang Februar 1946 nur noch acht deutsche Familien. Ich wohnte jetzt ganz allein in dem ausgeräumten, zerschlagenen Haus. Wohin sollte ich mich auch wenden? Überall dasselbe Grauen. Wir stumpften allmählich ab, die ungeheure Not machte uns den Gefahren gegenüber gleichgültiger. Wenn die Russen mit Gewalt ins Haus drangen, und das ereignete sich fast tagtäglich, oft mehrmals hintereinander, so legte sich mein Junge sofort ins Bett und spielte den Kranken. Das war in den meisten Fällen unsere Rettung, denn vor einem kranken Kind hat der Russe Respekt.

Mehrere Russen erklärten mir auf meine Frage, warum sie bei ihrem Abzug alles zerschlügen und vernichteten, daß sie das absichtlich täten und ihre Freude daran hätten.

Vfn. berichtet über einige Versuche russischer Soldaten, sich mit List und Gewalt Frauen gefügig zu machen, und fährt fort: Wo sollte man sich etwa beschweren? Überall wird man als Deutscher wie ein Hund weggejagt. Ich zog in Erwägung, nach Liegnitz zu gehen. Aber auch dort ging es nicht viel besser zu. Die Polen hausten schrecklich.

Unangenehm berührte mich in Liegnitz die Feststellung, daß selbst die Polenkinder an uns ihren Haß auslassen konnten. Mir geschah es mehrmals, daß Kinder hinter mir herrannten und versuchten, mich durch Beinstellen zu Fall zu bringen. Ich stand dem machtlos gegenüber, denn wenn ich auch nur das Geringste unternommen hätte, so hätte ich Schlimmes zu befürchten gehabt. Wie ich von Bekannten erfuhr, erging dies nicht nur mir so. Auch andere Deutsche wurden von den polnischen Kindern auf übelste Art belästigt.

Wir Deutsche waren vogelfrei. Jeder konnte uns zur Arbeit abholen, uns quälen und schlagen. Niemand kümmerte sich darum. Öfter hörten wir, daß Ermordete aufgefunden wurden, ohne daß eine Behörde eingriff. Tagelang blieben die Leichen liegen, ehe sie verscharrt wurden. Mein Junge sah einen Toten, dem schon die Würmer am Körper herumkrochen, im Nachbardorf auf einer Bank liegen. Vor dem Haus einer mir bekannten Frau in Wildschütz lagen eines Morgens drei erschlagene ehemalige deutsche Soldaten.

Die russischen Kommandanturen in Lobendau, Pahlowitz, Johnsdorf, Rothkirch u. a. suchten Arbeitskräfte. Also faßte ich den Entschluß, mich nach Rothkirch zum Arbeitseinsatz zu melden. Aber schon der erste Tag genügte, um mich mein Bündel packen und mit meinem Jungen nach Gassendorf zurücklaufen zu lassen. Zurückgeholt wurde ich nicht, denn ich konnte nicht melken, und ferner, das war die Hauptsache, wurden junge Mädchen bevorzugt. Die Frauen mit Kindern konnte man in dem Haremsbetrieb nicht brauchen.

Wie wir einige Zeit später von nach uns Davongelaufenen hörten, hatte, wer nicht die Geliebte eines Russen wurde, die besondere Strafe, von früh bis spät die schwerste Arbeit verrichten zu müssen. Außerdem wurden die anständig gebliebenen Frauen und Mädchen auf alle erdenkliche Art gequält. Da ein großer Teil davonlief, holten sich die Russen immer wieder Ersatzkräfte aus der Jauerschen Gegend.

Besonders unsicher wurde unsere Gegend in den Wintermonaten durch eine zwischen Liegnitz und Gassendorf stationierte Fliegertruppe. Die Russen machten an manchen Tagen von früh bis abends Übungsflüge, und schwere Bomben gingen ganz in unserer Nähe nieder, so daß die Sprengstücke davon bis in unser Dorf flogen.

Allmählich setzten sich die Polen immer mehr in unserem Ort fest. Acht Polenfamilien ergriffen Besitz von den Bauernwirtschaften, die ihnen am besten zusagten. Verheiratet waren die wenigsten von ihnen. Fast jeder Pole brachte seine Freundin mit, und beide lebten von den spärlichen Vorräten der Deutschen oder von dem, was sie sich sonst angeeignet hatten.

Die Verbitterung der Deutschen stieg immer mehr. Die Russen hatten uns für die geleistete Erntearbeit im Winter Getreidekörner zukommen lassen. Jetzt hatten die Polen das Recht, von dem Getreide und den Kartoffeln mitzuleben. Gaben die Deutschen nicht genug ab, so erschien die polnische Miliz und übergab ihren Landsleuten den größten Teil der Vorräte. Den Deutschen blieb also meist nichts anderes übrig, als freiwillig ihr Besitztum zu verlassen, um nicht zu verhungern.

Manche Deutsche, die sich von ihrem Haus und Hof nicht trennen wollten, arbeiteten auf ihrer eigenen Wirtschaft für den hinzugezogenen Polen und erhielten dafür von ihm aus ihren eigenen Vorräten das Essen. Da die Polen an Möbeln und Hausrat nichts besaßen, sammelte durchziehende Miliz auf Lastautos alles, was wir noch hatten. Von Haus zu Haus gingen die polnischen Soldaten, brüllten, wenn wir nicht sofort öffneten, und schleppten buchstäblich das Letzte weg.

Drei Fälle sind mir bekannt, in denen Deutsche von Polen niedergeschossen wurden, weil sie ihre Sachen nicht sofort herausgeben wollten.

Man könnte sich wundern, daß es überhaupt noch etwas wegzunehmen gab. Nun, wir Deutschen holten uns alle brauchbaren Möbel und sonstigen Gegenstände, die die Russen weggeworfen hatten, und machten sie wieder gebrauchsfähig. Die Deutschen wendeten hieran unendlichen Fleiß und Geschick. Kaum war man also wieder ganz bescheiden eingerichtet, so holten sich die Polen oder durchziehende Russen alles wieder heraus. Am besten daran war also, wer in seinen kahlen vier Wänden ohne Bett und Kleidung hauste und sich gar nicht mehr mit einem Wiederaufbauversuch befaßte.

Anfang März 1946 rückte ein polnisches Militärkommando von etwa 70 Mann in Gassendorf ein. Sämtliche Polen trugen deutsche Uniformen, ihr Kapitän war ein Russe. Einige Äcker um den Gutshof herum wurden angebaut. Das übrige Land blieb brach liegen. Insgesamt bewohnten nur noch vier deutsche Familien das Dorf. Die übrigen waren geflohen. Die wenigen Übriggebliebenen wurden gezwungen, sofort die Arbeit bei den Polen aufzunehmen. Wir Frauen arbeiteten als Stubenmädchen, mußten dabei die unflätigsten Witze der polnischen Soldaten über uns ergehen lassen und wurden in alle nur möglichen Körperteile gepufft und gezwickt. Ferner schälten wir Kartoffeln, misteten die Ställe aus, kehrten den Hof usw.

Während unseres Hofkehrens ließ sich der Unteroffizier bei schönem Wetter einen Sessel inmitten des Hofes aufstellen und erteilte uns von diesem bequemen Sitz aus seine Befehle.

Immer mehr kam bei den Polen die Sitte auf, mit der Reitpeitsche oder einem Stöckchen herumzulaufen. Öfters machten die Polen Gebrauch von dem Stock, was ich selbst am eigenen Leibe erfuhr. Als ich eines Morgens zur Arbeit abgeholt wurde und nicht sofort folgte, weil ich die Frühstückssuppe für meinen Jungen und mich noch nicht fertig zubereitet hatte, bekam ich vor den Augen meines Jungen kräftige Stockschläge. Den ganzen Weg über schlug der wütende Pole mich mit der geballten Faust an den Kopf und ins Gesicht. Hinter uns und vor uns gingen Offiziere, aber keiner schien dies zu bemerken...

Die Polen brauchten Arbeitskräfte. Frühzeitig jeden Morgen ging ein Trupp polnischer Soldaten in den umliegenden Dörfern von Haus zu Haus und holte die Deutschen heraus. Da die Polen uns trotz der schweren Arbeit nie ein Stück Brot austeilten und uns nur zwei kümmerliche Mahlzeiten am Tage gaben, verweigerten die anderen Dorfbewohner die Arbeit. Auch die Russen durchsuchten jeden Morgen alle Häuser nach Arbeitskräften. Deshalb ließen sich die Dorfbewohner von den Russen zur Arbeit fortschleppen, und die Polen hatten das Nachsehen. Sie protestierten, wurden wütend, holten sich jeden Deutschen, den sie auf dem Felde oder auf der Landstraße antrafen, und wer nicht gleich mitging, wurde gestoßen und geschlagen. Einige Male wurde sogar nach Frauen geschossen. Polen und Russen befehdeten sich oft wegen der Verteilung der Arbeitskräfte untereinander. Letzten Endes zogen die Polen den kürzeren, und die Russen machten, was sie wollten ...

Der erste Osterfeiertag rückte heran. Wir erhielten den Befehl, uns um 6.00 Uhr früh in der Küche zur Arbeit einzufinden. Da der Koch durch Alkohol in sehr guter Laune war, lud er uns zu unserer Überraschung zu einem sehr guten Frühstück ein. Eier, Wurst, Kuchen, Plätzchen hatten wir seit einem Jahr nicht mehr gegessen. Um unseren Angehörigen eine Osterfreude zu bereiten, steckten wir unsere uns zugeteilten Kostbarkeiten ein und aßen nur trockenes Brot. Während wir dann weiter arbeiteten, untersuchte der Koch unsere Taschen und nahm uns alles wieder weg. Zum ersten Male seit einem Jahr weinte ich bitterlich, weil ich meinem Jungen nicht die versprochene Ostergabe mitbringen konnte und wir Deutschen so schutzlos waren.

Einige Tage nach Ostern siedelte das polnische Militärkommando nach Wildschütz bei Liegnitz über. Unser Los wurde immer trauriger. Eine ältere Frau verhungerte buchstäblich in ihrem Bett. Uns drohte das gleiche Schicksal, wenn wir nicht handelten. Davon, daß wir Deutschen ausgewiesen werden sollten, hörten wir nichts. Gerüchte verschiedenster Art tauchten auf. Man munkelte immer wieder, daß Schlesien deutsch bleiben sollte und die Polen das Land verlassen müßten. Die Grenzen sollten so festgelegt werden, wie sie im Jahre 1937 bestanden hätten. Da wir aber weder Rundfunk hören noch eine Zeitung lesen konnten, war es uns nicht möglich, uns über diese Gerüchte selbst ein Urteil zu bilden.

Selbst viele Polen glaubten nicht, daß ihnen das Land für immer gehören würde. Auch sie hatten Sehnsucht nach ihrer Heimat und wollten wieder heim in das Land, aus dem die Russen sie vertrieben hatten. Daher ist es wohl auch zu erklären, daß weder die Russen noch die Polen das Interesse aufbrachten, aus Schlesien das zu machen, was es ursprünglich war.

Einige Polen erklärten uns, daß sie die Sämaschinen leer laufen ließen und lieber das Getreide verschacherten, um sich Branntwein zu kaufen. Die von den Russen versprochene Kuh hatten die Polen in unserem Dorf bis zu meiner Auswanderung im Mai 1946 noch nicht erhalten, und selbst wenn die Kühe schon eingetroffen wären, hätten sie ja verhungern müssen, denn Heu war so gut wie überhaupt nicht vorhanden. Sämtliche Scheunen waren leer.

Uns hielt nichts mehr in unserer Heimat. Viele versuchten über die Neiße zu kommen, um dann weiter nach Westen gelangen zu können. Mein Entschluß stand fest: Ich wollte diesem Land entfliehen ... Im geeigneten Zeitpunkt versteckte ich daher nach und nach mein Gepäck im nahen Walde und verschwand dann selbst.

Wir liefen den größten Teil unseres Weges entlang der Autobahn, weil uns jeder abriet, die unsichere Landstraße zu benutzen. Überall hatte man das gleiche Bild: unbebaute Ackerflächen, Verwüstung und namenloses Elend. Unser schönes Schlesierland war in der kurzen Zeit von einem Jahr einer Wüste ähnlich geworden.

Abschließend erklärt Vfn. noch, warum sie sich in Anbetracht derartiger Verhältnisse nicht schon früher auf den Weg gemacht habe, und veranschaulicht an einigen Beispielen die Gefährlichkeit dieses Unternehmens, bei dem mancher noch seiner letzten Habe beraubt und erschlagen wurde.

Nr. 225

Erlebnisbericht des Landwirts Erich Sydow aus Buschen, Kreis Wohlau i. Niederschles.
Beglaubigte Abschrift, 4. Oktober 1948, 11 Seiten. Teilabdruck. Verfaßt zur Vorlage beim Military Tribunal IV in Nürnberg.

Rückkehr nach der Kapitulation, Verhältnisse auf einem russischen Militärsowchos; Willkürakte polnischer Miliz und Zwangsmaßnahmen der Behörden; Zustände unter polnischer Güterverwaltung bis Herbst 1946.

Auf den ersten Seiten berichtet Vf. über die befehlsgemäße Evakuierung von Frauen und Kindern ins nördliche Sudetenland Ende Januar 1945 und seine Rückkehr zu Arbeiten bei der Frühjahrsbestellung im Kreise Schweidnitz.

Am 6. Mai 1945 erhielten wir Deutschen den Befehl, so schnell wie möglich nach dem Westen abzurücken, um den Russen nicht in die Hände zu fallen. Unser Versuch, unsere Frauen und Kinder zu erreichen, schlug fehl, da am 9. Mai 1945 aus Böhmen vorstoßende russische Truppen uns den Weg verlegten.

Gemäß dem Befehl der Siegermächte: „Jeder Deutsche so schnell wie möglich in seine Heimat", traten wir den Rückmarsch nach Buschen an[1].

In Liegnitz stellte ich fest, daß die Russen die dort gebliebene deutsche Bevölkerung in beengte Quartiere zusammengetrieben und bei schlechtester Verpflegung zur Zwangsarbeit eingesetzt hatten. In den schon früher von den Russen besetzten und in den von Deutschen geräumten Landgebieten trafen wir nur sehr wenige zurückgebliebene Deutsche an, die völlig ausgeplündert, verängstigt und mißhandelt waren.

Ich fuhr daher über meine Kreisstadt Wohlau, um zunächst dort bei Bekannten über die Verhältnisse in Buschen Erkundigungen einzuziehen. Was ich dort erfuhr, war erschütternd. Der mit mir befreundete Tierarzt Süßen-

---

[1] Aus den bisher zur Verfügung stehenden Quellen nicht zu entnehmen. Es könnte sich um Anordnungen militärischer Befehlshaber handeln.

bach war nicht geflohen, weil er glaubte, daß alle antirussischen Gerüchte Propaganda seien, und er annahm, daß er als scharfer Gegner der NSDAP. unter den Russen ungestört werde arbeiten können, wie unter der nationalsozialistischen Herrschaft.

Er war in seiner Dienstwohnung mit Bekannten, die gerade besuchsweise bei ihm waren, ohne Grund von den Russen erschossen worden. Ebenso waren die Bauern Stricker und Buffa in Heidersdorf, in der Nachbarschaft von Buschen, kurzerhand erschossen worden, weil sie ausländische Arbeiter schlecht behandelt haben sollten. Wie ich aus eigener Erfahrung wußte, war dies völlig unrichtig. Dies waren aber nicht nur Einzelfälle; Mord, Vergewaltigung, unmenschliche Schinderei und Verschleppungen waren an der Tagesordnung gewesen...

Ich überlegte, ob ich unter diesen Umständen umkehren und den Durchbruch nach dem Westen versuchen sollte. Aber hier im Osten war die Heimat meiner Eltern und Vorfahren. Ich glaubte daher, dies sei der Platz, wo ich helfen und wiederaufbauen mußte. Ich fuhr daher weiter nach meiner Domäne Buschen. Dort saß ein russisches Wirtschaftskommando. Meine Bitte, mich dort als Arbeiter aufzunehmen, wurde jedoch abgeschlagen und mir der Aufenthalt nicht gestattet.

Auf dem Nachbargut Herrnmotschelnitz fand ich mit meinen Kameraden eine russische Militärsowchose unter der Leitung eines russischen Oberleutnants vor, der einen deutschen Namen hatte und gebrochen deutsch sprach. Er war Jude. Er erklärte uns, wenn wir arbeiten wollten und könnten, so dürften wir gegen Verpflegung und Unterkunft dort bleiben.

Wir wurden dem Haufen Deutscher eingegliedert, den die Russen hier zusammengetrieben hatten, damit die notwendigen landwirtschaftlichen Arbeiten erledigt würden. Unter den Arbeitern befand sich ein katholischer Pfarrer und eine junge Schauspielerin, die ihren blinden Vater, einen Gesangvirtuosen, bei sich hatte. Daß bei dieser Zusammensetzung der Arbeitskräfte die Durchschnittsleistung gering war, liegt auf der Hand.

Außer uns Deutschen war noch eine Anzahl Polen vorhanden. Diesen ging es etwas besser als uns, aber auch diesen gegenüber markierte der Russe den Herrn. Obwohl Rassenvorurteile in der Sowjetunion verboten sein sollen, war deutlich erkennbar, daß der Russe den Polen geradezu als minderwertig ansah.

Es gab auch drei verschiedene Küchen: eine für die Russen, eine schlechtere für die Polen und eine dritte, die nur das Notwendigste erhielt, für uns Deutsche. Die Verpflegung reichte für einen arbeitenden Menschen auch bei den bescheidensten Ansprüchen nicht aus, insbesondere, da die Arbeitszeit von Sonnenaufgang bis Sonnenuntergang dauerte, meist auch an den Sonntagen gearbeitet werden mußte.

Irgendein Lohn wurde nicht gezahlt. Das einzige Entgelt war das Essen. Wer länger als drei Tage krank war, wurde von der Verpflegung abgesetzt. Die deutsche Küche erhielt die Ration für ihn dann nicht mehr. Alle Nichtarbeitenden erhielten überhaupt keine Zuteilung, auch die Kinder nicht. Diese unmenschlichen Bestimmungen waren nicht etwa persönliche Schilkanen unserer örtlichen russischen Machthaber. Diese fanden, wie ich zu ihrer Ehre bemerken muß, diese Bestimmungen selbst unmenschlich, wagten aber nicht, gegen diese von höchster Stelle gegebene Anordnung zu handeln.

Allmählich trafen nun auch die weiteren seinerzeit geflüchteten Einwohner von Buschen und Herrnmotschelnitz ein. Alle mehr oder weniger von Tschechen, Polen und Russen ausgeplündert und mißhandelt, und trotzdem froh, wieder in der Heimat zu sein. Alle Bauern fingen sofort wieder an zu arbeiten. Da ihnen alles Spannvieh, soweit es ihnen noch nicht weggenommen war, [beschlagnahmt wurde,] griffen sie zum Spaten und legten wenigstens noch so viel Kartoffeln, wie sie konnten. Keiner dachte an die Möglichkeit, daß ihnen die Sieger nach der bedingungslosen Kapitulation noch ihre letzte Habe nehmen und sie sogar aus der Heimat vertreiben würden, in die sie auf ausdrückliche Weisung der Siegermächte zurückgekehrt waren.

Am 25. Mai erschien auch meine Familie. Unser Wiedersehen war erschütternd, da ich nicht wußte, was aus uns werden sollte. Allein hätte ich aus der russischen Sklaverei vielleicht bei günstiger Gelegenheit entweichen können. So waren wir alle den Russen auf Gnade und Ungnade ausgeliefert.

Es gelang mir, von dem russischen Oberleutnant die Erlaubnis zum Beziehen meines leerstehenden Hauses zu bewirken, dessen Bewohner seinerzeit nicht abgerückt, sondern geblieben waren. Sie waren alle — sieben an der Zahl — nach Vergewaltigung der Frauen von Russen durch Genickschuß erledigt worden. Ein gleichfalls zurückgebliebener Nachbar hatte ihre Leichen dicht neben dem Gehöft mühsam verscharrt.

In dieser Wohnung richteten wir uns mit umherliegenden Haushaltsgegenständen und mit dem, was meine Frau zurückgebracht hatte, notdürftig ein. Unlösbar erschien jedoch die Frage unserer Verpflegung. Meine Frau, meine immerhin schon 60jährige und ländliche Arbeit nicht gewohnte Schwester und ich mußten auf der Sowchose arbeiten und bekamen dafür drei Essenrationen. Meine Schwiegermutter, die den Haushalt übernahm, meine Tochter, mein Sohn und der achtjährige Breslauer Junge [1]) mußten mit durchgehungert werden. Dazu kam, daß die Arbeit meiner Frau und meiner Schwester öfters über die Kräfte ging, so daß sie zusammenbrachen und sich krank melden mußten. Auch ich versagte zuweilen, denn von Krankheit, insbesondere Darmkrankheiten, blieb auch ich nicht verschont. Dadurch trat dann eine weitere Kürzung unserer Verpflegung ein. Hätten wir von der Zuteilung leben müssen, so wären wir in kurzer Zeit zugrunde gegangen.

Es blieb uns also nichts übrig, als, da es nichts zum Kaufen gab, unsere geringen Reserven aufzubrauchen und uns Kartoffeln und Gemüse von den Sowchose-Feldern zu nehmen, wo wir konnten. Dies war natürlich nicht leicht. Aber auch unter den russischen militärischen Aufsehern gab es Menschen, die ohne Bestechung — wir hatten ja nichts, denn unser deut-

---

[1]) Dieser war wegen der Bombengefahr in Breslau vom Vf. in Pflege genommen worden.

sches Geld war damals wertlos — aus reinem menschlichen Erbarmen unsere Selbsthilfe begünstigten. Offiziell war jede Aneignung von Feldfrüchten der Sowchose bei strengster Strafe verboten.

Wir fristeten so ein kümmerliches Sklavenleben. Abrücken durften und konnten wir nicht. Unsere einzige Hoffnung war, daß Großbritannien und die Vereinigten Staaten von Amerika ihren russischen Verbündeten in absehbarer Zeit veranlassen würden, wenigstens jetzt, nach Einstellung der Feindseligkeiten, die deutsche Bevölkerung gemäß den Gesetzen des Völkerrechts und der Menschlichkeit zu behandeln. Ohne jede Zeitung, nur auf mündlich weitergetragene Gerüchte und die spärlichen und unklaren brieflichen Nachrichten aus dem Westen angewiesen, waren wir über das politische Spiel, das die Sieger mit uns trieben, in keiner Weise im Bilde.

Der Besitz von Rundfunkgeräten, Fahrrädern oder Pferden galt bei jedem Deutschen als Kapitalverbrechen. Bahnfahrten waren uns verboten. Deutsches Geld hatte keine nennenswerte Kaufkraft. Wir durften nicht einmal das Dorf, in dem wir wohnten, ohne besondere Erlaubnis der Russen und später der Polen verlassen. Diese wurde so gut wie nie erteilt.

Allmählich begannen die Russen abzurücken, und die Polen kamen. Dadurch kamen wir vom Regen in die Traufe. Die Russen ließen uns wenigstens unser Land und unsere Wohnungen, soweit sie diese nicht selbst brauchten. Die Polen verlangten alles Land und jeden Wohnraum für sich. Sie nahmen uns außerdem noch unsere mühsam angebauten Feldfrüchte, die Reste unseres Hausmobiliars, selbst unsere Wäsche und unsere Kleidung. Eine Ausnahme machten nur die aus der Lemberger Gegend von den Russen vertriebenen polnischen Bauern. Sie bearbeiteten das Land gemeinsam mit dem Deutschen und ließen diesen aus den Erträgen das Notwendigste zukommen; leider war die Zahl der Polen dieser Art gering.

Allerdings stand ich mit meinen Angehörigen zunächst als Sowchose-Arbeiter unter russischem Schutz. Im Spätsommer 1945 wurde uns aber klar, daß die Russen nach der Hackfruchternte die Militärsowchose abbauen und uns unserem Schicksal überlassen würden. Offenbar wollten die Polen uns Deutsche aus unserer Heimat vertreiben. Die Gerüchte über eine zwangsweise Evakuierung aller Deutschen nach dem Westen verdichteten sich immer mehr.

Wir hofften damals aber immer noch, daß die Westmächte das nicht zulassen würden, wenn nicht aus den Gründen der Menschlichkeit, so schon aus praktischen Erwägungen, um die Versorgungsschwierigkeiten in den schon übervölkerten Westzonen durch Millionen weiterer Flüchtlinge aus Schlesien nicht noch zu steigern. Wir wollten daher versuchen, uns zuerst einmal aus der russischen Sklaverei zu lösen, denn wenn wir auch annehmen konnten, daß der Russe unsere Arbeit hier bald nicht mehr brauchen würde, so bestand doch die Gefahr, daß er uns an anderer Stelle verwenden wollte und uns dahin verschleppte, wobei sogar die Gefahr einer Trennung der Familienmitglieder voneinander bestand. Derartige Vorfälle waren in unserer Umgebung häufig.

Ende Oktober 1945 wurde ich dadurch arbeitsunfähig, daß sich in meinem 1914 zerschossenen Oberschenkel erneut ein Eiterherd gebildet hatte. Unsere Ernährungsschwierigkeiten wurden dadurch fast unüberwindlich, und ärztliche Behandlung erhielt ich nicht. Es gab zwar noch einen deutschen Arzt in unserer Kreisstadt Wohlau, aber zu Fuß konnte ich die sieben Kilometer nicht mehr schaffen, und der Russe dachte gar nicht daran, mich auf einem seiner Fahrzeuge mitzunehmen. Schließlich gelang es, durch Hausmittel dem Eiter einen Ausweg zu verschaffen.

Inzwischen hatten auf der Sowchose die Kommandeure gewechselt, und man hatte mich anscheinend vergessen. Der Bedarf an weiblichen Arbeitskräften war nicht mehr so groß, so daß auf eine Weiterarbeit meiner Frau und meiner Schwester kein Wert mehr gelegt wurde. Es gelang mir, durch einen mir von früher bekannten Russen, der es 1918 als Kriegsgefangener vorgezogen hatte, in Deutschland zu bleiben anstatt in die Sowjet-Union zurückzukehren, und der jetzt einen Verwaltungsposten auf der Staatsdomäne Wohlau hatte, mit der polnischen Güterverwaltung in Verbindung zu kommen und die Erlaubnis zu erwirken, auf meine von den Russen inzwischen geräumte Staatsdomäne Buschen zu ziehen, um dort mit meinen ehemaligen Leuten und den von den Polen verdrängten Bauern des Dorfes die Wirtschaft wieder in Gang zu bringen.

Das Pächterhaus war durch Zufall unversehrt geblieben. Allerdings war der gesamte Hausrat weggeschleppt worden. Die Lebensmittelversorgung glückte uns vor allem dadurch, daß ich für meine goldene Uhr, die ich hatte retten können, durch gute Freunde genügend Mehl beschaffen konnte, um bei vorsichtiger Einteilung den Winter zu überstehen.

Da die umherziehenden Plündererbanden offenbar annahmen, in unserem großen, gut erhaltenen Hause wohnten hochgestellte Russen oder Polen, verlief der Winter 1945/1946 für uns verhältnismäßig ruhig. Nur einmal gab es einen schweren Zusammenstoß mit den Polen. Die Russen hatten im Sommer 1945 das von uns 1944 angebaute Wintergetreide geerntet und auf dem Felde ausgedroschen. Das Stroh war in Schober gesetzt worden. Der Drusch war aber so unsauber geschehen, daß noch eine Menge Körner darin waren. Wir Deutschen beschlossen daher, die Schober noch einmal zu dreschen, um unsere äußerst knappe Brotration zu erhöhen. Wir hatten eine kleine Goepel-Dreschmaschine auf Handbetrieb umgebaut und schon einen Roggenschober mit gutem Erfolg durchgearbeitet. Als ein Teil unserer Männer die Maschine zum zweiten Roggenstroh-Schober transportierte, kam eine polnische Milizstreife hinzu und zerschlug unsere Leute mit Gewehrkolben und Knüppeln fürchterlich.

Mit groben Mißhandlungen mußten wir übrigens immer rechnen. Ich selbst wurde von unserem sogenannten Polizeiführer, einem 24jährigen jungen Menschen, auf unserer Dorfstraße mit dem Gewehrkolben durch Hiebe auf den Kopf und den ganzen Körper schwer mißhandelt. Nur dadurch, daß ich eine wattierte Mütze und einen dicken Rock anhatte, blieb ich vor lebensgefährlichen Verletzungen bewahrt. Der Vorwand für die Mißhandlung war der, daß ich infolge Schwerhörigkeit einen Anruf, stehenzubleiben, überhört hatte und diesem nicht sofort nachgekommen war. Ich kam blutüberströmt und am ganzen Körper braun und blau geschlagen zu Hause an.

Willkürliche Mißhandlungen und Verhaftungen waren auch sonst an der Tagesordnung. Bei meinem ehemaligen Vogt Kotzerke, der mit früher mir gehörigen Pferden für die Russen Fuhrdienst leisten mußte, fand man gelegentlich einer Haussuchung die Abschrift eines Gedichtes, das damals bei uns im Umlauf war und uns Schlesier aufforderte, trotz Russen und Polen der Heimat treu zu bleiben. Der Besitz dieses harmlosen Gedichtes wurde als Hochverrat betrachtet, Kotzerke zunächst von den Russen mehrere Wochen eingesperrt und dann an die Polen ausgeliefert, die ihn ihrerseits wieder mehrere Wochen in Haft behielten. Als er nach endlicher Freilassung wieder zu uns zurückkehrte, erkannten wir ihn kaum wieder. Er brauchte Wochen, um sich einigermaßen zu erholen.

Wie schon erwähnt, hatte ich von der polnischen Güterverwaltung in Wohlau die Erlaubnis erhalten, mit meinen Leuten, soweit sie zurückgekehrt waren, wieder auf die Domäne zu ziehen, so gut es ging, mit der Arbeit zu beginnen. Aber es dauerte geraume Zeit, ehe man sich wieder um uns kümmerte. Wir saßen hilflos da und mußten zusehen, wie uns auch das letzte Gerät vom Hof geholt wurde. Wir konnten kaum verhindern, daß Türen und Fenster und die Ziegel von den Dächern der noch vorhandenen Gebäude abtransportiert wurden.

Auf meine wiederholten Berichte und Vorstellungen wurde uns endlich ein polnischer Verwalter auf den Hof gesetzt, wodurch wir wenigstens auf dem Gutshof einigermaßen Ruhe vor Plünderungen hatten. Am Tage seines Einzuges kam eine von der polnischen Behörde eingesetzte Kommission ins Dorf, um den Deutschen sozusagen das letzte Hemd wegzunehmen. Auch wir wären an die Reihe gekommen, wenn der Verwalter es nicht im letzten Augenblick verhindert hätte. Die Tätigkeit der Kommission bestand etwa nicht darin, von deutschem Überfluß bedürftige Polen zu versorgen, sondern den Deutschen auch noch das Letzte wegzunehmen, während die Polen mit geraubtem Gut überreich versehen waren und noch dazu von den Westmächten viele Lieferungen erhielten.

Wir Deutschen brachten inzwischen die Äcker in Ordnung und bestellten soviel wie möglich, so gut wir es bei unserer äußerst notdürftigen Bekleidung und Ernährung ermöglichen konnten. Wir, die wir auf der Domäne arbeiteten, bekamen dafür etwas Lebensmittel und manchmal einige Złoty Lohn, die aber höchstens für Salz, ein paar Streichhölzer und wenige Briefmarken ausreichten.

Der Erfolg unserer Bemühungen war gering. Die Polen setzten zwar eine Menge von Traktoren ein, die von den Westmächten geliefert worden waren, aber geschafft wurde nichts, zuweilen wurden acht bis zwölf Stück auf unserer etwa 800 Hektar betragenden Ackerfläche eingesetzt, aber nach etwa einer Stunde arbeiteten nur noch höchstens zwei davon. Mit den anderen fuhren die Polen spazieren oder sie versuchten, Ausbesserungen daran vorzunehmen. Wir Deutschen konnten an diesem Durcheinander nichts ändern, da die Motoren nur von Polen geführt werden durften. Diese jungen Leute hatten von Maschinen keine Ahnung. Die kurzen Führerkurse, die sie durchgemacht hatten, waren eine völlig unzureichende Ausbildung. Die wenigen polnischen Fachleute waren verzweifelt, konnten sich aber nicht durchsetzen.

Ebenso sah es mit den Generaldirektionen aus. Die leitenden Herren in Wohlau stammten aus Posen und dem ehemals österreichischen Galizien und verstanden etwas von der Landwirtschaft, waren aber anscheinend gegenüber ihren vorgesetzten Stellen machtlos. Das Ergebnis war, daß die Äcker in Unkraut erstickten. Nur geringe Flächen konnten wir mühsam mit der Handhacke sauber halten. Aber was konnten wir wenigen Deutschen schaffen? Die im immer größeren Maße einwandernden Polen arbeiteten so gut wie gar nicht.

Abschließend berichtet Vf. über den Vorgang der Ausweisung[1]*).*

Nr. 226

Erlebnisbericht des Pfarrers Fritz Schmidt aus Marschwitz, Kreis Ohlau i. Niederschles.
Original, 3. Oktober 1949.

Lebensverhältnisse der deutschen Bevölkerung unter Willkürakten und Zwangsmaßnahmen der russischen Besatzung und der polnischen Verwaltung bis zur Ausweisung.

Vf. war bis zur Kapitulation bei der kämpfenden Truppe und kehrte danach in seine schlesische Heimat zurück.

Das Land war durch den Krieg (Marschwitz selbst war hart umkämpft und fünfmal durch die Russen besetzt) fast bis zur Unkenntlichkeit entstellt, die Häuser waren teils verbrannt und zerschossen, die Straße von hohem Unkraut überwuchert, voll von zerbrochenen Ackergeräten, zerschlagenem Hausrat, toten Soldaten und Kadavern; tiefe Bomben- und Panzertrichter sperrten die Wege, und auf dem einst so schönen und reichen Hof unserer Gutsherrschaft hauste ein kleines Kommando Russen.

Nachdem man die Nacht notdürftig auf Stroh in Scheunen oder unter freiem Himmel verbracht hatte, wurde am Pfingstsonntagmorgen von den Russen zum Antreten befohlen, und alle (außer den Kindern und ganz Alten) mußten sich daran machen, die verfaulenden Leichen der Soldaten und die Kadaver zu entfernen und zu vergraben. Diese ekelerregende und gesundheitsschädliche Arbeit nahm mehrere Wochen in Anspruch. Gleichzeitig mußten auch die Straßen und Wege, die durch den Krieg verwüstet waren, wieder einigermaßen hergerichtet werden.

Nahrungsmittel erhielt die deutsche Bevölkerung keine; was in Kellern, Scheunen oder Gruben auf dem Felde noch gefunden wurde, trug man zusammen, wurde vom Bürgermeister verwaltet und in ganz bescheidenen Tagesrationen an die Einzelnen gleichmäßig verteilt; ein Pfund Brot pro Kopf in der Woche galt als besonderer Leckerbissen, im übrigen nährten wir uns von Kartoffeln, die man in Mieten und Kellern noch entdeckte, und dem Rübensaft, den wir heimlich aus den vom Felde geholten Zuckerrüben bereiteten.

---

[1]) Abgedruckt unter Nr. 355 (Bd. I, 2).

Meine Frau mußte auch ihre drei kleinen Kinder sich selbst überlassen, von morgens 6.00 Uhr bis abends spät ungewohnte Schwerarbeit bei der Leichenbergung und auf den Straßen leisten, ohne auch nur Zeit zu finden, wenigstens eine einigermaßen sichere Unterkunft für die Kinder und für nachts zu besorgen.

Drei Wochen lang schliefen meine Frau und die Kinder in einem Raum, durch dessen zerschossene Fenster (mit zerschlagenen Schränken notdürftig verstellt) und arg beschädigte Decke Wind und Regen freien Zugang hatten, bis dann endlich im früheren Kantorhause Gelegenheit war, zwei kleine Kämmerchen zu beziehen. Den wichtigsten Hausrat, wie eine Bettstelle, einen Tisch, ein paar Stühle, ein paar Töpfe, einen Schrank hatte sich meine Frau heimlich und mit großer Anstrengung vom Schloß geholt, wo die Russen die sonderbarerweise noch sehr reichlich erhaltene, wertvolle Innenausstattung mit sadistischer Freude vernichteten und kunstvolle Kostbarkeiten an Domänenarbeiter, die plötzlich ihre kommunistisch-bolschewistische Gesinnung entdeckten, verteilten.

Diese Zustände fand ich bei meiner Rückkehr vor. Noch ehe ich zu meiner Familie gelangte, grüßte mich am Toreingang des Kantorats ein Anschlag der polnischen Regierung, der wie folgt begann: „Nachdem die siegreiche polnische Armee die urslawischen Gebiete Schlesiens in heldenhaften Kämpfen wieder zurückerobert hat ————, geht sämtlicher lebende und tote Besitz in die Hände des polnischen Staates über". — Unsere jahrhundertelang deutsche Heimat sollte also plötzlich polnisches Land sein, und die darin befindliche deutsche Bevölkerung wurde somit als Fremdling und später dann als überhaupt nicht existenzberechtigt behandelt.

Bei meinem Eintreffen erging gerade russischerseits der Befehl, die Leichen der gefallenen russischen Soldaten, deren Gräber durch ein Meter hohe Holztürme mit Sowjetsternen gekennzeichnet waren, auszugraben und auf dem russischen Heldenfriedhof der Kreisstadt Ohlau beizusetzen. Ich selbst mußte mich auch an dieser Arbeit beteiligen. Da keine passenden Hilfsmittel zur Hand waren, mußten wir nach der Aufgrabung die halbverwesten Leichen mit Misthaken aus den Gräbern zerren und auf einfachen Kastenwagen nach der Kreisstadt fahren. Daß wochenlang der Wind nur Leichengeruch zu tragen hatte und die dicken schwarzen Leichenfliegen herumschwirrten, war eine Selbstverständlichkeit.

In den ersten Wochen zogen immer wieder neue russische Besatzungstruppen durch die Ortschaften, und wo sie ihr Quartier aufschlugen, ging Schrecken und Angst durch die Bevölkerung. Besonders gefürchtet waren die täglich durchziehenden russischen und polnischen Viehtreiber, die deutsches Beutevieh (Pferde, Rinder und Schafe in großen Herden) aus Deutschland abtransportierten. Die russischen Soldaten wie Viehtreiber waren der Schrecken der deutschen Bevölkerung, denn sie raubten und plünderten, was ihnen in den Weg kam, die letzten Lebensmittel und das letzte Kleidungsstück.

Am allerschlimmsten aber waren die Vergewaltigungen der Frauen und Mädchen, so daß sie des Abends gezwungen waren, ganz gleich bei welchem Wetter, sich heimlich in Wäldern, Getreidefeldern zu verstecken, um in den Ackerfurchen und -gräben zu übernachten, am Tage jedoch ihre Fronarbeit unter den Russen ohne Kost und Entlohnung verrichten mußten. Außerdem kamen auch fremde russische Arbeitskommandos, die die Frauen und Mädchen zu landwirtschaftlicher Arbeit nach weiter gelegenen Ortschaften abforderten und sie mit unbekanntem Ziel abtransportierten, von denen manche erst nach Wochen wieder oder gar nicht zurückkehrten.

Diesem Schicksal zu entgehen, war das tägliche Gebet unserer Frauen und Mädchen. Ebenso trafen verschiedentlich russische Kommandos ein, die Männer mit Wagen zur Arbeit abholten mit unbekanntem Ziel. Monatelang blieben sie verschollen und kamen oft nach Hause, ermattet von überschwerer Arbeit, die Nächte hindurch, in der Kleidung heruntergerissen, Pferd und Wagen abgenommen. Und doch waren die Angehörigen glücklich, wenigstens den Mann und Vater wiederzuhaben.

Das waren Zustände, bevor die polnische Bevölkerung sich bei uns einnistete, das war Mitte Juli 1945. Die Russen hatten sich bis zu dieser Zeit nur die Bestände und Ackerflächen der großen Domänen ausgebeutet und geerntet, so daß es den kleineren Bauern möglich war, ihre Aussaat des vergangenen Herbstes einzuernten. Durch den Einzug des polnischen Volkes bekam aber unsere Lage mit einem Schlag ein ganz anderes Gesicht.

In jedem Gehöft setzten sich eine oder mehrere Familien, je nach der Größe des Besitzes, fest und beschlagnahmten alles, evtl. auch vorhandenen Wohnraum, Stallungen, Vieh usw., so daß die deutschen Familien völlig recht- und besitzlos wurden; im besten Falle wurde ihnen irgendeine schlechte Kammer oder zerfallener Schuppen als Wohnraum angewiesen.

An jedem Morgen hatte sich die deutsche Bevölkerung auf dem Dorfplatz zur Arbeitseinteilung einzustellen, die von dem polnischen Bürgermeister den einzelnen polnischen Bauern als Knechte und Mägde zugewiesen wurden. Die einstigen wohlhabenden deutschen Bauern standen da, zerlumpt und abgerissen, ohne Schuhe und Strümpfe, meist barfuß oder höchstens in alten Holzpantinen, die sie irgendwo aufgelesen, abgemagert, mit gramzerfurchtem Gesicht und mußten von den polnischen Gewalttätern über sich wie auf dem Viehmarkt verhandeln lassen, um bestenfalls auf ihrem eigenen oder des Nachbarn Acker zu schwerer Arbeit unter der Peitsche abkommandiert zu werden. Was sonst Vieh und Maschinen besorgten, mußten jetzt die deutschen Menschen tun, ohne Rücksicht darauf, ob sie noch die Kräfte dazu hatten oder nicht. Wer den Tag über bei seinem Polen arbeitete, bekam dafür ein höchst minderwertiges, geschmackloses Mittagessen, im günstigsten Falle — als besondere Belohnung mal eine Tasse Milch.

Das Pfarrhaus war restlos zerstört, nur die Scheune und Wirtschaftsgebäude der Pfarre waren noch erhalten und dienten meiner Frau als Versteck für die letzten Habseligkeiten (etwas Wäsche und Kleidung und Lebensmittel), soweit sie nicht von Polen und Russen gestohlen wurden. Nirgends war etwas sicher; das polnische Volk hatte eine ausgezeichnete, eigentümliche Begabung, die verborgensten Verstecke, ja an geheimsten Orten Vergrabenes aufzustöbern. Die Kirche war von Geschossen stark beschädigt, der Turm hing schief im Dach, trotzdem wurde die Glocke mit aller Vorsicht geläutet, den Deutschen ein lieblicher Klang aus vergangenen, schönen Tagen.

In den ersten Wochen hatte ich jede arbeitsfreie Stunde mit Hilfe der Gemeindeglieder dazu benutzt, die in ihrem Innenraum völlig verschmutzte Kirche (während der Kriegshandlungen hatte diese anscheinend als Pferdestall gedient, auf den Altarstufen fanden wir ein verendetes Rind) zu reinigen. Im Altarraum war die Gruft aufgebrochen, und der mannsgroße Engel, der sonst über dem Taufbecken schwebte, war kopfüber in die Gruft hinuntergestoßen worden. Sämtliche kirchlichen Geräte und Bücher waren verschwunden, die Kirchenbücher, zurückgehend bis zum 17. Jahrhundert, waren verbrannt.

Um kirchliche Amtshandlungen ausüben zu können, hatte ich mir in den benachbarten Pfarrhäusern, die nicht abgebrannt waren, das Nötigste zusammengesucht und begann so nach den ersten drei Wochen wieder meine Amtstätigkeit. Durch alle Schwierigkeiten und Diebereien hatte meine Frau bisher immer noch meinen Cut retten können, der mir nun als Amtstracht diente.

Es war inzwischen im ganzen Kreise in Ohlau bekant geworden, daß ich als der einzige Pfarrer auf der linken Oderseite heimgekommen war. Es ergab sich von selbst, daß die Gemeindeglieder der benachbarten fünf Pfarrstellen, soweit sie von der Flucht zurückgekehrt waren, von mir seelsorgerlich betreut werden mußten. Durch das Massensterben der Säuglinge und Kleinkinder (aus Mangel an Milch) sowie durch die bald auftretenden großen Typhusepidemien kamen die Leute von weit und breit, um ihre Todesfälle bei mir anzumelden und um eine christliche Beerdigung zu bitten.

Obwohl es für die Deutschen verboten war, ihren Wohnort zu verlassen, mußte ich auf die Gefahr hin, unterwegs aufgegriffen zu werden, täglich Wege bis zu 25 Kilometer und mehr zu Fuß gehen, um die notwendigen Amtshandlungen zu verrichten und den Betrübten und vom Leid Geschlagenen Trost und Hilfe zu bringen. Ich nahm meine Wege größtenteils durch verlassene Felder und Wälder unter Vermeidung der Hauptstraßen. Unzählige Male geschah es, daß plötzlich polnische Miliz oder Zivilisten auftauchten, denen gegenüber ich mich zu verantworten hatte. Da jeder Deutsche zur Legitimierung eine weiße Binde tragen mußte, hatte ich meine Armbinde anfangs mit einem roten, später mit einem lila Kreuz und dem Kirchensiegel versehen, die die Polen zu einiger Rücksichtnahme veranlaßt, so daß ich bei solchen Überfällen auf meinen Wegen wohl anfangs sehr viel Drangsalierung und Schikanen auszustehen hatte, schließlich und endlich aber doch wieder frei meines Weges ziehen durfte. Es verging selten ein Tag, wo ich mich nicht früh auf den Weg machte und oft erst spät in der Nacht, je nach der Entfernung wieder heimkehrte.

Meine Frau und Kinder bangten in dieser Zeit mit Zittern um mein Leben und fieberten auf den Augenblick, da im Nachtdunkel vor der Tür meine Schritte hörbar wurden, nachdem sie tagsüber in meiner Abwesenheit besonderen Diebereien und Belästigungen durch die polnische Bevölkerung ausgesetzt waren. Eine Hilfestellung der übrigen deutschen Bevölkerung war nicht denkbar, da es strengstens verboten war, daß die Deutschen sich gegenseitig in ihren Behausungen aufsuchten. Trotz des Verbotes ließ ich es mir aber nicht nehmen und suchte meine Gemeindeglieder, soweit ich nicht außerhalb war, in ihren Wohnungen auf, was selbstverständlich den Polen Anlaß gab, mich aufs schärfste zu beobachten und zu verdächtigen.

Mit der Zeit spürte ich, wie sich ein förmlicher Ring von Belagerern um mich und meine Tätigkeit gebildet hatte und mein freimütiges Eintreten für jeden gefährdeten Deutschen, gequälte Frauen, denen ich zu Hilfe eilte, als Widersetzlichkeit gegen russische und polnische Vorschriften angesehen wurde. Etwas deutschsprechende Polen, die mich bei meinen Gottesdiensten und Amtshandlungen kontrollierten, arbeiteten durch Verdrehungen aus meinen Worten Anklagemomente heraus, um mich unschädlich zu machen und verhaften zu lassen.

Es geschah unzählige Male, daß plötzlich polnische Miliz in unsere armselige Wohnung eindrang, alles durch rücksichtslose Untersuchung auf den Kopf stellte, dabei jedesmal Verschiedenes mitgehen ließ und harmlose Dinge als Beweismaterial für Vergehen gegen die polnischen Vorschriften brandmarkte.

So fand man z. B. bei einer solchen Heimsuchung ein Lesebuch aus dem ersten Schuljahr meiner Ältesten, was auf die Flucht mitgenommen und zurückgebracht war, und hatte dadurch Ursache, mich wegen unerlaubten Schulunterrichts anzuklagen und abzuführen. Alle Bitten, Einwände und Vorstellungen meiner Frau ließ man nicht gelten, versetzte ihr dagegen einen Schlag mit dem Gewehrkolben, und ich mußte zunächst zum Oberbürgermeister zwecks Protokoll, wobei ich auf alle erdenkliche Weise lächerlich gemacht und dann nach der Kreisstadt abgeführt wurde. Nach gründlichen Vernehmungen und nächtlicher Haft durfte ich am nächsten Tage wieder heimwärts pilgern.

Den Anlaß zu diesen ungerechten Anschuldigungen gab der von mir erteilte Religionsunterricht, zu dem die Kinder aus den umliegenden Ortschaften eifrig und freudig 10 bis 15 Kilometer weit, sogar aus drei benachbarten Kirchspielen gelaufen kamen, trotz der Gefahren der Landstraße. Zuweilen kam es vor, daß die Kinder von ihnen begegnender polnischer Miliz wieder nach Hause getrieben wurden, und trotzdem erschienen sie das nächste Mal wieder. Der Unterricht wurde in einer früheren Backstube, deren Fenster mit Stroh verstopft waren, gehalten, stehend, da keine Sitzgelegenheiten vorhanden waren, im Winter ohne Heizung, und die Kinder waren trotz allem mit Eifer und Freude am Unterricht beteiligt.

Die Kirche versuchte man immer wieder, uns zu entreißen und für polnische Zwecke zu benutzen. Trotzdem war es mir möglich, die Kirche bis zum letzten Augenblick für unsere Gottesdienste zu behalten, da ich eine Bescheinigung der polnischen Regierung vorlegen konnte, nach welcher kirchliches Eigentum nicht zu beschlagnahmen war.

Die Kirche war derartig beschädigt, daß sie bei Regenwetter unter Wasser stand. Die wenigen älteren Männer, die sich unter den Dorfbewohnern befanden und mit deren Hilfe ich hätte die größten Schäden beseitigen können, wurden von den Polen für diese Arbeit nicht freigegeben. Während des Gottesdienstes peitschte der Regen durch die zerschossenen Fenster auch auf Kanzel und Altar. Wie überall in den Kirchen, war auch bei uns die Orgel mutwillig vollkommen zertrümmert. Die Zinkpfeifen lagen zertreten inner- und außerhalb des Kirchengebäudes zerstreut.

Trotz allem war die Kirche der einzige Ort, wo sich die gequälten, an Leib und Seele erschöpften Menschen, lange Wege und Gefahren nicht scheuend, gern einfanden und sich an Gottes Wort Trost und Kraft für den bitteren Alltag holten. Obgleich es immer und immer wieder vorkam, daß den Deutschen, die den weiten und gefahrvollen Weg nicht scheuten, um an Gottesdienst und Beerdigung teilzunehmen, vorher oder nachher eingefangen wurden, ihrer Kleidung und sonstiger Gegenstände, die sie bei sich trugen, beraubt und dann tagelang mit Aufräumungsarbeiten in den Kasernen und ähnlichen polnischen Gemeinschaftshäusern beschäftigt wurden, ohne daß die Angehörigen ahnten, wo die Betreffenden verblieben, kam man doch immer wieder mit derselben Freudigkeit zu den Gottesdiensten.

In Beerdigungsfällen ist es nicht selten vorgekommen, daß polnische Miliz dazwischenfuhr, die Leidtragenden und das Trauergefolge — das übrigens in seiner äußeren Aufmachung (man wurde unwillkürlich an fahrendes Bettelvolk erinnert) einen erschütternden Anblick bot — mit Peitschen auseinandertrieb oder der Leichenzug von der polnischen Bevölkerung mit Steinen beworfen wurde.

Vf. berichtet hier kurz von den kirchlichen Verhältnissen in den benachbarten Pfarrbezirken.

Der polnische Bürgermeister und seine Kumpane hatten mich bei der Behörde denunziert. Darauf erschien am Sonnabend mittags die polnische Miliz und trieb mich mit Frau und Kindern aus der Wohnung und stellte einen polnischen Zivilisten mit geladenem Revolver vor mich — Frau und Kinder standen etwas abseits —, während der Milizmann meine Wohnung durchplünderte, was etwa eine Stunde anhielt (das Mittagessen verbrannte inzwischen auf dem Ofen), dann bestieg ich einen Panjewagen, und auf einer Schütte Stroh sitzend brachte man mich in die Kreisstadt.

Mit einem Fußtritt empfangen, stieß man mich in einen Keller. Da die vorhandenen Holzpritschen belegt waren, lag ich des Nachts ohne Decke auf dem Steinboden, dabei war meine Bekleidung eine alte Russenhose und ein grünes Militärleinenhemd (meine Alltagskleidung seit Monaten bis Anfang Oktober).

Am dritten Tage kam ich zum Verhör. Völlig aus der Luft gegriffene Dinge wurden mir zur Last gelegt. Ich wies die Beschuldigungen ruhig und bestimmt zurück, worauf der Kommandant unsicher und verlegen wurde und mir riet, mir etwas in meiner Zelle auszudenken, damit er es zu Protokoll nehmen könne. Lächelnd wies ich ihn auf meine gemachte Aussage hin, worauf er mich in den Keller wieder entließ.

Nach einer Stunde wurde ich in ein anderes Gefängnis übergeführt. Es war ein tiefer Bierkeller einer früheren Brauerei mit großen finsteren Gewölben. Ich fand etwa 30 Mann in diesem Keller vor. Neue Ankömmlinge wurden, wenn sie nach dem Öffnen der Kellertür nicht schnell genug hinabstiegen, mit einem Fußtritt die finstere Treppe hinabbefördert, wo sie sich erst allmählich in der Finsternis zurechtfinden konnten.

Nach kurzer Zeit kam die polnische Miliz, die gewöhnlich aus Burschen von 16 bis 20 Jahren bestand, um den Ankömmling näher ins Auge zu fassen. Mit höhnisch stieren Blicken, aus denen Sadismus sprach, versuchte man, Worte oder Gebärden aus mir herauszulocken, die ihnen Anlaß gaben, mich zu drangsalieren, wie sie es mit allen anderen taten.

Berichte meiner Gefangenen offenbarten mir bestialische Scheußlichkeiten, die an ihnen verübt wurden. Die schon seit Monaten im finstern Keller Gefangenen, meistens unschuldige Menschen (Landwirte, Lehrer, biedere Handwerksmeister), wurden vor den Mahlzeiten und um Mitternacht regelmäßig mit Knüppeln durchgeprügelt. Zum Gaudium der jungen polnischen Milizburschen mußten sie sich gegenseitig ins Gesicht schlagen, einander die Bartstoppeln ausreißen, mit den Köpfen zusammenschlagen oder auch ihre Köpfe an harten Steinen und Kanten aufschlagen lassen. Zur Zeit lag in meiner Zelle ein Mann auf der Pritsche, dem man mit benagelten Schuhen auf seinem entblößten Oberkörper herumgetreten war, so daß er starke Verletzungen seiner inneren Organe hatte.

Unser Essen war des Morgens zwei Krusten trockenes Brot mit schwarzem Kaffee, des Mittags und Abends gab es Speisereste der Milizsoldaten, mit Wasser auf die notwendige Menge verdünnt, ohne Salz und halbrohe Kartoffelstücke vereinzelt darin. Dabei mußte von morgens früh bis abends schwerste Arbeit geleistet werden, wie Getreidesäcke schleppen, Möbel transportieren, defekte Kraftfahrzeuge abtransportieren, die auf den Feldern oder Straßen, wo der Krieg gewütet hatte, herumstanden, Maschinen ausbauen und verladen usw.

Der frühere Kantor meiner Nachbargemeinde, der zu gleicher Zeit mit mir im Gefängnis saß, wurde gezwungen, seinen Körper zwischen die Zargen eines umgestülpten Tisches zu zwängen. Wo ihm das nicht gelang und ein Körperteil nur etwas drüber hinausragte, wurde dieser unbarmherzig mit Gummiknüppeln bearbeitet. So mußte er die ganze Nacht hindurch liegen. Bis an den Rand gefüllte Klosetts mußte er mit der Hand entleeren und den jeweiligen Inhalt der Hände über einen weit ausgedehnten Hof tragen. Prügelei war das tägliche Brot, in dieser Zeit habe ich ihn nie anders gesehen als verschwollen und mit blauen Flecken.

Ich werde den Augenblick nie vergessen, wie dieser Mann, der, nachdem ich schon längst wieder freigegeben war, nach langen Monaten auch endlich aus der Haft freigegeben wurde, gerade am Weihnachts-Heiligen-Abend in dunkler Nacht in mein Haus geschlichen kam — ich wohnte damals in drei kleinen Kämmerchen eines bescheidenen Häuschens meiner Gemeinde —, um mir die freudige Kunde zu überbringen, daß er sich auf dem Wege zu Frau und Kindern befinde.

Ein Kaufmann meiner Gemeinde, der einem polnischen Soldaten seine bereits verheiratete Tochter, deren Mann im Kriege vermißt war, als Frau verweigerte, wurde von der Miliz in eine der vielen Folterkammern geschleppt und durch vier Männer bearbeitet, die im Viertakt seinen Körper grün und blau schlugen und dann liegen ließen.

Um Mitternacht erschien ein Milizmann und überreichte ihm völlig verrostete Rasierklingen, mit denen er sich die Pulsadern öffnen sollte, wozu er aber nicht imstande war. Darauf machte sich der Milizmann an diese grauenhafte Arbeit, was mit diesem stumpfen Werkzeug endlich nach acht Versuchen gelang. Darauf entfernte er sich und überließ den im Blut Liegenden sich selbst in der Annahme, daß er am nächsten Morgen nicht mehr am Leben sei. Wunderbarerweise hatte sich der Arm des Bewußtlosen durch Verkrampfung so gekrümmt, daß bei nachlassendem Blutdruck die Wunde sich langsam durch Verkrustung schloß.

Als man ihn am nächsten Tage noch am Leben fand, traktierte man ihn weiter mit Tritten in den Bauch, warf ihn aus dem Gefängnis heraus und überließ ihn sich selbst. Durch wunderbare Fügung fand er Hilfe und kam wieder zu Kräften, mußte aber monatelang versteckt sich halten und von Ort zu Ort ziehen, da er sich nicht wieder bei seiner Familie zeigen durfte, ohne von neuem aufgegriffen zu werden. Diesen Bericht gab er mir persönlich, als er eines Nachts in unserer Wohnung Unterschlupf suchte.

Die seelische Zermürbung, die man mit den Gefangenen vorhatte, war nicht weniger grausam. Immer aufs neue wurde uns die Hoffnung gemacht, daß unsere Entlassung kurz bevorstünde, und doch war es Betrug, so wurden manche ein Jahr und noch länger hingezogen. Mit manchem Bauern und Glied meiner Gemeinde habe ich dort im Gefängnis zusammen kampiert. Zwei meiner Gemeindeglieder, ältere, biedere Männer, die sich im Gefängnis schwere Krankheiten zugezogen hatten, mußten dort auch sterben, ohne vorher entlassen zu werden oder ihre Angehörigen zuzulassen, da man für die Deutschen keinerlei ärztliche Hilfe bewilligte.

Wenn ich auch in allem sonst die Lage meiner Mitgefangenen teilen mußte, so gingen doch die größten Grausamkeiten wunderbarerweise an mir vorüber, obwohl ein besonders sadistischer Milizmann immer wieder Ansätze machte, auch mich in solcher Art zu behandeln. Meine äußere Ruhe und mein ganzes Verhalten, die immer gleich freundliche Gelassenheit, die sich aus dem immerwährend in mir schwingenden Liede: „Es kann mir nichts geschehen, als was Gott hat ersehen und was mir heilsam ist", herleitete, mußten ihn wohl entwaffnet haben.

Nach 14tägiger Haft wurde ich dann mit dem Bemerken seitens der Dolmetscherin entlassen, daß die Aussagen meiner Ankläger nicht auf Wahrheit beruhten und den Zweck verfolgt hätten, in meiner Abwesenheit uns die Kirche zu entreißen und das von mir und unserem Kantor bewohnte Kantorat für polnische Schulzwecke freizubekommen.

In dem Augenblick, als man mich abgeführt hatte, mußte tatsächlich meine Frau mit den Kindern und unseren paar Habseligkeiten das Haus verlassen, und als Ersatz wurde ihr von dem polnischen Bürgermeister ein völlig zerschossenes Häuschen in unserem Dorfe ohne Türen, Fenster, Öfen, ohne Dach angewiesen. Nach vielen Bitten und Eintreten anderer Gemeindeglieder für meine Familie ließ er sich herab, meiner Frau eine etwas günstigere Unterkunft zuzugestehen.

Die Sorge um meinen Verbleib trieb meine Frau dazu, die Kinder zurückzulassen und sich selbst allein auf die Landstraße (andere wagten es nicht, sie zu begleiten) nach der Kreisstadt zu begeben, ungeachtet der Gefahren, die ihrer dort warteten durch herumtreibende Russen und Polen, sich auf Gottes Führung verlassend. So suchte sie mich in den Gefängnissen der Stadt und wurde überall von der Miliz unter Androhung von Prügeln verlacht und verhöhnt mit dem Bemerken, daß ich sowieso erschossen würde. Vier Tage lang suchte sie mich so, bis sie mich endlich zufällig über den Hof eines Gefängnisses unter Bewachung gehen sah, und von da an kam sie fast täglich nach der Stadt und versuchte, von den wenigen Nahrungsmitteln, die ihr und den Kindern zur Verfügung standen, mir etwas zu übermitteln.

Nach Entlassung aus dem Gefängnis nahm ich meine Tätigkeit wie vordem wieder auf, jedoch wurde ich von den Polen nur noch mehr angefeindet und bespitzelt. Wenn im Dorf irgendetwas passiert war, so versuchte man, es mir als Sabotage zur Last zu legen, und es erschien mir oft wie ein Wunder, daß ich aus den mir gestellten Schlingen immer wieder entschlüpfen konnte. Gestapobesuche erhielt ich in der Woche mehrmals; dabei wurde auf roheste Weise verfahren, sämtliches Inventar meiner kleinen Wohnung durchwühlt, teils vernichtet und mitgeschleppt, besonders fahndete man nach Büchern und Zeitschriften sowie Geld. Die Kollekten mußte ich fast täglich an einem anderen Ort verstecken.

Etwa fünf Kilometer von unserem Ort entfernt befand sich ein Lager deutscher Kriegsgefangener im russischen Einsatz. Von dort erschien eines Tages ein russischer Wachtmeister zu Pferd in unserem Hof und forderte von mir die Brieftasche zwecks Kontrolle meiner Ausweispapiere. Meine Brieftasche mit den Papieren war von dem Augenblick an sein Eigentum. Nachdem er meine Wohnung wie überhaupt das ganze Kantorhaus, das ich mit anderen bewohnte, noch gründlich ausgeplündert hatte, trieb er mich immer zehn Schritt vor seinem Pferde aus dem Dorf über Sturzacker und Distelfelder. Zwischen mannshohen Disteln stellte er mich und plünderte mich bis auf die letzte Stecknadel aus. Es fielen ihm dabei mein Portemonnaie mit 2 000,— RM. und mein Trauring, Etui mit zwei Füllfederhaltern und verschiedene andere wertvolle Utensilien, die ich sicherheitshalber bei mir trug, in die Hände. Das bei der Hausplünderung sich angeeignete Bündel mit Kleidung etc. mußte ich ihm in einem kleinen Wäldchen selbst verbergen.

Im Lager angekommen, wurde ich in den Keller geworfen, und dort zog er mir meine sämtlichen Obersachen aus. Ein deutscher Landser spielte mir in einem unbeobachteten Augenblick ein paar russische Holzpantinen zu, so daß ich meine Lederschuhe mit diesen vertauschen und dieselben noch retten konnte. Am nächsten Morgen wurde ich zur Erntearbeit nach meinem eigenen Dorf befohlen, wo ich mit den deutschen Landsern Getreideschober aufstellen mußte. Auf Betreiben einiger Frauen hin, die aus weit entlegenen Dörfern gekommen waren, erneute Todesfälle zu melden, wurde ich nach vielen umständlichen Verhandlungen mit den Russen wieder freigegeben.

Ein anderer Fall: Vom Friedhof zurückkehrend, wo gerade eine Beerdigung stattgefunden und bereits vor meiner Tür ein Wagen wartete, der mich zu einer zweiten Beerdigung nach außerhalb holen sollte, rief eine von Russen und Polen bedrängte Frau nach mir um Hilfe aus dem Dorfe. Ich eilte zur Stelle und fand betrunkene polnische Soldaten, die eine junge Mutter bedrängten und sie zwangen, vor ihren Augen die Brust freizumachen und das Kind zu stillen. Das zweijährige Mädchen, das gerade auf dem Töpfchen saß, wurde mit einem Fußtritt heruntergestoßen. Ich glaubte, in meiner Amtstracht, mit einem Kruzifix auf der Brust, auf diese Menschen begütigend einwirken zu können; doch der Erfolg war, daß man mich unter Kolbenschwingen johlend und schreiend durch das Dorf führte und mich zwang, sie in meine Wohnung zu führen. Meine Frau, die das in großen Ängsten mit ansehen mußte und die der Aufforderung, beide vor ihnen unsere Wohnung zu betreten, nicht Folge leistete in der Annahme, daß wir dort erschossen werden sollen, wurde mit einem derben Kolbenschlag über die Hüften zurecht gewiesen. Ich wurde gezwungen zuzusehen, wie zwei der betrunkenen Soldaten alles durchsuchten und ausraubten, während der Dritte, am schwersten Betrunkene meine Frau mit den Kantorleuten in einen Winkel des Hauses trieb und mit dem geladenen Gewehr bald durch Fenster, Türen und Wände schoß, bald es auf diese richtete. Dieser Tanz dauerte zwei Stunden. Der Wagen, der mich zur Beerdigung holen sollte, mußte unverrichteter Sache wieder nach Hause fahren.

Dieses Treiben nahm ungestört seinen Fortgang, bald in dem einen, bald in dem anderen Haus, bald durch die Russen, bald von polnischer Miliz oder Soldaten, sowie auch durch die polnische Zivilbevölkerung, mit einem Wort, die Deutschen waren Freiwild für jedermann, recht- und schutzlos.

Dabei tauchten immer wieder aufs neue Gerüchte auf, wonach die Polen bald wieder das Land verlassen müßten. Wir lebten vollkommen von der Welt abgeschlossen, ohne jede authentische Nachricht aus dem „Reich". Die Gerüchte waren bewußte Verdrehungen von polnischer Seite, um uns möglichst lange hoffnungsvoll und arbeitswillig zu erhalten, bis wir dann plötzlich wie über Nacht vor die Tatsache gestellt wurden, die Heimat sofort zu verlassen.

Ein Ort nach dem anderen wurde nun bald völlig, bald teilweise von den Deutschen geräumt. Abends um 11.00 Uhr mit einer Frau von Amtshandlungen in Außenorten zurückkehrend, erhielten wir die Nachricht, daß unser Dorf am nächsten Tage die Heimat verlassen müsse, und ich bekam die Anweisung, die drei Typhusleichen, deren Beerdigung in unserem Dorf für den übernächsten Tag angesetzt war, schon morgen zu bestatten.

Am folgenden Tage 5.00 Uhr mußten die Wohnungen verlassen sein. Am Nachmittag waren die drei Toten unter Beteiligung der gesamten deutschen Bevölkerung zur Ruhe bestattet worden; darauf ging es an das Packen der letzten Habseligkeiten, wobei mich bis spät in die Nacht die Gemeindeglieder wegen Rat und Beistand aufsuchten. Um Mitternacht erschien noch einmal polnische Miliz, um uns ein letztes Mal zu quälen und zu ängstigen, indem sie uns zwei Stunden lang „beschäftigte"!

Pünktlich um 5.00 Uhr morgens — es war ein Sonntagmorgen — stand die deutsche Bevölkerung auf der Straße und hockte übermüdet und leidvoll auf ihren letzten Habseligkeiten, harrend der Dinge, die da kommen sollten. Von polnischer Seite hatte man uns erzählt, wir würden nach dem fernen russischen Osten abtransportiert. Was auch kommen mochte, wir waren auf alles, auch auf das Schlimmste gefaßt. Polen und die Deutschen, die noch nicht zum Abtransport bestimmt waren, umstanden uns abschiednehmend, und ich nahm Gelegenheit, Abschiedsworte an die Gemeinde zu richten und uns mit dem Lied: „Befiehl Du Deine Wege" und Gebet in die Hände unseres Gottes zu geben.

Der polnische Landrat erschien, übertrug mir die Leitung des Transportes, und der Zug der Heimatvertriebenen unter Führung und Begleitung polnischer Miliz machte sich auf den 25 Kilometer langen Weg nach dem Verladebahnhof. Für kleine Kinder und alte Leute wurden im letzten Augenblick noch einige Kastenwagen gestellt.

Nach all den Qualen und Entbehrungen, Ängsten und Nöten dünkte es uns schier das Härteste und Grausamste, aus der Heimat zu müssen. Es war dies weit bitterer als die Ungewißheit, welches Los nun unser wartete.

Bevor wir den für unseren Transport bestimmten Eisenbahngüterzug besteigen durften, sollte noch einmal die letzte Razzia an unserem Hab und Gut vorgenommen werden. Zu diesem Zweck wurden wir in ein Lager hinter Stacheldraht gebracht, und nachdem die Polen uns das für sie noch Brauchbare an Kleidung, Wäsche und Geld abgenommen hatten, wurden wir dann verladen. Unser Transport bestand aus 1 800 Menschen, verteilt auf 56 Güterwagen.

Erst bei anbrechender Dunkelheit setzte sich der Zug in Bewegung, so daß auch auf diese Weise die Möglichkeit genommen war, unsere engere Heimat abschiednehmend noch einmal an unserem Auge vorüberziehen zu sehen. Erst als wir in Kohlfurt ankamen und die erste Kommission des Englischen Roten Kreuzes zu Gesicht bekamen, wußten wir, daß es nicht nach Rußland ging.

Der Bericht endet mit einigen Angaben über den weiteren Transportweg.

Nr. 227

Erlebnisbericht des Pfarrers Richard Berndt aus Q u i c k e n d o r f, Kreis F r a n k e n s t e i n i. Niederschles.
Photokopie, 25. Juli 1949, 4 Seiten. Teilabdruck. Vorgelegt beim Landeskirchenamt Düsseldorf.

Verhalten der russischen Besatzungstruppe, Verhältnisse unter polnischer Verwaltung bis zur Ausweisung im August 1946.

Nach einer kurzen Schilderung von Kampfhandlungen, die am 8. Mai 1945 in der näheren Umgebung stattfanden, berichtet Vf. weiter:

Am nächsten Morgen um 7.00 Uhr rückten die Russen in unser Dorf ein, und sofort begannen die Plünderungen und Vergewaltigungen. Nur wenige junge Mädchen blieben infolge besonderer Glücksumstände vor der zügellosen Soldateska verschont, so z. B. in dem mindestens 1 200 Einwohner zählenden Nachbardorf Schönwalde ganze vier.

Unser großes, zwölf Zimmer enthaltendes und voll eingerichtetes Pfarrhaus galt den Plünderern von vornherein als das vielversprechende Haus eines „Kapitalisten" und wurde entsprechend heimgesucht, so daß es schon am Abend des 9. Mai keinen unerbrochenen Schrank, kein undurchwühltes Schubfach mehr gab.

Aber eines muß zu Ehren der russischen Soldaten gesagt werden: Sie waren im großen und ganzen nicht bösartig, ja, z. T. geradezu gutmütig. Es ist im Bereich meiner Gemeinde nur ein Fall von Blutvergießen vorgekommen, und später haben wir Deutschen an den jeweiligen russischen militärischen Ortskommandanten einen starken Schutz gegen die Übergriffe der allmählich einsickernden Polen gehabt, wie denn überhaupt der Gegensatz zwischen Russen und Polen in unserer Gegend besonders tief und auffällig war.

So erließ — soviel ich mich erinnere, auf Bitten der Superintendentur Frankenstein — der Bezirkskommandant von Silberberg eine scharfe Verfügung, in der jedes unbefugte Betreten des Pfarrhauses verboten und dieses in besonderen Schutz genommen wurde. Eine entsprechende polnische Verfügung war viel matter und dehnbarer und blieb daher auch praktisch wirkungslos. Ganze Zimmereinrichtungen wurden uns ohne weiteres fortgenommen und abgerollt, da ja nach bolschewistischer Theorie das Mobiliar Staatseigentum war.

Das war aber erst möglich, nachdem die Russen sich allmählich zurückgezogen und den Polen die Verwaltung der besetzten Gebiete überlassen hatten. Wir unterstanden dem Wojewoden in Liegnitz und dem Starosten in Frankenstein. Unser polnischer Ortsbürgermeister war erträglich, wenn er nicht getrunken hatte. ...

Die Pfarrfrau war wegen Hilfeleistung an polnische Kriegsgefangene 1940 in ein Strafverfahren verwickelt worden. [Das] sicherte uns bis zu einem gewissen Grade das Wohlwollen der Polen, was freilich nicht bewirken konnte, daß wir von den amtlichen Beschlagnahmungen, z. B. meiner umfangreichen Bibliothek für eine staatliche polnische Bibliothek in Krakau, oder von den überraschenden, nervenzermürbenden Besuchen polnischer und russischer Marodeure oder zwangsweisen Einquartierungen russischer Soldaten — in einer Nacht allein 45 Mann — verschont blieben. Wenn dann nicht sofort geöffnet wurde, dröhnten schwere Kolbenstöße gegen die Haustür und zertrümmerten sie.

Da in Polen Inflation herrschte und der Kurs des Złotys amtlich auf 2,— RM, wenigstens im Anfang, festgesetzt war, bedeutete das kleine, von der Kirchengemeinde mir noch gezahlte monatliche Gehalt von 300,— RM wenig oder nichts für die Bestreitung des täglichen Unterhalts, und wir waren gezwungen, von der Substanz, d. h. von dem Eintausch der uns noch verbliebenen und zu dem Zwecke ängstlich verborgen gehaltenen und in immer wieder neuen Verstecken untergebrachten Inventarstücke gegen Lebensmittel, zu existieren. Das Versiegen dieser Quelle war mit mathematischer Sicherheit vorauszuberechnen, und wehe den Unglücklichen, die keine Tauschwerte besaßen und sich nur durch schwere körperliche Arbeit über Wasser halten konnten!

Aus den einstigen landwirtschaftlichen Besitzern waren Knechte geworden, die ihren polnischen Herren fronen mußten, nachdem diese sich heimtückisch mit Hilfe der Behörden das Eigentumsrecht an den Grundstücken erschlichen hatten.

Trotz immer wieder auftauchender und hartnäckig kursierender Gerüchte über das bevorstehende Eingreifen Englands oder Amerikas zu Gunsten der schwer leidenden deutschen Bevölkerung, die sich natürlich zuletzt jedesmal als haltlos erwiesen, begann langsam in letzterer sich die furchtbare Erkenntnis durchzusetzen, daß Schlesien verlorenes Land und der Auszug bzw. die Vertreibung der Eingesessenen nur eine Frage der Zeit sei. Aber welch eine Unsumme von Leid bedeutete diese Erkenntnis! Wie zerrieben die einander ständig widersprechenden, bald tröstenden, bald deprimierenden Nachrichten, die wohl systematisch aus polnischen Quellen geformt und genährt wurden, die seelische Widerstandskraft!

So kam es schließlich dahin, daß deutscherseits die Evakuierung ersehnt und begrüßt wurde. Unendlich wertvoll war es in solcher schweren Zeit für eine Kirchengemeinde, wenn sie — wie die unsere — ihr kirchliches Leben bis zum letzten Moment intakt hatte erhalten können. Zur Ehre von Russen und Polen darf es hier ausgesprochen werden, daß wir deutschen Evangelischen von Quickendorf weder in unseren Gottesdiensten noch bei Amtshandlungen jemals auch nur die leiseste Behinderung erfahren haben. Im Gegenteil haben der polnische Bürgermeister und andere Polen wiederholt an unseren Beerdigungsfeiern im Gotteshaus und auf dem Kirchhof teilgenommen.

Anschließend schildert Vf. noch kurz den Vorgang der Ausweisung im April und August 1946.

Nr. 228

Bericht des Landwirts Wilhelm Heinel aus L a u e n b r u n n, Kreis F r a n k e n -
s t e i n i. Niederschles.
Original, 3. Juli 1952.

Verhältnisse in der Landwirtschaft unter russischer Besatzung und polnischer Verwaltung im Gebiet der Grafschaft Glatz bis September 1947; Charakterisierung der polnischen Einwanderer.

Ende März 1945 erhielt ich den Befehl vom Volkssturm in Frankenstein, sofort die Bewirtschaftung der Dörfer Lauenbrunn, Sackerau und Kobelau, Kreis Frankenstein, zu organisieren.

Mit Hilfe von ca. 70 Gespannen, Traktoren und Deutschen wie Zivilpolen aus der Breslauer Gegend, die in die Grafschaft Glatz evakuiert waren, gelang die Feldbestellung zehn Kilometer hinter der Front vorbildlich, so daß der Russe nach der Kapitulation ordnungsgemäß bestellte Felder übernehmen konnte.

Der Russe übernahm sofort alle Rittergüter in eigene Bewirtschaftung, drosch alles aus, stellte in Lauenbrunn ca. 200 Kühe auf dem Dominium der Großherzogin von Sachsen-Weimar und auf meinem Betrieb ca. 150 Kühe zur Versorgung des russischen Militärs auf. Die Kühe stammten aus dem am Glatzer Gebirge entlang ziehenden Streifen, der nicht evakuiert war. Sämtliche Kommunisten, Weiber wie Männer, mußten in diesen Ställen arbeiten ohne Lohn, ohne wesentlichen Zuschuß zur Verpflegung. Wer beim täglichen Diebstahl erwischt wurde, flog in den Keller, ohne Verpflegung bis zum Beginn der nächsten Arbeit. Die Kommunisten hatten z. T. zum erstenmal seit langer, langer Zeit wieder gearbeitet.

Mein Freigut bestand aus zusammengekauften Bauernhöfen. Man sah ihm seine Größe als Unbekannter nicht so an. Infolgedessen legte der Russe keinen Wert auf Bewirtschaftung unserer Felder, die von meiner Frau während meiner häufigen Verhaftungen bewirtschaftet wurden.

Die fünfzehn Pferde wurden bis auf drei vom Russen geholt. Von den sechs Zugochsen verblieb einer. Der Bulldog blieb auch beim Russen. So war die Bewirtschaftung immer schwieriger. Nach meiner dritten Haftentlassung begannen die Plünderungen der Russen privat: Alle Donnerstage nachts um 24.00 Uhr schoß der Herr Oberleutnant vom Dominium eine Salve in die Flurdecke, dann traten seine Soldaten die Türen zu unseren Zimmern ein und raubten dort alles, was an beweglicher Habe drin war. Dies wiederholte sich elfmal! Dann hatten wir nichts mehr. Die von unserer Arbeiterschaft für uns versteckte Habe war bis dahin allmählich in unser Gutshaus gewandert und immer wieder von neuem geraubt worden. Da unser Haus fünf Ausgänge hatte, gelang uns jedesmal die Flucht ins Freie. Der rauschende Park nahm uns auf.

Am 27. Oktober 1945 war bei uns nichts mehr zu holen. Da wurde unser Betrieb der inzwischen polnischen Gemeindeverwaltung zur Bewirtschaftung übergeben. Ein polnischer Inspektor, Bauernsohn von 50 Morgen aus der Gegend von Krakau, wurde zur Bewirtschaftung eingesetzt. Dieser sah meinen Maschinenpark, erstarrte vor Ehrfurcht und ließ mich noch ein Jahr frei wirtschaften. Bloß den Verkauf machte er!

Am 10. April 1946 wurden 1 000 Einwohner aus Lauenbrunn evakuiert. Von meinen Leuten nur die, die sich kommunistisch gebärdet hatten oder sonstwie unangenehm aufgefallen waren. Verräter konnte weder der Russe noch der Pole auf die Dauer ertragen!

Die restlichen ca. 200 Einwohner sahen nun friedlicheren Zeiten entgegen, wußten das aber damals noch nicht. Der polnische Inspektor hatte es bis dahin verstanden, die 150 russischen Kühe und die 6 russischen Wachtposten und die 7 russischen Kuhstalldamen aus meinem Hof herauszukomplimentieren, in täglicher, zäher Kleinarbeit. Wenn Deutschland 150 Jahre unter russischer Besetzung gestanden haben wird, dann könnte ich das auch, meinte mein Inspektor auf meine Bewunderung hin.

Am 1. Januar 1947 wurde alles Inventar bis zum letzten zerbrochenen Wagenrad vom Russen nach Osten verladen und der Betrieb der polnischen Großgrundbesitzverwaltung übergeben. Diese ließ von den russischen Transportzügen wieder soviel wie möglich heruntersteheln und improvisierte die Bewirtschaftung der deutschen Rittergüter. Auch die UNRRA lieferte an die Polen vom Zigarettenpaket über Pferde usw. bis zu Traktoren und Dreschmaschinen.

Die Polen bewiesen sich als Meister der Improvisierung! Die Administratoren der Dominien waren fast alle ehemalige polnische Gutsbesitzer, die zu Hause bei Nacht und Nebel mit 20 Kilo Gepäck in der Hand ihre Betriebe verlassen mußten, z. T. deutsche Diplomlandwirte, die in Berlin und Wien studiert hatten, aber polnischer Nationalität waren. Diese machten neben den Landratsämtern sogenannte Landämter auf und versuchten, die Bewirtschaftung der Güter zu organisieren. So mehr oder weniger ist es ihnen gelungen. Die Kerngüter der Herrschaft Heinrichau wurden der landwirtschaftlichen Disziplin der Philosophischen Fakultät der polnischen Universität Breslau zur Bewirtschaftung übergeben. Es ging so einigermaßen.

Allmählich kamen polnische Arbeiter aus Polen an, allmählich wurden die deutschen Arbeiter evakuiert. Es ging auch sofort bergab. Die kommunistisch aufgeklärten polnischen Arbeiter ließen sich von den nationalpolnischen Administratoren nichts bieten. Diese rauften sich die Haare über ihr eigenes Volk und ertränkten ihren Gram im Wodka! So ging es ab 1947 mit Riesenschritten bergab.

Ich arbeitete seit Sommer 1946 als „Tierarzt" in ca. 30 Dörfern. von den Polen entdeckt, trotz meiner Proteste immer wieder geholt, geachtet von der polnischen Bevölkerung, gut verdienend. Meine Evakuierung wurde von diesen Interessenten immer wieder verhindert durch Zahlung von Bestechungsgeldern an die Evakuierungskommissare.

So erhielt ich einen Einblick in die bäuerlichen Verhältnisse, die ganz anders lagen:

Der Kampf zwischen den deutschen Bauern und den in ihre Betriebe eingewiesenen polnischen Kolonisten endete Frühjahr 1946 mit der Evakuierung der deutschen Bauern. Jeder verheiratete polnische Kolonist erhielt dann sieben Hektar Feld, jeder Ledige zwei Hektar. Vier bis fünf Familien hausten in einem Bauernhaus und ruinierten binnen kürzester Zeit die deutsche Maschinerie. Kühe und Pferde kamen aus Polen, Schweine auch. Binnen fünf bis sechs Monaten hatten sie ihre Schweine fett. Die Kühe wurden gepflegt wie bei uns die Kinder und hatten sehr gute Leistungen. Die schwachen Pferde wurden vor unsere schweren Sack-Pflüge gespannt und schälten den schweren Boden so oberflächlich. Die Ernten gingen rapide zurück.

Die Galizier haßten ihre eigene Regierung, weil sie es nicht verhindert hatte, daß sie vom Russen evakuiert worden sind. Sie liebten nach wie vor „Franz Josef", den alten österreichischen Kaiser, und erzählten von ihren Glanzzeiten, als sie noch zur Donaumonarchie gehörten. Auch die jungen Leute hörten begeistert zu.

Die Posener haßten alle anderen, denn sie dünkten sich etwas Besseres und sprachen nur von „polnischen Schweinen", wenn sie ihre übrigen Landsleute meinten. Sie priesen ihre preußische Vergangenheit, hielten sich übrigens sehr sauber und ordentlich. Uns Deutsche liebten sie wie Brüder.

Die russischen Kongreßpolen bemühten sich um ernste Ordnung und rieben sich bei dem Durcheinander auf. Sie sahen in uns letzten Deutschen höhere Wesen, die sie niemals erreichen können.

Die polnischen Oberschlesier benahmen sich als Herren: Es ist erreicht! Nannten uns „deutsche Schweine", verrieten jeden und alles, stahlen alles und jedem und waren allen anderen ein Dorn im Auge. Sie waren die einzigen, die an ewigen Bestand der polnischen Besetzung Schlesiens glaubten. Sie sahen in uns Deutschen ihre ehemaligen Bedrücker, die ihnen jetzt die Stiefel putzen müssen. Und benahmen sich danach!

Am 4. September 1947 wurde ich evakuiert. Auf der Fahrt sah ich deutsche Dominien, die immer noch russische Stützpunkte waren mit Hunderten von Morgen Disteln. Wenig bestellte Felder. Die Disteln waren übrigens von einem Rostpilz befallen, ein Trost, daß die Distel ungeeignet für Monokultur ist.

Mein polnischer Inspektor schrieb mir bis März 1951. Er schrieb mir nur von weiterem Niedergang!

Nr. 229

Erlebnisbericht des Gendarmeriebeamten Paul Seifert aus B a d R e i n e r z , Kreis G l a t z i. Niederschles.
Original, 16. Oktober 1950, 7 Seiten. Teilabdruck.

Vorgänge unter russischer Besatzung; 14 Monate in polnischer Haft, Mißhandlungen in den Glatzer Gefängnissen.

Nachfolgendem Abdruck voraus geht eine Schilderung der Situation in Bad Reinerz beim Einmarsch der russischen Truppen am Tage der Kapitulation [1]*).*

Mit dem Einmarsch der Truppen setzten auch gleich die Plünderungen durch die Polen ein, die als Arbeiter in der Umgebung eingesetzt waren. Bald trat Lebensmittelknappheit ein, es gab kein Brot, und was gebacken wurde, mußte heimlich unter die Bevölkerung verteilt werden, sonst hatten es die Russen. Fahrräder, Krafträder, Autos, ja, sogar die Leichenwagen und Feuerwehrspritzen wanderten in die Hände der Russen.

Sechs russische Offiziere, die in der damaligen Zeit in meiner Wohnung nächtigten, benahmen sich anständig. Umso mehr hausten und raubten die Untergebenen. Von den vielen Männern, die aus der Gemeinde Roms verschleppt wurden, sind die wenigsten wiedergekommen. Mein Nachbar und ich entgingen der Verschleppung, da wir an der Stadtgrenze von Bad Reinerz wohnten. Auch aus der Gemeinde Rückers wurden 40 Mann verschleppt, von denen nur ein Teil nach Jahren zurückkam. Im selben Ort wurde ein OT.-Mann, der fliehen wollte, durch einen Genickschuß erschossen und mußte von meinem Freunde begraben werden.

Da die gesamten Lebensmittel von den Russen beschlagnahmt worden waren, fehlte es bald am Nötigsten. Durch die Beschaffung von Benzin war es möglich, von einem immerhin noch menschenfreundlichen Kommissar dafür Mehl und Vieh zu bekommen. Inzwischen war eine kleine Beruhigung nach Wochen eingetreten, welche mit der Übernahme der Verwaltung durch die Polen wieder dahin war. Alles Eigentum, soweit es die Russen nicht für sich übernommen hatten, verfiel dem polnischen Staate. Radios, Fahrräder, Kraftfahrzeuge, Photoapparate und dgl. andere Sachen mußten abgegeben werden. Die Ostflüchtlinge, die mit ihren geringen Habseligkeiten wieder in ihre Heimat wollten, wurden am Bahnhof noch ausgeplündert, so daß sich wiederholt russische Offiziere für das hilfesuchende Volk einsetzten.

---
[1]) Abgedruckt unter Nr. 136 (Bd. I, 1).

Der eingesetzte polnische Bürgermeister handelte menschlich, wodurch er sich bei seinen Leuten unmöglich machte und von der Bildfläche verschwand. Am 7. Juli 1945 wurde ich von der polnischen Miliz unerwartet festgenommen und nach der Kreisstadt Glatz abtransportiert.

Weitere Beweise der Menschlichkeit möchte ich aus Gerechtigkeitsgrundsätzen noch anführen. Einige Wochen nach meiner Festnahme tauchte auch der polnische Bürgermeister im Gefängnis auf. An der Arbeitsstelle kam ich fast täglich mit ihm zusammen (er arbeitete freiwillig in der Schlosserei). Als Angehöriger des freiwilligen Hilfsdienstes kannte er mich, und so versorgte er mich durch Wochen mit Kleinigkeiten wie Brot und anderen Sachen, die in der Gefangenschaft von unaussprechlichem Wert waren. Nach seiner Freilassung benachrichtigte er auch meine Frau über mein Befinden. Ebenso muß ich das Verhalten eines polnischen Milizmannes, im Vergleich zu den vielen anderen, lobend hervorheben, der nie ein Schimpfwort gebrauchte, geschweige einen Gefangenen geschlagen hätte. In seinem anständigen Verhalten konnte er sich nur behaupten, da er die höchste polnische Auszeichnung hatte. Fast alle anderen Milizmänner waren Schufte und Sadisten.

Bevor ich meine Haftzeit schildere, will ich bemerken, daß ich bis zum 9. Mai 1945 (Einmarsch der Russen) als Gendarmeriebeamter in Bad Reinerz tätig war. Nach diesem Zeitpunkt leitete ich auf Ersuchen des deutschen kommissarischen Bürgermeisters den freiwilligen Hilfsdienst, der die Bergung von Waffen und Munition vornahm. Soweit es möglich war, sorgte der Hilfsdienst auch für die Aufrechterhaltung von Ruhe und Ordnung. Auch nach der Übernahme der Verwaltung durch die Polen versah ich diesen Dienst im Interesse der deutschen Bevölkerung weiter....

Am 7. Juli 1945 wurde ich unerwartet von der polnischen Miliz festgenommen. Nach belanglosem Befragen wurde meine Wohnung nach Waffen durchsucht, jedoch ohne Erfolg. Bei dieser Gelegenheit wurden von der Miliz mein Radio und andere wertvolle Sachen mitgenommen; zwecks Überprüfung meiner Person wurde ich nach Glatz mitgenommen. In etwa vier Tagen sollte diese Angelegenheit erledigt sein. Ich fühlte mich in jeder Beziehung schuldlos und sah allem mit Ruhe entgegen. In Glatz wurde ich der polnischen Kommandantur übergeben. Ich traf zur Stunde dort mit deutschen Häftlingen zusammen, die mich von der unmenschlichen Behandlung in Kenntnis setzten, und ich wußte nun, daß ich einem harten Schicksal entgegenging [1]).

Ich wurde bald dem Ortskommandanten, einem etwa 21jährigen Juden, vorgeführt. Geld, Papiere und sonstige Wertsachen wurden mir abgenommen. Die erste Frage war, ob ich in der Partei war und in welcher (auch eine Frage!), was ich natürlich bejahte. Ich erklärte, daß ich als Staatsbeamter dazu gezwungen war. Ich mußte mit ins nächste Zimmer gehen, mich auf eine Bank legen und erhielt unzählige Schläge mit einem Gummiknüppel. Die einzelnen Körperteile waren davon angeschwollen, und tagelang spürte ich noch die Schläge.

---

[1]) Über die grausame Behandlung in den Glatzer Gefängnissen liegen zahlreiche Berichte in der Dokumentensammlung vor, die die nachfolgende Schilderung in ihrer Glaubwürdigkeit voll bestätigen.

Dann kam ich bis zum nächsten Mittag [in eine] Einzelzelle. Die Zahl der Häftlinge wuchs von Stunde zu Stunde. Essen wurde uns nicht verabreicht. Großzügigerweise wurde dem katholischen Caritasverband gestattet, den Häftlingen einmal täglich eine Schüssel warme Suppe zu geben. Anfangs kam auf den Mann etwa eine Suppenkelle Essen. Trotz ständiger Zunahme der Häftlinge durfte mehr Essen nicht gebracht werden, so daß später etwa ein Drittel Liter auf den Mann kam. Die Angehörigen durften aus Gnade und Barmherzigkeit Essen bringen, wurden aber oft abgewiesen. Von den von auswärts eingelieferten Häftlingen wußten aber die Angehörigen in den meisten Fällen nicht, wohin sie gebracht worden waren. Hungern war somit das Los der meisten.

Am dritten oder vierten Tag hatte ich das Glück, auf eine Außenarbeitsstelle zu kommen, und Gelegenheit, meine Frau von meinem Aufenthalt und Hungern in Kenntnis zu setzen. Es war dies das erste Gnadengeschenk Gottes. Am nächsten Tage brachte mir meine Frau Lebensmittel, die sie mir nach vielem Bitten übergeben konnte.

So versorgte sie mich dann auch weitere Monate. Konnte man bei Tag zur Arbeit gehen, war man froh, und am liebsten wäre man zur Nachtzeit der Unterkunft ferngeblieben. Zusammengepfercht lagen wir in drei kleinen Zimmern und waren nach einigen Tagen 60 Mann.

Bei Tag und Nacht wurden Häftlinge wahllos herausgeholt und bis zur Unkenntlichkeit zerschlagen. Nachts kamen fast täglich zugewanderte Polen, die oft unter starkem Alkoholeinfluß ihre Brutalität an uns ausließen. Jeder fürchtete sich schon vor der kommenden Nacht.

So erhielt ich in einer Nacht von einem derartigen Untermenschen im Schlaf einen Fußtritt in den Leib, daß ich glaubte, mein Magen sei geplatzt. Anderen erging es noch bedeutend schlimmer. Grün und blau sahen die meisten Häftlinge von den Schlägen aus. Ein älterer Mann wurde infolge der brutalen Behandlung wahnsinnig. Trotzdem ließ man von ihm nicht ab. Dazu war er noch körperlich behindert, auch dies schreckte die verrohten Menschen nicht zurück. Später hörte man nichts mehr von ihm. Entlassen hatte man ihn aber nicht. Kleider, Wäsche, Schuhe und sonstige Sachen wurden uns geraubt. Das Leben war schon unerträglich, und es kam noch schlimmer.

Am 21. Juli 1945 kam ich mit noch 24 Opfern auf die Wagnerstraße zur polnischen Gestapo, als Folterkammer bekannt. Nachdem mir vor der Überführung nach dort von der Miliz fast alles weggenommen war, wurde ich dort unter Schlägen und Boxstößen meiner von mir restlichen Sachen beraubt. Mütze, Windjacke, Schuhe, Oberhemd, Aktentasche, zwei Wolldecken und sämtliche Lebensmittel, die mir meine Frau am selben Tage gebracht hatte, war ich los. Sogar das angeschmutzte Taschentuch wurde mir weggenommen. Darauf wurde ich unter Schlägen in den Keller gebracht. Es war einfach furchtbar, und noch Schlimmeres folgte.

Am selben Abend wurden alle Häftlinge, 60 bis 80 Mann, auf die Zimmerstraße gebracht. Um uns ein Gürtel bewaffneter Miliz, als ob wir wilde Tiere wären. Im Kellerraum, von einer Zelle zur anderen gejagt, kam ich dann mit noch vier Leidensgenossen in eine Zelle ohne Licht und ohne Fenster, die etwa 1,5 Meter im Quadrat hatte. Keine Sitzgelegenheit, geschweige, daß wir liegen konnten, der Fußboden naß, so daß nicht mal ein Kauern möglich war. Essen gab es nicht, sogar mein trockenes Brot hatte man mir abgenommen. Nun folgte hier die erste Schreckensnacht, die ich in meinem Leben nie vergessen werde.

Ein Opfer nach dem andern wurde in das obere Stockwerk geholt. Man hörte nur Trampeln, Schlagen und Jammern der Unglücklichen sowie laute Radiomusik, die die Schreie der Opfer übertönen sollte. Drei meiner Zelleninsassen wurden herausgeholt und furchtbar zerschlagen. Der vierte und ich blieben wie durch ein Wunder verschont. Dieses Spiel ging stundenlang. Was ich diese Nacht gebetet habe, kann ich nicht beschreiben, und das Gebet war meine Rettung. Erst am anderen Tage, nachdem ich in eine andere Zelle verlegt wurde, erfuhr ich, was sich in dieser Nacht abgespielt hatte.

So ging es aber durch Wochen Tag und Nacht. In dem fraglichen Zimmer waren starkkerzige elektrische Lampen auf Schreibtischen aufgestellt, welche die Opfer beleuchteten, während die Unmenschen im Dunkeln Platz genommen hatten und sich daran labten, wie die Vorgeführten mit Gummiknüppeln und anderen Hiebwaffen solange geschlagen wurden, bis sie oft bewußtlos zusammenbrachen, dann entweder mit Wasser begossen oder so zur Zelle geschleppt wurden. Blutend und blau geschlagen wurden sie dann ohne ärztliche Hilfe ihrem weiteren Schicksal überlassen.

Ein gewisser E. aus Goldbach, ehemaliger Leutnant, der seinen zerschossenen Arm noch in einem Gestell trug, blieb auch nicht von Schlägen verschont. Die meisten Häftlinge waren grün und blau geschlagen und viele mit offenen Wunden behaftet, dazu abgemagert bis zur Unkenntlichkeit. Viele tote Kameraden liegen unter der dünnen Erddecke auf der Zimmerstraße, und viele Angehörige wissen nichts über den Verbleib ihrer Lieben.

Eines Morgens noch vor dem Wecken wurde ein Häftling vor unserer Zelle so lange mit Knüppeln pp. geschlagen, bis er keinen Laut mehr von sich gab. Er rief noch: „Erschießt mich, ich halte es nicht mehr aus!" Aber trotzdem wurde weiter auf ihn eingeschlagen. Wir erfuhren, daß es sich um den Hutfabrikanten G. aus Glatz handelte, der gegen seine Festnahme protestiert hatte.

Dieser Morgen war entsetzlich und ist nicht zu schildern. Wir waren der Willkür und dem Sadismus dieser Henker preisgegeben. Zum Schlagen und Mißhandeln der Opfer bediente man sich auch eines deutschen Häftlings, der als Lohn einen guten Tag lebte, eines Tages aber in Ungnade fiel und dasselbe wie alle anderen erleben wußte. Ich höre heute noch seine Schreie. Man hörte dann nichts mehr von ihm, und bis heute ist er verschollen.

An Essen gab es nur soviel, daß ein gesunder Mensch nicht starb. Männer bis zu 74 Jahren schmachteten Wochen und Monate lang mit den Jüngsten, 15 bis 16 Jahre. Früh gab es eine Tasse Kaffee, schwarz und bitter, eine halbe Schnitte trockenes Brot, so auch zum Abendbrot. Mittags einen Teller dünne Suppe, Graupen und dgl., auch nur Abfälle aus der Milizküche, oft schon verdorben. Das nahmen wir jedoch alles in Kauf, wenn wir nur einigermaßen satt geworden wären.

Von zehn Tellern mit Löffeln, die nicht abgewaschen wurden, aß die ganze Belegschaft von 150 bis 200 Mann. Ekel kannte man nicht mehr.

Wenn man mal eine halbe Kartoffel oder etwas Kartoffelbrei, der vom Eßlöffel noch geformt war, im Essen fand, oder etwas Knorpel (Fleisch gab es nicht), war man glücklich.

Von dem wenigen Essen ging man hungriger in die Zelle als heraus. Das Essen durfte nur stehend, oft unter Schlägen, im Galopp eingenommen werden. Zuweilen gab es als Zuspeise Schläge bis zur Zelle. Die von unseren Angehörigen abgedarbten Schnitten wurden oft, besonders, wenn sie belegt waren, unterschlagen, was man durch die Zellentür mit eigenen Augen beobachten konnte. Ebenso wanderte gute Wäsche, die von unseren Frauen gebracht wurde, häufig in die Hände der Miliz. So wurde der Körper von Tag zu Tag schwächer. Damals hätte ich nicht geglaubt, daß man 14 Monate lang dieses Leben ertragen kann.

Am 18. August 1945 wurde ich endlich zur Vernehmung geholt. Die Behandlung war gut, ich bekam wenigstens keine Schläge. Die Beamten der „Gestapo", nach ihrer Vernehmungstechnik keine Fachleute, wohl ehemalige Landarbeiter in Deutschland, wollten von mir wissen, wieviel Polen ich geschlagen, erschlagen und erschossen hätte. Verfehlungen dieser Art hatte ich nicht gemacht. Ich empfahl, überall, wo ich gewesen, Nachforschungen anzustellen. Unterschriftsleistung der Vernehmung mußte ohne Vorlesung des abgefaßten Wortlautes erfolgen.

Am 20. August 1945 hatte ich wieder Vernehmung, jedoch bei anderen Beamten. Hier aber wurde ich Neueres gewahr. Um Geständnisse zu erpressen, wurde ich in der unmenschlichsten Art und Weise geschlagen. Ich mußte Schuhe und Strümpfe ausziehen, mich auf den Bauch legen, die nackten Füße auf einen Stuhl, ein Mann der „Gestapo" setzten sich auf meinen Rücken, hielt mir die Füße fest, während ein anderer mit einem Ochsenziemer mir unzählige wuchtige Schläge auf die nackten Fußsohlen versetzte. Als ich mich unter unsagbaren Schmerzen aus dieser Lage herausgewunden hatte, erhielt ich weitere Schläge auf den nackten Fußrücken, daß Schwielen oben lagen und auch aufplatzten. Daneben gab es Maulschellen, schwere Schläge auf die anderen Körperteile, und noch andere Mißhandlungen wurden mir zuteil. Meine tierischen Schreie wurden durch Vorhalten eines Stuhlkissens vor meinen Mund abgedämpft. Mein Körper zitterte, und ich ging „wie auf Eiern". Auch in diesem Falle mußte ich das Protokoll unterschreiben, ohne daß mir der Wortlaut desselben bekannt gewesen wäre. Ich hoffte, nun entlassen zu werden, und was kam?

Am 3. Oktober 1945 wurde ich gerufen. Ich mußte mein Sachen mitnehmen, das war ein Zeichen, entlassen zu werden, aber es kam anders. Ich wurde mit noch einigen Kameraden als Nr. 2 ins Gefängnis eingeliefert. Bei Regenwetter wanderten wir durch die verschmutzten Straßen wie Schwerverbrecher dem Gefängnis zu. Ich führte meinen Kameraden L., der seinen zerschlagenen Fuß nur notdürftig verbunden hatte.

Im Gefängnis wurden wir geduscht, um nicht Läuse einzuschleppen, was aber erfolglos war, dann im kalten Flur stehend, notdürftig ohne Oberhose bekleidet, kamen wir in Einzelzellen. Eine Scheibe im Fenster fehlte, ich stellte ein Keilkissen davor. Ich fror diese Nacht wahnsinnig und war froh, als der Tag anbrach. Mittagessen gab es an diesem Tage nicht. Nach einigen Tagen kam ich zu anderen Häftlingen in die Zelle, ich steckte dann wärmer.

Das Essen war etwas besser und reichlicher als in der Zimmerstraße. Die von meiner Frau geschickten Lebensmittel erhielt ich jedoch vier Wochen nicht. Sie hatten andere Abnehmer gefunden, und mir fehlte der Zuschuß sehr, also hieß es hungern.

Die Behandlung war hier nicht besser als auf der Zimmerstraße, denn Schläge hatte man grundlos von einigen Schließern täglich in Kauf zu nehmen. Bei jeder Gelegenheit suchte man nach Gründen, um schlagen zu können. Die Schlaginstrumente waren die gleichen (Gummiknüppel, Gummischläuche, Stöcke, Besenstiele usw.).

Eines Tages wurde an mir ein Gummiknüppel zerschlagen, weil ich vom Einnehmen von Holzkohle (ich hatte Durchfall) einen schwarzen Mund hatte und weil ich mir aus der Waschküche, wo ich arbeitete, etwas Holzkohle für diesen Zweck mitgebracht hatte. Trotzdem kam ich immer noch gut weg im Vergleich zu anderen, die von der Behandlung schwere körperliche Schäden davontrugen und z. T. auch starben.

Von Ende November 1945 bis zu meiner Entlassung hatte ich offene Beine, auch Wasser in denselben. Die Wunden, drei an einem Bein, eiterten. Ursache: Infektion durch Kupferdraht, mit dem meine Anstaltshose genäht war. Ferner unpassende Schuhe. Ersatzschuhe für meine guten Skistiefel, die man mir weggenommen hatte. Das Loch am Knöchel war so groß wie eine kleine Haselnuß, am Knie ebensogroß und an der Wade wie ein Fünf-Mark-Stück. Ärztliche Betreuung gab es nicht. In Abständen von mehreren Tagen und Wochen wurde man mal von einem wenig vorgebildeten polnischen Sanitäter betreut, es war nur Formsache und daher zwecklos. Da ich in der Waschküche arbeitete, konnte ich mir wenigstens die Wunden verbinden, wenn auch ohne Salbe, ich brauchte auch nicht zu frieren. Allerdings erlebten wir dort auch sehr Unangenehmes. ...

Durch das viele Stehen bei der Arbeit und die schlechte einseitige Ernährung hatte ich Wasser in die Beine bekommen. Die Gefahr hatte ich gar nicht erkannt. Nach Wochen kam ich in einer Zelle mit einem Kameraden zusammen, der mich darauf aufmerksam machte. Da er einen längeren Sanitätskursus mitgemacht hatte, nahm er mich sofort in die Kur. Er massierte die Beine ohne jegliche Fettigkeit. Als Notbehelf benutzte er Graupensuppe, die man ja lieber gegessen hätte.

Zunächst sprang das Schienbein in Länge von zehn Zentimetern auf. Die Beine wurden noch dicker, spiegelten, waren über und über rot, Blase an Blase, die durch das Massieren aufplatzten. Wasser mit Eiter vermischt kam heraus. Trotzdem mußten die Beine weiter massiert werden, dreimal täglich, etwa 4 000 bis 6 000 Striche täglich. Zum Trocknen der wunden Stellen verwendeten wir Läusepulver. Was ich hierbei ausstand, war nicht mehr menschlich. Ich ertrug es, weil ich doch am Leben bleiben wollte. Die Schmerzen wurden einmal fast unerträglich, da sich in der Suppe Heringslauge befand. Der Zustand der Beine verschlimmerte sich derart, daß meinem Kameraden angst wurde. Bei einem Bein hatte ich wohl die Rose. Mein Kamerad ersann die erdenklichsten Mittel, die auch teilweise anschlugen.

Inzwischen war seit meiner Vernehmung ein volles Jahr vergangen, und nichts rührte sich, was auf meine Entlassung hindeutete. Im Gegenteil. Eines Tages wurde ich einem Beamten vorgeführt und verhört, ich sollte der Gestapo angehört haben. Ich bewies ihm das Gegenteil. Trotzdem wurde ich in eine Kellerzelle gelegt, wo sich bereits Abgeurteilte der SS. befanden. Ich kam mit zwei Mann in eine Zelle mit einem Bett, und so schliefen zwei Mann auf dem Fußboden, der eine 72 Jahre alt. Der Alte war lebensmüde und wollte sich selbst aus der Welt schaffen. Ich richtete ihn wieder auf, und nach zwei Wochen wurde er entlassen.

Endlich hatte ich Vernehmung beim Gericht, wo ich nur wieder meine Unschuld beteuern konnte und mich auf meine erste Vernehmung berufen konnte. Die Behandlung war gut, ich verblieb aber weiter in der Kellerzelle. Nach etwa drei Wochen wurde mir mitgeteilt, daß ich entlassen werde. Ich packte meine paar Habseligkeiten zusammen, und nun ging es zur Auskleidung. Auch diesen Augenblick meiner Erlösung werde ich nie vergessen. Beim Auskleiden wurde ich noch meinen wohlerworbenen Mantel los, desgleichen wollte man mir auch meine Hose abnehmen. Da ich dagegen Protest erhob, wurde ich dem Direktor zugeführt, der mir die Hose überließ.

Meine mir bei der Festnahme abgenommene Barschaft von über 90 RM fehlte bei meinen Sachen, und so zog ich mit 53 Pfennig, die man mir großzügigerweise überlassen hatte (es war Hartgeld ohne Wert) einem unbestimmten Ziel entgegen. Ich hatte aber noch ein Stück trockenes Brot, was mich innerlich beruhigte. Abgerissen, zweierlei Schuhe an den Füßen, wo fast die Füße durchkamen, schwach und schwankend, zog ich durch die Straßen von Glatz und suchte den Caritasverband, um dort Aufnahme zu finden.

Meine im Geist getroffenen Vorbereitungen, wie und auf welchem Wege ich wieder nach Bad Reinerz und zu meiner Familie könnte, waren hinfällig, da mir inzwischen bekannt geworden war, daß meine Frau mit meinem Jungen bereits am 2. April 1946 zwangsweise evakuiert worden war.

Man könnte noch viel Schreckliches erzählen, doch es würde zu weit führen. Nur eines möchte ich noch erwähnen. Im Gefängnis waren auch zwei Frauen mit ihren Säuglingen, eine Deutsche und eine Volksdeutsche. Ein Häftling war erst elfeinhalb Jahre alt. Als ich in der Waschküche beschäftigt war, mußte der Häftling Neumann eine Ballonflasche reinigen, in der Benzin gewesen war. Beim Spülen mit heißem Wasser zersprang dieselbe. Der Fall wurde als Sabotage ausgelegt. Ein Mann der Miliz und ein polnischer Häftling verabfolgten ihm gegen 100 Schläge mit Gummiknüppeln, so daß er den Kot unter sich ließ. Er wurde bewußtlos.

Als er in die Zelle zurückkam, reinigten wir ihn, da er selbst dazu nicht mehr imstande war. Er lag 14 Tage ohne ärztliche Versorgung. Direktor Hitze[1]), Schwerkriegsbeschädigter vom ersten Weltkrieg, ein Bein fehlte ihm vollständig, blieb auch nicht von Schlägen verschont, obwohl er nicht politischer Untersuchungsgefangener war. Wiederholt hörten wir in der Zelle, wie Häftlingen 60 bis 80 Schläge, vielleicht waren es noch mehr, in brutalster Weise verabfolgt wurden.

---

[1]) Der Verfasser des folgenden Berichts.

Bei Arbeiten im Haus blieb man selten von Boxstößen, Fußtritten und anderen Schlägen verschont. An einem Sonntag wurden mehrere Häftlinge, ich war auch dabei, ausgepeitscht, weil wir nicht rasiert waren. Der Schließer, den wir tags zuvor baten, zum Friseur gehen zu können, hatte uns dies verweigert. Er erklärte aber gleichzeitig: „Wer morgen nicht rasiert ist, bekommt 25 Schläge". Er verabfolgte sie auch selbst.

Von der deutschen Belegschaft, 260 bis 280 Mann, hatten wir bei meiner Entlassung aus dem Gefängnis ca. 56 Tote zu beklagen. Ich beerdigte selbst einen Kameraden, der, nach seinem Körper zu urteilen, totgeprügelt worden sein muß. Er lag fast entkleidet im Sarge. Ohne Sarg wurden die Toten der Erde übergeben, desgleichen ohne kirchliches Geleit, sang- und klanglos. Eine seelsorgerliche Betreuung vor dem Tode gab es ebenfalls nicht.

Häftlinge, die infolge Schwäche und Wasserbeinen sich bei den Hausarbeiten nicht schnell genug bewegen konnten, wurden eimerweise mit kaltem Wasser übergossen, mir passierte dies in der letzten Zeit meiner Haft zweimal. Die Kleidung konnte ich nicht wechseln.

An Eßgeschirr war meist Mangel. Die Blechschüssel, die zum Reinigen der Füße und Aufwischen der Zelle benutzt wurde, mußte auch häufig als Eßschüssel herhalten, oder es gab kein Essen.

Während der ganzen Haftzeit wurde zwei- bis dreimal die Wäsche gewechselt, Strümpfe nicht. Geduscht wurde alle zwei bis drei Wochen, 25 bis 30 Mann unter vier bis fünf Duschen, Zeit sechs bis acht Minuten einschließlich Aus- und Anziehen. In der letzten Zeit ging alles von der Zelle nackt zum Duschen, Reinigung konnte man das nicht nennen.

Den von der Zimmerstraße entlassenen Häftlingen wurde von der Gestapo eine Schweigepflichtserklärung mit Unterschrift abgefordert. Es wurde ihnen erklärt, daß sie über die hiesigen Verhältnisse zu keinem Menschen etwas sagen dürfen. Warum?

Nr. 230

Bericht des kaufmännischen Direktors a. D. Alfred Hitze aus M i t t e l w a l d e, Kreis H a b e l s c h w e r d t i. Niederschles.
Photokopie, November 1946, 18 Seiten. Auszugsweiser Abdruck. Verfaßt für die Graf Althannsche Zentralverwaltung, Freunde und Bekannte.

Vorgänge und Erlebnisse unter russischer Besatzung und polnischer Verwaltung im Laufe des Jahres 1945.

Im ersten Teil seines Berichtes schildert Vf. Vorgänge im Winter 1944/45, die die Graf Althannsche Güterverwaltung betreffen, die allgemeine Lage in Schlesien vor dem Einbruch der Roten Armee und Ereignisse beim Einmarsch der russischen Truppen. — Vf. hatte kurz vor der Kapitulation die Geschäfte des Bürgermeisters von Mittelwalde mit übernommen.

Zivile deutsche Flüchtlinge, die vor den Tschechen flohen, Schlesier, die heimkehrten, deutsche Soldaten aller Art, die sich auf irgendeine Weise eine zivilähnliche Kleidung beschafft hatten und die tunlichst nicht noch in russische Gefangenschaft fallen wollten, polnische und ukrainische Arbeiter, die zu Fuß und Wagen nach Süden und Norden abzogen, russische Formationen, die von Süden und Norden durchkamen, teils mit Marschmusik, die auf Fahrrädern von einem Ort zum andern vorausfuhr, um den Soldaten, wenn sie durchs Städtchen zogen, eins aufzuspielen, ganze Treckzüge, die dann auf dem Marktplatz kampierten, und zwischendrein bürgermeisterte ich also und leitete die Verwaltung der Herrschaft und dolmetschte. Schließlich brachten die Russen System in das Chaos, und die Menschenströme wurden auf bestimmte Ziele ab- und hingeleitet.

... Es war viel mehr Angst unter den Menschen als Grund dazu, und sie waren dankbar, wenn sie auf einen trafen, der keine Angst hatte oder wenigstens so tat, als hätte er keine; ich kann sagen, daß ich eigentlich ein ängstlicher Mensch bin, aber wenn man sich etwas zusammennimmt, dann geht es schon, und man gewöhnt sich daran, in Wagen als Verhafteter zu fahren, wo einem die MP. dauernd auf den Bauch gerichtet bleibt.

Schlimm ging es den Frauen und Mädchen. ...

Als wir, H. und ich, etwa acht Tage gebürgermeistert hatten, wurden wir von den Russen zu einem höheren Stab nach Lichtenwalde gefahren, angeblich, um die Grenzen unserer Bürgermeisterei zu besprechen, die identisch sein sollten mit den Grenzen der in Mittelwalde regierenden russischen Kommandantur. In Verlorenwasser wurden wir getrennt, und es ergab sich, daß wir verhaftet waren.

Ich wurde bald Gegenstand des Besuchs zahlreicher russischer Offiziere, die sich gern mit einem Deutschen über den Krieg und seine Ursachen, und was sich wohl dieser „Chitler" gedacht haben möge, in ihrer Sprache unterhalten wollten. Das war für mich sehr schwer, denn dazu reichte mein bißchen Russisch ja bei weitem nicht; aber da sie mich in meiner Art kauderwelschen ließen, bekamen sie doch einige Aufschlüsse.

Später kam dann ein wesentlich unangenehmerer Herr; wir hatten eine gemeinsame bekannte Lokalität, nämlich ein Gefängnis in Moskau, in dem ich 1914 gesessen hatte und in dem er seit einigen Jahren Vernehmungsbeamter war (GPU.); als Dolmetscher fungierte ein junger Mann, Russe, der sein Deutsch bei einem der Bauern in der Grafschaft gelernt hatte, denn Sachdienliches vermochte er nicht zu übersetzen; aber als es Tee gab, fragte er mich: „Willste a Plätzel?"

So verging dann die Vernehmung in seinen und meinen und des Offiziers Bemühungen, uns gegenseitig verständlich zu machen, was wir voneinander wollten, und in meinen Protesten gegen die mangelhafte Leistung des Dolmetschers, die dann den Offizier so stark gegen ihn einnahmen, daß er ihm einige sehr unfreundliche Worte zuzischte, worauf der Unselige erblich und schwieg.

Aus dem Protokoll, das man mit mir aufnehmen wollte, wurde auf diese Weise nichts, und nach einem ungeheuer fetten Abendbrot, an dem ich mir den Magen für viele Wochen verdarb, schlief ich unter einem Bett, das man ad hoc dem deutschen Wohnungsinhaber weggenommen hatte, neben mir den Posten mit der MP., auf der er aus langer Weile knacksende Geräusche hervorbrachte, so daß ich die Sorge nicht recht los wurde, wann dies Ding wohl zu schießen anfangen würde.

Anderntags ging die Vernehmung weiter; an einer Stelle muß ich aber irgendwie das Rechte getroffen haben. Der verhörende Hauptmann zeigte sich über mich und meine Vergangenheit ganz gut informiert; er wußte, daß auf mein Betreiben die Menschen nicht geflüchtet waren; er fragte, warum ich wohl geblieben sei, es müsse mir doch eigentlich auch sympathischer gewesen sein, weisungsgemäß zu den Amerikanern zu flüchten. Als ich sagte, mir sei das egal, ob Russen oder Amerikaner, überdies kenne ich zwar die Russen, nicht aber die Amerikaner, erhob er sich, bedankte sich für dieses Wort, und ich war sozusagen fein heraus und bin es geblieben, solange die Russen was zu sagen hatten. Denn am Abend wurde mir mitgeteilt, daß ich als Bürgermeister von Mittelwalde und Umgebung, entsprechend dem russischen Kommandanturbezirk, anderntags zurückkehren würde.

Allerdings waren dazwischen noch einige Stunden bange Sorgen, denn ich traf in Lichtenwalde den Reichsbahnamtmann T. und zwei höhere Bahnbeamte vom Mittelwalder Bahnhofsdienst, die verhaftet waren, weil vormittags ein Munitionszug, der auf dem Mittelwalder Bahnhof stand, in die Luft geflogen war. Da waren Tote und Verletzte zu beklagen, und niemand wollte es gewesen sein, in solchem Fall ist immer der Bürgermeister und der zuständige Beamte schuld. Ich konnte aber darauf hinweisen, daß ich seit Tagen um Weisungen wegen der Munition bei den Russen vergeblich gebohrt hatte, daß diese aber noch nicht zum Entschluß gekommen waren, weil C. mit seinem Trecker aus allen Revieren noch immer unter Einsatz seines Lebens Munition zusammenfuhr, die die durchmarschierenden deutschen Formationen dort abgeworfen hatten, um leichter fortzukommen.

Auch diese Düsternis ging an mir und den Eisenbahnern vorbei; dann kam noch eine Stunde Sprachprüfung, als ein Trupp entlassener französischer Kriegsgefangener die Dorfstraße entlang und mit mir in ein hochpolitisches Gespräch kam, dem sich einige Russen aus Neugier und Argwohn und einige Deutsche anschlossen, so daß ich in drei Zungen reden mußte, von denen mir nur eine geläufig war. Die Franzosen und ich beschlossen aber, daß nunmehr zwischen Deutschland und Frankreich Freundschaft herrschen solle, daß diese ewigen Kriege Unsinn seien und daß ein enges Bündnis zwischen beiden Ländern zustandekommen müsse.

Als ich hörte, daß H. nicht freikommen würde, weil er nach Ansicht der Russen „kein guter Mann" sei, habe ich mein möglichstes getan, um ihn frei zu bekommen. Dabei stieß ich auf eine überraschende Unkenntnis der russischen Vernehmungsoffiziere mit den deutschen Parteiverhältnissen in bezug auf die deutsche Verwaltung: Es war ihnen nicht klar zu machen, daß ein Bürgermeister keineswegs personengleich mit dem Ortsgruppenleiter der NSDAP. sei und daß der erste Beigeordnete einer Stadt — und mehr war H. ja nicht — noch nicht mal Bürgermeister sei, also ein ganz unwichtiger Ersatzmann eines Mannes, der politisch auch keine Macht gehabt, sondern nur Verwaltungsmann gewesen sei. Das glaubten sie nicht, sie vermochten es einfach nicht zu verstehen; und meiner Versicherung gegenüber, daß er doch ein guter Mann gewesen sei, bezogen sie sich auf ihr besseres Wissen.

Zu Hause war Kathinka inzwischen aus einer Angst in die andre gefallen. Niemand konnte ihr sagen, wo ich denn wohl geblieben wäre, und als am zweiten Abend ihr eine Männerstimme am Telefon mit etwas ausländischem Akzent sagte: „Hier ist die russische Kommandantur, Frau Hitze, Ihr Mann lebt noch!" Da dachte sie: Mein Gott, noch? wie lange noch? und ich erschien ihr also wie wieder auferstanden von den Toten; trotzdem hat sie sich gefreut.

Diese Männerstimme gehörte der Frau Otto. Valentine Otto, geb. Boulé, aus Riga, hatte sich am dritten oder vierten Tage nach Einmarsch der Russen auf Grund meines Aufrufs durch Lautsprecher nach einem russischen Dolmetscher bei mir als solcher gemeldet. Sie sprach kein besonders korrektes, aber ein ausreichendes Russisch; der Este U., der sich auch gemeldet hatte, sprach ein sehr schönes Hochrussisch und schrieb es auch, aber er war kein Mann.

Frau Otto war wie ein tüchtiger und mutiger Mann. Sie war die Prokuristin einer aus Litzmannstadt nach Mittelwalde in die Schuhfabrik Reinisch verlagerten Holzschuhfabrik, und nachdem ich Bürgermeister geworden und durch die Russen bei der Bevölkerung eingeführt und durch den deutschen Landrat Dr. W. in Habelschwerdt bestätigt war, machte ich sie zu meiner Vertreterin. Ihr dankt die deutsche Bevölkerung viel, was sie weiß, und noch mehr, was sie nicht weiß; denn manches konnten wir schon in unserm Amtszimmer auffangen, und wenn die Russen sich ernstlich bemühten, den Gewalttaten an Frauen und an Hab und Gut der Bevölkerung zu steuern, so ist das auf unsere, insbesondere Frau Ottos unermüdliche Bemühungen zurückzuführen. Und wenn auf die vielen Denunziationen, die den Russen zugingen, meist mit einem kurzen Verhör reagiert wurde, so ist das die Dolmetscherkunst und Kunst der Menschenbehandlung der Frau Otto gewesen. Mir hat es manchmal vor Sorge schlaflose Nächte gemacht, was sie mit ihrer tiefen Stimme den Russen alles sagte und wie sie sich persönlich bis zum äußersten exponierte, um andern zu helfen.

Vf. berichtet kurz über den üblichen Tageslauf bei seinen Amtsgeschäften und fährt fort:

Wir hatten auch russische Einquartierung, aber nur ein paar Tage lang. Die Leute waren nett, wenn sie auch gegenseitig von tiefstem Mißtrauen erfüllt waren, denn sie verschlossen ihre Stuben ängstlich; einer der Herren scheint ein Radiosammler gewesen zu sein, denn er hatte sechs oder sieben Radios bei sich. Als er abrückte, hatte er unseres auch, und der Scherben, den er uns als Ersatz dagelassen hatte, war die Mühe nicht wert, die man darauf verwandte. Andre wieder sammelten andres, z. B. auch Aktentaschen. So hat er auch meine gesammelt...

Im ganzen ist es den Russen nicht möglich gewesen, Plünderungen und Gewalttaten ihrer Truppe zu verhindern. Es ereignete sich sogar, daß ein Offizier mit den Vollmachten eines Armeestabes erschien und eine große Viehrequisition durchführte. Der russische Wirtschaftsmajor wollte das Vieh nicht herausgeben, mußte sich aber dann den schriftlichen Anweisungen beugen, die jener mitbrachte.

Das unglückliche Dorf Schreibendorf wurde zum Ziel dieser Requisition auserkoren und sollte 185 Stück Rindvieh abgeben. Die Aufteilung dieser Menge geschah nach dem Schlüssel, daß immer auf je fünf Kopf eines Haushalts eine Milchkuh kommen solle. Was darüber hinaus im Stall stehe, dürfe und werde weggenommen werden. Die Gemeinde Schreibendorf weigerte sich, das Vieh herzugeben. Ich als Bezirksbürgermeister wurde für die Erfüllung dieser Umlage mit meinem Leben haftbar gemacht. Gleichzeitig wurde angedroht, daß Panzer auffahren werden, die das Dorf dem Erdboden gleichmachen.

Die Schreibendorfer trieben ihr Vieh aus den Ställen und flüchteten in den Wald. Der Fourageur kam wutschnaubend von Schreibendorf zurückgebraust, um die Bürgermeisterei zu verhaften. Ich alarmierte die gesamte deutsche Polizei der Stadt Mittelwalde und östlich der Neiße gelegenen Gemeinden und schickte sie in der Art eines Feuergroßalarms nach Schreibendorf. An meiner Stelle fuhr Frau Otto mit.

Nach 24 Stunden erreichten mich die ersten Nachrichten, daß ein Teil des Viehes eingefangen und abtransportiert sei, nach 36 Stunden hörte ich, daß große Teile der deutschen Polizei, der ergebnislosen Hast müde, heimgekehrt seien, nach 48 Stunden war Frau Otto und der Mittelwalder Polizeichef noch nicht da, nach 72 Stunden erschien Frau Otto, die man verhaftet und nach Grulich geschleppt hatte, und wieder einen Tag später hatten wir ermittelt, wo der Leiter der Mittelwalder Polizei steckte, und hatten auch ihn befreit.

Inzwischen kam unser Ortskommandant, Major M., ein sehr ordentlicher Mann, von seiner Reise zum Hauptquartier in Dresden wieder zurück, prüfte die Vorgänge, erteilte mir einen scharfen Verweis wegen Sabotage und stellte im übrigen fest, daß die ganze Viehaktion von einer Partisanenarmee ausgegangen sei, die unter Hitler gegen die Russen operiert habe und die natürlich zu keinerlei Requisitionen berechtigt war.

Solche und ähnliche Vorkommnisse gaben mir Anlaß zu einer geharnischten Beschwerde an den Landrat, der sie dem Kreiskommandanten vorlegte. Über diesen kam sie bis zur Heeresgruppe, und eines schönen Tages war ein sehr eleganter Herr vom Stabe bei mir, der Abhilfe versprach, es werde ja nun alles besser werden. Das war Mitte Juni.

Die wirtschaftlichen Maßnahmen der Russen in den ersten Wochen nach der Kapitulation waren die eines Mannes, dem die Uhr stehen geblieben ist und der mit der Messerspitze solange an die Unruhe klopft, bis die Uhr wieder läuft. Tatsächlich wurden sämtliche stillgelegten Betriebe wieder in Gang gebracht. Die Webereien hatten noch Rohstoffe genug vorrätig, die Heimindustrie lief wieder an, und die Sägewerke fingen wieder an zu schneiden. Erst als der Russe Unterscheidungen zu machen anfing zwischen Kriegsindustrie und Arbeit für den Privatbedarf und jene beschlagnahmte und, soweit er die Maschinen nicht ausbaute, mindestens ihre gesamten Vorräte an Rohstoffen, Halb- und Fertigprodukten wegnahm, legte sich unsere Zuversicht etwas.

Die größeren und großen Güter wurden völlig ihrer Herden und ihrer Vorräte beraubt, so auch, trotz meines erbittertsten Einspruchs, Mittelwalde. Das Vieh wurde abtransportiert, und es sind von da ab monatelang viele Zehntausende Stück Vieh durch Mittelwalde südwärts gezogen, teils zu Fuß, teils in Autokarawanen.

An Stelle unserer Herden und der Herden von Friedrich Matthes-Langenau, Müller-Kunzendorf usw. wurden Viehkolchose eingerichtet, in denen sich Schwarz- und Rotbunt, gut und schlecht, jung und alt, gesund und krank sammelte, aufgefüttert wurde und wieder abgetrieben wurde. Unsere Roggen- und Weizenvorräte wollte ich mindestens teilweise für die Gefolgschaft retten. Aber B., der sein tschechisches Herz wiederentdeckt hatte und deshalb, weil er dafür Zigaretten und Butter bekam, glaubte, den Russen alles verraten zu müssen, was unseren Betrieb anging, hat auch den letzten Rest versteckten Roggen und Weizen zur Anzeige gebracht. Immerhin, er hatte es mit dieser Praxis zu einer von unseren Kühen gebracht und zu einem Stück Land, daß ihm die Russen zugesprochen haben...

Über die Wegnahme der Rinder- und Schafherden wurde ein Protokoll aufgenommen, das ich als Bürgermeister, nicht aber als Vertreter des Grafen, unterschrieb. Mein Hinweis auf die engen englischen Bindungen des Grafen hatte bei den Russen sozusagen gegenteilige Wirkung, und ich habe den Russen gegenüber hiervon keinen Gebrauch mehr gemacht.

Mitte Mai war auch Herr C. verhaftet worden. Der Mittelwalder Lehrer P. hatte neben vielen anderen Kindern auch einen Sohn, der der HJ. angehörte, und da er 17 oder 18 Jahre alt war, im Volkssturm Dienst machen sollte. Lehrer P. hatte es bei Herrn C. durchzusetzen verstanden, daß dieser Sohn nicht zum regulären Volkssturmdienst herangezogen wurde, sondern daß C. ihn als Meldegänger beschäftigte. Eines Tages verhafteten die Russen den Jungen, weil man bei ihm einen Revolver gefunden hatte.

Nachdem ich von ersten Tage an in immer dringlicher werdenden Erlassen den Befehl der Russen, alle Waffen abzuliefern, bekanntgegeben hatte, war es unverantwortlich von dem Jungen, diesen Revolver zu behalten. Die GPU. vernahm ihn, und ich weiß, daß es schwer ist, ihr etwas zu verheimlichen. Da muß man schon ein gutes Gedächtnis haben und nicht sehr zur Angst neigen, um nach sechs bis acht Stunden Wartezeit und drei bis vier Stunden Verhör nicht alles und noch mehr auszusagen, was man weiß.

Der junge P. hat also bei der GPU. alles erzählt, was er als Meldegänger bei C. gesehen und gehört hatte und mehr als das, nämlich auch das, was vielleicht einmal für spätere Zeit geplant war. Auf diese Weise wurde C., wurde der Mittelwalder Förster, wurde Hausmeister Allger, Treckführer L. und noch einige andere verhaftet und sind seither noch nicht wiedergekommen. L. ist inzwischen im polnischen Lager Auschwitz an Herzschwäche gestorben. Ich möchte wissen, wo dieser eiserne Mann die Herzschwäche plötzlich her hat.

Anläßlich der Verhaftung wurde die Wohnung C. das erste Mal geplündert. Es scheint dies eine Art Usance zu sein, daß geplündert wird, wer verhaftet ist; noch präziser, wenn bei jemanden geplündert wird, der verhaftet ist, so ist mit seiner baldigen Rückkehr nicht zu rechnen. Das war bei Polen und Russen einheitlich.

Meine Bemühungen, C. bei den Russen zu helfen, blieben ergebnislos; Es war, als sei er von der Welt verschwunden. Ich konnte nicht einmal ermitteln, wo er war. Erst die anhaltenden Bemühungen der Frau C. brachten als erste Information das, daß er bei den Russen zu einem perfekten Kommunisten umgeschult werden solle...

Was Mitte Juni jener elegante Generalstäbler von der Heeresgruppe vorausgesagt hatte, daß nun alles viel besser werden würde, begann damit, daß die ersten Polen erschienen. Man hatte schon vorher gehört, daß in Liegnitz und Glatz polnische Fahnen aufgezogen seien, und hatte das nicht geglaubt. Tatsächlich erschienen eines Tages aber einige polnische Herren mit dreisprachigen Ausweisen, von denen sich der eine als Regierungsbevollmächtigter für den Kreis Bystrzyca und der andere als Bürgermeister von Miedzylesie (Habelschwerdt und Mittelwalde) vorstellten.

Major M. wollte die Herren absolut nicht empfangen, und Frau Otto und ich hatten große Schwierigkeiten, diplomatisch zu vermitteln. Gegenüber dem wie aus dem Ei gepellten russischen Major sahen die beiden polnischen Herren ja auch wirklich wie besonders schäbige Landstreicher aus.

Schließlich empfing er sie doch, und da beide sehr gut russisch sprachen, kam auch eine Art von Unterhaltung zustande. Die beiden Polen übernachteten dann bei mir. In der Nacht fuhr ein großer Tourenwagen vor, dem weitere Polen entstiegen, darunter der Wojewode (Präsident) von Niederschlesien. Für all die Herren mußte Kathinka in aller Eile noch Essen beschaffen, dann hatten wir auch für den Wojewoden noch ein Bett zurecht gemacht, und damit hatte die polnische Besetzung des Kreises Habelschwerdt begonnen.

Der polnische Bürgermeister, Herr C., war in seinen jungen Jahren Offizier in der russischen Armee gewesen, seither hatte er auch in Polen in einer kleinen Stadt gebürgermeistert, und nun war er also hier. Unter dem Kopf eines alten Schauspielers trug er einen schmutzigen Kragen und solchen jämmerlichen Lumpen von Schlips auf den Resten eines weißen Hemdes, daß dies das erste war, was Kathinka ihm aus meinen Beständen schenkte. Schon nach drei Tagen zeigte sich, daß dies übereilt war, denn er trug schon nach diesen drei Tagen einen feschen neuen Anzug, gute Wäsche und Lackschuhe.

Dies war wieder einer der Fälle, die mir stets unbegreiflich sein werden; wenn unsereiner eingesessener Bürger von Mittelwalde in den letzten vier Jahren zum Schneider gegangen wäre oder in das Schuhgeschäft und hätte binnen drei Tagen einen maßgearbeiteten Anzug aus gutem Stoff und Lackschuhe verlangt, die auch noch passen, so hätten einen die Leute doch für verrückt gehalten. Es zeigte sich zur Russen- und noch mehr zur Polenzeit, welche unwahrscheinlichen Vorräte sämtliche Handel- und Gewerbetreibende hinter sich hatten.

Beim Lederhändler R. entdeckten die Russen ein Lager von Sohlenleder, Stiefeloberleder, lederne Hand- und Aktentaschen, das sie in zwei vollen Lastern abfuhren. Aber weder unsere Waldarbeiter noch ich waren die Jahre vorher imstande gewesen, die Schuhe oder Stiefel besohlt zu bekommen, von neuen Stiefeln schon gar nicht zu sprechen. Beim Leinenhändler Z. haben die Polen fünf Tage Haussuchung gemacht und viele 1 000 Meter Leinwand, fünf neue Nähmaschinen, Anzugstoffe, Kleiderseiden und 160 Gläser Konserven zu Tage gefördert.

Die Lebensmittelgeschäfte verloren an die Russen Hunderte von Doppelzentnern Zucker, obwohl ich angeordnet hatte, daß neun Pfund pro Kopf der Bevölkerung ausgegeben werden sollten. Die Lebensmittelhändler schworen jeden Eid, daß sie ihn nicht hätten; die Russen sahen dann nach und haben tagelang mit ihren großen Lastautos diesen Zucker abgefahren.

Nun schworen die Lebensmittelhändler erneut, sie hätten nichts mehr. Aber als dann die Polen ihre Geschäfte übernahmen, zeigte sich, daß sie nicht nur noch Zucker, sondern Mangelware wie Kakao und Reis säckeweise hatten.

Seit Jahren hatte es doch Schnaps nur auf Zuteilung gegeben, und wer von einem unserer Geschäfte eine Flasche Schnaps außerhalb der Zuteilung verlangt hätte, mußte schon Dinge anbieten, die der normale Sterbliche nicht mehr anzubieten hatte. Die Russen hatten unentwegt soviel Schnaps von unseren Geschäftsleuten, wie sie brauchten, und überhaupt jede beliebige Mangelware, vom Süßstoff bis zur Zigarette und vom Nagel bis zum Bohnenkaffee.

Was alles die Geschäfte schon seit Jahren zu besitzen geleugnet hatten, fand ich auch in den kleinen Dorfgeschäften in erstaunlichem Umfang; obwohl ich als Bürgermeister immer wieder verlangt hatte, daß alle derartige Mangelware schleunigst an die deutsche Bevölkerung abgegeben werden sollte, haben sich die deutschen Kaufleute hierzu nicht entschließen können, und so sind sehr beträchtliche Bestände erst kurz vor der Ausweisung der deutschen Geschäftsleute und nun natürlich zu Gunsten der Polen auf den Markt gekommen, ja manche sogar erst nach der Ausweisung der Deutschen. Diese kaufmännische, unkorrekte und unsoziale Haltung unserer Geschäftsleute hat ihnen auch keinen Segen gebracht, denn natürlich hat der Russe und Pole nichts bezahlt, sondern die hartnäckigen Leugner auch noch geprügelt und eingesperrt. Ich finde, daß die Burschen das verdient haben, nachdem sie den Dank und das Geld der deutschen Bevölkerung aus eigensüchtigen Gründen nicht hatten haben wollen.

Herr C. also, neu und elegant herausstaffiert, wohnte bei uns, und wir regierten gemeinsam. Auf meine Frage, wie er sich die Geschäftsverteilung für uns dächte, sagte er mit liebenswürdigem Lächeln: „Sie werden nichts tun, und ich werde nichts tun." Leider hat sich dieses schöne Programm nicht einhalten lassen. Die Besuche der Russen in unserem Amtszimmer blieben zahlreich und unterhaltungsbedürftig, meist drehte sich die Unterhaltung um Wurst, Butter und Brot, die sie haben wollten, eine Zeitlang auch um Radios, die die deutsche Bevölkerung abgeben mußte und aus denen sich die Russen die besten Stücke aussuchten.

Wir hatten eine Zeitlang über 1 000 Radios unter Verschluß, darunter so große und wertvolle Apparate, wie ich der armen Bevölkerung unserer Gegend nie zugetraut hätte. Der Radiospeicher sprach sich herum und wurde im Wege einiger Einbrüche erheblich erleichtert. Als zum Schluß nur noch defekte Geräte übrig waren, wurde der Radiomechaniker-Meister R. verhaftet, und zwar einschließlich seiner Geräte und wurde dann einige Zeit später in Oberschlesien wiedergesehen, wo er für die Russen Radios reparierte und alles hatte, nur daß er nicht heim durfte.

Die Russen sind wirklich ein junges Volk. Im Verkehr mit ihnen kam ich mir so vor, wie ein römischer Bürgermeister unter Aetius, der seinerzeit die Germanen auf den Katalaunischen Feldern schlug. So ungefähr, wie den hochgezüchteten Römern jener Periode unsere germanischen Vorfahren vorkamen, so kamen mir die Russen vor. Nerven haben sie überhaupt nicht. Sie unterhalten sich nicht miteinander, sie brüllen miteinander, und wenn man ihnen zuhört, fürchtet man als nächstes das Ausbrechen einer Schlägerei. Dem ist aber nicht so. Das ist nur ihre natürliche Lautstärke. Kein Radio kann laut genug laufen. Als wir den Radiosammler in Quartier hatten, der seine Geräte ausprobierte, hob uns die Klangstärke manchmal aus den Betten. Ein Auto, welches nicht auf höchster Geschwindigkeit fährt und mit schreienden Bremsen auf sechs Meter gebremst wird, ist langweilig. Motorräder, welche knallen, sind besonders gewünscht. Alle Maschinen, in denen man Gänge mit Geräuschen einschalten kann, also auch wie bei Autos und Treckern, sind herrlich. Eine sumpfige Wiese, die vom Tau naß ist, eignet sich großartig, um ohne Decke darauf zu schlafen. Wirklich ein gesundes und unverbrauchtes Volk, dem das westliche Europa in dieser Art nichts engegensetzen kann.

Herr C. also erwies sich als umgänglicher Mann und netter Hausgenosse, mit dem es sich vorzüglich arbeitete und der aufs Höchste überrascht war, als ich Ende Juni an einem Sonnabendmittag verhaftet wurde. — In einer der Villen an der Bahnhofstraße hatte der polnische Milizkommandant seinen Sitz aufgeschlagen, in deren Keller einen Arrestkeller eingerichtet, und dort kam ich hin.

Bei der Leibesuntersuchung stahl man mir mein silbernes Messer — ein anderes hatte ich einige Wochen vorher dem russischen Posten geschenkt, der mich in meiner Haft so treu bewacht hatte —, ein Päckchen Tabak und 100 Gramm Tee, die ich gerade einem russischen Offizier abgekauft hatte, um die es mir um Kathinkas willen am meisten leid tat.

Ich wurde vernommen, ein Dolmetscher mit dem angesehenen Namen Merian dolmetschte. Ob mir bekannt sei, daß Forstmeister C. Waffen versteckt habe. — Nein. Aber es sei ein Gespräch abgehört worden, in dem ich ihm gesagt habe, er solle sie nicht abgeben. Das bestritt ich. Das Gespräch handelte nicht von Waffen sondern von Lebensmitteln. — Ja, das stimme, und da habe ich gesagt, das solle der Bevölkerung ausgegeben werden. — Jawohl, wie ich dazu käme, das sei doch Heeresgut und unterliege der Ablieferung. — Ich: Irrtum, nur Waffen und Munition unterliegen der Ablieferungs- und Anmeldepflicht. Schluß der Vernehmung. Ich komme in die Zelle, komme am Tage drauf nach Habelschwerdt ins Amtsgerichtsgefängnis, wo ich drei Wochen sitze.

In der ersten Woche ereignet sich nichts. Ich schreibe einen russischen Brief an den Landrat. — Nichts. Ich rufe zum Fenster herunter — die Reichsstraße 116 geht unterm Fenster vorbei — es möge einer zum Pastor Sch. gehn und ihm sagen, daß ich Hunger hätte. — Nach einer Stunde höre ich draußen im Gang eine sonore Männerstimme mit dem deutschen Gefängnisaufseher verhandeln: „Ist das wohl möglich, daß Ihre Gefangenen hungern?" „Ach nein", sagte der Narr, „das ist ausgeschlossen." Der Sonore entfernt sich.

Nach einer weiteren Stunde kommt eine russische Offiziersmission durch das Gefängnis, begleitet von den zuständigen Polen. Warum ich hier säße? Ich weiß nicht. Großes Aufsehen. Es stellt sich heraus, daß der Gendarmerieoffizier, der mich vernehmen soll, von meiner Anwesenheit im Gefängnis keine Ahnung hat. — Wie ist die Verpflegung? Ich sage: „Miserabel." Wiederum großes Aufsehen. Ich sei hier in keinem Sanatorium. Gewiß nicht, deshalb möchte ich auch bald wieder heraus. — Wenn man sich in einer Sprache behelfen kann, so ist das das halbe Leben.

Die Offizierskommission ging ab, es erscheint der Oberleutnant, der mich vernehmen sollte und von meiner Existenz eine Woche nichts gewußt hat; er erscheint mit glasigen Augen und einer Wolke Schnapsdunst vor sich her; morgen werde er mich vernehmen. Morgen aber kann er mich nicht vernehmen, sondern er sitzt in der Zelle neben mir, weil er mich nicht vernommen hat; er sitzt fünf Tage, und so lange muß ich auf ihn warten. Nicht als ob dadurch seine Laune sich nennenswert gehoben hätte!

In der dritten Woche werde ich vernommen. Ob Frau S. unsere Polen geprügelt habe. Ich: „Das ist ausgeschlossen, denken Sie, die kleine Frau!"— Inzwischen war aber S. auch eingeliefert worden, und es hatte sich ergeben, daß B. Anzeige erstattet hat, S. und seine Frau hätten polnische Arbeiter geprügelt oder prügeln lassen. Darauf wurde S. eingesperrt und die ganze Gefolgschaft durchgeforscht....

Von Kathinka kam ein Kassiber ins Gefängnis, es wäre jetzt zu Hause zu gefährlich für mich, ich solle bleiben, wo ich bin. Das konnte ich mir nun überhaupt nicht vorstellen. Marita rief mir ins Fenster empor, ich sei verhaftet, weil ich Partisanen bei mir aufgenommen habe. Nach drei Wochen kam ich zusammen mit S., der 14 Tage gesessen hatte, wieder heim. Kathinka, die sich inzwischen trainiert hatte, war nicht mehr ganz so hingerissen wie beim ersten Mal, aber immerhin freute sie sich, mich wieder bei sich zu haben. Auch C. freute sich. Er hatte getan, was er tun konnte, es hatte ihm das aber nichts geholfen, und es war auch für ihn nicht ungefährlich gewesen.

Allmählich kam ich hinter die Gründe der Verhaftung und warum vor allen Dingen Frau Otto nicht eher herausgeholfen hatte. Frau Otto war nämlich inzwischen ermordet worden. Einige Tage nach meiner Verhaftung hatten sich Kathinka und Marita bei ihr zum Abendbrot angesagt, um die Lage zu peilen; Frau Otto war noch besetzt, als die beiden Damen zu ihr kamen; sie warteten auf sie; dann hörte man zwei oder drei Schüsse, ein Mann lief den Hausgang entlang, Kathinka hat ihn aus nächster Nähe gesehn, und Frau Otto lag auf der Treppe ihres Kellers und war tot.

Am Tage darauf traf eine russische Offizierskommission ein, um den Mord zu untersuchen; es ergab sich, daß sie nicht von einer deutschen Waffe erschossen worden ist. Damit war das Interesse der Russen erledigt. In meinem Hause machte die GPU. Haussuchung; was sie suchte, weiß ich nicht. Die wildesten Gerüchte gingen um.

Der Kommandant der polnischen Miliz hatte inzwischen ein nettes Geschäft eröffnet; er verhaftete deutsche Männer und ließ sie etwas prügeln. Wenn dann deren Frauen zu ihm kamen, um Freilassung zu bitten, gab er zu verstehen, daß er die Männer gegen Abgabe von Gold und Schmuck freilassen könne. Daraufhin liefen die Frauen herum, bettelten sich Schmuck zusammen und lieferten es ihm ab, und die Männer wurden tatsächlich entlassen.

So ist auch S. überraschend zeitig entlassen worden, weil seine Frau Gold gegeben hatte; denn an sich war der Vorwurf, er habe polnische Arbeiter geprügelt, lebensgefährlich und nicht mit 14 Tagen Haft abgetan. Marita in ihrem Bemühen, mich zu befreien, war auch auf diese Schliche gekommen und hatte sich in Habelschwerdt zwei polnische Offiziere angelacht, denen sie dies erzählte. Die Herren waren aufs äußerste interessiert, holten Erkundigungen ein, und die Verhaftung des Mittelwalder Milizkommandanten stand bevor, als er flüchtete. Er hatte ganz hübsch Gold verdient in der kurzen Zeit. Frau Otto war erschossen worden, weil sie russenfreundlich war. Sie war erschossen worden von Herrn W., dem späteren Milizkommandanten in Mittelwalde; und man hatte mich ganz gern eingebuchtet, um mich aus dem Weg zu schaffen für diese Zeit.

Im Gefängnis war die Verpflegung zunächst sehr knapp und wurde dann reichlicher. Ich hatte eine Einzelzelle, bekam im späteren Verlauf Bücher aus der Gefängnisbücherei und las mit Genuß... Insoweit ist ein Gefängnis nicht schlecht. Man hat seine Ruhe, wenn man sie hat, man kann endlich mal in Ruhe über alles nachdenken, wozu man sonst wochenlang nicht kommt, und alles wäre gut gewesen, wenn nicht dauernd die Menschen in den Nebenzellen so furchtbar geprügelt worden wären.

Zu mir kam solches Rollkommando auch herein und versetzte mir mit einer Gummikeule zwei Hiebe übers Bein, leider nicht übers Holzbein, daß ich sofort und trotz sofortiger Massage und anhaltender Umschläge einen Bluterguß bekam, den man nach sechs Wochen noch sah. In den andern Zellen wurde aber anhaltend gehauen, und zwar meist in den Nachtstunden.

Nun war es mit der Bürgermeisterei vorbei. Ich wurde nicht aufgefordert, das Amt neu anzutreten, und die Verwaltung wurde auch rapide polonisiert. — Das Wesen der polnischen Verwaltung ist der Fragebogen und der Bericht. Wenn wir zu deutschen Zeiten schon gedacht hatten, der Fragebogen sei ein tägliches Brot, so ist der Pole uns darin noch weit über. Aber natürlich wächst auch ihm der Fragebogen über den Kopf; ich sah nie einen Polen einen Fragebogen auswerten, zu einem Gesamtergebnis etwa, zu irgendwelchen Schlußfolgerungen auf Planung und Leitung. Beim Landratsamt türmten sich in den einzelnen Ressorts die beantworteten Fragebogen zu scheußlichen Bergen, und es trat allerorten Papierknappheit ein, weil den Fragen kein Raum für die Antworten beigefügt war. Und jede Stelle außerhalb des Landratsamts machte neue Fragebogen für ihre eigenen Ressorts.

Der Zustrom der Polen hielt an. Unterhaltungen mit ihnen ergaben, daß sie teils aus zerstörten Gebieten des polnisch gebliebenen Landes kamen und warteten, daß jemand ihre Heimat wiederaufbauen werde. Andernteils kamen sie auf Befehl und sehr ungern. Insbesondere die wenigen kultivierten Polen, die ich kennen lernen konnte, fühlten sich unwohl im Lande, das eben doch ein deutsches Land sei, dem ganzen Geist seiner Städte und

Dörfer nach und der Wohnungen, aus denen sie Deutsche vertrieben, um selber drin wohnen zu können.

Die Mittelschicht zwischen 20 und 40 Jahren war sehr dünn bei den Männern gesät. Die Menschen, die auf Bauernhöfe gesetzt wurden, hatten von Landwirtschaft so viel Ahnung wie etwa bei uns ein Schrebergärtner; ich habe trotz vieler Umfragen in unsrer Gegend, auch bei Pommern und Niederschlesiern, nicht einen Fall gefunden, wo sich ein wirklicher polnischer Bauer auf einen deutschen Hof gesetzt habe.

Wölfelsgrund und Kunzendorf blieben russische Viehkolchose. Mittelwalde blieb, solange S. da war, im wesentlichen unter seiner Leitung, aber unter Oberleitung eines Administrators und eines Agronomen, die beide keine Idee von der Bewirtschaftung eines größeren Hofes hatten.

Jeder höhere Beamte hatte seinen Hof. Der polnische Oberförster M. z. B., der den Staatsforst Mittelwalde führte, besaß den Erbscholtiseihof von Jung in Gläsendorf, außerdem hat er sich in letzter Zeit noch ein Stück vom Dominium Mittelwalde, das in der Nähe meines Hauses lag, genommen. Die polnischen Frauen dieser Aufsitzer konnten meist nicht melken. Mit den landwirtschaftlichen Maschinen verstand niemand umzugehen. Da die zugelassene Höchstgröße 200 Morgen ist, suchten sich besonders einflußreiche Beamte und verdiente Offiziere gern solche großen Höfe aus. Was deren Produktion nun sein wird, nachdem die deutschen Bauern vertrieben worden sind, läßt sich leicht errechnen. —

Im späteren Verlauf kamen im Zuge der Umsiedlung, die die Ukrainer und die Polen an Polens Ostgrenze vornahmen, auch Polen aus der Ukraine; aber auch sie waren keine Landwirte; sie waren bestenfalls landwirtschaftliche Arbeiter. Aber es konnten ja aus diesem Gebiet keine polnischen Bauern herkommen, weil dort die Bauernschicht ja eben ukrainisch und nicht polnisch ist.

Industriearbeiter und städtische Arbeiter kamen. Alle wollten sie leitende Stellen haben und nichts tun. Im Schwarzhandel waren sie alle Spezialisten, und solange die Höfe und Häuser und Wohnungen, in die sie einzogen, noch etwas zu verkaufen hatten, solange mochte und mag es gehen, aber sobald es sich darum handelt, etwas selber zu produzieren, ist da nichts...

Die nachfolgenden Ausführungen betreffen vor allem die Verwaltungs- und Rechtslage der Graf Althannschen Güter.

Nr. 231

Erlebnisbericht des Lehrers i. R. Johann Gojowczyk aus **Krug**, Kreis **Leobschütz** i. Oberschles.
Original, August 1952.

Allgemeine Verhältnisse und Lebensbedingungen der deutschen Bevölkerung; Zwangsmaßnahmen der polnischen Verwaltung bis zur Ausweisung im Juli 1946.

Nach kurzen Angaben über den Treck seines Heimatortes und die Rückkehr nach der Kapitulation fährt Vf. fort:

Die Leute fingen an, mit voller Kraft aufzuräumen und den Acker, der durch Tausende von Geschossen, Bomben, Unterständen, Schützenlöchern, 40 abgeschossenen Panzern, drei Flugzeugen, Laufgräben aufgerissen war, mit Kartoffeln zu bebauen; Sommersaatgut war nicht aufzutreiben. Für die Feldbestellung von 325 Hektar standen 21 alte und schwache Pferde zur Verfügung, die die Russen nicht mochten, im Gut drei Pferde für 175 Hektar.

Das Dorf unterstand anfangs einem sowjetischen Kommissar, der sein Amt loyal ausübte. Die früher im Dorf eingesetzten polnischen Kriegsgefangenen blieben zurück, da ihre Heimat an die Sowjets fiel, und übernahmen die Verwaltung des Dorfes.

Mit den heimgekehrten Einwohnern — es waren ungefähr 70 — wurden Häuser und Dorf aufgeräumt und die Felder in Gemeinschaftsarbeit bestellt. Ungefähr 70 gefallene deutsche Soldaten lagen unbeerdigt auf Feldern und in Büschen, von denen kaum die Hälfte eine Erkennungsmarke oder einen Ausweis hatten; die Russen waren in den Vorgärten bestattet und ihre Gräber mit roten Obelisken aus unsern Inletts geziert.

Viel zu schaffen machte uns die polnische Miliz, die sich ihr Recht selbst gab. Für die gab es kein Privateigentum und keine Menschenrechte. Anfang August 1945 wurden sechs Männer des Dorfes von polnischer Miliz ohne Angabe von Gründen in polnische Arbeits- und Straflager verschleppt, arg mißhandelt, von der Verbindung mit den Angehörigen abgeschnitten und sind bis auf einen Verstümmelten nicht wiedergekehrt.

Nachdem die polnische Zivilverwaltung leidlich organisiert war, etwa im August 1945, war die Amtssprache für die rein deutsche Bevölkerung nur polnisch, Dolmetscher waren zugelassen, die Bekanntmachungen erschienen auch nur polnisch.

Für sanitäre Maßnahmen wurde leidlich gesorgt, es fehlte allerdings an Ärzten und fast allen Medikamenten. Ein deutscher Arzt blieb uns im Nachbardorf erhalten, der nachher mindestens sieben Dörfer umsonst betreute; die Leute spendeten ihm dafür Lebensmittel, Geld war ja wertlos. Er selbst ist nach Neujahr 1946 durch die Schuld der Polen gestorben, die den fieberkranken Mann, nur notdürftig bekleidet, im strengen Frost zu einem Fall herausschleppten. Der Typhus wurde durch zweimalige Impfung bekämpft; im Ort gab es nur drei leichte Fälle, in den Nachbardörfern aber viel Todesfälle. Die Fliegenplage war unvorstellbar.

Mit der Ernährung war es sehr schlimm bestellt. Wir hungerten uns bis zur neuen Ernte mit Kartoffeln und Wildgemüse durch. Es gab in der weiten Gegend keinen Laden, es war ja alles vernichtet; Viehsalz wurde aus den Trümmern geholt und als Speisesalz verwendet. Mit Feuer haben sich die Nachbarn ausgeholfen und in alten Eimern Feuerglut abgegeben.

An Rindvieh hatten wir 21 minderwertige oder kranke Kühe gerettet, von denen noch Milch und Butter an die polnische Miliz abgeliefert werden mußte. Mit zwei Hühnern, zwei Gänschen, einem Schweinchen im ganzen Dorf wurde die Kleinviehzucht begonnen.

Alle landwirtschaftlichen Maschinen waren zu 95 Prozent vernichtet. Das Volk hat aber zugepackt, organisiert, durchgehalten und mit Energie die Ernte 1945 eingebracht. Mit einer alten Göpeldreschmaschine, einem Handdrescher, mit Dreschflegeln und — erst viel zu spät — einem Benzolmotordrescher wurde der gesamte Drusch zur Zufriedenheit geleistet. Dafür erhielt dann jede Person acht Kilo Brotgetreide monatlich zugeteilt, allerdings auf dem Papier, Unbeliebte wurden gestrichen. Bei dieser Sachlage wurde von uns Getreide „organisiert", es war doch unsere Ernte; aber die Polen haben es in Mengen umgesetzt, dafür Kleidung beschafft oder zu Schnaps gebrannt; Getreide war Valuta.

Wir stärkten uns mit der Hoffnung auf Besserung und Befreiung durch einen baldigen Friedensschluß; wir trösteten uns mit den albernsten Parolen, über die man heute lachen muß.

Schwer war der Winter 1945/46; es fehlte an Brenn- und Leuchtmaterial, die Fenster waren gesplittert und nur notdürftig verschlagen, Öfen fast durchweg unbrauchbar. Das Trümmerholz war verheizt, da holten die Bauern mit den schwachen Pferden aus den 55 Kilometer entfernten Gruben Kohle, die sie gegen Brotgetreide eintauschten. Wenn sie Glück hatten, kamen sie nach drei Tagen wieder, manchmal aber auch leer, da ihnen das Getreide abgenommen wurde; dieser Handel war aber legal.

Die Frühjahrsaussaat wurde wieder in Gemeinschaftsarbeit geleistet; der Russe lieferte gutes gebeiztes Saatgut, das nach der Ernte zurückerstattet werden sollte.

Im Juli 1945 wurden 12 polnische Familien aus Ostpolen in die weniger zerstörten Wirtschaften eingewiesen. Sie bezogen die besten Wohnräume mit Hausrat, während die deutschen Eigentümer in die Nebenräume und Kammern abgedrängt wurden. Durch einfachstes Verfahren wurden die Polen zu Eigentümern der Wirtschaften erklärt, die Deutschen mußten allerdings ihre Felder bearbeiten.

Im Juli 1946 entstand im Dorf durch den Leichtsinn eines Polen ein Großbrand, der natürlich den Deutschen als Schuld gebucht wurde und diese entsprechend schikaniert wurden. Danach wurde die Ausweisung Mitte Juli 1946 als Erlösung empfunden, da jede Hoffnung auf Besserung der Lage nunmehr geschwunden war.

Die Ausweisung erfolgte in zwei Etappen, zuerst die Arbeitsunfähigen, einige Wochen später die Arbeitsfähigen, die noch die Getreideernte einbringen mußten. Vom Sammellager „Maria Treu" in Leobschütz, dem früheren Steyler Missionshaus, ging es im Transportzug mit 1 675 Personen in über 50 Viehwagen zu je 45 Personen mit Gepäck im Wagen dem unbekannten Ziel im Westen zu[1]).

Nr. 232

Bericht des Lehrers K. K. aus G r o t t k a u i. Oberschles.
Original, 31. Juli 1952.

Verhältnisse im Internierungs- und Zwangsarbeitslager Grottkau von Juli 1945 bis Mai 1946.

In den Morgenstunden des 18. Juli 1945 wurden durch bewaffnete polnische Soldaten die in Grottkau noch wohnenden Deutschen zum Verlassen ihrer Häuser innerhalb von 30 Minuten aufgefordert und nach Ausplünderung

---

[1]) Vgl. die unter Nr. 306 und Nr. 307 (Bd. I, 2) abgedruckten Berichte.

in die Landeserziehungsanstalt getrieben. Während der ersten drei Tage kümmerte sich niemand um Unterbringung und Verpflegung der 1 250 Personen. Danach lieferte ein deutscher Gutsverwalter Kartoffeln und die polnische Lagerverwaltung pro Kopf und Tag 250 Gramm Brot. — Das Lager wurde in vier Blocks eingeteilt und diese einem deutschen Blockleiter unterstellt, der vor allem dafür zu sorgen hatte, daß den Polen die nötigen Arbeitskräfte zur Verfügung gestellt wurden.

An jedem Morgen um 5.00 Uhr im Sommer und um 6.00 Uhr im Winter ertönte die Lagerglocke und weckte zum Aufstehen. Die Blockleiter liefen durch ihre Blocks und mahnten dazu mit lauter Stimme. Jeder Gesunde beeilte sich, ein karges Frühstück herzurichten, um dann auf dem Wege vor dem Tor anzutreten. Es erschien nun ein Vertreter des polnischen Arbeitsamtes und suchte die benötigten Arbeiter aus.

Zuerst verließen die Sonderkommandos das Lager. Solche waren: Gas- und Wasserwerk, Waldarbeiter, Arbeiter in den verschiedenen Küchen einzelner polnischer Körperschaften wie Stadt- und Kreismiliz, Magistratsküche, Küche der geheimen polnischen Staatspolizei. Einzelne polnische Persönlichkeiten verlangten Deutsche, meist Frauen, zur Erledigung der häuslichen Arbeiten. — Diese alle verließen früh zuerst das Lager und gingen an ihre Arbeit.

Es folgte nun der Hauptteil, etwa 350 bis 400 Personen, die geschlossen in die Stadt geführt wurden. Vornweg gingen polnische Aufsichtführende mit Gummiknüppeln durch die Lagerräume und jagten alle Personen zur Arbeit, von denen sie annahmen, daß sie arbeitsfähig waren.

So verließ denn jeden Morgen eine große Schar das Lager, unterwegs oft von Polen verlacht. Nicht selten kam es vor, daß Polen am Fenster standen und ihre Freude an dem traurigen Zug zum Ausdruck brachten.

Dieser Zug mußte in der Hauptsache die schweren Straßenarbeiten erledigen. Die Frauen mußten aus Ruten Besen binden und die Straßen kehren. Später mußten sie den Schmutz von den Straßen entfernen. Immer 15 bis 20 Frauen zogen einen großen Wagen, den sie vorher mit Schutt beladen hatten, zur Stadt hinaus. Dann luden sie den Schutt in die Gräben.

Das Möbelumräumen nahm einen besonderen Platz ein. Kam ein neuer Pole angezogen, so nahm er sich vier bis sechs deutsche Männer und ging mit ihnen in die verlassenen Wohnungen. Er suchte hier alles zusammen, was ihm brauchbar erschien. Die deutschen Männer mußten ihm die ausgesuchten Möbel in seine Wohnung tragen. — Vor dieser Art Diebstahl schreckten auch polnische Ärzte und Geistliche nicht zurück. — Die übrigen Möbel wurden in die oberen Rathausräume oder in das Neugebauer Grundstück geschleppt. Von hier aus wurden sie den Polen zur Verfügung gestellt.

Vielfach mußten die Frauen die Erdbefestigungen beseitigen. Ob sie von früher mit Kreuzhacke und Schaufel umzugehen verstanden, spielte dabei keine Rolle. Auf dem großen Platz vor dem Rathaus wurden mit Steinen verzierte Rasenflächen angelegt. Der Rasen wurde meistens von deutschen Kindern im Alter von 12 bis 14 Jahren gepflegt. In den Scheunen in der Nähe des Schlachthofes wurden Roggen, Weizen und Gerste mit der Maschine gedroschen. — Zu jedem Arbeitskommando gehörte ein Pole, der die

Aufsicht führte. Es waren meist rohe Menschen, denen es Vergnügen machte, Deutsche in allen möglichen Formen zu quälen.

Im Dezember 1945 wurde von den Gas- und Wasserwerken die Abteilung Sägewerk abgelöst und selbständig gemacht. Unsere Aufgabe war es, das Sägewerk an der Neißer Straße zunächst betriebsfertig zu machen, was uns auch, wenn auch etwas mangelhaft, gelang. Das vorhandene Gatter konnte nach längerer Arbeit wieder zum Sägen benutzt werden. Das dafür benötigte Rundholz wurde aus dem städtischen Forst geholt.

Im Sägewerk waren in der Höchstzahl 28 Personen beschäftigt. Der erste Aufsicht führende Pole war ein umgänglicher Mann. Man konnte sich ihm anvertrauen, und er hatte auch Verständnis für unsere Nöte. Ihm folgte im Februar 1945 ein Pole, der sich 20 Jahre in der CSR. aufgehalten hatte. Hauptamtlich war er Standesbeamter der Stadt Grottkau. Er war ein außerordentlich jähzorniger Mensch. Zu seiner Unterstützung war ihm ein Pole für die Tagschicht und einer für die Nachtschicht unterstellt. In seinem Deutschenhaß ließ er sich zu Tätlichkeiten hinreißen. So schlug er mich mit der Faust ins Gesicht oder mit Möbelstücken.

Ich habe ihm im Büro Tabellen für die Holzberechnungen angefertigt. Je mehr ich ihm solche Tabellen anfertigte, desto mehr haßte er mich als Vertreter der deutschen Intelligenz. Sein Sinnen und Trachten ging schließlich dahin, mich ins polnische Gefängnis zu bringen. Auf die gewöhnliche Art und Weise war das nicht möglich, weil ich nicht Mitglied der NSDAP. war. PGs. führte man ohne jegliches Bedenken in das ehemalige Gefängnis.

Der Außenstehende wird sagen, daß es eine glatte Unmöglichkeit war, diese Arbeiten bei dem geringen Essen zu verrichten. Es ist aber Tatsache, daß die Polen täglich eine Kartoffelsuppe und ein Stück Brot lieferten. Dieses wog in den ersten Monaten 250 Gramm, später 180 bis 120 Gramm. In den ersten Monaten gab es früh etwas heißen Kaffee. Das war die Nahrung für alle 24 Stunden des Tages.

Die Folgen dieser ungenügenden, einseitigen Ernährung traten dann auch sehr schnell ein. Sie waren mannigfaltig und sehr schwer. Sehr viele Frauen wurden beinkrank. Die Beine schwollen an, der Hungertyphus trat auf. Er forderte sehr zahlreiche Opfer.

In den Monaten September/Oktober 1945 wurden immer alte Kartoffeln zur Herstellung der Suppen geliefert. Diese Kartoffeln wurden in den umliegenden Dörfern aus den Mieten geholt. Die Besitzer dieser Mieten waren meist im Frühjahr noch nicht wieder zurückgekehrt. Es ist anzunehmen, daß der Genuß dieser Kartoffeln den Eintritt des Typhus beschleunigte bzw. den Verlauf verschlimmerte.

Wenn ein altes Pferd geschlachtet werden mußte, erhielt der Deutsche manchmal minderwertige Stücke. An der Brauerei Scheffler wurde auf offener Straße ein Pferd geschlachtet. Reste davon blieben liegen. Die Deutschen kamen nach Tagen, um sich diese zu holen. Vorübergehende Russen verjagten sie unter dem Hinweis, daß das Fleisch gesundheitsschädlich sei. Also selbst die Russen erbarmte dies Vorkommnis. — Kinder bis zu drei Jahren sind nur ganz vereinzelt lebend aus dem Lager gekommen. Bis zu einem Jahr kein einziges.

Der Tod forderte in den Herbstmonaten 1945 zwei bis vier Opfer täglich. Die Toten wurden zu mehr als 50 Prozent ohne Sarg beerdigt. Sie wurden in ein Tuch, manchmal nur Papier gehüllt. Auf einem kleinen Handwagen wurden sie zum Friedhof gefahren. Die Begleitung der Leiche wurde durch den polnischen Lagerkommandanten sehr erschwert. So kam es, daß selten mehr als zwei bis vier Personen bei einer Leiche mitgingen. Oft sah man den Totengräber mit einem Gehilfen den Wagen ohne jegliche Begleitung ziehen. Die Höchstzahl solcher Beerdigungen an einem Tag betrug sieben.

Die Toten haben in den allermeisten Fällen auf dem katholischen Friedhof ihre letzte Ruhestätte gefunden. Eine Einsegnung der Gräber durch einen Geistlichen fand in den Anfangsmonaten selten, später gar nicht mehr statt. Über 500 Hügel auf dem katholischen Friedhof zeugen von dem Massenmord, der wissentlich und beabsichtigt an den Deutschen begangen wurde.

Unter den Todesopfern befanden sich nicht nur alte Personen. Merkwürdigerweise viele junge Mädchen im Alter von 16 bis 30 Jahren wurden von Krankheiten überfallen. Heute noch blühend, waren sie in 14 Tagen eine Leiche. Lachend sahen die Polen der Ausfahrt der vielen Leichen zu. Der polnische Bürgermeister soll den Ausspruch getan haben, es müßten täglich 30 Deutsche sterben.

Diesem Ausspruch nach war auch seine medizinische Fürsorge, die er dem Lager angedeihen ließ. Diese war nämlich gleich null. Dem Typhus und den Hautkrankheiten waren Tor und Tür geöffnet. An eine Isolation oder ähnliche Maßnahmen dachte niemand. Da Waschgelegenheit nur mangelhaft vorhanden war, nahmen Kopfläuse erschreckend zu. Es sind Fälle vorgekommen, daß Menschen an den Folgen der Läuseplage verstorben sind. Einzelne Typhuskranke erhielten die Erlaubnis, das Krankenhaus in Münsterberg aufzusuchen. Sie durften aber nicht mit einem Gespann fahren, sondern mußten mit Handwagen hingebracht werden. Schließlich lehnte das genannte Krankenhaus die Aufnahme ab, da die wirtschaftliche Seite nicht geklärt war. Der Weg nach Münsterberg betrug 30 Kilometer.

Schutzimpfungen gegen Typhus wurden zweimal vorgenommen. Eine Untersuchung durch einen Arzt fand einmal statt. Der betreffende polnische Arzt horchte dabei den Kranken bei geschlossenen Kleidungsstücken ab. Die Untersuchung war also nur eine Komödie.

Im August wurden die Gemeinden Petersheide und Schönheide eingeliefert. Mit ihnen kam eine Schwester vom Roten Kreuz, Maria P. aus Schönheide. Da die Ansteckungsgefahr immer größer wurde, die Polen die Ansteckungsgefahr außerdem außerordentlich fürchteten, wurde ein Gebäude in der äußersten Nordwestecke der Anstalt zum Krankenhaus erklärt. Es konnte natürlich von einem Krankenhaus im landläufigen Sinne nicht die Rede sein, sondern höchstens von einer Isolierstation. Schwester Maria mußte persönlich für Bettstellen und Stroh sorgen, damit die Kranken eine Lagerstatt erhalten konnten.

Die sanitären Anlagen sprachen jedem Sinne für Sauberkeit Hohn. Klosetts waren unbrauchbar, die Wasserleitungen ebenso. Obgleich die deutschen Männer in den erwähnten Gas- und Wasserwerken in genügender

Anzahl zur Verfügung standen, wurde nichts unternommen, diese furchtbaren Übelstände abzustellen. Das Essen bestand ebenfalls nur aus Kartoffelsuppe und der bescheidenen Brotration.

In die Isolierstation lieferte man auch kranke Deutsche aus den umliegenden Dörfern ein. Diesen hatte man versprochen, daß sie im Krankenhaus des Lagers gutes Essen und gute Verpflegung erhalten würden. Ein polnischer Arzt hat die Station nie betreten. Die selbstlose Aufopferung der Schwester Maria zeitigte, daß sie auch selbst bald erkrankte. Sie bekam Typhus, der sie zehn Wochen ans Bett fesselte. Kaum wiederhergestellt, übernahm sie neben der Krankenpflege auch die Betreuung der 16 Waisenkinder, die alle an einer furchtbaren Hautkrankheit (Krätze) litten. Schwester Maria machte ihren ganzen persönlichen Einfluß bei den Deutschen der umliegenden Dörfer geltend, um für ihre Pfleglinge zusätzliche Nahrung zu erhalten. Dazu kam die ambulante Pflege der leichter Erkrankten im Lager. Die Ernährunglage aber spitzte sich immer mehr zu, so daß sich Schwester Maria gezwungen sah, den polnischen Bürgermeister [darauf] aufmerksam zu machen, sie müsse jegliche Verantwortung für die Kinder ablehnen, wenn sie nicht die Erlaubnis erhielte, mit ihnen „ins Reich" zu fahren. Diese Erlaubnis war bisher vorenthalten worden. Nun erhielt sie diese. Sie fuhr Ende Mai 1946 mit den 16 Kindern und es gelang ihr, sie bei den Angehörigen und in Waisenhäusern unterzubringen.

Eine weitere Folge der erbärmlichen Ernährung war das Sinken der Eigentumsmoral und der sonstigen Sittlichkeit. Jeder Lagerinsasse suchte sich polnisches Geld zu verschaffen. Er trachtete danach, irgendeinen Gegenstand, sei es Kleidung oder irgendetwas anderes, einem Polen in der Stadt zu verkaufen. Besaß er solche Dinge nicht oder nicht mehr, dann entwendete er sie seinen Leidensgenossen. Selbst die Schalter der elektrischen Lichtleitung wurden abmontiert.

Die polnischen Händler kauften alles, und für viel Geld war alles zu haben. Ein Brot im freien Handel kostete anfangs 19 Złoty, später 30 Złoty, war aber nur zwei Kilo schwer. Für Zucker mußte man 240, für Schweinefett 500, für Fleisch 100 bis 200, für Butter 480 Złoty für das Kilo bezahlen. Der Wert des Złoty fiel ständig. Während man anfangs für 30 Złoty bis 100 RM bezahlen mußte, erhielt man im April/Mai 1946 schon 100 bis 110 Złoty für 100 RM. Im Herbst 1945 wurde die Reichsmark von den Polen als Zahlungsmittel glatt abgelehnt. Ab November aber konnte man in jedem Geschäft den polnischen Złoty kaufen. Selbst auf der Straße wurde man gefragt, ob man RM zu verkaufen hätte.

Die Polen waren im Vergleich zu den Deutschen sehr gut mit Lebensmitteln versorgt. Sie suchten oft im Lager deutsche Frauen, die ihnen die häuslichen Arbeiten verrichten sollten. In den allermeisten Fällen mußten aber die deutschen Frauen den polnischen Männern willfährig sein, um nicht die Stelle zu verlieren und um noch etwas an Lebensmitteln für die Angehörigen im Lager zu erhalten. — Will man auf diese Frauen Steine werfen, wenn sie der Versuchung erlagen, um ihren Kindern oder ihrem Mann abends im Lager etwas Essen mitbringen zu können?! Daß es aber auch weibliche Wesen gab, die nicht nur aus Not handelten, ist einleuchtend. Diese Fälle waren aber bestimmt in der Minderheit.

Hier müssen auch die Deutschen erwähnt werden, die der Aufforderung der Polen Folge leisteten, für Polen zu optieren. Mit allerlei Versprechungen wurden wir bearbeitet, uns für Polen zu entscheiden. Es wurde uns gesagt, wir könnten dann sofort in die Stadt ziehen, könnten unsere weißen Binden abnehmen, bekämen besseres Essen usw.

Eine Anzahl, besonders die Zweisprachler, fielen auf diese Versprechungen herein. Sie erhielten gewisse Erleichterungen, aber nie in dem erwarteten Maße. Viele besaßen in der Stadt ein Grundstück und hofften es, wieder zu erlangen, zumindest es aber wieder beziehen zu dürfen. Aber beides wurde abgelehnt ...

Die Lücken, die der Tod gerissen hatte, machten sich natürlich bemerkbar. Sie mußten ausgefüllt werden. So trieb man denn ohne jeglichen Grund — oder aus einem erfundenen Grunde — Einwohner des Dorfes aus dem Kreis Grottkau ins Lager. Hierzu gehörten die Gemeinden Lindenau, Lobedau, Klein Mahlendorf, Hennerdorf, Breitenfeld und zuletzt Hochdorf bei Ottmachau. In der Höchstzahl zählten wir 1 856 Gefangene.

So war es unausbleiblich, daß in einem einzigen Klassenraum der Anstaltsschule 70 Personen untergebracht waren. Die Menschen waren gezwungen, in der Nacht so eng aneinander zu liegen, daß sie sich nicht rühren konnten, ohne den Nachbarn zu stören. Männer, Frauen und Kinder hielten sich in ein und demselben Raume auf. Vom hygienischen wie sittlichen Standpunkt aus waren dies ganz unmögliche Zustände. Jede kleine Stube war so eng belegt, daß man sich kaum rühren konnte. Die Fenster waren zum großen Teile durch kriegsbedingte Ereignisse zerbrochen. Sie wurden von uns durch Bretter und Stroh ersetzt. Es blieben aber immer noch genügend Ritze, durch die die kalte Luft im Winter 1945/46 ungehindert eindringen konnte.

Anschließend berichtet Vf. über Inhalt und Bedeutung von Gerüchten, die unter den Internierten immer wieder neue Hoffnungen weckten. Solche Hoffnungen betrafen vor allem Termine für eine baldige Auflösung des Lagers, das Ende der polnischen Verwaltungszeit und eine Intervention der Westmächte. (Ähnlich wurden überall in Schlesien große Hoffnungen auf Beistand vor allem von englischer Seite gesetzt.)

Das kulturelle Leben im Lager war vollkommen erloschen. Zunächst hatten wir Nachrichtensperre. Wir durften nicht schreiben und erhielten auch keinerlei Post. Erst am 1. April 1946 hieß es, es könne aus dem Reich Post kommen, und wir dürften ins Reich schreiben. Die Post aber lief sehr spärlich ein. Leider brachte sie nur sehr wenig Tröstliches. ...

Im Lager selbst war jede Möglichkeit zu irgendeiner kulturellen Betätigung genommen. Den Geistlichen beider Konfessionen war es verboten, bei ihren religiösen Handlungen deutsch zu predigen. So kam es, daß der katholische Geistliche selbst das Vaterunser lateinisch beten mußte. Der Stadtpfarrer war ständig bemüht, das Meßopfer in der Anstalt darzubringen. Er erhielt hierzu auch die Genehmigung. Er machte der versammelten Gemeinde dabei irgenwelche geschichtliche Mitteilungen und verknüpfte damit christliche Worte der Liebe. Unter diesen Umständen war es ihm möglich, einige seelsorgerische Worte an die Pfarrkinder zu richten.

Das Lesen deutscher Bücher war verboten. Es gingen oft Polen durch das Lager, die diese Bücher einsammelten und ablieferten. Die Deutschen hatten sich solche Bücher aus verfallenen und verlassenen Wohnungen besorgt. Mir selbst ist folgender Fall passiert: Ich hatte ein mir wertvoll erscheinendes Buch gefunden, und ich legte es im Büro des Sägewerks auf den Tisch. Ein Zivilpole aus der Stadt betrat zufällig das Büro und sah das Buch. Er nahm es sofort an sich und meldete es dem Bürgermeister. Ich erhielt zwei Nächte Keller. Nur dem Umstand, daß ich bei den Aufsicht führenden Polen gut angeschrieben war, hatte ich es zu verdanken, daß dies Urteil nicht vollstreckt wurde. Mir wurde später vorgeworfen, ich hätte deutsche Propaganda treiben wollen.

Unsere schulpflichtigen Kinder hatten keine Möglichkeit zum Schulbesuch. Während polnische Kinder in der Stadt die Schule besuchten, blieben unsere Kinder ohne jeden Unterricht. In den ersten Wochen unseres Lagerlebens sollte ein der polnischen Sprache mächtiger Deutscher den Kindern polnischen Unterricht erteilen. Nach ganz kurzer Zeit wurde auch dieser Unterricht verboten. ... Sonst hörte man die ganze Woche über kein deutsches Lied im Lager. Keine Versammlung kultureller Art durfte abgehalten werden. ... Allmählich waren wir so stur und abgestumpft, daß wir gar kein Verlangen mehr nach irgendwelcher kulturellen Betätigung hatten. Es waren im Lager eine Anzahl von Personen, die wohl geeignet gewesen wären, durch irgendwelche kulturellen Maßnahmen den Mitleidenden die Alltagssorgen zu erleichtern. Aber wer wollte es wagen, durch den polnischen Gummiknüppel von diesen Vorhaben abgebracht zu werden! Obgleich zur Anstalt ein Sportplatz gehörte, ging niemand dorthin. Als die polnischen Sportvereine Spiele dort aufführten, fanden sich auch nur wenige Deutsche, die dort als Zuschauer zu sehen waren. Ein müdes, hungriges und freudloses Leben war unser Los.

Anschließend berichtet Vf. noch von Bemühungen beherzter Persönlichkeiten, die Lage der Internierten zu erleichtern und über die Tätigkeit verschiedener Geistlicher bei der Seelsorge im Lager.

Schon im Spätherbst 1945 wurde uns von polnischer und deutscher Seite zugeraunt, wir alle müßten Schlesien verlassen. Da wir durch die totale Nachrichtensperre von den Potsdamer Beschlüssen keine Ahnung hatten, konnten und wollten wir das einfach nicht glauben. Auch nicht, daß man Schlesien den Polen überantworten würde. Die Gerüchte verstummten manchmal, bald wurden sie wieder lauter. Wenn auch der polnische Wojewode in Grottkau verkündete, im Sommer 1946 werde kein deutscher Fuß mehr Schlesiens Erde betreten, so glaubten wir es ihm nicht, denn die polnische Aufschneiderei war uns bekannt.

Ende April aber und Anfang Mai verdichteten sich die Nachrichten von allen Seiten, und ein Aufatmen ging durch das Lager. An einem Abend plötzlich, wir waren kaum von der Arbeit nach Hause gekommen, mußten wir wieder in das Sägewerk zurück. Dort mußten wir Wagenladungen Bretter zurechtmachen zum Abtransport, was fast die ganze Nacht in Anspruch nahm. Über die Verwendung der Bretter hüllte man sich in tiefstes

Schweigen. Sie wurden auf den Hof des alten Finanzamtes in der Junkernstraße gefahren, und dort wurde noch in derselben Nacht ein hoher Bretterzaun gezogen, so daß der Hof nur durch das Tor nach der Junkernstraße betreten werden konnte.

Am 13. Mai 1946 verkündeten plötzlich die Blockleiter, daß das Lager am nächsten Morgen verschickt würde. Man sollte sich bereit halten. Zurückgehalten würden nur die Fachleute. Ein großer Jubel setzte ein.

Der 14. Mai kam und mit ihm die Erlösung für etwa 800 Deutsche. Alles packte die letzten Habseligkeiten zusammen. Der polnische Bürgermeister erschien wie so oft und mit ihm seine Verwaltungsbeamten und die Miliz. Alles trat auf den Lagerwegen an. Die Polen kamen und suchten Handwerker und andere Personen aus, die zurückbleiben sollten.

Dann begann der Auszug. Ein Bild des Jammers und gleichzeitig der Freude. Wem die Polen nicht früher schon den Handwagen weggenommen hatten, der hatte ihn beladen mit Betten und anderen Habseligkeiten. Ein Abschiednehmen, Winken und Frohsein setzte ein. Die, die zurückbleiben mußten, versuchten mit List durchzukommen. Vielen ist dies auch geglückt, bis man am Tore aufmerksam wurde. So wurde auch ich am Tor mit Kolbenstößen zurückgehalten mit der Begründung, ich sei Facharbeiter. — Ich habe unter den Zurückgebliebenen eine Frau gesehen, die ohnmächtig wurde, als sie den Zug an ihrem Fenster vorbeiziehen sah.

Äußerlich glich der Auszug dem Einzug. Aber die Seelen waren hochgestimmt beim Auszug. Bauern, die in ihren Dörfern große Besitzungen hatten, jubelten, wenn sie mit einem Stecken in der Hand das Lager verlassen konnten. Kaufleute, Arbeiter, Beamte, Lehrer, alt und jung, drängten durch das Tor in der Angst, zurückgehalten werden zu können. Immer wieder stießen Polen den oder jenen grob zurück und forderten ihn zum Dableiben auf. Damit hatte der Pole nicht gerechnet, daß der Deutsche bei aller Heimatliebe, bei seinem Hang zum Besitz, so frohgemut die Ausreise antreten würde. Und dadurch gab gerade jeder einzelne unbewußt Zeugnis ab von dem Grausamen und Schändlichen, das hinter uns lag. ... Jeder war froh, daß er fort konnte, und hütete sich wegzulaufen. Eine Tatsache, die für die Polen beschämend sein mußte und die es verdient, festgehalten zu werden! Geduldig harrte jeder mehrere Tage unter nicht gerade schönen Verhältnissen im Finanzamt aus, bis der erlösende Pfiff der Lokomotive ertönte, die den '60 Wagen langen Zug aus diesem Sumpf voll Leid und Trauer und Schmerzen hinauszog, zu Deutschen jenseits der Lausitzer Neiße.

Abschließend versucht Vf. eine Charakterisierung der Polen in ihrem Verhalten gegenüber den internierten Deutschen im Lager [1]*).*

---

[1]) Dem Bericht ist eine Liste der im Lager verstorbenen Personen aus Grottkau und benachbarten Dörfern beigefügt (mit Namen, Jahrgang und Sterbedatum). Daraus geht hervor, daß innerhalb von 11 Monaten im Lager 332 Personen gestorben sind (davon 37,3 % in den Monaten September/Oktober 1945). Von den Verstorbenen waren 52 % über 60 Jahre alt und 18,4 % Kinder und Jugendliche unter 20 Jahren.

Nr. 233

Erlebnisbericht des J. Th. aus G r ü b e n , Kreis F a l k e n b e r g i. Oberschles. Beglaubigte Abschrift[1]), 1948.

Vorgänge und Verhältnisse in dem von polnischer Miliz eingerichteten Konzentrationslager Lamsdorf.

Am 25. August 1945 wurde ich von polnischer Miliz in meinem Heimatdorfe, wo ich mich bei meinen Eltern befand, verhaftet, zugleich mit Josef D., Josef M., Franz Sch. Mit einem Wagen wurden wir nach Falkenberg zur Kreismiliz transportiert. Wir wurden in das oberste Stockwerk geführt. Ich mußte als erster in ein Zimmer zur Aufnahme. Es lag nach der Hofseite. Die Fenster wurden dicht gemacht. Man fragte mich nach meinen Personalien. Vor meiner Soldatenzeit war ich in der HJ. Dieses war Grund genug, in das Lager zu kommen. Anders war es bei meinen Kameraden. Sie gehörten keiner nationalsozialistischen Organisation an. Bei ihnen mußte erst ein Grund gefunden werden. Dies geschah unter Prügeln. M. wurde bis zur Bewußtlosigkeit geschlagen.

Nach Aufnahme der Personalien mußten wir nebeneinander antreten. Mit Gewehrkolben und Gummiknüppeln bekamen wir Schläge. Ein Posten stellte sich hinter uns, zwei vor uns. Einer brüllte öfter: „Achtung!" Während wir Haltung annahmen, wurden wir von hinten mit Kolben geschlagen und vorn mit Stiefeln getreten, fast nur in den Unterleib. Wir wurden dann unter Fußtritten und Kolbenschlägen in den Keller gebracht. Dort kamen wir in einen Raum, in dem bereits 18 Leidensgenossen waren. Vom Stubenältesten bekamen wir für je zwei Mann ein Metallbett für die Nacht zugewiesen. Matratzen oder Decken waren nicht darauf.

Nicht lange, da kamen die Arbeitskommandos von der Arbeit zurück. Die polnischen Begleitposten mußten die Männer in den Keller zurückbringen. Diese Posten hatten längst erfahren, daß Neue eingetroffen waren und in welchem Raum sie sich befanden. Bei jedem mußten wir Neulinge antreten. Von jedem wurden wir getreten und geschlagen. Dies dauerte bis tief in die Nacht hinein. Wir lagen schon auf dem Bett, da kam immer noch Miliz hinein. Sie schlugen wie wild auf alle mit Gewehren, Gummiknüppeln, Eisenstäben ein. Dies wiederholte sich täglich.

Früh morgens und abends gab es eine Scheibe Brot von ca. 80 Gramm und eine Tasse Kaffee, mittags gab es eine Kartoffelsuppe mit drei Viertel Liter, ohne jegliche Zutaten. Die Kartoffeln waren schon so faul, daß die Suppe stank und ungenießbar war. Bei dieser Kost mußten die arbeitsfähigen Männer noch arbeiten. Ich selbst kam dafür nicht in Frage, weil mir infolge Kriegsverwundung der linke Arm fehlte.

Jeden Sonntag wurde mit sämtlichen Männern ein Appell abgehalten. Alle wurden namentlich an Hand einer Liste aufgerufen. Dann wurden

---
[1]) Teilabdruck in „Die ostdeutsche Tragödie ...", III. Folge, Die Hölle von Lamsdorf und andere Vernichtungslager", Lippstadt 1949; hrsg. vom Ostarchiv im Hauptausschuß der Ostvertriebenen. — Vgl. auch den dort abgedruckten „Bericht eines Arztes".

Leibesübungen gemacht mit Liegestütz. Wer nicht rasch mitmachen konnte, dem sind die Posten auf das Kreuz gesprungen und haben sich an dem Geschrei der Gequälten ergötzt.

Nach 14 Tagen Kerkerhaft mußte ich mit vier Kameraden zur Vernehmung. Zwei kamen gleich an die Reihe. Ich und zwei andere mußten im Vorzimmer warten, das Gesicht gegen die Wand gerichtet, in strammer Haltung. Hinter uns saß ein Posten mit Gewehr. Die geringste Bewegung, und wir hatten den Gewehrkolben oder Stiefel im Kreuz sitzen. Aus dem Vernehmungszimmer hörten wir öfters dumpfe Schläge und Schreie. Endlich wurden wir in den Keller zurückgebracht.

Am Nachmittag mußten die beiden morgens Vernommenen noch einmal nach oben. Wir anderen drei durften im Keller bleiben. In den Nachmittagsstunden kamen elf neue Männer in den Keller. Sie waren aus dem Arbeitskommando der Russen entlassen worden. Der Pole hatte sie von der Straße aufgegriffen und interniert. Ähnliche Fälle wiederholten sich fast täglich.

Ich wurde am selben Tage noch zur Vernehmung geholt. Als ich verlauten ließ, daß ich in der Hitlerjugend und der Arbeitsfront war, bekam ich Faustschläge, desgleichen, als ich sagte, daß ich in Rußland gekämpft und dort den Arm verloren hätte. — Am übelsten waren meist die dran, die in keiner Nazi-Organisation gewesen waren. Sie wurden so schwer und so lange geschlagen, bis sie sich aus Angst zu einer Organisation bekannten.

Oberinspektor P. aus Schurgast wurden Polenmißhandlungen zur Last gelegt an solchen, die bei ihm während des Krieges beschäftigt waren. Er wurde drei Tage hintereinander vernommen und immer wieder geschlagen, bis er schließlich nach dem Willen der Polen aussagte.

Ich war drei Wochen in jenem Keller. In dieser Zeit ist mir nicht einmal zum Waschen Gelegenheit gegeben worden. Unsere Bedürfnisse mußten wir in einen Eimer verrichten, der im selben Raume stand, in dem wir hausten. Den Eimer mußte einer von uns einmal am Tage unter Aufsicht eines Milizmannes zum Entleeren heraustragen, dabei gab es jedesmal Kolbenschläge. Wir bekamen alle Läuse, die uns quälten, ebenso wie die dumpfe Luft in dem finsteren Keller.

Nach drei Wochen Kelleraufenthalt wurde ein Transport für Internierung im Lager Lamsdorf aufgestellt, das die Polen am 25. Juli 1945 zur Bestrafung und Vernichtung der deutschen Bevölkerung errichtet hatten. Alle Vernommenen, bis auf die Handwerker, kamen nach Lamsdorf. Der Transport zählte 63 Männer und 15 Frauen. Um 10.00 Uhr mußten wir auf dem Hofe antreten, um 13.00 Uhr marschierten wir ab. Auf dem Wege mußten wir ohne Unterlaß Nazilieder singen. Der Weg führte über Weidendorf, Tillowitz, Buchengrund ins Lager. Uns begleiteten vier Posten. Es war ein heißer Tag. Unterwegs wurden viele schwach. Diese wurden immer durch Schläge angetrieben. Als sie sich kaum noch auf den Beinen halten konnten, mußten sie von jüngeren Kameraden geführt, zeitweise sogar getragen werden. Für den Weg von 16 Kilometern brauchten wir 3 Stunden. Bei unserer Ankunft am Lagereingang waren die Kommandanten bei einem Trunk beisammen. Wir sahen, wie einige Mädchen mit Flaschen und Schnapsgläsern nach dem Postenhaus gingen.

Die Aufnahme ging folgendermaßen vor sich: Wir wurden einzeln aufgerufen und in die Schreibstube geführt. Erst waren die Kommandanten nicht anwesend, da ging es ruhig zu. Als sie kamen, hörte man nur noch ein Brüllen und dumpfe Schläge. Die meisten wurden mit Fußtritten nach der Vernehmung zur Tür hinausgestoßen.

Max H. aus Tillowitz legten die Polen zur Last, er wäre in der SS. gewesen. H. verneinte es in Lamsdorf wie vorher in Tillowitz (bzw. Falkenberg). Er wurde mit P. aus Schurgast in ein Nebenzimmer der Schreibstube gestoßen. Acht Posten folgten, sie bearbeiteten H. Je mehr sie auf ihn einschlugen, um so mehr leugnete er es ab. Er bat die Posten, sie sollten sich bei jedem Einwohner des Dorfes erkundigen. Darauf wurden beide herausgebracht. Die Kleidung war fast ganz zerrissen. Stellenweise konnte man den bloßen Körper sehen, diese Stellen bluteten. H. wurde hinter eine Baracke geführt und dort erschossen. Er war ungefähr 45 Jahre alt und Gastwirt im Bahnhofshotel Tillowitz gewesen.

Als die Hälfte der Männer mit der Registrierung fertig war, wurden wir hinter eine Baracke geführt. Dort mußten wir uns waschen und entlausen. Jedem wurden die Haare kahl geschoren. Als die zweite Hälfte dorthin gebracht wurde, mußte sie das Gleiche tun. — Hier habe ich meinen Vater gesehen, der, wie er mir heimlich zuflüstern konnte, acht Tage nach mir von der Miliz abgeholt wurde. Er war auch in Falkenberg in dem gleichen Keller, nur in einem anderen Raum gewesen. — Während unserer Reinigung gingen die Posten von einem zum anderen. Jeder bekam Fußtritte oder Kolbenschläge in den Rücken. Gute Kleidungsstücke wurden weggenommen.

Johann L. aus Bauerngrund trug einen schwarzen Vollbart. Als sie ihn erblickten, hatten sie eine wahre Freude an ihm. Unter Rufen: „Du Judas, Du SS., Du Nazi!" spuckten sie ihn an und bearbeiteten ihn mit den Stiefeln. Er mußte dann über Ackergeräte springen. Wo er es nicht konnte, wurde er darüber gestoßen. Anschließend mußte er in die Werkstatt. Dort wurde er mit dem Bart in den Schraubstock geklemmt. Mehrere Posten schlugen mit zollstarken Eisenstäben auf ihn ein. Dabei wurde ihm der Bart angezündet. L. gab in der Werkstatt seinen Geist auf. Er wurde mit H. in dem Splittergraben verscharrt. ...

Nach unserer Reinigung kamen alle 61 Männer in einen Barackenraum. Es standen doppelte Holzbetten ohne Strohsack und ohne Decken darin. Fensterscheiben waren kaum vorhanden oder beschädigt. Kurz vor der Dunkelheit wurde mit sämtlichen Männern ein Appell abgehalten. Auf jeder Stube war ein Stubenältester ernannt. Beim Appell mußte er Meldung in polnischer Sprache an die Aufsicht führenden Polen machen, über Stand, Zahl der Anwesenden, Kranke, zur Arbeit Eingeteilte und Arbeitsstelle.

Nach dem Rapport mußten wir Soldatenlieder singen. Bei Marschliedern wurde auf der Stelle getreten. Wer die Bewegungen nicht exakt machte, wurde geprügelt und getreten. Dabei schlichen die Posten die Reihen entlang und holten sich einen nach dem anderen aus den Reihen heraus.

Diese Männer gingen in den seltensten Fällen lebend vom Platze, meist wurden sie tot weggetragen.

Am ersten Abend nach dem Appell bekam jeder Neuling ein W aus Leinwand ausgehändigt zum Aufnähen auf den Rock. Wir mußten uns gleich auf die Bettstelle legen. — Die Bettbodenbretter waren nur zur Hälfte vorhanden, bei geringen Körperbewegungen fielen sie leicht auf den Fußboden. — Vor den Baracken patrouillierte ein Wachtposten. Beim geringsten Geräusch stürzte er herein und schlug mit dem Kolben auf die Leute ein, ohne sich zu erkundigen, was los sei. Er behauptete, es hätte einer ausreißen wollen.

Beim Beginn der Morgendämmerung wurde durch Glockenzeichen geweckt. Alle mußten geschlossen antreten. Der stellvertretende Stubenälteste führte uns zur Latrine und auch wieder zurück. Vom Wecken bis zum Morgenappell war eine halbe Stunde Zeit. Wir Neulinge mußten noch das W aufnähen: Garn und Nadel hatte uns die Miliz zum größten Teil abgenommen. Für die 61 Männer waren nur vier Nadeln vorhanden. Ich habe erst das W von meinem Vater angenäht, denn er war dazu nicht mehr fähig. Als ich an meinem W die ersten Stiche machte, rief die Glocke zum Morgenappell. Schnell steckte ich das W mit einer Sicherheitsnadel fest. Dies entdeckte beim Appell der Posten. Er schimpfte mich „Deserteur" und schlug mich dreimal zu Boden. Ich hatte damals aber noch die Kraft, sofort aufzuspringen, denn wer nur einen Moment liegen blieb, dem wurde mit Stiefeln auf den Leib getreten.

Der Appell wurde genau wie am Abend gehalten. Am Ende wurden die Arbeitskommandos eingeteilt. Die nicht Benötigten und wir Neulinge mußten weiter exerzieren. Die Kommandos wurden nur in polnischer Sprache gegeben. Beim Abzählen sagten sie uns das erstemal die Zahl auf Polnisch, beim zweiten und jedem weiteren Mal wurden die Männer, die die Zahl nicht mehr wußten, schonungslos zusammengehauen. Drei Männer von meinem Transport verloren an diesem Morgen das Leben.

Mir wurden anschließend sechs Mann zugeteilt, mit diesen mußte ich die Toten begraben. Nach dem Erschlagen waren sie von Männern hinter die Frauenbaracke geschleift worden und lagen nun im Grase, wo ich sie zuerst gar nicht finden konnte. Ich erkundigte mich bei den Frauen. Diese wollten mir zuerst keine Auskunft geben; denn sie waren eingeschüchtert, weil sie in ähnlichen Fällen schon sehr trübe Erfahrungen gemacht hatten. Schließlich zeigten sie mir die Stelle.

Dem ersten Toten hatten die Posten den Schädel eingeschlagen, so daß der Unterkiefer nur noch vom Kopf übrigblieb. Das Gehirn und Knochen lagen herum. Den zweiten hatten sie zertreten und die Kleider angezündet, so daß nur wenige Überreste davon zu sehen waren. Der Körper selbst war stark angekohlt. Den dritten hatten sie auch zertreten.

Während des Grabmachens kamen mehrere Posten zu uns heran. Bei dem ersten mußte sich G. aus Hilgersdorf auf den Bauch legen. Er bekam 25 Schläge mit dem Gewehrkolben. Nach einer Weile kamen drei andere. Jetzt mußten sich alle sechs nacheinander hinlegen und bekamen auch Schläge mit dem Gewehrkolben.

Willy B. aus Niederschlesien trug eine außergewöhnlich starke Brille. Als Brillenträger mußte er sich anschließend auf den Rücken legen und die Hände auseinander machen. Ein Milizmann sprang auf seinen Brustkorb und trampelte darauf herum. Ab und zu, wenn er wieder einen Schmerzensschrei ausstieß, trat er ihm auf den Kehlkopf. Ein anderer Posten stieß ihm anschließend das Seitengewehr zwischen die Rippen. B. bat darauf die Posten, ihn zu erschießen. Es wurde ihm hohnlachend geantwortet, er müsse langsam verrecken. B. wagte nicht, sich krank zu melden. Er suchte in der Nacht den freiwilligen Tod durch Erhängen mit den Hosenträgern.

Außer diesem Kommando war ein weiteres zusammengestellt worden, welches 16 Mann stark war. Dabei war mein Vater. Dieses mußte nach Annahof einen Wagen ziehen, um von dort Eisenteile abzuholen. Mit dem leeren Wagen ging es im Laufschritt. Der Posten stand auf dem Wagen mit einem armdicken Knüppel in der Hand und schlug mit diesem einem nach dem andern auf den Schädel. Wenn er beim letzten war, fing er beim ersten wieder an. Ohne Ruhepause mußte nach Ankunft gleich mit dem Aufladen des schweren Eisens begonnen werden. Die erschöpften Männer wurden durch Stockhiebe angetrieben.

Auf dem Rückweg stellte sich der Posten wieder auf den Wagen und wiederholte die Mißhandlungen. Als sie in den Wald kamen, sagte der Posten zu Karl G., aus dem in der Nähe liegenden Bauerngrund, er solle nach Hause gehen. G. weigerte sich. Er wurde mit Erschießen bedroht. G. ging nun schweren Herzens in Richtung Heimat weg. Ungefähr dreißig Schritte vom Wagen entfernt, hörte er das Durchladen des Gewehrs. Er drehte sich um und wollte zurückkommen. Es wurde ihm erneut mit Erschießen gedroht. Er wendete sich nochmals in Richtung Heimat. Nach kaum fünf Schritt krachte der Schuß, und G. lag sterbend am Boden. — Fünf weitere Kameraden wurden auf dem Weg nach Hause erschlagen. Der Posten gab bei Rückkehr im Lager an: sechs Männer auf der Flucht erschossen.

Als ich mittags meinen Vater erblickte, erkannte ich ihn am Gesicht kaum noch wieder. Er hatte eine wachsgelbe Farbe angenommen. Die Augen waren in die Höhlen zurückgetreten und hatten einen Glanz angenommen, wie ich ihn später öfter nur noch bei Sterbenden gesehen habe.

Am Mittag bekamen wir als erstes Essen im Lager Lamsdorf ein Viertel Liter Kartoffelsuppe, wieder ohne Salz. Es gab zwar hier schon neue Kartoffeln, aber man konnte sie mit der Lupe suchen. Frühmorgens und abends gab es pro Mann zwei bis drei Pellkartofeln und Tee. Die Kartoffeln wurden von jedem mit der Schale vertilgt zur Vermeidung von Verlusten. Bis Mitte Oktober gab es alle zwei bis drei Tage eine Scheibe Brot von ca. 80 Gramm. Im Winter 1945/46 gab es vom Lager kein Brot.

Vom September 1945 bis kurz vor Weihnachten sind täglich zwei Wagen von internierten Männern gezogen worden zum Holen von Kartoffeln, es gab pro Tag 30 Zentner Kartoffeln bei einer Lagerstärke von 1 500 bis 2 000 Personen. Die festen Arbeitskommandos bekamen doppelte Ration.

Die Miliz hatte im Lager vier deutschen Besitzern weggenommene Pferde. Für Heranfahren von Kartoffeln und Holz und anderen Dingen und auch zur Bestellung von 80 Morgen Acker wurden sie nicht benutzt. Die deutschen Männer und Frauen wurden vor die schweren Wagen, Pflüge, Eggen, Drillmaschinen gespannt. Im Laufschritt mußten sie oft die schwere Arbeit verrichten, bei knappster Nahrung.

Bei Einsetzen des Frostes mußten die herangeholten Kartoffeln vom Lager aus bezahlt werden. Infolgedessen hörte das Kartoffelfahren in die umliegenden Orte auf. Es gab nur noch zehn Zentner pro Tag und etwas Mehl. Aus drei Mahlzeiten wurden zwei gemacht. Dies ging aber nur zwei Wochen, dann gab es nur noch fünf Zentner pro Tag. Wenn der Koch einmal wieder zu viel Lärm machte, bekam er etwas Mehl: fünf bis zehn Pfund. Dies sollte aber fast einen ganzen Monat reichen.

Ab März 1946 gab es bei einer Lagerstärke von 500 Personen einen Zentner Kartoffeln, zwei bis drei Pfund Mehl und 150 Gramm Brot pro Tag.

An den Festtagen wie Weihnachten, Neujahr, Ostern gab es für alle nichts zu essen.

Auf jedem Internierten hat neben der täglichen Todesbedrohung das Bewußtsein schwer gelastet, verhungern zu müssen. Ohne Hilfe von außen wäre das in fünf Wochen geschehen. Verwandte und Bekannte, ja, sehr viele Bewohner der umliegenden Ortschaften haben täglich Essen weit hergebracht. Meine Mutter und Schwester brachten meinem Vater und mir fast täglich solches vom neun Kilometer entfernten Grüben. Manche kamen 20 Kilometer weit. Leider hatten viele keine Bekannten in der Nähe.

Die Leute mußten das Essen bei der Wache abgeben. Hier wurde es von den Posten durchsucht. Wenn ihnen etwas gefiel, nahmen sie es an sich, z. B. Kuchen oder Eier. Der Tabak wurde größtenteils immer weggenommen, wenn er auf ehrlichem Wege abgegeben wurde. Das Essen wurde von den Knaben des Lagers beim Posten abgeholt und zu den Leuten getragen.

Kinder sind oft vor Körperschwäche hingefallen. Waisenkinder sahen am schlechtesten aus. Viele Kinder sind in kurzer Zeit gestorben. Bis 700 Kinder können insgesamt im Lager gewesen sein, vom 25. Juli 1945 bis Juni 1946. Höchstens 300 sind lebend herausgekommen. Im März 1946 waren 84 Waisenkinder im Lager. Ihre Angehörigen waren im Lager umgekommen. Diese 84 kamen im Mai 1946 unheimlich verwahrlost heraus. — Wenn von Kindern die Rede ist, handelt es sich immer um Kinder unter zehn Jahren. Ältere mußten wie die Großen arbeiten.

Bei einem Gang durch das Lager am dritten Tage meines Aufenthaltes, am 17. September 1945, begegneten mir vier Posten, darunter war der Zugführer Ignatz, wegen seiner besonderen Mordlust „Mörderling" genannt. Auf seine Frage: „Weißt Du, wie ich heiße?" sagte ich: „Nein, Herr Kommandant." Er schlug mir mit dem Säbel über den Kopf, die anderen drei gaben mir Faustschläge. Darauf sagte mir der Zugführer, er sei der Panje Ignaz. Mühsam habe ich mich davongeschlichen. Bald verlor ich die Besinnung. Als ich wieder zu mir kam, hatte ich heftige Kopfschmerzen und geronnenes Blut im Gesicht. Ich ging zu meinen Leuten in die Baracke. Diese sagten mir, ich sei fast zwei Stunden weggewesen.

Ab 20. September 1945 bis Mitte November 1945 habe ich die Toten beerdigen müssen. Es waren täglich fünf bis neun Tote.

Bis zu meiner Zeit wurden die Toten in Splittergräbern verscharrt. Da kamen drei bis fünf Tote übereinander. Der Graben wurde der Erde gleichgemacht. Dieser senkte sich aber mit der Zeit, da wurde immer wieder Boden drauf gegeben. Hügel oder Blumen durften nicht draufgegeben werden. — Als Frau D. aus Bielitz die Stelle ihres beim Appell erschlagenen Mannes, Albert D., mit einer Blume gezeichnet hatte, wurde sie ungeheuer geschlagen. Bei dem oben genannten Appell sind zu gleicher Zeit D. und Josef D. aus Bielitz von einem Posten erschlagen worden. Alle drei waren alt und konnten die Bewegung nicht mehr exakt mitmachen.

Als ich das Totenbegraben bekam, waren die Splittergräber innerhalb des Lagers zu Ende. Es wurde ein neuer Friedhof angelegt. In Reihengräbern kamen die Toten nebeneinander. In der Reihe waren 170 Tote. Ein Hügel wurde im ganzen gemacht. Ein Verzeichnis, wie die Toten zu liegen kamen, durfte nicht angefertigt werden. Auf diesem Friedhof wurde bis Ende 1945 beerdigt. Dann wurde außerhalb ein neuer Friedhof angelegt. Dort wurde es auch so gemacht. Der bis März 1946 benutzte Friedhof ist eingeebnet, mit Kompost befahren und mit Gras besät. Von Eröffnung des Lagers am 25. Juli 1945 bis 6. Oktober 1945 — Absetzung des berühmten Kommandanten Gimborski — sind 90 Prozent aller Toten erschlagen, selten erschossen worden.

Während des Winters 1945 bis April 1946 wütete der Typhus im Lager. In dieser Zeit starben die Menschen wie die Fliegen. Medikamente, entsprechende Nahrungsmittel wurden nicht herbeigeschafft. Bei dem engen Zusammenwohnen und der Unmöglichkeit, sich sauber zu halten, mußte die Krankheit ungeheuer grassieren. Die Höchstzahl der Toten betrug bei einer Lagerstärke von 1 100 Menschen an einem Tage 22 Personen. Ich habe Kranke gesehen, denen die Läuse die Haut durchgefressen hatten, so daß die Brustkorbknochen frei zu sehen waren. Auf manchen saßen die Läuse millimeterdick.

Am 4. Oktober 1945 war ein Barackenbrand im Lager. Wir hatten früh morgens neun Tote begraben. Kaum hatten wir unsere Baracke betreten, da fielen mehrere Schüsse. Zu meinem Schrecken sah ich schwarzen Rauch im Lager aufsteigen. Es wurde gleich Alarm gegeben. Alle mußten von Brand. Ich verstand es, mit meinen Leuten in der Baracke zu bleiben. Bei der Suche nach meinem Vater wurde mir gesagt, er sei beim Brand. Ich ging gleich darauf mit den restlichen Männern zur Feuerstelle. Wir waren kaum auf die Straße getreten, begegnete uns der Mörderling Ignaz. Er ließ uns halten, griff sich Emanuel M. aus Grüben heraus und legte drei mal mit der MP. auf ihn an. Aber es war jedesmal ein Versager. Ignaz steckte die Patrone wieder ins Magazin und ließ uns weitergehen. Wir waren kaum 20 Schritte gegangen, ließ er uns wieder halten. Als er herankam, fragte er jeden nach der Parteizugehörigkeit. W. aus Karbischau meldete sich als einziger. Er mußte an den Straßenrand treten. Es krachten zwei Schüsse, und W. brach sterbend zusammen.

Als wir auf den Brandplatz kamen, lagen bereits mehrere Tote um die brennende Baracke. Ich mußte die Toten wegschaffen lassen. Es herrschte ein wüster Lärm. Die Menschen, auch Frauen, wurden gehetzt und gejagt, zu Boden geschlagen und erschossen. Wasser zum Löschen war nicht vorhanden, Handwerkszeug nicht ausreichend. Ein Teil der Männer mußte Sand auf die Dächer der nebenstehenden Baracken tragen, damit die Teerpappe nicht Feuer fing. Die restlichen Männer und Frauen mußten den Brand bekämpfen. Den Boden mußten sie mit Händen in Eimer kratzen. Die Frauen hatten zum großen Teil nur Schürzen, in die sie den Sand scharren mußten. Dann mußten sie den Sand in die Flammen schütten. Jeder, der nicht nahe genug an das Feuer ging, wurde in die Flammen gestoßen. Viele fielen dabei in den Flammen zu Boden. Die Stehenbleibenden wurden erschossen. Solche Opfer mußten aber gleich von Kameraden herausgeholt werden. Einige von diesen Opfern lebten noch, als sie aus dem Feuer herauskamen. Wenn sie Schmerzensschreie ausstießen, wurden sie zu Boden getreten. Wenige trugen das Los geduldig, bis sie den Geist aufgaben. Ein Langsamgehen gab es nicht; wer es tat, war ein Opfer der Willkür.

Als die Baracke fast abgebrannt war, mußten die Männer, so weit die Schaufeln reichten, eine Grube graben. Die restlichen Männer mußten die Toten heranbringen. Sie benutzten dazu Krankentragen und Decken. Ein solcher Trupp trug einen 20jährigen Mann. Diese Träger mußten das Lied singen: „Ich hatt' einen Kameraden." Dabei wurden sie noch getreten und geschlagen. Der letzte Tote war der Sanitäter F. aus Jatzdorf, Kreis Falkenberg. Dieser kam aus der Küche. Er hatte kaum die Straße betreten, da begegneten ihm einige Posten. F. wurde hinter die Baracke getrieben und erschossen. N. und Sch. aus Grüben mußten diesen Toten holen. Als sie ihn auf die Krankenbahre legen wollten, kam ein Posten hinzu; als er das Gehirn des Toten sah, forderte er die beiden Männer auf, es zu essen. Als sie sich weigerten, bekamen sie Kolbenschläge.

Dieser Brand forderte 40 Tote, 31 Männer und neun Frauen. Alle Frauen hatten Kinder im Lager. Es waren aber noch viele verletzt worden, z. T. durch Geschosse. Die Mehrzahl hatte leichtere und schwere Brandwunden. Einige sind an den Folgen gestorben. Wenn man die Panik beim Brande berücksichtigt, darf es nicht wundernehmen, wenn einige die Zahl der Todesopfer doppelt so hoch angeben. Es ist durchaus möglich, daß manche der ins Feuer Gestoßenen darin liegen geblieben sind, ohne von mir gezählt zu sein. Mein Vater trug eine so schwere Rauchvergiftung davon, daß er eine Zeit später starb.

Bei der im Spätherbst einsetzenden Typhusepidemie blieben nur wenige von der Krankheit verschont. Es gab damals nur abgekochtes Wasser mit etwas Kartoffeln darin. Brot kannten viele fast nicht mehr, erst recht nicht Schleimsuppen. An den Personen, die das Lager lebend verlassen hatten, sind wahre Wunder geschehen, denn das wenige, das die Angehörigen zur Lagerwache brachten, war mehr zum Ansehen als zum Sattwerden. Zu Hause bekamen sie ja fast nichts zu kaufen, und was sie bekamen, war furchtbar teuer, so daß sie den Preis meist nicht erschwingen konnten.

Die Arbeit war schwer und hart. Auf das Feld kam kein Pferd, denn diese wurden benötigt für Plünderfahrten in die Umgebung. Die Wagen und Ackergeräte mußten von Männern gezogen werden, vor den Pflug wurden 12 Mann, vor Eggen 8 bis 10 Mann, je nach Größe, vor die Sämaschine 15 Mann gespannt. An ein Ausruhen war nicht zu denken, im Gegenteil. Zeitweise mußten die Männer vor diesen Geräten noch schnell laufen, wobei sie mit Gewehrkolben geschlagen wurden. So mancher lief auf dem Felde bei der Arbeit [um] sein Leben. An Arbeitskräften hat es kaum gemangelt. Wenn sie wirklich einmal knapp bemessen waren, wurde ein Grund gesucht, um ein neues Dorf ins Lager zu bringen.

Insgesamt waren 14 Dörfer im Lager. Alle Altersstufen waren vertreten, vom Kind in der Wiege bis zum Greis am Rande des Grabes. Die alten Leute kamen gleich in das Krankenrevier. Dort wurden sie so kurz mit dem Essen gehalten, daß sie sehr oft nur wenige Tage im Lager lebten. Die Frauen mit den Kindern kamen für sich auf eine neue Baracke. Die Mädchen kamen ebenfalls allein für sich. Alles, was auf den Beinen stehen konnte, von zehn Jahren an, wurde zur Arbeit genommen. Die Frauen hatten oft nicht Zeit, sich selbst sauber zu halten, geschweige denn die Kinder. Diese sind sehr oft im Schmutz von Läusen und Wanzen angefressen worden. ...

Die Dörfer, die ins Lager kamen, waren: Bielitz, Neuleipe, Ellguth-Hammer, Steinaugrund, Lippen, Jatzdorf, Groditz, Kleusschnitz, Jakobsdorf, Groß Mangersdorf, Goldmoor, Hilbersdorf, Arnsdorf und Lamsdorf. Nur einige wenige, die man auf Gütern zur Arbeit benötigte, waren in den genannten Dörfern bei der Austreibung zurückgelassen worden.

Wenn einmal eine russische Kommission kam, wurde ihr gesagt, daß alle Männer Pgs., die Frauen und Kinder Angehörige von SA., SS. und Pgs. wären. — Die Lagerinsassen wurden niemals von einer solchen befragt. — In solchen Stunden durfte sich kein Kind und keine kranke Person auf der Lagerstraße sehen lassen. Die Russen meldeten sich übrigens einige Tage vorher an, dann wurde im Lager alles gereinigt. Straßen und Rasen wurden gefegt. Die Splittergräben, die bis September beerdigt wurde, sind wieder nachgefüllt worden, weil sie sich in kurzer Zeit senkten. Alles, was irgendwie zum Verdacht hätte Anlaß geben können, wurde möglichst abgeändert. Auch Nahrungsmittel wurden eilig für solche Fälle herangeschafft. So wurden z. B. die Bewohner des in der Nähe liegenden Bauschdorf mitten in der Nacht herausgepoltert und zur sofortigen Herausgabe von Nahrungsmitteln für das Lager angehalten, die schon in frühester Morgenstunde im Lager abgeliefert werden mußten.

Im Frühjahr 1946 forderten die ins Land gebrachten polnischen Bauern Arbeitskräfte vom Lager an. Fast täglich gingen Leute zu diesen ab. Mitte Juni mußten alle zum Lager Gehörenden zurückkommen. Am 19. Juni 1946 wurden frühmorgens die Familien zum Bahnhof gebracht, um sie ins „Reich" zu transportieren. Beim Zusammenstellen des zweiten Transportes gegen Mittag war ich dabei. Noch 100 Männer und 20 Frauen wurden im Lager zurückgehalten und als Arbeiter behandelt. ...

Auf Veranlassung des 3. Kommandanten, im März 1946, mußte die Zahl der Toten vom 25. Juli [1945] bis März 1946 durch den Internierten A., früher Großkaufmann in N., festgestellt werden. Nach Papieren auf der Schreibstube errechnete A. die Zahl der Toten mit 3 112 Personen. Dazu kommen die vom März 1946 bis Juni 1946 180 Gestorbenen. Beide Zahlen addiert gibt die Todessumme von 3 292. Viele wurden aber schon vor der Registrierung erschlagen, die nicht mitgezählt sind. Sehr viele, die vorher entlassen wurden, starben wegen Erschöpfung und weil der Körper nicht mehr fähig war, Nahrung zu verarbeiten, bald nach ihrer Befreiung. So starb die Bielitzer Bauersfrau W. im Januar 1946 in Ritterswalde bei Verwandten. — Es mögen nicht ganz 6 000 Internierte ins Lager gekommen sein.

Sehr schlimm im Lager hat der schon genannte Ignaz gewütet. Er hat beim Barackenbrand 14 erschossen und sich dessen gerühmt. Am Tage nach dem Brande hat er einen Internierten aus Schadeberg namens Mücke erschossen, der durch die furchtbaren Szenen beim Brande einen Nervenschock bekommen hatte. Die Bitte Mückes, ihn noch einen Tag leben zu lassen, um seine Frau noch einmal zu sprechen, wurde nicht erfüllt. Am 27. Juli 1945 wurde nachts auf dem Appellplatz eine Übung gemacht mit 40 Internierten, die man am 25. Juli aus Falkenberg gebracht hatte. Diese dauerte drei Stunden. Es wurden 25 erschlagen und ertreten. 15 blieben übrig, die noch durch Knochenbrüche verletzt waren. Darunter war L. aus Goldmoor mit Armbruch. Von Anfang des Lagers bis September 1945 waren bei jedem Appell 10 bis 15 Tote.

Alle Toten starben ohne geistlichen Beistand. Als Pater D. aus Heiligenkreuz bei Neiße, Oberschlesien, von April bis Anfang Juni 1946 als Internierter im Lager war, war es ihm verboten, mit Erwachsenen zu sprechen und Seelsorge auszuüben.

Vor meiner Zeit als Begräbnismann sind manche Geschlagenen, die nur ohnmächtig waren, lebendig begraben worden. Wenn sie Boden auf den Leib bekamen, fingen sie an zu erwachen und zu schreien. Umso schneller mußte dann Erde gegeben werden.

Es gab auch ein Arrestlokal. Dieses war ein stockfinsteres Kellerverließ mit einem halben Meter Wasserstand. Darin mußten die Gefangenen oft viele Stunden stehen, auch Frauen.

Zu den Todesfällen sei noch bemerkt, daß einmal zur Vergeltung 20 Mann erschossen wurden, weil ein 17jähriger Junge aus dem Lager heimlich ausgerückt war. Frau Schm. aus Goldmoor wurde erschossen, weil sie kurz vor dem Wecken auf die Latrine gehen mußte. Der Bielitzer Bauer Josef S. wurde zur Wache geholt, dort blutig geschlagen und erschossen, weil er auf einem Arbeitskommando vorbeikommende Russen um ein Stück Brot gebeten hatte. Ein Milizmann hat sich damit gerühmt: „Ich habe heute den 25. ins Jenseits befördert."

Lamsdorf war leider nicht das einzige Vernichtungslager der Polen nach ihrem Einzug in Schlesien.

Ich glaube, diesen Bericht den Toten von Lamsdorf schuldig zu sein, von denen die meisten mit unerschütterlichem Gottvertrauen ihr schweres Los trugen, ihr Christentum in glänzender Weise bewiesen und heldenhaft starben.

Nr. 234

Erlebnisbericht des Bauern und Schmiedemeisters Paul Scholz aus G o g l a u , Kreis
S c h w e i d n i t z i. Niederschles.
Original, 1951.

Vorgänge und Verhältnisse unter russischer Besatzung und polnischer Verwaltung: Eintreffen polnischer Siedler, Ausplünderung, Enteignung und Verdrängung der deutschen Bauern, Verhaftung und Mißhandlung durch polnische Miliz.

Eingangs berichtet Vf. über die Evakuierung seines Heimatdorfes im Februar 1945, die Rückkehr zur Frühjahrsbestellung und seine abermalige Flucht vor der Roten Armee.

Am 11. Mai sind wir wieder nach Hause gefahren und haben wieder weiter angebaut mit der Hoffnung, unsere liebe Heimat zu erhalten. Aber es kam anders, jetzt ging das Leiden erst los.

Da kamen so viel Russen zurück. Unser Dorf war drei Tage zum Plündern freigegeben. Zuerst nahmen sie mir meine drei Pferde weg, alle drei Zuchtstuten. So ging es den andern auch. Eines Tages holten sie mir acht Wagen auf einmal weg, daß ich keinen mehr zum Fahren hatte. Die Häuser wurden alle durchwühlt.

Während dieser Zeit kam ein polnischer Offizier mit einem Dolmetscher. Da mußten sämtliche Leute ins Gasthaus kommen. Dort mußte ein neuer Bürgermeister gewählt werden. Ich war der alte, der durfte nicht mehr gewählt werden. Bäckermeister F. wurde gewählt. Von da ab fing die polnische Miliz an, rumzuhausen.

Am 26. Juni 1945 kamen mehrere Milizen an und alarmierten das ganze Dorf. In zwanzig Minuten mußte alles fertig sein zum Aufbruch. Wir mußten alles stehen und liegen lassen. Als wir ungefähr 200 Meter vom Dorf weg waren, fiel das erste Opfer, im Nachbardorf das zweite durch polnische Mörderhand. Die besten Sachen und Koffer wurden allen abgenommen; das war der Zweck: zum Ausplündern.

Die Reise ging über Schweidnitz, Striegau bis Laasnig, vier Kilometer vor Goldberg. Da war ein großes Gut, dort lagen gegen 3 000 Menschen ohne Verpflegung. Da war es gut, daß dort noch große Kartoffelmieten waren. Da hatten wir wenigstens etwas zu essen.

Vom 29. Juni bis 1. Juli waren wir dort; da kam ein Rotes-Kreuz-Auto mit einem französischen Offizier, der sagte uns, wir sollen wieder nach Hause gehen. Da bin ich 200 Kilometer mit der Schiebkarre gefahren [1]).

Als wir zu Hause ankamen, haben wir wieder weitergearbeitet, Heu gemäht und eingebracht. Während dieser Zeit kam ein motorisiertes Bataillon Russen ins Dorf. Die beschlagnahmten das Gut und das Oberdorf. Im Schloß gab es so viel gute und schöne Möbel; die wurden alle bis auf das letzte zerschlagen und zu den Fenstern rausgeworfen. So war es in

---
[1]) Über die Austreibungen im Juni/Juli 1945 vgl. auch die unter Nr. 297— Nr. 305 (Bd. I, 2) abgedruckten Berichte.

sämtlichen andern Gebäuden. — Die Russen suchten immer „Arbeiterwohnungen", ihnen hatten sie erzählt, die deutschen Arbeiter hätten bloß Lehmhütten.

Während der Zeit hatten sich eine Menge junge Polen in einem leeren Gut eingenistet. Sie suchten sich jeder eine Wirtschaft aus, die ihnen gefiel, und zum Zeichen, daß sie besetzt war, steckten sie immer eine rote Fahne an.

Mit der Ernte ging es ziemlich schnell. Es war immerfort schönes Wetter. Ich hatte zwei Kühe [behalten], mit denen habe ich die ganze Ernte von 60 Morgen eingebracht. Als ich die letzte Fuhre reinhatte, kam der Pole und sagte mir: „Von heute an ich Chef, Du nichts mehr zu sagen." So war es auch bei den andern. Auf das Gut kam ein russisches Erntekommando und erntete ab, [es] wurde auch bald gedroschen und fortgeschafft.

Jetzt kamen auch die polnischen Familien an. Ich bekam bald 14 Mann ins Haus, Vater, Mutter, vier Söhne, eine Tochter, Schwiegersohn mit Frau und vier Kindern und eine Verwandte, in deren Wirtschaft die Russen drin waren. Die „neuen Bauern" fingen auch gleich an zu dreschen; natürlich mußten die Deutschen die meiste Arbeit machen, denn die Schw... hatten doch keine Ahnung von den Maschinen. Sobald das erste Getreide gedroschen war, wurde bald in jeder Wirtschaft eine Schnapsbrennerei eingerichtet, und wir mußten zusehen, wie unsere ganze Arbeit in Fusel umgesetzt wurde.

Die deutschen Bauern, die in ihren Wirtschaften waren, bekamen alle Monate ihr Mehl und Kartoffeln, auch die andern Deutschen, die bei den Polen arbeiteten, wurden beköstigt. Mehrere arbeiteten auch bei den Russen. Ich hatte Schmiede dabei. Da habe ich bloß noch in der Schmiede gearbeitet, um die Wirtschaft habe ich mich nicht mehr gekümmert.

Am 12. August 1945 mußte ich mich mit meinem Schwager G. G. und J. K. in Groß Merzdorf bei der Polizei melden. G. wurde zuerst vernommen. Der konnte zu Hause gehen. K. als zweiter, der mußte warten. Ich kam als letzter. Die erste Frage war, wieviel Polen ich geschlagen habe. Da sagte ich: „Einen." Da mußte ich mich auf einen Stuhl legen, und da hieben auch schon vier Mann mit Gummiknüppeln auf mir rum.

Ich hatte aber den Vorgang, warum ich ihn geschlagen hatte, genau geschildert. Der war nämlich bei dem Bauern P. als Kuhjunge, und auf dem Treck war er mit als Kutscher. Da hatte er einem alten Ehepaar zwei Koffer geklaut, und die hatten es gemeldet. Da sollte er von der deutschen Polizei erschossen werden. Da tat es mir noch leid um den Kerl, und [ich] sagte dem dortigen Bürgermeister, ich werde ihm ein paar aufhauen. Er solle die Polizei wieder wegschicken. — Hätte ich geahnt, was das [für] mich für Folgen haben würde, hätte ich ihn nicht angerührt.

Eines Tages kam der Kerl wieder ins Dorf und setzte sich in das Gut seines ehemaligen Herrn und wurde Bürgermeister (ist [es] aber nicht lange gewesen, die Ernte hatte er bald ausgedroschen und alles versoffen), und für meine Guttat hat er mich der Polizei gemeldet.

Vf. berichtet, daß der mitinhaftierte K. ihn nur aushorchen sollte und am nächsten Tag entlassen wurde.

Ich wurde weiter eingesperrt. Von Sonnabend früh bekam ich nichts zu essen und zu trinken. In der Nacht wurde die Zellentür aufgerissen, und [man] warf einen Mann zu mir rein und in die Nebenzelle auch einen. Die haben vor Schmerzen geschrien, die konnten weder sitzen noch liegen. (Es war der Gärtner B. und sein Sohn aus Käntchen.)

Am andern Tage fuhren sie uns nach Schweidnitz. Da wurden wir im „Hotel zur Loge" in die Kegelbahn eingesperrt. Die war in kleine Zellen eingeteilt zu zwölf Mann. (Da waren von dem Bahnhof Königszelt zwei Bahnmeister und noch vier andere.) In der Nacht holten sie die Bahnmeister zum Verhör. Die hatten sie [mit] Knüppeln und Stiefeln so bearbeitet, daß ihre Köpfe nochmal so dick waren. Den dritten brachten sie tot raus, den vierten brachten sie auch rausgeschleppt und warfen ihn zu den Toten (der war aber früh wieder aufgekrabbelt). — Da hatte jeder schon Angst, wer der nächste sein wird.

Sonnabends wurden wir drei wieder vernommen und in das Behördenhaus transportiert. Dort wurden wir mit Kinnhaken und Fußtritten empfangen und in den untersten Keller gesperrt, der als Luftschutzbunker gedient hatte. 24 Mann in einem Raum. In der Nacht kamen die Posten und holten sich immer welche raus in eine schalldichte Bude. Da mußten sich die Deutschen gegenseitig schlagen. Wenn einer nicht genug aufdrückte, mußte sich der drauflegen, und da schlugen ihn die Polen. — Das ging alle Abende so weiter. Wenn die Richter fort waren, ging's los. Da hatte es verschiedene dabei, die kein Leder von den Waden bis zum Rücken mehr hatten. Uns drei haben sie nicht mehr geschlagen.

Sonnabends wurde ich mit dem jungen B. entlassen, mußte aber noch ein Schriftstück unterschreiben, daß wir nichts gehört oder gesehen haben (was mit dem alten B. geworden ist, habe ich nicht mehr erfahren).

Als ich zu Hause ankam, mußte ich feststellen, daß mir meine Polen meine ganze Wohnung durchwühlt hatten und mir auch noch den letzten Anzug geklaut hatten. — Ich habe dann wieder weiter in der Schmiede gearbeitet. Da ich keinen polnischen Schmied in meiner Werkstatt hatte, hatte ich ja Arbeit genug, hab mir auch lassen gut bezahlen.

Die beiden Trecks, die noch zurückgeblieben waren[1]), sind bloß bis Görlitz gekommen. Die Polen ließen sie nicht mehr über die Neiße nach Schlesien[2]). Die meisten haben in den Dörfern um Görlitz gesiedelt. Aber es kamen doch immer noch welche durch. Jeder wollte doch wieder in die liebe Heimat. Da waren wir bald wieder um die 200 Deutsche im Dorf, mußten halt alle bei den Russen und Polen arbeiten. Geschlagen oder gemißhandelt ist niemand mehr worden.

Abschließend berichtet Vf. über die Ausweisung am 6. Juli 1946 und den Abtransport nach Westdeutschland.

---

[1]) im Sudetenland, nach der Flucht vor der Roten Armee im Februar 1945.
[2]) Vgl. den unter Nr. 119 (Bd. I, 1) abgedruckten Bericht.

Nr. 235

Erlebnisbericht des Landwirts A. F. aus Michelsdorf, Kreis Landeshut i. Niederschles.
Original, 30. Juni 1952.

Verhältnisse nach der Kapitulation unter russischer Besatzung und polnischer Verwaltung bis Mai 1946; in polnischer Milizhaft.

Nach der Kapitulation der deutschen Wehrmacht marschierten am 9. Mai 1945 die Russen in unser Dorf ein, vergewaltigten zahlreiche Frauen und Mädchen, soweit sie dieser habhaft werden konnten, und raubten Wertsachen, insonderheit Uhren, sowie Kleidung, Nahrungsmittel, Vieh, kurz, überhaupt alles, was ihnen gefiel.

Im Laufe der nächsten Tage kehrte etwas Ordnung und Disziplin ein, Frauen und Mädchen waren aber niemals sicher, lebten in steter Angst und mußten sich dauernd verstecken, wenn sie den Russen nicht zum Opfer fallen wollten. Plünderungen der Häuser und Beschlagnahmen von Vieh wurden des öfteren vorgenommen. Mißhandlungen und Morde haben sich die Russen in unserm Ort nicht zuschulden kommen lassen.

Nach kurzer Zeit marschierten die Russen wieder ab, bis auf ein größeres Kommando, das auf dem etwa 60 Hektar großen Hofe des Amtsvorstehers blieb und in der Folgezeit einen großen Teil der gesamten Heu- und Getreideernte der Gemeinde mit Hilfe der deutschen Einwohner einbrachte, zur Versorgung russischer Truppen, die in und bei Landeshut einquartiert bzw. im Biwak lagen.

Die Deutschen bekamen für ihre Mitarbeit gut und reichlich zu essen, geldliche Entlohnung erfolgte nicht. Es wurde gearbeitet von früh bis abends spät. Bei Sonnenschein und Regen wurde eingefahren und gedroschen, was zur Folge hatte, daß viel verdarb. Was die Russen nicht abernteten, konnten die deutschen Bauern in ihre Scheune bringen; es blieb ihnen aber auch nicht, sondern wurde von den Polen mit Beschlag belegt.

Im Juni kam dann polnisches Militär in unser Dorf, beschlagnahmte zwei nebeneinanderliegende Bauernhöfe, dabei war auch meiner, und bezogen in diesen mit Roß und Wagen Quartier. Wir mußten unsern Hof in Eile räumen, bis auf einige Möbelstücke konnten wir alles mitnehmen und fanden Unterkunft bei meinem Schwager R. K., der im Niederdorf einen Hof besaß. Im großen und ganzen hat sich das polnische Militär ziemlich korrekt und anständig gegenüber den Dorfbewohnern verhalten.

Ganz anders aber wurde es, als kurze Zeit später die polnische Zivilbevölkerung, und mit dieser die berüchtigte Miliz, ihren Einzug hielt. Unter der Herrschaft dieser Bestien hat die deutsche Bevölkerung bis zur Austreibung am 18. Mai 1946 entsetzlich leiden müssen. Dabei spielte die Parteizugehörigkeit kaum eine Rolle, alle Deutschen waren Freiwild.

In jedes Haus und jeden Hof zogen Polen ein. Sie waren die Herren, die ehemaligen Besitzer hatten nichts mehr zu sagen. Alle Schlüssel wurden ihnen abgenommen, und sie konnten von Glück reden, wenn ihnen ein bescheidener Raum oder eine Dachkammer zugewiesen wurde, in denen sie oft dicht zusammengedrängt kampieren mußten. Viele wurden aus ihren Häusern und Wohnungen getrieben, und sie mußten sehen, wo sie ein notdürftiges Unterkommen fanden.

Auf den Bauernhöfen erhielten die ehemaligen Besitzerfamilien für ihre Mitarbeit eine meist unzureichende Verpflegung. Es gab aber auch einige rühmliche Ausnahmen, wo Deutsche und Polen gut und friedlich zusammen lebten und letztere sich als Menschen zeigten. Die nichtbäuerlichen Einwohner haben während der Polenzeit schwer hungern müssen. Eine Lebensmittelzuteilung gab es nicht; sie mußten sehen, wo sie etwas herbekamen, und immer ein Stück nach dem anderen von dem, was ihnen von den Plünderungen geblieben war, an die Polen verkaufen, um ihr Leben zu fristen. Die besten Sachen an Kleidung, Wäsche, Betten und anderem hatten sie [die Polen] sich ja bereits angeeignet, so daß zum Verkaufen nicht viel übrig blieb. Auch von den Polen sind deutsche Frauen und Mädchen vergewaltigt worden.

Die Miliz, größtenteils unreife, wüste Burschen, wurde im Nachbardorf Hermsdorf, das an unser Dorf grenzte, in einem größeren Hause stationiert und in demselben ein GPU.-Keller eingerichtet. Was sich in den Räumen und dem Keller dieser Häuser an Bestialität und Grausamkeit an den deutschen Opfern abgespielt hat, spottet jeder Beschreibung. Tag und Nacht hat man in der Umgebung die Schmerzens- und Todesschreie der mißhandelten und gequälten Menschen gehört, ohne daß ihnen jemand helfen konnte. Auch ich und mein Schwager R. K. wurden zweimal von der Miliz abgeholt, das erstemal im Juli 1945.

Die schwer bewaffneten Milizer wollten angeblich Patronen in unserer Wohnung gefunden haben, was natürlich Lüge war. Schon auf dem Hofe wurden wir durch Faustschläge und Fußtritte traktiert und dann zum Milizhause gebracht. Unterwegs gab es des öfteren Fußtritte und Kolbenstöße. Dort angekommen, wurden wir in einem Zimmer wieder von anderen Polen in brutaler Weise geschlagen; das dabei auf die Diele geflossene Blut wurde ich gezwungen, aufzulecken. Anschließend wurden wir in den Keller gebracht, wo uns die Hände auf dem Rücken mit Bindfaden fest zusammengebunden wurden. Wir mußten uns dann hinlegen, und man fesselte uns, jeden mit einem Bein, durch Kette und Schloß fest zusammen, und so mußten [wir] bis zum andern Tage auf dem feuchten, kalten Steinpflaster liegen bleiben, nachdem man uns abermals geschlagen hatte.

In dieser Verfassung haben wir etwa 15 bis 16 Stunden zugebracht. Bei der geringsten Bewegung des einen oder des anderen schnitt die Kette ins Fleisch und verursachte große Schmerzen. Am nächsten Tage nachmittags wurden wir von den Fesseln befreit und nach Hause entlassen. Vorher mußten wir uns auch waschen, von Schmutz und Blut reinigen und versichern, keinem Menschen etwas zu sagen, da wir sonst wieder abgeholt würden.

Im Januar 1946 wurden wir das zweitemal abgeholt. Gegen Mitternacht donnerten Milizer an Haustür und Fenster und holten uns, nachdem die Tür von einem Polen geöffnet worden war, aus den Betten. Grund der Verhaftung war, daß wir noch ein Motorrad, Radio und Wertsachen versteckt haben sollten. Nur notdürftig bekleidet wurden wir bei Schnee und Frost nach dem ca. zwei Kilometer entfernten Milizhaus getrieben. Unterwegs gab es des öfteren Fußtritte und Kolbenstöße; auch wurde ein mitgeführter Schäferhund auf uns gehetzt.

Am Ziel angekommen, wurden wir über die Kellertreppe runtergestoßen und eingesperrt und noch während der Nacht abwechselnd zweimal mit Gummiknüppeln, fast bis zur Bewußtlosigkeit, auf Gesäß, Oberschenkel und die nackten Fußsohlen geschlagen. Wir sollten unser Versteck und solche von anderen Dorfbewohnern verraten, was wir aber nicht machten, und so wurden wir immer wieder verprügelt, bis sie einsahen, daß damit nichts zu erreichen war. Motorrad und Radio hatten die Russen schon mitgehen heißen. Der Keller war in unbeschreiblicher Verfassung. In einer Ecke lagen stinkige, verfaulte Kartoffeln und Rüben, und ihre Notdurft mußten die Eingesperrten auch im Keller verrichten.

Es waren kleine Zellen aus Latten eingerichtet, die mit ein bis zwei Personen belegt waren. Der Keller war dauernd voll besetzt. Wenn welche entlassen wurden, hatte man wieder andere. Am anderen Tage gegen Abend wurden wir wieder entlassen. Ich war derart zugerichtet, daß ich unterwegs abbaute und von meiner Frau und Tochter mit dem Sportschlitten abgeholt werden mußte. Zwei Wochen habe ich an den Folgen dieser Tortur zu Bett liegen müssen.

Viel schlimmer als die an mir und meinem Schwager verübten Mißhandlungen waren die an zahlreichen Männern und Frauen verübten Scheußlichkeiten sadistischer Art. Wie ich von glaubwürdiger Seite erfahren habe, sind mindestens 24 Menschen im Milizhause zu Tode geprügelt und gequält worden. Die Opfer waren aus Michelsdorf und den benachbarten Gemeinden, z. T. auch zurückkehrende Landser.

Hier folgen die Namen von sieben Personen, die dem Vf. persönlich bekannt waren.

Die Deutschen hatten unter den üblichen Schikanen der polnischen Gemeindebehörden, wie Ausgehverbot zu gewissen Zeiten, Absperrung von Straßenteilen, Tragen von Armbinden, Rauchverbot auf der Straße, Grußpflicht usw. auch sehr zu leiden. Der Oberbürgermeister unseres Bezirks, zu dem sieben Gemeinden gehörten, war ein Nationalpole und deutschfreundlich; er wohnte in Michelsdorf. Ihm hatten wir manche Milderung zu verdanken; doch konnte er leider nicht so, wie er wollte. Bei der Austreibung ist er, in einem Reisekoffer versteckt, mit uns nach dem Westen gekommen.

Vf. berichtet anschließend noch kurz über Austreibungen im Laufe des Jahres 1945[1]*).*

[1]) Abgedruckt als Anmerkung zu Bericht Nr. 347 (Bd. I, 2).

Nr. 236

Erlebnisbericht der M. W. aus L a n d e s h u t i. Niederschles.
Original, 24. Oktober 1951.

Von polnischen Behörden veranlaßte Exhumierung auf dem jüdischen Friedhof in Landeshut, Drangsalierung der hierzu zusammengetriebenen Deutschen.

Es war am 11. April 1946. Ich hatte eine wichtige Besorgung und mußte daher den kurzen Gang in die Stadt unternehmen. Man wagte sich sonst nicht aus dem Haus, konnte man doch zu jeder Tageszeit „geschnappt" werden, meist zu irgendwelchen Schmutzarbeiten. An diesem Morgen, gegen 10.30 Uhr, ging ich nur ein paar Schritte, da ertönte schon von der anderen Straßenseite das gefürchtete „Hallo" des polnischen Milizers, dem man unbedingt Folge leisten mußte. Ich zeigte meinen Ausweis, der in Ordnung war, aber der Pole steckte ihn nur ein und sagte: „Mitkommen!" Unterwegs hielt er noch ein paar Mädchen an und brachte uns auf die Miliz.

Dort im Hof war schon ein ganzer Trupp Frauen versammelt; keiner wußte, warum. Wir mußten Spaten und Schaufeln vom Boden des Polizeigebäudes holen, in Viererreihen antreten und unter Milizbedeckung durch die Stadt marschieren. Damit es keinem einfiel, sich aus dem Staube zu machen, schossen unsere Wachposten von Zeit zu Zeit in die Luft. — Es ging zum Stadtrand, einen Hügel hinauf in immer schnellerem Tempo — zum jüdischen Friedhof. — Nun ahnten wir, was uns bevorstand, hatten wir doch von Leichenausgrabungen aus der Umgegend schon gehört.

Man jagte uns in die hintere Ecke, wo Männer bereits am Graben waren. „Mäntel ausziehen!", kam der Befehl. Dann: „Hinein in die Grube und mitschaufeln". Mit Erleichterung stellten wir fest, daß es ganz harter, alter Boden war, also ein neu zu schaufelndes Grab. ...

Dann erschien ein Milizer oben am Rand und suchte vier junge Mädchen aus. „Mitkommen!" Wir kletterten hastig und ängstlich hinauf. Wir wurden auf die andere Seite des Friedhofes geführt, wo ebenfalls Männer am Schachten waren. Aber hier waren es Gräber mit Leichen gefüllt, wie wir an dem üblen Geruch merkten. Und hier klatschte es schon mit Gummiknüppeln und Stöcken auf die Rücken der emsig arbeitenden deutschen Männer, hier wurden immer wieder unterdrückte Schreie laut. Wir mußten eine Tragbahre anfassen und bekamen etwas draufgelegt — einen Toten? Wir schauten nicht hin, rannten nur mit der Bahre auf Befehl bis zu dem Rasenplatz in der Mitte des Friedhofes. „Absetzen!" Dann rannten wieder zwei Männer herbei, die unsere Last abnehmen und auf den Rasen betten mußten. Wir ahnten das alles mehr, wir schauten noch immer nicht hin. Da war dieser fade, süßliche Geruch, der sich immer mehr verbreitete und einem in der Kehle würgte. Wieder im Laufschritt zurück zum Grab und nun: „Packt selbst an, los!" Jetzt mußten wir schauen.

Da unten lagen halbverfaulte Leichen, wohl ein bis zwei Jahre unter der Erde, mit gestreiften Kleiderfetzen angetan — KZler. Wie sollten wir zupacken? „Mit den Händen, Ihr deutschen Schweine." Wir stiegen halb in die Grube hinab und zerrten zu zweit eine Leiche nach oben. Noch waren es keine sauberen Skelette; Schenkel und Becken waren noch dick mit Fleisch bekleidet, nur die obere Schicht quoll uns als bläulich, schwarze Masse durch die Finger. Und dieser pestartige Gestank! Wir keuchten wieder zum Rasenplatz, legten nun selbst unsere Last neben die anderen Leichen: „Vorsicht, Vorsicht! Wirst du langsam!" Wir wollten uns die schmierigen, schwarzen Hände im Gras abwischen. Es wurde nicht gestattet. Weiter!

Auf der Friedhofsmauer in der Nähe des Grabes hatten sich die Schaulustigen der polnischen Bevölkerung eingefunden. Das Taschentuch vor der Nase hockten sie stundenlang da, überschütteten uns mit wüsten Schimpfereien und feuerten die Miliz zu immer wilderen Hieben an. Uns wurde der Atem immer kürzer, die Leichen immer schwerer; wir kriegten sie nicht mehr hoch. Ein „Ich kann nicht mehr!" entschlüpfte meinen Lippen; da spürte ich einen derben Stockschlag und noch einen und noch einen.

Nun war mir alles gleich. Ich schleifte die Leiche an meinen Strümpfen, an meinem Rock, an meinem weißen Pullover hoch, ich mußte sie um jeden Preis auf die Bahre bringen. Es gelang. Ich roch nun selbst wie eine Leiche; es grauste mir vor mir selbst. So keuchten wir wohl noch fünfzehn-, zwanzigmal hin und her mit unserer grausigen Last. Wir konnten nicht mehr. O doch, wir konnten alle immer wieder, wenn die Stockschläge prasselten, gegen die Beine, über den Rücken, ja über den Kopf!

Endlich wurden wir abgelöst. Wir taumelten zurück zum neuen Grab und wühlten aufatmend in der sauberen, duftenden Erde, die wir über den Grabrand werfen mußten. Steine bohrten wir heraus; was tat es, daß die Fingerspitzen bluteten, es waren ja Steine, saubere, feste Steine! Die Tränen, die einem übers Gesicht liefen, konnte man nicht wegwischen. Also aufhören zu weinen, tapfer sein und so mithelfen an der Sühneleistung für die Verbrechen, die in unserem Volk begangen worden waren.

Stunde um Stunde wurden neue Trupps aus der Stadt herbeigeführt, Männer und Frauen, Junge und Alte und Lahme. Fast ertrat man sich; einer nahm dem anderen die Arbeit aus der Hand. Die Erde wanderte hin und her. Nur beschäftigt mußte man sein und tief auf den Boden gebückt. Kam man für Sekunden mit dem Kopf hoch, gab es Schläge, schrien die Zuschauer auf der Mauer: „Hierher, hierher, schlag sie!" und dann nach erfolgter Züchtigung die Freudenrufe: „Dobrze, gut, mehr!" — Nahm man einen Stein zur Hand, um besser graben zu können, so wurde das auch streng bestraft: „Mit den Händen, du faules deutsches Schwein!"

Es war Mittagszeit, die Sonne brannte immer heißer, drüben auf dem Rasen legten sie die Leichen Reihe an Reihe. Wieder mußte ich ran zum Leichentragen, wieder gab es Prügel von 17jährigen Milizburschen. Andere Mädels mußten nun Wasser vom nahegelegenen Ziederfluß holen und mit ihren Taschentüchern die Schädel und die linken Unterarme abwaschen — für die medizinische Begutachtung. Die Kleiderfetzen mußten entfernt und die Taschen nach Papieren durchsucht werden. Die Luft über dem ganzen Friedhof war nun unerträglich. Und die Sonne ging immer noch nicht unter. Endlich wurden die Schatten länger, der Wind kühler. Ob man uns abends

entließ oder einsperrte? Das neue Grab war fertig; die ersten Leichen wurden hineingelegt, eine Reihe, dann Kalk darüber, dann die nächste Schicht. Also wieder ins Massengrab!
Die Neugierigen sprangen von der Mauer, umstanden das Grab und heulten vor Wut. Wir mußten uns immer tiefer ducken. Die Männer, die die Leichen herausschleppen mußten, wurden halbtot geprügelt. Von zwei Seiten schlugen Milizer auf sie ein und brüllten hohnerfüllt und stolz: „Jetzt wir deutsche SS.!" Ich sah einen Mann mit weißem Haar, dem Stirn- und Kopfhaut unter den Schlägen aufplatzte, der die Hände erhob und wimmerte: „Was wollt ihr von mir? Ich tue doch alles, was ihr mir auftragt. Warum schlagt ihr mich so?" Einer war schon ganz zusammengebrochen und lag neben den Leichen. Er soll tot gewesen sein. Ich konnte nicht mehr hinschauen. Es war mir, als müßte ich wahnsinnig werden — wenn Männer so schreien und wimmern!
Um 19.00 Uhr das erlösende: „Alles antreten!" Nur wenige waren so glücklich, gleich ihren abgelegten Mantel zu greifen. Wieder zu Viererreihen, jetzt ein Riesenzug, aber nicht geradewegs zum Tor, sondern um den ganzen Friedhof Spießrutenlaufen. Zu beiden Seiten stand die Miliz mit ihren Peitschen und Stöcken und prügelte uns zum Tor hinaus, ja verfolgte uns noch über die Wiese bis zum Fluß. Wir wären am liebsten hineingesprungen, aber ich kam nicht mehr vorwärts, so zitterten mir die Knie. (Nur gefrühstückt hatte ich, nun war es abends — und was dazwischen lag!) Zwei Bekannte faßten mich unter, und so wankten wir auf Nebenwegen nach Hause. Was würde morgen sein? — Ich hielt mich verborgen; um die Ausweise kümmerte ich mich nicht. Zwei Tage noch holten sie die Leute von der Straße und von ihren Arbeitsplätzen aus den Fabriken weg. Dann war die Aktion beendet [1]).

Nr. 237

Bericht des ehemaligen Bürgermeisters L. R. aus dem Kreis L ö w e n b e r g i. Niederschles.
Original, 8. Januar 1953, 11 Seiten. Teilabdruck.

Geordnete deutsche Selbstverwaltung in der Gemeinde X. unter russischer Besatzung; Banditenunwesen, allgemeine Unsicherheit, Enteignung und Verdrängung der deutschen Bevölkerung nach Übernahme der Verwaltung durch die Polen.

Anfang Mai 1945 war die bedingungslose Kapitulation Deutschlands. Der Feind war wohl bis in die benachbarten Orte herangerückt, hatte aber unsern abgelegenen Ort X. nicht erreicht. In den benachbarten Dörfern waren die Bürgermeister ihres Amtes von den Kommunisten enthoben worden, und Kommunisten hatten sich an ihre Stelle gesetzt. In meiner Gemeinde hatte man den Wunsch, daß ich die Gemeinde und ihr Schicksal

---
[1]) Unter ähnlichen Umständen wurden in dieser Weise überall in den unter polnischer Verwaltung stehenden Gebieten Exhumierungen veranlaßt, wo ehemalige KZ.-Häftlinge, russische Kriegsgefangene und verstorbene polnische Landarbeiter beerdigt worden waren. — Vgl. die unter Nr. 248, Nr. 254, Nr. 263, Nr. 271 (Bd. I, 2) abgedruckten Berichte.

weiter lenken solle. Auf Grund dessen wurde ich vom russischen Kommissariat in F. verpflichtet, die Gemeinde weiter zu verwalten. Ich will dazu bemerken, daß wir an das russische Kommissariat F. angeschlossen waren. Ganz nach freiem Ermessen war ich auf mich und die mir beistehenden Gemeinderäte angewiesen. Alle Fäden der Versorgung waren zerrissen, das Markensystem war abgebrochen, und die Gemeinde mußte mit Brot, Butter, Fleisch und Milch versorgt werden, so gut es eben ging.

Grundlage für die Versorgung meiner Gemeinde konnten nur die Erzeugnisse und eventuellen Vorräte der Gemeinde sein. Die Mühle mit Brotbäckerei des Ortes konnte sich einen schönen Vorrat an Getreide erhalten, und die Landwirte lieferten ihre Bestände und neuen Erträge an die Mühle ab. Ich selber stellte Brotmarken mit dem Gemeindesiegel her, um zu kontrollieren, daß jeder mit Brot versorgt war. Bis zur Übernahme der Verwaltung konnte ich pro Kopf und Woche an drei Pfund Brot bewilligen. Da die Gemeinde von jeher selbst butterte, war auch die Butterversorgung gesichert. Wegen der Fleischversorgung hatte ich mich mit einem benachbarten Fleischer in L. in Verbindung gesetzt, da X. keine Fleischerei aufzuweisen hat. Dafür liefert die Gemeinde ab und zu Schlachtvieh. Dies geschah alles gegen reguläre Bezahlung. Die Butter- und Fleischverteilung richtete sich nach dem örtlichen Aufkommen. Dies ging alles gut, bis am 15. Oktober 1945 der polnische Oberbürgermeister mit einem polnischen Bürgermeister bei mir erschien und mir das Amt abnahm.

Es wurden neue Büroräume in der Ortsschule eingerichtet. Alle noch vorhandenen Akten, soweit sie nicht auf Anordnung verbrannt waren, mußte ich abliefern, u. a. die Personenliste, die landwirtschaftliche Besitzaufstellung, die Viehzähllisten und die Grundsteuer- und Butterrolle.

Schon vor der Übernahme der Verwaltung erschien eine russische Polizeistreife. Sie beauftragte mich, sofort alle Waffen, Munition, Auto, Fahrräder, Fotoapparate und Landkarten einzuziehen, und erklärte mir, daß ich mit meiner Gemeinde dem russischen Kommissariat unterstellt sei. Kurze Zeit darauf erschien der russische Kommissar mit einem russischen Militärbeamten, welche inzwischen zum Schutz in dem ortsangrenzenden L. stationiert worden waren. Auch er beanspruchte ein gewisses Quantum der Erzeugnisse meiner Gemeinde, aber wohlgemerkt, alles gegen ortsübliche Bezahlung.

Es spitzte sich jedoch etwas zu, als der polnische Oberbürgermeister die Erzeugnisse der Gemeinde ganz für sich beanspruchte, so daß ich dann nur auf Umwegen den Bewohnern, die nichts hatten, etwas zukommen lassen konnte. Schlimmer wurde es, als am 15. Oktober 1945 der polnische Bürgermeister Wrobel das Amt des sołtys (Bürgermeister) übernahm. Sämtliche Akten und Stempel mußten ihm abgeliefert werden, später auch die Gemeindekasse mit den dazugehörenden Belegen.

Durch den polnischen Oberbürgermeister wurde ich verpflichtet, in der neuen polnischen Bürgermeisterei mitzuarbeiten. Meine Arbeit bestand lediglich darin, Auskunft zu geben über einzelne Besitztumgrößen, Viehstand und Ernteflächenmaße, mußte auch Verfügungen über Ablieferung ausarbeiten und dafür sorgen, daß die Butter, Getreide, Eier pp. regelmäßig an die polnische Bürgermeisterei abgeliefert wurden. Bezahlung erfolgte in der ersten Zeit regelmäßig, später wurde weniger gezahlt, bis sie ganz ausblieb. Ähnlich war es mit der Viehlieferung. Jedoch bediente man sich dabei zum größten Teil des Diebstahls. Diese Erzeugnisse wurden vom polnischen Bürgermeister auf dem Schwarzen Markt in Hirschberg zum größten Teil verkauft. Den Erlös benutzte der Bürgermeister für sich. Von Beginn der polnischen Verwaltung an waren Einbruch und damit verbundene Plünderung an der Tagesordnung; wehe denen, die sich den Banditen entgegenstellten!

Vf. schildert anschließend den Hergang eines solchen Einbruchs in seinem Hause durch einen bewaffneten Polen.

Für die Arbeiten, die den Polen geleistet wurden, erfolgte zuerst eine geringe Bezahlung, später jedoch gab es keinen Lohn. Brotmarken erhielten nur die, welche arbeiteten; aber auch nur in der ersten Zeit gab es Brot dafür. Zuletzt hieß es, Brot für Deutsche gibt es nicht. Viele Frauen mußten im Walde arbeiten, teilweise auch schwer, z. B. beim Holzschälen. Eine Bezahlung für die letzten drei Monate ist nicht erfolgt.

Ich selber wurde von den Polen sehr belästigt und verdächtigt, daß ich wüßte, wo Flüchtlingsgut oder persönliche Sachen versteckt seien. Immer wurde ich mit der Miliz bedroht. ...

Inzwischen wurde ein Gehöft nach dem andern von Polen besetzt. Den Besitzern wurden sämtliche Schlüssel abgenommen, und man ließ ihnen nur einen Raum, wo sie schlafen und wohnen mußten. Aus letzteren ließ der Pole auch noch herausbringen, was er gebrauchen konnte. Wie schon erwähnt, Vieh- und Ernteerzeugnisse sowie das Raub- und Plünderungsgut verkaufte der Pole selbst, nur nicht an Deutsche. Deutsche durften beim Polen nur gegen Essen arbeiten, Entlöhnung erfolgte zuletzt nicht.

Bei mir zog der Pole am 13. April 1946 ein mit der Behauptung, er sei der Chef; ein Schreiben vom polnischen Landrat, daß er die Schlüsselgewalt besitze, legte er mir vor. Ohne Widerrede mußte ich ihm die Schlüssel aushändigen und zusehen, wie mein sehr reichlicher Bestand an Wäsche, Kleidung, Möbel, Betten und Hausrat vom Polen weggenommen wurde. Am ersten Osterfeiertag 1946 hatte ich nicht soviel, daß ich mit meiner Frau und Tochter die Kleidung und Wäsche wechseln konnte. Dadurch, daß die Deutschen immer wieder was tauschten, war es möglich, daß sie ihr Leben fortfristen konnten.

Anschließend berichtet Vf. über die Ausweisung im Juli 1946[1]*).*

Nr. 238

Bericht des R. W. aus H i r s c h b e r g i. Niederschles.
Original, 3. Juli 1950.

Enteignung und Entrechtung der deutschen Bevölkerung durch die polnische Verwaltung.

Die Angelegenheit ging kurz und schmerzlos vonstatten; es wurde alles nur durch große Plakate geregelt. Eines schönen Tages erschien ein Plakat, in dem mitgeteilt wurde, daß der Deutsche nichts mehr besitze, sondern daß

[1]) Abgedruckt unter Nr. 352 (Bd. I, 2).

der polnische Staat bestimmt, was dem Deutschen zu verbleiben habe — und das war nichts. Auf Grund dieser Verkündung wurden nunmehr die Wohnungen durchsucht, den Deutschen fast alles, was beweglich und begehrenswert erschien, abgenommen, die Menschen auf der Straße ausgeplündert, beim Sichsträuben oder gar Wehren von der Miliz eingesperrt und geprügelt.

Kurz darauf erschien ein weiteres Plakat, in dem die deutsche Bevölkerung angewiesen wurde, die Miete für die Wohnungen nicht mehr an die bisherigen Hauseigentümer, sondern an die nachgenannten Mieteinzugsämter abzuführen. Auch die bisherigen Hausbesitzer hatten die für ihre Wohnung anfallende Miete an das zuständige Einzugsamt abzuführen. Damit war die Enteignung des Hausbesitzes ausgesprochen.

Ein drittes Plakat forderte auf, Fragebogen bei der Gemeindeverwaltung gegen 2 Złoty das Stück zu erwerben und in diese die Gegenstände, die sich in den bewohnten Räumen befinden, genau aufzuzeichnen mit Werten usw., da diese Wertgegenstände Bestandteile der Wohnungen würden. Damit war die deutsche Bevölkerung auch von ihrem Mobiliarbesitz befreit.

Ein viertes Plakat erschien, mit welchem der Bevölkerung mitgeteilt wurde, daß für jede elektrische Brennstelle ein Grundbetrag von x Złoty im Monat zu zahlen sei. Die Beträge waren so hoch, daß sie von Deutschen nicht aufgebracht werden konnten und sie dadurch auf die Brennstellen verzichten mußten.

Aber auch die persönliche Freiheit wurde in unerhörter Weise geraubt. Jeden Morgen zogen Milizstreifen durch die Straßen, die begegnende Frauen in erster Linie zusammenfaßten, sie zu Kolonnen zusammenstellten und zu Zwangsarbeit vorzugsweise in die Kasernen führten, um dort die niedrigsten Arbeiten zu verrichten. Auch Männer blieben auf der Straße nur unbeeinträchtigt, wenn sie Ausweise über Betätigung bei polnischen Behörden oder Firmen bei sich trugen, andernfalls sie gleichfalls zu Kolonnen zusammengetrieben und zu Zwangsarbeiten geführt wurden.

VI. Das Schicksal der deutschen Bevölkerung in Polen, den früheren Provinzen Posen uud Westpreußen und der Freien Stadt Danzig unter polnischer Staatshoheit und Verwaltung.

1. Die polnische Verwaltung in Danzig und in den 1937 zum Reichsgebiet gehörenden Kreisen Westpreußens.

Nr. 239

Erlebnisbericht von Frau Dora Mletzko aus E l b i n g i. Westpr.
Original, 3. Mai 1951.

Vorgänge nach dem Einmarsch der russischen Truppen in Elbing: Gewaltakte, Mißhandlungen von Frauen, Verschleppungen nach Rußland; Verdrängung der Deutschen durch polnische Ansiedler, unerträgliche Verhältnisse unter polnischer Verwaltung von Mai 1945 bis zur Ausweisung im November 1945.

Am 9. Februar 1945 erreichten die Russen unseren Stadtteil, Königsbergerstraße/Hochstraße, in meiner Heimatstadt Elbing. Nachdem die furchtbaren Kämpfe vorüber waren (es ist bekannt, daß Elbing zu den meistzerstörten Städten im Osten zählt), glaubten wir, aufatmen zu können und ahnten noch nicht, daß erst jetzt die viel größeren Schrecken über uns kommen würden.

Kaum hatten uns die ersten Russen in unserem kleinen, selbstgebauten Bunker unseres Gartens (Hochstraße 5) entdeckt, begannen sie, uns auszuplündern. Uhren, Schmuck, alle Wertgegenstände wurden uns genommen. Das alles berührte uns aber wenig, denn wir alle (wir waren etwa 18 Menschen, Miteinwohner) waren nach dem tagelangen Beschuß unseres Stadtteiles total erschöpft und ausgehungert, da wir den Bunker während dieser Zeit nicht verlassen konnten. Unser Wohnhaus war längst abgebrannt.

Da kam ein betrunkener Russe hinzu und verlangte „Schnaps" von uns, den wir natürlich nicht hatten. Voller Wut darüber nahm er eine Handgranate und warf sie in den Bunker, der unweigerlich in die Luft gegangen wäre und uns alle begraben hätte, wenn nicht — sei es Fügung — gerade am Bunkereingang ein Wassereimer gestanden hätte. In diesen Wassereimer fiel die Granate. Es zischte, der Bunker war voller Rauch, und so wurden nur die, die dem Bunkereingang am nächsten saßen, verletzt, zwei von ihnen schwer, sie wurden von den Russen erschossen, darunter mein Onkel, Bernhard Harwardt, 56 Jahre alt. Sie wurden einfach erschossen, weil sie nicht mehr die Kraft besaßen, weiter zu gehen, als wir anschließend herausgetrieben wurden, schlimmer wie Vieh. So begann der Leidensweg für viele, viele Tausende von Menschen, alt und jung.

Von allen Straßen, aus allen Häusern wurden die Menschen zusammengetrieben und eingesperrt, sei es im Gefängnis oder in anderen öffentlichen Gebäuden. Wir z. B. wurden in die Bergschule getrieben und mußten dort die Nacht verbringen. Es war grauenvoll. Zusammengepfercht lag alles neben- und aufeinander, alles erschöpfte, ausgehungerte Menschen. Einige aßen noch etwas, die meisten hatten aber nichts, denn man hatte ja keine Gelegenheit gehabt, sich noch etwas zu beschaffen.

Noch glaubten wir, vielmehr hofften wir, daß das bald vorüber sein und wir wieder in die Häuser zurückgeschickt würden. Man hatte uns schon „warmes Essen" versprochen! Welch ein Hohn, wie lange sollten die meisten von uns das nicht mehr sehen, viele gar nicht mehr. Das Gejammere der Kleinen und Großen, die Hunger und Durst hatten, und der eigene Hunger waren schon unerträglich. Wenn ich an die vielen weinenden Kinder denke, meine eigenen zwei- und dreijährig (es gibt wohl nichts herzzerreißenderes, als die Kinder vor Hunger weinen zu sehen), an eine Gebärende (ohne irgendwelche Hilfsmittel), dann packt mich heute noch das Grauen.

Und dann begann wohl das Schlimmste, was uns Frauen zustoßen konnte. Es war entsetzlich, als wir das Unfaßbare erkannten. Die Bestien kamen ohne Unterbrechung, leuchteten mit ihren Laternen in dem Raum umher und nahmen sich eine nach der andern. Es gab keine Hilfe. Und es gab wohl kaum eine Frau, der dieses Schicksal der rohen Vergewaltigung erspart geblieben ist, auch ich bin ihm nicht entgangen. Meine armen Schwestern, jung und unerfahren, und die vielen, vielen Frauen und Mädchen, die sich fügen mußten, wenn sie nicht erschossen werden wollten. Sofern sich jemand weigerte, mitzugehen, wurde die Pistole gezeigt. So verlief die erste Nacht der „Befreiung" durch die Russen.

Am frühen Morgen wurde die ganze Menschenmasse zur Stadt hinaus getrieben. Frauen und Kinder in großen Trupps, ebenso Männer gesondert. Das war der Morgen des 10. Februar 1945, der für alle Zeiten in mein Gedächtnis eingegraben ist. Ich sehe alles vor mir, heute wie damals. Die herzzerreißenden Szenen, die sich da abspielten, kann man nicht wiedergeben. Meine beiden Schwestern im Alter von 16 und 26 Jahren, die meine damals schwerkranke Mutter geführt hatten, wurden von ihrer Seite gerissen. Wie konnten wir nur ahnen, daß wir sie niemals wiedersehen würden, ebenso meinen Vater, der weiter hinten in der Reihe der zusammengetriebenen Männer stand.

Erst viel später, als wir Elbing verlassen hatten, haben wir durch zurückgekehrte Freunde und Bekannte von dem Leidensweg unserer armen Toten erfahren. Einige von ihnen, die mit ihnen in Sibirien waren, konnten uns nur noch mitteilen, daß sie alle starben, besser gesagt verendeten. Die zu Skeletten abgemagerten Toten wurden laut Bericht nackt in Massengräbern verscharrt. Was diese Armen erleiden mußten, kann wohl keiner ermessen.

Ich selbst entging der Verschleppung, weil ich meine beiden Kinder fest umklammert hielt, als die Russen an mir zerrten. Es war ein Glückszufall; denn auch das war kein Hinderungsgrund. Wieviele Mütter wurden von der Seite ihrer Kinder gerissen. Eine junge Mutter, die mir ihren Kinderwagen überließ, nachdem sie ihren verhungerten Säugling im Kissen an den Straßenrand gelegt hatte, damit ich mein schwerkrankes, halbverhungertes eineinhalbjähriges Mädchen hineinlegen konnte (es starb ein Jahr später an Hungerskorbut), wurde in demselben Augenblick von den Russen mitgezerrt. Sie rief wie alle noch nach ihrer Mutter, die ihr zu Hilfe eilen wollte, aber mit Kolbenstößen wurde auch sie weggetrieben. Alle diese jungen, blühenden Menschen, die da weinend und klagend standen, andere auch vollkommen apathisch, sich kaum noch aufrecht haltend, werde ich mein Lebtag nicht vergessen können. Nachdem von unserem Trupp alle jungen Mädchen und Frauen herausgerissen waren, wurden wir, ein kleiner Rest, in die brennende Stadt zurückgetrieben. Es gelang uns, bis in die Stadtmitte zu kommen, wo ich bei meiner Freundin, Frau Edith Kämmer, in deren Wohnhaus, Traubenstraße 18, Unterkunft fand. Die dauernden Belästigungen, Vergewaltigungen, will ich nur nebenbei erwähnen. Das sollte auch vorläufig kein Ende finden. Wir waren nun eine Menge Leute in diesem Haus und lebten die nächsten Wochen zunächst in den Kellern unter den denkbar primitivsten Verhältnissen, schutzlos, rechtlos, der Brutalität und Willkür der Russen Tag und Nacht ausgesetzt. Die andauernden Plünderungen berührten uns gar nicht mehr, aber die anhaltende Angst vor immer neuen Vergewaltigungen lähmte uns vollkommen.

Die Verschleppungen hielten an, täglich hörte man die Hilfeschreie der Frauen, die von überall weggeholt wurden, aus den Häusern, auf der Suche nach Nahrungsmitteln (man war doch darauf angewiesen, sich etwas Eßbares aus den leerstehenden Kellern und Wohnungen zu suchen), beim Wasserholen am Brunnen (Licht- und Wasserleitungen waren doch völlig zerstört). Ich selbst lebte immer in Todesangst, denn der Gedanke, von den Kindern weggerissen zu werden, war wohl das Schlimmste, was einem zustoßen konnte. Und der Gefahr, verschleppt zu werden, war man immer und überall ausgesetzt.

Ich will nachstehend berichten, wie die Russen diese Verschleppungsaktionen vornahmen: Es war am Karfreitag — sie hatten eine besondere Vorliebe, solche und ähnliche Feiertage oder Sonntage auszuwählen —, als unsere Straße plötzlich abgeriegelt wurde. Es pfiff und schrie von allen Seiten, und innerhalb weniger Minuten waren alle Häuser sowie Gärten umstellt. An ein Entkommen war also nicht zu denken. Alle Häuser wurden vom Boden bis zum Keller durchsucht. Es gelang mir, mich in letzter Minute in einem — schon für diesen Zweck hergerichteten — Versteck zu verkriechen (denn es war nicht das erste Mal). Dort wartete ich zitternd und halb von Sinnen, ob es mich diesmal ereilen würde, aber es ging auch diesmal an mir vorüber. Aus unserem Haus allein wurden damals vier Frauen (darunter auch eine Mutter von kleinen Kindern) mitgenommen. (Zwei davon kamen später wegen Alter und Krankheit zurück.) Ich sah nur kurz — als die Russen das Haus so schnell verlassen hatten, wie sie vorher gekommen waren, denn eine Straße reihte sich an die andere und wurde anschließend abgeriegelt — einen langen Zug von Frauen und Mädchen mitten auf der Straße, weinend und klagend, einige mit Bündeln bepackt, andere mit Decken und wieder andere nicht einmal mit Mänteln bekleidet. Und es war kalt. Diesen traurigen Zug werde ich auch nicht vergessen. Mit den Gewehrkolben der rohen Kerle wurden sie voran getrieben.

Dann kam der 20. April, auch solch ein Schreckenstag. Schon vorher erreichten uns alle möglichen Gerüchte. Aber der Tag verlief ruhig, und wir waren zuversichtlicher und legten uns schlafen. Allerdings in Kleidern, denn anders kannten wir keine Ruhe mehr. Im Ernstfall mußte man wenigstens angekleidet sein. Und dann wurde es doch eine schlimme Nacht. Sieben groß angelegte Brände habe ich in dieser Nacht allein gesehen. Wieder war das Haus plötzlich voller Russen. Trotzdem wir Haustüren mit Brettern vernagelt und auf jede nur mögliche Weise verrammelt hatten, waren sie plötzlich da, und diesmal gelang es auch mir nicht, mich zu verstecken. Todmüde und ausgehungert, wie man schon war, fehlte es an Kräften, sich auch noch zu wehren und aufzulehnen. Es regnete in Strömen, als wir Frauen alle — die Kinder zurücklassend — herausgetrieben wurden, bis auf einige alte Leute, darunter auch meine Mutter. So blieb mir dieser eine Trost, daß meine beiden kleinen Kinder wenigstens in der Obhut meiner Mutter zurückblieben. Sie waren durch den Lärm wach geworden und schrien fürchterlich und riefen nach mir, während die Russen schon an mir zerrten. Damals glaubte ich nicht, daß ich noch einmal zurückkommen würde.

Es war furchtbar und läßt sich in Worten nicht wiedergeben. Aber es war bezeichnend für die Russen, wie sie uns in dieser Nacht quälten, nur aus bloßer und wilder Freude. Sie trieben uns an mehreren Brandstellen vorüber, an jeder Brandstelle einen Trupp zurücklassend. Wir waren ein langer Zug, aus einem ganzen Stadtteil zusammengeholt. Und man wunderte sich, daß überhaupt immer noch so viele da waren.

Ich selbst befand mich unter einem Trupp, der in der Petristraße zurückbleiben mußte. Es brannte dort ein großes Haus, und wir mußten uns dicht davor aufstellen. Einmal der strömende Regen, zum andern die hohen Flammen, das Knistern, die unerträgliche Hitze, die Todesangst, daß das Haus über uns zusammenstürzen könnte. Und plötzlich schrien die Russen, wir würden abgezählt, jeder zehnte sollte vortreten, die sollten erschossen werden, weil die Deutschen diese Brände alle angelegt hätten! Welch ein Wahnsinn, als ob auch nur ein Deutscher es gewagt hätte, nachts die Straße zu betreten, er wäre sofort unweigerlich erschossen worden von den Streifen.

Während diese Bestien zählten, schossen andere über unsere Köpfe hinweg, es pfiff und knallte überall, und es entstand ein wirres Durcheinander. Wir versuchten wegzulaufen, aber das war natürlich aussichtslos, denn die Russen hatten uns sofort umzingelt. Dieses Grinsen von ihnen, diese teuflischen Fratzen, sehe ich heute noch vor mir. So weideten sie sich an unserer Todesangst, wußten sie doch, daß wir hilflos waren.

Dann stießen sie uns plötzlich mit ihren Gewehrkolben und riefen, wir sollten alle laufen, sonst würden wir noch alle erschossen. Wir sind dann — so schwach wir schon waren — doch um unser Leben gelaufen, bis wir in der Dunkelheit uns etwas sicherer fühlten. Das war um 3.00 Uhr morgens, um 12.00 Uhr hatten sie uns herausgeholt. Einige wenige von ihnen brachten uns dann zurück in unsere Straße und taten uns nichts mehr. Jedesmal nach solch einem oder ähnlichem Erlebnis brach man erschöpft zusammen.

Von diesen und ähnlichen Erlebnissen war man im Laufe der Monate vollkommen zermürbt und abgestumpft. Dann kam etwas anderes, was uns von Neuem so erschüttern sollte. Wenigstens erging es mir so. Unter der „Führung" einer deutschen Kommunistin und deren Mann, die sich mit mehreren Russen wohl angefreundet haben mußten, wurden wir gezwungen, die vielen toten, noch in allen Straßen, Häusern und Kellern herumliegenden deutschen Soldaten zu beerdigen, d. h. zu verscharren. Ich wäre heute noch in der Lage, überall dort hinzugehen, wo wir sie hingelegt haben. Es war uns streng verboten, irgendwelche Papiere an uns zu nehmen. Nicht einmal diesen letzten Dienst durften wir diesen Armen erweisen. Wievielen heute noch Wartenden hätte man Nachricht geben können. Ich besitze heute noch ein kleines Soldatengebetbuch — leider ohne Namen — das ich an mich nahm, als wir dabei waren, wieder einige Soldaten so menschenunwürdig zu begraben. Man befahl uns, den Pferdekadaver mit ihnen zu verscharren. Man war manchmal halb ohnmächtig vor Mitleid mit diesen Toten und deren Angehörigen, die man nicht einmal kannte.

Eines sei besonders erwähnt: In dem Hof der Pestalozzischule (Logenstraße) haben wir etwa 25 Soldaten zur Ruhe gebettet. Diese armen Soldaten waren alle schwer verwundet gewesen und lagen im Keller der Schule, die als Hilfslazarett eingerichtet gewesen sein muß, wie im Todeskampf teils umklammert, teils über- und nebeneinander. Es war entsetzlich anzusehen. Manche trugen untrügliche Zeichen von Verstümmelung und Erschießung. Es packt mich heute noch das Grauen, wenn ich das Bild vor mir sehe, diese Blutlachen und Klumpen. Sie alle waren von den Russen bestialisch ermordet worden.

Bei zwei Frauen, die wir einmal beerdigten, war klar erkenntlich, daß sie erst vergewaltigt und dann erschossen worden waren. Sie lagen halb entkleidet da, ein Bild des Jammers. Sie mögen sich auch gewehrt haben und dabei erschossen worden sein.

Anschließend gibt Vfn. Aussagen einer früheren Nachbarin wieder, die ihr über einen Gewaltakt russischer Soldaten berichtete, wobei mehrere Männer und Frauen ums Leben kamen.

Im Mai 1945 siedelten sich die ersten Polen in Elbing an. Auch von dieser Zeit gäbe es viel zu berichten. Die Plünderungen und Mißhandlungen bei Tag und Nacht nahmen zu. Die sogenannte „Miliz" war der reinste Schrecken für die restliche deutsche Bevölkerung. Fast alle deutschen Familien wurden aus ihren Wohnungen auf die Straße gesetzt, erst einmal und dann immer wieder, sobald man sich wieder notdürftig eingerichtet hatte und die Polen dahinter kamen. Auf diese Weise verschaffte sich — mit wenigen Ausnahmen — die ganze künftige polnische Bevölkerung ihre Wohnungen! Das waren alltägliche Bilder und Erlebnisse.

Diese Evakuierungen waren der „Miliz" immer ein willkommener Vorwand, die gehetzten und verängstigten Deutschen völlig auszuplündern, da sie „von Amts wegen" diese Evakuierungen zu überwachen hatten. Innerhalb weniger Minuten — je nach Laune der „Beauftragten" mußte man seine Wohnung verlassen, uns erging es nicht anders. Wer es wagte, sich aufzulehnen, wurde mit Schlägen herausgetrieben. Wie oft bin ich Zeuge solcher Vorgänge gewesen!

Die Mißhandlungen, denen man ausgesetzt war, waren nicht weniger grausam als die, die wir bis dahin von den Russen zu erdulden hatten. Sogar aus den Gottesdiensten wurden besonders die jüngeren Frauen öfter herausgeschleppt. Man mußte Kartoffeln schälen, Wohnungen, Kasernen reinigen, oder was um die Erntezeit noch schlimmer war, aufs Land. So blieben viele tagelang weg, ohne daß die Angehörigen etwas über den Verbleib der Betroffenen zu hören bekamen. Aus Angst vor diesen Vorgängen blieb man dem Gottesdienst fern, denn die Angst vor Verschleppungen war nach wie vor groß, wußte man doch nie, ob man jemals zurückkam bzw. wann. Ich habe damals viele Leidensgenossen gesehen, die blau geschlagen und zerschunden herumliefen, es war ein trauriges Bild, und nur zu oft mußte man mit den Tränen kämpfen.

Die Leute, die eine feste Arbeit bekamen, insbesondere Facharbeiter und sonstige Arbeiter, hatten das alles weniger zu befürchten. Sie hatten Ausweise, die sie meistens davor schützten. Mir selbst gelang es im Juni, neben noch einigen wenigen deutschen Frauen, eine Stelle auf der Stadtverwaltung, Abteilung Einwohnermeldeamt für Deutsche, zu bekommen. Die Stadtverwaltung befand sich zu der Zeit in der ehemaligen Mädchen-Berufs-Schule, Königsberger Straße. Das war für mich ein besonderer Glücksfall, denn im allgemeinen wurden Bürostellen an Deutsche nicht vergeben.

Die Bezahlung für den Neun-Stundentag war auch äußerst gering. Man bekam zehn Złoty pro Tag, das entsprach dem Wert einer Streichholzschachtel. Es war also unmöglich, davon zu leben. Wir hatten dort lediglich die Anmeldungen der Deutschen anzunehmen und Ausweise auszustellen.

Während dieser Zeit habe ich viel Elend und Jammer erfahren. Alle die vielen Tausende, von denen jeder ein eigenes Schicksal zu beklagen hatte. Wieviele Tote, Erschossene, Verschleppte wurden beklagt. Wieviele Kinder verkamen buchstäblich, da ihnen die Mutter genommen und der Vater erschossen war.

Dazu der zunehmende Hunger, der alle quälte, denn es gab ja, seit die Russen die Stadt besetzten, weder eine Zuteilung an Brot noch sonstigen Lebensmitteln. Die Möglichkeit, sich Lebensmittel zu ertauschen, wurde immer geringer, da die Plünderungen kein Ende nahmen. Somit wurde manch einem auch das Letzte genommen, und er war dem Hunger preisgegeben. Wohl gaben die Polen dann im Laufe des Sommers Brotkarten aus, auf die man wöchentlich etwa 100 Gramm Brot kaufen konnte. Das war alles. Und wieviele Alte, Schwache und Kranke konnten nicht einmal das kaufen, da sie kein polnisches Geld besaßten, sie verhungerten und gingen langsam zugrunde.

Wieviele Tote wurden täglich gemeldet! Die Sterblichkeitsziffer der Kinder war geradezu erschütternd. Meine kleine Tochter starb ein halbes Jahr später genauso an Hungerskorbut wie unzählige Kleinstkinder schon damals im Sommer 1945 in Elbing. Man denke, daß die Kleinen seit der Besetzung nie einen Tropfen Milch bekamen, noch sonst was ...

Am 1. November 1945 verließ ich zusammen mit meiner Mutter — die noch immer auf die Rückkehr unserer armen Verschleppten gewartet hatte — meine Heimatstadt Elbing. Die zwei Wochen dauernde Fahrt in Viehwagen über Dirschau, Schneidemühl, Neuküstrin mit zeitweisem Lageraufenthalt hat uns auch noch von der Niederträchtigkeit und Grausamkeit des kommunistischen, polnischen Pöbels überzeugt.

Die „Bahnmiliz" war ein fast noch schlimmeres Pack als die, die wir in Elbing kennenlernten. Von den Bahnsteigen wurden wir truppweise geholt und auch noch bis aufs Letzte ausgeraubt. In Schneidemühl z. B. mußte man sich fast völlig entkleiden und alles, was noch gefiel, wurde uns genommen. Dort habe ich mich noch mit meinem Ehering, den ich bis dahin gerettet hatte, loskaufen müssen, denn man wollte mich mit einer jungen Verwandten zusammen in den Keller sperren ohne Rücksicht auf meine Kinder, die meiner Mutter zugeschoben wurden. Es war klar, daß wir mißbraucht werden sollten. In meiner Angst suchte ich meinen Ring und meine Verwandte einige andere Schmuckstücke, und so entkamen wir dieser Horde. Und niemand, der es nicht selbst erlebte, wird ermessen können, wie uns zumute war, als wir endlich wieder nach solch einer Leidenszeit unter Deutschen waren und endlich wieder in menschenwürdige Verhältnisse kamen.

Nr. 240

Erlebnisbericht des Pfarrers A. W. aus **E l b i n g** i. Westpr.
Photokopie, 28. März 1950.

Vorgänge und Erlebnisse unter russischer Besatzung und polnischer Verwaltung in Elbing bis zur Ausweisung im Juli 1946.

Vf. war als Pfarrer in Elbing tätig, nachdem er 1939 mit seiner Gemeinde zusammen die livländische Heimat hatte verlassen müssen. Dem nachfolgenden Abdruck gehen einige kurze Bemerkungen voraus über die Situation in der belagerten Stadt.

Am 5. Februar 1945, 11.00 Uhr abends, brachen die Russen in den Luftschutzkeller unseres Pfarrhauses ein. Ich stellte mich ihnen in der Tür entgegen. Neben mir stand meine Frau. Da ich das Russische beherrschte, erklärte ich ihnen in ihrer Sprache, daß ich der Geistliche meiner Gemeinde wäre. Auf dieses Wort senkten sich die auf uns gerichteten Gewehre, und ich wurde gefragt, ob sich in diesen Räumen deutsche Soldaten oder Waffen befänden. Ich konnte mit Nein antworten. Man drohte, mich niederzuschießen, falls sich meine Aussage nicht bewahrheiten würde. Eine genaue Untersuchung jedoch bestätigte meine Worte. So ließ man mich und die anderen Insassen des Kellers unbehelligt, nur Uhren, Ringe und Schmuck wurden uns sofort auf das roheste abgerissen...

Am Tage nach dem Einbruch verkündeten die Russen durch Lautsprecher ununterbrochen vom Morgen bis zum Abend die Lügenmär: „Wir kämpfen nur gegen das Militär. Die Zivilbevölkerung bleibt unangetastet in ihren Wohnungen und bei ihrer Arbeit. Die Verpflegung wird eine bessere werden, als sie bisher gewesen ist." — Dabei wurde von Anfang an geplündert, geschändet und gemordet.

Am 12. Februar erschienen in den Wohnungen Soldaten und trieben alles auf die Straße mit der Lüge, alle müßten zum Kommandanten zwecks Registrierung der zurückgebliebenen Bevölkerung. Wir wurden in Gruppen zusammengetrieben, und dann ging es los auf den Marsch durch Eis und

Schnee aus der Stadt hinaus nach Osten ohne Rücksicht auf Alter und Geschlecht. Ich marschierte neben meiner Frau und unserer Gemeindeschwester, der Danziger Diakonisse Berta S. Wer nicht weiter konnte und ermüdet niedersank, ob Greis, ob Kind, wurde kurzerhand kaltblütig erschossen oder erschlagen. Proteste wurden mit Hohnlachen beantwortet. Mir war es klar, wohin der Weg führte. Nur eine Flucht konnte hier Rettung bringen. Gott half.

Als wir in stockfinsterer Nacht durch ein ganz zerstörtes Dorf getrieben wurden, schlugen wir uns noch mit einigen anderen Leidensgenossen unbemerkt in eine Seitengasse. Hier hielten wir uns eine Woche lang in einem zertrümmerten Hause versteckt. Zu essen gab es genug. Wir fanden Brot und Speck, die von der fliehenden oder vertriebenen Bevölkerung zurückgelassen waren.

Als nach einer Woche die Züge der durchs Dorf Getriebenen ein Ende nahmen, wagten wir es, nach Elbing zurückzuschleichen. Im Pfarrhause war unterdessen das meiste ein Raub der Plünderer geworden. Einige gut versteckte Wertsachen fanden wir wieder. Notdürftig richteten wir uns ein. Die durch den Beschuß zertrümmerten Fensterrahmen und Scheiben ersetzten wir, so gut es ging, durch aus einer benachbarten Gärtnerei herbeigeschaffte Frühbeetfenster.

Vor der Tür des Pfarrhauses lagen fünf unserer Soldaten tot. Wir bestatteten sie im Garten. Nachts war das Grab von den Russen wieder aufgegraben worden, weil sie vermuteten, ich hätte irgendwelche Kirchenschätze dort mitvergraben. Auf dem St. Annenfriedhof befanden sich als Erbbegräbnisse viele kleine Kapellen, in deren Gewölben die Särge der Verstorbenen standen. Alle diese Gewölbe und Särge sind von den Russen aufgebrochen worden. So groß war die Gier nach Raub, daß man nicht einmal den Toten ihre Ruhe lassen konnte.

Tags und nachts brachen ohne Unterlaß zuerst russische, dann polnische Banden in die Häuser ein, so daß ich während der ganzen Zeit bis zur Ausweisung habe nachts in Kleidern schlafen müssen, da sie einem, wenn man sie nicht am Leibe hatte, entwendet wurden. Zugedeckt habe ich mich mit meinem zerrissenen Mantel, da alle Betten fortgetragen worden waren. Sogar meine beiden Talare entrissen die Räuber mir...

Nach meiner Rückkehr aus der Verschleppung machte ich mich sofort an die Pflichten meines Amtes. Da alle Kirchen zertrümmert waren, richtete ich mir an zwei Stellen der Stadt in einigermaßen erhaltenen Häusern Andachtsräume ein, wo ich die ganze Zeit sonntags zweimal — an einem Ort am Vormittag, am andern am Nachmittag — Gottesdienst hielt. Trotz der stetigen Gefahr, auf der Straße aufgegriffen und erschlagen zu werden, fand sich stets eine große Zahl von Andächtigen zusammen.

Dann sammelte ich die in Elbing zurückgebliebenen Konfirmanden aus allen Gemeinden, unterrichtete sie weiter und konnte am Palmsonntag 1945 noch 150 junge Menschen einsegnen und prima vice ad sacra admittieren. Bis zu der Ausweisung habe ich noch 175 Kinder taufen können, darunter auch schlitzäugige Asiaten, die die vergewaltigten Mütter trotz der ihnen angetanen Schande bereit waren, christlich zu erziehen.

Groß war die Zahl der Sterbefälle. Ich habe in dieser Zeit über tausend Tote auf allen fern voneinander liegenden Friedhöfen Elbings bestatten müssen, darunter eine Reihe von Ermordeten. Gottes Wort hat viel Trost in dieser Trostlosigkeit gespendet.

Unter energischer Mithilfe einer aus Königsberg geflohenen Schwester Elfriede E. gelang es mit Gottes Hilfe, trotz aller fast unüberwindlich erscheinenden Hindernisse ein Alters- und Siechenheim für Deutsche einzurichten, das zuletzt über 64 Betten verfügte.

Am 1. April 1945 übergaben die Russen die Zivilverwaltung der Stadt den Polen. Ich verlangte vom neu eingesetzten polnischen Verpflegungsamt für die Insassen unseres Siechenheims Brot und Lebensmittel, da wir aus eigenen Mitteln nicht mehr imstande waren, das Nötige zu beschaffen. Nachdem ich anfänglich mehrmals schnöde abgewiesen wurde, gaben die Polen doch schließlich um meines unentwegten „Geilens willen" nach und stellten Brot und auch einige Lebensmittel unentgeltlich zur Verfügung. Nach und nach gelang es mir noch, für 830 Notdürftige, die in der Stadt zerstreut lebten, vom Verpflegungsamt Brotmarken zu erhalten, die ich ihnen monatlich austeilte, so daß viele dadurch vom Hungertode gerettet werden konnten. So war ich alle Tage vom Morgen bis zum Abend in Bewegung.

Dieses stetige Trösten und Helfen in Gottes Namen gab mir immer neue Kraft und neuen Mut.

Meine Frau hat die Strapazen der Verschleppung und des ständigen in Lebensgefahr Schwebens nicht überstehen können. Sie erkrankte und schloß am 6. Juni 1945 ihre Augen...

Ich wurde eines Tages nach der Rückkehr von einer Beerdigung von zwei Polizisten ohne Angabe der Ursache im Pfarrhause verhaftet und in ein Gewahrsam in einem Keller gesperrt. Von hier wurde ich, stets des Nachts, vor ein Tribunal geführt und über die unsinnigsten Dinge verhört. Ich hätte z. B. am Reformationsfest über die katholische Kirche geschimpft, hätte Rachepsalmen verlesen usw. Sie hätten Zeugen, die das alles gehört hätten. Ich konnte darauf nur jedes Mal antworten, daß ihre Zeugen lögen. Das erboste die Kerls dermaßen, daß sie mich in ihre „Gestapo" überführten und drohten, dort würde man mit mir ganz anders umgehen.

So kam ich in ein anderes Gefängnis. Hier hatte man mir einen Spitzel in meine Zelle gesetzt. Der fing seine Sache aber dermaßen dumm an, daß ich ihn vom ersten Augenblick an durchschaute. Er wurde des öfteren vorgeladen, um zu berichten. Mir log er vor, wie er jedes Mal schnöde behandelt worden wäre. Endlich wurde auch ich nach mehreren Tagen vor das hohe Gericht geführt. Ohne verhört zu werden, sagte man mir, um mich zu schrecken, ich möge mich vorbereiten zum Gang nach Vogelsang. Das war ein Wald bei Elbing, wo die Gestapo ihre unschuldigen Opfer erschoß oder erhängte. Darauf wies man mir eine Tür ins Nebenzimmer. Hier übergab mir ein Beamter meinen zerrissenen Mantel und sagte mir barsch, ich könne gehen. Es war an einem Sonnabend.

Am Tage darauf konnte ich meiner Gemeinde wieder Gottes Wort verkünden und blieb nun bis zu meiner Ausweisung von der Polizei unbehelligt.

Am Dienstag darauf ist der Polizeichef, der mich verhaftete, von seinen Kumpanen ermordet worden, wie ich gehört habe, wegen meines livländischen goldenen Verdienstkreuzes, das er aus dem Pfarrhause während meiner Verhaftung gestohlen und sich angeeignet hatte. Aus Habgier haben seine Kameraden ihn niedergeschlagen, um ihm den Raub zu entreißen. Er hat seinen Lohn dahin!

Vf. berichtet anschließend noch kurz über seine weitere seelsorgerische Tätigkeit bis Mitte Juli 1946 und fährt fort: Zu dieser Zeit erschienen große Plakate an den Straßenecken mit der Ankündigung der zwangsweisen Aussiedlung aller Deutschen aus Elbing, die auch etappenweise vollzogen wurde. Da auf diese Weise die von mir bis dahin betreute Gemeinde aufgelöst und abtransportiert wurde, hörte meine Tätigkeit in Elbing auf, und war ich meiner Pflicht zum weiteren Bleiben enthoben.

Am 14. Juli 1946 erging der Befehl des Abtransports auch an mich. Zu 2 500 Menschen wurden wir in zwei große Kähne gepfercht und durch den Kraffohlkanal nach Danzig-Neufahrwasser befördert[1]). Hier verlud man uns in geschlossenen Güterwagen ohne jegliche Sitz- oder Liegegelegenheit. Nur das nötigste Handgepäck, zehn Kilo, durften wir mitnehmen. Nach langer Fahrt hielt unser Zug in Frauendorf, einer Stettiner Vorstadt. Hier wurden wir mit vielen anderen, die vor und nach uns eintrafen, auf zwei Wochen in ein Lager gesperrt. Außer den Elbingern befanden sich dort viele Einwohner der Insel Wollin mit ihrem Pastor. Auf meine Bitte hin gestattete der Lagerkommandant, allmorgendlich Andachten unter freiem Himmel zu halten, die wir Amtsbrüder abwechselnd verrichteten. Endlich ging es über die Grenze nach Westdeutschland.

Nr. 241

Bericht von Wolfgang Drost aus D a n z i g.
Beglaubigte Abschrift, November 1951.

Vorgänge und Zustände in Danzig von Januar bis Dezember 1945.

Nach einer einleitenden Skizze der militärischen Operationen Anfang 1945 schreibt Vf.:

Die Stadt Danzig war zu Anfang des Jahres 1945 übervoll an Menschen geworden. Unaufhörlich zogen ostpreußische Flüchtlinge mit Pferd und hochbepackten Wagen durch die Stadt hindurch nach Pommern zu oder blieben auch in der Stadt und Umgebung hängen. Man schätzte 400 000 Flüchtlinge. Militär und Verwundete strömten herein und wurden untergebracht. Die Gesamtzahl der Köpfe mag im März auf ca. eine Million gestiegen sein. Dafür hatten viele Danziger die Stadt zunächst mit der Bahn, dann zu Schiff verlassen. Ganze Behörden richteten im Westen Ausweichstellen ein, die Technische Hochschule in Schmalkalden, die Gauselbstverwaltung in Schwerin, der Magistrat in Stralsund. Jedoch blieben im allgemeinen die Spitzen der Behörden in der Stadt und versuchten in letzter Stunde sich zu Schiff in Sicherheit zu bringen. Der Untergang einiger dieser

---
[1]) Vgl. den unter Nr. 337 (Bd. I, 2) abgedruckten Bericht.

Flüchtlingsschiffe brachte die ersten Schrecken. Die „Wilhelm Gustloff" wurde torpediert und sank am 30. Januar 1945. Etwa 6 000 Menschen, fast ausschließlich Frauen und Kinder, kamen ums Leben¹).

Seit Mitte März hatte wirkungsvollerer Artilleriebeschuß eingesetzt. Flieger warfen Bomben mäßigen Kalibers. Eine Anzahl von Häusern war zerstört worden. Das Rechtstädtische Rathaus war ausgebrannt, vom Franziskanerkloster, in dem das Stadtmuseum untergebracht war, blieb nur das gewölbte Erdgeschoß stehen. Weitere Brände, die schließlich kaum mehr bekämpft werden konnten, griffen um sich.

Am Morgen des 27. März drangen die Russen von Südwesten und West, von der Petershagener Straße, von Schidlitz und der Großen Allee her in die Stadt ein. Die Vorstädte Langfuhr, Oliva, Zoppot waren einige Tage früher genommen worden, während die Niederstadt jenseits der Mottlau erst ein bis zwei Tage später besetzt werden konnte. Wie es uns am Petershagener Wallgelände erschien, gab es keinen heftigen Widerstand. Zwar hatten Wehrmachtskommandos, Parteistellen und Bürgerschaft mit ungeheurem Eifer die um die Stadt gelegenen Höhen und Wälder durch ein dichtes und breites Netz von Zickzackgräben zur Verteidigung herrichten müssen, Brücken und Bahndämme waren gesprengt worden, die aus der Stadt herausführenden Straßenausgänge waren durch Palisadenwände und Gräben gesichert worden. Aber viele dieser primitiven Verteidigungsstellen wurden gar nicht mehr bezogen. Die Arbeitskolonnen machten sich rechtzeitig aus dem Staube.

Wenn auch an manchen Stellen, wie die Gefallenen hinterher bewiesen, gekämpft worden war, so doch nirgends planvoll und mit Festigkeit. Danzig wurde eben im Verlauf jener Rückzugsbewegung preisgegeben, in der die Deutschen nicht direkt flohen, aber aus den ganzen unseligen politischen Verhältnisse heraus nur mit halber Kraft, ohne entschiedenen Willen und größere strategische Maßnahmen kämpften. — Die Stadt Danzig war unmittelbar nach der Einnahme, das sei betont, im großen und ganzen noch erhalten, jedenfalls so, daß die Schäden sich hätten beheben lassen.

Am Sonntag, dem 25. März 1945, sah man überall in der Stadt Flugblätter des Generals Rokossowski herumflattern, die im Falle einer Übergabe in üblicher Weise ehrenvolle Gefangenschaft und für die Bürgerschaft Unversehrtheit an Gut und Leben garantierten²). So sehr der brennende Wunsch der Danziger darauf ausging, dieses letzte Furchtbare, die sinnlose Zerstörung der schönen alten Stadt zu verhindern, man wußte es: Jeder Versuch, das Verderben aufzuhalten, war umsonst.

Von höchster Parteistelle war die Weisung gegeben worden, Danzig, wie so viele andere historische Stätten Deutschlands, bis zur Vernichtung zu verteidigen. General Weiß, so sagte man, sei schon abgesetzt, weil er die Verteidigung der an Bevölkerung und Verwundeten überfüllten Stadt nicht hatte verantworten wollen. Ein neuer, gefügigerer General war eingesetzt worden. Der Oberbürgermeister war wohl gegen die Verteidigung, der Gauleiter durfte diese Ansicht nicht teilen. So nahm das Schicksal seinen Lauf.

¹) Vgl. Bericht Nr. 16 (Bd. I, 1), S. 71, Anm. 1.
²) s. den Wortlaut dieses Flugblattes in dem unter Nr. 75, S. 395 (Bd. I, 1) abgedruckten Bericht.

Die Bevölkerung saß in den Kellern und Luftschutzräumen oder suchte, aus brennenden Gebäuden vertrieben, irgendwelchen Schutz, als die Russen kamen. Der Einzug der Feinde, vielmehr ihr Einsickern, denn man sah kaum eine geordnete größere Truppenmasse, vollzog sich für die Zivilbevölkerung im allgemeinen unblutig. Es wurde noch nicht systematisch geplündert. Nur die Uhren und augenfälligeren Wertgegenstände wurden sofort abgenommen. Auch begann man damit, Frauen und Mädchen abzusondern und zu vergewaltigen.

Noch bevor die ganze Stadt besetzt war, wurde ein großer Teil der Bewohner jeden Alters gezwungen, die Stadt zu verlassen, wie man bedeutete, aus Gründen der Sicherheit. In langen Kolonnen oder kleineren Gruppen, mehr oder weniger scharf bewacht, zogen sie die großen Verkehrsstraßen [nach] St. Albrecht, nach Bankau, Karthaus oder suchten die Langfuhr-Olivaer Wälder auf. Die Nächte verbrachten diese Menschen in halb zerstörten Bauernhäusern, Ställen oder im Freien, überall aufgeschreckt von russischen Soldaten, die unaufhörlich Frauen und Mädchen herausholten[1]. Manche dieser nächtlich herumziehenden Menschentrupps legten sich wie große Vogelschwärme auf die Felder nieder. Nebenbei auf der Chaussee hörte man die russischen Soldaten lachen, die sofort wie die Raubvögel in die Menge stießen und ihre Beute herausholten. Das Schreien und Jammern nahm kein Ende. Auch zu blutigen Akten kam es, wenn die Frauen sich weigerten oder Männer sie zu schützen versuchten. Manchmal erhob sich so ein Schwarm voller Verzweiflung und zog mitten in die brennende Stadt zurück.

In Matzkau, Praust, Neufahrwasser und anderen Stellen wurden größere Lager gebildet. Die Arbeiten, zu denen ein Teil der Menschen in den Vorstädten und auf dem Lande gezwungen wurde, Aufräumen oder Dienste für die Truppen, waren mäßig. In den Lagern wurde überhaupt nichts getan. Lebensmittel wurden tagelang nicht ausgeteilt, falls nicht gütmütige Soldaten etwas zusteckten, was recht oft vorkam. Überhaupt zeigte sich der russische Soldat, wenn man von den geschlechtlichen Ausschreitungen absehen will, von Haus aus gutmütig. Das Wetter war gut, die Tage warm, die Nächte allerdings kalt, aber noch gerade erträglich. Unausdenkbar die Katastrophe, die eingetreten wäre, wenn sich dieses alles in widriger Winterszeit abgespielt hätte.

Nicht alle Hinausgetriebenen blieben in der näheren Umgebung. Männer wie Frauen mußten weitermarschieren, nach Graudenz, Bromberg, Pr. Stargard, in die Neustädter Gegend. Mehrere Tausend wurden aber auch ins Innere Rußlands bis an den südlichen Abhang des Ural verschleppt, und nur durch zurückkehrende Polen hat man von ihnen erfahren.

... Die Zahl der insgesamt Umgekommenen läßt sich schwer schätzen. Indessen, wo man auch immer die Verhältnisse überblicken konnte, fand man eine reiche Ernte des Todes. Die Zahl 100 000, die Ende April genannt wurde, erscheint glaubhaft. Später im November wurden weitaus höhere Zahlen angenommen, bis zu 300 000 Menschen, wobei man natürlich die zu Anfang des Jahres eingetretene Überfüllung der Stadt in Rechnung ziehen muß.

---

[1] Vgl. die unter Nr. 78 und Nr. 79 (Bd. I, 1) abgedruckten Berichte.

Den meisten bei der Besetzung Danzigs Vertriebenen gelang es jedoch, schon nach acht bis vierzehn Tagen, also in den ersten Apriltagen, in die Stadt zurückzukehren. Ihren entsetzten Augen bot sich das Bild einer vollkommenen Zerstörung dar, die also inzwischen durch systematisches Anlegen von Brand bewerkstelligt sein mußte. Kaum ein Gebäude, geschweige denn eine der einst so behaglichen, kunstreichen Straßen war wiederzuerkennen. Wenn von den Häusern noch etwas stand, so waren es bröckelnde Vorderwände mit leeren Fensterhöhlen. Das malerische Gemenge der schon immer baufälligen Hinterhäuser und Höfe war verbrannt und zu einem wüsten Durcheinander zusammengebrochen, aus dem einzelne Teile, Kamine und Mauerspindeln neben verkohlten Baumstrünken in die Lüfte ragten. Aus den Straßen waren Schutthalden geworden, in denen sich die Ziegel oft meterhoch häuften. Zerstörte Kraftwagen lagen hier und dort, auch Leichen von Menschen und Pferden. Ein übler säuerlicher Geruch lag über den erkalteten verkohlten Gegenständen oder stieg beißend aus den noch schwelenden Trümmern heraus.

Von den festgefügten berühmten Gebäuden Danzigs, wie dem Zeughaus und dem Grünen Tor, standen nur noch die beschädigten Fassaden, der Vernichtung geweiht, denn jeder stürmische Tag riß Teile herunter, und der Winterfrost wird das Vernichtungswerk vollenden. So steht es um jene bekannten Profangebäude, den Artushof, die Georgshalle, den Stockturm mit der Peinkammer, das Theater. Vom Krantor sind nur die beiden dachlosen Rundtürme übriggeblieben. Grauenhaft war der Anblick der einstigen Prunkstrasse, der Langgasse und des Langen Marktes, der Guten Stube Danzigs, dieses Schmuckstücks städtebaulicher Kunst, mit dem Danzig allen Städten des stammverwandten Holland den Rang abgelaufen hatte. In der Langgasse ließ sich nur ein einziges Haus im Erdgeschoß zum Wohnen herrichten (ehemals Haus Machwitz).

Über Hügeln von Schutt, aus dem man Teile von Skulpturen, Giebelbekrönungen, Ornamenten herausragen sah, über rauchgeschwärzte und zerbröckelnde Fassaden und einem Chaos von Mauerresten ragte der formlose Stumpf des Rathausturmes, dessen berühmte zierliche Bekrönung herabgestürzt war, und daneben, jetzt nicht mehr umringt und halbverdeckt von dem Gedränge schmaler Giebelhäuser, bot sich der finstere und ausgeraubte Anblick der Marienkirche dar. Der Dachstuhl war verbrannt, die schlanken Giebeltürmchen bis auf eins herabgestürzt. Der mächtige Hauptturm, das Wahrzeichen Danzigs, war ausgebrannt und der kleinen Bekrönungsdächer beraubt. Durch seine offenen Fensterhöhlen blickte man hindurch wie durch eine Kulisse.

Auch das Innere der Marienkirche war fast ganz zerstört. Die Gewölbe waren zum großen Teil eingestürzt, der Boden aufgerissen, die Gräber ausgeleert. Von den Kunstwerken, soweit man sie nicht fortgeschafft hatte, hingen nur einige steinerne Epitaphien an den Pfeilern. Der Zustand von St. Johann und St. Katharinen war ähnlich. St. Brigitten war vollständig zerstört. Nur von St. Nikolai hatten die Gewölbe bis auf eine Einbruchstelle standgehalten. Wenn von den Außenbauten die Backsteintürme, obschon ausgebrannt, meist noch aufrecht standen, so waren doch die barockgeschwungenen kupfernen Bekrönungen sämtlich vernichtet, die jene für Danzig so charakteristische Vermählung von Mittelalter und Barock hervorgebracht und die Silhouette der Stadt unter den norddeutschen Küstenstädten unverkennbar gemacht hatten.

Suchten nun die zurückkehrenden Menschen, deren sich mehr und mehr ein elementares, die persönlichen Sorgen noch übertönendes Angstgefühl bemächtigte, ihre alten Keller und Zufluchtstätten auf, in welche die Hausgemeinschaften das Beste und Notwendigste aus den Wohnungen gebracht hatten, so fanden sie, daß auch hier Zerstörungswut und Plünderung getobt hatten. Vieles war geraubt worden, weitaus mehr aber lag am Boden zerstreut; Kleidungs- und Wäschestücke, zerbrochener Hausrat, Lebensmittel dazwischen, alles durcheinandergeworfen, zerwühlt, zerstampft und ekelhaft beschmutzt. Fußhoch bedeckte unbeschreibliches Chaos den Boden der Keller oder andere Räume, deren Fensterscheiben zerbrochen, deren Möbel umgestürzt und demoliert waren, stinkend — ein widerwärtiger Anblick, der in seiner vollkommenen Sinnlosigkeit ein Spiegelbild der trostlosen Empfindungen war, die sich mehr und mehr der Menschen bemächtigt hatten.

Und so war es nicht etwa nur in den einzelnen Stadtteilen, sondern straßauf, straßab, keine noch so entlegene Gasse war ausgelassen. In der Innenstadt gleichermaßen wie in den Vorstädten Ohra und Schidlitz hatte sich die Vernichtungswut ausgewirkt. Einige Grade erträglicher waren die Eindrücke in Langfuhr, Oliva und Zoppot, weil hier die Häuser weniger zerstört waren.

Aber viele Menschen gelangten gar nicht mehr an ihren ursprünglichen Wohnplatz zurück. Die Gemeinschaften waren auseinandergesprengt. Frauen klagten um ihre Männer, Männer, die aus den Lagern zurückkamen, fanden ihre Frauen nicht. Kinder waren abhanden gekommen. Am schlimmsten waren alte, hilflose Menschen dran, die ihre Verwandten verloren hatten. Man fand sie, vollständig erschöpft von Hunger und Entbehrung, herumirrend und irgendwo den Tod erwartend. Am Platz vor der Hauptkommandantur sah man eine Frau, zur Greisin geworden, zum Skelett abgemagert, auf einem Steinhaufen sitzend und aus roten Augenhöhlen regungslos ins Weite starren, einer furchtbaren Sybille gleichend, die der Stadt die Zeit namenlosen Jammers verkündete. Der junge polnische Offizier, mit dem ich zum ersten Male wieder in die Stadt fuhr, griff spontan nach der Pistole, weil der Anblick für menschliche Augen kaum zu ertragen erschien.

Wer Lebenswillen hatte, versuchte, so gut es ging, sich in den Ruinen einzunisten. Oft hätte man angesichts der Zerstörung nicht geglaubt, daß hier noch Menschen hausen könnten. Über Ziegelhaufen und verkohlte Balken hinwegsteigend, fand man wohl ein Loch, um in die dunkle Wohnstätte einzudringen, deren zerbrochene Fenster mit Brettern oder Pappe vernagelt waren. Das tägliche häusliche Leben ließ sich überaus schwierig an. An den wenigen Brunnen standen die Frauen Schlange mit Wassereimern. Sie mußten manchmal von weither bergauf, bergab, vom Bischofsberg nach der Johannisschule, von Stolzenberg ins Stadtgebiet gehen, um das stark eisenhaltige, schnell sich trübende Brunnenwasser zu holen.

Die Bevölkerung wurde sofort zur Arbeit gezwungen. Kolonnen wurden aufgestellt. Männer und Frauen mußten von morgens 7 oder 8 Uhr bis nachmittags um 16 Uhr den Schutt von der Straße räumen. Die Kolonnen wurden meist von den Polen aufgestellt. Dafür bekamen die Arbeitenden eine Wassersuppe und, wenn es gut ging, etwas Brot. Das war die einzige Ernährung und Entlohnung.

Die Vorräte, die noch erhalten geblieben waren und sich in Kellern und den wenigen Wohnungen fanden, waren bald aufgezehrt. Aus verlassenen Nachbarkellern und Räumen wurde herausgeholt und fortgenommen, was brauchbar erschien. Auch sprach sich rund, wo irgendwelche Vorräte wie Salz, Essig, Seifenpulver zu holen waren. Begehrt war der halbverbrannte Zucker, den man bei den großen Speichern in Neufahrwasser fand, obwohl er sich manchmal als zu bitter zum Genuß erwies. Fischmehl wurde zu Klopsen verwendet, mit Fischöl briet man Kartoffeln.

Die Begriffe von Mein und Dein galten nicht mehr. Jeder nahm, was er fand. Es war ohnehin für den rechtmäßigen Eigentümer verloren. Glücklich, wer im unverschütteten Keller noch Kartoffelvorräte vorfand und ein paar Kohlen zum Kochen besaß. Nahezu drei Monate aß man Kartoffeln, morgens, mittags und abends. Als Zukost wurden wildwachsende Kräuter wie Brennesseln, Löwenzahn und Sauerampfer gesucht. Brot gab es gar nicht.

Als die Kartoffeln in der Stadt zu Ende gingen, versuchte man sie vom Lande zu holen und, wenn möglich, herrenlose Mieten zu öffnen. Man sah Frauen und Kinder unter der Last der Kartoffelsäcke keuchen oder hochbepackte Handwagen ziehen und schieben. Wer keinen Wagen besaß, suchte sich einen gegen Abgabe eines Teiles der geholten Kartoffeln zu leihen. Meistens blieb man zwei Tage unterwegs, weil der Weg zu weit und anstrengend war. Vielen gelang das Unternehmen nicht, sie wurden zur Arbeit herangeholt, die Kartoffeln wurden ihnen zum Teil oder insgesamt weggenommen, der Wagen beschlagnahmt.

Was so zwischen den Trümmern sein Dasein fristete, trug die Spuren von Entbehrung und Krankheit an sich. An den eingefallenen gelben Gesichtern mit rot umrandeten Augen, der dürftigen Kleidung und unsicheren Haltung erkannte man den Deutschen, den die Katastrophe so schwer mitgenommen hatte.

Bald zeigten sich die Folgen der einseitigen und unregelmäßigen Ernährung, des schlechten Wassers und des Schmutzes. Ruhr und Typhus brachen aus. Kaum einer blieb von schweren Magenstörungen verschont. An einigen wenigen Stellen bemühten sich die Russen um Hilfe. Es ließen sich Polikliniken mit deutschen Ärzten unter russischer Aufsicht einrichten, wohin sich die Menschen mit ihren vielen Leiden wie Durchfall, Brandwunden, Verletzung durch Granatsplitter begaben. Auf Bahren wurden die Kranken von weither getragen. In der Hautklinik des Städt. Krankenhauses reihten sich täglich Hunderte an. Zu den vielen Geschlechtskrankheiten, die durch die Überfälle der russischen Soldaten hervorgerufen waren, kamen unzählige Fälle von Hautausschlägen, die mangelhafte oder veränderte Ernährung verursacht hatten.

Die ärztliche Betreuung in den großen Lagern war katastrophal. In Matzkau bekamen die Kranken übermangansaures Kali ein als Desinfektionsmittel gegen Typhus und Ruhr. Sie lagen sterbend und tot tagelang in den Gängen. Im Narvik-Lager von Neufahrwasser starben während einer gewissen Zeitspanne täglich etwa vierzig Menschen an Typhus. Als Ende Oktober endlich das Lager von Graudenz aufgelöst wurde, da waren von 7—8 000 Menschen weniger als 2 000 Menschen, man sagt 1 300—1 400, übrig geblieben.

So kümmerlich das Vegetieren in den dürftigen Wohnstätten sich anließ, schlimmer noch waren die Verhaftungen von der Straße weg oder aus den Wohnstätten und das Verschlepptwerden in Lager oder provisorisch in Privathäusern eingerichtete Militärstellen, denen irgendein sogenannter Kommandant vorstand. Da füllten sich nachts die Keller bis zum Bersten. Ehe man endgültig untergebracht wurde, gab es nichts zu essen. Auf langen Märschen, etwa von Danzig nach Gotenhafen, von dort wieder nach Matzkau, wurden die Menschen hin- und hergeschoben. Es folgten Verhöre, meist des Nachts, bisweilen für den Einzelnen stundenlang. Die Behandlung war in der Regel erträglich. Der Vorgeladene bekam gegebenenfalls sogar Tabak, um sich eine Zigarette zu drehen. Es kam aber auch oft vor, daß Männer mit der Faust, mit dem Stock oder mit blanker Klinge blau und blutig geschlagen wurden.

Man konnte nachts aus den Trümmern Schreien und Hilferufe hören. Grundsätzlich wurde Spionage, Sabotage, Propaganda der Zurückgebliebenen geargwöhnt. Zwischen Angehörigen der Partei und den Übrigen wurde meist, vor der Hand wenigstens, kein Unterschied gemacht. Man konnte Enttäuschung und Verzweiflung derer erleben, die als Sozialisten und Kommunisten Feinde der Partei gewesen waren und den Tag der Besetzung oder, wie sie dachten, der Befreiung durch die Russen herbeigesehnt hatten.

Die Regel war, daß die Männer aus diesen kleinen Kommandanturen nach einigen Tagen oder ein bis zwei Wochen entlassen wurden. Aber nun begann erst recht das Martyrium. Da sie nichts von Entlassungspapieren mitbekamen, wurden sie von der nächsten Straßenwache oder irgendeiner Patrouille schnell wieder aufgegriffen, zum „Kommandanten" geschleppt, und das Ganze begann von neuem. Da es in den ersten Tagen gewöhnlich nichts zu essen gab, bekamen diese Menschen tagelang keine Nahrung. Ich kenne einen Mann, der immer wieder von der Straße weg verhaftet, zwölf Tage ohne Essen blieb.

Tatsächliche Grausamkeiten wurden im allgemeinen, wie erwähnt, vermieden. Aber diese Praktik des ständigen Verhaftens und Verschleppens ließ die übernächtigten und ausgehungerten Menschen, die vielfach nichts vom Verbleib ihrer Familien wußten, mutlos werden und verzweifeln. Auch wurde in den Kellern auf Krankheit, vor allem auf den fürchterlichen Durchfall, keine Rücksicht genommen. Die Russen gewöhnten sich bald ab, mit sofortigem Erschießen zu drohen. Die Antwort, die sie prompt von den verzweifelten Menschen bekamen, war: „Bitte, das würde uns eine Erleichterung sein."

Dabei mag noch erwähnt werden, daß eine große Anzahl der Bürger, die zu Ärzten und Apothekern Beziehung gehabt hatten, Gift nahmen und so ihr Leben endeten. Frauen nahmen es nach der Vergewaltigung. Vielen, aber nicht allen, gelang der Freitod durch Aufschneiden der Pulsadern. Überhaupt nahm man mit Erstaunen wahr, wie leicht die Grenze zwischen Sein und Nichtsein zu überschreiten war, von der in normalen Zeiten so viel Aufhebens gemacht wird.

Das Aussehen der Innenstadt nach der Besetzung und das Leben in ihr blieb in den ersten Wochen jammervoll. Die Straßen, deren Mitte allmählich begehbar wurde, blieben verödet. Frauen und Kinder, armselige Gestalten, meist Eimer tragend, hasteten längs der Ruinen, in ständiger Angst, aufgegriffen zu werden. Von irgendeiner fruchtbaren Arbeit war außer dem Wegräumen des Schuttes keine Rede.

Als die Russen allmählich mit den Verhaftungen aufhörten, fingen die Polen damit an. Allerdings fast immer mit der Absicht, die Menschen zu irgendeiner Arbeitsleistung zu pressen. Die Frauen, die auf den Markt gingen, wurden abgefangen, zu Aufräumungsarbeiten gezwungen oder später aufs Land für die verschiedenen Erntearbeiten geschickt. Es gab keine Rücksicht auf Alter, Krankheit oder kleine Kinder, die zurückblieben. Niemand war auf der Straße sicher. Die besten Ausweise und Arbeitsbescheinigungen, die allmählich ausgestellt wurden, nutzten nichts.

Aber auch das trümmerhafte Haus bot keinen Schutz. Polnische Familien, die jetzt eilig nach Danzig hereinzogen, nahmen die einigermaßen erhaltenen Räume in Anspruch. Milizsoldaten drangen ein und plünderten unter Bedrohungen und Beschimpfungen, zuweilen Mißhandlungen. Seit September setzten die Polen mit laufender Zwangsevakuierung ein. Meist wurde dabei eine Frist von zehn Minuten gegeben. Dann mußte alles mit Sack und Pack die Wohnung verlassen. Oft genug geschah es, daß draußen die zusammengeraffte Habe geraubt wurde.

Die Russen wechselten allmählich ihre Haltung und wurden aus Vernichtern die Beschützer der Deutschen gegen die Polen. Wenn Polen in die Wohnungen zum Plündern kamen, so riefen die Bewohner den russischen Kommandanten des betreffenden Bezirkes zu Hilfe. Natürlich plünderten aber auch weiterhin zuweilen russische Soldaten, denn es blieb der gesetzlose Zustand in Danzig. Man hat allen Grund anzunehmen, daß der immer stärker hervortretende Gegensatz zwischen Russen und Polen, mochte er sich auch hie und da vorteilhaft für die Deutschen auswirken, einer wirklichen systematischen Aufbauarbeit hinderlich war.

Nach einigen Wochen erschienen, vor allem in den Vorstädten Langfuhr und Zoppot, die besten Lebensmittel aus dem Innern Polens, weißes Brot, leckerer Kuchen, Butter, Speck, Fleisch, Wurst und Mehl. Ein toller Handel setzte ein. Jeder suchte hervor, was er noch an Kleidung, Wäsche oder Haushaltsgegenständen, an Porzellan, Kristall und dergleichen gerettet hatte, und erhandelte dafür Eßwaren.

An den Straßenecken sah man die Polen stehen, die wohl aus Warschau, Lodz, Lublin gekommen waren und das billig Erhandelte wieder dorthin brachten. Sie feilschten mit den Vorübergehenden. Für ein Bettlaken bekam man 100—150 Złoty, für ein großes Federbett 200 Złoty. Hingegen kostete ein Pfund Butter mindestens 200 Złoty, ein Pfund Zucker 130 Złoty, ein Dreipfundbrot 50—60 Złoty, ein Kilo Kartoffeln 4 Złoty. Die Preise zogen langsam an. Stets mußte man darauf gefaßt sein, daß ein Milizsoldat kam, den Preis machte und den Gegenstand fortgab oder das Angebotene kurzerhand fortnahm und die Frau zur Arbeit zwang. Manchmal wurde der Markt förmlich umzingelt und ein Kesseltreiben auf die deutschen Frauen veranstaltet. Bretterbuden mit Lebensmitteln schossen zwischen den Trümmern wie die Pilze aus der Erde hervor. Notdürftig installierten sich einige Geschäfte in den Erdgeschossen. Stets wurde vorzügliche Eßware feilgeboten.

Aber die Herrlichkeit dauerte für die Deutschen natürlich nur so lange, als noch gerettete Sachen vorhanden waren. Ohnehin war es erstaunlich, wieviel noch immer zum Vorschein kam. Die Gehälter und Löhne, die die tätigen Menschen von den Polen erhielten, waren völlig unzureichend. Der bei der Post, Eisenbahn oder sonst einer Verwaltung angestellte Deutsche bekam täglich 5 oder höchstens 10 Złoty und die Mittagssuppe für Deutsche, die wässriger war als die für Polen verausgabte. Auch deutsche Arbeiter, die im Auftrag der Behörden arbeiteten, erhielten nicht mehr. Freie Unternehmer boten das Vielfache, stellten aber fast nur polnische Arbeiter ein.

Natürlich hörte bald jede Arbeitslust auf, und die Arbeitsstätten verödeten. Das war überhaupt so erschütternd für die hoffenden Deutschen, daß die Verhältnisse gar nicht normaler werden wollten, sondern im Gegenteil alles wieder abwärts ging.

Eine Hoffnung blitzte auf, als Lebensmittelkarten, zum Beispiel für Magistratsangestellte, ausgegeben wurden. Bald stellte sich aber heraus, daß erstens die Deutschen bis zuletzt in den Geschäften warten mußten, infolgedessen dreimal oder viermal wiederkommen mußten, um ein Brot zu erhalten, welches auf Marken 6 Złoty kostete, und daß zweitens die Belieferung auf Karten bald ganz aufhörte. Ganze ausgegebene Serien waren für die Deutschen völlig nutzlos.

So hielten die Verhältnisse 9 Monate an.

Es folgen einige Betrachtungen über die Enttäuschungen all derer, die etwas von der völkerrechtlichen Garantie des Freistadt-Status von Danzig erhofften. Dann fährt Vf. fort:

Eine ungeduldige Verzweiflung ergriff mehr und mehr Besitz von allen. Man drängte heraus aus dieser Stadt, in der sich nicht mehr leben ließ. Es konnte im übrigen Deutschland nicht so schlimm sein, wenn das Licht der Zivilisation in Europa nicht ganz verlöschen sollte. Die Polen legten es auch konsequent darauf an, alle Deutsche hinauszutreiben, indem sie neben der Drangsalierung nur ganz geringe Arbeitsmöglichkeiten boten. Bei Eintritt des Frostes wurden Frauen, die bei den Bauarbeiten eingestellt waren, wieder entlassen. Als Dienstmädchen gingen Lehrerinnen in polnische Haushaltungen und sahen es als eine erwünschte Möglichkeit an, weil dann für Unterkunft und Essen gesorgt war.

So verließen denn Zehntausende von Danzigern die Stadt, zuerst betreut von der sozialistischen und kommunistischen Organisation, dann durch die grundsätzlich allen Danzigern helfende sogenannte Rote Hilfe, die anfangs zusammen mit der russischen Hauptkommandantur arbeitete. Im Dezember waren nur noch etwa 40 000 Deutsche in Danzig. Auf elenden Transportzügen, in Güterwagen oder beschädigten Personenwagen, deren Fensterscheiben zertrümmert waren, verließen sie ihre Heimat, wobei sie unterwegs noch meist des Letzten beraubt und — Männer wie Frauen und Knaben — aus den Abteilungen herausgeholt wurden[1]). Ohne Bedauern vermochten sie zu scheiden. Denn zwischen der Stadt von ehedem und dem jetzigen grauenhaften Schemen war keine Ähnlichkeit mehr vorhanden.

Danzig, die schöne, alte Stadt, die Perle unter den Städten des Nordostens und der Stolz seiner Bewohner von alters her, ist sinnlos zerstört worden und für immer. Wenn man den Versuch machen wollte, wie hie und da in polnischen Kreisen verlautbar wurde, es mit unermeßlicher Mühe und amerikanischem Geld historisch einigermaßen getreu wieder aufzubauen, so würde man nur eine museale Kuriosität schaffen. Man muß es schon ganz neu aufbauen. Beachtet man dabei städtebaulich den geschwungenen und feinen Zug der Verkehrsadern, die abschließende und raumschaffende Funktion der großen öffentlichen Gebäude, so wird — vorausgesetzt, daß der Mottlau-Hafen wiederum die Seele der Stadt ausmacht — die Schönheit und Zweckmäßigkeit des alten Grundrisses hindurchleuchten und in würdigerer Weise an das Verlorene erinnern.

Nr. 242

Erlebnisbericht von Fränze Sprint aus D a n z i g - L a n g f u h r.
Original, 30. April 1952.

Das schutz- und rechtlose Leben der deutschen Bevölkerung unter Russen und Polen in Danzig-Langfuhr.

Vfn. schildert zunächst das gewalttätige Verhalten der Russen in der ersten Woche nach der Besetzung, nennt dann eine Reihe von Personen, die sich in dieser Zeit das Leben genommen haben, und fährt fort:

Alle männlichen Personen von 16—20 Jahren mußten sich angeblich zur Registrierung melden. Sie wurden hierzu durch Anschläge aufgefordert. Außerdem fuhren LKW. vor und holten die Männer aus den Häusern; sie wurden nie mehr gesehen.

Ein Nachbar, Buchdrucker Walter Dyck, Eigenhausstraße 13, wurde auf die gleiche Art abgeholt. Er mußte noch zusehen, wie seine Frau vergewaltigt wurde. Ungefähr 10 Tage später wurde Frau Dyck von einem Deutschen benachrichtigt, daß ihr Mann in der Nähe von Friedensschluß[2]) vollkommen entkräftet auf der Straße läge und sie bäte, ihn abzuholen. Mit Hilfe einiger Frauen holte Frau Dyck ihren Mann mit einem Handwagen nach Hause. Er konnte ihr nur noch erzählen, daß die Russen ihn mit vielen anderen deutschen Männern in Oliva in einen Keller gesperrt hätten. Verpflegung hätten sie so gut wie gar keine erhalten. Die Männer, die dann noch bei Kräften gewesen wären, wurden weitertransportiert, ihn hätte man nach Hause geschickt.

---
[1]) Vgl. die unter Nr. 282, Nr. 283, Nr. 286 — Nr. 288 (Bd. I, 2) abgedruckten Berichte.
[2]) Eine Siedlung zwischen Langfuhr und Oliva.

Am nächsten Tag starb Herr Dyck wahrscheinlich an einer Lungenentzündung, die er sich durch das Liegen auf dem Zementboden zugezogen hatte. Ärztliche Hilfe konnte nicht herbeigeholt werden; denn die deutschen Ärzte mußten sich sofort den Russen zur Verfügung stellen.

Unsere Toten mußten wir selbst bestatten. Da wir Angst hatten, uns weiter von unseren Wohnungen zu entfernen, begruben wir sie in Gärten und in Anlagen. Auch unsere toten Soldaten, die schon tagelang auf der Straße lagen, haben wir auf diese Weise beerdigt. Der Kaufmann Karl Steinbrück, der in seinem Hause in der Hindenburgallee zusammen mit einem ostpreußischen Flüchtling von den Russen erschossen wurde, hat in seinem Garten die letzte Ruhestatt gefunden.

Da die Deutschen keine Lebensmittel erhielten, suchten sie in den verlassenen Kellern und Geschäften, soweit diese von den Russen noch nicht vollständig geplündert waren, nach Nahrung. Wer von den Russen zur Arbeit herangezogen wurde, erhielt etwas Brot und eine Wassersuppe. Alte Leute und Kinder hingegen mußten elendig zu Grunde gehen.

Eines Tages begann in unserer Straße die Suche nach jungen Mädchen. Sie wurden zunächst im Nachbarhaus Foth, Eigenhausstraße 31, eingeschlossen. Gegen Abend kam ein LKW. und holte die Mädel — etwa 20 — ab, darunter auch die 19jährige Tochter unserer Nachbarn, Waltraut Wolff. Die Mütter waren verzweifelt und blieben vor dem Haus versammelt. Es half kein Bitten und kein Flehen. Die Mädel wurden erbarmungslos von ihren Müttern gerissen. Waltraut Wolff kam nach acht Tagen völlig erschöpft zurück und erzählte, daß man sie in die Gegend von Neustadt gebracht und dort den Offizieren als Freudenmädchen zugeteilt habe. Der Russe, ein höherer Offizier, dem sie zugedacht war, hatte Mitleid mit ihr und ließ sie nach drei oder vier Tagen abends aus dem Zelt heraus. Sie ist dann zu Fuß nach Hause gelaufen. Von den anderen Mädeln hat man nie mehr etwas gehört.

Inzwischen hatten die Russen die Wohnungen nach Nähmaschinen, Radioapparaten, Standuhren, Polstermöbeln, Teppichen, wertvollen Bildern, Klavieren usw. durchsucht. Es wurde alles auf LKW. geladen. Was nicht gleich mitgenommen werden konnte, zum Beispiel Klaviere, stand dann eben über Nacht auf der Straße, um am nächsten Tag abgeholt zu werden. Es störte dabei gar nicht, daß es in Strömen regnete.

Ganze Straßenzüge (Magdeburgerstraße, Ferberweg, Schwarzer Weg, Birkenallee) wurden von den Russen angezündet. Die Häuser waren nicht durch Bomben beschädigt, vollkommen in Ordnung. Auch einzelne Familienhäuser und Villen gingen in Flammen auf. Die Russen hatten großen Spaß daran.

Ungefähr gegen den 10. April 1945 erschienen dann die ersten Sowjetpolen aus der Bug-Gegend. Es waren unheimliche Gestalten, vollkommen abgerissen und verwahrlost. Dann nahm auch die polnische Miliz das Regiment. Für die Deutschen begann jetzt eine fast noch schlimmere Zeit. Die Deutschen mußten ihre Wohnungen verlassen, in denen sich die Polen breit machten. Wir hatten nirgends Ruhe. Wo wir auch waren, überall wurden wir zur Arbeit herangeholt. Wir mußten das säubern, was die Russen verschmutzt hatten, die Soldaten holten uns, damit wir ihnen die Kaserne reinigen mußten. Da die Kanalisation vollkommen zerstört war, mußten wir das Wasser von Pumpen holen. Diese waren durch die Überbelastung bald nicht mehr zu verwenden. Wir mußten nun das Wasser von der Quelle Königstal holen. Das war ein sehr beschwerlicher Weg, ganz besonders mit den gefüllten Eimern. Selten kamen wir unbehelligt damit nach Hause. Meistens mußten wir erst den Polen das Wasser in ihre Küchen tragen oder sie gossen uns die Eimer einfach aus. Standen wir vor der Quelle und es kam ein polnischer LKW., dann mußten wir bis zu zehn Tonnen mit Wasser füllen. Wer abends mit der Arbeit nicht fertig war, wurde über Nacht in den Keller gesperrt, um am nächsten Tag weiter arbeiten zu müssen. Auf diese Art kamen viele Frauen oft tagelang nicht nach Hause. Die Kinder waren sich dann ganz allein überlassen, irrten auf der Straße herum, weinten nach der Mutter und bettelten nach Brot.

Die polnische Miliz hatte außer der Maschinenpistole eine Lederpeitsche, die die Danziger sicher alle gut in Erinnerung haben werden. Da deutsche Männer so gut wie gar nicht mehr in Danzig waren, wurden die Frauen zur Verrichtung der niedrigsten Arbeiten herangeholt, u. a. auch zum Reinigen der Gully. Mit „dawai und predko" wurden die Frauen gejagt. Die meisten Frauen — auch Kinder — mußten jeden Tag morgens ins Krankenhaus zur Behandlung, weil sie angeblich geschlechtskrank seien. Das wußten die Polen, und das wußte besonders die Miliz. Auf dem Wege ins Krankenhaus paßten sie daher schon auf, um uns zur Arbeit zu kassieren. Nach zwei Stunden durften wir, weil wir einen Krankenschein hatten, zur Behandlung. Dort mußten wir uns anreihen, denn jeden Tag wurden etwa 2 000 Frauen behandelt. Das Krankenhaus war ziemlich zerstört. Wiederum kam die Miliz und holte sich einen großen Teil der Frauen zum Trümmerbeseitigen. Nach abermals zwei Stunden durften wir uns dann wieder anreihen. Auf dem Nachhauseweg ging es uns dann nicht besser. Eine andere Anrede als „Hitlersäue" und „deutsche Huren" kannten wir nicht.

Eines Tages, ich befand mich auf dem Wege zur Arbeit, wurde ich morgens von der Miliz angehalten (gegen 8.00 Uhr). Ich mußte meinen Arbeitsausweis vorzeigen, der mir abgenommen und zerrissen wurde. Es erging vielen Frauen, auch solchen mit Kindern, ebenso. Wir wurden dann ins frühere Straßenbahndepot / Mirchauerweg gebracht, wo sich schon etwa 100 Deutsche befanden. Nachdem jeder einzelne vorgerufen, gestoßen und mit „faules Schwein" und dergleichen bezeichnet wurde, mußten wir unter Bewachung nach Danzig marschieren und landeten im Raiffeisenhaus, der Zentrale der Miliz. Wir wurden zunächst angewiesen, auf dem Hof dieses Gebäudes einen unübersehbaren Schutthaufen, auf dem sich auch Tierkadaver und Unrat befanden, abzutragen. Dabei war es uns sofort klar, daß wir diesen Berg auch in vielen Tagen nicht abtragen konnten. Man hatte uns nämlich bedeutet, daß wir nach getaner Arbeit nach Hause gehen könnten. Das Grinsen dieser Unmenschen sagte uns aber alles. Man gab uns in ganz unzureichender Menge Spaten, Forken und Karren. Es war zudem ein sehr warmer Tag. Der Gestank war unerträglich, Pausen waren nicht gestattet, dafür sorgte die Miliz, die mit den Karabinern in einiger Entfernung uns bewachte. Wollte wirklich jemand von uns, weil er glaubte, umsinken zu müssen, sich hinsetzen, dann kamen gleich drei oder vier Kerle angelaufen und bedrohten uns. Es gab weder Essen noch Trinken.

Gegen 18.00 Uhr mußten wir uns auf der Straße sammeln. Es befanden sich dort schon etwa 500 Deutsche, junge Mädchen, junge Frauen mit Kindern und alte Frauen und Männer. Wir mußten uns anschließen, und fort ging es in Richtung Praust.

Als wir Danzig hinter uns gelassen hatten, mußten wir streckenweise laufen, weil die Miliz uns auf Rädern begleitete und es ihr Spaß machte, uns zu jagen. In Ohra erkannten Kinder aus einem Fenster ihre Mutter in dem Zug. Sie schrien herzzerreißend nach ihrer Mutter, die vor Verzweiflung zusammenbrach. Die Miliz schoß nach den Kindern, die Mutter wurde hochgezerrt, und weiter ging es. Eine alte Frau, die umfiel und ohnmächtig war, wurde in einen Graben geworfen. Es gab Kolbenstöße und Hiebe auf den Kopf mit den berüchtigten Lederpeitschen.

Unterwegs wurde uns alles abgenommen, was für die Miliz noch irgendwie von Wert war. Besonders die Nachfrage nach Geld war sehr groß. Sie drohten uns in Praust eine Leibesvisitation an mit dem Bemerken, daß der, bei dem noch etwas gefunden werde, was erleben könne. Einmal durften wir uns in den Chausseegraben setzen. Das geschah aber nicht, um uns eine Ruhepause zu gönnen, sondern deshalb, um sich die jungen Mädchen aus dem Zuge zu suchen, mit denen man sich seitwärts in die Büsche schlug.

Es dauerte auch nicht lange, da hörten wir die Mädchen entsetzlich schreien. Als die Miliz mit ihnen zurückkehrte, erzählten sie uns, daß sie wohl nicht vergewaltigt, aber äußerst gräßlich geschlagen worden seien. Sie mußten den Unterkörper frei machen, sich auf die überall herumstehenden Tische und Bänke aus den Bauernhäusern legen und wurden dann entsprechend zugerichtet. Zwei Mädel, die beim Weitermarschieren aus dem Zug liefen, um sich von dem Damm aus in die Radaune zu stürzen, wurden von der Miliz zurückgeholt und noch ärger zugerichtet als vorher. Dem einen Mädel wurde mit dem Gewehrkolben ein Auge ausgeschlagen. Als wir in der Baumschule landeten, wurde weiter geprügelt. Es war furchtbar. Am nächsten Morgen hatten die Mädel buchstäblich keinen weißen Fleck mehr am Körper.

Zur Nacht wurden wir in eine Scheune gesperrt, der die Torflügel fehlten. Die Nacht war sehr kalt. Niemand hatte einen Mantel oder eine Jacke an, weil es tagsüber sehr warm war. Es war auch nicht gestattet, ins Freie zu gehen, um seine Notdurft zu verrichten. Die Kinder weinten, weil sie froren und Hunger hatten. Die meisten litten an Durchfall infolge der schlechten Ernährung. Es war einfach grauenvoll.

In der Scheune herrschte vollkommene Dunkelheit. Nur die Taschenlampen der Russen leuchteten auf, wenn sie sich Frauen holen kamen. Morgens gegen vier mußten wir alle auf den Hof und wurden dort „sortiert". Von den polnischen Soldaten wurden wir nochmals auf Wertgegenstände durchsucht. Die Männer mußten ihre Jacketts und die Schuhe ausziehen. Sofern die Hosen noch einigermaßen gut waren, mußten sie gegen alte zerrissene Militärhosen ausgetauscht werden.

Und dann kamen die neuen polnischen Gutsbesitzer, die die deutschen Höfe inzwischen übernommen hatten, um sich geeignetes Material für die Landarbeit auszusuchen. Alte Männer und Frauen schieden von vorneherein aus und wurden zurückgeschickt. Es war ganz offensichtlich, daß die armen Menschen nur aus Schikane von der polnischen Miliz aufgegriffen worden waren. Von den Frauen wurden diejenigen, die einen Krankenschein besaßen, die also nach Meinung der Polen geschlechtskrank waren, zunächst für sich gestellt. Zu diesen Frauen gehörte auch ich, und ich konnte glücklich darüber sein, denn auch wir wurden zurückgeschickt, nachdem wir noch eine ganze Reihe von Anzüglichkeiten über uns hatten ergehen lassen müssen.

Gegen 10.00 Uhr durften wir uns entfernen. Den direkten Chausseeweg aber konnten wir nicht benutzen, weil dort die Deutschen wieder zur Arbeit aufgegriffen wurden. Wir schlugen uns seitlich in den Wald und langten über Felder, Wiesen, dann wieder durch Wälder über Wonneberg und Schidlitz gegen 8.00 Uhr abends zu Hause an, wo man nicht mehr damit gerechnet hatte, uns lebend wiederzusehen. Denn es gehörte ja zur Tagesordnung, daß Deutsche verschwanden. Die Freude war übergroß. Das Suchen nach Deutschen ging weiter.

Am nächsten Morgen, ich wollte mit meiner Schwester nach Wasser gehen, wurden wir gleich wieder abgefangen. Dieses Mal mußten wir unseren 84jährigen Vater allein zurücklassen, der an den beiden Tagen vorher sich meinetwegen große Sorgen gemacht hatte. Wir mußten eine Garage, die als Schweine- und Pferdestall von den Russen und Polen benutzt worden war, reinigen. Nachdem wir etwa drei Stunden uns bemüht hatten, die Jauche herauszutragen, fand ein Pole an einem dunkelblauen Polohemd, das ich trug, Gefallen. Als ich ihm sagte, daß er es haben könne, durften wir nach Hause gehen. Er begleitete uns, um das Hemd gleich in Empfang zu nehmen.

Jeden Tag war etwas anderes los. Wir mußten unsere eigenen Möbel dahinschaffen, wo die Polen sie hinhaben wollten. Nachts kamen ganze Trupps polnischer Soldaten, um zu plündern. Dabei wurden die Deutschen geschlagen. Wenn polnische LKWs. vorgefahren kamen, wußten wir alle, daß wieder Jagd auf Deutsche gemacht werden sollte. Wer sich nicht rechtzeitig und sicher verstecken konnte, wurde aufgeladen und ward nie mehr gesehen. Deutsche, die auf den polnischen Markt gingen, um ihre Habseligkeiten zu verkaufen, um Nahrungsmittel zu erstehen, wurden ebenfalls aufgegriffen und mit LKWs. fortgeschafft. Es wagte sich niemand mehr auf die Straße.

Wohnungen mußten in fünf Minuten geräumt werden. Die obdachlos gewordenen Deutschen kamen ins Lager, um dann später in einem Sammeltransport nach Westdeutschland verfrachtet zu werden. Daneben herrschte Hungertyphus. Es begann ein großes Sterben. Die Leichen wurden in Tücher geschlagen, sofern noch welche vorhanden waren, von ihren Angehörigen zum Friedhof gebracht und dort verscharrt. Daneben sah man dann auch mal ein polnisches Begräbnis mit großem Aufwand und von einer Reihe von Geistlichen begleitet.

Über allem schwang ein paarmal am Tage das Glockengeläut von den nun ja polnisch gewordenen Kirchen. Die Polen wollten damit ihre Frömmigkeit und Gottesfurcht wahrscheinlich betonen. Uns aber, die wir uns von Gott und den Menschen verlassen wähnten und von den Polen alles andere, nur keine Nächstenliebe kennen gelernt hatten, empfanden das als eine Verhöhnung der Christenlehre.

Ich selbst landete über zwei russische Lager (Narviklager Lauentalerweg und Tobruklager Pölitz bei Stettin) im Herbst 1947 in Lübeck, wo ich mich heute noch befinde.

Nr. 243

Erlebnisbericht der E. S. aus Zoppot bei Danzig.
Photokopie, 24. August 1949.

Erlebnisse einer Deutschen in den Gefängnissen Danzig und Fordon-Bromberg.

Am 25. April 1945 wurde ich in Zoppot bei Danzig — meiner Heimat — von der polnischen Miliz verhaftet. Ich kam in einen Keller, in dem ich auch meinen Mann vorfand, der zwei Tage vorher arretiert worden war.

Nach unserm Verhör am nächsten Tage — über Nacht hatten wir auf dem Fußboden auf bloßem Zement gelegen ohne Decken oder Stroh — kamen wir als Schwerverbrecher in den Keller der UB., die etwa unserer gefürchteten Gestapo entsprach. War der erste Keller schon schlimm, in dem mit Peitschenhieben zur Arbeit angetrieben wurde, so war dieser zweite Keller eine Hölle!

Mein Mann, Dr. Julius S., früher Zürich, hatte nicht der Partei angehört. Er war Mitglied einer internationalen amerikanischen Friedensloge und lehnte alle Aufforderungen zum Eintritt in die Partei ab. Er war damals durch seine Haltung stark gefährdet. Um ihn schützen zu können, trat ich als nominelles Mitglied der Partei bei. Meine Parteizugehörigkeit war der Grund, daß ich beim Aussortieren in Haft behalten wurde.

Zwei Jahre später, am 6. Mai 1947, hatte ich Termin und wurde an diesem Tage zu drei Jahren Gefängnis, drei Jahren Ehrverlust und Einziehung meines gesamten Vermögens verurteilt. Zehn Monate meiner Untersuchungshaft wurden mir nicht angerechnet. Mein Mann wurde in Haft behalten, weil man in seiner Brieftasche ein Schreiben des Luftfahrtministeriums Berlin gefunden hatte, aus dem Anordnungen wegen seiner Geheim-Patente hervorgingen. Man war der Ansicht, daß seine wissenschaftlichen Forschungsarbeiten vielleicht zur Kriegsverlängerung hätten beitragen können!

Wir wurden mit noch anderen Deutschen, ca. 25 Frauen und 40 Männern, in zwei kleine gegenüberliegende Kellerräume gesperrt. Unser Keller hatte nur ein winzig kleines Oberlicht, der Raum der Männer ein mit Brettern vernageltes Fenster, durch das weder Luft noch Licht drang. Sämtliche

Sitzgelegenheiten wurden den Männern weggenommen. Sie mußten zehn Tage lang stehen, auch nachts. Zum Umsinken war kein Platz. In dem ersten Keller hatten die Männer schon sehr viel Prügel bekommen. Nun aber erst hier! Zu essen gab es einmal täglich Kartoffelsuppe, die aber nur der bekam, der ein Gefäß hatte. Mein Mann besaß nichts und bekam infolgedessen auch nichts. Ich fand eine kleine Blechbüchse auf dem Hof, in der ich knapp ein Viertel Liter Suppe erhielt. Die Büchse meinem Mann weiterzugeben, war mir nicht erlaubt.

Morgens und abends gab es schwarzen Kaffee ohne etwas dazu. Brot haben wir in den ganzen zehn Tagen nur einmal bekommen, 200 Gramm pro Person. Der Schöpftopf, mit dem das Essen für uns eingefüllt wurde, stand zwischendurch auf dem schmutzigen Kellerfußboden, auf den die Beamten ständig kräftig ausspuckten.

Zweimal täglich wurden wir zur Verrichtung der äußersten Notdurft auf den Hof geführt, auf dem in einer Ecke eine Stange über zwei Klötze gelegt war. Der Wachposten stand davor und brüllte von Zeit zu Zeit: „Schneller, schneller!" Aus den Fenstern der umliegenden Hinterhäuser schauten Neugierige zu. Und wir hatten alle Durchfall, zum Teil Ruhr. Waschen konnten wir uns überhaupt nicht, wenn man Glück hatte, höchstens im Vorbeigehen Hände spülen. Mehr war nicht erlaubt.

Abends gegen 9.00 Uhr wiederholte sich täglich dasselbe: Milizbeamte, stark angetrunken, öffneten laut schimpfend und polternd unsere Türen. Die Männer mußten der Reihe nach vor unserer Tür antreten, den Hosenboden freimachen und wurden vor unseren Augen mit Gummiknüppeln bearbeitet. Wir mußten dazu singen! Taten wir es nicht, weil uns die Stimme versagte, so drohte man den Männern mit doppelten Portionen. Wir sangen heilige Lieder. Die Beamten wußten genau, daß zum größten Teil unsere eigenen Männer dabei waren.

Von der Roheit dieser Henkersknechte macht sich die zivilisierte Welt gar keinen Begriff! Abends waren sie stets bis zu einem Grade betrunken, daß sie zu allem fähig waren. So ließ man sie auf uns los, die wir völlig wehrlos waren. Sie quälten uns die ganze Nacht!

Als wir am 5. Mai 1945 auf dem Hof antreten mußten zum Abmarsch ins Gefängnis nach Danzig, habe ich meinen Mann kaum wiedererkannt. Verwachsen das Gesicht, total verschmutzt und geschwollen, die Augen fieberglühend und unheimlich groß hervorquellend. Aus den Halbschuhen stachen wie Polster die geschwollenen Füße. Er konnte kaum mehr gehen noch stehen. Der größte Teil der Männer sah so aus. Sie fielen fast um vor Schwäche!

Mit uns Frauen war es etwas besser. Wir hatten wenigstens abwechselnd sitzen können auf Kisten und Brettern, hatten mehr Raum und auch die Möglichkeit, uns abwechselnd auf zwei Tragbahren und ein kaputtes Bett zu legen. Auch bekamen wir bei den Verhören keine Schläge wie die Männer. Nur eine von uns, Frau Klebba aus Zoppot, Kellnerin von Beruf, hat so viel Fußtritte ins Gemächt bekommen, daß sie bald darauf im Gefängnis in Danzig verstarb. Sie hatte die Frage eines Offiziers, ob wir genügend Brot bekämen, mit der Wahrheit beantwortet. —

Trotz unseres jammervollen Zustandes wurden wir im Eilmarsch nach Danzig getrieben, durch Gewehrschüsse und Kolbenstöße angefeuert, 16 Kilometer, mit nur einer Fünf-Minuten-Pause zur Verrichtung der Notdurft, in kaum mehr als zwei Stunden! Ohne Essen und Trinken vorher. Abgejagt, in Schweiß gebadet, kamen wir vor dem Gefängnis in Danzig an und mußten dann dort vier Stunden lang auf der Straße stehen bei eisigem Nordwind und Regen, ehe man uns einließ. Wir waren total erkältet. Eine von unseren Frauen, die polnisch sprach, bat den Kommandanten um wenigstens etwas heißen Kaffee. Wir bekamen nichts mehr, weder zu essen noch zu trinken.

Der Hunger hatte aber erst angefangen. Im Gefängnis bekamen wir täglich morgens etwa 150 Gramm Schwarzbrot für den ganzen Tag, dazu ein Viertel Liter schwarzen Kaffee, mittags einhalb Liter Wassersuppe, abends dann noch einmal einhalb Liter schwarzen Kaffee. Wir haben furchtbar gehungert! Die Männer machten Hunger-Revolte. Aus allen Fenstern zugleich hörte man sie schreien: „Wir haben Hunger!!!" Der Kommandant ließ sie durch schreckliche Prügel strafen und entzog ihnen am nächsten Tag ganz das Wenige, das sie sonst bekamen. Trotzdem wurde es danach besser. Die Russen, die davon erfahren hatten, griffen ein. Wir bekamen fortan genügend Brot und auch dickeres Essen, so daß wir nun gut satt werden konnten. Leider kam die Hilfe zu spät für den größten Teil unserer Männer. Über 2 000 waren in den ersten zweieinhalb Monaten gestorben von insgesamt 2 500 Männern! Sie waren buchstäblich verhungert!

Wir Frauen haben den Hunger besser überstanden, weil wir wenigstens ordentlich in Zellen untergebracht waren mit Pritschen, Strohsäcken und Decken. Die Männer dagegen hatten zu sechs nur einen Strohsack als Kopfkissen, der übrige Körper lag auf dem kalten Zement, zum größten Teil ohne Decken. Die Kleider mußten sie zur Nacht bis auf das Hemd und die Unterhose abziehen und fein säuberlich auf einem Schemel geordnet auf den Korridor vor die Zellentür stellen.

Hinzu kamen die Quälereien Nacht für Nacht. Immer wieder wurden sie nachts herausgeholt und so geschlagen, daß die Zähne flogen. Über Tag mußten sie schwer arbeiten. Das haben die wenigsten ausgehalten. Die Männer hatten Köpfe wie Kürbisse und Beine wie Elefanten. Gehen konnten sie kaum noch. Auch mein eigener Mann soll nach Angaben der Gefängnisverwaltung am 25. Juli 1945 an Typhus gestorben sein. Von meinem Bruder und seiner Frau, die ebenfalls im April 1945 in das Gefängnis in Danzig eingeliefert sein sollen, fehlt bis heute jede Spur.

Die russischen Soldaten, die im Sommer 1945 im Gerichtsgebäude in Danzig lagen, warfen uns während unserer halbstündigen Spaziergänge auf dem Gefängnishof des öfteren Brot, Zigaretten, Äpfel usw. zu. Wir durften die Sachen aufheben, mußten sie aber drinnen wieder abliefern. Wir durften nichts behalten, was uns die Russen schenkten. Die russischen Soldaten nahmen ganz offen für uns Partei, wenn uns von der wachhabenden Beamtin Unrecht geschah. Die russischen Soldaten schimpften oft durch die offenen Fenster auf die Polen. Wir hörten etwa folgendes: „Ihr wollt unsere Kameraden sein? Wir sehen jetzt, was ihr für Schweine seid. Deutsche sind gute Kameraden, niemals ihr! Ihr könnt nur lügen, lügen und immer wieder lügen! So klein und eng wie eure Seelen, so groß sind eure Schnauzen. Kleines, versch —— Land mit großen Ansprüchen, mit denen ihr die Welt verrückt gemacht habt!" ———

Von unserem Eigentum und unsern Papieren, die uns bei unserer Verhaftung abgenommen worden waren, sahen wir nichts wieder. Ich erhielt im Sommer 1945 zweimal von meiner Mutter Päckchen, die mir in geöffnetem Zustand ausgehändigt wurden, ihres Inhalts bis auf einen kleinen Rest beraubt. Wie ich jetzt nach meiner Rückkehr feststelle, hat mir meine Mutter schon zwei Monate lang jeden Sonntag Päckchen gebracht. Sie ist mit ihren 74 Jahren zu Fuß von Zoppot nach Danzig gegangen. Mitleidige Menschen haben ihr mehrfach die Rückkehr mit der Bahn ermöglicht. Deutsche durften keine Fahrgelegenheit benutzen. Sie brachte jedesmal drei Päckchen, eines für meinen Mann, eins für meinen Bruder und eins für mich. Sie hat sich die Lebensmittel, die sie uns brachte, buchstäblich abgehungert. Auch eine Geldsendung meiner Mutter an mich — der Erlös vom Verkauf wertvoller Pelzsachen, die sie vor dem Zugriff der plündernden Horden gerettet hatte — ist mir nicht ausgehändigt worden. Dabei wußten die polnischen Beamten genau, daß unsere Angehörigen ihre letzten Habseligkeiten verkauften, um unsern Hunger zu lindern.

Erst von Oktober 1945 wurde das anders, als die Russen sich auch dieserhalb für uns einsetzten. Allerdings haben wir Weihnachtspäckchen — vom Amerikanischen Roten Kreuz für uns bestimmt — auch nicht ausgehändigt bekommen. Die Beamten haben das unter sich verteilt.

Vom Herbst 1945 ab wurden wenigstens Totenlisten geführt, und die Toten kamen in Einzelgräber. Bis dahin hatte man 30 bis 40 in ein Massengrab geworfen, Chlorkalk obenauf und eine dünne Schicht Erde.

Ich habe im Herbst 1947 mit eigenen Augen gesehen, wie deutsche Männer, die in Danzig innerhalb des Gefängnisses Säcke trugen, furchtbar mit Gummiknüppeln verprügelt wurden, weil einer der Papiersäcke platzte und den Inhalt ausschüttete. Auch nachts hörte man oft das Schreien der Männer. Genaues hierüber erfuhr man nie. Die Männer flüsterten ängstlich von ihren nächtlichen Gesellschaftsspielen. Anderntags fehlten ihnen die Zähne, und sie sahen schrecklich aus!

Im Herbst 1945 nahm man uns unsere Wollsachen ab, obgleich es doch zum Winter ging. Wir waren nur bekleidet mit einem dünnen Hemd, einer Waschhose, einer Waschbluse und einem ebensolchen Rock. So dünn angezogen mußten wir während des ganzen Winters in der ungeheizten Schälküche Kartoffeln schälen, teilweise bei 15 bis 20 Grad Kälte. Durch die kaputten Fensterscheiben schneite es herein. Der Raum war ein Anbau mit drei Außenwänden und ständig nassem Zementfußboden. Wir arbeiteten von 7.00 Uhr früh bis 9.00 Uhr abends in dieser Kälte, auch Sonn- und Feiertags, und wurden zwischendurch noch zur Außenarbeit geholt, in Schnee und Kälte ohne warme Jacken. Die Kartoffeln, die wir schälten, waren glashart gefroren, man konnte sie in den erstarrten Händen kaum halten.

Seit diesem Winter habe ich Gelenkschmerzen, die mir besonders in der kalten Jahreszeit sehr zusetzen und oft das Gehen unmöglich machen. Wir hatten fast alle stark geschwollene Beine bis zu den halben Oberschenkeln.

Am 4. Dezember 1947 wurde ich ganz plötzlich nach Fordon bei Bromberg abtransportiert, zusammen mit 23 anderen Frauen, Polinnen und Deutschen. Wir kamen nach einer Tagesfahrt um 17.00 Uhr auf dem Bahnhof in Fordon an, wurden aber von der Gefängnisverwaltung nicht mehr angenommen. Wir mußten über Nacht in einem Fabrikgebäude auf Zementfußboden liegen, ohne Decken oder Stroh. Zu essen gab es nichts, nur zwei Eimer kaltes Wasser gegen den Durst. Wir waren schon den ganzen Tag über ohne warmes Essen, als Proviant hatten wir mitbekommen pro Person einen halben Hering, etwas Hartbrot und zwei Eßlöffel Zucker.

Am andern Morgen wurden wir nach einem Fußmarsch von etwa fünf Kilometern in das Zuchthaus Fordon eingeliefert. Drohungen mit der Peitsche und zynische Bemerkungen ersetzten das Frühstück. Wir wurden zu zwölfen in kleine, enge Zellen gesperrt, aus denen wir zwei Wochen lang nicht herauskamen. Wir schliefen zu zweien auf einer Pritsche und konnten uns über Tag im Raum kaum rühren.

Nach Beendigung der Quarantäne wurden wir in den Arbeitsprozeß eingereiht. Ich kam in den großen Stricksaal, mußte allerdings vorher erst Kohlen schippen, Kohlen tragen, Holz schleppen usw. Im Stricksaal fand ich verhältnismäßig gute Arbeit, vor allem war es warm im Raum. Ich konnte mir bald das Vertrauen der Vorgesetzten erwerben. Dasselbe war übrigens auch in den letzten zwei Jahren 1946/47 in Danzig der Fall gewesen. Wir Deutschen waren als Arbeitskräfte sehr geschätzt und genossen allgemeine Achtung und Anerkennung dafür. Wenn dies auch nicht durch besonderes Lob erkenntlich war, so doch durch den Einsatz für besondere Aufgaben, die Umsicht und absolute Zuversicht erforderten. Die polnischen Beamten arbeiteten lieber mit uns Deutschen als mit ihren eigenen Landsleuten. Es hieß allgemein in Danzig: Die deutschen Frauen sind vorbildlich in Haltung und Arbeit!

Anfang Mai 1948 erkrankte ich an Bauch-Typhus, nachdem ich in Danzig im August 1945 schon Flecktyphus überstanden hatte. Es wurde mir diesmal nicht erlaubt, mich hinzulegen. Ich wurde auch nicht ins Spital aufgenommen. Der damals in Fordon amtierende Arzt hatte Urlaub. Sein Vertreter, ein Kierownik[1]), Melker von Beruf, erklärte meine Krankheit für Komödie. Die Aufsichtsbeamtinnen, die meinen elenden Zustand sahen, versuchten mehrmals, meine Aufnahme ins Spital durchzusetzen. Es gelang ihnen nicht. Immer wieder wurde ich zurückgewiesen mit der Begründung: „Komödia!"

Vorausschicken muß ich noch, daß es damals in Fordon überhaupt sehr gefährlich war, zum Arzt zu gehen, denn in 90 von 100 Fällen wurden die Betreffenden etwa eine Stunde später abgeholt und auf 48 Stunden in einen dunklen Keller gesperrt, in dem außer Ratten und schmutzigem Wasser auf dem Fußboden nichts vorhanden war.

Erst nachdem ich mich drei Wochen lang unsagbar gequält hatte, kaum gegessen, nur morgens gierig den halben Liter schwarzen Kaffee getrunken, wurden allgemein Stuhluntersuchungen von allen 26 Insassinnen der Zelle gemacht. Dabei stellte sich dann meine schwere Erkrankung heraus. Darauf-

---

[1]) Leitender polnischer Beamter oder Angestellter.

hin kam ich dann sofort ins Spital, in dem ich bis zu meiner Entlassung, neun Monate später, blieb. Solange man nicht vom Arzt krank geschrieben war oder ins Spital aufgenommen wurde, bestand Arbeitszwang. Außerdem durfte man sich während des Tages in der Zelle nicht hinlegen. Ich mußte mit dem hohen Fieber täglich morgens und abends zum Appell antreten, dabei konnte ich kaum stehen und wurde beim Gehen von meinen Kameradinnen gestützt. Wenn mich das Bewußtsein verlassen wollte, hielt mich der Gedanke aufrecht: Nur nicht in den schrecklichen Keller kommen! Das wäre das Ende!

Über Mittag, während die anderen aßen, packten mich die deutschen Kameradinnen auf ein Bett, verdeckten mich, indem sie sich davorsetzten, und sobald der Schlüssel ins Schloß gesteckt wurde, rissen sie mich auf und stellten mich auf die Beine.

Einmal gelang dies nicht, es war Sonntagnachmittag. Ich lag wieder auf diesem Bett, halb bewußtlos. Die Kameradinnen suchten in meinem Bündelchen Briefe, das ich versteckt bei mir trug, nach der Adresse meiner Mutter, um ihr von meinem Ableben berichten zu können, denn keiner glaubte mehr an mein Aufkommen. Plötzlich ging die Tür auf, und der Vorsteher stand da. Ich richtete mich mühsam auf und war verängstigt, nur den einen Gedanken im Sinn: Jetzt ist es zu Ende! Jetzt muß ich in den Keller, und dann ist alles aus! Er sah mir forschend ins Gesicht, das geschwollen und fieberglühend war, und fragte dann die Stubenälteste, eine Polin: „Was ist mit der Frau passiert, die ist doch schwer krank." Darauf der Bericht über mich. Er ordnete dann an, daß ich mich sofort richtig ins Bett legen durfte und am anderen Morgen nochmal ins Spital gehen sollte. Dann kam die Stuhluntersuchung und kurz darauf meine Aufnahme ins Spital.

Um den Kierownik vor Strafe zu schützen, — es war ja ein bodenloser Leichtsinn, eine Typhuskranke in der Gemeinschaft von 800 Menschen zu lassen, — wurde ich als Bakterienträgerin getarnt und unter diesem Vorwand im Spital lange Zeit isoliert gehalten. Das war mein Glück!

Als ich anfangs noch sehr schwach und teilweise ohne Besinnung lag, hörte ich, wie jemand zum Kierownik sagte: „Die Frau wird sterben." Darauf antwortete er: „Kann, kann, Bretter sind genug da!"

Mein Gedanke war: Den Gefallen tue ich euch nicht! Ich habe geatmet und immer wieder geatmet, so oft ich erwachte. Durch reine Atemübungen kam mir neue Kraft. Was anderes stand mir nicht zur Verfügung. Den Atem konnten sie mir nicht verbieten. Ich bekam weder Medizin noch irgendeine Behandlung noch besseres Essen. Von Pflege war überhaupt nicht zu reden. Ich fühlte, wie durch den systematischen Atem das Herz allmählich wieder kräftiger schlug, das Leben in mir wieder neu zu pulsieren begann. Das Fenster war Tag und Nacht weit geöffnet, so daß die Atemübungen tatsächlich neuen Sauerstoff in meinen erschöpften Körper bringen konnten. Anfangs verlor ich noch oft das Bewußtsein, allmählich aber wurde es besser.

Nach drei Monaten durfte ich schon spazieren gehen, und etwas später übertrug man mir die Pflege einer schwerkranken deutschen Frau, deren Tage gezählt waren. Außerdem mußte ich bei einer polnischen Mörderin Wache halten, die Selbstmordversuche durch Erhängen gemacht hatte und das Essen verweigerte; sie wurde künstlich ernährt. Auch da brauchten sie wieder einen zuverlässigen Menschen, der darüber hinaus günstig und beruhigend auf die Patientin einwirkte. Dieselbe Aufgabe, nur noch bedeutend schwieriger, mußte ich schon einmal im Gefängnis in Danzig erfüllen bei einer zum Tode verurteilten Polin, die die polnischen Frauen, die man ihr in die Zelle gegeben hatte, in die Flucht schlug. ...

Ich war schon durch meine Arbeit über Tag reichlich müde. Die schwache Ernährung — nur trocken Brot und dünne Wassersuppen — gab wenig Kraft. Die Besserung des Essens Ende 1945 hatte nicht lange angehalten. Dazu kam die Mehrbelastung durch die Versorgung der Frau und das unruhige Schlafen bei Licht sowie die ständige Beobachtung von Seiten der Nachtwache.

Die übermenschliche Anstrengung, während der Erkrankung an Bauchtyphus mit hohen Temperaturen nicht liegen zu dürfen, hatte ihre Folgen. Ich war so schwach, daß mir auch die leichteste Arbeit schwer fiel, und behielt ständig leichte Temperaturen, so daß ich nach meiner Entlassung aus dem Zuchthaus Fordon bei meiner Einlieferung in das Straflager Potulice unter Tbc-Verdacht in die Isolierabteilung kam.

Die letzten beiden Ärzte in Fordon — Militärärzte — waren sehr gut, auch zu uns Deutschen, bei aller Strenge ihrer Vorschriften. Sie machten keine Unterschiede. Bei beiden wäre ein solcher Fall, wie er mir passiert war, unmöglich gewesen.

Potulice, das schwerste Straflager Polens, war eine Hölle! Obgleich ich meine Strafe am 28. Februar 1949 abgesessen hatte, wurde ich nicht in die Freiheit entlassen, sondern unter Bewachung nach Potulice gebracht, Männer, Frauen und Kinder jeden Alters, besonders auch viel alte und gebrechliche Leute.

Vfn. schließt ihre Schilderung der Zustände in Potulice mit der Feststellung:

Zum Lager Potulice gehörten zu meiner Zeit über 17 000 Deutsche. Etwa 7 000 waren im Lager, die übrigen als Arbeitskräfte außerhalb. In Warschau allein waren Tausende mit den Aufräumungsarbeiten und dem Wiederaufbau beschäftigt, die ebenfalls zum Lager Potulice gehörten.

Nr. 244

Erlebnisbericht der Bäuerin Berta Penner aus Pr. Königsdorf, Kreis Marienburg i. Westpr.
Original, 4. November 1952.

Erlebnisse einer Bauersfrau in den Gefängnissen Marienburg und Fordon, Kreis Bromberg, und im Arbeitseinsatz vom Lager Potulice aus.

Am 25. Januar 1945 flüchteten wir, mein Mann und ich. Wir kamen bis Neunhuben bei Danzig. Wir fuhren mit zwei Leiterwagen und fünf Pferden von Zuhause weg. Am 9. April marschierten die Russen in Neunhuben ein. Da entpuppten sich unsere Gastgeber als echte Polen. Sie sprachen dann nur polnisch mit uns, wo sie doch wußten, daß wir nicht polnisch konnten.

Mitte Mai wurde uns gesagt, wir müßten zurück in unsere Heimat. So fuhren wir zurück und kamen am 6. Juni in Pr. Königsdorf, Kreis Marienburg, an. Am 14. Juli starb mein Mann an Typhus, den er sich in Schönwiese, Kreis Marienburg, zugezogen hatte.

Am 12. Oktober 1945 wurde ich mit meinem Nachbarn, Herrn Ed. Schmidt, Pr. Königsdorf, verhaftet. Wir kamen nach Grunau, Kreis Marienburg, in den Keller, jeder für sich, und mußten im Wasser bis abends um 7.00 Uhr stehen. Alsdann wurden wir heraufgeholt und mußten uns einem Verhör unterziehen. Herr Ed. Schmidt bekam viel Schläge; ich mußte das mit ansehen und schrie auf, da wurde ich in die Badestube, welche nebenan war, gesperrt. Ich hörte dann noch lange, wie Herr Schmidt geschlagen wurde.

Am Sonntag, dem 14. Oktober, wurden wir abtransportiert nach Marienburg und wurden wieder in den Keller bei der Miliz gesperrt, zu essen bekamen wir nichts an dem Tag. In sieben Tagen haben wir einmal warmes Essen erhalten, sonst nur Kaffee und trocken Brot. Am Dienstag wurde Herr Schmidt aus dem Keller, in dem wir zusammen mit noch fünf Personen waren — darunter befanden sich Herr Lehrer Großmann mit Frau aus Altfelde —, herausgeholt von fünf Miliz. Sie brannten ihm den Bart ab und haben ihn so zerschlagen, daß er blutüberströmt wieder zu uns in den Keller zurückkam.

Am Mittwoch, abends um 10.00 Uhr, kam wieder die Horde und fragte nach dem „alten Hund". Sie brachten ihn vor unsere Kellertür, dort mußte er sich auf einen Stuhl legen, und vier Miliz bearbeiteten ihn mit dem Gummiknüppel. Sie hatten ihm die Zähne ausgeschlagen, und blutüberströmt warfen sie ihn wie ein Stück Holz zu uns in den Keller herein. Am Sonnabend wurde er entlassen.

Ich wurde am Dienstag, dem 23. Oktober, ins Gefängnis Marienburg gebracht. Ich habe dort mehrere Bekannte getroffen: Lehrer Großmann, er hatte ein Karbunkel am Gesäß und starb kurze Zeit [später] an Blutvergiftung; Herr Samathin, Stuhm, starb auch an Blutvergiftung, hatte dasselbe im Genick; Herr Schönwald, Alt Rosengart, wurde nach Danzig ins Krankenhaus gebracht und starb dort; Herr Marienfeld, Rosenort; Herr Quapp, Pr. Rosengart; Herr Heise, Lichtfelde; Herr Milchkontrolleur Schmidt, Hohenwalde, und noch verschiedene waren mit mir zusammen.

Im August 1946 wurde ich abends (um 7.00 Uhr) aus dem Bett geholt und wurde von einem polnischen Beamten verhört. Ich wurde beschuldigt, ich hätte Waffen vergraben. Da ich das nicht sagen konnte, wurde ich mit einem Gummiknüppel sehr geschlagen, bis ich zusammenbrach. Beim Schlagen wurde mir der Mund zugehalten, damit ich nicht schreien sollte. Um 11.00 Uhr abends wurde ich heruntergeführt und dachte, ich käme in die Zelle zurück — o nein, ich kam in eine Zelle im Keller, dort war nur eine Pritsche von Holz. Bekleidet war ich nur mit Hemd, einem leichten Kleid, barfuß mit Holzpantoffeln.

Nach acht Tagen brach ich zusammen und wurde in meine Zelle zurückgebracht. Der Arzt wurde geholt, da ich mehrere Tage bewußtlos lag. Ich mußte im Bett liegen bleiben. Der Arzt war sehr nett; er verbot, mich weiter in den Keller zu sperren; denn ich sollte solange im Keller eingesperrt sein, bis ich eingestand, daß ich Waffen vergraben habe. Als mich der Kerl in den Keller brachte, mußte ich 16 Stufen heruntergehen. Er gab mir mit dem Zellenschlüssel, welcher ungefähr 20 bis 25 Zentimeter lang war, einen Schlag ins Gesäß, daß ich die Treppe kopfüber herunterfiel. Im Keller hat er mich nochmal geschlagen.

Als ich wieder einigermaßen gesund war, ging ich wieder in die Waschküche und habe 20 Monate lang mit noch zwei Frauen für 350 Gefangene Wäsche gewaschen.

Nach 16 Monaten wurde ich von zwei Beamten zum Termin geführt. Es wurde mir zur Last gelegt, ich hätte Margarine statt Butter gegeben. Leider, leider hatte ich es nicht getan. Ich durfte meine Polen, welche bei uns dreieinhalb und zwei Jahre gewesen sind, nicht als Zeugen vorladen lassen. Ich wurde zu drei Jahren Gefängnis verurteilt. Nach 20 Monaten kam ich mit einem Mädchen Marta Sauff aus Heubuden bei Simonsdorf nach Bromberg zur Miliz.

Dort wurden wir vierzehn Tage festgehalten. Die Miliz zog in ein anderes Straßenviertel, und wir mußten den Umzug mitmachen. Ich mußte auf einmal vier schwere, eichene, hohe Lederstühle zwei Etagen heruntertragen. Als ich absetzte, bekam ich gleich vom Kommandant mit dem Stiefel ins Gesäß, daß mir das Bewußtsein schwand. Als ich zu mir kam, stand er mit der Reitpeitsche und schrie: „Du Kurva (das heißt Hure), Dir werde ich helfen." Er wollte mich schlagen, indem kam ein Buchhalter, derselbe sagte etwas polnisch zu ihm. Da mußte ich noch eichene Schränke heruntertragen. Ich weinte und sagte, daß ich das nicht kann. Er holte zum Schlage aus, und wieder kam der Buchhalter. Er nahm mir den Schrank, den ich mit einem deutschen Mann trug, ab und half heruntertragen. Nachher kam dieser Buchhalter und brachte mich zu seiner Mutter, der mußte ich helfen Wäsche waschen. Bekam aber dort sehr gutes Essen, 50 Złoty, ein Paar Strümpfe und noch etwas zum Essen.

Bei der Miliz war die Hölle auf Erden. Nach vierzehn Tagen kamen wir nach dem Gefängnis Fordon-Bromberg. Wir kamen in eine Zelle im Keller, kein Stuhl, kein Tisch, kein Bett, nur ein Kübel zum Austreten. Nach sechs Stunden wurden wir herausgeholt, mußten uns ganz ausziehen und zum Baden. Die Kleider und Unterwäsche, alles wurde uns fortgenommen. Das Mädchen Sauff hatte ein Taschentuch in der Hand zusammengeknüllt zurückbehalten. Die Beamtin merkte es und schlug sie gleich ins Gesicht, daß ihr die Brille herunterfiel. Ohne Brille konnte sie fast nichts sehen und hatte sich nicht so genau unter die Dusche gestellt. Sie bekam eine vor die Brust, daß ihr die Füße wegrutschten und [sie] mit dem Kopf gegen die Wand schlug; denn der Fußboden war mit Lattengestell ausgelegt. Ich glaubte, sie hätte sich totgeschlagen. Ich wollte ihr beim Aufstehen behilflich sein, aber ich durfte es nicht. Als sie nicht schnell genug aufstand, wurde sie mit Füßen geschubst.

Den anderen Tag mußten wir zur Arbeit. Erst machten wir von Sperrholz Fußmatten. Nachher kam ich in den Spinnsaal zum Wollezupfen. In dem Arbeitssaal waren ungefähr 120 Frauen und Mädchen. Manche Tage wurden wir stundenlang eingeschlossen, ohne austreten zu dürfen. Eine

Beamtin war — von Hohensalza — eine große Deutschenhasserin. Sobald eine Frau austreten wollte und sie nicht gut gelaunt war, bekam diese Frau mit dem Zellenschlüssel eine vor die Brust, daß sie gleich hintenüber fiel.

Ich bekam doppelseitige Lungenentzündung mit sehr hohem Fieber. Eine Frau mußte auf meinen Beinen knien, damit ich nicht aus dem Bett fiel, durfte aber nur zwei Tage im Bett liegen. Ich wurde zum Arzt geführt. Er war ein Teufel in Menschengestalt. Die Sprechstundenhilfe sagte mir, ich sollte mich im Gang bis aufs Hemd frei machen. Als ich vor dem Arzt stand, riß er mir kreuz und quer das Hemd vom Körper und hat mich angeschrien, nachdem er etwas gehorcht hatte, ich sollte sofort arbeiten gehen. Vierzehn Tage lang haben mich zwei Frauen in den Arbeitssaal in den dritten Stock herauf- und heruntergeführt. Aber der liebe Gott wollte nicht, daß ich kaputt gehen sollte. Er war überall schützend über mir.

Sobald wir einen Beamten auf dem Korridor sahen, mußten wir uns schnell an die Wand stellen mit dem Gesicht nach der Wand und die Hände auf dem Rücken. Wenn er sich mit einem anderen unterhielt, kam es vor, daß man bis zu einer Stunde stehen mußte, ohne sich zu rühren. In mancher Zelle waren wir bis 52 Frauen, Stühle ungefähr 18 Stück. Dann setzten wir uns auf den Bettrand. Sobald einer von uns erwischt wurde, mußte er auf dem Korridor zwei Stunden, ohne [sich] zu rühren, knien. Der Beamte ging auf und ab.

Jeden Sonntag nach dem Ersten konnten wir schreiben. Bleistifte bekamen wir in Länge von zwei Zentimetern. In zehn Minuten mußten wir fertig sein. Der Beamte ging um den Tisch herum und schrie in einem fort: „Dalli, Prędko" — da wurde man schon so nervös, daß man nicht mehr wußte, was man schreiben sollte.

Das Essen war sehr schlecht in Fordon, in Marienburg etwas besser. Am meisten freuten wir uns, wenn es Grütze gab, die war etwas dick gekocht. 400 Gramm Brot für den Tag. In Fordon waren zwei Drittel polnische Frauen, darunter 70 Stück, die angesteckt waren.

Ein volksdeutscher Maurer hatte sich mit einer Polin, die im Hof arbeitete, eingelassen. Sie hat ihn verraten; er kam in einen Keller und mußte bis an die Brust im Wasser stehen. Als er herausgelassen wurde, mußten wir grad vorbei. Er fiel um und war sofort tot.

In einer Zelle waren 24 Frauen, aber alle aus meinem Arbeitssaal. Es waren immer Deutsche und Polen zusammen. Es hatten sich zwei Polen geschlagen in der Zelle, alle 24 kamen in einen finsteren Keller, wo sie nur gebückt stehen konnten. Um 10.00 Uhr wachten wir auf, so haben die Frauen mit den Füßen an die Tür gepoltert und geschrien, mehrere sind ohnmächtig geworden. Sie mußten mit Sauerstoff ins Leben zurückgerufen werden. Eine davon starb.

Sechzehn Monate war ich dort. Am 18. Oktober 1948 waren meine drei Jahre um, und [ich] dachte, jetzt werde ich entlassen. O nein, so war es nicht. Ich wurde aus der Zelle herausgeholt, wurde in den Kleiderraum geführt unten im Keller, mußte die Gefängniskleider ausziehen, bekam meine Kleider und ein kleines Bündel, in dem befand sich, was ich von anderen Gefangenen bekommen habe, ein Hemd, ein paar Schlüpfer und

Flicken zum Flicken. Denn, als ich verhaftet wurde, durfte ich nichts mitnehmen, nur wie ich ging und stand. Ich kam in eine Zelle im Keller, nur ein Kübel zum Austreten war darin, das Fenster offen; ich mußte vom Vormittag bis anderen Tag nachmittags drin bleiben. Mußte ohne Decke auf dem Fußboden liegen, nur das kleine Bündelchen als Kopfkissen. Als ich morgens aufstand, war ich ganz steif gefroren.

Wir wurden — vier Frauen — nach Potulice bei Bromberg gebracht, bis Nakel mit der Bahn und dann eine gute Stunde zu Fuß. Dort war Baracke an Baracke, ungefähr 12 000 Deutsche.

Hier schildert Vfn. die Zustände, die sie im Lager Potulice antraf, und fährt dann fort:

Im November kamen 65 Frauen in eine Gänsemastanstalt, darunter bin ich auch gewesen. Ich habe vergessen, wie der Ort heißt. Wir wurden in einer Baracke mit vier Räumen untergebracht und mußten um 4.00 Uhr aufstehen, selten um 4.30 Uhr, den Kaffee und das Brot im Stehen einnehmen. Dann kam ein Beamter; wir mußten uns zu vier Frauen in die Reihe stellen und eine Stunde marschieren, eine Kälte und Glätte! Wenn wir nicht so schnell laufen konnten und etwas zurückblieben, kam er mit dem Knüppel und schlug drauf los. Da meine Schuhe inzwischen abgerissen waren, bekam ich ein Paar abgeschnittene Gummistiefel, Größe ungefähr 45, ich habe 38 bis 39 Schuhgröße. Ich mußte mir soviel Lumpen umwickeln, damit ich sie nicht verlor. Inzwischen platzten sie am Spann auf, und [ich] mußte sie mit Bindfaden ringsherum festbinden.

Wir mußten über zwei Monate lang ungebrühte Gänse und Puten rupfen. Es durfte nicht eine Feder oder ein Speil zu sehen sein, dann flogen sie uns gleich an den Kopf. Es waren noch 65 Polinnen aus Bromberg, die arbeiteten auf Akkord und schafften den Tag acht bis zehn Gänse. Sie durften sich dieselben aussuchen. Die Gänse, die sich schwer rupfen ließen, warfen sie zurück für uns Deutsche. Natürlich schafften wir dann nicht so viel. Der Jude hat uns ausgeschimpft: „Hitlerhure, Hitlersau," usw.

Drei- bis viermal in der Woche mußten wir bis um 11.00 Uhr abends arbeiten. Wenn wir nach Hause kamen, war die Uhr 12.00. Um 6.00 Uhr gab es Abendessen, immer Suppe. Fast immer kam der Jude, wenn wir noch nicht den Teller leer hatten. Da mußte man den Teller mit Essen stehenlassen und zum Arbeiten gehen. Durch das Gänse- und Putenrupfen sind meine Hände ganz verkrüppelt. Frühmorgens muß ich sie erst aufbrechen, damit ich mich anziehen kann.

Ende Januar 1949 kamen wir wieder nach Potulice zurück. Wir wurden wieder zur Arbeit verschickt. Ich kam zu einem Bauern, eine Stunde von Nakel. Ich mußte früh um 5.00 Uhr aufstehen, vor 11.00 bis 12.00 Uhr [abends] nie ins Bett. Zum Frühstück gab es Milchsuppe, die Hälfte Magermilch, die Hälfte Wasser und dazu trocken Brot, aber Brot konnte ich essen, soviel ich wollte. Das Brot war auch gut.

Aber furchtbar schwer arbeiten: fünf Kühe ausmisten, zwei Pferde saubermachen, Schweine saubermachen, alles füttern. Der Dung lag ein bis eineinhalb Meter hoch. Der Dung wurde von drei Mann losgepickt. Ich stand an der Stalltür und mußte auf den Wagen werfen. Die Fladen waren so groß, daß ich dachte beim Aufladen, mir kommen alle Därme aus dem Leib. Ich weinte vor Schmerzen. Da kam der 24jährige Sohn auf mich los und wollte mich schlagen und schimpfte, ich wäre zu faul. Meine Hände waren ganz offen von dem Forkenstiel. Nun sollte ich melken, erstens kann ich nicht, und zweitens bekam ich die Hände nicht ganz zu durch das Gänserupfen.

Nun hatte ich ganz verspielt. Ich hatte doch noch nie solche Arbeit gemacht. Wir hatten eine Landwirtschaft von 150 Morgen. Auf dem Feld lag auch ein großer Dunghaufen. Ich mußte mit dem Sohn mit und nun von dem Haufen losstechen und auf den Wagen werfen. Ich bekam fast nichts ab, und da wollte mich der Sohn wieder schlagen. In diesem Moment war mir alles egal, und auch ich hob die Forke und sagte ihm: „Jeder dumme Junge kann eine alte Frau schlagen."

Am dritten Pfingstfeiertag mußte ich ins Lager zurück. Es hieß zum Transport, und richtig, am 24. Juni ging es zum Transport. Um 2.00 Uhr nachts mußten wir uns aufstellen im Hof, um 4.00 Uhr marschierten wir bis Nakel, dort ging es in den Zug, und nachmittags um 2.00 Uhr fuhren wir los. Als wir in Frankfurt waren, atmeten wir erst auf, und es wurde das Lied gesungen: Nun danket alle Gott.

Wir kamen ins Lager nach Fürstenwalde - Berlin. Dort mußten wir vierzehn Tage bleiben. Dreimal in der Woche mußten wir zur Kundgebung, es wurde uns gesagt, wir sollten nur nicht nach dem Westen, dort ist Hungersnot und keine Arbeit.

Abschließend berichtet Vfn., daß sie im Oktober 1949 in die Westzone übersiedelte.

2. Die frühere Provinz Westpreußen nach der Wiedererrichtung des polnischen Staates 1945.

Nr. 245

Erlebnisbericht von Gustav Kresin aus K a m e h l e n , Kreis K a r t h a u s i. Westpr.
Beglaubigte Abschrift, 2. Februar 1952.

Schicksal einer Bauernfamilie unter russisch-polnischer Herrschaft.

Am 8. März 1945 belagerten russische Panzerverbände unseren Ort, ohne Widerstand zu finden. Von Kamehlen war vor der feindlichen Belagerung keiner geflüchtet, außerdem hatten wir viele ostpreußische Trecks. Die Gehöfte und Chausseen waren überfüllt. Als der Feind eindrang, mußten alle Deutschen ihre Wohnungen räumen und jeder sein Bleiben irgendwo suchen.

Ich mit meiner Familie und die ostpreußischen Flüchtlinge, die auf meinem Gehöft waren, wir wurden nach vielem Betteln, uns unter Dach zu lassen, in ein Zimmer meines Hauses von 16 Quadratmetern gepfercht, 21 Personen. Drei Russen standen stets bei uns Wache. Alles wurde geraubt. Sämtliche Wäsche, alle Kleider und alles Vieh, Korn und Nahrungsmittel wurden abtransportiert oder vernichtet. Fast alle Frauen und Mädchen wurden sofort und laufend vergewaltigt. Es war unerträglich.

Familie Eduard Lorenz, aus Krippsfelde, Elchniederung, die eine achtzehnjährige Tochter Käthe hatten, die in einer Nacht von 22 Russen in unserem Backhaus vergewaltigt wurde, nahmen Arsenikgift ein und starben im Laufe des Tages alle in meinem Pferdestall. Ich habe sie mit meinem Sohn Gerhard in unserem Garten beerdigt.

So haben sich viele das Leben genommen, und viele sind von Qual und Hunger gestorben, die dann in den Gehöften beerdigt wurden. Unser Bauer Adolf Drews und August Otto, etwa 60 Jahre alt, wurden von den Russen erschossen. Die Polen Josef und Bernhard Skierka haben die Russen unterrichtet, wo noch Deutsche waren, die am 19. März 1945 gesammelt wurden, und dann gings zu Fuß nach Graudenz ins Sammellager, von dort nach Sibirien.

Es waren folgende Personen:
Meine Tochter Else und Sohn Gerhard, Frau Lina Neß und ihr Mann, drei Kinder blieben zurück. Frau Ella Kresin von einem Kind, Frau Alma Buchholz, Erna und Wanda Kresin, Irmgard Wiegand, Gertrud und Hilde Pleger, Frieda Tuchenhagen, Ella Schock, Gerda Wolff, Wanda Drews, Lina Otto, David Körner, Max Otto, Otto Strauß und namhaft unbekannte Ostpreußenflüchtlinge.

Die übrig gebliebenen Deutschen wurden in eine Instkate getrieben, ungefähr 35 Personen, die wurden zur Arbeit geholt: Kadaver begraben, Chausseearbeiten usw. Die Russen rückten Anfang April langsam ab, unser

Leidensweg ging weiter. Inzwischen wurde Bernhard Skierka soltys[1]), und dann wurden sämtliche deutschen Grundstücke von Kaschuben und Kongreßpolen besetzt.

Auf mein Grundstück kam ein Anton Skierka. Hier waren noch eine Kuh, ein Pferd, drei Schafe, fünfzehn Hühner und zwei Gänse. Auf den anderen Höfen war kein Inventar, ich war noch in meinem Stübchen mit Frau und dem jüngsten 16jährigen Sohn Reinhard und meiner Tochter Meta, die in Mewe, Kreis Dirschau, mit dem Schmiedemeister Naunin verheiratet war, ein eineinhalbjähriges Kind hatte und schwanger war. Ihr Mann ist Anfang Mai 1945 auf dem Transport nach Sibirien in Smolensk gestorben.

Anfang April wurden mein Sohn Reinhard und ich von den Polen Josef Mischek und Josef Skierka abgeholt und in Starkhütte in einen Stall gesperrt. Ich kam zurück, und mein Sohn saß dort von Freitag bis Montag ohne einen Tropfen Wasser. Am Montag wurde er in ein Lastauto geladen mit noch mehreren, und dann ging's ins polnische Gefängnis nach Karthaus. In Tierarzt Rucha's Keller saß er zusammen mit noch 42 Leidensgenossen. Da gab es jeden Tag Dresche und für die 42 Personen 4 Pfund Brot täglich. Mein Sohn wurde als erster am 25. April 1945 entlassen und kam entkräftet, krank und von Läusen zerfressen nach Hause. Ihm war bei der Entlassung von der polnischen Gefängnisbewachung streng angesagt worden, nichts über die Mißhandlungen zu erzählen, auch zu schweigen, daß er im polnischen Gefängnis war.

Am 27. Mai 1945 starb mein Sohn Reinhard. Ich habe ihn beerdigt.

Am 10. Juli mußte ich mit Milch für unsere Polen nach Karthaus fahren. Da wurde ich von der Milizija festgenommen und auch in den Keller gesperrt, wo mein Sohn gesessen hatte. Dann ging die Milizija nach Hause zu meiner Frau und Tochter und haben ihr das Letzte geraubt. Drei Stunden wurde geplündert.

Ich saß drei Monate. Inzwischen hatte meine Frau Hungertyphus, meine Tochter hat das Kind geboren, und dem Polen Skierka wurde mein Grundbesitz enteignet, weil er meiner Frau Essen gegeben hatte, was verboten war. Dann kam ein Kongreßpole, Pius Grigiel, rauf, der wie ein Wahnsinniger getobt und gewirtschaftet hat.

Im Gefängnis saß ich mit Max Richertis-Kamehlen, Karl Wiegand und Schwensfeier-Hoppendorf zusammen und vielen anderen. Es gab viel Dresche und wenig Essen. Manche mußten qualvoll leiden. Ich wurde verhungert und von Läusen zerfressen am 10. Oktober 1945 entlassen. Max Richertis ist im Gefängnis in Danzig verstorben. Karl Wiegand wurde erhängt. Schwensfeier-Hoppendorf bekam mit einem Kolben ins Gesicht, alle Zähne flogen raus, was weiter wurde, weiß ich nicht. Auch der Förster Lorkowski-Babenthal wurde erhängt.

Nach dem Gefängnis kam ich wieder nach Hause. Am 30. November 1945 mußten wir in zwei Stunden das Vaterhaus verlassen auf Anordnung vom soltys Bernhard Skierka, das Vaterhaus, das schon vom 16. Jahrhundert in dem Besitz unserer Familie war.

---

[1]) Bürgermeister.

Es war schon ziemlich Frostwetter, wir sollten in den Wald gehen. Über Nacht haben wir uns Unterkunft in einer alten Hütte gesucht. Die Kinder meiner Tochter waren ganz klein. Drei Monate und das andere eineinhalb Jahr alt.

Nächsten Tag sind wir nach Schlawkau gewandert, wo wir bei meiner Tochter Elfriede Strauß Unterkunft fanden. Ihr Grundstück hatte auch ein Pole, Robert Byczkowski, damals 30 Jahre alt. Er raubte sämtliches Inventar aus Haus und Hof, viel Getreide und mehrere hundert Zentner Kartoffeln. Meine Töchter und ich mußten dauernd bei ihm arbeiten ohne Essen und Lohn. Die Kinder hungerten. Nach öfterem Betteln um Brot für die Kinder äußerte er: „Schmeißt sie in den Brunnen. Die Deutschen müssen sowieso verrecken."

Über Winter haben wir uns elend durchgeschlagen und da wir uns vor Hunger mit den Kindern nicht mehr bergen konnten, sind wir am 4. Juni 1946 früh morgens losgefahren.

Vf. beschreibt den Ausreiseweg über Stettin, Bad Segeberg nach Hagen und schließt den Bericht:

Meine Tochter Else, die mit 19 Jahren nach Sibirien verschleppt wurde, ist nach zweieinhalb Jahren zurückgekehrt, ganz unterernährt und krank. Zur Zeit liegt sie in einer Lungenheilstätte. Mein Sohn Gerhard soll im Lager Graudenz 1945 gestorben sein und beerdigt im Massengrab von 70 Mann. Außerdem beklage ich drei Schwiegersöhne, die nicht wiederkamen.

Nr. 246

Erlebnisbericht der G. G. aus K a r l s h o r s t (Karolewo), Kreis S c h w e t z i. Westpr. Original, April 1949.

Internierung der deutschen Bevölkerung nach dem Einmarsch der Roten Armee: Vorgänge und Erlebnisse in den polnischen Internierungslagern Schwetz (bis März 1946) und Potulice (bis Februar 1949).

Am 22. Januar [1945] fuhren viele Bekannte mit einem Treck fort. Am 23. Januar ist mein Vater an einer Magenkrankheit gestorben. Noch am selben Tage haben wir ihn auf dem Friedhof, der in nächster Nähe war, beerdigen müssen, weil wir noch am Abend desselbigen Tages unser Dorf verlassen sollten. Unsere polnischen Nachbarinnen, die eingedeutscht waren und deren Männer auch in den Krieg eingezogen waren, baten uns, bei ihnen zu bleiben.

Seit der Zeit hielten wir uns beide, meine Mutter und ich, bei den Nachbarinnen auf. Einige Meter vom Hause entfernt wurde ein Bunker gegraben, da hinein brachten wir all unsere Sachen, ebenfalls die Nachbarin. Wir mußten aber zusehen, wie die Nachbarkinder von unserem Hof und Scheune Geräte und Viehfutter nach ihrer Wohnung trugen. Auch ein anderer Nachbar, der Gemeindevorsteher, holte von unserem Hof, was er gut fand und gebrauchen konnte.

Am 1. Februar rasten die ersten russischen Panzer durch unser Dorf, am 4. Februar wurde unser Dorf von russischen Truppen besetzt. Danach ließen die Russen das Vieh aus allen Ställen herausführen und nach Rußland forttreiben. Die Polen durften ihr Vieh behalten. In der Zeit verschwanden auch unsere guten Sachen aus dem Bunker. Wir waren aber still, glaubten wir doch nicht, daß wir noch mit dem Leben davonkommen würden; denn anfangs kamen oft Russen und fragten nach Deutschen. Man hat uns aber nicht verraten. Mit der polnischen Sprache, die ich etwas beherrsche, habe ich mir aushelfen können. Einige uns bekannte Frauen wurden von den Russen oft verfolgt und belästigt. Nachdem die Polen angaben, wo deutsche Frauen wohnten, sind die Russen zu jeder Tageszeit, auch noch des Nachts, zu ihnen gegangen. ...

Im Monat März hatte schon die polnische Miliz das Kommando im Dorf. Am 21. März morgens kamen der Gemeindevorsteher und ein früherer Händler zu uns mit dem Befehl: „In zehn Minuten fertigmachen zum Abmarsch." Eßwaren, Sachen zum Umziehen und ein Bett durften wir mitnehmen — wir wurden aber wieder alles los, bis auf ein Taschentuch.

Die beiden Männer suchten in unserem Zimmer alles durch, und was ihnen gefiel, nahmen sie mit. Danach stürmten auch schon polnische Männer und Jungen mit aufgepflanztem Gewehr herein, uns abzuholen, worauf wir dann nach Lianno marschieren mußten. Unsere Sachen wurden auf Wagen geladen, ebenfalls die alten, kranken Leute.

Wir kamen zuerst zum polnischen Polizeiamt. Dort wurde uns vor allem Geld und alles, was wir bei uns hatten, abgenommen. Dann ging's herunter in den Keller, wo wir die Nacht durch sitzen mußten.

Am nächsten Morgen wurden alle sortiert. Die älteren Frauen ab 55 Jahren (darunter war auch meine Mutter) und junge Mütter ab drei Kindern durften zurück nach dem Heimatort gehen. Wir Jüngeren mußten nach unserer Kreisstadt Schwetz abmarschieren. Mit uns zusammen fuhr ein großer Wagen mit unserem Gepäck und Lebensmitteln, die wir von Hause mitgenommen hatten.

In Schwetz angekommen, mußten wir sofort wieder in einen Keller ohne Essen und Trinken bis zum andern Tag. Dann kamen wir nach oben vor einige Herren zum Verhör. Danach ging's nochmal in denselben dunklen und naßgegossenen Keller.

Am späten Nachmittag mußten wir aus dem Keller, draußen vor dem Gebäude antreten, und im Marsch ging es zum Gefängnis. Lange mußten wir auf dem Gefängnishof warten, bis wir Einlaß bekamen. In der Zeit kamen viele Wachmänner heraus, die uns mit spöttischen Worten empfingen. Als wir eintraten, mußten wir noch der Reihe nach ins Büro, wo wir noch einmal durchsucht wurden; auch unsere besten Wollsachen hat man uns dort abgenommen. Verhört wurden wir auch noch alle, danach wurden wir in Zellen untergebracht.

Ich kam zusammen mit elf Frauen in eine kleine Zelle, wo nur drei eiserne Bettgestelle standen. Wir mußten anfangs zu viert in einem Bett schlafen. Der Raum war so klein, daß bei der Meldung acht Frauen auf den Betten stehen mußten.

Das Essen gab's in einer hohen Kanne, die auch zum Scheuern benutzt wurde. Wir konnten aber nicht essen, weil niemand von uns ein Eßgeschirr noch Löffel hatte. Da brachte ein Wachmann eine Schüssel und drei Löffel. So aßen wir dann, unsre elf Frauen, mit drei Löffeln. Damit niemand zu wenig oder zu viel bekam, durfte jede Frau nur fünf Löffel voll essen. So ging's der Reihe nach, bis es alle war. Zum Frühstück gab's nur einen Liter Kaffee. Brot bekamen wir in den drei Wochen nichts. So ging es hungrig an die Arbeit.

Wir mußten jeden Morgen vor 7.00 Uhr auf dem Gefängnishof antreten. Dann kamen die Polen wie die Kaufleute und suchten nach ihrem Belieben sich Leute zur Arbeit aus.

Es war gleich am Anfang, als uns ein Bauer zum Dreschen holte. Wir waren so an zwanzig Personen. Dort hatten wir eine Woche Arbeit. Wir waren froh, daß wir jeden Tag auf derselben Stelle arbeiten konnten. Der Bauer, ein guter Pole, ließ für alle seine deutschen Arbeiter Pellkartoffeln kochen. Das war für alle ein schönes Frühstück, denn wir konnten alle unsern Hunger stillen.

Es wurden auch mal Männer und Frauen vom Naczelnik[1]) selbst ausgesucht, dem Obersten des Gefängnisses, zum Säubern seiner neuen Wohnung, die außerhalb war. So mußten wir uns zu vieren anreihen, und im Laufmarsch ging es dann vom Gefängnis aus um den großen Marktplatz herum bis zur Arbeitsstelle. Es hielt einer den andern fest an der Hand, damit niemand zurückblieb; denn die nicht mitkamen, kriegten Schläge. Ich war in der Mitte und hab es Gott sei Dank immer geschafft, so daß ich nie bei den letzten war.

Unter unserer Gefängniszelle war ein Garten, dort wurden jeden Abend in der Dämmerung Männer eine halbe Stunde lang gejagt und getrieben, die angeblich etwas verbrochen hatten... Aus unserer Zelle hörten wir deutlich das Schreien und Schlagen von den Polen, auch das Laufen der Männer hörten wir.

Neben unserer Zelle (in einer größeren) waren alte Männer. Die wurden oft am Spätabend und des Nachts aus ihren Zellen herausgeholt. Wohin sie gingen, wußten wir nicht. Wir hörten nur auf dem Korridor ein Schlagen, Jammern, Stöhnen. Einige Tage danach hörten wir, daß von den Männern schon etliche gestorben waren. Und immer wieder starben welche. So kam der größte Teil der älteren Männer um ...

Es war am Donnerstag vor Pfingsten, als wir aus der einen Hölle herauskamen. Wir atmeten auf, als wir ins Lager kamen und etwas freier waren. Für mich gab's eine große Freude, daß ich mich mit meinem Muttchen im Lager begrüßen konnte, die zwei Tage vor uns ins Lager gekommen war — mit ihr alle alten Leute aus unserem Heimatort. (Sie waren aber nur eine Woche dort, übers Pfingstfest, bekamen einen Schein, und sie waren dann vom Lager frei und durften wieder zum Heimatort zurück.)

Am ersten Pfingstfeiertag kam ein Russe ins Lager, er holte Leute zur Arbeit, zum Melken und Schweinefüttern. Ich hatte mich kurz entschlossen und meldete mich auch. Ich verabschiedete mich von meinem Muttchen, die in der Schälküche Kartoffeln schälte, und fuhr mit dem Russen mit nach

[1]) Aufseher, Direktor.

Kossowo (Weichselniederung) auf das Restgut von Emil Heise. Es gefiel mir dort ganz gut. Ich hatte im Schweinestall 57 Schweine zu füttern und den Stall sauber zu halten. Wenn ich noch Zeit hatte, half ich auch melken.

Die Russen mußten die Milch nach Bukowitz zur Molkerei abliefern. Weil es in der Nähe von meinem Heimatort war, so bat ich den russischen Kommandanten um Urlaub, meine Mutter zu besuchen. Ich fuhr eines Sonntags mit und kam am Montag wieder zurück. Es war am 3. Juni und auch das letzte Mal, daß ich mit meinem lieben Muttchen gesprochen habe...

Ich habe danach noch eine Woche bei dem Russen gearbeitet, dann wurde ich krank und konnte nicht mehr arbeiten. Ich bekam Fieber, und von Tag zu Tag wurde es schlechter, so daß ich an einem Aufkommen zweifelte. Es war Typhus, an einen Arzt war dort nicht zu denken, für Deutsche war nichts da. Eine russische Tierärztin war dort. Wenn ein kleines Tier krank war, wurden allerlei Mittel angewandt, um es wieder gesund zu bekommen. Ich lag zehn Tage krank in unserer Stube.

...Nach zehn Tagen meiner Krankheit fuhren die Russen einige Frauen und Männer und mich zurück ins Lager nach Schwetz. Gott sei Lob und Dank, daß es mir dann schon etwas besser ging, so kam ich in ein Zimmer, wo nur Leichtkranke lagen (ohne Fieber). Ich war bald die stärkste unter vierzehn Frauen, die in meinem Zimmer waren. Im ganzen Lager herrschte schon Typhus. Ich war nach einer Woche bald soweit, daß ich die Frauen in meinem Zimmer bedienen konnte. Viele von ihnen sind wegen der schlechten Ernährung und Schwäche gestorben. Auch junge Mädels und Frauen, viele von Pommern, mußten dort ihr Leben lassen.

Als es mir schon besser ging, bin ich oft zur Schälküche nach Kartoffeln gegangen, die ich in einer Büchse und [einem] Emailletopf in der Waschküche gekocht habe. Wenn die Leute ihre Wäsche kochten, dann wurden in der Zeit Kartoffeln im Feuer gekocht. Auch Melde, die vor den Baracken wuchs, haben wir gepflückt, klein geschnitten und mit Salz gekocht. Dann wurde geteilt und gegessen. — Das war aber nicht lange, dann wurde alles verboten. So haben wir nur unsere Mittagswassersuppe gegessen.

Außerhalb des Lagers durfte den Sommer über niemand zur Arbeit gehen, weil das ganze Lager gesperrt war.

Im August 1945 wurde allen deutschen Frauen im Lager das Haar abgeschnitten. Bei manchen Frauen war es wohl nötig, denn vom langen Liegen, dazu ungekämmt, hatten sie die Klatt bekommen[1]). Andre hatten von Ungeziefer den Kopf voll Wunden, so daß sie gern ihr Haar abschneiden ließen. Uns, die wir schon gesund waren, war es sehr schwer, die Haare zu verlieren, und so manche Träne war geflossen.

Am 17. September wurde die Sperre aufgehoben. Da kamen die Polen wie die Kaufleute, von allen Gegenden, um deutsche Leute zur Arbeit zu holen. — Am 19. September kam auch ich an die Reihe. Ich ging gern, denn man war froh, daß man mal aus dem Lager herauskam. Nämlich nach dem Typhus war man sehr schwach geworden. Auch großen Hunger hatten wir alle, denn bei den Wassersuppen konnte sich niemand erholen, dazu gab's noch leider wenig.

---
[1]) Verfilzung der Haare.

Ich ging, nachdem der Kontrakt gemacht war, mit einer Polenfrau nach Wilhelmsmark mit auf die Wirtschaft und Gärtnerei Fenske. Dort war ich vier Monate als Dienstmagd, von den Polen als ganz Verachtete gehalten. Durch die Söhne der Polenfrau, 11- und 14jährige, habe ich viel leiden müssen. Oftmals habe ich mich satt geweint, denn beklagen konnte man sich bei niemand. So mußte man alles über sich ergehen lassen...

Durch das viele Wassertragen und Treppensteigen hatte ich meine Beine und Hüftgelenke sehr angestrengt, und später ist es zur Versteifung geworden. Auch kriegte ich in der Zeit bei der Polenfrau Eiterbeulen an den Füßen, danach die Krätze am ganzen Körper, es war eine Plage.

Nach vier Monaten, am 30. Januar 1946, als ich meiner Arbeit nicht mehr nachgehen konnte, da meldete ich mich ins Lager zurück. Die Freude und Sehnsucht nach deutschen Leuten war schon groß. Der Polenfrau war es nicht recht, daß ich schon fort wollte, sie mußte mich aber zum Lager abfahren.

Im Lager herrschte unter allen große Freude, denn am 7. Februar fuhr ein Transport ins Reich. Es kamen aber leider nur Reichsdeutsche dazu und Volksdeutsche (Ostdeutsche), die bereits im Sterben lagen.

Alle andern Deutschen mußten zurückbleiben, bis am 13. Februar ein Transport mit Deutschen nach Kongreßpolen runter zur Arbeit fuhr. Sie kamen nach dem Lager Melenchen [und wurden] von dort aus nach allen Gegenden zur Arbeit verteilt. Nur wenige blieben im Lager Schwetz zurück, alte Leute über 70 Jahren und Kranke, zu denen auch ich gerechnet wurde. Einige Tage mußten wir die Baracken säubern und Bretter tragen, denn das Lager wurde aufgelöst, die Baracken abgebrochen und von dem großen Lager Potulice übernommen und dort hingefahren. Wir mußten uns auch einige Tage bereit halten.

Am 7. März wurden wir nach dem verwünschten Lager Potulice gefahren. Auf einem mit Holz hochbeladenen Trecker kriegten wir unsern Sitz. Spät abends angekommen, übernachteten wir in einem kleinen Flur, der uns angewiesen wurde. Jeder machte sein Päckchen auf und legte sich darauf. Wer ein Bett hatte, breitete es aus und legte sich zum letzten Mal darauf.

Am nächsten Morgen, schon frühzeitig, wurden wir geweckt, dann ging's in eine Baracke zur Revision. Dort wurde das ganze Hab und Gut eines jeden der Reihe nach kreuz und quer durchgesucht, alles ausgeschüttet, und ohne gut einzupacken, mußte es schnell zusammengerafft werden in einen Sack oder eine Decke, wie jeder hatte. Mein Gesangbuch hat man auch fortgenommen. Auch unser Eßgeschirr und Kaffeetassen nahm man uns weg. Bei wem Schmucksachen oder Geld eingenäht gefunden wurden, der wurde mit Bunker bestraft. Wer es freiwillig gab, dem sollte es eingeschrieben werden, wenn er aus dem Lager entlassen würde, bekäme er es wieder zurück.

Anschließend berichtet Vfn. über das weitere Aufnahmeverfahren im Lager mit Haarschneiden, Entlausung und Quarantäne unter Schikanen durch den polnischen Chefarzt. Vfn. wurde in eine Baracke für Arbeitsfähige eingewiesen und in der Schälküche beschäftigt.

Am 5. September wurden allen Frauen im ganzen Lager mit der Haarmaschine die Haare abgeschnitten. Das geschah immer bei Nachtzeit. Am 22. September 1946 kam ich zusammen mit vielen Frauen, die in der Schälküche waren, nachdem wir vom Chefarzt untersucht [worden waren], ins Altersheim. Das war auch für viele eine Erlösung, so auch für mich, denn in der Schälküche war es kalt zum Sitzen bei offenen Türen und undichtem Dach, so daß ich sehr ersteift und erkältet war. Dazu hatten wir zur Nacht nur eine dünne Decke zum Zudecken.

Von der Altersbaracke konnten wir nirgends hingehen, denn die Baracke war immer verschlossen. Wir konnten uns dann aber ausruhen und brauchten weder zum Appell noch zur Arbeit gehn. — Den Frauen und Mädchen im Altersheim hatte man die Haare nicht geschnitten. Da ging am Sonntag, dem 29. September, der Chefarzt durch die Baracke, denn dort weilte er auch oft und gern, um die kranken Leute zu schrecken und aufzuregen. Weil ein Mädchen von den Blöden die Haare nicht glatt gekämmt hatte, darum hatte er gleich angeordnet, allen Frauen die Haare abzuschneiden. So kam ich nach drei Wochen auch wieder ran und wurde meine Haare los.

Im Altersheim war ich mit verschiedenen Menschen zusammen. Alte, gebrechliche, jüngere, die die schwere Krankheit kriegten, und Frauen im mittleren Alter sind dort an Unterleibskrebs, auch zwei jüngere an Brustkrebs hilflos gestorben. Junge Mädels und Frauen, die geisteskrank waren, [sind dort gewesen]; eine sprang immer zum Fenster hinaus, eine andre wollte wieder zur Tür heraus, zu ihren Kindern wollte sie gehen. Ein Mädel von 22 Jahren sang oft, dabei wackelte sie mit dem Kopfe.

Auf all die kranken Leute mußten wir gesündere aufpassen und sehen, wie wir mit ihnen fertig wurden. Die erste Zeit dort dachte ich, ich würde das nicht durchhalten und auch nervenkrank werden, aber mit Gottes Hilfe kam ich auch darüber. Als Oberin unserer Baracke hatten wir eine deutsche katholische Schwester, eine Brombergerin[1]). Wer etwas mitgearbeitet hat, auch die Kranken versehn und pflegen half, der war auch bei ihr gut angesehn.

Nachdem unsere Stubenälteste mit dem Transport ins Reich abgefahren war, da mußte ich ihre Stelle vertreten. So hatte ich es oft nicht sehr leicht, wenn manche Zeit schon bis 40 Frauen im Zimmer waren. Und bei allen sollte Ordnung sein. Dazu noch die Geisteskranke und zwei Taubstumme. Mit allen mußte man sich verstehen und vielen das Essen selbst reichen.

Am Sonntagvormittag, wenn im Lager Ruhe herrschte, war im Altenheim Gottesdienst, den Schwester M. hielt. Wir sangen evangelische Kirchenlieder und katholische, die Schwester M. einübte. In letzter Zeit bekamen wir auch ein Predigtbuch zum Vorlesen. Auch ein kleiner Sängerchor wurde gegründet, den Herr Lehrer G. (Pommern) leitete. Doch nicht zu lange, dann nahmen einige von uns Abschied.

Am 7. März 1947 bekamen wir Frauen in unserer Baracke noch einmal Glatze geschnitten... So manche Träne wurde vergossen, mir wurde es besonders schwer, weil mir schon zum fünftenmal die Haare abgeschnitten wurden.

---
[1]) Vgl. den unter Nr. 270 (Bd. I, 2) abgedruckten Bericht.

Zum Frühjahr wurde es für uns etwas besser, denn wir kriegten die Erlaubnis, bei schönem Wetter draußen an unserer Baracke zu sitzen. Auch durfte am Sonntagnachmittag, wenn Besuchszeit war, ein jeder seine Angehörigen im Altenheim besuchen. Somit kriegten wir, die wir eingeschlossen waren, auch mal etwas Gutes zu hören, das uns frohen Mut und Hoffnung auf Freiheit gab. Alle zwei Wochen ging das Altenheim zum Baden; weil wir nichts versäumten, durften wir am Tage gehen. (Von den Arbeitsbaracken gingen wir nach Feierabend und zur Nachtzeit baden.)

Am 3. Oktober 1947 war der Chefarzt wieder in unserer Baracke, durch alle Zimmer lief er und suchte sieben Frauen aus. Sie mußten sofort ins Spital zur Untersuchung, dann auch gleich umziehen in eine andere Baracke. Zu diesen Frauen war auch ich gezählt. Schnell mußten wir unsere kleine Habe zusammensuchen und umziehen. Dieser plötzliche und schnelle Umzug fiel allen und auch uns schwer.

In der anderen Baracke kam ich mit elf Frauen zusammen in ein Zimmer. Es war auch eine Baracke für arbeitsunfähige Frauen. Da gab's aber frühes Aufstehen, um 6.00 Uhr bekamen wir Kaffee. Danach wurden die Zimmer geräumt und der Fußboden gewischt. Danach stellten sich auch bald die Kommandanten ein, um die Leute in Angst und Aufregung zu bringen. Wenn ein Kommandant zu sehen war, wurden schon alle Fenster geöffnet, auch Tücher und Mützen von den Köpfen genommen. Eine Zeitlang kamen sie am Vor- und Nachmittag. Zu jeder Zeit mußte alles blank und sauber sein.

Eines Abends spät, als wir schon alle schliefen, kamen die Kommandanten und höheren Vorgesetzten durch unsere Baracke und jedes Zimmer, lärmten und schrien. Die Hocker mit unseren Sachen warfen sie auf den Fußboden durcheinander. Dann jagten sie uns alle in der ganzen Baracke aus den Betten. In zehn Minuten mußten wir die Sachen im Viereck in einer graden Reihe auf den Bänken zurechtlegen. So viel Päckchen wie Frauen im Zimmer mußten sein, auch so viel Paar Pantoffel mußten grade in einer Reihe vor den Bänken stehen.

Nachdem am 8. September 1948 wieder ein Transport fuhr, und unsere Zimmerälteste auch mitkam, mußte ich für Ordnung in unserem Zimmer sorgen. Das war eine schwere Aufgabe. War doch zu der Zeit eine neue Kommandantin eingestellt, die sehr oft in den Baracken in jedes Zimmer ging und die Frauen immer wieder zum Putzen antrieb. Dann mußte auch immer gemeldet werden, dazu in polnischer Sprache, welches uns sehr schwer fiel.

Im letzten Jahr bekamen wir Lagersachen, auch Wäsche. Auch das Essen wurde in den letzten zwei Jahren etwas besser und reichlicher. In den zwei ersten Jahren unserer Gefangenschaft haben wir oft hungern müssen. Mit 400 Gramm Brot und abends nur Kaffee mußten wir ausreichen; dagegen in letzter Zeit gab es 500 Gramm Brot, dazu noch abends Suppe. In den letzten paar Monaten war es schon etwas erträglicher.

In den letzten Tagen des Monats Januar 1949 kam eines Abends das Fräulein Oberin unserer Baracke zu uns ins Zimmer und brachte mir die Botschaft, daß ich durchs Rote Kreuz angefordert bin und nach einigen Tagen fortfahre. — Durch eine gute Lagerkameradin, die im September 1948 mit dem Transport fuhr, bestellte ich an meinen Bruder, der schon hier in Westfalen wohnte, mich durch das Rote Kreuz freizumachen... So konnte ich am 31. Januar 1949 zusammen mit 178 Personen endgültig das Lager Potulice verlassen[1]).

Wir wurden nach Nakel transportiert, dort übergab uns die polnische Miliz der „Umsiedlungskommission". Dort in Nakel blieben wir drei Tage. In der Zeit kamen noch täglich Leute von den Gütern und von überall zum Transport zusammen. Nachdem wurden alle Papiere geprüft, und als der Transportzug angekommen war, wurden wir eingeteilt und dann zum Bahnhof abmarschiert. Schon in Nakel gab es gute Verpflegung.

Wir fuhren bis Oberschlesien nach Leobschütz. Die Fahrt bis dort war sehr langsam, denn am Tage ließ man den Wagen oft stehen auf einsamer Strecke, und zur Nachtzeit fuhren wir weiter. In Oberschlesien kamen wir in ein Umsiedlungslager, wo wir zweieinhalb Wochen bleiben mußten. Aus Lodz kam eine Dame und prüfte genau alle Papiere. Als alles stimmte, bekamen wir gleich die Nummer und wurden eingeteilt. Froh waren wir dann erst, als es hieß, wir fahren mit nach Deutschland.

Nr. 247

Erlebnisbericht von Erika Bleck aus Zempelburg i. Westpr.
Beglaubigte Abschrift, 28. Februar 1951.

Die evangelische Kirche Zempelburg als Internierungslager, Zwangsarbeit auf russisch verwalteten Gütern der Umgebung und bei einem polnischen Bauern, Flucht nach Westdeutschland.

Einleitend berichtet Vfn. von ihrer überstürzten Flucht bis Vandsburg, von ihrer Verhaftung durch die polnische Miliz und der Rückkehr nach Zempelburg.

Durch die sehr mangelhafte Ernährung, Wassersuppen mit Kleie, brachen sehr viele Krankheiten aus, wozu noch die Läuseplage kam. Wir verfielen zusehends, die Menschen starben wie die Fliegen, darunter auch meine Eltern, deren Gruft ich eigenhändig geschaufelt habe. Es kam auch vor, daß vier bis fünf Menschen in ein Grab kamen.

In Zempelburg befand sich auf dem Marktplatz unsere evangelische Kirche, mit ihr ist das Leben meiner Eltern und das meine sehr eng verknüpft. Meine Eltern sind darin getraut, meine Geschwister alle getauft und konfirmiert worden. Ich kann heute daran nur mit Grauen denken, denn sie war unser Gefängnis. In ihr wurden wir streng bewacht und gefangen gehalten. Rausgeholt wurden wir, um von der Soldateska vergewaltigt und geschändet zu werden.

Unsagbares Leid wurde uns Frauen zugefügt, viele haben es nicht zu ertragen vermocht. Ärztliche Hilfe wurde uns nicht zuteil, absichtlich wohl nicht. Das einstmalige Gotteshaus wurde unser KZ. und ein großes Klosett. Die Schreckenstage näher zu beschreiben, möchte ich mir ersparen. Das bisher Gesagte mag genügen. Geschriebene Worte können niemals das wiedergeben, was man erlebt hat.

---

[1]) Zu den Ausführungen über das Zentrallager Potulice s. auch die unter Nr. 266 bis Nr. 270 (Bd. I, 2) abgedruckten Berichte.

Eine gute Bekannte von mir, die Tochter des ehemaligen Bürgermeisters von Zempelburg, Fräulein Annemarie Dorow, ist in der Kirche buchstäblich von Läusen aufgefressen worden, es klingt unglaublich, ist aber bittere Wahrheit.

Die jüngeren Leute wurden zur Arbeit herangezogen, und zwar auf Güter, die von Russen verwaltet wurden. So kam ich zuerst auf das Gut Waldowke bei Zempelburg, auf dem noch der ehemalige Vogt oder Verwalter Nowakowski war. Als dort alles ausgedroschen war, kamen wir nach Klonia, in dem Kreise Tuchel. Es wurde nichts gesät, nur geerntet. Kartoffeln wurden nachts geklaut. Es ist auch vorgekommen, daß sich die Russen solche Männer mit Goldbrücken rausgeholt haben und sie so lange bearbeitet und geschlagen haben, bis sie die Zähne mit dem Gold in den Händen hatten.

Die Russen waren stinkend faul, so waren sie zu bequem, Holz aus dem nahen Wald zu holen. Sie nahmen die Tragbalken aus den Scheunen, die ja trocken waren. Der Viehbestand nahm zusehends ab. Als alles geschlachtet und abgeerntet war, zogen die Russen ab, nahmen Frauen mit, die kein Heim mehr hatten, der Rest wurde entlassen. Darunter war ich auch.

Dieser Wechsel sollte zu meiner Rettung beitragen. Ich bemühte mich um Auswandererpapiere, bekam sie aber nicht, sondern kam auf einen polnischen Hof in Ilowo-Ilau, Kreis Zempelburg, wo eine derartige Armut herrschte, daß der Bauer mit seiner Familie nur trockenes Brot aß. An lebendem Inventar besaß der Bauer nur zwei magere Kühe, die er noch mit einem zweiten Mitinhaber des Grundstückes teilen mußte. Dort gab es weder Geflügel noch Schweine. Am 1. September wurde Roggen eingefahren mit grünen und weißen Keimen. Auf diesem Gut war ich ein halbes Jahr Magd und Knecht in einer Person.

Ein Lichtblick war für mich die briefliche Verbindung mit meinen Angehörigen in der englischen Zone, die zum Teil hingeflüchtet waren und zu denen es mich zog. Dadurch schöpfte ich neuen Mut, und schmiedete neue Pläne, wie ich aus Polen rauskommen könnte. Wir mußten unentgeltlich arbeiten. Da wir unsere Habe durch die Russen bereits verloren hatten, standen wir vor dem Nichts. Eine Fingerverletzung an der rechten Hand kam mir zu Hilfe, die mich bei der Arbeit sehr behinderte. Trotz Verbot ging ich zum Arzt, der mir den Finger schnitt und mich für sechs Tage krank schrieb.

Diese Zeitspanne benutzte ich zur Flucht, wobei mir noch polnische Bekannte geldlich zur Seite standen. Ohne jegliche Papiere in Händen setzte ich mich auf die Bahn und kam bis nach Stettin, unbehelligt wegen meiner polnischen Sprachkenntnisse. Von Stettin aus entkam ich mit einem Kahnschiffer, der in russischen Diensten stand, in seinem Kohlenraum versteckt, bis an die deutsch-russisch-polnische Grenze, wo die Kontrolle an einem Novembertag ziemlich flüchtig war. Per Dampfer ging es dann weiter über Hohensaaten-Niederfinow-Oranienburg bis nach Gesundbrunnen in Berlin, wo mich meine Verwandten schon lange erwartet hatten.

Den Abschluß bildet die Schilderung der abenteuerlichen Reise in die Westzone.

Nr. 248

Erlebnisbericht der F. K. aus Vandsburg, Kreis Zempelburg i. Westpr.
Beglaubigte Abschrift, 17. Februar 1951. Teilabdruck.

Internierung im Lager Vandsburg; Zwangsarbeiten, Leichenumbettung in Jastremken; Aufenthalt im Lager Potulice.

Vfn. schildert den Aufbruch zur Flucht, das Treiben der Russen, die den Treck schon am ersten Tage einholen, die heimliche Rückkehr in den Heimatort und das Durcheinander der ersten Tage nach der Besetzung.

So gingen die Tage in Angst und Schrecken für uns hin bis zum 17. Februar. Da wurden wir ins Lager erstlich mal in Vandsburg gesammelt, und somit hatten wir unsere Heimat verloren, unser „Zuhause". Nichts mitnehmen, nur für drei Tage Lebensmittel, das war ein bitteres Los. Am nächsten Tage habe ich doch auf dem für uns zuständigen Büro um Erlaubnis gebeten, nach Hause gehen zu dürfen, um für meinen Vater ein Bett zu holen. Drei Stunden Urlaub wurden mir gewährt.

Doch nun wurde das Leben elend und aufreibend. Junge Mädchen wurden im Lager gesammelt, ins Auto gesteckt und nach Rußland geschafft. Nach zwei Wochen mußten wir die neue Schule, in welcher wir lagen, räumen, und wir kamen in Privatwohnungen.

Dann ging die Arbeit los. Etliche von uns wurden ins Russenlazarett gebracht, um Verwundete, welche noch eingetroffen waren, zu baden und sonst Nötiges zu tun. Ich war froh, daß ich den anderen Tag dort nicht mehr hin mußte. Aber dann ging es unter bewaffneter Bewachung zu Aufräumungsarbeiten in die unbewohnten Häuser. So kam auch ich zu diesem Zwecke in das große Diakonissen-Mutterhaus. Es war nicht wiederzuerkennen. Alles lag aus diesem schönen Werk draußen. Also wohin auch nur das Auge schaute, all überall, ein einziger Greuel der Verwüstung. Nein, so etwas kann man nicht beschreiben.

Einmal, als man uns nicht zur Arbeit holte, bin ich mit noch einer Frau heimlich nach Haus gegangen, um zu sehen, ob ich noch etwas Wäsche fände. Ein mir bekannter Pole hatte es sich dort gemütlich gemacht. Sprach mit uns nur durchs Fenster, das Haus war abgeschlossen. Er dächte auch gar nicht daran, mir zu öffnen, sagte er mir. Erst nach langem Bitten tat man mir die Türe auf. Das Wenige, das ich noch fand, nahm ich und ging mit den Worten: „Jetzt werde ich auch nicht wiederkommen."

Mit mir in einem Raum war unter anderen auch eine Frau Schmidt im Lager. Diese erwartete in allernächster Zeit ein Kind. Eines Abends kam dann auch die Zeit, und sie bat mich, Hilfe zu holen. Aus Angst vor den Russen bat ich noch eine Frau, mit mir zu gehen. So gingen wir dann zum Lagerführer, welcher auch in der Nähe wohnte, ihm hiervon zu berichten. Er holte auch sofort Hilfe. Die Hebamme kam. Als das Kind geboren war und alles Nötige getan, begaben wir uns auch zur Ruhe.

Es kann eine gute halbe Stunde vergangen sein, als ein Fenster eingeschlagen wurde und ein Russe in unsern Raum trat. Derselbe hielt nicht lange Umschau, sondern stürzte sich auf die Wöchnerin. Erst als eine andere Frau ihm das neugeborene Kind zeigte und ihm sagte, das sei die Mutter, hatte er begriffen und ging, aber nur in den Raum nebenan, und suchte sein Opfer.

In nächster Zeit wurden dann eine andere Frau und ich in ein Russenquartier gebracht, in die Waschküche. Da haben wir zwei alle Tage gewaschen. Ein junger Russe saß täglich bei uns und bewachte uns. Abends gingen wir ins Lager zurück. Zwischendurch mußten wir auch die Zimmer der Offiziere säubern. Wir gingen aber immer beide, so waren wir etwas sicherer.

So verging Woche für Woche, schon hatten wir die ersten Apriltage. Da holte mich plötzlich der Lagerführer aus der Waschküche mit dem Bescheid, unsere ganze Stube käme aufs Land. Unsre paar Sachen waren schnell gepackt, der Wagen kam, und die kurze Reise dauerte nicht allzu lange. Das Endziel war Karlshof. Schon während der Fahrt schimpfte der Pole, welcher uns holte, fürchterlich. „Was habt ihr hier getan in Karolewo? Ihr sollt sie schon mit Euren Fingern auskratzen, wenn die Frühbestellung auf dem Lande fertig ist." (Er meinte aber die dort umgekommenen Polen.) Dieses war ein leidiger „Willkomm".

Dort angekommen wurden wir in einen Raum gewiesen, worüber wir gleich erschraken. Auf dem Fußboden lag eine alte Strohschütte. Frisches Stroh bekamen wir nicht, und wir mußten also schlafen. Es dauerte nicht lange, und wir wimmelten von Läusen. Tagsüber mußten wir aufs Feld, abends hielten wir Entlausung, doch des Morgens war es dasselbe Übel. Genügende Lebensmittel bekamen wir lange nicht.

Wenn wir draußen an der Arbeit waren, mußten wir genügend höhnische Bemerkungen über uns ergehen lassen, welche der Wachposten auspackte. „Ja, da seht ihr jetzt, soweit hat euch der Adolf gebracht." Flog ein Flieger über uns, dann hieß es: „Ja, schaut nur, der Adolf kommt und wird euch helfen." Und so ging es fort, bis wir mal sagten, der hätte gar nicht kommen brauchen, wir waren sowieso keine Nazis. Als wir nach einiger Zeit sehr entkräftet waren und daher dem Gut mit unserer Leistung nicht mehr genügend zusagten, wollte man uns bei den Bauern abgeben, welches auch geschah, zwei Tage nachdem ein neuer Trupp Deutscher auf Karlshof eintraf.

Nun war es schon Juni 1945. Ich befand mich mit meinem Vater, welcher 78 Jahre alt war, in Jastremken auf dem Restgut, welches an Karlshof grenzt. Die Arbeit war hier auch sehr schwer, doch das Essen etwas besser und zureichender. Zudem war es schon eine Erleichterung, daß nicht immer eine besondere Wache bei uns ging. Doch das besorgten schon die polnischen Bauern selber. Normalen Schrittes durfte man nicht viel gehen, immer schnell, schnell, sonst hieß es gleich: „Na, gehst wohl spazieren, was?" Während unserer Gefangenschaft haben wir zur Genüge erfahren: „Merkt euch, es gibt nur Gesunde und Tote," wie man es uns gleich zu Anfang sagte.

Durch die Läuse war mein Körper so verseucht, daß ich eine Eiterbeule an der andern hatte, besonders auf dem Rücken. Dazu stellte sich ein wahnsinniger Juckreiz ein, der ein halbes Jahr anhielt, trotzdem ich von dem Ungeziefer schon frei war. Wenn der Körper erhitzt war, war es kaum zu ertragen, doch ein Arzt kam für uns nicht in Frage. Tat man einen schweren Seufzer, so hieß es: „Ja, jammert nur, euch wird doch nicht geholfen, wenn ihr nicht mehr weiter könnt, dann gibts andere."

Hier in Jastremken konnte ich auch beobachten, wie die Russen ganze Herden Rindvieh forttrieben, und auch Deutsche mußten ihnen dabei helfen.

Doch die Zeit steht nicht still, der Sommer war dahin, und es war schon im Anfang November. An einem Sonntag erschien der Bürgermeister vom Ort mit der Überraschung, es bestehe jetzt die Möglichkeit auszuwandern. Laut eines Antrages könnten wir uns die Auswanderungsgenehmigung auf der Starostei einholen. Die polnischen Bauern mußten uns hierzu frei geben. Die deutsche Frau Breit, vom andern Hof, kam mit mir, und wir gingen, unsere Anträge in der Tasche, zum Landratsamt in Zempelburg. Mein Vater blieb derweilen zurück, ebenso die beiden Kinder von Frau Breit.

Auf dem Rückwege, noch in der Stadt, nahm uns die „Gestapo" gefangen, weil wir Deutsche waren. Und weil wir nun nicht zurückkamen, wurde es gemeldet. Niemand wußte von unserm Verbleib. Wir standen im Verdacht, das Weite gesucht zu haben. Mein Vater wurde verhört und der Tod durch Erschießen angedroht, falls er nicht genaue Auskunft über meinen Verbleib geben werde. Doch wurde solches noch gnädig verhütet. Nach sechs Tagen wurden wir wieder freigegeben und zwar ohne besondere Mißhandlung. Und so fand ich meinen Vater, Gott sei Dank, wieder und erfuhr dann alles. Als wir uns wieder bemühen wollten wegen unserer Papiere, war diesbezüglich Sperre eingetreten. Und das spätere Resultat war, so sagte man mir nämlich, die Alten sollten ausgeliefert werden, die Jüngeren mußten bleiben. Ich wollte aber die Trennung von meinem Vater vermeiden und war, noch eingeschüchtert von der Bäuerin, fortan fein stille und blieb. Und so verging weiter unter schwerer Last auch der Winter. Der Frühling kam und mit ihm der Mai 1946.

Und mit diesem Mai begann dann auch die Arbeit in Karlshof, vor welcher jeder Deutsche schauderte, nämlich die Ausgrabungen der hier 1939 umgekommenen Polen. Dieser Platz liegt nahe an Jastremken, wo der Wald sich schon lichtet. Vielleicht haben die Polen erstlich auch nicht an diese Arbeit geglaubt, denn sie hatten schon ein Kreuz dort errichtet. Wenn ich auf dem Felde arbeitete, konnte ich sehen, wie dort geschafft wurde. Diese Schaffenden waren ja keine anderen, denn unsere Leidensgenossen, die Deutschen. Ich selbst war erstlich noch nicht herangezogen worden, denn wir wurden ja nicht alle zugleich, sondern abwechselnd geholt.

Eines Tages erscholl auffälliges Schießen etliche Male. Ich konnte aber nicht in Erfahrung bringen, wie sich an dem Tage alles zugetragen, weil ich mit niemand zusammenkam. Alle Tage wurde weiter geschafft. Von Seiten der Polen war es täglich ein Gehen und Kommen. Autos rasten durch die Straßen ob diesem großen Geschehen. Alles eilte zu diesem Schauplatz.

Und schon war es der elfte Juni. Auch ich mußte am Nachmittag. Es war ein langes Massengrab, worin die Leichen der Länge nach lagen. Etliche Meter waren auch schon ausgehoben. Von polnischer Behörde war alles am Platz, auch Publikum, nicht etwa wenig. Es mußte ohne Bedenken unsererseits gearbeitet werden, mit bloßen Händen. Die Leichen lagen mehrere übereinander und durcheinander. Die Schädel wurden alle besonders gelegt, danach sollte die Zahl der Leichen festgestellt werden. Hatten manche Gebisse, echte Kronen, mußten wir damit zu einem bestimmten Polen gehen, welcher die Zähne dann herausnahm.

Als wir einige Meter ausgehoben hatten, wurden sechs Personen, darunter auch ich, zum Gutshof abkommandiert, bekamen dann Spaten, und die Wache zeigte uns im Park Stellen an, welche wir nachgraben mußten. Das Ergebnis waren aber nur Rinder- oder Pferdeschädel, aber keine Leichen von Menschen. „Wo sind sie dann? Ihr müßt es doch wissen!" So fragte die Wache immer wieder. Nachdem man uns dann wohl genug herumschikaniert hatte, entließ man uns, und da es auch schon Abend war, nach Hause. — Dieses war mein erster Tag, welcher im allgemeinen gnädig abgelaufen war. Aber es sollte schon bald ein weiterer kommen, und zwar schon der 17. Juni, nachmittags.

Es war mittags, als mir die unliebsame Kunde gebracht wurde. Es gab kein Überlegen. Ich mußte gehen. Auf dem Friedhof angekommen, mußten wir, wo schon die Leichen ausgehoben waren, zuschaufeln. Halbwüchsige Polenburschen mit Stöcken und geschmeidigen Gerten trieben uns zu noch immer größerer Eile an, ein älterer Mann wurde sogar paarmal hinuntergestoßen. Als es eine Weile so ging, wurden unsere zehn Frauen und Mädchen, darunter auch ich, wieder abkommandiert nach den Gewölben. Im Vorbeigehen sah ich Särge stehen, und andere Frauen wieder waren am Knochenwaschen. — Manche der Zuschauer glaubten an der Kleidung noch ihre Angehörigen erkannt zu haben, haben dann Särge gebracht. Für Unerkannte hat die Gemeinde etliche Särge gespendet. ...

Wir aber wurden schon dann vor dem Gewölbe begrüßt von zwei, welche Uniform trugen, mit Reitpeitsche und Gummiknüppel, und hinein ging es mit Laufschritt. Dieses Gewölbe war nicht etwa leer, hier lagen die Leichen stückweise hoch aufeinander von Anfang bis Ende. An beiden Seiten waren Gänge frei. Nun mußten wir die Leichen alle umlegen an die Seiten, damit die Mitte frei wurde für die Särge. Trotzdem wir arbeiteten so schnell wir es eben konnten, war es immer noch nicht schnell genug. Und diese beiden Henkersknechte sorgten auch fleißig dafür, daß ihre Waffen in reger Bewegung blieben. Dabei brüllte der eine, auf die Leichen zeigend, in polnischer Sprache: „Hier, seht die deutsche Kultur."

In meiner Angst flehte ich innerlich nur immer: „O lieber Gott, laß mich hier nur nicht ohnmächtig werden." Man muß sich da nur den krassen Luftwechsel vorstellen, dazu war es Hitze und dauerte Stunden. Als diese Arbeit dann dem Ende zuging, glaubte ich, es ginge an die frische Luft. Doch ich sollte bald eine andere Erfahrung machen.

Wir mußten nun den mit roten Steinen ausgelegten Fußboden noch mit unsern Fingern abkratzen und somit von allen Resten säubern. Als dieses geschehen war, hieß es, nieder auf die Knie und lecken. Und auf diesen

Befehl gab es weder Zögern noch langes Besinnen, allein nur schneller Gehorsam. Und so mußten wir dieses Gewölbe auf Knien entlangrutschen und lecken. Dann sausten Reitpeitsche und Gummiknüppel auf uns nieder, begleitet von gräßlichen Flüchen.

Als diese Menschen nun endlich ihrem bösen Herzen Genüge getan hatten, hieß man uns aufstehen und: „Raus marsch, marsch!" Wir mußten uns aber gleich nochmal in die Reihe stellen, und nochmal schlug man uns, natürlich über die Köpfe. Da gab es noch manches dunkle Auge, wie ich es auch schon vorher bei anderen gesehen hatte.

Nun war es auch fast Abend geworden. Schnell wurden wir mit den andern gesammelt, welche uns leise zuflüsterten: „Wie seht ihr nur aus!" Und fast im Laufschritt ging es auf den vielleicht eine Viertelstunde entlegenen Gutshof zum Teich. Alle mußten mitmachen, und es hieß jetzt: „Nase waschen." Danach schickte man uns alle nach oben in den Lagerraum, wir waren an dreißig Personen. Als es unsern Bauern zu lange dauerte und dieselben uns holten, entließ man uns. Ich tat noch still meine Arbeit und suchte, ohne mein Abendbrot zu essen, meine Lagerstatt auf. Dieses war also der 17. Juni 1946 mit seinen für nie vergessenen Geschehnissen in Karlshof. Erst am andern Abend habe ich diesen Tageslauf meinem Vater erzählt.

Nun kamen wieder andere an die Reihe. Ich persönlich wurde erst wieder am 4. September angefordert. Ich ging, es war gleich morgens, wenn auch ziemlich bedenklich. Traf dort noch drei deutsche Mädchen an. Dieser Tag verlief aber nicht so grauenvoll für uns. Wir waren ohne besondere Aufsicht. Hier mußten wir beim Bau einer kleinen Kapelle, welche zwischen den Gewölben erbaut wurde, den zwei Maurern Handlangerdienste tun. Die Glocke aus dem evangelischen Bethaus zu Schönwalde läßt fortan ihren Ton aus dieser kleinen Kapelle hören. Diese ganze Arbeit mit all ihrer Angst und Tränen hatte ihren Abschluß gefunden mit dem Sonntag der Einweihung, welcher von den Polen mit großer Beteiligung im November 1946 begangen wurde.

In Zukunft waren wir wieder wie abgeschnitten von der Außenwelt. Wir verrichteten täglich unsere schwere Arbeit. Als Mensch fühlte man sich kaum noch, nur noch als ein schuftendes Objekt. Die eine Freude war noch für mich mein alter Vater, dieses letzte Stückchen „Heimat". Doch ihm ging es ja genau so. War es doch für ihn besonders bitter, in seinem Alter alles zu verlassen und nicht daheim in Ruhe seine letzten Tage verleben zu dürfen. War er doch fast achtzigjährig und mit manchen Beschwerden. Trotzdem mußte er auf Geheiß des gestrengen polnischen Gebieters Tag für Tag am Hauklotz stehen und Strauch im Sommer und Hartholz im Winter zerkleinern. Des Sonntags mußte Vater das Vieh hüten. Die Polenjungens hatten immer frei. Das hat mir sehr weh getan, daß er nicht etwas Freiheit hatte, zumal der Bauer nicht für mich ans Lager zahlen brauchte, denn damit sollte der Unterhalt meines Vaters vergütet sein. Doch die Zeit war ja so günstig für die Polen, und sie vergaßen es nicht, auch dieselbe Zeit und Gelegenheit auszunützen, denn mein Vater mußte sich ja das Stückchen Brot selber bitterschwer erarbeiten.

Auch ich bekam weder rechte Bekleidung noch sonstwie bezahlt hier. Unser Lohn war vielmehr ein derber Fluch, oder daß dieser Unmensch meinen Vater „altes Miststück" nannte. Er selbst war halb so alt und tat nichts. Doch die Zeit ging trotz aller Mühsal unaufhaltsam weiter. Manches wäre noch zu erzählen. — Erwähnen möchte ich hier nur noch, daß uns deutschen Mädchen und Frauen auch noch das Haar abgeschnitten wurde. Was uns diese Schändung bedeutete, darüber will ich schweigen.

Auch seitdem sind wieder elf Monate vergangen. Und es war der 11. August 1947. Da wurden wieder Deutsche gesammelt. Wir kamen nach Zempelburg. Dort lagen wir drei Tage in der evangelischen Kirche. Wie schändlich aber dieses ehemalige Gotteshaus entweiht war, kann sich niemand vorstellen. Hier wurde uns dazumal gesagt, „ja nun kommt ihr ins Reich". Alle atmeten erleichtert auf. Aber leider mußten wir bald feststellen, wie schändlich wir betrogen worden waren.

Frühmorgens in der Dunkelheit des 14. August traten wir in Begleitung von zwei bewaffneten Posten den Marsch zum Bahnhof an, wer eben noch gehen konnte. Die andern mit Auto. Unsere Packen auf dem Rücken, ging es los. Ein bemitleidenswertes Bild. Mein Vater wollte bei mir bleiben, mit der rechten Hand auf seinen Stock, von der linken Seite gestützt auf meinen Arm, blieben wir immer im Trupp. Am Bahnhof angekommen, sagte er mir: „Alleine hätte ich es nicht geschafft, so aber ging es." Ach, was hat der Ärmste wohl noch alles schaffen müssen ohne meine Hilfe?

Als dann alles beieinander war auf dem Bahnsteig (es waren etliche Frauen, die weder gehen noch stehen konnten, sondern auf Stühlen saßen), ließ sich die Wache von einem unserer deutschen Männer als Reiter auf den Schultern wiederholt herumtragen um die Menge, stießen Stühle um, so daß diese Frauen hart aufschlugen. Danach wurden wir in Viehwagen gesteckt, und es ging mit der Bahn bis Nakel, wo wir dann bei Tageshelle ankamen. Unser Gepäck blieb dort liegen, auch die alten Väter und Mütter, bis sie dann am Abend geholt wurden. Dabei auch mein Vater.

Wir andern marschierten die wohl sieben oder acht Kilometer lange Strecke nach Potulice in das große Lager, der Schrecken aller Deutschen. In einem Abstand hinter uns her noch ein Zug Deutscher aus dem Kreise Strasburg. Auf diesem Wege wurde ein deutscher Mann, welcher schon eine Kopfwunde hatte, recht böse vom Posten schikaniert. Dort angekommen blieben wir draußen. Essen gab es erst am Abend, eine Wassersuppe ohne Fett.

Gegen Morgen des 15. August mußten wir zur Revision. Nicht mal ein Messer durften wir behalten, welches zur Folge hatte, daß wir unser Brot nur brechen konnten. Ein älterer Mann wurde, weil er sich dazwischen meldete, unbarmherzig zu Boden gestoßen. Nach der Revision mußten wir auf einem Platz stehen bis zum Morgen. Da vollzog sich dann, welches manches Herzeleid ergab, die Trennung von unsern lieben Angehörigen. Ich gab meinem Vater das Bett, verabschiedete mich und mußte gehen. Dieses Weh, welches sich meiner bemächtigte und darunter ich schwer litt! Meinen alten Vater, der mir alles gewesen war und mit dem ich zweieinhalb Jahr alles Schwere geteilt und getragen hatte, noch so gut, wie es mir noch möglich war, betreut, jetzt fremden rohen Händen [zu] überlassen, nichts von ihm erfahren zu dürfen in Zukunft, ging zu weit. Doch ich mußte gehen. Anderen ging es ja ebenso. In dem Bett hat er nicht schlafen dürfen, wie ich später erfahren habe.

Nun kamen wir zur Entlausung. Trotzdem wir keine hatten, wurde uns das Haar wieder abgeschnitten. Im Laufe des Tages kamen wir dann in das Quarantänelager. Hier gab es morgens eine Tasse schwarzen Kaffee, täglich 400 Gramm Brot, Mittagessen einen halben Liter Eintopf, klein wenig abgefettet, und abends immer Wassersuppe. Schlafgelegenheit war je zwei Personen eine Bettstatt mit Holzboden. Sonst nichts drin, da schmerzten die Glieder des Morgens viel mehr als des Abends nach schwerer Arbeit.

Es wurde hier ein großer Sportplatz gebaut. Leider kann ich nicht sagen wie groß an Fläche. Jedenfalls war schon lange daran gebaut worden. Ungefähr ein Kilometer entfernt wurden Rasenflächen, zwei Fuß im Quadrat, ein halb Fuß hoch, gestochen. Mit diesem Rasen mußten wir schwere Ackerwagen bis oben voll beladen und heranziehen. Es waren dazu sieben Wagen im Gange und eine Menge Handtragen. Je vier Personen trugen mit einer derselben. Auf dem Platz waren Männer an der Arbeit, welche mit diesen Rasenquadraten die Fläche des Sportplatzes, ich möchte sagen, pflasterten. Bei jedem Wagen ging eine Wache mit Gewehr. Wer sich nicht tüchtig beim Ziehen oder Schieben anstrengte, bekam wohl mal einen derben Denkzettel ins Genick. Bei dieser Arbeit habe ich neun Tage mitgeschafft.

Nach zwei Wochen war das Quarantänelager beendet, und wir kamen in eine der vielen anderen Baracken. Hier war in der Bettstatt ein Strohsack. Doch diese Baracken waren derart mit Wanzen verseucht, daß man nicht schlafen konnte. Das Los fiel auch bald anders, schon am 29. August.

Im geschlossenen Vorbeimarsch habe ich mich mit meinem lieben Vater gesehen. Die Wiedersehensfreude lag auf seinem Angesicht, denn er lächelte. Wir reichten uns stumm die Hände. Doch dieses Wiedersehen sollte für uns beide in dieser Welt das letzte sein. Noch am gleichen Tage mußten viele von uns, ohne daß es unsere Lieben zu wissen bekamen, hinaus. Wie werden sie ausgeschaut und geseufzt haben, doch endlich erkennend, welchem Betrug auch sie verfallen waren, und daß nur der Tod ihre Erlösung von allen Qualen aus diesem bösen Lager sein werde.

Mein Vater hat schon am 13. März 1948 seine Augen geschlossen. Nach einem Jahr habe ich es erst erfahren. Ja, unsere Lieben sind uns schändlich geraubt worden. Nun aber liegen sie stumm in langer Reihe in Potulice zu Tausenden. Man hat sie als Leiche nicht eines einzigen Kleidungsstückes gewürdigt, sondern splitternackt in die Gräber (Massengräber) geworfen, welches wir erst nach zwei Jahren erfahren haben.

Unsere Reise aber ging per Bahn und Auto bis Kulm. Dort wurden wir abgesetzt und lagen noch spät abends dort auf dem Marktplatz wie die Sklaven, ein jeder auf seinem Bündel. Endlich wurden wir in der Dunkelheit weiterbefördert, aber zu Fuß. Es mag Mitternacht gewesen sein, als wir endlich an einem Ziel waren, nämlich in einer Scheune in Althausen im Kreise Kulm.

Anderntags mußten wir auf das für uns zuständige Amt, und da kamen dann wieder die polnischen Bauern und wählten sich aus, wer ihnen grad gefiel und zusagte. Eine Strasburgerin (Strasburg/Westpreußen) und ich waren vom Amt für unsern Bauern ausgewählt, ohne daß wir dort waren. Wir beide kamen wieder in die Scheune und mußten warten, bis wir dann endlich gegen Abend abgeholt wurden. Gegessen hatten wir seit vorletztem Tag Frühstück nicht mehr. Nicht mal Wasser zu trinken bekamen wir. Nun, wir kamen beide in das Dorf Kiełp, unsere Bauern waren Brüder.

Doch mein Los war keineswegs besser geworden. Unter dem Alleinsein und Trennungsschmerz litt ich schwer. Die Sehnsucht trieb mich, und des Nachts im Traum war ich viel mit meinem Vater vereint. Wie schwer man am Leben trug, davon wurde nicht im geringsten Notiz genommen. Diese polnische Bäuerin war unnahbar, die hatte nur sehr selten ein gutes Wort für mich. Das wußten auch andere. Auf dem andern Hof war ein Pole, welcher später erzählte, er als Pole habe dort nur als Knecht drei Wochen ausgehalten. Nun, ich aber, Deutsche, vollkommen Entrechtete, mußte dreizehn Monate bleiben. In dieser Zeit habe ich meine Kleider zur Nacht nur selten abgezogen, weil ich des Morgens nicht über so viel Zeit verfügte, mich anzukleiden. Dieses klingt „unglaublich", aber es ist wahr. Wenn ich meine Strümpfe gewaschen habe, bekam ich zu hören, Strümpfe brauchen nur alle Vierteljahr gewaschen werden, das Waschen reißt nur. Einmal als ich mein Frühstück holte, sagte mir die Bäuerin: „Na, Sie wären wohl nicht gleich krepiert." Es wäre noch manches zu schreiben, doch genug, denn am 8. Oktober 1948 gab es nochmal einen Wechsel, Gott sei Dank! Denn meine Arme und Hände wollten versagen ob der übermäßigen Strapazen.

Nun kamen wir auf das Gut Kaluda Wielka, Kreis Hohensalza. Hier bekam ich dann gleich Nervenlähmung. Ich konnte keinen Finger rühren, hatte aber furchtbare Schmerzen in Armen und Händen. Als es nach einer Woche besser war, kam der Gutsgärtner und holte mich in den Garten. Dieser war sehr nachsichtig, gerade das Gegenteil von allen anderen. Ich sollte langsam arbeiten, nur wie es ginge. Ich fing langsam an, und es ging immer besser. Er lud mich ein zu seiner Frau, und ich half ihr in meiner freien Zeit, welche ich hier noch hatte, und genoß viel Gastfreundschaft hier.

Als ich paar Monate auf diesem Gut war, bemerkte ich, daß ich keine Post erhielt, obwohl ich genau wußte von meinem Bruder (bei dem ich mich jetzt befinde), daß er mir jeden Monat einen Brief schrieb. Ich bat dann diese mir wohlgesinnte Gärtnersfrau, meine Briefe an ihre Anschrift senden zu lassen, welches sie mir auch gestattete. Fortan bekam ich auch hier meine Post. Diesem Beispiel folgten dann auch noch andere. Es stellte sich dann später heraus, daß der Verwalter, welcher sich Ingenieur schimpfte, unsere Post einbehielt. Sonst aber verlebte ich hier die erträglichste Zeit der viereinhalbjährigen Gefangenschaft.

Am 7. Juni wurden wir zum zweiten Male nach Potulice berufen, empfingen unsere Papiere und mußten dann am 17. Juni 1949 unsere Heimat verlassen.

Nr. 249

Erlebnisbericht von Frau Dr. E. H. aus dem Kreis K u l m i. Westpr.
Original, März 1946.

Behandlung der Deutschen durch das polnische Nachkriegsregime, Vorgänge und Erlebnisse im Verlauf des Jahres 1945 bei der Zwangsarbeit und im Internierungslager Kulm.

Am 25. Januar 1945 brachen die Russen bei uns im Kulmer Kreise (polnischer Korridor) ein. Sie nahmen in den ersten Tagen eine große Anzahl Männer und Frauen (Deutsche, eingedeutschte Polen und Nationalpolen) gefangen und führten sie am 1. Februar 1945 nach Rußland ab[1]). Die übriggebliebenen Deutschen, in der Hauptsache alte Männer, Frauen und Kinder, konnten sich seit Februar in ihren Wohnungen nicht mehr halten, zogen in U. in die Baracken der Zuckerfabrik, wo sie im April alle in polnische Gefangenschaft überführt wurden, das heißt ab Ostern 1945 kamen alle Deutschen ausnahmslos in ein Lager, das der polnischen Miliz (das ist Hilfspolizei) unterstellt war. Sie mußten vom Lager aus Zwangsarbeit verrichten, die zunächst in Aufräumungsarbeiten bestand. Das Dorf und die Weichselniederung besonders waren durch Russeneinbruch und Krieg verwüstet. Es mußten Tote geborgen, Pferdeleichen begraben, Munition und Kriegsgerät jeder Art fortgeschafft, Straßen und Wege freigelegt und Häuser gesäubert werden. Das geschah anfangs unter Aufsicht der Russen, später unter polnischer Miliz.

Verpflegen mußten sich die Gefangenen selbst, was möglich war, da viele ihre Lebensmittel und Vorräte hatten retten können. Doch wurde das Barackenleben dadurch besonders unerträglich, ja gefährlich, da allnächtlich russische Soldaten zum Plündern und Vergewaltigen der Frauen und Mädchen einbrachen. Wir erlebten Szenen der Hölle. Die polnische Miliz konnte oder wollte uns nicht schützen.

Im April wurde ein Teil der jüngeren, arbeitskräftigen Frauen zur Landarbeit auf die umliegenden Güter geschickt. Doch kam Mitte April ein Befehl zur Sammlung aller Gefangenen ringsum zum Zwecke des Abtransportes. Wohin? Keiner wußte es zu sagen. Die russischen Wachsoldaten sprachen von Sibirien, die polnische Miliz zuckte die Achseln. Es handelte sich um eine gemeinsame Aktion von Polen und Russen, denn sowohl der russische Ortskommandant wie auch der polnische wojt (Ortsvorsteher) waren beim Abmarsch, dem eine polnische organisierte Beraubung voranging, anwesend.

Wir Internierten wurden in Güterwaggons gesteckt und zunächst nach Thorn gebracht. Unterwegs starben einige unserer alten Männer und Frauen. Man hatte die ältesten Menschen, auch Kranke mitgeschleppt. In Thorn wußte kein Mensch, wohin mit uns. Die Russen wollten uns nicht nach Ruß-

---

[1]) Im Zuge dieser Zwangsdeportationen wurde auch der 15jährige Sohn der Vfn. nach Rußland verschleppt, im Herbst 1945 schwerkrank entlassen, und ihre 19jährige Tochter, die im Sommer 1946 in einem russischen Zwangsarbeitslager starb (vgl. den unter Nr. 137 (Bd. I, 2) abgedruckten Bericht). — Der Ehemann der Vfn., nach dem Russeneinbruch in Zivilgefangenschaft abgeführt, wurde vor dem Abtransport bei einem Fluchtversuch erschossen.

land haben, da ihnen unser Durchschnittsalter, das über 50 Jahre lag, zu hoch war. Die polnischen großen Lager Thorn und Potulice weigerten sich, uns wegen Überfüllung aufzunehmen. Also blieben wir zunächst drei Tage in einem Bahnhofsgebäude liegen, eng zusammengepfercht, ohne Verpflegung, ohne Milch für unsere kleinsten Kinder, in feuchten Räumen, in denen infolge Rohrbruch stellenweise ein bis zwei Zentimeter hoch Wasser stand. Wieder starben unsere Alten. Nachts belästigten die Russen uns Frauen.

Endlich beschloß nach vielen Telefongesprächen die polnische Miliz, die uns begleitete, den Zug nach unserem Heimatdorf zurückzuführen, und zwar, da keine Waggons zur Verfügung standen, zu Fuß, wenigstens diejenigen, die sich 30 Kilometer Marsch zutrauten. Alle wollten so schnell wie möglich fort, und so blieben nur die ganz Alten zurück, um auf den Rücktransport mit der Bahn zu warten.

Also setzte sich unser trauriger Zug in Bewegung; er bestand vor allem aus Müttern mit Kindern, eine Reihe Säuglinge waren dabei. Mit einer Aufopferung und Zähigkeit ohnegleichen haben die Frauen ihre Kinder und ihr Gepäck geschleppt. Daß sie es schafften, erscheint mir heute noch wie ein Wunder. Es regnete, schneite und stürmte — Aprilwetter —, Menschen und Gepäck wurden gänzlich durchnäßt, doch waren das Glück und die Dankbarkeit, der Verschleppung nach Rußland entkommen zu sein, so groß, daß einer dem anderen durch die langen Reihen des Zuges zuflüsterte: „Der Herr hat's nicht gewollt."

An diesem ersten Marschtage kamen wir nicht weit über die Thorner Vorstadt hinaus, wir übernachteten in einer Dorfschule, und am nächsten Morgen ging es bei etwas besserem Wetter weiter. Doch haben sich bei diesem Marsch unsere Kinder im Alter bis zu vier Jahren ausnahmslos den Todeskeim geholt. Schlecht und ihren Bedürfnissen in keiner Weise entsprechend ernährt, in feuchten Kleidern, schutzlos den Strapazen des Marsches im Aprilwetter auf der Landstraße ausgesetzt, wurden alle von einer Seuche ergriffen (Husten, Schnupfen, hohes Fieber, Erbrechen, Durchfall), die in zwei bis vier Wochen später durchweg zum Tode führte.

In unser Dorf zurückgekehrt, wurden wir alles andere als willkommen aufgenommen. Wohin mit uns? Man übergab uns einem Durchgangslager in Kulm, wo wir durch den „Ressort" (das war Geheime Polnische Staatspolizei) geprüft und der Zwangsarbeit auf dem Lande zugeführt wurden[1]. Diese Zeit in Kulm gehört zu meinen schrecklichsten Erinnerungen.

Wir trafen nachmittags ein, wurden zum Gefängnis abtransportiert, standen stundenlang bis in die tiefe Nacht auf dem Gefängnishof herum. Den Müttern wurden ihre Kinder vom Säugling bis zum Alter von 14 Jahren weggenommen. Wieso und warum wußte niemand von uns. Es spielten sich verzweifelte Szenen ab, Kinder klammerten sich schreiend an ihre Mütter, die schreckerstarrt oder tränenüberströmt standen oder sich im Übermaß der Aufregungen und des Schmerzes auf den Boden warfen. In

---

[1] Die Lager unterstanden dem Leiter des „Ressorts für öffentliche Sicherheit" im „Polnischen Komitee für nationale Befreiung" (Lubliner Komitee), s. Dziennik Ustaw, Pos. 75/44, § 8.

der Nacht wurden die Kinder fortgebracht, die Erwachsenen kamen ins Barackenlager, in dem sie in der Dunkelheit über die Körper vieler eng zusammenliegender Menschen stolperten, ein gespenstiger Eindruck.

In diesem Lager lagen wir im engsten Raum ohne Tätigkeit wochenlang auf dem Fußboden herum. Es gab keine Sitzgelegenheit, keine größere Bewegungsmöglichkeit. Außen war ein schmaler Hofstreifen mit Stacheldraht umzäunt, der bedeckt war von dem Auswurf so vieler Menschen. Auf dem Stacheldraht hingen armselige Wäschestücke, in denen unzählige Läuse saßen. Das winzige Aborthaus in der Mitte hatte ein Brett für drei Menschen, die nebeneinander saßen, Männer und Frauen, wie es gerade kam. Das Dasein war menschenunwürdig und häßlich.

Das Essen war nicht schlecht. Es bestand morgens aus einer Tasse Kaffee und einem Stück Brot, mittags und abends aus einer Kohl-, Mohrrüben- oder Kartoffelsuppe. Nachts wurden wir oft durch Appelle aufgescheucht. Wir mußten in kürzester Zeit aufspringen, stramm stehen, manchmal uns bis aufs Hemd entkleiden. Es konnte geschehen, daß die Miliz oder polnische Soldaten, um uns zu erschrecken, in den Raum hineinschossen. Dann waren sie betrunken. (Ein Aufsichtsbeamter hat zu meiner Lagerzeit eine unserer jungen Frauen, Mutter von zwei Kindern, aus Spielerei erschossen, indem er durch ein Fenster auf sie anlegte.) Es geschah, daß wir mit dem Gummiknüppel gehetzt wurden. Doch muß gesagt werden, daß der Lagerführer uns zu schützen versuchte. — Er erlaubte mir später, beim Roten Kreuz zu arbeiten, und zwar die kranken deutschen Kleinkinder zu pflegen, die alle an der oben erwähnten Seuche krank lagen. Es gelang nicht, sie zu retten. Es fehlten die notwendigen Hilfsmittel. Es fehlte die Kenntnis der Seuche. Die Infektion war zu groß. Jeden Morgen, wenn ich wiederkam, waren fünf bis sechs Bettchen leer. Besonders die der Säuglinge, die man ohne Übergang von der nährenden Mutter getrennt hatte. So starben unsere Kinder.

Diese Lagerzeit in Kulm war zu Ende, als wir zum „Ressort" abgeführt wurden. Täglich geschahen diese Abführungen, täglich kamen neue Gefangene in unser Durchgangslager. Vor dem „Ressort" hatten wir eine panische Angst. Es hatte sich herumgesprochen, was uns da bevor stand. Allein die Tatsache, daß wir Deutsche waren, genügte, uns zu mißhandeln. Viele kamen blutig geschlagen vom „Ressort".

Im „Ressort" saßen junge Menschen im Alter von 20 bis 25 Jahren etwa. Wir mußten dort unsere Ausweise abgeben und wurden registriert. Als ich das Zimmer betrat, noch bevor ich nach meinen Personalien gefragt wurde, versetzte mir ein junger Mann ein paar Schläge ins Gesicht, ein anderer trat mich von hinten, der Gummiknüppel flog an meinen Kopf, ich wurde am Hals gepackt, über einen Stuhl gebeugt zum Durchprügeln.

Andere Frauen wurden durch den Raum geschleudert, fielen auf den Fußboden, wurden mit Füßen getreten. Andere wurden mit dem Kopf an die Wand gestoßen, zehnmal, zwanzigmal. Ich betone, es handelte sich um Frauen, von denen man nicht wußte, wer sie waren, wie sie hießen, allein die Tatsache des Deutschtums führte zu diesen Mißhandlungen. Daneben setzte eine Durchsuchung und Ausraubung, Leibesvisitation und Gepäckplünderung ein. Hier verlor mancher den letzten Rest seiner Habe.

Frauen, deren Männer im Selbstschutz[1]) mitgewirkt hatten, wurden besonders vorgenommen. Ihre Mißhandlungen waren so groß, daß sie zu gefährlichen Verletzungen führten. Sie wurden von oben die Steintreppe hinuntergestoßen, die in den Gefängniskeller führte, und dort für eine Zeitlang eingesperrt.

Mit kranken und behinderten alten Menschen wurde kurzer Prozeß gemacht. Man stieß sie in einen besonderen Raum, aus dem sie nie mehr zum Vorschein kamen. Wir haben sie nie mehr gesehen, und niemand weiß, wo sie geblieben sind.

Wer diese furchtbare Untersuchung hinter sich hatte, kam zur Zwangsarbeit. Draußen im Gefängnishof warteten schon polnische Bauern und polnische landwirtschaftliche Beamte, die uns zur Landarbeit haben wollten. Es war wie auf einem Sklavenmarkt. Wir wurden besichtigt, eingeordnet; die jungen Arbeitskräfte waren naturgemäß die begehrtesten, wir älteren standen in Angst, nicht genommen zu werden, denn wir wollten alle lieber zur Arbeit als ins Lager. Dann bildeten wir auf der Straße Zugreihen, die an die verschiedensten Arbeitsplätze geführt wurden. Den Müttern wurden damals ihre Kinder zurückgegeben, soweit sie noch lebten. Sie konnten sie mit auf ihre Arbeitsstelle nehmen.

Ich kam mit sechs Frauen und einem Mann auf das Gut Wichorze von Freunden — von Loga, die der Krieg verschlungen hatte — zur Arbeit. Da von Loga seiner Zeit die Polen gut behandelt hatte, hatten wir es auch nicht schlecht. Wir mußten in der Hauptsache Kartoffelmieten abdecken und Kartoffeln sortieren. Wir hatten ein freundliches Zimmer, wir hatten ausreichendes Essen. Wir hatten eine menschliche Behandlung, wir hatten es gut dort, wenn uns natürlich auch die ungewohnte, andauernde Landarbeit zusetzte und sauer fiel. Leider wurden wir von diesem Platz, auf dem wir aufatmen konnten, nach fünf Wochen nach Kulm zurückgerufen. Von neuem packte uns die Unsicherheit der Furcht: Was soll das bedeuten? Was wird aus uns?

Diesmal kamen wir nicht in ein Durchgangslager, sondern ins eigentliche KZ., das in den Baracken des RAD. eingerichtet war. Wieder zuerst gründliche Durchsuchung, wieder Ausplünderung. Unser Bündel wurde immer dünner. Im Lager selbst wurden wir schrecklich angebrüllt. Die Bezeichnung für Frauen und Mädchen war „Hitlerhure". Die Beamten liefen mit dem Gummiknüppel herum. Die dauernden Appelle, auch nachts, das Geschrei und Gebrüll, die Unruhe in und um die Zellen, die in einem unvorstellbaren Maße überbelegt waren, waren so aufreibend und beängstigend, daß man nur den einen Gedanken hatte, heraus von hier, fort zur Arbeit.

---

[1]) Nach dem Einmarsch der deutschen Truppen im September 1939 von der sofort nachrückenden NS.-Verwaltung aus den deutschen Volksgruppen aufgestellte Hilfspolizei, die sich vorwiegend aus radikalen Jugendlichen und solchen Volksdeutschen rekrutierte, die für das ihnen durch polnische Willkürakte widerfahrene Leid nach Vergeltung trachteten. Da es in der Folgezeit durch den Selbstschutz zu Eigenmächtigkeiten und Übergriffen auf einheimische Polen kam, erhoben die zuständigen Militärbefehlshaber dagegen Einspruch, und die Volksgruppen selbst distanzierten sich von dieser Organisation.

Wir Gefangene waren in verschiedene Arbeitsgruppen eingeteilt, die alle von der polnischen Miliz beaufsichtigt wurden. Eine Kolonne arbeitete bei den Russen zum Sauberhalten der Kasernen und zum Straßenfegen, eine andere in der Küche oder zum Putzen des polnischen Offizierkasinos. Eine dritte Gruppe fuhr aufs Land, vor allem auf die russisch bewirtschafteten Güter, wo meist bei den Brennereien Kartoffeln geschippt wurden. Andere wiederum machten Land- und Bauernarbeit.

Die Alten und Schwachen arbeiteten im Lager selbst, indem sie für Brennung sorgten, Holz zerkleinerten, gruben und schippten. Sie hatten es am schwersten, denn sie mußten am tiefsten unter der Würdelosigkeit des Daseins leiden. Da sich niemand um ihre Pflege kümmerte, waren sie ganz verwahrlost, von Ungeziefer zerfressen, mit Geschwüren und Ausschlag bedeckt. Ihre Schwäche nahm in einem Maße zu, daß manche von ihnen am Zaun in der Sonne lagen und sich mit Händen und Füßen dem Gang der Sonne entsprechend weiterschoben. Sie waren gänzlich unterernährt, denn das Essen war wässrig und dünn, es gab wenig Brot und Kartoffeln. Die Alten bekamen nur eine halbe Portion der Arbeitsfähigen. Unter ihnen brach zuerst der Hungertyphus aus.

Man machte nicht viel Aufsehens von ihrem Sterben. Die Leichen wurden nackt in den Klosettraum gebracht, am Morgen wurden fünf übereinander in einen hohen Sargkasten gelegt, den man täglich auf einem Handkarren durchs Lager schieben sah. — In der ersten Zeit wurden die Toten irgendwo verscharrt, ohne amtliche Feststellung ihres Namens, später kamen sie in gemeinsame Gräber auf dem evangelischen Friedhof.

Die Schreckenszeit in diesem KZ. währte für mich nicht allzu lange. Ich wurde von neuem der Landarbeit zugeteilt. Diesmal kam ich mit zwei anderen Polen zu einem kongreßpolnischen. Bauern. Früher: Forster, Dąbrowka, Kreis Graudenz. Opinja[1]) von Forster war sehr schlecht, unsere Behandlung entsprechend schlimm. Es war deshalb eine besonders harte Zeit für mich, das das Dorf und vor allem der Bauer und die Bäuerin ausgesprochen deutschfeindlich sich gebärdeten. So war die Behandlung schlecht, die Unterbringung unwürdig (Strohlager ohne Decken), das Essen sehr mäßig, die Arbeitszeit von morgens um 5.00 Uhr bis in den späten Abend. Wir hatten außer der Feldarbeit den Stalldienst.

Alles war ungewohnte Arbeit für mich und für meine ungeübten Kräfte viel zu schwer. Wir arbeiteten in der Kolonne mit polnischen Jungarbeitern und Arbeiterinnen zusammen. Ich konnte mit meinen fast 50 Jahren beim besten Willen ihr Arbeitstempo nicht mithalten, weder beim Rübenhacken und -verziehen, noch bei der Heuernte, viel weniger bei der Getreideernte, wo mir einfach die Körperkraft fehlte, sowie beim Kartoffel- und Rübenausmachen. Das trug mir eine sehr schlechte Stellung beim Bauern ein, ich wurde dauernd beschimpft und erhielt schlechtes Essen bei manchmal verlängerter Arbeitszeit. Das schlimmste war, es wurde mir böser Wille untergeschoben, was meine Lage unerträglich, ja hoffnungslos machte. Mein Gesundheitszustand litt so, daß ich, gänzlich überanstrengt und überreizt, zeitweise die Fähigkeit zu schlucken und zu sprechen verlor.

---

[1]) polnisch: opinja = Meinung, Ansehen.

Als Ende November die Zuckerrübenernte beendet war, entließ mich der Bauer mit der Prophezeiung, ich käme ins Lager nach Potulice. Das wäre ein furchtbarer Schlag gewesen, denn Potulice ist sehr gefürchtet als eine Art Straflager. Es liegt in der Nähe von Nakel und ist augenblicklich KZ. für unser Deutschtum im Korridor.

Zunächst brachte uns von der ländlichen Zwangsarbeit Entlassene ein Wagen nach Kulm. Als wir ausstiegen, in unserer verbrauchten Kleidung, unseren zerrissenen Schuhen, die wir mit Stroh umwickelt hatten, empfing uns der Leiter der Arbeitsverteilung für Gefangene. Wen er im Winter zur Arbeit gebrauchen konnte, ordnete er ein. Die übrigen kamen in der Tat nach Potulice. Ich selbst wurde zurückbehalten, da Polen sich für mich eingesetzt hatten.-

Unser alter polnischer Dorfpfarrer, den mein Mann 1939 aus dem Gefängnis befreit und vor dem Selbstschutz bewahrt hatte, hatte einen Antrag für mich eingereicht auf Ausreise ins Reich zu meinen Kindern. Seine Verwandten nahmen mich gütevoll auf. Ich wurde vier Wochen im polnischen Pfarrhaus versteckt gehalten bei bester Behandlung mit großer Noblesse, bis dieser Antrag genehmigt und ich offiziell aus polnischer Gefangenschaft entlassen wurde; das war am 23. Dezember 1945.

Ich reise nicht im Transport im durchgehenden Zug, sondern als Privatperson nach Berlin, was mich vor den schrecklichen Mißhandlungen an der Grenze bewahrte, da ich eine Ausreise in die amerikanisch besetzte Zone hatte und als Amerikanerin durchging. Die in Küstrin zusteigenden Männer und Frauen waren entsetzlich zugerichtet. Sie kamen mit blutenden Gesichtern, angeschwollenen Gliedmaßen, eine Bauersfrau konnte nicht mehr gehen, alle ganz aufgeregt, ja aufgelöst von der Behandlung, die sie beim Grenzübertritt von den Polen erfahren hatten. Sie waren alle ihres Geldes beraubt und hatten auch ihre Kleidungsstücke, wie Mäntel hergeben müssen. Von Berlin bin ich mit einem Flüchtlingstransport im Januar 1946 nach Bayern gekommen, wo ich meine drei jüngsten Kinder nach einem Jahr der Ungewißheit und des Vermissens fand. Meine drei ältesten Kinder befinden sich noch in russischer Gefangenschaft.

Nr. 250

Erlebnisbericht von Annemarie M o l l z a h n aus U n i s l a w , Kreis K u l m i. Westpr. Original, 20. Februar 1952.

Schicksal einer Mutter und ihrer drei Kinder unter dem polnischen Regime bis zur Ausweisung 1949.

Nach dem Einbruch der Russen in den Ort Unislaw am 25. Januar 1945 wurden die Dorfbewohner in einer Baracke zusammengetrieben und erlebten dort die tagelangen Kämpfe um den Ort. Vfn. kehrte dann nach Beendigung der Kämpfe wieder zurück in ihre Wohnung, die dicht neben einer Zuckerfabrik lag. Sie berichtet weiter:

Als ich einmal durchs Fenster schaute — es war der 2./3. Februar —, sah ich eine Menge Frauen, Männer und Landser auf die Fabrik zukommen. Sie wurden in den Pferdestall getrieben, und am anderen Morgen waren sie fort. Am Abend kamen dann ungefähr 200 bis 300 Landser, von GPU. und Hunden begleitet, der Fabrik zugesteuert. Auf dem Hof, wo sie getrieben wurden, stand schon ein Faß Pellkartoffeln gestampft für sie bereit. Da ich ganz dicht an der Zuckerfabrik wohnte, entschloß ich mich, kurz einmal zu sehen, ob nicht vielleicht ein Bekannter oder sogar mein Mann dabei ist.

Ich schlich mich hinaus hinter einen großen Torpfeiler und schaute auf den Hof. Da sah ich, daß fast alle keinen Eßnapf hatten, sondern die Kartoffeln in den Mützen und Händen in Empfang nahmen. Ich ging schnell zurück, nahm ein paar Teller und Näpfe, die ich noch hatte, um sie ihnen zu reichen. Meine Kinder weinten, ich beruhigte sie und sagte: „Vielleicht ist Papa dabei." Mit Angst und Herzklopfen ging ich auf die GPU. zu. Ich bat auf polnisch, ob ich das Geschirr reichen dürfe, was mir auch erlaubt wurde. Sie kamen alle auf mich zu, jeder wollte einen Napf. Ich schaute jeden an, aber sie sahen alle gleich aus, unrasiert, müde und hungrig. Es war von den Meinen niemand dabei. Am nächsten Morgen waren auch sie fort.

So hausten wir noch bis halben März, wurden auch zur Arbeit rausgeholt, bekamen auch Einquartierung, mußten dann für die Kerls kochen und waschen. Sonst taten sie uns aber kein Unrecht, weil nebenan der Kommandant wohnte.

Eines Tages mußten wir raus, es kam die Miliz: In zehn Minuten fertig sein, nur Handgepäck! Alles andere blieb liegen. Da kamen uns auch schon 150 bis 200 Frauen, alte Männer und Kinder entgegen, die alle aus der Umgegend waren, wurden alle in den großen Fabriksaal getrieben, registriert, in alten Waggons verladen, und ab ging's nach Thorn. Russen und Miliz begleiteten uns. Es hieß, es geht nach Rußland. Kinder froren und weinten, viele hatten nichts mehr zu essen.

Als wir in Thorn—Mocker ankamen und angemeldet wurden, wollten uns die Russen nicht haben. Wir sollten zurück und arbeiten. Die Miliz wollte uns nicht zurückbringen. So wurden wir in ein Krankenhaus getrieben. Da war kein Fußboden, alle Fenster kaputt, und das Wasser lief aus allen Leitungsrohren. Wir hockten auf Steinen, die wir zusammengetragen hatten. So hausten wir drei Tage und Nächte, es war ein Geschrei Tag und Nacht. Frauen und Mädchen wurden von den Russen rausgeholt und vergewaltigt. Da lernte ich die Hunde erst kennen, da ich selbst die Tage viel durchgemacht habe.

Weil uns nun niemand haben wollte, mußten wir wieder zurück, aber zu Fuß. Der Marsch dauerte drei Tage, weil wir schon alle müde und heruntergekommen waren. Als wir am zweiten Tag durch Luben kamen, mußten wir an meinem väterlichen Hof vorbei. Ich bat den Russen, er möchte mitkommen, hier war ich einmal zu Hause. Er tat es auch. Eine Polin nahm mich in Empfang. Ich bat sie um etwas Brot und eine Flasche Kaffee für die Kinder, was ich auch erhielt. Ich schaute mich nach allen Seiten um, es war alles in Ordnung. Aber kein Stück Vieh war zu sehen, noch nicht mal ein Hund. Ich mußte nun wieder fort, die Kolonne war schon mit meinen Kindern ein Ende fort.

Am nächsten Tag, in Unislaw wieder angelangt, wurden wir in den Kindergarten getrieben. Dann gingen wir erstmal was zu essen betteln. Wer aus Unislaw war, bekam auch was. Ich stellte vier Ziegelsteine zusammen, das Kochgeschirr darauf und kochte erst mal paar Kartoffeln und Kaffee. Es kümmerte sich niemand um uns. Einzelne Personen sind ausgerückt in andere Dörfer und arbeiteten bei den Bauern. Aber wir mit den kleinen Kindern ließen uns immer mit dem Strom treiben.

So hausten wir bis 4./5. April, wurden dann nach Kulm verfrachtet, wurden auf den Gefängnishof getrieben und gleich von den Kindern getrennt. Sie wurden alle ins Gefängnis gesperrt, und wir wurden in eine Baracke getrieben, ein ehemaliges HJ.-Lager. Da waren schon 100 bis 150 Leidensgenossen eingesperrt. Essen wurde hier gekocht, es gab auch etwas Brot. Des Nachts lagen wir Mann an Mann auf dem blanken Zement. Jeder mußte morgens sein Kochgeschirr oder Schüssel nehmen und, soweit er lag, aufwischen. Des Nachts ging es wie im Bienenhaus. Die Toilette war immer besetzt. Alles war erkältet.

Am nächsten Tag kamen die größeren Kinder mit ein paar Weibern, die sie betreuten, um uns durch den Drahtverhau zu begrüßen. Auch sie waren schon wieder von den kleinen Geschwistern getrennt und in einer Schule untergebracht, die Kleinen ins Rote Kreuz. Es war ein Jammer. Es kam dann auch öfter eine Schwester und holte Frauen, die kleine Kinder hatten, zum Waschen ins Rote Kreuz. Ich selbst hatte Gelegenheit, dreimal dorthin zu kommen.

Den ersten Tag, ich traute meinen Augen nicht. Es waren Kinder von vier Jahren bis zum Säugling, ungefähr 250 Stück Säuglinge lagen in Betten, fast alle krank. Die größeren auf Strohsäcken, fast alle hatten Fieber und Durchfall. Eh' ich abends fortging, nahm ich mich immer eines Häufchens Kinder an und gab ihnen [zu] trinken, was sie nur immer verlangten, und ihr Abendbrot, eine Suppe. Eins schob das andere weg und sagte: „Das ist meine Mama." Die Sterblichkeit war sehr, sehr groß. Als ich nach zehn Tagen meinen Jüngsten, der inzwischen drei Jahre war, holte, konnte er nur noch auf allen Vieren kriechen.

Am 15. April wurde ich mit noch fast 20 Frauen wieder zum Gefängnis getrieben. Hier wurden wir dann unter Drohungen und sogar Prügel verhört. Hier wurde mir dann noch meine letzte Habe genommen, Sparbücher, Wertpapiere, Geld und Schmuck. Wir wurden einer Leibesvisitation unterzogen, wehe, wenn jemand etwas versteckt hatte. Die Polen, die das ausübten, standen alle unter Alkohol. Es wurden zwei Protokolle geschrieben, welche ich unterschreiben mußte. Wer fertig war, wurde mit Fußtritten wieder rausgetrieben. Wir konnten dann unsere Kinder wieder holen, wurden dann aber am Abend aus der Stadt getrieben.

Als wir die Dörfer Waltersdorf, Hönsdorf passierten, standen schon die polnischen Bauern auf der Straße. Wir wurden dann von der Miliz wie Sklaven an sie verschachert. Nur Frauen mit kleinen Kindern wollten sie nicht. Als wir dann schließlich in Baiersee, Kreis Kulm, auf der Miliz-Kommandantur angelangt waren, waren wir nur noch vier Frauen und sechs kleine Kinder. Hier wollte uns aber auch niemand haben, zogen dann wieder weiter und gelangten dann gegen 23.00 Uhr auf das Gut Napolle bei Baiersee. Hier wurden wir dann in ein altes Haus getrieben, holten uns dann noch ein Bund Stroh und legten uns darauf zur Ruhe ohne Essen und Trinken.

Der Gutsverwalter, ein eingedeutschter Pole, früher Stellvertreter des Amtskommissars in Unislaw, nahm uns am andern Morgen in Empfang. Da er uns ja bekannt war, zwangen wir ihn gleich, für Essen zu sorgen. Es gab Kartoffeln und Grütze, Brot erst nach acht Tagen, weil angeblich kein Mehl da war. Das Land war zum größten Teil parzelliert, das Vieh hatte der Russe alles auf das Gut Schönborn bei Unislaw getrieben. Ich arbeitete nach Feierabend noch bei den Parzellanten, um wenigstens noch etwas Milch und Brot für die Kinder zu verdienen.

Am 5. Juni (ich habe Tagebuch geführt) kam eines Abends der Russe vom Gut Baiersee und holte uns weg. Hier arbeiteten wir von Sonnenaufgang bis -untergang. Das Essen war aber ganz gut, es gab gleich Brot, auch etwas Zucker und Öl.

Aber nach acht Tagen mußten wir wieder ins Lager nach Kulm. Es war sehr warm, uns graute vor dem Weg in das Lagerleben, da wir doch schon sehr heruntergekommen waren. Nach vier Tagen Lagerleben mußten wir wieder fort und landeten auf dem Gut Wrotzlawken, Kreis Kulm, wo ich dann bis 31. Mai 1949 arbeitete.

In Wrotzlawken war es bis 1947 sehr schlecht. Als wir vier Wochen da waren, erkrankten wir alle an Typhus. Ich selbst lag fünf Wochen. Frau Ida Adrian, 39 Jahre, aus Friedrichsbruch, Kreis Kulm, starb schon am sechsten Tag, hinterließ drei kleine Kinder. Nach drei Wochen starb Frau Emma Stoppel, ungefähr 52 Jahre, hinterließ ein Kind. Sie wurden beide im Park unter einem Baum am Zaun beerdigt.

Niemand kümmerte sich um uns, weil wir nicht arbeiteten. Erwachsene kriegten 300 Gramm Brot und Kinder 100 Gramm den Tag. Sonst keine Milch oder Fett, nur Kartoffeln konnten wir essen, so viel wir wollten. Im August kamen dann wieder Russen aufs Gut, um zu dreschen. Als sie hörten, daß Typhus unter uns ist, wurde der Administrator zur Rede gestellt. Es kamen gleich zwei russische Ärzte und zwei Schwestern. Wer noch Fieber hatte, bekam eine Spritze und mußte ins Krankenhaus. Ich konnte dableiben, da ich schon kein Fieber hatte. Solange die Russen da waren, bekam der Verwalter keine Milch, sein Teil bekamen wir, auch Weizenmehl und etwas Öl. Wir erholten uns langsam wieder und konnten bald arbeiten.

Als der Russe im Oktober wegmachte, ging das Elend wieder los. Wer arbeitete, bekam ein Viertel Liter Milch, Brot dasselbe, nur Erbsen und Grütze gab's noch dazu. Für die Kinder war es schlimm. Mein bißchen Milch verteilte ich unter sie. Bald kamen wieder mehr Kühe, und ich wurde mit zum Melken kommandiert. Da habe ich immer eine kleine Flasche voll gefüllt und sie für die kleinen Kinder mitgenommen.

Nun kam der böse Winter, schlechte Unterkunft, nichts Warmes anzuziehen, keinen Ofen und kein Licht. Wenn wir abends von der Arbeit kamen, hatten unsere Kinder schon Fackeln gemacht von einem Stück Kien. So konnten wir wenigstens unsere Pellkartoffeln mit Salz, welches wir von sogenannten Lecksteinen, die fürs Vieh waren, schabten, und etwas Milch darüber verdrücken. Die Kinder freuten sich immer, daß es gut geschmeckt hat. Sie blieben auch alle gesund, und wir ließen den Mut auch nicht sinken.

Als die Russen wieder einmal Getreide holten, war ein Jude dabei. Er sagte u. a. zu uns: „Frauen, laßt den Mut nicht sinken, denn einmal wird auch die Sonne vor eurer Tür scheinen."

Es war ums Frühjahr 1946. Es wurde noch mehr Vieh gebracht, auch Ackergeräte und zwei Trecker, auch für den Herrn Verwalter noch einen Sekretär, das war ein Teufel, unsere Kinder waren ihm gleich ein Stachel im Auge.

Eines Tages mußten wir ins Büro, die Kinder notiert und erklärt, daß sie fort müssen, das Geschrei war groß. Es half alles nichts. Am 15. März fuhr ein Leiterwagen vor, die Kinder mußten rauf, ein Stück trocken Brot in der Tasche, und ab ging es nach Kulm ins Staatliche Kinderheim. Dazu wurde noch erklärt, daß unsere Kinder jetzt staatlich sind und wir kein Recht mehr über sie haben. Wir waren alle der Verzweiflung nahe. Aber das Schicksal wollte es wieder mal anders.

Als wir am Abend von der Arbeit heimkamen, waren unsere Kinder wieder da. Der Kutscher erklärte, das Heim wäre voll, darum mußten sie zurück! Unsere Freude dauerte aber nicht lange. Am 15. April ging es wieder los, unser Bitten half nichts, aber dieses Mal nach Schwetz. Dort angekommen, wurde wieder gesagt, es ist überfüllt. Da aber der Herr Sekretär mit war, hatten sie dieses Mal kein Glück, sondern wurden für zehn Pfund Butter, die der Direktor des Heims erhielt, verschachert. Als der Kutscher zurückkam, beruhigte er uns, daß die Kinder ganz freundlich aufgenommen wurden und für was so dort untergekommen sind. Er selbst müsse die Butter in drei Raten hinbringen.

Nach drei Monaten machten meine Kinder von da fort in das Kinderheim Kijaszkowo, Kreis Wirsitz, welches ich erst nach einem Jahr erfuhr durch ein kleines Mädchen, das einen Brief an seine Mutter rausgeschmuggelt hatte. Darauf schrieb ich an den Direktor des Heimes, erhielt auch Antwort und auch einen Brief von meiner Tochter, die inzwischen elf Jahre alt war. So blieben wir dann immer in Briefwechsel, aber auf polnisch, da sie dort die polnische Schule besuchten und schon umgeschult waren.

Nach über zwei Jahren, 1948, kamen sie dann nach Schwetz zurück. Als ich sie dann zum ersten Mal besuchen wollte, wurde es mir nicht erlaubt. Ich erhielt keinen Passierschein; es wäre nicht erlaubt, von einem Kreis in den andern zu gehen. Aber die Sehnsucht nach den Kindern trieb mich dazu, auszurücken. Eine Polin aus dem Dorf gab mir das Reisegeld bis Kulm und zurück. Von Kulm nach Schwetz, neun bis zehn Kilometer, ging ich zu Fuß. Dort angekommen, wurde ich den Kindern vorgestellt, ich war ihnen schon ganz entfremdet. Ostern 1949 besuchte ich sie dann das zweitemal. Es hatte sich nun inzwischen schon gebessert, aber Geld verdienten wir überhaupt nicht.

Am 31. Mai 1949 kamen wir alle von Wrotzlawken fort ins Lager Potulice. Die Polen sahen es nicht gerne, da sie nun keine so guten und billigen Arbeiter mehr hatten. Ein Arbeiter sagte noch den letzten Tag zu mir: „Frau, bleiben Sie hier, es gibt noch einmal Krieg, und der spielt sich im Westen ab. Wenn Sie hierblieben, sind Sie verschont."

Als ich vierzehn Tage in Potulice war, schrieb ich ein Gesuch, daß ich doch meine Kinder haben möchte. Man teilte mir mit, daß die Kinder in Schwetz zu 70 Prozent erkrankt seien und sich in Thorn im Krankenhaus befinden, darunter auch zwei von meinen. Meine Sorge war wieder groß, man durfte nicht schreiben. Wollte man sich im Büro befragen, wurde man angeschnauzt, die Kinder wären staatlich.

Ich arbeitete den ganzen Tag in der Waschanstalt. Abends 9.00 Uhr mußte alles im Bett sein. Es herrschte überall Ordnung und Sauberkeit. Wer Läuse hatte, [dem] wurde das Haar kahl geschoren. Nur die Wanzen wurden nicht ausgerottet, die gehörten noch zu den Peinigern dazu.

Einmal wurden Frauen rausgeholt, um die deutschen Friedhöfe sauber zu machen, und ich meldete mich auch, um einmal aus dem Drahtverhau herauszukommen. Es waren zwei kleine Friedhöfe, ungefähr je zwei Morgen groß, mit kleinen Hügeln und Nummern versehen. Nebenan war noch ein größerer Friedhof, welcher schon eingeebnet war. Es wuchs schon Roggen drauf.

Es war nun Juli geworden, und endlich kam nun eins von meinen Kindern, nach ein paar Tagen das zweite. Wir waren nun inzwischen schon transportfertig, es war der 2. August, und meine Tochter fehlte immer noch. Es waren auch noch 50 deutsche Soldaten da, die sollten in acht Tagen weg. Die sorgten dafür, daß Schwetz angerufen wurde. Am Abend kam dann ein Auto mit zehn bis fünfzehn Kindern, wo meine Tochter dabei war.

In der Nacht zum 3. August ging es los bis Nakel zu Fuß, wo die Waggons bereitstanden. 32 Personen in einen Waggon mit Schlafgelegenheit, die Verpflegung war auch gut. Viele Mütter mußten ohne ihre Kinder fahren, weil Schwetz sie eben nicht geschickt hatte.

Vfn. schildert dann, wie sie nach drei Monaten Hungerleben in der Ostzone endlich zu ihrem Mann nach Westdeutschland reisen durfte.

Nr. 251

Erlebnisbericht von Gertrud Gutowski aus D e m b o w i t z (Dembau), Kreis K u l m i. Westpr.
Original, 24. Januar 1951.

Internierung und Drangsalierung der deutschen Bevölkerung; Zwangsarbeit; Ausweisung über das Lager Potulice im Mai 1949.

Im Januar 1945 war die große Flucht vor dem Russen. Da ich krank war und Polen unsere Beschützer sein wollten, blieben wir in unserem Heimatort Dembau, Kreis Kulm/Westpr. Doch nach fünf Tagen erlebten wir große Enttäuschungen.

Am 1. Februar wurden durch polnischen Verrat, meine Eltern, Paul und Hedwig Gatz, von den Russen verhaftet. Nach einem Verhör in Kokotzko kam meine Mutter, da sie über 50 Jahre alt war, zurück. Seitdem fehlt von meinem Vater jede Spur. Er ist wahrscheinlich zum Tode verurteilt, da viele andere in denselben Tagen, sogar Männer über 60 Jahre, ohne jeden Grund erschossen wurden. Folgende Fälle in unseren Heimatorten: Bernhard Tapper, Schlonz; Robert Behtke, ein kranker Mann im Bett, Borken; Martin Gauer, Dembau; Hermann Heise, Kokotzko.

Nun hatte man mir von den Russen aus den Hof meiner Eltern mit meinen vier kleinen Kindern überlassen. Nach paar Tagen wurden wir von einem 16jährigen polnischen Arbeiter enteignet. Unsere Sachen und Wäsche wurden zum Teil von Polen geraubt.

Am 28. März 1945 wurde der größte Teil Westpreußens interniert, zum Teil in Läger oder einzelne Orte in primitive Gebäude eingesperrt. Vom Kleinkind bis zum Greis und Kranken. Keine Koch- oder Waschgelegenheit noch Toiletten waren vorhanden. Mußten dann tagsüber bei Polen für geringes Essen arbeiten.

Nach vier Wochen wollten uns die Polen dem Russen zur Arbeit ausliefern. Mußten dann zehn Kilometer mit den kleinen Kindern zu Fuß gehen, quälten uns mit den restlich verbliebenen Sachen ab. Dort angekommen, mußten wir auf Befehl der polnischen Miliz unter Schlägen alles fallen lassen. Am folgenden Tage abtransportiert nach Thorn. Russischer Befehl war dort, zurück in die Heimat, da wenig arbeitsfähige Leute waren. Wurden von den Polen in Gebäude von ansteckenden Krankheiten eingesperrt. Drei Tage ohne Verpflegung und Sitzgelegenheit. Auch für Kinder keine Nahrungsmittel. Es starben Menschen auf den Steinen zwischen der Menschenmenge. Zimmermann, Blotto; Wyschalto, Scharnese; Tapper, Scharnese; Frau Dr. Fehlauer, Damerau und andere. Nun mußten wir 30 Kilometer zu Fuß zurücklegen, unter strömendem Regen, Kinder erkrankten, ohne ärztliche Hilfe starb auch mein vier Monate altes Kind.

In Damerau angekommen, wurden Arbeitsfähige zu Bauern verteilt, nur alte und kinderreiche Frauen [mußten] in einem Speicher ohne Versorgung mit Lebensmitteln elend ihrem Ende entgegengehen. Da keine Waschmittel und Gelegenheit vorhanden war, starben an Schwäche und Ungeziefer viel Leute; denn dort war das Leitwort: Nur wer arbeitet, braucht Essen! In kurzer Zeit erblindeten alte Leute. Emil Heß, 77 Jahre, mußte arbeiten, bis er hinfiel und starb; Hedwig Heß, Max Reschke, Fritz Fiessel und Frau, Frau Winkler, Gustav Böhlke, Frau Meister, Hulda Feldt an Folgen von Schlägen und viele andere. Ich selbst arbeitete in einem Sägewerk. Sämtliche Frauen mußten schwere Männerarbeiten verrichten, bei 400 Gramm Brot und Suppe ohne Fett noch Zucker.

Im Oktober 1945 mußten wir, sogar Kinder von 14 Jahren, alte Leichen mit den Händen ausgraben. Dabei wurden schreckliche Hiebe ausgeteilt. Durch Schläge über den Kopf brachen etliche zusammen. Die Blutstropfen, die evtl. von den Geschlagenen auf die Leichen fielen, mußten mit der Zunge abgeleckt werden. Ich selbst erhielt einen Schlag mit einer Flasche auf das rechte Ohr, wobei sie zerbrach und mir eine tiefe Wunde in die

Wange schnitt. Ohnmächtig sank ich zu Boden. Da ich durch Schläge bedroht wurde, raffte ich meine letzten Kräfte zusammen.

Blutend, ohne Verband, mußten ca. zehn Frauen, darunter paar alte Männer, zu der nah gelegenen Bahnstation und 800 Zentner Kartoffeln von der Erde, zum Teil mit den Händen, in wenigen Stunden in zwei Waggons laden, wobei Schläge durch einen Aufsichtsbeamten ausgeteilt wurden. — Ohne jede Verpflegung tagsüber, nachts eingeschlossen, am anderen Morgen weiter Ausgrabungen von Leichen.

In der Zeit wurden meine Mutter, Schwiegermutter und Schwägerin angeblich wegen Brandstiftung verhaftet. Der Täter, ein Pole, wurde gleich darauf verhaftet. Unschuldig brachte man meine Angehörigen ins große Lager Potulice, Kreis Bromberg. Hörte dann eineinhalb Jahr nichts von meinen Angehörigen. Im Frühjahr 1946 wurden fast allen Frauen gewaltsam die Kinder abgenommen und in Heime gebracht; dort herrschten allerlei Krankheiten, zum größten Teil wurde die Muttersprache verlernt. So manche Mutter hörte von ihrem Kinde nichts mehr.

Im Februar 1947 wurde ich von der UB. wegen einem Brief, den ich ins Reich an Angehörige geschrieben hatte, für den einen Satz: „Wir bitten unsern lieben Gott täglich, er möchte uns erlösen aus unseren Banden," abgeführt, in einem Raum von zwei Männern mit dem Gummiknüppel so lange geschlagen, bis ich ohne Besinnung in einem kleinen, dunklen Kohlenkeller eingeschlossen wurde, Tag und Nacht bei grimmiger Kälte dort verbringen mußte. Der eine Beamte, der mich verurteilte und strafte, war ein Sobolewski aus Wrocławki stammend, dann in Kulm tätig. ...

Im Oktober 1947 erkrankte mir meine Tochter von neuneinhalb Jahren an Knochenhautentzündung, da die Kinder ohne jegliche gute Bekleidung von morgens bis abends die Kühe und Schafe bei Wind und Wetter hüten mußten. Nach tagelangen unerträglichen Schmerzen [kam] sie ins Krankenhaus Kulm. Plötzlich wurden sämtliche Deutschen von der Arbeitsstelle wegen Fluchtversuch zweier Frauen verhaftet, darunter mein elfjähriger Sohn und ich. Nach viertägiger Untersuchungshaft in Kulm abtransportiert ins Internierungslager Potulice. Hatte in Kulm den einen Wunsch geäußert, noch einmal mein krankes Kind zu sehen, man gewährte es mir nicht, mußte mein sterbenskrankes Kind ohne jede Mitteilung dort liegen lassen.

Den folgenden Bericht über die Zustände im Lager Potulice schließt Vfn. mit den Worten:

In Potulice sind folgende Bekannte von mir gestorben: Emil Karau, Franz Böhlke, Klara Böhlke, Adolf Nagel, Emma Witschorkowski, Otto Sieblitz auf dem Transport ins Reich an Folgen der Behandlung, somit von zwei Ortschaften nur ein jüngerer Mann übrig blieb. Mein zurückgebliebenes Kind ist im Krankenhaus nach einem Bericht von Polen im Dezember 1947 an Gehirnentzündung gestorben. Im Mai 1949 wurde ich endlich zu einem Transport in die Ostzone zugelassen.

Zum Schluß berichtet Vfn. von ihrer Übersiedlung in den Westen, wo ihre beiden überlebenden Kinder endlich eine Erziehung in geordneten Verhältnissen erhalten hätten.

Nr. 252

Erlebnisbericht des Bauern Karl Raatz aus Klein Nessau, Kreis Thorn i. Westpr.
Original, 19. Februar 1953.

Vorgänge unter russischer Besatzung; Internierung durch Polen, Zwangsarbeit in verschiedenen Lagern bis zur Ausweisung im Mai 1949.

Vf. war dem Räumungsbefehl vom 19. Januar 1945 nicht gefolgt.

Hatten wir doch im Jahre 1920 und 1939 die Ereignisse auf unserem Hof überdauert, warum sollte das nicht auch jetzt möglich sein? Der polnischen Sprache waren wir mächtig, und wir glaubten, uns auch damit in Zukunft durchschlagen zu können.

Wir waren, meine Frau und ich, am 3. morgens früh beim Melken, als die Stalltür aufging und ein Russe in den Stall trat. Vor der Tür standen zwei weitere Russen. Meine Frau sprang auf und lief ins Haus und schloß die Tür ab, der Russe hinterher und versuchte die Tür mit Gewalt aufzubrechen. Ich konnte ihn aber beruhigen und so geschah weiter nichts Schlimmes.

Die Frage nach Waffen verneinte ich und vor allem mein polnischer Knecht.

Sodann nahmen sie uns zwei Wagen und die dazu passenden Pferde und begannen aufzuladen, was ihnen des Mitnehmens wert erschien. Als sie auch an die Wäschevorräte meiner Frau heranwollten, stellte sich meine Frau vor ihre Vorräte und verteidigte sie so gut sie konnte. Das brachte die Russen derart auf, daß einer sie mit dem Gewehrkolben vor die Brust schlug, daß sie Blut spuckte. Sie brach zusammen, und ich brachte sie zu Bett, am Abend hatte sie ausgelitten.

Unser Eigentum fuhr auf unseren Wagen mit den Russen ab nach Bromberg, einer unserer polnischen Knechte mußte sie begleiten. In Bromberg bekam er von den Russen ein Fahrrad geschenkt und war auf diesem bald wieder zurück.

Zu der nun einsetzenden Russenplage kam noch eine viel schlimmere. Der Schießplatz Thorn, der in unserer Nähe lag, beherbergte eine große Zahl von russischen Kriegs- und Zivilgefangenen, die jetzt befreit, sich wie eine Sturmflut über die Gegend ergoß, plündernd und mordend. Was die russische Truppe nicht genommen hatte, fiel ihnen zur Beute, und so war unsere ganze reiche Weichsel-Niederung in kürzester Zeit kahl und leer.

Im Dorf hatten die Russen jegliches Vieh auf dem größten Hof zusammengetrieben, das wir etwa zehn Tage füttern mußten. Dann wurde es nach Osten abgetrieben.

Alle Deutschen mußten sich in dem etwa ein Kilometer entfernten Thorn-Süd zur Vernehmung melden. Alle jüngeren Leute, auch eingedeutschte Polen, die etwa in der SA. gewesen waren, wurden festgehalten und abtransportiert. Wir älteren Leute konnten wieder in unser Dorf zurückgehen. Etwa 25 Männer aber blieben verschwunden. Der größte Teil von ihnen ist nach Aussage von Rückkehrern auf dem Transport nach Rußland gestorben.

Im Dorf wurde in einer kleinen alten Kirche, die mit Stacheldraht umgeben wurde, ein Lager für etwa 100 Deutsche eingerichtet. Die Behandlung im Lager war roh. Verpflegung so gut wie gar keine. Vor der Tür stand ein polnischer Posten mit Gewehr. Hier hielten wir uns nur des Nachts auf, während wir über Tage schwer arbeiten mußten.

Eines Tages erschien ein Trupp offensichtlich angetrunkener Russen vor dem Lager, nahm dem polnischen Posten das Gewehr fort und ergoß sich nun in unser Lager. Sie stürzten sich wie die wilden Tiere auf die Frauen und vergewaltigten sie vor aller Augen wahllos inmitten der zusammengedrängten Menschenmenge und der anwesenden Kinder. Es spielten sich unbeschreibliche Szenen ab. Dieses Treiben ging die ganzen acht Wochen lang, die ich in diesem Lager verbringen mußte, und wie ich hörte auch nach meinem Fortgang bis in den Sommer hinein.

Eine Frau H., die einmal kurz außerhalb des Lagers zu tun hatte, wurde von etwa 25 Russen in eine Scheune gezerrt und von allen hintereinander vergewaltigt. Halbtot trugen wir sie ins Lager, wo sie noch lange Wochen an den Folgen dieser bestialischen Orgie zu leiden hatte.

Vf. berichtet hier über die Art der Aufräumungsarbeiten im Nachbardorf und fährt fort:

Hier sahen wir russische Kraftwagenkolonnen mit Munition nach Westen fahren, die auf der Rückfahrt Maschinen aller Art, Möbel und sonstiges Inventar geladen hatten und nach Rußland schafften.

Es waren schwere Arbeiten, die wir ohne nennenswerte Verpflegung machen mußten. Kein Wunder, daß unsere Landsleute massenweise dahinstarben. Von unseren 100 Insassen sind mindestens 60 gestorben, wenn nicht mehr. Ich hatte das Glück, nach acht Wochen auf einen Bauernhof kommandiert zu werden, der vom Russen verwaltet und dann dem Polen übergeben wurde. Hier feierten die Russen mit den drei Töchtern des Polen unaufhörlich Feste mit Musik und Tanz, brachten haufenweise Lebensmittel und Getränke mit, so daß es mir nicht schwer fiel, Brot beiseite zu schaffen, ein kleines Lager davon anzulegen und meine Landsleute innerhalb des Lagers zu versorgen. Das mußte mit der größten Vorsicht geschehen, denn beim Gefaßtwerden war die Todesstrafe sicher. Auf diesem Hof Riemer arbeitete ich ein halbes Jahr und konnte so vielen unserer Leidensgenossen helfen.

Im Juli 1945 kam ich in das Lager Rudak bei Thorn, von wo aus wir auf verschiedene Güter zur Landarbeit verteilt wurden. Als wir in dem Lager (Fort 15) ankamen, zeigten mir die dort schon befindlichen Leidensgenossen einen früheren deutschen Panzergraben, der streckenweise mit im deutschen Lager verstorbenen Leichen angefüllt war. Das sagte mir genug. Da unter der Wachmannschaft ein mir bekannter Pole war, konnte ich durch seine Fürsprache sehr bald auf ein Gut Lissowitz zur Arbeit geschickt werden, sah jedoch noch, wie die übrigen Lagerinsassen von der polnischen Miliz mit Knüppeln innerhalb des Forts im Galopp rund um den Hof gejagt und schwer mißhandelt und geprügelt wurden.

Das Gut Lissowitz wurde von einem polnischen Sackträger vom Weichselhafen „verwaltet", den ich ebenfalls kannte. Ich hatte die Versorgung unter anderem der Schafherde und sorgte dafür, daß des öfteren ein Schaf

„krank" wurde und geschlachtet werden mußte, das dann uns Deutschen zugeteilt wurde. So haben wir hier doch etwas besser gelebt, wenn auch die Arbeit sehr schwer war.

In Lissowitz war ich bis Mai 1946. Einmal fanden wir beim Suchen nach Kartoffelkäfern (die es gar nicht gab) die Gräber von zwei mir bekannten Bauern aus der Nachbarschaft, die von den Russen erschossen waren. Wie uns Polen erzählten, war Strobel erschossen worden, weil man bei ihm eine Mütze vom Kriegerverein gefunden hatte.

Im Sommer 1946 wurden wir Deutsche nach und nach nach Kulmsee befohlen, wo wir vor einer polnischen Kommission erklären sollten, ob wir uns einpolen lassen wollten. Von all den vielen Deutschen ist mir nur ein einziger Fall bekannt, in dem es den Polen gelang, einen Mann zum Jasagen zu veranlassen.

Nach diesem Mißerfolg wurden wir wieder ins Lager gesteckt und kamen dann nach Warschau, wo wir Aufräumungsarbeiten in der fast völlig zerstörten Stadt zu verrichten hatten. Unterbringung ebenfalls hinter Stacheldraht.

Diese Arbeit verrichtete ich ununterbrochen bis zum April 1949. Von hier kam ich ins Lager Potulice, wo ich zwar nur 14 Tage blieb, aber doch noch genug von der bestialischen Behandlung der Deutschen durch die Polen sah.

Ich kam selber wegen eines ganz lächerlichen Vergehens (ich hatte wohl einen Posten nicht stramm genug gegrüßt) in den Bunker, der bis zu den Knien mit Wasser gefüllt war. Hier mußte ich sechs Stunden lang stehen. Im Lager wurden uns vor unserem Abtransport nach Westen noch die allerletzten Wertsachen, Papiere, Sparbücher usw. abgenommen. In Nakel wurden wir dann verladen. In unserem Zug fuhr eine polnische Militärwache mit, die für Schutz und Ordnung sorgte, so daß wir ungeschoren am 1. Mai 1949 in Sachsen ankamen.

3. Die frühere Provinz Posen nach der Wiedererrichtung des polnischen Staates 1945.

Nr. 253

Erlebnisbericht von Schwester M. S. aus B r o m b e r g.
Original, Juni 1951, 23 Seiten, 1. Teil. Auszugsweiser Abdruck.

Beobachtungen und Erlebnisse in Bromberg kurz vor Einnahme der Stadt durch die Rote Armee und unter russischer Besatzung; Verhältnisse und Vorgänge in den polnischen Internierungslagern Kaltwasser und Langenau im Laufe des Jahres 1945.

Am 21. Januar 1945 verließen viele deutsche Menschen ihre Wohnungen, Hab und Gut, Haus und Hof. Ein offizieller Befehl zum Flüchten war nicht gegeben... Flüchtlinge auf allen Straßen, Kinder weinten vor Kälte, große Lastautos sausten an mir vorbei, ich wußte nicht, was das zu bedeuten hatte. Wir werden doch nicht auch flüchten müssen? Als ich zur Kaiserbrücke kam und die Sprengbomben liegen sah, wurde mir doch ganz unheimlich zu Mute. So sah es auch am 1. September 1939 aus. ...

Nach dem Gottesdienst ging ich mit einem mir gut bekannten Herrn und dessen Sohn in ein Lazarett, wo eine bekannte Schwester die Leitung hatte, wir wollten dort Näheres erfahren. Aber auch sie hatte noch keinen Befehl zum Aufbruch. Dann trennten wir uns, und ich ging nach Hause. Ein furchtbares Bild in allen Straßen.

Wie ich in unser Haus kam, standen alle unsere Mitbewohner auf den Treppen und wollten von mir wissen, wie es draußen aussieht, was wir tun sollten, ob ich nichts gehört hätte usw. Viel konnte ich auch nicht erzählen, aber wir waren uns fast alle einig, daß wir nicht flüchten wollten, wenn wir keinen direkten Befehl bekämen. — Und den bekamen wir nicht. „Wohin auch", sagten wir uns, „bei dieser Kälte?!" Und doch zogen die Menschen in Scharen mit kleinen Handschlitten, Kinderwagen, großen Trecks, Lastautos usw. unsere Straße entlang.

Ich überlegte hin und her, was sollte ich tun? Mich auch zum Flüchten fertig machen? —

Mitbewohner drängten Vfn. zum Aufbruch, auf Bitten von älteren Frauen und zwei Waisenkindern entschloß sie sich zum Bleiben.

Die Priester, mit denen ich bis dahin zusammen gearbeitet hatte, waren über Nacht wie umgewandelt, und ich war so blind, merkte nicht, was gespielt wurde. Aber es sollte doch wohl so sein. — Das eine von den beiden Mädchen hat es mir reichlich gelohnt, daß ich sie an jenem Sonntag, dem 21. Januar 1945, nicht als Waise zurückließ. Sie hat mich die ganzen viereinhalb Jahre, die ich hinter Stacheldraht und im Gefängnis zugebracht habe, treu versorgt, so viel es in ihren Kräften stand. ...

Ich traf noch einmal den Herrn Pfarrer von der Herz-Jesu-Kirche, der freute sich, als er mich sah und sagte: „Das haben Sie recht gemacht, daß Sie hier geblieben sind, Ihnen wird nichts passieren, und wenn Sie in Not sind, will ich Ihnen gern helfen." — Etwas komisch kam es mir vor, dieser Herr Pfarrer wollte mir helfen? Bisher kam er oft zu mir ins Pfarrbüro, und ich hatte ihm geholfen in allen möglichen Lagen (es war ein ehemaliger polnischer Pfarrer, jetzt „eingedeutscht").

Anschließend berichtet Vfn. kurz von den bangen Tagen während der Kämpfe bis zur Einnahme der Stadt durch russische Truppen am 26. Januar und fährt fort:

Wie ich dann die Russen so ganz nah an mir vorbeiziehen sah, schreiend, ja heulend in ihrer Art, da kam mir so manches zu Bewußtsein, was ich in den letzten Tagen nicht recht verstehen konnte. Als ... wir wieder in der Wohnung waren, sagte unsere Hauswirtin: „Nun hängt doch tatsächlich wieder die polnische Fahne draußen!" Ich lief zum Fenster. „Das ist doch nicht möglich! Die polnische — — —?" Mehr konnte ich nicht sagen, da brach ich zusammen und erwachte erst, als mich ein schwerer Weinkrampf schüttelte.

Wir waren also wieder „Polen"! Das hat mich mehr erschüttert, als wie ich die Russen sah. Denn nur zu gut hatte ich den 3. September 1939 noch im Gedächtnis![1]) Und jetzt war es wieder so weit! Wie konnte ich nur so blind sein und habe nichts gemerkt, wie so viele „Eingedeutschte" Theater gespielt haben.

Vfn. berichtet dann über ihre erste Verhaftung durch Rotarmisten, Registrierung, Vernehmung und Entlassung.

Mein Leidensweg sollte aber jetzt erst beginnen. Die Herren verhandelten noch eine ganze Weile, gaben mir alle meine Sachen zurück und sagten, ich könne gehen. Wie ich da aus dem Hause herauskam, weiß ich heute nicht mehr. Nun stand ich da allein auf der Straße, alles war mir fremd, fremde Menschen sah ich, fremde Sprachen hörte ich, und es war doch mein liebes Bromberg! Ich war allein, verlassen von guten Freunden, von den liebsten Menschen. Ich versuchte mich durchzuschlängeln, denn ganz Bromberg war überfüllt von Geschützen, Tanks, Autos usw. Ein Bild der Zerstörung. — Mein Ziel war die Pfarrkirche, mein liebes Pfarrbüro, doch es war nicht möglich, hinzukommen. Auf einem anderen Weg suche ich unseren Kirchenkassenrendanten. Aber die Menschen waren über Nacht alle anders geworden, jetzt waren es wieder die echten Polen, die für einen Deutschen keinen Finger krümmten. Seine Wohnung war von Russen bewacht, er selber durfte nicht heraus, und ich mußte auch wieder schnellstens heraus. Ich versuchte noch zum Herrn Pfarrer K. zu gehen, aber er mußte sich versteckt halten. Es konnte mir aber keiner behilflich sein, daß ich erst mal „nach Haus" kam.

Da rief mich jemand auf polnisch an, da stand mit einem Mal eine Person vor mir und zielte mit dem Gewehr und brüllte etwas, was ich nicht verstand. „Aha, Niemka!", und schon stieß er mich auf die Straße, und ich mußte vor ihm hergehen. Wohin? Aber daß ich nicht nach Hause kam, war mir schon klar, denn dieser Kerl hinter mir schimpfte in allen

---

[1]) Vfn. erinnert hier an die Vorgänge in Bromberg unmittelbar vor dem Einmarsch deutscher Truppen, in deren Verlauf von Polen zahlreiche blutige Gewalttaten an der deutschen Bevölkerung verübt wurden.

Tonarten. Viel verstand ich ja nicht, aber daß es Flüche auf die Deutschen — Hitlerowcy — waren, merkte ich. Mein nächster Weg war ins Gefängnis.

Dort angekommen, sah ich schon viele Deutsche, die beim Pförtner ihre Personalien angaben. Ich mußte mich dazu stellen, und ich glaubte in meiner kindlichen Einfalt, jetzt bekommen wir eine Bescheinigung und können wieder nach Hause gehen. Aber wie habe ich mich getäuscht! — So war ich nun auch an der Reihe. Die üblichen Fragen, wann und wo geboren, wo gearbeitet. Jetzt kam wieder ein neuer Wutanfall. „Aha, bei dem Hitler-K.! Wo ist er?" Ich müßte es doch wissen! Denn ich habe doch mit ihm gehalten usw.

Danach wurde Vfn. in eine Gefängniszelle gesperrt. —

Mittlerweile war es Morgen geworden, ein kleiner schwacher Lichtschimmer fiel durch die Luke in die Zelle. Jetzt sah ich erst, wie entsetzlich es in diesem Raum war! Aus den Ecken von den Wänden stierte einen das Grauen an... „Wenn das meine gute liebe Mutter wüßte!", dachte ich. Aber sie hat es nicht mehr erfahren, sie brauchte sich ihrer Tochter nicht zu schämen, denn an diesem Tage, am 27. Januar 1945, wurde sie und alle meine lieben Angehörigen — acht an der Zahl — in unserer Heimatstadt in Scharnikau ermordet, erschossen.

Im Laufe der nächsten Tage kamen immer mehr Deutsche in die Zelle. Ich wurde gleich am Sonntag, dem 28. Januar 1945, von neuem verhört, immer dasselbe, es war so furchtbar! Das war nun mein erster Sonntag in dem neuen Reich ... Diese und ähnliche Gedanken beschäftigten mich, und ich achtete nicht viel auf das Geschimpfe der anderen Leute. Jetzt wollte jeder den Hitler steinigen, aufhängen, ach, noch Schlimmeres, und bis dahin war er ihr Herrgott gewesen.

Am Mittwoch wurde ich wieder verhört. Eine Russin war Richter, aber sie war nicht schlecht, sprach mit mir gut deutsch, ohne gehässig zu sein. Sie sagte, man müsse Erkundigungen über mich einziehen, und wenn ich mit den Polen gut gelebt hätte, käme ich bald heraus. Das war der erste Hoffnungsstrahl, wenn ich mir auch nicht viel davon versprach, denn ich hatte ja schon gemerkt, daß es „Bromberg" nicht mehr gab, sondern wieder ein „Bydgoszcz", und das hatte ich ja 1939 genossen. So verging ein Tag nach dem anderen ...

Am Sonntag, dem 4. Februar, wurde ich aus der Zelle herausgerufen. wir mußten uns im Keller aufstellen, und dann wurden wir von den Russen aufgerufen. Wir sollen zur Wachstube gehen und uns unsere Sachen geben lassen, die uns bei der Ablieferung abgenommen waren, und dann können wir nach Hause gehen, es liegt nichts gegen uns vor.

Ja, haben wir richtig gehört? Nach Hause? Hatten wir denn noch ein „Zuhause"? Eine Heimat? Die wollten uns ja auch nur los werden, weil das Gefängnis überfüllt war. Sicher ahnten die Russen, daß die Polen die Sache noch besser verstehen, sie haben es ja bis zum Schluß bewiesen. — So sind wir denn aus dem Gefängnis entlassen worden und standen auf der Straße. Es war Sonntagmittag, 2 Uhr. Aber wie sah Bromberg aus! Es schien eine fremde Stadt zu sein. O, mir wurde Angst. Wo jetzt hin? Wir verabschiedeten uns, jeder wollte versuchen, nach Hause zu kommen.

Alles fremde Gesichter sehe ich, wie ist das möglich? Was ist in einer Woche geschehen? Ausgebrannte, eingestürzte Häuser, zertrümmerte Geschütze, Autos usw. — Da sah ich mit einem Mal eine alte Dame vor mir gehen, eine Deutsche. Sie glich einer Irren, ich sprach sie leise an, aber sie erkannte mich noch und erzählte, daß alle Insassen des Stifts auf die Straße gejagt wurden, und sie nähme sich jetzt das Leben. Ich habe nie wieder von dieser feinen alten Dame gehört. Später erfuhr ich, daß sehr viele von diesen alten Deutschen erfroren, verhungert und auch erschlagen in der Nähe des Stifts aufgefunden worden waren.

Vfn. berichtet anschließend, wie sie trotz eines Verbotes bei ihr bekannten Polen freundliche Aufnahme fand und wie sich ein polnischer Theologe um ihre Unterbringung bei einer von ihm eingerichteten Caritas-Hilfsstelle bemühte, während andere Polen wiederum sie und ihre Helfer beschimpften und bedrohten. — Am 17. Februar wurde sie erneut verhaftet und in einen Milizkeller gesperrt.

Alles, was deutsch war, wurde festgenommen. — Es sollte niemand sagen, man könnte [dort] auch als deutscher Mensch frei leben. Wer das jetzt noch behauptet, kennt nicht die Verhältnisse und den Haß der Polen! — Wie es in den Kellern zuging, werde ich kaum in der Lage sein zu schildern. Oft standen wir dicht gedrängt nebeneinander, 70 Menschen, für 20 war ungefähr der Raum nur gedacht. An der einen Wand stand eine Bank, sonst war weiter keine Sitz- noch Schlafgelegenheit. Dann kam alle Augenblicke ein uniformierter Pole herein, und wir alle mußten aufspringen und „Achtung" sagen (auf Polnisch). Wer nun auf dem Boden saß oder nachts gar schlief, konnte nicht so schnell aufspringen, dann gab es Fußtritte, Hiebe mit dem Gummiknüppel, mit einer Peitsche, die mehrere Riemen und am Ende Bleikugeln hatte. O, das hat geschmerzt. Man kam gar nicht zur Besinnung, da kam schon wieder ein anderer rein und tobte sich aus. —

Hierin habe auch der „Kommandant" keine Ausnahme gemacht.

Wie hat er große starke Männer geschlagen, bis sie hinfielen, dann mit den Füßen bearbeitet, ganz gleich, wo der Schlag hintraf, die Zähne ausgeschlagen, die Augen blutig geschlagen, unbeschreiblich.

Wenn dann so ein Mensch so weit hergerichtet war, dann wurde er nachts herausgeholt und kam natürlich nie zurück. Ein junger Mensch, ein Holländer, ist auch auf so bestialische Weise ums Leben gebracht worden. Alle Augenblicke wurde er geholt, manchmal hörten wir ihn wimmern, dann kam er wieder herein und suchte immer bei uns Schutz. Saß ich zufällig auf der Bank, dann kroch er dicht an mich, legte den Kopf auf meinen Schoß und weinte. Er konnte sich kaum noch bewegen, alles war zerschlagen. Eines Nachts wurde er wieder herausgerufen, er konnte noch schnell zu mir sagen: „Schwester, heute komme ich nicht mehr zurück, heute schlagen sie mich tot, ich kann nicht mehr, beten Sie für mich." Wir hörten dann dumpfe Schläge, dann wieder Musik von einer Ziehharmonika, dann leises Wimmern, auch laute Hilferufe, Röcheln, wieder Musik ... Es dauerte nicht lange, da hatten sie ihn schon wieder vor. Immer leiser, immer schwächer wurden die Hilferufe, bis es still wurde. Jetzt hatten sie ihn so langsam zu Tode gequält.

Vfn. berichtet, daß täglich die jüngeren Inhaftierten zu irgendwelchen Arbeiten geholt, dabei geschlagen, beschimpft und erniedrigt wurden.

Dieses unmenschliche Leben ging bis zum 28. Februar. Inzwischen waren viele, viele Leute dazugekommen. Flüchtlinge aus Ostpreußen mit viel Gepäck, mit Kinderwagen, kleinen halbtoten Kindern, ein Elend, nicht zu beschreiben. Alles in diese Keller rein.

Die Nacht zuvor ging es ganz unheimlich zu. Da wurden alle jüngeren Männer — auch die Eingedeutschten — aus der Stadt zusammengeholt. Sobald eine gewisse Zahl erreicht war, kamen sie wieder heraus, mit viel Ach und Krach, mit Fluchen und Schlägen. — Damals wußten wir noch nicht, was das bedeutete. Viel später habe ich erfahren, daß am 28. Februar und 1. März große Transporte nach Rußland gefahren sind, die 3—4 Wochen unterwegs waren. Auch viele von den Deutschen, die mit mir im Keller saßen, wurden in jener Nacht fortgeholt und kamen nicht wieder.

Am 28. Februar, früh um 4 Uhr, hieß es: „Alles fertig machen zum Abmarsch!" Am Tage vorher wurden verschiedene Leute herausgerufen, die noch gute Sachen und Schuhzeug anhatten. Sie mußten alles ausziehen, den Männern gab man eine zerrissene Militärhose, Holzschuhe; den Frauen, denen man den Mantel abgenommen hatte, gab man nichts, auch die Strickjacke wurde fortgenommen. So sind viele Frauen und Mädchen fast nackt in die Kälte gejagt worden. Wir halfen uns gegenseitig, so gut es eben ging.

Es war wohl so gegen 5 Uhr, als wir von dem Polizeihof abrückten. Unser Marsch ging nur sehr langsam vonstatten; denn viele, viele alte Leute blieben schon in der Stadt liegen. Da wurde immer wieder haltgemacht. Stärkere Männer sollten die Kranken stützen, tragen; das ging wohl eine kurze Strecke, aber doch nicht weit. So blieb schon in der Bahnhofstraße ein altes Ehepaar liegen, der Mann starb auf der Straße, und die Frau blieb auch neben ihm liegen. Bei der Gärtnerei ließen wir vier Menschen am Zaun liegen. Es wurde der Miliz zu bunt, sie schlug mit den Kolben und Gummiknüppeln zwischen die Reihen und achteten nicht mehr darauf, ob jemand liegen blieb oder nicht. Da ist auch jeder gelaufen, denn es gab kein Stehenbleiben mehr. Wir waren bestimmt zwei Stunden, wenn nicht mehr unterwegs, d. h. von der Bahnhofstraße bis zur Garnisonkirche.

Ich kann mich besinnen, daß wir von Polen, Kindern und Erwachsenen, beschimpft, bespuckt, mit Schmutz beworfen wurden. Man ging neben uns und zeigte auf diesen und jenen. — Es ging durch die Kurfürstenstraße, dann die Glinkerstraße und weiter in das Lager Kaltwasser.

Wenn später jemand das Wort „Kaltwasser" gehört hat, dann wurde man gefragt: „Sind Sie da lebend herausgekommen?"

Es war wohl gegen Mittag, als wir in dem Lager ankamen. Das sollte nun unsere neue Heimat sein! — Wieder ging die Fragerei los, immer der Vorwurf, warum ich nicht Polnisch spreche.

Wieder war Anstoß bei mir, daß ich als Deutsche, als „Hitlerowka", einen Rosenkranz hatte. Er wurde mir aus der Hand gerissen und fortgeworfen. Da habe ich doch so gebettelt, daß einer sagte: „Gebt ihn ihr, lange wird sie ihn doch nicht behalten, und aufhängen kann sie sich nicht

Nach dem Verhör und Verhöhnung — kann man wohl sagen — mußten wir uns wieder im Hof anstellen. Mehrere Stunden standen wir dort . . . Als nun alle aufgeschrieben waren, wurden den Müttern die Kinder fortgenommen, die Mütter und alleinstehenden Personen dann auf einen anderen Haufen zusammengestellt, und wir wurden aus diesem Käfig herausgetrieben. Was jetzt geschah, kann sich wohl jeder Mensch denken. Ein furchtbares Schreien und Wehklagen der Mütter und der Kinder. Es war herzzerreißend! Und wieviel Schläge und Fußtritte zwischen uns fielen, hat nur Gott gesehen, und wir haben sie gespürt.

Ich bekam mit einer langen Säbelscheide so doll über den Rücken, daß ich glaubte, ich müßte in zwei Hälften auf der Stelle umfallen. So ein Schmerz, ich spüre ihn heute noch!

Wir wurden dann durch den Wald geführt in ein anderes Lager (aber auch Kaltwasser). Jüngere Arbeitsfähige kamen dorthin. Es war Abend, als wir in einen ziemlich großen Raum reinkamen und dort viele, viele Menschen angereiht zum Essenholen anstanden. Da sah man nun wieder alte Bekannte, und ein jeder, der mit seinem Blechnapf an uns vorbei kam, flüsterte leise: „Wir haben Hunger, gebt uns Brot!" Ich hatte noch eine Brotrinde in der Tasche, da griff schon die Frau eines Arztes aus Bromberg zu und riß sie mir aus der Hand; ich war sprachlos.

Jetzt durften auch die Neuen nach Essen gehen. Dann wurden wir nochmal besichtigt. Wir mußten uns aufstellen, und Milizmädel beschauten uns von oben bis unten. Wir sollten freiwillig abgeben, was wir noch an Wertgegenständen hätten . . .

Wir wurden in eine noch nicht fertige Steinbaracke geführt. Auf dem Fußboden lag etwas Stroh, aber es gab keine Fenster, und draußen tobte ein furchtbares Schneegestöber. Wir versuchten die Fenster mit Stroh auszufüllen, aber es war nicht möglich, der Wind riß es fort, und dann hatten wir auch nichts auf dem Fußboden, der jetzt unser Bett sein sollte.

Vfn. berichtet dann weiter, daß die Internierten am folgenden Tage in Arbeitsgruppen eingeteilt und bei mangelhafter Verpflegung unter Schimpfen und Schlägen zu schweren Arbeiten (ohne Hilfsgeräte) angetrieben wurden.

So verging ein Tag nach dem anderen, ohne besondere Änderung. Nur die Arbeit wechselte öfters. Ich war dann mal in einer leeren Baracke und habe Betten zusammengestellt, es sollte eine Krankenstube werden, dort waren wir etwas geschützt vor Kälte. Inzwischen hatte ich auch schon so manches erfahren, wie die Polen mit den jungen Mädchen verfahren, daß sie des Nachts auch so manchen herausholen, der dann nicht zurückkommt, daß dann wieder andere geholt werden, die mit den Händen ein Loch graben müssen und die Leiche verscharren.

An einem Morgen standen wir stundenlang auf dem Platz. Da sah ich, wie zwei Milizer mit einer Bekannten, Fräulein F. aus Bromberg, Wollmarkt, loszogen. Sie war sehr elend, schwankte hin und her . . . Es dauerte nicht lange, da verschwanden sie hinter den Baracken am Waldrand und bald fielen Schüsse.

Wir schauten uns stumm an, dann kamen die zwei Menschenmörder zurück, verhandelten mit den Posten, die bei uns standen, zählten dann einige Frauen ab, die dann mit einem Posten in derselben Richtung nach dem Walde gingen. Sie mußten da die Leiche vergraben, aber ohne Spaten. Dann gingen die Bestien die Reihen entlang und suchten nach einem neuen Opfer.

Ich wurde herausgeholt, aber es war ein Irrtum, man hatte mich verwechselt mit einer Schaffnerin. Die hatten sie schon ganz dumm geschlagen, sie halb ausgezogen, barfuß lief das Mädel im Schnee, sie war schon mehrere Tage aufgefallen. Jetzt hatten sie ihre Beute gefunden. O, das arme Geschöpf! — Den Namen weiß ich nicht, nur daß sie eine Reichsdeutsche war. Sie verstand auch kein Wort Polnisch. — Nach allen möglichen Übungen, die sie aber nicht verrichten konnte und dann wiederholte Fußtritte bekam, zogen sie mit dem Opfer nach der anderen Seite des Waldes, und bald hörten wir wieder Schüsse fallen, und bald kamen die zwei auch zurück, und wieder gingen andere Frauen in den Wald, um ein junges Menschenkind zur ewigen Ruhe zu betten.

Am gleichen Tage wurde noch eine Brombergerin so ums Leben gebracht, weil sie krank war und nicht arbeiten konnte. Die leibliche eigene Schwester mußte zuschauen und dann auch mit den anderen Frauen mit den Händen ein Loch kratzen. Sie hat es mir am Abend erzählt.

Dann bekamen wir Nummern und wurden nur nach der Nummer aufgerufen. Ich hatte 777, man sagte, eine Glückszahl, vielleicht. Diese Zahl mußten wir polnisch sagen. Wer es nicht fertig brachte, mußte fünf bis zehn Mal und noch mehr über den Hof laufen. Manch einer brach zusammen, aber schon war jemand da, der mit Fußtritten weitertrieb.

Inzwischen waren Russen gekommen und holten Leute zur Arbeit. Die Frauen gingen gern mit, denn es gab da doch hin und wieder etwas Eßbares. Auch war die Behandlung bei den Russen bedeutend besser als bei den Polen. Vor allem gab's keine Schläge. So war auch eine Gruppe Frauen nach Bromberg in ein russisches Lazarett abkommandiert, sie kamen ganz glücklich zurück. Wohl sei die Arbeit schwer, aber man hatte ihnen etwas dicke Grütze zu essen gegeben, und bevor sie fortgingen noch eine schöne warme Suppe. Natürlich drängte sich nun alles zu der Bromberger Kolonne.

Vfn. wurde auch dieser Arbeitsgruppe zugeteilt. — Die Bemühungen eines polnischen Pfarrers um ihre Freigabe aus dem Lager blieben ergebnislos.

Bis Ende März bin ich täglich nach Bromberg ins Lazarett zur Arbeit gegangen. An einem Tage sah ich gerade, wie ein Russe einen ganzen Eimer voll Speisereste auf den Kehrichthaufen trug. Da schlich ich ihm nach, und als ich mich unbeobachtet glaubte, suchte ich etwas Brauchbares heraus. Und was war dort alles. Ich traute meinen Augen nicht. So etwas wurde fortgeworfen, und ich und viele andere fielen vor Hunger um. Hab' da mehrere Stücke Brot, ganz in Stanniol eingepackte Käse, Fleisch usw. gefunden. Damit bin ich dann heimlich durch die Sträucher geschlichen in den Regierungsgarten an den Goldfischteich und habe etwas abgewaschen, dann ganz vorsichtig — ich kann wohl sagen mit heiliger Ehrfurcht — in ein Stückchen

Brot gebissen und etwas Käse. Wie hat das gut geschmeckt! Aber das Herz wollte mir fast brechen, wenn ich mich da betrachtete. Scheu wie ein gehetztes Wild saß ich an dem Goldfischteich, ein Sklave. Und wie oft bin ich einst als freier Mensch hier vorbeigegangen.

In der Karwoche holte mich der Kommandant aus der Arbeitskolonne heraus, ich durfte nicht mehr nach Bromberg. Er kannte mich, sagte er, ich ihn aber nicht. Nun sollte ich mich um die Kinder kümmern, für die Kleinen einen Brei kochen, wenn die Mütter noch etwas Grieß, Mehl oder dergleichen hatten, und mit den Großen sollte ich „spielen". Das war ja paradox, aber der Kommandant hatte es gut gemeint, er war nicht wie die andern, handelte menschlich. Ich habe nie gesehen, daß er jemand geschlagen hätte. Es tat ihm leid, daß ich auch im Lager sein mußte, aber er konnte mir nicht helfen. Ich war nun eben mal eine Deutsche.

So durfte ich mich etwas freier im Lager selbst bewegen, durfte in die Küche, später mußte ich auch die Essensmarken austeilen, auch die Toten im Büro melden, dafür sorgen, daß sie fortgeschafft wurden usw.

Tagsüber war ich nun vor Schlägen geschützt, aber des Nachts, wenn das Gesindel in die Baracken kam, da hagelte es mit dem Gummiknüppel. Wir zogen alle paar Tage um, d. h. von einer Baracke in die andere.

So sind wir auch wieder am Karfreitag in einen anderen Komplex gezogen. Es regnete in Strömen. Wir standen auf dem Hof, mehrere Hundert Menschen. Es mußte erst Platz geschaffen werden. In diesen Baracken waren bis dahin fast nur alte Leute untergebracht. Diese wurden nun zusammengeworfen auf unmenschliche Art und Weise. Ich sollte die Mütter mit den Kindern unterbringen. Bin dann so durch die einzelnen Baracken gegangen. Aber welches Bild bot sich mir da! So etwas hatte ich noch nicht gesehen. Da lagen alte Frauen in Stroh und Schmutz vergraben, unkenntlich, wirklich nicht mehr menschenähnlich, wimmerten, weinten und schrien . . .

Am Ostermorgen wurden wir wie an den übrigen Tagen mit Krach und Schlägen geweckt, dann aufstehen, abmarschieren. — Wir, die Jüngeren, gingen jeden Abend zum Schlafen in die sogenannten Steinbaracken, sie lagen ungefähr zehn Minuten entfernt vom Lager. Am Abend und am Morgen mußten wir beim Marschieren singen, z. B. „Deutschland unter alles" oder „Die Fahne hoch" oder „Wir marschieren gegen Engelland". — So sollten wir am Ostermorgen auch wieder singen, aber niemand stimmte an. In Bromberg läuteten die Osterglocken, wir hörten sie ganz deutlich, uns kullerten die Tränen. War das ein Auferstehungsfest für uns! . . . So gingen wir dann trotz der Schläge vom Lager weiter ohne Gesang.

Wie üblich teilte ich zuerst die Marken aus für die Wassersuppe, dann wollte ich nach den alten, elenden Menschen schauen und zählen, wieviel Portionen dorthin gebracht werden mußten. Ich fand die Tür weit offen stehen, und wie ich nun in den Raum hineinschaute, sah ich, daß er ganz leer war. Hin und wieder lagen ein paar Lumpen herum. Was ist hier geschehen? Wo sind die 40 Menschen geblieben? Mir schwanden für einen Augenblick die Sinne.

Ich ging zurück zur Küche, die Frauen standen am Kessel und wollten wissen, wieviel Essen sie rüberbringen sollten, aber als sie mich sahen, schauten sie mich ganz entsetzt an, ich soll kreidebleich gewesen sein. Da sagte das polnische Milizmädel: „Was ist geschehen, wie siehst Du aus?" Ich antwortete nicht, sondern brach in dem Moment am Tisch zusammen. Da kam sie noch zu mir und fragte, ob ich etwa in der Eckbaracke war. „Was ist denn nun dabei, wenn man diese alten stinkenden Deutschen verschwinden läßt. Es ist kein Platz da, nichts zum Essen, fort mit dem Zeug." — Alle diese Menschen hatte man über Nacht erschossen, sie feierten Auferstehung im Himmel.

Am Nachmittag des ersten Osterfeiertages wurden alle Leute aus den Baracken herausgetrieben und im Hof aufgestellt. Alle Gesunden unter 60 Jahren durften zurück in die Baracken. Die übrigen wurden „besichtigt", nach allen Regeln der Kunst schikaniert, geschlagen usw.

Ich stand heimlich in der Küche und schaute diesem wüsten Treiben zu. Was wird jetzt geschehen? — Nach einiger Zeit wagte ich mich heraus, einen Gang vortäuschend, sah die beiden Schwestern R. stehen, flüsterte ihnen zu: „Melden Sie sich zur Arbeit, sagen Sie nicht, daß Sie krank sind, damit Sie nicht dort in diese Eckbaracke hineinkommen!" Dann verschwand ich schnell. 60 Frauen wurden herausgesucht, darunter auch die beiden Schwestern. Sie wurden alle in den kleinen Raum gepfercht, bekamen nichts mehr zu essen. Die Tür wurde mit einem schweren Balken fest angestützt... Als wir am Morgen des zweiten Ostertages durch das Lager marschierten, war mein erster Blick nach dem großen Balken. Er war fort. Die Tür weit offen, der Raum leer! 60 Menschen waren wieder über Nacht erschossen worden.

So wie es an diesen beiden Ostertagen geschehen ist, ist es an vielen anderen vorhergehenden Tagen auch gemacht worden. Ich ließ es mir von Männern erzählen, die von Anfang Februar in Kaltwasser waren und die selber beim Zuschaufeln der eben erschossenen Leute dabei waren. Wir, die wir in den anderen Baracken waren, ahnten ja nicht, was in unserer nächsten Nähe mit unseren deutschen Leidensgenossen geschah. Ich hätte es wohl auch nie erfahren, wenn ich — wie so viele andere — aufs Land zur Arbeit geschickt worden wäre.

Vfn. erfuhr hierüber Näheres von einem ihr bekannten Bromberger, der gelegentlich Holz in die Küche zu schaffen hatte.

An einem Morgen waren wieder 20 Frauen über Nacht verschwunden. Der gute „Holzmann" kam im Laufe des Tages auch wieder in die Küche, erfroren, müde, hungrig. Ich fragte: „Herr L., sagen Sie mir, was geschieht mit diesen Menschen?" — „Nein, Schwester, das darf ich nicht sagen, um Gottes willen nicht!" Aber ich drängte ihn, und schließlich erzählte er mir, wie es gemacht wurde:

Nach Mitternacht wurden die ahnungslosen Menschen aus der Baracke herausgetrieben in den Wald, der gleich hinter dem Lager war. Dort waren viele Laufgräben. Hier mußten sich die Menschen in eine Reihe an dem Rand des Grabens aufstellen, sich ganz nackt ausziehen. Dann standen an beiden Enden Maschinengewehre, ein Kommando, und eine lange Reihe Menschen fiel in den Graben. — Zu gleicher Zeit mit den Todesopfern wurden auch mehrere Männer geweckt und zur Richtstätte geführt, um sofort die Gräben zuzuschaufeln. Viele von diesen Märtyrern waren noch nicht tot, sie wimmerten in ihren Schmerzen, aber schon fiel die Erde auf sie. Ein Mann soll sehr geschrien haben und um eine Kugel gebettelt haben, da befahl der Posten dem Mann, der zuschaufelte, er solle ihm mit dem Spaten den Kopf zerschlagen, damit er ruhig ist und nicht so einen Krach macht. Natürlich hat es dieser deutsche Mann nicht getan, nicht tun können. Da legte der Pole an, ein Schuß, und der Mann fiel tot auf den noch lebenden Mitbruder in die Grube, und Herr L. — wie alle anderen — mußten weiter zuschaufeln. — Dann verschwand auch einer nach dem anderen dieser ungewollten Totengräber und L. sagte: „Schwester, über kurz oder lang gehöre ich auch dazu, Sie werden es sehen, wenn ich einige Tage nicht mehr in die Küche komme. Dann bin ich auch bei denen dort im Walde."

Noch einige Male sah ich Herrn L. Er war so elend, so gebrochen und sagte: „Schwester, jetzt bin ich an der Reihe." Wieder einige Tage, ich hielt Ausschau nach meinem guten L., ging in seine Baracke — — — er war nachts herausgeholt worden und ist nicht mehr zurückgekehrt. Ich wußte, wo er war.

So ging dieses Leben im Lager weiter. Täglich kamen die Leute rein, aber nur kranke verhungerte Gestalten, die kaum noch nach Menschen aussahen. So viele, viele habe ich heute noch vor meinen Augen. Sie ruhen schon über fünf Jahre verscharrt im Sand, im Wald bei Kaltwasser.

Alle jüngeren Leute wurden im Laufe des Monats April 1945 aus dem Lager herausgeholt, den Müttern wurden die Kinder genommen. Da gab es ein Geschrei! Die Mütter kamen zur Arbeit aufs Land, zu den Russen, andere in Kalkgruben, nach Warschau usw. Nachdem die jüngeren Leute und die Kinder zum Teil aus dem Lager waren, blieben ja nur noch Alte, Kranke und Sterbende dort, und so hielt der Sensenmann auch täglich seine Ernte. Was an Kindern noch geblieben war, starb auch nach und nach. Ende April machten sich Hungertyphus und Ruhr im Lager breit, ein furchtbares Sterben. Man kann tatsächlich sagen, die Menschen fielen wie die Fliegen. . . Eben sprach ich noch mit einer Frau, ging dann zur zweiten und dritten Leiche, um die „Erkennungsmarke" abzunehmen, dann sagte schon jemand: „Schwester, die Frau ist auch schon tot."

Vfn. berichtet anschließend, daß ab 1. Mai sich die Verhältnisse im Lager besserten, ein neuer Lagerkommandant Lebensmittelschiebungen des polnischen Personals unterband, für die regelmäßige Ausgabe einer täglichen Brotration von 200 Gramm sorgte und der Vfn. die Aufsicht in der Küche übertrug.

Der Mai 1945 war sehr heiß. Die vielen kranken Menschen, die nur im Stroh auf dem Fußboden lagen, die keine Möglichkeit hatten, ihre Bedürfnisse zu erledigen, lagen in ihrem eigenen Schmutz, wurden von dem vielen Ungeziefer geplagt, sahen mit offenen Augen ihrem furchtbaren Ende entgegen. Ich konnte in dieser Angelegenheit nichts ändern, konnte nur ab und zu einem Sterbenden einen Trunk reichen. Leider war dieses nur selten möglich, da wir ja nichts hatten, oft nicht einmal Wasser. Und gerade die Menschen, die den Körper voller Wasser haben, haben das Bedürfnis, immer mehr zu trinken, bis sie tatsächlich aufplatzen. Was habe ich da Gestalten gesehen!

So leicht und schnell die Erwachsenen starben, so schwer starben die kleinen Kinder. Sie lagen oft die Nacht und den ganzen Tag im Sterben, daß die eigene Mutter ihr Kind schon tot glaubte, schon zu mir kam, ich möchte doch kommen es fortholen. Wie ich nach einigen Stunden erst dazu kam, fand ich das kleine Würmchen noch am Leben. Die Mutter hatte gar nicht mehr in den Wagen geschaut, sie hockte apathisch im Stroh. Nie werde ich das Bild vergessen, das Kind und auch die Mutter.

Wie schon erwähnt, mußte ich von jedem Verstorbenen die Nummer zum Lagerbüro bringen. Noch heute tut es mir leid um die viele und unangenehme Arbeit, die ich mit Gewissenhaftigkeit ausgeführt habe. Es war nicht so einfach, die Blechnummer bei so mancher Leiche zu suchen, die voller Ungeziefer, halb in Verwesung war. Dann war ich auch zu schwach, große, starke Personen zu entkleiden, niemand wollte mir helfen, es konnte nicht jeder eine solche Leiche anfassen. Einmal hatte ich mir eine schwere Leichenvergiftung geholt, es hat nicht viel gefehlt, da hätte ich dem „Bruder Tod" folgen müssen. Doch mein guter Schutzengel hat mich nicht verlassen.

Wenn nur nicht alles zwecklos gewesen wäre! Denn kein Verstorbener hat eine Nummer auf dem Friedhof bekommen, und alle Bücher von Kaltwasser sollen verschwunden sein.

Anschließend berichtet Vfn. über die Bemühungen eines polnischen Priesters zur seelsorgerischen Betreuung der katholischen Internierten und holt die Schilderung von Vorgängen im Lager am 20. April nach, wo die Gefangenen fürchterlich geschlagen worden waren.

Das furchtbare Sterben ging weiter. Im Juni kam der katholische Priester noch einmal ins Lager. — Da schon lange davon gesprochen wurde, das Lager würde aufgelöst, gab mir der Kommandant den guten Rat, mich doch von einem bekannten Polen aus dem Lager befreien zu lassen, d. h. zur Arbeit, denn er möchte mich nicht gern sterben sehen, allenfalls würde er dann ein Denkmal setzen und drauf schreiben lassen: „Sie starb im Dienste des Nächstenliebe für Führer, Volk und Vaterland." Er machte seinen Scherz, aber er sah doch, daß ich am Ende meiner Kräfte war. Oft lag ich auf meinem Bett für ein paar Minuten. Wenn er reinkam, mußte ich liegen bleiben und sollte ruhen. — So bat ich diesen polnischen Pfarrer, ob er nichts für mich tun könne. Er versprach es. Ich spürte, daß der Typhus mir in den Gliedern stak.

Am 8. Juni kam dann eine mir bekannte Polin, der ich während des Krieges viel geholfen hatte, und wollte mich holen... Da bat ich den Herrn Kommandanten, ob er nicht ein gutes Wort für mich einlegen wollte. Er tat es, fuhr zum Kapitän und erzählte, daß ich schon einige Tage so elend sei und wohl kaum nach Kruschwitz käme. Da gab mich der Kapitän dann frei, aber erst dann, wenn der Letzte das Lager verlassen hätte. Das Fräulein S. mußte für mich bürgen, 800 Zł. an das Lager zahlen und sagte: „Schwester M., am Sonntag holen wir Sie ab." Das war der 10. Juni.

Die Kranken wurden auf Lastautos nach Kruschwitz gebracht, die Gesunden, die noch laufen konnten, mußten 30 Kilometer zu Fuß nach Potulice gehen, und ich durfte am Sonntag nach Bromberg gehen.

Es war ein herrlicher Tag, aber mir war so elend zumute, so schwach war ich, daß das Fräulein mich stützen mußte — und jetzt sollte ich Hausarbeit tun. Wir kamen nach Bromberg. Unser Weg ging zur Potsdamerstraße, zur Trinitatiskirche, dort sollte ich ein Unterkommen finden. Ein freier Mensch — und doch kein freier Mensch, denn ich war doch eine Deutsche. Nach einigen Tagen legte ich mich, und der Typhus war da...

Im August 1945 erfuhr ich das Traurige, daß meine Angehörigen in Scharnikau alle auf bestialische Weise am 27. Januar 1945 ermordet wurden. Wie ich das ertragen habe, ist mir heute noch ein Wunder. In die Stadt bin ich wenig gegangen, ich war zu ängstlich, und diese polnisch-russische Wirtschaft ekelte mich an.

So verging der August und auch der September 1945. Täglich dachte ich an all die Tausende, die diesen Tag wieder im größten Elend, in Hunger und Not und mit wieviel Schlägen zugebracht hatten. Und die vielen Kranken, die am 10. Juni nach Kruschwitz kamen — wer wird noch am Leben sein?

Später habe ich erfahren, daß sie alle gestorben sind, niemand ist herausgekommen.

Da bekam meine „Herrin" ein Schreiben vom Lager, ich solle mich „rehabilitieren" lassen. Falls ich das nicht täte, müsse ich wieder ins Lager zurück. Da sagte das Fräulein selber: „Schwester M., aus Ihnen kann nie eine Polin werden, wie aus mir keine Deutsche geworden ist." Sie wollte mich sogar über die Grenze bringen, wenn sie mit Bestimmtheit wissen würde, ich käme gut in Deutschland an, und wollte gern für mich vierzehn Tage ins Gefängnis gehen, weil sie doch gebürgt hatte. — Ich wollte natürlich viel lieber wieder ins Lager zu meinen eigenen Leuten gehen als unter einem fremden Volk Dienstmagd sein und mein Leben lang als minderwertiger Mensch behandelt zu werden. Dieser fromme Wunsch wurde mir auch bald erfüllt.

Am 4. Oktober kamen zwei Milizer mit Gewehren und suchten das Fräulein S., bei der eine Niemka ist, die möchten sie sofort abholen. Nun war es wieder mal so weit, daß ich meine wenige Habe zusammenpacken mußte (aber schnell!) und wie ein Schwerverbrecher abgeführt wurde.

Vfn. berichtet, daß sie in das Lager Langenau bei Bromberg geschafft wurde und schildert anschließend die dortigen Zustände Ende 1945[1]).

Anfang Januar kam die Parole auf, es kommt eine Kommission aus Warschau, und jeder müsse sich vor diesen Herren entscheiden, ob er als Pole in Polen bleiben oder als Deutscher nach Deutschland fahren wolle. Dazu wurde bemerkt, daß, wer in Polen bleiben wolle, sofort frei käme, daß dagegen die Deutschen noch erst in ein anderes Lager müßten und von dort zur Aussiedlung kämen.

Mitte Januar kam tatsächlich die Kommission. Jetzt gab es bei vielen Internierten eine Unentschlossenheit. Die Lüge — wer in Polen bleibt, wird entlassen — lockte viele, und über so manchen Deutschen wunderte ich mich bei dem Verhör. Natürlich ist aus dem „sofort entlassen" nichts

---

[1]) Über das Lager Langenau s. den unter Nr. 267 (Bd. I, 2) abgedruckten Bericht.

geworden. (Ich denke da gerade an eine Brombergerin, die ihre Nationalität alle paar Tage wechselte, mal Deutsche, mal Österreicherin, mal Polin. Ich sah sie noch 1949 in Potulice.)

Am 17. Januar war ich dran zu dem großen Verhör vor den „hohen" Herren. Doch mir war gar nicht bange, was konnte jetzt einen deutschen Menschen noch erschüttern?! Es gab doch keine Überlegung, ich war eine Deutsche, was die Herren auch sofort an den vorliegenden Papieren sahen. „Gruppe I, eine echte Deutsche, gehört zur Aussiedlung nach Deutschland." Das war nun mein „Todesurteil", wie war ich froh darüber! Nur ein Schauer überlief mich, denn man sprach davon, daß alle Deutschen dann nach dem berüchtigten Lager Potulice sollten.

Eine „Kostprobe" von Potulice hatten wir allerdings schon bekommen. Vor einigen Tagen war ein schreckenerregendes Wesen durchs Lager und die Baracken in Langenau gesaust, ein Pole in Offiziersuniform. — Es sollte der Chefarzt aus Potulice sein, ein sehr gefürchteter Mann!

Am 17. Januar kam dann auch der Befehl: „Fertigmachen zur Übersiedlung nach Potulice!"

Nachfolgend schildert Vfn. das dortige Aufnahmeverfahren und ihre ersten Begegnungen mit dem gefürchteten polnischen Chefarzt[1]).

Nr. 254

Erlebnisbericht von Mira Beck aus **Oberstrelitz** (Strzelce górne), Kreis **Bromberg**.
Original, 18. Februar 1951.

Zwangsarbeit in der polnischen Landwirtschaft; rücksichtsloses Auseinanderreißen deutscher Familien, Schikanen bei einer Leichenumbettung; Entlassung über das Lager Potulice im April 1949.

Einleitend schildert Vfn. die Rückkehr nach mißglückter Flucht.

Als wir nun in unser Heimatdorf kamen, wurde mein Vater zur Polizei nach Dobsch gerufen und gleich dabehalten. Meine Mutter und ich wurden am nächsten Tag auch dorthin gebracht. Nun war es uns klar, daß wir nicht mehr nach Hause kommen, sondern Gefangene werden. Es war nun schon der 12. März, acht Tage behielt die Polizei uns dort.

Wir mußten sämtlichen Dreck aufräumen. Man forschte nach, ob wir uns etwas im Krieg zu Schulden kommen ließen. Da uns aber keiner was nachsagen konnte, wurden wir zum Bauern Gibas nach Luisensee zur Arbeit geschickt.

Am 20. März 1945 kamen wir nach Luisensee. Gibas gab uns ein Zimmer, und nun sollten wir arbeiten, es waren auch schon mehrere Deutsche dort. Mein Vater aber wurde gleich am nächsten Tag wieder von der Polizei geholt, wohin wußten wir nicht.

---

[1]) Schwester M. war bis Juli 1949 in Potulice interniert und während dieser Zeit in der Krankenbetreuung und als „Barackenälteste" des sog. Altersheims für Kranke, Alte und Arbeitsunfähige tätig. — s. hierüber den unter Nr. 270 (Bd. I, 2) abgedruckten 2. Teil ihres Berichtes.

Nun waren wir im Joch drin, denn wo irgend eine schlechte Arbeit war, mußten wir hin. Es gab oft Tag und Nacht Arbeit für uns. Wenn man uns nicht zur Arbeit holte in den Nächten, dann schickten die Polen die Russen zu uns.

Wir waren bei Gibas 21 Deutsche, darunter sieben junge Mädels. Es gab für uns von März bis Oktober keine ruhige Nacht. Jedoch gelang es uns, den Russen und Polen aus ihren Händen zu kommen. Oft versteckten wir uns auf dem Friedhof, im Wald, in Gräben, sogar in hohen Brennesseln suchten wir Schutz. Es war eine harte und schwere Zeit, denn Arbeit gab es mehr wie genug und Schlaf nur ganz wenig.

Auch das Essen war sehr schlecht, die polnische Behörde hatte auch vorgeschrieben, was wir bekommen sollten. Es waren damals 200 Gramm Brot und 350 Gramm Kartoffeln, das war alles und dabei schwer arbeiten und wenig schlafen. — Die Polen hatten uns alles genommen, wir hatten kaum ein Kleid anzuziehen. Wir mußten umsonst die ganzen vier Jahre arbeiten, es sollte kein Deutscher einen Pfennig haben.

Auch wurden alle Familien auseinandergerissen, es sollten keine deutschen Familien zusammen sein. Am 1. Juni 1945 wurden alle Deutschen, die im Kreise Bromberg waren, nach Bromberg zur UB. (Gestapo) gebracht. Man fragte nicht danach, ob es ein Säugling oder ein Greis war, jeder mußte dorthin.

Die UB.-Männer, die dort waren, waren Teufel in Menschengestalt. Zuerst wurden wir untersucht, ob wir Wertsachen haben, ferner nahm man uns dort alles weg, was noch irgend ganz war. Lederschuhe wurden uns auch ausgezogen. Dann wurden wir geteilt, Kinder bis zu sechs Jahren, bis zehn Jahren und 14 Jahren alleine. Mit den Kindern bis zu sechs Jahren durften die Mütter mitgehen bis ins Heim. Man bestellte eine Soldatenkapelle, welche aus Leibeskräften spielte, während die Kinder den Müttern entrissen wurden. Es durfte kein Kind bei der Mutter bleiben. So manche Mutter wurde irre, denn sie wußte genau, daß sie ihr Kind nie wieder bekommt; denn dort standen schon polnische Leute, die die Kinder kauften. Verkauft wurden sie bis zu zehn Jahren. Die irre gewordenen Mütter wurden geschlagen, die anderen verlacht und schikaniert.

Wir anderen waren inzwischen auch geteilt worden, von 15 bis 25 und von 25 bis 60 Jahren. Die über 60 Jahre kamen ins Altersheim. Es war aber kein Altersheim, nur einige kleine Zimmer, in welche sie ein paar hundert alte Frauen preßten und sagten: „Jetzt seid ihr im Altersheim und verlebt gute Tage."

Der Gummiknüppel kam gar nicht zur Ruhe. Besonders herrschte er in dem sogenannten Altersheim. Die Polen wollten keinem ein Stückchen Brot geben, der es nicht bitter verdient hatte, und das konnten die alten Mütter und Väter nicht mehr; denn man hatte für uns Deutsche nur schwere Arbeit. Man schloß die Tür und das Fenster, wenn genug erstickt und erschlagen waren, trieb man sie in ein anderes Zimmer und warf die Toten vom dritten Stock zum Fenster hinaus. Und dann kamen die alten Männer ins Altersheim, mit denen machte man dasselbe Verfahren.

Die arbeitsfähigen Frauen und Mädel trieben sie auch alle Weile in ein anderes Zimmer, dabei gab es auch bittere Hiebe. Die jungen Männer und

Kriegsgefangenen wurden sehr geschlagen. Es war damals eine große Hitze, man gab uns nichts zu trinken, auch nichts zu essen. So mancher wurde geschändet und verhöhnt und krüppelig geschlagen.

Wir waren dort drei Tage, und jeden Tag wurden wir mehr schikaniert. Am dritten Tage wurden wir nach dem Lager Langenau, Kreis Bromberg, getrieben. Die Kriegsgefangenen mußten aber noch dort bleiben. Was mit ihnen geschah, weiß ich nicht.

Als wir in dem Lager ankamen, haben wir auch viel Leid und Elend gesehen, dort wurde auch schrecklich geschlagen, und mit dem Essen war es auch sehr schlecht. Brot gab es gar nicht, nur einmal am Tage Rübensuppe. Es herrschten dort viele Krankheiten: Ausschlag, Wassersucht, Typhus und andere Krankheiten. Auch waren die Deutschen alle nackend und bloß[1]). — So machten es die Polen mit allen Deutschen, die in den Gebieten waren, wo der Pole herrschte.

Nach drei Tagen holte uns der Pole, bei dem wir vorher arbeiteten, wieder zurück. Als wir kurze Zeit aus dem Lager zurück waren, brach auch bei uns von der schlechten Ernährung der Hungertyphus aus. Die Krankheit dauerte über zwei Monate.

Im Oktober 1945 mußten wir in der dortigen Gegend Leichen ausgraben gehen, die schon seit 1939 in der Erde waren. Ein schrecklicher Tag war der 15. Oktober 1945 für uns, denn da lud man die Zivilbevölkerung ein, damit sie uns steinigen sollten. Die Polen beschimpften und verhöhnten uns, wie sie es nur konnten. Dann mußten wir die Schädel im See waschen. Es war eine grausame Arbeit für uns. Die Männer, die dabei waren, wurden auch sehr geschlagen, Frauen blieben auch nicht verschont.

Zwei ältere deutsche Männer hatten Spitzbärte, Herr Plotnitzki und Herr Plato, beide aus Goldfeld, Kreis Bromberg, an denen tobten die Polen besonders ihre Wut aus. Sie wurden auf den Rücken gelegt, man kniete auf ihrer Brust und riß mit einem Taschenmesser den Bart ab. Dann schnitten ihnen die Polen Hakenkreuze mit dem Messer ins Kinn. — An diesem Tage mußten alle Deutschen, die in der Umgebung waren, erscheinen. Es war damals ein schrecklicher Tag, den ich nie vergessen werde, denn allzu grausam waren die Stunden, die ich in meinen jungen Jahren erleben mußte. Wir mußten dann noch einige Wochen immer hingehen, bis sie begraben waren. So ging dann unter schwerer Arbeit und Ungewißheit, bei schlechter Verpflegung, der Herbst und Winter vorbei.

Dann fiel es den Polen ein, daß die gefallenen Russen auf einen Friedhof in der Gemeinde Dobsch gebracht werden sollen. An einem Sonntag, Anfang April 1946, ließ man mich und ein Mädel von 14 Jahren auf das Gut Kusowo, Kreis Bromberg, kommen. Wir wußten beide nicht, was für eine grausame Arbeit auf uns wartete. Es wurde gesagt, daß wir Spaten mitbringen sollten, so glaubten wir, es wird dort etwas zum Graben sein. Als wir aber hinkamen, erfuhren wir, was auf uns wartete. Es lagen dort sechs gefallene Russen, welche wir beide ausgraben sollten. Oh, wir glaubten, es nicht überwinden zu können, denn es war uns doch gar keine Schuld bewußt, daß wir diese furchtbare Arbeit verrichten mußten. Und beide waren wir noch so jung, aber es blieb uns nichts übrig, als es zu tun.

[1]) meint: bar jeden Schutzes.

Mit schwerem Herzen fingen wir an zu graben. Die Polen sagten, wir, die Jugend Deutschlands, hätten Schuld daran, daß die gefallen sind. Und darum müßten wir sie auch ausgraben. Die Polen hießen uns graben, wo gar keiner begraben war, die stellten sich mit geladenem Gewehr neben uns hin und hielten uns für die größten Verbrecher. Sie sagten: „Euch werden wir schon so lange knechten, bis ihr verreckt, frei werdet ihr nie, ihr müßt die Schuld Deutschlands abbüßen."

Man ließ uns überhaupt gar keine Ruhe. In einer Nacht kamen polnische Polizisten und hießen uns, einen Schein zu unterschreiben. Da wir kein Licht hatten, leuchteten sie mit Taschenlampen, aber so schlecht, daß wir kaum lesen konnten, was drauf stand. Da wir nicht unterschreiben wollten, sagten sie: „Optiert für Polen, dann seid ihr frei." Aber wir waren und blieben Deutsch, das hätten wir nie getan.

Jetzt war der Haß noch viel größer. Trotzdem die Muttersprache uns schon verboten war, hat man es wiederholt und gesagt: „Wer Deutsch spricht, kommt ins Zuchthaus." Dann sagten die: „Die Deutschen müssen alle aufs Gut, denn beim Bauern haben sie zuviel Freiheit."

Am 25. Juli 1946 in der Nacht holten sie uns aufs Gut Nieciszewo. Von meinem Vater wußten wir immer noch nichts, mit meiner Mutti war ich zusammen. Als wir aufs Gut kamen, war es dann noch schlechter für uns, weil wir ja die polnische Staatsangehörigkeit nicht annehmen wollten. So tobten und wüteten sie mit uns herum, gaben uns gar kein Brot, nur wenig Wassersuppe, und arbeiten mußten wir fast Tag und Nacht. Und dennoch wurden wir beschimpft und geschlagen. Unser Bett war der bloße Fußboden ohne Stroh und ohne eine Decke zum Zudecken.

Im Herbst 1946 mußte ich dann auf einen Traktor als Beifahrerin und zwar zwölf Stunden in der Nacht und am Tage sechs. Das zog sich dann auch einige Wochen lang, es fragte niemand danach, ob ich kann oder nicht, es mußte sein.

Dann mußte ich den Kuhstall übernehmen, weil kein Schweizer war. Es waren 40 Kühe, 15 Kälber und ein Bulle zu versorgen. Ich hatte noch ein Mädel zur Hilfe, aber wir mußten alle Schweizerarbeiten machen, und zu zweien melken. Mit 18 Jahren mußte ich 20 Kühe zweimal am Tag melken. Oft haben wir zwei junge Mädels an einem Tage zwei Waggons Kohle oder Dünger ausladen müssen. Das waren alles Arbeiten, die über unsere Kräfte gingen. Dann sagten die Polen immer: Die Deutschen haben es mit ihnen noch viel schlimmer auf den Gütern gemacht.

Als sie mich damit noch nicht ganz kaputt kriegten, entrissen sie mir auch die Mutter und glaubten, ich müsse ihnen ganz und gar unterliegen. Die Verwaltung vom Gut stellte mir nach, und man lockte mich dann mit leichter Arbeit, aber ich war und blieb hart.

Dann mußte ich zur Strafe, weil ich den Herren nicht ganz unterliegen wollte, Strafarbeit ausrichten, zum Beispiel mit frischgelöschtem Kalk wochenlang weißen, denn der zerfraß mir die ganze Haut auf den Händen, und noch verschiedene grobe und schwere Arbeiten. Aber auch damit ließ ich mich nicht unterkriegen. Meine Hände waren nur noch eine Wunde. — Sie versuchten, mich sogar zu zwingen, einen Polen zu heiraten, aber auch dies gelang ihnen nicht, denn ich war und blieb deutsch, eine polnische

Staatsangehörigkeit kam für mich nicht in Frage. Dann sagten die, ihr müßt noch zehn Jahre in Not, Leid und Elend sein. Euch geht es zu gut. So trieb man es mit uns Deutschen.

Wir durften gar nichts schreiben, einer wußte vom anderen nichts. Man verschickte uns von einem Gut aufs andere, damit wir gar nicht zur Ruhe kommen, nur immer in der Ungewißheit leben. Dann mußten wir alle paar Wochen aufs Gericht, dort wurden wir verhört, sie suchten nach einem Grund, um uns zu bestrafen, aber auch der lag nicht vor. — Die Jugend wollten die Polen zu gerne behalten, damit sie billige Arbeiter haben.

Man legte uns den Entlassungsschein vom Lager Potulice, zu welchem wir jetzt gehörten, vor und sagte: „Unterschreibt, dann seid ihr freie Menschen, und wenn ihr das nicht macht, müßt ihr noch zehn Jahre Gefangene sein." Aber wir wollten in unser Vaterland, drum ließen wir uns damit auch nicht locken. Wir waren schon durch zu viele Nöte gegangen, und da wollten wir auch geduldig auf die heißersehnte Stunde der Freiheit warten.

Nicht genug, daß man uns alles abgenommen hatte und die ganzen Familien auseinandergerissen waren, so schikanierten die Polen uns noch auf ihre Weise: Man schnitt uns die Haare vom Kopf, es sollte keine deutsche Frau sein, die langes Haar hatte, alle mußten eine Glatze tragen. Es war furchtbar für uns Frauen mit einer Glatze herumzulaufen, aber wir, die wir in Polen waren, waren ja die Sklaven, und so konnten sie ja mit uns machen, was sie wollten.

Auch durfte keine Mutter ihr Kind bei sich behalten. Die Kinder waren in Kinderheimen, die sich im Lager befanden, oder bei polnischen Leuten untergebracht. Die Kinder bekamen auch nur sehr schlechtes Essen und waren auch nackend und bloß. Das Haar wurde ihnen auch abgeschnitten, und die größeren mußten auch schon schwer arbeiten. Es war ein Greuel anzusehen, wie man alle die unschuldigen Menschen im Lager und auf den Gütern mißhandelte.

Am 20. März 1949 kam ich dann in das Vernichtungslager Potulice, zu welchem wir seit 1946 gehörten. Dort verlebte ich auch noch unendlich schwere Stunden. — Es war am Sonntag, als ich nach Potulice gebracht wurde. Als ich ins Lager kam, brachte mich ein Lagerpolizist in ein Einzelzimmer. Dort mußte ich nun drei Tage und drei Nächte hinter verschlossenen Türen und doppeltem Stachel- und Maschendraht am Fenster allein sitzen. So sperrte man viele tausend Menschen ohne jede Ursache ein. Ich glaubte, es auch hier nicht ertragen zu können, denn warum sperrte man mich hinter so viele Schlösser allein ein? Die Frage konnte ich mir niemals lösen.

In den Baracken waren die Bettgestelle auch ohne Stroh, so mußten wir auf den harten Brettern liegen. Es waren dort so viele Wanzen, daß man ganz und gar zerbissen war. Nach drei Tagen kam ich dann zur Kontrolle und auch zu den anderen Deutschen, die im Lager waren.

Nach drei Wochen bekam ich dann durch Zufall meine Mutter zu sehen. Meine Mutti war schon einige Wochen eher im Lager als ich. Es ging der Transport nach Deutschland. Ich glaubte mein Herz vergeht vor Leid, daß ich nicht mit durfte, denn die Polen sagten: „Die Jugend bleibt bis zuletzt." Inzwischen kam auch mein Vater ins Lager, von dem wir die vier Jahre nichts wußten. Mein Vater meldete uns dann mit an zu dem zweiten Transport, der nach Deutschland ging. Unter vielen Umständen bekamen mich dann meine Eltern nach Deutschland mit. Wir fuhren dann am 20. April mit einem Transport, der vom Roten Kreuz begleitet wurde, von Nakel, Kreis Wirsitz, los.

Nr. 255
Erlebnisbericht von Richard Buchholz aus A n n a d o r f (Annowo), Kreis S c h u - b i n i. Posen.
Original, 3. Juli 1952.

Die Behandlung der deutschen Bevölkerung nach Beendigung der Kampfhandlungen: Beraubung und Enteignung, Internierung im April 1945; Aufenthalt im Lager Schubin.

Zunächst schildert Vf. die mißglückte Flucht und die Rückkehr ins Heimatdorf.

Die meisten zogen gleich in die Knechte-Mägde-Stuben, und die Knechte und Mägde übernahmen die Herrschaft. Russen kamen oftmals und durchsuchten alles. Polnische junge Männer hatten Gewehre bekommen und kamen dann auch paarmal am Tage nach deutschen Soldaten suchen, die sich angeblich noch versteckten in Gebäuden.

Teilweise wurden die Pferde auch von den polnischen Knechten genommen, auch wurden vielen die ganzen Gespanne abgenommen in Schubin von Polen, sogar den Enkelkindern von Nachbar Hugo Zanisch die Schuhe ausgezogen, so daß sie auf Strümpfen bis nach Annadorf kamen.

In der ehemaligen Gastwirtschaft Otto Kollmann war eine russische Kommandantur, die aber nur zwei bis drei Wochen dort war. Dann waren die Polen Alleinherrscher, nach deutscher Art zuerst: ein Ortsbauernführer und ein Schulze (Bürgermeister). Russen kamen alle Tage mit Lastwagen Kühe und Schweine von den Höfen holen, da wurde kein Unterschied gemacht ob Pole oder Deutscher, es wurde ohne Bezahlung aufgeladen.

Auch kam polnische Zivilbevölkerung und nahm an Kleidung, was die Russen noch gelassen hatten. Uns war verboten, zusammen zu gehen, doch wir taten es trotzdem. Auch war angeordnet, daß alle Deutschen Hakenkreuze tragen sollten. Da wurden wir Annadorfer zur Gastwirtschaft Klusch bestellt an einem Sonntagnachmittag 2.00 Uhr, jeder mußte dazu hin. Dort waren einige Polen, der Schulze Liebner, ein richtiger Pole, und Guća; die hatten ein Schreiben, welches sie vorlasen. Da wir es nicht verstanden, übersetzten sie es ins Deutsche. Daß es angeordnet ist, jedem Deutschen ein zehn Zentimeter großes Hakenkreuz auf die linke Brustseite und ein 20 Zentimeter großes Hakenkreuz auf den Rücken mit Ölfarbe auf weißen Untergrund zu malen. Doch sie sagten, sie wollten uns die letzten Sachen nicht verderben, wir sollten uns man selbst welche raufnähen, und es brauchte ihrethalben nicht gerade schwarz auf weiß [zu] sein.

Im Mai, als wir schon im Lager interniert waren, wurde das Hakenkreuztragen verboten. Denn die Russen hielten dann mehr vom Deutschen als vom Polen. Und so sollten wir nicht gleich zu erkennen sein.

Polen und Russen vertrugen sich gar nicht gut. Die Polen hatten sich ihre Befreiung anders gedacht. Nun mußten sie sich vom Russen befehlen lassen. Auch wurden in Annadorf einige junge Polen zum Militär eingezogen und sind auch noch zum Einsatz gegen die Deutschen gekommen. Die mußten zwei Anzüge und für 14 Tage Verpflegung mitnehmen. Da meinte eine junge Polin zur Nachbarin Ball: „Das soll nun Freiheit sein. Erst haben sie uns versprochen, wenn sie kommen, brauchen wir ein Jahr nicht arbeiten, nur gut leben, und nun nehmen sie uns noch die Männer fort."

Im April am 13. wurden wir interniert. Da hieß es, in zehn Minuten mit Handgepäck den Hof verlassen. Polnische Miliz holte uns ab. Na, da manche etwas viel hatten, wurde schnell einem Polen befohlen, Gepäck zu fahren. Da kamen wir erst in die Schule Bärenbruch (Nachbardorf), von dort gingen alle täglich zur Arbeit, zum Teil auf ihre Höfe. Ein Teil, so an zwanzig, gingen alle Tage nach Pszczołczyn (zu deutscher Zeit Immendorf) aufs Gut. Vier Wachmänner hatten wir dort, welche aber nicht gar zu schlecht waren.

Am 18. Mai wurden wir nach Schubin ins große Lager hinter Stacheldraht gebracht. Das Gepäck mußten die Polen hinfahren. Belästigt sind wir unterwegs nicht worden. Aber im Lager Schubin war die Hölle los. Da wurde sehr viel geschlagen, und Essen gab es nur ganz wenig. Da die Wasserleitung kaputt war, mußten wir das Wasser aus einem Graben paar hundert Meter abholen. Aber es waren ja keine Eimer oder nur wenig, und jeden Tag mußte der Fußboden paarmal gewischt werden. Ans richtige Waschen war kein Gedanke.

Der Kommandant des Lagers konnte fließend Deutsch. Da hat er eines Tages alle Internierten auf den Platz beordert und uns eine Rede gehalten: „Ich bin der Mordkommandant. Ich werde dafür sorgen, daß in fünf Jahren kein Deutscher mehr am Leben ist!"

Die letzten Tage im Mai holte uns der Pole Snapkowski aus dem Lager zurück nach Annadorf, wo wir dann als Knecht und Magd arbeiteten bis zu der Zeit, da wir Papiere zur Ausreise nach Deutschland bekamen auf eigene Kosten.

Nr. 256

Erlebnisbericht des Landwirts August Mundt aus L a b e n d z i n (Schwanebeck), Kreis H o h e n s a l z a (Inowrocław) i. Posen.
Original, 15. März 1951.

Beschlagnahme des Eigentums durch Polen unmittelbar nach dem russischen Einmarsch; Mißhandlungen im Internierungslager Petrikau; Zwangsarbeit der Gemeinde auf einem polnischen Staatsgut, weiterer Arbeitseinsatz in der polnischen Landwirtschaft vom Zentrallager Potulice aus bis zum Juni 1949.

Vf. stellt den Ausführungen einige Angaben über seine Person voran.
Am 20. Januar 1945 kamen die ersten sowjetischen Truppen durch unser Dorf, sie berührten aber mein Gehöft nicht, da es abseits der Hauptstraße gelegen war.

Bereits nachmittags kamen schon Polen mit roten Armbinden und beschlagnahmten mein Gehöft und verwiesen uns in einen kleinen Nebenraum, gleichzeitig befestigten sie an allen Gehöften rote Fahnen zum Zeichen für die Sowjets, daß diese Häuser bereits von den neuen polnischen Besitzern besetzt seien.

Bei der Durchsuchung meines Hauses gab ich auch mein Gewehr ab, vergaß in der Aufregung leider, mir eine ordnungsgemäße Quittung hierüber geben zu lassen. Zunächst versteckten mich sogar die Polen vor den durchziehenden Sowjets, da ich sonst glatt wie andere erschossen worden wäre.

Am 28. Januar 1945 erschienen — scheinbar auf eine Anzeige hin — andre Polen aus Petrikau, die mich beschimpften, mich festnahmen, unterwegs mißhandelten und behaupteten, ich habe mit meinem Gewehr — es hatte Beschädigungen am Holzschaft — einen Polen erschlagen.

Ich kam nun in das Lager Petrikau, wurde hier vernommen und schwer mißhandelt. Man warf mich zu Boden, steckte meinen Kopf in eine Decke, um das Schreien zu ersticken, und prügelte so roh, daß z. B. eine Wunde an einem Bein infolge dieser Mißhandlungen erst 1947 wieder zur Heilung kam.

Vier Wochen verbrachte ich in diesem berüchtigten Lager, in dem viele Menschen zu Tode mißhandelt worden sind oder infolge der Mißhandlungen und schlechten Ernährung elend umkamen.

Zu Anfang war es mit ungefähr 350 Deutschen belegt. Zwei mir namentlich unbekannte Berliner, Bekannte: der Bauer Emil Bußler aus Bitsch, wurden hier erschlagen. Ein Bauer aus Pollscewo, der einen großen Vollbart trug, wurde mißhandelt, man zündete seinen Bart mit einem Strohwisch an und erschlug ihn später.

Hier fügt Vf. Namen von ihm bekannten Deutschen ein.

Ein 17jähriger starker Bursche aus Pollscewo, der sich vor Hunger in einer Blechbüchse Kartoffeln zusätzlich kochen wollte, erlitt durch Explosion des Topfes — ungeklärt! — solche schwere Augenverletzung, daß er erblindete. Vor Wut erschossen ihn die Polen, da sie behaupteten, er habe einen Selbstmordversuch machen wollen. Hierfür bin ich persönlich Zeuge.

Ich wurde dann wieder nach Hause entlassen und mußte mit meiner bereits zur Zwangsarbeit eingesetzten Familie schwer arbeiten, ohne — dies auch in der Folgezeit niemals — irgendwelche Entlöhnung zu bekommen.

Am 30. März 1945 wurde die ganze Gemeinde Schwanebeck auf das Gut Grünwiese (polnisches Staatsgut) zur Arbeit getrieben und verblieb hier bis zum 3. Juli 1946. Dann kamen wir nach Thalrode bis zum August 1948 unter denselben Bedingungen.

Hier leisteten sich die Polen aus reiner Schikane im September 1947 eine ganz besondere Gemeinheit: Ohne daß wir verlaust waren, wurden Männern, Frauen, Kindern die Haare abgeschoren, was die Polen zu gemeinsten Verhöhnungen reizte.

Dann kamen wir 1948 auf das Staatsgut Charley (Hohensalza), wo die Verpflegung bedeutend besser als in dem Vorbetriebe Thalrode war.

Da die Belegschaft von Thalrode zum Lager Potulice gehörte, kamen wir nun auch nach Beendigung der Hauptarbeiten am 7. Januar 1949 in dies bekannt grausame Vernichtungslager Potulice. Die Familie wurde sofort getrennt: Männer, Frauen, Kinder. Jeder Versuch zu einem Verkehr war strengstens untersagt und fast unmöglich.
Während Männer und Frauen arbeiten mußten, wurden die Kinder mit Lächerlichkeiten, wie Exerzieren, polnische Lieder lernen usw. schikaniert.
Die Lagerstärke betrug noch 1949 ca. 6 000 Menschen, darunter 137 Wehrmachtsangehörige, die aber damals besser behandelt und verpflegt wurden.
Wie uns ältere Insassen erzählten, war die Behandlung bereits wesentlich besser geworden. Wir sahen die langen Massengräber! Wir erlebten aber noch 1949 die mit Wasser gefüllten Bunker, in die die Unglücklichen bis an die Knie drei bis sieben Tage lang ins Wasser gestellt wurden. Wir sahen, wie Verurteilte in andre Bunker ohne Decke, nur in Hemd und Unterhose, in trockne Betonbunker gesperrt wurden. Wir erlebten auch noch Prügelstrafen!
Am 4. Februar 1949 wurden meine Frau und Tochter zur Arbeit abkommandiert, erstere kam in ein Kalkwerk, letztere zu sehr schwerer körperlicher Arbeit zu einem polnischen Bauern, der keine Rücksicht auch bei Kranksein kannte.
Ich wurde dann am 15. März ebenfalls entlassen. Da ich die schwere Arbeit in dem Kalkwerk nicht vertrug, kamen wir alle am 13. April 1949 wieder in das Lager Potulice zurück.
Am 3. Juni 1949 erfolgte dann endlich unsre Entlassung und Ausweisung. Es blieben noch ca. 7 000 Menschen damals im Lager zurück. Unser 1 500 Personen umfassender Transport — es war der zwölfte von siebzehn im ganzen! — verließ also mit 54 Waggons zu je 32 Menschen im Durchschnitt bei guter Verpflegung diese Hölle.
Den Abschluß bildet eine kurze Skizzierung der Zeit bis zur Ankunft in der Westzone.

Nr. 257

Erlebnisbericht der Krankenschwester A. O. aus **Hohensalza** (Inowrocław) i. Posen.
Original, Januar 1951.

Erlebnisse als Schwester in den Lagern Hohensalza und Potulice.

Am 23. Januar 1945 wurde unser Treck in der Gegend von Hohensalza beschossen und zersprengt. Wir wurden angewiesen, nach dem letzten Wohnsitz zurückzukehren. Auf meinem dreitägigen Fußmarsche sah ich die ersten grauenvollen Bilder: eine jammernde Frau auf einem Wagen mit Händen, von denen die Haut herunter war. Sie war so aufgefunden worden und gab keinerlei Auskunft. Eine Frauenleiche vor den Toren Hohensalzas mit einer Eisenstange im nackten Unterkörper und viele andere in dieser Art zum Spott hingestellte Leichen. Darunter viele gestreifte Lazarettanzüge unserer Verwundeten.

Ich wurde von der polnischen Miliz verhaftet und kam in das Gefängnis Hohensalza, mußte Uhr, Geld und meine Rote-Kreuz-Verbandstasche abgeben. Nach einer Woche wurden wir in das Lager Hohensalza verlegt. Wir mußten den Rückempfang der abgelieferten Sachen unterschreiben, obgleich nur die Medikamententasche da war. Auf meine Vorstellung, daß Uhr und Geld fehlten, bekam ich einen Stoß und wurde angewiesen, sofort zu unterschreiben. Alsdann wurden mir noch meine hohen Stiefel auf Befehl des polnischen Offiziers ausgezogen. Ich erhielt statt dessen große Holzpantinen, mit denen ich auf dem Weitermarsch nicht Schritt halten konnte und kurzerhand auf dünnen Strümpfen bis zum Abend in Eis und Schnee einhergehen mußte, um mit der Arbeit des Eisbrechens auf den Straßen mithalten zu können. Nur durch heftiges Arbeiten hielt ich meinen Körper warm und kam auf diese Weise mit nicht zu großen Frostschäden an den Füßen durch.

Eines Tages wurde ein älterer Herr Schulz, Uhrmacher aus Hohensalza (Baltendeutscher), eingeliefert. Er wurde ganz furchtbar mißhandelt. Auf dem Hofe mußte er sich auf Befehl des Kommandanten hinwerfen und aufstehn. Sobald er auf dem Boden lag, bearbeitete ihn der Kommandant mit seinen Stiefeln, wohin er gerade traf. Ich habe den Mann später gepflegt, kaum eine kleine Stelle auf dem Körper hatte die normale Hautfarbe, alles war schwarz unterlaufen, sogar über die Hälfte des Gesichtes war schwarz. Er fieberte etliche Tage um 40 Grad. Nach der Mißhandlung stellte es sich heraus, daß eine Verwechslung vorgelegen und ein anderer Schulz gemeint war, der etwas gegen einen Polen verschuldet haben sollte. Der Mißhandelte soll später im Lager Kruschwitz an den Folgen dieser Marter gestorben sein.

In der ersten Zeit meiner Gefangenschaft im Lager Hohensalza habe ich tief erschütternde Erlebnisse gehabt. Ich war dort als Krankenschwester tätig und hatte zu allen Baracken Zutritt. In der Baracke der alten Männer bot sich mir immer ein grauenhaftes Bild dar. Auf schmutzigen, dünnen Strohsäcken lagen Männer, meist über 60 Jahre alt, zum Skelett abgemagert, in schmutzigen, zerfetzten Kleidern. Sie hatten fast alle Durchfall und konnten sich nicht mehr allein helfen, auch hatten viele erfrorene Füße und Hände.

Die ersten zwei Monate gab es weder ein Stück Brot oder eine Kartoffel. Kaffee oder Suppe aus gefrorenen Möhren oder Kohl waren unsere einzige Nahrung. Ich war in Schwesterntracht, — so wie ich als Treckbegleiterin in Gefangenschaft geraten war. Bei meinem Erscheinen in der Altmännerbaracke (ich konnte aus Zeitmangel nicht täglich hingehn) streckten sich mir die zitternden, halbnackten, knochigen Arme entgegen, und heisere, schwache Stimmen flehten: „Schwester, helfen Sie uns, lassen Sie uns nicht so elend umkommen." Ich war aber machtlos. Weder konnte ich den Hunger bannen, noch hatte ich Medikamente gegen Durchfall oder konnte auf irgendeine andere Weise das Elend lindern.

Die Behandlung seitens der Wachmannschaft war oft brutal. So manche Nacht hörte ich die Schreie der hingemarterten Unglücklichen. Aus der Baracke der alten Frauen waren eines Morgens zwei der schwächsten verschwunden. Die anderen Frauen waren ganz verstört und hatten Angst, Auskunft zu geben. Dann erfuhr ich, daß der Kommandant mit dem Milizmann zusammen die zwei Frauen in der Nacht herausgetrieben hatte (die

Alten konnten vor Schwäche kaum gehen) und hinter der Draußentür erschlagen hatte. Ich habe noch am Türpfosten Blut- und Gehirnspuren gesehn — das Erdreich herum war frisch aufgeharkt.

Eine grausame, tief erschütternde Szene ereignete sich eines Tages. Es war wohl so Mitte April 1945. Ein Lastauto fuhr in den Lagerhof. Die Frauen, welche kleine Kinder bei sich hatten, mußten dieselben abliefern. Es war ein Weinen und Jammern auf dem Hofe. Die Kinder klammerten sich voller Angst an die Mütter. Sie wurden mit Gewalt losgerissen und mit dem Auto in ein Kinderheim gebracht. Ich habe einige dieser Kinder später gesehn. Tiefe Wunden am ganzen ausgezehrten Körper und dieser von dicken Trauben von Läusen bedeckt.

Wohl einmal in der Woche wurde ein großer Leiterwagen mit nackten Leichen vollgeschmissen und fuhr dann nachts zu den Massengräbern, die von den gefangenen Frauen am Tage immer weiter gegraben und vorbereitet wurden. Die Namen der Toten wurden damals nicht aufgeschrieben. Man durfte gar nicht danach fragen resp. darüber sprechen.

Die Strafen und die Behandlung im Lager waren hart und hielten uns alle in einem gelähmten Schrecken.

Im Juni wurde das Lager Hohensalza aufgelöst und die Insassen nach dem Lager Langenau gebracht. Dort war die Behandlung weniger streng, aber grausam herrschten Typhus und andere Krankheiten unter den von Hunger und seelischen Leiden geschwächten Gefangenen.

Die letzte Zeit meiner Gefangenschaft (Februar bis September 1947) war ich im Zentrallager Potulice bei Nakel. Bei der Einlieferung bekamen alle Glatzen geschoren. Die Behandlung war äußerst streng, die Strafen sehr gefürchtet. Tagelanges nacktes Stehen in enger Bunkerzelle in kaltem Chlorwasser war wohl mit das Schlimmste. Der jüdische Chefarzt war die treibende Kraft und sehr gefürchtet[1]). Ich arbeitete in der Quarantäne-Frauenabteilung und habe viele qualvolle Leiden, besonders der Alten, gesehn. Manche ganz alte Frau bis 90 Jahren mußte im Winter bei tagsüber immer offenen Fenstern, ohne Mantel und Kopftuch, den ganzen Tag über sitzen oder stehen. Liegen durfte sie nur in der Krankenstube, eine dünne Decke über den nackten Brettern. Zwei Wochen bis zur Verlegung aus der Quarantäne in andere Baracken auf harten Brettern zu liegen, war nicht nur für die alten Menschen eine Marter. Dazu die Kälte und die dauernde Angst vor dem Erscheinen des Chefarztes.

Die Überwachung des Gesundheitszustandes der Gefangenen überließ der Chefarzt den internierten deutschen Ärzten; er war aber gefürchtet wegen der harten Strafen. Wurde im Winter ein Fenster geschlossen angetroffen, dann suchte er sich eine oder zwei Frauen aus, die mit entblößten hochgehobenen Armen bis zu acht Stunden in Hockstellung im Waschraum verbringen mußten. Oder für andere Vergehen wurde auf dem Zementboden des langen Korridors eimerweise kaltes Wasser ausgegossen, und die Bestraften mußten mit einem Lappen das Wasser aufnehmen — dabei mit nackten Füßen auf den Knien rutschend diese Arbeit verrichten — vom

---

[1]) Über die Person des Lagerarztes s. die Berichte über das Zentrallager Potulice, abgedruckt unter Nr. 266 — Nr. 270 (Bd. I, 2).

frühen Morgen bis zum späten Abend. Wenn die Knie in einigen Tagen wund und eiterig waren und sich Temperaturen einstellten, habe ich die Frauen selber gepflegt. Nach der Genesung ging die Strafe oft weiter. Alle diese Quälereien und Grausamkeiten standen unter der persönlichen Kontrolle des Chefarztes.

Meine Entlassung Mitte September 1947 beendete diese schwere Zeit für mich, aber noch viele tausend Menschen blieben zurück, weiter diesem Schicksal preisgegeben.

Nr. 258

Erlebnisbericht der Landwirtsfrau D. A. aus P a p r o k (Farnen), Kreis H o h e n - dorf), Kreis H o h e n s a l z a (Ingowrocław) i. Posen.
Original, 5. März 1951.

Zustände im Lager Kruschwitz, Einsatz zur Landarbeit; Überweisung in das Zentrallager Potulice.

Eingangs berichtet Vfn. über ihre Flucht vor der Roten Armee und ihren Rückweg, auf dem sie in Gnesen von polnischer Sicherheitspolizei festgehalten wurde.

Die polnische Sicherheitspolizei verhaftete uns zwar nicht, jedoch mußten wir nun in das Lager Kruschwitz, in dem bereits der größte Teil der in der Gegend sich aufhaltenden Deutschen eingeliefert war. Hier wurden wir auch noch die letzten Stücke unserer Habe los, sogar den größten Teil der Kleidung.

Die Ernährung war so miserabel, daß man von einer Ernährung kaum sprechen konnte. Außer einer dünnen Wassersuppe zu Mittag erhielten wir für sieben bis acht Tage zwei ganze Scheiben Brot!

Nach vier Wochen solcher Behandlung starben bereits viele an Entkräftung. Diese mußten wir nackt in eine Grube werfen.

Im April wurden Ruhrkranke bei noch ziemlich rauher Witterung in den See getrieben, wo sie sich waschen sollten, meist alte und schwache Leute. Ich selber war Ende März soweit mit meinen Kräften herunter, daß ich beim Essenholen ohnmächtig umfiel.

Im Lager Kruschwitz mußten alle Deutschen laut schriftlicher Lagerordnung die polnischen Vorgesetzten aller Art laut mit dem Ruf begrüßen: „Ich bin ein deutsches Schwein!" Sagten wir auf polnisch „Guten Tag", so gab es Hiebe mit dem Gummiknüppel.

Jeden Abend kamen russische Soldaten und holten sich die jungen Mädchen und Frauen heraus, um sie zu mißbrauchen. Ich habe das selber unzählige Male beobachtet. Eine Mutter, die ihre Tochter schützen wollte, mußte zusammen mit dieser — es war noch Winter — barfuß und im Hemd um die Baracke laufen und wurde furchtbar verprügelt.

Zuweilen hörten wir nachts Schüsse und wußten dann, daß wieder deutsche Menschen ihr Leben lassen mußten.

Am 5. April 1945 kamen wir zur Landarbeit auf das Gut Janowice bei Kruschwitz. Was uns hier an Beschimpfungen und ausgesucht niedrigen und gemeinen Arbeiten zugemutet wurde, spottete jeder Beschreibung, auch wurden wir bei jeder Gelegenheit mißhandelt, geschlagen und grundlos gequält. Meiner Tochter haben sie einmal einen Strick um den Hals gelegt und an beiden Enden so lange gezogen, bis sie ganz blau im Gesicht wurde und dem Ersticken nahe war. Ich selber mußte einen Sack mit eineinhalb Zentner Kartoffeln 300 Meter weit tragen, und zwar bis zum Speicher, was ich natürlich nicht konnte. Es war eine Arbeit, die polnischen Landarbeitern zugedacht war. Aber diese schoben diese Arbeiten auf uns deutsche Frauen ab. Jeder polnische Lausejunge konnte mit uns machen, was er wollte.

Am 6. August wurden alle Kinder im Alter von ein bis zehn Jahren ihren Müttern fortgenommen und in Kinderlager gesteckt, es gab ein großes Weinen und Wehklagen, daß es zum Herzzerbrechen war. Nach sechs Wochen konnten sich die Mütter zwar ihre Kinder wieder abholen, doch war ein großer Teil der Kinder inzwischen an mangelhafter Ernährung und schlechter Behandlung gestorben, oder sie waren völlig verlaust und mit Krätze bedeckt.

Im Oktober mußten wir eines Abends alle im Hemd vom Strohlager hinaus und draußen um den Teich herumlaufen. Dabei mußten wir uns alle paar Schritte flach auf die Erde legen, nur weil ein Deutscher geäußert haben sollte: „Nun kommen wir bald frei!"

Ende Oktober 1945 kamen wir auf ein anderes Gut, dessen Verwalter uns in der Verteilung unserer Lebensmittel gewaltig betrog. Unsere Bekleidung war so abgerissen, daß wir die im Felde aufgestellten Hasenschrecks ihrer Lumpen beraubten. Erst nach vielem Bitten bekamen wir Holzpantoffeln als Schuhwerk. Die uns zudiktierten Arbeiten waren schwere Männerarbeit, die weit über unsere Kräfte gingen und trotzdem hieß es immer: „Ihr deutschen Hunde arbeitet viel zu langsam!" — Selbst an Sonntagen wurden wir nicht mit der Arbeit verschont. Trotz körperlicher Behinderung wurde eine meiner Mitarbeiterinnen wegen angeblicher Faulheit schwer verprügelt.

Anfang Dezember kamen wir in das berüchtigte Lager Potulice, von wo wir dann in das westliche Bundesgebiet transportiert werden sollten.

Vfn. schließt ihren Bericht mit der Aufzählung einiger Vorkommnisse im Zentrallager Potulice.

Nr. 259

Erlebnisbericht des Schmiedemeisters Hermann Kistler aus R a d o j e w i c e (Frohdorf), Kreis H o h e n s a l z a (Inowrocław) i. Posen.
Original, ohne Datum, 8 Seiten. Teilabdruck.

Als Spezialarbeiter in der polnischen Landwirtschaft bis 1950, die Lebensverhältnisse der deutschen Bevölkerung und die Situation der polnischen Bauern und Ansiedler unter dem kommunistischen Regime.

Einleitend schildert Vf. den Aufbruch der Dorfbewohner zur Flucht und die Einnahme des Ortes durch die russischen Truppen.

Da meine Leute Polen waren, so setzte ich mein Vertrauen auf sie, und wir verabredeten uns, falls die Russen kommen, wie wir uns ihnen gegenüber verhalten werden. Den dritten Tag erst bekamen wir die ersten Russen in Quartier mit der Frage: „Jest German?" ¹). Da ich nun den Jungens [wie] ihr Vater war, so war die Antwort: „Niema." Denn die ersten Russen, wenn sie auf einen German stießen, bekam der sofort eine Kugel. Später hat sich das gelegt.

Nach drei Tagen kamen die ersten Flüchtlinge — viele aus unserem Dorfe — zurück, beraubt ihrer Pferde und Wagen, zerrissen, zerlumpt, abgemagert, naß. Es sah sehr traurig aus. Ich habe mich, soweit ich konnte, ihrer angenommen, zu essen und trinken gegeben — mußte mich ja selber versehen, aber dank meiner Jungen ging es — bis sie wieder sich trauten, in ihr Heim zu gehen, das natürlich schon von den Polen besetzt war.

Aber es sollte nicht von langer Dauer sein, schon nach paar Tagen wurden alle Deutschen auf einen Platz, der vor meiner Schmiede war, zuzusammengerufen. Es kamen noch von andern Dörfern die Deutschen dazu, und von hier aus wurden sie verteilt auf verschiedene Güter. Wer von den Polen einen oder zwei Deutsche brauchte zur Arbeit, der mußte später pro Kopf den Monat 1 200 Złoty zahlen.

Meine Schmiede wurde mir enteignet. Es kam vom Nachbargut der Schmied, der arbeitete mal vor Jahren bei mir als Geselle. Es war mir recht. Also war es nicht gerade ein ganz Fremder, denn ich mußte mit ihm in meinem Betriebe mitarbeiten. Das dauerte nicht lange. Er gab die Schmiede auf und zog nach Bromberg. Da sich nun kein anderer um die Schmiedestelle bewarb, so gaben sie mir dieselbe wieder. Ich hielt sie [nur] bis Oktober 1945, da ich sah, die Polen wollten nicht recht zahlen. Umsonst arbeiten, nein.

Im folgenden gibt Vf. wieder, was über das Ende einer ihm bekannten Familie erzählt wurde.

Bis hierher war ich noch keiner Verfolgung ausgesetzt. Jetzt begann sie. Hat sich eine Polin beklagt, daß mein Sohn schuld am Tode ihres Mannes wäre, den die deutsche Behörde im Jahre 1939 eines Vergehens [wegen] verhaftete, wovon ich nichts wußte, da ich doch in der Zeit, als der Krieg begann, am 5. September von den Polen interniert wurde und den Todesmarsch nach Lowitsch mitmachte²).

Also ich bekam eine Vorladung auf Polizeikommando nach Luisenfelde. Im Verhör wurde sie befragt, ob ich der Schuldige wäre, sie sagte: „Nein." Na, was sie eigentlich wolle, ich wäre für den Sohn verantwortlich? Darauf die Frage an mich, wie alt mein Sohn wäre. — 28 Jahre. — Na, also wäre ich als Vater nicht der verantwortliche Teil. — Es stellte sich ein Pole für mich ein, und darauf wurde ich wieder frei. Denn es ging mir darum, nicht etwa ins Lager zu kommen nach Potulice, das so gefürchtet war.

Es kam das Jahr 1946. Im Frühjahr kam der Wojt mit noch einem Herrn zu mir. Der Wojt kannte mich aus erster Polenzeit, fragte, ob ich nicht

---
¹) „Ist hier ein Deutscher?"
²) Bei Ausbruch des Krieges, am 1. September 1939, verhafteten polnische Behörden im westpolnischen Staatsgebiet Reichs- und Volksdeutsche zur Internierung im Innern des Landes. Diese wurden während des schnellen Vordringens der deutschen Truppen in Gewaltmärschen in Richtung Kutno, Lowitsch und Warschau getrieben, wobei nach vorliegenden Zeugenaussagen infolge der Strapazen und durch Willkür- und Gewalttaten der polnischen Begleitmannschaften eine größere Anzahl ums Leben kam.

möchte einen staatlichen Dreschsatz führen. Ich bejahte es. Der Lohn für jede Dreschstunde, 10 Pfund Roggen, Reparaturen extra.

Nun war ich gegen böswillige Verleumdungen gedeckt und führte den Dreschsatz bis 1949. Ich hatte mir eine Wohnung gemietet und lebte so allein weiter. Wo meine Kinder sind, wußte ich nicht. Die waren damals in Brandenburg verheiratet und kamen auf der Flucht gut durch. Bis eines Tages ich Post bekam; da habe ich mich gleich an den Wojt gewandt mit der Bitte, mich doch freizulassen zu meinen Kindern. Er versprach es mir auch. Es kam das Jahr 1947, und ich war immer noch dort.

In meiner Freizeit legte ich mich auf Radreparaturen, Zentrifugen, Mähmaschinen usw. Ich wurde auf Güter geholt, um Dampf- und Dreschmaschinen, falls sie nicht fertig werden konnten, in Gang zu bringen. Dabei hatte ich Gelegenheit, in das Elend meiner Mitmenschen zu sehen, welche schwer arbeiteten und schlechtes Essen bekamen ohne jeglichen Lohn. Es war ein Elend, die kleinen Kinder zu sehen und auch die Großen, wie abgerissen und zerlumpt sie dahinschlichen. Ich habe manchen Administrator gefragt, ob er den Leuten nicht noch etwas mehr an Essen, Fett oder Fleisch geben könnte, gab mir zur Antwort, würde es gerne tun, aber darf nicht. Mancher tat auch, was er konnte, ließ ein Bullchen oder Schwein „krepieren" und trug in der Liste das ein, aber das durfte nicht oft passieren.

Da ich verdiente, so tat ich meine Christenpflicht und half hier und dort, indem [ich] in Naturalien sowie in Geld aushalf, damit sie wenigstens zum Briefporto hatten. So manchesmal, wenn ich sie wieder besuchte, freuten sie sich. Denn es wurde ihnen vorgesagt, daß sie nach Deutschland kämen, ich wußte es [anders], aber wollte ihnen die Freude nicht verderben. Sie wurden dann immer gewechselt und kamen auf ein anderes Gut oder Arbeitsstelle.

Was nützte mir, wenn ich manchen Tag 1 500 Złoty verdiente, da [es] dafür wenig zu kaufen gab (soviel kostete ein Zentner Roggen); z. B. ein Anzug 12—16 000 Złoty, Schuhe 8—10 000 Złoty, Lebensmittel: ein Brot = 90 Złoty; ein Pfund Wurst = 160—200 Złoty; Speck 300 Złoty; ein Hering = 100 Złoty usw.

Die Sehnsucht zehrte an manchen Menschen, die Seinen wiederzusehen, so auch mich. Ich ging wieder den Wojt an, bekam immer die Antwort: „Geduldigen sich, Kistler, bald kommen Sie auch dran," und als ich wieder mal anging, so sagte er mir: „Noch sind Sie für uns unentbehrlich." Mit diesem Troste mußte ich mich begnügen.

Es kam das Jahr 1948, und das Leben ging weiter. Eines Tages, es war gerade in der Dreschzeit, besuchte mich der Herr Wojt, mit ihm auch der Landrat. Ich hatte meinen Dreschsatz in bester Ordnung, er arbeitete vorzüglich, meine Lokomotive blitzte vor Sauberkeit..., bekam ein großes Lob. Das nützte mir wenig; diese Gelegenheit nutzte ich gleich aus und trat an den Landrat mit der Bitte um eine Ausweisung nach hier. Ja, auch er sprach es mir zu, ich wartete weiter.

Als ich meinen Bezirk bedroschen hatte, sollte ich anderweitig dreschen. Dies lehnte ich entschieden ab; denn ich wußte, falls es dort nicht klappte mit der Maschinerie, sie mich dann vielleicht als Saboteur hinstellten.

Und so kam das Jahr 1949. Die Bauern stöhnten unter der Last der Steuern. Es begann ein Werben durch kommunistische Agenten, die Bauern zu bewegen zur Kolchose. Vereinzelte traten bei. Wer nicht mitmachte, wurde so mit Steuern bedrückt, daß sie gezwungen waren. Der Iwan drückte so langsam seine Hand drauf. Nun merkten die Polen erst, was los war. Da sagten sie zu mir: „Es war doch besser unter deutscher Herrschaft." Und bitten den lieben Gott, wenn doch nur der Deutsche wiederkäme, sie zu erlösen.

Die Preise wurden immer unerschwinglicher. Wenn dem Kleinbauern ein Pferd kaputt ging oder Kuh, so war es nicht imstande, es zu ersetzen; so kostete ein Pferd 200 000 Złoty und eine Kuh 170 000 Złoty. Da zu deutscher Zeit — unser Dorf war eine alte Ansiedlung, welche ungefähr schon 40 oder 45 Jahre bestand — die Grundstücke zu 60, 85 und 100 Morgen eingeteilt waren, hatten die Polen in jedes Grundstück einen vom Bug eingesetzt[1]), so daß je ein Pole und einer vom Bug geteilt wirtschafteten. Das gab natürlich manchmal böses Blut. Die Polen sahen es schon ein, daß sie ihrer Freiheit immer mehr beraubt und verdrängt wurden; sie sollten nach Ostpreußen angesiedelt werden, wo Tausende von Morgen brachlagen. Nach dort wollte absolut keiner hin, und so wurde das Land nicht bearbeitet und der Ertrag immer spärlicher. ...

Es war Herbst, und ich hatte den Schoberdrusch beendet und habe den Dreschsatz bei einem Bauern in die Scheune fahren lassen, um später den Scheunendrusch weiter auszuführen, da die Kartoffelernte und die Saatzeit war.

Hier folgt die Schilderung eines Zusammenstoßes des Vfs. mit dem polnischen Kommandanten.

Das Jahr 1950 kam. Ich hörte nicht auf mit meiner Bittstellerei, und so kam der 12. Mai, der langersehnte Tag. Abends um 9.00 Uhr Befehl: Morgen um 8.00 Uhr früh auf Landratsamt erscheinen. Das war nun für mich zu plötzlich, und so fuhr ich früh, wie befohlen, aufs Amt. Da ich unter den Leuten mehrere tausend Złoty ausstehen hatte, das erklärte ich auf dem Amt, und schon gaben sie mir ein Schreiben an den Schulzen, und der mußte mit mir das Geld einziehen. Und so hatte ich doch etliche tausend Złoty zusammenbekommen, wenn auch nicht alles. Nächsten Tag begann meine Ausreise.

Abschließend wird die Ausreise über Gdingen, Fürstenwalde nach Zeitz und von dort nach Hamburg skizziert.

Nr. 260

Erlebnisbericht der G. W. aus **Orchheim** (Orchowo), Kreis **Mogilno** i. Posen. Original, 28. Juli 1952, 12 Seiten. Teilabdruck.

Enteignung und Internierung der deutschen Bevölkerung und ihre Behandlung in den Lagern Pakość bei Hohensalza, Gronowo bei Lissa und Landsberg/Warthe; Zwangsarbeit in der polnischen Landwirtschaft.

Einleitend berichtet Vfn. über ihre mißglückte Flucht und die Rückkehr ins Heimatdorf.

---

[1]) Polnische Umsiedler aus der von Rußland annektierten polnischen Ukraine, die hier von den sog. Kongreßpolen unterschieden werden.

Nach acht grauenvollen Tagen kamen wir wieder in Wiederau an. Mein Vater und viele andere Menschen wurden in Gnesen fortgenommen und kamen zu dem russischen Kommandanten zum Verhör. Es wurden einige wieder freigelassen, andere wurden abtransportiert. Mein Vater hatte erst vor der Flucht eine Knieoperation und lahmte, und da ließen sie ihn auch frei. Nur nahmen sie ihm das ganze Geld fort.

Auf der Wirtschaft meiner Eltern waren natürlich schon Polen drauf, und wir bekamen nur eine Stube, mußten arbeiten gehn, um nicht zu verhungern. Russen und polnische Miliz belästigten uns täglich. Wir wurden um unsere Sachen und Wäsche erleichtert und behielten gerade das, was wir an hatten.

Im April 1945 wurden alle deutschen Männer von 14 bis 60 Jahren, es waren auch jüngere und ältere darunter, in das Gefängnis nach Tremessen gebracht, ebenso mein Vater. Die Namen, mit denen er zusammen war, weiß ich nicht mehr, von dort kam mein Vater ins Lager nach Pakość bei Hohensalza, auch kam ich mit meiner Mutter, Großmutter und zwei Schwestern hin. Es war ein Arbeitslager von fast 1 000 Menschen, auch gehörten noch sehr viele dazu, die bei Bauern auf Gütern und Höfen arbeiteten.

Arbeiten mußten wir sehr schwer, alle, ob alt oder jung, krank oder gesund. Geld, Seife, Nähzeug und Bekleidung bekamen wir nicht. Das Essen war sehr schlecht. Morgens und abends gab es schwarzen Kaffee, außerdem 200 Gramm Brot täglich und mittags Graupen- oder Erbsensuppe ohne Fett; auch gab es wochenlang keine Kartoffeln, nur trockene Kartoffelschnitzel, welche man früher für das Vieh verwendet hat.

Die polnische Lagerpolizei war dauernd betrunken, so daß sie uns grundlos geschlagen hat. Viele Frauen wurden vergewaltigt und obendrein noch halb tot geschlagen. In den Nächten wurden wir aus dem Schlaf aufgeweckt, mußten in Hemden vor ihnen tanzen, einige ganz nackend. Sie wurden auf den Lagerhof getrieben und mußten sich auf Kommando in die Regenpfützen auf- und niederlegen und das alles im Winter und höchstens in Hemden. Wer sich weigerte, der wurde mit dem Gummiknüppel oder Gewehrkolben geschlagen.

Wenn wir zur Arbeit gingen, dann wurden wir von der polnischen Bevölkerung als Germanis oder Hitleris ausgeschimpft, oft sogar angespuckt oder geschlagen, sogar die Kinder haben uns verhöhnt. Da wir doch alle ganz unschuldig waren, haben wir unseren Stolz besessen und alles demütig ertragen. Wir wußten, daß diejenigen, die uns so mißhandeln und verhöhnen, auch mal die gerechte Strafe dafür empfangen.

Im Lager sind sehr viele Menschen gestorben, teils verhungert, andere wurden erst halbtot geschlagen, dann hieß es, sie wären so verstorben. Andere erkrankten, und da sich doch kein Arzt um uns Deutsche kümmerte und wir auch nicht zu einem gehen durften — denn selbst Geld zum Bezahlen hatten wir ja nicht, und die Lagerleitung gab uns auch keinen Freischein —, so mußten eben viele sterben.

Die Namen von den Verstorbenen im Lager weiß ich auch nicht mehr alle. Ein Herr Fiedler aus Schlowitz, Kreis Mogilno, den Vornamen weiß ich auch nicht mehr, ist auch gestorben und wurde auf dem evangelischen Friedhof in

Pakość verscharrt. Auch ist 1945 meine jüngste Schwester im Alter von 15 Jahren nach fünftägiger schwerer Krankheit und ohne ärztliche Hilfe, denn sonst hätte sie bestimmt noch gelebt, verstorben. Sie wurde dort auch noch an demselben Abend in die Erde gebracht. — Särge bekamen die Toten nicht, auch keine Bestattung von einem Pfarrer.

Auch starb dort auf der Probstei, wo wir arbeiteten, noch eine Mutter von sechs Kindern, die regelrecht verhungert ist. Es war eine Frau Cornelius aus Berlin. Die Kinder kamen dann im Dezember 1945 mit einem Transport fort. Man sagte, sie kämen nach Hause, ob es aber der Fall war, weiß ich nicht, denn man schwindelte uns doch soviel vor. Alle versprachen sie uns mal zu schreiben, wir haben aber nie etwas gehört.

Vfn. geht hier auf des Schicksal einer Reihe von Deutschen ein, mit denen sie im Lager zusammentraf.

Von Pakość kam ich mit meinem kleinen sechzehn Monate alten Kind nach Radlow zu einem polnischen Bauern und hatte es sehr schwer. Die Behandlung war auch sehr schlecht, und vom Essen gar nicht zu reden. Für das Kind bekam ich eine Tasse Magermilch den Tag, Zucker und Mehl oder Grieß überhaupt nicht, obwohl sie alles da hatten. Später erfuhr ich, daß man mir das Kind vergiften wollte, und zwar mit Blaumohn. Ich dürfte mich nur sehr wenig um mein Kind kümmern, und es lag den ganzen Tag allein im Wagen und wurde von Tag zu Tag elender.

Im Herbst 1945 kam ich wieder ins Lager und von dort wieder zur Probstei zu meinen Eltern. Im April 1945 kamen wir wieder alle ins Lager. Dort wollte man uns Müttern alle Kinder fortnehmen. Wir setzten uns alle zur Wehr, da ließen sie von uns ab, um zu beratschlagen. Nun mußten wieder alle Männer, Frauen und Mädchen heraustreten — wer nicht wollte bekam Schläge — und mußten dann gleich auf die bereitstehenden LKWs. steigen und fuhren ohne Kinder los, ohne jegliches Gepäck, so eben wie jeder stand.

Mich wollte man auch mit Gewalt von meinem Kinde reißen, aber ich habe mich gewehrt und vorher sagen hören, daß nur Mütter von Kindern getrennt werden, wenn die Kinder eineinhalb Jahr alt sind. Mein Sohn war damals eineinviertel Jahr, und so behauptete ich, er wäre erst dreiviertel Jahr, und zuletzt ließ man mich doch da. Meine Schwester wurde mitgenommen.

Diesen Tag werde ich auch nicht vergessen, es war einer der schrecklichsten. Die Kinder blieben alleine zurück. Verschiedene hatten einen alten Großvater oder eine alte Großmutter, die anderen mußten eben bei ganz Fremden bleiben. Und das waren alles alte hilflose Menschen, die selbst der Pflege bedurften.

Die LKWs. fuhren mit den Menschen auf Güter hinter Posen, und dort wurden sie verteilt und mußten bei schlechter Kost und ohne Geld schwer arbeiten. Kleidung, Wasch- und Nähzeug bekamen sie nicht, wir haben das ja auch nie bekommen.

Das Lager Pakość wurde aufgelöst. Dann wurden wir wieder auf Güter und zu Bauern verteilt und unterstanden dem Lager Gronowo bei Lissa. Ich kam mit meinen Eltern nach Althof auf das Restgut, welches staatlich war. Dort mußten wir auch wieder ohne Geld schwer arbeiten. Unsere Verpflegung war auch wieder 200 Gramm Brot täglich (aber nur für die, welche arbeiteten, meine Großmutter, 83 Jahre, und mein Söhnchen bekamen nichts), 100 Gramm Erbsen, 200 Gramm Schrotmehl, 100 Gramm Grütze, 5 Gramm Salz und ein Kartoffelkorb mit 20 Pfund Kartoffeln die Woche. Fett, Fleisch, Milch oder Zucker haben wir nie bekommen. Nicht einmal für das kleine Kind etwas Milch.

Ich habe dann für eine polnische Familie ein bißchen gestrickt und habe mal mit meinem Vater am frühen Sonntagmorgen bei Polen Holz gehackt und somit mal ein bißchen Milch, natürlich Magermilch, und etwas Zucker für das Kind bekommen. Wir waren als einzige Deutsche dort, auch im weiteren Umkreis waren keine Deutschen, mit denen man mal ein deutsches Wort sprechen konnte, wir fühlten uns sehr einsam und verlassen.

Im Frühjahr 1947 kamen wir nach Gernrode zu einem Bauern. Dort habe ich zum erstenmal etwas Geld bekommen, konnte somit wenigstens etwas Zucker, Milch und Nährmittel für mein Kind kaufen.

In gewissen Abständen mußten wir uns immer bei der Polizei melden, wurden aufgeschrieben, und man mußte so allerlei Fragen beantworten. Man tröstete uns immer und sagte: Bald könnten wir nach dem Reich fahren. Aber alles nur Parolen.

Im Oktober 1947 kam ein Polizist, und ich mußte mich in seiner Gegenwart in einer halben Stunde mit dem Kind fertigmachen. Er sagte mir, ich käme jetzt mit einem Transport zu meinem Mann. Ich bekam auch gerade vor einer Stunde Post von meinem Mann aus England, in der er schrieb, er komme jetzt nach Deutschland. Es war für mich sehr schwer, meine Eltern so ganz alleine unter den Polen zurückzulassen, denn es war weit und breit kein Deutscher da; aber trotzdem freute ich mich, endlich zu meinem Mann zu dürfen, wollte dann mein Möglichstes tun und meine Eltern nachholen.

Ich kam unter Bewachung bis nach Grünberg/Schlesien. Dort waren über 1 000 Menschen, Wehrmachtsangehörige, RAD., HJ., alte Männer und Frauen und Kinder. Die Zollbeamten kontrollierten unser bißchen Gepäck, nahmen wertvollere Sachen und Gegenstände noch weg; wir wurden gegen Typhus geimpft, ein paarmal auf Listen aufgeschrieben, in Gruppen und Waggonnummern geteilt, jedenfalls machte man allerhand mit uns. Auf einmal wurde alles ruhig.

Wir lagen nun schon 14 Tage in einem großen kaputten Fabrikgebäude, und schließlich mußten wir in die Stadt arbeiten gehen. Mit der Verpflegung ging es einigermaßen.

Am 6. November wurden wir in Waggons verladen, und keiner wußte, wohin es geht. Wir fuhren abends los und waren am nächsten Tag nachmittags in Landsberg/Warthe. Dort standen schon LKWs. mit polnischem Militär und Polizei, die uns gleich mit Schimpfworten empfingen. Dann ging es nach den ehemaligen deutschen Kasernen außerhalb der Stadt. Dort kamen wir erst richtig in den Hexenkessel rein. Die Behandlung war ganz schlecht, die Verpflegung nicht zum Sterben und nicht zum Leben, wochenlang keine Kartoffeln. Entweder nur Steckrüben oder Mohrrüben mit Wasser. Die letzte Zeit von März bis Juni nur Sauerkraut mit Wasser gekocht. Alles ohne Fett und 200 Gramm Brot täglich. Die Kinder bekamen kein Tröpfchen Milch.

Jeder mußte zur Arbeit, ob jung oder alt, sogar über 70jährige. Wir Jungen mußten jeden Tag, ob Regen oder Schnee, bis in die Stadt marschieren, immer von etlichen Milizianten mit Karabinern begleitet, und dort Aufräumungsarbeiten verrichten, stehen durfte niemand, immer im Akkord. Krank sein durfte auch niemand.

Die Älteren und Alten und Kinder mußten Lagerarbeiten verrichten, auch am Abend bis 10.00 Uhr und den Sonntag. Waschmittel gab es keine. Die Unterbringung war sehr unsauber und unhygienisch. Wir lagen nur auf etwas Stroh, welches die ganze Zeit über nicht erneuert wurde. Männer, Frauen und Kinder, alle in einem Raum. Waschgelegenheit gab es keine. Wer nicht von selbst auf Sauberkeit achtete, der verdreckte und verlauste einfach.

Durch die Kälte und Feuchtigkeit erkrankten die Kinder an Masern und Lungenentzündung und sind ohne jegliche ärztliche Hilfe und ohne bessere Verpflegung gestorben. Andere erkrankten an Tbc., auch starben etliche. Ich weiß heute nicht mehr die Zahl der Kinder, es war jedenfalls eine Menge. Auch starben sehr viele ältere Personen einfach an Unterernährung.

Mein Kind bekam erst Masern und dann Lungenentzündung, hatte immer über 40 Grad Fieber, kein Arzt kam, und man konnte dem Kind keine Linderung schaffen. Ich mußte trotzdem immer mit zur Arbeit, und ich hatte das Kind schon aufgegeben, hatte mich schon damit abgefunden, wenn ich nach Hause komme, mein Kind tot zu finden. Aber unser Herrgott stand mir zur Seite, und das Kind wurde mit seiner Hilfe wieder gesund. Es war natürlich sehr schwach und elend, konnte auch nicht mehr laufen, mußte ganz langsam das Laufen wieder lernen. — Diese schwerkranken und dann genesenden Kinder bekamen ja keine bessere Verpflegung, auch nur die Wassersuppe und Schwarzbrot. Wir waren alle manchmal der Verzweiflung nahe.

Die Schikanen wurden immer schlimmer. Wir wurden von der schlechten Ernährung immer elender und kraftloser. Wenn man wirklich nicht mehr konnte und sich bei der Arbeit einen Moment aufrichtete und sich verschnaufen wollte, so wurde man gleich aufgeschrieben. Wenn wir abends zurückkehrten, so wurden diejenigen gleich bei der Zählung herausgeholt und kamen in den Kohlenkeller, dort mußten sie eine oder auch mehrere Nächte zubringen und morgens gleich wieder mit zur Arbeit, ungewaschen und ohne Essen. Abends ging es gleich wieder rein, bis sie ihre Strafe ab hatten. Es war keine Sitz- oder Schlafgelegenheit da. Man mußte sich direkt auf die Kohlen setzen oder legen. Auch war es sehr kalt, und wir bekamen keine Decke, noch durften die Angehörigen etwas bringen. Oft waren unsere lieben deutschen Mitmenschen sehr viel Schuld.

Es wurde ein ganz junger Transport- und Kolonnenführer von dem Kommandanten bestimmt. Der hat alle gemeldet und bei der Arbeit getrieben. Auch hat er alle zum Antreten herausgejagt, ob ganz alt oder krank oder kleine Kinder. Mein Kind mußte erst mit drei Jahren auch schon immer mit antreten, ebenso die anderen alle. Ich kann jetzt einfach nicht mehr auf den Namen kommen, bin überhaupt durch all die schweren Jahre sehr vergeßlich geworden und mit meinen Nerven vollkommen runter. Ich wog beim Rauskommen nur noch 72 Pfund, früher ein Zentner bis 110 Pfund. Habe mich auch schwer von allem erholt und wiege erst jetzt ein Zentner. Auch ist mein Kind für das Alter zu klein und zu schwach und sehr zart, aber sonst Gott sei Dank gesund.

Wir wurden damals in Grünberg einfach verkauft und kamen als billige Arbeitskräfte nach Landsberg. Das Ministerium in Warschau wußte gar nichts von den dort bestehenden Lagern. Einige Lagerinsassen haben dann zu ihren Angehörigen nach Deutschland geschrieben. Die haben sich von dort an die hierfür zuständigen Stellen gewandt, und haben sie direkt an das Ministerium nach Warschau geschrieben. Im Mai kam mal eine Kommission und besichtigte alles, und auch haben sie Einzelne befragt, wie denn die Behandlung sei und von wo her sie seien und wo die Angehörigen sind, auch ob wir nach Deutschland fahren wollen.

Es dauerte auch gar nicht mehr lange, so kamen auch die Personen, welche außerhalb des Lagers auf Gütern, bei polnischen Bauern und im Walde arbeiteten, wieder ins Lager zurück. Auch kam eine Kommission und stellte uns so allerhand Fragen. Wir mußten Formulare unterschreiben, daß wir deutsche Staatsangehörige sind, Angehörige im Reich haben, den polnischen Staat verlassen [wollen] und an ihn keine Forderungen und Ansprüche stellen.

Es sind noch etliche Personen zurückgeblieben, man versprach, ihnen ihr Eigentum wieder zurückzugeben und die gleichen Rechte wie den polnischen Staatsbürgern einzuräumen, wenn sie für Polen optiert haben.

Am 19. Juni 1948 sind wir dann mit einem Transport von Landsberg abgefahren und kamen über Forst am 25. Juni in Görlitz-Reichertlager an. Unterwegs mußten wir drei Tage auf freier Strecke vor Reppen liegen, und man wollte uns nicht weiter lassen. Russische und polnische Kommissionen kontrollierten ständig den Transport, auch wurden dauernd Verhandlungen geführt, von denen wir ja nichts wissen.

Schließlich wurden noch ungefähr 50 Personen ausgesucht, welche zurückbleiben mußten. Es waren einige alte Frauen und Männer, die dort erst schon im Altersheim untergebracht waren und überhaupt gar keine Angehörigen in Polen hatten und sich schon so auf ein Wiedersehen mit ihren Angehörigen freuten. Und dann einige Familien mit erwachsenen und arbeitsfähigen Personen. Alles Flehen und Bitten half nichts, man ließ sie nicht weiter. Haben nie mehr etwas von ihnen gehört. Die andern Namen sind mir nicht mehr bekannt, nur eine Familie Johann Hauser, bestehend aus Vater, Mutter und zwei Söhnen und einer Tochter. Die Söhne hießen Johann und Alfred und die Tochter Melitta.

Die Verhältnisse in Polen waren die letzten Jahre sehr schlecht. Der deutsche Vorrat war alle, und die Polen hatten doch keine Lust zu arbeiten. Die Felder lagen brach da und wurden nicht bestellt. Besonders trübe und öde sah es näher dem Westen aus. In Landsberg und Umgebung, ebenso in Schlesien und Pommern waren meist Polen von dem Bug und hinter der Weichsel. Die Wirtschaften waren dort von den Polen ausgeplündert, und die einzigen Bewohner lebten sehr ärmlich, hatten auch kein Interesse, etwas anzubauen, auch kein Vieh und keine Geräte, sie sagten, es wäre nicht ihre Heimat, und sie wollten auch wieder nach Hause.

Auch wurde nichts gebaut oder ausgebessert. Die Ziegelsteine, welche wir in Landsberg aussortiert haben, und auch Holz und Balken, kam alles nach Warschau zum Aufbau der Stadt. Auch wurden gute Häuser, welche nur ein bißchen beschädigt waren, vollkommen abgerissen. In vielen Ortschaften waren damals schon Kolchose eingerichtet. Die nichtkommunistischen Polen waren sehr erbittert und gegen die Regierung. Viele sagten, solange die deutsche Regierung war, ging es ihnen viel besser.

An das Ende stellt Vfn. einige Bemerkungen zu den Ereignissen vom September 1939.

Nr. 261

Erlebnisbericht des Bauern P. S. aus L a w r e n z h o f (Wawrzynki), Kreis Z n i n (Dietfurt) i. Posen.
Original, 23. November 1952.

Verhaftung als ehemaliger Volkssturmmann, Erlebnisse in dem Gefängnis Znin und im Lager Hohensalza; Verschleppung über das Sammellager Posen in das russische Arbeitslager Tucholice (Minsk); Rückkehr im August 1945.

Am 25. Januar 1945 kam ich vom Volkssturm-Einsatz nach einem grausamen Fußmarsch in mein Heimatdorf Lawrenzhof, Kreis Dietfurt, zurück. Die dortigen Polen haben mich mit großem Erstaunen empfangen mit der Frage: „Alter S., wo kommst du her?" „Das wißt ihr ja, vom Volkssturm." „O, ihr verfluchtes Hitlervolk," war ihre Antwort. Kein Deutscher war mehr im Ort. Jeder Pole hatte ein Gewehr. Sie sagten aber: „Soviel wir wissen, hast du nichts verbrochen. Beruhige dich, es passiert dir gar nichts." Es folgten acht schreckliche Tage; denn der Russe war im Vormarsch.

Am 3. Februar um 16.00 Uhr forderte mich die polnische Miliz auf, mitzukommen zur Polizei nach Dietfurt. Um 18.00 Uhr bei der Polizei angelangt, wurde ich nach allen Richtungen verhört und ausgeplündert. Man nahm mir meine Taschenuhr, Paar Strümpfe, die Lebensmittel und sämtliche Papiere. „Du brauchst nichts, du kommst ins Gefängnis." Die Marschroute wurde ausgeschrieben, und ich wurde ins Gefängnis eingeliefert um 19.00 Uhr.

Die erste Frage war: „Wo warst du solange?" „Beim Volkssturm, an der Front," war meine Antwort. Da bekam ich gleich vom Wärter das Schlüsselbund ins Gesicht geschlagen, daß ich zusammenbrach. Da faßten sie mich am Kragen und schleiften mich in eine Zelle. „Zieh dich aus bis auf Hemd" — dann faßte mich einer von hinten in die Hosenträger und schleuderte mich auf die Pritsche, der andere schlug gleich los mit dem Gummiknüppel. Beim ersten Schlag dachte ich, er hätte mich im Kreuz durchgehackt. Da aber noch paar 20 Schläge folgten, ging mir die Luft aus. Ich drehte mich um in Todesangst, da bekam ich den letzten Schlag ins Gesicht. Dann sagten sie: „Zieh dich an, du Aas, und häng dich nicht auf." Die beiden Totschläger gingen, schlossen die Tür ab und überließen mich meinem Schicksal.

Ich wußte nicht vor Schmerzen, was ich tun sollte. Habe die Nacht überstanden. Am anderen Morgen wurde die Tür geöffnet mit der Frage: „Na, lebst noch?" Dann brachten sie mich in eine andere Zelle zu gleichen Leidensgenossen. Die frugen mich: „Was haben sie mit Dir gemacht? Du siehst ja ganz schwarz aus." Ich merkte auch, daß ich kaum aus den Augen gucken konnte. In vierzehn Tagen hatte ich die Schmerzen überwunden. Solche Taufe hat fast jeder erhalten. Bei manchen wurde sie täglich wiederholt.

Die Verpflegung war leidlich, die Behandlung war grausam. Es kamen täglich welche hinzu, andere wurden weggebracht. Nach fünf Wochen wurde auch ich einem Transport von 60 Mann zugeteilt, angeblich nach Hohensalza. Wir bekamen jeder ein Brot, der Zug wurde aufgestellt. Die Marschordnung wurde angeordnet. Ich stellte ca. 20 Ochsentreiber mit Gummiknüppel fest. Wir waren etwa 100 Meter vom Gefängnis fort, da krachte schon ein Schuß. Wie ich vor mir bemerkte, rutschte einer auf dem Schnee und Eis aus, und schon war er ein Kind des Todes.

So marschierten wir den ganzen Tag in Todesangst. Die Gummiknüppel peitschten immer über unsere Köpfe, wehe dem, der nicht Schritt gehalten! Gegen Abend sind wir in Bartschin angekommen. Vor der Polizeiwache mußten wir haltmachen, wurden in zwei Gliedern aufgestellt und alle unter die Lupe genommen. Zwei sind ihnen aufgefallen, ein Meier aus Wojcza und ein Eichstädt aus Waldersee. Sie wurden zur Polizeiwache mitgenommen. Nach einer halben Stunde kamen sie mit den beiden Männern wieder, die konnten kaum noch gehen. Nach einer Weile führten sie die beiden Männer wieder zurück.

Unsere Kolonne setzte sich in Bewegung. An der Schule wurde haltgemacht. „Alles eintreten. Hier könnt Ihr es Euch bequem machen." Wir waren kaum zehn Minuten drin, da war der Teufel los. Da kamen so paar bewaffnete Polenverbrecher herein und schlugen mit dem Kolben auf uns los, am schlimmsten auf die armen Jungen. „Ihr verfluchten Hitlerjungen!" Dann mußten wir antreten und wurden einzeln in einem Zimmer ganz ausgeräubert. Da fanden sie auch meinen so lange versteckten Trauring. Nun konnten wir schlafen gehen, natürlich auf dem Fußboden wie das liebe Vieh.

Am anderen Morgen, es war Sonntag, Mitte März 1945, setzte sich der Zug nach Hohensalza in Bewegung. Die beiden Männer brachte man hinzu. Man kann wohl sagen, es war ein Leidensmarsch, denn wir waren wohl die meisten in Holzpantoffeln, die Stiefel hatte man uns ausgezogen. Man ging wie auf Stelzen, immer im Sommerweg, wo der meiste Schnee und Eis lagen, wurden wir getrieben. Wehe dem, der nicht Schritt halten konnte, auf den peitschten die Gummiknüppel nieder. Verschiedene blieben auch liegen, die schrien nur: „Schlagt mich tot, ich kann nicht mehr." Die hat man doch mit dem Sammelwagen nachgebracht. Gegen Abend sind wir dann in Hohensalza in einem Gefangenenlager angelangt.

Der Transportführer meldete 60 Mann zur Stelle paar Kranke auf den Wagen, die müssen ins Revier. Wir mußten antreten in zwei Gliedern. Links von uns stellten sich unsere Treiber auf in zwei Reihen. Wir mußten durch das Fegefeuer von Gummiknüppeln im Gänsemarsch hin- und zurücklaufen. Dann ging es aufs Büro, da wurde das Nationale aufgenommen, das allerletzte ausgeräubert, das letzte bißchen Brot wurde uns auch abgenommen. Dann wurden wir 60 Mann in einen Raum gestopft, da konnten wir kaum stehen und bekamen schlecht Luft.

Morgens um 6.00 Uhr wurde die Tür geöffnet. Wir mußten antreten, bekamen eine Kelle Suppe und wurden zur Arbeit eingeteilt. Die Bauern sollten vortreten, ich war auch dabei. Wir kamen mit fünf Mann in einen Pferdestall, mußten da die Pferde pflegen, ein- und ausspannen. Aber immer Trab, sonst gab es gleich mit der Peitsche über die Ohren. Vom Stalle aus konnte ich das ganze Lager übersehen.

Morgens um 5.00 Uhr war Aufstehen. In Hosen und Hemd auf dem Arm zum Waschen und Baden laufen. Kaum waren welche da, mußten sie schon Trab zurücklaufen. Im Laufen sich anziehen, im gleichen Tempo Suppe holen und im Laufen das bißchen herunterschlucken. Dann wurde alles zur Arbeit eingeteilt. Ob jung oder alt, gesund oder krank, es gab keine Ausnahme. Um 12.00 Uhr gab es wieder ein Wassersüppchen und wieder Trab zur Arbeit. Am Abend wieder dasselbe Süppchen, ohne einen Bissen Brot. Anschließend alle zur Abendandacht antreten. Da mußten alle auf die Knie fallen und eine polnische Liturgie singen. Wehe dem, der nicht runterkam und nicht sang, der wurde von den Polen mit Füßen heruntergetreten. Die Litanei dauerte eine Stunde. Hier Beten, dort Morden. Dann ging es auf die Pritschen, alles mußte sich ausziehen, und mit den paar Lumpen sollte man sich zudecken. Man kam revidieren, wer nicht ausgezogen war, wurde geschlagen, bis er alle war.

Des Morgens wurden die Toten entkleidet. Vier Mann mußten die Leichen an Händen und Füßen anfassen und singend in die Leichenkammer tragen. Die beiden Männer, Meier und Eichstädt, trug man am nächsten Tag auch hinaus. Wehe dem, der nicht gesungen hat, auf dem peitschten die Gummiknüppel. Das Bild sah man jeden Tag, die Menschen starben wie die Fliegen.

In dem Lager waren zwei Baracken mit Frauen, da war was los! Die sollten nicht Wasser holen, durften nicht waschen, auch nicht Schritt gehen; wurden ständig verfolgt und des Nachts vergewaltigt. In der Nacht hörte man immer Frauengeschrei. Manchmal rannten welche mit furchtbarem Geschrei über den Lagerplatz. Es war schrecklich. Ich überlegte, wie kommst du aus dieser Hölle heraus.

Am 25. März 1945 mußten wir alle antreten, dann hieß es, alle Männer von 15 bis 55 Jahren kommen fort. Ich war auch dabei. Vor der Wache bekam jeder nach acht Tagen zwei Scheiben Brot von dem, was sie uns bei der Ankunft abgenommen hatten, mit je einem Löffel Marmelade, welche mit Kies vermischt war, als Marschverpflegung. Wir waren froh wie kein anderer, als wir aus dieser Hölle raus waren. Nach einem kurzen Marsch wurden wir in dem Lager Montwy dem Russen übergeben. Als wir da reinkamen, atmeten wir auf; denn nun wurden wir nicht mehr von den Polen verfolgt, durften uns auf dem Lagerplatz frei bewegen.

Nach acht Tagen kamen wir nach Posen, da kamen die internierten deutschen Zivilisten aus allen Ostgebieten [hin]. Sie wurden in Transporte eingeteilt und nach Rußland abgeschoben. Nach acht Tagen hatte ich auch die Gelegenheit, mit einem Transport Richtung Minsk—Bobruisk zu wandern.

Wir kamen mit 500 Mann in ein Arbeitslager Tucholice. Da mußten wir Torf stechen bei 400 Gramm Brot und zweimal täglich einen halben Liter Wassersuppe. In fünf Wochen hatten wir 100 Tote und 50 Schwerkranke. Alles starb an Wassersucht.

Nach sechs Wochen brachte man uns nach Bobruisk in ein Sägewerk. Da waren an 2 000 Mann, da starben sie genau so an derselben Krankheit. Ich wurde auch krank und hatte das Glück, entlassen zu werden. Man brachte uns mit 50 Mann nach Minsk, und in sechs Wochen wurden wir nach der Heimat entlassen. Es war ein Transport von 1 000 Mann, lauter eingedeutschte Polen. Wir waren nur vier deutsche Kranke darunter. In Deutsch-Eylau wurden wir entlassen.

Ende August 1945 kam ich in meiner Kreisstadt Dietfurt an. Da gingen mir die Augen auf. Es war kein Deutscher mehr da, mußte mich anmelden. Wurde dann wieder zur Arbeit geschickt bei einem polnischen Bauern. Dort war es auszuhalten. Habe mich gut erholt und elf Monate dort zugebracht. Mit der Zeit bekam ich Verbindung mit meiner Familie. Dann bin ich abgehauen und bin am 19. November 1946 hier in Winsen a. d. Aller bei meiner Familie gelandet.

Vf. schließt den Bericht mit einigen Angaben über seine Person.

Nr. 262

Erlebnisbericht der Bäuerin M. R. aus N o l e n t s c h a , Kreis K o l m a r i. Posen. Original, 20. Juli 1952.

Verdrängung einer deutschen Bauernfamilie aus ihrem Besitz; Zwangsarbeit in der polnischen Landwirtschaft in der Zeit von 1945 bis 1950.

Am 22. Januar 1945 durchzogen die russischen Truppen unser Dorf. So hielt es zwei Monate an, bis die letzten Russen durchkamen, die weiter rein nach Deutschland zogen. Es waren Wochen, die wir in Scheunen, Heu- und Strohschobern zubrachten.

So kam dann bald die polnische Herrschaft ans Ruder. Im März fing der Pole an, Internierungszüge aufzustellen, die mit Hilfe von russischer Seite geleitet wurden. Am 23. März wurde auch ich von polnischer Polizei zu einem großen Sammelplatz gebracht. Frauen und Mädchen, Tag und Nacht wurden wir in Gefängniskeller gesperrt und an Wertsachen beraubt.

Mit einem Lastwagen wurden wir nach Schneidemühl geschafft. So kamen wir in ein halb zerschossenes Haus, mit 35 Frauen in ein Zimmer eingeschlossen. Als Toilette galt eine Milchkanne. Einmal am Tage etwas Suppe.

Am 2. April sollte dann ein Transport nach Schwiebus abgehen. Vorher kamen wir noch zum Arzt. Da ich während der Zeit schwer krank geworden war, so konnte ich nach Hause. Alle anderen Frauen kamen fort und wurden nach sieben Monaten erst freigelassen. Viele sind auch gestorben.

So kam ich dann zurück zu meinen Eltern, die noch auf unserem Hof waren. Wir versorgten gemeinsam das übrig gebliebene Vieh. Mein Vater bestellte etwas Land. Am 8. Mai zog dann der polnische Wirt mit seiner Familie, stammend aus Kalisch, bei uns ein. So bekamen wir ab sofort einen kleinen Wohnraum. Den größten Teil an Sachen und Bekleidungsstücken nahm er uns fort. Tag und Nacht wurden wir bewacht. Da ich etwas Polnisch sprechen konnte, bettelte ich so lange, bis der Wirt uns dann doch ein paar Kleidungsstücke zurückgab, so daß wir was zum Ankleiden hatten. In wenigen Minuten waren wir arm wie ein Bettler, wurden dazu noch gestoßen und beschimpft. Das Nötigste zum Lebensunterhalt bekamen wir zugeteilt. Was er befahl, mußten wir tun, so ging es von einem Tag zum anderen, bis der Haß gegenseitig immer größer wurde.

Am 13. Juni wurden wir dann mit einem Fuhrwerk abgeholt zu dem polnischen Tierarzt im selben Dorf. Er selbst hatte von Landarbeit keine Ahnung, so daß meine Eltern und ich die Landarbeit versorgten. Die ersten Tage ging es gut. Er kam fast täglich schwer betrunken nach Hause. Auch unsere Arbeit war ihm eines Tages nicht gut genug, und er schimpfte und tobte alles nur mögliche auf uns.

Den nächsten Tag ließ er uns von dem Felde rufen. Als wir auf den Hof kamen, erwartete uns die hohe polnische Polizei, wie man sie nennt UB. Der Befehl: In zehn Minuten fertig sein. So trugen wir ein Bettgestell mit Bett, Tisch und Stuhl auf einen Wagen. Als wir uns dann noch die letzten paar Kleidungsstücke holen wollten, wurden wir in die Schränke reingestoßen, bis die Türen abbrachen. Wie ein gehetztes Wild trieb man uns dann gleich aus dem Zimmer. Mein Vater hatte nichts weiter, wie er ging, Hemd und Hose.

So kamen wir am 28. Juli abends um 9.00 Uhr auf einem polnischen Gut an. Mit zwei Familien zusammen zogen wir in die Lehmhütte ein. Der polnische Verwalter nahm uns in Empfang, befahl gleich, den nächsten Morgen um 6.00 Uhr zur Arbeit zu kommen. Wir machten unser Nachtlager, zu essen gab es nichts. Erst am nächsten Morgen bekamen wir für 11 Personen 1½ Liter Magermilch für den Tag, einen Korb Kartoffeln, von einer notgeschlachteten Kuh etwas Fleisch, was natürlich nicht zu essen war. So gab es täglich die gleiche Zuteilung. Als Brot bekamen wir von Lupinen, Gerste, Hafer und Roggen das gemahlene Mehl, wovon wir uns selbst Brot backen mußten. Auch das Essen haben wir uns selbst gekocht.

So begannen wir die große Getreideernte. Unsere Arbeitszeit war von morgens 6.00 Uhr bis um 12.00 Uhr. Dann eineinhalb Stunde mittag, dann bis abends 8.00 auch oft 10.00 Uhr. Mein Vater hatte noch drei Pferde zu füttern, so daß er erst um 11.00 Uhr heim konnte. Des Morgens um 3.00 Uhr aber mußte er schon wieder im Stall sein.

Unser Aufseher war sehr gehässig; da wurden wir nur als „deutsche Schweine" geführt. Zur Arbeit wurden wir im Laufschritt gejagt. Da wir nur wenig Männer waren, mußten wir [Frauen] alle schweren Arbeiten machen, auch Pferde fahren. Im Herbst brach meine Mutter schon auf dem Felde zusammen, so bekam sie täglich schwere Herzanfälle. War sie einen Tag im Hause, so kam der Verwalter schon: „Arbeiten Sie morgen nicht, so bringe ich Sie morgen ins Lager." So mußte sie wieder mit, bis es ganz aus war; dann wurde sie zum Arzt geschafft und wurde arbeitsunfähig geschrieben.

Mein Vater und ich gingen weiter, das bittere Los zu tragen. Die Kartoffelernte begann, als der Boden schon gefroren war. So war es schwer, die Herbstarbeit zu vollenden. — Dann ging es in den Winter; mein Vater war nur noch Haut und Knochen.

Nach Weihnachten mußten die Männer Bäume fällen, wobei sich mein Vater das linke Bein brach. Es war der 2. Januar 1946. Das Gut schaffte ihn ins Krankenhaus, wo er zwei Monate lag. Dann kam er zurück, konnte nicht gehen, da der Fuß wund und schief war. Erst im Sommer konnte er etwas an Stützen gehen, fühlte sich aber sehr schwach. So kam es, daß mein Vater am 7. Juli plötzlich starb. Ein harter Schlag in schwerer Zeit. Das Gut brachte einen Sarg, wie man ihn zu damaliger Zeit für Deutsche zusammenhaute. In einer Dämmerstunde des 11. Juli wurde mein Vater dann in aller Stille zu Grabe gebracht.

So ging ich dann allein der Arbeit nach. Tag für Tag und Jahr für Jahr. Es besserten sich dann 1947—48—49 die Verhältnisse. Zum Brot bekamen wir Roggenmehl, auch etwas mehr Milch und ein paar Złoty polnisches Geld, so daß wir uns ein paar Streichhölzer, Zucker und für den Lebensunterhalt nötige Teile kaufen konnten. Ab Ende 1948 bekamen wir auch Deputat, den Tag zwei Pfund Kartoffeln, vier Pfund Roggen, eineinhalb Pfund Gerste und einen Liter Milch. An Geld gab es auch mehr, denn an Kleidung war fast alles zerrissen, so mußte auch dafür das Nötigste geschaffen werden.

Doch mit meiner Arbeitskraft ging es auch schon dem Ende entgegen. Sonntag wie Alltag arbeiten, dazu die schweren Kornsäcke tragen, im Frühjahr die schweren Eimer, zwölf Stück täglich, zum Kuhdung streuen; die Hände verbrannten und wurden wund davon.

So kam es, daß ich 14 Tage arbeitete und vier Wochen lag. Meine Mutter versuchte trotz aller Not noch sparsamer zu wirtschaften, um ein paar Złoty zu sparen, für einen Antrag zum Warschauer Ministerium wegen Ausreise nach Deutschland. Aber alle Mühe blieb erfolglos.

So schrieb ich dann meiner Tante, die auch aus dem Kreise Kolmar stammt und als Flüchtling in Delmenhorst war, sie sollte einen Antrag nach Warschau versuchen. Mit aller Mühe bekam sie die nötigen Unterlagen, und am 24. März ging der Antrag hier ab. Am 9. Mai bekamen wir Nachricht von Warschau, daß unsere Ausreise nach Deutschland genehmigt ist. Mit großer Freude, endlich von dem Joch erlöst zu sein, packten wir unsere Habseligkeiten und fuhren am 25. Mai ab, und am 7. Juni 1950 kamen wir auf dem Delmenhorster Bahnhof an.

Nr. 263

Erlebnisbericht von Hilde Schattenberg aus S l i w n o , Kreis G r ä t z i. Posen.
Original, Dezember 1952, 6 Seiten. Teilabdruck.

Enteignung und Inhaftierung durch polnische Miliz; Arbeitseinsatz bis Kriegsende im rückwärtigen Frontgebiet; persönliche Erfahrungen und allgemeine Verhältnisse während der Zwangsarbeit in der polnischen Landwirtschaft 1945.

Am 27. Januar 1945 kamen die ersten russischen Truppen durch Sliwno, ich verbarg mich die ersten Tage und Wochen, so gut es ging. Am 14. Februar 1945 wurde mir aber das Grundstück, das abseits des Dorfes lag, enteignet. Meine Eltern und ich mußten nun zusammen mit der fünf Personen umfassenden Familie Arnold Weidner in einem Raum zusammenwohnen.

Am 18. Februar 1945 hieß es, in zwei Stunden geht es zum Einsatz, für zwei Wochen Verpflegung und Decken sind mitzunehmen. Mit Gutswagen wurden wir nach Kuschlin gebracht. Die meisten zurückgebliebenen Deutschen aus den umliegenden Ortschaften waren dort, zu Fuß ging es von da weiter nach Neutomischel. Männer über 70 Jahre und Jungen von 14 Jahren waren dabei. Herr Alfred Kroll, Kuschlin, war auch in diesem Einsatz, und ist einer von wenigen Männern, die meines Wissens zurückkamen.

Noch kurz vor Neutomischel wurden viele Frauen und Mädchen zurückgeschickt, und ich war aus Sliwno die einzige Frau, die mit mußte. Es ist unmöglich, die drei Schreckensnächte zu schildern, die wir Frauen in Neutomischel erlebten. Dort war die polnische Miliz schlimmer als die Russen. Es war dort ein russischer Major, der, von russisch sprechenden deutschen Umsiedlern angesprochen, nach Mitternacht etwas Ruhe für uns schaffte. Es ist grauenhaft, wie man uns Frauen mit vorgehaltener Pistole und erhobenem Gewehrkolben bedroht und hinausgeschleppt hat und vergewaltigte.

Nach drei Tagen Arbeit in Neutomischel, Straßenreinigung, im Krankenhaus waschen usw., wurden wir morgens um fünf zur Bahn gebracht (stets unter Bewachung), und wir waren glücklich, als sich der Zug nach Westen in Bewegung setzte.

Wir wurden bis Topper transportiert und mußten dort unmittelbar hinter der Front die Bahnstrecke auf die breitere russische Spur umbauen. Es konnten über 200 Menschen sein, die wir dort arbeiteten, nur einzelne Männer dabei, sonst Frauen und Mädchen. Die mir bekannten Männer der Umgegend von Kuschlin waren schon in Neutomischel von den Frauen getrennt abtransportiert worden. Aus unserer Umgegend waren zwei Töchter von Karl Kutzner aus Kuschlin dabei, Fräulein Steinborn, Dombrowo, Frauen aus Wonsewo, Neufeld usw.

Nachdem wir ungefähr zwei Wochen zwischen Topper und Reppen gearbeitet und niemand mehr etwas zu essen hatte, wurden wir von russischen Soldaten zu Fuß nach Zielenzig gebracht. Dort hieß es, wir sind entlassen und können nach Haus, aber das war ja der Schrecken, ohne Papiere im Frontgebiet, jeder konnte uns festhalten, mitnehmen oder totschlagen, wir waren ja Freiwild.

Wie sah diese Gegend auch Anfang März 1945 schon aus. Überall umherliegende Leichen und Viehkadaver, kein lebendes Vieh mehr zu finden, alles abgeschlachtet oder in Ställen evtl. auf den Feldern verendet vor Hunger. Die zurückgebliebenen Menschen aber hungerten auch. Einige 30 Frauen aus Kuschlin und Umgegend, die genaue Zahl weiß ich nicht mehr, traten dann von Zielenzig den Heimweg an, voran diejenigen, die polnisch sprachen, damit sie den Russen erklären konnten, wir wären Polen und gingen nach Hause.

Täglich 30—40 Kilometer, das war das äußerste, was wir mit unsern wundgelaufenen Füßen schafften. Über Tempel—Meseritz—Kupferhammer kamen wir in Neutomischel nach einigen Tagen alle gut an, obwohl wir noch manche Angst ausgestanden haben, wenn man uns immer wieder festhalten wollte mit dem Bemerken, wir wären von der Arbeit an der Front ausgerückt. Leider haben wir dann die eine Nacht, die wir in einem Bauernhof bei Neutomischel übernachten mußten, dieselben bösen Erfahrungen mit der dortigen polnischen Miliz gemacht wie zuvor auf dem Heimweg. Es sind aus diesem Einsatz die Mädchen und Frauen noch alle nach Hause gekommen, es war um den 10. März 1945.

Aus jenen Tagen über Namen und Verbleib seiner Mitmenschen zu berichten, wird wohl in nur wenig Fällen möglich sein, denn jeder lief um sein eignes nacktes Leben. Bei den Leichen, Soldaten und Zivil, die schon wochenlang gelegen, konnte wohl niemand mehr Personalien feststellen. — Bei der Beerdigung der Leichen brauchte ich nicht mitmachen, doch ich glaube nicht, daß es Russen oder Polen erlaubt hätten, irgendwelche Personalien festzustellen. Man war über Verbleib, Tod oder Leben seiner Bekannten immer nur auf Gerüchte angewiesen. Wir durften uns ja nur 1 Kilometer vom Wohnort entfernen.

Wieder in Sliwno angekommen, mußte ich mit zum sogenannten Flugplatzbau auf dem Gelände des Gutes Brody. Fast eine ganze Woche gingen wir morgens los und kamen die 5 Kilometer des Abends zurück. Dort arbeiteten auch die Polen mit, und es war uns Deutschen kaum möglich, ein Wort miteinander zu wechseln, ohne angebrüllt zu werden.

Die Zeit, wo wir nicht für die Russen arbeiteten, mußten wir auf dem Gut Sliwno landwirtschaftliche Arbeiten tun. Auch meine 66jährige Mutter mußte jeden Nachmittag in der Gutsgärtnerei arbeiten, obwohl der Vater krank und größtenteils im Bett lag.

Von Anfang April bis Anfang Mai mußte ich, sowie auch beide Töchter von Arnold Weidner, täglich nach dem benachbarten Gute Trzianka, dort war auch ein Flugplatz, und wir Deutschen mußten dort die Wäsche waschen, die von der Front mit Fliegern herangebracht wurde. Dort trafen wir auch die Töchter des Bäckermeisters Klinge aus Glupon, auch Frau Minge von dort, deren Mann haben ja die Russen erschossen. In Sliwno wurden Leonhard Weidner, ein Bruder des Arnold Weidner, und Rudolf Rabe erschossen. Gründe unbekannt.

Nachdem der Krieg zu Ende war, mußten wir täglich auf dem Gut in Sliwno arbeiten, doch die ungewohnt schwere Arbeit, die mangelhafte Ernährung und tägliche Angst und Aufregung brachten es mit sich, daß ich bereits im Juni nicht mehr laufen konnte und krank lag. Bekannte Polen gaben uns Geld, daß ich zum Arzt gehen konnte, der mir doch noch einige Medizin verordnete, damit ich mich wieder erholte.

Ein uns bekannter Pole nahm mich im Juli dann zur Arbeit in seine Landwirtschaft, wo ich wenigstens zu essen bekam; dieser wohnte in Duschnik, Kreis Samter. Auf dem Gute weiterzuarbeiten, wäre mir unmöglich gewesen, denn außer Brot und Kartoffeln bekamen wir dort nichts. Milch oder Butter konnten wir uns nicht kaufen. Fleisch oder Zucker auch nicht, denn unser Arbeitslohn reichte kaum für Brot, Salz und Streichhölzer.

Es gab ja auch kaum etwas zu kaufen, denn das Vieh der deutschen Besitzer hatten die Russen im Mai und Juni 1945 alles gen Osten getrieben. Jede polnische Arbeiterfamilie — 1 Kuh, und auf dem ganzen Gut Sliwno — 7 Kühe, 5 Pferde und 20 Ochsen, die sich die Polen noch versteckt hatten, war der ganze Bestand. Auf unserm Grundstück von 26,35 Hektar hatten die zwei polnischen Familien eine Kuh und ein Pferd.

Niemand kann sich vorstellen, wie öde die Höfe wirkten, an eine ordnungsmäßige Bestellung der Felder war 1945 nicht mehr zu denken. Nicht einmal einernten konnten die Polen allein. Man hat die deutschen Familien, denen man schon die Erlaubnis erteilt hatte, über die Oder zu gehen, wieder von Neutomischel, Bentschen oder Reppen zurückgeholt, damit sie auf den Gütern die Kartoffeln und Rüben halfen einbringen.

Ab 1. Juli 1945 war ich dann in Duschnik, Kreis Samter, beschäftigt. Dort hatten die Deutschen etwas mehr Freiheit, wir durften uns sonntags besuchen. Die meisten aus den umliegenden Ortschaften, hauptsächlich alte Leute, waren hier in Duschnik in einem Lager zusammengebracht worden, nur einzelne wohnten bei polnischen Bauern.

Anfang Juli hatten die Deutschen dieser Ortschaften noch ein schreckliches Erlebnis. Im Wald von Bytin unweit Kammthal, Kreis Samter, waren 1939 in einem Massengrab die Polen beerdigt, die von den Deutschen 1939 in Posen abgeurteilt und erschossen wurden. Diese Gräber wurden freigelegt, und die Skeletts mußten von den Deutschen mit bloßen Händen gesäubert werden. Bei Sonnenbrand, ohne Essen und Trinken, unter Schlägen, von denen selbst über 70jährige Frauen nicht verschont blieben, quälte man die Menschen. Erst als sich ein katholischer Geistlicher einsetzte, ließen die Mißhandlungen etwas nach, und man wurde etwas menschlicher.

Nach dem ersten Arbeitstag dort hat es Deutsche gegeben, die sich erhängten, damit sie nicht mehr mit brauchten. Ich blieb dadurch verschont, daß mein Aufenthalt in Duschnik noch allgemein unbekannt war. Meine Schwester Marta Jäkel, die in Kammthal verheiratet war, und ihre Tochter Eleonor sind dabei gewesen.

Die Polen glaubten damals, jeder Deutsche würde nun als lebenslänglicher Arbeitssklave nach ihrem Haß zugrunde gehen müssen, denn, als von meinen zwei Brüdern kurz Nachricht kam, da äußerten selbst anständige Polen, ja, leben können sie schon noch, aber ein Wiedersehn mit ihnen, das gäb es für uns doch nicht mehr.

Wie man mit uns als Arbeitskraft handelte und feilschte, das erlebte ich noch Anfang September 1945. Der russische Kommandant in Duschnik hatte mit einem polnischen Bauern aus Senkowo, Kreis Samter, Pferde gehandelt, der Pole brauchte eine Arbeitskraft, ich wurde vom Kommandanten abgeholt, ohne daß der polnische Bauer, bei dem ich war, etwas tun konnte. Auf der Kommandantur wartete der andre, und ich mußte dorthin. Doch das ließ sich mein erster Arbeitgeber in Duschnik nicht gefallen, und wohl auch aus menschlichen Gründen mir gegenüber holte er mich nach einigen Wochen wieder zurück, nachdem ein andrer Kommandant eingesetzt war, den er nun auf seiner Seite hatte.

Auf den letzten Seiten geht Vfn. auf die erste Ausweisung Dezember 1945 ein und beschreibt dann ausführlicher die eigene Ausreise 1946.

Nr. 264

Erlebnisbericht der E. L. aus P o s e n.
Beglaubigte Abschrift, 17. April 1951.

Das Schicksal einer Deutschen in Posen in der Zeit nach dem Russeneinmarsch.

Einleitend schildert Vfn. das Eindringen der Russen in die Stadt.

Die Polen begannen nun, die Wohnungen zu stürmen und alles herauszutragen, Eßwaren, Koffer, Möbel, und setzten sich selbst in die, die ihnen genehm war. Wir gingen auch wieder in unsere Wohnung, obgleich der Beschuß weiterging. Während wir die Treppe hinaufgingen, traf erneut eine Granate unser Haus, und es splitterte um uns herum.

Schon kam der polnische Hausmeister mit anderen Russen und veranlaßte Mutter und mich, eine Wohnung im Hinterhaus in Ordnung zu bringen, da Russen dort schlafen wollten. Ohne Hilfsmittel mußten wir alles Durcheinander — wir standen bis zu den Knien in Papier und Glasscherben — schnellstens säubern. Die Hände bluteten, es ging nicht schnell genug, der Russe stand mit einer Peitsche daneben.

Es erschien abwechselnd in den Wohnungen polnische Miliz (Polizei), bewaffnet (jeder 15- bis 16jährige Bursche hatte eine Waffe), und Russen. Sie durchsuchten immer wieder die Räume, Schränke und ließen jetzt schon verschwinden, was mitnehmenswert war. Vorerst wurden wir aufgefordert, die Wohnungen nicht zu verlassen. Je länger die Verteidigung von Posen dauerte, desto schlimmer peinigte man uns.

Am 8. Februar wurde ich geholt und mußte mit auf die vor der Stadt liegenden Schlachtfelder (Elsenmühle), um die Toten zu sammeln. Sie lagen dort schon tagelang, die Uniformen durchsogen von Nässe, die Körper schwer. Immer vier Frauen mußten einen Toten nehmen und in die nächsten Panzergräben schleifen. Man hatte uns die Handschuhe weggenommen, und es hieß: „Faßt mal an mit Euren feinen Fingerchen!"

Ohne daß Erkennungsmarken abgenommen wurden, rollten die Körper in die ca. vier Meter tiefen Gräben. Wer ein Schlachtfeld je gesehen hat, wird ermessen können, wie uns der Anblick der Toten seelisch erschütterte. Ich kannte wohl Tote, die friedlich in Särgen schlummerten, aber dies war etwas anderes. Schuhe und Strümpfe waren ausgezogen, die Körper entsetzlich zugerichtet, halb zerrissene Menschen, wie sie die Kugel oder die Granate hingeworfen hatte. Es waren blutjunge Menschen darunter. Wir hatten uns verabredet und wollten anhand der umherliegenden Soldbücher Namen merken, um später die Angehörigen vielleicht benachrichtigen zu können, aber das Aufheben der Papiere war streng verboten, und ich erhielt, als ich ein Soldbuch in Händen hatte, einen Kolbenschlag über die Hände.

Auch die Pferdekörper mußten wir wegschleifen. Seile wurden umgelegt, und wir mußten diese schweren Körper, die auch in Stücken herumlagen, da man verwendbare Fleischteile herausgeschnitten hatte, in nächstliegende Granatlöcher bringen. Es war bei der Kälte und Nässe, dem Schmutz eine schwere Arbeit. Dabei wurden wir dauernden Beschimpfungen ausgesetzt und zur Eile angetrieben. Es fragte niemand nach unserem Hunger.

Auch die Munition mußten wir sammeln, Panzerfäuste zusammentragen, die Landstraßen freimachen, herumstehende Geschütze beiseiteräumen, ebenso Baumstämme zur Seite schieben. Ca. 30 Kilometer schätzen wir an einem Tage zurückgelegt zu haben. Wir zitterten vor Kälte, Schwäche, Hunger. Nach der Arbeit bei einbrechender Dunkelheit wurden wir in das Haus der Miliz (Eichendorffstraße) geführt und dort in Räume ohne Fenster gesperrt, Menschen dicht zusammengedrängt, so daß nicht einmal jemand mehr auf der Erde liegen konnte. Wir drängten uns auch zusammen, da wir froren. Wer einen Mantel hatte, schlug ihn um den Nächststehenden.

In dieser Nacht folgte ein weiteres Erlebnis. Die Milizianten waren betrunken, vor den Türen standen Wachen, nachtsüber wurde einer nach dem anderen herausgerufen. Den Zurückkommenden konnte man nicht fragen, da wir ja nicht wußten, ob unter uns Spitzel waren. Ich selbst kam an die Reihe, nachdem ich vorher geflüstert vernahm: „Man hat mir mein Taschenmesser, meine Uhr weggenommen, man hat mir die Ohrringe herausgerissen!" Ich wurde in einen Gang geführt. Dort saß der sogenannte Kommandant der Miliz vor einem Tisch und forderte mich auf, meinen Schmuck abzuliefern. Als ich darauf hinwies, daß ich keinen mehr hätte, da ihn die Russen weggenommen hätten, wurde ich abgetastet. Man war ungehalten, von mir nichts zu erhalten, und wollte schließlich meinen Wollschal behalten. Auf dem Tisch lugte unter einem ähnlichen Schal Gold und Silber hervor, Uhren usw.; es handelte sich also nur um eine Stehlerei. Ich wurde wieder abgeführt. Durch die Gänge tönte wüster Lärm, Gesang Betrunkener, Trommelwirbel — man feierte. Alles war betrunken, man schlug auch um sich. So verbrachten wir diese Nacht — ich in dem Gedanken an die Mutter, die ja nicht wußte, wo ich war und ob ich wiederkam.

Im Hause der Miliz mußten wir uns nun mit einer Arbeitskarte täglich melden und wurden verteilt. Am 9. Februar hatte ich einen Ruhetag, dafür ging es im Hause hoch her. Es erfolgten dauernd Durchsuchungen der Räume.

Wo nicht geöffnet wurde, d. h. nicht schnell genug, schoß man einfach durchs Schlüsselloch.

In unserer Wohnung war bereits ein Pole erschienen, der behauptete, früher einmal dort gewohnt zu haben. Er ließ sich häuslich nieder. Eine Tante und eine Kusine, die wir inzwischen bei uns aufgenommen hatten, zogen in das Schlafzimmer; ein anderes Zimmer wurde von einer Polin mit Beschlag belegt, die tagsüber und nachts Russen bei sich ein- und ausgehen hatte. Man aß von unseren Vorräten und bestahl uns von allen Seiten.

Wenn wir abends in den Betten lagen, hörten wir schon wieder Schritte die Treppe heraufkommen — es waren immer wieder Russen, die von den Polen in die Wohnungen der Deutschen geschickt wurden. Man schlug mit dem Kolben an die Tür bis geöffnet wurde. Ohne Rücksicht auf die alten Damen, Mutter und Tante, die aus den Betten heraus mußten, wurden wir von den Russen vergewaltigt — immer in einer Hand die Maschinenpistole haltend. Mit Stiefeln und Schmutz lagen sie in den Betten, bis die nächsten kamen. Es ging alles, da ja kein Licht vorhanden war, mit Taschenlampen vor sich, wir wußten nicht einmal, wie die Bestien ausgesehen haben. Am Tage hatten wir schwer zu arbeiten, und nachts hatten wir vor den Russen keine Ruhe.

Ein gewisser Stamm hatte sich bei uns eingenistet, der des Abends erschien, Schnaps und Essen brachte, große Fleischstücke in Kopfkissenbezügen, Zigaretten, Dosen mit Käse, Ölsardinen usw. Das Eßzimmer, ein großer Raum von sieben Metern, war gerade der richtige Platz für diese Gelage, wie die Russen sie bei uns abhielten. Das Sauerkohlfaß wurde geleert, große Schüsseln kamen auf den Tisch, Wassergläser wurden zu Schnaps benutzt, Brot wurde gebracht. Es wurden Polen hinzugeholt, selbst Mutter und die alte Tante mußten mit dabei sein und mit essen und trinken. Das Schweinefleisch wurde von den Russen roh verzehrt und wir aufgefordert, mitzuessen; wir durften uns auch nicht weigern.

Mein Grammophon wurde entdeckt, die Platten wahllos abgespielt und Lärm gemacht, die Nächte durch. Am anderen Tage hieß es dann wieder, schwer arbeiten. Die Russen legten sich dann lang und verschwanden erst gegen Morgen.

Wir Deutschen hatten ja nichts zu sagen, wurden aber immer noch von diesem Stamme ganz gut behandelt. Wenn sie betrunken waren, nahmen sie auch die alten Damen in die Arme und küßten sie. Manchmal warteten wir schon darauf; denn sie brachten wenigstens Essen, das wir sonst nirgends erhielten, und die Vorräte im Hause waren auch im Abnehmen. Es war jedenfalls ein wüstes Durcheinander.

Nun weiter zu dem Verlauf des Tages bei der Arbeit: Zu melden hatten wir uns täglich bei der Miliz, die zur Arbeit einteilte. Im Hause der Miliz, das zu deutscher Zeit Sitz der Hotel- und Gaststättengesellschaft war, wurde ich als Reinemachefrau beschäftigt; ich selbst war eine Zeitlang bei dem ehemaligen Leiter im Unternehmen. Das Haus war völlig verschmutzt, da es tagsüber treppauf und -ab ging. Der Verwalter war der ehemalige Chauffeur des früheren Leiters der Hotel- und Gaststättengesellschaft, der mich gut kannte. Er durfte es aber nicht merken lassen, da er selbst Gefahr lief, als deutschfreundlich bestraft zu werden. Ab und zu nahm er mich in seine Wohnung und gab mir Essen, es durfte aber nur heimlich geschehen.

Die Kanalisation in der Stadt war auf Grund der Zerstörungen nicht in Ordnung, deshalb die Toiletten völlig verstopft und verschmutzt. Diese mußten wir mit den Händen säubern, ohne Hilfsmittel. Der Kot wurde in den Hof geschafft, in Karren geschaufelt und diese von uns auf Müllplätze gefahren. Zu bedenken ist dabei, daß wir uns von dem spritzenden Kot beschmutzten und nicht säubern konnten.

Eines Tages hatte man einem Trupp, der zur Arbeit geführt werden sollte, mit Kreide Hakenkreuze auf den Rücken gemalt, diesen Trupp dann so durch die Stadt geführt, der den Beschimpfungen der Polen ausgesetzt war. Worte wie: „Da gehen die Eier- und Geflügelfresser" fielen, man wurde auch bespuckt und geschlagen.

Abends wurde man wieder zur Miliz zurückgebracht, da hieß es wieder antreten. Es wurde kommandiert „Heil Hitler", und der Chor mußte antworten „Wir danken unserem Führer!" Wenn wir erwähnten, daß wir z. B. ja keine Parteiangehörige waren, sonst wären wir ja längst weg, schrie man uns an: „Ihr seid Deutsche!"

Der Beschuß der Zitadelle durch die Flieger ging ja noch Wochen weiter. Wenn wieder einmal Ruhe eingetreten war, mußten auch Trupps zur Zitadelle und dort die Berge der Toten wegräumen, Soldaten, Zivilisten, alles durcheinander.

Inzwischen war die Miliz in ein anderes, größeres Haus gezogen, das wir wieder in Ordnung zu bringen hatten. Alle Verwüstungen in dem Bau mußten wieder in irrsinniger Eile beseitigt werden. Polen bewachten und Russen trieben sich dazwischen herum, sich hier und da eine deutsche Frau heraussuchend, die in irgendeinen Raum, und sei es die Speisekammer, geschleppt wurde, um vergewaltigt zu werden. Vergewaltigt kann man schon gar nicht mehr sagen, denn die Frauen waren ja willenlose Werkzeuge; eine Verteidigung oder Weigerung gab es nicht, also ließ man es über sich ergehen.

Nun mußte sich auch die Mutter zur Arbeit stellen. Wir erhielten die Karta Kontrolna, die täglich abgestempelt und unterschrieben wurde.

Die Mutter — 72 Jahre — beschäftigte man vor der Stadt auf Müllhaufen. Dort wurden die alten Leute herumgejagt, sie mußten Flaschen und Eisen sortieren, dazu regnete oder schneite es. Es war schmutzig, Kleider konnten nicht gewechselt werden. Als die Mutter einmal Pause machte und sich hingesetzt hatte, weil ihr das Blut aus der Nase lief, kam sogleich ein Miliziant und schrie sie an, wann sie denn weiterarbeiten wollte.

Hier ein nicht uninteressantes Erlebnis: Eine Frau, die Russisch verstand, hörte, als einmal Russen vorbeigingen, diese sagen: „Es ist eine Schande, daß solche alten Leuten bei den Polen arbeiten müssen!"

Eines Tages wurde ich mit meiner Kusine eingeteilt, eine Baracke, in die eine Bombe gegangen war, von der Verwüstung zu säubern, mit ungefähr 15 anderen Frauen zusammen. Wir sortierten Schuhe und Geschirr, trugen Lasten von einer Stelle zur anderen. Dabei bleibt erwähnt, daß wir kein

Essen bekamen und uns von kalten Kartoffeln nährten, die wir erbettelt hatten. Das durfte aber wiederum nur heimlich und verstohlen geschehen, da wir anderen nichts davon abgeben konnten; denn viele schleppten sich nur so vorwärts. Die Bewachung war gewöhnlich betrunken und trieb Schwache mit Schlägen zur Arbeit an.

Vor der Baracke standen an einer Kirchenmauer Särge mit deutschen Toten. Diese Särge wurden umgekippt, die Toten herausgeworfen, die Särge trug man davon. Diese Leichen, die Tage dort gestanden hatten, mußten wir nun in gegrabene Löcher werfen; Beerdigung konnte man diese Handlung ja nicht nennen, denn heute weiß bestimmt niemand mehr, daß dort Menschen verscharrt waren, denn es wurden ja keine Hügel aufgeworfen.

Tote lagen hier und da auf den Straßen oder in den Ecken umher, die dann in Vorgärten usw. verscharrt wurden. Es waren größtenteils Verhungerte, die zusammengebrochen waren.

Bis dahin hatten wir uns — vielleicht für vier Wochen — in unserer Wohnung aufhalten können. Nun kam es anders. Eines Tages erschien ein Beamter des Wohnungsamtes, der uns mit Gebrüll und Drohungen aufforderte, innerhalb von höchstens zehn Minuten die Wohnung zu verlassen. Man schrie und jagte uns umher. Die Mutter, die zu Bett lag, mußte sich ankleiden, ich selbst durfte mir die Skihose anziehen und einen Pullover. Eine Strickjacke wurde mir vom Leib gerissen, selbst der Mutter alte Handschuhe ausgezogen und weggenommen. Eine Decke, einen Löffel und eine Schüssel konnten wir mitnehmen. Ein kleines Handköfferchen mit dem Notwendigsten, das vorbereitet war, riß man mir aus der Hand. Da ich meine Jacke nicht ausziehen wollte, da es ja Winter war, wurde ich im Flur zu Boden geschleudert, vor den Augen meiner Mutter mit Füßen getreten und Faustschlägen bearbeitet, dazu ins Gesicht geschlagen. Andere Polen standen und sahen zu. Die Mutter stand weinend an der Tür, ich stolperte hinterher. Die Treppen wurden wir heruntergejagt und mit anderen Deutschen aus dem Hause im Hinterhaus in einen Kohlenkeller gesperrt, aus dem man kurz vorher die Kohlen herausgeschafft hatte.

Es war ein Raum von ca. 4 × 4 Metern, in dem ungefähr 10 Deutsche eingesperrt wurden. Der Raum war bis auf drei zerbrochene Stühle völlig leer. Wir wurden eingeschlossen und verbrachten eine entsetzliche Nacht in der Annahme, wir würden sicher am anderen Tage erschossen. Das war uns allen aber schon gleichgültig nach den bisher ertragenen Strapazen. Notdurft konnte nicht verrichtet werden. Am anderen Morgen standen wir im Menschenunrat, der Urin wurde mit dem Besen herausgefegt.

Morgens brachte eine Polin aus dem Hause heimlich Suppe und Brot, da ihr alter, über 70jähriger Vater, der Deutscher war, sich unter uns befand. An der Tür des Kellers wurde ein Schild angebracht, auf dem vermerkt war, daß deutsches Sprechen selbst im Keller verboten war. Am anderen Tage organisierten die Männer einen wackligen Tisch, einige alte Drahgestelle. Ich zerknüllte Papier, um wenigstens eine Unterlage für die Mutter zu beschaffen. Mit alten Lumpen um uns lagen wir dann auf dem Boden, wochenlang.

Ferner ist zu bedenken, daß wir weder Handtuch noch Zahnbürste oder Seife hatten und das alles im kalten Monat Februar/März. Geschickte Hände stellten einen winzigen Kanonenofen auf, um etwas Wärme zu erzeugen. Es war entsetzlich schmutzig und völlig dunkel, da der Keller tief lag. Die Fensterluken waren zerschlagen, davor hatte man Karren gestellt, um den Keller dunkel zu halten.

In dem Raum war unter uns eine Tbc.-kranke Mutter mit ihrer Tochter, die dauernd husteten. Am Tage mußten wir wieder zur Arbeit heraus, um am Abend in dieses Loch zurückzukehren. Da saßen wir entweder im Dunkel oder beim Licht eines gefundenen Talglichtstummels.

Des Nachts kamen auch in dieses Verließ Polen und Russen, immer, um zu kontollieren, in Wirklichkeit suchte man aber nur Alkohol und Frauen. Ich selbst verkroch mich hinter der Mutter in den Lumpen, bis sie fort waren, was natürlich nicht immer so ging. Polnische Burschen trieben ihren Scherz mit uns. Man warf Ziegelsteine durch die Fensterluken, Tüten mit Sand und mit Kot gefüllte Hasenfelle. Wir durften uns nicht rühren oder zur Wehr setzen, krochen in der äußersten Ecke eng zusammen, um nicht getroffen zu werden, was aber nicht zu verhindern war. Gingen wir zur Arbeit über den Hof, goß man Wasser über uns. Wir waren vor Quälereien nicht sicher.

Ich lief ständig mit einem Kochgeschirr umher und bettelte Essen zusammen, auch aus polnischen Küchen. Durch Kenntnisse der polnischen Sprache hatte ich mich mit Milizianten angebiedert, die mich durch den Keller in die Milizküche ließen, weil auch mal Mitleid vorherrschte. Hörte ich in nächster Nähe die Bezeichnung „schöne Frau", reagierte ich darauf, nur um die kleinsten Vorteile herauszuholen. Es gab ab und zu einen Wachbeamten, der einem seine eigenen Brote zusteckte, auch Tabak und Zigaretten gab.

Für die, die kein Polnisch konnten, war es schlimm; denn gesprochen und zur Arbeit angetrieben wurde nur polnisch. Wer nicht gleich verstand, wurde geschlagen. Ich selbst konnte behelfsmäßig Polnisch, aber der Warschauer Dialekt erschwerte die Verständigung, jedenfalls erlernten wir die Worte, die wir nicht wußten, durch Ohrfeigen und Schläge.

Da der Hunger immer größer wurde, entschloß die Mutter sich und schlich zu unserer Maria, unserem früheren Hausmädchen, einer Polin, die einige Jahre unseren Haushalt geführt hatte. Sie weinte mit Mutter aus Mitleid, mußte aber selbst den Besuch verheimlichen, um nicht als deutschfreundlich angesehen zu werden; es waren schwerste Strafen ausgesetzt. Diese Polin, die es früher bei uns recht gut gehabt hatte, gab der Muter ab und zu Brot. Etwas anderes hatte sie auch nicht, da sie ja selbst nicht begütert war.

Ich bettelte und sammelte überall Essen zusammen, abends freute ich mich dann, wenn ich der Mutter etwas mitbringen konnte. Es wurde auf dem kleinen Eisenofen gewärmt und schmeckte, was es auch sein mochte. Hatte man Essen übrig, schlich man sich in andere Keller zu Deutschen und brachte es diesen. Man schüttete alles zusammen in einen Topf und kochte alles zusammen, irgendetwas, was ein jeder von der Arbeit brachte.

In einem dieser Keller hauste ein über 70jähriger alter Pastor. Die Frau war infolge der Strapazen umgekommen. Sie war von ihm selbst irgendwo begraben worden. Der Keller war ein enges Loch, in dem ca. acht Personen hausten. Dieser Pastor hielt abends Andacht. Alles saß dicht gedrängt, ungeachtet dessen, daß Ungeziefer von einem zum anderen kroch. Man klammerte sich an irgendeine Hoffnung in der Erwartung einer Hilfe. Es wurde auch gesungen, doch Zwischenfälle mit den Polen hatten sich hier nicht gezeigt. Der Keller in der Eichendorffstraße — früher Kaiser-Friedrich-Straße — lag schräg gegenüber der ehemaligen Lukaskirche, die erhalten geblieben war, so daß wir die Polen beim Kirchgang ständig beobachten konnten. Man hatte die erhaltenen deutschen Kirchen schnell in polnische umgewandelt.

In Verbindung hieran möchte ich erwähnen, daß wir kein Verständnis dafür aufbringen konnten, daß die Polen, angetan mit unserer Garderobe, ihre Kirchen besuchten. Mutter und ich begegneten Polinnen, die unsere Pelze trugen, Schuhe, Handtaschen usw. Sie gingen zu ihren Dankgottesdiensten. Wir blickten manch einer nach — sagen konnten wir ja nichts — und schüttelten verständnislos den Kopf. Der Pole gilt als guter Katholik, hier konnten wir aber nicht zurechtfinden, auf der einen Seite stehlen, auf der anderen danken.

In dem Hause der Miliz war ein großer Raum, in dem wir täglich antreten mußten, alt und jung, um zur Arbeit eingeteilt zu werden. Es herrschte auch hier Unsauberkeit, es stank förmlich nach Unsauberkeit und Krankheit. Da saßen und hockten auf der Erde Gestalten, krank, verkommen, Menschen konnte man sie schon gar nicht mehr nennen, darunter Kinder, zehn oder zwölf Jahre, mußten mit zur Arbeit. Jungs wurden besonders geschlagen, weil man in ihnen Hitlerjugend sah. Die Alten wirkten noch älter, weil sie, wie auch Mutter, ihr Gebiß nicht trugen in Angst, daß es weggenommen werden konnte. Man schreckte auch nicht davor zurück, Brillen wegzunehmen, nur weil Gold daran war. Manche Alten tasteten wie blind umher. In dieses Haus kamen Russen und Polen und wählten sich die Arbeitskräfte aus — Waschfrauen, Reinemachefrauen, andere Arbeitskräfte zu Transportarbeiten usw.

Waren wir Waschfrauen bei den Russen, bekamen wir eigentlich immer Essen, auch schon vor der Arbeit. Die Wäsche war verlaust, die Läuse mußten von uns abgesucht werden. War die Wäsche trocken, liefen die übrigen Läuse immer noch darauf herum. Es war eine schwere Arbeit. Hier hatten wir auch die Gelegenheit, uns selbst einmal zu waschen. Übriggebliebene Waschmittel verteilten wir unter uns und waren glücklich über ein Stückchen Seife.

Eines Tages, als wir wieder auf Arbeit warteten, ging die Tür auf, und herein kamen unter russischer Bewachung ungefähr zehn ganz alte Männer. Man hatte sie aus Reppen zu Fuß hergetrieben, sie stammten aus einem Altersheim. Das war ein trauriger Anblick. Manche waren unterwegs verendet, weil sie nicht weiter konnten. Diese Menschen waren verschmutzt, bluteten, sie waren so hilflos, Angst in den Augen, es war erschütternd. Manch einer fiel gleich zur Erde; sie erwarteten Hilfe, wo wir doch selbst nicht helfen konnten.

Es wurde ein Topf mit Essen herbeigeschafft, die zitternden Hände griffen danach. Ich sehe mich noch heute auf der Erde knien vor einem dieser Alten und versuchte, ihm löffelweise Speise einzuflößen. Er starrte vor Schmutz und Blut. Diese Blicke des alten Mannes werde ich nicht vergessen. Am anderen Tage war sein Platz leer, er war inzwischen gestorben und wie andere irgendwo verscharrt. Sogar ein über 80jähriger war dabei. Wir steckten ihnen Brot zu, Tabak, Streichhölzer, damit sie auch mal ihr Pfeifchen rauchen konnten. Wenn es uns allen auch schlecht ging, galt unsere Sorge doch diesen Alten. Wenn ich morgens hereinkam, kamen sie mir schon entgegen, einer rief schon immer: „Da kommt unser Engel." Sie hausten dann in verschiedenen Kellern, einer starb nach dem anderen, bis auf einen, der zusehends abmagerte — ich sah ihn dann nicht mehr, er war auch sicher irgendwo verendet. Namen wußten wir allerdings nicht, daran dachte niemand, solche auszutauschen. Ich weiß nur, daß es vornehmlich pensionierte Beamte waren, auch aus Berlin stammten einige.

Der Hunger ging jetzt erst recht los. Wer sich nicht traute und hilflos war, verdarb. Bekamen wir mal einen Teller oder eine Schüssel Suppe aus der Küche der Miliz und hatten einige Löffel gegessen, fühlte man schon die Blicke der nächsten, die darauf warteten, weiter essen zu können. So wanderte die Schüssel mit dem gleichen Löffel von Hand zu Hand, damit ein jeder wenigstens etwas bekam. Blieb aus dem hereingestellten Bottich etwas übrig, wurde es in alte Konservendosen getan und mitgenommen. Wir schlichen uns in diesem Hause auch auf einer Hintertreppe in den Keller, wo die Küche war, und erhaschten mal eine Kelle, die hastig auf der Kellertreppe gelöffelt wurde.

Eines Tages, es war noch im Februar, mußte ich mit anderen zum Zoologischen Garten, um hier die toten Tiere zu begraben. Der Erdboden war hart gefroren, mit Spitzhacken mußten wir eine große Grube hacken. Um uns herum war Bewachung polnischer Miliz, wir durften nicht einmal verschnaufen. Als das Loch schon tiefer war, verkrochen wir uns hinter Sandhaufen, um uns einige Minuten zu erholen. Die Russen schlichen auch hier herum und holten sich die Frauen weg; denn die Polen hatten ja nichts zu sagen. Man nahm die Frauen vor, wo es auch war, andere schauten zu. Selbst bei der Reinigung der Tierkäfige passierten solche Dinge, es war ja kein außergewöhnlicher Anblick.

Allmählich kam der Russe aber dahinter, daß der Deutsche arbeiten konnte, die Polen aber nicht wollten, wie sie selbst sagten. Dann gab es die Möglichkeit, sich zu beschweren, wenn wir bei der Arbeit von den Polen geschlagen wurden. Es passierte eines Tages, daß Russen mit Knüppeln bewaffnet kamen, um die Polen zu suchen, die am Tage vorher einige Frauen geschlagen hatten.

Zwischendurch begegnete man hin und wieder, wenn man zur Arbeit geführt wurde, einem Trupp deutscher Kriegsgefangener. Wie sahen diese aber aus, Glieder und Köpfe mit blutigen Lappen umwickelt, auch die Füße in Lumpen steckend, viele schleppten sich nur so vorwärts. Niemand gab ihnen Essen, wir wechselten nur verstohlene Blicke und gaben uns durch Flüsterrufe als Deutsche zu erkennen. Wir durften aber nicht zusammen sprechen.

Mutter selbst war eines Tages mit Zeuge, wie Russen einen Trupp Gefangener mit Knüppeln vor sich hertrieben, es war in der Saarlandstraße, die belebt war. Sie fielen hin, standen auf und wurden wieder blutig zu Boden geschlagen. Dieser Anblick war erschütternd. Die eigenen Kameraden durften ihnen nicht helfen.

Eines Tages mußte die Mutter mit anderen Frauen ein Kasino säubern, d. h. die Kellerräume von Unrat befreien. Verfaulte Lebensmittel, die schon stanken, mußten rausgeschafft werden. Dabei wurden die Frauen eingeschlossen, die jungen Burschen ließen sie antreten und plünderten sie noch aus; denn dann fand man immer noch mal einen Trauring oder Füllfederhalter oder Taschenmesserchen. Sie stießen die Frauen mit Kolben ins Kreuz, wenn es nicht schnell genug ging.

An einem anderen Tage mußte die Mutter mit drei anderen Frauen in ein Haus, um dort zwei in einem Zimmer liegende, in Lumpen gewickelte Frauenleichen wegzuschaffen. Sie waren angeblich an Typhus gestorben. Sie wurden auf einen Kastenwagen geschleppt und zur Bunkerstraße auf einen Friedhof gefahren. Hier mußten sie wieder abgeladen werden und kamen so, wie sie waren, in ein Erdloch. Weil es nicht schnell genug ging, gab es wieder Schelte und Schläge.

Es lagen immer noch Leichen umher, in Kellern oder auf offener Straße, auch in Baracken. Furchtbar anzusehen, Elendsgestalten, wirres Haar, vornübergefallen. Wir flüsterten uns mitunter zu: „Gestern hat sie sich noch bewegt, heute scheint sie schon tot zu sein." Hatten sie Tage gelegen, wurden wir wieder mal geholt und mußten sie verscharren, wo sie gerade lagen, und wenn es ein Vorgarten war. Es waren immer wieder alte Leute darunter, die eben verhungert waren. Fragte man [die noch Lebenden] nach Angehörigen, hieß es: „Ich weiß nicht, mein Sohn oder meine Tochter waren auf einmal verschwunden."

Eines Tages lag ein Mann vor dem Hause der Miliz, ein Deutscher, der sich vom Dach gestürzt hatte. Wir mußten in einem Vorgarten daneben ein Loch schaufeln, ihn hineinlegen, wieder herausholen, weil man ihm noch die Jacke auszog, wieder hineinlegen. Ein anderer holte ein Messer heraus und schnitt das Gebiß heraus, weil er „Gold" entdeckt hatte.

Inzwischen waren wir umquartiert worden in die Eichendorffstraße, weil wir es in dem ersten Keller nicht mehr vor Quälereien aushalten konnten. Mit Hilfe meines polnischen Arbeitgebers erhielten wir diese Unterkunft. Hinunter führte eine klapprige Stiege, alles völlig dunkel. Es gab sogar einen Küchenraum mit einem elenden Herd, alles wieder schwarz und schmutzig, die Fenster waren etwas größer. Hierher schleppten wir unsere Habe, die wir inzwischen zusammengestohlen hatten, wie alte Stühle, Strohsäcke, Tische, ein Gestell von einem Kleiderschrank.

Hinzu kamen noch einige andere Deutsche, die keine richtige Bleibe hatten, darunter ein früherer Bekannter, den ich in einem anderen Keller entdeckt hatte, mit Namen F., ich hatte früher dienstlich mit ihm zu tun. So sahen wir uns wieder. Er zog mit in unseren Keller und organisierte allerhand, Bretter zum Feuern usw. Er war bei uns untergekrochen, weil er seine Uniform vertauscht hatte, wie so viele andere Soldaten, mit Zivilsachen. Sie waren aber immer in Furcht, doch eines Tages entdeckt zu werden.

Aber auch in diesem Keller hatten wir keine Ruhe vor Untersuchungen und Kontrollen der Miliz und der Russen. Es schlug nachts mit dem Kolben an die Türen und schlich mit Taschenlampen an den Fenstern vorbei. Mitunter setzten sich diese Kontrollen im Keller fest, hielten sich Stunden auf, tranken und rauchten und störten sich nicht daran, daß wir schlafen wollten, da wir am anderen Tage schwer arbeiten mußten.

Sogar einen Strohsack nannte ich jetzt mein eigen. Unser neuer Hausgast hatte mir diesen vermittelt, Mutter ging mit meiner Kusine zu einer Mauer, über die an einer bestimmten Stelle dieser von den Russen stammende Strohsack fiel. Es hieß nunmehr: „Ich schlafe wie das Jesuskind 'auf Heu und auf Stroh'" — man war also königlich gebettet.

Aus einem Müllhaufen auf dem Hof hatte Mutter eine verrostete Bratpfanne ausgebuddelt, auch Ofenringe fanden wir, so war unsere Feuerstelle bald vollkommen. Nun konnten wir auch Wasser wärmen, und wenn man so sagen will, Wäsche waschen. Diese hing an Stricken über uns.

Inzwischen hatte ich auch erreicht, daß Mutter von der Arbeit befreit wurde. Der nunmehrige Kommandant der Miliz, der Mutter und mir irgendwie wohlgesonnen war, was er aber nicht offensichtlich zeigen konnte, fing an, uns zu unterstützen. Ab und zu hatte er die Mutter wieder nach Hause geschickt und mich auch nicht mehr zu so schwerer Arbeit eingeteilt. Er vermittelte eine Verbindung zum Arzt des Arbeitsamtes. Wir mußten allerdings Stunden und Tage warten, bis wir dran waren, da erst die Polen abgefertigt wurden. Es stellte sich heraus, daß die Frau des Arztes, die Tochter des früheren Hausarztes meines Großvaters, aus Schmiegel stammte; so hatte ich wieder eine Chance, die wertvoll wurde.

Ich erhielt die Befreiung meiner Mutter von der Arbeit, einige Male erschien noch Miliz und wollte sie zur Arbeit holen, aber ihre Bescheinigung galt dann doch. Sie blieb nun im Keller, stopfte auch Strümpfe für eine polnische Familie, von der wir einige Lebensmittel erhielten. Sie mußte aber über jeden Faden Stopfgarn Rechenschaft ablegen.

Eines Tages mußte ich mit einer Polin mitgehen, die ein Dienstmädchen suchte. Zu Hause angekommen, herrschte sie mich gründlich an und fing an, mich zu jagen, ich sollte mit einem Eimer Wasser erst einen Ofen und anschließend ein weißes Bett säubern. Als ich nur dazu meinte, daß ich es umgekehrt machen wollte, herrschte sie mich an und legte das als Arbeitsverweigerung aus. Sie schlug mir ins Gesicht. Wiederschlagen oder verantworten durfte ich mich ja nicht, ich ballte die Hände in meinen Hosentaschen zu Fäusten, mein Blick sagte ihr wohl genug, sie schlug sinnlos auf mich ein und schleppte mich zur Miliz, wo sie im Zimmer des Kommandanten verschwand und sich laut schreiend über die unfolgsame Deutsche beschwerte. Die Tür ging auf, und ich mit meinem Bündel in der Hand wurde vorgeführt. Ich sah den Kommandanten vor mir, der nur sagte: „Sie? Was höre ich von Ihnen!" Ich verstand noch, wie er zu der Polin sagte, ich sei doch eine intelligente Frau und er könnte sich so etwas von mir nicht denken. Aber er mußte der Polin recht geben und versprach, mich zu strafen. Sie rief beim Hinausgehen noch: „Der Stolz muß dieser Deutschen ausgetrieben werden!"

Noch am gleichen Tage erhielt ich einen Dienstmädchenposten bei dem Leiter der „Izba Przemysłowo-Handlowa", das war die polnische Handelskammer. Auch hier wurde ich nicht freundlich empfangen. Es waren Riesenräume, die ich zu säubern hatte. Der Haushalt umfaßte zehn Personen. Morgens zeitig mußte ich an der Arbeitsstelle sein. Ich wurde den ganzen Tag gejagt, es hieß nur immer „schnell, schnell".

Ich mußte Arbeiten verrichten, die ich meinem früheren Hausmädchen nie zugemutet hätte. Ich saß nur kurz beim Essen, um mich zu stärken. Ich mußte kniend die Fußböden Strich für Strich abreiben, abwaschen, Wasser straßenweit schleppen, weil ja die Leitungen nicht in Ordnung waren, fast täglich Teppiche klopfen, vor dem Essen allein mehrere Male abwaschen und kochen, die schwere Wäsche waschen — eine Arbeit, die ich in der Form nicht gewohnt war; denn es waren immerhin vier Männer im Haushalt. Wenn ich noch an die vielen Oberhemden und die Bettwäsche denke, graust es mich noch heute. Neben der Waschwanne stand die zigarettenrauchende Polin und räsonierte, riß mir auch mal ein Stück aus der Hand, weil ich es nicht so handhabte, wie sie es eben wollte. Es war ein Martyrium. Tagsüber hielt ich stand, aber wenn ich abends die Treppe hinunterging, fingen die Tränen an zu rollen.

Auf der Straße auf einem Eckstein sah ich dann die Mutter sitzen und auf mich warten. Auch sie trug stets eine Tasche bei sich, in der sie Holz und alles Verwendbare sammelte.

Auf dem Hof der Handelskammer waren Russen mit Pferden untergebracht — einfache Soldaten. Sie kamen mir schon entgegen und fragten: „Warum weinst Du, Frau?" Ich sagte, daß die Polen schlecht zu mir seien. Sie trösteten mich, indem sie mir irgendetwas, vielleicht eine Kohlrübe von ihren Pferden oder ein Stück Brot schenkten, oder wenn sie mich kommen sahen, liefen sie mir entgegen, um mir zu erzählen, daß sie der Mutter schon etwas gegeben hätten. Da fand ich dann in ihrer Tasche etwas gehacktes Holz oder ein Riesenstück Kohle usw.

Auf dem Hof arbeiteten auch Kriegsgefangene, die Holz hackten. Wir durften uns auch unterhalten und steckten uns gegenseitig Essen oder Zigaretten oder Tabak zu. Namen wurden aber nicht ausgetauscht, dazu blieb auch gar keine Zeit. Von den Russen wurden sie aber gut mit Essen versorgt. Sie stammten aus dem Lager Glowno vor Posen und Demsen.

Ich mußte nun froh sein, wenn ich auch außerordentlich schwer arbeiten mußte, daß ich bei diesen Polen reichlich zu essen bekam. Es wurde gut und fett gekocht. Morgens bekam ich gleich Frühstück in Form einer Mehlsuppe und Brot. Allmählich entdeckte die Polin aber doch eine gewisse

Geschicklichkeit und verwandte mich auch zu Stopf- und Näharbeiten, die ihr außerordentlich gefielen. Sie hatte zwei Söhne, 15 und 16 Jahre alt, die sehr häßlich zu mir waren. Wenn nicht vor der Mutter, so ärgerten sie mich heimlich, wo sie konnten. Sie haßten die Deutschen in ihrer Jungenart. Sie verschmutzten ihre Oberhemden absichtlich mit Tinte und beschmierten sich. Sie ließen auch allerhand herumstehen, verstreuten Schuhe und Putzzeug in der Küche. Sie sollten mir Holz hacken, taten es aber nicht, oder taten nur so. Dazu mußte ich auch noch das Futter für ihre Angorakaninchenzucht zubereiten, wobei ich immer in Angst war, daß den Tieren mal was passieren konnte und ich schuld daran sei. Die Burschen warfen mir auch ungezogene Bemerkungen und Blicke zu — das alles mußte man über sich ergehen lassen. Ich konnte ihnen ja keine herunterhauen. Es wurde unerträglich, und ich sagte es eines Tages doch der Mutter, d. h. meiner Arbeitgeberin, die die Jungen ins Gebet nahm. Sie war eine sehr gläubige Katholikin und sah allmählich doch den Menschen in mir. Sie fing an, Gespräche mit mir zu führen, sprach auch deutsch, und eines Tages bat sie mich, meine Mutter mitzubringen, die ihr helfen sollte stricken und stopfen.

Das war nun wieder ein Fortschritt. Wir durften aber nicht zusammen zur Arbeit gehen; denn es war für Deutsche verboten, Dienstmädchen zu sein, um sie nicht in den Genuß von Essen kommen zu lassen. Ebenso wurden die deutschen Frauen, die in anderen Küchen Kartoffeln schälten oder andere Arbeiten in der Küche verrichteten, allmählich entlassen. Mutter saß nun in der Küche im Erker und stopfte, nähte und half mir auch beim Abwaschen. Es kamen auch viele Besuche von auswärts, die zusätzlich Arbeit verursachten. Aber das nahmen wir hin, denn wir bekamen Essen, und in meinem Kochgeschirr, das mich immer noch begleitete, konnte ich den Rest aus den Töpfen mitnehmen. Ab und zu schenkte sie mir auch ein Brot.

Wir erhielten wohl Lebensmittelkarten, aber „nur" für Brot, alles andere war durchgestrichen. Das waren 4 Brote im Monat je 1 000 Gramm. Hier hatten wir auch Gelegenheit, uns in der Badestube zu säubern oder in der Waschküche auch mal das Haar zu waschen. Wir hatten doch keine Wäsche zum Wechseln, seit Wochen und Monaten das Zeug am Leibe, Tag und Nacht. Wuschen wir unser Hemd, gingen wir, bis es trocken war, ohne. In der Wohnung lief ich barfuß oder in Holzpantoffeln. Meine Skihose, die ich immer am Leibe trug, konnte ich inzwischen auch mal waschen und erhielt von der Polin ein altes Kleid, das mir kaum bis zum Knie reichte. Es war ein komischer Anblick, und oft dachte ich, wenn mich so meine alten Bekannten sähen.

Im Garten gab es außerdem viel Arbeit, es wurde gesät und gegossen; da wir selbst immer einen Garten hatten, fiel mir auch diese Arbeit nicht schwer, und man lobte mein Geschick. Schwierig war nur, daß ich die Wäsche an Waschtagen allein in den Garten schleppen mußte. Fing es an zu regnen, passierte es, daß ich mehrere Male rauf und runter mußte.

Profitiert habe ich dabei, d. h. beim Kochen, die Warschauer Küche. Wenn ich erwähne, daß ich für zehn Personen, wenn es Klöße gab, 140 bis 150 Pirogen zu formen und zu kneten hatte, wird man sich ein Bild von der Küchenarbeit machen können. Beim Kneten des Teiges aß ich mich schon satt. Mit der Zeit kochte ich dann auch reichlich, da ich wußte, daß ich das Übriggebliebene mitnehmen konnte. Vieles mußten wir heimlich verzehren, der Hunger war ja immer da, und zuhause hatten wir sonst nichts; zu kaufen gab es nichts, da wir ja über Geld nicht verfügten. Ich bedauerte nur das Essen, das auf den Tellern blieb. Die Jungen taten es absichtlich, manschten darin herum, nur daß es nicht mitgenommen werden konnte. In meinem Abwaschtisch hatte ich unter dem Geschirr eine Tasse stehen, in die ich schnell etwas Brühe, die es täglich gab, hineintat, das schmutzige Geschirr drüber, und trank sie dann heimlich aus. Man wurde mit der Zeit gewitzt und fing an zu stehlen. Das mitgenommene Essen mußten wir aber irgendwo verzehren, da die anderen Deutschen im Keller gierig auf Essen schauten, soviel aber nicht abzugeben war. In den Kellern besuchten wir uns aber immer noch heimlich. Man war in Ungewißheit, was überhaupt aus uns werden sollte. Wir glaubten immer an eine Hilfe der anderen Mächte.

In einem dieser Keller wohnte ein Baron v. W. mit seiner Frau und seinem neugeborenen Kind. Oft fand ich den Baron am Waschfaß stehend und Kinderwäsche waschend. Es war aber doch eine Erholung, einmal andere Gespräche zu führen. So stellte sich an einem Tage, als ich einige Fotos zeigte, heraus, daß der Baron ein früherer Vorgesetzter meines zweiten Bruders war, der als Oberleutnant mit ihm früher zu tun hatte. So war die Verbundenheit noch wesentlicher zu spüren. In diesem Keller wurde auch der Plan zur Flucht gelegt. Man erwog vieles; wir wollten uns mit diesem Ehepaar und einer Lehrerin zusammentun und etwas gemeinsam unternehmen. Auch der Baron hatte die Sympathien des Kommandanten der Miliz, diese mußten wir ausnutzen. Der Baron hatte noch Wertsachen retten können, so daß es ab und zu dort ganz gut zu essen gab.

Wir mußten endlich aus diesen Verhältnissen heraus, denn es wurde immer unerträglicher, und der Winter nahte. Ich bekam jetzt oft Nervenanfälle und stürzte laut schreiend mit den Rufen: „Ich kann nicht mehr", an Mutters Bett, wir hielten uns umschlungen und hofften auf Gottes Hilfe in irgendeiner Form. Wir hatten ja seit Monaten keine Verbindung mit unseren Angehörigen, die uns schon für umgekommen hielten. Es waren verzweifelte Stunden, die nicht zu schildern sind, immer wieder Ausbrüche der Verzweiflung, daß man sich dem Wahnsinn nahe glaubte. Schon sich auf der Straße zu bewegen, war schrecklich. Die Deutschen waren schon an den Lumpen und am Ungepflegtsein zu erkennen. Wir konnten uns ansprechen, weil wir schon wußten, daß derjenige eben ein Deutscher war. Ich hatte Schuhe an den Füßen, aus denen die Zehen sahen, Mutter ging es ebenso, tagtäglich bei der Arbeit und beim Schlafen immer das gleiche Zeug am Leibe.

Schließlich wurde ich eines Tages zum Kommandanten der Miliz bestellt, der meinte: „Wie laufen Sie denn rum?" Er ließ aus meiner Wohnung ein altes Kostüm und ein Kleid holen. Ich war am nächsten Tage zur Miliz bestellt, wo er es mir übergab, d. h. die Sachen hingen an der Wand, und er sagte: „Drehen Sie sich mal um." — In dieser Zeit lief der Film „Maidanek"¹) im Kino. Ich hätte ihn wohl gern gesehen, vor allem, was man da zeigte, und sagte es dem Kommandanten. Er wollte mir erst einen Milizianten mitschicken, kam dann am nächsten Tage aber selbst mit. Ich mußte mich „fein" machen, bekam von meiner Arbeitgeberin eine Handtasche geborgt und sogar einen Hut auf. Er verbot mir das Sprechen im Kino, das von Polen und Russen besucht war. Es waren Aufnahmen des Lagers, u. a. das Verhör der Bewachung durch die Russen im Film gezeigt. Es sprachen auch Häftlinge verschiedener Nationen. U. a. sah man die Räume mit der Kopfschrift „Badeanstalt". die als Vergasungsräume erklärt wurden. Man sah Berge von alten Kleidern und Schuhwaren usw. Ich saß wie auf Kohlen, und als ich nach dem Kino von dem Kommandanten der Miliz nach meinem Eindruck gefragt wurde, meinte ich „Propaganda"²) — da dachte ich, ich werde gefressen. Wenn er bis dahin auch ruhig war, machte er mir in scharfen Worten klar, daß es sich hier nicht um Propaganda sondern um Tatsachen handele. Er wollte von mir als Frau den Eindruck wissen, den ich mich zu sagen nun hütete, und um die Sache herumging. Es war immerhin von mir ein gewagtes Unternehmen.

Vergessen hatte ich noch aus den Anfangstagen, als ich einmal mit einem Wagen zum Kohlenverladen zur Warthe in die Umgebung des Kernwerks gefahren wurde. Der Anblick dieser Gegend war unheimlich, alle Bäume der Grünanlagen waren geknickt, ein wüstes Durcheinander, Tote in Unmengen, die wir auch zusammenzutragen hatten. Wagenkolonnen standen dort, die beladen wurden mit Vorräten aus dem Inneren der Zitadelle. Polen darunter, die sich hier und da Säcke organisierten. Auch hier wurden wir herumgejagt, es war dasselbe Geschehen wie vor Elsenmühle auf den Schlachtfeldern.

Jedenfalls konnte es nicht mehr so weitergehen, es mußte irgendwie eine Änderung eintreten.

Eines Tages schmuggelte ich mich wieder einmal in die Räume der Miliz. Ohne polnische Sprachkenntnisse konnte man da gar nicht hinein, aber ich beobachtete die davorstehenden Posten, von denen ich ja einige kannte, und nutzte die Gelegenheit einmal aus. Ich bat innigst um Hilfe oder um Rat. Es war alles so gewagt, denn ich konnte ja keinen Verdacht der Deutschfreundlichkeit auf ihn werfen, er war selbst ständig in Gefahr. Er sagte mir

---

[1]) Der Film „Maidanek" behandelt Vorgänge und Zustände in dem Ende 1941 unter dem NS.-Regime im damaligen „Generalgouvernement" errichteten Konzentrationslager Maidanek, Bezirk Lublin, auf der Grundlage der Ermittlungen der „polnisch-sowjetischen außerordentlichen Kommission zur Untersuchung der deutschen Greueltaten im Vernichtungslager Maidanek," deren Berichte dem Internationalen Militärgerichtshof im Nürnberger Prozeß gegen die Hauptkriegsverbrecher als Beweismaterial unter D: USSR.-29 vorgelegt und vom russischen Anklagevertreter während der Verhandlungen im Februar 1946 wiederholt zitiert wurden. — s. „Der Prozeß gegen die Hauptkriegsverbrecher vor dem Internationalen Militärgerichtshof, Nürnberg, 14. November 1945 — 1. Oktober 1946." Amtlicher Text in Deutscher Sprache. Nürnberg 1949, Bd. VII, S. 419, 497 f., 621 f., 648 f.

[2]) Diese Äußerung der Vfn. ist offenbar als Reaktion auf die Ungeheuerlichkeit der ihr eben vorgestellten Greuel zu verstehen, die dem deutschen Volk unter dem NS.-Regime bis Ende des Krieges unbekannt geblieben waren.

nur rasch: „Sie müssen raus, ehe andere Bestimmungen kommen!" Er wies mir einen Weg zur russischen Kommandantur, bezeichnete mir einen Dolmetscher, der mir helfen würde.

Wieder ein gewagtes Unternehmen. Erst mal in diese Kommandantur hineinzukommen. Zusammen mit Herrn v. W. gelang es mir. Wir fanden auch den Russen, der etwas deutsch sprach. Er sah äußerlich nicht sehr versprechend aus, ein dunkler, jüdischer Typ. Wir stellten unsere Bitten und erhielten eine Bescheinigung mit einem russischen Stempel, auf der die Berechtigung zum Reisen in die Heimat stand. Allerdings stand oben in der linken Ecke des Scheines ein Hinweis zum Transport in ein Lager bei Bromberg mit Nummernangabe. Auf meine erstaunte Frage, warum denn nun wieder über Bromberg, meinte er: „Intelligente Frau, jeden Tag irgendein Güterzug nach Berlin" und faßte sich dabei an den Kopf. Wir zogen glücklich und voll Dank ab. Da das Datum auch noch unten auf dem Schein stand, knifften wir den Kopf des Zettels ab, so daß nur der Text zu lesen und von Lagertransport nichts mehr zu finden war. Auch mein Arbeitgeber gab mir eine Bescheinigung der Handelskammer mit gleichem Text und polnischem Stempel.

Auch meine Arbeitgeber hatten Verständnis für unsere Lage, und sie versprachen, uns zu helfen, und da, wie ich schon erwähnte, sie sehr fromm waren, wollten sie auch menschlich handeln.

Es ging nun in diesen Tagen recht rasch. Wir verschwanden aus unserem Keller — es durfte niemand etwas von unserem Vorhaben merken, denn wir konnten ja nicht in einem Trupp abziehen, so schrecklich es auch war. Von dem Ehepaar K., bei denen ich also arbeitete, wurden wir für einige Tage in der Waschküche versteckt, die auf dem Boden war. Es wurde sogar ein Bett aufgestellt. Wir wurden noch mit Proviant ausgestattet, und eines Tages waren wir auf dem Wege zum Bahnhof, einige Habseligkeiten in einem Sack bei uns. Der Chauffeur meines früheren Chefs brachte mich mit Mutter zum Bahnhof, wo wir uns mit v. W., Frau, Kind und der Lehrerin trafen. Er sollte uns eventuell durch die Sperre bringen, falls wir als Deutsche nicht durchgelassen werden sollten.

Ich sehe uns noch heute dort stehen und die Gelegenheit abwarten. Diese ergab sich auch, als ein Streit mit Russen und dem Bahnbeamten anfing. Wir nutzten diese Gelegenheit aus, wiesen unsere russische Bescheinigung vor und waren durch mit Hilfe des Russen. Es fuhr aber kein richtiger Zug nach dem Westen, es standen wohl allerhand Güterzüge umher, hier und da voller Menschen, darunter viel Zigeuner.

Wenn wir auch in Lumpen gingen, sah man uns doch den Deutschen an. Schließlich fanden wir einen Zug, der nach dem Westen fahren sollte. Es wußte eigentlich keiner so richtig Bescheid, aber wir wagten es, kletterten in eine Güterwagenlore, ab ging es, immer ruckweise vorwärts. Auch der Kinderwagen kam mit dem Säugling drauf. So fuhren wir, immer von einem Zug auf einen andern kletternd, stückweise weiter und langten in Bentschen an. Hier war es schrecklich, ein Menschengewühl, Gefangene, Polen, Frauen und Kinder, alles durcheinander. Unsere letzten Habseligkeiten hatte man inzwischen auch schon gestohlen. Wenn man sich umdrehte, war das Bündel weg.

Nun bestand hier die Gefahr, durch Russen revidiert zu werden. Wir schmuggelten uns zwischen Polen und baten diese, uns vor den Russen zu verbergen, denn sie sortierten hier alte und arbeitsfähige Kräfte. Da bestand die Gefahr, daß ich von der Mutter getrennt werden sollte. Es war schrecklich, eigentlich die furchtbarsten Minuten. Mutter bekam Weinkrämpfe, ich hatte Mühe, sie zu beruhigen, hielt ihr den Mund zu, um die Aufmerksamkeit von uns abzulenken. Man suchte — es waren die unheimlichsten Minuten, zu schildern vermag ich sie nicht.

Bei Tagesgrauen kletterten wir dann gemeinsam mit v. W., die wir inzwischen auch mal verloren hatten, auf einen andern Güterzug, der sich endlich auch in Bewegung setzte. Wir fuhren, es war im August 1945, durch menschenleere Gegenden, ein Niemandsland ohne Lebewesen, zerschossene Dörfer, überall Ruinen, eine brennende Hitze. Es war ein Zug, der als Kopfwagen einen Güterwagen hatte mit russischer Besetzung. Das Kind der v. W. war unsere Rettung; die Russen kletterten während der Fahrt auf unseren Wagen, es waren Plattenwagen ohne Halt, der Kinderwagen war festgebunden, sahen unsere Bescheinigung und taten uns nichts. Sie erlaubten sogar, daß für das Kind auf einem Ofen in ihrem Wagen die Milch warm gemacht wurde. Auch Polen kletterten, wenn wir irgendwo hielten, auf den Wagen. Da zeigten wir unsere polnische Bescheinigung. Es war aber doch aufregend, man wußte ja nie, ob man wieder zurück mußte.

Unterwegs hielt der Zug wieder mal Stunden, da liefen wir weiter und kletterten wieder mal auf einen anderen. So kamen wir schließlich auf den letzten Zug, auf dem wir dann auch in Berlin - Kaulsdorf landeten.

Im Anschluß an ihren Bericht schildert Vfn. noch folgende Erlebnisse:

Es war in der Zeit, als wir in dem Keller in der Eichendorffstraße saßen. Dort hatte mich ein Pole entdeckt, der anfing, mich an Russen zu verkaufen. Er hatte sich in seinem Keller ein Bordell für russische Offiziere eingerichtet. Ich wurde von ihm geholt, als wenn ich zum Verhör sollte. Ich mußte ja auch mit, wie sollte ich mich wehren.

Ich kam in den Keller, in dem es wüst herging. Es wurde getrunken, geraucht, gegrölt, ich mußte mitmachen. Es wurde mir Alkohol eingeflößt, darunter bläuliches Zeug, das wie Spiritus schmeckte. Ich saß starr dabei, mir war zum Schreien zumute. Dann wurde ein Raum geöffnet und die Tür hinter mir geschlossen. Ich sah noch, wie der Pole von dem Russen Geld einhandelte, 800 Złoty war ich wert. Mir selbst steckte der Russe dann noch 200 Złoty in die Tasche. Ich gab sie nicht zurück, weil ich dafür ja Essen kaufen konnte — warum sollte ich auch, er hätte es auch nicht verstanden.

Wenn es dem Polen zu lange dauerte, klopfte er an die Tür für den nächsten. Wäre ich allein gewesen und hätte Mutter nicht bei mir gehabt, hätte ich meinem Leben ein Ende gemacht. Eine Rasierklinge, die ich heute noch besitze, hatte ich oft in der Hand, aber ich konnte es ja Mutters wegen nicht tun.

Eines Tages wurde ich krank. Wir konnten uns ja nie säubern oder überhaupt waschen. Ich lief in meiner Angst der Vermutung der Krankheit zum Kommandanten der Miliz und bat um Hilfe, ebenso war meine Kusine erkrankt. Er vermittelte eine Untersuchung in der Poliklinik in der Feldstraße, ebenso eine gründliche Behandlung, zu der er das Geld gab. Die Ärzte und Ärztinnen waren eigentlich recht nett. Einige Ärzte gab es, aber die kümmerten sich sowieso nicht um Deutsche. Ich hatte Glück bei einer Ärztin, die aus Warschau gekommen war. Sie unterhielt sich auch mit mir. Es war aber doch unangenehm, in die Klinik zu gehen, wo wir doch in Lumpen umherliefen. Man hatte ja keine saubere Wäsche, doch das half ja alles nichts. Schließlich war eines Tages das Ergebnis negativ. Zuerst nahmen wir alle an, daß wir von den Russen in Umständen waren, da die monatlichen Blutungen ausgeblieben waren. Dies hatte aber nichts zu sagen. Dieser Zustand hielt während der ganzen Internierungszeit an und wurde erst wieder in Deutschland normal.

Mein Arbeitgeber K. war auch hinter mir her und stellte mir überall nach, und wenn ich in den Keller ging, verfolgte er mich auch. Ich hetzte herum wie ein irres Reh; er tauchte sogar in der Waschküche auf, wo er mich nur allein vermutete. Es gab manchen Kampf zwischen uns, wie sollte man sich aber wehren.

Ich konnte ja auch nicht davonlaufen, konnte mich ja auch nirgends beschweren, mußte den Arbeitsplatz halten; ich hatte ja die Mutter bei mir. Ich drückte mich, wo ich konnte. Es war mir aber nicht möglich, ihm immer zu entwischen. Auszudenken wäre ja gar nicht gewesen, wenn die Frau so etwas entdeckt hätte.

Ebenso versuchte dieses Spiel der Hausverwalter unseres Kellers. Er bestellte mich oft in seine Wohnung, tat zuerst teilnahmsvoll, aber schließlich merkte ich, wo hinaus er wollte. Auch dies war entsetzlich, überhaupt all diese Annäherungen, weil wir ja wehrlos waren.

Nr. 265

Bericht von Frau Emma Frey aus R e i c h t h a l, Kreis K e m p e n i. Posen. Original, 22. Juli 1952.

Verhalten der ansässigen Zivilpolen und der polnischen Behörden zur deutschen Bevölkerung; unterschiedliche Behandlung entsprechend den Kategorien der Volksgruppenzugehörigkeit.

Einleitend betont Vfn., daß sie Schwarzmeerdeutsche ist und 1944 umgesiedelt wurde:

Gleich nach dem Frontübergang, am 20. Januar 1945, wo die Russen ganz fürchterlich gewütet haben, herrschte unter den einheimischen Deutschen und Polen große Eintracht. Man merkte nichts von Haß oder Rache. Gemeinsam errichteten sie wieder die Kapellen und Kreuze, die von den Nazis abgeschafft worden waren, brachten auch gemeinsam die vom Krieg zerstörte katholische Kirche in Ordnung. Wojt (Amtskommissar) war ein von den Nazis ausgewiesener Pole, D. Solange der noch keine höheren Befehle hatte, regierte er sogar in gut christlichem Sinne.

Doch leider hielt dieses christliche Vorhaben nicht lange an. Schon einen Tag vor Ostern, am 31. März 1945, hat derselbe D. ausschellen lassen müssen, daß den Deutschen das Betreten der Kirche verboten ist. Wer trotzdem zur

Kirche gehen wollte, wurde von der polnischen Miliz verprügelt. Am dritten Ostertage wurden etliche rußlanddeutsche Familien, die vorher schon von den Russen unaussprechlich viel gelitten haben, von den zurückgekehrten Polen, in deren Haus sie wohnten, in vollem Sinne des Wortes Hals über Kopf hinausgeworfen. Sie durften noch nicht mal ihre Kleider und Lebensmittel, die sie aus Rußland mitbrachten, mitnehmen. Als sie sich bei Wojt D. beklagten, antwortete der: „Es tut mir herzlich leid, aber ich kann nichts machen, den Polen ist Rache erlaubt." D. ist auch bald von seinem Amt zurückgetreten. An seiner Stelle war Dlugaschewski.

Die Verfolgung nahm kein Ende. Erst wurde den Deutschen, die geflüchtet waren und wieder zurückkamen, das ganze Fuhrwerk mit allen Sachen beschlagnahmt und sie selbst in Zwangslager gebracht. Ihre Häuser waren schon von Polen besetzt. Eine mir gut bekannte Familie Fuß mußte sogar die Kleider und Schuhe, die sie anhatte, ausziehen und alte Kleider anziehen. Da sie keine alten Schuhe bei sich hatte, wurde sie einfach barfuß ins Lager gebracht. In den Lagern wurden die Leute sehr schlecht verpflegt und sind ganz verlaust. Wir gaben der Familie Fuß Wäsche und Seife, aber sie konnten sich nicht sauber halten, weil das Lager voller Läuse war.

Später wurden alle Deutschen, die den blauen Ausweis [1]) besaßen (wenn sie auch nicht geflüchtet waren), aus ihren Häusern ausgewiesen und mußten in Lagern oder so bei Polen arbeiten. Bezahlt wurde ihre Arbeit nicht. Für eine Frau Koschik, die ein großes Kolonialwarengeschäft hatte, standen alle Reichthaler Polen, aber es half nichts, sie mußten auch fort. Nur so viel wurde erreicht, daß Koschiks nicht ins Lager brauchten, wo sie auch wie die anderen verlaust wären. Frau Koschik hütete in einem Dorfe Kühe, und ihre Tochter arbeitete beim Pfarrer in Reichthal. Aber auch beim Pfarrer mußte sie umsonst arbeiten. Sie kam manchmal bitter weinend zu uns und klagte über die Ungerechtigkeit und Grobheit des Pfarrers.

Daß von den Polen jemand ermordet worden wäre, ist mir nicht bekannt. Von den Russen wurden zwei Frauen und etliche Männer erschossen, mir sind aber ihre Namen entfallen. Verprügelt wurden von den Polen viele. Auch verhaftet wurden [einige], von denen ich Frau Zögler (blauer Ausweis) und die Herren Patkewicz und Michalsky (grüner Ausweis) kannte. Die sogenannten Blauen (blaue Ausweise) waren alle enteignet und entrechtet. Die Grünen und Roten durften in ihren Häusern bleiben und ihr Geschäft oder Handwerk weiterführen, hatten aber auch viel Ärgernis und Schererei. Im Frühling 1946 haben viel Grüne und Rote die polnische Staatseinbürgerung beantragt.

Im Zwangslager ist ein Kaufmann, Herr Konrad, an Typhus erkrankt. Er lag mehrere Wochen in Kempen im Krankenhaus und wurde von dort schwer herzkrank und ganz voller Läuse entlassen. Er war noch so schwach, daß er nicht gehen konnte. Niemand wollte ihn aufnehmen, bis endlich doch ein Pole, dem Herr Konrad seinerzeit viel Gutes getan hat, ihn in seine

---

[1]) Reichsdeutsche und Umsiedler = blauer Ausweis
　　Einheimische Deutsche = roter Ausweis
　　Polnische Angehörige der deutschen Volksliste = grüner Ausweis.

feuchte, dunkle und kalte Bodenkammer ließ. Kein Arzt und keine Schwester war zu bewegen, den Kranken zu besuchen. Auch seine eigene Frau, eine Polin, verließ ihn mit seinem fünfjährigen Töchterchen, worüber er sich furchtbar kränkte. Seine 14jährige Stieftochter pflegte ihn. Meine Schwester half ihr, ihn von Läusen [zu] reinigen. Es war furchtbar mitanzuhören, wie ihn die Undankbarkeit seiner Familie und Mitmenschen kränkte. Immer wieder rief er aus: „Warum hat man mich ins Zwangslager gesteckt? Wem habe ich was zuleide getan?"

Nach seinem Tode wollte doch so mancher Freund ihm das letzte Geleit geben, aber seine Beerdigung wurde gar nicht bekanntgegeben. Fremde Männer aus dem Zwangslager mußten sein Grab graben, wo er ohne Pastor, ohne Gebet und bar jeglicher Menschenwürde vergraben wurde. Herr Konrad war tatsächlich ein sehr anständiger Mensch und hat in der Nazizeit viel den Polen geholfen, was auch jeder Reichthaler Pole zugegeben hat. Aber die polnische Regierung hat es ihm sehr schlecht gedankt.

Im April 1946 ging der Reichthaler Bürgermeister (soltys) Mikulski mit noch einem Pan vom Starostwo aus Kempen von Haus zu Haus und kontrollierten die Ausweise. Weil unser Umsiedler-Ausweis dieselbe Farbe hat wie der reichsdeutsche, wurden wir mit den Reichsdeutschen am 14. Mai 1946 ausgewiesen. Die in Reichthal beheimateten Deutschen wurden damals noch nicht ausgewiesen. ...

Wir, meine Schwester und ich, sind ausnahmsweise von der Verfolgung verschont geblieben. Weil wir die russische Sprache gut beherrschten, hielt uns die Miliz für Ostarbeiter. Die Miliz in Reichthal war aus Rußland, die sogenannten Buger Polen, sie konnten alle Russisch sprechen.

4. Im Zentralarbeitslager Potulice.

Nr. 266

Erlebnisbericht der E. K. aus K o n i t z i. Westpr.
Original, 13. Dezember 1950.

Vorgänge nach dem Einmarsch russischer Truppen in Konitz, Internierung aller Deutschen, Verhältnisse im Lager Potulice bis Mai 1947.

Am 14. Februar 1945 fiel meine Heimatstadt Konitz/Westpr. in russische Hand. Der größte Teil der Bevölkerung und sämtliche Behörden hatten die Stadt bereits vorher verlassen. Während des Beschusses der Stadt durch die Russen, etwa zehn Tage lang, hielten wir uns in Kellern auf. Ich selbst war in unserem Keller die einzige Deutsche unter lauter Polen. Es war da zwar noch ein alter Bauer mit seiner Frau, die aber beide so verängstigt waren, daß sie noch an mir Halt suchten. Die Polen verhielten sich uns gegenüber aber korrekt.

Mittwoch, den 14. Februar 1945, mittags um 1.30 Uhr brachen die ersten Russen in unseren Keller ein. Die ersten Worte, die wir von ihnen hörten, waren „Uri, Uri" und „Frau komm". Der erste Russe, der in der Kellertür erschien, griff das ihm zunächst stehende Mädchen, schleppte es in eine obenliegende Wohnung und vergewaltigte es. Die Vergewaltigungen gingen in unserem Keller überhaupt am laufenden Band. Da wir mehrere junge Mädchen und Frauen bei uns hatten, gingen die Russen bei uns ein und aus. Entweder fielen diese Unmenschen gleich unten im Keller, hinter einem weitläufigen Bretterverschlag, über die Frauen her, oder sie schleppten sie unter irgendeinem Vorwand nach oben in eine Wohnung, in der schon sechs bis zehn Russen „anstanden" und einer nach dem anderen ein und dieselbe Frau vergewaltigte. Diese armen Opfer konnten sich kaum auf den Beinen halten, wenn sie wieder in den Keller zurückkamen.

Von Bekannten hörte ich noch folgendes: Eine junge Frau, die mir persönlich bekannt war, wurde von den Russen mit Gewalt aus ihrem Unterschlupf herausgeholt, aus der Stadt in eine abgelegene Gegend verschleppt, vergewaltigt und ermordet. Man fand sie nach einiger Zeit mit einer Schußwunde am Halse im Straßengraben auf. Eine andere junge Frau in unserer Straße, die kurz vor der Niederkunft stand, wollten die Russen vergewaltigen. Sie sprang in ihrer Verzweiflung aus dem Fenster ihrer Wohnung im ersten Stock des Hauses in den Hof, wo man sie tot auffand.

Außer meinem Onkel, einem Mann von 71 Jahren, wurden in unserer Stadt meines Wissens noch sechs Personen von den Russen erschossen oder erschlagen. Mehrere Personen begingen aus Verzweiflung Selbstmord. Noch viel mehr kamen aber um durch Hunger und an den Strapazen auf der Flucht.

Sofort nach Besetzung der Stadt durch die Russen ging die Verwaltung in polnische Hand über. Die in der Stadt verbliebenen Deutschen wurden alle aus ihren Wohnungen hinausgesetzt, ohne ihre Habe mitnehmen zu dürfen. Sie mußten in Kellern oder Hinterhöfen, immer mehrere Familien zusammen, ihr Unterkommen suchen.

Jeden Morgen mußten wir uns im Büro der Miliz melden, wo wir zur Arbeit eingeteilt wurden. Diese bestand meist darin, daß wir die überall in den Höfen und Gärten herumliegenden und stark in Verwesung übergegangenen Kadaver des von den Russen abgeschlachteten Viehs vergraben mußten oder die von den Russen in nicht zu beschreibender Weise verschmutzten und verwüsteten Wohnungen aufzuräumen hatten. Meldete man sich nicht freiwillig, so wurde man mit Fußtritten und Schlägen aus dem Hause geholt. Bezahlung gab es für die Arbeit nicht.

Wir Deutschen erhielten auch keine Lebensmittel, kein deutsches Geld in Złoty umgetauscht und in den Geschäften weder Brot noch andre Lebensmittel. Aber einer half dem anderen, so daß wir doch nicht alle zu verhungern brauchten. Ich wohnte damals mit fünf Frauen und einer dreiköpfigen Familie bei einer Bekannten, alle zusammen in zwei Zimmern. In dem dritten Zimmer der Wohnung hausten Russen, die bei uns ein und ausgingen und immer wieder versuchten, uns zu vergewaltigen. Andererseits aber waren sie auch wieder gutmütig und versorgten uns mit Essen.

Am 7. April 1945 mußten wir Deutschen uns auf Befehl der polnischen Polizei auf dem Hof der ehemaligen SS.-Kaserne melden und Lebensmittel für vier Tage mitbringen [1]). Mit Gummiknüppeln bewaffnete Miliz nahm uns dort in Empfang, wahllos Schläge nach allen Seiten austeilend.

Auf dem Hof wurden wir in drei Gruppen eingeteilt: 1. Alte und nicht mehr Arbeitsfähige, 2. Frauen mit kleinen Kindern und 3. arbeitsfähige Männer und Frauen. — Ich kam zu der dritten Gruppe. Nach stundenlangem Stehen wurden wir in das Polizeigefängnis im Keller der Kreissparkasse gebracht, wo wir eng zusammengepfercht drei Tage hinter Schloß und Riegel auf bloßem Steinfußboden verbringen mußten. Außer einer dünnen Wassersuppe einmal am Tage gab es nichts zu essen.

Am vierten Tage wurden wir durch bewaffnete Miliz über Tuchel, Prust-Bagnitz zu Fuß in das Zuchthaus Crone a. d. Brahe gebracht. Verpflegung gab es unterwegs nicht; wir waren vier Tage unterwegs. Aber die Bewohner der Ortschaften, die wir auf diesem Elendsmarsch passierten, gaben uns gut und reichlich zu essen. Sie sagten sich, was sie uns heut nicht gegeben hätten, das würde sich morgen doch der Russe holen, und so könnten sie sich noch einen Gotteslohn verdienen.

Nachdem man uns vor unserer Einlieferung in das Gefängnis Konitz bei der sogenannten Registrierung schon den größten Teil unserer letzten geretteten Habseligkeiten fortgenommen hatte, nahm man uns in Crone auch das Letzte noch fort (sogar die Zahnbürsten, mit der zynischen Bemerkung: „Zähne könnt ihr euch putzen, wenn der Krieg zu Ende ist.")

---

[1]) Die folgenden Aussagen werden in allen Einzelheiten (mit Namen- und Zahlenangaben) bestätigt durch einen Bericht vom 12. September 1950 der Frau Ella G. aus Konitz, die mit ihrer Familie vor der Roten Armee geflüchtet, im Kreise Greifenberg i. Pom. überrollt und auf russischen Befehl in ihre Heimat zurückgekehrt war.

Die Kleidung, die wir anhatten, nahm man uns auf eine ganz raffinierte Weise weg. Wir mußten unter Zurücklassung aller unserer Sachen in einen Waschraum gehen, um zu „baden". Das Bad bestand aus einem kleinen Raum, in dem Kübel mit nicht zu viel Wasser standen. In jedem Kübel mußten sich drei bis vier Frauen zugleich waschen, von Kopf bis Fuß. Nach der Prozedur mußten wir diesen Raum durch eine andere Tür verlassen, wo wir dann in einem anderen Raum neu eingekleidet werden sollten. Wir bekamen aber nur Lumpen, wahllos zugeworfen, ganz gleich, ob uns diese paßten oder nicht. Ich erhielt ein viel zu großes, fadenscheiniges Kleid, zweierlei Strümpfe, aber keinen Strumpfgürtel und völlig unzureichende Unterwäsche. Aber ich hatte das Glück, einen Mantel zu bekommen. Viele Frauen bekamen keinen Mantel. Und es war damals, im Anfang April 1945, noch ziemlich kalt.

Wir wurden nun vier Tage lang von morgens bis abends registriert, nach Läusen und allen möglichen Krankheiten untersucht und in Gruppen eingeteilt. Die Verpflegung war unzureichend und sehr schlecht. Außer einer dünnen Scheibe Brot erhielten wir nur eine trübe Wassersuppe, in der manchmal ein paar Rübenstücke herumschwammen. Löffel hatte man uns weggenommen. Wir mußten diese widerliche Brühe schlürfen wie Hunde. Der Hunger quälte uns unbeschreiblich.

Am vierten Tage unseres Aufenthaltes brachte man uns, zum größten Teil auch wieder zu Fuß, von Crone in das Arbeitslager Potulice bei Nakel. Hier wurden wir nach Bad, Entlausung und Registrierung in verschiedene Baracken verteilt. Die ganz alten und arbeitsunfähigen Leute kamen in das sogenannte Altersheim, eine gesonderte Baracke, wo man sie allmählich aber sicher verhungern ließ. Später kamen die Alten und Arbeitsunfähigen in das „Altersheim" nach Kruschwitz, wo die meisten an Hunger gestorben sind. Die Arbeitsfähigen wurden z. T. im Lager selbst, z. T. auf Gütern zur Arbeit eingesetzt.

Ich kam mit einer Gruppe von ca. 25 Personen auf das Gut Chraplewo im Kreise Schubin. Die Arbeit war sehr schwer, natürlich nur Feld- und Stallarbeit, und das Essen mangelhaft, die Unterbringung sogar sehr schlecht. Wir hatten als Wohn- und Schlafraum eine ausgediente Baracke, in der nichts weiter wie ein wackliger Tisch, zwei zusammengeschlagene Bänke und eine an zwei Wänden entlanglaufende Pritsche zum Schlafen standen. Auf dieser Pritsche, nur mit etwas wenigem Stroh darauf, mußten wir alle miteinander schlafen, Männer, Frauen und Kinder. Decken zum Zudecken gab es nicht. Waschen mußten wir uns im Teich. Seife hatten wir nicht. Da war es natürlich kein Wunder, daß wir binnen kurzer Zeit alle verlaust waren. Dazu kam noch die schlechte Behandlung von Seiten des einen Vogts ganz besonders und des Milizianten.

Eine unserer Mitgefangenen erkrankte hier schwer an Gelenkrheuma. Sie mußte ohne ärztliche Hilfe sechs Wochen lang nur auf Stroh ohne Decken, mit entsetzlich vielen Läusen behaftet, liegen. Infolge der schweren Arbeit und all der anderen Begleitumstände wurde ich auch krank und kam im Juli 1945 zurück ins Lager, mit mir zwei andere Frauen, die ebenfalls arbeitsunfähig geworden waren.

Zuerst wurden uns hier die Haare abgeschoren. Die Verpflegung war auch völlig unzureichend und schlecht. Wir erhielten morgens einen halben Liter schwarzen Kaffee, täglich — angeblich — 300 Gramm Brot, mittags dreiviertel Liter Suppe und viermal in der Woche auch abends einen halben Liter Suppe. An drei Abenden in der Woche gab es nur Kaffee. Als dann später, Ende 1946, die ersten Transporte nach Deutschland abgehen sollten, wurde die Verpflegung besser. Infolge der mangelhaften Ernährung, der schweren Arbeit und der rohen Behandlung sind viele Menschen in diesem berüchtigten Lager gestorben.

Ganz besonders zu leiden hatten wir unter dem Chefarzt des Lagers. Aber auch einige Milizianten und sogar der deutsche Lagerleiter, der morgens beim Appell die Arbeit verteilte, gaben ihm nicht viel nach. Ich bin selbst Zeuge gewesen, wie der eine dieser Milizianten eine alte Frau solange mit dem Gewehrkolben schlug und mit Fußtritten traktierte, bis sie besinnungslos zu Boden fiel. Sie starb in der darauffolgenden Nacht an den Folgen der Mißhandlung [1]).

Der Gefürchteste von allen aber war der Chefarzt. Tag und Nacht kontrollierte er die Baracken, besonders die Quarantänebaracken. Auf seine Anordnung mußten die Insassen der Quarantänebaracken Sommer und Winter auf kahlen Brettern ohne Strohsack und Decke schlafen. Die Fenster mußten Tag und Nacht offen stehen. Heizung gab es nicht. Die Bekleidung war mehr als mangelhaft. Die Haare waren bis auf die kahle Kopfhaut abgeschoren, aber nicht nur den Insassen der Quarantänebaracken, sondern allen Gefangenen. Wir litten schwer unter der Kälte. Dazu kam noch die Plage mit entsetzlich vielen Wanzen und Mäusen.

Wegen geringster Lagervergehen, auch wenn solche nicht nachgewiesen werden konnten, verhängte der Chefarzt schwere Strafen, meist über die ganze Baracke, manchmal sogar über das ganze Lager. Die Frauen mußten z. B. nachts nur mit einem mehr als dürftigen Hemd bekleidet stundenlang den Korridor scheuern. Sie mußten dabei mit bloßen Knien auf dem kalten Steinfußboden langrutschen. Oder er ließ sie mehrere Stunden in einem abgesonderten Zimmer in der Kniebeuge mit ausgestreckten Armen hocken, meistens auch nur mit Hemd und Hose bekleidet, bei offenem Fenster natürlich, bis zur völligen Erschöpfung. Im Bunker ließ er die „Sträflinge" bis zu den Knien im Chlorwasser stehen, was natürlich böse Hautentzündungen zur Folge hatte. Vom Lagerkommandanten ließ er sie solange mit der Reitpeitsche schlagen, bis sie bewußtlos zusammenbrachen. Er stand mit der Uhr in der Hand dabei. Von einer Schwester der Säuglingsbaracke hörte ich, daß von 120 im Lager geborenen Kindern am Ende des Jahres nur noch acht am Leben waren[2]). Auch das geht auf das Konto des Chefarztes.

Im Winter 1945/46 mußten wir in ungeheizten Baracken wohnen, arbeiten und schlafen. Eine Decke erhielten wir erst kurz vor Weihnachten

---

[1]) Wie Vfn. in einer Anlage zu ihrem Bericht feststellt, stammte diese Frau aus Pommern und war mit ihrer Familie und einer größeren Anzahl weiterer Personen von dorther nach Potulice verschleppt worden.
[2]) s. den unter Nr. 269 (Bd. I, 2) abgedruckten Bericht.

1945. Bis dahin lagen wir auf dem kahlen Strohsack, nur mit unseren fadenscheinigen Kleidern zugedeckt. Viele Gefangene erlitten schwere Erfrierungen. — Im Winter 1946/47 wurden die Baracken geheizt.

Den Winter 1945/46 war ich im Lager und arbeitete in der Nähstube des Magazins. Im September 1945 erkrankte ich schwer an Phlegmone und kam ins Spital, wo ich fünf Wochen lag. Die Zustände im Spital waren mehr als primitiv. Es fehlte an jeglichen Medikamenten, an Verbandszeug und Wäsche. Die Kranken mußten halbnackt auf kahlen Strohsäcken oder verbeulten und verschmutzten Matratzen liegen. Bettwäsche gab es keine. Da die meisten Kranken an Phlegmone und anderen Hungergeschwüren litten, war das Liegen auf diesen Betten für sie eine Qual. Das Essen war hier genau so schlecht wie in den anderen Baracken, es gab aber noch weniger. Außerdem war man im Spital noch ganz besonders den Schikanen des Chefarztes ausgesetzt.

Viele Jugendliche des Lagers waren an Lungen- und Knochentuberkulose erkrankt. Erst in den letzten Stadien dieser Krankheit wurden sie von den Gesunden isoliert. Irgendwelche Hilfe, nicht einmal besseres Essen, gab es auch für diese Kranken nicht. Infolge dieser Zustände starben viele Jugendliche im Lager Potulice.

Eine Beerdigung in Potulice sah so aus: Es gab im Lager drei Särge, zwei für Erwachsene und einen für Kinder. In diese Särge wurden so viele Leichen, vollkommen nackt, hineingelegt, wie hineinpaßten. Da diese Unglücklichen manchmal, ja meist bis zum Skelett abgemagert waren, konnten drei bis vier, manchmal sogar noch mehr Leichen in einen Sarg gelegt werden. Die Särge kamen dann auf einen Handkarren, wurden zum Friedhof gefahren, dem sogenannten Sandberg. Hier wurden die Särge einfach über der Grube umgekippt und die Leichen ausgeschüttet. — Angeblich wurden alle Verstorbenen namentlich registriert. Aber auf keine Anfrage von Seiten der außerhalb des Lagers, vor allen Dingen in Deutschland lebenden Angehörigen, ist vom Lager jemals eine Auskunft über das Schicksal dieser elend Verstorbenen gegeben worden.

Im Sommer 1946 mußte ich sehr schwere Arbeit im Torfbruch verrichten. Der Miliziant, der uns bei dieser Arbeit zu beaufsichtigen hatte, war ein wahrer Teufel. Er quälte uns bis aufs Blut, dressierte und schikanierte uns den ganzen Tag in der rohesten Weise. Er war im ganzen Lager dafür bekannt und gefürchtet.

Vom Herbst 1946 bis Mitte Mai 1947 arbeitete ich dann in der Strohflechterei! Hier hatte ich eine verhältnismäßig leichte Arbeit, wenn man von den hier wie überall üblichen Methoden des Hetzens, der „Strafarbeit" und der Schläge absieht.

So habe ich mit vielen Tausenden unglücklichen Menschen 25 Monate der Qual und des Elends in dem berüchtigten Arbeitslager Potulice zubringen müssen. — Bis Weihnachten 1946 wußte ich nichts von meinen Angehörigen und sie nichts über mein Schicksal. Denn obwohl wir seit dem Sommer 1946 Briefe schreiben durften, so hatten wir doch nicht die Möglichkeit dazu, weil wir kein Geld für Porto und Briefpapier hatten. Für die schwere Arbeit, die wir dort tagein, tagaus leisten mußten, bekamen wir als einzigen Lohn das knapp zugemessene und schlechte Essen und obendrein rohe Behandlung.

Es war auch verboten, Papier, Bleistift oder gar Federhalter zu besitzen. Alle diese im gewöhnlichen Leben unentbehrlichen Requisiten, vor allen Dingen auch Messer oder Scheren, wurden uns bei jeder Barackenrevision weggenommen. Die Revisionen fanden immer des Nachts statt. Ebenso auch die Entlausungen, ärztlichen Untersuchungen und die berüchtigten Krätzeuntersuchungen. Oft haben wir die ganze Nacht keinen Schlaf gehabt und mußten morgens doch in aller Frühe zum Appell antreten und zur Arbeit gehen. Wie wir das alles ausgehalten haben, ist mir heute, nachdem alles weit hinter mir liegt, noch ein Rätsel[1]).

Im Mai 1947 kam dann endlich, nach mehr als zwei Jahren hinter Stacheldraht, auch für mich der Tag der Erlösung. Mit etwa 1 500 anderen Gefangenen wurde ich am 17. Mai entlassen und nach Deutschland abtransportiert. Mit der Entlassung aus dem Lager war gleichzeitig die Ausweisung aus Polen verbunden. Das heißt mit anderen Worten, wir wurden aus unserer Heimat vertrieben.

Nr. 267

Erlebnisbericht der R. S. aus **Bromberg**.
Original, 31. März 1948.

Erlebnisse und Vorgänge im polnischen Gefängnis Crone a. d. Brahe und in den Internierungslagern Langenau und Potulice bis zur Entlassung und Ausweisung im Sommer 1947.

Im Kreise Bromberg geboren, verlebte ich dort den größten Teil meiner Lebenszeit als Auslandsdeutsche.

Als im Januar 1945 die Russen im Anmarsch waren, flüchteten meine Eltern und ich, kamen aber nur bis Zempelburg/Westpreußen, wo wir auch schon den Polen und Russen in die Hände fielen.

Von diesen gefangengenommen, wurden wir mit vielen anderen Deutschen zurückgetrieben und ins Gefängnis Crone an der Brahe, Kreis Bromberg, eingeliefert.

---

[1]) In einem weiteren Bericht gibt Vfn. noch folgendes zur Kenntnis: „Im Juli oder August 1945 wurden wir von dem Lagerleiter K. veranlaßt, eine Rehabilitation zu beantragen. D. h. wir sollten beantragen, wieder die polnische Staatsangehörigkeit zu erlangen. K. sagte uns wörtlich, wenn wir den Antrag nicht stellten, so würden wir unser gesamtes Eigentum verlieren (meins war schon längst weg!) und kämen überhaupt nicht mehr aus dem Lager heraus. Unter diesem Zwang beantragten wir die Rehabilitation.
Im Mai 1946 fand in Nakel vor dem Gericht ein Termin statt. Da wurde uns gesagt, daß wir als Deutsche überhaupt nicht das Recht hätten, einen Antrag auf Rehabilitation zu stellen. Das bedeutete also für uns, daß wir als Deutsche in Polen keinerlei Rechte zu beanspruchen hätten. Wir wurden später im Lager noch unzählige Male von polnischen Richtern verhört. Immer kam es auf dasselbe heraus, daß wir als Deutsche in Polen nicht bleiben durften. Auf Grund dieser Verhöre wurden dann die Listen zum Abtransport der Deutschen aus dem Lager nach Deutschland zusammengestellt."

Beim Empfang hierselbst verwies man als erstes darauf, alle in unserem Besitz befindlichen Gegenstände — vor allem aber Geld und Schmuck — freiwillig herzugeben. Wird bei eventueller Nachsuchung was gefunden, sind große Strafen die Folge. Trotzdem, es wurde jeder in einen Nebenraum gebracht, hier völlig entkleidet, wobei man uns nicht nur die oben erwähnten Wertsachen, sondern auch Sachen und Kleidung, die sich in einem annehmbaren Zustand befanden und die man zum Wechseln mitgenommen, abgenommen hat. Lebensmittel durften ins Gefängnis weder mitgenommen noch mitgebracht werden.

Untergebracht waren wir in den sogenannten Gefängniszellen. Bewachung war die polnische „Miliz".

Hier kaum zwei Tage, bemerkten wir schon, daß wir vom Scheitel bis zur Sohle mit Läusen beschüttet waren. Waschen konnten wir uns in der ersten Zeit überhaupt nicht. Schließlich fiel es beiden, den Polen und uns, gar nicht mehr auf, denn erstere legten wenig Wert darauf, und wir fanden weder Zeit noch Gelegenheit hierfür.

Unser Essen bestand aus einer durchsichtigen, dünnen Wassersuppe, einmal täglich ein halber Liter, Brot gab es in der ersten Zeit überhaupt nicht, später dann pro Kopf und Tag 200 Gramm.

Früh um 5 Uhr hieß es aufstehen, um 6 Uhr antreten zur Arbeit. Die Hauptbeschäftigung war hier — wenigstens in der ersten Zeit und den kalten Wintermonaten — Reinigen und Entlausen der herumliegenden Lumpen und Decken, Aufräumungsarbeiten bei den Russen, Säubern der entsetzlich, absichtlich verschmutzten Abortanlagen, wobei alles mit den Fingern sauber gekratzt werden mußte. Irgend eines Gegenstandes durfte sich niemand bedienen. Hierzu gab es am Tage unzählige Schläge.

Während unseres Aufenthaltes wurden die Zellen von der Miliz gründlich untersucht. Wurde hierbei etwas wie Schere, Nadel, Garn oder gar ein Messer gefunden, waren schwerste Strafen die Folge. Kamen wir vom Hof oder von der Arbeit, untersuchte man uns auch.

Abends um 5 Uhr ging alles auf die Zellen, wir bekamen unsere dünne Wassersuppe, um 6 Uhr mußte alles auf den Pritschen liegen. Hatte jemand das Glück, eine verlauste Decke als Zudeck zu erwischen, durfte er sich hiermit zudecken, anderenfalls er eben so daliegen mußte. Unsere Sachen mußten wir vor dem Schlafengehen auf den Korridor hinaustragen. Jeden Morgen stellten wir fest, daß unser uns noch verbliebener Kleiderbestand täglich mehr zusammenschrumpfte. Aber aus Furcht vor den Folgen nahm jeder stillschweigend hin, was geschah.

Als wir am 4. April 1945 vor der Zellentür untersucht wurden — wir kamen von dem Hofe —, fand man bei mir ein Stückchen Brot, welches ich meinem Vater geben wollte (er arbeitete täglich auf dem Hof), da ich ihn aber nicht antraf, es somit wieder auf die Zelle mitgenommen habe. Mir wurde es nicht geglaubt, daß es Brot aus dem Gefängnis sei — obwohl es einer ganz kleinen Mühe bedurfte, um den Sachverhalt festzustellen, woher das Brot sei —, ich wurde zur Seite gestellt.

Etwas später kam einer der Milizianten und brachte mich in den Gefängniskeller. Hier waren so ganz kleine Keller, ohne jeden Lichtschein und Luftzufuhr, früher nur für die Schwerstverbrecher gedacht. Nach ungefähr zehn Minuten kam noch einer und befahl mir, mich auszuziehen. Anfangs zögerte ich. Aber schon schlug der eine auf mich ein und befahl: „Schneller ausziehen." Weinend tat ich es. — An diesem Tag hatte ich stark die Mensis. Das Blut floß regelrecht von mir, auch das hinderte nicht. — Einer schlug nun mit dem Gummiknüppel, der andere mit dem Gewehrkolben zu. Ich schrie entsetzlich, aber je mehr ich schrie, umso mehr Schläge bekam ich. Bewußtlos brach ich zusammen. Man goß mir einen Eimer Wasser über den Kopf und überließ mich meinem Schicksal. Nach einer geraumen Weile kam ich etwas zu mir und bemerkte, daß sogar einige Zähne ausgeschlagen waren.

Am dritten Tage kam einer der Milizianten wieder. Die Schläge wiederholten sich, anstatt Essen. An mir fieberte doch alles, am Körper nicht eine heile Stelle, ich war dem Wahnsinn nahe. Ich bat, mich lieber zu erschießen, worauf er mir nur kurz antwortete: „Ihr deutschen Schweine sollt alle krepieren."

Völlig entkleidet saß ich hier bis zum 9. April 1945 abends. Jetzt durfte ich meine Sachen holen, mich anziehen und zu den übrigen gehen. Verboten wurde mir aber zu sagen, daß ich geschlagen [wurde] bzw. wo ich gewesen bin.

Mit mir zusammen wurden die Internierten Elly Heßler und Berta Kuhlmeier auf Nebenzellen gebracht und ebenfalls entsetzlich zerschlagen. Erstere hatte etliche tiefe Wunden von den Schlägen auf dem Gesäß. Sie erlag am 24. Mai 1945 und Berta Kuhlmeier am 6. Juni 1945 im Lager Langenau, denn alles was nicht arbeitsfähig gewesen, kam hierher.

Das Gefängnis leitete der sogenannte Naczelnik Belczyk. Verhaßt auf alles, was nur deutsch, ordnete er Schlagen und nochmals Schlagen an. Seines Erachtens nach konnten diese „deutschen Schweine" nicht genug geschlagen werden. Es wäre am angebrachtesten, wenn man ihnen sofort beim Eintritt ins Gefängnis den Schädel aufspalten würde. Ein Landwirt, Willi Kuhlmeier aus Sanddorf bei Crone a. d. Brahe, wurde, als wir uns auf dem Hof zu schaffen machten, vor den Augen des Gefängnisleiters Belczyk erschlagen. Seine Leiche blieb dann noch mehrere Tage an der Gefängniswand liegen.

Diesen Quälereien und Schikanen ausgesetzt, jedoch unfähig, sie zu ertragen, erlag meine Mutter schon am 10. März 1945. Völlig entblößt wurde sie mit verschiedenen anderen in eine Grube geworfen. Die Ausstellung einer Sterbeurkunde hat man mir immer verweigert, und ich bin auch noch bis heute nicht im Besitz derselben.

Selbstmord durch Erhängen gehörte hier zur Tagesordnung. Nicht selten sprangen Menschen in die dicht am Gefängnis fließende Brahe, um dem jammervollen und qualvollen Leben ein Ende zu bereiten.

Zu Hunderten wurden Menschen täglich ins Gefängnis geschleift. Aber so wie sie kamen, wurden sie auch gleich wieder genommen. Hier kamen am nächsten Tag die Russen und verluden große Autos mit Menschen. Somit war es immer wieder möglich, täglich so und so viele aufzunehmen. Angaben über Personalien wurden hier anfangs nicht geführt, später dann teilweise.

Zur Arbeit unfähig kam ich mit verschiedenen anderen in das bereits vorhin erwähnte Lager Langenau — Lanowo — gelegen bei Bromberg. Es war eines der vielen, kleineren Lager, die sich in Polen befanden.

Hier war alles vereint: Zivilinternierte, Kriegsgefangene, Reichsdeutsche, Auslandsdeutsche, deutsche und ausländische Kriegsgefangene, die in der ehemaligen deutschen Wehrmacht gedient, ja sogar Polen, die in englischen Diensten waren, sich zur Zeit gerade in Urlaub befanden, wurden ins Lager gebracht. (Man begründete es damit, daß sie gegen die jetzige polnische Regierung seien.) Deutsche, die nie mit den Polen auch nur die geringsten Differenzen gehabt, dort geboren, immer nur dort gelebt und auf dem Besitz ihrer Väter friedlich gearbeitet, alles, alles wurde vom Besitz getrieben und ins Lager geschleppt.

Dieses Lager wurde von dem Lagerleiter Krakowski, später Sobolski und dann Podejma geleitet. Der Lagerleiter selbst teilte an die untergeordneten Beamten — was sich hier so Beamter nannte — Befehle aus, ließ sie aber schalten und walten, er selbst ließ sich ganz selten oder nie im Lager blicken. Alles, was die Miliz getan, wurde gut geheißen.

Ganz besonders gefürchtet war hier die weibliche polnische Miliz. Mit einer besonderen Vorliebe erprobten sie ihre Treffsicherheit, wobei dann Internierte an die Barackenwand gestellt wurden. Jetzt wurde gezielt. Passierte mal was, nun, dann war es eben geschehen, es waren ja nur Deutsche und mit denen durfte man sich ja alles erlauben — leider auch heute noch, obgleich schon etliche Jahre nach dem Krieg. — Als dann die weibliche Miliz etliche Monate später abgeschafft wurde, atmeten wir tatsächlich auf.

Unsere Unterkunft hier war einmalig. Es waren barackenähnliche Gebilde, die nur auf einen starken Windstoß warteten, um in die Ferne getragen zu werden, dafür aber umso mehr und mit allem nur erdenklichen Ungeziefer — Läusen, Wanzen, Flöhen usw. — versehen waren. Mäuse und Ratten spielten nachts auf unserem Bett Versteck. Wenn viele der Deutschen verlausten, so konnte man es in gewissem Sinne noch entschuldigen, die polnische Miliz war in diesem Lager verlauster wie wir. Viel zu schaffen machten uns nachts die Wanzen. Besonders viel darunter zu leiden hatten Menschen, die abends matt und müde von schwerster Tagesarbeit zurückkehrten und dann nachts sich hiermit herumplagen mußten. Zerstochen und geschwollen liefen Menschen hier am Tage herum.

Nicht genug, daß uns vom Ungeziefer die Nachtruhe genommen wurde, dazu kamen die nächtlichen Kontrollen der Miliz (meist in trunkenem Zustand), wobei dann immerfort Russen mitgebracht wurden, [die] sich häufig Frauen aussuchten. So wurden hier die Menschen einem namenlosen Elend ausgesetzt und preisgegeben.

Am 24. April 1945 wurde ich auf Grund meiner Arbeitsunfähigkeit ins Lagerbüro genommen. Personalabteilung. Der größte Teil des Büropersonals bestand hier aus Internierten. Hierbei hatte ich tatsächlich Glück, denn mit einer besonderen Vorliebe stellte man Menschen, die aus kaufmännischen Berufen kamen, an die schwersten Arbeiten (Wiesen urbar machen, Steine klopfen, große Wagen mit Brettern und Sand beladen, Pflüge auf dem Acker ziehen, das waren die Hauptbeschäftigungsarten. Zu vergessen ist aber nicht, daß es hierbei unzählige Schläge gab).

Der größte Teil der Lagerinsassen wurde hier in der Lagerkartei nicht eingetragen. Täglich kamen frische Menschen hinzu. So wie sie kamen, wurden sie am Tage darauf weiter verkauft, möglichst für Alkohol oder Lebensmittel. Das Stück, so wurden wir genannt, kostete ja nur soviel. Übrigens wurde darauf geachtet, daß ein gewisser Reservebestand — das heißt, daß nicht alle eingetragen werden durften — vorhanden war. Diese Menschen standen allein der Lagerleitung zur Verfügung. Später durfte ich eine Personalkartei anlegen.

Auskünfte jeder Art wurden strengstens verweigert, nicht einmal an Angehörige wurde eine Auskunft erteilt. Starben Menschen, wurde niemand benachrichtigt. Als Todesursache wurde bzw. mußte Herz- oder Altersschwäche eingetragen werden. Mit Hilfe des damals in diesem Lager tätigen Sanitäters (ein Kriegsgefangener) gelang es mir häufig, doch die richtige Todesursache festzustellen und einzutragen. Sterbeurkunden wurden auch an niemanden ausgestellt.

Die Verpflegung bestand hier aus einer dünnen Wassersuppe, einmal täglich ein halber Liter, und 300 Gramm Brot pro Kopf. Internierte, die im Büro oder in der Werkstatt tätig waren, hatten das Glück, jeden zweiten Tag als Zulage 200 Gramm Brot zu erhalten.

Sanitäre Anlagen gab es hier überhaupt nicht. Die Abortanlagen waren sehenswert. Eine tiefe Grube, die meist nicht zugedeckt war, so daß es passierte, daß hier Kinder hineinfielen.

Wurde jemand krank, durfte er zusehen, wie er sich weiterhalf. Es gab hier ja weder Arznei noch sonst etwas. Brachte sich einer was ins Lager mit, wurde es ihm abgenommen und einem polnischen Krankenhaus überwiesen.

Am 26. April 1945 übernahm Langenau das Lager Kaltwasser, gelegen bei Bromberg, etwas später Obóz Pracy Ciszewski aus Bromberg und am 1. Juni 1945 das Lager Hohensalza (Inowrocław), mit letzterem auch den Platzkommandanten Wladyslaw Dopierala, genannt der „Schrecken des Lagers". Ganz besondere Erziehungsmaßnahmen brachte er mit sich. Nur zu häufig erzählte er uns persönlich, wie viele Deutsche er umgelegt hätte. Dazu waren im Lager Hohensalza provisorisch angefertigte Särge in zwei Reihen aufgestellt worden, hier hinein mußten sich die Menschen legen, er ging die Reihen durch und gab ihnen den Genickschuß. Das war das Ende vieler.

Im Sommer 1945 — den Tag weiß ich heute nicht mehr genau (es war wahrscheinlich in den ersten Junitagen) — versuchten zwei Kriegsgefangene, H. Fischer und W. K., zu fliehen. Kaum etliche Kilometer vom Lager entfernt wurden sie von der polnischen Miliz gefaßt und erneut dem Lager zugeführt. Hier im Lager angekommen, stellte sie uns, während wir auf dem Hof antreten mußten, der Platzkommandant — damals noch Mieczyslaw Walentowicz — vor. Es war ein unbeschreiblicher Anblick, wie man Menschen, die jung waren, vor kurzer Zeit noch vor Gesundheit strotzten, so schnell zurichten konnte.

Schon unterwegs waren sie maßlos zerschlagen worden, hier begann dieses Schauspiel von neuem. Einer der Milizianten zog hierauf sein Bajonet und stach es H. Fischer in den Hinterkopf, während man den anderen mit Gummiknüppeln und Gewehrkolben bearbeitete. Beide brachen zusammen.

Nicht genug der Schläge, mußten beide nun die Abortanlage leeren, was mit Hilfe eines ganz kleinen Bechers geschah. Verschüttet durfte nichts werden, anderenfalls es mit der Zunge aufgeleckt werden mußte. H. Fischer war mit Blut über und über begossen, aber das störte keinen Menschen. Beide durften es nicht einmal wagen, sich einen Augenblick aufzurichten. Zur Abwechslung mußten sie sich dann in diesen Schmutz hineinlegen. Hierzu die vielen Schläge. Dieses Spiel wurde stundenlang auf dem Lagerhof und dazu in der Gegenwart des Lagerleiters Krakowski getrieben, ohne daß er auch nur ein einziges Wörtchen dazu erwidert hätte[1]).

Während Heinz Fischer einige Wochen später erlag, kam K. mit einem Transport fort. Über dessen Verbleib ist mir nie etwas bekannt geworden.

So kamen hier unzählige brave Menschen ums Leben, ohne daß überhaupt später mal eine Eintragung vorgenommen worden wäre. Kein Mensch fragte mehr nach ihrem Tod nach ihnen. Sie waren tot, und hiermit war alles erledigt.

Als in den Sommermonaten 1945 überall die Typhusepidemie herrschte, wurde auch unser Lager hiervon heimgesucht. Der große Hunger und vor allem diese Unsauberkeit, die hier zu Hause waren, leisteten hierfür den besten Vorschub. Viele, viele Menschen wurden dahingerafft. Eine Bestattungskolonne, bestehend aus vier Männern, hatte voll zu tun, um die Dahinsterbenden zu beerdigen. Menschen wurden verscharrt, und alles wurde dem Erdboden gleich gemacht. Hier ließ es sich überhaupt nicht mehr feststellen, daß hier jemals Menschen beerdigt sein konnten. Das Unkraut wucherte darüber hinweg.

Obgleich sich die Verstorbenenziffer des öfteren um das Vielfache erhöhte, durften mehr wie vier Todesfälle täglich nicht angegeben werden. — Übrigens war ja ein gewisser Reservebestand vorhanden, so daß es weiterhin auch gar nicht auffiel, wenn so und so viele mehr starben. Völlig entblößt wurden Menschen begraben. Die zurückgelassenen Lumpen (von Kleidungsstücken kann hier wohl nicht die Rede sein) wurden unter die Miliz verteilt. Aber meist schon vor Ableben der Internierten wurden die Sachen abgenommen.

Auch ich lag fünf Monate an Hungertyphus. Während dieser Krankheit waren wir alle derart verlaust, daß es den Eindruck machte, als ob wir mit Sand bestreut wären. Um uns kümmerte sich überhaupt niemand. Erstens schon aus reiner Ansteckungsgefahr, und zweitens waren ja irgendwelche Medikamente, die man uns hätte geben können, nicht vorhanden. Eine mit mir zu dieser Zeit Typhuskranke — Baronin Elsbeth von Brüggen — war derart verlaust, daß sich ihr das Ungeziefer in den Leib hineinbohrte. Sie erlag am 15. Oktober 1945. Selten, daß auch hier die richtige Todesart angegeben worden ist.

---

[1]) Diese Vorfälle sind in mehreren Berichten erwähnt.

Es kam Weihnachten 1945 und das Jahr 1946. Fest und sicher erhofften wir von diesem Jahr unsere Freiheit. Letzten Endes waren wir uns weder eines Vergehens noch eines Verbrechens bewußt, und es war doch schon lange nach dem Kriege.

Mit dem 30. März 1946 wurde das Lager Langenau aufgelöst. Das gesamte Büropersonal, die Internierten, kamen noch an diesem Tage in das Zentrallager Potulice, bei Nakel an der Netze im Kreis Bromberg. Ein Teil der übriggebliebenen Lagerinsassen in Langenau wurde noch schnell an die Bauern und Fabriken verkauft, der Rest von Potulice übernommen. Die Akten derer mußte ich an mich nehmen. Um die an Fabriken und Bauern abgegebenen Menschen kümmerte sich niemand, die waren von der Lagerleitung Langenau abgegeben, der Lohn wurde eingesteckt, und hiermit war es erledigt.

Am 31. März 1946 früh 8 Uhr hieß es: „Die Langenauer antreten." Zitternd und die letzten Habseligkeiten unter den Arm gepreßt, gingen wir auf den Lagerhof. Uns empfing der Lagerleiter, Naczelnik[1]) Witold Chudecki. Seine ersten Worte waren: „Vergeßt es nicht, daß ihr Verbrecher seid und entsprechend behandelt werdet."

Hierauf gingen wir zur „Revision". Man scheute hier nicht einmal davor, den Frauen einen Eingriff in den Unterleib zu tun, um festzustellen, ob nicht doch diese oder jene hier Schmucksachen versteckt hält. Völlig „befreit" gingen wir zur Entlausung, wo unser sehnsüchtig der jüdische Lagerarzt Dr. Ignacy Cedrowsky (Isidor Cederbaum) wartete. Mit großen Strafen drohte er schon beim Eintritt, wenn sich jemand die Haare zu schneiden weigert.

Vom Scheitel bis zur Sohle wurden wir geschoren. Alles, ob Mann, ob Frau, ob Kind, alt oder jung, Ausnahmen wurden keine gemacht...

Dieses alles geschah in der Gegenwart des polnischen Lagerleiters und der polnischen Miliz, die nicht selten die abfälligsten Bemerkungen tat. Hatte tatsächlich jemand das Glück, daß ihm der Kopf nicht geschoren wurde, dann blieben die Haare aber auch nur in einer Länge von höchstens 2—3 Zentimetern. Jedoch nur zu schnell wurde hier Grund und Ursache gefunden, die Haare zu entfernen...

Auch hier kam ich am 2. April 1946 ins Büro (Personalabteilung — Aufnahme). Auf der linken Brustseite mußten wir uns ein aus Weißblech geschlagenes „w", das heißt: więzień — Gefangener —, anheften. Somit waren wir Gefangene und keine Internierten. Später wurde dann das Lager in ein Internierungslager umgetauft, jedoch änderte es nichts an unserer Behandlung; wir wurden nach wie vor wie Vieh und nicht wie Menschen behandelt.

Ab Juni 1946 wurden vom Zentrallager unter anderem folgende Lager übernommen: Flatow/Pommern, Stargard/Pommern (von hier hauptsächlich Kriegsgefangene), Sikawa bei Lodz, Milencin, Stargard/Westpreußen, Briesen, Schwetz, Lager und Gefängnis Thorn-Rudak, Graudenz, Mokotow bei Warschau. Massenweise wurden Menschen auf den Straßen zusammengetrieben, hauptsächlich in Pommern und Ostpreußen, und ins Lager geschleppt.

---

[1]) Direktor.

Nicht selten erlebten wir unter diesen Schulkinder. So wie die Transporte kamen, wurden wiederum auch größere Mengen an den Bergbau nach Jaworzno/Oberschlesien oder Warschau transportiert.

An Hand der hier vorhandenen Bücher konnte ich feststellen, daß hier genau so wenig, wie in den anderen Lagern Angaben über die Internierten geführt worden sind. Der genaue Stand ließ sich trotz großer Mühe nicht feststellen. Bis zum Juni 1945 wurde hier weder ein Zu- noch Abgang gebucht. Sterbeurkunden wurden keine ausgestellt.

Häufig und mit viel Gebrüll wurden wir nachts aus unseren Betten — Holzpritschen mit Strohsäcken, soweit welche vorhanden waren — geholt. Raus auf den Hof: „Hinlegen — Aufstehen," so ging es stundenlang. Konnte jemand diesem Kommando nicht genügen, was leider meist die älteren Frauen betraf, gabs gewaltige Schläge. Plötzlich hieß es: „Auf die Baracken, marsch!" Alles lief, was es nur laufen konnte, denn hinterher trieb man mit dem Gewehrkolben. Anführer dieser nächtlichen Spuks waren Grzegorek, Geschwister Czajak und Madrach.

Wir Neulinge hielten dies merkwürdige Verhalten für ganz besondere Strafen, mußten aber nur zu schnell feststellen, daß es hier zur Tagesordnung gehörte. Später dann wurde dieses nächtliche Exerzieren auf den Tag verlegt, und zwar so, daß, wenn die Büroangestellten zum Dienst gingen, sie vorher auf den blanken Knieen auf dem Hof, der mit Schlacken ausgeschüttet [war], umherzerren mußten. Wehe, es wagte einer zu sagen, daß das Knie blutete.

Dies alles trieb man zum Teil nur mit den Frauen. Die Männer ließ man seltsamerweise mehr in Ruhe. Ob es wohl mit den Frauen mehr Spaß machte? An eine Nachtruhe war somit wenig zu denken.

Hierzu kamen dann die häufigen nächtlichen Kontrollen und das in trunkenem Zustand. Willkürlich wurde da etwas an der Zimmerordnung beanstandet, worauf sich einer nach dem anderen über den Stuhl legen mußte und auf das nackte Fleisch durchgeprügelt wurde. Hatte jemand die Mensis, so hieß es: „Vorzeigen." Schrie jemand, umso mehr Schläge gab es.

Im Sommer 1946 kam der neue Lagerleiter, Marian Kwiatek-Kwiecinski. Mit seinem Antritt wurde auch dem Herrn Cederbaum ziemlich freie Hand in allem eingeräumt. Wo er nur konnte, erschwerte er uns das Leben noch mehr... Verschiedenen von uns unterbreitete er sogar, daß, solange er im Lager sei, viele von denen lebend nicht mehr herauskommen.

Als vom Chefarzt C. verordnete „Erziehungsmaßnahmen" erwähnt hier Vfn. langes Ausharren in Hockstellung mit im Nacken verschränkten Armen, Hüpfen über den Lagerhof, stundenlanges Stillstehen, manchmal mit entblößtem Oberkörper bei starkem Frost.

Eine andere Strafmaßnahme: der Bunker. Diese Räume waren unter der Küche gelegen, sie hatten früher als Abstellräume für Fleisch und andere Nahrungsmittel gedient, waren jetzt aber zu kleinen Zellen, zwei mal zwei Meter, ohne jeden Lichtschein und ohne Luftzufuhr ausgebaut worden. Der Fußboden war aus Zement und stand unter Wasser. Solange Chudecki noch Lagerleiter gewesen ist, war hier wenigstens noch eine Sitzgelegenheit, aber mit dem Antritt des Kwiatek-Kwiecinski verschwand alles.

Hatte sich jemand etwas zu schulden kommen lassen, so daß er in den Bunker kam — zu 99 % lag kein Grund vor, und Menschen wurden doch hineingeworfen — verabreichte Herr Cederbaum dem Platzkommandanten Wladyslaw Dopierala (damals vom Lager Langenau mit übernommen) und der betreffenden Miliz, die zum Schlagen ausgesucht war, das nötige Quantum Alkohol, damit sie besser dreinschlagen konnten. Vor dem Schlagen mußte sich der betreffende Internierte ausziehen, die Sachen abgeben, flach auf den Bauch legen, wonach ihm dann die Fußsohlen blutig geschlagen wurden. Hierauf ging es dann ins Wasser. — Während des Schlagens stellte sich der angebliche Arzt auf eine Stufe und gab acht, daß niemand in der Nähe war. — Mehrere Male wurden dann die Internierten mit Wasser übergossen, ob Sommer oder Winter, es war ganz gleich. Hier mußten Menschen mitunter wochenlang ausharren. Wie einzelne herauskamen, braucht wohl gar nicht mehr erwähnt zu werden. (Einmal sogar ließ Herr Cederbaum in den Bunker schaufelweise Chlorkalk schütten. Mit größten Vergiftungserscheinungen wurden verschiedene der Insassen herausgebracht.)

Als Menschen eines Tages derart laut brüllten und einer der Internierten, welcher in der Nähe des Bunkers arbeitete, zum Platzkommandanten hinlief, er möchte doch einmal nachsehen, was dort los wäre, gab er nur kurz zur Antwort: „Wenn Ihnen das Leben nicht mehr lieb ist, sollen Sie krepieren, aber die Deutschen krepieren nicht so schnell."

Ihre Notdurft mußten diese Menschen in einem in der Ecke der Zelle stehenden Eimer verrichten. Als einer der Bunkerinsassen ihn einmal hinaustragen wollte, stieß Herr Cederbaum absichtlich daran, wobei der Eimer umkippte. Hierauf mußte eine Frau, die als ganz besondere Vergünstigung ihr Hemd anbehalten durfte, es ausziehen, alles aufwischen, das Hemd wieder anziehen und den Schmutz auflecken. — Hierbei stellte sich der Arzt an die Bunkertür und freute sich kindlich. —

Starben Menschen, so mußten sich die übrigen zu der Leiche legen und sie küssen. Zur Abwechslung wurden Leichen auch mal auf den Hof gebracht, wobei einer an den Kopf und ein anderer an die Füße derselben fassen, und sie hierbei singen mußten: „Es geht alles vorüber, es geht alles vorbei."

Die gefürchtetste Strafmaßnahme, die Strafkolonne; Leitung: Isidor Kujawski. — Kujawski war unermüdlich im Ersinnen und Ausdenken neuer Quälereien und Schikanen. — Hier 14 Tage bedeutete den sicheren Tod. Überwiegend traf es ältere Frauen. Ihnen wurde Arbeitsverweigerung vorgeworfen, worauf sie in die Strafkolonne kamen. Als Begrüßung bekam man hier 50 Schläge auf das Gesäß, wonach man nicht mehr ganz zurechnungsfähig gewesen ist und Kujawski auch alles erreichte, was ihm genehm war. Umso bedauernswerter, als man ihn in nüchternem Zustand überhaupt nicht kannte und er deshalb als Geißel für die Deutschen umso gesuchter war.

Ein Teil der Strafkolonne beschäftigte sich mit Torfstechen. Ganz gleich bei welcher Witterung, tief im Winter standen die Menschen und holten den Torf heraus. Andere von ihnen machten Wiesen urbar, zogen große Wagen mit Brettern und Holz. Hierbei trieb Kujawski seine satanischen Spiele. Einige Frauen zwang er, sich die Köpfe mit Kuhmist zu bestreichen,

Frösche zu essen, wobei aber immerfort gesungen und getanzt werden mußte. Hatte er Frauen besonders im Auge, die mußten die Fallklosetts ausräumen, wobei sie die hierin herumschwimmenden Gummischutzhüllen in den Mund nehmen und sie aufblasen mußten. Er suchte sich sogar Soldaten und Frauen aus und zwang sie dazu, sich vor ihm auszuziehen. Vor seinen Augen sollten die Menschen Geschlechtsverkehr aufnehmen. — Auf Knieen zogen Frauen die Wagen mit den Brettern, er ging hinterher und schlug ihnen die Fußsohlen wund. . .

Kinder, die im Lager geboren wurden, starben auch gleich wieder. Ganz selten, daß sich eines hier am Leben erhielt. Übrigens wurden den meisten Müttern noch vor dem Lager die Kinder abgenommen und an polnische Familien weitergegeben. Von den polnischen Pflegeeltern bekamen sie dann polnische Namen und wurden als eigene angesehen. Viele Mütter wissen heute noch nicht, wo sich ihre Kinder und umgekehrt bewegen. Die Lagerleitung selbst verweigerte an Angehörige jede Auskunft[1]).

Die Leichen wurden hier auch zu mehreren in ein Grab gelegt. Anfangs wurden weder Nummern noch Namen aufgeschrieben, später dann kleine Holztäfelchen aufgestellt. Allein, ein Täfelchen und mehrere waren in dem Grab. Wie gerne wäre mancher der Angehörigen dem Verstorbenen noch gefolgt, jedoch auch dieses wurde strengstens verweigert.

Es gab Fälle hier, daß Mütter fünf und sechs Kinder hergegeben haben.

Im Dezember 1946 ging ein Transport mit 2 000 Internierten ins Reich. Bei größtem Frost, keine warme Bekleidung mit einem Stückchen Brot in der Tasche. Wurden kranke und gesunde Menschen verladen, so pferchte man sie in ungeheizte Waggons.

Wenige Tage vor Abgang des Transportes wurden die Depositen an die hierfür Bestimmten ausgegeben, wobei alle unterschreiben mußten, ihre ihnen in Verwahrung abgenommenen Sachen wieder erhalten zu haben. Obgleich 99% fehlten, schwieg jeder, denn es sollte ja in die so lange ersehnte Freiheit gehen.

In der Nacht vor Abgang des Transportes kam die polnische Miliz und forderte alle auf, freiwillig herzugeben, was ihnen zuvor ausgehändigt worden war. Wird bei einem was bei einer Nachuntersuchung gefunden, wird der Betreffende vom Transport gestrichen. Aus Angst gab jeder alles her. — Auch vom Rest „befreit" fuhren die Menschen los. Nicht einmal dieses Bißchen gönnte man ihnen mehr.

Am 17. Mai 1947 ging der nächste Transport, mit welchem auch ich das Glück hatte mitzukommen. Der größte Teil von uns bekam die Depositen überhaupt nicht mehr. Um endlich diesem jammervollen Lagerleben ein Ende zu bereiten (und da ich von keinem näheren Angehörigen und Bekannten etwas wußte) und um auf legalem Wege herauszukommen, mußte ich mich eben — wenn es auch gegen meinen Willen ging — in der russischen Zone niederlassen. Ein sich Wiederfinden wird, wenn auch nicht gerade unterbunden, so doch ungemein erschwert. Einen Bruder habe ich

---
[1]) s. den folgenden Bericht.

in der englischen Besatzungszone, welcher aber auch erst vor nicht allzu langer Zeit aus englischer Kriegsgefangenschaft zurückkehrte und ebenfalls nichts besitzt.

Die Mutter ist mir von den Polen so grausam genommen, über den Verbleib des Vaters weiß ich nichts. Die Heimat, Hab und Gut, alles, alles haben wir verloren.

Wer kümmert sich um die vielen Zivilinternierten und Kriegsgefangenen, die heute noch fern der Heimat? Niemand als der Tod. — Post, die da einging, wurde zum Teil gleich wieder den Flammen übergeben. Oftmals wurden so kleine Ausschnitte aus den Briefen herausgeschnitten, und diese übergab man dann dem betreffenden Internierten. Das war unsere Freude an der Post.

. . . Während meiner Tätigkeit in den Lagerbüros hatte ich nur zu viel Gelegenheit in Sachen hineinzusehen, die da Grauenhaftes nachweisen. Da haben wir zum Beispiel Aktenmaterial aus dem Lager Kaltwasser übernommen — es waren Sterbebücher —, in denen seitenweise nur Nummern eingetragen gewesen sind, weil die Menschen infolge schrecklicher Verstümmelung den Namen nachher nicht mehr feststellen konnten.

Jeder Internierte bekam beim Eintritt ins Lager eine kleine Blechnummer, die er bei eventueller Veränderung wieder abgegeben hat. Hier war ein derartiges Durcheinander, daß sich Fälle häuften, wo Lebende für tot und umgekehrt eingetragen wurden. Diese Akten habe ich sorgfältigst persönlich unter anderen Akten im Zentrallager Potulice aufbewahrt. Die Anforderung solchen Materials wäre nicht nur mein, sondern auch der Wunsch vieler ehemaliger Lagerinsassen.

Nr. 268

Erlebnisbericht der Stenotypistin P. L. aus L o d z.
Original, (1949).

Behandlung der deutschen Bevölkerung, insbesondere der Kinder, im Lager Potulice.

Wie so viele, die infolge des schnellen russischen Vormarsches nicht mehr flüchten konnten, war auch ich im Januar 1945 mit meinem Kind in Polen zurückgeblieben und wurde bald nach dem Umsturz in eines der für Deutsche bestimmten polnischen Arbeitslager eingeliefert. Mein Kind hatte ich bei einer anderen Deutschen zurückgelassen. . .[1]).

Bei der Einlieferung ins Lager wurden wir unseres Geldes, der Wertsachen sowie jeglicher scharfen Gegenstände, ja, selbst Bleistifte, entledigt. Nebenbei verschwanden natürlich auch bessere Wäsche- und Kleidungsstücke, Strümpfe, Schuhe, ja, selbst Lebensmittel usw., kurz alles, was den Kontrollierenden von Nutzen zu sein schien. Gebet- und Gesangbücher, Sparkassenbücher, Dokumente, ja, selbst Familienfotos wurden zerrissen und einem vor die Füße geworfen.

---

[1]) Hierzu erklärt Vfn., daß sie in der nachfolgenden Schilderung ihrer Erlebnisse aus bestimmten Gründen Namensnennungen vermeidet.

Die Wertsachen wurden mit dem Hinweis sichergestellt, daß sie bei der Entlassung aus dem Lager zurückerstattet würden, was auch geschah; jedoch bei der allerletzten Kontrolle, beispielsweise vor einem Transport nach dem Reich, verschwanden die Sachen, die kurz zuvor dem Eigentümer gegen Unterschrift ausgehändigt worden waren, wieder in den habgierigen Händen der revidierenden Milizen. Zu diesem Zweck wurden unter dem Vorwand, nach „organisiertem Lagereigentum" zu suchen, Federbetten aufgeschnitten, daß die Federn nur so durch die Luft stoben. — Doch auch das alles verschmerzt man gerne, denn nach oft jahrelanger Gefangenschaft winkt ja endlich die Freiheit, die kostbarer ist als alles andere.

Nachdem wir auf die Baracken verteilt waren, mußten wir vor der Baracke aufmarschieren und uns gegenseitig mit Leuchtfarbe das Hakenkreuz auf den Rücken unseres Kleides oder Mantels malen, und zwar recht groß, damit man schon von weitem sah, daß wir Deutsche waren.

Einige Tage später ordnete eine zur Inspektion im Lager weilende russische Kommission an, das Hakenkreuz müsse verschwinden. Und da hatten wir Mühe, die Farbe zu entfernen. Oft wurden Löcher in die Kleidungsstücke hineingerieben, und doch waren noch Spuren der Farbe vorhanden. Statt des Hakenkreuzes auf dem Rücken mußten wir nun ein kleines, aus Papier oder Stoff angefertigtes auf der linken Brust tragen, und noch wenige Tage später wurde daraus wieder ein „N", das bedeutete so viel wie „niemka" (Deutsche). Doch auch das verschwand bald und machte einem „w" Platz, das „więzniarka" (Gefangene) bedeutet.

Als dann Ende 1945 ein neuer polnischer Chefarzt ins Lager kam, setzte er seine geniale Idee in die Tat um, die Deutschen am einfachsten dadurch zu kennzeichnen, daß man allen — ganz gleich, ob Mann oder Frau — das Haar ganz kurz schor, bis zu 1 Zentimeter; die im Büro arbeiteten, hatten das Glück, einen vier Zentimeter langen Herrenschnitt zu bekommen. Jeden Monat einmal wurden die Haare dann wieder beschnitten, damit sie nicht über die vorschriftsmäßige Länge hinauswüchsen.

Auch unter den Armen und überall, wo nur ein Härchen war, alles wurde wegrasiert, um, wie gesagt wurde, dem Ausbruch einer Typhusepidemie vorzubeugen, was im Grunde genommen aber nichts anderes als Schikane sein sollte. Dem Herrn Chefarzt, der sich übrigens „Märtyrer von Auschwitz" nannte, weil er in dem Lager gesessen hatte, bereitete es eine Genugtuung, zu sehen, wie manche der deutschen Frauen sich der Tränen nicht erwehren konnten, wenn ihr Haar fiel.

Oft fanden sich als Zuschauer der Herr Naczelnik des Lagers und einige Milizposten ein, um diesem „Haarschneidetheater" beizuwohnen. Und wir armen deutschen Frauen saßen splitternackt in dem Umkleideraum der Duschanstalt an den Wänden entlang, den lüsternen Blicken und frechen Späßen der „Zuschauer" ausgesetzt. Das Rasieren wurde zudem von internierten Männern besorgt, obwohl unter den Lagerinsassen auch Friseusen waren. Es ging 'ja aber darum, uns Frauen wieder am meisten zu erniedrigen. . .

Sträubte sich die eine oder andere der Frauen, sich das Haar schneiden oder rasieren zu lassen, wurde sie einfach, so nackt wie sie war, in den Bunker gesperrt und erst herausgelassen, wenn sie für die Haarschneideprozedur bereit war.

Einmal im Monat fand auch eine sogenannte „Krätzeschau" vor dem Herrn Chefarzt statt, und wir Frauen mußten wieder ganz nackt an ihm vorbeidefilieren. Die Frauen, die er sich dabei heraussuchte, wiesen meistenteils keine Spur von Krätze auf, sondern hatten das Pech, ihm eben aufzufallen, vielleicht auch nur deshalb, weil sie als Deutsche noch zu gut aussahen. Sie wurden besonders vom Chefarzt gepiesackt unter den fadenscheinigsten Vorwänden.

Andere hatten das „Glück", zum Chefarzt in den Haushalt zu kommen, und waren dort seinen Nachstellungen ausgesetzt. Waren sie ihm nicht gefügig, wurden sie unter dem Vorwand, Zigaretten oder andere Sachen gestohlen zu haben, ins Lager zurückgebracht, zu Verhören geschleift und bis 14 Tage in den Bunker gesperrt, d. h. in ein fensterloses feuchtes Kellerloch, das keine andere Sitzgelegenheit aufwies als die feuchte Erde. Zwischendurch gab es auch noch Schläge.

Kamen sie aus dem Bunker heraus, mußten sie schwerste Arbeit tun, d. h. den Wagen ziehen, der regelmäßig Bretter und anderes Bauholz aus dem eine Stunde entfernten Sägewerk für die Tischlerei holte, was bei Regenwetter, Sommerhitze oder Frost den Menschen, die statt der Pferde den Wagen ziehen mußten, große Mühe bedeutete. War unter den den Wagen patrouillierenden Milizposten einer darunter, der besonderen Haß gegen die Deutschen empfand, gab es auch noch Schläge dazu.

Ein „Lieblingskind" des Herrn Chefarztes waren die Quarantänebaracken, wo die Neuangekommenen 14 Tage lang zubringen mußten. Verschont davon waren die ersten Deutschen, die zu Anfang Februar bis April 1945 ins Lager kamen. Damals gab es auch noch kein Wasser zum Brausebad, und auch die Entlausungsvorrichtung war nicht in Ordnung.

Während der Quarantänezeit hieß es zunächst, meist zu zweit, oft sogar zu dritt und vieren, in den schmalen dreistöckigen Holzbetten (wir nannten sie „Wanzenetuis") schlafen, und zwar ohne Strohsack, auf blanken Brettern, ohne Decken. Federbetten waren im Lager überhaupt nicht zugelassen, und brachten die Leute welche mit sich ins Lager, wurden diese ins Magazin genommen.

Die Stubenfenster der Quarantänebaracke mußten Tag und Nacht offenstehen, ganz abgesehen davon, ob es Sommer oder Winter war. Kein Wunder also, daß es den Stubeninsassen zu kalt wurde und sie in der Annahme, der Chefarzt sei ja nicht da, die Fenster schlossen. Sie wußten natürlich nicht, daß der Gefürchtete plötzlich zur Kontrolle in der Baracke erschien und die geschlossenen Fenster sah.

Die Folge war, daß die Zimmerinsassen zur Strafe ganz nackt zwei bis drei Stunden bei offenem Fenster stehen mußten. Manchmal mußten sie zur Strafe auch im Barackenflur auf und ab hüpfen und wurden, wenn sie sich dabei ungeschickt erwiesen, mit Fußtritten und Fluchworten traktiert. Oder der Herr Chefarzt goß im Barackenflur einen Eimer Wasser aus, das im Laufe von zehn Minuten gründlich weggewischt sein mußte. Meist mußte das eine Frau tun, und diese rieb sich die Knie blutig, wenn sie auf den rauhen Steinplatten, mit denen der Flur ausgelegt war, herumrutschte, um das Wasser aufzunehmen. Hinter ihr aber stand der Chefarzt und trieb mit Fluchworten und Fußtritten zur Eile. — Kein Wunder, daß die Leute den Tag herbeisehnten, an dem die Quarantänezeit beendet war und sie zur Arbeit gehen konnten.

Arbeiten muß jeder Lagerinsasse, wenn er vor Schwäche nicht zusammenbricht und dann ins Lagerspital kommt. Doch dort sind die Zustände auch wenig erfreulich. Es fehlt ja an Medikamenten, Verbandstoffen, Heizmaterial, und auch das Essen unterscheidet sich wenig von dem üblichen Lageressen. Außerdem trieb dort der Chefarzt sein Wesen und machte den Kranken das Leben zur Hölle.

Für die Arbeit gibt es kein Entgelt. Man arbeitet für das kärgliche Essen und oft recht rüpelhafte Behandlung. Überzählige Arbeitskräfte werden in Arbeitskommandos von zehn Personen aufwärts zusammengeschlossen und unter Aufsicht von Milizposten den staatlichen Gütern sowie den Dorfgemeinden zur Landarbeit abgetreten. Der Entgelt, der für die Internierten an das Lager gezahlt wird, beträgt ungefähr ein Zehntel dessen, was ein polnischer Arbeiter gezahlt bekommt. Dieser bekommt natürlich dazu auch noch erstklassiges Essen und arbeitet nicht länger als seine acht Stunden.

Der Deutsche dagegen muß im Sommer schon bei Sonnenaufgang auf den Beinen sein und kommt vor Dunkelheit nicht zur Ruhe. Was er dafür bekommt? Bei den meisten Bauern oder auf den Gütern oft nur morgens und abends eine Milchsuppe und Kartoffeln dazu. Auch das Brot ist meistens sehr knapp. In den seltensten Fällen zahlt der Bauer aus eigenem Willen den Deutschen ein kleines Taschengeld, was aber von der Lagerleitung verboten ist, denn es gibt dem Deutschen Gelegenheit, sich etwas zusammenzusparen und dann zu fliehen.

Die Behandlung läßt viel, viel zu wünschen übrig, und ganz besonders die Frauen werden als Freiwild betrachtet. Aber sie können sich ja nicht wehren, sie sind ja rechtlos. Setzt sie sich zur Wehr, wird sie unter dem Vorwand der Arbeitsverweigerung ins Lager zurückgebracht, unzählige Male verhört, in den Bunker gesperrt, geschlagen und dann im Lager selbst zur schwersten Arbeit verwandt. Dasselbe geschieht, wenn manche Frauen plötzlich schwanger ins Lager zurückgeschickt werden. Auch der schuldige Pole wird zur Verantwortung gezogen, aber was ist eine Geldstrafe im Vergleich dazu, was die deutsche Frau an Schlägen, gemeinen und rohen Worten zu hören bekommt.

Es kommt auch vor, daß man zu anständigen Leuten in Arbeit kommt, so daß man gutes Essen, etwas Geld und auch die notwendige Kleidung erhält, aber leider sind das nur vereinzelte Fälle. Der Deutsche wird als Arbeitstier betrachtet. Man weiß ganz genau, daß viele Bauern der Aufforderung, die Deutschen zwecks Abtransportes nach dem Reich ins Lager zurückzubringen, gar nicht Folge leisten. Sie sind gern bereit, die Lagerverwaltung zu bestechen, um die Internierten [irgend] wie am längsten behalten zu können. Und wie oft hört man die ganz naive Frage: „A kto ma pracować, jak nam zabierzecie niemców?" (Wer soll denn arbeiten, wenn Ihr uns die Deutschen nehmt?). Man denkt, der Deutsche würde immer als Sklave in Polen bleiben.

Leider kommt es den armen deutschen Menschen hinter dem Stacheldraht oft auch schon vor, daß sie ihr Leben lang nicht mehr als freie Menschen leben werden. Kein Wunder, wenn jene, die außerhalb des Lagers zur Arbeit sind, Fluchtversuche unternehmen. Manchen glückt es, aber wehe, es wird einer dabei geschnappt. Er wird natürlich ins Lager zurückgebracht, wo seiner Bestrafung wartet. Zunächst heißt es, auf einige Wochen in den Bunker bei Wasser und Brot bzw. halber Portion Lageressen. Auch die Verhöre bleiben nicht aus: Wohin man wollte, woher man Geld hatte, wer einem dazu verhalf usw. usw. und zwischendurch die üblichen Schläge.

Die ersten Tage muß der bei der Flucht Ertappte, als Abschreckungsmittel, in der Mitte des Lagerplatzes vor den Baracken stehen, und zwar reglos mit hinter dem Kopf verschränkten Armen, und empfängt in regelmäßigen Zeitabständen von einer Stunde von vorbeikommenden Milizen Ohrfeigen verabreicht. — Ich erinnere mich eines deutschen Landsers, der als Kriegsgefangener im Lager als Handwerker arbeitete und bei einem Fluchtversuch gefaßt wurde. Ich sehe das Bild noch vor mir, wie er bei nicht geringem Frost mit erhobenen Armen auf dem Lagerplatz stand, reglos, und es schien, als würde er der Kälte nicht standhalten. Als er am Umsinken war, schleppte man ihn in den Bunker, und er bekam seine Tracht Prügel. Am nächsten Tag geschah das Gleiche. Doch als der Mann an diesem Nachmittag zusammenbrach, ließ man ihn schon ruhig im Bunker, bis er dank der „guten Behandlung" so weit war, daß er zur Wiederherstellung ins Lagerspital gebracht wurde.

Der Erfolg dieser Behandlung, geleitet von Herrn Chefarzt selbst, war der, daß der junge Mensch, der immer blühend und gesund ausgesehen und stets guter Dinge gewesen war, nach kurzer Zeit an den Folgen starb. Und wie hatte der Chefarzt ihn angeschrien, als er auf dessen Frage, wovon denn der Rücken so voller Striemen und blutunterlaufener Flecke sei, geantwortet hatte, das sei von der Prügel, die er im Bunker bekommen habe. Denn offiziell ist ja das Schlagen der Internierten verboten. Man schlägt eben so, daß es niemand sieht, und wo wird der Deutsche zur Klage gehen? Er findet ja kein Recht, im Gegenteil, es rächt sich oft sehr schlimm.

Viel, viel der Mißhandlungen an den Internierten hat der Chefarzt zu verantworten, dank dem sich auch ein junges Mädchen im Toilettenraum der Baracke erhängte, weil er ihr keine Ruhe ließ. Als dieser Satan in Menschengestalt endlich aus Gesundheitsrücksichten von seinem Posten abberufen wurde, atmeten alle Internierten befreit auf. Und doch ist das Leben weiterhin nicht viel erträglicher geworden.

Arbeitet man in den Werkstätten, ist man vor Denunziationen von Seiten seiner eigenen Leidensgenossen nicht sicher, die den Polen liebedienern und sich dadurch ein besseres Leben schaffen wollen. Wie leicht kommt man in den Bunker, und oft heißt es, bis zu den Knien im Kalkwasser stehen, von Verhör zu Verhör geschleppt werden, dazwischen wieder Prügel. Es geht darum, über die eigenen Volksgenossen auszusagen, einfach gesagt, sie zu verpetzen. Wer ein Verhältnis hat, mit wem, wo, wer hintenherum Briefe abschickt usw. Oder man wird aufgefordert, gegen die polnischen Lagerbeamten auszusagen.

Da werden die raffiniertesten Mittel angewandt, um die Menschen zum Reden zu bringen. Man versucht es nicht immer mit Bunker. O nein, man ist auch menschlich und will nichts umsonst. Also werden einem Versprechungen gemacht, z. B. daß man aus dem Lager entlassen wird, eine gute Stellung bekommt und nicht nur das, auch solange man im Lager ist, soll man es besser haben. Da werden einem lecker zubereitete Brote und Milch kredenzt, die besten Zigaretten angeboten, Briefmarken geschenkt usw.

Und das ist bei den Verhältnissen im Lager doch eine nicht kleine Versuchung, und wie mancher unterliegt solchen Einflüsterungen.

Und was ist das Ende? Hat man seine Schuldigkeit getan und sich die Verachtung aller anständig denkenden Menschen zugezogen, wird man von den Herren fallengelassen, kommt an den Wagen und muß schwer arbeiten. Die ganz Charakterlosen kommen auch frei, müssen sich aber zum Dienste für die UB. (Urząd Bezpieczeństwa) verpflichten, der darin besteht, daß man Leute, die der UB. verdächtig vorkommen, spioniert und verspitzelt.

Die Leiter der gefürchteten Verhöre sind die Offiziere vom „Dzial Specjalny" (Sonderdienst), kurz „Spec" genannt, meist 22- bis 25 jährige Burschen ohne jegliche militärische Laufbahn, die dank ihrer besonderen Verdienste Offiziersrang erhalten haben. Man frage nicht nach der Intelligenz oder gar Bildung dieser Leute. Sie weisen sich mit den gemeinsten polnischen und russischen Fluchworten aus.

Ich selbst habe solche Verhöre erlebt und denke noch mit Schrecken daran zurück. Zu allen Tageszeiten, ja, selbst in der Nacht holte man mich heraus.

Da lernte ich auch den so gefürchteten Bunker kennen, in welchem ich allerdings nur vier Stunden zubrachte, dafür aber im Februar, zur Hälfte entkleidet, im eisigkalten, stockdunklen Kellerraum stehen mußte, denn außer der hart gefrorenen Erde gab es keine Sitzgelegenheit. Man hatte mir gedroht, mich nicht eher herauszulassen, bis ich das Gewünschte aussagen würde. Und jede Stunde kam der „Spec" und fragte an der Tür, ob ich bereit sei, auszusagen. Ich weiß nicht, welchem Umstand ich es zu verdanken habe, daß ich trotz meiner Aussagenverweigerung nach vier Stunden doch freigelassen wurde. Zur Erwärmung wurde mir sogar heiße Milch angeboten und dick bestrichenes Butterbrot. Mir war jedoch vor Aufregung so heiß, und der Schreck hatte mir jegliches Hungergefühl genommen, so daß es nicht schwer fiel, dieser Bestechung zu widerstehen.

Den Höhepunkt bildete wenige Tage später ein Verhör, zu dem ich mitten in der Nacht herausgeholt und unter Bewachung nach dem Gästehaus der Lagerverwaltung hinter das große Tor gebracht wurde. Es kam mir fast unglaubhaft vor, seit langer, langer Zeit wieder einmal in einem nett möblierten Zimmer im tiefen Polstersessel zu sitzen und vor mir duftenden Bohnenkaffee und herrlichen Kuchen zu sehen. Derjenige, der mich jetzt im Laufe eines zwanglosen Gesprächs verhörte, war kein Lager-Spec, sondern ein höherer Offizier in russischer Uniform, dem ich trotz größter Liebenswürdigkeit seinerseits auch nichts weiter aussagen konnte, als was ich bisher immer gesagt hatte. Den Kaffee, den er mir einschenkte, trank ich, ich mußte ihn einfach trinken, um meine Schlaftrunkenheit zu überwinden und das wildschlagende Herz zu beruhigen. Der schöne Kuchen vermochte mich aber nicht zu locken.

Jedenfalls atmete ich erleichtert auf, als das Verhör vorüber war. Die Folgen desselben ließen jedoch nicht lange auf sich warten. Das konnte ich mir auch denken und habe mir deshalb Sorge gemacht. Man war ja mit meinen Aussagen nicht zufrieden. — Wenige Tage später wurde ich auch schon von meinem einigermaßen günstigen Arbeitsplatz entfernt und kam zum auswärtigen Arbeitseinsatz.

Dort hatte ich auch nach anderthalbjähriger Trennung zum erstenmal Gelegenheit, mein Kind wiederzusehen, und es bedarf wohl kaum der Worte, zu beschreiben, was ich empfand, als ich meinen Jungen unter Tränen wieder ans Herz drücken konnte. Der Junge erkannte mich nicht wieder, sprach auch kein Wort Deutsch mehr. Und doch hatte der liebe Gott das Kind in seinem Schutz behalten und es zu guten Leuten kommen lassen. So war das Kind mit der deutschen Frau, bei der ich es zurückgelassen hatte, in ein anderes Lager und von dort zum Bauern zur Arbeit gekommen, d. h. die Frau, und er war sozusagen unter ihrer Obhut. Vor Hunger hatte der Junge immer Mohrrüben gestohlen. Schließlich nahm die Not jedoch ein Ende, und als die deutschen Kinder an polnische Familien abgegeben wurden, hatte mein Kind das Glück, zu sehr anständigen Leuten zu kommen, die ihn wie ein eigenes Kind hielten. So kam es, daß ich ihn anständig erzogen, eingekleidet, ein gutes Stück gewachsen und gut herausgefüttert wiederfand. Das ließ mich auch die erneute Trennung leichter ertragen, denn bei mir behalten konnte ich ihn nicht; doch hatte ich Gelegenheit, ihn wenigstens von Zeit zu Zeit wiederzusehen.

Wieviel schlimmer ist es anderen Müttern mit ihren Kindern ergangen. Kinder zwischen vier und vierzehn Jahren, die dem Lager nicht unterlagen und mit ihren Müttern hinkamen, wurden im Mai 1945 einfach ihren Müttern weggenommen, auf Lastautos verladen und fortgebracht. Noch heute habe ich das Weinen der Mütter und Schreien der Kinder in den Ohren, als man sie voneinander riß.

Wenn es ein gütiges Schicksal fügte, haben verschiedene Mütter durch Zufall von dem Aufenthaltsort ihrer Kinder erfahren, viele aber wissen noch heute nicht, wo sie ihre Kinder suchen sollen. Im Lager selbst war nichts darüber zu erfahren; man hatte ja nicht einmal notiert, wohin sie gekommen waren oder wer sich ihrer angenommen hatte. Einige deutsche Barackenälteste, die zur Aufsicht mit den Autos mitgefahren waren, haben uns erzählt, daß die Kinder unterwegs von den Bauern einfach heruntergenommen wurden — viele sahen in den halbwüchsigen Kindern willkommene Arbeitskräfte. So mußten die Kinder das Vieh hüten, oft auch schwere Arbeit verrichten, der ihre Kräfte nicht gewachsen waren, wie: den Pflug ziehen, Holz hacken usw.

Abgerissen und körperlich heruntergekommen, brachten sie die Bauern nach langen Monaten oder gar Jahren ins Lager zurück, wenn sie dazu aufgefordert wurden, weil ein geschlossener Kindertransport ins Reich abgehen sollte. Die Mutter war inzwischen woandershin zur Arbeit gekommen und wußte in den meisten Fällen nicht, daß ihr Kind schon auf dem Weg nach Deutschland war. Als sie selbst endlich ins Reich kam, mußte sie allerhand Such- und Hilfsorganisationen zu Hilfe nehmen, um ihr Kind wiederzufinden.

Manchmal treffen sich Mutter und Kind unerwartet im Lager wieder, und dieses Wiedersehen läßt so recht erkennen, wie Schweres deutsche Mütter und Kinder durchmachen müssen.

Von den kleinen Kindern, die weggebracht wurden, kamen die meisten in Kinderheime, mußten oft hungern, und viele sind gestorben. Die, die wiederkommen und das Glück haben, ihre Mutter noch im Lager vorzufinden, erkennen diese nicht mehr, sprechen nur Polnisch, und die meisten Mütter verstehen ja kein Wort Polnisch, haben also Mühe, sich mit ihren Kindern zu verständigen.

Es kommt auch vor, daß Polen, die sich eines deutschen Kindes angenommen haben, es als ihr Eigentum betrachten und die Rückgabe an die Mutter verweigern. Sie verlangen die Rückerstattung der Kosten, die das Kind ihnen verursacht hat. Und woher soll die arme deutsche Frau, der man all ihre Habe schon vor der Einlieferung ins Lager genommen, dort noch das Letzte lassen mußte und die ganzen Jahre unentgeltlich gearbeitet hat, aber das Geld nehmen?

Der Fall wurde also vorläufig „ad acta" gelegt, und die Mutter mußte nun warten, wie es weiter wird.

Neuerdings werden Kinder, die mit ihren Müttern ins Lager kommen, wenn sie über sechs Jahre sind, von den Müttern getrennt und kommen auf besondere Jungen- bzw. Mädchenbaracken, denen deutsche Barackenälteste vorstehen. Die Kinder sind also streng von den Müttern getrennt, dürfen diese nur sonntags auf ein bis zwei Stunden besuchen und führen ein ziemlich freudloses Dasein.

Eine oder die andere Mutter versucht es, durch den Stacheldraht ihrem Kinde zusätzlich ein Stück Brot von dem ihren zuzustecken, darf sich aber dabei nicht schnappen lassen, denn auch in diesem Falle winkt der Bunker. — Ist das Wetter gut, marschieren sie auf dem staubigen, stacheldrahtumsäumten Platz vor ihrer Baracke und müssen kräftig dazu singen, natürlich nur polnische Lieder, damit sie was können, wenn der „Spec" zu ihnen kommt.

Die Kleineren sitzen im staubigen, schmutzigen Sand und spielen mit Steinchen, Papierfetzen und dgl., denn Spielsachen haben sie ja nicht. Bei schlechtem Wetter sitzen alle in der Baracke und vertreiben sich auf die gleiche Weise wie sonst draußen die Zeit. Eine Zeitlang wurde für die größeren Kinder auch Schule abgehalten, doch auch das nur in polnischer Sprache, obwohl die Lehrer internierte Deutsche waren. Inzwischen sind diese im Transport nach dem Reich gekommen, also ist es mit dem Schulunterricht auch aus.

Sonntagnachmittag dürfen die Kinder in das für die Lagerbeamten eingerichtete Kino außerhalb des Stacheldrahtes. Doch was zeigt man ihnen für Filme? Vor allem die russische Wochenschau und russische sowie manchmal auch polnische Kriegs- und Propagandafilme. Einer der „Speces" ist ein besonderer Kinderfreund und verteilt an die Kleinen, wenn sie gut singen und marschieren können, Bonbons und Äpfel. Sie hören aber auch schöne Fluchworte von ihm, und die Jungen werden über Dinge aufgeklärt, die für sie eigentlich nur von Schaden sein können.

Der „Spec" hat sich unter den Jungen auch einen „kleinen Spec" ausgesucht, der ihn auf Schritt und Tritt begleitet, von ihm schön eingekleidet und zusätzlich gespeist wird. Der „kleine Spec" ist aber auch von seinen deutschen Spielgenossen bzw. Leidensgenossen nicht wenig gehaßt. Gehört es doch zu seiner Aufgabe, dem „Spec" alles zu hinterbringen, was die Kinder sich zuschulden kommen lassen. Auch bei seiner Inspektion der Baracken der Erwachsenen nimmt der „Spec" seinen kleinen Gehilfen mit. Steht nun in irgendeiner Barackenstube vielleicht in einer Tasse etwas Kaffee oder Suppe vom Mittag, hat der Kleine die angenehme Pflicht, auf Anweisung seines „Herrn" einer von den zufällig in der Stube weilenden Frauen den Kaffee ins Gesicht oder auf den Kopf zu gießen.

Was nützt es also, daß man den Kindern besseres Essen gibt — das aber auch erst in letzter Zeit, und zwar, wie man hört, dank Betreuung eines ausländischen Roten Kreuzes —, wenn sie seelisch fast verkommen.

In den ersten Monaten des Jahres 1945 war die Sterblichkeit unter den Kleinkindern und Säuglingen sehr groß. Sie mußten einfach verhungern. Es gab ja für sie auch nichts anderes als ewig Kohlsuppen, und zwar Kohl sauer, süß, Kohl verfault — und alles meist Wasser, in dem wie zur Verzierung nur einige Krautblätter schwammen. Von Kartoffeln fast keine Spur. Fleisch? Ja, oft sah man den verendeten Gaul einen ganzen Tag lang in der prallen Sommerhitze, von Fliegen umschwärmt, hinter der Baracke liegen, und nächsten Tag, wenn man mittags auf die Baracke kam, wurde man von dem Fleisch-„Geruch" allein satt.

Säuglinge bekamen wohl etwas Milch, aber was war das schon. In der Regel wurden sie nicht älter als drei Monate, ein Trost für jene Mütter, die das Kind gegen ihren Willen von einem Russen hatten.

Aber auch heute ist die Sterblichkeit unter den Säuglingen wenig zurückgegangen, da die hygienischen Voraussetzungen allein sehr viel zu wünschen übrig lassen. Es mangelt an allem, vor allem an Windeln und Wäsche. Außerdem kümmern sich diejenigen, die dazu beauftragt sind, sehr wenig um die Kinder; die Mutter selbst aber muß arbeiten und kommt nur von Zeit zu Zeit dazu, dem Kinde die Brust zu geben.

Es gibt Mütter, die zwei und drei Kinder im Lager verloren haben. Die Hände waren ihnen gebunden, und sie konnten den Kleinen nicht helfen. Es gibt auch Fälle, daß von drei- und vierköpfigen Familien niemand mehr übrig geblieben ist.

Die Art, wie man seine Tage im Lager verbringt, kann man auch kaum mit Leben bezeichnen. Es ist vielmehr ein Dahinvegetieren in der ständigen Hoffnung, daß man doch einmal wieder ein freier Mensch sein wird.

Ein Tag gleicht genau dem andern, selbst vom Sonntag merkt man nicht viel, wenn auch nur bis mittags gearbeitet wird. Der Nachmittag vergeht langsam, man weiß nicht, was man machen soll. Es ist strafbar, wenn man auf andere Baracken geht, um Verwandte oder Bekannte zu besuchen. Die einzelnen Baracken sind durch Stacheldraht voneinander getrennt. Auch Eheleute benötigen einer besonderen Genehmigung, wenn sie sonntags ein Stündchen miteinander sprechen wollen, und ob sie dieselbe bekommen, hängt von der Laune des polnischen Beamten ab, der sonntags innerhalb des Lagers Dienst tut.

Es gab eine Zeit, da wurden die Bürokräfte, und zwar vor allem die weiblichen, am Sonntagmorgen zur Land- und anderer schweren Arbeit eingesetzt, die sie bis mittags tun mußten. So mußten Rüben und Kartoffeln behackt oder bei der Heu- und Getreideernte geholfen werden. Leicht war das nicht, umso mehr nicht, wenn man Milizposten hinter sich wußte, die mit Schimpfworten oder gar mit Schlägen antrieben. Im Winter wurden die weiblichen Bürokräfte sonntags vormittags zum Schneeschaufeln außerhalb des Lagers eingesetzt; das bedeutete dann für die Polen, die aus der Kirche vorbeikamen, eine gewisse Genugtuung.

Es konnte auch passieren, daß einer der Milizen, fühlte er sich unbeobachtet, morgens, wenn schon alle zur Arbeit waren, die Frauen und Mädchen vom Büro, die erst eine halbe Stunde später die Arbeit begannen, vor der Baracke antreten ließ, Taschenrevision nach Bleistiften, Geld, Streichhölzern und Zigaretten machte und sie dann zu Turnübungen antrieb. Da hieß es Kniebeuge machen, hüpfen, auf hartgefrorener Erde „hinlegen und aufstehen", und das in einem Tempo, daß man oft nicht rechtzeitig hochkam.

Es ist verständlich, daß die älteren Frauen (und zwar befanden sich 50jährige und noch ältere darunter) nicht mitkonnten. Doch da wurde keine Rücksicht genommen. Wer hinten blieb, bekam einen spürbaren Fußtritt und wurde mit den „schönsten" Redensarten bedacht.

Nach Schluß der gymnastischen Übungen mußten die Frauen sich folgende Ansprache anhören: „Inteligencja chcecie być, wiecie co jesteście, gnoje jesteście. W Polsce demokratycznej inteligencja jest niepotrzebna". (Ihr wollt die Intelligenz sein, wißt ihr, was ihr seid? Dreck seid ihr! Im demokratischen Polen ist die Intelligenz nicht nötig.)

Die Ansichten dieses „polnischen Demokraten" ließen die Frauen natürlich ganz kalt, diese waren froh, daß die martervolle Gymnastik vorbei war und sie zur Arbeit konnten. — Man bedauert nur immer wieder, daß man solchen Individuen gegenüber so machtlos ist und ihnen nicht wenigstens, wie sie es verdient haben, ins Gesicht spucken kann.

Auch die großen Feiertage, wie Weihnachten und Ostern, brachten wenig Abwechslung in das traurige Alltagsleben. Nur so viel, daß es am ersten Feiertag zu Mittag statt der üblichen Wassersuppe Gulasch gab und an Tag überhaupt nicht gearbeitet wurde. Und doch war man froh, wenn die Feiertage wieder herum waren; denn es ist ja so, daß man gerade an den Festtagen überaus stark seiner Lieben und jener Zeiten gedachte, als man noch mit ihnen beisammen war, und das Herz wollte einem vor Schmerz und Weh fast brechen.

Von froher Weihnachtsstimmung konnte keine Rede sein, wenn auch auf dem Platz vor den Baracken ein riesiger Christbaum mit bunten Glühlämpchen aufgestellt war, die abends im Licht erstrahlten. Uns war auch alles andere als zum Weihnachtsliedersingen zu Mute, als es hieß, wir sollten uns zu diesem Zweck um den Christbaum versammeln. Doch es hieß gehorchen. Allerdings wurde aus dem Gesang nicht viel, denn nachdem einige polnische Weihnachtslieder verklungen waren, und plötzlich jemand das deutsche „Stille Nacht, heilige Nacht" anstimmte, wurde der Gesang unterbrochen, und wir mußten wieder auf die Baracken zurück. Das war natürlich kein schöner Ausklang.

Anschließend berichtet Vfn. von Gesangsübungen, die an Sommerabenden angeordnet wurden und meist in Schikanen gegen diejenigen ausarteten, die der polnischen Sprache nicht mächtig waren.

Auch Gottesdienst wurde ab und zu am Sonntag für die Internierten abgehalten, aber nur für die Katholiken, und zwar in einem großen Raum einer sonst leerstehenden Baracke. Von andächtiger Stimmung, die einem sonst beim Betreten einer Kirche umfängt, konnte also in diesem Fall wohl kaum die Rede sein. Und doch gingen die Leute vertrauensvoll zu diesen Andachten, in deren Anschluß auch das Abendmahl gereicht wurde, in der Hoffnung, dabei Beruhigung für ihr sorgenschweres Herz zu finden. Meist wurden sie aber schwer enttäuscht und mitten aus der heiligen Handlung herausgerissen.

Obgleich die Andacht im Hinblick darauf, daß auch am Sonntag am Vormittag gearbeitet wurde, schon um 6.00 Uhr begann, denn um 8.00 Uhr mußten die Leute schon zur Arbeit antreten, war die Zeit zu kurz, um allen das Abendmahl zu reichen. Als es nun Zeit war, zur Arbeit anzutreten, wurden die Leute einfach aus dem Gottesdienst herausgeholt, und der Pfarrer, der von außerhalb des Lagers zu kommen pflegte, stand allein und verlassen da.

Hier berichtet Vfn. über das unablässige Auftauchen verschiedenster Gerüchte, die vor allem das Ende der Internierungszeit betrafen, und über eine Reihe gemeiner und häßlicher Schikanen, zumeist in Form wiederholter Kontrollen, welche die Lagerinsassen in ständiger Aufregung hielten.

Besonders gern werden diese Kontrollen auf den Frauenbaracken gemacht, und die Frauen werden das schließlich so gewöhnt, daß sie sich auch nicht mehr genieren, im kurzen Hemd (zum Schlafen haben die Frauen vom Lager Männerhemden und Unterhosen und dürfen andere Nachtwäsche nicht benützen) vor dem inspizierenden Mann aus und ins Bett zu klettern. Besonders unangenehm sind solche nächtlichen Besuche bei den Frauen, die infolge vieler Arbeit bis 11.00 Uhr abends arbeiten, sich kaum schlafen gelegt haben und nun aus der Ruhe gerissen werden.

In den ersten Monaten des Jahres 1945 waren diese nächtlichen Besuche besonders aufregend. Da erschienen in regelmäßigen Abständen von zwei Tagen auf jeder Baracke unter Anführung eines Höheren einige Milizen mit

Gummiknüppeln. Und fanden sie auf der Stube etwas nicht in Ordnung, eine ungewaschene Schüssel oder ein Stäubchen auf dem Fußboden, mußten alle Stubeninsassen aus den Betten, in der frostigen Nacht um die Baracke laufen — oft lag der Schnee ziemlich hoch, und die Menschen waren barfuß — und dabei singen „Es geht alles vorüber, es geht alles vorbei, mein Mann ist im Osten, sein Bett ist noch frei". Oder sie mußten im Barackenflur hin- und hertanzen, und die Gummiknüppel der Milizen sausten den Leuten um die Köpfe, Ohren und Beine. Das Jammern der Leute hörten die in den anderen Baracken ganz deutlich und konnten vor Schrecken nicht schlafen, denn sie wußten, daß sich das gleiche Schauspiel am nächsten Abend auf ihrer Baracke abspielen würde.

Die Männer bekamen noch mehr Prügel, und schließlich ging man dazu über, einen der deutschen Barackenältesten dazu zu zwingen, seine eigenen Leidensgenossen auf Anweisung zu schlagen. Auch der Sohn mußte die eigene Mutter schlagen und besaß nicht den Mut, sich dem zu widersetzen, weil er die Prügel fürchtete.

Später hörte die Prügelei in der Nacht auf, d. h. sie wurde auf den Tag verlegt. Nachts ging die Kontrolle durch, notierte sich, welche Stube nicht die gewünschte Ordnung hatte, und es konnte vorkommen, daß man am anderen Tage beim Mittagessen davon überrascht wurde, wie einige Milizen hereinkamen, einem befahlen, sich über den Schemel zu legen, und man bekam 10 bis 15 mit dem Gummiknüppel übergezogen.

Es gab auch eine Zeitlang einen Platzkommandanten (komendant placu) — anscheinend Sadist —, der sich junge Frauen, die ihm gefielen, aufs Korn nahm, sie unter geringfügigem Vorwand prügelte und sich am nächsten Tag von jeder die Rückenverlängerung zeigen ließ, um zu sehen, ob Zeichen des Gummiknüppels zurückgeblieben waren. Dazu besaß er noch die Unverfrorenheit, nachdem er die Frau verprügelt hatte, ihr die Hand mit den Worten hinzuhalten: „Ich trag Dir nichts mehr nach, Du trägst mir nichts mehr nach — aber ich mußte Dich schlagen" (er war Danziger Pole und sprach meist deutsch zu den Internierten). Was sollte man dazu sagen? Man wußte vor Schmerzen nicht, wie man stehen sollte und mußte doch dem Peiniger die Hand reichen.

Gott sei Dank gibt es das heute nicht mehr im Lager, und doch ist das Leben nicht viel erträglicher geworden. Man verkommt moralisch und seelisch, und es kommen Tage, da sieht man keinen Ausweg und verzweifelt an Gott und der Welt.

Das eine, was einem Freude bereiten könnte in dem öden Lagerleben, ist ein Brief von seinen Lieben aus der Ferne, nur leider muß man auch besonders Glück haben, um ihn auch zu erhalten. Meistenteils liegen die Briefe jedoch erst drei bis vier Monate, ehe sie zensiert sind und einem ausgehändigt werden können und sind somit veraltet. Der Großteil geht den Weg durch den Schornstein, ebenso wie die meisten der Briefe, die die Internierten zweimal im Monat schreiben dürfen. Man findet es nicht der Mühe wert, die Briefe zu zensieren, oder verfolgt einen gewissen Zweck damit, den Internierten so wenig wie möglich Nachrichten von der Außenwelt zukommen zu lassen. Besser ist es mit den Einschreibebriefen, die man nur wenige Tage nach Eintreffen ausgehändigt bekommt.

Und so kommt es, daß Eltern vergeblich auf Nachricht von ihren Söhnen und Töchtern warten oder Ehegatten auf ein Lebenszeichen voneinander und schließlich nicht mehr wissen, wo sie suchen sollen.

Vfn. schildert hier Mängel bei der Lagerung von Lebensmittelpaketen, die für die Internierten von ihren Angehörigen eintrafen, und die Rücksichtslosigkeit, mit der die Verteilung vorgenommen wurde.

Auch zu den Besuchen, die die Internierten einmal im Monat empfangen dürfen, wäre einiges zu sagen. Wenn man das Besuch nennen darf. Es ist ja nur ein kurzes 15-Minuten-Gespräch mit demjenigen, der oft kilometerweit mit der Bahn fahren und noch nahezu eine Stunde laufen muß, um diese paar Minuten mit einem sprechen zu können. Hat man Glück, darf man sprechen. Oft müssen die zahlreichen Besucher, nachdem sie stundenlang in Frost oder Regen vor dem Tor gestanden haben, zum Schluß, ohne vorgelassen zu sein, abziehen, weil niemand von den polnischen Beamten da ist, die Aufsicht über Internierte und Gäste zu übernehmen.

Die Gespräche werden hinter einem feinen Drahtnetz geführt, vor dem von der einen Seite die Internierten, von der anderen die Besucher stehen. Man kann sich also einander nicht einmal die Hand reichen — das verhindert, daß man sich Briefe, Zigaretten oder sonstige Dinge aushändigt — und sieht sich durch das feine Netz nicht einmal deutlich. Sprechen muß man ziemlich laut, denn bei der Zahl von ungefähr 20 Personen, die von jeder Seite zugleich sprechen, ist es nicht leicht, einander zu verstehen. Der aufsichttuende polnische Beamte versteht also auch nicht viel, was gesprochen wird.

Zu deutscher Zeit war es anders. Da durften die Polen, die im Lager saßen, ihre Gäste bei sich auf der Baracke empfangen, ebenso, wie sie auch familienweise auf den Barackenstuben untergebracht waren, nicht wie jetzt, daß Eheleute sowie Eltern und Kinder voneinander getrennt sind. Doch das war ja damals ein Straflager, und jetzt ist es ein Internierungslager, denn Strafgefangene gibt es hier nicht, die kommen gleich ins Gefängnis.

Unter den oben geschilderten Verhältnissen ist es also kein Wunder, daß jeder nur immer den einen Wunsch und Gedanken hat, der Tag des Abtransports möchte doch endlich kommen. Und inzwischen vergehen Monate und wieder ein Jahr, und wieder wird alle Hoffnung zunichte. Statt dessen wird man wieder einmal verhört und schon zum dritten oder gar vierten Mal danach befragt, ob man in Polen bleiben oder nach Deutschland möchte. Zur Abwechslung ist es einmal eine Kommission aus der Bezirkshauptstadt, dann wieder eine aus Warschau usw. Und alle malen sie denjenigen, die nach Deutschland wollen, aus, wie schlecht es in Deutschland sei, daß es nichts zu essen gäbe und man in Polen doch bessere Möglichkeiten hätte, wieder hochzukommen. Wenn man dennoch standhaft bleibt, erfährt man, daß vorläufig überhaupt keine Transporte vorgesehen seien und man mindestens mit einem weiteren Jahr Aufenthalt im Lager rechnen müsse, bis eine Möglichkeit des Abtransports wieder gegeben sei. Doch dann sei es auch so, daß Transporte ausschließlich nur nach der russischen, niemals aber nach den Westzonen gehen würden.

Man fragt sich, weshalb man plötzlich die Deutschen in Polen behalten will, und findet keine Antwort darauf als die: um billige Arbeitskräfte zu haben. Denn wenn solche, die die polnische Staatsangehörigkeit bekommen, entlassen werden — meist wird das jedoch abgeschlagen, und sie bekommen schließlich doch den Ausweisungsbefehl aus Polen — (doch das Ziel, durch die Verzögerung der Entscheidung die Arbeitskräfte wieder für einige Monate länger für sich gewonnen zu haben, ist erreicht), finden sie nur Einstellung zu einfacher Arbeit, es sei denn, sie treten der Polnischen Arbeiterpartei bei (die der Kommunistischen Partei gleichkommt).

Internierte, die als polnische Staatsangehörige freikommen, müssen vor Verlassen des Lagers eine Verpflichtung unterschreiben, daß sie darüber, was sie im Lager gesehen und erlebt haben, nichts verlauten lassen, widrigenfalls sie wieder ins Lager eingeliefert werden.

Denen, die auf Transport warten müssen, rät man, an die Angehörigen wegen Einsendung der Zuzugsgenehmigung zu schreiben, um nach Erhalt derselben sofort abtransportiert zu werden. In Wirklichkeit sieht es leider anders aus. Leute, die im Büro und als Fachkräfte in den Werkstätten arbeiten, werden gar nicht auf die Transportliste genommen. Da helfen Zuzugsgenehmigungen und Aussiedlungsbefehl nichts. Es kommt vor, daß man diese Scheine einfach zerreißt, wenn man sie unvermutet bei einer Revision auf der Baracke findet oder die Leute sie vorzeigen. Oder sie werden den Akten des Betreffenden beigelegt und damit Schluß.

Im Lager ist es das Günstigste, man gehört der großen, grauen Masse an, um weder durch seine Arbeit noch besondere Intelligenz irgendwie aufzufallen; da kommt man am ehesten weg. Denn zum Lohn für seine gute Arbeit wird man nur länger festgehalten, das steht fest. Da helfen die schönsten Versprechen des polnischen Abteilungsleiters nichts, der einem einmal nach dem anderen, wenn wieder ein Transport geht, sein Ehrenwort gibt, daß man mit dem nächsten bestimmt mitkommt. Kommt aber der nächste, ist noch immer kein Ersatz da, und man muß weiter bleiben und sehnsüchtig und teils neidisch jenen nachschauen, die das Glück haben, mitzukommen. Denn man ist ja auch nur Mensch und fragt sich dann: Warum muß ich gerade solch ein Pech haben?

Und ist man dann wirklich hinter dem Tor, da kann man es noch gar nicht fassen, daß dieses elende Gefangenendasein nun doch vorüber sein soll. Da begleiten einen ja auch die Milizen oder gar einer der „Spec" noch bis zur nächsten Bahnstation und sucht noch zuletzt seinen Haß an den Deutschen auszulassen, indem er zum eiligeren Marschieren drängt und seine Befehle mit Gertenhieben bekräftigt. Doch das spürt man dann alles nicht mehr, denn das ist ja nun bald vorbei.

Und da ist es endlich soweit: Man sitzt im Güterwagen des Transportzuges, und es geht seinen Lieben entgegen. Kein Wunder, daß aus allen Waggons der Gesang deutscher Volkslieder erschallt — und das klingt anders als der Gesang, der seinerzeit gezwungenermaßen im Lager ertönte.

Nr. 269

Bericht der Diakonisse K. E. aus B r o m b e r g.
Original, 1948.

Kinderelend infolge Maßnahmen des polnischen Nachkriegsregimes gegenüber den Deutschen in Polen, insbesondere im Internierungslager Potulice während der Jahre 1945 bis 1947.

Innerhalb zweier Jahre [1]) waren im Lager Potulice ca. 800 Kinder. Die Zahl der Säuglinge wechselte zwischen 30 bis 50. Die Säuglingsbaracke, welche gleichzeitig auch Entbindungsstation war, wurde schön hergerichtet. Das geschah aber nur aus dem Grunde, daß alles einen guten Eindruck machte, wenn die Kommissionen durchkamen und diese dann in der Presse davon berichten konnten. Doch keiner fragt, wie viele Kinder in den schönen, weißgestrichenen Bettchen verhungert und erfroren sind.

Wenn eine Kommission angesagt war, wurden die Baracken geheizt. Sobald die Herren aber hinter dem Tor waren, bekamen die Männer, die die Heizung bedienten, den Befehl, das Feuer ausgehen zu lassen. Als die Sterbezahl der Kinder zu hoch wurde, stellte man einen Ofen auf. Dieser konnte aber nur mit nassem Sägemehl geheizt werden. Daher rauchte er so fürchterlich, daß die Fenster geöffnet werden mußten.

Die Nahrung der Säuglinge bestand monatelang aus Wassersuppen. Ging man des Morgens um 4.00 Uhr an der Baracke vorbei, dann meinte man, das Blöken der Lämmer, aber keine Kinderstimmen zu hören. In kurzer Zeit sind von 50 Säuglingen nur zwei am Leben geblieben. Von diesen zweien hatten die Mütter Gelegenheit, ihnen zusätzlich etwas zu geben. Eines Tages ging ein polnischer Herr durch die Baracke. Als er die Kinder sah, meinte er, die müßten Milch haben. Die Antwort des Chefarztes war: „Es genügt, wenn es auf dem Papier steht." Anderen Herren wurde erzählt, daß die Kinder Butter und Milch bekämen, welches gar nicht der Wahrheit entsprach.

Die Kinder von eineinhalb bis zehn Jahren befanden sich in einer Kinderbaracke. Diese durften bis Mai 1947 nur mittags etwas draußen sein. War der Chefarzt Dr. Cedrowski aber im Lager, wagte es kein Kind, herauszugehen. Den ganzen Tag hockten sie eingeschüchtert und verängstigt auf den Betten. Zu den grausamsten Tagen zählten auch die, wenn die Mütter mit ihren Kindern, soweit sich diese im Lager befanden, auf dem Platz antreten mußten, die Kinder ihnen fortgenommen wurden und sie nicht wußten, wo sie blieben. Weinten die Mütter, dann bekamen sie Kolbenstöße. Viele Mütter haben nie mehr etwas von ihren Kindern erfahren.

Im Jahre 1946 kamen viele Kinder in das Kinderheim nach Schwetz[2]). Als dann später wieder ein Transport dorthin ging, konnte ihn eine deutsche Frau, die als Schwester im Lager arbeitete, begleiten. Als diese sich dort, im Auftrage einiger Mütter, nach deren Kindern erkundigte, wurde ihr

---

[1]) Vfn. war von November 1945 bis September 1947 im Internierungslager Potulice.
[2]) s. den unter Nr. 251 (Bd. I, 2) abgedruckten Bericht.

gesagt: „Es sind Tausende von Kindern hierher gekommen, wir konnten sie listenmäßig nicht erfassen. Die meisten waren noch so klein, daß sie ihren Namen nicht wußten. Sehr viele sind gleich von polnischen Leuten abgeholt worden; wir wissen nicht, wo sie sind."

Als eine Anzahl von Müttern zum Transport ins Reich bestimmt waren und diese ihre Kinder durch das Rote Kreuz suchen ließen, wurden einige Kinder zurückgeführt, welche schon einen polnischen Namen trugen. Darum braucht man sich nicht zu wundern, daß — man kann wohl sagen — Tausende nicht mehr ausfindig gemacht werden können. Auch hat man sie so stark in andere Kinderheime wie z. B. Bromberg, Schubin, Hohensalza, Tuchel, Konitz, Thorn und verschiedene andere gepreßt, daß ein großes Massensterben einsetzte. Eine Mutter hat von fünf Kindern nur noch eines zurückbekommen. Dieses ist aber kein Einzelfall.

Kinder im Alter von acht Jahren mußten bei polnischen Bauern Pferde putzen, pflügen, eggen und alle anderen Landarbeiten verrichten. Ein Kind erzählte mir mit Tränen in den Augen, daß es sich zum Putzen des Pferdes einen Schemel herangestellt hat. Drehte das Pferd sich, dann fiel es in den Dung. Kam der Bauer, und das Mädchen war mit dem Putzen nicht fertig, so wurde es geschlagen.

Ein anderes Mädchen berichtete: „Ich kam zu einem polnischen Bauern. Das Ehepaar war kinderlos, und so wollte man mich für eigen annehmen. Ich wollte aber deutsch bleiben. Als ich darauf bestand, wurde ich viel geschlagen." (Dieses Mädchen war zehn Jahre alt.) — Schickte ihre Mutter ihr Sachen, so wurden sie ihr nicht ausgehändigt. Von März 1945 bis Dezember hat sie alles getragen. Als es aber auf Weihnachten ging, schrieb das Kind alles seiner Mutter, welche 40 Kilometer entfernt auf einem Gut arbeitete. Als die Mutter den Brief erhalten hatte, wurde sie an einem Morgen tot im Bett, den Brief vor sich liegend, aufgefunden. Der Arzt stellte fest, daß sie an Herzkrämpfen gestorben sei. Helga — so hieß das Kind — erhielt ein Telegramm. Aber die Polin erlaubte nicht, daß sie zur Beerdigung fuhr. Das Kind wurde sehr von Selbstmordgedanken geplagt, weil es sich sagte: „Hätte ich nicht alles meiner Mutter geschrieben, lebte sie heute noch."

Auch war es nicht erlaubt, daß Geschwister miteinander sprachen. Eines Abends hatte ich dienstlich in einer Kinderbaracke zu tun. Ein Junge, 13 Jahre alt, war ins Lager gekommen und hörte, daß seine Schwester, neun Jahre alt, in der Baracke sei. Er kam an die Baracke, sie freuten sich des Wiedersehens nach fast drei Jahren. Der Platzkommandant traf die beiden an. Der Junge bekam einen Schlag ins Genick, daß er zu Boden fiel. Hierauf bekam er Fußtritte, daß einem beim Anblick fast das Herz brach. — Von wie vielen Fällen könnte man noch berichten!

Grausam war die Behandlung deutscher Kinder in Polen. Es ist mir unverständlich, daß Herren, die keinen Einblick in die Grausamkeiten [haben], die an Deutschen und auch an Kindern geschehen sind, es weitergeben, daß diese Tatsachen nicht der Wahrheit entsprechen. Augenzeugen stellt man als Lügner dar, deshalb, weil die Kinder jetzt gut ernährt aus Polen kommen. Es ist aber wohl nicht bekannt, daß alle zum Transport bestimmten Kinder vom Arzt untersucht werden müssen. Alle zum Transport bestimmten Personen, ob Erwachsene oder Kinder, die elend sind und Aufsehen erregen würden, wurden jeweils sofort gestrichen.

Als der Transport im September 1947 ging, war der Chefarzt verreist. Daher war die Auslese nicht so stark, und es kamen auch elende Kinder mit. In Breslau wurden die 154 Waisenkinder zurückbehalten. Ich blieb bei den Kindern. Masern brachen aus, und die Kinder mußten ins Krankenhaus geschafft werden. Polnische Schwestern sagten in meiner Gegenwart: „Wie sollen wir nur die Kinder anfassen, die zerbrechen uns in den Händen!" Es kamen sogar diesen Schwestern die Tränen in die Augen.

Die Kinder gehen nur in Lumpen gehüllt. Einen Tag, bevor der Transport geht, müssen alle antreten, und dann bekommen sie Sachen. Bis dahin kümmert sich keiner um die Bekleidung. Im Gegenteil, wenn sie ins Lager kamen und einzelne noch über ein gutes Stück verfügten, verschwand dieses. Jetzt, da die Polen sehen, daß sie durch die Transporte nicht mehr alles verbergen können und auch die Kinder nicht alle zurückbehalten werden dürfen, bekommen sie eine gute Zuteilung. Doch man kann die Schandtaten der drei Jahre damit nicht zudecken [1]).

Nr. 270

Erlebnisbericht von Schwester M. aus **B r o m b e r g**.
Original, Juni 1951, 29 Seiten, 2. Teil. Teilabdruck.

Internierungslager Potulice: Verlauf einer Besichtigung, Verhältnisse in der Unterkunft für kranke und arbeitsunfähige Personen; Kindertransport im Juli 1949.

Vfn. war im Januar 1946 in das Internierungslager Potulice geschafft[2]) und dort als Krankenschwester im Spital und in der Baracke für alte und arbeitsunfähige Personen eingesetzt worden. — In den ersten Abschnitten ihres Berichtes schildert sie die Schicksale einiger Personen, die ins „Altersheim" eingeliefert worden waren, und die dortigen Zustände unter der maßgeblichen Leitung des polnischen Chefarztes.

Wochen waren vergangen, da hieß es wieder mal (was so oft vorkam): „Alles putzen, alles gründlich sauber machen, es kommt eine große Kommission aus Warschau das Lager besichtigen." Ach, wir waren schon an den Schwindel gewöhnt, meistens waren es nur „unsere Herren" oder auch

---
[1]) In einem weiteren Bericht über die allgemeinen Verhältnisse im Internierungslager Potulice schreibt Vfn. hierzu ergänzend, daß während des viermonatigen Aufenthaltes in Breslau „von einflußreichen Polen versucht [wurde], mit List und Gewalt einen Teil der Kinder dazubehalten und in polnischen Familien unterzubringen ... Als dann ganz unerwartet am 4. Januar 1948 die Kinder einem Kindertransport, welcher aus Königsberg durch Breslau kam, angeschlossen wurden ... kamen die betreffenden Herren an den Zug und wollten etwa 25 Kinder noch herausholen", was ein polnischer Transportleiter ihnen nicht erlaubte.
[2]) Über ihre Erlebnisse beim Einbruch der russischen Truppen in Bromberg und in den Internierungslagern Kaltwasser und Langenau bis zur Überführung nach Potulice; s. den unter Nr. 253 (Bd. I, 2) abgedruckten 1. Teil ihres Berichtes.

nur ein „Pan Kapitan" aus Bydgoszcz[1]) — und dann tagelang eine extra Aufregung! Obwohl bei uns täglich gründlich sauber gemacht werden mußte, sonst hätten die Wanzen uns in den nahen Wald gezogen.

Also der Tag kam, die große Kommission war da. Wir sahen sie von einer Baracke zur anderen gehen; jetzt sind sie [bei] 15, dann 16, und dann kamen sie zu uns. Ich stand an der Tür mit einer sauberen weißen Schürze (die hatte ich sonst aber auch!) und lernte noch mal schnell mein Sprüchlein (manchmal habe ich's beinahe richtig gesagt): „Dom starców, 88 mężczyzn — 140 kobiet" —[2]). Die Gesamtzahl stand an der Tafel, die konnten sie schon selber lesen. So marschierten einige Herren an mir vorbei.

Die Tür vom Krankenzimmer der Frauen wurde schon von innen aufgemacht, denn dort stand das Mädchen, meine Ottilie, bereit. Ich hatte noch gar nicht festgestellt, ob fremde Herren dabei waren, als sie alle so in der Tür in dem großen, hellen Zimmer standen, sah ich nichts Besonderes (denn ich stand noch hinter ihnen). Es waren fünf Herren, drei von der Verwaltung, ein „Gestapo-Pole" und der Kierownik[3]), der als erster im Zimmer stand. Als die anderen die vielen Betten mit den alten, kranken Menschen sahen — viele lagen zu zweit im Bett —, da machten sie kehrt, drehten sich auf dem Absatz um und gingen den Korridor entlang zum Ausgang. Sie sprachen so zueinander: „Kommt, kommt nur hier heraus — das sind ja alles schon Leichen."

Als letzter kam nun auch der Herr Kierownik. Ich hatte aber schon die gegenüberliegende Tür des Männerkrankenzimmers geöffnet, er winkte ab. Aber nein, das konnte ich mir doch nicht gefallen lassen. Dem wollte ich gerade mal mein Elend zeigen! Jetzt sprach ich wieder Deutsch, faßte ihn sogar an den Ärmel und sagte mit einem Lächeln: „Herr Kierownik, besuchen Sie doch bitte unsere Kranken, die freuen sich doch so auf Ihren Besuch!" Erst wollte er nicht, dann sagte er zu den anderen Herren, sie sollen einen Moment draußen warten, er käme sofort.

Gleich an der Tür lag ein Bromberger, Alfred Steinike, ... jetzt gelähmt, mit ungefähr 40 Jahren im Altersheim, arbeitsunfähig. Ihm gegenüber am Fenster ein gelähmter Oberlehrer (mein „Sekretär") aus Litzmannstadt, in dem gleichen Alter. Die zwei aber von Angesicht noch ziemlich jugendlich frisch (es waren meine „Elitetruppen"). Jetzt kam das Elend! Das nächste Bett: ein vollkommen gelähmter, blinder Mann, der kein Glied bewegen konnte, schon zehn Jahre in seiner Heimat fest zu Bett gelegen hatte; er war ganz steif, kein Gelenk mehr bewegbar. Die Beine lagen aufeinander, die Haut schuppte wie beim Fisch. Er mußte ganz behutsam behandelt werden, gewaschen, gebettet, gefüttert; alles tat ihm weh, und doch war er sehr geduldig.

So zeigte ich Bett für Bett, jeden Kranken. Es waren mehrere so schwere Fälle, auch zwei Männer, die in einem Bett im Sterben lagen, ein anderer

---

[1]) Bromberg.
[2]) „Altersheim, 88 Männer — 140 Frauen."
[3]) Leitender Verwaltungsbeamter oder Angestellter.

tobte furchtbar, der aber auch bald sterben würde. Mein Erwin hockte auf einem Stuhl, der mußte zeigen, wie er sich nur bewegen kann. Mein Sorgenkind, der Gerhard, 17 Jahre alt, durch Gelenkrheuma vollständig versteift, dicke Gelenke und dünne, dünne Arme und Beine (hat es 1946 im Lager bekommen). Ein Elend größer als das andere.

Der Herr Kierownik wollte schon immer zur Tür hinaus, aber ich ließ ihn nicht fort, bis er alle gesehen hatte; denn ich hatte mir noch etwas zurechtgelegt — das mußte er gesagt bekommen. Als wir an der anderen Tür bei den letzten Kranken waren, sagte ich: „Herr Kierownik, werden Sie jetzt verstehen, daß ich hier Brot übrig habe? Daß diese kranken, elenden Menschen nicht das schwere, schlechte Brot essen können? Und daß ich damit keinen Tauschhandel treibe, sondern nur hungernden jungen Menschen eine kleine Freude gemacht habe?"[1]) Er kratzte sich hinter den Ohren, daß seine hohe Offiziersmütze verrutschte, und ging zur Tür hinaus. Ich hinterher. Auf dem Korridor fragte er mich: „Wie lange sind Sie schon in dieser Baracke?" und ich antwortete: „Schon über drei Jahre." Da sagte er: „Ich würde nicht acht Tage hierbleiben. — Do widzenia."[2]) Und fort war er — der Schlauberger... Und er kam auch nicht mehr.

Da war nun wieder einmal eine Aufregung vorbei. Es war ein Abschnitt aus dem Lagerleben, der aber nicht nur einmal in den dreieinhalb Jahren in Potulice vorgekommen war, sondern unzählige Male in einer anderen Form und Aufmachung.

Mit 120 Personen hatte ich am 27. Oktober 1946 die Baracke 17, „das Altersheim", wie wir es allgemein nannten, übernommen. Es kamen immer mehr alte, aber auch arbeitsunfähige [junge] Menschen dazu. Den Sommer und Herbst hat so mancher alte Mann noch bei einem polnischen Bauern die Kühe gehütet, auch wenn er ein Holzbein hatte, oder eine alte, kranke Frau, die schon ganz gebückt ging, hat die Kühe versorgt, das Federvieh gefüttert, auch noch die Kühe gemolken. Wenn sie spät am Abend vom Felde heimkamen, so durften sie dann im Stall oder in einem Schuppen oder auch auf dem Dachboden irgendwo schlafen. Eine alte Pferdedecke, ein paar Lumpen — das war ihr Bett. Jetzt zum Winter brauchte man diese alten Leute nicht, und bis zum nächsten Frühjahr konnte ja so ein Pole sich andere, jüngere Kräfte aus dem Lager holen. Diese Alten waren nur noch im Dorf übrig geblieben, also ab nach Potulice!

Täglich hatte ich Neuaufnahmen, oft sechs bis acht Personen, wenn gerade mal so ein „Schulze" in seinem Dorf aufgeräumt hatte. Waren die Leute schon sehr schwach, dann durften unsere deutschen internierten Ärzte darüber entscheiden und schrieben einen Aufnahmezettel für B 17, „dom starców". Konnten die Menschen aber noch auf den Beinen humpeln, dann mußten sie zum Chefarzt ins Spital zur Vorstellung, mußten oft stundenlang

---

[1]) Wie Vfn. a. a. O. berichtet, hat sie (was von der Lagerverwaltung grundsätzlich verboten war) das im „Altersheim" nicht verbrauchte Brot an die Jugendlichen im Lager weitergegeben. Einige Wochen vor der geschilderten Besichtigung war dieses „Vergehen" aufgedeckt und ein großes Verhör inszeniert worden.
[2]) Auf Wiedersehen.

dort warten, dann ganz nackt vor ihm erscheinen, ganz gleich, welches Gebrechen oder Leiden der Mensch hatte. War jemand z. B. blind, oder der andere hatte am linken Bein eine offene Wunde, oder wieder ein anderer hatte die rechte Hand vom Pferd abgebissen (auch in dem Herbst auf einem polnischen Gut), alle, alle mußten im Adamskostüm vor diesem scheußlichen Menschen erscheinen. Dann bestimmte er darüber, wo die Menschen untergebracht werden sollten.

Ein jeder, der in das Lager Potulice kam, mußte erst zur Kontrolle, wurde untersucht, durchgesucht, das Holzbein abgeschnallt (es könnten ja Goldstücke darin versteckt sein!) usw. Dann kam er zur Entlausung und in den Baderaum — unter die Dusche — ganz gleich, auch wenn er auf der Tragbahre lag, auch wenn er schon halbtot war. Denn überall waren doch Posten dabei. Dort in den Baderaum wurden dann unsere Ärzte hingerufen, wenn wieder so ein Todeskandidat angekommen war. Dann brachten die Männer (die auch gleichzeitig Totengräber waren) uns diese armen Menschen.

Oft wußte ich es schon vom Arzt, wir bekommen heute noch Zugang, zwei, drei oder noch mehr. Ein andermal donnerte jemand mit den Holzschuhen ganz laut an unsere Tür. Wer ist das? Was fällt dem ein! Ach, der lange Erich! Schnell, schnell aufschließen, die andere Türhälfte auch aufmachen. Da lag nun etwas in Decken eingehüllt auf der Bahre (dieses Bild wird wohl nie aus meinem Gedächtnis schwinden). „Erich, was bringen Sie uns da? Einen Mann — eine Frau?" Er sagte dann: „Eine alte Oma, nur bis morgen oder heute nacht. Morgen hole ich sie wieder ab." Dann wußte ich schon Bescheid, es war jemand zum Sterben.

Wo jetzt wieder hinlegen? Die Betten sind belegt. Mit wem zusammen? Oder zwei andere zusammenlegen? Da lag nun, wenn ich die Decke zurückschlug, so ein Häufchen Unglück, nackt, zitterte vor Kälte — der kahle, geschorene Kopf entstellt doch jeden Menschen. Es gab aber nicht lange zu überlegen, denn der „Lange" (der Erich, ein Kriegsgefangener aus Ostpreußen) drängte: „Los, schnell, Sie bekommen noch mehr, zwei bestimmt, wir müssen fort!" O weh, da war oft guter Rat teuer!

Um Weihnachten 1946 war meine Belegschaft schon über 180 Personen, täglich Neuaufnahmen, aber auch fast täglich Tote und oft fünf bis sechs am Tage. Für 132 Menschen waren aber nur Bettstellen vorhanden, darunter zwölf dreistöckig. Ein Männer- und ein Frauenzimmer mit nur zweistöckigen Betten. Dann je ein Krankenzimmer für Frauen und Männer mit einzelnen Betten. Aber in diesen einzelnen Betten lagen fast überall zwei Kranke, Sterbende. Oft kam es vor, daß die eine Oma tot neben der anderen lag und die gar nichts gemerkt hatte. Oder beide waren tot.

Wenn die Nachtwache noch erstmal eine Irre beruhigen mußte und dann die Tote aus Zimmer drei, die vor einer halben Stunde eingeschlafen war, herausholen wollte, dann sah sie zu ihrem Entsetzen, daß die danebenliegende Frau auch schon tot war. In manchen Fällen weckte mich dann die Nachtwache, weil sie sich keinen Rat wußte. Es war aber oft nicht möglich, manche Leute zusammenzulegen — besonders bei den Männern war es schwierig —, und in den dritten, ja, nicht einmal in den zweiten Stock konnte ich sie legen — wo jetzt hin? Was blieb übrig? Der kahle Fußboden, denn extra Strohsäcke hatte ich doch nicht, hätte auch tagsüber keinen Platz gehabt, sie unterzubringen.

Da gab es eine Zeit, wo ich 230, 238 Leute in der Baracke hatte. Wie lange haben da die Männer in Zimmer 6 und die Frauen in Zimmer 5 auf dem Fußboden gelegen! Wie der Chefarzt eines Tages wieder einmal reingedonnert kam und mir sagte, es kämen heute noch mehrere Alte, da sagte ich: „Herr Chefarzt, ich habe keinen Platz, es liegen schon fast 20 Leutchen auf dem Fußboden, und ich habe keine Strohsäcke, keine Decken, kann ich nicht etwas haben?" Dann brüllte er mich an: „Nein, es gibt nichts. Wer hat uns was gegeben? Können noch 20 auf dem Fußboden liegen, dann krepieren sie auch schneller."

O, war das ein hartes Los — ein schweres Arbeitsfeld. Wie oft habe ich rat- und hilflos dagestanden und gebetet: „Lieber Gott, gib mir Kraft und zeige mir einen Weg! Es sind doch Menschen, meine eigenen Leute, Christen mit einer unsterblichen Seele, Gotteskinder! Sei doch auch hier unser aller Vater!"

Da hat so ein alter Opa von 70 Jahren doch noch bei einem polnischen Bauern im Stall auf Stroh geschlafen, und jetzt sollte er auf dem kahlen, nackten Fußboden bei der Kälte liegen. — Ist es ein Wunder, daß man oft auch wieder gebetet hat, Herrgott, erlös doch diesen oder jenen, damit ein anderer ein Bett bekommt. Aber dann kam auch schon wieder Zugang. Es war und blieb ein jammervolles Elend.

Im Januar 1947 kam mir der Gedanke, wenn ich doch so ein kleines Büchlein hätte und mir alle meine Leutchen reinschreiben könnte, dann auch einen Vermerk machen, wenn sie gestorben waren. Vielleicht könnte ich das, wenn ich noch einmal lebend hier herauskomme, so heimlich herausschmuggeln, und wenn ich vielleicht doch mal nach Deutschland komme, dann so manchem Menschen eine Auskunft geben.

Allerlei Papier wurde zusammengebettelt und ein Büchlein genäht, als Außendeckel ein Stück Packpapier, im Laufe der Zeit immer wieder dazugenäht. Und es liegt heute neben mir auf dem Tisch. Wie vielen Menschen konnte ich schon eine Auskunft über den Verbleib ihrer Angehörigen geben. — Wenn das die Polen in Potulice gewußt hätten, dann wäre ich doch wohl gehängt worden. — Leider weiß ich meistens nicht, von wo die Leute herkamen. Das habe ich doch vergessen, und aufschreiben konnte ich nicht alles, dazu war das Heftchen zu klein, und ich hatte auch zu wenig Zeit.

Wenn ich aber so die Namen an meinem Geist vorüberziehen lasse, dann weiß ich genau, in welchem Bett der Opa Stahnke gelegen hat, der bei uns seinen 80. Geburtstag gefeiert hat. Jawohl, „gefeiert". Denn jedes Geburtstagskind bekam am Morgen (wenn noch keine „Luftgefahr" war) ein Liedchen gesungen, meistens einen Choral, und sein Lieblingslied durfte er sich dann noch wünschen.

Oder ich sehe noch immer mein „Mollzähnchen" (Eduard Mollzahn), ein kleines Männchen, Anfang der 70er Jahre vor mir. Er war schon ein wenig kindisch, wurde Ende 1947 eingeliefert. Sein ganzes Gespräch war nur: „Schwester, wann geht ein Transport? Dann melden Sie mich doch an, dann fahr ich nach Deutschland und dann zu meinem Sohn nach Amerika." Wie viele Briefe mit Inhalt, mit Dollar, hat unser Mollzähnchen bekommen! Dann wurde ich zum Depositorium gerufen, mußte unterschreiben, die Scheine wurden mir manchmal auch gezeigt und dann „eingeschlossen". Den Brief bekam ich mit und konnte meinem Opa wieder eine Freude machen. Mehrere Briefe habe ich auch an den Sohn im Auftrage des Vaters geschrieben, aber was durfte man denn schon schreiben?

Mein Mollzähnchen wurde immer schwächer und kindischer, und als es am 5. April 1949 tatsächlich so weit war — Aufschreiben zum Transport, der auch am 11. April von Nakel abgefahren ist —, da war mein Opa so weit, daß seine Stunden gezählt waren; aber noch waren seine Gedanken beim Transport, und immer wieder fragte er: „Schwester, haben Sie mich auch aufschreiben lassen?"... Am 8. April 1949 ist er gefahren, aber mit einem besseren Transport — in die ewige Heimat. Seine letzten Worte waren wie immer: „Komm ich auch mit?" — Und die vielen Dollars haben die Polen wieder einmal einkassiert, wie auch die Tausende polnisches Geld, das die Leute noch ins Lager mitgebracht hatten. Nur das deutsche Geld wurde ausgehändigt, aber es war doch inzwischen entwertet.

So könnte ich von vielen, vielen alten Leutchen eine kleine Geschichte erzählen. Auch die alte Urgroßmutter Auguste Hut sehe ich im Geiste noch in ihrem Erkerchen auf dem Schemel hocken, auch sie feierte ihren Geburtstag bei uns, und zwar den 94. Sie starb Ende 1947.

Unsere kleine Oma Moll darf ich nicht vergessen. Niemand konnte den Korridor so schnell mit kleinen Schritten entlang laufen wie sie. Am 20. Juli 1948 konnten wir ihren 90. Geburtstag feiern, und im Mai 1949 stand sie mit ihrem Bündel reisefertig zum Transport in die Ostzone (wie ja alle 16 Transporte, in der Zeit von April bis August 1949, in die Ostzone geleitet wurden).

1947 waren im Laufe des Jahres 557 Leutchen aufgenommen worden, davon starben 221.

1948 waren es genau wieder 557, und davon starben 336.

Januar 1949 hatte ich wieder Bestand [von] 221 Personen, dazu kamen bis ungefähr Mitte Juli 160 Personen, davon starben 185.

Die übrigen sind z. T. mit ihren Kindern oder Angehörigen oder auch alleine im Laufe der vier Monate mit dem Transport nach Deutschland gekommen. Einzelne, die in Polen bleiben wollten, wurden auch inzwischen entlassen — aber nur wenige. So habe ich noch drei Leutchen, zwei Männer und eine Frau, die in Polen bleiben wollten, zwei Tage vor meiner Entlassung ins Hospital verlegt.

Somit war meine Mission beendet, nachdem ich tags zuvor, am 18. Juli, acht schwere Kranke, darunter mein Sorgenkind Gerhard, nach Nakel begleitet habe und sie schön in den Sanitätswagen, der sehr sauber und ordentlich war, gebettet [habe]. Es gab nun kein Altersheim, kein „dom starców" mehr.

Am 21. Juli wurde Vfn. selbst in Potulice entlassen und in das Durchgangslager Nakel gebracht.

Nakel war so eine kleine Umsiedlungszentrale. Ein Barackenkomplex verriet, daß hier Deutsche „hausen". Wie üblich: Personalien, den Aussiedlungsschein, die Listen wurden geprüft, ob ich auch drin stehe, und dann wieder in eine Baracke. Wie lange noch? Niemand wußte es. Viele waren schon drei Wochen hier; aber man sprach, daß in den nächsten Tagen ein kleiner Transport nach Breslau gehen würde. Allerlei Menschen sah ich dort wieder, die bei mir sogar in Potulice in Baracke 17 waren, für Polen optiert hatten, als „Pole" entlassen wurden und jetzt auf den Abtransport nach Deutschland warteten.

Zu dem einen Opa sagte ich gleich: „Nun, Herr F., haben Sie Polen schon aufgebaut? Ist es fertig? Wollen Sie jetzt Deutschland unsicher machen?" Da wurde er sehr verlegen und sagte: „Meine Tochter durfte mich nicht behalten, ich bekam die Aussiedlung und fahre jetzt zu meinem Sohn." Der alte Mann war ein Deutscher, die Tochter, an einen Polen verheiratet, hatte die Entlassung aus dem Lager erreicht, durfte dann aber doch nicht den Vater bei sich behalten. Dieser Opa war die letzte Zeit in unserer Baracke unausstehlich, schwärmte nur für Polen, sprach gerne polnisch (dabei konnte er nur ein paar Brocken) und baute Luftschlösser. Nun waren sie fertig, aber auch schon wieder eingestürzt!

Am Nachmittag des 21. Juli wurde ich schon wieder ins Büro gerufen. Der Herr Kierownik besann sich, daß doch eine „Siostra" (Schwester) heute hier hereingekommen war. Ich bekam es schon mit der Angst zu tun. Was ist nun passiert? Muß ich wieder zurück nach Potulice? Nein, nur das nicht! — Der Herr Kierownik sprach polnisch, fragte, ob ich eine Schwester bin usw. Ich sagte darauf: "Ja, ich verstehe wohl einiges, aber ich weiß doch nicht, was Sie von mir wollen." Natürlich wunderte er sich, daß ich so lange in einem polnischen Lager war und nicht einmal Polnisch gelernt habe usw. (Nun geht diese Litanei von neuem los, dachte ich bei mir!); aber dann sprach er ganz gut deutsch und trug mir eine neue Aufgabe auf.

Draußen im Hof standen eine Reihe Kinder im Alter von sechs bis fünfzehn Jahren. Ich hatte sie schon gesehen; sie waren aus dem Kinderheim Schwetz gekommen, hatte ich gehört, und um diese Kinder sollte ich mich nun kümmern, sie betreuen usw. Ehrlich gesagt, ich wagte es, mich zu weigern, denn ich war so abgearbeitet von den letzten Tagen, so müde, und wollte jetzt gerne Ruhe haben. Keine Verantwortung mehr. Doch es nützte nichts. Ich machte einen letzten Versuch: „Die Kinder können doch kein Wort Deutsch, und ich kann nicht Polnisch — wir verstehen uns ja so gar nicht, sie folgen mir nicht, ich kann die Verantwortung nicht übernehmen."

Aber der Herr Kierownik ließ nicht davon ab: „Wenn wir eine Schwester hier haben, muß sie auch die Kinder übernehmen, und ich gebe Ihnen noch eine Frau zu Hilfe." Also hatte ich schon wieder ein „Anhängsel", eine neue Mission. Doch ich erbat mir von dem Herrn Kierownik „Ausgang" (hatte gehört, man dürfe hier aus dem Lager frei herausgehen). Er sagte: „Aber natürlich dürfen Sie zur Stadt, zumal bei dem schönen Wetter. Die Kinder bleiben im Lager, und wenn Sie zurückkommen, schauen Sie mal nach; wenn Sie etwas benötigen, wenden Sie sich an uns."

So habe ich gleich am Nachmittag des 21. Juli meinen ersten Ausflug in die „goldene Freiheit" gemacht. Wohl kam ich mir so ängstlich, so unsicher vor und glaubte, jeder Mensch müßte es mir an der Nase ansehen, daß ich eine Deutsche — also eine Gefangene — bin (man hat es mir auch angesehen).

Die Kinder waren schwer zu behandeln. Erst ließ ich mir Papier geben und schrieb mir die Namen auf. Da erkannte mich ein Bub, der vor einem dreiviertel Jahr im Lager Potulice war, H. S., und ich konnte mich auch besinnen, daß er als kleiner Bote vom Lagerbüro oft zu mir mit Aufträgen gekommen war, umso mehr war ich nun erstaunt, weil der Bub polnisch mit mir sprach. Da sagte ich: „Ja, hör' mal, Helmut, warum sprichst Du denn jetzt mit mir polnisch? Hier ist doch die deutsche Sprache nicht mehr verboten, und ich denke, Du willst doch nach Deutschland fahren, Du bist doch ein deutscher Bub!" Da kam es so brockenweise in einem ganz schlechten Deutsch heraus: „Schwester, ich habe alles verlernt; wir durften kein deutsches Wort sprechen, verstehen tue ich noch, nur nicht gut sprechen." Ich munterte ihn auf, er würde es schon bald wieder lernen, aber jetzt müsse er mir noch einiges von dem Kinderheim erzählen. Es kamen die Dinge zum Vorschein, die man nicht alle aufzählen kann, und weil auch sehr viele Menschen hier in Deutschland sagen: „Die Flüchtlinge übertreiben, so kann ein Mensch nicht sein, auch nicht Polen usw."

Der Helmut erzählte halb deutsch, halb polnisch; da kamen dann öfters andere Kinder dazu (jetzt standen sie schon fast alle um mich herum), die dann sagten: „Du weißt ja gar nichts, bist doch nicht lange in Schwetz gewesen, aber ich war zwei Jahre da." Dann rief ein anderes Kind: „Ich drei", und noch andere: „Wir schon noch viel länger." „Der Helmut war gerade um eine Zeit gekommen, als es schon ‚besser' wurde", meinten viele Kinder.

28 Kinder waren es, die aus dem Kinderheim Schwetz kamen. Ich erkundigte mich, ob denn noch mehr deutsche Kinder dort sind, da sagten sie: „Ja, ja, noch so viele!" Wieviele, konnte ich aber nicht herausbekommen. Dann wollte ich noch gerne wissen, wie und auf welche Art und Weise nun gerade diese 28 Kinder zu einem Transport nach Deutschland geschickt wurden. Da erzählten die Kinder: Vor einigen Tagen waren drei Herren gekommen und hatten gefragt, wer nach Deutschland will und wer Verwandte oder Angehörige in Deutschland hat. Natürlich haben sich noch mehr Kinder gemeldet, aber sie seien nun gerade ausgesucht worden.

Als ich dann so einzelne fragte: „Wo willst Du denn hin?" dann bekam ich meistens nur die Antwort: „Do Niemcy"[1]). — Ja, aber wohin und zu wem usw. (ich ließ es übersetzen). Da staunte ich doch über die „kindliche Einfalt". Die meisten, ja fast alle Kinder waren Halb- oder Vollwaisen. Da hatten sie noch in Erinnerung: In Deutschland, in Westfalen, wohnt eine Tante, zu der fahre ich hin. Einzelne wußten auch „Britische Zone", andere wieder „Essen" usw. Zwei Schwestern, 14 und 15 Jahre alt, gestanden offen ein, sie wüßten nicht, ob sie Verwandte in Deutschland hätten; die waren alle hier, aber jetzt wüßten sie von niemandem etwas. Der Vater

[1]) nach Deutschland.

war Soldat, und die Mutter wurde ermordet. Sie sprachen nur polnisch, die 15jährige verstand etwas Deutsch, aber die andere stellte sich noch ganz bockbeinig, noch sei sie in Polen und brauche nicht deutsch sprechen.

Im Büro wurde auch nach Verwandten-Adressen gefragt. Als diese zwei Schwestern an die Reihe kamen, sagten sie wieder ganz offen und ehrlich, sie wüßten nicht, ob sie Verwandte in Deutschland haben. Da sagte der Herr Kierownik: „Ja, warum wollt Ihr denn nach Deutschland? Da bleibt doch hier, ich hätte für Euch eine gute Stelle, und Ihr sprecht doch so ein feines Polnisch; niemand merkt, daß Ihr keine Polen seid, Ihr braucht nur sagen: Wir fühlen uns als Polen und wollen in Polen bleiben; dann könnt Ihr gleich heute in die Stelle gehen und seid freie Menschen. Wer weiß, wie es Euch in Deutschland gehen wird!"

Beide waren sich aber in diesem Punkte einig und sagten: „Unsere Eltern waren Deutsche, und wir bleiben auch so!" Ich sehe sie heute noch, wie wir in Hannover waren und vom Roten Kreuz aufgeteilt wurden. Da standen die beiden neben mir, lehnten sich an mich und weinten bitterlich: „Schwester, nehmen Sie uns doch mit! Was wird man mit uns machen, wenn wir keine Verwandten angeben können?"

Anschließend berichtet Vfn., wie sie mit den Kindern zu einem Sammeltransport nach Breslau gebracht wurde, auf dessen Fahrt nach Westdeutschland die Kinder in einem Schlafwagen untergebracht waren, und beendet ihren Bericht mit einer Schilderung der Ankunft in Westdeutschland.

5. Die westpolnischen Kreise im ehemaligen Kongreßpolen nach der Wiedererrichtung des polnischen Staates 1945.

Nr. 271

Erlebnisbericht des Bauern August Rosner aus **Penczniew, Kreis Turek i. Polen.**
Original, 30. April 1951.

Erlebnisse auf der Flucht nach dem Zusammentreffen mit sowjetischen Truppen; im russischen Sammellager Posen, Zurückstellung von der Zwangsdeportation wegen Krankheit; Zwangsarbeit in Polen; Aufenthalt im Internierungslager Lissa bis zur Entlassung und Ausweisung im Jahre 1950.

Ich, August Rosner, war in Penczniew Bauer und Leiter der Poststelle.

Ich treckte mit meiner Frau, meiner verwitweten Tochter und deren kleinen Kindern am 19. Januar 1945 und wurde bei Schrimm von Sowjets und polnischen Partisanen angehalten und zur Umkehr gezwungen. Wir fuhren daher über Schroda wieder zurück. In Peisern (Pyzdry) wurden wir vom Wagen heruntergeholt, nachdem man uns schon vorher die Pferde gegen schlechtere ausgetauscht hatte, es wurde alles geraubt, mir sogar die Stiefel, so daß ich barfuß durch den Schnee laufen mußte. Ähnlich erging es meiner Tochter, die die Sowjets dauernd von ihren kleinen Kindern wegzuschleppen versuchten. Sie legten, um sie gefügig zu machen, ihre Kinder auf einen andern Wagen, den wir nachher aus den Augen verloren haben. Als ich hinterher zu laufen versuchte, wurde ich festgenommen, während meine Frau und meine Tochter nach Hause laufen mußten.

Zunächst verblieb ich zwei Tage lang mit einem Zivilisten Sommerfeld aus Zgierz und drei deutschen Soldaten im Ortsgefängnis. Dann wurden wir mit andern nach Turek in das dortige Gefängnis unter schweren Mißhandlungen, schlechtester Verpflegung und bei engster Belegung untergebracht. Hier befanden sich bereits über 100 Menschen; auch die Schulen waren als Gefängnisse eingerichtet.

Zu zwei Mann mußten wir hier mit den bloßen Händen im katholischen Pfarrhause die total versauten Klosetts ausräumen und im Garten umgraben, wobei der katholische Pfarrer uns noch verhöhnte!

In Turek erlebte ich schwere Mißhandlungen, so die von zwei deutschen Landjägern, denen die Zähne ausgeschlagen wurden: „Du bist nun schöner Mann!"

Nach fünf Wochen kam ich nach Kalisch. Hier sammelten sich in zwei weiteren Wochen ca. 2 000 meist jämmerlich zerschlagene Deutsche zum Weitertransport in das Lager Posen. Hier waren wir ungefähr 4 000 Personen. Die Verwaltung des Lagers war sowjetisch, die Bewachung, sehr streng, von Polen gestellt. Es wurden mehrere Deutsche hier erschossen. Da ich mich krank meldete, wurde ich einer sowjetischen Kommission vorgestellt (Ärztin!), die mich und weitere 174 Personen als nicht transportfähig von dem Transport der übrigen nach Rußland ausschloß.

Unter Führung von zwei bewaffneten Polen sollten wir auf sowjetischen Befehl aus Posen herausgeleitet und entlassen werden. Außerhalb der Stadt trennten wir uns, ein Teil ging in Richtung Westen, wir durch die ganze Stadt nochmals zurück in Richtung Osten.

Wir waren 40 Mann. 21 Kilometer hinter Posen in Kostschin wurden wir durch die Gemeinheit eines polnischen Bauern, der zwei Kranke: Radke aus Dobra und einen Unbekannten auf seinem Wagen mitgenommen hatte, der dortigen Polizei verraten und eingesperrt.

Hier mußten wir die riesigen Vorräte von Speck, die die deutsche Wehrmacht hier hatte liegen lassen müssen, für die Sowjets verladen, die uns dann versprochen hatten, daß wir nach Beendigung dieser Arbeit nach Hause gehen dürften. Die Polen kehrten sich aber nicht hieran sondern transportierten uns in das Gefängnis von Schroda mit der Bemerkung: „Hier werdet Ihr erstmal einen deutschen Empfang erleben!" Wir wurden die Treppen raufgejagt und mußten Spießruten laufen, was aber noch verhältnismäßig gut ablief.

Nach vier Tagen in überfüllten Zellen wurden wir den polnischen Bauern als Arbeitskräfte ausgeliehen. Ich hatte großes Glück und blieb neun Monate lang bei einem sehr anständigen polnischen Bauern als Knecht mit einem andern Deutschen zusammen. Hier erlebte ich den Abtransport der Schwarzmeerdeutschen, die wohl kaum das Schwarze Meer, wohl eher Sibirien gesehen haben dürften!

Dann kam ich von meinem Bauern wieder weg und in das Gefängnis von Schroda, das ungefähr 400 Morgen eigne Landwirtschaft hatte. Hier gab es sehr viel Prügel und elende Verpflegung, ab und an steckte einem ein mitleidiger Pole etwas zu.

Ein Deutschenhasser war der Pole Derlinski, der nach der gelungenen Flucht von drei Deutschen die Zivilkleidung verbot und Strafanstaltskleidung sowie Kahlschur von allen, sogar Frauen und Mädchen, durchsetzte! Wiederholt gelangen solche Fluchten, leider stets zum Nachteil der Zurückgebliebenen!

Gequält wurden wir Deutschen, wo es nur möglich war. So mußten Gefangene 1939 erschossene und am Bahndamm vergrabene polnische Partisanen ausgraben und ihre Knochen abküssen, was den polnischen Photographen aus Schroda am meisten belustigte.

Im Juni 1949 wurde ich nach Lissa in das dortige große Lager entlassen, das damals noch ca. 4 000 Gefangene barg.

Ein Transport — der erste? — war bereits abgegangen (ca. 1 600 Personen), hauptsächlich alle die, die sich schlauerweise nur in die sowjetisch besetzte Zone und nicht in die beiden andern hatten anfordern lassen. Man fürchtete die Propaganda!

So wurden wir, fast 400 Menschen, trotz vorliegender Zuzugsgenehmigung wieder zurückgehalten und bis Weihnachten 1949 auf den umliegenden Gütern zur Landarbeit eingesetzt. Sowohl die Behandlung wie die Verpflegung wurde langsam besser.

Dann kam ich wieder in das Lager Lissa, in dem die Reste aus dem Lager Potulice, aus weiteren ostpreußischen und schlesischen Lagern, hauptsächlich Frauen, zur Entlassung gesammelt wurden.

1950 kam dann ein Pole vom Roten Kreuz, ließ uns alle antreten, besah sich unsre Lumpen und versprach bessere Bekleidung, was auch gehalten wurde. Er hielt uns dann eine versöhnende Rede: „In jedem Kriege ist einer der Unterlegene, der die Zeche zu zahlen hat, Ihr werdet jetzt entlassen, vergeßt alles Schlechte!"

Nach weiteren zwei Wochen wurden wir dann zu 100 Personen über Breslau in das Lager Hundsfeld bei Breslau gebracht, in dem wir acht Tage auf unsren endgültigen Abtransport warten mußten. Am 1. März kam ich in Friedland und am 5. bei meiner Familie in Langen an.

Meine Frau und meine Tochter waren damals nach Penczniew zurückgegangen, wo meine Tochter gleich zur Arbeit geholt wurde. Meine Frau konnte wenigstens in Penczniew verbleiben.

Von ihrer Arbeitsstelle aus unternahm nun meine Tochter Suchaktionen nach ihren Kindern und fand sie dank Unterstützung eines polnischen Milizianten in einem von katholischen Nonnen geleiteten Kinderheim (ca. 30 Kinder). Die Nonnen leugneten das Dasein der Kinder ab, aber meine Tochter erkannte sie (1½ und sechs Jahre alt) und nahm sie mit auf ihre Arbeitsstelle.

Abschließend fügt Vf. noch hinzu, daß seine Frau nach ihrer Rückkehr von der Flucht in Penczniew zur Beerdigung von ca. 300 Wehrmachtsangehörigen herangezogen worden war.

Nr. 272

Erlebnisbericht des A. K., Ortsvorsteher von R z g ó w, Kreis K o n i n i. Polen. Original, 29. August 1952.

Mißhandlungen nach der Verhaftung durch polnische Miliz; Zwangsarbeit in der polnischen Landwirtschaft bis 1951.

Eingangs schildert Vf. die mißglückte Flucht und die Rückkehr.

Als wir zu Hause waren, kam die Miliz und holte die meisten Männer ab auf Arbeit. Die gingerten bis 57 Jahren kamen nach Rußland. Die Alten nahmen sie auf die Polizeiamt, wurden da eingespert und mußten bei Tage arbeiten bei den Polen oder die Straßen abreinigen. Abends wurden sie wieder von den Polen abgeführt zur Polizei; dan bekammen sie die Belohnung für die Arbeit, das die meisten mit Blut überlaufn waren, das sie nicht Sitzen und nicht ligen konten.

Ich selber kam Paar Tage speter rein in die kleine zelle 3 × 3. Da waren wir 14 — 16 mann drein, war noch ein Tüsch drein, da musten wir in Dunkeln die Nacht Hausiren drein.

Den ersten Tag, als ich rein kam, chabe ich bekommen 30 Hübe mit den Oksenzimer übern Stuhl gestreckt. Wegen Was, da ich an kein Polak keine Hant angelegt chabe, auch keiner chat wegen mir oder meine Kinder keine Straffe erhalten, und doch wurde ich geschlagen. Aber sie sagten: „Der unschuldige bekomt für den Schuldigen. Hitler chat es auch so gemacht", — und dan war man abgefertigt. —

So chabe ich das selber zwei Wochen mit bei gewohnt. So ich das nicht
verschult [verschuldet] chatte, bekam ich aber doch 130 Hübe mit dem
Oksenzimer und wifiel Rüpenstöse und Arschtrit von sone junge bennels.
Als eines Tages der Russische Kapitehn in die Polizeikanselei [kam],
morgens gans früh —, der konte das nicht mehr dulden das ganse geschlage
und den Krach, den er Wohnte neben an, und ich selber chatte nachtdinst
und muste die Ofen heizen — und sagte in meiner gegenwart zu der
Polizei, was sie machten. „Sie sind ja fül schlechter als der Hitler (Wy chuje
kak Hitler), sohne alte leute, 60, 70, 80 jahren, waren in keine Partei
und kein nicht getahn, und jagt sie von ichre Wirtschaften runder, das darf
ja nicht sein. Went ihr denkt, das die Deutschen Unterürdisches Telefon
oder Radio chaben, dan machts so: ein Pole ein Deutscher [so] das ganze
Dorf [entlang]; und der Pole past dan auf auf den Deutschen; und ist
die Betrefende Wirtschaft gröser,dan geht der Pole darauf und der Deutsche
auf die [kleinere], aber jeder Deutsche sol sich sein Brot selber verdinen
und nicht unter euhre Knute ligen" — das chabe ich mit meine Ohren gehert
— „und dan war das Schlagen vobei, dan war jeder Froh." — Rusisch verstehe ich noch so einigermasen, da ich Rusischer Soldat war.
Da sagt der Polisist zu den Kapitehn: „Wir haben sie gut untergebracht.
Orlin und Czarnybrod und das Dorf Kurow sind in das Dorf Biskupie
ins Gutspolei[1]), die chaben ihres Essen auf Drey Wochen, und Wojciechowo
und Bobrowo sind in ein Haus in Wojciechowo untergebracht, die habens
auch gans gut." — Das war gut bei den Polaken, wen 44 Familien in ein
Haus zusammengeprest waren, und bei Nachts wurden Tühren und Fenster
Zugenagelt, und keiner konte raus noch rein, nach einer Woche kam sie
aus das Lager bei den Bauern auf Arbeit, die ganse Familie verstreit.
Nach vier Wochen kamen auch wir aus der Qual los, einer nach den
andern bei die Bauern auf arbeit. Am ersten kam ich los, weil ich nichts
verschult chatte. 4 verheiratete Männer aus mein Dorf und mein jingster
Sohn kamen weck nach Rußland auf arbeit. — Als ich noch auf der Polizei
Wache war, chatte ich grade Stubendinst, als die vor der Polizeiwache
aufgestellt wurden, es waren 32 mann aus mehrere Derfer, als ein Polizist
reinkam bein Polizei Kommendanten nach befehl, und der Komendant den
Polizisten die Papire gab zum Transport und sagte: „zwölf sint ohne
protukol, 20 mit protukol." Und [sie] wurden für meine Augen abtranspor-
tirt nach der Kreisstadt Konin, wo mein Sohn in Konin blib bei ein Gärtner, und die Andern Gungen Weiter, kamen Nach Rusland in Berckbau.
Meine Frau und Eine Verheiratete Tochter waren gebliben in unsren
Dorf bei den Polen, was die Deutschen Wirtschaften chaben genommen. —
Am 17. April 1945 cholten mich die Polen von mein Ersten Bauer weck
und muste Schuhl Bäncke machen, muste aber zu der Ernte wider zurück
zu mein ersten Bauer zu Ernteehelfen, nur für das liebe Essen must mann
den Tag über arbeiten.
Hier erzählt Vf., wie er bei einem Gewitter zu Schaden kam.
Das Jahr 1946 war ich dan bei den Polen auf meiner Wirtschaft mit
meiner Frau. Da musten wir Arbeiten und Arbeiten vor das bischen Suppe.

---

[1]) Unterkunft der polnischen Saisonarbeiter.

Wir sind bald verhungert, bis 12. November 1946, dan solte der Pole für uns jeden 2 000 Zł. an Staat abzahlen, und uns jeden solta er zahlen 3 000 Zł. Das wolte er nicht, da Schickte er uns ans arbeitsamt nach Konin ab, da waren wir beide bis 18. November.

Da kam ein last Auto nach arbeiter auf ein Gut bei Kalisch. Der Verwalter war einer aus unser heimat. Als wir da ankamen, da chat er gleich zu allen Leuten gesagt, das keiner mir unrecht sol tuhn, den ich bin ein guter mänsch.

Am 1. Dezember 1946 kam raus die Gleichberechtigkeit, das die Deutschen das selbe recht chaten als die Polen. Von den Tag an bekamen wir das selbe lohn bezahlt als die Poler und auch Besres Essen, auch Fett, mehr Brot und Brauchten Sonntags nicht mehr arbeiten.

Wir arbeiteten da bis 1947, 1. Februar. Dann Fuhren wir und die andre Deutsche, alle, was noch da waren, 14 Familien, auf ein Gut 26 Kilometer chinter der Oder, Kreis Breslau, das Gut chis Liebethal (bei Rothbach), da waren wir bis 1951. 4. Februar wurden wir von der Polnischen Beherd ausgeliefert. Wir chattens da bis an dise zeit Gut, und auf den Transport chattens wir auch Gut, sehr gute behandlung, gutes Essen, so das keiner kan klagen. Das Schlimste war es 1945—1946.

Den Abschluß bilden einige Angaben über den vermißten Sohn des Vfs.

Nr. 273

Erlebnisbericht der E. S. aus dem Kreis S i e r a d z i. Polen.
Original, 26. September 1952, 4 Seiten. Teilabdruck.

Plünderungen und Gewalttaten sowjetischer Soldaten nach dem Einmarsch; Drangsale während der Zwangsarbeit in der polnischen Landwirtschaft; Flucht nach dem Westen im Juni 1947.

Vfn. schildert zunächst die mißglückte Flucht bis in die Nähe von Kalisch und die Rückkehr in ihre Heimatstadt:

Dort traf ich meine Angehörigen alle an. Ich erfuhr, daß sie am Tage meiner Abreise, auf Grund eines ergangenen deutschen Befehls, in die Ortschaft A. rein mußten. Am gleichen Tage wurde die ganze Gegend von den Russen besetzt. Meine Angehörigen gingen dann am Abend wieder auf ihren Hof zurück. Bei ihrer Rückkehr fanden sie das Haus voll mit Russen vor. Den Wagen, welchen sie am Morgen beluden und am Abend wieder mit heim nahmen, stellten sie im Hof ab. Für die Übernachtung entnahmen sie dem Wagen ein Bett und legten sich in die Küche auf den Boden. Am nächsten Morgen war dann der Wagen ausgeräubert. Ob von Russen oder Polen, weiß ich nicht.

Die Russen hatten während ihres Aufenthaltes auf unserem Hof sämtliches Geflügel, Schafe, Kälber und Schweine abgeschlachtet. Das übrige Vieh wurde von anderen weggeholt. So wie uns erging es wohl allen Deutschen, da die Russen von den Polen auf die Deutschen gehetzt wurden.

Auf Befehl des Dorfschulzen mußte ich mit allen übrigen weiblichen Dorfbewohnern ab 1. Februar 1945 sämtliche herumliegenden Toten sammeln. Dann mußten wir Massengräber ausschaufeln. Ein Massengrab befindet sich bei A. mit etwa 48 Toten, ein weiteres an der Waldstraße vom Försterhaus Wichdörw—Sieradz, etwa 3 Kilometer vom Försterhaus in Richtung Sieradz. Ein weiteres befindet sich in der Gegend von Sickucin nicht weit von einer Schule. Dies sind drei Massengräber, von denen ich bestimmt weiß. Noch vorhandene Uhren und Eheringe wurden von den Russen den Toten abgenommen. Dies geschah kurzerhand durch Abhacken der Finger. Mehrere Tage mußten wir Schützengräben zuschütten.

In dieser Zeit holten uns die Polen sämtliche Möbelstücke aus dem Haus. Am 13. Februar wurde meine Mutter in Gegenwart meiner damals 12jährigen Schwester vergewaltigt. Meine Schwester und ich sprangen aus dem Fenster und flüchteten durch den Garten über die Felder in den 300 Meter entfernt gelegenen Wald. Die Russen schossen hinter uns her, trafen uns aber glücklicherweise nicht.

In A. wurden die meisten Frauen vergewaltigt. Viele brachten Tage und Nächte auf dem Friedhof zu. Niemand getraute sich mehr nach Hause, da bekannt war, daß die Russen viel von Deutschen zurückgelassenen Schnaps gefunden hatten und sinnlos betrunken umherschweiften. In dieser Zeit ging es im Ort toll zu. Da es zu Hause nicht auszuhalten war, gingen wir zu polnischen Familien und suchten dort Schutz. Ich ging nach W., meine Schwester blieb bei Polen in A., meine Mutter mit der kleinsten Schwester nach P.

In diesen Unterkünften blieben wir bis zum 12. Mai 1945. An diesem Tage wurden alle Deutschen von der polnischen Polizei abgeholt, zum Schulplatz von Isabelow geführt zum Zwecke der Überführung nach Deutschland. Unter diesem Vorwand wurde dann den Deutschen alles noch vorhandene Wertvolle abgenommen. Von hier aus wurden wir ins Gefängnis nach Sieradz abtransportiert. Erwähnen möchte ich noch, daß die Männer früher beim Einmarsch der Russen in die evangelische Kirche in Z. gesperrt wurden, etwa sechs Wochen dort waren, zweimal am Tage Schläge bekamen und nur einmal am Tage etwas zu essen erhielten. Diese Mißhandlungen wurden von Juden und Polen durchgeführt. Von hier aus wurden die Gefangenen nach Kalisch abtransportiert. In Kalisch kamen sie vor die russische Kommission, wurden gefragt, von wem sie so geschlagen worden wären. (Es fiel auf, daß sie alle blau, grün und gelb aussahen.) Von hier aus kamen diese Männer dann nach Rußland.

In diesem Gefängnis waren wir acht Tage. Hier befanden sich auch viele Kriegsgefangene. Von hier aus wurden wir mit einem Schlepper nach dem Gutshof Dembolen geführt. Dort ließ man uns antreten. Es erschien ein polnischer Kapitän mit Soldaten, welcher seit 1939 in der russischen Armee gekämpft hatte. Dieser war sehr böse auf die Deutschen, schimpfte und schrie, man müßte uns alle aufhängen, damit ihr Land einmal von der deutschen Pest frei würde usw. In einem Pferdestall mußten wir übernachten. Nachts kamen dann die Russen rein und holten sich heraus, was sie brauchten, um zu vergewaltigen.

Am nächsten Morgen ging es weiter nach dem verarmten Gutshof Wolnica-Niechmirowska. Dort wurden wir in derselben Weise wie auf dem Hofe vorher empfangen. Dann gab uns dieser polnische Kommunist die Lagergesetze bekannt. Die deutsche Sprache werde mit dem Tode bestraft, wenn einer ausreiße, würden zehn andere erschossen usw. Im Souterrain des Hauses auf reinem Zementboden nahmen wir Quartier.

Unter polnischer bewaffneter Aufsicht arbeiteten wir im Sommer von 5—21 Uhr auf dem Felde. Im Winter fällten wir im Walde Holz und verarbeiteten dies zu Meterholz. Zu essen gab es am Tage dreimal fettlose Kartoffelsuppe und pro Person 200 Gramm Schrotbrot. Unsere Wäsche mußten wir in einem Teich waschen, da wir sonst keine Möglichkeit hatten. Im Winter bauten wir uns aus Stein und Lehm selbst einen Ofen. Für Heizmaterial sorgten wir in der Weise, daß jeder von uns aus dem Wald ein Stück heimnahm. So konnten wir uns etwas wärmen.

Im Lager tauchte eines Tages plötzlich die Krätze auf. Davon wurden sehr viele befallen. Auch an sonstigem Ungeziefer fehlte es nicht.

Im Frühjahr 1947 bat ich unseren Lagerchef darum, ob ich nicht für mich und meine Angehörigen Holzschuhe von bekannten Polen aus meinem Heimatort holen dürfe. Daraufhin bekam ich einen Erlaubnisschein. Den 70 Kilometer langen Heimweg ging ich zu Fuß und lief mir dabei die Füße wund. So meldete ich mich dann im Lager W., drei Kilometer von meinem Heimatort entfernt. Ein Übersiedeln von einem Lager ins andere war nicht möglich. Von einem mir gut gesinnten Polen erhielt ich auf meine Bitte hin einige Złoty, welche ich für die Flucht verwendete.

Am 29. Juni 1947 verließ ich meinen Heimatort A. und gelangte am 16. November 1947 nach Tübingen.

Nr. 274

**Erlebnisbericht der Bäuerin Hulda Dier aus P a b j a n i c e , Kreis L a s k i. Polen.
Original, 25. Mai 1952.**

Gewalttaten sowjetischer Soldaten nach dem Einmarsch; Verhaftung und Mißhandlung durch die polnische Miliz; Drangsale und Strapazen in polnischen Gefängnissen und während der Zwangsarbeit in der Landwirtschaft bis Januar 1951.

Hulda Dier, geb. Heckert, geb. 20. November 1896 in Pawlikowice, Ehemann Otto Dier, geb. 5. November 1899 in Pawlikowice, getraut 2. Juni 1927 in Pabjanice, Kreis Lask. Kinder: Elfriede, geb. 5. April 1928, Alfred, geb. 16. Juli 1929.

Am 19. Januar 1945 kamen die Russen nach unsern Dorf Pawlikowice, wurde schon angefang zu morden die Deutschen. Mein Mann seine drei Kosengs wurden furchtbar ermordet, Teodor Schink und sein Sohn Arnim in Pawlikowice wurden von die Russen erschosen, Anstęlung[1]) von Polaken.

---

[1]) gemeint ist wohl: Anstiftung.

Am 10. Februar 1945 haben die Russen und Poler mein Mann und noch mehre Männer abgeholt, ohne ein Wort zu sprechen, kein Abschied von der Familie. Ohne ein stickchen Brot wurden sie verschlept nach Rußland, von mein Mann ist bis Heute nichts zu hören.

15. April 1945 verliesen wir unser Eigentum, wurden meisten alle Deutschen aus unsern Dorf ausgesiedelt; 5 Minuten Reisefertig. Man hatte nichts mehr mit zu nehmen, weil doch schon alles gestolen war. Militzmäner sagten, wie die Hunde gehen wir den Tod entgegen.

Wir wurden alle in Feuerwehrhaus getrieben, dort gabs allerhand schläge mit Gumiknuten und Kolben, Freulein Emilie Preis wurde gefragt, wo Ihr Mann ist, sie sagte, „ich hab kein Mann", wurde rechts und lings geschlagen, das sie nicht gefallen ist. Wieder weiter gefragt, gabs wieder Schläge. Wir zitterten alle vor angst. Unsere Nachbarin Pauline Bajerke bekamm ein Kopfschlag von ein Poler, so das Blut aus Mund und Naße kamm. August Förster aus Pawlikowice wurde geschlagen, das Blut überfloß sein Gesicht, man konnt Ihn nicht erken.

Bis zur Stat Pabjanice waren 6 Kilometer, wurden wir getrieben, sieben Stunden, alle Dörfer ab. Nachts 1 Uhr kammen wir Pabjanice auf Militsposten, alles wurde durchgesucht und noch das beste genommen. August Förster wurde in Keller genommen, so geschlagen, er hat geschriegen wie ein Stück Vieh. Militzmänner brachten Ihn eine Treppe hoch, auf die Treppe ist er zusammen gesunken und ist gestorben. Wir wagten uns nicht zu riehren. Deutsche Männer haben Ihn rausgetragen, in Mißthaufen ein Loch gemacht, haben Ihn reingelegt und zugedeckt. Sie hausten mit uns die ganze Nacht.

Am andern Tag wurden wir getrieben durch die Stat Pabjanice ins Gefängnis, Str. Kapliczna. Dort gabs Schläge. Unbekante Männer schwarz geschlagen, so das sie nicht laufen konnten. 2 Mahl Eßen am Tage, Rieben mit Waßer gekocht wie vor Schweine.

Am driten Tag wurden wir getrieben über 40 Kilometer auf Edelgüter zu Arbeit. Wir konnten fast nicht laufen, kein Waßer durften wir nicht trinken, wir solten alle voreken wie die Hunde, wir gehen doch den Tot entgegen, wurde getobt und geschoßen über uns.

Auf die Edelgüter gabs zu Eßen Kartofel mit Waßer gekocht, Magermilch rangegosen und ein stickchen Brot. Von Früh bis Abend im Felde Arbeiten.

Dann wurden wir wieder zurück getrieben nach Pabjanice, dan nach Lodz. Ein bietter schwerer Weg war das, wir waren schon so abgehungert, das einer an andern sich halten muste. In Lodz ins große Gefängnis, Straße Kopernika. Dort gabs zu Eßen 2 Kilo Brot für zehn Frauen und Kleisuppe.

Dann wieder weiter nach Sikawa. Dort waren über drei Tausend Menschen. Die arme Männer, wie die geschlagen wurden, liegen geblieben, mit Füßen und Kolben geschlagen, in Keller geworfen. Nachts wurden sie wie die Hunde hintern Zaun verkratzt, Gemüße rauf gepflanzt; dort ruht auch mein Schwager Reinhold Brant aus Teroni, Kreis Lask.

Wieder weiter nach Koryta, Kreis Łęczyca. Dort war das selbe, mit Gumiknuten und Karabiner hinter uns gestanden und geschlagen, geschlafen auf Zimmentboden, ein bischen Stroh untern Kopf, Leuse und Wanzen schrecklich, nicht auszuhalten. Von Regen naß geworden, in die naße Kleidung geschlafen. Früh wieder zu Arbeit, dan bin ich und zwei Freuleins aus Pawlikowice entgangen, näher nach unserer Heimat. Ich bekamm Arbeit in Pabjanice, drei Jahre bekamm ich kein groschen gezahlt und alle andren.

Eines Nachts klopft wer an die Tür, aufmachen, kam Militzman mit Gewehr rein, ich soll mich anziehen, aber rasch. Ich frug Ihn, wohin soll es gehn. Er sagte, wo alle. Ich kamm raus, standen eine Reje Frauen, und wurden wir getrieben. Abmarsch durch die ganze Stat. Wir wurden eingeschloßen, dann kamm ein Auto, alle rauf und gefahren zu Arbeit, da erlebten wir wieder schwere bittre Tage und Stunden. Wieder zurück nach Pabjanice.

Dan schrieb ich eine Bitte nach Hamburg zum Rohten Kreuz für mich und meine Tochter Elfriede, das wir wolln nach Deutschland zum Sohn fahren. Nach eine lange Zeit gingen Transporte, da kammen wir auch bei. An 4. Januar 1951 verliesen wir Pabjanice, ul. Mieleravskiego Nr. 8, und kammen immer näher nach der richtung Deutschland. Ich danke Gott, das ich mit meinen Kinder zusamm bin.

Nr. 275

Erlebnisbericht der Stenotypistin Stella Ernst aus W a r s z e w i c e, Kreis L o d z. Original, 22. Juli 1952.

Vorgänge im Heimatdorf nach der russischen Besetzung; Enteignung und zeitweise Internierung; die Lage der deutschen Bevölkerung im Kreise Lodz in den Jahren 1945—1949.

Ich wohnte bei meinen Eltern auf deren 29,5 Hektar großem Hof in Warszewice und war im Nachbarstädtchen Strykow (bei Lodz) in der Stadtverwaltung als Stenotypistin tätig. Am 17. Januar 1945 um 16.30 Uhr zogen ganz überraschend die ersten russischen Panzer durch Strykow in Richtung Zgierz und beschossen die sich auf den Straßen zeigenden Personen. Wir (meine Mutter, die auch in der Stadt war, mein Bruder und ich) waren gezwungen, bei Bekannten zu übernachten...

Am Morgen des 18. Januar gegen 7 Uhr, es war noch fast dunkel, fingen die Polen schon mit dem Räubern der deutschen Sachen an. Wir kamen noch gut in unser Dorf, wo wir noch alles beim alten antrafen. Hier zogen die Russen erst am 19. Januar durch. Ein Teil blieb auch gleich in den Dörfern zurück.

Jetzt begann auch auf dem Lande ein fürchterliches Treiben. In den ersten Tagen hielten wir uns bei einem polnischen Nachbarn auf. Unser Hof wurde völlig ausgeplündert; begonnen mit Betten, Bildern, Geschirr usw., bis auf kleinere landwirtschaftliche Geräte wurde alles weggeschleppt.

Am nächsten Tag wurden auf den deutschen Höfen russische Soldaten und Offiziere einquartiert. Dann wurde angeordnet, alles Vieh aus dem Dorf (Kühe und Rinder) auf unserem Hof zusammenzutreiben. Es wurde alles beschlagnahmt und zum Schlachthof gebracht, wo es für die russische Wehrmacht geschlachtet werden sollte. Auch die Schweine wurden von den auf den Höfen hausenden Soldaten geschlachtet und verbraucht.

Auf unseren Hof kam ein polnischer Bauer mit sieben Kindern, der selbst keinen Besitz hatte. Meine Mutter, die noch einige Tage mit ihm zusammen war, ging zu einem Nachbarn, um dort zu arbeiten, da sie es auf dem eigenen Hof nicht aushalten konnte. Ich selbst ging auch zu einem polnischen Bauern und arbeitete dort fürs Essen, desgl. auch mein Bruder. Mein Vater war noch 1. November 1944 zur Wehrmacht eingezogen worden.

Es begann für uns eine sehr schwere Zeit. Im Nachbarort quartierte sich ein russischer Kommandant mit sieben Soldaten ein, die jeden Abend unterwegs waren, um deutsche Frauen und Mädchen herbeizuschaffen. Ich schlief bald jede Nacht woanders. Trotzdem ist es ihnen einmal gelungen, mich festzunehmen. Da sie aber noch ein Mädchen aus dem Nachbarhaus holten, konnte ich ihnen noch entwischen, zusammen mit dem Mädchen, das auch noch entkommen war, da die Russen durch die polnischen Bauern aufgehalten wurden. Wir liefen dann beide quer durch die Felder im Schnee bis zu den Knien. Unsere Holzschuhe blieben im Schnee stecken; wir liefen weiter in den Strümpfen und wurden, nachdem wir ca. 700 Meter hinter uns hatten, von einem polnischen Bauern aufgenommen und übernachtet.

So ging das ca. sechs Wochen. Plötzlich wurde in unserem Dorf polnische Wehrmacht (Partisanen) mit polnischen und russischen Offizieren einquartiert. Eines Morgens gegen 5 Uhr erwachte ich durch heftiges Klopfen an die Haustür. Als der Bauer öffnete, traten drei polnische Soldaten ein, befahlen mir, mich anzuziehen und meine Sachen zu nehmen. Verpflegung für zwei Tage mußte mir die Bäuerin geben. In einer Stunde mußte ich fertig sein. Als ich rauskam, standen schon mehrere Deutsche mit Gepäck. Wir folgten schweigend den Soldaten, alle denselben Gedanken nachhängend: Was wird nun mit uns, wo kommen wir hin?

Wir wurden dann auf ein deutsches Gehöft gebracht und im Speicher einquartiert. Es kamen immer mehr Deutsche dazu, und keiner wußte, was uns erwartete. Meine Mutter und mein Bruder wurden aber nicht gebracht, und so wußte ich gar nicht, was mit ihnen geschehen ist. Wir wurden dann alle listenmäßig erfaßt und mußten uns für die Nacht ein Plätzchen in dem Speicher suchen. Wir bekamen Stroh und richteten uns ein, so gut es ging. Die Mütter mit den kleinen Kindern lagen an den Wänden entlang, wo es nicht so zugig war; wir Jugendlichen (ich war damals 18 Jahre alt) blieben in der Nähe der Tür. Abends wurde uns dann mitgeteilt, daß wir am nächsten Morgen um 8 Uhr das Lager verlassen dürfen, um tagsüber bei den Bauern zu arbeiten oder die Wäsche der Soldaten zu waschen.

Abends um 19 Uhr mußten wir alle wieder im Lager sein. Jeden Abend wurden wir namentlich aufgerufen und mußten uns melden. So blieb es 14 Tage, solange die Soldaten im Dorf weilten. Es ist uns aber kein Leid von diesen zugefügt worden. Wir empfanden es als eine Erholung, daß wir 14 Nächte ruhig schlafen konnten, ohne Angst zu haben, daß uns der russische Kommandant holen kann. Als die Soldaten weiterzogen, wurde das Lager aufgelöst, und wir kamen mit unseren Sachen zu den Bauern zurück.

Ganz überraschend tauchten dann plötzlich am Tage russische Soldaten auf und verlangten, die Pistole vor die Brust haltend, Geschmeide, das uns schon vorher von anderen Russen oder Polen abgenommen wurde. Ab und zu erschossen sie dann jemanden, wenn sie nichts bekamen, aber meistens gaben sie es dann auch auf.

Es war ein schreckliches Bild für meine Mutter, die sich im selben Zimmer befand, als ein Russe, 2 Meter vor mir stehend, mir die Pistole vor die Brust hielt und einen Ring von mir haben wollte. Meinen Beteuerungen, daß mir mein Verlobungsring von seinen Kameraden weggenommen wurde, wollte er nicht glauben und drohte mir 5 Minuten lang, mich zu erschießen. Schließlich zog er doch ab.

So ging das Leben immer weiter. Man lebte stets in Ungewißheit, denn man wußte nie, ob man in der kommenden Nacht wird ruhig schlafen können. Es kam öfter vor, daß die Miliz nachts auftauchte und alle Deutschen mitkommen hieß zu irgendeinem Sammelplatz, wo dann die Bauern hinkamen und sich gegen ein gutes Trinkgeld Leute zur Arbeit aussuchen konnten. Die Miliz machte mit uns, was sie wollte.

Eines Tages wurde mein Bruder vom Felde weggeholt, mußte seine Sachen nehmen und wurde mit anderen Männern in Gefängnis in die Kreisstadt Brzeziny gebracht. Dort blieb er drei Tage, wurde dann 40 Kilometer weiter transportiert und einem Bauern zur Arbeit übergeben. Eine Woche lang wußten wir nicht, wo man ihn hingebracht hatte.

Die ersten zwei Jahre nach dem Zusammenbruch waren für uns die schlimmsten, weil wir keinerlei Schutz hatten. Jeder Pole hatte das Recht, die Deutschen zu schlagen, ohne daß man sich darüber beschweren konnte. Am meisten hatten die deutschen Männer auszuhalten. Alle paar Tage wurden sie verhaftet. Einige Miliz-Männer trieben sie nach Strykow und schlugen unterwegs die Männer mit den Karabinern. Ein Bekannter von uns wurde so geschlagen, daß der Karabiner daran zerbrach. Er fiel auf der 4 Kilometer Strecke einige Mal ohnmächtig zu Boden. Als er zu sich kam, ging es wieder weiter. Nachdem die Männer einige Tage oder Wochen im Arrest gesessen hatten und ab und zu verhört wurden, konnten sie wieder nach Hause, um kurz danach wieder verhaftet zu werden.

Auch bekam niemand von uns einen Pfennig für die Arbeit. 1947 wurde es dann etwas besser. Das Schlagen wurde verboten. Wir bekamen dann auch ein kleines Entgelt und konnten uns die notwendigste Arbeitskleidung anschaffen.

Im Februar 1949 ist es uns dann gelungen, mit einem Transport nach Westdeutschland zu kommen.

Nr. 276

Erlebnisbericht von Anna Müller aus L o d z.
Original, 20. Februar 1947, 6 Seiten. Teilabdruck.

Schutz- und Rechtlosigkeit der deutschen Bevölkerung von Lodz gegenüber polnischer Willkür; Rehabilitierungsgesetz für Volksdeutsche; Lohn- und Ernährungsverhältnisse; die russische Zwangsverschleppungsaktion; Internierung der deutschen Bevölkerung in polnischen Arbeitslagern; Arbeitseinsatz in polnischen Unternehmen.

Nach einer Schilderung ihrer mißglückten Flucht und der Rückkehr nach Lodz berichtet Vfn. weiter:

Polnische Milizianten und Soldaten, angeführt von ortskundigen Polen, drangen bei Tag und Nacht in die Wohnungen der Deutschen ein und raubten alles, was nur irgendeinen Wert darstellte, und diese Räubereien finden auch jetzt noch immer statt, so daß alle in Polen befindlichen Deutschen: Volksdeutsche, Umsiedler aus den Baltenländern usw. sowie Reichsdeutsche nichts von Wert mehr in ihrem Besitz haben. Nur denen, die bei befreundeten Polen rechtzeitig etwas von ihren Wertsachen, Kleidung usw. verbergen konnten, gelang es, so manches zu retten.

Wir hatten auch bei einigen bekannten Polen, denen wir während des Krieges geholfen hatten, Wertsachen, Pelze, Geld, Kleidung usw. verborgen, und vom Verkauf dieser Sachen haben wir dann unseren Lebensunterhalt bis zum Verlassen Polens gefristet. Leider nicht alle dieser Polen haben das ihnen geschenkte Vertrauen gerechtfertigt, und in vielen Fällen eigneten sich die Polen dann die letzte Habe der verfolgten Deutschen an. Auch wir hatten durch solche Handlungsweise der Polen Verluste erlitten.

Gleich nach der Einnahme von Lodz begannen die Polen mit der Drangsalierung der deutschen Bevölkerung. Ein jeder zivile Pole, die polnische Miliz und andere Verwaltungsstellen konnten zu jeder Zeit einen deutschen Mann und Frau zu jeder noch so gemeinen Arbeit zwingen, ohne die Pflicht zu haben, irgendein Entgelt oder wenigstens eine Mahlzeit nach manchmal tagelanger Arbeit zu geben. Viele Polen machten von diesem polnischen Recht Gebrauch, besonders die Hausmeister nahmen sich gerne deutsche Männer und Frauen zum Reinigen der Straßen. Die polnische Miliz ließ sich von deutschen Frauen und Männern ihre Kommissariate reinigen und gab denen, die nur gelegentlich zur Arbeit herangezogen waren, auch kein Entgelt und nur selten einmal etwas zum Essen. Solche Zustände herrschen auch noch heute unverändert weiter, und mit solchen Methoden wollen die Polen den Deutschen das Leben in ihrem Lande unmöglich machen und die Deutschen zum Verlassen des Landes zwingen.

In der Angelegenheit der Volksdeutschen, die bis zum 1. September 1939 die polnische Staatsbürgerschaft hatten, haben die Polen ein Rehabilitierungsgesetz erlassen. Die Polen versuchen, diese Volksdeutschen zur Einreichung von Rehabilitierungsgesuchen zu veranlassen, aber die bei solchen Gerichtsverfahren gegen die Volksdeutschen gefällten Urteile lauten gewöhnlich auf jahrelange Zwangsarbeit. Dieses polnische Rehabilitierungsgesetz soll den Polen als Rechtsgrundlage dienen, mit Hilfe welcher sie hoffen, die restlose Ausrottung der sich in ihrer Gewalt befindlichen Volksdeutschen durchführen zu können.

Die Polen suchen die Flucht der Volksdeutschen aus Zentralpolen zu verhindern und haben zur Zeit — September 1946 — bereits alle arbeitsfähigen Männer, Frauen und Kinder in Arbeitslager gesperrt.

In diesen Arbeitslagern herrschen die denkbar schlechtesten Zustände, und zwar schlechte Schlafgelegenheiten (Pritschen oder Fußboden, meistens ohne Strohsäcke), schlechte Verpflegung, Schmutz, schlechte ärztliche Betreuung; Schlagen mit Gewehrkolben von Männern und Frauen ist an der Tagesordnung.

Während meiner Anwesenheit im Lager „Sikawa", Lodz, vom 29. Juli bis 10. September 1945 starben durchschnittlich täglich fünf bis sechs Personen. Ich bin später mit Frauen zusammengekommen, welche den Winter 1945/1946 in „Sikawa" überlebt hatten, und von diesen wurde mir erzählt, daß während der Winterzeit täglich 20 bis 25 Personen im Lager gestorben sind...

Ich hatte als Mädchen das Schneidern erlernt und bemühte mich um Arbeit als Näherin bei der verstaatlichten Firma „R. Zimmermann", Lodz, Petrikauer Straße 45, und wurde auch Mitte Februar 1945 angestellt. In dieser Firma arbeitete ich bis zum 26. Juli 1945 mit vielen deutschen Frauen zusammen. Wir deutschen Frauen arbeiteten acht Stunden täglich sowie alle Sonn- und Feiertage, denn für die Deutschen gab es keinen Ruhetag. Eine jede deutsche Näherin konnte auch, wenn nötig, zu irgendeiner anderen Arbeit, wie Kohlenaufräumen oder in der Küche, herangezogen werden.

Als Belohnung erhielt eine deutsche Näherin im Durchschnitt: wöchentlich eine Lohnzahlung von Złoty 50.— bis 70.—. Für geleistete Überstunden wurde kein Entgelt gezahlt, und die Lohnberechnung erfolgte je nach dem Gutdünken des Leiters und brauchte nicht mit der geleisteten Arbeit übereinzustimmen; monatlich 5 Kilogramm Brot.

Die deutschen Arbeiterinnen erhielten keine weiteren Lebensmittel, auch gab es keine Lebensmittelkarten für Familienangehörige oder Kinder. Zum Vergleich führe ich hier den Durchschnittsverdienst einer polnischen Näherin an, und zwar

Lohn wöchentlich   Złoty 250.— plus Prämien,
Brot wöchentlich   2 Kilogramm
Zucker   250 Gramm
        Fleisch   „ 1 „   „ 280.—
außerdem erhielten diese Mehl, Grütze, Kartoffeln und Kohle.

Die an die deutschen Arbeiterinnen gezahlten Löhne waren gänzlich unzureichend für den Lebensunterhalt bei den hohen Preisen auf alle Produkte, die in Polen herrschen. Ich führe hier einige dieser Preise an:
    im Sommer 1946: Roggenbrot je 1 kg   Złoty 16.—
                     Weizenbrot „ 1 „   „ 60.— bis 80.—
    Fleisch   250 bis 500 Gramm,

Speck	je 1 kg	Złoty 380.—
Zucker	„ 1 „	„ 180.—
Butter	„ 1 „	„ 450.—
Milch	„ 1 Liter	„ 30.—
Kartoffeln	„ 1 kg	„ 4.—
Kohle	„ 1 „	„ 4.—
Holz	„ 1 „	„ 4.—
Fische	„ 1 „	„ 100.—

Die Preise unterliegen aber ständigen Schwankungen, und die von mir angegebenen sind als Durchschnittspreise zu werten.

Mitte Februar 1945 erließ der russische Militärkommandant eine Verordnung, laut welcher sich alle deutschen Männer vom 17. bis 50. Lebensjahre auf angegebenen Sammelpunkten zu stellen haben. Die sich Meldenden sollten zweimal komplette Wäsche, gute Kleidung, feste Schuhe und für 14 Tage Verpflegung mitbringen, um zur Instandsetzung der zerstörten Straßen, Brücken und Eisenbahnen eingesetzt zu werden. Die Stellung sollte am 15., 16. und 17. Februar erfolgen, aber die polnische Miliz machte auch noch in den folgenden Wochen ständig Hausdurchsuchungen, bei welchen alle nur einigermaßen arbeitsverwendungsfähigen deutschen Männer verhaftet und in das Sammellager Sikawa gebracht wurden. Die polnische Miliz sammelte alle Deutschen vom 14. bis 70. Lebensjahr ein.

Die Bekanntmachung des russischen Kommandanten hatte sich als Kriegslist erwiesen, denn die deutschen Männer wurden sämtlich nach Rußland interniert. Bei der Stellung auf den angegebenen Sammelpunkten wurden die deutschen Männer vielfach mit Kolbenschlägen mißhandelt, und es kamen viele Todesfälle vor. Die sich Stellenden wurden der mitgebrachten besseren Kleidung, Schuhe und Wäsche sowie vielfach auch der mitgebrachten Lebensmittel beraubt. Die mitgebrachte bessere Kleidung, Wäsche und Schuhe wurden ihnen gegen abgenützte Kleidung umgetauscht, so daß die zur Verschickung Kommenden gänzlich unzureichend und erbärmlich schlecht eingekleidet waren. Der polnischen Bevölkerung wurde das Recht gegeben, jeden Deutschen auszuplündern und bessere Kleidung, Schuhe und Wäsche gegen unbrauchbare polnische Kleidung einzutauschen. Die polnische Bevölkerung machte auch von diesem polnischen Recht ausgiebig Gebrauch. — Zwei meiner Brüder, und zwar Josef und Alfons Müller, wurden auch nach Rußland verschickt.

Gleich nach der Internierung der deutschen Männer begannen die Polen mit der Schaffung von Arbeitslagern für die noch übriggebliebenen Frauen, Mädchen und die wenigen älteren Männer. Ständig fanden Razzien auf die Deutschen statt, gewöhnlich bei Nacht. Die bei solchen Razzien eingefangenen deutschen Frauen, Mädchen und Männer wurden in diese Arbeitslager gesperrt. Bei allen größeren Industrieunternehmen in Lodz und anderen Städten, auf Staats- und Privatgütern arbeiten eingelagerte internierte deutsche Frauen, Mädchen und Männer, schlecht verpflegt, ohne ärztliche Betreuung, wohnen in schlechten Quartieren und sind einer gemeinen Behandlung ausgesetzt.

Mich erreichte das Schicksal am 26. Juli 1945. Nachts wurde ich bei einer solchen Razzia verhaftet und in das Untersuchungsgefängnis in Lodz, Kilinskiego Straße 152, gebracht. Bei dieser Razzia wurden ungefähr 800 Frauen, Mädchen und ältere Männer interniert, und zwar Volksdeutsche, Umsiedlerdeutsche und Reichsdeutsche. Drei Tage befanden wir uns im Untersuchungsgefängnis und warteten, um nach Sikawa abtransportiert zu werden. In diesem Gefängnis wurden wir der mitgebrachten besseren Kleidung, Schuhe, Wäsche sowie der mitgebrachten Eßgeräte, wie Teller, Schüsseln, Töpfe, Löffel, Messer und Gabeln, beraubt. Für die uns abgenommene Kleidung erhielten wir abgenützte Kleidung und Schuhe, vielfach gänzlich unbrauchbare, als Ersatz. Bei dieser Umkleidungsaktion wurden viele Frauen mißhandelt mit Knutenhieben. Am dritten Tage, und zwar am 29. Juli 1945, erhielten wir zum ersten Male eine Suppe und wurden dann am Nachmittag desselben Tages nach dem Sammellager Sikawa geführt.

Ein älterer kranker deutscher Mann, der nicht marschfähig war, wurde auf dem Weg so schwer mit Fußtritten und Kolbenschlägen mißhandelt, daß er zusammenbrach und auf der Straße starb. Wer nicht schnell genug marschieren konnte, wurde mit Kolbenschlägen von Milizianten geschlagen und gestoßen. Unter uns befanden sich Mädchen vom zwölften Lebensjahre und Frauen bis über 70 Jahre alt.

Polnische Bauern und Betriebsinhaber kamen täglich nach dem Lager, um deutsche Frauen und Mädchen zur Arbeit zu mieten. Diese polnischen Arbeitgeber zahlen an die Lagerverwaltung Zł. 8.— täglich pro Arbeitskraft.

Ich mit 30 anderen Frauen wurde am 3. August 1945 nach Galkowek geführt und mußten dort Aufräumungsarbeiten auf dem Terrain eines gesprengten Munitionslagers machen. Wir Frauen mußten die weit im Felde herumliegenden Geschosse zusammentragen, und bei diesen Arbeiten trat ich mir einen Nagel in den linken Fuß, so daß ich bereits am 5. August 1945 mit aufgeschwollenem Fuß arbeitsunfähig in der Krankenstube lag. Mir drohte eine Blutvergiftung. Es gab keine Medikamente, und nur der Behandlung einer ebenfalls in Sikawa internierten reichsdeutschen Krankenschwester Anneliese Hanemann aus Hannover oder Hamburg verdanke ich es, daß ich heute am Leben bin. Schwester Hanemann machte mir Umschläge mit verschiedenen Kräutern und Blättern, welche von ihr gesammelt wurden, und behandelte meinen kranken Fuß.

Am 10. September 1945 wurden von einer Küche für entlassene polnische Soldaten Arbeitskräfte beansprucht, und ich meldete mich noch lahmend. Zusammen mit noch 13 Frauen (unsere Zahl wurde später vergrößert) kam ich in diese Küche in Lodz, Pogonowskiego Straße 79.

In dieser Küche arbeiteten folgende deutsche Frauen: *Es folgt eine Liste von 17 Frauen, darunter:* Frau Martha Neumann, Lodz, Ehemann: Eisenbahner, im Arbeitslager Kutno, ein Sohn im Arbeitslager „Scheibler und Grohmann", Lodz, der zweite 11jährige Sohn Waldi der Mutter abgenommen und auf Umerziehung in ein polnisches Kinderheim gegeben; Frau Olga Schlägel aus Zubarz bei Lodz mit Tochter, Fräulen Ilse Schlägel, 16 Jahre alt. Zwei weitere jüngere Töchter, 6- und 10jährige, wurden von den Polen der Mutter abgenommen und auf polnische Umerziehung verschickt. Die Polen haben die Namen dieser beiden Mädchen auf polnische Namen umgeändert, und zwar: 1. Helga Ursel Schlägel auf Urszula Szlagowska, 2. Anita Terese Schlägel auf Aniela Szlagowska. In dieser Küche arbeitete ich vom 10. September 1945 bis 7. September 1946, also beinahe ein volles Jahr. Am 4. August 1945 kamen meine Brüder Josef und Alfons Müller aus Rußland nach Lodz zurück, und um nicht von den Polen eingelagert zu werden, flohen sie nach dem Reich.

Ich bereitete mich gemeinsam mit Frau Martha Merger zur Flucht vor, und zwar mit der Absicht, meinen Vater und Bruder gleichzeitig mitzunehmen.

Mit Hilfe einer meiner polnischen Schulfreundinnen und deren Mann, einem Eisenbahner, sowie deren Tochter, meines Patenkindes, gelang es mir, im September 1946 Lodz zu verlassen.

Der Bericht schließt mit einer Schilderung der Flucht und einem allgemeinen Überblick über das Schicksal der Deutschen in Polen.

Nr. 277

Erlebnisbericht des Baumeisters Karl Klause aus L o d z.
Original, Februar 1946, 4 Seiten. Teilabdruck.

Enteignung und Internierung; erschwerte Lebensumstände bis zur Flucht im Oktober 1945; die allgemeine Situation nach der Wiedererrichtung des polnischen Staates 1945.

Einleitend schildert Vf. kurz die letzten Tage bis zum Einmarsch der Russen:

Schon am 20. Januar vormittags besichtigten die Russen die Fabrik auf meinem Grundstück und am Nachmittag kam ein russischer Kapitän, der mir in meiner Kellerstube, wo ich mich mit meiner Frau eingerichtet hatte, erklärte, daß er auf dem Grundstück eine Wache einrichten werde. Am nächsten Tage bezogen vier Mann Quartier in der Kellerstube nebenan, wo der Portier mit Frau und Tochter untergekommen war. Inzwischen hatten in zwei eingepachteten Betrieben sich Arbeiterräte gebildet, und die Enteignung war de facto vollzogen.

Am 26. Januar wurde ich von der Miliz abgeholt und im Kommissariat in den schon reichlich besetzten Luftschutzkeller gesperrt. Die Haft, während der ich Zeuge wüster Szenen war, dauerte nur zwei Tage.

Am 26. Februar große Haussuchung — angeblich nach Waffen — durch eine Abteilung des Sicherheitsdienstes (Urząd Bezpieczeństwa Publicznego), die mit unserer Verhaftung endete, als sie einige Uniformstücke meines Sohnes gefunden hatten, welche der Portier sich angeeignet und in seinem Schrank verstaut hatte. Mit dem corpus delicti unterm Arm wurden wir durch die Glowna, Petrikauer und Benediktinenstraße in eine der vielen in allen Stadtteilen eingerichteten Amtsstellen abgeführt. Bei diesem ersten Gange nach vier ereignisreichen Wochen durch die belebtesten Straßen staunte ich über die auffallende Veränderung des Straßenbildes — in allen Läden neue Besitzer, in der Menge kein bekanntes Gesicht. Meine Frau wurde nach zwei, ich nach siebzehn Tagen entlassen. Die Erlebnisse meiner Frau daheim und meine in drei verschiedenen der UBP. waren furchtbar.

Die Behandlung der Internierten war viehisch. Die widerlichsten Arbeiten mußten mit den bloßen Händen oder sehr mangelhaftem Gerät verrichtet werden — Klosettschüsseln und -rohre reinigen, da die Wasserspülung nicht funktionierte, überfüllte Müllgruben leeren usw.

Die Verpflegung war sehr dürftig und was schlimmer, unappetitlich. Nachdem die internierten Polen (gesondert gehalten) abgefüttert waren, brachte man den Kübel mit den in der Küche zusammengeschütteten Resten und das Eßgeschirr — eine Schüssel für drei bis vier Mann und Löffel ungewaschen — zu uns, den Deutschen. Trinkwasser gab es nur wenig, Waschwasser überhaupt nicht.

Während der Internierung, die für manche recht lange dauerte, blieb man in den Sachen, kaum, daß man zur Nacht die Schuhe auszog, denn auf den Pritschen im feuchten, ungeheizten Keller oder auf den Holzscheiten im luftigen Holz- und Kohlenstalle, war es im Februar und März sehr kalt.

Bei meiner ersten Internierung im Januar war ich Zeuge eines üblichen Kleiderwechsels. Das Arrestlokal (Luftschutzkeller) betrat ein Funktionär des Kommissariats mit seiner Suite und mit ihm zwei wie Vogelscheuchen gekleidete Individuen. Wir standen laut Vorschrift in Reih und Glied, wie bei jedem Betreten des Raumes durch eine „Amtsperson", und nach eingehender Musterung unserer Bekleidung kamen die Befehle: Zieh den Mantel aus, du den Rock, du die Hose, du die Stiefel usw., immer die besten Sachen. Die beiden Individuen hatten inzwischen ihre Lumpen abgelegt und zogen die eingetauschten Kleider an. Der Funktionär erzählte uns dabei, daß die beiden Herren nach Warschau fahren müßten und mit ihrer Aufmachung könnten wir das nicht zulassen... Nur wer so etwas erlebt, weiß was es heißt, rechtlos, machtlos und hilflos zu sein.

Um in den Besitz eines Arbeitsausweises zu gelangen, arbeitete meine Frau seit Ende März in der Bekleidungsfabrik auf unserem Grundstück als Näherin am Band zwölf Stunden und mehr, abwechselnd in Tages und Nachtschichten — häufig auch an Sonn- und Feiertagen. Bei einem Stundenlohn von Zł. 3.50 erreichte der in zwei bis drei Raten ausgezahlte Nettolohn monatlich etwa 285.— Zł. (Ein Liter Milch 12—25 Zł.; ein Ei 10 bis 15 Zł., ein kg Butter 250—500 Zł.) Ich arbeitete als Gartenarbeiter in einer Gruppe von 6—10 Schicksalsgenossen, und wir erhielten ausnahmsweise eine Gemüsesuppe bei sonst guter Behandlung.

Bis zum 7. Mai gelang es uns mit schweren Opfern, auf unserem Grundstück zu bleiben, immer in großer Sorge, getrennt in ein Arbeitslager geschleppt zu werden. Wir wurden nur umquartiert auf mein Grundstück Kilinskiego 146 in ein Dachstübchen. Aus diesem warf man uns am 29. August plötzlich hinaus; nachdem die beiden Funktionäre sich verschiedene Andenken angeeignet hatten, warfen sie uns ein Kopfkissen und Decke nach und verschlossen die Tür für unseren Nachfolger, einen Polen.

Wir gingen aber nicht in das uns angewiesene Massenquartier, ein fensterloser, feuchter Luftschutzkeller auf dem Nachbargrundstück, sondern richteten uns in der engen Stube eines Volksgenossen ein, der mit seiner Frau noch unbehelligt bleiben konnte.

Der Entschluß zu fliehen, entstand schon früher, zumal die Gefahr des Arbeitslagers immer größer wurde; viele Nächte schliefen wir nicht mehr zu Hause, weil das Abholen gewöhnlich des Nachts geschah.

Am 23. Oktober wiederholten wir einen drei Tage vorher unternommenen mißlungenen Fluchtversuch — das kleine klapperige Auto war überladen —, und am 24. erreichten wir mit Mühe und Not noch bei Tageslicht Breslau. Mit einem Treckzug von über 2 000 Flüchtlingen fuhren wir in gedeckten Güterwagen weiter und kamen am 2. November in Forst — russische Zone —, nach zwei weiteren Tagen in Cottbus an.

Vf. schildert kurz seinen weiteren Weg nach Westdeutschland und stellt abschließend fest:

Alle Deutschen wurden aus ihren Wohnungen, Geschäften und Betrieben gejagt und dieselben von Polen besetzt. Die Fabriken und größeren Betriebe wurden verstaatlicht und von Betriebsräten — aus der Arbeiterschaft gewählt — weitergeführt. Eine Bodenreform wurde verkündet und der gesamte Grundbesitz über 50 Hektar (auch der polnische) zwecks Aufteilung enteignet, deutsche Bauernwirtschaften von ehemaligen Knechten übernommen usw. Rasch war der bewegliche deutsche Besitz vergriffen, und als Fortsetzung folgte der Raub des Geraubten, eine unglaubliche Unsicherheit, das Chaos.

Die in den Polizeikommissariaten eingesetzte Miliz — dunkle Elemente, Gestalten in Zivil mit Armbinde, aber schwer bewaffnet, die ausschließlich durch eifrige Haussuchungen und Verhaftungen sich schadlos hielten (für angeblich erlittenes Unrecht) — wurde aus diesem Grunde sehr häufig gewechselt. Ein „Sicherheitsdienst" mit vielen, in allen Stadtteilen verstreuten Abteilungen, war schnell eingerichtet und die Verhaftungen nahmen gewaltig zu, auch in polnischen Kreisen, so daß die Freude über den errungenen „polnischen Sieg" über Deutschland keine allgemeine war. Im Gegenteil, alle besitzenden Klassen, die wirkliche Intelligenz, der ganze Mittelstand und die durch die Bodenreform „beglückte" Bauernschaft haben sich die heißersehnte Befreiung anders gedacht....

Nr. 278

Erlebnisbericht von Martha Mahder (Madaj) aus L o d z.
Original, 29. Januar 1950.

Heranziehung zu Zwangsarbeiten für polnische Zivilisten und Milizianten unter unerträglichen Lebensbedingungen und ohne Rücksicht auf unmündige Kinder; Flucht nach Westdeutschland.

Der Bericht beginnt mit einigen Bemerkungen über das allgemeine Schicksal der Deutschen.

Schon am zweiten Tag holte man mich aus der Wohnung zur Arbeit. Meine drei Kinder, damals neun, sechs, drei Jahre, saßen abends, als ich spät heimkam, weinend im Zimmer beisammen, Nähmaschine, Radio und alles andere verschwunden. Tags darauf war mein gesamter Wäsche- und Kleiderbestand weg, dann kamen Betten und Lebensmittel daran, und am 4. Tage saßen meine Kinder auf der Straße. Eine deutsche Frau nahm sich meiner Kinder an, denn ich mußte arbeiten und nochmals arbeiten. Für ein neu eröffnetes Gasthaus die von Deutschen verlassenen Kartoffel- und Kohlenkeller aufbrechen, dann den noch anwesenden deutschen Menschen die letzten Lebensmittel aus der Wohnung tragen.

Nach paar Wochen wurde ich vom Arbeitsamt in ein von polnischen Soldaten verwaltetes Magazin geschickt. Dort fing unsere Leidenszeit erst recht an. Aber sicher war ich dort, denn beim Militär arbeitende Deutsche durften nicht eingelagert werden.

Ich arbeitete dort ein halbes Jahr. Die ersten Wochen waren furchtbar. Ohne Essen, ohne einen Pfennig Verdienst, in steter Angst, geschändet zu werden, fortwährende Fußtritte und Faustschläge. Wer sich freiwillig den Soldaten ergab, hatte es besser, er bekam wenigstens Soldatenessen. Wir andern aßen tagelang nur rohe Erbsen und Nudeln, welche wir verladen mußten. Wie glücklich waren wir, wenn wir mal etwas Mehl lecken konnten. Wenn man uns dabei ertappte, setzte es zwar Faustschläge, aber wir waren es ja schon gewöhnt. Mit Schlägen und Schändung war es schon so weit gekommen, daß der russische Kommandant mit gezogener Pistole eingreifen mußte. Mich hatte Gott bis jetzt immer vor Argem bewahrt, aber ich war mit meinen Nerven schon so herunter, daß mir schon alles einerlei gewesen wäre, ich spürte weder Hunger noch Durst, weder die Magenschmerzen von den rohen Erbsen, woran wir alle litten. Ich hätte damals Schluß gemacht, wenn nicht meine Kinder gewesen wären. Die Angst um die hungernden Kinder riß mich immer wieder hoch.

Die Frau konnte meinen Kindern nichts geben, da sie selbst hungerte. Um nicht ganz zu verhungern, gingen die drei auf den „Grünen Ring" und sammelten sich das verfaulte Obst und Gemüse, daß die Marktweiber wegwarfen, das aßen sie über Tag. Hin und wieder gab ihnen mal ein mitleidiger Mensch ein Stück Brot. Und ich mußte alles mit ansehen und konnte nicht helfen. Ohne einen Groschen Verdient, ohne Wohnung, ohne irgendwelche Mittel. Ich konnte nichts mehr verkaufen wie mancher andere, der noch etwas besaß, denn, was ich zuvor bei polnischen befreundeten Menschen zu retten hoffte, bekam ich nicht mehr zurück.

Früh um 7 fing die Arbeit an bis 9—10, wie oft ging es auch die Nacht durch, wenn gerade ein Transport ankam. Man gab uns schon etwas zu essen, denn die Frauen konnten schon nicht mehr arbeiten vor Schwäche. Und dann die unruhigen Nächte. Es verging selten eine Nacht, wo wir Ruhe hatten, die ewigen Überfälle, Wohnungsdurchsuchung. Wenn unten das Donnern an der Haustür anfing, wußten wir schon, was uns erwartete, und wer konnte, versteckte sich auf dem Boden oder bei verständigen Polen. Die ganze Aufregung und Sorgen brachten es so weit, daß ich eines Morgens nicht mehr aufstehen konnte. Ich lag mehrere Tage in hohem Delirium und soll auf dem Hof wie eine Irre herumgelaufen sein. Die Kinder konnten mich nicht halten. Man rief eine am andern Ende der Stadt wohnende Tante, die uns bei sich aufnahm. — Meine Mutter, die mir hätte helfen können, war schon längst in Sikawa.

Als ich wieder zu mir kam, war ich zwei Wochen völlig ertaubt, es wurde zwar etwas besser, aber ich bin heute ein unglücklich schwerhöriger Mensch. Einen Monat durfte ich feiern, dann mußte ich wieder zur Arbeit. Ich war so schwach, daß mich der Soldat führen mußte. Der Kommandant hatte wohl Mitleid mit mir und gab mich paar Tage in die Küche zum Kartoffelschälen. Eine Woche drauf, als ich abends spät heimkam, waren Tante und Onkel weggeholt nach Sikawa. Wäre ich daheim gewesen, hätte ich ihr Los geteilt, und ich als junger, damals halb irrer Mensch hätte Sikawa nie mehr verlassen.

Vfn. behauptet an dieser Stelle, daß man im Lager Sikawa tödliche Einspritzungen verabreicht hätte.

Man hatte gedroht, die Kinder nächsten Tag abzuholen. Sie waren zu Hause nicht mehr sicher, und ich vertraute sie lieber der Straße an. Das Loch, welches wir bewohnten, drohte man uns auch wegzunehmen. Aber, Gott sei Dank, ist es nicht so weit gekommen.

Mittlerweile war es Sommer geworden. Wir arbeitenden Deutschen bekamen seit Mai Lebensmittelkarten. Fünf Kilogramm Brot monatlich, einmal gab es auch Kartoffeln, aber der größte Teil der Deutschen, die nichts mehr besaßen, konnten sich nicht mal das Brot auskaufen. Wir arbeiteten ja umsonst. Wie wir damals durchhielten, ist mir heute noch rätselhaft. Wir hofften ja immer noch.

Im August wurde ich aus dem Magazin entlassen und sollte mich im Arbeitsamt melden, tat es aber nicht gleich, sondern suchte mir Privatstellen, wo ich etwas verdienen konnte. Aber die Angst, von den Kindern gerissen zu werden, ließ mir keine Ruhe, denn die nächtlichen Überfälle hörten nicht auf. Hätte mir nicht oft ein freundlicher polnischer Polizist aus demselben Haus geholfen, wer weiß, was und wo ich heute schon wäre. Mit beiden Beinen stand ich schon in Sikawa, aber Gott hat sichtbarlich über mich gewacht.

So vergingen die Monate, bis eines Tages im Oktober die Tür aufging und mein Mann, von dem ich anderthalb Jahre kein Lebenszeichen hatte, auf der Schwelle stand. Der Schreck war größer wie die Freude, bleiben durfte er nicht, als deutscher Soldat wäre er gleich eingelagert worden. Daß man ihn nicht gleich auf dem Bahnhof gefaßt hatte wie fast alle heimkehrenden Kriegsgefangenen, zeigte wieder Gottes schützende Hand. Es war schon zu spät, etwas zu unternehmen, er mußte bei uns übernachten, aber man hatte ihn kommen sehen, und das genügte.

Wirklich, kaum hatten wir uns hingelegt, da donnerte es schon an der Haustür. In unserer Angst versteckten wir ihn unter das Deckbett, unter dem meine Drei schliefen. Zwei Soldaten waren es, sie durchsuchten alle Winkel, fanden auch alles, was er mitgebracht hatte, aber das Bett durchwühlten sie nicht, worin die Kinder zitternd kauerten. Mich wollten sie dafür mitnehmen, aber auf das Geschrei der Kinder ließen sie von mir ab, nahmen alles mit und verschwanden. Kaum drei Stunden drauf ging es wieder los, wieder dasselbe Spiel; aber diesmal waren es nur zwei Juden, die mich zur Arbeit holten.

Die nächsten Tage verbarg sich mein Mann bei einer polnischen Jugendfreundin. Wir verkauften den Rest von Möbeln, seinen Trauring, denn wir mußten versuchen, aus Lodz rauszukommen. Er wollte nicht allein fort, und ich war doch auch nicht mehr sicher wegen dem Arbeitsamt. Wir baten seine Freundin, uns die Bahnbillets bis nach Friedland zu besorgen, sie tat es auch — um mit dem Gelde zu verschwinden. Wir warteten vergebens auf ihre Rückkehr und mußten versuchen, uns mit dem Rest unseres Geldes selbst durchzuschlagen. Wieder hatten wir Glück, niemand fragte uns nach einem Ausweis.

Was wir unterwegs durchmachten: gefaßt, abgeschoben, zurück, auf halbem Weg umgedreht, wieder zu Fuß kilometerweit gelaufen, wieder gefaßt, eingesperrt, ausgezogen bis aufs Letzte, wieder zu Fuß weiter, bis uns erst ein menschlich empfindender russischer Posten über die Grenze half.

Abschließend schildert Vfn. ihre Erlebnisse in Westdeutschland bis zur Zuweisung einer Wohnung.

Nr. 279

Protokollarische Aussage der N. N. aus L o d z.
Original, 26. März 1952.

Erlebnisse in den Gefängnissen von Zdunska-Wola, Verhör-Methoden; Zwangsarbeit auf einem Gut.

Einleitend schildert Vfn. die Flucht aus ihrer Heimatstadt Lodz bis Zdunska-Wola, wo sie die Flucht aufgab und von sowjetischen Truppen überrollt wurde.

Als die Russen die Stadt am 20. besetzt hatten, begannen die Plünderungen seitens der Polen. Am 23. Januar wurden die Männer von der Polizei abgeholt. Sie wurden nach der Baptistenkirche gebracht, die in ein Gefängnis umgewandelt worden war.

Ich blieb bei meiner Schwester. In ununterbrochener Folge erschienen auf ihrem Hof Polen und Russen und nahmen, was nur irgendeinen Wert hatte, mit sich. Schließlich erschien ein Pole und erklärte, den Hof zu übernehmen. Da er aber von Landwirtschaft nichts verstünde, sollten die beiden deutschen Frauen mit ihm arbeiten.

Jeden Morgen ging ich zur Baptistenkirche, um meinem Mann und dem Schwager Essen hinzutragen. Als ich am zweiten Morgen der Inhaftierung der deutschen Männer dort erschien, hörte ich leises Orgelspiel. Dieses vermochte jedoch nicht die Schreie Mißhandelter zu übertönen, die aus dem Gotteshaus zu hören waren. Bald darauf wurde von Polizisten das Kirchentor geöffnet, und heraus traten etwa 20 Männer, Deutsche. Sie trugen nur Lumpen als Kleidung und waren blutig geschlagen. Sie wurden nach dem eigentlichen Gefängnis abgeführt. Unter ihnen befanden sich auch mein Mann und mein Schwager.

Dieser kehrte aber nach einiger Zeit nach Hause zurück und teilte uns mit, daß mein Mann wieder in der Baptistenkirche sei. Das stimmte aber nicht, er war nach dem Kreisgerichtsgefängnis abgeführt worden. Am Abend mußten auch mein Schwager und ich uns dorthin begeben. In einem Warteraum hieß man uns warten. Nach kurzer Zeit erschien ein Pole und schlug meinen Schwager und die anderen dort wartenden Deutschen ins Gesicht. Er schrie sie an: „Warum steht Ihr nicht auf, wenn ich hereinkomme?! Ich bin der Kommandant!" Dann verfügte er, daß wir in Zellen untergebracht würden: die Männer in eine gemeinsame, ich in eine Einzelzelle. Von dort hörte ich, wie deutsche Männer auf dem Hof von Polen hin- und hergejagt und dabei durch Hiebe mit Knuten mißhandelt wurden. Auch aus einer Nachbarzelle hörte ich Stöhnen.

Als es vom Kirchturm gerade Mitternacht schlug, erschien ein Polizist und holte mich zum Kommandanten zum Verhör. Außer dem Kommandanten waren dort noch eine Sekretärin sowie drei Polizisten mit Knuten in der Hand. Auf dem Tisch lag eine Tasche, die ich sofort als die meine erkannte. Ich hatte darin meine Papiere. Die Tasche war in Lodz zurückgeblieben. Ich hatte vor der Abfahrt keine Möglichkeit mehr gehabt, meine Wohnung aufzusuchen und auch nur irgendetwas mitzunehmen. Augenscheinlich hatte man eigens einen Polizisten nach Lodz geschickt, bei mir eine Haussuchung durchzuführen, und hatte die Papiere mitgenommen.

Der Kommandant fragte mich nach dem Namen und dem Wohnort. Als ich als meinen Wohnort Litzmannstadt nannte, sprang er von seinem Stuhl auf und brüllte: „Gebt ihr zwei Knutenhiebe, damit sie nie wieder aus Lodz Litzmannstadt macht!" Dann fragte er, wie die Straße heiße, in der ich wohne. Ohne zu überlegen, sagte ich: „Ludendorffstraße." Er sprang wieder auf und schrie: „So, Ludendorffstraße?" In meiner Angst vermochte ich mich auf den polnischen Namen nicht zu besinnen. Da wies er auf einen Polizisten und sagte: „Gebt ihr weitere fünf Knutenhiebe, damit sie den Namen nicht vergesse!" Ein Polizist sagte jedoch: „Sie spürt ja nichts, sie ist viel zu dick angezogen!" Auf Befehl des Kommandanten mußte ich mich ausziehen. Ich zog die Jacke aus. Damit waren sie aber nicht zufrieden. Sie schrien: „Alles herunter!" Als ich im Hemd und in den Schlüpfern dastand, sagte der Kommandant: „Nur weiter!" Als ich Hemd und Schlüpfer nicht ausziehen wollte, riß ein Polizist sie mir ab.

Dann begann das Verhör. Der Kommandant öffnete die Tasche und nahm die Papiere heraus. Für jedes in deutscher Sprache verfaßte Dokument erhielt ich zwei Schläge mit der Knute. Als das Häufchen Papiere fast durchgesehen war, fand er noch eine Karte, auf der „Deutscher Volksverband in Polen" stand. Der Kommandant gebärdete sich wie rasend. „Ah, eine Hitlerka", sagte er. „Und so etwas lebt noch! Jetzt sagst Du mir sofort, wo die Führer dieses Verbandes sind!"

Da ich dem Volksverband niemals angehört hatte, die Karte mir aber nach dem Einzug der Deutschen in Lodz im Jahre 1939 gegen eine Spende von 50 Pfennig gleichsam als Quittung übergeben worden war, vermochte ich die Frage des Kommandanten nicht zu beantworten. Nach jeder verneinenden Antwort erhielt ich zwei Knutenschläge. Endlich — ich war nahe am Zusammenbrechen — sagte der Kommandant: „Führt sie herunter!" Als er meine schönen Lederschuhe sah, sagte er: „Gebt ihr Holzschuhe! Die Zeiten sind vorbei, daß deutsche Frauen Lederschuhe tragen dürfen!"

Mein Gesäß und die Beine waren von den Schlägen angeschwollen und bluteten. Ich vermochte kaum zu gehen. Der mich bewachende Polizist wollte mich vor meiner Zelle mißbrauchen. Ich hatte gräßliche Schmerzen und fürchtete, ohnmächtig zu werden. In meiner Angst sprach ich ziemlich laut. Da sagte er, ich solle leiser reden, die anderen brauchten nichts zu wissen. Bald darauf schlug die Turmuhr drei.

In der Nachbarzelle hörte man wieder das Stöhnen. Mir kam plötzlich der Gedanke, daß das mein Mann sein könne, und ich begann, ihn zu rufen, erst leise, und als das nicht wirkte, lauter. Tatsächlich war es mein Mann. Er sagte, daß sie ihn ausgezogen und fürchterlich zerschlagen hätten. Kaum hatten wir die wenigen Worte gesprochen, als die Zellentür sich auftat und ein Wärter erschien. Er sagte, er habe alles mitangehört. Er führte mich hierauf zum Kommandanten, dem er darüber Meldung erstattete. Ich bekam zehn Knuten zudiktiert. Der Kommandant ließ mich jetzt in den Keller führen.

Im Keller war es stockfinster und sehr kalt. Auf dem Boden stand Wasser. In dieses mußte ich mich stellen. Es waren noch vier Frauen im Keller. Immer wieder kam ein Polizist nachsehen, ob wir auch wirklich im Wasser standen.

Am nächsten Morgen mußte ich in der Küche mit noch drei anderen deutschen Frauen, Gefangenen gleich mir, das Essen für die 40 Polizisten kochen. In einem halb zerfallenen Haus durften wir uns mit Strohsäcken eine Schlafgelegenheit schaffen. Aber andere Polizisten kamen und nahmen uns die Strohsäcke wieder weg, wieder andere gaben sie uns zurück. Alle aber hatten nur den einen Gedanken, uns zu mißbrauchen. Tag und Nacht wurden wir gequält. Besonders nachts kamen sie und holten sich die Frauen, die sie haben wollten. Ein 17jähriger Polizist holte sich eine 72jährige Greisin.

Eines Tages erschien ein Polizist, den ich von Lodz her kannte. Er ermöglichte mir den Besuch meines Mannes in seiner Zelle. Dieser stand, nur mit einer leichten Hose und einem viel zu kurzen Kittel ohne Knöpfe bekleidet, mitten in der Zelle und hielt die Arme von sich gestreckt. Seine Augen lagen tief in den Höhlen. Sein ganzer Körper war geschwollen. Ich erkannte ihn fast nicht wieder, so war er zugerichtet. In Fetzen hing das Fleisch herunter. Ich durfte ihn nicht berühren — alles tat ihm weh.

Ein paar Tage später bemerkte ich von der Küche aus meine Schwester, die für ihren und meinen Mann und für mich das Mittagessen brachte. Ich wagte mich an das Tor, wurde aber dabei vom Kommandanten bemerkt, der mich sofort holen ließ und mir zehn Knutenhiebe zudiktierte. Ich mußte die Hiebe laut zählen. Meine kaum geheilten Wunden an Gesäß und Beinen platzten wieder auf.

Zweimal in der Woche fanden die Verhöre statt. Sie dauerten bis 3—4 Uhr morgens. Ich mußte solange in der Küche warten, um dann das Blut in dem Raum, in dem die Verhöre stattgefunden hatten, aufzuwischen.

Eines Abends gegen 11 Uhr, ich war mit dem Aufräumen der Küche noch nicht fertig, erschien dort der Kommandant und sagte zu mir: „Du wirst heute nacht verhört werden!"

Nach einer Stunde wurde ich gerufen. Der Kommandant wollte von mir wieder die Namen der Führer des Volksverbandes, seiner Mitglieder und seinen Sitz wissen. Da ich diese Fragen nicht beantworten konnte, erhielt ich wieder zehn Knutenhiebe, die ich wieder laut mitzählen mußte. Als ich nach dem zehnten Hieb aufsprang, schrie der Kommandant: „Warum sagst Du nicht danke für die zehn Knuten?!" Und zu den Polizisten gewandt: „Gebt ihr noch zehn!" Wieder begannen die Fragen nach dem Volksverband. Als ich wieder niemand nennen konnte, rief er andere Polizisten, denn die bisherigen waren schon des Schlagens müde. Ich wurde wieder geschlagen. Da der Polizist beanstandete, daß ich eine Hose trug, mußte ich diese ablegen. Endlich brüllte der Kommandant: „Hinaus!" Mit meinen letzten Kräften lief ich hinaus, aber der Polizist mit der Knute lief mir nach und schlug mich — den ganzen langen Korridor entlang, über den Hof, in ein zweites Haus, eine Treppe hinauf folgte der Polizist — sein Name war Steffinski — mir und schlug mich unbarmherzig über den Kopf und über die Schultern. Als ich endlich in meinem Zimmer war, wo die anderen Frauen auf mich warteten, ließ er noch nicht von mir ab. Ich mußte mich über einen Stuhl legen, und er schlug mich von neuem, bis ich die Besinnung verlor und nichts mehr spürte.

Obwohl ich fast kein Glied mehr rühren konnte, mußte ich in der nächsten Nacht wieder das Blut im Verhörraum aufwischen.

Drei Tage waren vergangen, als der Polizist Steffinski mit einem zweiten Polizisten im Schlafraum der Küchenfrauen erschien, sich auf einen Stuhl setzte, mich hinknien hieß und seine Füße auf meine Finger setzte. Er zerquetschte mir fast die Finger und fragte mich dabei, welche Sender ich in den letzten fünf Jahren gehört hätte, schlug mich mit der Knute und zog schließlich einen Revolver aus der Tasche, mit dem er mich zu erschießen drohte. Ich stand, so gut ich konnte, auf und bat, gut zu treffen. Für mich wäre der Tod eine Erlösung gewesen. Er hieß mich mit dem Gesicht zur Wand stellen, schoß aber nicht, sondern schlug mich mit der Knute über den Rücken und über die Beine. Dann gab er mir einen Fußtritt in die Kniekehlen, daß ich zusammenbrach.

Der andere Polizist nahm sich eine andere Frau vor, die, wie er sagte, zur deutschen Zeit einmal ein polnisches Kind angeschrien habe, und ohrfeigte sie solange, bis sie ohnmächtig wurde.

Einen Tag später wurde ich mit anderen Gefangenen, unter denen sich auch mein Mann und mein Schwager befanden, in das Stadtgefängnis übergeführt. Ich mußte Küchendienst machen und wurde nach wenigen Tagen entlassen. Der Kommandant sagte mir bei der Entlassung, daß festgestellt worden sei, daß ich weder dem Deutschen Volksverband angehört noch die Polen schlecht behandelt habe.

Bei meiner Schwester, die inzwischen ein halbzerfallenes Häuschen hatte beziehen müssen, erfuhr ich, daß unsere Männer mit anderen, im ganzen etwa 50, nach Lodz abtransportiert wurden. Barfuß mußten sie trotz grimmigen Frost und Glatteis die 50 Kilometer zurücklegen. Wer nicht weiter konnte, wurde erschossen. In Lodz wurden sie den Russen übergeben, die sie nach Rußland verschleppten.

Mein Bruder und meine Schwägerin arbeiteten bei einem Gutsbesitzer, der allgemein als menschlich galt. Auch ich meldete mich dort und arbeitete eine Zeitlang als Feldarbeiterin. Eines Tages mußte ich aber aufhören, weil meine Kräfte versagten. Ostern war inzwischen vorbei.

Ich mußte das Bett hüten, vor allem wegen der durch die Knutenhiebe zerschundenen Beine. Eines Tages erschienen Polizisten, trieben mich aus dem Bett und führten mich zur Baptistenkirche, die noch immer ein Gefängnis war. Hunderte deutsche Menschen waren dort eingesperrt, dauernd wurden neue gebracht. Auch mein Bruder und meine Schwägerin kamen; man hatte sie vom Gut abgeholt.

Die Polizei schlug wahllos auf die Deutschen ein! Nachts holten sie sich Mädchen und junge Frauen aus dem Innenraum des Gotteshauses, in dem die Deutschen zusammengepfercht lagen. Gerade wollte ich entschlummern, als ich lautes polnisches Schimpfen vernahm, Gewehrschüsse knallten und von der Empore ein großer Gegenstand in den Innenraum auf die liegenden Menschen fiel. Als Licht gemacht worden war, stellte sich heraus, daß Polizisten sich wieder Frauen geholt hatten. Ein junges Mädchen hatte sich jedoch losgerissen und war in den Innenraum gesprungen. Dabei brach es ein Bein und verletzte außerdem zwei andere Frauen, auf die es gefallen war.

Am nächsten Vormittag wurden wir alle in Gruppen eingeteilt und fortgeführt. Wir kamen auf ein großes Gut, auf dem sich eine Branntweinfabrik befand. In einem großen, leeren Raum, dessen Fenster alle zerschlagen waren, wurden wir einquartiert. Nach einiger Zeit wurden fünf Barakken aufgestellt, die uns Deutschen als Wohnungen dienen sollten. Rings wurden Stacheldrahtverhaue angelegt. Weder Waschgelegenheit noch Aborte waren vorhanden. Wir sollten uns in den stinkenden Abwässern der Spiritusbrennerei waschen. Das Essen bestand aus dreimal gereichter Kartoffelsuppe, die nicht gesalzen war.

Eines Tages erschien Polizei. Die Deutschen wurden zusammengerufen. Alles mußte sich in Reih und Glied aufstellen. Dann wurden sie gefragt, ob sie halb oder ganz deutsch seien. „Halbdeutsche" erhielten 15, „Ganzdeutsche" zehn Knutenhiebe. Dann gingen die Polizisten in die Baracken, weil 13 Personen krank gemeldet waren. Die Kranken wurden mit den Knuten durchgeprügelt. Dann sagten die Polizisten: „Morgen kommen wir wieder. Wer dann noch krank ist, den nehmen wir mit!"

Meine Schwägerin erkrankte einige Tage später an Typhus. Sie war viele Wochen sehr krank. Zu ihr wurde weder ein Arzt geholt noch erhielt sie Arzneien.

Meine Schwester und mein Schwager arbeiteten auf einem benachbarten Gut. Mein Schwager, dem sie bei den „Verhören" die Lunge und die Nieren beschädigt hatten, starb nach wenigen Wochen. In einer Kiste aus rohen Brettern wurde er beerdigt.

Da ich auf dem Gute nach einiger Zeit im Hause der Frau des Gutsbesitzers beschäftigt wurde, kam ich auch mit Polinnen in Berührung. Eines Tages erzählte mir eine polnische Frau, wie die Polen sich an den Deutschen gerächt hätten. In einem nahen Wald habe man die gefangenen deutschen Soldaten zusammengetrieben, sie gezwungen, eine tiefe Grube zu graben, und dann alle erschlagen und verscharrt.

Mit der Schwester des Gutsbesitzers mußte ich eines Tages Pilze sammeln gehen. In einem kleinen Wäldchen erzählte sie mir, daß dort 38 deutsche Soldaten mit Knüppeln erschlagen und dann vergraben wurden. Sie zeigte mir die Stelle. Nach zehn Jahren noch würde ich sie wiederfinden.

Meine Schwester und ich faßten nun den Plan, zu flüchten. Da wir unsere Männer verloren hatten, hielt uns nichts mehr in Polen. Wir wollten versuchen, nach Deutschland zu entkommen. Da wir beide bei unseren Arbeitgebern gut angeschrieben waren, erhielten wir den für einen Tag erbetenen Urlaub nach Zdunska-Wola. Da meine Schwester ein paar hundert Złoty vor dem Zugriff der Polen in einem Versteck gerettet hatte, vermochten wir mit Hilfe eines bestochenen Polen nach Breslau zu gelangen und von dort nach Görlitz und schließlich nach Deutschland. Damit hatte mein Elend in Polen ein Ende gefunden.

Nr. 280

Erlebnisbericht von Else Buss aus L o d z.
Original, 12. September 1952.

Internierung in den Lagern Gronowo, Marysin und Sikawa; Lagerverhältnisse und allgemeine Vorgänge; Arbeitseinsatz in der polnischen Landwirtschaft; Flucht nach Niederschlesien (1949); unter polnischem Namen Fabrikarbeit bis zur Übersiedlung nach Bayern im April 1950.

Im Jahre 1945 wurde ich auf der Strecke verhaftet und ins Lager Gronowo bei Lissa mit vielen anderen Frauen, Kindern und Männern gebracht. Im Lager Gronowo war ich fünf Wochen. Von Gronowo wurden wir 160 Personen, Frauen und Soldaten, bei Lodz nach Marysin gebracht zum Flugplatz bauen. Im Lager Marysin war das Essen sehr schlecht, man hat uns die weißen oder gelben Pferderüben gekocht, die Kartoffeln haben die Rüben gejagt, so dünn war das Essen, wir waren immer hungrig. Wir hatten auch keine Waschgelegenheit, wir standen der Reihe nach draußen zum Waschen am Kran.

Da es schon Herbst war, war es in den Baracken sehr kalt, wir schliefen auf Pritschen, das bißchen Stroh auf den Pritschen war schon alt, so fein wie Häcksel, es fiel den unten Liegenden auf den Kopf. Dort bekamen wir Läuse, weil auf dem Stroh schon viele gelegen haben und wir keine Möglichkeit hatten, uns sauber zu halten. Die Gefangenen haben an Typhus gekrankt, da durfte diese Baracke nicht rausgehn.

Dann kamen wir ins Hauptlager Sikawa bei Lodz, im Lager Sikawa wurden wir von den Läusen befreit, man hat uns das Haar runtergeschnitten. Wir hatten dort dann die Möglichkeit, uns zu waschen und mit Entlausungspulver einzustreuen. Im Lager Sikawa sind sehr viel Menschen gestorben, möchte besser sagen: verreckt; denn ein Mensch kann ja nicht so sterben, wie diese unglücklichen Menschen zugrunde gegangen sind. Sie lagen in der Krankenbaracke in einem abgetrennten Raum, im Winter auf den kalten Brettern, kein bißchen Stroh unter ihnen, wer einen alten Mantel hatte zum Decken, der war froh, die meisten hatten nichts, nur mit Lumpen gedeckt, das bessere wurde uns ja weggenommen.

Die meisten starben an Ruhr, Typhus, Geschwüre am ganzen Körper. Zwei Leichenträger wurden Max und Moritz genannt. Wenn wir die Namen Max und Moritz hörten, da wußten wir, daß wieder jemand gestorben war. Die Leichen wurden in den früheren Luftschutzkeller geworfen und gesammelt. Wenn es 20 oder 30 Leichen waren, kamen sie auf einen Bauernwagen und wurden abends, wenn wir schon alle in den Baracken waren, daß wir es nicht sehen sollten, begraben, mit der Erde gleich. Die Leichen haben gefangene Soldaten ziehen müssen und begraben unter Bewachung.

Wir waren Frauen, Kinder, Soldaten, alle in einem Lager, nur getrennt in den Baracken. Es waren damals über 3 000 Gefangene in Sikawa, Ende 1945/Anfang 1946; so weiß ich nicht, wie diese unglücklichen Menschen hießen. Ich habe sie nicht gekannt.

Von November 1945 bis 1. April 1946 war ich im Lager Sikawa, ohne auf Arbeit rauszukommen, denn es herrschte Typhus, so durfte keiner raus und keiner rein, erst im Februar, März 1946 mußten die Leute zur Arbeit gehen. In Fabriken wurden sie dann gelagert, auf Gütern, bei Bauern. Wir wurden so verkauft wie Sklaven. Der Staat nahm das Geld, und wir haben umsonst arbeiten müssen und noch Schläge bekommen, wenn man auf einen schlechten Menschen getroffen ist. Kleidung hat man uns nicht gegeben, wir haben noch unsere letzten Lumpen, denn anders kann man es nicht nennen, runtergerissen.

Im April kamen wir an 200 Personen in den Landkreis Radomsko auf Gütern und zu Bauern, dort haben wir schwer arbeiten müssen, denn wir waren so ausgehungert, hatten keine Kräfte zur Arbeit. Bei den Bauern gabs zum Glück satt zu essen. Nach langer Zeit wurden wir wieder nach Sikawa gerufen. Man hat uns viel ausgefragt. Von dort kamen wir wieder auf das Gut Leszmiers bei Lentschütz.

Es hieß immer, wir kommen frei, den Tag der Freiheit konnten wir nicht erwarten, und so vergingen Jahre. Es hieß immer, am 1. oder 15. kommt ihr frei. Es vergingen so viele 1. und 15., und wir waren weiter Gefangene. Wenn man noch so arm ist im Leben, aber die Freiheit ist das Schönste auf der Welt.

Ich konnte es im Lager nicht mehr länger aushalten, so habe ich versucht zu fliehen. Am Silvester 1948 bin ich aus Leszmierz geflohen, glücklich durchgekommen, kam bis Breslau. Von dort fuhr ich nach Sorau bei der Neiße zu Bekannten, in der Hoffnung, über die Neiße zu gehen. Es ist nicht gelungen, denn die Grenze war sehr besetzt.

So habe ich in einer Fabrik gearbeitet, als Polin auf einen polnischen Namen, weil dort keine Deutschen sein durften. Es war auch schwer, sich durchzuringen ohne Papiere. Habe in sehr großer Furcht gelebt, daß ich nicht auf einen Bekannten stoße durch diesen polnischen Namen.

Als ich dann erfuhr, daß ich in Liegnitz (Niederschlesien) Bekannte habe, fuhr ich hin und habe im polnischen Haushalt gearbeitet. Es war wieder sehr schwer, mich anzumelden auf meinen richtigen Namen, man hat doch den Ausmeldeschein verlangt, ich hatte doch keinen. Durch Bestechung für 4 000 Złoty habe ich einen Ausmeldeschein bekommen, dann habe ich mich erst im Jahre 1949 rechtmäßig eingemeldet und gleich nach Bayern geschrieben um eine Zuzugsgenehmigung. Am 27. April 1950 kam ich endlich nach Bayern.

Nr. 281

Entscheid des Präsidiums des Nationalen Bezirksrats Lodz, Stadt-Mitte, vom 8. März 1951 über die Aberkennung der polnischen Staatsbürgerschaft und die Einziehung des Vermögens von Alfred Krause aus Aleksandrowo, Kreis Lodz, auf Grund seiner deutschen Volkszugehörigkeit.

Photokopie eines maschinenschriftlichen Formblattes mit handschriftlich eingetragenen Personalien.

PREZYDIUM Łódź, dnia *8 marca* 1951r.
Dzielnicowej Rady Narodowej
Łodź-Sródmieście
Oddział Administracyjno-Społeczny
L. dz A 3-4/3397/50

Orzeczenie

Na podstąwie art. 1 i 7 dekretu z dnia 13. IX. 1946 r. o wyłaczeniu ze społeczenstwa polskiego osób narodowości niemieckiej (Dz. U. R. P. Nr 55, poz. 310 i z 1949 r. Nr 65, poz 353) p o z b a w i a m
. . . . Krauze Alfred . . . . . urodzonego (ą) . . 24. 12 .1899 r. . . .
w . . . Aleksandrowie . . . zam. w . . . Więzieniu w Fordonie . . .
syna (córkę) . . . Augusta i Amandy . . . Obywatelstwa Polskiego.
Pozbawiam różnież tego obywatelstwa męża — żonę w/w
. . . . urodzonego (ą) . . . .
w . . . . syna (córkę) . . . .
tudzież jego — jej — ich dzieci:
1) . . . . ur. . . . . w . . . .
2) . . . . „ . . . . „ . . . .
3) . . . . „ . . . . „ . . . .
4) . . . . „ . . . . „ . . . .
Równocześnie orzekam przepadek posiadanego przez w/w mają całego na rzecz Skarbu Panstwa.

UZASADNIENIE

Na podstawie wyników przeprowadzonych dochodzeń ustalono następujący stan faktyczny;
Wymienione osoby są narodowości niemieckiej w życiu codziennym używały języka niemieckiego, należały do niemieckiej organizacji ....
były nieprzyjaźnie ustosunkowane do społeczeństwa polskiego.

Oceniając wyżej ustalony stan faktyczny w świetle przepisu art. 1 cytowanego dekretu z dnia 13. IX. 1946 r. i § 2 rozp. wykonawczego z dnia 10. IV. 1947 r. do tego dekretu (Dz. U.R.P. Nr 34, poz. 163) należało uznać, że wyżej wymieniony (ni/a) swoim zachowaniem rzeczywiście wykazał (li/a) swoją niemiecką ódrębność narodową i podlegaja wobec tego pozbawieniu obywatelstwa polskiego.

Od orzeczenia niniejszego służy stronom prawo żądania skierowania sprawy do Sądu Powiatowego dla Dzielnicy Łódź-Sródmieście, które należy wnieść do Przewodniczącego Prezydium Dzielnicowej Rady Narodowej Łódź-Sródmieście w terminie 7-dniowym od dnia doręczenia niniejszego orzeczenia.

Za Prezydium
Dzielnicowej Rady Narodowej
Siegel
gez. *Unterschrift*
mgr Józef Chościelewski
Kierownik Oddziału

Übersetzung aus dem Polnischen

**Präsidium
des Nationalen Bezirksrats
Lodz, Stadt-Mitte
Abteilung für soziale Verwaltungsangelegenheiten**

Tagebuch-Nr. A 3—4/3397/50

Lodz, den 8. März 1951

Entscheid

Auf Grund von Artikel 1 und 7 des Dekretes vom 13. IX. 1946 über den Ausschluß von Personen deutscher Volkszugehörigkeit aus der polnischen Gesellschaft (Gesetzblatt der Republik Polen Nr. 55 Pos. 310 und vom Jahre 1949 Nr. 65, Pos. 353) entziehe ich dem
Krause, Alfred geb. am 24. 12. 1899 in Aleksandrowo derzeit im Gefängnis zu Fordon
Sohn (Tochter) des August und der Amanda die polnische Staatsangehörigkeit.

Gleichzeitig entziehe ich die Staatsangehörigkeit dem Ehemann — der Ehefrau des/der Obenerwähnten . . . .
. . . . geboren am . . . .
in . . . . Sohn/Tochter . . . . .
sowie dessen / deren Kindern:
1) . . . . geb am . . . . . in . . .
2) . . . . geb. am . . . . . in . . .
3) . . . . geb. am . . . . . in . . .
4) . . . . geb. am . . . . . in . . .

Gleichzeitig erkenne ich auf Einziehung des ganzen Vermögens, das der Obenerwähnte besessen hat, zugunsten des Staates.

Begründung

Auf Grund der Ergebnisse der durchgeführten Ermittlungen wurde folgender Tatbestand festgestellt:

Die genannten Personen sind deutscher Volkszugehörigkeit, im täglichen Umgang bedienten sie sich der deutschen Sprache, sie gehörten der deutschen Organisation . . . . . . an und waren der polnischen Gesellschaft gegenüber feindlich eingestellt.

In Würdigung des oben festgestellten Tatbestandes gemäß Art. 1 des erwähnten Dekretes vom 13. IX. 1946 und gemäß § 2 der Durchführungsverordnung zu diesem Dekret vom 10. IV. 1947 (Gesetzblatt der Republik Polen, Nr. 34, Pos. 163) war als gegeben anzusehen, daß der Obenerwähnte (die Obenerwähnten, die Obenerwähnte) durch sein (ihr) Verhalten seine (ihre) deutsche nationale Eigenart tatsächlich an den Tag gelegt hat (haben) und deshalb der Aberkennung der polnischen Staatsangehörigkeit unterliegt (unterliegen).

Gegen diesen Entscheid steht den Betroffenen das Recht zu, zu verlangen, daß die Angelegenheit an das Kreisgericht [Amtsgericht] für den Bezirk Lodz, Stadt-Mitte verwiesen wird, was bei dem Vorsitzenden des Präsidiums des Nationalen Bezirksrates Lodz, Stadt-Mitte innerhalb einer Frist von sieben Tagen, vom Tage der Zustellung dieses Entscheides ab gerechnet, zu beantragen ist.

Siegel

Für das Präsidium
des Nationalen Bezirksrats
gez. Unterschrift

mgr. Józef Chróścielewski

Dritter Abschnitt:

AUSTREIBUNG UND AUSWEISUNG DER DEUTSCHEN BEVÖLKERUNG AUS DEN GEBIETEN ÖSTLICH DER ODER UND NEISSE.

I. Die Austreibung der deutschen Bevölkerung aus ihren Wohnsitzen in Danzig, Pommern, Ostbrandenburg und Schlesien vor dem Abschluß des Potsdamer Abkommens (2. August 1945).

Nr. 282

Erlebnisbericht des Pfarrers Ernst Hecht aus D a n z i g - L a n g f u h r.
Photokopie, 21. Dezember 1949, 5 Seiten. Teilabdruck.

Austreibung der Deutschen aus Danzig im Sommer 1945.

Nachdem Vf. seine Erlebnisse und die seiner Kirchgemeinde seit dem Eintreffen der Russen und Polen geschildert hat, fährt er fort:

Immer deutlicher wurde freilich, daß Polen entschlossen war, das ihm zufallende Gebiet und insbesondere das Danziger Gebiet von allen deutschen Bewohnern restlos zu räumen. Minoritäten sollte es nach ihrem Willen nicht mehr geben. Die russischen Kommandanturen mahnten, rieten und befahlen durch Anschläge [1]), schleunigst über die Oder zu gehen, sonst würde den Deutschen Arges widerfahren. Tatsächlich haben die Russen auch hin und wieder gegen polnische Übergriffe gröbster Art die Deutschen in Schutz genommen. Aber das änderte doch nichts an der rechtlosen und aussichtslosen Lage. Und so setzte dann doch, zuerst zögernd, dann immer mehr anschwellend die Abwanderung, richtiger Austreibung, der Deutschen ein, während aus Ostpolen unheimliche Massen polnischer Proletarier unsere Stadt überschwemmten. Immer dringender wurde die Räumung unserer Wohnungen gefordert. Gewaltsame Räumungsaktionen für Straßen und Stadtteile wurden durchgeführt und die Einwohner zum Bahnhof gebracht mit unbekanntem Ziel.

Auch meine Gemeinde zerstreute sich, jetzt hieß es: „Rette sich, wer kann, vor dem polnischen Zwangsarbeitslager". Auch meine bescheidene Notwohnung ließ sich nicht mehr halten. Schon war ein Pole mit Frau eingezogen mit der Absicht, uns möglichst schnell hinauszudrängen. Eine andere Schlafstelle war nicht mehr zu finden, alles war von Polen besetzt.

Panikartig flohen nun die geängstigten Danziger zu Fuß oder, wenn möglich, mit der Bahn über die Oder, fortgesetzt geplündert, so daß sie mittellos im Reich ankamen.

Am 13. Juli 1945 mußte ich meine liebe Frau begraben. Sie starb am Typhus, der viele Opfer forderte und an dem ich auch krank war. Wie einfach waren damals in Danzig die Bestattungen. Die bekannten und befreundeten Frauen gruben das Grab, ohne Sarg, ohne Leichenwagen, auf ein Brett gebunden auf dem Handwagen wurde die Leiche zum Friedhof befördert. Und doch war es ein liebevolles Begräbnis. Einige Pfarrer, zahlreiche Gemeindeglieder umstanden das Grab, ehrend wurde der treuen Pfarrfrau gedacht, ein Kirchenältester hielt auch eine gute Ansprache und: „Wenn Dein Wort nicht wäre Trost gewesen, ich wäre vergangen in meinem Elende".

Aber ich war nun doch sehr einsam und verlassen, krank und schwach, und so entschloß ich mich, um die Erlaubnis zur Abreise nachzusuchen. Unsere ganze Hausgenossenschaft packte, was man tragen konnte, und wir gingen zur Bahn.

---

[1]) Im Original liegen derartige Kundmachungen nicht vor. Ihre Mitnahme war den Ausgewiesenen infolge wiederholter Plünderungen und Gepäckkontrollen nicht möglich.

Hier begann bereits die Plünderung unseres Gepäcks, die sich dann auf den großen Stationen unseres Reisewegs fortsetzte. Am tollsten ging es an der Grenze bei Stettin zu. Grenzstation Scheune ist allen, die diese Strecke zogen, in schrecklicher Erinnerung. Wie die Hornissen überfielen die polnischen Plünderer den Zug, der solange halten mußte, bis alle Abteile durchsucht waren. Ich mußte hier auch noch meine Jacke ausziehen und ohne vollständige Kleidung weiterreisen. Denn Stettin war inzwischen auch polnisch geworden, also schnell weiter, im Regen, auf offenem Güterwagen und dort nochmals beraubt.

Endlich langte ich in Angermünde in der Uckermark an, wo Probst Borrmann, ein geborener Ostpreuße, sein Pfarrhaus zu einer Herberge der vertriebenen Ostpfarrer gemacht hatte.

Nr. 283

Erlebnisbericht des Verwaltungsinspektors Hugo Lewandt aus D a n z i g.
Original, 3. Februar 1946, 10 Seiten. Teilabdruck.

Verlauf der Ausweisung aus Danzig im Juni 1945.

Vf. schildert auf den ersten Seiten seines Berichts Erlebnisse in Danzig seit dem Eintreffen der Russen im März 1945.

Mitte Juni 1945, als die beschädigten Bahnstrecken instand gesetzt wurden, ließ der russische Kommandant einen öffentlichen Anschlag an verschiedene Mauerreste anbringen, in dem die deutsche Bevölkerung aufgefordert wurde, Danzig sofort zu verlassen. Zu diesem Zweck mußte jeder Deutsche zur russischen Kommandantur gehen und sich einen Ausweisungsbefehl holen. Ich ging sofort, und zwar am 21. Juni 1945 hin, holte für mich und meine Frau diesen Schein und wurde am nächsten Tage mit vielen Hunderten Leidensgenossen in Viehwagen gepfercht und fuhr von Danzig über Bromberg, Schneidemühl bis Stettin, ständig von Russen und Polen begleitet, die uns unterwegs ausplünderten. Schon während der Fahrt, hauptsächlich aber in Scheune bei Stettin, wurden die Frauen aus dem Zuge herausgeholt, in den Wald geschleppt und dort vergewaltigt. Frauen und Mädchen, die sich weigerten und um Hilfe schrien, wurden barbarisch geschlagen und ihres gesamten Hab und Guts beraubt. Anderen wurden die Koffer, Bettsäcke und Rucksäcke aufgeschnitten und aus dem fahrenden Zug herausgeworfen. Die Männer wurden bis auf die Unterhosen ausgezogen. Der Oberstudienrat Dr. Müller aus Danzig-Langfuhr stand in Scheune in Unterhosen ohne Schuhe und Jacke da; eine mitfahrende Flüchtlingsfrau gab ihm ihren Umhang, damit er weiterfahren konnte. Meiner Frau und mir erging es ähnlich.

Vollkommen entkräftet, bis zum Skelett abgemagert, fuhren wir dann über Stettin, Stralsund weiter und in Züssow brachen wir vor Erschöpfung zusammen. Eine Bauersfrau nahm uns auf meine flehentlichen Bitten für schweres Geld auf, wo wir uns etwas erholten. Wir fuhren dann weiter über Rostock, Wismar nach Schwerin/Meckl. und machten hier zwei Monate Station, weil wir dem Sterben nahe waren.

Es folgen Schilderungen weiterer Erlebnisse des Vfs. in der sowjetischen und westlichen Besatzungszone Deutschlands sowie Nachträge zu den Ereignissen in Danzig und allgemeine Reflexionen über das erlittene Schicksal.

Nr. 284

Erlebnisbericht des Schrankenwärters O. S. aus dem Kreis Belgard i. Pom.
Original, 24. April 1952, 18 Seiten. Teilabdruck.

Beobachtungen eines Eisenbahnbeamten: Organisierte Plünderungen von Ausweisungstransporten ab Mai 1945; Ausweisung im August 1945 über das Lager Schivelbein.

Nach einem ausführlichen Bericht über seine Erlebnisse in den Tagen des Russeneinmarsches und der nachfolgenden Zeit unter russisch-polnischer Herrschaft fährt Vf. fort:

Anfang Mai 1945 kamen die ersten Züge mit Flüchtlingen in Richtung Stettin hier durch. Was sich in diesen Zügen in den einzelnen Wagen zugetragen hat und ich mit angesehen habe, war ein Bild des Grauens. Diese Züge fuhren dicht vor oder hinter Bahnhof Z. sehr langsam. Hier sprangen [einzelne] von den sich gebildeten Trupps, bestehend aus Russen und Polen, ab oder auf den Zug. Die Abspringenden hatten ihre Beute von Belgard bis Z. den Flüchtlingen abgenommen, andere taten es dicht hinter Z. Es war meistens Geschrei von Frauen und Kindern in den einzelnen Wagen, so daß einem angst und bange wurde. Frauen, auch einige Männer, waren ganz entkleidet und wurden aus den Zügen geworfen. Auf Hof Z. war in der Regel Beuteverteilung.

Weil ich bei den Russen und später auch bei den Polen Dienst versehen mußte, habe ich fast immer mit ansehen müssen, wie die letzte Habe der Flüchtlinge aus den Säcken herausgeholt und verteilt wurde. Das Dienstzimmer glich oft einem Schutthaufen. Wir haben noch an den Gleisen viele Sparbücher und wertvolle Schriftstücke zusammengesammelt und in unserm Wohnhaus in einen Keller gelegt. Dieser Zug, der alle Tage bei uns in der 15. Stunde durchfuhr und außer Personenwagen auch Flüchtlingswagen am Schluß hatte, wurde von uns nur Plünderzug genannt. Es kamen an einzelnen Tagen auch ganze Sonderzüge mit Flüchtlingen, auch hier waren Plünderer drauf. Ich habe den Eindruck gewonnen, daß die Lokpersonale und die Plünderer sich die Langsamfahrstellen vorher besprochen hatten. Auch möchte ich mit ziemlicher Sicherheit sagen, daß einige der Plünderer einige Tage später als polnische Eisenbahner und Miliz in Uniform hier auf unserem Bahnhof waren, die sich auch mit den Zugpersonalen ineinander gut kannten. Bis Ende Juni 1945 mußte ich auch bei den Polen Schrankendienst versehen und bekam pro Tag 10 Złoty (den Wert einer Schachtel Streichhölzer). Diese Plündereien bestanden noch, als wir am 14. August 1945 ausgewiesen wurden.

Nachdem er mit einigen Sätzen das unterschiedliche Verhalten der Polen charakterisiert hat, fährt Vf. fort:

Am 2. August 1945 wurde mir von dem polnischen Bahnmeister mitgeteilt, daß am 14. August 1945 ein Zug von Belgard aus über die Oder fuhr, mit diesem hätten wir mitzufahren, jeder könne mitnehmen, soviel er tragen könne. Die Wohnung wäre abzuschließen und der Schlüssel einem polnischen Bediensteten auf Bahnhof Z. zu übergeben. Wir waren vom Bahnhof Z. mit fünf Familien, die zu diesem Zuge mußten. Nun war hier auf dem Bahnhof ein guter Pole, der sich schon immer für uns restlos eingesetzt hatte, so auch diesmal. Er bestellte einen Wagen, er selbst begleitete diesen Wagen. Die Kinder und alten Frauen sowie unsere Sachen wurden nach Belgard gefahren. Obwohl der Pole es nicht durfte, half er allen in den Zug und sagte uns allen mit tränenden Augen „Auf Wiedersehen".

Die Fahrt ging aber nicht gleich über die Oder, sondern wir kamen nach sechs Tagen in ein Lager in Schivelbein. Es war hier eine polnische Wache im Zuge. In unserem Güterwagen waren 33 Köpfe untergebracht. In Gr. Rambin kam ein Pole in Zivil und forderte von jedem 100 Złoty, sonst würde uns die Wache nicht bis Stettin begleiten, und wir würden dann unterwegs noch oft ausgeplündert werden. Wer es nicht gab, sollte in Schivelbein rausgeschmissen werden. Ich und noch einige Frauen haben es nicht gegeben. In Schivelbein mußten wir alle raus, und von der Wache hat keiner mehr was gesehen.

Nach dem Lager wurden wir in aller Eile getrieben, wer seinen Sack oder sonstwas nicht mitbekam, blieb liegen, polnische Wagen nahmen es mit. Im Lager selbst wurden wir dicht zusammen auf die einzelnen Stuben gebracht, so daß wir die Nacht im Sitzen schlafen mußten. Am Tage mußte alles, was gehen konnte, bei den Polen in der Ernte helfen. Nach sechs Tagen wurden wir wieder verladen, und die Fahrt ging mit einigen Ausnahmen, wo die polnische Begleitmannschaft den Flüchtlingen Geld abgenommen hatte, bis Stettin-Zabelsdorf. Hier war nochmal wieder eine gründliche Kontrolle, alles mußte ausgepackt werden, viele mußten in Einzelräumen die Kleider ausziehen. Das sollte eine polnische Zollkontrolle sein, nach meiner Ansicht war es eine Ausplünderung der von anderen Plünderern noch nicht gefundenen Gegenstände und Wertsachen. Hier wurden wir nach neun Tagen wieder verladen, die Fahrt ging reibungslos über Neubrandenburg, Lübeck, Hamburg, Köln bis Krefeld.

Den Abschluß bildet ein Hinweis auf die sofort vorgenommene polnische Umbeschriftung der Wegweiser in Z.

Nr. 285

Erlebnisbericht des O. M. aus S t o l p i. Pom.
Original, 7. April 1951, 14 Seiten. Teilabdruck.

Plünderung eines Rotkreuztransportes im August 1945.

Vf. schildert die vergebliche Flucht vor den Russen, die schweren Erlebnisse der ersten Besatzungszeit [1]) *und fährt dann fort:*

---

[1]) Abgedruckt unter Nr. 208 (Bd. I, 2).

Ich persönlich hatte noch Lebensmut und Energie genug, die notwendige Schlußfolgerung zu ziehen, um wieder den Anschluß an den deutschen Wirtschafts- und Kulturkreis zu gewinnen. Da ich mit meiner Ausweisung doch rechnen mußte, beschlossen meine Frau und ich, daß wir uns unserer Tochter auf der Fahrt nach Frankfurt/M., wo sie ihre Wohnung hatte, anschließen wollten. Eine Gelegenheit dazu fand sich bald. Ein Pfarrer aus Bochum stellte einen Transport Evakuierter nach dem Ruhrgebiet zusammen und hatte dafür die Genehmigung der russischen und polnischen Behörden erhalten. Der Transport sollte unter dem Schutz des polnischen Roten Kreuzes erfolgen. Wir durften uns diesem Transport anschließen und meldeten uns beim polnischen Starosten ab. Da wir Handgepäck mitnehmen konnten, packten wir unsere Habe in zwei Säcke, denn unsere Koffer hatten wir an die Polen verloren, verluden alles auf ein Wägelchen und fuhren mit dem kläglichen Rest einer gut eingerichteten Dreizimmerwohnung am 13. August 1945 zum Stolper Bahnhof. Heimat ade, scheiden tut weh!

Der Transport wurde in besonderen Güterwagen verladen, die mit dem Abzeichen des polnischen Roten Kreuzes versehen waren. In Belgard mußten wir aussteigen, standen im Regen unter Bäumen der Bahnhofsanlagen und übernachteten auf dem Fußboden des Warteraums. Am nächsten Morgen ging die Fahrt weiter bis Stargard. In Schivelbein stiegen einige verdächtige Personen in unseren Wagen, die sich später als Spitzel polnischer Banditen entpuppten. Auf einer kleinen Station kamen dann noch etwa ein Dutzend Polen zu uns in den Wagen, bewaffnet mit Stöcken, Säbeln und Pistolen. Als der Zug seine volle Geschwindigkeit erreicht hatte, verlangten sie unser Geld. Ein Pole trat auf mich zu, zeigte auf seine Uhr und seine Pistole und sagte: „Wenn du in zwei Minuten nicht alles Geld hergibst, wirst du erschossen und aus dem Zug geworfen". Wir waren also in der Gewalt polnischer Banditen. Ich mußte ihm wohl oder übel meine Brieftasche aushändigen. Er gab mir einige kleine Scheine zurück und steckte mein Geld, etwas über 2 000 RM, ein.

Inzwischen war auch den übrigen Deutschen das Geld abgenommen. Ich hatte noch einige Hundert Mark zwischen den Socken unter den Fußsohlen, die ich retten konnte. Nun brachen die Banditen unser Gepäck auf und wühlten alles durch und nahmen, was ihnen gefiel, in mitgebrachte Säcke. Als der Zug dann hielt, stiegen sie nach der abgewandten Seite des Bahnsteiges aus und verschwanden mit ihrem Raub über den Bahnhof nach dem Wald zu. Die Frauen im Zuge stimmten nun ein großes Geschrei an, worauf der russische Posten kam, aber die Polen waren verschwunden.

Nun wiederholte sich auf jeder Haltestelle folgendes: Sobald der Zug fuhr, sprangen 12 bis 15 Polen in unseren Wagen und plünderten. Wenn der Zug hielt, sprangen sie ab und verschwanden. So wurden wir und auch die anderen Insassen der weiteren Wagen immer wieder geplündert, den ganzen Nachmittag hindurch. Der Wäschesack meiner Tochter wurde mit dem ganzen Inhalt abgeschleppt. Unser eigener Wäschesack aufgetrennt, der Inhalt durchwühlt und mitgenommen, was den Banditen paßte, das übrige auf den Fußboden geworfen und zertreten. Als das Gepäck fort war, begannen die Banditen damit, Frauen und Männern, die gute Sachen anhatten, die Mäntel, Anzüge und Kleider auszuziehen. Ein Teil der Insassen des Wagens hatte nur noch Unterkleider an. In Stargard blieb der Zug die Nacht über stehen, und in unserem Wagen übernachteten mehrere Polen mit ihren Weibern.

Als der Zug am nächsten Morgen weiterfuhr, ging auch das Plündern weiter. Dabei bekam eine Frau einen Messerstich durch den Unterarm und verblutete. Ein alter Mann starb an Aufregung. Unser Transportführer, der Pfarrer aus Bochum, hatte sich in Ruhnow bei der polnischen Eisenbahnbehörde über die Behandlung der Deutschen beschwert und war verhaftet worden. Er hatte es leider versäumt, für die einzelnen Eisenbahnwagen besondere Transport- oder Wagenälteste zu bestimmen. So war in unserem Wagen keine Einigkeit über unser Verhalten gegenüber den Polen zu erzielen. Ich machte darauf aufmerksam, daß es eine Schande für uns wäre, daß 60 deutsche Frauen und Männer im Wagen sich immer wieder von 12 bis 15 Polen ausplündern ließen. Auf einer Station kurz vor Stettin stiegen zwei Frauen ein und setzten sich, ihre gefüllten Körbe auf dem Schoße haltend, zu uns. Als der Zug abfuhr, stiegen wieder ein Haufen polnischer Männer, Burschen und Weiber ein. Drei Männer mit Messern in den Händen setzten sich in die Wagenöffnung, die Füße auf das Trittbrett haltend. Die anderen grinsten uns höhnisch an und wollten dann den beiden Frauen die Körbe entreißen. Diese wußten natürlich nicht, was vorgegangen war, und hielten ihre Körbe fest. Darauf schlug ein Pole mit dem Stock auf die Hände einer Frau. Ich sprang hinzu, um ihm den Stock fortzunehmen. Jetzt sprangen alle deutschen Frauen und Männer auf die Polen. Die drei Männer in der Wagenöffnung bekamen Fußtritte in den Rücken und flogen kopfüber aus dem fahrenden Zug die Böschung hinunter. Die anderen wurden hintereinander hinausgeworfen. Ich hatte ein Weib an den Haaren gefaßt und warf sie kopfüber aus dem Zug. In wenigen Minuten waren alle Polen draußen. Diese waren so überrascht worden, daß sie zu keiner rechten Gegenwehr kommen konnten, so daß von uns niemand verletzt wurde. Auch in anderen Wagen wurden Polen aus dem Wagen geworfen.

Auf dem Bahnhof Scheune stiegen wir aus, denn hier endete die polnische Eisenbahnverwaltung. Wir waren froh, endlich deutsche Eisenbahnen zu sehen. Auf diesem Bahnhof waren viele hundert Menschen versammelt, die auf Weiterfahrt warteten. Hier tauchten wir unter, und am Abend gingen wir in das in der Nähe liegende Dorf und suchten uns eine Unterkunft. An Schlaf war allerdings nicht zu denken, denn überall war Lärm und auf dem Bahnhof oft lautes Schreien. Die Polen waren wieder an der Arbeit. Am nächsten Morgen suchten wir den Zug nach Berlin auf, stiegen ein und fuhren dann um 14.00 Uhr ab.

Abschließend geht Vf. auf seine Tätigkeit in der russischen Zone ein, erwähnt seine Übersiedlung in den Westen und gibt seiner Meinung über den Bolschewismus und die russische Politik Ausdruck.

Nr. 286

Protokollarische Aussage von Paula Ganswindt aus D a n z i g - O l i v a.
Original, 27. August 1945, 3 Seiten. Teilabdruck.

Ausweisungstransport von Danzig-Oliva im Juli 1945.

Der erste Teil des Protokolls enthält Angaben der Berichterstatterin über die Erlebnisse in Oliva seit dem Einmarsch der Russen, besonders über die immer schwieriger werdende Ernährungslage im Sommer 1945.

Am 27. Juli 1945 erfolgte die zwangsweise Abtransportierung unseres Straßenzuges morgens um 6.30 Uhr. Uns wurde zehn Minuten Zeit gelassen, um das Notwendigste zusammenzuraffen. Wir konnten nichts mehr essen, zum Packen war keine Zeit; unter Bewachung und Antreibung wurden wir zum Bahnhof Oliva geführt. In Viehwagen wurden wir bis zu 120 Menschen dicht gepfercht, so daß wir nicht sitzen konnten. Es gingen laufend solche Evakuierungstransporte ab. Es handelte sich bei meinem Transport um einen sogenannten antifaschistischen Transport, dessen Teilnehmer insofern im Vorteil waren, als sie sich auf die Reise vorbereiten konnten, nicht so dicht eingepfercht wurden und mehr Gepäck und Lebensmittel mitnehmen konnten. Die Fahrt ging über Schneidemühl, Küstrin, Güstrow. Unterwegs erhielten wir keine Verpflegung. Die Fahrt dauerte bis Güstrow zehn Tage. Die uns begleitende polnische Miliz bot uns für 100 bis 200 Złoty ein Brot zum Verkauf an, nachdem sie uns vorher unter Bedrohung erklärt hatte, daß jeder an der Grenze erschossen werden würde, bei dem man mehr als 20 Złoty finden würde.

Bis Güstrow hatten wir über 70 Tote, am nächsten Tage starben weitere zehn Personen. Ein großer Teil verblieb im Seuchenlager in Güstrow, das speziell für diese Transporte der Danziger eingerichtet worden ist. In Güstrow erhielten wir pro Person für 6 Tage für 5 Pfennig Brot (drei Scheiben), wonach wir 3 Stunden anstehen mußten. In Schwerin erhielten wir für je drei Tage anfangs 1 000 Gramm, später 750 Gramm Brot, ab und zu wohl auch einen Ausweis für die Volksküche für eine warme Suppe. Die Russen wollten uns aus Mecklenburg nicht herauslassen, sondern wir sollten irgendwo auf dem Lande beschäftigt werden. Ich persönlich schlug mich auf eigene Faust hier nach Hamburg durch, da ich eine Schwester hier habe.

Nr. 287

Erlebnisbericht der Diplom-Handelslehrerin Erna Herholz aus Z o p p o t bei D a n z i g.
Original, 28. Dezember 1945, 8 Seiten. Teilabdruck.

Ausweisung aus Zoppot im Juli 1945.

Nachdem Vfn. berichtet hat, unter welchen Bedingungen sie mit ihrer alten Mutter im Frühjahr und Sommer 1945 leben mußte, fährt sie fort:

Eines Tages fing man an, die ersten Deutschen beim Morgendämmern aus den Betten zu holen. Damit ich nicht von Muttchen getrennt wurde, schlief ich drei Nächte bei der Polin¹). In der dritten Nacht wurden wir dann doch ausgewiesen. Es half nichts, daß Muttchen sagte, daß ich nicht zu Hause sei und daß sie mich benachrichtigen wolle. Sie sollte weg. Sie mußte sich frühmorgens erheben, schnell aufstehen, packen, in einer Stunde sollte sie als Deutsche aus dem Hause sein. Alle kamen zunächst zum Kurhausplatz. Dort war der Sammelort. Als ich nach Hause kam, war unsere Wohnung — vielmehr Lischens Wohnung — plombiert, und ich kam nicht mehr hinein, um mir das Nötigste zu holen.

Es war eine große Güte Gottes, die mich Muttchen finden ließ. Ich holte nämlich für meine Leute das Frühstück aus der Kantine und traf dabei die Tochter der Polin, die unsere Wohnung jetzt hat. Sie erzählte mir den Vorgang und sagte, alle Deutschen würden jetzt nach Langfuhr abtransportiert, von dort weiter. O, Gott, war das ein Schreck! Würde ich Mutti in Langfuhr finden? Meine Polin ließ mich sofort frei und schickte mich nach Hause. Sie war gut und gab mir sogar Proviant auf den Weg: Brot, Speck, Wurst, Schmalz. Ich durfte mich noch einmal an guten Butterstullen richtig satt essen. Dann eilte ich nach Hause, als dort alles plombiert war, zum Kurhausplatz.

Das war ein Bild des Elends dort. Alte und Kranke, die nicht mehr gehen konnten, wurden auf Lastwagen gefahren. Ich suchte überall nach unserer Mutter. Plötzlich sah ich sie. Sie saß zusammengekauert auf ihrem Gepäck und wartete der Dinge, die da kommen sollten. Dann ging es ab. In Langfuhr wurden die Deutschen in zwei langen Güterwagen verladen. Ich hatte Muttchen verloren. Ich lief die Züge entlang und schrie ihren Namen. Plötzlich meldete sie sich, und wir lagen uns in den Armen. Ich nahm sie mit in meinen Waggon, ebenso Traute und Ulla (die Kinder der verstorbenen Cousine Lischen). Man verteilte Brot, und ich hatte das Glück, eines zu erwischen. Die Sache wurde gefilmt.

Dieses geschah am 20. Juli 1945. Nun war die dauernde Frage: Wohin wird man uns bringen? Wir fuhren über Bromberg, Konitz, Schneidemühl. Es waren berüchtigte Läger. Wir waren immer erst froh, wenn wir vorbei waren. Wie atmeten wir auf, als wir nach Deutschland fuhren. Die Polin hatte mir 60 Złoty mitgegeben, dafür kaufte ich unterwegs noch ein Brot. In Küstrin, dem Ende des Polenreiches, wurden wir ausgeladen. Nun sollten wir zu Fuß weiter. Kranke und Alte konnten es nicht. Alle zwei Tage kam ein vollkommen mit Russen überfüllter Zug durch. Man sollte sehen, ob man mitkam. Als wir fünf Tage auf der Bahn gewartet hatten, um mitzukommen, versuchten wir es zu Fuß.

Es folgt eine Schilderung des langwierigen Fußmarsches durch das Gebiet der sowjetischen Besatzungszone bis nach Berlin sowie eine Darstellung des weiteren Ergehens der Vfn.

---

¹) Auf den ersten Seiten ihres Berichts schildert Vfn., wie sie bei einer Polin arbeitete, um sich Złotys zu verdienen.

Nr. 288

Erlebnisbericht der Frau A. S. aus D a n z i g - L a n g f u h r.
Original, 1952, 66 Seiten. Teilabdruck.

Vorbereitung und Verlauf des Ausweisungstransportes aus Danzig-Langfuhr[1]).

Im Hauptteil ihres Berichts schildert Vfn. eingehend ihre und ihres Mannes Erlebnisse seit dem Einzug der Russen in Danzig, vor allem die fortgesetzten Plünderungen durch Russen und Polen, die schwere Zwangsarbeit, den Hunger und die hohe Sterblichkeit unter den Deutschen. Sie fährt dann fort:

Frau St. [2]) wollte nach Deutschland, ich auch, aber K. [3]) wollte noch nicht so recht, meinte immer, er würde etwas von seinem Gewesenen retten. Als Frau St. K. sah, sagte sie mir: „Frau S., Ihnen wird es so gehen wie mir, Sie werden Ihren Mann auch verlieren. Er sieht zu elend aus." Von allen Seiten wurde mir das gesagt. Immer wieder habe ich Gott angefleht, ihn mir zu lassen! Fräulein Fr. hat Golddollar, die sie im Haar versteckt behalten hat, verkauft, nun kann sie nach Deutschland. Es ist Anfang August [1945]. 300 Złoty hat sie uns geschenkt. Wir sind ihr so dankbar. K. hat noch deutsches Geld. Für 100 Mark besorgte Herr Bö. uns 50 Złoty. Nun habe ich so alles mögliche, was wir noch aus dem Atelier[4]) gerettet hatten und im Bett versteckt, ebenso alles, was ich geschneidert hatte, auf dem Schwarzen Markt verkauft, und so hatten wir 700 Złoty zusammen. Für Fräulein F. hatte ich auch einen großen Rucksack gemacht. Sie hatte sich Esserei gekauft und ging allein auf die Reise. „Gott mit Ihnen", sagten wir ihr zum Abschied.

Das Lutherhaus, die Kapelle auf dem Kirchhof durften später auch nicht mehr zum Gottesdienst für die Deutschen benutzt werden. Der Pole wurde immer grausamer! Wir mußten nach unten zu Frau L. ziehen. Oben zogen Polen ein. Nun wohnten L., Frau K., die alte Frau L., das Sigelein und Herr Pohl in einem Zimmer, wir beide im andern, und Herr und Frau Sch. in der Mädchenkammer. Wir sind noch heute Frau Ursula Lehmann dankbar, daß sie uns in ihr Haus aufgenommen hat. Wir haben alles Leid zusammen getragen. Bertchen St. war bei uns, hat uns die Nachricht gebracht, daß ihre beiden Schwestern Luise und Hedwig gestorben sind, und wo Emmchen ist, weiß sie nicht. Die Polen haben sie „verschickt". B. schenkte mir einen gestrickten wollenen Unterrock und ein Paar wollene Strümpfe. Dann verabschieden wir uns. Hoffentlich „auf Wiedersehen" sagen wir. In Langfuhr herrscht Flecktyphus. Jeder muß geimpft werden, kostet 20 Złoty. Hunger und Läuse haben die Seuche verbreitet. Die Deutschen starben ohne Hilfe. Auch Photograph Gottheil, der uns ein lieber Freund gewesen ist,

---
[1]) Die Abreise selbst erfolgte unmittelbar nach Abschluß des Potsdamer Abkommens.
[2]) Eine Bekannte aus der Nachbarschaft.
[3]) Ehemann der Vfn., der, wie im vorhergehenden Teil berichtet, 1945 72 Jahre alt war.
[4]) Das Atelier war der einzige unbeschädigt gebliebene Teil der Wohnung der Vfn. und ihres Mannes. In ihm hatten beide seit März 1945 Unterkunft gefunden.

verhungerte. Viele traf ich auf der Straße, die sagten: „Ich gehe in den Wald, um zu sterben." Und man konnte nicht sagen: „Komm zu uns." Man war ja selbst so elend und so zermürbt.

Ich treffe einen gewesenen Kunden. Erst ein großer Nazi, hat sogar die Fahne getragen, jetzt ein ebenso großer Pole. Ich mochte ihn nie leiden, war stets ein Feind von allem Nazistischen. Jetzt tut er freundlich, dann fragt er, wo wir wohnen. Nichtsahnend sage ich es ihm, er darauf: „So, dann würde ich Ihnen raten, sich nachts nicht auszuziehen, es könnte sonst sein daß wir Sie im Hemde auf die Straße jagen. Richtiger ist schon, Sie gehen raus aus Langfuhr, und zwar so schnell wie möglich." Dann ließ er mich stehen und ging ohne Gruß fort. Erschreckt ging ich nach Hause und erzählte es. Nach ein paar Tagen kam er sich unser „Wohnen" ansehen. Hat mit keinem gesprochen.

Der Bruder von Frau Lehmann war Arzt, Dr. P.; er arbeitet bei den Russen im Narviklager. Er will Familie L. evtl. durch Russentransport rausbringen. Frau L. meint, wir sollen mit ihnen gehen. Aber wir trauen den Russen nicht. Lehmanns als Verwandten vom Arzt werden sie vielleicht helfen, uns nicht. Wieder kommen Polen, nehmen Lehmanns Möbel, Herrn P.s Hosen und viele andere Sachen. Uns nehmen sie Lebensmittel und ein von mir gemaltes Bild von unserm Atelier. Es war das einzige Bild, das ich gerettet. Als sie fortgehen, sagt der polnische Leutnant: „Jetzt geht aber raus, sonst geht es euch schlecht."

Nun ist auch K. soweit, daß er nach Deutschland will. Am andern Tag gehen wir nach Danzig und besorgen uns den Ausreisepaß. Wir gingen zurück durch die Allee, besuchten auf dem Trinitatisfriedhof die Gräber unserer Toten. Es war ein schwerer, sehr schwerer Abschied. — Auf dem Schwarzen Markt wurden Lebensmittel, Wurst, Speck und Brot, Schmalz und Butter gekauft. Dann die Betten und was wir noch so hatten, an die netten Polinnen, die bei Frau L. wohnten, verkauft. Frau L. machte am Sonntag uns einen Abschiedskaffee mit „echtem Kaffee" und Kuchen, und Montag, den 2. September 1945, wurden wir von Frau Kühl zur Bahn gebracht. Jeder hatte einen vollgepackten Rucksack und eine volle Tasche. Nachdem wir herzlich Abschied von Familie Lehmann und Herrn P. genommen, lud Frau K. alles auf eine Karre, und mit schwerem Herzen gingen wir zur Bahn und die Treppen zum Bahnsteig. „Gott mit Ihnen", rief uns die gute Frau Kühl noch zu, dann gingen wir durch die Sperre. Es war der Abschied von allem, was uns lieb war, Abschied von Heimat und Geborgensein. Es ging ins Ungewisse. —

Der Zug stand, wir wollten einsteigen, da hieß es: „Die Deutschen nicht einsteigen, hier an der Sperre warten." Es kamen noch ein paar dazu, und so waren wir sechs oder sieben Menschen mit Rucksäcken und Taschen. Wieder die Stimme von vorhin: „Alle Deutschen mit ins Büro kommen." Über die Schienen wurden wir von einem Polen mit Gewehr dort hingebracht. K. nahm man seine Lederweste, die er sonst immer getragen hatte, fort, auch alles polnische Geld. Das deutsche hatte er sich mit den Sparbüchern zusammen in seine Weste genäht. Als sie merkten, daß in der Weste was Hartes war, mußte er zeigen, was. Er zeigte die Bücher. „Du mußt erschossen werden", wurde gesagt. Ich darauf: „Was habt Ihr davon, wenn Ihr einen alten Mann erschießt?" Darauf ließen sie ihn gehen. Gott sei Dank gab man ihm die Sparbücher und das deutsche Geld zurück. Nun kam ich ran. „Hast Du Geld?" Man nahm mir meine Handtasche, fand im Portemonnaie 150 Złoty, nahm sie und gab mir 50 Mark mit den Worten: „Da hast Du Dein geliebtes Hitlergeld." Die letzte Brille und alle Kleinigkeiten nahmen sie raus. Dann gaben sie mir die Tasche zurück. Meinen Rucksack hatte ich an der Tür stehengelassen. Da haben sie vergessen, ihn zu kontrollieren.

Wir durften zurück zum Bahnsteig. Aus K.'s Rucksack fehlte allerhand, er war ganz leicht geworden. Genau so ist es den anderen Deutschen ergangen. So wurde in Gegenwart von zwei polnischen Beamten „kontrolliert". Auf dem Bahnsteig mußten wir ganz nach vorne gehen und in einen Viehwagen klettern. Langsam setzte sich der Zug in Bewegung, und von der anderen Seite ging die Schiebetür auf. Junge Kerle und Mädchen kamen rein. Im Handumdrehen hatten sie uns vor. Die Rucksäcke wurden runtergerissen, die Mäntel ausgezogen. Bis auf die Rucksäcke wurde alles hinausgeschmissen und von anderen Polen aufgesammelt. Der Zug fuhr ganz langsam. Als die Mäntel fort waren, kamen die Jacken ran, es tat weh, das Ausziehen, und ich schrie genau wie alle anderen. Da sah der Pole meine Goldbrücke. Ein Griff in den Mund mit der schmutzigen Hand, und als er merkte, daß die Brücke fest war, ließ er ab, gab mir eine Ohrfeige, und dann weiß ich nicht, was weiter geschah.

Ich kam erst in Gdingen richtig zu mir und suchte Konrad. Es war ja inzwischen dunkel geworden. Da kam ein deutscher Beamter rein mit einer Lampe. Gott sei Dank, neben mir steht Konrad. Aber wie — nur Hose und Weste an. Zum Beamten sagte ich: „Was [ist] geschehen?" „Nehmen Sie Ihre Tasche", und zu K.: „Sie Ihren Rucksack". Beides hatten wir zurück, nur ich meinen schönen, großen Rucksack nicht. Da steigt mir eine polnische Marjel mit meinem Rucksack gerade aus. Ich brülle: „Der gehört mir", da schreit sie höhnisch zurück: „Er ist schwerer, freu Dich, daß Du ihn nicht tragen brauchst." An Konrad kommt ein Bengel vorbei und nimmt ihm den Rucksack wieder fort. K. war ja so schwach, seine geschwollenen Füße trugen den Körper kaum und dazu diese furchtbare Aufregung.

In Gdingen mußten wir in einen andern Zug klettern. Hier waren Bänke, aber wir Deutschen wurden sofort von den Polen runtergeschupst. K. stand an die Wand gelehnt, er sagte nur: „Gott sei Dank, ich habe das deutsche Geld im Schuh gehabt, und die Weste habe ich auch behalten." Den anderen Deutschen ist es genau so ergangen. Der alten Frau v. H. — Fleischermeister — hatte man sogar die Schuhe ausgezogen. Der Zug fuhr weiter. Polen stiegen ein. K. konnte auch nicht mehr an der Wand stehen bleiben. Ebenso ging es einer Frau Kr. Beide lehnten sich auf meine Schultern, und da der Wagen voll Menschen war, konnten wir nicht umfallen. Es war einem so elend und so trostlos zumute. Wenn's nur erst hell werden würde und diese endlose Nacht vorbei.

Gegen Morgen waren wir vor Stettin. Wenn wir bloß erst Scheune hinter uns hätten, hieß es bei all den verängstigten Deutschen. Mittags waren wir in Stettin. „Alles aussteigen", so schnell wir konnten raus. Ich fand eine Geldtasche mit 250 Mark, habe sie behalten, ob es recht war, weiß ich nicht. Sie gehörte einer Frau Stenzel aus Königsberg. Wo mag die sein? Uns kam das Geld sehr gelegen, und ich freute mich darüber. Ebenso fand ich das Gesangbuch von Frau v. H. Als ich es ihr zurückgab, war sie hocherfreut und gab uns unser Kopfkissen zurück, das sie gefunden hatte und in dem unser Name eingeschrieben war. Ins Bahnhofsrestaurant durften wir als Deutsche nicht. Aber es war schöner warmer Sonnenschein, und wir setzten uns auf die Erde. Die Tasche, die ich zurückgekriegt hatte, enthielt ja Brot und Wurst und Schmalz und sogar noch unsere Feldflasche mit Kaffee. Da haben wir erstmal gegessen, und es hat uns, trotz allem, geschmeckt.

Uns wird gesagt: Von Scheune ab sind deutsche Bahnbeamte. Das machte ein bißchen Hoffnung. Ungefähr um 16.00 Uhr heißt es: Einsteigen nach Scheune. Wie wird es uns da ergehen? Aber die Fahrt war ruhig, und um 18.00 Uhr waren wir da und mußten aussteigen. Wie waren wir alle Gott dankbar, daß das vorüber war und wir alle lebten. In Scheune waren Russen, aber wir durften ins Restaurant gehen. Da konnte man Kaffee und Bier trinken und die Nacht über sitzen bleiben. Eine Seite des Lokales war mit Deutschen besetzt, die andere mit Russen. Die borgten sich von uns Tassen (in meiner Tasche hatte ich zwei) und tranken ihren Wuttki daraus. Haben uns die Tassen aber nachher zurückgegeben; zum Schluß am Morgen waren die Russen so betrunken, daß sie auf der Erde lagen und schliefen. Endlich wurde es hell, man konnte draußen frische Luft atmen. Nun hatte man zwei Nächte überhaupt nicht geschlafen. Die Angst und Sorge hielt einen wach.

Gegen Mittag ging der Zug nach Berlin. Hier gab es schon richtige Dritter-Klasse-Coupés, und wir konnten uns setzen. Zwei Polen, Mann und Frau, stiegen zu uns. Sie verstauten alles Mögliche und sagten, wir sollen man keine Angst haben, sie würden uns schützen. Da war auch draußen schon der erste Pole, der reinkommen wollte, im Nebenraum hatte er einem alten Mann die letzte Zigarre fortgenommen. Die Polin, die sich sehr krank stellte, sagte ihm etwas auf polnisch. Darauf ging er los. Gleich darauf kam ein Russe und sagte: „Wenn ein Pole rein will, runterschmeißen, soll auf Schiene fallen, tot sein, nix schadet." Gott sei Dank, es kam keiner, und gegen Abend waren wir in Berlin, Stettiner Bahnhof. Aber, wohin nun? In ein Lager wollen wir nicht gerne. Gehen zur Polizei und fragen nach Nachtquartier. Dort wurden uns drei Gaststätten angegeben. Wir gehen hin, die besehen uns, dann heißt es, es ist alles von den Russen beschlagnahmt, sie können keinen aufnehmen. Verdenken konnte man es ihnen nicht. Denn wie sahen wir aus? Verwahrlost, übernächtigt, ohne Koffer. Nein, man konnte es kaum verlangen, uns aufzunehmen. Schweren Herzens und sehr, sehr müde fragen wir uns durch zur Lehrter Straße, zum „Roten-Kreuz-Lager". Um 22.00 Uhr sind wir da. Überfüllt ist alles. Auf den Treppen, an der Erde auf den Steinfliesen liegen und stehen die Menschen. Wir melden uns. Erstmal entlausen. Das brauche ich nicht zu schildern, das weiß ja schon jeder. Gerne wollte ich für K. eine Liegestelle haben. Es ist nichts zu machen. Wir legen uns im Treppenhaus auf den Steinfliesen nieder. Haben keinen Mantel, keine Decke. Es ist kalt, und doch schläft man ein. Morgens gibt es eine Tasse Kaffee für 20 Pfennig und mittags irgendeine Suppe (50 Pfennig).

Acht Tage haben wir so auf der Erde liegend zugebracht, da war K. vollständig fertig, hatte sich durchgelegen. Der Körper war doch nur Haut und Knochen. Ich ging zur Leitung und klagte meine Not. Die Damen und Herren dort sahen das ein und sagten: „Kommen Sie morgen fragen." Also eine Nacht in dem kalten Flur zubringen. Am andern Tage wurden wir ins Lager in der Kruppstraße überwiesen. Dort gab es Bettstellen übereinander. K. und ich bekamen jeder ein oberstes. Es war für K. schwer, es zu erklettern, ich half, und dann ging es. Wir waren in dem Raum 175 Personen jeden Alters und jeden Standes. Die Fenster waren alle kaputt. Decken gab es nicht, aber unter sich hatte man Holzwolle. Es war doch schon besser als auf den Steinfliesen. Wir schliefen auch bald ein, hörten nicht, daß Menschen in demselben Raum gestorben sind. Man hörte und sah einfach nichts. Nur wenn man morgens erwachte, fror man erbärmlich. Das Lagerleben brauche ich nicht zu schildern, es haben so viele durchlebt, sie wissen alle, wie es war. Sechs Wochen sind wir dort gewesen. Dann wurden wir mit vielen anderen durch die Engländer nach Westfalen gebracht.

Abschließend folgen einige allgemeine Bemerkungen der Vfn. über die geschilderten Erlebnisse und die folgenden Jahre bis 1952.

Nr. 289

Erlebnisbericht der Bäuerin Elisabeth Westphal aus W u r o w , Kreis R e g e n w a l d e i. Pom.
Original, 1. Dezember 1952, 8 Seiten. Teilabdruck.

Ausweisung am 26. Juni 1945[1]), Fußmarsch über die Oder bis Pasewalk.

Im ersten Teil des Berichtes schildert Vfn., wie das Dorf beim Aufbruch zur Flucht von der Roten Armee überrollt wird und nach der ersten turbulenten Zeit das Leben langsam wieder in regelmäßigen Bahnen verläuft. Sie fährt dann fort:

Am 24. Juni 1945 waren in unserm Dorf viel polnische Soldaten. Viele davon konnten ja gebrochen deutsch sprechen. So hatten sie hier und da schon erzählt, daß die Deutschen alle raus sollten in das neue Deutschland hinter der Oder. Wir haben ja nichts mehr gehört, wie es in Deutschland aussah, außer einigen Flugblättern, wo draufstand: Haltet aus, wir kommen wieder! Wir glaubten den Polen auch nicht, wo doch der Russe uns besiegt hatte. Aber am Dienstag, dem 26. Juni 1945, wurde es dann doch Wirklichkeit. Auf einmal war das Dorf voll polnischer Soldaten. Bei uns kamen gleich vier Mann. Dann hieß es, in einer halben Stunde fertig machen und beim Gut antreten. Die Kinder waren noch auf dem Feld bei der Arbeit, da hab ich die schnell geholt. Nun zogen wir unser bestes Zeug an, was wir noch

---
[1]) Zahlreiche Berichte nennen Austreibungen mit früherem Datum. So sagt eine Frau aus Treptow aus, daß am 27. April 1945 ein Transport aus ihrer Heimatstadt abging. Der Schrankenwärter O. S. aus dem Kreis Belgard; abgedruckt unter Nr. 284 (Bd. I, 2), schildert das Plündern der Flüchtlingszüge Anfang Mai 1945; Frau G. O. gibt in ihrem unter Nr. 207 (Bd. I, 2) abgedruckten Bericht

versteckt hatten und was der Russe noch nicht gefunden hatte. Dann wurde altes und zerlumptes drübergezogen.

Die vier Soldaten verließen unser Haus nicht mehr, trieben uns immer zur Eile an. Wir haben uns auch noch einiges in Rucksäcke und Taschen eingepackt, auch Nahrungsmittel. Zu essen hatten wir so lange noch genug. Ich hatte noch vier Kühe, drei Schweine, zwei Ziegenlämmer, drei Schafe, Hühner und eine Gans; es fiel jetzt alles den Polen in die Hände. Es war eine Aufregung und Angst, denn keiner glaubte, daß wir nach Stettin hinter die Oder kamen. Sie haben uns immer belogen, und so glaubten wir ihnen auch jetzt nicht, und alle hatten Angst vor Sibirien. Es hatten sich auch noch einige Familien versteckt, die sind dann später mit der Bahn rausgekommen.

Wie wir nun angetreten waren, wurde unser Gepäck durchsucht; was ihnen gefiel, nahmen sie uns weg. Die Alten wurden nun auf Leiterwagen geladen und sollten gefahren werden. Als sie nun beim Teich (Hüller) auf dem Weg zum Bahnhof waren, wurden sie abgeladen. Denn da war der russische Kommissar angekommen und hatte befohlen, alle absteigen und laufen. Dieser Kommissar wohnte in Neukirchen und hatte mehrere Dörfer mit seinen Kommandanten unter sich. Als wir nun vorbeikamen, schlossen sich welche von den Alten an, die andern gingen zurück und unsere Tante Lüdtke ist seit dann vermißt.

Wir gingen nun über Prütznow nach Labes. Blieben eine Nacht in Labes und fragten noch mal beim Kommandanten, ob wir raus müßten; dieser sagte zu uns: „Über kurz oder lang müßt ihr doch raus."[1]) Einige gingen doch noch wieder zurück nach Wurow. Es war grausam, daß wir so aus der Heimat getrieben wurden. Wir zogen nun über Winningen, Freienwalde, Stargard,

---

an, daß Anfang Juli die Alten und Kranken aus Treptow ausgewiesen wurden. Ebenso berichtet der Apotheker Ernst Groß aus Naugard: „... Mitte Juni — an einem Sonntag früh — ging polnische Miliz von Haus zu Haus und gab eine Verordnung bekannt, wonach alle Deutschen innerhalb einer Stunde die Stadt verlassen müßten. Auch wir luden unsere Habseligkeiten auf einen Handwagen und zogen zum Markt, wo der größte Teil der deutschen Bevölkerung schon vorhanden war... Auf dem Markte verkündete ein polnischer Sprecher, daß alle diejenigen, deren Namen nicht aufgerufen würden, über die Oder wandern müßten. Unter den Aufgerufenen befanden sich auch Schwester Lisa und ich. Während wir in unsere Wohnung zurückgingen, mußte der größte Teil der Naugarder Bevölkerung Abschied von der Heimat nehmen. In den verlassenen Wohnungen waren bereits Polen emsig am Werk, sich die zurückgelassenen Gegenstände anzueignen. Das Altersheim war von der Evakuierung nicht betroffen, da Transportmöglichkeiten nicht vorhanden waren... Kurze Zeit darauf kamen auch die ausgewiesenen Einwohner meiner Heimatstadt Regenwalde durch Naugard. Mit Hilfe eines polnischen Beamten gelang es mir, meine 76jährige Mutter aus dem Elendszug herauszuholen, ebenso wie eine kranke Schwester, und bei uns aufzunehmen. Beide waren am Zusammenbrechen und hätten den Leidensweg (zu Fuß) bis Mecklenburg nicht durchhalten können..."

[1]) Verschiedentlich wurden diese frühen Austreibungen durch die russischen Dienststellen verhindert, da sie auf die deutschen Arbeitskräfte nicht verzichten wollten. Vgl. den Bericht des W. S. aus dem Kreis Greifenberg, abgedruckt unter Nr. 332 (Bd. I, 2).
Zu einem Bericht aus Gardin, Kreis Regenwalde, wird dazu folgendes erwähnt: „... Mitte Juni 1945 wurden plötzlich alle ins Dorf zusammengetrieben, und es hieß: über die Oder. Einige Familien wußten davon und waren vorher geflüchtet. Einige

Moritzfelde, Finkenwalde nach Podejuch über die Oder. Auf diesem Weg war man manchmal der Verzweiflung nahe, aber trotz allem hat Gott uns nicht fallen lassen, und in manch einem Russen war ein rettender Engel. Wie litten die Kinder oft Hunger, und mancher Russe gab ihnen Brot, aber nie die Polen. Ein Russe gab meiner vierjährigen Tochter vor Löcknitz Fleisch und Brot und sagte dann: „Laß essen, ich auch Kinder, diese immer gerne essen." So zogen wir nun bis Pasewalk, von da aus zog dann jeder seinen eigenen Weg.

Nr. 290

Erlebnisbericht der E. D. aus R ü t z o w , Kreis D r a m b u r g i. Pom.
Beglaubigte Abschrift, 30. Juni 1951, 3 Seiten. Teilabdruck.

Ausweisung des Dorfes Rützow Ende Juni 1945 durch die Polen; Fußmarsch der Vertriebenen über Wangerin, Stargard, Verfolgung und Plünderung, Übersetzen über die Oder.

Es war im Juni 1945. Als wir uns von den Aufregungen, Sorgen und Strapazen, welche der Feindeinbruch (6. März 1945) mit sich gebracht hatte, erholt hatten, die Felder bestellt, so gut Menschen- und Pferdekräfte es zuließen, da tauchte eines Tages das Gerücht auf, die Einwohner einer nahen Kleinstadt hätten Räumungsbefehl bekommen und wir müßten alle in Kürze die Heimat verlassen. Wir glaubten es nicht. Von der Feldarbeit kommend, sprach ich mit einigen Bauern, die mitten im Dorf alles Geschehen besser beobachten konnten als wir, die lachten und sagten: „Das polnische Zivilvolk muß nächstens raus, und nun verbreiten sie kurz vorher solche Gerüchte."

Leider traf aber doch das Schreckliche ein: Am Nachmittag des 28. Juni 1945 kamen zwei polnische Soldaten und forderten uns auf, binnen fünfzehn Minuten das Haus zu verlassen und zum Dorfplatz zu kommen. Wir glaubten immer noch, es handele sich um eine vorübergehende Angelegenheit, man würde aus den Häusern rauben, was ihnen gefiel, und dann könnten wir wieder hinein. Jeder packte schnell ein Kleidungsstück und Sachen, die den Polen nicht in die Hände fallen sollten und etliche Lebensmittel zusammen. Mein Vater, fast 72 Jahre alt, der dem Posten zu verstehen gab, soviel Zeit müsse doch sein, daß man sich etwas zusammenpackt, wurde mit dem Gewehrkolben bedroht.

mußten bleiben, um die Beute zusammenzufahren. Als wir bis Siedlung Zosenow gekommen waren, erklärte uns der polnische Soldat, der uns bis dahin herausbrachte, wir sollten uns man in den Wald verziehen und könnten nach einigen Tagen zurückkommen und dann aber beim Polen arbeiten, denn uns gehöre nun nichts mehr ... Dann ging's in die Heuernte, bald darauf begann die Kornernte. Plötzlich wurden wir wieder vom Feld nach Haus gerufen, um auf Leiterwagen geladen und nach Elvershagen gebracht zu werden. Viele der Frauen und Mädchen verkrümelten sich hintenrum. Jedoch glückte es den Polen nicht, es kam gerade die russische Kommandant aus Stargordt dazwischen, und so kamen wir unter großer Aufregung noch einmal davon. Sicherheitshalber versteckten wir uns dann noch bis zum Abend auf dem Friedhof..."

So verließen wir am 28. Juni 1945, nachmittags 14.30 Uhr, unser Haus — Vater, meine Schwester Margarete und ich. Es war ein äußerst kühler Tag mit Sturm und Regen. An der Straße trafen wir unsere Nachbarn, die alle die gleiche Aufforderung hatten. Auf dem Dorfplatz angekommen, wo sich fast alle Einwohner des Dorfes versammelt hatten, wurden wir weitergeschickt in Richtung Nuthagen. Da der Regen immer stärker einsetzte, wurde in Nuthagen in Scheunen Rast gemacht. Bald ging's weiter über Rosenow auf Bonin zu. Der Weg war beschwerlich, das Gepäck wurde immer schwerer, Rosenow war wie ausgestorben. Weiter ging die Wanderung. An der Chaussee hatte der Sturm mehrere Birken umgeschlagen. Mit vieler Mühe wurden sie beiseite geschleppt, um den wenigen Fuhrwerken Platz zu machen, auf denen Kranke und kleine Kinder Platz gefunden hatten. In der Dunkelheit kamen wir in Bonin an, wurden in Scheunen gewiesen, und die meisten von diesen armen Vertriebenen kippten übermüdet und durchnäßt auf ihrem Gepäck um zum Schlaf, ohne sich noch umzuziehen. Doch kaum eingeschlafen, kamen Polen und leuchteten mit Taschenlampen alles ab, aus andern Unterkünften hörte man Schreckschüsse und Geschrei von Jugendlichen, die sie aufgefordert hatten, ihnen zu folgen. Gott sei Dank wurde unsre Ecke nicht behelligt.

Am nächsten Morgen ging es nicht etwa eilig weiter. Der ganze Vormittag verging mit Kontrollieren des Gepäcks. Vielen wurde hier ein Teil ihre wenigen Habe weggenommen. Auch meinem Vater wurden die Kleidungsstücke geraubt, die er selber dringend benötigte. Es durften uns aber noch anwesende Deutsche eine Tasse warmen Kaffees reichen.

Nun wurden wir nach Wangerin geführt. Jedem fiel die mühselige Wanderung schwer, besonders aber den Alten und Schwächlichen. Sehr in Sorge war ich um meinen Vater und meine Schwester, die beide sagten, wenn es so weiterginge in diesem Tempo, hielten sie es nicht aus. (Ich habe drei ermüdete Menschen sterbend am Wegrande liegen sehen, das hat mir genügt, und ein stiller Seufzer, daß wir doch von solchem Schicksal bewahrt bleiben möchten, stieg zu Gottes Thron.)

Noch wußten wir nichts über das Ziel. Gelegentlich sprach ein polnischer Soldat das Wort: „Na Odder" — also über die Oder. Da ging uns ein Licht auf. — In Wangerin wurden die Fuhrwerke weggenommen, nur einem Schwerkriegsbeschädigten sein Wägelchen belassen. Schon hier machten sich allerlei Mängel bemerkbar, der eine hatte kein Brot mehr, der andere besaß kein Messer. Wer's konnte, half aus; es ging weiter. Immer größer wurde der Leidenszug; aus vielen Ortschaften gesellten sich bekannte und unbekannte Menschen hinzu.

Ab Wangerin konnten wir dann bis Stargard ohne Führung gehen. Als wir uns am Spätnachmittag des 29. Juni 1945 einmal umschauten, bemerkten wir, daß eine ganze Anzahl Rützower Bauern und andere nicht mit dabei waren. In der Ferne sahen wir sie noch; sie hatten einen Feldweg eingeschlagen, gingen rückwärts und sind auch tatsächlich von den Polen in Rützow als Arbeiter leidlich gut aufgenommen worden.

Wir erreichten bis zum Abend Winningen, dort schliefen wir in einem großen Stall. Kaum war Ruhe, da kamen polnische Unholde und störten und ängstigten die Menschen. Erstmalig machten sie sich hier an die Kinderwagen heran, da sie bemerkt hatten, daß in denselben hin und wieder Sachen von Wert verborgen waren. Das gab natürlich ein großes Geschrei der Kleinen und Jammern der Mütter. Jeder, der vom Durchsuchen der Polen verschont blieb, war froh.

Am Morgen des nächsten Tages (30. Juni 1945) beschlossen vier Rützower Familien und wir, es auch mit der Rückkehr zu versuchen. Als wir drei Kilometer gegangen waren, begegneten uns Verwandte und Bekannte aus Labenz. Die sagten uns: „Gebt euch keine Mühe, es ist zwecklos, die Deutschen werden an allen Orten ausgewiesen." Da kehrten wir wieder um, und so hatten die andern Rützower einen Vorsprung von sechs Kilometer. Im Laufe des Tages — mein Vater trug eine kurze Strecke meinen Koffer — ging ein Russe über die Straße, riß ihm denselben aus der Hand, und weg war die Hälfte meines Gepäcks. Als wir am Abend in einem Haus in Freienwalde übernachten wollten, kamen Russen, verboten uns den Aufenthalt dort und raubten bei dieser Gelegenheit den Koffer meines Vaters.

Wie durch ein Wunder hatte ich in dem Hause einen Topf mit Schlachtfett (ca. eineinhalb Pfund) gefunden, das uns sehr willkommen war. Erheblich erleichtert durch den Kofferraub, gingen wir in das Städtchen und fanden als Quartier einen Boden über einer Tischlerwerkstatt. Wir nahmen mit allem vorlieb, nur froh, wenn die Nacht einigermaßen ruhig verlief. Wir durften uns im Nachbarhaus unsere bescheidene Mahlzeit kochen. Eine Nachbarin schenkte mir etwas Kaffee-Ersatz, Sirup und Stricknadeln, welch eine große Gabe!

Dann wanderten wir auf Stargard zu. Wir beobachteten, daß in den wenigen überfüllten Zügen einzelne Deutsche mitfuhren, und so wollten auch wir mit zwölf Personen es versuchen, wurden aber vom Bahnhof heruntergerissen. Nun ging es unter Führung weiter. In Dahlow-Pegelow angekommen, sahen wir Flüchtlinge mit Gefäßen voll Milch gehen. Es wurde gerade eine große, zusammengetriebene Herde gemolken. Wir bemühten uns auch und erhielten von den Polen entrahmte Milch, eine Labe, die uns auf der ganzen Tour nur wenige Male zuteil wurde. Auf einem Bauernhof wurde uns die Scheune als Nachtquartier zugewiesen. In dem verlassenen Hause räumte ich die Küche etwas auf und brachte den Herd in Gang, um eine bescheidene Mahlzeit zu bereiten. Kaum etwas abwesend, stürzten sich so viele auf den Herd, daß ich beinahe zur Seite gedrängt wurde.

Als wir von Stargard weiter wandern wollten, wurden wir am Ausgang der Stadt angehalten und in ein Haus verwiesen. Hier sammelte sich eine große Menschenmenge. Wir gingen zeitig zur Ruhe, streckten uns in einem Zimmer auf den Fußboden aus, Rucksack und Schuhe unter den Kopf gepackt voller Sorge, was der nächste Tag bringen würde. Am Morgen nahm ein polnischer Soldat meinen Vater abseits, er hatte es wohl auf seine Schuhe abgesehen. Ich wandte mich an einen polnischen Offizier, der dafür sorgte, daß er nicht beraubt wurde.

Eine schlimme Nacht war dann die Nacht in Rosengarten an der Reichsautobahn. Eine unübersehbare Menschenmenge hatte sich auf dem großen Parkhof versammelt; sie hockten dicht an dicht auf ihrem Gepäck. Die Nacht war kalt. Vater und ein Bekannter versuchten, ob es im nahen Walde erträglicher wäre, trotzdem das Betreten desselben wegen Blindgängergefahr verboten war [1]). Sie kamen aber bald wieder. Manche Leute hatten sich ein kleines Feuer angemacht, um sich aufzuwärmen. Unaufhörlich stelzte ein polnischer Kriegsbeschädigter zwischen den müden Menschen herum. Sein Vorhaben war wohl, Jugendliche aufzustöbern. Uns kam er vor, als käme er aus der Hölle, um hier die armen Menschen zu peinigen. Unsere Gruppe hatte sich vor einer Hausfront auf ein paar Brettern ausgestreckt; die wenigen Decken und Mäntel waren unzulänglich bei der Kühle. Kaum eingeschlafen, wurden wir durch lautes Schreien aufgeschreckt. Ein junges Mädchen kam ans Fenster geflogen zu unsern Häupten, gehetzt, gejagt von polnischen Eindringlingen. Wir glaubten, die Fenster würden im nächsten Moment zertrümmert, über uns zerstreut. Doch blieb es bei dem Schrecken, nur mit dem Schlaf war es vorbei. Wir wärmten uns an einem der Feuer auf und erwarteten den Morgen. Die Kartoffeln für eine Mahlzeit suchten wir uns in einem Keller unter Möbeln heraus.

Am nächsten Morgen ging es unter Führung auf die von Deutschen gesprengte riesige Autobahnbrücke zu, die über die Oder führt. Diesen gähnenden Abgrund mußten wir uns ansehen, und die größten Pessimisten sagten: „Paßt auf, da stoßen sie uns alle hinunter." Dies geschah aber nicht, es ging weiter nach Ferdinandstein. Dort war das Pflaster furchtbar ausgefahren: Kinder- und Ziehwagen hatten Pannen. Wir kamen an der Notbrücke über die Oder vorbei, durften aber noch nicht herüber, sondern wurden in ein Wäldchen geführt, wo vielen noch wieder ein Teil ihrer Habe geraubt wurde. Dann ging es eine Strecke rückwärts an der Oder entlang auf einem sehr schlechten, wallähnlichen Weg. Recht kühl war der Julitag. Es war Spätnachmittag. Wir sahen uns einen Unterstand an, streuten etwas Heu hinein und hatten so ein gutes Nachtquartier. Wir versuchten, im Dorf etwas Lebensmittel zu bekommen und kamen glücklich mit ein wenig Brot, Milch und Johannisbeeren zurück.

Nach verhältnismäßig guter Nachtruhe wurden wir dann am nächsten Vormittag über die Oder gesetzt und konnten nun auf eigene Faust weitergehen.

Nr. 291

Erlebnisbericht der Bäuerin Anna Kientopf aus **M a c h u s w e r d e r**, Kreis **F r i e d e b e r g** i. Pom.
Beglaubigte Abschrift, 15. August 1950, 77 Seiten. Teilabdruck[2]).

Ausweisung der Dörfer des Netzebruches um den 1. Juli 1945, der Elendsmarsch über die Oder bis Fürstenwalde.

Auf den ersten 40 Seiten ihres Berichtes schildert Vfn. den Einbruch der Russen und die Erlebnisse während der russischen Besatzungszeit bis zur Ausweisung.

---

[1]) Der Wald war offenbar vermint.
[2]) Der Abdruck des gesamten Berichtes ist in Beiheften als einer ergänzenden Publikationsreihe vorgesehen.

Der Juni neigte sich seinem Ende entgegen. Da kam die Parole auf: „Die Deutschen müssen heraus." Wir wollten es nicht glauben. Die Nachricht wirkte lähmend auf uns, keiner hatte mehr Lust zur Arbeit. Das Pferd, welches ich vom Gut geliehen hatte, wurde fortgeholt, und schon beunruhigte uns eine neue Botschaft. Die Gemeinde Althaferwiese war abgerückt. Einen Handwagen durfte jeder nehmen und pro Kopf 40 Pfund Gepäck. Netzbruch ist auch heute abgezogen. In einer halben Stunde mußte jeder herunter sein von Haus und Hof. Das waren die beiden Ortschaften, wo meine Brüder wohnten. In den letzten Junitagen des Jahres 1945 sind diese Orte hinausgetrieben worden. Wir gingen nun daran, einiges in Säcke zu verpacken. Man hatte uns gesagt, daß dies sicherer sei als Koffer. Herr Wagner baute von den Rädern eines alten Kutschwagens zwei kleine zweirädrige Wagen. Wenn die Sachen richtig gepackt wurden, so ging eine Menge hinauf.

Am Sonntag, dem 1. Juli 1945, nachmittags um 5.30 Uhr, erschienen der polnische Bürgermeister von der Gemeinde Gottschimmerbruch, zwei polnische Polizisten, der russische Polizist vom Gut und eine Menge Ukrainer Jungen als Mitläufer. „In dreißig Minuten raus!" Meine damals sieben Jahre alte Tochter Rosemarie lag krank zu Bett mit 39 Grad Temperatur, Brigitte hatte ich eben zu Bett gebracht, sie war zweieinhalb Jahre alt, das Zwillingsschwesterchen von Ulrich. Wolfgang, mein Ältester — 15 Jahre damals —, war zur Oma gegangen und die beiden Schwestern mittags zu Frau Kronberg. Annelore, meine älteste Tochter — damals 13 Jahre alt —, mußte umherrasen und alle zusammenholen. Ich aber ging daran, den Rest einzupacken und hinauszuschleppen. Nun war auch der Handwagen noch nicht da. Herr Wagner baute noch daran. Ich bat darum, einen ganz leichten Ackerwagen — einen Einspänner — nehmen zu dürfen. Der Russe wollte es nicht gestatten, aber der Pole erlaubte es. Mit der Uhr in der Hand standen sie dabei. Wir hatten es gewußt, daß dies kommen würde, und doch waren wir überrascht. Vieles ist vergessen worden. Auch meine Wertsachen sind auf dem Balken im Hausflur liegengeblieben. Die Abwesenden waren endlich auch heran. Zuletzt holte ich meine beiden Kinder, die im Bett lagen, heraus, nur in Mäntel eingehüllt. Einiges an Kleidung warf ich noch über die Säcke, dann waren die 30 Minuten herum.

Wir zogen los mit unserem Wagen und die Polen sowie der Iwan ebenfalls. Wir wunderten uns, daß sie so schnell davonfuhren. Später erfuhren wir, daß diese noch gar nicht das Recht hatten, uns hinauszuwerfen, daß es ein Irrtum gewesen und Friedbergschbruch erst am Montag, dem 2. Juli 1945 gehen mußte. Aber es war nun geschehen, und wir wußten fest in dieser Stunde, wie es war. Der Wagen ging sehr schwer zu schieben, da sagte Wolfgang: „Ich hole das Pferd, vielleicht kommen wir bis nach Neumecklenburg mit, wo Wagner den Wagen gebaut hat." So taten wir es, und Wolfgang fuhr querfeldein, um das Pferd nicht vorzeitig loszuwerden. Alle fuhren mit.

Ich blieb zurück und ging langsam hinterher. Oft habe ich mich umgesehen. Im Abendsonnenschein lag der Hof da; ein alter Hof. Dort war ich geboren worden. Meine Eltern hatten dort vor uns gelebt, geschafft und waren von dort hinausgefahren worden zu ihrer letzten Ruhestatt auf dem Friedhof in Friedbergschbruch. Jetzt kamen Fremde und jagten uns davon. Friedlich gingen Schafe und Kühe auf der Weide. Wer würde sie heut abend melken und all die folgenden Tage? Und die Kinder, was sollten sie essen? Die Milch würde ihnen fehlen. Brot, etwas Speck und Schmalz, auch Fleisch hatte ich mit. Aber wenn das alle war, was dann? In dieser Stunde ging mir eine kleine Ahnung auf von dem Elend, dem wir entgegengingen, aber in seinem ganzen Umfange habe ich es nicht erfaßt. In mir war immer noch viel Zuversicht und Mut.

Hinter einem Roggenfeld, das der Reife entgegenging, hatte Wolfgang angehalten. Dort habe ich erst mal die Kinder angezogen, und wir selbst haben uns auch noch umgezogen. Dann ging es weiter. Hinter uns lag ein sicheres, warmes Heim, lagen reifende Getreidefelder, blühende Kartoffeläcker, weidende Kühe mit strotzendem Euter. Vor uns lag die endlose graue Straße, die Ungewißheit. Noch ahnten wir nicht, was an ihrem Rande unser harrte. Wenn wir nur nach Deutschland kämen, fort von den Polen und Russen zu deutschen Menschen, die mußten uns doch verstehen, mußten uns helfen, diesen letzten, schwersten Schlag zu ertragen.

Die erste Station war der Ort Neumecklenburg zu Herrn Wagner und Frau Lenz. Dort haben wir die erste Nacht verbracht. Neumecklenburg rechnete am Montag, dem 2. Juli 1945, mit der Austreibung. So kam es auch. Wir packten die Säcke von unserem Wagen auf den Handwagen, den Wagner gebaut hatte. Auch Frau Lenz und ihre Famile machten sich zur Fahrt fertig. Frau Bohne, deren Haus es war, wo wir diese Nacht verbrachten, hatte eine Tochter von etwa 30 Jahren, die bettlägerig war und eine andere von einigen dreißig Jahren, die im Wachstum zurückgeblieben und auch geistig auf der Stufe eines neun Jahre alten Kindes stand. Für diese Frau war es sehr schwer. Die Bettlägerige bekam ein Lager auf dem Wagen. Von der anderen hatte sie keine Hilfe, nur ein Sohn von 17 Jahren half ihr etwas, der war sehr leichtfertig. Die kleine Verwachsene ist ihr dann noch vor der Oder abhanden gekommen, später verloren wir sie aus den Augen.

Am Nachmittag war der ganze Ort Neumecklenburg angetreten bei der Kirche. Hier mußten alle stehenbleiben, bis die Polen und Russen alle Wagen kontrolliert hatten. Was die Polen gebrauchen konnten, behielten sie zurück. Die Säcke mußten aufgemacht werden, und bald türmten sich die Betten am Straßenrand. Neumecklenburg war eine ziemlich große Ortschaft; die Kolonne war daher ziemlich lang. Wir hielten ganz am Ende des Zuges. Pferd und Wagen war das erste, was sie uns nahmen, aber damit hatten wir gerechnet. Oben auf dem Handwagen hatte ich ganz offen ein Bett liegen. Darauf saßen meine zweieinhalb Jahre alten Zwillinge Ulrich und Brigitte. Als die Kontrolle an meinen Wagen kam, frugen sie nach Betten. „Ja", sagte ich, „dies hier für meine beiden Kinder." Sonderbarerweise ließen sie es mir und sahen davon ab, die Säcke zu kontrollieren. Vielleicht hielten die beiden darauf sitzenden Kinder sie ab, vielleicht hatten sie auch schon genug.

Endlich konnte der Zug sich in Bewegung setzen. Ein Russe begleitete ihn auf dem Fahrrad bis zur Oder, einige Polen gaben das Geleit bis zur nächsten Ortschaft, aber nur, um gewiß zu sein, daß auch keiner der noch zuguterletzt ausgeplünderten Deutschen zurückblieb. Es war ein trüber, regnerischer Tag, der 2. Juli 1945. Vorn an der Deichsel gingen Wolfgang und ich, Else und Hilde Mittag schoben hinten, Rosemarie, die noch krank war, hielt sich am Wagen fest, Annelore ging hinter dem Wagen der Frau Lenz, wo Wagner vorn an der Deichsel war, und meine beiden Kleinen saßen oben drauf und sahen ahnungslos in die Welt. Über Steinhöfel ging es nach Gurkow zu. An den Straßen standen die Menschen und sahen uns nach. „Morgen müssen wir fort." Die erste Nacht verbrachten wir in einem Bauernhaus, das von seinen Besitzern soeben verlassen war.

Am anderen Tage ging es weiter auf schlechter, sandiger Straße teilweise bergan. Die Ortschaften Steinhöfel und Gurkow mußten sich anschließen. Ein Stück hinter Gurkow mußten wir halten, etwa eine Stunde, denn Viehherden wurden an uns vorbeigetrieben. Unabsehbar lang war unsere Kolonne geworden: Kleine und große Handwagen, dazwischen Schiebkarren, worauf Menschen ihre Habe, die sie mitnehmen durften, hatten.

Gegen 11 Uhr ging es weiter. Zwischen Zechow und Zantoch mußten wir liegenbleiben von mittags 13.00 Uhr bis 17.30 Uhr gegen Abend. Links floß die Warthe an uns vorbei, rechts lag der Bahndamm, der von einer dichten Dornenhecke hier vor unseren Blicken verborgen lag. Wir hatten in diesen Tagen von dem, was wir mitgenommen hatten, gelebt. Ich hatte 14 Brote mit und noch etwas Backschrot. Bis Fürstenwalde an der Spree hat dies gereicht und zwar für 13 Personen. Hier trafen wir einige Bekannte. Rosemarie ging mit dem Sohn eines Bekannten, um eine Kanne Wasser zu holen, da hieß es: „Weiter!" Jeder Wagen mußte weiter. Halten durften wir nicht, sonst wären wir ein Hindernis für die, die hinter uns waren. Ich rannte zurück und rief und schrie. Der Junge kam zurück, aber Rosemarie war nicht zu sehen. Bis zum Gehöft, wo sie Wasser holen sollte, rannte ich zurück. Dann lief ich dem Zuge nach, und als ich unseren Wagen erreichte, war sie Gott sei Dank dabei. Sie war auf dem Bahndamm hinter der Dornenhecke entlang gelaufen. Diesen Vorfall erwähne ich nur, um damit zu sagen, wie leicht es war, daß Kinder von den Eltern getrennt wurden. Es sind doch so viele Kinder zurückgeblieben. Wer in diesem Gewirr ein Kind verlor, der hatte Glück, wenn er es wiederfand. In der Folge mußte sie sich am Wagen halten.

Halb sechs war es, als wir weiter mußten. In einem gesteigerten Tempo ging es bis Landsberg an der Warthe. Rund durch die Stadt mußte unsere Kolonne ziehen. Ich weiß nicht, wieviel tausend Wagen es schon waren. An den Straßenrändern aber standen Russen und Polen. Manche hatten ernste Gesichter, andere höhnten und lachten über uns. Einmal sah ich ein aufgeputztes Mädchen, das Blechdeckel zusammenklopfte.

Ganz durch Landsberg hindurch mußten wir bis dorthin, wo die Straße nach Küstrin weiterging. Um 10.30 Uhr endlich durften wir haltmachen. Es war bereits dunkel geworden. Wir waren todmüde, denn wir hatten mit dem Handwagen hinter uns heute 22 Kilometer zurückgelegt. Hier verbrachten wir die erste Nacht im Freien. Wir hatten Säcke von den Wagen genommen und diese an die Hauswand gelehnt. Dort setzten wir uns drauf. Da will ich nun eine menschliche Handlung nicht unerwähnt lassen. Ein Polenmädchen kam und frug, wer kleine Kinder hätte. Dann bedeutete sie uns, daß die Kinder bei ihr im Hause schlafen könnten. Da ging Frau Lenz und Annelore mit meinen beiden Kleinen und den Kindern der Frau Lenz — sie hatte einen Buben von vier Jahren und ein Mädel von acht Jahren — mit. Das Polenmädchen wies sie in eine Wohnung, die am Tage zuvor von Deutschen verlassen war. Herr Wagner, Wolfgang und ich blieben auf den Säcken sitzen. Ein feiner Nieselregen ging herunter. Wir hüllten uns in Mäntel und Decken, aber richtig geschlafen hat keiner. „Wir müssen sehen, daß wir uns was Warmes kochen können", meinte Herr Wagner. Er suchte Steine zusammen und fügte sie zu einem an einer Seite offenen Viereck zusammen. Dann suchte er auch Holz; ein Beil sowie Kochtöpfe hatten wir mit. Er machte Feuer zwischen den Steinen, und Wasser fand sich auch. So kochten wir zum ersten Mal auf diese Art unseren Kaffee-Ersatz-Kaffee, den wir noch mitgenommen hatten. Andere machten es auch wie wir. In der Folge mußten wir uns auf diese primitive Art noch oft behelfen. Die Kinder kamen dann auch zum Vorschein, und wir aßen Brot und tranken Kaffee dazu. Nicht alle hatten noch so zu essen wie wir. Manche holten kalte Pellkartoffeln hervor, das war ihr Frühstück. Versorgt mit Essen oder Lebensmitteln sind wir in den Tagen unseres Marsches nicht worden. Jeder mußte zusehen, wie er es machte. Wir hatten Fleisch- und Wurstgläser mit, auch Wurst, Fett und Brot. Unser Franzose hatte damals, als wir im Januar an Flucht dachten, immer gesagt, das Erste, wofür wir in solchem Falle sorgen sollten, wären Lebensmittel. Dies hatte ich mir gemerkt, und ich muß sagen, daß er recht hatte.

Etwa um 8 Uhr ging es weiter. Hinter Landsberg begann das Elend der Landstraße. Auf dem Bürgersteig lag die erste Tote, eine Frau mit blau angelaufenem Gesicht und aufgedunsenem Leib. Unser Marsch ging weiter. Die Sonne kam zwischen den Wolken hervor. Es wurde recht warm. Zum nächsten größeren Dorf — Dühringshof hinter Landsberg — war es eine Strecke von 15 Kilometern. Dort machten wir halt, nur ganz kurz. Hier habe ich meinen Hund, der mir von zu Hause gefolgt war, an einen Polen abgegeben. Das war eigentlich schlecht von mir, daß ich seine Treue so belohnte. Aber ich bekam Milch für meine kleinen Kinder dafür, und die hatten sie tagelang nicht mehr gehabt. Auch sagte ich mir, daß ich nicht immer für den Hund etwas zu fressen haben würde. Brigitte war krank geworden. Einen bösen Durchfall. Daß es der Anfang von „Ruhr" war, ahnte ich noch nicht.

Wir zogen weiter, und diese Nacht verbrachten wir auf einem Heuboden, der allerdings leer von Heu war. Zuvor hatten wir uns — wie auch viele andere unserer Schicksalsgenossen — auf zusammengelegten Steinen draußen auf dem Hof ein Essen gekocht. Kartoffeln fanden wir auf den Feldern.

Die meisten Menschen des Trecks haben nur von dem, was sie auf den Feldern fanden, gelebt, oder das unreife Obst am Straßenrand gegessen. Brot hatten sehr wenige. Die Folge davon war, daß sie krank wurden. Kleine Kinder unter einem Jahr sind wohl fast restlos gestorben auf diesem Treck. Es fehlte die Milch; wenn auch die Mütter ihnen einen Mehlbrei kochten, die Zeit war zu lange. Dann der Wechsel der Witterung. Glühender Sonnenbrand wechselte mit kalten Regenschauern. Jeden Tag ging es ein Stück weiter, manchmal machten wir 9 Kilometer, einen Tag nur 3, dann wieder 20 und mehr. Oft trieben große Viehherden an uns vorbei in Richtung Osten, andere wieder in Richtung West. Wir wurden nicht recht klug aus diesem Wirrwar. Aber es war wohl so, daß der Russe das gute Vieh nach Osten abtrieb und das weniger gute zur Versorgung seiner Armee nach Westen.

Wir zogen auf staubiger Straße dahin. Rechts und links war Wald. Aus den Wäldern aber wehte der „Pesthauch". Dort lagen Leichen von Tier und Mensch fast unbedeckt. Auch die Leichen der Menschen waren oft nur notdürftig mit ein wenig Erde bedeckt. Der Kopf oder die Füße sahen hervor. Ungeheure Schwärme von blauen Fliegen saßen auf diesen Leichen, und sie kamen und setzten sich an unsere Glieder, wo die kleinsten Wunden waren. Jede noch so kleine Schramme wurde böse und eiterte. Ich habe ein Vierteljahr zu tun gehabt, um kleine Wunden heil zu bekommen. Zwischendurch lagen kaputte Geschütze, Panzerfäuste, zerbrochene Wagen. Über alledem aber brannte unbarmherzig die glühende Junisonne. Zu dem Hunger kam noch ein anderer Genosse: der Durst. Stundenweit war oft kein Dorf, somit auch kein Wasser. Kam man dann aber an ein Dorf oder ein von seinen Bewohnern verlassenes Gehöft, dann stürzte alles gierig über das Wasser her und trank die Keime der Krankheit in sich hinein. Soweit es möglich war, haben wir es vermieden, Wasser zu trinken. Wir kochten uns, wenn eine kurze Rast war, dünnen Kaffee, den nahmen wir dann in einer Milchkanne mit uns. Aber immer habe ich es auch nicht hindern können, daß die Kinder Wasser tranken. Annelore bekam dann auch den Durchfall.

Nie werde ich ein Bild vergessen. Allemal, wenn ich mich umsah, dann lachte mir das von Sonne und Wetter tief gebräunte Gesicht meines kleinen Ulrich entgegen. Sein kleines, von Krankheit und Unbehagen geplagtes Schwesterchen hatte sein Gesicht zerkratzt, und es war ganz voller Schrammen. Trotzdem aber lachte er mit seinen Grübchenwangen, und der warme Wind zerwühlte sein helles Haar über der braunen Stirn. Nie vorher und nie nachher ist Ulrich so braun geworden wie auf diesem Treck. Neben ihm aber saß Brigitte, blaß, mit tiefliegenden Augen, und wurde immer magerer von Tag zu Tag. Wenn mein Blick dann auf einen Hügel am Straßenrand fiel, dann biß ich die Zähne zusammen. Vorwärts, nur vorwärts! Wir mußten so schnell es möglich war nach Berlin, herunter von der Straße. Dort hatte ich Verwandte und Bekannte, die mir helfen würden, dort konnte ich mit dem Kind zum Arzt gehen. Es würde seine Ordnung bekommen und wieder gesund werden.

Wie aber erging es den vielen, die nichts mehr zu essen hatten, die leben mußten von den kargen Früchten der Felder am Weg? Typhus und Ruhr verbreiteten sich immer mehr. Manche starben unterwegs. Oft habe ich Menschen am Rande der Straße liegen sehen mit blauen Gesichtern, schwer nach Atem ringend oder müde zusammengesunkene Gestalten, die wohl nie mehr hochgekommen sind. Manchmal waren es auch schon Leichen. Viele aber sind noch dort hingekommen, wo man sie hindirigierte und sind dann gestorben. Mein Bruder Albert Klatt aus Netzbruch ist am 22. November 1945 in einem Dorf in der Uckermark gestorben, seine Frau, Luise Klatt, geb. Beutin, am 1. Dezember 1945. Beide starben am Typhus. So wie mein Bruder und seine Frau sind viele gestorben. Ich weiß heute nicht mehr all ihre Namen, aber es ist wohl ein Viertel jeden Ortes gewesen.

So zogen wir dahin. Eine endlose Kolonne des Elends, eines Elends, wie niemand zuvor es gekannt und geahnt hatte. In zerschossenen Häusern haben wir manchmal übernachtet oder in Scheunen oder im Freien. Die Häuser und Scheunen starrten von Unrat; im Freien war es am besten. Manchmal mußte eine Ortschaft des Trecks haltmachen und die Toten beerdigen, die am Straßenrand lagen. Die Namen der Orte kann ich heute nicht mehr alle nennen, aber zwei Orte sind in meiner Erinnerung haften geblieben: Balz und Tamsel. Das waren die beiden letzten Orte vor Küstrin. In Balz waren viele polnische Soldaten. Sie dirigierten unseren Treck in Nachtquartiere, in Scheunen und Ställe. Wir sollten in einer Scheune übernachten, aber Wagner sagte: „Nein, das tun wir nicht." Und als sie weitergingen, bogen wir ab in eine Seitenstraße. Wir fuhren ein Stück diesen Weg. Hinter einer Wegbiegung lag ein zerstörtes neues Haus, aber das kleine Stallgebäude war ganz geblieben. Dort war eine Waschküche drin und zwei Schweinebuchten, in denen Kartoffeln lagerten. In der Waschküche aber waren Konservenbüchsen mit Gemüse (Spinat, Karotten usw.). Auch Kaffee-Ersatz lag eine große Menge dort. Wir waren über diesen Fund sehr glücklich und erfuhren, daß Italiener dort gelegen hatten, die dies zurückließen. Else und Hilde Mittag waren nicht ganz einverstanden mit dem Quartier. Besonders daß die russische Kommandantur gegenüberlag, gefiel ihnen nicht, und es dauerte nicht lange, da kamen auch einige Russen herüber und holten Wasser. Wir machten uns auf einiges gefaßt, aber Wagner sprach mit ihnen in ihrer Sprache und gab sich als Tscheche aus und sagte, wir wären seine Schwestern. Da gaben sie uns noch Brot und Zucker und gingen wieder davon. In der Waschküche war auch ein richtiger Herd. Holz fanden wir, und so kochten wir einen großen Topf schönes, kräftiges Essen, in das wir noch ein Glas Fleisch taten. Es schmeckte tadellos, und wir machten uns ein Quartier für die Nacht fertig. Wir konnten auch ruhig schlafen.

Am anderen Morgen wärmten wir das Essen und kochten noch einen Topf Kaffee dazu. Dann machten wir Brote fertig, damit wir den Kindern etwas geben konnten, wenn sie hungerten. Meine 14 Brote waren noch nicht alle, aber schon ziemlich hart geworden. Wir hatten noch immer Fett und Wurst, und daher hatten wir auch noch Kraft, diese großen Strapazen zu ertragen. Als wir gefrühstückt hatten, machten wir unsere Wagen fertig und zogen auf die Straße. Die Menschen waren sehr aufgeregt. Drei Menschen waren in dieser Nacht ermordet worden und mehrere verletzt. Eine von den Ermordeten war Mutter von drei Kindern, von denen die Älteste 16 Jahre alt war. Dies war geschehen in der Scheune, in der wir übernachten sollten. Polnische Soldaten waren in der Nacht in die Scheune gekommen. Mit Blendlaternen hatten sie das, was ihnen wertvoll erschien, aus der letzten

Habe der Vertriebenen herausgesucht. Wer sein Hab und Gut verteidigen wollte, wurde erschossen. Zuletzt schossen sie wahllos nach jedem, der sich nur aufrichtete. Wir waren durch einen Zufall oder auch durch eine Fügung des Geschickes diesem Schicksal entgangen. Auf der Straße trafen wir viele Bekannte der Gemeinde Eichwerder, in der meine Schwiegereltern gewohnt hatten. Auch Friedbergschbrücher waren dabei. Dann ging es weiter auf Tamsel zu.

Tamsel lag von Balz etwa drei Kilometer entfernt. Es war das letzte größere Dorf vor der Oder, also vor Küstrin. Gegen 11 Uhr vormittags kamen wir in Tamsel an. Hier sollte zu unserem Elend noch einmal das Grauen und Entsetzen hinzukommen. War es denn noch immer nicht genug? Hatten wir nicht schon genug ertragen müssen? Immer neues Leid, immer neue Last senkte sich auf uns herab. Ob wohl alle deutschen Menschen so viel leiden mußten, nur weil sie Deutsche waren? Wir mußten durch ein Spalier von polnischen Soldaten hindurch. Aus der Kolonne wurden Menschen herausgesondert. Diese mußten heraus aus der Reihe und sollten auf die Höfe, die an der Straße lagen, gehen, mit Wagen und allem, was sie hatten. Keiner wußte, was das zu bedeuten hatte, aber keiner ahnte Gutes. Die Menschen weigerten sich. Manchmal waren es auch einzelne Personen, besonders junge Mädchen, die zurückgehalten wurden. Die Mütter klammerten sich an die Mädchen und weinten. Die Soldaten wollten sie mit Gewalt mit sich zerren. Als das nicht ohne weiteres ging, begannen sie mit Gewehrkolben und Reitpeitschen auf die armen, gehetzten, geängstigten Menschen einzuschlagen. Die Schreie der Geschlagenen hallten weithin. Es war ein entsetzliches Bild, das ich wohl nie vergessen werde.

Auch zu uns kamen polnische Soldaten, die Reitpeitsche in der Hand. Mit erhitzten Gesichtern bedeuteten sie uns, aus der Kolonne heraus auf die Höfe zu fahren. Else und Hilde Mittag begannen zu weinen. Ich sagte: „Kommt nur, es nützt nichts, sie schlagen uns kaputt. Wir versuchen nachher zu entkommen." Russen standen dabei mit höhnischen Gesichtern. In unserer Verzweiflung baten wir sie um Hilfe. Sie zuckten die Achseln und bedeuteten uns, daß die Polen die Herren seien. Da, als alles schon aussichtslos erschien, sah ich einen höheren polnischen Offizier. Ich zeigte auf meine drei Kinder und fragte, was ich soll, ich hätte drei Kinder. Was ich noch alles in meiner Verzweiflung sagte, weiß ich heute nicht mehr, aber er sagte: „Dawai, Chaussee!" Wir griffen unseren Wagen und machten, daß wir fortkamen. Die Treckwagen stauten sich. Wir waren sonst schön geordnet in einer Reihe gefahren. Jetzt hielten drei, vier Reihen nebeneinander. Aus der anderen Richtung aber kamen die großen Lastautos, welche die Russen fuhren. Rücksichtslos bahnten sie sich den Weg hindurch. Wir versuchten, weiter zu kommen, und es gelang uns, in die zweite Reihe zu kommen.

Da wurden wir wieder aufgehalten. Vor unseren Augen vollzog sich ein grauenhaftes, entsetzliches Schauspiel, das uns alle tief beeindruckte. Vier polnische Soldaten versuchten, ein junges Mädchen von ihren Eltern zu trennen. Verzweifelt klammerten die Eltern sich fest an dem Mädel. Die Polen schlugen mit Gewehrkolben auf die Eltern, besonders den Mann, ein. Dieser taumelte, da stießen sie ihn über die Straße, die Straßenböschung hinunter. Er fiel hin. Ein Pole riß seine Maschinenpistole von der Schulter. Eine Reihe Schüsse knatterte. Einen Moment war alles totenstill, dann gellten die Schreie der beiden Frauen auf. Sie eilten hin zu dem Sterbenden. Die vier Polen aber verschwanden im Walde. Als wir endlich weiterfahren konnten, schallte das verzweifelte Weinen der beiden Frauen, gemischt mit den Schreien der geschlagenen Menschen im Dorf Tamsel, hinter uns her.

Dieser Vorfall hat sich zugetragen etwas außerhalb Tamsel in Richtung Küstrin. Else und Hilde Mittag haben es mit angesehen und noch viele, viele andere außer uns, deren Namen ich nicht weiß. In all diesem Wirrwar waren wir von dem Wagen der Frau Lenz und Wagner getrennt worden. Und was das Schlimmste für mich war: Annelore war bei dem anderen Wagen. Wo aber waren sie? Waren auch sie in Tamsel festgehalten worden? Oder waren sie weitergefahren? Nach einer halben Stunde quälender Ungewißheit sahen wir endlich den Wagen am Wegrand halten. Einige Polen waren dabei, Wagner die Stiefel auszuziehen. Er aber ließ es sich nicht gefallen. Er hat ihnen klar gemacht, daß er Tscheche sei, und da ließen sie ihn zufrieden. Annelore hatte große Angst um uns gehabt und weinte. Ja, sie konnte noch weinen, wir aber fanden keine Tränen mehr.

So ging der Tod mit uns in verschiedener Form. Er wehte uns entgegen im Pesthauch der verwesenden Kadaver, in den verdreckten Brunnen und in Gestalt von raubenden und mordenden Banditen. Als wir wieder beisammen waren, gab es nur noch eins für uns: „Vorwärts!" Über die Oder um jeden Preis. Immer mehr Tote sahen wir am Straßenrand liegen. Auch Gottschimmerbruch mußte einmal einen beerdigen. Wir strebten vorwärts, nur vorwärts, Küstrin zu.

Am Nachmittag dieses Tages — es kann wohl der 6. Juli 1945 gewesen sein — so gegen 16.30 Uhr, lag Küstrin vor uns. Am Rande der Stadt waren einige kleine Häuser, die bewohnt schienen, aber an den Straßen standen nur Ruinen. Küstrin ist eine vollständig zerstörte Stadt. Keine Menschenseele wohnte darin; zumindest der Teil, der östlich der Oder lag. Den anderen Teil von Küstrin habe ich nicht gesehen. Wir zogen in langer Kolonne durch die Straßen dieser Ruinenstadt, über der ein starker Geruch von Brand und Verwesung lagerte. Dieser Geruch ist mir heute noch in Erinnerung, nach fünf Jahren. Oft waren die Straßen versperrt durch Trümmermassen, oder Wasserlachen standen darin.

Endlich gegen 17.30 Uhr erreichten wir die Oderbrücke. Wir waren bereit, alles an Wertsachen zu opfern, was wir noch hatten, wenn wir nur über diese Oder kämen. Dort waren doch deutsche Menschen, die würden uns helfen, uns verstehen. Nur fort von diesen Räubern und Mördern. Der Schrecken von Tamsel lag uns noch in den Gliedern. Polnische Soldaten standen dort, und jeder Wagen wurde noch einmal kontrolliert. Da, es sind vielleicht noch sechs bis acht Wagen vor uns gewesen, wurde die Schranke geschlossen. Schluß für heute! Was nun? Unsere Enttäuschung war grenzenlos. So kurz vor dem Ziel, und wir kamen nicht mehr durch. Wo sollten wir bleiben? In Küstrin war es nicht möglich. In den Ruinen konnte keiner schlafen oder die Nacht verweilen. Da hieß es: „Weiterfahren in Richtung Frankfurt/Oder." Was sollte das bedeuten? Sollten die Schrecken von Tamsel sich wiederholen? Wollte man uns nach Sonnenburg ins KZ. bringen? Wir waren ihnen ja wehr- und schutzlos ausgeliefert, Frauen, Kinder und Greise, daraus bestand unser Zug nur. Männer waren ganz wenige dabei.

Also weiter an den z. T. gesprengten Festungsanlagen vorbei auf die schmale Wallstraße. Nach der Hitze des Tages bezog sich der Himmel mit schweren Wolken. Fern grollte Donner. Wir fuhren dahin, Wagen hinter Wagen, kleine und größere, dazwischen Schiebkarren. Wieviel? Ich weiß es nicht. Der Zug war unabsehbar. Es waren wohl Tausende, Brigitte weinte, Rosemarie taumelte vor Müdigkeit, aber weiter, immer weiter. Noch war kein Haus, kein Dorf zu sehen. Immer höher zogen die Wolken herauf, immer näher grollte der Donner. Dicht an uns vorbei fuhren auf der schmalen Straße die Lastwagen der Russen. Als die ersten heftigen Windstöße daherfegten, da ging ich zu den beiden Kleinen, die auf dem Wagen saßen und deckte eine Decke und eine pelzgefütterte Joppe über sie. Sie legten sich hin, und ich hüllte sie ein, so gut es ging. Wir nahmen unsere Mäntel um, und da prasselte der Regen auch schon herunter. Heftige Donnerschläge krachten und Blitze zuckten. Wir konnten nicht weiter und hielten am Straßenrand. Wir suchten Schutz hinter dem Wagen. Die beiden Kleinen waren eingeschlafen. Wohl war die Joppe schwer vom Regen, aber das Fell innen hielt die Nässe ab. Sie blieben beide trocken und warm und schliefen die ganze Nacht. Wir aber hielten am Straßenrand und waren vollkommen durchnäßt. Wir froren sehr. Meine arme Rosemarie tat mir am meisten leid. Sie war doch erst sieben Jahre alt und krank von zu Hause fortgegangen. Was sollte nur daraus werden? Die Kinder mußten ja krank werden. Nicht einmal setzen konnten wir uns auf die nasse Erde. Es war eine furchtbare Nacht.

Unsere Gedanken irrten zurück, dorthin, wo irgendwo zwischen Wiese und Feld ein Haus stand, das trocken und warm war mit weichen Betten, das unsere Heimat gewesen. Vertrieben und gehetzt irrten wir auf fremden Straßen umher, ohne Ziel, ohne Hoffnung. allen Gefahren schutzlos ausgesetzt. Und das alles nur, weil fremde Herrscher, die uns besiegt hatten, ein Abkommen trafen, wonach Pole und Russe sich ermächtigt fühlten, Millionen Deutsche auf die Straße zu jagen, während in den Gebieten, die ihre Heimat gewesen, die Ernten nicht eingebracht wurden, die Felder verwilderten und die Städte verödeten.

Als der Morgen graute, zogen wir weiter. Der Wagen war schwerer geworden, weil alles durchnäßt war. Aus dem heftigen Gewitterregen war ein Landregen geworden. Einige Kilometer weiter lag ein Gehöft an der Straße. Wir beschlossen, hier haltzumachen, die nassen Kleider zu trocknen und warmes Essen zu kochen. Es war ein einzelnes Bauerngehöft. Auf dem Hof stand Handwagen neben Handwagen. Auf verschiedenen Stellen brannten die primitiven Herdfeuer. Ich ging ins Haus. Es lag voller Menschen vom Boden bis zum Keller. Als dann auf einer Pritsche ein Platz leer wurde, belegte ich ihn mit meinen Kindern und zog ihnen die nassen Sachen vom Leibe. Wir waren alle todmüde. Die Kinder schliefen dann auch schnell auf den aus Decken zurechtgemachten Lagern ein. Wir blieben bis Mittag. Die Sonne kam dann noch hervor, und wir konnten die nassen Sachen trocknen.

Hier traf ich Anni Liefke, Hanna Blankenstein, den alten Vater Liefke und verschiedene Bekannte wieder. Alle hatten in Tamsel das Gleiche erlebt. Sie meinten, daß die Polen die Deutschen, die dort zurückgehalten wurden, zur Arbeit auf den Gütern in dieser Gegend gebrauchten. So ist es denn auch gewesen, später stellte es sich heraus. Aber Familien wurden hier rücksichtslos auseinandergerissen und der einzigen arbeitsfähigen Personen beraubt, die noch dabei waren. Vater Liefke sagte: „Ach Gott, ach Gott, was ist das doch bitter schwer. Über 70 Jahre bin ich geworden. Als Mutter starb, dachte ich: Was ist das schwer. Dann fielen Hermann und Arthur, da dachte ich: Das ist doch noch schwerer. Als der Russe kam und uns alles nahm, da glaubte ich, das ist nun das Allerschwerste und Schlimmste; aber dies ist doch das Bitterste, das überleb' ich nicht lange. Wenn Anni nicht wär' und die beiden Kleinen, dann macht' ich ein Ende."

Wir kochten ein warmes Essen, eine Schrotsuppe, in die wir ein Glas Fleisch taten. Es war warm und kräftig, und wir bekamen wieder Lebensmut. Von den anderen erfuhren wir, daß etwa drei Kilometer von hier Göritz liege, wo eine Oderbrücke sei und daß wir dort hinüberkämen. Wir machten uns also auf den Weg und erreichten Göritz in den Nachmittagsstunden. Eine lange Reihe Treckwagen hielt vor uns. Wir reihten uns ein, und nach langen Stunden waren wir auf der Oderbrücke. Einige polnische Soldaten standen dort. Wir hatten Angst. Das grauenvolle Bild von Tamsel war noch so lebendig in uns, aber die Polen hier waren ganz anständig. Die Kontrolle war oberflächlich; uns nahmen sie nichts fort.

Schon glaubten wir, das Schlimmste überstanden zu haben, da standen am anderen Ende der Oderbrücke russische Soldaten, die mit der grünen Mütze. Auch Mädchen in Uniform waren dabei. Noch einmal wurden wir kontrolliert, alle Säcke umgedreht und aufgebunden. Viele sind die wenigen Wertsachen, die sie noch besaßen, hier losgeworden. Mir nahmen sie meinen Trauring, den ich dummerweise auf dem Finger hatte. Dann mußten wir die Säcke zusammenraffen und wurden mit Schlägen angetrieben, die Oderbrücke so schnell wie möglich zu verlassen. Rücksichtslos trieb man uns die steile Böschung hinab, wo wir Mühe hatten, den Wagen zu halten.

Es war bei alldem Abend geworden. Wir waren todmüde. Das nächste größere Dorf war sieben Kilometer entfernt. Es hieß Reitwein. Einige einzelne Gehöfte lagen nicht allzuweit entfernt, aber sie waren überfüllt mit Vertriebenen, und es blieb uns keine Wahl, wir mußten auf der Wiese übernachten. So gut es ging, richteten wir uns ein Lager her. Wagner machte ein Feuer. Die beiden Wagen hatten wir zusammengefahren und für die Kinder — auch für die größeren — unter und zwischen denselben die Betten aus den Säcken hingelegt, Decken und Mäntel zuunterst auf den Erdboden. Wagner erklärte, wachen zu wollen und wir schliefen todmüde ein.

Schon früh um vier Uhr wurden wir wieder geweckt, um fünf sollten wir die Wiese geräumt haben. Wagner hatte das Feuer in Gang. Wir kochten Kaffee und aßen Brot dazu. Er erzählte uns, daß die Russen in der Nacht sehr geplündert hätten. Manch einer, der seine Uhr und Stiefel bisher gerettet hatte, war sie los geworden.

Als wir um 5 Uhr die Osterwiese räumten, blieben fünf alte Leute sitzen. Niemand wußte, zu wem sie gehörten. Sie konnten nicht laufen und saßen teilnahmslos und abgestumpft da. Eine alte Frau, die ich auch am Abend zuvor schon hatte sitzen sehen, saß noch genau so da. Von Zeit zu Zeit sagte sie: „Leute, gebs mir doch ein bischen Kaffee." Man gab ihr Kaffee, aber mitnehmen konnte sie keiner, jeder war genug belastet.

In der Nacht hatte es noch ganz fein geregnet. Die Wege waren schmierig und matschig. Dann kamen wir an eine Stelle, dort war der Morast knietief. Die Wagen gingen bis an die Achsen hinein. Es ging sehr schwer. Wir mußten einen Wagen stehen lassen und alle Mann erst den einen durch den Morast bringen, dann holten wir den anderen nach. Diese morastige Wegstrecke war mehrere 100 Meter lang. Als wir sie hinter uns hatten, waren wir vollkommen erschöpft.

Nach einer kurzen Ruhepause ging es weiter. Der Weg war noch immer sehr schlecht, und wir hatten es sehr schwer. Man konnte auf zwei Wegen nach Reitwein gelangen. Ich glaube, wir hatten den schlechteren erwischt. Eine Reihe Wagen fuhr den anderen Weg. Wir sahen, daß eine Kolonne Polen mit Pferdewagen aus westlicher Richtung ihnen entgegenkam. Von diesen Polen sind sie nochmals ausgeplündert worden.

Gegen 2 Uhr mittags langten wir in Reitwein an. Wir konnten nicht mehr weiter. Zwei Nächte ohne Schlaf, dann die ausgestandene Angst und der schlechte Weg, das alles wirkte nach. Noch einen Kampf hatten wir zu bestehen, und das war unser Empfang in den Gebieten, die deutsch waren. Wir sollten weiter um jeden Preis. Einige von der Gemeinde beauftragte Männer machten uns dies auf ziemlich rücksichtslose Art klar. Wir aber ließen uns nicht schrecken, wir konnten einfach nicht mehr. Wir nahmen die nassen Sachen aus den Säcken und legten sie in die Sonne zum Trocknen, vor allem auch die Decken und Betten, alles war durch die Nässe doppelt schwer. Wir aber haben in der warmen Sonne auf einer kleinen Wiese gelegen, die ganz stark nach Kamille roch. Meine arme kleine Brigitte und der kleine Ulrich waren auch froh, einmal vom Treckwagen herunterzukommen und die Beine bewegen zu können, d. h. bei Brigitte wollte das gar nicht recht gehen, sie war schon sehr entkräftet, aber Ulli rannte fröhlich umher. Die Kinder hatten ja keine Ahnung, was dieser Marsch für uns bedeutete, daß wir heimatlos geworden, ein wurzelloses Heer, das von allen Deutschen im Reich nicht gern gesehen wurde.

Am anderen Tage ging es weiter durch zerschossene Dörfer an Feldern vorbei, die der Krieg ganz vernichtet hatte. Überall sahen wir die Spuren des Krieges, aber Leichen lagen nicht mehr an den Wegen umher. Dafür sahen wir Gräber mit einem schlichten Holzkreuz und wußten, hier lagen deutsche Soldaten. Tierkadaver aber lagen auch hier noch in den Wäldern und Feldern. Die Dörfer waren z. T. sehr zerstört, so Golzow und auch einige andere. Aber immer waren in den Dörfern einige Bewohner geblieben, auch wenn sie in halbzerstörten Häusern wohnen mußten. Auch Bäckereien waren hin und wieder in Betrieb. Einige von unseren Leuten sind hier im Oderbruch geblieben und haben sich hier angesiedelt. Verpflegung bekamen wir auch hier noch nicht, wir konnten nur unser Brotschrot gegen Brot eintauschen.

Im folgenden berichtet Vfn., wie es ihr schließlich gelang, mit den bedrohlich erkrankten Kindern nach Berlin zu gelangen. Sie beendet ihre Ausführungen mit einer Schilderung ihres erbärmlichen Flüchtlingsdaseins in Berlin und Mecklenburg und ihrer Reise in die britische Besatzungszone im März 1946, in der sie ihren Mann wiederfand.

Nr. 292

Erlebnisbericht der H. K. aus Jahnsfelde, Kreis Landsberg a. d. Warthe i. Brandenbg.
Original, 3. September 1952, 6 Seiten. Teilabdruck.

Enteignung der deutschen Bevölkerung, Besetzung der Höfe durch die Polen und anschließende Ausweisung im Juli 1945.

Nach einigen Angaben über die Gemeinde Jahnsfelde schildert Vfn. die Not der Bevölkerung seit dem Einmarsch der Russen und erwähnt abschließend das Eindringen der Polen.

Am 12. Juli 1945 wurde unser Dorf vollständig von Polen besetzt. Wir merkten bald, daß sie gekommen waren, um unsere Häuser und Höfe, unser ganzes Land und den Rest unserer Habe in Besitz zu nehmen, aber was uns weiter bevorstand, ahnten wir damals noch nicht.

Auf unsern Hof kam einer aus Kongreßpolen, der hatte zwei Jahre im benachbarten Lorenzdorf gearbeitet. Er legte einen Schein vom polnischen Landrat aus Landsberg vor, daß unser Hof von nun an ihm gehöre. Ich kann etwas polnisch lesen, 1921 wohnten wir im Kreise Schwetz a. d. Weichsel und mußten dort die polnische Schule besuchen. Damals sind wir zum ersten Mal von den Polen ausgewiesen worden. Ich war also bald im Bilde. Am 15. Juli 1945 sind wir mit einem Handkoffer von 30 Pfund vorgeschriebenem Gewicht, von polnischer Miliz getrieben und manchesmal um das Letzte beraubt, an die Oder gezogen. Es wurde uns gesagt, bis zu diesem Tage müßten wir rüber sein, andernfalls kämen wir nach Sibirien. Bei glühender Hitze ging unser nur aus Fußgängern, Handwagen und Schuhkarren bestehender Elendszug mit vielen kleinen Kindern, Alten und Kranken über Landsberg, Wepritz, Balz, Vietz nach Küstrin. Hier wurde uns der Übergang von den Russen verwehrt. Wir zogen weiter nach Frankfurt/Oder. Dort wurde unser Treck von den Polen auseinandergerissen und ausgeplündert, Arbeitsfähige wurden ausgesucht und zurückgehalten. Unter den Glücklichen, die über die Oder entkamen, war ich mit meinen Kindern, s i e hatte ich gerettet. Das war die Ausweisung und das Ende unserer Heimat. Mein Mann war in amerikanischer Gefangenschaft.

Am Ende des Berichtes stehen Namen von verschleppten Personen, ferner werden Zeugen für die geschilderten Vorgänge benannt.

Nr. 293

Erlebnisbericht des Gendarmeriebeamten a. D. Friedrich Paetzold aus Kurzig, Kreis Meseritz i. Brandenbg.
Original, 10. Juni 1952, 29 Seiten. Teilabdruck.

Austreibung der deutschen Bevölkerung aus Ostbrandenburg im Juni 1945.

Vf. berichtet ausführlich über seine Erlebnisse beim Einmarsch der Russen[1]), über die Zeit der russischen Besatzung im Heimatdorf und in Lagern des NKWD.[2]) und fährt dann fort:

Im Laufe des Mai kamen die Polen. Nun sollte die Arbeit nachgeholt werden, aber nicht von den Polen, die das Land haben wollten, sondern von den Deutschen, die aus ihm vertrieben werden sollten. Jeden Morgen wurde die Bevölkerung von bewaffneten polnischen Bengels zur Arbeit zusammengetrieben. Rücksichtslos wurden Deutsche ausquartiert, sie mußten zusammenziehen oder mit dem Stall vorliebnehmen. Unser Haus blieb zunächst nur deswegen frei, weil der polnische Bürgermeister von Tempel es für Verwandte von sich ausersehen hatte. Es begann nun eine richtige "polnische Wirtschaft". Immer mehr verstärkte sich das Gerücht, daß wir ganz vertrieben werden sollten, wir konnten und wollten es nicht glauben. Unter Hunger und Zwangsarbeit gingen Mai und Juni hin. Immer mehr Polen kamen und machten sich breit. Wir waren nur noch Sklaven.

Am 25. Juni, morgens um 7 Uhr, mußte von jedem Gehöft einer zum polnischen Bürgermeister kommen. Es wurde folgender Bescheid ausgegeben: In einer halben Stunde wird die gesamte deutsche Bevölkerung abtransportiert, jeder darf 16 Kilo Gepäck mitnehmen! Für Alte und Kranke sollten Wagen gestellt werden.

Nun war keine Zeit mehr mit Klagen zu verlieren. Jeder schnürte sein Bündel, etwas Wäsche und vor allem Lebensmittel. Lange hatte einen Handwagen, er bot Hab und Gut von vier Familien Platz. Schon wurden wir von polnischer Miliz zusammengetrieben. Sammelplatz westlicher Dorfausgang. Es gab erschütternde Bilder herzzerreißenden Jammers. Viele Frauen hatten nur Schubkarren, sie sind damit 200 Kilometer bis nach Berlin geschoben oder unterwegs liegen geblieben.

Am 25. Juni 1945 begann der traurigste Zug, den Deutschland je gesehen hat. Tausende, Hunderttausende, Millionen wurden von Haus und Hof vertrieben, Alte und Kranke blieben am Wege liegen.

Wir marschierten bis Tempel. Es war heiß. Wir kamen nur langsam vorwärts. Schon in Tempel starb uns die erste Frau, Emilie Binder, unter den Händen. Wir begruben sie im Chausseegraben. Nach kurzer Rast ging es weiter bis 22 Uhr. Neben dem Zug ritten bewaffnete Polen her. Die Leitung hatte ein russischer Major, der, die Beine auf dem Sitz und ein Frauenzimmer neben sich, im Wagen lag.

---
[1]) Abgedruckt unter Nr. 105 (Bd. I, 1).
[2]) Abgedruckt unter Nr. 210 (Bd. I, 2).

Kurz vor Zielenzig wurde im Walde Lager gemacht. Wir waren 25 Kilometer marschiert. Ein Elendszug reihte sich an den andern, der ganze Kreis Meseritz und Schwerin war in Bewegung. Am andern Morgen vor Sonnenaufgang ging es weiter. Wir passierten Zielenzig. Die Bewohner blickten scheu aus den Fenstern, sie ahnten wohl, daß sie folgen würden. Am Abend kamen wir durch Drossen. Die Stadt war voller Polen, die Einwohner im Aufbruch, sie marschierten am nächsten Morgen hinter uns. Die Nacht hatten wir in einem kleinen Dorf hinter Drossen verbracht. Ich war in einem Schuppen untergekommen, das Strohdach war kaputt. Ich sah die Sterne. Die Nacht war eigenartig hell, man konnte weit sehen, Wald und Wiesengründe. Mir kam das oft gehörte Lied in den Sinn: „Heimat, deine Sterne..."

Am nächsten Tage zogen wir bei strömendem Regen bis nach Göritz an die Oder. Die Straßen sahen unbeschreiblich aus, sie waren mit zuzusammengebrochener und ausgeplünderter Habe der Flüchtlinge bedeckt, kaputte Handwagen, Kinderwagen, Schubkarren, aufgeschnittene Federbetten und Kleidungsstücke bedeckten zu Tausenden den Wegrand, stellenweise sah es aus, als ob es geschneit hätte. Aber schlimmer war es, soviel schutzlose Frauen und Kinder ohne ihre Ernährer zu sehen. Wo waren die deutschen Männer? Gefallen, erschlagen, gefangen! Wir waren nur ein paar Alte. Ohnmächtig, mit geballten Fäusten, mußten wir Gewalt und Willkür mit ansehen.

Kurz vor Göritz überquerten wir die Bahnstrecke Küstrin-Frankfurt a./O. Ein Zug stoppte den Flüchtlingstreck, hielt und eine Schar uniformierter russischer Weiber stürzte sich auf uns. Unter Johlen, Schreien und Schlagen wurde das Gepäck geplündert. Vielen wurde das Letzte geraubt, unter anderem Verwandten von mir, einem alten Ehepaar, dem Bäckermeister Johann Spura und seiner Frau Ida, geb. Jokisch, beide über 70 Jahre alt. Die alten Leute hatten unter unsäglichen Mühen bei Wind und Wetter, bergauf und -ab ihren Handwagen gezogen, 80 Kilometer. Nun waren sie alles los.

In Göritz, der letzten Übernachtung vor der Oder, fand ich ein Paar Gummistiefel, die mir paßten. Ich schnitt sie halb ab, damit sie mir nicht gleich wieder von den „Befreiern" genommen wurden. Sie haben mir gute Dienste geleistet. Denn der Regen hielt an, und bald befanden sich die Straßen in einem kaum noch passierbaren Zustand.

Am andern Morgen Sturm. Wir hatten noch zwei Kilometer bis zur Oder, wo die Russen eine Notbrücke gebaut haben sollten. Für diese zwei Kilometer haben wir sieben Stunden gebraucht, die Ziehwagen waren von den ausgemergelten Menschen bei dem Wetter und dem Straßenzustand nicht mehr vorwärts zu bringen. In den Dörfern an der Oder standen die Russen vor den von ihnen besetzten Häusern und lachten. Eine junge Frau kämpfte vergeblich um ihren Koffer. Ich höre sie heute noch schreien: „Es ist doch nur Kinderwäsche darin!" Es half ihr nichts.

Wir sahen die Brücke schon vor uns, da kamen drei Wagen mit Polen angejagt, und wer bisher noch etwas behalten hatte, wurde es nun los. Ich habe diese Strolche gebeten, sie möchten mir doch meinen kleinen Koffer lassen, es wäre nur etwas Wäsche, Rasierzeug und eine Kleinigkeit zum Essen darin, ich hielt den Koffer fest. Ein Kolbenschlag warf mich nieder. Ich sah noch, wie die Polen den ganzen Elendszug entlangfuhren und sämtliche Koffer raubten. Johann Spura blieb mit hohem Fieber liegen. Ich rappelte mich wieder auf und suchte die Brücke zu erreichen. Da rief mich jemand an, es war mein 84jähriger Onkel Ernst Paetzold, er sagte: „Da hinten liegt meine Schwester, hol doch ihre Tochter Grete Zillmann (die Witwe meines ermordeten Vetters), meine Schwester stirbt mir ja, sie ist ganz grün im Gesicht!" Sie war nicht die einzige. Nie in meinem Leben werde ich die Szenen an der Brücke vergessen, beschreiben kann ich sie nicht.

Schließlich waren wir drüben. Einer fragte: „Wohin nun?" Ein Russe, der es hörte, sagte in gebrochenem Deutsch unter dem Gelächter seiner Genossen: „Du kannst rechts, du kannst links, du kannst", er deutete auf die Oder, „auch in Wasser!" Jeder konnte gehen, wohin er wollte.

Auf den letzten Seiten schildert Vf. seine Erlebnisse bis zum Übertritt in die Westzone.

Nr. 294

Erlebnisbericht von Mimy Binder aus **R o g s e n**, Kreis **M e s e r i t z** i. Brandenbg. Original, 1. Juni 1952, 5 Seiten. Teilabdruck.

Ausweisung der Bewohner des Dorfes Rogsen durch die Polen, Fußmarsch bis Müncheberg.

Zunächst führt Vfn. eine Reihe von Vorkommnissen wie Erschießungen, Verschleppungen und Selbstmorden beim Einmarsch der Russen auf, berichtet über die Zeit der russischen Verwaltung und fährt fort:

Am 25. Juni, 9.00 Uhr, kam der polnische Bürgermeister und sagte: „Um 11.00 Uhr am Denkmal versammeln, Sie werden ausgewiesen." Nach einer halben Stunde kam er: „Hierbleiben." Einige Frauen gingen wegen der Ausweisung zum russischen Kommandanten, er sagte: „Kann nichts machen, ich nur Militärgewalt, Zivil der Pole." Als sich die Dorfbewohner versammelt hatten, wurde die wenige Habe, 20 Kilo, die sie mitnehmen durften, durchsucht, und was den Polen gefiel, nahmen sie an sich. Nachmittags . . . kam der polnische Bürgermeister: „Sie müssen sofort raus." Unser Weg ging über Meseritz, in Göritz mußten wir über eine Notbrücke. Ein Gewitterregen, wir waren durchnäßt. Der Russe trieb eine Viehherde zwischen uns, wir glaubten jeden Augenblick, die Brücke würde zusammenbrechen. Der Leidensweg war furchtbar, am Straßenrand lagen tote Menschen, verendete Pferde. Die begleitenden Polen durchsuchten immer wieder das Gepäck, um zu räubern. Verpflegt wurden wir von keiner Stelle. Die Orte bis zur Oder waren von Menschen leer.

In Müncheberg gingen wir, da wir schon über eine Woche unterwegs waren, zur Volksküche und baten um etwas warmes Essen, es wurde uns abgelehnt. In Müncheberg stand ein Zug mit Flüchtlingen aus West- und Ostpreußen. Mein Mann und ich als einzige von den vielen Menschen, die die Straße zogen, stiegen in den Zug und fuhren bis Berlin-Alexanderplatz.

Dort bekamen wird das erste Stück Brot vom Ernährungsamt. Nach drei Tagen hieß es, einsteigen. Wir fuhren nach Magdeburg. Drei Tage lagen wir dort auf dem Bahnhof, da hieß es, zurück nach Berlin. Dort angekommen, wurden wir in das Lager Greifswalder Straße eingewiesen. Da die Herren aus dem Ausland ihre Konferenz in Potsdam hatten, fuhr kein Zug raus. Der Russe wollte das große Flüchtlingselend verwischen.
Abschließend schildert Vfn. die Zustände im Flüchtlingslager und auf dem Transport nach Dortmund.

Nr. 295

Erlebnisbericht der Frau Isabella von Eck, Rittergut B i r k h o l z , Kreis Z ü l - l i c h a u - S c h w i e b u s i. Brandenbg.
Photokopie, 26. Mai 1951, 5 Seiten. Teilabdruck.

Ausweisung der Deutschen im Juni 1945, dreitägiger Marsch nach Frankfurt a. d. Oder und Zustände in der von Vertriebenen überfüllten Stadt.

Auf den ersten Seiten berichtet Vfn., daß sie als 75jährige Frau die Flucht der Kälte wegen nicht antrat und als Besitzerin eines Rittergutes besonders schwer unter russischen Gewalttaten zu leiden hatte.

Im Frühjahr kamen Polen als Polizei in unser Dorf, sie standen unter dem Befehl des russischen Kommandanten. Sie kamen ganz zerlumpt an und trugen die in Birkholz gefundenen Uniformen der Freiwilligen Feuerwehr. Diese Leute stahlen auch, nahmen, was sie fanden, sogar aus der katholischen Kapelle Teppiche usw. Die nicht verschleppten Bewohner mußten von 6.00 Uhr früh bis 8.00 Uhr abends mit einer Stunde Pause auf den Feldern arbeiten, einen Sonntag gab es nicht, sogar Ostern und Pfingsten wurde gearbeitet, als Entgelt erhielten sie etwas Brot.

Am 25. Juni änderte sich unser Schicksal. Um 5.00 Uhr früh wurden wir herausgeklopft; alle Deutschen müssen in einer halben Stunde zum Abmarsch fertig sein und sich auf der Dorfstraße sammeln! In aller Hast suchte man das wenige zusammen, was man tragen konnte. Nach dem Verlassen der Wohnungen fingen Russen und Polen sofort an zu plündern was sie noch fanden; dann kam der Befehl an uns, alle Gold- und Wertsachen abzugeben. Man trieb jeden von uns einzeln in ein Gehöft, wo das Gepäck durchsucht und alles genommen wurde, was den Soldaten gefiel. Ich selbst wurde wegen meiner 75 Jahre auf einen Ackerwagen gesetzt mit zwei sterbenden Frauen und zwei geschlechtskranken Mädchen von zehn und zwölf Jahren, die nicht laufen konnten. Vor dem Gehöft schlug mich ein polnischer Offizier mit einer schweren Reitpeitsche solange, bis ich meinen Pelz auszog. Dann sprang ein Soldat auf den Wagen und riß mir meine Kleider bis aufs Hemd auf, er fand meinen Brustbeutel mit Schmuck und nahm ihn sich. Das deutsche Papiergeld warf er mir vor die Füße. Sehr viele Männer und Frauen wurden bei der Untersuchung blutig geschlagen, ihre Gesichter waren voll Striemen und die Augen blutunterlaufen.

Gegen 1.00 Uhr mittags zog der traurige Zug gen Westen, begleitet von polnischen Soldaten. Außer uns, zwei Wagen mit Säuglingen und alten Leuten, mußte alles zu Fuß gehen. Wo wir auf dem Wege hinsahen, waren alle Straßen bevölkert von den gleichen Elendszügen, Schubkarren wurden von Frauen geschoben — beladen mit Gepäck und kleinen Kindern —, Alte und Kranke saßen auf Kisten mit Rädern. Unterwegs nahm man uns noch die Säcke ab und warf sie auf uns entgegenkommende Wagen, die nach Osten fuhren. Drei Tage und zwei Nächte dauerte der Marsch bis Frankfurt a. d. O. durch zerstörte, gespensterhaft leere, schon vor uns von den Bewohnern geräumte Städte und Dörfer, wie Sternberg, Bottschow und Reppen. Wir schliefen im Wald; da die Polen uns die letzten Decken und Mäntel noch im Dorf genommen hatten, besaßen wir nichts, um uns zuzudecken. Wer nachts starb, wurde früh im Walde verscharrt; oft war es nicht sicher, daß sie tot waren, denn man wartete nur, bis sie sich kurze Zeit nicht bewegten. Die polnischen Posten beraubten uns noch in der letzten Nacht um beinahe das letzte unserer Habe, indem sie uns in der Nacht Überfälle der Russen vortäuschten.

An der Oderbrücke in Frankfurt angelangt, überließ man uns unserem Schicksal. Die Polen gingen zurück nach Osten. Wir schleppten unsere Säckchen über die Brücke und kamen in die überfüllte Stadt. Hunderttausende von Flüchtlingen waren angekommen, und immer neue Trecks überfluteten die Straßen. Die Stadt war diesem Zustrom gegenüber hilflos, es gab keine Quartiere und kein Brot für diese hilflosen Menschen, die nun obdachlos auf den Straßen blieben. Als wir ankamen, standen viele beladene Karren und Kisten an der Oderbrücke. Wir hörten, daß kurz vor unserer Ankunft dort ca. 70 Familien eines Trecks ihrem Leben ein Ende gemacht hatten, indem sie sich in die Oder stürzten, denn diese Bauern konnten den Verlust ihrer Höfe nicht fassen und begingen aus Verzweiflung Selbstmord. Vier Nächte lagen wir in den Tunnels des Hauptbahnhofes, wo Fräulein Sowa mir ein Lager auf einer Karre mit unseren Säcken gemacht hatte. Wir warteten darauf, in einen der überfüllten Kohlenwagen der Züge nach Berlin einsteigen zu können. Sie wurden aber von Tausenden gestürmt, und es war mir unmöglich, da heraufzusteigen.

Wir hatten nichts mehr zu essen, und als Fräulein Sowa ihr letztes Kleid auf dem Bahnhof an einen russischen Soldaten für ein Brot gegeben hatte, entschlossen wir uns, zu Fuß weiterzugehen. Wir fanden einen alten herrenlosen Wagen, auf den wir unser Gepäck verluden, und fuhren noch mit einigen Birkholzer Bauern gen Westen in der Richtung Berlin. Frau und Fräulein Sowa zogen den Wagen, und ich lief hinterher. Wir machten den Tag 15 bis 20 Kilometer, immer in der Furcht, von Russen, die überall auftauchten, überfallen zu werden. Nachts schliefen wir im Walde oder in verlassenen Scheunen und suchten uns Mohrrüben und Kartoffeln auf den Feldern. Manchmal bekamen wir auch von mitleidigen Menschen etwas zu essen, oder sie erlaubten uns, unsere Kartoffeln bei ihnen zu kochen. Sonst machten wir uns zwischen einigen Steinen eine Feuerstelle.

Nach einigen Tagen blieben unsere bekannten Bauern in den dortigen Dörfern zurück, während wir allein weiterzogen. Ich wollte mit Frau und

Fräulein Sowa in meine Heimat Elberfeld zu meinen Verwandten, da meine nächsten Angehörigen sich alle von Oberschlesien aus — wie ich — auf der Flucht befanden.
Abschließend schildert Vfn. ihre abenteuerliche Reise bis an die Zonengrenze.

Nr. 296

Erlebnisbericht der Frau N. N. aus S o r a u i. Brandenbg.
Original, 5. Juli 1952, 9 Seiten. Teilabdruck.

Ausweisung durch die Polen im Juni 1945, Elendsmarsch über die Neiße nach Cottbus.

Eingangs berichtet Vfn. über die Verhaftung und Verschleppung ihres Mannes und den Tod ihrer Tochter. Anschließend faßt sie ihre Eindrücke über die Russen zusammen und fährt dann fort:

Am 23. Juni 1945 wurden wir nun vollkommen überraschend binnen zehn Minuten vom Polen ausgewiesen. Ich lebte damals wieder in meinem Haus, das ging immer hin und her, mal wurde man herausgeschmissen, dann wagte man sich wieder hinein, schaffte den schlimmsten Schmutz heraus, um dann doch bald wieder herausgeworfen zu werden. Niemand von uns hatte mit einer Ausweisung gerechnet. Wohl kamen eine Woche vorher die Zivilpolen, und uns wurde gesagt, daß wir nun polnisch verwaltet würden. Die Zivilpolen benahmen sich anständig, sie plünderten wohl auch noch, aber viel hatte der Russe ja nicht übriggelassen. Aber Vergewaltigungen kamen da kaum vor. Bis dann am Morgen des 23. Juni 1945 die polnische Slodateska erschien, die sogenannten Lubliner Polen, und die gesamte Bevölkerung Soraus, gegen 29 000 Menschen, an diesem Tag auswies. Nur ganz wenige, die in den Fabriken für den Russen arbeiteten, durften bleiben.

Mir ließen sie wie allen genau zehn Minuten Zeit. Ich konnte nun bloß mein einjähriges Enkelkind die drei Treppen herunterschleppen, danach den Kinderwagen, den sie mir auch schon teilweise ausgeplündert hatten, dann für den Kleinen heimlich einige Lebensmittel aus den Verstecken holen, und als ich dann noch für mich aus meiner Wohnung meinen Mantel holen wollte, ließ mich der Pole nicht mehr herein mit dem Vermerk, die zehn Minuten wären herum. Ein Polenmädel zog mir noch mein letztes Paar Schuhe von den Beinen, mit denen ich wochenlang geschlafen hatte, damit sie mir der Russe nicht wegnahm, und warf mir ein Paar alte Tennisschuhe meines Sohnes, vier Nummern zu groß, hin. Offene Haare, denn der Russe hatte mir schon längst meine Haarklemmen und Kämmchen weggenommen, Haarnadeln gab es auch in ganz Sorau nicht mehr; genau so wie die Männer alle mit Vollbärten herumliefen, weil Rasierapparate beim Russen ein sehr begehrter Artikel waren. Dann eine alte Strickjacke von meinem Manne und ein uralter Rock, den hatte mir der Russe noch gelassen, und an den Beinen die Tennisschuhe, so trat ich meinen Marsch auf die Landstraße an.

Es war ein Elendszug, denn Züge gingen ja nicht, und so zogen, man kann wohl sagen, drei Monate lang die Ausgewiesenen Schlesiens und Ost-Brandenburgs auf diesen Landstraßen entlang; Kinderwagen, Leiterwagen, Schiebkarren, Sportwagen, man sah die unmöglichsten Gefährte. Von morgens um 4.00 Uhr bis abends um 7.00 Uhr durfte man auf den Landstraßen bleiben, dann schlief man entweder im Walde, in schmutzigen Scheunen und leeren Wohnungen, dort ließ uns aber der Pole nicht immer herein. Bettelarm zogen wir da lang, denn schon längst hatte uns der Russe Geld, Papiere und Sparkassenbücher und natürlich Schmuck, Uhren, Trauring usw. abgenommen.

Ich bin hier oft im Westen gefragt worden, warum ich denn meinen Schmuck nicht besser versteckt hätte, so z. B. in Rocksäumen, Haar usw. Wenn ich dann den Leuten hier berichte, daß ich wohl sechsmal in der Scheide nach Schmuck untersucht worden bin, dann fangen sie so etwas an zu staunen.

Als wir dann über die Neiße waren, wo wir noch einmal ganz gründlich von Polen nach Schmuck und Wertsachen untersucht wurden — meiner Freundin, Frau Amtsgerichtsrat Müller aus Sorau, wurden bei dieser Gelegenheit die Goldkronen aus dem Mund geschlagen — und nach Cottbus kamen, hofften wir, daß sich nun irgendeine Behörde unserer annehmen würde. Aber Fehlanzeige. Man gab uns keine Lebensmittelkarten, und das große Hungern begann. Es war ja damals auch technisch unmöglich, die Masse der Vertriebenen zu ernähren, denn täglich kamen mindestens drei Monate lang 2000 Vertriebene durch Cottbus, und hier fing sich alles an zu stauen.

Wer kein bestimmtes Ziel hatte, blieb hier in der stillen Hoffnung, bald wieder zurück in die Heimat zu können. Geld hatten die wenigsten von uns, Arbeit gab es auch keine, so zog man auf die Dörfer, bettelte um ein paar Kartoffeln, Gurken oder Mohrrüben. Cottbus wurde eine Stadt des Grauens, eine Stadt des Sterbens. Auch ich mußte mit ansehen, wie drei sehr gute Bekannte von mir vor meinen Augen verhungerten. Ich hatte noch Glück, durch Bekannte bekam ich eine armselige Dachkammer, wo ich mich mit meinem Enkelkind ein paar Tage ausruhen wollte, dann wollten wir weiter, wohin, wußten wir nicht, wir hatten kein Ziel. Alle meine Verwandten lebten ja in Schlesien oder Sorau.

Mein Enkelkind war trotz der Russenzeit gut über alles hinweggekommen, zumal ihn meine Tochter noch bis zu ihrem Tod gestillt hatte. Auch der Treck auf der Landstraße war ihm gut bekommen, er sah so rosig und braungebrannt aus. Aber am zweiten Tag fing er an zu kränkeln, und nach sechs Wochen allerschwersten Leidens starb mir der Kleine am 8. August 1945 an Typhus. Nun stand ich ganz allein; in einem Vierteljahr hatte ich drei meiner liebsten Menschen verloren, ohne Geld, verlassen, heimatlos, in einer fremden Stadt.

In der Folge schildert Vfn., wie sie ihren Sohn findet. Den Abschluß des Berichts bildet die Schilderung des Schicksals einiger Bekannter.

Nr. 297

Bericht des Pfarrers Georg Gottwald, Dechant von G r ü n b e r g i. Niederschles.
Original, 15. Juni 1949, 6 Seiten. Teilabdruck.

Massenaustreibungen im nördlichen Schlesien vor dem Potsdamer Abkommen, Vorgänge in Grünberg Ende Juni 1945.

Dem nachfolgenden Abdruck geht ein ausführlicher Bericht voraus über Vorgänge und Verhältnisse in Grünberg nach dem Einmarsch der Roten Armee [1]).

Sonntag, den 24. Juni 1945 kam mittags 12.00 Uhr wie ein Blitzschlag aus heiterem Himmel — und zwar telefonisch, wie mir der polnische Bürgermeister erzählte — von der polnisch-kommunistischen Regierung in Lublin der Befehl, binnen sechs Stunden müßte der ganze Stadt- und Landkreis Grünberg von allen Deutschen geräumt werden. Alles sei in Richtung Lausitzer Neiße abzuschieben und zwar zu Fuß, nur fünf Kilogramm Gepäck dürfte jede Person mitnehmen. Polnisches Militär rückte ein, und was jetzt an Roheit und Brutalität geschah, spottet jeder Beschreibung. Mit Schüssen, Gewehrkolben und Peitschen wurden die Deutschen in ihrer ärmlichen Kleidung beraubt und ausgeplündert, auf die Straße getrieben und in Kolonnen in Marsch gesetzt. Diese Elendszüge gingen mehrere Tage bei Tag und Nacht durch Grünberg der Neiße zu. Nur Beamtete und Spezialarbeiter durften noch bis auf weiteres verbleiben.

In der Folgezeit wurde die Evakuierung nur in kleineren Gruppen (10 bis 20 Personen) ohne Rücksicht auf Familienzugehörigkeit vorgenommen. Der polnische Sicherheitsdienst drang immer zur Nachtzeit in Behausungen der Deutschen ein, griff eine Anzahl Personen heraus, schaffte sie ins Gefängnis oder Lager und schaffte sie nach kurzem Aufenthalt, wieder bei Nacht, über die Grenze. Bei diesen Transporten wurden die armen Menschen in unbeschreiblicher Weise mißhandelt und bis aufs letzte ausgeraubt. Alle Ausfallstraßen und -wege nach dem Westen zur Neiße hin sind mit Gräbern der Zusammengebrochenen übersät.

Als die ausgetriebenen Massen am 24. bis 26. Juni 1945 an die Neiße kamen, war diese durch fortwährende Regengüsse der letzten Tage so geschwollen, daß sie unpassierbar war, keine Brücke, kein Steg, kein Kahn weit und breit. Die Massen mußten tagelang im strömenden Regen unter freiem Himmel verbleiben, immer geängstigt und belästigt von plündernden, rabiaten Russen und Polen. Als der Regen und Hochwasser anhielten, wurden sie einfach, weil es zu lange dauerte und immer neue Flüchtlingstrecks hinzukamen, in die Neiße gejagt und mußten, bis zur Brust oder Hals im Wasser, das andere Ufer zu erreichen suchen. Augenzeugen berichten von zahlreichen Todesfällen älterer Leute an Schlag oder Ertrinken.

In der Stadt Grünberg wurden in diesen Tagen (24. bis 26. Juni 1945) an die 3000 Personen ausgetrieben. Die Zahlen des Landkreises sind mir unbekannt.

---

[1]) Abgedruckt unter Nr. 221 (Bd. I, 2).

Nr. 298

Erlebnisbericht von Max Tepper aus S c h w e n t e n , Kreis G r ü n b e r g i. Niederschles.
Original, 31. März 1952, 2 Seiten. Teilabdruck.

Austreibungen durch polnische Militärkommandos im nördlichen Niederschlesien Ende Juni 1945.

Eingangs berichtet Vf. über seine Begegnungen mit russischen Offizieren und Mannschaften und das Eintreffen polnischer Forstbeamter aus Ostpolen.

Am 30. Juni 1945 früh war plötzlich ein polnisches Kommando in Schwenten, das alle Deutschen abzutransportieren hatte. Polen und Deutsche mußten sich im Gasthaus versammeln, wo der polnische Oberleutnant zuerst an die Polen und dann in deutscher Sprache an die Deutschen eine Ansprache hielt mit dem Endergebnis, daß der Treck nach zwei Stunden zum Abmarsch bereitstehen muß.

Der polnische Oberförster kehrte sich nicht an den Befehl des Oberleutnants, welcher den Polen verbot (und das bei Todesstrafe), den Deutschen beim Abzug irgendwelche Hilfe zu leisten. Um meine Wohnung vor Plünderung zu bewahren, beschlagnahmte er sie und stellte dazu noch einen Wachposten hin; denn hinter dem Zaun standen schon die polnischen Bahnpolizisten und warteten darauf, plündern zu können. Meine Wohnung ist unversehrt geblieben und später von einer polnischen Lehrerin bezogen worden.

Auf dem Treck wurden wir gleich nach der zweiten Übernachtung von den polnischen Soldaten gewaltig ausgeplündert. Ein anderer polnischer Offizier nahm meiner 93jährigen Mutter die schweren goldenen Ohrringe, die sie in der Handtasche hatte, und 200 Złoty polnisches Geld weg. Mir nahm er die restlichen 800 Złoty, die ich von dem polnischen Forstassessor für meinen Bienenstand erhalten hatte.

Unser Transportkommando hatte auf dem Fluchtweg sich recht um uns bemüht. In demselben waren Volksdeutsche aus Posen, die bei Stalingrad in russische Gefangenschaft geraten und in die polnische Armee aufgenommen waren. Auf dem Kasernenhof in Guben übergaben sie uns einer andern Formation, die uns erneut plünderte.

Nr. 299

Erlebnisbericht des Pfarrers Dr. Paul Tillmann aus H e r r n s t a d t , Kreis G u h r a u i. Niederschles.
Original, 8. Januar 1952, 4 Seiten. Teilabdruck.

Vertreibung vor dem Potsdamer Abkommen durch polnische Miliz, Treck eines Altersheims in 250 km langem Fußmarsch, Tod der alten Leute durch Hunger und Strapazen.

Beim Aufbruch zur Flucht vor der anrückenden Roten Armee war das Alters- und Kinderheim (etwa 80 Erwachsene und 120 Kleinkinder pol-

nischer und russischer Landarbeiterinnen) in Herrnstadt zurückgeblieben.
Vf. berichtet, daß sich nach den üblichen Exzessen in den ersten Tagen der
Besatzung die russischen Kommandanten um die Versorgung der Heime
bemühten, wobei unter Leitung des Vfs. ein eigener Wirtschaftsbetrieb aufgebaut werden konnte, dem sich auch die nach der Kapitulation von der
Flucht zurückgekehrten Deutschen anschlossen (die Kinder waren Anfang
April von den Russen fortgeschafft worden). Die einströmenden Polen
ließen die Deutschen zunächst unbehelligt und bauten ihre polnische Verwaltung auf. Aber:

Am 25. Juni 1945 erschien polnische Miliz und warf uns binnen drei
Stunden hinaus. Am 26. Juni 1945 gegen Mittag setzte unser Treck ein, mit
25 sehr alten Leuten zogen wir los, in letzter Minute noch wenigstens einen
Pferdewagen mit zwei kleinen Russenpferdchen (vom Kommandanten mir
geschenkt) bespannt. Zunächst unter polnischer Begleitung, die uns hetzten
und hinter der Oder die Pferde wegnehmen wollten. Wir haben sie uns aber
verteidigt. Der Treck ging über Winzig (erste Nacht im Freien), Steinau
(Wegnahme eines Pferdchens gegen Umtausch eines schlechteren Pferdes)
zu einem Gutshof (zweite Nacht) nach Lüben (dritte Nacht), verschiedene
Dörfer (vierte Nacht) nach Haynau (im Vorort drei Nächte), weiter über
Thomaswaldau (drei Nächte) und Bunzlau auf Görlitz zu (noch zwei Nächte
unterwegs). In Görlitz hartes Ringen um die Pferde beim Austritt aus der
polnischen Zone. In Görlitz mehrere Tage gelegen, zwei Leute vom Treck
beerdigt. Große Hungersnot! Weiter über Reichenbach (eine Nacht) nach
Niesky (eine Nacht) durch die Wendei (eine Nacht) nach Radibor (eine
Woche), endgültige Überführung der Leute des Trecks in ein neues Altersheim nach Schmeckwitz, dort Auflösung des Trecks am 23. Juli 1945.

Dieser Treck war zwar im Sommer und ohne die Hetze des Winters,
den die Leute bei der Winterflucht auszustehen hatten, aber dafür ohne
Lebensmittelversorgung. Wir hatten nichts mitgenommen, weil man uns
Bahntransport in Aussicht gestellt hatte und wir in der Eile für etwa
50 Menschen des Altersheims und seines engeren Stabes kaum etwas mitnehmen konnten. Wir konnten jeder nur einen Koffer oder einen Sack voll
Sachen vom Bahnhofsplatz retten, auf den wir alles geschleppt hatten, weil
man uns den Bahntransport versprochen hatte. Dann aber verwies man uns
urplötzlich binnen einer halben Stunde vom Bahnhofsplatz und jagte
uns unter Milizbedeckung fort. Unterwegs wurden wir auch verschiedentlich
noch ausgeplündert.

Die alten Leute waren natürlich am ärmsten dran. Sie haben sozusagen
nichts gerettet. Unterwegs haben wir ungefähr 14 Tage lang von einigen
Pellkartoffeln gelebt, Brot kannten wir nicht mehr. Von den alten Leuten,
die mit uns auf den Treck gingen, lebte nach einem Jahr kaum einer noch.
Die Strapazen und der Hunger haben diese Leute umgebracht. 70- bis
80jährige Leute haben die 250 Kilometer zu Fuß mitgemacht. Nur Gehbehinderte wurden auf dem leichten Kastenwagen ohne rechte Federung
gefahren, was bestimmt kein Genuß war. An Regentagen konnten wir nicht
weiter, weil das die Leute nicht ertragen hätten. So dauerte unser Treck
verhältnismäßig lange. Wohl haben wir unterwegs immer wieder gute Leute

gefunden. Bei Haynau lagen wir mehrere Tage lang in einer Siedlung, die verlassen war. Dort lebte aber ein Pole, der uns alles gab, was wir brauchten. Und wir brauchten nicht wenig für unsern Treck. Mir gab er seinen Hochzeitsgehrock, weil ich ziemlich zerlumpt herumlief. Denn ich hatte meine guten Sachen alle eingepackt und auf dem Bahnhof in Herrnstadt stehen lassen müssen. Nur zwei Aktentaschen mit wichtigen Papieren, meinen Meßkelch, ein paar Kleinigkeiten konnte ich noch mein eigen nennen.

Nr. 300

Erlebnisbericht des Landwirts A. N. aus B a r s c h d o r f , Kreis L i e g n i t z i. Niederschles.
Original, 7. Dezember 1952, 3 Seiten. Teilabdruck.

Vertreibung Ende Juni 1945, im Fußmarsch zur Neiße.

Im ersten Teil berichtet Vf. über Vorkommnisse beim Einmarsch der Roten Armee wie Selbstmorde, Erschießungen, Willkürakte und Vergewaltigungen.

Nach allmählicher Beruhigung der Verhältnisse und weiterer Rückkehr der Einwohner wurden dann zwei Kolchose eingerichtet, die am 24. Juni 1945 den Polen übergeben wurden. Während es hier noch unter den Sowjets einigermaßen erträglich zugegangen war, änderten sich nun die Verhältnisse blitzartig zu unseren Ungunsten.

Sonntagmittag erschien ein Pole mit der Ankündigung, daß wir binnen zwei Stunden unter Mitnahme von nur 30 Pfund Gepäck den Ort zu verlassen hätten. Jedes Bitten um Aufschub, jeder Protest war hoffnungslos und wurde mit Erschießung und Verhaftung bedroht. Man hatte uns LKWs. zum Abtransport zugesichert, nichts kam, und mit jämmerlichen zerbrochenen Handwagen und Schubkarren mußten wir, von Polen mit Gummiknüppeln aus unseren Wohnungen gejagt, die Heimat abends um 8.00 Uhr verlassen. Auf dem Wege nach Oyas wurden wir noch mehrmals ausgeplündert und die männlichen Teilnehmer schwer mißhandelt. Weiter ging es dann auf der Reichsautobahn bis in die Nähe von Neuhof, Kreis Liegnitz, wo man weitere ausgewiesene Transporte der Umgebung erwartete und sammelte [1]). Nachts auf einer nassen Wiese liegend hörte man die Hilferufe der Geplünderten. So zogen wir tagsaus, tagein weiter über Haynau bis nach Thomaswaldau. Hier erreichten wir mit vielen Bitten, daß die Polen uns zwei Ruhetage gönnten. Denn es hatte Tag und Nacht geregnet, irgendein Bekleidungsstück zum Wechseln gab es ja nicht mehr! Dann zogen wir weiter über Bunzlau nach Siegersdorf. Hier übernachteten wir in Ställen und Scheunen, auf Böden usw. Als wir eine verlassene Scheune betraten, fanden wir den Eigentümer hier erhängt auf.

Wo man auf neue polnische Trupps stieß, wurde nach Geld, nach Uhren, nach irgendwelchen Wert- und Bekleidungsstücken gefragt und uns angedroht, daß, wenn man irgendetwas finden würde, der Betreffende sofort

---
[1]) Über die Austreibungsaktionen Anfang Juli 1945 im Gebiet von Liegnitz s. auch den unter Nr. 224 (Bd. I, 2) abgedruckten Bericht.

erschossen werden sollte. Trotzdem gelang es doch, noch manches zu verbergen. An der Neiße angelangt, erklärte man uns für frei. Wir könnten gehen, wohin wir wollten, man erklärte uns sogar, wir dürften wieder zurück, aber wir trauten den Polen nicht mehr und zogen über die Neiße nach Görlitz, wo wir am 3. Juli 1945 eintrafen. Hier passierte uns nichts mehr. In Kodersdorf bei einem wendischen Bauern, der uns aber nicht behalten wollte, blieben wir nur drei Tage. Hier löste sich unsere Heimatgemeinde auf. Ein Teil zog in Richtung nach Berlin, ein Teil ist in Sachsen verblieben, wir selbst zogen, nachdem wir uns von der Verlogenheit der Bekanntmachungen, die in Weißwasser bei der Polizei ausgehangen hatten: Wiederherstellung der Grenzen von 1937 usw., überzeugt hatten, schwarz mit einigen Säcken bewaffnet über die Grenze in die westlichen Zonen.

Nr. 301

Erlebnisbericht von Otto Baumert aus L a u t e r b a c h , Kreis G ö r l i t z i. Niederschles.
Original, 18. März 1952, 3 Seiten. Teilabdruck.

Austreibung durch polnische Militärkommandos an der Neiße im Juni 1945; Ausweisung Anfang Juni 1946.

Nach seinem Bericht über die Evakuierungen im Februar 1945, die Flucht vor der einrückenden Roten Armee [1]) *und die Verhältnisse unter russischer Besatzung fährt Vf. fort:*
Am 16. Juni 1945, früh 7.00 Uhr, kamen polnische Soldaten und wollten die Bevölkerung herausjagen. Auf Befehl der Russen zogen die Polen aber wieder ab, und die Bevölkerung blieb. Den nächsten Tag kamen die Polen wieder mit einem schriftlichen Bescheid, daß die Bevölkerung raus muß. Nun konnten auch die Russen nicht mehr helfen. Die Polen verteilten sich auf die einzelnen Gehöfte und trieben die Einwohner unter Schießen und Peitschenhieben aus ihren Wohnungen. Zum Packen wurde nur fünf Minuten Zeit gelassen, und es durfte nur mitgenommen werden, was jeder tragen konnte. Die Polen nahmen inzwischen an sich, was sie wollten. Die Austreibung erstreckte sich auf 80 Prozent der Einwohner, nur für die Arbeiten auf dem russischen Friedhof blieben paar zurück.

Der Rittergutspächter Themel wurde von den Polen mit Gewehrkolben derartig geschlagen, daß er an den Folgen nach ein paar Wochen verstarb. Der Müllermeister Pletschmann sollte von Polen erschossen werden, durch das Dazwischenkommen des Polizei-Wachtmeisters a. D. Grunwald wurde aber davon Abstand genommen; trotzdem starb Pletschmann den nächsten Tag an Herzschlag infolge der Aufregung. Grunwald selbst wurden ein paar Zähne ausgeschlagen. — Erwähnt soll noch werden, daß die Russen selbst keinen Einwohner geschlagen haben. Aber es ist kaum ein Mann, der nicht von den Polen geschlagen und mißhandelt wurde.

Als die Bevölkerung von den Polen abgeführt wurde, und zwar unter dauernder Schießerei, wurde das wenige Gepäck, das jeder hatte, noch ein-

---
[1]) Abgedruckt unter Nr. 133 (Bd. I, 1).

mal von den Polen revidiert und dabei abermals gestohlen. Wir wurden bis zur Neiße geführt und blieben uns selbst überlassen. Görlitz war eine Stadt von ca. 100 000 Einwohnern; als wir dort ankamen, waren schon ca. 100 000 Flüchtlinge zusätzlich in Görlitz. Hier herrschte infolgedessen Hungersnot. Da jeder in Görlitz Verwandte oder Bekannte hatte, konnte er zur Not unterkommen. In jedem Haus waren mindestens 10 Flüchtlinge und mehr. Bevor Lauterbach von den Polen geräumt wurde, war das Vieh schon restlos von den Polen gestohlen worden. Die Russen duldeten es stillschweigend. Anfang Juli 1945 kam Lauterbach unter polnische Verwaltung. Die polnischen Soldaten waren meist ehemalige deutsche Landser (Volksliste 2) [1]).

Da die Polen deutsche Arbeiter brauchten, forderten sie in Görlitz welche an. Da in Görlitz die Hungersnot herrschte, ging der größte Teil der Bevölkerung am 14. Juli 1945 wieder nach Lauterbach zur Arbeit zurück. Alles, was arbeitsfähig war, mußte von morgens 6.00 bis abends 9.00 Uhr auf den Feldern arbeiten. Lohn gab es nicht. An Verpflegung gab es trockenes Brot mit Schrotsuppe und mittags ständig Kartoffelsuppe ohne Fleisch, sogar ohne Salz, abends ein Viertel Liter Magermilch. Arbeitsunfähige erhielten überhaupt keine Verpflegung. Sie wurden von der knappen Kost der Bevölkerung mit ernährt.

Das Gehöft des Gustav Maiwald wurde in dieser Zeit von den Polen abgebrannt. Wenn die Leute auf Arbeit waren, wurden inzwischen die Wohnungen immer wieder aufgebrochen und auch der Rest noch gestohlen. Wir hatten nur noch das, was wir auf dem Leibe trugen. Da mehrere Todesfälle waren (z. T. Selbstmord aus Verzweiflung), mußten die Leichen auf einem Handwagen nach Hermsdorf (vier Kilometer) auf den Friedhof gefahren werden. Die Pfarrersfrau aus Leopoldshain führte die kirchliche Bestattung aus. Im übrigen hielt sie auf den umliegenden Dörfern unter großen Strapazen mit zerrissenen Schuhen usw. Gottesdienst. Unterwegs wurde sie, trotzdem sie den Talar trug, von Russen vergewaltigt. — Am 6. Dezember 1945 wurden sämtliche Häuser in Lauterbach von Zivilpolen besetzt und nach polnischem Recht jeder Deutsche enteignet. Wenn überhaupt noch etwas an Möbeln vorhanden war, wurden sie enteignet.

Die Bevölkerung konnte froh sein, wenn sie überhaupt in den Häusern bleiben konnte. Ein Teil wurde aus den Wohnungen gejagt. Am 6. Juli 1946 wurden 50 Prozent der Bevölkerung endgültig ausgewiesen. Bei der letzten Kontrolle wurden sogar die Sparkassenbücher, wenn sie gefunden wurden,

---

[1]) Die Aufstellung von Volkslisten bildete unter der deutschen Verwaltung während des Krieges die Grundlage für die Verleihung des Staatsbürgerrechtes im Gebiet des ‚Reichsgaues Danzig-Westpreußen', des ‚Reichsgaues Wartheland' und der an Ostpreußen und Schlesien angegliederten vor 1939 polnischen Gebiete. Ca. 25% der alteingesessenen Bevölkerung dieser Gebiete wurden je nach dem Grade ihrer „Deutschstämmigkeit" bzw. ihres „Bekenntnisses zum Deutschtum" in vier verschiedene Volkslisten aufgenommen. Nur die Angehörigen der Volkslisten 1 und 2 konnten ernstlich als Deutsche angesprochen werden, während die Angehörigen der Volkslisten 3 und 4 in der Regel Polen waren, die sich lediglich zum Deutschtum bekannten, um gleiche Rechte wie die Deutschen zu erhalten. Letztere bekamen deshalb die deutsche Staatsbürgerschaft nur auf Widerruf. Bei den Angehörigen der Volksliste 2 handelte es sich überwiegend um Bevölkerungsgruppen, die teils polnischer, teils deutscher Herkunft waren. Manche von ihnen gebärdeten sich nach 1945 ganz betont deutschfeindlich, um ihr Polentum herauszustellen.

weggenommen. Der polnische Bürgermeister machte insofern die Bevölkerung noch ängstlich, indem er sagte, wir kämen nach Sibirien. Am 7. Juni 1946 wurden wir dann in Waggons in Görlitz-Moys verladen und kamen unter polnischer Bewachung durch die Ostzone ins Lager Uelzen. *Die übrigen Bewohner des Dorfes wurden ein Jahr später in die Sowjetzone ausgewiesen.*

Nr. 302
Erlebnisbericht der K. I. aus W o h l a u i. Niederschles.
Beglaubigte Abschrift, 22. September 1951, 12 Seiten. Teilabdruck.

Austreibung im Juli 1945: im Fußmarsch von Wohlau nach Görlitz, Vertriebenenelend an der Neiße.

Im ersten Teil ihres Berichtes schildert Vfn. die letzten Tage in Wohlau vor dem Eintreffen der Russen, die Not der deutschen Bevölkerung und die allgemeinen Verhältnisse unter russischer Besatzung bis zur Kapitulation.

Es kehrten nun erst spärliche, dann immer größere Mengen der geflüchteten Deutschen zurück, meist die, die ins Gebirge oder ins Sudetenland geflüchtet waren. Man traf jetzt viele Deutsche auf der Straße, dazwischen Polen — immer mehr kamen und setzten sich in die nicht abgebrannten Häuser — und Russen, die aber überwogen noch alle. Unsere Nähstube, bis dahin spärlich besetzt, wurde überfüllt. Sie mußten arbeiten, um Brot zu haben. Die meisten hatten ja im Anfang noch ein paar mitgebrachte Lebensmittel. Sie waren entsetzt über das Leben, das ihnen unerträglich erschien, das Essen und die Zustände überhaupt; denn sie kamen aus deutschen Verhältnissen. Ich dagegen fand in Anbetracht der vergangenen Monate diese Zeit schon recht erträglich und hätte keinesfalls freiwillig die Heimat verlassen. Obwohl ich von dem ständigen Hunger noch so unter Durchfall zu leiden hatte, daß ich mich oft kaum aufrecht halten konnte. Jede Nacht war ich schweißgebadet. Wenn ich um 9.00 Uhr abends heimkam, besorgte ich die Mutter. Es kam vor, daß einen dann noch die Polen zur Arbeit holten. Häuser auf dem Ölberg, wo nichts abgebrannt war, aber ein wüstes Chaos [herrschte], aufräumen. Es kam polnische Einquartierung.

Als ich eines Abends aus der Arbeit kam, sah ich die polnische Flagge auf dem M.'schen Gut wehen. Frau M. erzählte mir, daß der polnische Landrat da war, in Kürze zögen Polen ein. Sie durften sich eine Stube behalten, aber wir mußten heraus...

Ich war auch weiterhin von früh bis spät arbeiten. Um 5.30 Uhr russischer Zeit, d. h. 3.30 Uhr stand ich täglich auf, half Brennmaterial und Kartoffeln heraufschaffen. Abends ging ich immer noch mal schnell nach Hause, wohin es mich immer zog. Wenn auch alles verwüstet war, liebte man es mit der ganzen Kraft seines Herzens nach all dem Schrecklichen noch mehr, hatte ich doch mein ganzes Leben dort verbracht und gewirkt. Mein ganzes Dichten und Trachten ging dahin, so schnell wie möglich wieder hineinzuziehen, wenn es auch an allem fehlte, kaum noch ein paar Möbel standen. Wovon wir leben sollten, wußte ich auch nicht, denn wir hatten keinerlei Vorräte mehr ... Aber alles Sorgen war sowieso umsonst, es kam doch ganz anders.

Es waren nun schon sehr viele Deutsche zurückgekehrt. Man hörte mit Staunen, wie gut sie es bis zum Zusammenbruch überall gehabt hatten. Viele gingen gleich wieder fort, fanden es nicht lebensmöglich, es gab weder Zahlungsmittel noch Geschäfte, ohne Licht und ohne Wasserleitung, viele Brunnen zerstört. Erst im Juli fing man an, Geschäfte herzurichten — mit polnischen Inhabern. ... In der Nähstube wurde von nichts anderm als Fortmüssen oder Dableiben gesprochen. Viele gingen gerne, waren froh, wieder fortzukönnen. Aber ich hoffte sehnlichst, daß sich dieses Schicksal nicht erfüllen möge. Die unsinnigsten Gerüchte tauchten auf. — Es kamen nun die ersten Ausweisungstrecks aus der Obernigker und Trebnitzer Gegend durchgezogen. Ein erschütterndes Bild. Fast alle zu Fuß, die letzte Habe auf Handwägelchen hinter sich herziehend. Am Sonntage, dem 1. Juli 1945, ging ich noch mal auf unsere Felder und Grundstücke in Gansahr, den Waldfriedhof, nahm Abschied, von allem Abschied, nicht glaubend, daß es für immer sein solle...

Die ersten Ausweisungen durch die Polen unterschieden sich von den späteren, daß man zu Fuß und ohne jedes Ziel und ohne Lebensmittel gehen mußte. Wer nichts zu essen hatte, war auf die Kartoffeln angewiesen, die man sich in den leeren Dörfern, durch die man bis zur neuen Grenze, in meinem Falle Görlitz, suchen mußte, etwa 200 Kilometer Fußmarsch. Wer es nicht schaffte, starb eben. Aber auch in Görlitz kümmert sich keiner um einen. Es gab weder Lebensmittelkarten noch das Geringste zu essen. Es wurde einem mit Wegnahme der letzten Habe gedroht, wenn man dort bleiben wollte. Wer kein Ziel hatte, mußte sich eins suchen.

Am Sonnabend, dem 7. Juli [1945] früh, ging ich noch einmal meine Mutter besuchen. Das letztemal, daß ich sie sah, mittags, zogen wir zu sechs Personen mit unsrer letzten Habe, die ja bei jedem verschieden war, aus unserer geliebten Heimat Wohlau weg. Ich hatte nur ein kleines Handwägelchen, auf dem zwei Säcke lagen, von denen mir wiederum noch einer mit meinen Betten in Görlitz von Deutschen gestohlen wurde. Das im andern Sack war auch meist geschenktes oder auf der Straße aufgelesenes Gelumpe.

Unser erstes Ziel sollte Steinau sein, das wir erst gegen 23.00 Uhr russischer Zeit erreichten. Wir mußten hinter Reudchen stundenlang in einem fürchterlichen Gewitterregen stehen bleiben, da wir wegen großer russischer Transporte [aufgehalten wurden]. Es war schon ganz dunkel, als wir ankamen, ein Quartier fanden wir nicht mehr. Das von Kampfhandlungen sehr zerstörte Steinau war voll besetzt. Ein Russe riß mir die Handtasche vom Wagen, die mir eine Schwester des Josefsstiftes, weil ich nichts mehr hatte, eben geschenkt hatte. Schon war sie wieder weg. Auch meine Strümpfe, die ich mir hatte ausziehen müssen, weil wir durchs Wasser waten mußten, waren dahin. Wir nächtigten nun in der abgebrannten Turnhalle, froh, nicht mehr weiter laufen zu müssen. In meinen völlig durchnäßten Sachen — zum Wechseln hatte ich nichts, der nasse Mantel war gleichzeitig Decke, denn eine solche besaß ich auch nicht mehr, bis heutigen Tages nicht — schlief ich zwischen Schutt und Mauersteinen.

In Steinau trafen wir am nächsten Tage viele Wohlauer, die schon einen Tag früher herausgegangen waren. Unsere weitere Route war nun Lüben, Haynau, Bunzlau, bis wir am 27. Juli 1945 in Görlitz über die Neiße gingen und somit in Deutschland waren.

Wir liefen ungefähr 20 Kilometer, rasteten ein paar Tage, um uns etwas zu kochen. Meine Aufgabe war es, mit Frau M. in den Halteplätzen für unsere Gruppe alte Kartoffeln ausfindig zu machen, damit wir etwas zu kochen hatten. Manchmal fand man in den Scheunen noch etwas Getreide, aus welchem man die Körner herausmachte. Auf einer Schrotmühle, die auch in einem leeren Gehöft zu finden war, wurden sie geschrotet, Suppe daraus gekocht, oder manchmal gar ein Brot gebacken. Manchmal schenkte uns ein mitleidiger Russe einen Kanten Brot, den er aus seiner dreckigen Hosentasche zog und in den wir gierig hineinbissen. Wir zogen die Reichsstraße 117 entlang, oft bei glühender Hitze in meinem Winterkleid — ein Sommerkleid besaß ich nicht mehr — und in meinem einzigen Mantel, den ich mir aus Angst, daß er mir genommen würde, nicht auszuziehen wagte.

Die Dörfer waren fast immer leer, selten ein paar Deutsche, auch selten Polen, meist Russen. Sie waren teils sehr, teils gar nicht zerstört, doch ohne Möbel und Hausrat. Vieh natürlich gar nicht. Wir schliefen in Ställen, auf Böden, manchmal auch in Häusern. Mäuse und Ratten gab es genügend. In Thomaswaldau bei Bunzlau hatten wir noch einen Überfall durch die Russen, der mich eine von meines Vaters Uhren kostete, die ich mir bis dato trotz unzähliger Abtastungen in der Wohlauer Kriegszeit dadurch gerettet hatte, daß ich sie eingenäht auf dem Leibe trug. Mutters Schmuck in Gold und in Platin war ja bereits im Februar geplündert, und ein paar Brillantohrringe und noch einiges stahlen mir Deutsche in Görlitz.

Görlitz war durch die Neiße eine halb polnische, halb deutsche Stadt geworden. Es war fast unzerstört. Im deutschen Teil wimmelte es von Flüchtlingen. Zu essen gab es für uns nichts. Wir übernachteten zwei Nächte in sogenannten Flüchtlingslagern, völlig überfüllt. Die Menschen saßen auf den Treppen und lausten sich gegenseitig. Ich hatte auch gleich wieder Kleiderläuse. Wir bezogen noch verbotswidrig ein Privatquartier. Am 2. August 1945 wollte ich mit der Bahn nach Mitteldeutschland weiter, die erste, die ich seit Januar sah. Meist ging es per Güterzug. In Cottbus zehn Stunden Warten. Auf dem zerstörten Bahnhof lagen die Menschen auf den Bahnsteigen herum und kochten auf den toten Gleisen ihr Essen ab. Nirgends kümmerte sich einer um den andern. Wer sich nicht mehr selber helfen konnte, war eben verloren. Endlich, am 4. August 1945, kam ich am Ende meiner Kraft in A. an. ...

Nachdem ich mich etwas erholt hatte, fuhr ich Anfang September wieder zur Grenze, in der Hoffnung, wieder zurückzukönnen oder die Mutter herzuholen. Meine Sehnsucht nach Hause war unbeschreiblich. Auch kam ich mir in meinen Lumpen unter den z. T. noch gut angezogenen Menschen fehl am Platze vor. Drei Tage lag ich vergeblich dort, unmöglich herüberzukommen[1]).

---

[1]) Die Neißeübergänge nach Schlesien waren von den Polen seit Juni 1945 gesperrt.

Nr. 303

**Erlebnisbericht des Landwirts Johann Brendel aus K r u m m ö l s , Kreis L ö w e n -
b e r g i. Niederschles.**
Original, 12. Januar 1953, 7 Seiten. Teilabdruck.

**Erste Austreibung bis über die Neiße Ende Juni 1945 und selbständige
Rückkehr; Vorgänge bei der Ausweisung im Juli 1946.**

*Eingangs bemerkt Vf., daß die Dorfbewohner nach ihrer Rückkehr Mitte
Mai 1945 bald wieder, von russischen Besatzungstruppen nur wenig belästigt, ihrer normalen Haus- und Feldarbeit nachgingen.*

Zu unserem Befremden sickerten immer mehr Polen in das Dorf ein. Anfangs stellten sie noch eine gewisse Scheu zur Schau. Sie wurden von den Russen in die verschiedenen Gehöfte eingewiesen, was wir auch gar nicht tragisch nahmen, da wir doch besetztes Gebiet waren und den Krieg verloren hatten. Bald sollten wir eines Besseren belehrt werden. Radio, Fahrräder wurden beschlagnahmt, und sämtliche Dorfbewohner mußten weiße Binden tragen; von der Außenwelt waren wir vollkommen abgeschnitten.

Im Juni 1945 — wir waren in der Heuernte — bekamen wir Sonntag mittag um 10.00 Uhr den Befehl, daß sämtliche Dorfbewohner mit 30 Kilo Gepäck fertig zum Auszug sein müßten. Auf Befragen bei der russischen Kommandantur zuckten sie mit den Achseln und meinten, sie hätten keinen Befehl, die Austreibung den Polen zu verbieten. So wurde pünktlich um 2.00 Uhr von besoffenen Polen vom Oberdorf aus die Austreibung in die Wege geleitet. Wer nicht schnell genug aus dem Haus war, dem wurde mit Peitschen und Stockschlägen nachgeholfen. Am Ausgang des Dorfes war großes Halt. Dort wurden wir erstmals von Ohrringen, Fingerringen, Uhren und Geldbörsen erleichtert. Dann ging es unter Karabiner- und MP.-Schüssen im schnellsten Tempo bis in das nächste Dorf, was bereits geräumt war. Nach drei Übernachtungen kamen wir dann bis an die Stadtgrenze von Görlitz, wo uns schon ein großes Plünderungskommando erwartete. Alte und Kranke hatten wir auf bespannten Wagen mit Pferden, Ochsen und Kühen mitgenommen. Hier wurden sämtliche Gespanne weggenommen. So kamen wir nun mit dem, was wir tragen oder mit Kinderwagen fortbekamen über die Neiße nach Görlitz. Jeder war sich selbst überlassen, wo er bei einsetzendem Regen blieb. Die Stadt war bereits überfüllt von Vertriebenen. Nach drei Notquartieren zog ich mit einigen Familien 20 Kilometer hinter Görlitz, wo wir in einem kleinen Gasthof Unterkunft fanden.

Nach einigen Wochen erfuhren wir, daß Dorfbewohner, hauptsächlich Jugendliche, nachts über die Neiße gegangen und sich bis Krummöls durchgeschlagen hatten. Wir faßten nun auch den Entschluß, wieder zurückzugehen. Nach verschiedenen Hindernissen und Ausplünderungen kamen wir dann zu Hause an. Natürlich war unser Besitztum während der Abwesenheit durch die durchziehenden Trecks und Polen und Russen allerhand geschmälert worden. Zum Glück waren bei der Austreibung nicht alle erfaßt worden, teilweise waren sie auf dem Felde gewesen, oder die abgelegenen Gehöfte hatten nichts gehört. So ist während unserer Abwesenheit von diesen Leuten das Vieh notdürftig besorgt worden.

Wenn wir nun dachten, daß nun die Nachwirkungen des verlorenen Krieges beendet seien, hatten wir uns schwer getäuscht, denn nun kam für uns erst die Hölle mit ihren immer geschilderten Schrecknissen.

Die Russen hatten nur noch ein kleines Kommando im Dorf, welches für die Einbringung der Ernte und die Ablieferung der landwirtschaftlichen Produkte verantwortlich war. Der Pole spielte sich nun als Herr und Besitzer auf. Wir hatten Bauernfamilien, die verhungert wären, wenn sie nicht geheim von Nachbarsleuten mit Lebensmitteln unterstützt worden wären. Die Polen stellten nun ihre eigene Miliz auf.... In jedem Gehöft war nun eine Polenfamilie oder ein von der Wehrmacht entlassener Soldat. Wenn auch einige Vernünftige dabei waren, die wurden von den Verbrechern gezwungen, alle Schandtaten mitzumachen.

Vf. berichtet dann im einzelnen über eine Reihe von Gewalttakten und das Schreckensregime der polnischen Miliz bis zum Sommer 1946.

Endlich im Juli 1946 kurz vor der Ernte kam für uns der Tag der Erlösung. Zirka 450 Einwohner, ungefähr die Hälfte der Dorfinsassen bekamen abends um 8.00 Uhr die Order, morgens um 7.00 Uhr mit 30 Kilo Gepäck auf dem Schulhof zu sein. Die ganze Nacht gingen Polenstreifen, daß kein Nachbar zum andern gehen konnte, um Abschied zu nehmen. Auf dem Schulhof wurden wir alle nochmal registriert. Einige Familien, wo sich ihr Pole für einsetzte, konnten wieder zu Hause gehen. Dafür wurden andere wieder aus den Häusern geholt und kamen mit zum Transport. Die Polen revidierten nochmals das Gepäck; was ihnen gefiel, nahmen sie weg, außer man konnte sich mit genügend Reichsmark loskaufen. Die meisten hatten Kinderwagen, Hand- und Schubkarren mit, denn es stand ein über 20 Kilometer langer Marsch bevor bis hinter die Kreisstadt Löwenberg. Endlich siegte aber doch die Einsicht, und es wurden Pferde- und Ochsengespanne zur Verfügung gestellt. In die Wohnungen durften wir aber nicht mehr, daß man sich noch etwas mehr hätte mitnehmen können.

Eskortiert von bewaffneten Polen setzte sich dann die Kolonne in Bewegung. Das Plündern blieb auch unterwegs nicht aus. Gegen Abend kamen wir dann nach Plagwitz und mußten in der früheren Irrenanstalt Quartier beziehen. Viele Gemeinden waren schon da, und dauernd kamen neue; es war ein großes Durcheinander.

Nach einigen Tagen wurden wir nachts mit anderen Gemeinden auf einen Güterzug verladen, voraus ging aber noch eine gründliche Gepäckrevision. Frauen wurden von Polenweibern bis auf das Hemd untersucht. Lastkraftwagen standen bereit, die das weggenommene Gut sofort abtransportierten. Dann erreichten wir Kohlfurt, wo wir von englischen Soldaten übernommen wurden, was für uns ein großes Glück bedeutete. Die Polen begleiteten uns bis zur Zonengrenze. Das war für uns eine große Erleichterung, als wir dieses Pack nicht mehr sahen. Nach kurzen Unterbrechungen kamen wir nach Wipperfürth, dort wurde unsere halbe Dorfgemeinschaft auseinandergerissen, ein Teil kam nach dem Niederrhein, und ein Teil wurde mit Omnibussen nach Königswinter und Honnef befördert.

Unsere damals zurückgebliebenen Dorfgenossen haben dann noch schwere Zeiten durchgemacht, bis auch sie nachher im Dezember abtransportiert worden sind. Sie mußten aber leider in der Ostzone bleiben. Einzelne kamen noch zu uns an [den] Rhein zu Bekannten und Verwandten.

Nr. 304

Erlebnisbericht der Stenotypistin Gertrud Ploppa aus B r e s l a u.
Original, März 1948, 14 Seiten. Teilabdruck.

Vorgänge bei der Austreibungsaktion Ende Juni 1945 im Kreise Goldberg; Zwangsarbeit bis zur Ausweisung im Juli 1946.

Vfn. war von Breslau nach Löwenberg geflüchtet, hat dort den Einmarsch der russischen Truppen am 16. Februar 1945 erlebt und war mit der in Löwenberg verbliebenen Bevölkerung zur Arbeit für die Besatzungstruppen im rückwärtigen Frontgebiet gezwungen worden [1]. *Nach der Kapitulation blieb Vfn. auf einem Bauernhof in Pilgramsdorf, Kreis Goldberg.*

Am 25. Juni 1945 erfolgte die erste Ausweisung der Deutschen durch die Polen. Wir sollten über die Neiße. Es ging über Hainwald — Hockenau — Wilhelmsdorf. Es war abends 9.30 Uhr. Gerade wollte ich mich mit vielen anderen ins Stroh legen. Da ertönte das Kommando eines polnischen Offiziers: „Raus, in Reih und Glied antreten, alles dalassen. Auch Kinderwagen dürfen nicht mitgenommen werden." Wir taten es, stellten uns in Reih und Glied. „An die Wand stellen, Männer rechts, Frauen links, Hände hoch. Alle werden erschossen." Eine Frau, die zwei Kinder auf den Armen hatte, wurde angebrüllt, daß sie die Hände nicht hochhob. Man legte auf uns an. Wir glaubten, unser Ende sei gekommen. Man visitierte uns körperlich und raubte denen, die noch etwas hatten, Schmucksachen, Uhren, Füller usw. Der schöne polnische Offizier erschien mir wie ein leibhaftiger Satan. In der Frühe hätten wir das Dorf zu verlassen, sonst erschieße er uns ...

Bei Mondenschein standen wir auf und zogen über Gr. Hartmannsdorf (neun Kilometer lang), Mittlau, Alt Warthau, Looswitz, Bunzlau, Tillendorf nach Birkenbrück, das arg zerschossen war. Polnische Miliz begleitete uns. In Feldscheunen und Häusern, die den Regen einließen, wurden wir untergebracht. In einem kleinen Gehöft wohnten bis 100 Menschen. Das stille Örtchen war zerstört. Wo man ging und stand, trat man in Weiche. Das Stroh, in das wir uns legen mußten, war verlaust. Wir bekamen Kleiderläuse, ebenso Kopfläuse, und die Fliegen plagten uns. In einem ganz engen Raum lagen 12 Menschen. Auf den Rücken konnte man sich nicht legen. Im Stroh schliefen wir, saßen wir und aßen unsere karge Mahlzeit. Ein Kind von elf Monaten starb an Lungenentzündung in unserem Raum, ein junges Mädchen hatte Kopfgrippe und die anderen waren darmkrank. Ich betätigte mich als Samariterin. In der Nacht krachten Schüsse von Polen und Russen auf deutsche Männer und Frauen. Frauen wurden vergewaltigt. Manch einer hat dort sein Leben lassen müssen. Unsere Herzen pochten vor Angst. Tag und Nacht waren wir den Räubern ausgesetzt.

---
[1] Vgl. den unter Nr. 128 (Bd. I, 1) abgedruckten Bericht.

Am 6. Juli 1945 durften wir wieder nach Pilgramsdorf zurück. In Gr. Hartmannsdorf hielt uns ein russischer Offizier an. Wir mußten ein verschmutztes Haus von oben bis unten reinigen. Stundenlang dauerte es und hinderte uns am Trecken. 35 Leuten gab er dafür zusammen ein Brot. — Die polnische Miliz in Wilhelmsdorf nahm einer Bäuerin eine Kuh ab, ließ uns aber weitertrecken. Bei stärkstem Regen kamen wir in Neuwiese (Kolonie zu Pilgramsdorf) bei den Verwandten der Bäuerin aus Pilgramsdorf an. Der Weg nach Pilgramsdorf war offen, wenn wir uns verpflichteten, für die Polen zu arbeiten.

Jeden Morgen holte uns ein Wagen zum Dreschen von Getreide ab, das noch von der vorjährigen Ernte (1944) der Deutschen in den Scheunen lag. Die Polen gaben uns für die Arbeit kein Essen. Meine Aufgabe war es, das Stroh von der Maschine abzunehmen und es wegzutragen. Die Darmkrankheit verursachte oft Fieber, und ich habe manchmal wie im Traum gearbeitet. Jede Woche war ich einen Tag nicht arbeitsfähig, dann aber raffte ich mich immer wieder auf.

Eines Morgens — der Mond stand noch am Himmel — donnerte es an die Tür. Ein russischer Leutnant und zwei Soldaten standen draußen. Sofort anziehen und mitkommen zur Erntearbeit nach Ulbersdorf. Die Polen sollten sich ihre Arbeit allein machen. Von Juli bis Mitte Oktober 1945 war ich unter dem Russenkommando täglich 12 Stunden tätig. Auch sonntags wurde gearbeitet.

Anschließend berichtet Vfn. über die harten Arbeitsbedingungen und die tägliche Existenznot.

In Goldberg starben viele Menschen an Wassersucht. Zu einer Zeit, zu der die Menschen schon neue Kartoffeln aßen, hatten die Goldberger nur alte Kartoffeln und Brennesseln zu essen. Solange wir bei den Russen arbeiteten, waren wir davor geschützt, daß Polen ins Haus zogen. Ein russisches Plakat wies darauf hin. Nun aber konnte der Einzug nicht mehr verhindert werden. Mitte Dezember kam ein Pole mit fünf Kindern aus Galizien. Die Russen hatten ihn aus seiner Heimat verjagt. Die Kinder waren im Alter von sieben bis sechzehn Jahren. Die Frau war ihm gestorben. Sofort wurde alles beschlagnahmt: Das noch ungedroschene Getreide — Deutsche durften ihr Getreide nicht dreschen — und der gesamte Kartoffelvorrat von ca. 35 Zentnern. Die Kinder waren samt und sonders Verbrecher. Mit den gemeinsten Tricks brachen sie in unsere Kammern ein und stahlen wie die Raben. Schrecklich war es, wenn die Kinder betrunken waren. Das waren grauenhafte Stunden für uns. Das elektrische Licht wurde verlöscht, sie drangen im Finstern in unseren Wohnraum ein und machten einen fürchterlichen Krach, wobei sie stahlen, was ihnen in den Weg kam. Dabei belästigten sie uns in schrecklichster Weise. ... Auf das Kinderkommando mußte gehört werden, sonst schritt die Miliz ein. Sämtliche Arbeiten mußten die deutschen Frauen machen. Trotzdem die Gefahr bestand, zur Miliz geführt zu werden, habe ich den schlimmsten Jungen einmal fürchterlich verdroschen. Er schrie immer: „Miliza, Miliza" und drohte mir, hat es aber doch unterlassen, die Miliz zu holen. Grauenhaft war es, die unglaublich verdreckte Wäsche für diese Polen waschen zu müssen.

Eines Nachts donnerte es an unsere Kammertür. Ein Fußtritt. Die Haspe flog ins Zimmer. „Sofort mit Eimer ins Oberdorf kommen." Polnische Kinder hatten am Morgen das strohgedeckte Haus eines Deutschen angezündet, den ganzen Tag brannte es. Niemand kümmert sich ums Löschen. Jetzt in der Nacht sollten die Deutschen das fast auf die Grundmauern niedergebrannte Haus löschen. Die Miliz, stark angetrunken, verlangte, wir sollten auf die brennenden Balken treten und löschen. Nach mehreren Stunden ließ man uns endlich heimkehren.

Anschläge in den einzelnen Orten warnten die Deutschen, über die Neiße zu gehen. Nur im Wege der Repatriierung dürfte das geschehen. Im Juli 1946 gingen die ersten Transporte aus Pilgramsdorf ab. Am Tage vor unserer Ausweisung war der polnische Landvogt total betrunken. Die Leute mußten ihre Betten in die Umfriedung des zerschossenen Kriegerdenkmals werfen und laufen. Ich war entsetzt über diese Handlungsweise. Wir nahmen uns daher am Tage unserer Ausweisung, am 19. Juli 1946, nur das Notwendigste mit. Ausnahmsweise durften wir auf den Wagen fahren und singen. Der Landvogt hatte seinen guten Tag.

Abschließend macht Vfn. einige Angaben über den Transportweg und schildert kurz, wie sie sich in Westdeutschland eine neue Existenz aufbauen konnte.

Nr. 305

Erlebnisbericht des O. St. aus C o s e l i. Oberschles.
Original, 10. Juli 1952, 4 Seiten. Teilabdruck.

Austreibung aus Cosel am 2. Juli 1945.

In den ersten Abschnitten schildert Vf. Vorgänge bei den Kampfhandlungen um Cosel und die gleich nach dem Einmarsch der russischen Truppen einsetzenden Vergewaltigungen, Plünderungen und Vernehmungen.

Im Mai 1945 kamen die Polen und die Stadt unter polnische Verwaltung. Was die Russen übrig ließen, stahlen jetzt die Polen. Eine polnische Familie setzte sich in meine Wohnung. Ich wollte mir einige Sachen in die Notwohnung in der Nachbarschaft herausholen. Da wollte mich die polnische Miliz einsperren, weil ich im Begriff war, polnisches Eigentum zu stehlen. Ich floh und versteckte mich drei Tage in einer Scheune im Stroh. Nachdem sich die Gemüter etwas beruhigt hatten, suchte ich am späten Abend des dritten Tages die Notwohnung wieder auf. Auf der Straße durfte ich mich aber noch wochenlang nicht zeigen. Lebensmittelkarten bekamen nur die, die bei den Polen in Arbeit eingesetzt waren. Ich war auf die Gnade meiner Wirtsleute angewiesen.

Am 2. Juli 1945 morgens 6.00 Uhr betraten vier Milizsoldaten das Haus und jagten uns aus dem Zimmer. Ich zog mich rasch an, durfte aber sonst nichts mitnehmen. Das bare Geld, Sparbücher, Schmuck meiner 1944 verstorbenen Frau, mein Trauring, Urkunden, alles wurde mir weggenommen.

Auf der Straße stellte man uns zusammen — 243 Personen an dem Tage — führte uns in die Kaserne, wo nochmals jeder untersucht und von Geld und Wertsachen erleichtert wurde. Dann trieben sie uns wie eine Viehherde aus der Stadt heraus. Den ersten Tag marschierten wir etwa 30 Kilometer, den zweiten wieder soviel. Wer nicht mehr konnte, wurde geschlagen. Eine Frau blieb am Straßenrand liegen, keiner durfte helfen. Ein 72jähriger Mann fiel auf der Straße hin, das Tempo war ihm zu schnell. Da erhielt er einen Schlag mit dem Gewehrkolben, und sein Leben war aus. Es war eine große Hitze. Als wir durch die Dörfer zogen, stellten die Bauern Zuber mit Wasser hin. Der Milizmann sah das und stieß die Zuber mit dem Wasser um.

Am dritten Tage haben sie uns in offene Viehwagen verladen, die ganze Nacht im Regen auf dem Gleis stehen lassen und morgens bis Glatz gefahren. Dort haben wir in der katholischen Kirche auf dem Fußboden und Bänken übernachtet. Die Geistlichkeit hat uns mit Speis und Trank bewirtet. Nächsten Tag fuhren sie uns zurück bis Frankenstein, ließen uns auf dem Bahnhof stehen und überließen uns dem Schicksal[1]).

Vf. gelangte später (August 1946) mit einem Ausweisungstransport nach Oldenburg.

---

[1]) Über weitere Austreibungsversuche in Schlesien vor dem Potsdamer Abkommen s. auch die unter Nr. 338, Nr. 340, Nr. 341, Nr. 342, Nr. 343, Nr. 347, Nr. 349 (Bd. I, 2) abgedruckten Berichte.

II. Ausweisungsaktionen 1945 nach dem Abschluß des Potsdamer Abkommens (2. August 1945).

1. Die Vertreibung aus Schlesien.

Nr. 306

Erlebnisbericht des Landwirts J. K. aus Leobschütz-Schlegenberg i. Oberschles.
Original, 3. August 1952.

Austreibung nicht arbeitsfähiger Personen aus dem Stadtgebiet von Leobschütz; Zwangsarbeit der zurückgehaltenen Bevölkerung.

Unsere Gemeinde wurde den 27. August 1945 ins Lager Leobschütz gebracht. Das geschah so: Früh um 1.00 Uhr kam polnische Miliz in jedes Haus, wir sollten binnen 15 Minuten fertig sein, Decken mitnehmen und Verpflegung auf 14 Tage, die wir gar nicht hatten. — Der Pole hatte die Ernte mit dem Russen geteilt, und die Deutschen kriegten nichts. — Also wurden die ganzen Bewohner des Ortes zusammengetrieben, mit den bißchen Sachen, die wir gerade noch greifen konnten. — Denn wir hatten kein Licht und die guten Sachen waren alle versteckt in Scheune und Schuppen. Alle Tage wurde geplündert, einmal kamen die Polen, dann die Russen wegen angeblicher Suche nach Waffen. — Also ging es los nach Leobschütz, und wir kamen in ein stillgelegtes Sägewerk, welches schon mit Stacheldrahtzaun umgeben war. Den anderen Tag kamen 15 Personen wieder aus dem Lager als Arbeiter auf das Gut in unser Dorf zurück, welche bei den Polen arbeiten mußten.

Die anderen blieben im Lager bis zum 27. September 1945, da wurden sie verladen, waren 16 Tage unterwegs ohne Verpflegung. Meine Frau mit verheirateter Tochter und Sohn war auch dabei. — Wir hatten keine Ahnung, daß unsere Leute weg waren, haben es erst nach Tagen erfahren. — Aus der Stadt Leobschütz haben sie die Einwohner sogar aus den Kirchen rausgeholt, vom Gottesdienst weg, ohne etwas noch von Hause holen zu dürfen. Es blieben nur arbeitsfähige Leute zurück. Alles andere kam in den Transportzug, 65 bis 70 Mann in den Waggon, Kranke, die nicht mehr gehen konnten, und Gesunde zusammen. Die Wagen waren von außen verschlossen, gestorben sind auch aus unserm Dorfe vier Personen auf dem Transport nach Niederoderwitz b. Zittau/Sachsen. — Dies sind Angaben von meiner Frau.

Auf dem Gut mußten wir bei mangelnder Verpflegung, natürlich auch ohne Bezahlung, die Feldarbeiten machen. Nach Beendigung der groben Arbeiten schaffte mich der Pole ins Lager, Straflager Leobschütz. Erst zum polnischen Magistrat, dort wurde mir vorgeworfen, ich wollte nicht arbeiten. Der wahre Grund war wohl der: Der polnische Bürgermeister und der Pole kamen auf den Gutshof, ich sagte dem Polen, der auf meiner Besitzung war, er sollte mir etwas Sachen geben, da ich doch abgerissen war. Er hatte meinen Gehrockanzug, Pelz, Stiefel, also alles meine Sachen an. Dieses hatte wohl genügt, um mich ins Straflager abzuschieben. Im Lager wollten sie mich gar nicht behalten, denn es war ja kein Grund vorhanden, nach langem Hin und Her blieb ich doch im Straflager, Pg. war ich nicht.

Im Lager mußten wir um 4.30 Uhr früh anfangen, uns anzukleiden. Dann ging es zu den Polen zu verschiedenen Arbeiten: Getreide ausladen, Trümmer räumen, Feldarbeiten machen — natürlich Posten mit geladenem Karabiner dabei. Im Lager waren ca. 90 bis 95 Männer und 25 Frauen, die Verpflegung war sehr mangelhaft, es kam vor, daß es tagelang kein Brot gab. Wir haben 260 Waggons loses Getreide ausgeladen, so viel in die Säcke reinging. Es war uns zuweilen nicht möglich, das zu schaffen, da gab es eben mit Gewehrkolben, Knüppeln und allen möglichen Sachen Schläge. Wir waren so entkräftet, daß etwas einsichtige Polen fragten, ob ich besoffen oder krank bin. Aber deswegen gab es keine Ruhe. Eine Gruppe von sechs Mann war mit dem Transport einer Kiste mit Glas beschäftigt in der Nacht, dabei war die Kiste gekippt, und es gab Scherben. Bei der Rückkehr ins Lager gab es mit dem Gummi, daß das Schreien der Opfer im Lager widerhallte. Mir persönlich hat der eine Posten den rechten Arm kaputt geschlagen.

Vf. berichtet noch über die Folgen der erlittenen Mißhandlung und die Zustände im Lager bis zu seiner Entlassung und gleichzeitigen Ausweisung im August 1946.

Nr. 307

Bericht des Pfarrers N. N. aus L e o b s c h ü t z i. Oberschles.
Abgedruckt im Leobschützer Heimatbrief, 1950.

Austreibung aller arbeitsunfähigen Männer und Frauen mit Kindern aus Leobschütz (September 1945).

Am 26. September 1945, frühmorgens gegen 5.00 Uhr, begann die Razzia gegen die Deutschen. Die polnische Miliz drang in die Häuser ein und jagte alle Deutschen auf die Straße. Die wenigsten hatten noch Zeit und Gelegenheit, etwas von ihren wenigen Habseligkeiten mitzunehmen. Man trieb alle auf dem Ring zusammen und schaffte sie von dort teils in Lastautos, teils zu Fuß in das Lager von Marschke und Zilger. Seit sechs Wochen befand sich dort die Bevölkerung von Schlegenberg in diesem Lager. Während der ganzen Nacht mußten die Männer ungeschützt im Regen stehen. Am folgenden Tage wurde die Belegschaft des Lagers vom Stadtkommandanten und der polnischen Miliz in bezug auf die Arbeitsfähigkeit der Einzelnen ausgesondert: Frauen mit Kindern, junge Mädchen, Frauen ohne Kinder, arbeitsunfähige Männer. Die Parole hieß: Frauen mit Kindern und alte Leute kommen ins Reich, arbeitsfähige Männer, Frauen ohne Kinder und junge Mädchen bleiben hier zur Arbeit. Es waren gegen 3 000 Menschen in dem Lager zusammengepfercht.

Am 27. September 1945 gegen 5.00 Uhr nachmittags wurden die für den Abtransport bestimmten Personen zur Bahn gebracht. Unter ihnen befand sich auch der Franziskanerpater Ludwig Bogdanski, der ehemalige Guardian des Franziskanerklosters Leobschütz. Als Transportleiter war Kantor Borsutzki aus Leobschütz bestimmt. Nachdem man 70 bis 80 Personen wie Vieh in einen Wagen zusammengepfercht hatte, begann die Fahrt gegen 8.00 Uhr abends. Die polnische Miliz war dem Transport als Bewachung beigegeben. Niemand wußte, wohin die Fahrt geht. Am 28. September 1945 kam der Transport in Neiße O/S an und wurde vier Tage auf einem toten Gleis stehen gelassen. Da keine Lebensmittel mitgenommen waren, sich auch sonst niemand um die Verpflegung kümmerte, schrien die Menschen vor Hunger nach Brot. Aber keiner gab es ihnen. Soweit die Wagen von der polnischen Miliz geöffnet wurden, konnten die hungernden Menschen heraus und suchten sich Rüben und Kartoffeln auf den nächstliegenden Feldern. Dabei wurden viele, besonders alte Frauen, von der polnischen Miliz mit Gummiknüppeln geschlagen. Pater Ludwig begrub in den Wällen der Festung Neiße die ersten sieben Toten. Sie waren buchstäblich verhungert.

Weiter ging die Fahrt. In der Nacht drang die polnische Miliz in die Wagen ein, nahm den Frauen die Handtaschen ab, durchwühlte sie, stahlen, was ihnen gefiel; den Männern wurde das Geld abgenommen. Immer wieder wurde versucht, Frauen aus den Wagen herauszuziehen, um sie zu vergewaltigen. Wenn der Zug auf freier Strecke hielt und die Miliz die Wagentüren öffnete, stürzten sich die hungernden Menschen hinaus in die Felder, um einige Rüben oder Kartoffeln für den Hunger zu finden. Auf jeder Haltestelle wurden die Toten ausgeladen und an den Bahndämmen, in Schanzlöchern oder auf dem freien Feld beerdigt. Kurz vor Görlitz wurden die Heimatvertriebenen von Russen und der polnischen Miliz noch einmal gründlichst ausgeplündert. In Löbau/Sachsen, der ersten deutschen Grenzstation, wo der Transport am 10. Oktober 1945 anlangte, gab es von deutscher Verwaltung die erste Verpflegung. Pro Kopf ein Viertel Brot mit Quark und eine Mehlsuppe. Von Löbau wurde der Transport nach Zittau-Sachsen und von dort nach dem Lager Niederoderwitz weitergeleitet.

Auf der 15tägigen Fahrt starben 88 Menschen am Hungertod und durch Erschöpfung. Weitere 280 Personen starben an den Folgen der Ausweisung wenige Wochen später in Zittau und Niederoderwitz.

2. Vertreibung der deutschen Volksgruppen aus ihren Wohnsitzen im ehemaligen Kongreßpolen und dem Gebiet der früheren Provinz Posen.

Nr. 308

Erlebnisbericht des Bauern Wilhelm Schmidt aus K o r n a t y (Kornau), Kreis W r e s c h e n i. Posen.
Original, 26. September 1952, 16 Seiten. Teilabdruck.

Ausweisung der deutschen Bevölkerung im Oktober 1945.

Vf. beschreibt zunächst die Situation vor der Flucht, den Treck bis vor Schrimm, die Überrollung durch die Russen und die Rückkehr ins Heimatdorf[1]*); er berichtet weiter über die Verhältnisse unter der russischen Besatzung, von einschneidenden Maßnahmen gegenüber der deutschen Bevölkerung und fährt fort:*

Es hieß, diese Nacht oder jene Nacht kommen wir weg, aber immer vergebens. Endlich, am 20. Oktober 1945, ich hütete am Felde die Kühe, kam Nachbar Schulz vorbei und sagte mir: „Morgen früh geht es los." Ich ließ die Viehherde auf dem Felde, ging zum polnischen Ortsvorsteher und frug, was los ist. „Ja", meinte er, „unter vier Augen kann ich es Dir sagen, morgen früh um 8.00 Uhr sollt Ihr alle Deutschen vor der evangelischen Kirche zwecks Abtransports stellen."

Es war am 19. Oktober 1945. Wir packten von Abend an alle unsere Sachen, und wir hatten noch ein ganz Teil davon. Doch Mitternacht ein großes Gepolter, ein Donnern mit Gewehrkolben an unsere Tür und ruft: „Sofort aufmachen, polnische Polizei." Schweren Herzens riegelte ich auf, hereingeströmt kamen zwei Polizisten und ein berüchtigter Räuberhauptmann. Erst bekam ich ordentliche Schläge mit dem Gummiknüppel; als ich mir dieses verbat, ging das Gebrüll los. Bemerken will ich, daß mir die Schläge nicht wehe taten, da ich zur Reise drei Hemden und meine wollene Unterjacke an hatte. Jetzt ging das Räubern los. Ich mußte sämtliches Gepäck ausschütten, und das Zimmer war ganz voll Betten, Sachen, Wäsche, Lebensmittel, alles durcheinander. Mein Arbeitgeber Bartkowiak wollte uns retten, doch er durfte nicht in unser Zimmer herein.

Zuerst mußte ich alles Geld zeigen, natürlich unter dauernden Schlägen, sie raubten dieses, an 800 Zlotys; dann steckten sie einen Sack voll Wäsche, den der Polizist Stanowy gleich wegtrug. Dann Messer, Rasiermesser; wir hatten noch in einer Milchkanne an 40 Pfund Schmalz, an fünf Pfund gesponnene Wolle, dann Messer und Gabel, rundweg beladen und unter dauernden Beschimpfungen zogen sie ab. — Bemerken will ich, daß die ganze Bande schwer besoffen war. — Danach kam der Polizist Stanowy und suchte die andere Bande und erklärte uns, daß wir uns um 8.00 Uhr früh in der evangelischen Kirche versammeln sollen zwecks Abtransport nach Deutschland.

---
[1]) Abgedruckt unter Nr. 93 (Bd. I, 1).

Früh zogen wir los, ich besorgte einen Handwagen, und wir hatten noch so an fünf vollgestopfte Säcke. Von allen Richtungen kamen Wagen mit den letzten Deutschen und Tausende polnische Zuschauer, die noch stahlen, was zu stehlen war. In der Kirche hieß es von der polnischen „Gestapo", alles Gepäck auf eine Seite, und nur etwas Lebensmittel könnt ihr mitnehmen, und wir Ärmsten mußten zur anderen Seite. Ein Wehklagen und Jammern begann. Wurde uns doch unser Letztes geraubt. Wir wurden herausgetrieben, mit Kolbenstößen und Schlägen bedacht.

Beim Verladen auf Wagen versuchten wir, durch Bestechung noch in Besitz von etwas Sachen zu kommen. Gertrud gab einem Polizisten 200 Złoty, und er brachte ihr einen Sack mit ihrer Wäsche, etwas Sachen und Betten; unter fortwährenden Beschimpfungen, Flüchen und Schlägen setzte sich die Karawane in Bewegung, Richtung: Wreschen, unsere Kreisstadt.

Wir kamen so nachmittags dort an. Natürlich empfangen von einer zu Tausenden zählenden Menschenmenge, denn es wurde der ganze Kreis ausgewiesen. Es waren so an 1500 Personen. Um uns zu schikanieren, fuhr man die Stadt kreuz und quer bis zu verlassenen, verunreinigten Baracken. — In der Stadt hörte ich, wie ein Pole zum anderen sagte: „Du, Antek, sieh mal, es war noch viel Mist in unserem Kreis. Jetzt sind wir Freipolen" und stimmte ein Freudengeheul an. — Vor den Baracken alles abladen und herunter. Es waren fünf Baracken, die erste „Beste" durfte nicht belegt werden. Als ich frug, warum, wurde mir erklärt, die brauchen wir zum „Sieben".

Wir kamen in die zweite Baracke ohne Fenster, alles verunreinigt. Ein Jammern der Alten und ein Wimmern der Kinder begann. Die Nacht verlief ziemlich unruhig, andauernd gingen besoffene Polizisten durch und sagten uns, wir könnten beruhigt sein, sie werden uns bewachen. Schon in der ersten Nacht wurden die etwas abgelegenen Baracken bestohlen. Eine Frau hatte eine Ledertasche — Inhalt gestohlen (sie hatte 3000 Mark im Futter verwahrt). Einer anderen das goldene Gebiß herausgerissen beim Schlaf mit offenem Munde, das waren aber alles nur Vorzeichen. Es kam die anderen Nächte schlimmer. Neben mir lag ein alter Mann aus der Gegend von Miloslaw. Er konnte sich nicht behelfen, und früh war er tot. Er lag so zwei Tage neben uns, bis wir ihn in den nahen Garten heraustrugen. Am nächsten Morgen lag er ganz ausgezogen im Hemd, und Hunde hatten die Leiche angefressen. Als ich dann kolossal gegen alles protestierte, wurde mir gesagt: „Kratz ein Loch mit den Händen und vergrabt ihn, den verfluchten Deutschen."

Nach drei Tagen ging das „Sieben" los. An 480 Personen wurden aufgerufen, unter Bedeckung mußten sie mit ihrem Gepäck vor die Baracke 1 kommen, und einzeln wurden sie durchsucht und alles abgenommen und kamen mit uns nicht mehr in Berührung, die Baracke von Polizei umstellt und abends in der Dunkelheit zum Bahnhof gebracht. Hier wurden sie in die Schweinebuchten, die zum Verladen gebraucht wurden, eingesperrt und dann noch die ganze Nacht beräubert und junge Mädchen von der dortigen russischen Wache vergewaltigt, bis sie am Morgen verladen und abtransportiert wurden. Richtung Posen und Grenze. Die Alten und Kranken, die sich nicht behelfen konnten, ließ man zurück, und so kam es, daß viele Familien auseinandergerissen wurden.

Und dauernd kamen polnische Bauern aus der Umgegend und auch aus den Dörfern, wo wir her waren, und baten und überredeten die Deutschen, doch zur Arbeit dort zu bleiben, im Reiche wäre großer Hunger usw. Doch wir sagten: „Wir kennen die Polen zu gut." Beim Unterhalten sagten sie: „Jetzt, wo ihr Deutschen weg seid, will kein Pole mehr arbeiten, die verlangen 100 Złoty auf den Tag, und das können wir Bauern nicht geben."

Am sechsten Tage war dasselbe Manöver mit dem Ausrufen und Plündern, doch kamen die Ärmsten nicht mehr in die Schweinebuchten, sondern konnten über Nacht im Wartesaal auf den Zug warten.

Wir blieben bis zum achten Tage, also die letzten, und das Sprichwort: „Den Letzten beißen die Hunde", hat sich voll und ganz bewahrheitet. Auch wir wurden gesiebt und durchsucht und ausgeplündert, so daß uns nur für jeden ein kleines Gepäck, ohne Bett und Decke und ohne Sachen, übrig blieb. Als ich energisch dagegen protestierte, wurde mir hoch und heilig versichert: „Der Bequemlichkeit halber, damit ihr bequemer reisen könnt, wird euch sämtliches Gepäck abgenommen, numeriert, auf Güterwagen verpackt und bis zur Grenze mit euch befördert." Als ich dies nicht glaubte, packte mich schon ein Polizist und stieß mich in die bewachte Baracke, daß ich bis in die Mitte hineinflog, und schloß die Tür hinter mir. Durch die Fenster konnten wir beobachten, wie mehrere Wagen beladen wurden und mit unseren Sachen zur Stadt fuhren. — Erwähnen will ich noch, daß wir in der letzten Nacht, wo wir noch etwas Sachen hatten, dauernd durch polnische Banden bestohlen wurden; einer Frau, die von Beßarabien stammte, wurde der Pelz mit Uhr, dann wunderbare selbstgestickte und gewebte Sachen, die sie durchaus mitnehmen wollte, geraubt. Meinem Nachbarn Bauch wurden die Stiefel ausgezogen, im Futter waren 1 000 Mark, auch die waren weg. Später raubten die Russen ihm noch den Mantel, dort hatte er auch etwas versteckt.

Bemerken will ich noch, daß während unseres achttägigen Aufenthaltes sämtliche arbeitsfähigen Leute von uns jeden Morgen zur Arbeit herangezogen wurden, teils den ganzen Tag ohne Verpflegung, auch wurden an diesem letzten Tage sämtliche Toten in den Baracken gesammelt und auf den Friedhof gebracht. Ungefähr fünf oder sechs, alles alte Leute, die von ihren Kindern getrennt wurden und in Kummer, Elend und Hunger starben. In den acht Tagen bekamen wir zwei- bis dreimal Brot und vier- bis fünfmal warmen Kaffee, aber noch mit Scheltworten und Flüchen.

In der Baracke eins warteten wir auf unseren Abtransport, und wieder, wie es dunkel wurde, hieß es, alles heraus: wir wurden zu viert geordnet, und unter vielen Scheltworten setzte sich unser Zug zum Bahnhof in Bewegung. Unterwegs sagten die Polizisten: „Ja, heute wo sie kein Gepäck haben, können sie auch alle schön laufen, aber gestern mußten wir oft ausruhen." Viele verständige Polen, die an der Straße standen, hörte ich: „Wie wird die Vergeltung wieder mal sein."

Die zum Schluß mit uns fortgeführten zehn Schwerkranken kamen mit Wagen, und wir legten sie an einen nahe beim Bahnhof gelegenen Schuppen. Wir selbst wurden in dem Wartesaal „vierter Klasse" untergebracht. Polizei bewachte uns, und wir blieben bis früh um 5.00 Uhr, dann wurden wir verladen und einem planmäßigen Zuge Richtung Posen angehängt. Früh wurde auch ich zum Tragen der Kranken in den Zug beordert. Welch ein Jammern und Wehklagen, sie riefen die Vornamen ihrer Kinder. Ein alter Mann, wahrscheinlich erstickt, lag in einer Blutlache um seinen Mund tot. Es war keine Möglichkeit, wir nahmen, ein Mann die Lakenenden vorne, der andere hinten, und schleppten diese Ärmsten, so daß Hände und Füße teilweise auf der Erde schleiften und wir von der Polizei getrieben wurden. Einige Frauen waren schon tot, auch diese wurden verladen.

In Posen wurden wir in Richtung Reppen—Frankfurt/Oder angehängt, doch die Bewachung war verschwunden. Wir kamen nach Reppen, der Zug hielt, und die Lokomotive fuhr davon, und wir waren unserem Schicksal überlassen. Bis zur Oder waren es noch an zehn Kilometern. Und schon standen halbwüchsige Polen an unserem Zuge, und ich hörte, wie sie sich freuten, wenn bloß der Zug die Nacht über hier bliebe, und so war es auch.

Spät abends kam ein großer Transport mit deutschen Kriegsgefangenen und hielt neben uns, gleich war die Verbindung hergestellt, und ein Woher und Wohin. Es waren noch hinten einige Wagen leer, in diesen richteten wir uns ein, doch auch dieser Transport blieb die Nacht durch liegen. Ja, nun kam das Schlimmste. Es kamen besoffene polnische Soldaten und bedrängten uns; diese wurden von den Russen verjagt. Aber bald kamen Russen und versuchten, unsere Wagentür aufzureißen. Anfangs gelang es ihnen nicht, da wir von innen festhielten. Doch später kamen sie mit Verstärkung, und wir hörten schon vom Nachbarwagen Hilferufe, Weinen und Jammern. Russen hatten dort mehrere Mädchen herausgezerrt, um sie zu vergewaltigen; diese flohen unter großem Lärm in die Waggons der Gefangenen, diese auch machtlos, brachten sie sofort in die Wagen von gefangenen Franzosen. Als ich am Morgen einige Mädchen traf, sagten sie, die Franzosen wären sehr höflich und anständig gewesen und hätten sie beschützt.

Ja, jetzt kam unser Wagen ran, die Tür wurde aufgerissen. Es sprangen mehrere Russen herein und fingen an, unsere paar Habseligkeiten herauszuwerfen. Als auch bei uns alle schrien und jammerten, blieben zwei Russen bei uns im Wagen, während die anderen davonliefen, natürlich bepackt. Diese zwei luden ihre Revolver und hielten uns in Schach. Einer stand mit Revolver, der andere raubte, und zwar Brandek eine Uhr und Brieftasche mit Inhalt 600 Mark, Sommerfeld einen Mantel, Frau Bittner Mantel mit Reisegepäck, Frau Martin Mantel mit 2 000 Mark, meine Joppe, nach vielen Einwendungen gaben sie sie wieder zurück. Fräulein Mekling die Stiefel, Frau Weesa auch Mantel, so daß jeder Russe den Sack voll hatte, dann gingen sie raus. Sie wollten noch ein Mädchen mitnehmen, aber auf unser aller Bitten ließen sie davon ab.

Kaum waren die weg, kam ein älterer Russe ganz harmlos, er wollte Geld umtauschen. Dann wurde er frech und erklärte uns, wenn nicht jeder Reisende ihm 50 Mark abgibt, erschießt er einige, auch mit vorgehaltenem

Revolver. Durch diesen Trick holten einige Brieftaschen hervor, die er schön einsammelte und darauf verschwand. Dann wurden auch wir frech und ließen keinen mehr herein, trotzdem sie dauernd an den Türen zerrten. In Angst und Schweiß warteten wir auf den Morgen.
Gegen Morgen kam eine Lok, spannte vor, und wir kamen über die genannte Grenze nach Frankfurt a. d. Oder. Auf dem Bahnhof war alles voll Truppentransporte. Wir stiegen nun schleunigst heraus, um weiterzukommen, und jeder war auf sich selber angewiesen. Zu kleinen Rudeln stiegen die Flüchtlinge in verschiedene Richtungen ein; wo die Kranken und Toten geblieben sind, wissen wir nicht. Gleich setzte sich unser Zug in Bewegung, der Schaffner war uns in allem sehr behilflich, wir fuhren frei, kamen über Prenzlau nach Bernau Richtung Berlin.

Abschließend schildert Vf. die Fahrt durch die russische Zone, den Aufenthalt im Lager Staaken und die endgültige Ansiedlung bei Vechta/Oldenburg.

Nr. 309

Erlebnisbericht der M. H. aus K o l m a r i. Posen.
Original, 10. Dezember 1952, 3 Seiten. Teilabdruck.

Plünderung eines Ausweisungstransports auf der Strecke von Posen bis Küstrin (Oktober 1945).

Zunächst berichtet Vfn. von ermordeten und gestorbenen Personen aus ihrer Heimatstadt, erwähnt die Verschleppung der Männer nach Rußland und fährt fort:

Ende Oktober kamen wir dann heraus. In Posen auf dem Bahnhof lagen wir von früh bis abends und wurden von einer Ecke zur andern gejagt, dann zur Kontrolle; das Beste wurde uns genommen. Als wir nun über Kreuz nach Küstrin fuhren, natürlich im Güterzug, da wurden wir von Banditen überfallen. Ich saß auf meinem Bündel und hatte das Kind auf dem Schoß. Zuerst riß man mir die Stiefel aus, als ich wieder das Kind an mich nahm und auf dem Sack saß, da kam schon einer und streifte mir die große Einkaufstasche vom Arm, wo ich die gute Lederhandtasche mit sämtlichen Papieren, Geld usw. drin hatte. Rundrum und obenauf hatte ich Essen und Trinken fürs Kind. Nun schrie ich und bat, sie möchten mir doch das fürs Kind lassen, aber da schoß auch schon einer mit der Pistole und fluchte polnisch.

Ich war dann eine Zeitlang besinnungslos. Als ich wieder zu mir kam, fühlte ich nur nach dem Kinde; es war dunkel im Wagen, und da merkte ich, daß auch der Sack mit den Sachen weg war. Nun hatte ich nichts mehr. Auf einem Vorort von Küstrin wurden wir rausgeworfen, mußten dort auf den Bahnschienen sitzen, bis es hell wurde, und so kalt. Am Morgen wurden wir weitergetrieben wie Vieh. Polnische Burschen liefen zwischen uns und stahlen, was sie nur konnten. Bis zur Oderbrücke wurden wir so auseinandergejagt; dann dachte man, wir wären erlöst, aber dann ging es mit den

Russen los, man konnte nicht weiterkommen. Drei Wochen war ich unterwegs mit dem Kind auf dem Arm und nichts zu essen und zu trinken. Man darf nicht daran denken, dann zittern einem die ganzen Nerven. Die Angst und diese schrecklichen Erlebnisse gehen mir nicht mehr aus dem Sinn.

Nr. 310

Erlebnisbericht des Max Feiler aus T u r e k i. Westpolen.
Original, September 1952.

Drangsalierungen bei der Ausweisung im November 1945.

Ich kam am 16. November 1945 krank aus der Gefangenschaft zurück. Am 18. November 1945 wurde ich mit meiner Familie ausgewiesen, erhielten 15 Minuten zuvor Bescheid, daß wir in 15 Minuten abgeholt werden, wurden auch nach der Zeit abgeholt. Der Pole führte uns in eine jüdische Synagoge, wo schon Hunderte von unseren Leidensgenossen drin waren und noch immer reinkamen. In der Synagoge waren wir einen Tag und eine Nacht. Die Polen kamen und schlugen noch so manchen furchtbar.

Den nächsten Tag führten sie uns in eine Scheune des Gutes Orlowski, dort wurden wir von dem wenigen, was uns erlaubt wurde mitzunehmen, beraubt; da meine Frau zwei kleine Kinder hatte und nicht viel tragen konnte, zog sie fünf Kleider aufeinander, die wurden ihr ausgezogen, der Pelzmantel runtergezogen, trotzdem wir dies alles vor dem Kriege kauften. In der Scheune wurde ich noch sehr geschlagen von einem betrunkenen Polen. Aus der Scheune wurde auch der Postbeamte Max Bänke weggeholt; was mit ihm geschah, das weiß ich nicht. Den Bäckermeister Julius Krüger haben die Polen so zerschlagen, daß er schon in Posen starb.

Am 21. November morgens wurden wir verladen auf Güterwagen. So ging es langsam nach Opatóweck. Die zweite Station war Ostrów. Dort haben die Polen die jüngeren Männer rausgeholt und sehr zerschlagen. Dann brachten sie uns auf ein blindes Gleis, ließen uns drei Tage stehen, plünderten, raubten, wo noch was da war. So ging es weiter nach Posen. Unterwegs starb Herr Krüger.

In Posen hängten sie die halben Güterwagen ab und schlossen sie an [einen Zug mit] Rußlandpolen, welche nach Schlesien fuhren, an. So ging [nur] der halbe Transport über Scheune. Dort haben sie den Armen noch den Rest gegeben. Wer noch was verbergen konnte, der wurde dort restlos beraubt. Von unseren Turekern wurden sehr viele unterwegs verloren, besonders die Alten gingen unterwegs runter, man sah sie nicht wieder. Es starben auch viele von Umgebung Turek; da die Namen unbekannt, kann ich's nicht schreiben. So kamen wir mit großer Not nach Berlin-Friedrichsfelde, so Ende November. Von dort aus haben sie niemanden nach dem Westen fahren lassen. Die meisten von unsren Leidensgenossen verfrachteten sie nach Mecklenburg. Dort brach der Typhus aus, eine große Anzahl starb. Wir sind mit großer Mühe nach dem Westen gekommen.

3. Vertreibung aus Ostpreußen im Oktober und November 1945.

Nr. 311
Erlebnisbericht der M. M. aus L a u k e n , Kreis L ö t z e n i. Ostpr.
Original, 28. Mai 1951, 8 Seiten. Teilabdruck.

Polnische Ausweisungsmaßnahmen und Transport nach Mecklenburg.

Vfn. berichtet im ersten Teil ihres Berichtes über einzelne Gewalttaten von Russen und Polen gegenüber den Deutschen im Kreis Lötzen.
Mitte Oktober wurde von dem polnischen Bürgermeister im Saale des Dorfkruges eine Versammlung einberufen. Ein Redner, der deutsch sprach, erklärte uns, daß wir auf Grund des Potsdamer Beschlusses von hier fort müßten. Wir kämen nach Deutschland unterm Engländer oder Amerikaner und könnten dort siedeln. Nur Spezialisten oder Leute, die durch Papiere nachweisen konnten, daß sie polnische Vorfahren hatten, durften hierbleiben. Einige Frauen weinten laut auf, die meisten von uns waren wie erstarrt. Aber was blieb uns auch übrig? Das letzte Vieh hatten wir an das polnische Staatsgut (früher Parschau Herrmannshorst) abgeliefert. Die Mühle war angewiesen, uns kein Brotgetreide mehr abzumahlen, trotzdem in den Scheunen genug Brotgetreide lagerte und die Roggenhocken auf den Feldern verfaulten. Tag und Nacht wurden wir geplündert und belästigt, das war kein Leben mehr.

In Rhein erhielten wir auf dem Magistrat einen Ausweisungsschein und sammelten uns in einer ehemaligen Beamtensiedlung, die durch Stacheldraht abgesperrt war. Die Polen zeigten hier ihren ganzen Haß. Viele liefen mit Kantschuks herum, schlugen nach uns oder spuckten uns an. Jede Person wurde abgetastet, die besten Kleidungsstücke ausgezogen und das ganze Gepäck auf die Diele geschüttet. Was ihnen davon gefiel, ins Zimmer nebenan geworfen, und dann mußte man schnell den Rest seiner Habe zusammenraffen, sonst gab es Fußtritte.

Als ich mich am ersten Abend gerade hinlegen wollte, wurde ich von der polnischen Miliz gesucht und in ein Zimmer geführt, wo sich noch mehrere Polizisten und ein Wolfshund befanden. Der polnische Bürgermeister aus Lauken hatte mich wegen Spionageverdacht angezeigt, weil er bei einer Nachsuchung hinterm Schreibtisch meinen Telefonapparat gefunden hatte. Ich sollte mit deutschen „Partisanen" telefonische Verbindung gehabt haben.

Die Russen hatten diesen Apparat bereits im März beschlagnahmt, aber nicht abgeholt. Ich erklärte alles, fand aber keinen Glauben. Vielmehr legte man mich über einen Schemel, entblößte meine Hinterseite und schlug so lange mit dem Gummiknüppel, bis ich ohnmächtig zusammenbrach. Dann wurden meine beiden ältesten Kinder verhört, meine Schwester und unser Onkel E. M. aus Lauken, 65 Jahre alt. Letzerer wurde ebenfalls geschlagen, während meine Schwester von drei Polen vergewaltigt wurde, trotzdem sie gerade ihr Unwohlsein hatte.

Mit einem Wagen fuhren mich drei Polen heraus zu unserem Hof. Ein Pole sagte: „Dort wirst Du erschossen, Deine Kinder kommen nach Polen in ein Lager." Im Schreibzimmer, wo der Telefonapparat stand, hielten zwei Polen bei einer Flasche Schnaps Wache, alles war durchwühlt. Ein Pole schlug mich ins Gesicht und schimpfte: „Verfluchter Spion."

Ich versuchte es ihnen zu erklären, daß die Leitung doch bereits seit Ende Januar ohne Strom sei und man gar nicht telefonieren konnte. Daraufhin sagten sie, ich könne mein Leben retten, wenn ich meinen Schmuck herausgebe und meine Verstecke zeige. Ich hatte nur noch meinen Trauring und händigte ihn aus. Dann zeigte ich ihnen meine letzten Hühner, die auf den Bäumen saßen. Ein Pole vergewaltigte mich und dann brachten sie mich ins Lager zurück. — Mehrere Frauen aus Lauken und auch Nachbar Volkmann haben meinen zerschlagenen, blutunterlaufenen Rücken gesehen. —

Am Nachmittag desselben Tages kam ein polnischer Offizier ins Zimmer, um Uhren und Schmuck zu erpressen. Er drohte mit dem Revolver und fing zu zählen an. Bis 20 würde er warten, wir sollten schnell alles hervorsuchen. Ich lag lang und wimmerte vor Schmerzen, mir war alles egal. Meine Schwester wurde abwechselnd rot und blaß vor Aufregung. Das ging so eine Weile hin, mir erschien es wie eine Ewigkeit. Fluchend verließ er das Zimmer, nachdem er unsere wenige Habe durchsucht und nichts gefunden hatte.

Die Fahrt von Ostpreußen nach Mecklenburg hat sieben Tage gedauert. Wir wurden wie die Heringe in zum Teil offene Viehwaggons gepreßt, auf den Stationen weiter laufend ausgeraubt. Viele alte Leute und kleine Kinder starben. Andere, die nicht genug Lebensmittel und kein polnisches Geld hatten, tauschten ihre letzten Sachen gegen Brot ein. Wenn wir nachts umgeladen wurden, rief ich laut die Namen meiner Kinder, um sie nicht zu verlieren.

Endlich kamen wir dann im Lager Cronscamp Mecklenburg an, das bis dahin von russischen Truppen belegt war. Hier verlausten wir total, und täglich starben viele an Hunger. Etwas besser wurde es, als man uns auf die Dörfer verteilte. Wir wären aber doch wohl körperlich und seelisch zu Grunde gegangen, denn es brach Typhus und Krätze aus. Mit letzter Kraft raffte ich mich auf und erreichte einen Transport nach dem Westen, wo ich günstigere, menschlichere Lebensbedingungen vorfand.

Nr. 312

Erlebnisbericht von Frau E. M. aus **M o s t o l t e n**, Kreis **L y c k** i. Ostpr.
Original, 14. Oktober 1951, 26 Seiten. Teilabdruck.

Zwangsmaßnahmen polnischer Behörden im Masurenland zur Herbeiführung der Option für den polnischen Staat, Ausreiseverbot, mißglückte Flucht nach Westdeutschland 1945[1]**).**

Nachdem Vfn. von ihrer mißglückten Flucht Ende Januar 1945 und den folgenden Erlebnissen in Mostolten unter Russen und Polen bis zum Herbst 1945 berichtet hat, fährt sie fort:

---
[1]) Es handelt sich hier um erste polnische Versuche, die Masuren zur Option für den

Bald kamen die Polen auf den Gedanken, daß unser Kreis Lyck zum Masurenland gehört und schließlich sagten sie: Masuren sind Polen. Nun ging das Verfolgen und Optieren los. Man wollte uns auf alle Arten überreden, wir sollten unterschreiben. Man versprach uns alles Mögliche, wir würden als Gäste aufgenommen, weil wir unter den Deutschen so viel leiden mußten. Darüber machte ich doch ein Hohngelächter und habe den Polen erklärt, daß das alles erlogen und erfunden sei; wir waren gleiche Deutsche wie die Berliner und Rheinländer und wurden von deutscher Seite als gute Deutsche behandelt und gehalten und haben [es] unter deutscher Führung gut gehabt und wollen, da es unsern Brüdern und Schwestern schlecht geht, mit ihnen das Los teilen, wollen leiden, was alle Deutschen leiden müssen und nie Verräter unseres schönen deutschen Vaterlandes und unseres Deutschtums sein.

Man hatte uns Kilometer weit in Propaganda-Versammlungen gefahren, wo Deutsche, die vergessen hatten, was sie waren, über unsere tapferen Soldaten mit üblen und spöttischen Reden einherzogen, die die Wehrmacht als die größte Plünder- und Räuberbande bezeichnete, die es je gegeben hatte. Und so mancher leichtgläubige Deutsche hatte damals den falschen Versprechungen geglaubt und hat sein Deutschtum an Polen verkauft.

Nun machten sie [es] auf eine andre Art mit dem Optieren. Sie stellten Listen zum Transport auf, und die Namen mit -ski, -witz, -zik und eben Namen, die sie verdrehen konnten, schrieben sie auf eine besondere Liste. Diese sollten dort bleiben, wenn die anderen rausmachten. Da sie merkten, wie sehr ich unter diesem Druck gelitten habe, hatten sie ihren Spott mit mir und riefen mir sogar auf der Straße nach: „Du nicht raus, Du hier bleiben."

Eines Tages hieß es, daß vom Bahnhof Woeterkeim wieder deutsche Schwarzfahrer fahren können, denn der deutschfeindliche Milizsoldat hat Sonderurlaub und die zwei andern und der polnische Bahnvorsteher verhalfen Deutschen zur Flucht, so habe ich mit meiner damals 68jährigen Mutter auch den Schritt zur Schwarzfahrt gewagt.

Unter Lebensgefahr verbunden, schlichen wir uns über Schippenbeil am hellen Tage nach Woeterkeim. Unser bißchen Hab und Gut hatten andere mit dem Handwagen gefahren, außer einigen merkte kein Mensch, wo wir hin wollten. — Schon rollte ein russischer Leerzug an, und ohne jedes Hindernis waren wir in einem Viehwagen untergebracht. Man befahl uns, sich ruhig zu verhalten, was wir auch taten. Doch wir waren ja nicht allein, die fort wollten. Es waren im ganzen zehn Schwarzfahrer, die die Not aus der Heimat trieb.

Korschen, eine ganz gefährliche Station, wo schon mancher Schwarzfahrer aus dem Zug geworfen wurde. Dann Allenstein? Aber wir hatten Glück. Doch das Unglück lauerte weiter auf uns. In Nakel in Westpreußen hatte eine Schwarzfahrerin eine Tür geöffnet, sie meinte, sie wäre in Berlin, und da geschah das Furchtbare.

---

polnischen Staat zu veranlassen. Vgl. hierzu die Ausführungen des J. E. aus Osterode, abgedruckt unter Nr. 192 (Bd. I, 2). — Über spätere Maßnahmen dieser Art s. die unter Nr. 372 — Nr. 382 (Bd. I, 2) abgedruckten Briefe.

Man hörte die Türen an den Wagen auf und zu gehen, und plötzlich öffnete sich auch die Tür an unserem Wagen. Das Herz wollte vor Schreck stehenbleiben. „Wo wollt Ihr hin?" schrie eine rauhe Stimme. „Hier ist Berlin, aussteigen!" sprach ein polnischer Bahnpolizist in gutem Deutsch, Man brachte uns ins Bahnhofsgebäude und holte noch die restlichen Schwarzfahrer aus dem Zuge. In dem Moment wurde das Signal gezogen und der Zug verließ ohne uns den Bahnhof.

Im weiteren wird geschildert, wie Vfn. in das Lager Potulice eingeliefert wurde und was sie dort bis zur Entlassung nach Deutschland (April 1947) erlebte.

Nr. 313

Erlebnisbericht von Karl Kensy aus J ä g e r s d o r f , Kreis N e i d e n b u r g i. Ostpr.
Original, ohne Datum, 13 Seiten. Teilabdruck.

Begleitumstände der Ausweisung aus Jägersdorf im Oktober 1945.

Nach Wiedergabe seiner Erlebnisse während der Flucht und der Rückkehr sowie der Lebensverhältnisse und Ereignisse unter den Russen und Polen bis zum Herbst 1945 berichtet Vf.:

Die Deutschen sollten nun für Polen optieren. Die meisten taten es aber nicht, so wurde mit Ausweisung gedroht, die auch später erfolgte. — Der polnische Bürgermeister hat erfahren, daß ich früher in Jägersdorf Bürgermeister war. Daraufhin suchte er mich mehrere Male auf und erkundigte sich bei mir über die Größe der Gemarkung und die Gliederung in Acker, Wiese und Wald. Auch hat er meinen Nachbar Wilkop und mich zu sich eingeladen, um ihm bei den Arbeiten behilflich zu sein. Wir sollten jeden Tag nach der Arbeit zu ihm kommen. Wir fanden aber Ausreden und waren nur einmal da. Es war auch gut so, denn die Polen hätten uns später nicht ausgewiesen, sondern hätten uns dabehalten und gezwungen, für Polen zu optieren. Und das wollten wir auf keinen Fall.

Im September begannen die ersten Ausweisungen. Die Ausweisungspapiere bekam dieser zuerst, der am besten geschmiert hatte. Aber nicht nur der Bürgermeister sondern auch sein Stellvertreter und der Amtsvorsteher wollten was haben. Die Deutschen gaben nun an Wäsche, Kleidung, Möbeln, Betten und Maschinen alles hin, um nur aus der Hölle herauszukommen. Trotzdem war es nicht so einfach, die Papiere zu bekommen. Erst mußte man vom Bürgermeister einen Zettel haben, der vom Amtsvorsteher unterschrieben sein mußte. Damit mußte man nach Neidenburg zum Landrat gehen. Doch auch der wollte geschmiert werden. Es war einer hungriger als der andere. Man wurde aber nicht gleich abgefertigt sondern mußte erst die dreckigsten Arbeiten verrichten. Und am Nachmittag war der Landrat nicht da. So mußte man am anderen Tage wiederkommen. Am nächsten Tage erreichte man dasselbe. So sind unsere Frauen eine ganze Woche Tag für Tag nach Neidenburg gegangen und haben doch nichts erreicht. Erst auf flehentliches Bitten und gutes Schmieren, — man war gezwungen, das Letzte zu geben — besorgte uns der Amtsvorsteher die Ausweisungspapiere. Am 15. Oktober 1945 konnten wir fahren. Doch der Stellvertreter des Bürgermeisters glaubte noch zu wenig bekommen zu haben und wollte uns noch nicht fahren lassen. Ich mußte zu einem Miliza Holz hacken gehen. Aber die Polen, die auf unseren Grundstücken waren, setzten sich bei der Miliza für uns ein, und wir konnten noch am 15. Oktober 1945 abfahren. Zuerst mußten wir aber noch zur Miliza, denn auch die wollte noch was haben. Dort mußten wir unser so armseliges und weniges Gepäck auspacken. Was der Miliza gefiel, hat sie uns abgenommen. Als sie uns nun leichter gemacht hatten, konnten wir nach Neidenburg zur Bahn fahren. Vorher mußten noch Wilhelm W. und seine vier Jungen antreten. Sie wollten die Choleras [1]) — gemeint ist Familie W. — noch einmal sehen. Die Polen haben uns mit einem Fuhrwerk, das wir natürlich bezahlen mußten, nach Neidenburg gebracht. Um 17.00 Uhr waren wir in Neidenburg. Wir durften aber nicht mehr nach Allenstein weiterfahren, sondern mußten hier übernachten.

Wir lagen in dem Behördenhaus am Bahnhof. Als es dunkel wurde — Licht durften wir nicht anzünden —, kamen ein paar Polen und ließen im Vorbeigehen ein paar Päckchen mitgehen. W. hat sein Bündel aber festgehalten und wollte es nicht geben. Nach einer Weile kamen dieselben Polen wieder und suchten W. Sie wollten ihn mitnehmen, fanden ihn aber nicht, denn seine Frau hat ihn im Gepäck versteckt. — Nach etwa einer Stunde kamen wieder einige Polen. Diesmal in Eisenbahneruniform. Sie suchten ein Mädchen oder eine junge Frau, die sie als Dienstmädchen behalten wollten. Als aber keine mitgehen wollte, suchten sie ein älteres Mädchen, das einen alten Vater zu betreuen hatte, aus. Doch das Mädchen wollte ohne den Vater nicht gehen. Die Polen nahmen also beide mit. In einem gegenüberliegenden Haus haben sie ihnen die Sachen und Betten abgenommen und schickten sie wieder zurück. Inzwischen haben andere Polen dem G. Z. aus Jägersdorf alles Geld abgenommen. Wer Złoty hat, sollte sie abgeben, oder sie werden nach Geld suchen. Es gaben alle etwas, und die Polen haben sich damit abgefunden.

Etwa 12.00 Uhr nachts kamen ungefähr 15 Polen, teils in Eisenbahneruniform, alle schwer bewaffnet und trieben uns in ein nebenan liegendes Zimmer. Das Gepäck durften wir nicht mitnehmen. Nun haben sie uns aber den Rest genommen, ja sogar Brot, das wir auf die Reise mitgenommen hatten. Nach einer halben Stunde durften wir wieder in das Zimmer, in dem wir unser Gepäck zurückließen, hineingehen. Wir fanden jedoch bis auf einige Kleinigkeiten, die zertreten waren, nichts wieder. Nach einer Stunde kamen wieder zwei Polen. Sie nahmen W. W., G. Z. und mich in ein hellerleuchtetes Zimmer und zogen hier W. die Joppe aus. Er blieb nun in einer dünnen Jacke, und dies im Monat Oktober.

Als die Polen uns auf die geschilderte Art unseres Gepäckes entledigt hatten, saßen wir nun auf dem Fußboden und dachten über unser Schicksal nach. Auf einmal kamen zwei uniformierte Polen und fragten, ob uns was

---

[1]) Polnisches Schimpfwort.

gestohlen wurde. Wir wußten im ersten Augenblick nicht, was wir sagen sollten. Ich sagte dann, daß uns nichts gestohlen wurde. Da sagten die Polen: „Wenn euch nichts gestohlen wurde, so könnt ihr weiterfahren." Um 5.00 Uhr morgens fuhr ein Zug nach Allenstein. Mit dem sollten wir fahren. Doch der Zug war so voll, daß wir mit kleinen Kindern auf der Plattform bis Allenstein stehen mußten. Als wir in Allenstein ankamen, mußten wir den Warteraum säubern. Wie es da ausgesehen hat, ist gar nicht zu beschreiben. Selbst die Notdurft haben die Polen im Warteraum verrichtet. Die Luft machte uns fast besinnungslos. Wir haben einen günstigen Augenblick abgepaßt und sind durch eine andere Tür verschwunden. In dieser Zeit hatten zwei Frauen von unserem Haufen einen von Russen begleiteten leeren Güterzug entdeckt. Der Transportführer, ein russischer Oberleutnant, hat zugesagt, uns nach dem Westen mitzunehmen. Er hat uns gleich neben seinem Wagen einen Wagen zugewiesen. Kaum daß wir eingestiegen waren, fuhr der Zug an. Wir alle waren froh, den polnischen Klauen entronnen zu sein. Noch am selben Abend haben wir bei Thorn auf einer Notbrücke die Weichsel überquert. Wir fuhren weiter über Posen, Bentschen, Guben bis Wittenberge. In Bentschen hatten wir zwei Tage und drei Nächte Aufenthalt, denn die Polen wollten keine Lokomotive zur Verfügung stellen. Bevor der Zug von Bentschen abfuhr, wollten uns die Polen runterschmeißen. Der russische Transportführer ließ es aber nicht zu. Als wir in Wittenberge anlangten, sagte uns der Transportführer, daß wir aussteigen müßten, denn er wäre am Ziel.

Es folgt eine Schilderung der Erlebnisse in der russischen Besatzungszone.

Nr. 314

Erlebnisbericht der Angestellten Hildegard Aminde aus **A l l e n s t e i n** i. Ostpr. Original, 2. Mai 1950, 53 Seiten. Teilabdruck.

Verlauf einer Ausweisung aus Baarwiese, Kreis Osterode, im Oktober 1945; Vorgänge bei der Abfertigung, Plünderung durch polnische Banden auf dem Transport.

Vfn. hatte in Oliva das erste Zusammentreffen mit den Russen erlebt, war dann im Mai 1945 zu ihrer Schwester und ihrem Schwager in Baarwiese, Kreis Osterode, zurückgekehrt, wo sie unter Russen und Polen bis zum Oktober 1945 lebte. — Nach Schilderung dieser Erlebnisse[1]) *fährt die Vfn. fort:*

Am 23. Oktober 1945 kamen polnische Förster, die in Baarwiese in dem Anderseschen Sägewerk stationiert waren, und brachten uns die Ausweisungsorder. Diese verzögerte sich noch um einige Tage. Inzwischen kam meine Schwester noch für zwei Tage in Urlaub [2]). Wir bestürmten sie, mit uns zu kommen, sie wollte aber nicht. Die Polen hatten die Nachricht verbreitet,

---
[1]) Teilweise abgedruckt unter Nr. 22 (Bd. I, 1).
[2]) Die Schwester der Vfn. war, wie im Bericht vorher erwähnt wird, bei einer polnischen Familie als Hausangestellte zwangsverpflichtet.

wir kämen nicht nach Deutschland, sondern nach Kongreßpolen. Mein Schwager wollte versuchen, sich mit Graf zu Fuß bis zur Weichsel durchzuschlagen. Er ist zwar bis Stuhm gekommen, aber von dort erst im Sommer (Juni 1947) mit einem Transport hinaus. Meine Schwester kam im März 1946, wie sie ging und stand, heimlich. Sie sollte noch zwei weitere Jahre dort verpflichtet werden. Sie ging zum Bahnhof, und polnische Eisenbahnbeamte steckten sie in einem Güterzug in eine Kartoffelkiste, so kam sie nach Berlin.

Wir mußten am 27. Oktober 1945 fort. Mitnehmen durften wir nur 30 Pfund Lebensmittel. Bei uns (Hedi und mir) erschien die Miliz, und wir mußten uns sogar einer Leibesvisitation unterziehen. Bei den anderen Leuten waren sie humaner. Die Waldarbeiter hielten sie zurück, die brauchten sie zur Arbeit, sagten sie. Am Spätnachmittag ging es endlich los bis Baarwiese. Dort blieben wir, in dem Gemeinschaftshaus von Anders, die Nacht. Dort wurden wir angeblich registriert. Jeder erhielt so einen dreckigen Zettel, auf dem der Name stand. Der Zweck dieser ganzen Geschichte aber war nur, den armen Menschen ihre wertvollsten Sachen zu klauen. Die ganze Nacht hörte man ewig Gejammer und Geschrei. Uns nahmen sie nichts mehr, uns hatten sie ja schon zu Hause gründlichst untersucht. Hedi und ich hatten nur jeder einen kleinen Rucksack.

Es waren da nun aus allen umliegenden Dörfern Tausende von Menschen zusammengeströmt.

Am nächsten Morgen begann der Marsch nach Osterode. Es war ein herrlicher Morgen! Nie in meinem Leben werde ich dieses Bild vergessen. Der Nebel hob sich über dem großen Drewenzsee. Oben strahlende Sonne und blauer Himmel. Die Birken strahlten goldüberrieselt, und die Wälder leuchteten in diesen herrlichen Herbstfarben, wie sie nur einmal der ostpreußische Herbst hervorbringt! Es war, als wollte uns der Herrgott diese einmalige Schönheit recht tief in die Seele brennen, daß wir unser geliebtes Ostpreußen in der Fremde nicht vergäßen!

Dazu auf der Chaussee dieser kilometerlange, nicht abreißende Elendszug, aus der Heimat getrieben!

In Osterode trieben sie uns alle auf den Hof einer Fabrik. Einen großen Teil der Menschen, angebliche Masuren, hielten sie unter großen Versprechungen mit Gewalt zurück. Wieder mußten wir eine „Kontrolle" durchlaufen. Was ihnen irgendwie wertvoll schien, wurde auf große Haufen geworfen. Sie zogen den Menschen sogar die Kleider vom Leibe. Wir waren an einen menschlichen „Kontrolleur" geraten und kamen ungeschoren davon. Endlich saßen wir im Zug, sogar in einem Personenwagen. Spät abends am 31. Oktober 1945 fuhren wir endlich ab. Gegen 2.00 Uhr waren wir in Deutsch Eylau. Da hielten wir zwischen lauter Lokomotiven, das war Absicht. Banden durchliefen systematisch den ganzen Zug und plünderten. Sie warfen die Säcke durch die Fenster oder Türen, draußen standen andere, die die Sachen im Empfang nahmen. Viele Leute hatten hinterher gar kein Brot mehr. Wir fuhren zwar unter russischer Bewachung, ein Kommandant und seine Soldaten, die kümmerten sich aber nicht darum. Wenn die Menschen um Hilfe riefen, dann ließen alle umstehenden Maschinen Dampf ab oder pfiffen, es war der reine Hexensabbat! Als sie alles ausgeräubert hatten, fuhr der Zug am anderen Morgen weiter. Immer wieder wurde geplündert, denn unser Zug stand mehr, als er fuhr.

Später haben wir dann unsere Wagen von innen verrammelt, da wurde es besser. Wir fuhren über Thorn, Küstrin. Dort wollten die Polen unsern ganzen Transport ins Lager schleppen. Das ließ aber unser russischer Kommandant nicht zu; so sind wir Schlimmem entkommen. Dann ging's nach Berlin, wir sollten erst in Potsdam ausgeladen werden. Da wollten sie uns aber nicht haben. Nirgends wollten sie uns haben. Menschen starben in dem Zug und wurden einfach an den Bahndamm gelegt.

Am 10. November 1945 landeten wir dann endlich in Rostock. Am nächsten Tag kamen wir in einen Fliegerhorst zwischen Damgarten und Ribnitz. Wir lagen in alten Baracken vom Arbeitsdienst, in den schönen Gebäuden des Flugplatzes waren Russen. Es war sehr primitiv. Wir lagen nur auf Brettern ohne Stroh. In den nächsten Tagen brach Typhus aus, und wir bekamen sechs Wochen Quarantäne. Wenn morgens der Wagen mit Brot aus Ribnitz kam, nahm er auf der Rückkehr gleich die nackten Toten mit. Na ja, wir waren ja nicht mehr verwöhnt, aber dann wurde die Sache doch zur Anzeige gebracht. Wir waren da bis zum 14. Dezember 1945, da durften wir diese gastlichen Hallen verlassen. Wir gingen nach Salzwedel zu einem bekannten Arzt. Dort fand ich Nachricht von meinem Bruder vor, der nach einer kurzen Gefangenschaft in Bayern gelandet war. Im März 1946 sind wird dann gemeinsam hier in die englische Zone gegangen.

Nr. 315

Erlebnisbericht der M. U. aus dem Kreis O s t e r o d e i. Ostpr.
Original, Juni 1952, 7 Seiten. Teilabdruck.

Ausweisung der Bewohner eines Dorfes Ende Oktober 1945.

Nach Schilderung ihrer Erlebnisse während der Flucht, beim ersten Zusammentreffen mit den Russen sowie auf dem Rückweg und in der folgenden Zeit unter russisch-polnischer Herrschaft berichtet Vfn.:

Unser Heim war inzwischen von den Polen beschlagnahmt, so daß wir nicht mehr hinübergehen konnten. Immer deutlicher wurde es, daß wir nicht in unserer Heimat würden bleiben können. Auf dem Hof des Sägewerkes wurden wir Deutschen alle zusammengerufen, um eine polnisch gehaltene Rede eines Polen anzuhören. Der Inhalt wurde uns erklärt: Wer von uns „Pole" werden wolle, könne unter polnischem Schutz bleiben. Das wollte wohl niemand. So fand die Austreibung am 29. Oktober 1945 statt.

Das war ein Zug: Ein ganzes Dorf auf dem Marsch nach der Bahnstation Osterode, elf Kiolmeter von unserem Dorf entfernt. Besonders Schwache durften fahren. Mitgenommen werden durfte eine Bettrolle und — ich glaube — 15 Kilo Lebensmittel pro Person. Wie sollten wir das tragen können? Einige große Brote nahmen wir mit. In Osterode tagsüber warten — warten, schließlich zum Bahnhof, dort Kontrolle, wobei unserer alten

Freundin noch ihr letztes Stück — ein warmes Umschlagtuch — genommen wurde. Erst am Abend des 31. Oktober setzte sich unser Zug in Bewegung. Es waren wohl insgesamt 1 200 Personen oder mehr im Zug. Man hörte singen: „Wer nur den lieben Gott läßt walten..." Wir stimmten mit ein... Vertrieben, heimatlos, so ging es ins Ungewisse hinein. Aber lieber alles verlieren, nur nicht Pole werden und unter polnischer Herrschaft leben! Wir haben im Jahre 1920 im Juli die Abstimmung in unserem Geburtsort im Kreis Osterode miterlebt. Deutsch! Deutsch! das war die Parole. Und so ist es geblieben.

Zwölf Tage im Transportzug ohne Verpflegung, eng zusammen in überfüllten Abteilen. In unserm kleinen Personenabteil sieben Erwachsene und sieben Kinder. Hielt der Zug, wurde herausgesprungen, und dann flammten längs dem Bahnsteig die Feuer auf, — Essen kochen! Oft mußte mitten im Kochen alles vom Feuer gerissen werden, und alles sprang schleunigst wieder in den Zug, — Abfahrt. Einmal baten mich Mitfahrende, bei der Beerdigung eines eben Verstorbenen zu helfen, der dicht am Bahnsteig begraben wurde. Ich tat es mit Lied und Wort Gottes. Auf der Endstation ging unsere liebe alte Freundin still heim in die Ewigkeit. Es sollen 20 Tote im Zuge gewesen sein.

Hinter Rostock war die Endstation. Wir fuhren dann nach Süden zu, bis wir in Bayern bei Freunden liebevolle Aufnahme fanden.

Es folgen abschließend allgemeine Reflexionen über das erlebte Schicksal.

Nr. 316

Erlebnisbericht der E. B. aus S t e f f e n s w a l d e, Kreis O s t e r o d e i. Ostpr. Original, 11. August 1951, 7 Seiten. Teilabdruck.

Ausweisung aus Steffenswalde Ende Oktober 1945.

Vfn. war im Januar 1945 geflohen und nördlich Liebemühl von den Russen überrollt worden. Nach zahlreichen schweren Erlebnissen auf das Gut Steffenswalde zurückgekehrt, arbeitete sie unter russischer und polnischer Verwaltung bis zum Herbst 1945.

Für den 30. Oktober 1945 war für einen Teil Steffenswalder die Ausweisung festgesetzt worden. Um 6.00 Uhr früh gingen ca. 40 Personen zu Fuß nach der acht Kilometer entfernten Sammelstelle Peterswalde. Für Kranke und etwas Gepäck war ein kleiner Wagen mit zwei lahmen Pferden zur Verfügung gestellt worden. Nachdem Tausende von Vertriebenen ihre Ausweispapiere erhalten hatten, setzte sich ein ca. drei Kilometer langer Flüchtlingszug zu Fuß nach der 20 Kilometer entfernten Bahnstation Osterode in Bewegung. Alle paar Kilometer waren polnische Soldaten aufgestellt, der Treck mußte halten, und sie suchten nach deutschem Geld, Lebensmitteln und für sie brauchbarer Kleidung. Diese organisierten Plünderungen setzten sich bis Osterode fort, wo wir um 22.00 Uhr eintrafen.

Wir mußten uns mit unserem Gepäck auf einem Hof des Verladespeichers am See lagern. Ich saß wohl zehn Schritt entfernt vom Eingangstor und konnte gut das nächtliche Treiben der Räuberbanden beobachten, wie sie von den Posten hereingelassen wurden und dann mit Blendlaternen die Flüchtlinge durchsuchten. Man hatte mir noch zwei gelähmte Leute zu meinem kranken Mann gelegt, ich versuchte, sie zu schützen, bekam dafür tüchtige Schläge, aber sie beraubten uns nicht.

Am 31. Oktober 1945 wurden wir noch einmal durch die Kontrolle geschleust, um uns Gepäck und Kleidungsstücke, die wir zu viel anhatten, abzunehmen. Der polnische Landrat beteiligte sich mit großer Energie selbst an der Ausplünderung. Die Beutestücke an Kleidung waren in einer Baracke bis an die Decke gestapelt. Um 18.00 Uhr waren wir zu 38 Personen im Viehwagen verladen. In der Nacht stand unser Zug auf einem Abstellgeleise in Dt.-Eylau. An der Bahnböschung standen Polen mit ihren Fuhrwerken. Polnische Männer gingen lärmend, schießend, schlagend und raubend durch die Waggons. Mein Mann hatte inzwischen einen Schlaganfall und Krämpfe bekommen und war bewußtlos. Trotz meiner Bitten riß man unter dem Kranken das letzte Kissen vor und zog ihm die Stiefel aus. Mir nahm man das letzte Gepäck fort. Späterhin brachte mir eine Pole als das Wertvollste ein Brot zurück, einen Blechteller und einen deutschen leeren Soldatentornister. Das war nun alles, was ich noch besaß. Am 11. November 1945 kamen wir in der Mittagszeit in Rostock an, bekamen dort vom DRK. das erste warme Essen und kamen in ein Lager. Mein Mann war tot, Gott hatte ihn von allem Leid erlöst.

Nr. 317

Erlebnisbericht der Gutsbesitzersfrau Lilly Sternberg aus G r. N a p p e r n, Kreis O s t e r o d e i. Ostpr.
Original, Juni 1952, 15 Seiten. Teilabdruck.

Ausweisung aus Gr. Nappern Anfang November 1945.

Nach eingehender Schilderung ihrer Erlebnisse während der mißglückten Flucht[1]) *im Januar 1945 und der folgenden Zeit der russischen und polnischen Verwaltung in Gr. Nappern schreibt Vfn.:*

Eines Abends, ich sitze mit Frau Henzler am offenen Feuer und stricke, klopft es. Wir fahren zusammen. Aber es ist nur der polnische Bürgermeister, wie immer mit Fahne. Wichtig und geheimnisvoll, unter dem tiefsten Siegel der Verschwiegenheit flüstert er uns zu, daß in acht Tagen alle Deutschen, die wollen, mit einem Transport hinter die Oder kommen. Wir geloben Schweigen, versprechen alles. Was macht es, daß ich meinen Pelz opfern muß! Nähe Rucksäcke für die Kinder, backe und röste Brot. Versuche vorsichtig, auch die anderen Frauen dazu zu veranlassen. Noch kann ich es ja nicht glauben, daß die Erlösung nahe ist. Gut, daß ich alle Hände voll mit der notwendigsten Ausrüstung der Kinder zu tun habe, es fehlt ja an allem, selbst an Schuhen.

Wir leben in einer fieberhaften, kaum noch zu ertragenden Spannung. Endlich kommt der Befehl: am 28. Oktober 1945. Am 27. Oktober 1945 Gegenbefehl und Verschiebung auf den 30. Oktober 1945. Ingrid ausge-

---
[1]) Abgedruckt unter Nr. 7 (Bd. I, 1).

rechnet jetzt Brechdurchfall. So treten wir am 30. Oktober 1945 morgens um 4.00 Uhr ohne Schlaf an. Allen Kindern habe ich ein Schild mit Namen und Reiseziel genäht. Mein Rucksack mit Proviant ist steinschwer. Abnehmender Mond, sternklar, nicht zu kalt. Finde noch ein vierblättriges Kleeblatt am Haus und nehme es als gutes Omen für die schicksalsschwere Reise, auch als letzten Gruß aus der verlorenen Heimat.

5.00 Uhr sammeln wir uns am Dorfausgang nach Peterswalde. Erst um 9.00 Uhr geht es los. Drei Kilometer bis Peterswalde. Vor dem Troykeschen Haus, wo der polnische Amtsvorsteher wohnt, müssen alle, deren Namen auf ski endet, raustreten und dableiben, z. B. Wischnewski, Kaminski, Lipowski, Sontowski, Kruschinski, Jedamski, Salewski, Fallinowski, auch Blaskowitz und Sierokka. Es ist mancher gute Deutsche dabei, und man sieht ob der hiermit wohl beginnenden polnischen Bevölkerungspolitik keineswegs begeisterte Gesichter. Auch recht durchsichtige „Ausnahmen" werden gemacht, d. h. alte und kranke „Polen" abgeschoben und junge, arbeitsfähige Deutsche behalten. Aber Hopp, Kronberg, Krause, Ehmke, Münz, Perk und wir bekommen die Reisebescheinigung.

Kaum daß wir sie in Händen haben, beginnt der letzte Leidensweg, von „richtigen" Polen mit Peitschenhieben begleitet. Erschütterndes Wiedersehen mit Frau Ella B.[1]), Tante Ella und Onkel Hans aus Steffenswalde. Von einer Registrierung und Kontrolle zur andern, sie bestehen hauptsächlich darin, daß wir uns bis aufs Hemd ausziehen müssen und mancher auch bis aufs Hemd ausgeplündert wird. Diesmal lernen wir polnische Soldateska kennen. Auf dem Speicher von Korn & Spudlich in Osterode verbringen wir eine furchtbare Nacht, Schreien, Jammern, Stöhnen. Stellen uns früh 7.00 Uhr zur „letzten" Kontrolle an, kommen „erleichtert" glücklich durch. Rennen wie gehetzt zum Güterbahnhof und stehen noch unendliche Angst aus, bis der Zug sich um 7.00 Uhr abends endlich in Bewegung setzt.

In Dt.-Eylau Russen, nehmen mir Notlicht und Streichhölzer, Frau Henzler den Mantel. Dann Polen, schreien uns an „Strilatsch" (Erschießen), eine mitfahrende Polin sagt: „Zuviele Kinder!" Draußen hören wir Toben und Hilferufe. Das Herz dreht sich um, will stillstehen, nur die Lippen bewegen sich noch im Gebet. Es geht weiter. Thorn — Bromberg — Schneidemühl. Dort stehen wir zwei Tage, und ich kann notdürftig meinen Proviant ergänzen. Landsberg-Warthe wieder zwei Tage. Am 6. November nachmittags Küstrin. Hier müssen schwere Kämpfe stattgefunden haben, die Stadt völlig zerstört. Uns gegenüber ein Zug schon drei Tage. Machen Feuer zwischen den Schienen. Transport mit deutschen Gefangenen; bitten um Pfefferminztee, da grassierende Ruhr. Wir sehen, wie nächtlich welche herausgetragen werden; die noch Lebenden mit den schon tief in den Höhlen liegenden Augen sind ein erbarmungswürdiger Anblick. Die Ohnmacht, nicht helfen zu können!

Das dauert vier Tage und vier Nächte. Langsam geht es weiter. Machen sorgfältige Broteinteilung und schnallen den Gürtel enger. Bitterer Wassermangel, bei jedem Halt Jagd und Kampf um einen trüben Tropfen. Sind

---

[1]) Vgl. den voranstehenden Bericht.

nun statt der angesagten vier bis fünf Tage schon anderthalb Wochen unterwegs, und die ersten Toten, meist Kinder und Alte, werden neben die Schienen gelegt. Ich muß etwas unternehmen, denn auch mein Brot ist zu Ende, und die Kinder weinen vor Hunger. Trenne Großvati Bentmanns Siegelring aus Juttas Mantel und gehe schweren Herzens in den russischen Begleitwagen. Nach langem Feilschen, ob das Gold auch echt sei, bekomme ich ein zwei Kilo-Päckchen Hartbrot — Goldes Wert! Es reicht bis Berlin, Halten in Wildpark. Niemand darf den Zug verlassen. Erfahre, daß es über Schwerin weitergeht nach Rostock.

Es ist der zwölfte Tag. Die erste heiße Suppe. Dann Waschen, welche Wohltat. Die Kinder sehen gleich aus helleren Augen. Kann endlich auch mein faustgroßes Unterschenkelgeschwür auf der Roten-Kreuz-Stelle verbinden lassen. Tante Ella kommt unter Tränen: Onkel Hans hat es nicht überstanden. Eben wird er mit anderen Toten in eine Baracke geschafft. Schlage der Armen vor, mit uns nach Heidelberg, meinem Endziel, zu kommen. Noch ist es weit bis dahin. Verpasse fast den Zug. 5.00 Uhr nachmittags Halt. Eine Stunde Fußmarsch, dann nimmt uns das Lager Evershagen auf.

Abschließend berichtet Vfn. über ihr weiteres Erleben bis zum Überschreiten der Zonengrenze.

Nr. 318

Erlebnisbericht des J. E. aus O s t e r o d e i. Ostpr.
Original, Juli 1951, 13 Seiten, Teilabdruck.

Plünderung während der Austreibung aus Osterode im November 1945.

Nachdem Vf. seine Erlebnisse unter Polenherrschaft in Osterode geschildert und berichtet hat, daß er verhaftet wurde, weil er den Deutschen von der Option für Polen abgeraten hatte [1]*), fährt er fort:*

Erst im Oktober und November 1945 gingen einige Züge von Osterode hinaus mit Flüchtenden. Ich saß damals noch im Keller der GPU. Einige der Inhaftierten, darunter auch ich, mußten an einem dieser Tage die Straße vor unserem Quartier säubern. Da sah ich, wie die Landbevölkerung aus der Gegend Röschken, Theuernitz, Bergfriede in fast endloser Reihe dem Bahnhof zuströmte. Manchen Bekannten alter Zeit sah ich hier mit Handwagen und sonstigem kleinen Gepäck dem Bahnhof zuwandern. Natürlich durfte niemand von uns Verbrechern mit. Auf dem Bahnhof wurde das Gepäck eines jeden Auswandernden gründlich revidiert. Ganze Berge dieses noch Wertvollsten wurden abgenommen und mit Wagen in die ganz in der Nähe des Bahnhofs gelegenen Lagerräume der landwirtschaftlichen Genossenschaft gebracht.

Zwei Wagen voll mit Broten, die sich die auswandernden Frauen und Mütter für ihre ungewisse Fahrt unter mancher Entbehrung gebacken hatten, wurden am Bahnhof abgenommen und zu unserer Miliz gebracht. Das war

---
[1]) Abgedruckt unter Nr. 192 (Bd. I, 2).

nun das erste Brot, das an uns Inhaftierte nach dreimonatiger brotloser Haft verteilt wurde. So sehr uns die erste Brotausteilung natürlich erfreute, so sehr kränkte uns doch die gemeine Behandlung dieser armen Landsleute. Ich durfte die Brote nach und nach zur Verteilung abholen und täglich etwa 250 Gramm für den Tag ausgeben. Einmal teile ich ein Brot auf, und das Messer trifft auf einen harten Gegenstand im Brote. Was ist das? Als ich vorsichtig mich mit dem Messer an die harte Stelle heranpirsche, da finde ich ein kleines Blechkästchen mit einigem Papiergeld und einem Trauring von keinem hohen Werte. So hat diese arme Frau noch etwas Papiergeld und ihren Ring vor den Verbrechern retten wollen. Das ist ihr durch die gemeine Verbrecherwelt nicht beschert gewesen. Die Flüchtlinge waren inzwischen ausgefahren. Ich konnte nichts abgeben. Den auf diese Weise erbeuteten Ring habe ich dann einer Gumbinner Flüchtlingsfrau geschenkt, die ihren eigenen schon früher hat hergeben müssen.

So haben die Polen noch am Bahnhof die Flüchtenden beraubt.

Abschließend erwähnt Vf. weitere Einzelheiten aus seiner Gefängniszeit.

Nr. 319

Erlebnisbericht der E. S. aus Simnau, Kreis Mohrungen i. Ostpr.
Original, 3. März 1951, 6 Seiten. Teilabdruck.

Vorfälle auf einem Ausweisungstransport aus dem Kreis Mohrungen im November 1945.

Nach Darstellung ihrer Flucht und Rückkehr berichtet Vfn., daß sie im Altersheim Simnau, Kreis Mohrungen, Zuflucht vor den Nachstellungen der Russen fand.

Schwester Else Jankowski nahm später im Juli auch meine Angehörigen in das Altersheim, wo wir blieben, bis die Polen uns am 10. November 1945 auswiesen, nachdem wir im Herbst für den Winter vorgesorgt hatten, weil wir doch hofften, in der Heimat bleiben zu können. Von unseren Toten konnten wir auch nicht mehr Abschied nehmen, sie waren am Gründonnerstag von Franzosen, die sich schützend vor manche deutsche Frau gestellt haben, begraben worden.

Am 10. November 1945 mußten wir um 8.00 Uhr in Maldeuten sein, wo man uns auf der Kontrolle unsere paar zusammengesuchten Sachen aus den Rucksäcken wegnahm, selbst meinem Jungen das einzige Kinderbuch. Von dort kamen wir auf einen geschlossenen Hof und mußten still an der Erde sitzen. Wer sich hochrichtete, bekam mit dem Gummiknüppel, dies dauerte bis nachts 12.00 Uhr, dann hieß es, ab zum Bahnhof, zehn Minuten zu gehen, stockdunkle Nacht. An den Ausgängen und auf der Straße standen die Polen mit Gummiknüppeln und schlugen auf die wehrlosen Menschen, die entsetzt auseinanderliefen. Die ganze Nacht über suchte Schwester Else ihre Alten zusammen.

In Viehwagen, mehr Dung wie Stroh, wurden wir verladen und fuhren in der Richtung Mohrungen, Osterode, Dt.-Eylau, Thorn, Schneidemühl, Richtung Kreuz. Dann hieß es, bei Landsberg an der Warthe sei die Brücke gesprengt, wir müßten nach Danzig zurück. Dort wurden wir in Personenwagen ohne Fensterscheiben umgeladen, blieben einige Tage auf dem Bahnhof stehen, dann fuhren wir in Richtung Stargard weiter. Kurz vor Stargard starb meine Tante ganz plötzlich, von unsern Alten war auch bereits der größte Teil gestorben — die Toten konnten nicht beerdigt werden, sie blieben auf den Bahnhöfen oder auf freier Strecke einfach liegen —, wir hatten ja nichts zu essen und waren über acht Tage unterwegs. Vor Stargard nahm man uns noch unsere Sachen weg, die wir noch besaßen. Ab Stargard mußten alle die, die noch einigermaßen gehen konnten, die 60 Kilometer bis Scheune zu Fuß zurücklegen. Da ich zum Begleitpersonal des Altersheims gehörte, durfte ich mit meinem Jungen bis dahin mit dem Zuge fahren. Dort wurden wir **mitten in** der Nacht ausgeladen. Auf diesem kahlen Verladebahnhof mußten wir bis in den halben Vormittag mit Kindern, Alten und Kranken stehen. Hier wurde den Deutschen von den Russen und Polen ihr letztes Geld abgenommen, sonst hätte man sie nicht weiter fahren lassen. Wir selbst gelangten gerade noch auf eine offene Lore und **kamen** so bis Angermünde. Von dort brachte man uns nach Anklam **ins Lager.** Die Verpflegung war sehr schlecht. Am 12. Dezember 1945 wurden wir nach Annenhof, Kreis Anklam, geschickt, auch dort waren Verpflegung und Unterkunft sehr schlecht.

Es folgt ein abschließender Überblick über das weitere Ergehen der Vfn. bis zu ihrer Ankunft in Westdeutschland.

Nr. 320

Erlebnisbericht der Frau Anna Bodschwinna aus P r o s t k e n , Kreis L y c k i. Ostpr.
Original, 23. November 1951, 9 Seiten. Teilabdruck.

Ausweisung Ende November 1945 aus dem Kreis Mohrungen: Aufforderung zur Option für den polnischen Staat; Durchführung des Transports unter unerträglichen Umständen.

Nachdem Vfn. über ihre Evakuierung aus dem Kreis Lyck im Herbst 1944 und ihr Zusammentreffen mit russischen Truppen im Kreise Mohrungen berichtet hat, schildert sie ausführlich ihr Leben unter russischer Besatzung und polnischer Verwaltung bis zur Ausweisung[1]*). Sie fährt dann fort:*

Am 30. November 1945 begann unsere Elendsfahrt, die alles bisher Erlebte an Grausamkeit übertraf. Schon der Weg zum Bahnhof hätte kaum unmenschlicher gedacht werden können. Wir wurden — und das ist keine Übertreibung — **mehr als** zwölf Kilometer durch Feld und Wald, über Stock und Stein getrieben, wie eine Herde Vieh. Hinter dem Zug gingen und fuhren Polen, **die** uns fortwährend mit Peitschen bedrohten. Die alten und kranken Leute sowie die schwachen, unterernährten Kinder hatten die größte Mühe, mitzukommen, und viele waren schon unterwegs dem Zusammenbrechen nahe.

[1]) Abgedruckt unter Nr. 184 (Bd. I, 2).

Unterwegs wurde ich wiederholt von den Polen aufgefordert, in Goldbach zu bleiben und für Polen zu optieren. „Kehren Sie um", sagte der Pole immer wieder zu mir, „es ist schade um die Kinder". Er malte mir die Zustände in Deutschland in den schrecklichsten Farben aus, um mich zum Optieren zu bewegen, aber ich war nur von dem einen Wunsch beseelt, sobald wie möglich nach Westdeutschland zu kommen.

Am Tage unserer Austreibung war die Erde leicht gefroren und die Sonne schien strahlend hell vom Himmel herab, als wollte sie uns über den Abschied von der Heimat trösten.

In Mohrungen angekommen, wurden wir vor die „polnische Kommandantur" geführt, wo wir bis zum Abend im Freien warten mußten. Während wir vor der Kommandantur standen, wurden wir von der polnischen Bevölkerung angestaunt, fotografiert, belacht und verspottet. Da ich etwas Polnisch kann, konnte ich auch aus den Gesprächen der Polen entnehmen, wie sie sich über unser Unglück freuten.

Am Abend dieses Tages wies man uns eine Baracke (es handelte sich wahrscheinlich um die ehemaligen RAD.-Baracken) an, in der wir die Nacht verbringen sollten. Wir saßen die ganze Nacht frierend auf dem nackten Fußboden der Baracke, ununterbrochen von plündernden polnischen Soldaten belästigt. Den meisten Frauen wurden ihre Mäntel weggenommen. Die noch übrig gebliebenen jungen Mädchen — 14- bis 16jährige Kinder — wurden von Polen vergewaltigt.

Am Nachmittag des nächsten Tages wurden wir in der polnischen Kommandantur auf das Gründlichste untersucht. Alles, was den Polen gefiel, nahmen sie uns weg; wenn ihnen ein Kleidungsstück gefiel, das wir auf dem Leibe trugen, so mußten wir dasselbe ausziehen. Ich mußte einen gestrickten Unterrock ausziehen, in den ich unsere sämtlichen Unterlagen eingenäht hatte. Als ich den Polen bat, er möge mir wenigstens meine für ihn wertlosen Papiere zurückgeben, antwortete er mit einem höhnischen Gelächter. Das Brot, das wir uns für die Reise aufgespart hatten, wurde uns zum größten Teil schon vor Antritt der Fahrt gestohlen.

Noch kurz vor der Abfahrt versuchte man, uns zum Optieren zu bewegen. Besonders meine Mutter wollten die Polen — wahrscheinlich wegen ihres polnisch klingenden Namens [1]) — zurückbehalten. Erst nach langem Bitten und Flehen wurde ihr die Ausreise erlaubt, jedoch nicht, ohne daß man sie vorher ihres Gepäckes restlos beraubte.

Gegen Abend des 1. Dezember 1945 wurden wir in einen bereitstehenden Güterzug, der aus ca. 50 zum Teil sehr schadhaften Wagen bestand, verladen. Im Laufe des Abends kamen noch viele Leute aus Liebstadt dazu, die buchstäblich in die Wagen hineingetrieben wurden. Darunter befanden sich die teilweise alten und kranken Insassen des Liebstadter Altersheimes. Die ganze folgende Nacht wurden wir von polnischen Soldaten und Zivilisten ausgeplündert. Außerdem fürchteten wir bis zur Abfahrt des Zuges, daß die arbeitsfähigen Leute noch herausgeholt werden sollten. So verlief die letzte Nacht auf ostpreußischem Heimatboden unter Zittern und Zagen.

---

[1]) Der Mädchenname der Vfn. lautete Nitschkowski.

Am Vormittag des nächsten Tages setzte sich unser Zug endlich in Bewegung. In unserem Güterwagen befanden sich etwa 98 Personen, und es ist wohl nicht übertrieben, wenn ich sage, daß wir zusammengepfercht wie in einem Heringsfaß waren. Schon in Allenstein hatten wir in unserem Wagen die ersten Toten, die wir auf den Geleisen liegenlassen mußten.
Im folgenden beklagt sich Vfn. über die Rücksichtslosigkeit mancher Leidensgefährtinnen, deren Verhalten sie auf die unerträgliche, drangvolle Enge zurückführt, die in dem Güterwagen herrschte.
An jedem Morgen unserer Reise hatten wir einen oder mehrere Tote, die einfach auf der Strecke liegengelassen werden mußten. Es sind viele, viele Tote auf der Strecke liegengeblieben, die unsren Elendszug bezeichneten. Wegen der großen Engigkeit in unserem Wagen waren die Toten oft in den schrecklichsten Stellungen der Glieder und des Körpers erstarrt und halb zerdrückt, so daß man sie nur mit Grauen ansehen konnte. Aber allmählich stumpften wir auch gegen diesen Anblick ab, und bald gehörten die Leichen am Morgen zu den gewohnten täglichen Bildern.

Unser Zug stand mehr, als er fuhr. So dauerte es mehr als vierzehn Tage, bis wir in die russische Zone kamen. In den Nächten fuhren wir selten. Wenn wir irgendwo hielten, wurden wir regelmäßig ausgeplündert, obwohl eigentlich kaum noch etwas bei uns zu plündern war. Nacht für Nacht konnte man das Geschrei der von den Plünderern heimgesuchten Wagen bald näher, bald ferner hören, bis wir selbst an der Reihe waren, und man uns unser letztes Stückchen Brot wegnahm.

Wir wußten nie, wo wir uns eigentlich befanden, da die Namen der Stationen in polnischer Sprache geschrieben waren. Lange befürchteten wir, daß man uns womöglich in das Innere Polens bringen wollte, um uns dort irgendwo vollends verhungern zu lassen, bis wir endlich merkten, daß wir in Richtung Westen fuhren.

Wir hatten schon nach wenigen Tagen nichts mehr zu essen. Ab und zu erhielten wir auf unsere Bitte von einem polnischen Lokomotivführer etwas warmes Wasser — das war oft alles, was wir zu uns nahmen. Die Nächte waren in der entsetzlichen Engigkeit des Wagens schrecklich. Man konnte weder stehen noch sitzen, geschweige denn liegen. Man wurde gedrückt und gestoßen, ja, es gab sogar Schlägereien und Zänkereien zwischen den halbverhungerten, überreizten Menschenwracks. Am meisten hatten die Schwerkranken zu leiden. Der Typhus herrschte im ganzen Zug, und die Zahl der Toten wuchs von Tag zu Tag. Die hygienischen Zustände in dem Wagen kann man sich wohl unschwer vorstellen. Einige Leute hatten Nachtgeschirre mitgebracht, die durch die Klappe des Wagens nach draußen ausgeleert werden mußten. Die Außenwände des Zuges waren verschmiert und überfroren.

Ich erinnere mich an eine besonders schwerkranke Frau aus Goldbach, die Nacht für Nacht in den wildesten Fieberphantasien lag und die sich bis zu ihrem Ende schrecklich quälen mußte. Sie war nur wenig bekleidet und muß sehr gefroren haben. Zu essen hatte sie schon lange nichts, und es gab ihr auch keiner etwas. In den Nächten wurde die Ärmste in die äußerste Ecke gedrückt, weil sie sich nicht wehren konnte. Für sie war der Tod eine Erlösung von schrecklichen Qualen.

Auch unsere Goldbacher Wirtin war schon in der ersten Zeit unter den Toten. Ihre beiden 16- und 14jährigen Töchter blieben schwer typhuskrank allein zurück. Auch sie hatten kaum etwas zu essen. Aber man konnte damals einander beim besten Willen nicht helfen.

Es war mir gelungen, eine in den Mantelsaum meiner jüngsten Tochter eingenähte goldene Armbanduhr als einziges Wertstück zu retten. Da wir schon seit Tagen nichts mehr gegessen hatten, wollte ich in Stargard versuchen, für die Uhr Lebensmittel zu bekommen. Ich nahm meine ältere Tochter mit und machte mich zusammen mit ihr und einer anderen Frau aus unserem Wagen auf den Weg. Es gelang mir auch, für die Uhr etwa sechs Pfund Weißbrot zu bekommen. Als wir in die Nähe des Platzes kamen, auf dem unser Zug gestanden hatte, sahen wir diesen davonfahren und hörten das verzweifelte Weinen der Kinder, deren Mütter nicht im Zug waren. Uns erfaßte eine entsetzliche Angst. Was sollte werden, wenn wir zurückblieben, was würde mit den Kindern geschehen?

Alle Zurückgebliebenen liefen, so schnell es ihr ausgemergelter Zustand erlaubte, aber trotz aller Anstrengung hätten wir den Zug natürlich nie mehr erreicht. Die Polen, an denen wir vorüberkamen, lachten laut über die Angst der gehetzten, verängstigten Menschen. Einer versuchte sogar, mir ein Kleid, das ich in der Hand hielt, zu entreißen. Schließlich rief uns ein polnischer Eisenbahner, dem wir offenbar doch leid taten, zu, daß der Zug am Stellwerk stehen bleiben würde. Wir kamen völlig aufgelöst wieder in unseren Wagen. Meine kleinere Tochter hatte verzweifelt geschrien und immer wieder nach ihrer Mutti gerufen. Auch meine Mutter hatte künftig Angst, wenn ich mich aus dem Wagen wagte. Wenn ich in Zukunft aus dem Wagen ging, mußte ich entweder alle mitnehmen oder ich mußte abwarten, bis alles schlief.

Nach ca. vierzehn Tagen kamen wir in der russischen Zone an. Auch hier waren wir noch mehr als eine Woche unterwegs, bis wir endlich im Flüchtlingslager Blankenburg/Harz zur Ruhe kamen. Verpflegt wurden wir während dieser Zeit nur ein einzigesmal in Wriezen. In Stendal wurden unsere Kranken ausgeladen und sollten in Krankenhäusern untergebracht werden. Nachdem die Ärmsten stundenlang auf dem Bahnsteig im strömenden Regen gelegen hatten, wurden sie zu guter Letzt wieder in den Zug eingeladen. In Stendal wurden fünf Wagen abgehängt, für mehr Leute war dort wahrscheinlich keine Unterkunft vorhanden.

Damals mußte ich so manchesmal während der Nacht aussteigen und in den Warteräumen und auf den Bahnsteigen betteln gehen, sonst wären wir wahrscheinlich doch noch völlig verhungert. Ich kann sagen, daß ich bei diesen Gelegenheiten viel Hilfsbereitschaft erfahren habe. An den Gesichtern der Leute, die mir begegneten, konnte ich sehen, daß sie über unseren Anblick erschüttert waren.

So langten wir endlich, nach dreiwöchiger Reise, völlig erschöpft und krank im Flüchtlingslager Blankenburg/Harz an. Eigentlich muß es als ein Wunder angesehen werden, daß wir überhaupt noch am Leben waren. Viele Überlebende sind schon in den ersten Tagen im Lager gestorben. Wenn wir mit unseren Beschwerden zum Arzt gingen, sagte der immer: „Ja, ihr dürft nicht vergessen, daß ihr alle halb verhungert gewesen seid." Meine Mutter wurde immer kränker und kränker und verfiel zusehends. Ich selbst war auch, ebenso wie meine Kinder, so heruntergekommen, daß ich kaum noch hoffte, jemals gesund zu werden.

Obwohl die Zustände und die Behandlung im Flüchtlingslager Blankenburg nicht gerade ideal waren, fühlten wir uns dort in der ersten Zeit wie im Himmel. Es war schon eine unbeschreibliche Wohltat für uns, in den Nächten ruhig und ungestört schlafen zu können und jeden Tag unser Essen — und wenn es noch so schlecht war — zu bekommen.

Im Februar 1946 bekam ich dann durch Zufall Nachricht von meinem Mann, der in Schleswig-Holstein gelandet war. Nun hielt mich in Blankenburg nichts mehr. Mit dem nächsten Transport in die Westzone fuhr ich mit. Auch diese Reise ging nicht ohne große Schwierigkeiten vor sich, zumal meine Mutter damals schon schwerkrank war und nicht mehr gehen konnte. Sie ist am dritten Tage nach unserer Ankunft in der neuen Heimat gestorben. Trotz allem ist es mir ein Trost, daß ich sie nicht irgendwo an der Strecke habe liegen lassen müssen und daß ich die Stätte ihres Grabes weiß.

Die Ausführungen werden beendet mit einigen Betrachtungen der Vfn. über die Verwerflichkeit des Krieges und seine unseligen Folgen.

Nr. 321

Erlebnisbericht der Lehrerin E. M. aus dem Kreis S a m l a n d i. Ostpr.
Original, 1. April 1950, 6 Seiten. Teilabdruck.

Bemühungen um Ausreisegenehmigung; Transport von Allenstein nach Parchim in Mecklenburg im November 1945.

Vfn. war im Samland von den Russen überrascht und zur Zwangsarbeit im Kreis Gumbinnen verpflichtet worden. Sie flüchtete von dort nach ihrem Heimatort, wo sie bei schlechtester Ernährung und in großer Not bis zum Herbst 1945 lebte.

Je weiter der Sommer sich neigte, desto größer und furchtbarer wuchs das Gespenst des Winters vor uns auf. Wir waren noch sieben Personen — meine Schwester mit drei Kindern, meine Tante mit ihrem Jungen und ich —, und es war nicht möglich, genug Vorräte für uns zu sammeln. Auch wurden die Reibereien mit den anderen Leuten des Dorfes immer unerträglicher. Während des Sommers hatten wir im Stall geschlafen, im Winter ging das nicht mehr an, und wir konnten nicht wieder mit 13 Personen in einem Raum von 4 mal 4 Meter hausen! Meine Schwester kam für sechs Wochen in die „Barmherzigkeit" nach Königsberg, sie verlor durch eine Blutvergiftung den linken Zeigefinger. Ich selbst erkrankte an Sumpffieber und lag ein paar Wochen apathisch und halb besinnungslos. Als meine Schwester zurückkam, begann sie anzutreiben: „Wir müssen nach dem Westen!" In Königsberg versuchten wir vergeblich, die Papiere zu bekommen, es gab keine Möglichkeit. So versuchten wir's in Insterburg — wir waren mit einem LKW. dorthin gekommen.

Der Kommandant wollte uns zunächst keinen Ausreiseschein geben, doch als er an Typhus erkrankte, regte sich wohl ein menschliches Fühlen in ihm, und wir durften fahren. In leeren Güterzügen kamen wir bis Allenstein, wo wir in einen Ausgewiesenentransport hineingerieten. Es war unvorstellbar eng in dem Waggon. Bald aber sollte es bequemer werden; denn ein paar Polen, die mit eingestiegen waren, plünderten uns gründlich aus, sobald sich der Zug in Bewegung gesetzt hatte. Meiner Schwester zog man den Mantel aus — es war im November —, ich selbst wurde meine Stiefel los, die die Russen meiner langen Hose wegen bisher übersehen hatten. Eine alte Frau schenkte mir ein Paar Pantoffeln, die wohl zu klein waren; aber sonst wäre ich auf Strümpfen stehen geblieben. Wir fuhren etwa 14 Tage lang, immer wieder standen wir stunden- oder tagelang auf einem Bahnhof, und immer wieder kamen neue Polengruppen, um zu plündern. Oft mußten wir spät abends oder nachts umsteigen. — Ich erinnere mich noch, daß meine jüngste Nichte von sieben Jahren im Fieber phantasierte, als wir eines Abends umsteigen mußten. — Aber auch diese Fahrt ging zu Ende, und wir langten im Lager Parchim an.

Es folgen abschließende Bemerkungen über das weitere Ergehen bis zum Eintreffen in der britischen Besatzungszone im Januar 1946.

4. Vertreibung aus Pommern, vornehmlich im Dezember 1945.

Nr. 322

Erlebnisbericht des Pfarrers Hans Paust aus B a d P o l z i n , Kreis B e l g a r d i. Pom. Photokopie, 30. Dezember 1949, 25 Seiten. Teilabdruck.

Die Austreibungsaktion im Herbst 1945 in der Umgebung von Bad Polzin; Plünderung auf dem Ausweisungstransport nach Scheune im Dezember 1945.

Vf. schildert zunächst ausführlich die Zeit der russischen Besatzung sowie einzelne Gewaltakte russischer Soldaten. Im Anschluß hieran berichtet er von Ausschreitungen polnischer Einwanderer und fährt fort:
Schon im Sommer 1945 propagierten die Polen überall: Nach der Ernte müssen alle Deutschen heraus! Im Juli wurde versuchsweise ein Freiwilligentransport „über die Oder" abgeschickt. Doch da einige Tage später mehrere Teilnehmer völlig ausgeplündert wieder zurückkehrten und ihre Reiseerlebnisse berichteten, verging den andern die Lust, sich für solche Transporte ködern zu lassen.

Nach der Konferenz von Potsdam wurde die Austreibungsaktion offiziell bis zum Frühjahr 1946 verschoben und alle bereits erlassenen Anweisungen zurückgezogen. Inoffiziell aber erhielten die einzelnen Landräte und Bürgermeister die mündliche Aufforderung, trotzdem die Aktion durchzuführen und die Welt vor vollendete Tatsachen zu stellen. Die Art der Durchführung wurde den einzelnen Dienststellen und ihrer Initiative überlassen. Unser polnischer Bürgermeister, der bereits im Juli das deutsche Magistratspersonal durch Polen ersetzt hatte, hatte den Ehrgeiz, als Erster melden zu können, sein Bezirk sei völlig deutschenrein. Der polnische Stadtbaumeister, der Bedenken äußerte, wurde als Volksfeind verhaftet, saß dann mit mir in derselben Kellerzelle und gab mir die eben genannten Informationen.

Von der letzten Oktoberwoche 1945 ab wurden auf Anweisung des Bürgermeisters Nacht für Nacht 100 bis 150 Deutsche aus den Wohnungen geholt. Miliz und Geheime Staatspolizei teilten sich in die Aufgabe. 15 bis 20 Minuten wurde den Leuten Zeit gelassen zum Anziehen und Packen. Oft unter Kolbenhieben und Fußtritten trieb man sie ins Polizeigebäude. Dort wurden sie zusammengepfercht, das wenige Handgepäck, das sie hatten mitnehmen können, wurde durchgeplündert, Frauen und Mädchen, darunter 12jährige Schülerinnen, oft noch vergewaltigt. Bei wem eingenähtes Geld oder Schmuck gefunden wurde, der wurde sadistisch gequält und geschlagen. Ich habe selbst Nacht für Nacht die Verzweiflungsschreie durch das Haus gellen hören, als ich im Keller gefangen saß. Wohlmeinende Posten erzählten mir mitunter voller Empörung, was ihre Kameraden alles angestellt hatten. Vor dem Morgengrauen wurden dann die armen Opfer zum Bahnhof getrieben, im Güterschuppen eingesperrt, bis der Mittagszug kam, in einen Viehwagen zusammengepfercht und über die Oder abtransportiert. Die Wohnungen waren verschlossen und versiegelt worden, wurden im Laufe des Tages dann ausgeräumt — hierbei mußten meine deutschen Zimmergefährten oft helfen —, das Mobiliar und alles Verkäufliche wurde an polnische Groß-Schieber verkauft, und in den Erlös teilten sich der Bürgermeister, die Staatspolizei und die Miliz. Die beiden letzten hielten sich dadurch schadlos für die ihnen nie ausgezahlte Löhnung und machten ein gutes Geschäft.

Bezeichnend für die polnische Wirtschaftsordnung ist die mir vom Bürgermeister selbst lächelnd erzählte Tatsache, daß Löhne und Gehälter für die beiden Polizeiteile bei der vorgesetzten Stelle in Köslin hängenblieben. Daher hatten bis zu der Austreibungsaktion sich beide ihr Sonntags-Ausgeh-Geld durch Haussuchungen beschafft. Dabei ließen sie alles mitgehen, was nicht niet- und nagelfest war und Verkaufswert besaß. Wenn jemand Einspruch erhob, fanden sie prompt einen Revolver, verhafteten die Leute und räumten dann die ganze Wohnung aus. Drei solcher geprellter Frauen fand ich im Keller vor.

Die Austreibungsaktion wurde dann auch auf die umliegenden Dörfer ausgedehnt und später auf den ganzen Südteil des Kreises Belgard. Es kam jedoch auf die Haltung der einzelnen Ortsbürgermeister an. Manche Dörfer blieben ganz verschont, manche wurden nur teilweise nach Laune der Gewalthaber evakuiert. Eine Rittergutsbesitzerin, deren Namen ich nicht nennen möchte — vier Söhne waren ihr in diesem Krieg gefallen, der letzte Sohn und der Schwiegersohn vermißt —, mußte aus ihrem Gutshaus in eine Arbeitsstube ziehen, täglich mit ihrer Tochter im Kuhstall schwer arbeiten, nachts noch oft zu den betrunkenen Offizieren aufs Schloß kommen. Eines abends wurden Mutter und Tochter aus dem Stall geholt, acht Kilometer zum Bahnhof getrieben und ohne alles Gepäck abtransportiert.

Die Dörfer, die im Winter noch verschont blieben, kamen 1946 im Sommer oder Herbst daran. Heute sind nur noch einige Gutsbelegschaften als Zwangsarbeiter und einige Bauern als Knechte bei gutgesinnten polnischen Bauern da. In der Stadt Bad Polzin leben noch einige deutsche Frauen als Haushälterinnen o. ä. bei Polen oder Russen, zwei Brauereispezialarbeiter und drei Handwerker mit ihren Familien.

Hier schildert Vf. Einzelheiten seiner Verhaftung. Im Keller der polnischen Polizei erlebt er folgendes:

In der fünften oder sechsten Nacht hörten wir dann im Keller das Weinen und Schreien der Austreibungsopfer und das Gröhlen und Toben der vertierten Milizianten. In den oberen Stockwerken spielten sich entsetzliche Szenen ab. Von da ab kam es seltener vor, daß sich die Mannschaften in ihrem Suff die Kellerinsassen auf den Kellergang herausholten und in unflätigster Weise beschimpften und blutig schlugen. Sie konnten jetzt ihre sadistischen Triebe in größerem Ausmaß an den Frauen und Kindern oben im Haus auslassen.

Nach vierwöchentlicher Haft wurde ich vorübergehend wieder auf freien Fuß gesetzt. Einmal hatte sich das „Geschäft" der Austreibungsaktion gut angelassen. Und das war ja die Hauptsorge des polnischen Bürgermeisters gewesen. Er hatte acht Tage vor meiner Verhaftung in Gegenwart des Stadtbaumeisters dem Chef der Geheimen Staatspolizei den Auftrag gegeben, mich bei passender Gelegenheit zu beseitigen, damit ich ihm das vielversprechende Geschäft nicht verderbe. Er traute der russischen Kommandantur nicht ganz, ob sie Gewehr bei Fuß zusehen würde, was er trotz Potsdam mit uns vorhatte und durchführte. Und die Russen hatten doch in Potsdam mit unterschrieben, daß die Ausweisung der Deutschen erst vom Frühjahr 1946 und dann auf humane Weise geschehen solle[1]), sie könnten auf eine Beschwerde von mir hin vielleicht doch eingreifen, wie sie es in mehreren Fällen vorher bereits getan hatten.

Diese Sorge war ja eigentlich sinnlos. Schon Anfang Oktober kam unser Einquartierungskapitän ganz aufgeregt von einem Appell zurück und berichtete, es sei ein Armeebefehl verlesen worden, daß die Polen jetzt Verwaltungsfreiheit hätten und die russischen Dienststellen sich nicht mehr in reine Verwaltungsangelegenheiten einmischen dürften. Er könne uns nun nicht mehr helfen und die Kommandantur auch nicht. Daß dieser Armeebefehl gerade zu diesem Zeitpunkt erlassen wurde, beweist, daß die Russen von vorne herein den Polen die Hände freigeben wollten und gar nicht daran dachten, sich an die Potsdamer Beschlüsse zu halten...

Als zweiten Grund seiner Freilassung gibt Vf. die Fürsprache eines Polen an.

Am nächsten Tage erreichte der Kapitän bei seiner Dienststelle, daß mir ein LKW. zur Verfügung gestellt werden sollte, der mich, meine Frau und unsere letzten Habseligkeiten heimlich über die Oder bringen sollte. Er war schwer enttäuscht, als ich ihm diesen gutgemeinten Vorschlag ausschlug. Ich hatte ja nicht nur mein Wort gegeben, nicht zu fliehen, sondern mich alle zwei Tage polizeilich zu melden. Vor allem aber konnte ich es gerade jetzt nicht vor mir verantworten, die Gemeinde in ihrer verzweifelten Lage im Stich zu lassen. Ich erfuhr, daß in Belgard inzwischen das Austreibungsgeschäft auf menschlichere Art in Gang gekommen war. Der dortige Bürgermeister und auch der Landrat, beide einige Jahre als Zivilarbeiter in Belgard tätig gewesen, gut behandelt und geheime Deutschenfreunde, hatten mit dem Superintendenten Zitzke die Vereinbarung getroffen, den Deutschen Gelegenheit zu geben, freiwillig das polnische Gebiet zu verlassen. Gegen Zahlung einer angemessenen Gebühr und Überlassung der Wohnungseinrichtung konnte jeder fort. Alle Woche ging ein Transportzug nach Belgard ab (natürlich nur Viehwaggons). Die listenmäßige Erfassung und Zusammenstellung der Transporte und das Einziehen und Abliefern der

---

[1]) Im Art. XIII des Potsdamer Abkommens vom 2. August 1945 heißt es, daß „die tschechoslowakische Regierung, die Polnische Provisorische Regierung und der Alliierte Kontrollrat in Ungarn ersucht werden, inzwischen weitere Ausweisungen der deutschen Bevölkerung einzustellen, bis die betroffenen Regierungen die Berichte ihrer Vertreter an den Kontrollausschuß geprüft haben." Das am 17. November 1945 abgefaßte Protokoll des Alliierten Sekretariats beim Kontrollrat bestimmte dann, daß die Ausweisung im D e z e m b e r 1945 beginnen und zehn Prozent der Gesamtzahl der zur Ausweisung vorgesehenen deutschen Bevölkerung betragen könne. Der Alliierte Kontrollrat stimmte diesem Beschluß in seiner 12. Sitzung am 20. November 1945 zu.

Gebühren übernahm der Superintendent. So blieb der Bevölkerung Unruhe und die Angst erspart, wer wohl die nächste Nacht darankommen würde. Es gab keine Gewaltanwendung, Schikane und keine sadistischen Exzesse. Alles ging friedlich ab, und der Effekt für die Taschen der Miliz und „Gestapo" usw. blieb derselbe.

Sofort unternahm ich alles, um dieselbe Genehmigung auch für Polzin zu erwirken. Nach vielen mühsamen Verhandlungen wurde mir gestattet, jeweils an die Belgarder Züge ein bis zwei Waggons mit Freiwilligen in Schivelbein anhängen zu lassen. Trotzdem ließen sich Bürgermeister und „Gestapochef" nicht davon abbringen, ihre Gewaltaktion Nacht für Nacht fortzusetzen. Was sich in diesen Wochen in der Gemeinde abspielte, läßt sich mit Worten nicht beschreiben. Die Nervenzerreißprobe, die für die jeweils Zurückbleibenden ebenso schlimm war wie für die Betroffenen, war fast ebenso schlimm wie die der ersten Wochen der bolschewistischen Hölle. Selbst die, die vordem durch alle möglichen Latrinengerüchte über einen baldigen Abzug der Polen sich in Zuversicht gewiegt hatten, hatten nur den einen Wunsch: nichts wie heraus aus dieser Hölle! Da jedoch allmählich Gerüchte durchsickerten über das, was auf den Bahntransporten geschah — ich habe es hernach am eigenen Leibe erlebt —, war die Angst vor dem Abtransport beinahe ebenso groß wie die vor dem Dableibenmüssen. Es gelang mir und einigen gutmeinenden Polen, russische LKW.-Einheiten zu gewinnen, gegen allerdings recht hohe Bezahlung, Autotransporte über die Oder durchzuführen. Trotz einiger Zwischenfälle durch raublustige Chauffeure gingen diese Transporte verhältnismäßig sicher und glatt, sehr zum Ärger der maßgebenden polnischen Dienststellen. Daher mußten alle Vorbereitungen geheim geschehen. U. a. konnten wir Frau Pastor Vedder aus Gr. Poplow, die mehrere Wochen verhaftet gewesen war unter dem Verdacht, ihre Tätigkeit als Krankenschwester zu politischer Betätigung mißbraucht zu haben, nach ihrer Rückkehr aus dem Belgarder Keller bei Nacht und Nebel in einem solchen Auto unterbringen, mit dem sie auch heil über die Oder gekommen ist. Sie fand auch drüben ihre Kinder wieder, die während ihrer Haft mitsamt dem ganzen Bauerndorf ausgetrieben worden waren.

Als ich mit meiner Frau am 4. Dezember 1945 einen Transport von zwei Waggons auf dem Bahnhof abfertigte, wurde der Bahnhof von einem großen Milizaufgebot umstellt, und auf Anordnung eines polnischen Majors aus Köslin wurden wir beide mit recht dramatischen Nebenumständen verhaftet. Ich kam wieder in denselben Keller. Meine Frau wurde zunächst oben behalten, dann in die Nachbarkellerzelle gesperrt. Am nächsten Tage ließ man sie frei, räumte unsere beiden Zimmer bis auf die Möbelstücke auf und aus. Rührend sorgte wieder die polnische Frau im Erdgeschoß des Pfarrhauses dafür, daß sie nicht verhungerte. (Diese wirklich freundliche Familie war erst kurz vor meiner ersten Verhaftung ins Haus gekommen. Vordem hatten wir reizende Exemplare von Bugpolenhorden erlebt.) In der Kellerzelle fand ich neun Deutsche, fast alle bekannt vom vorigen Mal, vor, dazu drei Russen, die deshalb saßen, weil sie einen polnischen Offizier auf der Straße verdroschen hatten — sie teilten Machorka und Brot brüderlich mit uns —, und sieben Polen. Drei von ihnen hatten aus Versehen bei Polen geplündert, die sie für Deutsche gehalten hatten, vier waren als „Volksfeinde" politisch verdächtig. Unter diesen befand sich auch der polnische Stadtbaumeister, der gegen die Ausweisung der Deutschen aufgetreten war. Von ihm erhielt ich Aufschluß über die Hintergründe meiner Verhaftung und der ganzen Austreibungsaktion. Er ist bald danach nach Köslin ausgeliefert werden und dort wahrscheinlich „liquidiert" worden.

Da meine Wiederverhaftung auf Anweisung von Köslin geschah, sah es jetzt völlig aussichtslos für mich aus. Als ich dann am 14. Dezember 1945 vor dem Morgengrauen vom Posten geweckt und herausgeholt wurde, nahm ich an, es ginge nach Köslin vors Kriegsgericht. Stattdessen wurde ich zu den 120 in dieser Nacht aus den Betten Geholten gebracht und zum Bahnhof getrieben. Richtung „Za Odra" (über die Oder). Unter diesen Transportgefährten war auch meine Frau. Sie war zwar von dem sie holenden Posten am ganzen Körper grün und blau geschlagen und getreten worden, weil sie nichts mehr an Beutegut besaß, doch gingen uns die Herzen auf vor Dank, daß Gott uns wieder zusammengeführt hatte.

Später erfuhr ich, daß der „Gestapochef" sich am Abend zuvor mit dem Bürgermeister wegen der Verteilung der Beute gezankt und geschlagen hatte. Anscheinend, um den Bürgermeister zu ärgern, vielleicht auch in einer Gewissensaufwallung, gab er dann dem Zureden eines gutmeinenden Polen nach, ordnete die Abholung meiner Frau und unsere gemeinsame Austreibung über die Oder an. Er hat dann nach Köslin gemeldet und auch in Polzin verbreiten lassen, ich hätte einen Fluchtversuch gemacht und sei auf der Flucht erschossen worden.

Nachdem wir bis gegen Mittag im Güterschuppen eingesperrt waren, wurden wir in einen Viehwaggon verfrachtet und nach Schivelbein gebracht. Dort gab es Aufenthalt bis spät in die Nacht im ehemaligen Wartesaal, der für uns „reserviert" wurde. Die Männer mußten mehrmals auf den Bahnsteigen Schnee schippen. Dabei konnte ich Herrn Superintendent L.[1]) Schivelbein Nachricht zukommen lassen. Dieser kam dann auch und durfte uns eine ganze Weile sprechen.

Nachts kam dann ein Transportzug aus Viehwaggons. Als wir mit diesem abfuhren, ging gleich das Plündern los. Polnische Banditen waren überall mit eingestiegen, blendeten uns mit ihren Stabtaschenlampen, durchsuchten und zogen uns z. T. aus. Der Begleitposten des Waggons stand hohnlachend dabei und hielt den jeweils Behandelten die Maschinenpistole auf die Brust, daß ja keiner sich wehrte. Meine Frau hatte sich aus alten Lappen eine Tasche zusammengenäht, darin ein Brot, einige Papiere und Bilder und einige Strümpfe eingepackt. Sie fand die Tasche und einige Bilder nachher im Dreck des Waggonbodens wieder. Jedesmal, wenn der Zug hielt, stiegen die Banditen aus, und neue stiegen an ihrer Stelle ein. Die ganze Strecke war in Plünderungsbezirke eingeteilt, und die Posten steckten mit den Raubkolonnen unter einer Decke. Bei manchen Waggons sollen die Insassen gesammelt und den Posten bestochen haben. Wenn die gesammelte Summe

---

[1]) Vgl. den Bericht des Superintendenten L., abgedruckt unter Nr. 204 (Bd. I, 2).

groß genug war, hat er die Plünderer nicht hereingelassen. In unserem Waggon hatte aber keiner größere Summen polnisches Geld bei sich. Deutsches Geld nahmen sie nicht.

Als wir gegen 6.00 Uhr morgens am 15. Dezember in Scheune bei Stettin den Zug verlassen mußten, stand ich ohne Mantel, Rock und Weste, ohne Schuhe, auf Strümpfen, in Hosen und Strickjacke, meine Frau auch ohne Mantel und ohne Schuhe auf dem Bahnsteig unter freiem Himmel bei 15 Grad Frost. Kurz nach uns wurde ein zweiter Transportzug ausgeladen. Und alle etwa 3 000 Menschen waren wie wir mehr oder weniger leicht gekleidet. Nur ganz wenige waren noch vollständig angezogen. Manche waren verwundet oder zusammengeschlagen. Aus unserem Zug sind etwa 20 erschossen worden, weil sie sich gegen die Ausplünderung gewehrt hatten. Und da standen wir und warteten auf Züge, die uns das letzte Stück über die Oder bringen sollten. Bahnbeamte sagten uns, manchmal dauerte es mehrere Tage.

Schließlich kam ein Eisenbahner vorbei und sagte: „Da vorn steht ein Ostpreußenzug seit gestern. Wenn aus Stettin eine Maschine freigegeben wird, wird der zuerst abgefahren." Ich machte mich mit etwa 50 beherzten Leuten auf (auf Strümpfen über den Schotter zwischen den Schienen) und fand bei Tagesanbruch den Zug. Wir quetschten uns zwischen die Ostpreußen und warteten. Als ich das Brot, das meine Frau mitgebracht hatte, anschneiden wollte, fingen die Kinder im Waggon an zu weinen. Sie hatten seit Tagen nichts mehr gegessen, ich habe ihnen das ganze Brot ausgeteilt. Dafür durfte ich nachher auch einmal eine Stunde in der Ecke kauernd sitzen, als mir das Stehen zu sauer wurde. Die Leute waren Bauern aus dem Kreis Mohrungen und seit 14 Tagen mit diesem Zug unterwegs. Für acht Tage hatten sie Proviant mitnehmen dürfen. Davon war ihnen aber auch noch ein gut Teil geraubt worden unterwegs. Von den 1 600 Zuginsassen waren unterwegs 200 an Entkräftung gestorben. Als ich in der Abenddämmerung noch einmal zum Bahnhof ging — es kam das Gerücht, auf dem Bahnhof gäbe es Brot oder Brötchen zu kaufen, da hatten die Leute ihre letzten Złotys gesammelt, und ich versuchte, dafür etwas zu bekommen, leider vergeblich —, da lagen längs am Zuge auf der Erde 28 ausgezogene Tote, die während dieses Tages gestorben waren. Sie blieben einfach liegen. Vielleicht haben sie die Deutschen, die auf Züge warteten, am nächsten Tage auf der Wiese am Bahndamm verscharren dürfen. So wurde das jedenfalls gewöhnlich gehandhabt.

Inzwischen war noch ein besetzter Transportzug auf ein Nachbargleis abgestellt worden. Als es dunkel wurde, hörten wir aus diesem Zuge, dann auch aus unserem gellende Hilferufe, johlende und gröhlende Russenstimmen und schwere Stiefel laufen und schießen. Die Russen machten wieder Jagd auf Frauen. Bis zu unserem Waggon kamen sie aber nicht. Endlich, schätzungsweise gegen Mitternacht (Uhren hatte niemand mehr), kam eine Lokomotive, spannte sich tatsächlich vor unseren Zug und fuhr sogar mit uns los. Alle paar Kilometer wurde aber endlos lange gehalten. Bei einem längeren Aufenthalt in einem großen Schienengewirr rief uns ein Eisenbahner aus der Ferne zu: „Pasewalk!" Glücklich stiegen wir beide aus, liefen noch einige 100 Meter zur Station und waren selig, lebend der Hölle entronnen zu sein. In Stralsund erfuhren wir dann, daß das Gut meines Schwagers, auf dem wir Zuflucht suchen wollten, inzwischen enteignet und parzelliert worden war. Zugleich fanden wir aber dort Nachricht vor, daß unser jüngster und letzter Sohn in Lübeck aus englischer Gefangenschaft entlassen und von einer hilfsbereiten Familie aufgenommen worden war. Wir meldeten uns daher zu einem Transport in die britische Zone und kamen Ende Januar 1946 in Lübeck an.

Vf. schließt seinen Bericht mit einigen Reflexionen religiösen Charakters.

Nr. 323

Erlebnisbericht der E. H. aus G e r v i n, Kreis K o l b e r g - K ö r l i n i. Pom.
Original, 16. Januar 1950.

Ausweisung der deutschen Bevölkerung aus Gervin Mitte November 1945, Transport nach Körlin, organisierte Plünderungen auf dem Bahnhof Körlin und während des Bahntransportes nach Scheune bei Stettin; Fußmarsch zur Grenze.

Von Ende März bis Mitte November 1945 hielt ich mich in Gervin, Kreis Kolberg in Pommern, auf. Nachdem die Deutschen in den von ihnen bewohnten Ortschaften die Ernte hereingebracht hatten, und alle insbesondere bei der Kartoffelernte geholfen hatten, fuhren gegen den 10. November 1945 mehrere Polen von der Polizei in Simötzel in unser Dorf mit einem Kastenwagen und hielten zuerst vor dem Nachbarhaus längere Zeit, dann vor unserem Haus. Die Deutschen aus unserem und verschiedenen Nachbarhäusern mußten sich alle in einem Zimmer versammeln, und es wurde ihnen verkündet, daß sie das Dorf in wenigen Tagen für immer zu verlassen hätten. 20 Kilogramm Gepäck dürfte mitgenommen werden, das andere müßte dort bleiben. Sodann mußten wir ein in polnischer Sprache abgefaßtes Schriftstück unterschreiben, dessen Wortlaut niemand verstand[1]). Dann waren wir entlassen, und die „Polizei" begann die Plünderung im Hause. Was ihnen gefiel, wurde auf den Wagen geladen, dann ging es weiter zum nächsten Hause, wo dasselbe getrieben wurde, und so fort durch das ganze Dorf.

Es war gesagt worden, daß wir uns alle in Simötzel zu versammeln hätten, von wo der Transport weitergeleitet würde. Viele Deutsche, die einen Handwagen besaßen, packten diesen voll und machten sich auf den

---

[1]) Es handelt sich hier um einen Revers, der im Bericht des Pfarrers Lindenberg aus Stolp, abgedruckt unter Nr. 328 (Bd. I, 2), erläutert wird.
   Gustav Lemke aus Lenzen, Kreis Belgard, berichtet von einem ähnlichen Vorgang: „... So wurden z. B. Familien zum Bürgermeister bestellt und ihnen ein Schriftstück in polnischer Sprache vorgelegt und, ohne es zu verdolmetschen, aufgefordert, zu unterschreiben. Angeblich sollten sie sich verpflichten, bei ihnen zu arbeiten. Nach einigen Tagen wurden sie ausgewiesen. Sie hatten somit sich freiwillig bereit erklärt, über die Oder zu fahren ..."

Weg zu Fuß nach Stettin, um den Schrecken des Transportes zu entgehen. Ob und wie diese Leute über die polnische Grenze gekommen sind, weiß man nicht.

An dem genannten Tage, es war gegen den 14. oder 15. November, machten sich die Deutschen zum Abwandern fertig, aber es wurde abgeblasen, wahrscheinlich, da nach der bekannten polnischen Organisation zu viele Dörfer alarmiert worden waren und ihnen nachher eingefallen war, daß sie nicht alle diese Menschen auf einmal abtransportieren könnten. Ich hatte aber bereits einen Platz auf dem Wagen eines Bauern, der nach Simötzel befohlen worden war, um Menschen wegzuschaffen. Ich fuhr also mit und nahm einiges Gepäck mit, soviel ich tragen konnte. Niemand kümmerte sich darum, ob es mehr war als 20 Kilogramm, da es ja doch als Beute für die Polen bestimmt war.

In Simötzel waren bereits viele Menschen versammelt, und nur die wenigsten konnten einen Platz auf einem Wagen finden. Nach stundenlangem Warten setzte sich dann der Zug in Bewegung, er war nach meinem Dafürhalten mehr als ein Kilometer lang, denn ich konnte von meinem erhöhten Platz auf dem Kastenwagen nicht den Anfang und nicht das Ende sehen. Es ging über die Chaussee nach Trienke, wo wir hofften, in die Kleinbahn verladen zu werden, aber es ging weiter über Groß Jestin bis nach Körlin. Es sollen über 30 Kilometer gewesen sein, und bei weitem der größte Teil mußte mit Gepäck zu Fuß gehen. Wenn der Zug in Ordnung vor sich ging, so geschah es durch die Disziplin der Deutschen. Einige polnische Reiter ließen sich ab und zu sehen.

Bei völliger Dunkelheit kamen wir abends in Körlin an, zogen durch die Stadt bis zum Bahnhof. Hier mußten wir von dem Wagen herunter, und die Deutschen versammelten sich auf dem Platz vor dem Bahnhof. Es regnete, und die Polen sagten, wir könnten zu unserem Schutz in den Bahnhof gehen. Nun mußten alle eine enge, dunkle Treppe hinuntergehen in den Keller des Bahnhofes. Soweit ich mich noch erinnere, soll es in dem Keller dunkel gewesen sein, wahrscheinlich hatten einige Deutsche Laternen mit, die sie anzündeten. Ich versuchte, zurückzubleiben, da eine unbeschreibliche Engigkeit und schlechte Luft in dem Keller durch die vielen Menschen unvermeidlich waren. Man wollte mich mit Gewalt herunterbringen, aber ich entwischte doch wieder. Bei dieser Gelegenheit ergriffen die Polen, die wahrscheinlich auf dem Bahnhof beschäftigt waren, ein großes Paket von mir, in welches ich meine Mäntel verpackt hatte, und es verschwand mit großer Schnelligkeit, indem es von einer Hand in die andere ging. Ich meldete dieses der polnischen Bahnhofspolizei, die so tat, als ob sie sich der Sache annehmen wollte.

Nachdem der Keller gepreßt voll von Menschen war, konnten einige draußen bleiben, und wir verbrachten die Nacht auf der Treppe, die in den oberen Stock führte. Gegen 4.00 oder 5.00 Uhr morgens erschien die Polizei wieder, und die Deutschen aus dem Keller mußten zu je drei oder vier in ein Zimmer der Bahnpolizei kommen, von wo wir sie nicht zurückkommen sahen. Zuletzt kam die Reihe an die, die auf der Treppe saßen. Ich wurde mit noch einer Frau und noch jemand anders in ein kleines Zimmer geführt, wo sich drei Männer von der „Bahnpolizei" aufhielten. Die Polen öffneten unser Gepäck und nahmen, was ihnen gefiel, es blieb nicht mehr viel für uns übrig. Dann mußten wir uns entkleiden, auch wir Frauen vor den Männern. Nur das Hemd durften wir anbehalten, und die Polizei tastete den nackten Körper ab, ob wir auf demselben Schmuck trügen. Ich zuckte zusammen, und der Polizist, der mich abtastete, drohte mir. Ich weiß heute nicht mehr, wie ich diese schrecklichen Minuten überstanden habe, ich weiß nur, daß sich seit diesem Augenblick ein Haß erhoben hat, der unausrottbar ist für mein ganzes Leben. Man kam sich vor wie geschändet. Bei mir fand man keinen Schmuck, da die Landsleute dieser Polen schon vorher alles genommen hatten. Dann griffen sie in die Haare, ob man dort Schmuck verborgen hatte. Eine Tasche mit Papieren hatte ich unter meiner Kleidung umgehängt, für diese hatte man kein Interesse. Eine andere Tasche, die auch unter meiner Kleidung war, enthielt Geldscheine. Diese nahm man heraus. Der Pole, der mich befühlte, wurde abgerufen, ein anderer, der neben mir saß, gab mir einen kleinen Teil meines Geldes zurück, indem er einfach hineingriff und wahllos in meine Hand steckte. Der andere Pole kam zurück, wir konnten uns wieder ankleiden mit dem, was noch vorhanden war, das meiste war fort, und dann wurden wir durch eine andere Tür hinausgeführt auf den Hof in einen dunklen Holzschuppen, in dem schon andere Deutsche waren. Es wurde uns gesagt, wenn wir ihn verließen, würden wir erschossen. Diese Worte der Polen imponierten uns nicht sehr, wie alles, was die Polen sagten.

Allmählich wurde es hell, wir merkten, daß die Tür des Schuppens unverschlossen war, und wir gingen hinaus auf den Bahnhofsplatz. Hier warteten wir den ganzen Tag auf die Ankunft eines Zuges, daß er uns weiter befördere, aber es kam keiner. Alle die vielen Deutschen wurden dann für die Nacht untergebracht in dem großen Güterschuppen des Bahnhofs, wo wir ohne Stroh auf dem Fußboden saßen, denn zum Liegen war kein Platz. Am Tage waren wir in das Städtchen gegangen, wo die Einwohner und Ackerbürger uns Brot, Kartoffeln und Kaffee gaben. Mir gaben sie auch zwei alte Decken, da ich nichts Warmes zum Anziehen und Zudecken hatte, seitdem meine Mäntel gestohlen waren. Viele Menschen saßen in dem Schuppen um mich herum, alle in dem gleichen Elend. Zwei ältere Frauen in meiner Nähe waren oder wurden wahnsinnig. Eine junge Frau neben mir hatte am Tage ihr Kind auf dem Kirchhof begraben, außer ihr noch eine andere Frau. Die Beerdigung war ohne jede Zeremonie. Nachts weinte die junge Frau, ihre Mutter tröstete sie. Wir saßen vollkommen eingekeilt, und man konnte sich nicht rühren. Ich war froh, einen ganz engen Platz auf dem Fußboden erwischt zu haben, einige standen die ganze Nacht.

Gegen 5.00 Uhr morgens tat sich die Tür des Schuppens auf, und zwei Mann von der „Bahnpolizei" erschienen mit Blendlaternen. Der eine richtete einen Revolver auf die Deutschen und sagte in schlechtem Deutsch, wir sollten jetzt unsere letzten Schmucksachen abgeben, er hätte gehört, die Russen wollten kommen und uns ausplündern, er wollte daher die Sachen in Verwahrung nehmen, und morgens um 8.00 Uhr sollten wir zu ihm kommen, damit er uns unsere Schmucksachen zurückgeben könne, wer sie aber nicht abgäbe, würde erschossen. Mehrere Personen gaben einige Sachen ab und erhielten zum Schein eine Quittung darüber. An den Schwindel mit den Russen glaubte kein Mensch. Den nächsten Tag warteten wir wieder auf einen Zug, vergebens. Wieder versorgten uns die Einwohner, von den Polen dachte niemand daran, uns etwas zu essen oder zu trinken zu geben. Abends mußten wir den Güterschuppen räumen, da neue Transporte Vertriebener ankamen, denen es im Bahnhofsgebäude wahrscheinlich ebenso erging wie uns.

Wir kamen in ein früheres Restaurant in der Nähe des Bahnhofs. Ich erwischte einen ganz engen Platz in einem Saal im Hause, viele andere kamen in die Ställe, Garagen usw., wo sie auf dem nackten Boden saßen, wenn sie sich kein Stroh besorgten. In dem Saal war man besser geschützt, wenn man natürlich auch auf den nackten Dielen saß. Nachts war kein Platz zum Liegen, ich saß Rücken an Rücken mit einem ganz fremden Mann, aber auf diese Weise hatte man wenigstens einen Halt. Zum Waschen war keine Gelegenheit. Alle die vielen Menschen des Transportes hausten in diesen wenigen Räumen fünf Tage lang, vorher kam kein Zug. Die Polen legten uns nichts in den Weg, in die Stadt zu gehen, um für unsere Verpflegung etwas zu erbetteln.

Nach einem solchen fünftägigem Aufenthalt in Körlin kam endlich ein Zug. Er bestand meistens aus Viehwagen, die teilweise kein Dach mehr hatten oder sonst beschädigt waren. Die vielen Deutschen preßten sich in die paar Wagen und warteten auf die Abfahrt, die nach einigen Stunden erfolgte. In Belgard hielt der Zug, und hier warteten wir wieder bis zum nächsten Abend. Wir holten uns Wasser am Brunnen, den wir auf Umwegen erreichten, da auf dem Bahnhof zwei tote Männer lagen, um die sich niemand kümmerte. Aus einer Lokomotive lief unten heißes Wasser, dieses fingen wir mit der Hand auf und wuschen uns damit, was eine Wohltat war.

Womit wir uns hier verpflegten, weiß ich nicht mehr, die Polen gaben uns nichts. Die meisten Deutschen hatten noch etwas Proviant von zu Hause. Abends, als es ganz dunkel war, fing der Zug an, hin und her zu rangieren, wie es bei den Polen üblich ist. Als die Reise endlich losging, spähte ich in die Dunkelheit hinaus, ob der Zug wirklich nach Westen ginge oder in östlicher Richtung nach Warschau. Soweit ich erkennen konnte, fuhren wir westlich. Es war stockdunkel im Zug, ein Mann hatte wieder den Verstand verloren.

In der Gegend von Stargard hielt der Zug auf freier Strecke, dunkle Gestalten sprangen auf, leuchteten uns mit Blendlaternen an und nahmen von unserem Gepäck, was ihnen in die Hände fiel. Sie sprangen wieder ab, und dieses wiederholte sich ungefähr 12 bis 20 mal. Es war offensichtlich, daß das Maschinenpersonal mit diesen Banditen unter einer Decke steckte [1]). Mein Rucksack wurde mehrere Male ausgeleert, das Beste mitgenommen, und den Rest konnte ich dann im Dunkeln, wenn die Banditen verschwunden waren, zusammensuchen. Mein Handkoffer verschwand mit Inhalt. Wenn die Banditen raubten, war es totenstill im Zug, keiner wagte sich zu rühren,

---
[1]) Vgl. hierzu die Ausführungen des Schrankenwärters O. S. aus Z., Kreis Belgard, abgedruckt unter Nr. 284 (Bd. I, 2).

da sie wahrscheinlich bewaffnet waren wie alle Polen. Niemand wagte, ein Wort zu sagen, da man in der Dunkelheit nicht wußte, ob der Nebenmann ein Pole war. Manche blieben eine Strecke im Zuge. Einer versuchte, mich in der Dunkelheit anzutasten, ich sagte „Alte Matka" und entwischte.

Mit Unterbrechung von diesen Schreckensszenen kamen wir morgens um 2.30 Uhr in Scheune bei Stettin an. Wir mußten den Zug verlassen und bei Kältegraden stundenlang auf dem dunklen Bahnsteig stehen. Es wurde allmählich hell, und erst jetzt sah man, daß kaum noch einer von uns Gepäck bei sich hatte. Manche Männer gingen in Socken, andere trotz der Kälte in Hemdsärmeln. Wenn einer noch einen Sack mit Sachen hatte, staunte man ihn an. Ich hatte noch den mehrere Male ausgeleerten Rucksack und eine kleine Markt-Basttasche mit etwas Brot und einem kleinen Rest Speck. Als der Zug, der uns befördern sollte, aus westlicher Richtung eintraf, war er voll besetzt. Die Leute saßen auf den Dächern. Wir waren ratlos, wir wußten nicht, wo wir bleiben sollten, die Polen trieben uns mit Gewehrkolben von dem Bahnhof, und wir standen auf der Landstraße.

Schließlich ging ich mit einer Lehrerfrau aus Pommern, deren Töchtern und einem Rechtsanwalt aus Ostpreußen, der kurze Zeit später in einem Lager an Flecktyphus starb, zu einem Bauern. Die Leute gaben uns Kaffee, wir teilten mein Brot und machten uns dann zu Fuß auf den Weg bei einem schneidenden Ostwind.

Wir wanderten den ganzen Tag, wurden mehrere Male von Polen aufgehalten und kamen abends in Grabow an, wo wir bei einem Bauern die unterwegs gesammelten Kartoffeln kochen konnten. Als wir kurz vor diesem Dorf hörten, daß wir schwarz die polnische Grenze passiert hatten und wieder auf deutschem Boden waren, kannte unsere Freude keine Grenze. Wir weinten Freudentränen und benahmen uns wie die Kinder, nur weil wir nicht mehr in den Händen der Polen waren. Wir fuhren noch abends weiter nach Pasewalk, von dort nach Berlin in ein Durchgangslager.

Nr. 324

Erlebnisbericht von Monika Gräfin Rittberg auf B a l f a n z , Kreis N e u s t e t t i n i. Pom.
Original, 1950, 6 Seiten. Teilabdruck.

Flucht vor der Erschießung im Dezember 1945 mit der Bahn bis Schivelbein, nach kurzer Rast weiter bis Scheune, Plünderungen und trostlose Zustände auf dem Bahnhof Scheune, Weiterfahrt nach Angermünde.

Auf den ersten Seiten beschreibt Vfn. ihre kurze Flucht, die Überrollung durch die Russen, die Rückkehr auf das heimatliche Gut und fährt nach der Schilderung einzelner Erlebnisse mit russischen Soldaten fort:

Am 6. Dezember früh kam unser Beamter in meine Wohnung gelaufen und sagte mir, ich müsse in ca. zehn Minuten fort sein, da die Russen meiner habhaft werden wollten. Ein Litauer Mädel hatte das in der Küche verstanden. Mein Name war wieder einmal mein Schicksal. Der russische

Kutscher hatte schon oft in der Küche geäußert, er würde die Grafina, wie sie mich nannten, am liebsten erschießen. Alle Grafinas müßten erschossen werden. Ich ergriff etwas an Wäsche, ein Paar Schuhe, nahm nichts Wichtiges mit, weil man in solchen Momenten doch nicht richtig überlegen kann. Ich dachte an das Grab meines Mannes, das ich nicht mehr aufsuchen konnte, an den Gedenkstein für meinen über England gebliebenen Jungen, den mir die Russen unter Führung des 18jährigen Kommandanten zerschossen hatten, und ging fort. Erst auf Umwegen in das Haus unseres Beamten und sah von dort gerade die drei Russen in unsere Behausung eilen. Paar Minuten später kam die Säuglingsschwester, die mit mir ins Dorf gezogen war, angerannt, sie solle die Frau Gräfin herbeibringen, sonst würde sie auch erschossen. So riet mir unser Beamter, fortzugehen. Wir wollten uns nach einer Stunde noch einmal im Wald treffen. Als er kam, sagte er, daß die Russen alle Wohnungen durchstöberten, und es wohl besser sei, ich ginge fort.

So wanderte ich ins Nachbardorf, um dort erst einmal weiter zu überlegen, und beschloß, die Nacht dort zu verbringen. Nächsten Morgen um 7.30 Uhr kam die dortige Beamtenfrau angelaufen und sagte, die Russen seien da, um mich zu suchen. Eine mit Tapete überzogene Bodenkammertür bot mir Schutz; ich hörte die Männer alles durchsuchen, die Kisten öffnen und laut schimpfend jeden Winkel nachsehen. Ich war merkwürdig ruhig. Nach anderthalb Stunden gaben sie ihre Suche auf und zogen los unter Mitnahme von zwei Geiseln und mehreren Gänsen und Hühnern. Das war mir furchtbar unangenehm, ich konnte es nun aber auch nicht mehr ändern. So zog ich mich schnell an und wanderte wieder auf Land- und Waldwegen ein Stück weiter in ein anderes Gutshaus, wo ich vier Tage rührend aufgenommen und bewahrt wurde. Glücklicherweise bekamen die Russen erst Wind von meinem Aufenthalt, als ich schon fort war und kamen eine Stunde nach meiner Abreise zu spät.

Am Morgen des vierten Tages schlichen wir noch im Dunkeln auf Umwegen auf den Bahnhof, um nicht von den polnischen Posten gesehen zu werden. Der Zug erschien auch, und wir stiegen wegen Überfülle der Abteile vorn beim Lokomotivführer ein. Dieser wollte uns erst in seine Wohnung mitnehmen, übergab uns dann aber auf der Haltestelle Bad Polzin seinen Miträubern. Wir wurden in einen stockdunklen Güterschuppen gesperrt und aller Sachen beraubt, die die Bande gebrauchen konnte. Es blieb uns nur noch sehr wenig. Der Zug nach Schivelbein hatte leider vier Stunden Aufenthalt in Polzin. Alle paar Minuten kamen neue Leute in den Schuppen, denen es genau so erging wie uns. Es waren wohl die auf dem flachen Land Herausgetriebenen, die nun ihre erste gründliche Visitation über sich ergehen lassen mußten. Wir behielten alle gleich wenig und waren froh, als mittags endlich der Zug nach Schivelbein abfuhr. Man war den örtlichen Räubern entronnen, nicht ahnend, daß die kommenden erheblich unangenemer sein würden.

In Schivelbein wurden wir sehr rührend vom Superintendenten aufgenommen [1]), durften dort ohne Furcht, gefunden zu werden, auf der Erde

---

[1]) Vgl. den Bericht des W. L., abgedruckt unter Nr. 329 (Bd. I, 2).

nächtigen und kamen uns vor, als hätten wir die Freiheit gewonnen. Der Zug am kommenden Mittag von Schivelbein nach Scheune war rasend voll, wir wollten uns erst einigen Polen anschließen, wurden aber abgedrängt und stiegen in ein Abteil ein, in dem nur wenige Menschen saßen. Kaum hatte der Zug sich in Bewegung gesetzt, als drei Leute aufsprangen, zwei Männer und eine Frau, und anfingen, uns auszuziehen. Mir wurde mein Pelz entrissen, die restlichen Złotys abgenommen, mir aber dann in einer merkwürdigen mitleidigen Anwandlung eine grüne warme Polenjoppe anstatt meines langen Pelzes angezogen. So hatte ich wenigstens etwas auf mir. Den anderen wurde alles fortgenommen: Strickjacken, Mäntel, Handschuhe etc. Ein älterer Mann fing an, laut um Hilfe zu schreien, und da wir gerade in eine Station einfuhren, sprangen die Räuber aus dem Abteil heraus und waren unseren Augen entschwunden.

Nun ging es ohne besondere Zwischenfälle bis kurz vor Scheune. Es erschienen auf den Trittbrettern uniformierte Polen, die mit Riesenlaternen in die Abteile hereinleuchteten und sich nach passenden Opfern umsahen. Bald darauf waren sie bei uns. Als erste wurde ich ausgezogen, abgetastet, und da sie wohl gefühlt hatten, daß ich mir etwas auf den Körper gebunden hatte, bis aufs Hemd ausgezogen und meines Geldes beraubt. Die Untersuchungen waren widerlich, die Abtastungen ohne irgendwelche Hemmungen so gründlich, daß ihnen nichts entging. Man hatte dann aber auch dieses überstanden und ausgehalten. In Scheune mußte alles heraus, es war früh 6.00 Uhr. Der Zug nach Angermünde sollte bald kommen, und wir atmeten alle auf in dem Gedanken, nun unter deutschen Beamten weiterfahren zu können.

Aber es dauerte lange, und das, was man in Scheune selbst erlebte, war auch furchtbar. Wo man hinging, lagen tote Menschen, um die sich kein Mensch kümmere: auf dem Bahnhof eine ältere Frau mit ausgebreiteten Armen, ihr Gepäck um sich herum verstreut, in der Bahnhofshalle ein Mann hinter die Tür geschoben, in dem Aufenthaltsraum für Flüchtlinge ein alter Mann an die Seite gelegt und so fort. Zum erstenmal wurde es einem klar, wie wenig ein Menschenleben unter diesen Bedingungen und Umständen galt und wie dankbar man sein konnte, gesund diesen Anforderungen begegnen zu können.

Schaurig war es in einer kleinen Rot-Kreuz-Station, die nur tagsüber arbeitete und abends die Kranken und Hilflosen einfach auf die Straße brachte, wenn die Angehörigen sie nicht rechtzeitig abholten. Da wurden sie auf Tragen einfach ins Schneegestöber gestellt. Daß auch deutsche Schwestern so völlig das Gefühl verloren hatten, berührte uns sehr schmerzlich, aber sie standen unter dem Zwang der Polen in Stettin.

Wir mußten bis spät abends auf unseren Zug nach Angermünde warten. In den Warteraum durfte man als Deutscher nicht, mit besonders lauter Stimme verkündeten die Polen immer wieder, die „deutschen Schweine" könnten draußen frieren. In der Nacht kamen wir dann in Angermünde an und konnten auf zwei Stühlen in einem geheizten Raum bleiben, das war herrlich.

Mit einigen Sätzen wird die Fahrt nach Berlin und die anschließende Weiterreise in den Westen geschildert.

Nr. 325
Erlebnisbericht von Frau Maria Popp aus L a b e n z , Kreis D r a m b u r g i. Pom.
Beglaubigte Abschrift, 4. Juli 1949.

Austreibung der nicht arbeitsfähigen deutschen Bevölkerung aus Labenz und anderen Orten des Kreises Dramburg im Dezember 1945; Plünderungen während der Fahrt bis Scheune.

Der denkwürdige 15. Dezember begann zunächst wie alle anderen. Es schwebten allerlei Gerüchte in der Luft. Glaubhaft war wohl dieses, daß in den nächsten Tagen eine große Haussuchung stattfinden sollte und wie üblich viel geplündert werden würde. Am Mittwoch, dem 15. Dezember, wurden sämtliche Polen ins Dorf geholt, sämtlich bewaffnet. Wir taten unsere Arbeit mit der bangen Frage, was hat dies zu bedeuten?

Mittags begann dann auch die Austreibung der Ersten aus unserem Ort. Den Ersten wurde noch 20 Minuten Zeit gegeben zum Packen. Das dauerte den ganzen Nachmittag bis abends um 8.00 Uhr an. Die Letzten mußten schon in einer Minute das Haus verlassen. Auf Alte und Kranke wurde keine Rücksicht genommen. Zunächst wurden alle in die Kirche getrieben. Dort haben wir dann erst mal eine Nacht zugebracht. Uns alle beschäftigte nun die Frage, was hat man wohl mit uns vor? Sonntags vormittag wurde uns dann klar gemacht, daß wir keine Vergnügungsfahrt antreten werden, sondern sollten büßen, was die SS. verschuldet. Auch bekamen wir schon einen kleinen Vorgeschmack dessen, was uns bevorstand. Auf allerlei Weise quälte man uns.

Nachmittags um 3.00 Uhr hieß es dann plötzlich, alles vor der Kirche antreten. Nun traten die Russen an unsere Reihen und suchten sich noch die Arbeitskräfte heraus. Nun bestand unser Zug zum größten Teil aus Kranken, Alten, Krüppeln, Frauen und Kindern. Wahrlich ein hilfloser Zug setzte sich dann in Bewegung. Auf Leiterwagen ging es bis zum Bahnhof Janikow. Dort stand schon ein Güterwagen für uns bereit. Aus dem ganzen Kreis wurden die Menschen herangetrieben. Dies dauerte noch einen Tag, ehe alle da waren. Ehe die Ersten den Zug besteigen konnten, wurde schon geplündert. Montag abend ging die Fahrt los. Das Schlimmste war nun zunächst gar nicht mal dies, daß die allermeisten kein Essen hatten, sondern nun begann die große Plünderung. Ganze Banden überfielen jeden Wagen. Zwei verließen den Zug, drei stiegen wieder zu. Dazu hielt der Zug jedesmal. Keiner kam zur Ruhe. Ungefähr 70 bis 80 Menschen waren in einem Wagen. Jeder wurde einzeln durchsucht nach Wertsachen oder Geld. Wer irgend gute Sachen hatte, mußte sie ausziehen. Auch die Schuhe, soweit die gefielen, mußten ausgezogen werden. Weigerte sich jemand, so wurde so lange darauf geschlagen, bis er es hergab. Begreiflich ist es nun ja, daß die Not wuchs.

Auf diese Weise kamen wir bis Scheune. Ich glaube, heute noch geht jedem ein Schauer über, hört er den Namen. Was Menschen an Grausamkeit ersinnen können, wurde an uns verübt. Durch Hunger, Kälte und die großen Aufregungen waren alle in einem furchtbaren Zustand. Klar denken konnten wohl die Wenigsten. Um die Krüppel und Sterbenden durfte sich niemand kümmern. Manch einer verschwand. Viele wurden auf einer Bahre in einen Raum getragen. Dort wurden sie nochmal von den Polen ausgeplündert und erfroren dann allmählich.

Eine Nacht und einen Tag hatten wir nun schon auf dem Bahnsteig gestanden. Mit einem Mal hieß es dann noch spät abends — wir hatten gerade hinter einem Schuppen Schutz gesucht vor der Kälte —, in fünf Minuten geht der Zug. Ob unsere Not wohl an höherer Stelle bekannt geworden war? Man weiß es nicht. Nun übernahm der Russe den Zug. Von da ab herrschte Ruhe. Die Plünderung hörte auf, uns kam dies zunächst ungeheuerlich vor.

Freitag kamen wir dann in Mecklenburg an. Vollständig erschöpft mußten wir in Woldegk den Zug verlassen. Dort bekamen wir dann das erste Essen. Von dem Lager aus wurden wir dann auf die Dörfer verteilt.

Wenn ich heute so an die Tage der Austreibung denke, muß ich mich eigentlich wundern, woher die Kraft kam, dies alles zu überstehen. Mir stehen immer, wenn ich daran denke, die Krüppel vor Augen. Die Krücken wurden ihnen aus der Hand geschlagen, und einer buchstäblich zertreten. Diesen Schrei kann ich nicht vergessen. Das war ja das Traurigste, die gesunden Kräfte blieben, alles Hilfsbedürftige mußte mit. Wir müssen aber auch bekennen, in wieviel Not hat nicht der gnädige Gott über uns Flügel gebreitet. Gott legt wohl eine Last auf, aber er hilft uns auch.

Nr. 326

Erlebnisbericht von Frau Ella Kossol aus H e i l i g e n b e i l i. Ostpr.
Original, 9. März 1952, 44 Seiten. Teilabdruck.

Plünderungen während des Ausweisungstransportes von Stolp nach Scheune bei Stettin Ende Oktober 1945.

Vfn. hat ausführlich die Flucht aus Ostpreußen, das Zusammentreffen mit den Russen in Pommern und Erlebnisse und Ereignisse unter der Polenherrschaft im Kreis Stolp in Pommern geschildert. Abschließend heißt es in ihrem Bericht:

Am 30. Oktober wurden wir unter polnischer Aufsicht in Stolp „verladen". Ich hatte meine kleine Tochter und das noch nicht zweijährige Töchterchen meiner Schwester Hanna bei mir und wurde mit diesen in einen Viehwagen gesteckt, da wir den Kinderwagen mitnehmen mußten. Zum Schluß erlaubten sie mir noch, daß eine der mitfahrenden Tanten zu mir durfte. Meine Mutter mit den anderen beiden Kindern meiner Schwester und einer zweiten Tante wurde in ein kleines Personenabteil gezwängt. Kaum war der Zug bis zur nächsten Station, stiegen Polen in unseren Wagen und fingen an, unser Gepäck zu durchstöbern. Hier und da zogen sie Mitreisenden einen Mantel aus. Es war ja in diesem Wagen stockdunkel, mit einem einzigen Licht in der Hand stiegen sie rücksichtslos über Kinder, Gepäck und Wagen. Auf jeder Station wurde es schlimmer. Eine Gruppe stieg aus, die andere stieg ein. Die Gepäckstücke, auf denen wir saßen, verschwanden unter uns, ohne daß wir es wahrnehmen konnten, daß sie sie zur Tür hinauswarfen. Was sie nicht mitschleppen konnten, wurde herausgeworfen, ganz gleich, ob der Zug sich in voller Fahrt befand oder vor einer Station.

Unser Wagen war gerammelt voll, es müssen sich etwa 70 Personen darinnen befunden haben. Das Geschrei beim Eintritt einer neuen Gruppe der Räuber war fürchterlich. Rücksichtslos traten sie auf die am Boden sitzenden Menschen. Ein Stück nach dem anderen mußte ausgezogen werden. Ein in meiner Nähe stehender Mann stand zuletzt in Unterhosen und ohne Schuhe, oberhalb nur mit einem Westover über der Unterwäsche bekleidet, jammernd und bittend da, man möchte ihm doch wenigstens seine Papiere aus der Jackentasche zurückgeben. Aber die Jacke war längst verschwunden. — Nicht nur erwachsene Männer raubten uns aus, sondern unter der letzten Gruppe befanden sich auch halbe Kinder, die für dieses Entkleidungsamt direkt abgerichtet waren. Ein etwa 12jähriger Junge rief einer Dame, die auch schon nicht mehr viel anhatte, befehlend zu: „Nun mal runter mit der Reizwäsche!" — Niemand, der dies nicht mitgemacht hat, kann unsere Empörung mitempfinden, und dann so ohnmächtig diesen Burschen ausgeliefert zu sein, das war ja noch schlimmer als die Raubzüge der Polen in Pommern! —

Nun mußte doch bald Stettin kommen, es war ja nicht mehr zu ertragen, da wir in dem Dunkel des Wagens nicht einmal feststellen konnten, wo wir uns befanden. Noch einmal kam eine neue Bande herein, und diesmal wurde die Ecke, in der ich mich befand, besonders durchsucht. Ich wurde auf den Boden gedrückt, der Pole setzte sein Knie auf meine Brust, hielt meine Hände fest und durchsuchte mich mit der freien Hand, fand unter aller Kleidung ein Täschchen, in dem ich die letzten Papiere vom Tode meiner Schwester und Portemonnaie mit 160 Mark versteckt hatte. Blitzschnell war es abgerissen, und fort war er, der Räuber! Ein paar Handgriffe nur hätten gefehlt, so hätte er die auf meinem Rücken unter sämtlicher Kleidung untergenähten Wertpapiere, Sparbücher und dgl. gespürt, und er hätte nicht Ruhe gegeben, als bis ich mich hätte bis auf die Haut entkleiden müssen, um diese Sachen in die Hände zu bekommen. So habe ich vieles retten können, was mir für die Versorgung der Kinder, der armen Waisen meiner Schwester, so unendlich wichtig war.

Als wir in Scheune bei Stettin ausstiegen, erwies es sich, daß fast die Hälfte aller Mitreisenden ihre Oberkleidung hergegeben hatten. In anderen Abteilen hatten sie es genau so gemacht, doch dort war es heller gewesen, und die Gepäckstücke waren nur so aus den Fenstern herausgeflogen. Als uns dann der unter deutscher Verwaltung stehende Zug in Richtung Berlin aufnahm, konnten wir endlich wieder einmal befreit aufatmen. Deutsch die Stationen, deutsch die Beamten, die rücksichtsvoll mit den Flüchtlingen umgingen.

Es folgen noch einige Bemerkungen über spätere Erlebnisse in Berlin und in Westdeutschland.

Nr. 327

Erlebnisbericht des früheren Drogeriebesitzers Bruno Grünert aus Stolpmünde, Kreis Stolp i. Pom.
Original, 27. Januar 1952, 10 Seiten. Teilabdruck.

Plötzliche Ausweisung durch polnische Miliz, Plünderungen auf dem Bahntransport nach Scheune.

Vf. schildert zunächst Erlebnisse und Zustände in Stolpmünde seit Einbruch der Russen.
In der Nacht vom 3. bis 4. Dezember 1945 wurde ich plötzlich von polnischer Miliz geweckt mit dem Befehl, mich sofort umzuziehen zum Bahnabtransport. Unter Bewachung mußte ich mich anziehen, durfte den Raum nicht mehr verlassen. In meinem Spind hatte ich noch drei Flaschen Rum, Kognak, Wein. Ich gab sie dem Mann, der mich bewachte. Er nahm sie dankbar an und verschwand, um sie zu verstauen. Diese Gelegenheit benutzte ich, um mein aus dem Geschäft noch vorhandenes Geld zu verstauen. Ich verteilte es auf meinem Körper. Meine zweite goldene Uhr trug ich unterm Strumpf zwischen Schuh und Strumpf, dgl. mein Postsparkassenbuch. Wie der Milizmann zurückkam, war ich fertig angezogen. Das laut Bestimmung freigegebene Gepäck war ich schon los, bevor ich mein Haus verließ. Mit Kolben- und Peitschenhieben wurde ich schon auf der Straße empfangen und wie das liebe Vieh zu den geschlossenen Güterwagen getrieben, die zu unserer Aufnahme bereitstanden.

Nach einer Wartezeit von 12 Stunden setzte sich der Zug, für uns mit unbekanntem Ziel, in Bewegung. Stolp war die erste Station. Hier sagte schon der Bahnbeamte, daß auf der Strecke Plünderer zusteigen werden. Wir sollten die Türen zuhalten und keinen hereinlassen. Kaum war der Zug in Bewegung, da waren schon vier besser gekleidete Zivilisten und drei Soldaten mit Schnellfeuerwaffen in unserem Abteil. Fachmännisch untersuchten sie Mäntel und Anzüge. Es dauerte nicht lange, so waren wir alle unsere Mäntel los. Einer untersuchte die äußere Bekleidung, der nachfolgende tastete den ganzen Körper ab. Mit geübter Schnelligkeit war man bei geringster Unebenheit des Körpers bis auf die Haut frei. Hatte man etwas Geld, Schmucksachen, gute Schuhe bei sich, so war man sein mühsam erworbenes Kapital los.

Auch mir ging es so während der dreitägigen Fahrt von Stolp nach Scheune, unserem Ziel. Man hat mir außer meinem Geld (ca. 50 000 alliiertes Geld, Rubel und Złoty) auch meinen Anzug und Hut weggenommen. Stundenlang habe ich so, fast nackend nur mit Unterwäsche bekleidet, im Dezember im Waggon gesessen. Nur einem glücklichen Zufall habe ich es zu verdanken, daß ich die Hose und die Weste wiederbekam. Zu guter Letzt kurz vor Scheune verlangte der Kerl meine Goldzähne. Da ich ihm bedeutete, daß die Zähne fest säßen, wollte er sie mir mit dem Gewehrkolben aus dem Munde schlagen. Mehrmals hatte er zum Schlage ausgeholt, immer bin ich ihm in den Arm gefallen. Da der Kerl immer wieder auf mich eindrang, bot ich ihm noch mein letztes verborgenes Geld — 500 Rubel — an. Da ließ er ab. Nach dreitägiger Bummelfahrt hatte diese Teufelstour ein Ende. Es soll von sämtlichen späteren Flüchtlingszügen der grausamste Transport gewesen sein, der je Ostpommern verlassen hatte. Um 10.00 Uhr abends kamen wir in Scheune an. Da ein Weitertransport nicht vorgesehen war, mußten wir erst auf dem Perron stundenlang bei größtem windigen Schlagwetter stehen, um den Rest der Nacht auf einer vom Wasser durchtränkten Wiese zu verbringen. Schutz war nicht vorhanden. Am Morgen des anderen Tages blieben mehrere Tote auf diesem Lagerplatz.

Die nächste deutsche Station war Angermünde. Quartiere waren wohl sichergestellt, aber nicht ausreichend. Die Folgen der rücksichtslosen Vertreibung ohne jegliche Verpflegung, da einem großen Teil der Evakuierten jede Möglichkeit genommen war, sich für so viele Tage selbst zu versorgen, blieben nicht aus. Konrektor Loll, Tierarzt Krüger sind in unserem Wagen irre geworden, ein Kind war tot. Über die vielen in den Quartieren in Angermünde erfolgten Todesfälle, die ihre Ursachen in den haarsträubenden Transporten zu suchen haben, darüber dürfte der Magistrat Angermünde ausreichend Auskunft geben können.

Nach zweitägigem Aufenthalt wurden wir nach Berlin weitertransportiert. Der Transportzug bestand aus drei gedeckten Güterwagen, fünf offenen Loren, den Rest bildeten Kesselwagen. Als der Zug abfuhr, blieben drei Tote auf dem Perron zurück. Im Wartesaal Angermünde war die Frau des Organisten Schwarz verstorben. Die Beladung des Transportzuges in Angermünde ging sehr stürmisch zu. Die gedeckten Güterwagen und die Loren waren schnell besetzt. Auf die Kesselwagen wollte kein Mensch. Aber als der Zug sich in Bewegung gesetzt hatte, klebten an diesen Wagen viele Unglückliche. Es ist nicht bekannt geworden, wieviel Menschen bei Fehlen jeglichen Wetterschutzes in ihrer Erstarrung verunglückt sind.

Von einer Organisation kann nirgends gesprochen werden. Ein jeder mußte schließlich sehen, wo er blieb. Am 10. Dezember 1945 fand ich im Bunker Tempelhof-Berlin Unterkunft. Hier konnte ich endlich etwas von Organisation verspüren, was ich äußerst dankbar empfunden habe. Ich mußte bis 17. Dezember 1945 in Berlin wegen Zugsperre verbleiben. Erst am 21. Dezember, nach einer Irrfahrt, fand ich meine Frau, Sohn und Schwiegermutter in Wolmirstedt bei Verwandten gut aufgehoben.

Nr. 328

Bericht des Pfarrers Werner Lindenberg aus S t o l p i. Pom.
Photokopie, Januar 1946, 4 Seiten. Teilabdruck.

Der Vorgang der Ausweisung in Ostpommern.

Eingangs charakterisiert Vf. die allgemeine Lage der Deutschen in Ostpommern 1945.

Während in anderen Teilen des deutschen Ostens die Massenausweisung schon im Frühsommer begann, erfolgte ein systematisches allgemeines Vorgehen in Ostpommern etwa erst im Oktober 1945. Eigenartigerweise gerade zu dem Zeitpunkt, da im britischen Unterhaus auf eine Anfrage hin die Erklärung abgegeben wurde, die unter den Deutschen Ostpommerns mit befreitem Aufatmen aufgenommen wurde: Vor dem Frühjahr würden jedenfalls keine weiteren Ausweisungen erfolgen. Außerdem, so wurde immer wieder erklärt, würden die Deutschen „in humaner Weise transferiert".

Wie es um diese menschliche Form der Umsiedlung bestellt war, habe ich dann in ungezählten Fällen mitzuerleben Gelegenheit gehabt. Es war ein gewohnter Anblick in den Straßen Stolps geworden, daß polnische Milizsoldaten deutsche Frauen oder Greise vor sich her stießen und mit Peitschenhieben und Kolbenstößen zum Bahnhof trieben. Die Tatsache, daß die Frauen oft mit vorgebundener Schürze und in Hausschuhen vorübergetrieben wurden, zeigte, wie plötzlich und völlig unvorbereitet diese Austreibungen erfolgten, die mit einer „Umsiedlung" auch von weitem keine Ähnlichkeit hatten. Gelegentlich wurde mir etwa an einem Grabe gesagt, die Kinder der Toten kämen nicht, da man sie eben, als sie zum Friedhof zur Beerdigung der Mutter zu gehen im Begriff waren, aus der Wohnung geholt und zum Bahnhof geführt hätte.

Auf dem Lande erfolgte die Ausweisung in der Form, daß größere Milizeinheiten im Morgengrauen ein Dorf umstellten und dann die Bevölkerung binnen fünf bzw. zehn oder fünfzehn Minuten aus den Betten geholt und oft nur ganz notdürftig bekleidet aus den Häusern gestoßen und in der Dorfmitte zusammengetrieben wurde. Das wenige Handgepäck, das diejenigen, die vorgesorgt hatten, beim plötzlichen Verlassen ihrer Wohnung noch greifen konnten, wurde ihnen häufig schon auf dem Wege zum Sammelplatz entrissen. Spätestens verloren sie es meistenteils auf dem Bahntransport.

Ehe die Ausgewiesenen zum Bahnhof abgeführt wurden, hat man häufig allen von der Ausweisung Betroffenen einen Revers vorgelegt und die Unterschrift dann unter Gewaltandrohung, oft auch erst nach brutaler Mißhandlung, erzwungen. Ein Vordruck, den ich mir auf dem Stolper Rathaus von dem zuständigen Beamten übersetzen ließ, besagte, daß der Unterschreibende erklärte,

1. er verlasse Stolp freiwillig,
2. er stelle keinerlei Ansprüche an den polnischen Staat,
3. er werde nie wieder nach Stolp zurückkehren.

Die Unterschrift unter diesen Revers wurde häufig erzwungen.

Daß der Pole vollendete Tatsachen zu schaffen sucht, zeigt auch der Umstand, daß er die Kirchenbücher und standesamtlichen Urkunden vernichtet, die das ostpommersche Gebiet eindeutig als urdeutsch ausweisen. So wurden z. B. in dem Dorf Weitenhagen, Kreis Stolp, durch den polnischen Bürgermeister die im evangelischen Pfarrhaus aufbewahrten Kirchenbücher beschlagnahmt und sogleich in einem Backofen verbrannt.

Noch schlimmer als alles, was vorangeht, ist dann der Bahntransport bis über die Oder. Das furchtbare Treiben beginnt bereits auf den Abgangsbahnhöfen. Mehrere Damen, unter ihnen die Witwe eines ostpreußischen Amtsgerichtsrats, die im Januar 1945 in den Kreis Stolp geflüchtet war, erzählten mir: Weil das Elend in ihrem Dorf gar zu unerträglich geworden sei, hätten sie sich entschlossen gehabt, freiwillig nach Westen abzuwandern. Mit einem Bündel, das ihre letzten Habseligkeiten enthielt, seien sie in den fahrplanmäßigen Zug in Stolp eingestiegen. Der Zug, der am Vormittag abfahren sollte, wurde am späten Nachmittag auf ein Abstellgleis gefahren. Bei Anbruch der Dunkelheit sei dann eine große Schar von polnischen Eisenbahnbeamten (!) über den Bahnkörper auf den Flüchtlingszug gestürmt, ein ohrenbetäubendes Getön von Trillerpfeifen habe eingesetzt, Pistolenschüsse wurden dicht über die Köpfe hin abgefeuert, Tränengaskörper in die Waggons geworfen, und in der allgemeinen schrecklichen Panik wurde sämtliches Gepäck von den Bahnbeamten geräubert. Die Damen erklärten, sie seien nun auch den Rest ihrer Habe los geworden. Aber sie wagten es nicht, freiwillig die Schreckensfahrt über die Oder anzutreten. Sie wollten abwarten, bis man sie hinausstieße.

Ich selbst war während des eigentlichen Transportes mit meinen Angehörigen nur geringfügigen Belästigungen ausgesetzt, da wir gegen Zahlung einer hohen Bestechungssumme (tausend Mark pro Kopf) in dem Waggon der polnischen Bahnpolizei mitfahren durften. Die übrigen Wagen wurden unterwegs von polnischen Milizsoldaten und russischer Soldateska völlig ausgeplündert. Von unserm Waggon wurden die Plünderer, die in Abteilungen von 50 bis 200 Mann laufend den Zug etwa eine Stunde lang im Wechsel begleiteten, durch die bewaffneten Bahnpolizisten abgewehrt. Auf der letzten polnischen Station Scheune wurde uns Insassen des geschützten Waggons freilich auch noch von unseren eigenen Beschützern im Verein mit polnischer Miliz der größte Teil unseres Gepäcks gestohlen. Und doch waren wir von Herzen dankbar, als wir völlig ausgeplündert die Grenze erreichten. Waren wir doch alle zusammen geblieben, wenn auch mein Vater im Russengefängnis gestorben und der Vater meines Schwagers von den Russen verschleppt und seither verschollen ist. Bis zum letzten Augenblick fürchteten wir noch, daß meine Verhaftung, die bereits angekündigt war, doch noch erfolgen würde. Außerdem gehörten wir zu den wenigen Menschen auf dem Bahnhof Scheune unter den Tausenden, die doch wenigstens ihre Mäntel und das, was sie sonst auf dem Leibe hatten, behalten hatten.

Unter den Ausgewiesenen befand sich auch das ganze Altersheim Stolpmünde. Diese armen 70- bis 80jährigen, meist fast hilflosen Menschen waren besonders brutal behandelt worden, gestoßen, geschlagen und nicht nur des Gepäcks, sondern auch ihrer Oberkleidung beraubt. Man hatte gerade den Alten nicht nur die Mäntel, sondern weithin auch die Anzüge und Schuhe ausgezogen.

Infolge des Hungers auf der langen Bahnfahrt, die von Danzig bis Scheune oft fünf Tage und länger dauert (die mitgeführten Lebensmittel werden meist geraubt), infolge der Mißhandlungen und der auszustehenden großen Schrecken sterben fast auf jedem Transport 20 und mehr Flüchtlinge. Dies erklärten deutsche Eisenbahner auf dem Grenzbahnhof. Dazu kommen jetzt noch die Einwirkungen der Kälte, die Ungezählten das Leben kosten dürfte. Denn trotz der Kälte wurde bisher die Ausweisung nicht gestoppt.

Nach kurzem Eingehen auf die kirchlichen Verhältnisse zur Zeit der russischen Besatzung fährt Vf. fort:

Meine Ausweisung erfolgte übrigens nicht wegen meiner kirchlichen Amtstätigkeit, sondern weil die polnische Miliz — allem Anschein nach infolge Denunzierung durch ostpreußische Flüchtlinge — in Erfahrung gebracht hatte, daß ich Offizier war.

Anfang Dezember 1945, als ich zum Verlassen meiner ostpommerschen Heimat gezwungen wurde, befanden sich in Stolp selbst schätzungsweise noch 20 000 Deutsche. Die Dörfer, die zu meinen Landgemeinden gehörten, waren etwa zur Hälfte noch dort. Die andere Hälfte war in den vorangehenden 14 Tagen in der weiter oben geschilderten Weise bereits hinausgetrieben worden. Die Ausweisung des Restes stand unmittelbar bevor. Flüchtlingen eines Dorfes, das vier Tage nach meinem Weggehen ausgewiesen wurde, begegnete ich Mitte Dezember 1945 in Berlin.

III. Ausweisungsaktionen im Verlauf des Jahres 1946.

1. Vertreibung aus Pommern.

Nr. 329

Erlebnisbericht des Superintendenten W. L. aus S c h i v e l b e i n , Kreis B e l g a r d i. Pom.
Original, 31. Januar 1952, 10 Seiten. Teilabdruck.

Die erste große Austreibung im Juli 1945; das Ausweisungs-Sammellager Schivelbein von Januar—April 1946, seelsorgerische Tätigkeit im Lager; eigene Ausweisung im April 1946.

Zunächst schildert Vf. die Situation vor dem russischen Einbruch in Schivelbein und das Wirken als Pastor während der russischen Besatzungszeit [1]*).*

Der erste Sonntag im Juli 1945 gehörte zu den schwersten Tagen meiner an viel Not gewöhnten Gemeinde. Ich kam nachmittags von einem Gottesdienst einer Außengemeinde und wunderte mich über die merkwürdige Ruhe und Leere in den Straßen. Friedhofsstille. Was war geschehen? Über 1 000 Menschen waren, wie sie gerade angetroffen wurden, unvorbereitet ohne besondere Kleidung und Lebensmittel, alt und jung, aus ihren Häusern getrieben und im Fußmarsch 100 Kilometer im wahrsten Sinne des Wortes über die Oder gejagt worden. Auch im Pfarrhaus waren in meiner Abwesenheit polnische Soldaten gewesen. Aber da mein dritter Sohn typhuskrank war, sah man von einem Gewaltakt ab und ließ auch meine Frau zur Pflege zurück. Wie sich später herausstellte, stand ich nicht auf der Liste der zu Vertreibenden, sondern der Bote, der mir meinen Ausweis bringen sollte, war mittlerweile selbst vertrieben worden. Dieser Schlag war furchtbar und wirklich ein Verbrechen gegen die Menschlichkeit. Familien wurden auseinandergerissen, Gemeindeglieder kamen auf offener Straße um, Lahme und Krüppel blieben elend liegen. Nach der Austreibung wurden die Wohnungen geplündert. Andere Städte der Umgebung haben solche Austreibung nicht gehabt. Im November fand eine ähnliche Aktion statt, die zwar nicht so umfangreich, aber umso unbarmherziger war, zumal schon starke Kälte herrschte.

In einigen Sätzen berichtet Vf. von dem kirchlichen Leben in Schivelbein und fährt dann fort:

Die Monate von Januar bis April standen beherrschend unter einem neuen schweren Zeichen. Schivelbein wurde das Hauptsammellager für die Transporte, die nun etwas besser organisiert und geschützt, allmählich alle Deutschen jenseits der Oder/Neiße aus ihrer Heimat entfernen sollten. Als Lager diente ein ehemaliges Lager für Volksdeutsche mit guten Baracken. Nun wurde auch den Hoffnungsvollsten klar, daß Gott uns in ein anderes Land bringen wollte. Eine große Fülle neuer Arbeit und Verantwortung wurde damit auf die Schulter der Kirche gelegt. Aber auch hier fanden sich viele hilfsbereite Hände. Nun war mein Gang zum Lager fast ein täglicher.

---
[1]) Abgedruckt unter Nr. 204 (Bd. I, 2).

Ich bekam ohne weiteres Zugang zu dem streng abgesperrten Lager und konnte auch dadurch manchem helfen, ohne große Schwierigkeiten ins Lager zu kommen, um dort registriert zu werden. Des öfteren kam ich dort auch mit Superintendent Zitzke, Belgard, zusammen, der seine Gemeindeglieder hier besuchte.

Bisher glich die Fahrt in das deutsche Vaterland jenseits der Oder einem Wege durch räuberische Gegenden des Balkans. Das wenige Gepäck wurde meistens unterwegs von Räuberbanden, die, schwer bewaffnet und zu allem bereit und fähig, auf die Züge sprangen, gestohlen, ja, was die Leute am Leibe trugen, wurde ihnen abgerissen, so daß manche halb und mehr ausgezogen wieder in Schivelbein oder an der Odergrenze ankamen. Die meisten Gemeindeglieder, die 1945 fortgingen, weil sie keine Existenzmöglichkeit mehr hatten und einfach verhungert wären, kamen vorher noch zu mir und nahmen den Segen Gottes mit. Wie oft habe ich mit ihnen gebetet: „Ich bin ein Gast auf Erden" und an das Gotteswort erinnert: „Ich will dich behüten auf allen deinen Wegen." Die Schar der Deutschen wurde immer kleiner, die Heimat immer mehr eine sterbende, fremde Laute hörten wir mehr als deutsche, es wurde immer einsamer um uns.

Seitdem das Lager in Schivelbein war, nahm die Ausweisung nun ganz große Formen an. Aus ganz Ostpommern kamen die Deutschen zusammen, heimatloses, wanderndes Volk. Immer häufiger zogen Transporte durch unsere Stadt, gesammelt aus anderen Orten, mit ihren kleinen Habseligkeiten. Zuerst konnten die Leute noch kleine Ziehwagen benutzen, später konnte nur mitgenommen werden, was jeder einzelne tragen konnte. Und das war wenig. Es war ein bejammernswerter Anblick. Auch diese Transporte wurden oft noch kurz vor dem Lager geplündert. Manchmal gelang es mir auch, in diese Züge, die zum Lager und von dort über die Oder kamen, Deutsche aus meiner Gemeinde einzuschmuggeln, die Polen wußten es und ließen mich gewähren.

Die große Frage war immer, wer zum nächsten Transport gehören würde. Wochenlang warteten oft die Deutschen und hatten immer ihre paar Sachen gepackt. Ging es anfangs noch ordnungsmäßig bei den Transporten zu, so hörte auch dieses allmählich auf. Wie gerade Eisenbahnwaggons vorhanden waren, fanden plötzlich Austreibungen statt. Oft ging es einfach straßenweise. Es konnte aber auch vorkommen, daß plötzlich keine Waggons vorhanden waren. Dann mußten manche Transporte wochenlang im Lager liegen und warten. Wie fein halfen sich die Deutschen untereinander im Lager, wo auch deutsche Schwestern waren. Auch kauften wir in größerer Menge Brot und halfen damit vielen Lagerinsassen, die unter manchen Nöten zu leiden hatten.

Oft konnte ich Andachten im Lager halten und hatte mit der Genehmigung nie Schwierigkeiten. Es ist wohl kein Transport aus Schivelbein fortgegangen, dem ich nicht zum mindesten eine Andacht unmittelbar vor der Abreise gehalten hätte. Sehr bewegliche Bilder stehen vor meinem Auge. Am Marktplatz ließ ich die Kolonnen noch einmal vorbeimarschieren, das gab ein Händedrücken und Winken, viel weinende Augen sah ich. Die Zurückbleibenden grüßten die Wandernden, wissend, daß auch sie bald wandern würden. Bei der Verladung selbst war ich auch fast immer zugegen und konnte auch Härten mildern. Ich stieg zum Abschied noch in jeden Waggon, um ein kurzes Gotteswort mitzugeben. Einmal hatte ich auch in einem Bahnwagen — es waren immer Güterwagen — eine Trauerfeier für ein eben verstorbenes Kind. Wir haben das Kind dann ohne Eltern, die ausgewiesen warden, beerdigt.

Hatten wir schon immer manch einem Rat und Hilfe vor und bei seiner Abfahrt geben können, so glich mein Amtszimmer oft der Sprechstunde bei einem überlaufenen Arzt. Oft konnte ich nur ohne Kenntnis der tatsächlichen Verhältnisse raten, da wir ja fast immer noch ganz abgeschnitten waren. Aber wir hatten doch als sicher erfahren, daß die Transporte über Stettin in Lübeck angekommen waren.

Mit meiner Kirchenbehörde, von der ich gerüchtweise gehört hatte, daß sie von Stettin nach Greifswald gezogen sei, habe ich zu meinem größten Bedauern keine Verbindung aufnehmen können. Wir haben die ganze Zeit, auf uns gestellt, Entscheidungen treffen müssen.

Nachdem der größte Teil der Gemeinde nicht mehr in Schivelbein war, nachdem auch alle Existenzmöglichkeiten erschöpft und alle noch verfügbaren Sachen in Lebensmittel umgetauscht waren, schlug auch für meine Familie und mich die Abschiedsstunde. Meine Frau hat mir in der ganzen Zeit unermüdlich zur Seite gestanden.

Waren bei Beginn der Besetzung durch die Russen noch einige Tausend Gemeindeglieder in Schivelbein, so war durch Ausweisung und Austreibung die Zahl auf einige Hundert gesunken. Ein Teil war noch rechtzeitig Anfang März 1945 geflohen. In normalen Zeiten hatte Schivelbein eine Einwohnerzahl von über 10 000 Einwohnern. Ich konnte noch eine schlichte Einsegnung halten, wie denn während der ganzen Zeit Konfirmandenunterricht und Kindergottesdienst hat gehalten werden können. Anfang April 1946 kamen wir ins Lager mit einem großen Teil der Restgemeinde. Ein kleiner Teil blieb noch dort, der im Lauf des Sommers auch fast völlig ausgewiesen wurde. Jetzt hört man in diesem urdeutschen Land kaum noch deutsche Worte[1]). Wir blieben eine Nacht im Lager, wurden nach Stettin in Eisenbahnwaggons verladen und kamen von dort nach Lübeck. Auch auf dem Schiff konnte ich noch meines Amtes walten. Eine alte Frau, die gestorben war an Bord, wurde bei sinkender Abendsonne unter Gottes Wort nach Seemannsbrauch ins Meer versenkt.

---

[1]) Die Bauern der Dorfgemeinden des Kreises Belgard werden in der Mehrzahl allerdings erst erheblich später ausgewiesen. So berichtet ein Lehrer aus Panzerin, Kreis Belgard: „... Am 12. April 1946 wurden aus unserem Ort die ersten 50 Deutschen ausgewiesen, größtenteils solche, die keinen Grundbesitz hatten, und Flüchtlingsfamilien aus Ostpreußen. Die meisten Bauern mußten auf ihren Höfen als Arbeiter noch 1½ Jahre bis zum Herbst 1947 bleiben..."
Auch Frau Ida Walther aus Niedergöhle bei Schivelbein berichtet, daß im April 1946 nur Deutsche, die nicht voll arbeitsfähig waren, ausgewiesen wurden, die meisten blieben bis Ende 1946 dort. Nach einem anderen Bericht gingen die ersten ausgewiesenen Bauern aus Simmatzig im Mai 1946 ins Lager Schivelbein.

Wir waren kaum im Lager Pöppendorf, hörten wir zu unserer Freude, daß unser zweiter Sohn lebte, von dem wir ein Jahr lang nichts gehört hatten, der aber schon von unserem Ergehen durch Ausgewiesene erfahren hatte.
Den Abschluß bilden Bemerkungen zum allgemeinen kirchlichen Leben der Gemeinde Schivelbein.

Nr. 330

Erlebnisbericht des Pastors Erwin Seehaber aus Gr. Wittenberg, Kreis Dt. Krone i. Pom.
Photokopie, 7. Dezember 1949, 7 Seiten. Teilabdruck.

Erlebnisse auf einem Ausweisungstransport Ende Februar 1946.

Im ersten Teil seines Berichtes schildert Vf. die Flucht, die Überrollung durch die Russen und die Nöte der russischen und später polnischen Besatzungszeit.

Wie ein Blitz traf uns dann auch die Nachricht von der Ausweisung der Deutschen aus den Gebieten östlich der Oder. Am 26. Februar 1946 erschien eine Gruppe von Miliz unter Führung des zweiten Bürgermeisters im Kloster mit einer Liste, auf der alle Deutschen verzeichnet waren, die zum ersten Transport gehörten. Mein Name stand obenan. Innerhalb von zehn Minuten mußten wir gepackt und den Raum verlassen haben. An Einpacken war aber nicht zu denken, da die Milizleute im Zimmer umherstanden und einem das Wertvolle, das man einpacken wollte, aus den Händen rissen. Es gelang mir mit Mühe, die Kinder warm anzuziehen und wenigstens einige Lebensmittel einzupacken. Meine Frau war zur Arbeit, stand auch nicht auf der Liste. Erst auf meinen energischen Protest hin wurde sie auf die Liste gesetzt und von der Ausweisung unterrichtet.

Wir wurden dann unter strenger Bewachung in ein großes Gebäude gebracht, meine Frau erschien auch gegen Abend. Im Laufe des Tages und der Nacht wurden hier ca. 400 Personen, auch aus den umliegenden Dörfern, zusammengetrieben. Alle berichteten, daß sie innerhalb von zehn Minuten ihre Wohnung räumen mußten und nur wenige Dinge mitnehmen konnten. Viele hatten einen Anmarschweg bis zu zehn Kilometer. Da hoher Schnee lag, kamen sie nur mühsam vorwärts. Viele Frauen mußten ihr Gepäck noch fortwerfen, weil sie ihre kleinen Kinder tragen mußten, die vor Ermüdung in dem hohen Schnee liegen zu bleiben drohten. Denn unbarmherzig wurden sie von der Miliz vorwärtsgetrieben, die abwechselnd im Schlitten fuhr. Die meisten kamen auch völlig erschöpft im Lager an.

Das Gebäude war überfüllt. In einem Raum von ca. 30 Quadratmeter drängten sich 36 bis 42 Menschen. Sitzgelegenheiten gab es nicht, Strohlager nur in ganz geringem Umfange. Man lag oder saß auf dem nackten Fußboden. Die sanitären Anlagen waren unzureichend. Verpflegung gab es nicht. Niemand durfte das Gebäude verlassen. Am 27. Februar 1946 sollte der Transport abgehen, es verzögerte sich aber. Der Aufenthalt in den engen Räumen wurde immer unerträglicher. Nach vieler Mühe gelang es mir, durchzusetzen, daß wir auf den Hof gehen durften, um frische Luft zu schöpfen und uns mit dem Schnee zu waschen; denn Wasser gab es nicht. Am 28. Februar 1946 gab es auch endlich Verpflegung: mittags eine warme Suppe — undefinierbar —, abends zwei trockene Schnitten Brot und Kaffee. Diese Verpflegung gab es dann jeden Tag bis zum Abtransport am 3. März 1946.

Alle atmeten auf, als wir das Lager verließen und zum Bahnhof geführt wurden. Dort standen Güterwagen bereit, in jeden Güterwagen kamen 37 Personen. Die meisten Güterwagen waren schadhaft, ohne Ofen. Als Reiseverpflegung gab es für vier Personen ein Brot und einen Eßlöffel Trockenmilch. Am 3. März 1946 gegen 17.00 Uhr setzte sich der Zug endlich in Bewegung, nachdem ein zweiter Transport aus Treptow/Rega gekommen war, dem wir angehängt wurden. Auf großen Umwegen wegen der zerstörten und noch nicht reparierten Brücken kamen wir am 4. März 1946 gegen Abend in Stettin an.

Hier ging es wieder in ein Lager, das ca. drei Kilometer vom Bahnhof Tornay entfernt war. Das Lager bestand aus einigen Häuserblocks, die mit Stacheldrahtzaun umgeben waren. Das Lager war für die Masse Menschen aber viel zu klein, da schon vor uns ein Transport angekommen war. So wurden die Menschen einfach in die nächsten Häuser getrieben, bis niemand mehr hineinging, ein Posten davorgestellt, und die Sache war erledigt. Die Szenen, die sich hier abspielten, waren einfach furchtbar: Kinder schrien vor Hunger und Kälte — die meisten Fenster waren entzwei —, Frauen weinten und brachen vor Erschöpfung zusammen. In dem Raum, in den wir gedrängt worden waren, bekam eine Frau mit fünf Kindern Verfolgungswahnsinn. Eine furchtbare Nacht.

Am nächsten Morgen ging es dann in das eigentliche Lager. Zuerst ging es zur Registrierung. Jeder bekam hier eine Karte mit seinem Namen und Beruf, auf der außerdem die einzelnen Stationen verzeichnet waren, die man durchlaufen mußte, ehe man weitertransportiert wurde. Es ging zur Entlausung und dann zum Zoll, d. h. zur Untersuchung des Gepäcks. Was brauchbar erschien, wurde abgenommen. Die Untersuchung war sehr gründlich. Bei wem Schmuck gefunden wurde, [der] mußte sich fast ganz ausziehen. Kinder, die ein Jahr alt waren und noch im Kinderwagen lagen, mußten aus dem Wagen genommen werden. Der Wagen wurde abgenommen. Da ich keine Wertgegenstände mehr besaß, nahm man mir die Sparkassenbücher ab, das Stammbuch konnte ich noch retten. Die Zollstation glich einem Warenhaus, es lag alles da: Mäntel, Kleider, Schuhe, Speck, Wurst, Kinderwagen, Pelze, Koffer, Betten. Alles war abgenommen worden. Der Aufenthalt in diesem Lager war noch furchtbarer als in Greifenberg. Die Menschen hockten buchstäblich aufeinander. Verpflegung sollte es auch geben, sogar für Kinder Milch. Wenn man vier bis fünf Stunden gestanden hatte und bald an der Reihe war, war dann nichts mehr da.

Am 9. März 1946 morgens ging es endlich wieder zum Bahnhof. Für Alte und Kranke war ein LKW. bereitgestellt. Wenn ich mich recht erinnere, war es ein englischer Wagen, der auch von einem Engländer gefahren wurde. Verladen in Güter- und Personenwagen. Die Wagen z. T. ohne Fenster und

Öfen. Als Marschverpflegung gab es auf dem Wege zum Bahnhof wieder trockenes Brot. Am Nachmittag fuhren wir dann endlich ab nach Westen. Unterwegs wurde dann noch geplündert, indem Polen auf den langsam fahrenden Zug sprangen und aus dem Zug warfen, was sie erreichen konnten. Die Zugwache, die im ersten Wagen hinter der Lokomotive fuhr, kümmerte sich nicht drum.

Alle haben wir aufgeatmet, als wir in Lübeck ankamen und keinen Russen auf dem Bahnhof sahen.

Nr. 331

Tagebuchaufzeichnungen von Frau Käthe von Normann, Gut B a r k o w , Kreis G r e i f e n b e r g i. Pom.
Original, 1945-46, 133 Seiten. Teilabdruck[1]).

Ausweisung im Frühjahr 1946: Vorbereitungen, Fußmarsch nach Greifenberg, Bahntransport bis Stettin, Gepäckkontrolle im Lager Kreckow.

In ihrem Tagebuch schildert Vfn. ihre Erlebnisse in der Zeit vor dem Eintreffen der Russen am 3. März 1945, der russischen Besatzung und der polnischen Verwaltung. Ihre letzten Eintragungen lauten:

11. März 1946. Vor einiger Zeit sind Batzwitz und ein Teil der Trieglaffer plötzlich ausgetrieben. Ganz aus heiterem Himmel kam das. Danach lagen die Armen noch vier bis fünf Tage in Greifenberg in Baracken und wurden danach abtransportiert, man sagt: „Über die Oder" oder auch: „Nach Sibirien." Die wildesten Gerüchte gehen um. Auch wir erwarten seit Tagen stündlich den Abtransport. Ich arbeite fieberhaft, um noch etwas für die Kinder zu schaffen, arbeitete Filzpantoffeln, Rucksäcke für uns alle, eine Tasche für unsere Lebensmittel mit Reißverschluß von Frau Sohrweide und starken Bügeln zum Tragen, vor allem aber mit einem doppelten Boden versehen, in den ich meine Aufzeichnungen über diese Zeit, die ich im Stenogramm teils auf Zetteln, teils auf Bogen habe, unterbringen werde. Ferner nähe ich für jeden von uns ein kleines rotes Federkissen mit Schlaufe zum Anhängen an den Rucksack, damit wir auf dem Transport den Kopf wenigstens etwas bequemer legen können. Ein kleiner Eimer muß mitgenommen werden für alle Fälle, denn der Transport soll ja in Viehwagen tagelang dauern. Auch mein weniger bisher geretteter Schmuck muß gut versteckt werden, denn das Gepäck wird ja immer wieder von Polen kontrolliert. Eine goldene Nadel kommt in eine Streichholzschachtel; Ringe werden in Wollknäuel gewickelt, Ketten in kleine Beutel genäht oder in Haferflocken, Mehl oder Zuckertüten versenkt. Am schwierigsten ist die Unterbringung meiner Perlenkette. Ich backe Haferflockenplätzchen in verschiedenen Größen und — in ein Beutelchen genäht — wird die Kette in einen Kuchen mit eingebacken. Meinen Trauring trägt Henning schon lange unterhalb seiner Brusttasche eingenäht in seinem blauen Mantel. Zweimal

---
[1]) Der Abdruck des gesamten Tagebuches ist in Beiheften als einer ergänzenden Publikationsreihe vorgesehen.

haben die Russen ihn mir anfangs abgenommen, ihn aber merkwürdigerweise zurückgegeben, weil er ihnen nicht einmal auf den kleinen Finger paßte, dann versteckte ich ihn endlich. Wie oft habe ich das Versteck dieses Schmuckes ändern müssen und wieviel Angst darum erlebt!

So hatte ich in Kutzer die verschiedenen Schmucksachen in Pelze, Mäntel usw. eingenäht. Dann kamen eines Tages Russen, die darauf bestanden, in unserm Schlafzimmer zu essen. Ich wollte die Pelze noch herausholen, doch ließen sie das nicht zu. Als sie fort waren, fehlte zwar nichts, aber ich entdeckte mit Bestürzung, daß das Futter meines Pelzes aufgetrennt war und glaubte, daß meine Perlenkette nun fort wäre. Fast neun Monate später fragte mich Monika in Barkow, was in ihrem Mantel, den sie täglich trug, eigentlich für Steine im Futter wären. Ich untersuchte sie genauer, und da kam meine Perlenkette zum Vorschein. Ich hatte total vergessen, daß ich sie nicht in meinem Pelz, sondern dort eingenäht hatte. Die Freude war groß, denn sie ist mir ein wertvolles Andenken an meinen Mann.

Mein schwarzer Mantel mit Pelzbesatz hat monatelang unter meiner Matratze gelegen, nur so habe ich ihn bei den vielen Plünderungen retten können. Nun trenne ich den Pelz ab, der in den Rucksäcken verschwindet und nähe überall Flicken auf. So sieht der Mantel endlich schäbig genug aus, um sicher zu sein vor dem Zugriff der polnischen Kontrollbeamten.

Am Gründonnerstag ist es soweit. Am Abend vorher kam Anton, um mich vorzubereiten, mit der Nachricht: „Morgen geht der Transport ab und Sie und die Kinder, Fräulein Struck, Frau Drewke und viele, viele andere sind auch mit dabei." Er tröstete mich, drüben im Westen würde es besser für uns sein. Die Kinder könnten wieder zur Schule gehen, und ich würde eine Pension für „Herrn Major" bekommen.

Am andern Morgen kam eine Menge polnischer Miliz ins Dorf. Wir mußten um 9.00 Uhr mit allem Gepäck vor der Reitscheune antreten. Jeder von uns schleppte, was er nur tragen konnte. Erhebliches Gewicht hatten ja schon die Lebensmittel, die für zehn Tage reichen sollten. Dann saßen wir mit unserm Gepäck viele, viele Stunden in der Reitscheune unter Bewachung. Am Spätnachmittag fuhren Wagen vor, auf die wir unser Gepäck aufladen durften. Wir banden noch einen Handwagen an das Fuhrwerk. Wir selbst mußten zu Fuß nach Greifenberg gehen. Im Dorf, an der Brücke zum Gutshof noch einmal langes Halten, und so standen wir angesichts unseres Gutshauses. Monika weinte herzzerreißend, und mir war so jammervoll zu Mut. Herr Gott, segne unser liebes Barkow!

Gegen Abend kamen wir in Greifenberg an, wo wir in einem Lager in der Nähe des Bahnhofs untergebracht wurden. An der Tür rissen ein paar Polenjungens uns sofort den Handwagen aus der Hand. Oben im Lager war Stroh geschüttet. Dort lagen wir eng aneinandergedrückt. Zum Waschen war nur im Hof Wasser zu holen in kleinen Schüsseln, die wir mit hatten und die gleichzeitig zum Essen dienten. Die Klosetts waren eine fürchterliche Angelegenheit.

Neben uns lag eine Gutsbesitzer-Flüchtlingsfamilie aus Ostpreußen mit kleinen Jungens. Am Ostersonntag durften wir auf besondere Bescheinigung noch einmal das Lager verlassen. Vormittags ging ich in die Stadt und kaufte für Złoty noch etwas Brot für uns. Nachmittags ging ich mit den Kindern zu Schwester Christel, die uns noch rührend verwöhnte. Da kam die Nachricht: „Sofort sammeln zum Abtransport!" Wir standen wieder lange im Hof mit unserm schweren Gepäck, bis der lange Zug sich in Bewegung setzte. Zu etwa 20 Personen kamen wir in einen Viehwagen ohne Sitzgelegenheit, dafür mußte uns unser Gepäck dienen. Irgendwer gab plötzlich durch alle Waggons den guten Rat, die Waggontüren mit Draht zu verschließen, da unterwegs Plünderer zu erwarten wären. (Tatsächlich erlebten wir während der Fahrt, die z. T. im Schneckentempo ging, daß die Tür mit Gewalt zu öffnen versucht wurde.)

Kurz vor der Abfahrt brachte Schwester Christel uns noch eine Tasse mit Schmalz. Irgendwer stimmte unmittelbar vor der Fahrt ein Lied an, andere fielen ein, nur unser Wagen beteiligte sich nicht an dem Gesang. Da donnerten Gewehrkolben an unsern Waggon: „Auch mitsingen!" Nun stimmten wir an: „Ein feste Burg ist unser Gott!", was sie zufriedenstellte.

Beim Rangieren und bei jedem Anfahren des Zuges polterten wir alle durcheinander, was besonders schlimm nachts war, wenn man wirklich mal eingeschlafen war. Die armen Kinder waren schrecklich nervös. Wir beachteten alle ängstlich die Fahrtrichtung, denn immer wieder tauchten Gerüchte auf, man führe uns nach Sibirien. Es ging über Gollnow, Stargard nach Stettin. Stettin ist ein einziger Trümmerhaufen. Wir kamen auf einem Vorstadtbahnhof von Stettin, in Kreckow an. Dann folgte ein Marsch von etwa zwei Kilometer bis zum Lager, aber was für ein Marsch! Es waren große scharfe Schottersteine gestreut, über die [wir] mit unserm unendlich schweren Gepäck in schlechtestem Schuhzeug gehen mußten. Hans und ich trugen zwischen uns einen schweren Sack. Die Kinder konnten fast nicht mehr vorwärts unter der schweren Last, zankten sich unterwegs, weinten — und hinter uns kam Miliz, die zur Eile antrieb und notfalls vom Gummiknüppel Gebrauch machte, — und wir waren unter den Letzten!

Endlich war auch dies geschafft. Wir kamen dicht gedrängt in ein Lager, in dem schon andere Transporte untergebracht waren. Das einzige Mobiliar des Lagers bestand aus Tischen und Bänken. Nachts packte ich Monika auf den Tisch, ein Kind unter die Bank, eins auf die Bank. Ich selbst saß auf einem Sack. Viel Schlaf war nicht möglich. Der Waschraum war etwas besser als in Greifenberg, aber ständig besetzt.

Am Morgen gab ich Frau Drewke etwas Hafergrütze. Unten im Hof machten die Jungens aus ein paar Ziegelsteinen eine Feuerstelle. Frau Drewke hatte gerade Suppe auf dem Feuer, da kam der Befehl: „Schnell packen zur Gepäckkontrolle!" Die Suppe mußte fortgeschüttet werden und eiligst gepackt. Da erschien auch schon Miliz, die mit Gummiknüppeln auf die Nachzügler einschlug. Die Kinder erlebten, wie eine Frau, die ein vergessenes Gepäckstück nachholen wollte, grausam über den Kopf geschlagen wurde. Sie waren außer sich vor Entsetzen.

Unten im Hof versammelte sich wieder ein endloser Zug. Nun kam das, wovor wir alle am meisten zitterten: die Kontrolle unseres letzten Besitzes. Es dauerte wieder Stunden, bis wir an die Reihe kamen. Inzwischen standen wir hungrig und müde und verzagt im Hof mit unserm Gepäck. Ich fütterte die Kinder mit rohen Haferflocken mit Zucker, das erfreute und beruhigte sie etwas.

Am Nachmittag kamen wir dann mit einem Schub Menschen vor die Kontrolle. Der Beamte, der uns vornahm, brüllte uns unfreundlich an, so daß Monika gleich anfing, laut zu weinen. Am meisten beschäftigte er sich mit unserer Lebensmitteltasche. Ich stand minutenlang Todesängste aus. Wenn er den doppelten Boden mit meinem Stenogramm entdeckte, dann konnte ich alles Mögliche erwarten. Auch der größte Teil meiner Schmucksachen war ja in dieser Tasche. Es ging aber alles gut. Wir waren wie erlöst! Viele waren weniger glimpflich fortgekommen. Man hatte ihnen Speck und andere Lebensmittel fortgenommen. Gut, daß wir so etwas gar nicht besaßen!

Dann gings in einen anderen Teil des Lagers, der aber auch nicht freundlicher war. In der Nacht war großes Geschrei nebenan, dort waren Plünderer am Werk, um einen Koffer zu rauben. Zwei Tage mußten wir hier bleiben, dann ging wieder der anstrengende Marsch über die spitzen Steine, die unser Schuhzeug vernichteten, bei ziemlicher Hitze und in eiligem Tempo zur Bahn. Dort auf dem Bahnhof sah ich Fräulein Struck zum letztenmal. Eine Krankenschwester führte sie und Emma Krüger. (Letztere war dann noch mit uns nach Heide in Holstein gekommen und zwei Tage später dort gestorben, ganz einsam. Ich folgte ihrem Sarge als Einzige.) Von Fräulein Struck habe ich nie wieder etwas gehört und nehme an, daß auch sie bald gestorben ist, denn sie war schwer krank.

Es folgte nun wieder eine endlose Fahrt in Viehwaggons. Gleich hinter Scheune wurde das Bild vom Zuge aus freundlicher. Die Felder waren bestellt, an den Bahnwärterhäuschen wieder kleine gepflegte Gärten und überall heile Fensterscheiben.

Am 26. April 1946 kamen wir in Pöppendorf an. Vom Bahnhof zum Lager wurden wir auf Lastautos transportiert. Das war für uns gequälte Menschen überwältigend, und dann gab es gute ausreichende Verpflegung, das war der nächste tiefe Eindruck, den uns der Westen machte. Das unbeschreiblichste der Gefühle, die auf uns einstürmten, war aber doch die Sicherheit. Wir waren wieder Menschen und wurden als Menschen geachtet.
Den Abschluß bilden einige Sätze, die das Erlebte zusammenfassen.

Nr. 332

Protokollarische Aussage des W. S. aus K ü s s i n , Kreis G r e i f e n b e r g i. Pom. Original, 26. Juli 1952, 9 Seiten. Teilabdruck.

Von Russen unterbundene polnische Austreibungsversuche im Juli 1945; Ausweisung Ende April 1946.

Nach einigen Ausführungen des Berichterstatters über die Gemeinde Küssin, die verspätete und mißglückte Flucht, das rücksichtslose Verhalten der Russen und die Übernahme der Verwaltung durch die Polen heißt es weiter:
Die drei Polen, die an einem Sonnabend Ende Juni oder Anfang Juli 1945 bei mir erschienen, wollten drei Höfe besetzen. Ich weigerte mich. Kurz

darauf kam polnisches Militär mit einem Leutnant mit dem Auftrage, das Dorf von der deutschen Bevölkerung zu räumen. Die Polen beabsichtigten damals, einen 50 Kilometer breiten Streifen östlich der Oder von Deutschen freizumachen. Binnen drei Stunden mußten wir unser Dorf verlassen. Nachdem wir mit unserem Treck bis zwei Kilometer vor Karnitz gekommen waren, kam ein Gegenbefehl, so daß wir zurückkehren konnten. Inzwischen hatten die Polen die Kühe auf einem Hof zusammengetrieben. Als wir wieder eintrafen, ließen sie das Vieh frei und zogen nach Karnitz ab. Auf meinem Hof hatte sich ein Pole einquartiert, der mir versprochen hatte, daß ich bei einer Rückkehr alles so vorfinden würde, wie ich es verlassen hatte. Tatsächlich hat er dieses Versprechen auch gehalten.

Jeder atmete auf. Leider dauerte die Freude nicht lange. Am Montag darauf waren wieder Zivilpolen da und versuchten erneut, auf Höfen seßhaft zu werden. Einige Tage später erschien auch das Militär wieder und sagte uns die Austreibungstermine an. Unsere Vertreibung scheiterte aber wiederum an dem russischen Kommandanten, der die Einwilligung versagte. Nach ungefähr 14 Tagen rückten die Polen nach Zedlin ab, worüber wir sehr froh waren.

Acht Tage später erschien ein polnischer Unteroffizier, der uns mitteilte, daß die Zedliner am nächsten Tage ausgewiesen würden und daß wir uns ihrem Treck anschließen müßten. Wir glaubten dies zunächst nicht, jedoch kam am nächsten Vormittag ein etwa 150 Leute umfassender Trupp unter polnischer Bewachung und im strömenden Regen bei uns an. Da die Zedliner ziemlich durchnäßt und ermüdet waren, machte man eine Marschpause. Der Führer, ein polnischer Feldwebel, gab mir den Auftrag, unseren Leuten mitzuteilen, daß wir in zwei bis drei Stunden abmarschbereit sein müßten. Schweren Herzens machte ich mich auf den Weg, um allen Bescheid zu sagen. Bei jedem hörte ich Jammern, keiner wollte die Heimat verlassen. Um 14.00 Uhr rückten die Zedliner ab. Ich selbst sollte als Bürgermeister mit drei Familien, deren Auswahl mir freigestellt war, offiziell zurückbleiben. Der polnische Feldwebel, offenbar ein menschlicher Charakter, hatte mir anheimgestellt, noch mehr Leute aus dem Dorf zurückzubehalten. Ich machte ihn aber auf die zu erwartenden Schwierigkeiten mit der Miliz aufmerksam und äußerte den Wunsch, daß er von sich aus den Dorfbewohnern Bescheid sagen möchte. Offenbar hat er dieser Bitte Rechnung getragen. Jedenfalls war bei dem Abmarsch der Zedliner mit Ausnahme einer Geistesschwachen, die auch mitzog und seitdem verschollen ist, kein Küssiner zu sehen.

Erst gegen Abend tauchten die Dorfbewohner wieder auf, die sich inzwischen im Walde verborgen gehalten hatten. Während es am Nachmittag im Orte auffallend still geworden war, hörte ich abends Schüsse, und die Miliz erschien mit etwa 12 bis 14 Frauen und Kindern, die sie im Dorfe aufgestöbert hatte. Sie machten mir Vorwürfe, daß sich trotz der Austreibung noch so viele Deutsche im Dorfe befänden und verlangten, daß diese noch am Abend nachgeschickt werden sollten. Schließlich nahmen sie aber hiervon Abstand, gegen das Versprechen, daß alle arbeiten sollten.

Nachdem die Austreibungsaktion angeblich abgeschlossen war— in vielen Dörfern, in denen keine russische Kommandantur war, waren die Deutschen tatsächlich zwangsweise ausgetrieben worden [1] —, atmete alles erleichtert auf.
In zwei Abschnitten schildert Berichterstatter das langsame Einsickern der polnischen Zivilbevölkerung ab September 1945.

Nachdem die Polen zunächst versuchten, die Deutschen zur freiwilligen Abwanderung nach dem Westen zu veranlassen, schritten sie etwa im März 1946 zur Zwangsaustreibung. Am Nachmittag des 27. April 1946 holte sich der polnische Amtsvorsteher von mir die Liste über die letzten Deutschen, die sich noch im Dorfe aufhielten. Ein großer Teil der Dorfbewohner war bereits verschwunden und hielt sich meist in andern Dörfern auf, wo sie bei den Polen arbeiteten und dadurch einen gewissen Schutz genossen. Der Amtsvorsteher sagte kein Wort davon, daß wir am nächsten Tage ausgewiesen werden sollten. Das erfuhren wir erst zwei Stunden vor der Austreibung durch den polnischen Bürgermeister. Da ich nichts geahnt hatte, hatte ich an diesem Tage mit meiner Frau Verwandte in Lensin aufgesucht, von wo ich zurückgeholt wurde. Infolgedessen hatten wir nur noch zehn Minuten Zeit zum Packen, konnten praktisch also nichts mitnehmen.

Nach unserer plötzlichen Austreibung mußten wir bei der polnischen Amtsstelle in Karnitz fünf bis sechs Stunden warten, bis es dunkel wurde. Nun sollten die Leute nachts zu Fuß nach Greifenberg gehen, das sind ungefähr 23 Kilometer. Nur Handgepäck durfte mitgenommen werden. Da einige noch ziemlich viel Gepäck besaßen, mußten sie einen Teil liegen lassen, weil sie nicht alles mitschleppen konnten. Darauf warteten die Polen nur, die gierig herumstanden, um sich diese Sachen anzueignen. Ich veranlaßte meine Landsleute jedoch, alles, soweit es irgend möglich war, mitzuschleppen. Gegen 2.00 Uhr nachts kamen wir endlich in Greifenberg an. Für die Kranken und nicht Gehfähigen hatten die Polen drei bis vier Fuhrwerke gestellt, auf denen auch etwas Gepäck untergebracht wurde. Als wir in Greifenberg nicht direkt zur Sammelstelle fuhren, sondern in eine Nebenstraße, wurde die elektrische Straßenbeleuchtung ausgeschaltet, und ein Haufen polnischer Soldaten stürzte sich auf die Wagen und plünderte diese aus, so daß mancher arme Mensch hier noch seine letzten Habseligkeiten einbüßte.

Nach einem eineinhalbtägigen Aufenthalt in der Sammelstelle wurden wir zu je 30 bis 40 Personen in Viehwagen verladen und nach Stettin-Frauendorf zur dortigen Sammelstelle gefahren. Unterwegs wurden wir nicht mehr geplündert, wenn dies auch mehrfach versucht worden war. Wir hatten Schutz durch polnische Bahnmiliz, auf deren Veranlassung wir die Wagentüren von innen mit starkem Draht zugebunden hatten. In der Sammelstelle Frauendorf wurde alles registriert, entlaust und durch die Zollkontrolle geschleust. Dabei wurde noch vieles beschlagnahmt. Manche Frauen wurden von weiblichen Zollbeamtinnen z. T. bis aufs Hemd ausgezogen. Beschlagnahmt wurden vor allem die Sparbücher. Nach zweitägigem Aufenthalt in Frauendorf hatten wir das Glück, mit einem deutschen, unter englischem

---

[1] s. hierzu die unter Nr. 203, Nr. 289, Nr. 290 (Bd. I, 2) abgedruckten Berichte.

Schutz stehenden Schiff nach Lübeck gebracht zu werden. Hier wurden wir über das Lager Pöppendorf in unsere jetzigen Wohnorte verteilt. Leider wurde auch hier noch mancher bitter enttäuscht.

Berichterstatter gibt einen Überblick über die von den Russen zerstörten Gebäude in Küssin und fährt fort:
Von unseren rund 120 bis 130 Küssiner Einwohnern sind mit meinem Transport etwa 20 Personen nach Westdeutschland gekommen. Einige Familien wurden noch zur Arbeit zurückbehalten und sind erst 1947 ausgewiesen worden, zum großen Teil aber in der Mittelzone geblieben. Andere Familien, die sich auf die umliegenden Ortschaften verteilt hatten, sind z. T. mit diesen zusammen nach dem Westen gekommen.
Den Abschluß bilden Angaben über Krankheits- und Sterbefälle in Küssin zur Zeit der polnisch-russischen Besatzung.

Nr. 333

Protokollarische Aussage des Verwaltungsangestellten Franz Schwenkler aus Köslin i. Pom.
Original, 3. Juni 1951, 8 Seiten. Teilabdruck.

Die Aussiedlung der deutschen Bevölkerung aus Köslin bis Juni 1946.

Das Protokoll berichtet zunächst ausführlich über die Zeit der Russen- und Polenherrschaft, über die von einem russischen Kommandanten verhinderte Absicht der Polen, die Deutschen im Juni 1945 auszutreiben und die sogenannte „freiwillige" Ausweisung im Herbst und im Winter 1945/46[1]*).*
Der Berichterstatter fährt dann fort:
Anfang September 1945 organisierten die deutschen Kommunisten in der Verwaltungsstelle mit Hilfe der russischen Kommandantur für sich einen sogenannten Antifaschistenzug und verließen die ihnen anvertrauten Landsleute, um sich, wie sie selbst sagten, in Deutschland gute Positionen und Wohnungen rechtzeitig zu verschaffen. Einige davon haben noch heute in der russischen Zone gute Stellungen inne.
Berichterstatter führt dafür einige Beispiele an.
Nach dem Weggang der Kommunisten scharte ich einige anständige Deutsche um mich, um sie, soweit wie nur irgend möglich, zur Wahrung der Interessen der Deutschen einzusetzen. Hierbei hat sich besonders der pensionierte Schulrat Radtke verdient gemacht. Wenn es auch sehr schwer, ja, fast unmöglich war, die Landsleute vor den Übergriffen der Polen und Russen zu schützen, so haben wir doch durch die Organisierung der Ausweisung ungezählten Landsleuten helfen und sie vor einem ungewissen Schicksal (Verhaftung, Verschleppung usw.) bewahren können.
Berichterstatter erwähnt einen kleinen ungeklärten Diebstahl, der zur Verhaftung und Mißhandlung einer Reihe von Deutschen Anlaß gab.
Bei der Aussiedlung kamen die dafür vorgesehenen Deutschen in ein Lager, in dem sie bis zum Abgang des Transports bleiben mußten. In diesen Lagern wurden die Deutschen in der späteren Zeit nicht mehr direkt, aber

---

[1]) Abgedruckt unter Nr. 203 (Bd. I, 2).

doch indirekt dadurch ausgeplündert, daß sie ihre Wertsachen zu unverhältnismäßig niedrigen Preisen an den polnischen Kommissar verschleudern mußten. Dieser verschaffte sich hierdurch ein erhebliches Nebeneinkommen. Besonders gefährdete Deutsche wie Kriegsgefangene oder Spezialisten, die nach Anweisung des polnischen Landrats Köslin nicht verlassen sollten, durften in diesen Lagern natürlich nicht untergebracht werden. Sie wurden unter falschem Namen registriert und bis zum Abgang des Transports in Privathäusern versteckt gehalten.

Da der bei mir wohnende Pole ein Radio besaß, konnte ich mir über die Lage in Deutschland ein ungefähres Bild verschaffen. Als ich in den Nachrichten von dem Potsdamer Abkommen Kenntnis erhielt, wonach die deutschen Ostgebiete den Polen überlassen und die dort wohnenden Deutschen in „humaner" Weise ausgesiedelt werden sollten, empfahl ich den Landsleuten im Gegensatz zu meiner früheren Stellungnahme, die Heimat zu verlassen. Besonders die alten Menschen konnten dies jedoch nicht fassen und suchten dort zu bleiben, obwohl gerade sie als nicht Arbeitsfähige besonders Not litten. Im Laufe der Zeit wurden immer mehr Deutsche gegen ihren Willen zur Aussiedlung gezwungen, aus ihren Wohnungen getrieben und in das Lager gebracht. So fuhren am 10., 12., 14., 16., 19. und 26. April 1946 Transporte mit je etwa 2 000 Deutschen über die Oder. Während meiner Tätigkeit sind ca. 30 000 Deutsche aus Köslin abtransportiert worden, die aus Stadt- und Landkreis Köslin sowie aus den Nachbarkreisen stammten. Es hatte sich bald in der weiteren Umgebung herumgesprochen, daß in Köslin eine deutsche Verwaltungsstelle [1]) bestand und deshalb die Aussiedlung in verhältnismäßig menschlicher Art durchgeführt wurde.

So hatten wir durch unsere Tätigkeit auch dafür gesorgt, daß grundsätzlich zu jedem Transportzug ein Lazarettwagen gehörte, den möglichst ein Arzt oder eine Vollschwester mit dem notwendigen Pflegepersonal betreuten. Ein wesentlicher Teil meiner Aufgaben bestand darin, für einen solchen Lazarettwagen das erforderliche Personal ausfindig zu machen, um die zum Transport gehörenden Alten und Kranken nicht umkommen zu lassen. Für jeden Ausgewiesenen war auch Marschverpflegung vorgesehen, die jedoch zum großen Teil von Polen verschoben wurde.

Im Juni 1946 trat ich an den polnischen Landrat wegen einer Gehaltsverbesserung heran, die dieser aber ablehnte. Er verfügte vielmehr, daß sogar die bisherige geringe Bezahlung gestrichen wurde. Mit Rücksicht hierauf und aus dem Gefühl heraus, daß es für mich an der Zeit sei, ... entschloß ich mich kurzerhand, mit meiner Familie den nächsten Transportzug zu benutzen, worauf sich 2 000 Kösliner mir anschlossen. Wie auch die früheren Umsiedler konnten wir soviel mitnehmen, wie wir tragen konnten. Unser Transport, dem wie sonst polnisches Bewachungspersonal beigegeben wurde, gelangte ohne Zwischenfälle bis Stettin, wo wir in Frauendorf in einem Lager untergebracht wurden. Bis zur Kontrolle mußten wir zusammengepfercht auf dem Hofe verharren. Wir wurden in Gruppen einge-

---

[1]) Gemeint ist eine polnische Verwaltungsstelle mit z. T. deutschen Angestellten. Vgl. den 1. Teil des Protokolls, abgedruckt unter Nr. 203 (Bd. I, 2).

teilt und zunächst entlaust. Die Durchsuchung war meist sehr eingehend, verschiedene Frauen wurden einer genauen Leibesvisitation unterzogen. Abgenommen wurden alle Lebensmittel über eine Zwei-Tagesration, das polnische Geld und das deutsche Geld über 1 000 RM und sonstige Sachen. Nach meiner Beobachtung wurden manchen Landsleuten mutwillig und nach Ermessen der Kontrollbeamten Sachen abgenommen, die sie an sich hätten behalten dürfen.

Nach der Überprüfung wurden wir in den Räumen eines zum Teil zerstörten Gebäudes zusammengepfercht, in die wir wie Vieh hineingejagt und uns selbst überlassen wurden. Die Tage in Frauendorf werden allen Leidensgenossen besonders unvergeßlich bleiben. Dort bestanden weder hygienische Einrichtungen noch war in sonstiger Weise für die Unterbringung der Massen Vorsorge getroffen worden. Es war kein Stroh vorhanden, es reichte nicht einmal der Platz aus, um sich auf dem blanken Fußboden voll ausstrecken zu können.

Auch die Verpflegung war äußerst mangelhaft. Glücklicherweise brauchten wir nur drei Tage zu warten — gegen sonst meist zehn Tage. Wir kamen dann nach Lübeck-Pöppendorf, wo wir durch die trotz des Zusammenbruchs gute deutsche Organisation und die für die damaligen Verhältnisse ausgezeichnete Verpflegung angenehm überrascht wurden.

Nr. 334

Erlebnisbericht des Landwirts F. P. aus Kl. M a c h m i n , Kreis S t o l p i. Pom. Original, 30. Juli 1952, 18 Seiten. Teilabdruck.

Erlebnisse auf einem Ausweisungstransport im Dezember 1946, Sammlung und Gepäckkontrolle in Stolp, Transport über Stargard—Posen—Breslau nach Forst.

Zunächst schildert Vf. die mißglückte Flucht, den russischen Einmarsch, die Zeit der Russenherrschaft und der polnischen Verwaltung. Er fährt dann fort:

Im Juni 1946 wurden die ersten Deutschen aus Kl. Machmin ausgewiesen. Die nächsten folgten am 1. September. Es ging wieder zum Winter, und viele Deutsche versuchten dann, indem sie der polnischen Kreisbehörde Wertsachen und Geld boten, ihre Ausweisung zu beschleunigen. Schon daraus allein kann man den körperlichen, materiellen und seelischen Druck ermessen, unter welchem die deutsche Bevölkerung damals stand. Denn es gehört wohl eine unerhörte Verzweiflungsstimmung dazu, wenn man die letzten Wertsachen, Trauringe und Schmuckstücke, welche man von den Vorfahren ererbt hat, seinen Peinigern zum Geschenk anbietet, um dafür aus der angestammten geliebten Heimat, welche die Urahnen mit soviel Mühe und Sorgen aufgebaut hatten, ausgewiesen zu werden, und damit auch einem unbekannten Schicksal entgegenzugehen.

Bis Ende 1946 war über die Hälfte der Deutschen aus der Gemeinde ausgewiesen. Meine Ausweisung erfolgte im Dezember 1946. So sah die Befreiung aus, welche man uns so lobpreisend versprochen hatte. Am

15. Dezember 1946 um 7.00 Uhr morgens erhielten meine Familie und ich durch den polnischen Bürgermeister die Ausweisung. Um 12.00 Uhr sollten wir in der 20 Kilometer entfernt gelegenen Kreisstadt Stolp sein. Da wir schon seit längerer Zeit unsere Rucksäcke gepackt hatten, waren wir in eineinhalb Stunden zur Abfahrt fertig. Der Pole auf unserer Wirtschaft fuhr uns mit einem Einspännerwagen nach Stolp. Im ehemaligen Hospital in der Amtsstraße wurden wir Ausgewiesenen untergebracht. Schätzungsweise über 1 000 Deutsche waren schon dort. Am 15. Dezember 1946 ging schon ein Transport, für den wir aber nicht vorgesehen waren.

Am 16. Dezember 1946 war für uns die Gepäckkontrolle, welche von den Polen sehr unterschiedlich durchgeführt wurde. Teilweise wurden die Rucksäcke ganz ausgeschüttet und der Inhalt restlos durchgewühlt und gute Bekleidungs- und Wäschestücke auch noch weggenommen mit der Bemerkung: „Viel zu viel Gepäck." Auch Körperkontrollen wurden gemacht. Vereinzelt mußten sich Männer wie Frauen dazu nackend ausziehen. Dabei wurden auch Schmuck- und Wertsachen weggenommen. Sparkassenbücher, soweit noch welche vorhanden waren, mußten restlos abgegeben werden. Sofern versteckte Bücher gefunden wurden, wurde darauf das gesamte Gepäck durchwühlt und wahllos Sachen weggenommen. Nach Beendigung der Kontrolle wurde man Hals über Kopf aus dem Kontrollraum gejagt, womit bezweckt werden sollte, daß man die ausgeschütteten Sachen nicht so schnell zusammenraffen konnte und welche in der Hast liegen ließ. Dieser Zweck wurde auch des öfteren erreicht.

Am 17. Dezember mittags war der Abmarsch zum Güterbahnhof. Jeder erhielt vorher seine Waggonnummer. 1 800 Menschen wurden auf einmal rausgeschickt. Es gab ein furchtbares Gedränge auf dem Hof, besonders am Ausgang zur Straße, wo ein Pole mit der Peitsche stand und wie wild auf uns einschlug, wohl auch mit dem Zweck, wir sollten in der Hast und Aufregung etwas von unseren Gepäckstücken wegwerfen oder liegen lassen. Es war, als wenn eine Herde Vieh ausgetrieben wurde. Auf der Straße hielten Polenfuhrwerke, welche gegen Bezahlung in Złoty oder Reichsmark das Gepäck zum Bahnhof fuhren. Auch hier mußte man äußerst vorsichtig sein, um nicht das Gepäck dabei los zu werden. Auch zu diesen Wagen kam der blindwütige Pole hin und wieder und schlug mit der Peitsche auf die Deutschen ein, um diese am Mitfahren zu hindern, und das betraf in der Hauptsache alte Leute und kleine Kinder.

Auf dem Güterbahnhof standen bei unserer Ankunft aber erst zehn Waggons von den rund 60 des Transportzuges. Die fehlenden trafen erst im Laufe der Nacht ein. So stand die überwiegende Mehrheit von uns fast die ganze Nacht im Freien. Es war klar und eine schneidende Kälte von minus 20 Grad. Es gab dann noch je Person ungefähr ein Pfund Brot und etwa 100 Gramm Fleisch in Büchsen. Die nächste Verpflegung gab es erst in Forst in der Lausitz am 24. Dezember abends. Als gegen Morgen des 18. Dezember endlich die letzten Waggons eintrafen, wurden die letzten Deutschen von der polnischen Miliz noch mit Fußtritten hineinbefördert.

Bei Sonnenaufgang setzte sich dann unser Transportzug in Bewegung, und wir stimmten das Lied an: „Kehr ich einst zur Heimat wieder." Es waren in jedem Waggon 30 bis 35 Personen. Öfen befanden sich nur in der Hälfte der Wagen. Unsere Fahrt ging bis Stargard einigermaßen reibungslos und waren am 18. abends dort. Von dort ging es dann über Kreuz, Posen, Breslau nach Forst[1]). Wir hielten oft stundenlang, in Freystadt in Schlesien sogar zwei Tage. Die Kälte nahm immer mehr zu und erreichte in manchen Nächten minus 33 Grad. Sie wurde in den ungeheizten Waggons unerträglich, zumal es nie etwas Warmes zu essen oder trinken gab. Wir waren schon durch die Unterernährung der letzten $1^{1/2}$ Jahre so ausgemergelt, und der Körper nicht mehr widerstandsfähig, und so erkrankten viele von uns infolge der großen Kälte und des Fehlens an Nahrung. Als Folge hiervon starben über 40 Personen des Transportes, die meisten davon unterwegs und die übrigen in den Quarantänelagern des Kreises Hildburghausen. In Freystadt in Schlesien wurden zwölf Leichen auf einmal in der Nähe der Bahngleise in ein Massengrab gelegt. Die Waggons waren innen ganz weiß bereift, und wenn tags die Sonne schien, leckte es von der Wagendecke. Unter solchen Umständen erschien uns die Fahrt endlos.

Endlich erreichten wir nach sechs Tagen am Heiligabend bei Forst die Oder-Neiße-Linie. Noch auf polnischer Seite sangen wir Weihnachtslieder, was die Polen mit Steinwürfen gegen unsere Waggons beantworteten. Endlich am Abend des 24. Dezember lief unser Transport in Forst ein, wo wir die erste Verpflegung nach sieben Tagen erhielten und es auch etwas Warmes zu essen gab. Endlich wieder unter deutschen Menschen zu sein, das war unser schönstes Weihnachtsgeschenk, welches man uns bereiten konnte. Die Fahrt ging dann noch weiter in den Kreis Hildburghausen in Thüringen, wo wir am 28. Dezember eintrafen und für 14 Tage in drei Quarantänelagern untergebracht wurden.

---

[1]) Es liegen verschiedene Berichte vor, in denen bestätigt wird, daß eine Reihe von Transporten, wahrscheinlich wegen Überfüllung des Stettiner Lagers oder Überschreiten der Ausweisungsquoten für Stettin, über Stargard, Posen, Grünberg nach Forst umgeleitet wurden. Vgl. dazu den unter Nr. 362 (Bd. I, 2) abgedruckten Bericht, Ferner werden die Umleitungstransporte belegt durch Berichte von Walter Schwuchow aus Kummerzin, Kreis Schlawe, für den 15. Dezember 1945, Hildegard Bohlmann aus Barvin, Kreis Rummelsburg, für den 25. November 1946, D. S. von Gut Wartekow, Kreis Kolberg für den 6. Dezember 1946, und Emil Scheunemann von Neu-Marrin, Kreis Kolberg, für Juli 1947.

2. Vertreibung aus den nördlichen Kreisen Westpreußens.

Nr. 335

Erlebnisbericht des Bauern Gustav Kresin aus K a m e h l e n, Kreis K a r t h a u s i. Westpr.
Original, 27. April 1952. Ergänzende Ausführungen zu einem Bericht des Vfs. über die Behandlung seiner Familie durch Russen und Polen nach Beendigung der Kampfhandlungen[1]).

Auswanderung auf Grund unerträglicher polnischer Schikanen im Juni 1946; Erpressung durch polnische Milizangehörige während der Ausreise.

Lange schon hatten meine Töchter Meta und Elfriede die Auswanderungspapiere aus Gdańsk (Danzig) mit viel Mühe besorgt und für jeden Wisch pro Person 27,— Złoty bezahlt. Jetzt war aber kein Geld da, die Strecke bis nach Deutschland zu finanzieren. Wir haben gebettelt und Wäschestücke verkauft und uns einige tausend Złoty besorgt. Da kam die polnische Milicia am Sonntag, dem 3. Juni 1946 in unsere Wohnung und hat mich wieder einsperren wollen. Meiner Tochter, die ein acht Monate altes Kind hatte, haben sie den Kinderwagen genommen und getobt. — Am Montag früh sollten sich beide Töchter von den Kindern [weg] um acht Uhr auf der Kommandantur stellen zur Arbeit. Als die Milicia fort war, haben wir schnell bei verhängten Fenstern und leise die Sachen gepackt und sind dann am 4. Juni 1946 bei Morgengrauen losgefahren.

In Gotenhafen stand schon der Zug nach Stettin. Schnell wurden Karten gelöst, die über 2 000,— Złoty kosteten. In einen Bahnwagen durften wir nicht einsteigen. Ein Bahnbeamter sagte: „Ganz vorne an der Lokomotive ist ein Wagen für Euch!" Als wir den langen Zug entlanggelaufen waren mit Kindern und der letzten Hab' bis zur Lokomotive, sagte ein Beamter: „Hier wird nicht eingestiegen, ihr Niemcen kommt in einen Viehwagen ganz hinten am Zuge!" Jetzt eilten wir ganz schnell, um überhaupt noch mitzukommen. Kaum erreichten wir das Einsteigen, dann fuhr der Zug ab.

Bei der ersten Haltestelle stiegen paar polnische Arbeiter ein, die sich äußerten: „Diese verfluchten Niemcen müßten Dresche haben und arbeiten." Dann kamen zwei Milicia und haben die Auswanderpapiere geprüft: „Die Papiere sind ungültig, schon im März ausgestellt, eigentlich müßten wir euch Niemcen aus dem fahrenden Zug werfen. Wenn aber der Zug hält, dann alle raus und zu Fuß nach Hause (wir waren schon paar 100 Kilometer gefahren), oder habt ihr noch Geld zum Zurückfahren? — Den Tag über arbeiten und nachts könnt ihr gehen." Sie nahmen uns die Papiere ab, und weg waren sie. Wir saßen in einer Ecke im Viehwagen auf unseren Säcken und zitterten um unser Schicksal. Nach kurzer Zeit kamen sie wieder: „Habt ihr noch Geld? Wenn ihr uns all euer Geld gebt, bringen wir euch bis über die Grenze, damit euch kein Leid geschieht." Und so haben wir eine große Menge Złotys gegeben. Inzwischen stiegen auch neue Auswanderer ein, die

[1]) Abgedruckt unter Nr. 245 (Bd. I, 2).

gar keine Papiere hatten, da wurde es genau so gemacht. Da bekamen sie noch viel Geld und zwei goldene Uhren.
Dann kamen neue Milicia betrunken und wollten Geld für Alkohol, sonst passiere uns sonst was. Andere kamen und kassierten Gepäckgebühr und wollten meine Tochter erschießen, wenn sie nicht ihren Trauring hergab. Sie hat ihn gegeben. Bevor der Zug in Stettin einlief, war kein Milicia mehr da, nur 16jährige Polen drangen in den Wagen und nahmen alles, was sie zu halten bekamen. Es war Abend, bis zum Durchgangslager waren noch ca. vier Kilometer. Wir mußten im Polnischen Roten Kreuz übernachten. Verhungert und erschöpft setzte sich jeder auf sein behaltenes Säckchen in einen großen dunkeln Raum. Hier waren viel Deutsche. Milicia hielt Wache. Um Mitternacht ging das Fenster runter. Der Mond schien, und draußen ging auch Wache. Die Milicia mit aufgepflanzten Gewehren gingen zwischen und über die hockenden Deutschen im Dunkeln und klauten alles, was an Gepäck noch zu nehmen war und warfen es durchs Fenster. Draußen sammelten es andere. Kein Deutscher gab einen Laut von sich.

Als es am Morgen des 5. Juni 1946 graute, schrie einer: „Raus aus dem Saal." Es mußte ganz schnell gehen, wo viele auch noch manches vergaßen. Dann mußten wir noch in ein Haus drei Treppen hoch zum Revidieren und konnten dann ins Lager wandern. Das Lager war überfüllt. Wir kamen erst zwei Tage ins Vorlager. Hatten großen Hunger. Hauptsächlich die kleinen Kinder Durst. Wie wir zwei Tage im Hauptlager waren, gab es die erste Graupensuppe. Nach fünf Tagen Lageraufenthalt ging unser Transport nach Bad Segeberg, wo wir erstmal gut Sattessen bekamen.

Nr. 336

Erlebnisbericht von Frau Klara Seidler aus D a n z i g.
Beglaubigte Abschrift, 10. April 1951, 11 Seiten. Teilabdruck.

Ereignisse und Zustände während der Ausweisungsaktion aus Danzig im Juni 1946.

Nachdem Vfn. sehr ausführlich über ihre Erlebnisse nach dem Russeneinmarsch 1945 und die folgende Zeit unter Russen und Polen in Danzig bis zum Sommer 1946 berichtet hat [1]*), fährt sie fort:*

Dann hieß es, die Deutschen müssen alle raus. Straßenweise wurde geräumt. Auch uns wurde gesagt: „In acht Tagen bereit halten." Ich hatte alle Böden voll Wäsche hängen, auch den Hof voll. Anna und ich hatten grade blendend verkauft und wollten uns an den Warschauer Pasteten und Törtchen (einzig schön) laben. Da kam uns der Werner Grundmann, der nach dem Tode seiner Mutter bei Pagels war, holen. In einer Stunde raus ins Narviklager. Wir kauften noch schnell Brot, Fleisch, Schmalz, Kaffee, Zucker, was wir nur tragen konnten. Als wir nach Hause kamen, war schon eine Horde Polen da, die auf unseren Besitz warteten. Uns blieben zwanzig Minuten Zeit. Was kann man da packen? Herr Kin besorgte uns einen Wagen, denn Emma P. war vor Schreck gelähmt, konnte nicht gehen. Wir

---

[1]) Abgedruckt unter Nr. 78 (Bd. I, 1).

durften nur das mitnehmen, was wir tragen konnten. Wir gingen neben dem Wagen die Hauptstraße rauf und kauften noch Süßigkeiten, Obst und Zigaretten. Dann kamen wir ins Narviklager[1]), d. h. vor den fensterlosen Baracken auf den Rasen. Einzeln bekamen wir Scheine zum Transport. Das dauerte Stunden. Es war schon dunkel, als wir in die Baracken gepfercht wurden, über Nacht saßen wir auf bloßer, schmutziger Erde. Die Kontrolle war überaus gründlich. Außer 500 Mark deutsches Geld durfte nichts mitgenommen werden.

Ich hatte unsere Bankbücher zwischen Eßwaren in der Einkaufstasche, da offene Taschen nicht so nachgesehen wurden. Wie es möglich war, daß uns diese geraubt wurden, ist mir heute noch ein Rätsel. Tags darauf gab es eine Wassersuppe und am Nachmittag einen endlosen Marsch zum Bahnhof Altschottland, von dort rangiert bis nach Legetor, wieder endlos warten und in Waggons (Viehwagen natürlich) immer ca. 50 Personen. In Danzig-Legetor waren schon eine Menge Wagen besetzt. Alle Wagen waren mit Blumen und Grün bekränzt, worauf die Polen mit Hohn spuckten. Da wir gern mit Pagels zusammenbleiben wollten und Emma krank war, kamen wir in den sogenannten Krankenwagen, wo eine sogenannte Krankenschwester drin war. Hier kauerten wir mit unseren Bündeln in furchtbarer Enge, denn die Kranken lagen lang, nach Möglichkeit von Decken und Kissen gestützt.

Es war der 1. Juni 1946. Wir sollten noch für einen Monat das Geld, 300 Złoty, bekommen. Dies alles ging mir verloren zugunsten der Polen. Für Wäsche und Sachen hatte ich auch kleine 1 000 Złoty zu bekommen. Etwa 1 500 Złoty hatte ich durchschmuggeln können, das war gut für unterwegs. Die Polen kamen überall auf die Bahnhöfe und brachten weißes Brot, Kuchen und Limonaden zum Verkauf. Das Wetter war schön. Nun fuhren wir zum letztenmal durch unser schönes deutsches Vaterland. Wir trafen keinen Zug, nur auf den Bahnhöfen standen noch Waggons. Tag um Tag ging es weiter. Hin und wieder, meistens in der Nacht, hielt der Zug ein paar Stunden, meistens im Walde oder in der Nähe eines Ortes. Da kamen dann Horden von Plünderern. Wir schrien über die Maßen. Unseren Wagen mit den Kranken, wo dauernd ein paar auf Töpfchen saßen, haben sie verschont.

Nach sechs Tagen waren wir in Stettin. Wieder endlos marschieren mit dem Gepäck ins Lager Scheune, wo wir, ca. 36 Menschen, in einer kleinen, leeren Mansarde untergebracht wurden, wo wir nur grade hinhocken konnten auf dem Gepäck. Hier in Scheune waren viele Geschäfte, und wir konnten für deutsches und auch für polnisches Geld alles kaufen und taten dies auch. Die Behandlung im Lager durch die Polen war saumäßig grob.

Als wir am zehnten oder elften Tage in deutsche Gegenden (die Zeitrechnung war uns im Zug abhanden gekommen) anlangten, haben wir die wenigen Bahnbeamten gedrückt und geküßt. Dann ging es weiter nach Lübeck runter.

Abschließend folgen einige Bemerkungen über das weitere Ergehen der Vfn. in Westdeutschland.

---
[1]) Ursprünglich von der deutschen Kriegsmarine errichtet, diente dieses Barackenlager unter den Polen als Sammellager für die zur Ausweisung vorgesehenen Deutschen.

Nr. 337

Erlebnisbericht von Frau Elfriede Meusel aus **Elbing** i. Westpr.
Original, 29. Februar 1952.

Ausweisung im Juli 1946 aus Elbing: Unerträgliche Verhältnisse beim Transport in Kohlenkähnen nach Danzig, Plünderung vor Verlassen des polnisch verwalteten Gebietes.

Es ist Ende Juli 1946. Man munkelt viel von Transporten nach Deutschland. Das Leben in der alten, lieben Heimat ist bei dem fremden Volk einfach nicht auszuhalten. Überall noch Plünderungen durch Soldaten und Miliz trotz Verbote und Strafen, nur kleine Verdienste bei enormen Preisen (Tagesverdienst für Frauen 15 bis 20 Złoty täglich, ein Brot kostet 45 Złoty, Butter pro ein halb Kilo 250 Złoty usw.) Es werden Brotkarten ausgegeben, aber kein Bäcker beliefert sie, Arbeitskarten werden ausgehändigt, damit jeder Inhaber ungehindert an seine Arbeitsstelle gehen kann. Miliz reißt dieses für uns so wertvolle Papier einfach durch und nimmt die Deutschen zu allen möglichen Arbeiten in ihrem Bereich mit, überall typische polnische Wirtschaft. Ja — nur raus! Tatsächlich erhalten hier und da Familien Ausweisungsscheine, es kommt vor, daß eines der Kinder oder die Mutter nicht dabei ist. Aufregung über Aufregung. Wir erfahren dann, daß Schiffe mit diesen Ausgewiesenen nach Danzig gefahren sind. Der nächste Transport soll 14 Tage später abgehen.

Eine polnische Magistratsbeamtin, die diese Ausreise bearbeitet, wohnt in unserer Nähe und verspricht uns die Mitfahrt, wenn wir ihr Betten, Hausrat u. ä. überlassen. Selbstverständlich wollen wir das tun, wir können nicht alles mitnehmen. Am 12. Juli 1946 nachmittags erscheint ein Bote und überreicht uns jedem ein Papier mit polnischem Text, den er uns gern übersetzt. Am 13. Juli morgens 6.00 Uhr sollen wir am Silo zum Abtransport nach Deutschland sein. Gepäck bis 50 Kilogramm darf mitgenommen werden sowie Verpflegung für zwei bis drei Tage. — Nun wird eifrig gepackt, vor allem muß auch an Eßbesteck, Schüsseln, Becher u. a. gedacht werden. Mit dem Schlafen will es nicht klappen, und beim ersten Morgengrauen werden die versprochenen Sachen der polnischen Beamtin über den Zaun gereicht, was streng verboten ist, dann geht es schwer bepackt an den Silo.

Dort ist ein provisorischer Zaun gezogen, und davor lagern schon Hunderte von Menschen, die alle bei den Glücklichen sind, die aus der Hölle raus können. Um 6.00 Uhr öffnet sich eine Tür, wir gehen nacheinander familienweise durch den Silo. Der Ausweisungsschein wird abgenommen, wir erhalten dafür ein anderes Papier, bekommen eine Dusche Läusepulver unter den Rock, die Männer in die Hose, eine in den Nacken und eine auf den Kopf. Dann gehen wir an unser „Schiff" — einfache Kohlelommen[1]), ohne Fenster, nur oben mehrere Verladeluken aneinander. Durch eine Öffnung lehnt eine Leiter, wir steigen hinunter, bei hellichtem, heißem Sommertag in ein halbdunkles, großes Loch, bis wir dichtgedrängt den Kohlenraum ausgefüllt haben. Dann wird die Leiter entfernt und so

---

[1]) Am Frischen Haff gebräuchliche flachliegende Küstenfahrzeuge.

der nächste Kohlenkahn beladen. Nach stundenlangem Warten geht es endlich los, es ist bereits Nachmittag geworden. Ein Schlepper zieht uns den Elbingfluß lang, dann durch den Kraffohlkanal, durch die Nogat, die Elbinger Weichsel bis Danzig. Diese Strecke fuhr ein Dampfer normal fünfeinhalb bis sechs Stunden, wir brauchten eineinhalb Tage und eine Nacht dazu. Gott sei Dank war schönes Wetter, wir konnten während der Fahrt zum Teil oben auf „Deck" liegen, unten im Loch wurde die Fahrt immer unerträglicher. Ein Mülleimer, wie ihn die Stadt Elbing für die Häuser bereitstellte, dient als Toilette, die auf der einen Seite aufgestellt ist und oft über Bord gekippt werden muß. Dazu die schier unerträgliche Hitze und halbe Finsternis.

Am 2. Nachmittag ziehen überall Gewitterwolken auf. Auch das noch! Aber das Wetter hält sich, bis wir in Danzig anlegen. Die Lomme liegt ca. zehn Meter vom Kai weg, wir müssen alle über ein schmales Brett an Land gehen mit all unserm Gepäck. Manch einer tritt vorbei und versinkt in der Mottlau. An Land stehen viele polnische Jungen und Halbwüchsige, die Beute wittern. Da setzt ein Gewitter ein, wie ich es bisher noch nie erlebte. Blitz auf Blitz, Schlag auf Schlag und dann ein Regenguß! Ich hatte mir von einem neuen Zuckersack (Papiergewebe) einen Rucksack gemacht, der sich an den Riemen durch den Regen auflöste. Ich konnte ihn nachher nur die Straße lang ziehen.

Als der Regen nachließ, kam die Miliz wieder und brachte uns zur Registrierung in ein großes Betriebsgebäude und anschließend nach dem Güterbahnhof. 50 Personen wurden in einen Viehwagen verladen, und am nächsten Morgen zwischen 3.00 und 4.00 Uhr fuhren wir in Richtung Stettin ab.

Am 17. Juli waren wir in Stargard. Hier sollte der Zug eine Viertelstunde halten. Viele Frauen und Männer liefen nach der Toilette oder an eine Pumpe. Indem fuhr der Zug wieder ab. Ein Schreien vom Zug und von drüben. Notgedrungen mußte er anhalten. Dafür kassierten die Bahnhofsbeamten, wo es nur ging, 150 Złoty. Schikane überall!

Am 18. Juli kamen wir in Stettin-Frauendorf an. Dort mußten wir ein Kilometer weit in ein Lager gehen. Bis zum 28. Juli behielt man uns bei sparsamster, unzureichender Verpflegung da. Wir wurden durch die Miliz zur Arbeit geholt, wurden entlaust, zum Schluß mußten wir uns einer genauen Zollkontrolle unterziehen. Alle Sparbücher mußten abgeliefert werden, neue Sachen, wenn sie nicht als Aussteuersachen anerkannt wurden, wurden abgenommen und manch anderes gutes Stück an Schmuck oder Eßbarem wurde von den geschäftstüchtigen Zollbeamten nach eigenem Ermessen einbehalten.

Am 29. Juli endlich fuhren wir in normalen Personenzügen, wenn auch zum Teil ohne Fenster, nach Lübeck, von dort über Hamburg, Hannover, Uelzen, Hamm nach Köln. Von dort aus wurde der ganze Transport aufgeteilt. Meine Angehörigen und ich kamen am 10. August 1946 mit ca. 20 anderen Elbingern in Butsheim bei Rommerskirchen an, mußten dort ca. acht bis zehn Tage in einem Saal kampieren und wurden dann vom Gemeindedirektor in Rommerskirchen bei Bauern, Bergarbeitern pp. untergebracht. Da fing endlich wieder ein normales Leben ohne Angst und Schrecken an. Wir brauchten nicht mehr zu hungern und hörten nur noch unsere deutsche Sprache [1]).

---

[1]) Dieser umfassenden Ausweisung aus Elbing vom Juli 1946 waren nicht nur zahlreiche Einzelausweisungen, sondern auch geschlossene Transporte vorangegangen. — Schon im Oktober/November 1945 wurde den nicht arbeitsfähigen Deutschen die Ausreise nahegelegt und — nachdem auf Antrag Ausweisungsscheine ausgegeben worden waren — Transporte abgefertigt. Über diese erste geschlossene Aussiedlung heißt es in dem unveröffentlichten Bericht der Schmiedemeistersfrau Grete Kuhn aus Elbing (S. 3): „Im Oktober ging die Verwaltung an die Polen über ..., auch die Ausweisung der Deutschen setzte damit ein. Die arbeitsfähigen Leute wollten sie aber behalten. Wir haben uns dann auch zum Transport gemeldet, wollten mich nicht entlassen. Durch den Typhus war ich völlig arbeitsunfähig, und dadurch kam ich denn auch fort, am 13. November 1945 ging der Transport von Elbing ab."
Auch aus anderen Berichten geht hervor, daß die für die Polen arbeitenden Deutschen bis zum Juli 1946 nur in Ausnahmefällen zur Ausreise zugelassen wurden, so schreibt z. B. der Bauer Wilhelm Wolk aus Möskenberg, Kreis Elbing, in seinem Bericht (S. 5): „Im Januar 1946 bekam meine Familie dann von dem polnischen Kommissar wegen guter Arbeitsleistung und weil sich die Ernährungslage verschlechterte, die Genehmigung zur Ausreise nach Westdeutschland."
Erst im Juli 1946 setzte dann die Zwangsaustreibung der noch in Elbing verbliebenen Deutschen ein, von der der oben abgedruckte Bericht handelt, s. hierzu auch den unter Nr. 240 (Bd. I, 2) abgedruckten Bericht.

3. Vertreibung aus Schlesien.

Nr. 338

Erlebnisbericht des Bauern Paul Fieweger aus B o r k e n d o r f, Kreis N e i ß e i. Oberschles.
Original, 3. Oktober 1952, 4 Seiten. Teilabdruck.

Austreibungen im Kreise Neiße von Juni 1945 bis Juni 1946.

Im ersten Teil seines Berichts schildert Vf. Vorgänge beim Einmarsch der russischen Truppen und seine Behandlung durch russische Besatzungsbehörden während seiner zweiwöchigen Internierung.
Bereits am 20. Mai 1945 hatte sich polnische Miliz in Borkendorf festgesetzt und das Dorf durch Plünderungen und willkürliche Verhaftungen zu terrorisieren begonnen. Die Bewohner waren sehr in Ängsten und hofften, daß diese Zeit bald vorbei sei. Aber das alles war erst der Anfang. In den Morgenstunden des 28. Juni 1945 wurden sämtliche Dorfbewohner aufgefordert, innerhalb einer Stunde mit zehn Kilo Gepäck am Dorfplatz zu sein. Als keiner kam, ging gegen 7.00 Uhr die polnische Polizei von Haus zu Haus und jagte die Menschen mit Fußtritten und Gewehrkolben auf die Straße. Ich selbst war aus dem Haus gegangen, hatte mich in einer hochgelegenen Stelle ins Feld gelegt und habe alles beobachtet. Ich bin Kriegsteilnehmer von 1914—18, habe 1916 Verdun- und Sommeschlacht erlebt, aber solche Unmenschlichkeiten nie gesehen. Es war nichts zu hören als Gewehrschüsse, Kolbenstöße, Menschen- und Kindergeschrei. Als alles beisammen war, wurden die Menschen getrieben wie das Vieh über Giersdorf, Ziegenhals, Neiße. Ich selbst war nicht dabei. Wie ich aber aus sicherem Munde weiß, es war schrecklich. In Neiße kümmerte sich niemand um diese Menschen, und da kamen die meisten wieder zurück. Während dieser Zeit waren fast alle Häuser und Bauernhöfe im Dorf mit Zivilpolen besetzt. Die Deutschen durften keine Kaffeetasse mehr ihr eigen nennen.
Am 5. Juli 1945 wurden die Deutschen wieder zusammengetrieben und jetzt direkt nach Neiße. Nach einigen Tagen waren die meisten wieder da, denn keiner wußte wohin. Dann kam die Zeit der Ernte. Die Deutschen mußten die Arbeit machen, bekamen aber bei den meisten Polen nicht satt zu essen, trotzdem genug da war, z. B. auf meinem Hof lagen noch hundert Zentner Kartoffeln, die Deutschen durften sich aber nichts holen. Was die Polen nicht zu Schnaps verbrannt haben, ist verfault. Meine Frau hat sich bis zur Vertreibung Juni 1946 mit den Kindern auf dem eigenen Hof aufgehalten, den Polen die Arbeit gemacht und auf eigener Scholle gehungert.
Ich bin selbst, da man die Männer alle abholte, nach der ersten Vertreibung nicht nach Hause gegangen. Habe im Januar 1946 etwas mitgemacht, was nur der glauben kann, der dabei war. Am 23. und 24. Januar 1946 trieben die Polen aus den Gemeinden Gr. Kunzendorf, Borkendorf, Bischofswalde, Markersdorf, Altewalde, Neuwalde, Ludwigsdorf, Oppersdorf und Giersdorf ca. 5 000 Deutsche zusammen. Auf dem Bahnhof Dt.

Wette wurden [sie] verladen, in jeden Viehwagen 80 bis 100 Mann. Ich selbst glaubte, daß meine Familie dabei war, und machte mich dazu. Am 24. Januar 1946 bei Nacht fuhren wir in Dt. Wette los. Die Türen hielten die Leute so gut wie möglich zu. In einem Wagen waren vier Mann polnischer Polizei als Begleitung. Diese drangen bald in diesen, bald in jenen Wagen ein und plünderten die Leute aus, sowie mancher noch etwas zu essen oder ein anständiges Kleidungsstück trug. Die Fahrt ging bei öfterem Aufenthalt über Neiße, Kamenz, Sagan bis Linderode. Es waren bis dahin über zwei Tage vergangen. In Linderode blieben wir stehen, angeblich ließ uns der Russe nicht weiter. Haben dort über acht Tage gestanden, es wurde sehr kalt. Die Holzwände waren innen weiß von Reif. Viele hatten nichts mehr zu essen, wurden matt und krank und starben. Dann ging der Transport wieder zurück, von einem Bahnhof auf den andern, zwei bis drei Tage stehen bleibend. Wenn der Zug hielt, wurden die Toten herausgeholt auf freier Strecke, oft zwischen die Gleise. Am 12. Februar 1946 waren wir wieder in Neiße. Aber den Polen war geholfen, ca. 250 Deutsche waren weniger. Ich habe mich nachher im März 1946 nach Niederschlesien durchgeschlagen und wurde von dort aus ausgesiedelt.

Nr. 339

Erlebnisbericht von Heinrich Christ aus D ü r r a r n s d o r f , Kreis N e i ß e i. Oberschles.
Original, 21. September 1951.

Mangelnde Organisation bei einem Ausweisungstransport im Januar-Februar 1946, Sperrung der Zonengrenze durch die russische Besatzung.

Mit wenig Habe waren wir aus unserer Heimat Dürrarnsdorf ausgetrieben und hielten uns nach mehreren weiteren Vertreibungen in Naasdorf auf. Am 24. Januar 1946 in der Nacht um 24.00 Uhr ertönte plötzlich der Ruf der Polen: „Raus! In zehn Minuten raus!" Einiges Essen und wenig Habe konnten wir noch schnell zusammenraffen und wurden auf der Straße bei eisiger Kälte zusammengetrieben zum Marsch 15 Kilometer nach Dt. Wette. Wer nicht mitkonnte, wurde von den nebenher reitenden Polen barbarisch geschlagen. „Wenn nicht läufst, ich schieße," rief der Pole meiner Frau zu. Kinder und die Alten konnten fahren. In Dt. Wette wurden wir durchsucht, und unser bißchen Habe wurde uns abgenommen.

Abends gings in den Zug. Wir waren 68 Menschen und drei Kinderwagen in einem mittleren Viehwagen. Liegen konnte nur ein kleiner Teil auf dem eiskalten Fußboden; durch die Risse im Dach lief das Wasser auf uns herab. Am Tag stand der Zug meist, wir fuhren fast nur nachts, so daß wir durch Schlesien drei Tage brauchten. Hinter Sagan ging es über die schlesische Grenze weiter durch Sorau bis Linderode, wo der Zug auf der Strecke über drei Wochen stehen blieb, angeblich, weil uns die Russen in ihrer Zone nicht aufnahmen und die Polen uns nicht zurücknehmen wollten.

Das waren drei Wochen, die man nicht einem Hunde wünschen kann. Die wenige Reisekost war bald aufgebraucht. Wir gingen vor Hunger in die Dörfer betteln und waren nicht sicher, ob uns die Polen das Erbettelte wieder abnehmen würden. Auf einem aus Bauziegeln und Blech auf dem Felde errichteten Notofen kochten wir uns die paar Kartoffeln.

Hunger und Kälte und kein richtiges Unterkommen, Tag um Tag, Nacht um Nacht, wochenlang, Hände und Füße vom Frost dick geschwollen und erfroren! Wir haben es erlebt. Meine Frau wochenlang ruhrartigen Durchfall, daß sie das durchhielt, ist ein Wunder. Jeden Morgen gab es Tote — erfroren, verhungert. „Sterben viel zu wenig," sagten die Polen roh. Gaben die Verwandten 20 Mark, kamen die Toten auf den Friedhof, sonst wurden sie auf dem Felde verscharrt.

Der Zug war riesenlang, mehr als 60 Wagen mit über 4 000 Menschen. Mir ist bekannt, daß es in dem Zugstück, das zu unserem Wagen gehörte, 186 Tote gab.

Bei den schlimmsten Schneestürmen wurden wir nachts aus den Wagen ins Schneetreiben hinausgejagt. Dann wurden von den Polen die Wagen durchsucht, und es ging mit, was ihnen gefiel. Immer wieder wurden Männer und Frauen grob mißhandelt.

Nach drei Wochen wurde der Transport nach Neiße zurückgeschickt.

Nr. 340

Erlebnisbericht des B. G. aus B o r k e n d o r f, Kreis N e i ß e i. Oberschles. Original, 14. Oktober 1952, 7 Seiten. Teilabdruck.

Austreibungsversuche vor dem Potsdamer Abkommen; Drangsale unter polnischer Herrschaft, Ausweisungstransporte im Januar 1946.

Im ersten Teil berichtet Vf. über die Evakuierungen in der Umgebung seiner Heimatgemeinde vor dem Ansturm der Roten Armee, über die Rückkehr der Bauern zur Frühjahrsbestellung und die Flucht ins Sudetenland am Vortage der Kapitulation. Anschließend folgt eine Schilderung der Beschwerden des Rückmarsches, vor allem der Drangsale, denen Frauen und Mädchen durch marodierende russische Soldaten ausgesetzt waren, und der Leidenszeit im Heimatdorf unter dem Willkür-Regiment der polnischen Miliz.

Am 28. Juni 1945 donnert um 5.00 und 6.00 ein Pole an die Haustür. „Binnen zwei Stunden alles zur Schule kommen!" Ein Teil der Dorfleute geht zur Schule, der andere in die hohen Getreidefelder. Den Tag über liege ich mit Familie und anderen in glühender Sonne im Kornfeld, abends holt man uns in eine Siedlung außerhalb des Dorfes. Am 30. Juni werden wir mit dem dabeiliegenden Dorfe K. ausgetrieben. Mit Kolbenschlägen treibt man die in Büsche und Waldstücke Geflüchteten — der Austreibungsplan war tags zuvor doch durchgesickert — ins Dorf zurück. Pferde reißen sich los, stürmen durchs Getreide auf die tschechische Grenze zu, Geschrei, Schießen! Ich bringe mit der Familie, in ein Weizenfeld der Nachbargemarkung geduckt, den Tag zu. Auf ein unterdrücktes Zischen, Pfeifen heben sich hier und da Köpfe aus den Feldern, und bald stehen etwa 30 Männer, Frauen und Kinder in einer Waldlichtung beisammen. Ein Nachtgewitter treibt uns auseinander. Im strömenden Regen sind wir nach Mitternacht über der vier Kilometer entfernten tschechischen Grenze. Wir hausen 14 Tage bei Pellkartoffeln im Stroh über einem Ziegenstall. Als amtlich schwere Strafen denen angedroht werden, die Reichsdeutsche beherbergen, schleichen wir durch die Felder ins Dorf zurück, führen tagsüber in den Büschen ein Zigeunerleben, bis mich unerträgliche Gallenschmerzen zwingen, koste es, was es wolle, Linderung im Kloster zu suchen. Die Schikanen der Polen entvölkern das Dorf. Unauslöschlich für mich der Eindruck, als ich alte, mit allen Fasern an ihrem Besitz, ihrem Vieh hängende Bauern fluchtartig alles im Stich lassen sehe, um irgendwo in fremder Gegend, Kreis Frankenstein usw., Zuflucht zu suchen. Auch ich entfliehe zu einem Verwandten nach R. bei Neiße, 22. Juli 1945. Am 14. August holt man ihn mit den Pgs. der umliegenden Dörfer ab. Sie müssen das Horst-Wessel-Lied anstimmen. Gummipeitschen sausen hier und da in die Männer, die nicht mitsingen. Im Lager auf der Kochstraße in Neiße sterben die meisten, mein Verwandter am 27. September.

In Furcht und Not vergeht das Jahr. Ich helfe einem Bauern als landwirtschaftlicher Arbeiter. Auf diesem Hof wird von November bis Januar jeden Samstag von den neuen Besitzern geplündert. Unvergeßlich bleibt mir, wie am 1. September 1945 die 20jährige Tochter M. K. nach 14.00 Uhr (vom Wischen) von Miliz abgeholt und auf der Wache so zerschlagen wurde, daß sie nicht sprechen konnte und nach Aussage der Mutter nicht blau sondern schwarz war.

Am 11. Januar 1946 wurden wir um 6.00 Uhr aus den Häusern gejagt und in einem Bauernhof einquartiert. 275 Menschen im Wohnhaus, Pferde- und Rindviehstall. Nur ein Abort! Am 18. Januar 1946 6.00 Uhr bei schneidender Kälte antreten, Bündel auf bereitstehende Leiterwagen geworfen, Abmarsch nach Neiße in die verfallenen Kasematten Friedrichs d. Gr., ohne Türen und Fenster, eine fürchterliche Nacht verbringend. Bis Mitternacht sind die Bewohner der vier Dörfer, R., K., St. und P. versammelt. Am 19. Januar gegen 10.00 Uhr Abmarsch zum Bahnhof, vorbei an den im Torweg liegenden, mit Decken zugedeckten Toten dieser Nacht. Zahl unbekannt! Mit dem Zug, bis 75 Köpfe in jedem Waggon, in viertägiger Fahrt bis Forst, acht Tote unterwegs. Auf offener Straße bis 21.00 Uhr wartend, die Tränen zu Eis gefroren, dann auf Lokale der Stadt verteilt, nach vier Tagen Weitertransport ins Lager Finsterwalde. Von dort im März Aussiedlung in die Dörfer der Umgebung. Wir konnten wieder Menschen werden.

Der nächste Transport wurde nach Mitteilungen der Dorfbewohner am 26. Januar 1946 in Dt. Wette verladen. Man riß die 80jährige Frau Kr.

aus dem Bett und verlud sie notdürftig bekleidet. Ähnlich ging es andern. Bis 12. Februar 1945 blieb der Zug auf einem Nebengleis in Linderode in grimmiger Kälte ohne Verpflegung stehen, um dann, da die Russen den Transport nicht annahmen, wieder in die Heimat zurückgeleitet zu werden. Allein aus unserm Dorf forderte der Transport 12 Tote, bei den andern Dörfern ähnlich...

Das sind Einzelschicksale, teilweise verknüpft mit dem eines Dorfes, aber symptomatisch für die Zeit.

Der Bericht endet mit Angaben über eine Reihe von Personen, die ermordet oder verschleppt wurden.

Nr. 341

Erlebnisbericht des Bauern Heinrich Kauf aus G i e r s d o r f , Kreis N e i ß e i. Oberschles.
Original, 6. Januar 1953.

Rücksichtsloser Austreibungsversuch der polnischen Miliz; Behandlung der enteigneten deutschen Bauern durch polnische Umsiedler bis zu den Ausweisungen Ende Februar und Anfang Juni 1946 im Kreise Neiße.

Es war am 28. Juni 1945. Ich war auf meinem Hof von 70 Morgen. Hatte damals noch zwei Pferde und drei Fohlen gefüttert und geputzt. Kam gerade aus dem Pferdestall, da war der Bote hier: Binnen zwei Stunden [habe] jede Person mit 20 Kilo Handgepäck beim Gasthause zu erscheinen. Ich war ganz sprachlos. Meine Frau hatte den Tag vorher gegen Abend entbunden, ein kleines Mädchen. Ich stand immer noch am Bett und wußte nicht, was sollte ich tun. Der erste Weg war zum Bürgermeister Bursitzki. Der sagte ganz kurz: „Lassen Sie Ihre Frau zu Hause liegen, Sie müssen mit den Kindern weg." So war ich zweimal beim Bürgermeister; als ich wieder nach Hause kam, war die polnische Miliz schon da; sie riefen uns an: „Sofort raus!" Da hab ich meine Nachbarin, Frau Dümel, rufen lassen, habe Pferde und Wagen fertig gemacht. Wir haben Frau und Kind mit den Betten aufgeladen und in der Eile noch das Nötigste vergessen, für die anderen Kinder mitzunehmen. Dann sind wir in dem langem Zuge, wo die Leute von Borkendorf, Gr. Kunzendorf, Giersdorf über Ziegenhals getrieben wurden bis Dt. Wette [gekommen], wo wir auf einer Wiese übernachten mußten. Da hat eine tapfere deutsche Frau aus Dt. Wette mit Namen Rieger meine Frau aus Mitleid in ihr Haus geholt, wo sie übernachten durfte. Unser Wagen wurde in derselben Nacht von den Polen geplündert, und was ihnen gefiel, wurde mitgenommen.

Am andern Morgen ging es wieder weiter, da habe ich meine Frau mit einer Handkarre aus dem Dorfe geholt. Wir waren nicht weit hinterm Dorf, da kam eine Polin und nahm meiner kranken Frau die Betten noch weg.

Dann ging es unter Bewachung über Alt Wette nach Preiland, wo hinterm Dorf der Pole (Oberführer über den ganzen Zug) am Straßenrand auf eine Mine geriet, wodurch fünf Personen aus unserm Treck getötet wurden. Wir waren dicht hinter der Unglücksstelle. Mein Pferd wollte nicht weiter, ich drehte auf der Stelle um und fuhr zurück. Da kamen schon andere Polen und jagten uns dem Transport nach, und so ging es immer weiter nach Neiße.

Gegen Abend kamen wir auf dem Platz an der Neiße an. Meine sechs Kinder lagen auf dem Wagen, ich mußte die ganze Nacht mein Pferd am Kopf festhalten, denn die Polen machten eine Schießerei, als wäre die Hölle los. Die ganzen Leute wurden mehrere Male hin und her gejagt, wer zu langsam war, bekam eine Tracht Prügel. Es wurden eine Anzahl Männer als Geiseln ausgesucht: Wenn jemand den Platz verläßt, werden die Männer erschossen! Meine Frau und das Kind konnten auf die Fürsprache der Hebamme in einem danebenliegenden ausgeplünderten Hause auf dem Fußboden schlafen. Am dritten Tage wurde ausgerufen: Jedes Taschenmesser, lange Messer, Uhren, Gold- und Silbersachen müssen abgegeben werden. Die Leute werden alle durchsucht; bei dem was gefunden wird, der wird erschossen!

Den sechsten Tag gegen Abend konnten wir aus dem Lager raus. Wir mußten über Woitz bei Ottmachau fahren; in Neiße ließen uns die Polen über keine Brücke fahren, so mußten wir bei Klein Briesen über die Notbrücke und fanden auch in demselben Dorf ein Nachtquartier. Am 6. Juli fuhren wir in der Hoffnung der Heimat zu. Wir hatten kaum die Grenze von Giersdorf überschritten, so wurden wir von den Polen empfangen. Ich wurde unmenschlich geschlagen, und wir mußten umdrehn; wir wurden zurück nach Bischofswalde gejagt. Da wurde wieder ein Transport Deutscher zusammengejagt, und wir mußten wieder mit. Wagen und Pferd mußten wir zurücklassen und zu Fuß [weiter] mit meiner abgeschwächten Frau und den kleinen Kindern, die ich abwechselnd tragen mußte, weil sie ihre Füße schon durchgelaufen hatten. Ohne einen Bissen Brot und todmüde kamen wir in Neiße im Lager an. Meine Frau konnte vor Schmerzen kein Glied mehr rühren, und dabei das jammernde Kind. Am nächsten Morgen ging es weiter unter Bewachung über Ottmachau nach Glatz. Meine Kinder konnten vor Hunger nicht mehr weiter. So sind wir in Ottmachau in einem unbewachten Augenblick dem unseligen Treck entwichen und flüchteten vor Angst in einen Keller. Da haben wir in Todesangst gewartet, bis das Schlimmste vorüber war. Dann sind wir auf abgelegenen Umwegen wieder nach Klein Briesen, wo wir bei Frau Schäfer freundlich aufgenommen wurden. Frau Schäfer hat uns gegeben, was sie konnte; wir mußten acht Tage dort bleiben, denn meine Frau war von den Strapazen so mitgenommen, daß sie nicht weiter konnte.

Am 18. Juli sind wir nach Hermannstein gegangen zu meiner Schwägerin. Meine Frau und Kinder sind dort geblieben in Hermannstein. Am 19. Juli bin [ich] nach Giersdorf gegangen und habe bei einem Polen auf meinem Hofe gearbeitet. Frau und Kinder durfte ich nicht bringen; da hab ich bis 1. August bei demselben gearbeitet. Am 2. August hat mich der Pole auf Metzner Rudolf seinen Hof geholt. Da hab ich vier Wochen arbeiten müssen nur für meine Kost. Dann hat mich mein Pole wieder auf meinen Hof geholt. Es waren auf meinem Hof drei Polen-Familien, da wurde alles in drei Teile geteilt. Da war ich nur gut zur Arbeit. Am 8. August kamen meine Frau und Kinder nach Giersdorf, ich bekam aber nur Kost für mich allein. Meine Frau hat mit den Kindern Brotkörbe geflochten, und so mußten sie [sich] das Notdürftigste zum Leben verschaffen. Hatte [auf] meinem Hof (von 70 Morgen eigenem und von 40 Morgen Pachtland) über 800 Zentner Getreide gedroschen und mußte mit sechs Zentnern Getreide, welches ich auf eigener Schrotmühle gemahlen, zufrieden sein. Das andere haben die Polen in drei Teile geteilt, verkauft und zu Schnaps gemacht. Außerdem hatte ich zehn Morgen Kartoffeln und neun Morgen Rüben. Kartoffel konnten wir uns satt essen. Von drei Morgen Raps hab ich einen Liter Öl erhalten.

Dann war wieder eine Austreibung des ganzen Dorfes am 26. Februar 1946. Um Mitternacht des 25. Februar kamen die Polen und jagten uns mit den anderen zusammen ins Gasthaus. Die Kinder alle im Schlaf bei 20 Grad Kälte mit dem Notdürftigsten ohne elektrisches Licht raus. Da haben wir in dem kalten Saal gesessen bis früh um 6.00 Uhr. Dann hat uns der Pole Lucas Betnatz mit zurück nach Hause genommen, denn seine Frau lag an Lungenentzündung zu Bett; er hatte niemanden, der sie pflegte. Meine Frau mußte sie dann pflegen und den Haushalt führen, aber unter der Bedingung, daß wir die Kinder nicht alle behalten dürften. Der älteste Sohn Josef, damals 12 Jahre, mußte gleich am nächsten Tag zu Langer Richards Polen als Knecht, und die beiden Mädchen Martha und Elisabeth im Alter von sechs und vier Jahren mußten wir ins Sudetenland zu Bekannten geben, welche meine Frau in der Nacht mit Angst und Todesgefahr über die Grenze bringen mußte. Die Kinder blieben dort bis Anfang März, bis dort die Deutschen von den Tschechen ausgetrieben wurden.

Im Juni 1946 kam dann die Aussiedlung. Vom 9. bis 10. Juni haben wir keine Minute geschlafen, denn ein Pole von unserm Hof kam gegen Abend in unsere schon oft durchgeplünderte Wohnung, ohne ein Wort zu sagen, hat in der Stube gesessen, bis wir alle draußen waren. — Die Aussiedlung fing auch gut an! Wir wurden zum Dorf hinausgejagt wie die Hunde; die schnell auf einen Wagen springen konnten, waren gut dran, die andern mußten laufen wie gejagtes Wild. Der polnische Bürgermeister ritt mit einem aufgepeitschten Pferde hinter den Leuten her. Nach zweitägiger Lagerzeit mußten wir wieder durch die Kontrolle, da wurde wieder alles durchsucht. Wer noch was Wertvolles hatte, wurde noch was los. Dann wurden wir in Viehwaggons verladen. Wir [waren] alle froh, daß wir einmal Ruhe hatten.

Wir konnten es gar nicht fassen, [daß] wir wieder unter Deutschen waren, als wir am 17. Juni am jetzigen Wohnort ankamen.

Nr. 342

Erlebnisbericht von Karl Hoffmann aus Gr. Kunzendorf, Kreis Neiße i. Oberschles.
Original, 11. März 1953, 8 Seiten. Teilabdruck.

Austreibung am 28. Juni 1945 und Rückkehr auf russischen Befehl; viertägige Plünderung durch polnisches Grenzwachtkommando; Vorgänge bei den Ausweisungen Ende Januar, Anfang Juni und Mitte August 1946.

Eingangs schildert Vf. Vorgänge beim Einbruch der Roten Armee, die Verhaftung aller ehemaligen Parteigenossen Ende Juni 1945 und deren Behandlung durch die provisorischen polnischen Behörden.

Nach dieser Aktion mußten am 28. Juni 1945 sämtliche Bewohner früh um 4.00 Uhr auf der Dorfstraße mit 10 Kilo Gepäck angetreten sein, um abtransportiert zu werden. Der Transport ging zunächst zu Fuß bis Giersdorf, wo die Gemeinden Giersdorf, Borkendorf und Bischofswalde angeschlossen wurden. Von dort wurden aber einige Familien, die zur Arbeit benötigt wurden, wieder zurückgeschickt. Dann wurde dieser Zug, geleitet von polnischer berittener Miliz, über Ziegenhals in Richtung Neiße abgetrieben. Gegen Abend war der Zug in Höhe des Dorfes Dt. Wette angekommen und mußte dort auf einer Wiese nächtigen. Dort kam eine Frau aus unserem Ort sowie ein polnischer Begleitmann durch eine Mine ums Leben. Am Morgen des nächsten Tages ging der Transport bis nach Neiße weiter, wo er in Kasematten und militärischen Schuppen endete. Unter dauernden Leibesvisitationen nach Geld und Wertsachen vergingen einige Tage. Verpflegung wurde nicht gegeben, so daß sich diese Menschen nur von Kartoffeln nährten, die sie sich aus den naheliegenden Kellerräumen holen konnten.

Sicher wären dort viele umgekommen, wenn nicht russische Offiziere auf diese Volksansammlungen aufmerksam geworden wären. Auf Befragen der Posten erhielten sie die Auskunft, es seien freiwillige Auswanderer, aber als sie sich auch beim Volk erkundigten und die Wahrheit erfuhren, veranlaßten sie bei der Kommandantur die sofortige Freilassung. Diejenigen, welche den Anmarschweg zur Heimreise gewählt hatten, wurden bei dem Dorfe Preiland wieder aufgegriffen und wieder zurück, ja sogar über die Neiße hinaus bis Patschka getrieben, wo sie ihrem Schicksal überlassen [wurden] und später wieder einzeln im Heimatort eintrafen. Diejenigen aber, welche einen anderen Weg gewählt hatten, kamen früher und ohne Zwischenfälle an, fanden aber zum größten Teil ihre Wohnungen von inzwischen eingewiesenen Polen besetzt vor und mußten sich anderweitig eine Unterkunft suchen. Am nächsten Morgen aber wurden sie bereits wieder zum Dorf hinausgejagt bis in die ein Kilometer entfernten Steinbrüche, wo sie wiederum einige Tage in den dortigen Frühstücksbuden verbleiben mußten. Unterdessen war auch bereits das ganze Dorf mit Polen und Ukrainern besetzt worden.

Wir Deutschen wurden nun bei einem Appell zur Arbeit bei den Polen für etwas Essen aufgeteilt und gezwungen, diesen die Ernte, welche in voller

Pracht dastand, unter Dach und Fach zu bringen und auch auszudreschen. Den Deutschen bisher noch verbliebener Besitz wurde enteignet. Die industriellen Grundstücke sowie der Landbesitz der Firma W. Thust wurde vom polnischen Staat verwaltet und erhielten ihre besonderen Arbeitskräfte zugeteilt, die in einem sogenannten Lager zusammengelegt wurden. Diese durften auch die später erfolgten Austreibungen nicht mitmachen, fühlten sich dort geschützter und sind auch zuletzt ausgesiedelt worden, deshalb befinden sich diese meist noch in der Ostzone.

In den letzten Augusttagen 1945 wurde uns durch Anschläge bekanntgegeben, daß wir das Gebiet vier Kilometer von der tschechischen Grenze weg zu räumen hätten, dies habe bis Sonntag 18.00 Uhr zu geschehen. Der Zweck war folgender: Das polnische Grenzwacht-Kommando wurde abgelöst und bekam vier Tage lang Plünderungsrecht. Wir mußten daher bis Nieder-Borkendorf und Bischofswalde unter Mitnahme weniger Habseligkeiten abziehen. Als wir nach vier Tagen wieder zurück durften, fanden wir wieder nur wenig vor, alles war durchwühlt und gestohlen, konnten dafür aber zusehen, wie einige Tage später dieses Kommando mit vollgepackten Fahrzeugen den Ort verließ.

Am 27. Januar 1946 mußten sich alle Deutschen im Saale des Gasthauses Hoffmann mit 20 Kilo Gepäck versammeln. In der Nacht fuhren Wagen vor, alles wurde verladen und zum Bahnhof Dt. Wette gebracht. Dort in Viehwagen zu je 90 Mann verladen und nach Westen abtransportiert. Der Zug wurde aber vor Görlitz auf der Station Linderode [1]) drei Wochen lang festgehalten, da angeblich der Westen die Annahme verweigerte. Nach diesen drei Wochen wurde dieser Transport wieder bis Neiße zurückgeschickt [2]) und dort die Menschen ihrem Schicksal überlassen. Es blieb nichts übrig, als wieder 20 Kilometer zu Fuß im strengsten Winter bis Gr. Kunzendorf zu wandern. Bei und an den Folgen dieser Aktion sind ca. 20 Personen umgekommen.

Am 5. Juni (Pfingsten) setzte nun die endgültige Aussiedlung ein. Außer einem Teil des Lagers Thust und 22 Seelen in der Gemeinde wurde alles bis Neiße in die dortige Feuerwehrschule gefahren. Am nächsten Tage, nach einer sogenannten Zollkontrolle (Plünderung), in drei Transporten nach dem Westen abgeschoben. Ein Transport endete in Friedland, einer in Wunstorf bei Hannover und der dritte in Osterode/Harz.

Wir Zurückgebliebenen mußten nun alle möglichen Arbeiten verrichten. So mußten wir z. B. in den heißen Augusttagen Leichen ausgraben und wieder frisch beerdigen, dazu wurden auch Frauen und Mädchen ohne Rücksicht herangeholt. Mißhandlungen waren an der Tagesordnung, bis wir am 17. August 1946 endlich auch ausgesiedelt wurden. Unser Weg ging zunächst ebenfalls bis Neiße, nach Verbringen einer Nacht in der Feuerwehrschule nächsten Tag per Bahn bis Leobschütz O/S und von dort wieder nach erfolgter Zollkontrolle (Plünderung) in Viehwagen zu je 33 Mann über Kohlfurt bis Marientäl, wo die Registrierung und Entlausung stattfand. Obwohl uns in Leobschütz erklärt wurde, dem Zug seien zwei Waggons mit

---

[1]) Linderode liegt im Kreise Sorau, gemeint ist also „vor der Görlitzer Neiße".
[2]) s. die unter Nr. 338 — Nr. 340 (Bd. I, 2) abgedruckten Berichte.

Lebensmitteln und zwei Sanitätswagen für Alte und Kranke beigegeben, mußten wir feststellen, daß hinter der Lok zwei verschlossene Wagen liefen, aber Lebensmittel haben wir nicht gesehen. In der Mitte des Zuges liefen zwei leere Güterwagen, an deren Türen man ein rotes Kreuz gemalt hatte. Dieser Transportzug endete in Mariental, und wir wurden in Personenwagen, das Gepäck in Güterwagen weiterbefördert. Die Hälfte des Zuges blieb in Vienenburg, der Rest kam nach Goslar, von wo wir wieder verteilt wurden. Die etwa 1 000 Seelen zählende Gemeinde Gr. Kunzendorf ist somit von Niederbayern bis Ostfriesland und die Ostzone verstreut worden.

Nr. 343

Erlebnisbericht des Photographen Josef Buhl (gest. 11. November 1947) aus K l o d e - b a c h , Kreis G r o t t k a u i. Oberschles.
Photokopie, 1946/47, 14 Seiten. Teilabdruck.

Verdrängung der Deutschen durch polnische Umsiedler und Zwangsmaßnahmen der Verwaltungsbehörden, Vertreibung aus Wohnungen und Gehöften und Internierung im Zwangsarbeitslager Grottkau, Ausweisung Ende Mai 1946.

Im ersten Teil seines Berichts schildert Vf. die Umstände der Flucht vor der Roten Armee, die Heimkehr nach der Kapitulation [1]) *und Erlebnisse unter russischer Besatzung.*

Wir waren abgeschnitten von der Welt, hinter dem eisernen Vorhang, wo es keine Zeitung und kein Radio gab. Leider trafen die freudigen Parolen niemals zu, dafür aber mit Bestimmtheit die schlechten. Mit Schrecken hörten wir, daß Polenfamilien, aus dem Osten kommend, unsere Dörfer „besiedeln" wollten. Wir hielten unseren Bürgermeister für einen Schwarzseher, als er sagte: „In nächster Woche wird auch über unser Dorf die Katastrophe hereinbrechen!" Und sie kam, unser Gelöbnistag, der 28. Juni, wird uns deshalb unvergeßlich bleiben...

Mit Lastautos kamen sie, von Saybusch und von Galizien. Zunächst plünderten die Chauffeure, was sie eben vorfanden, Möbel, Nähmaschinen, zerbrachen Kirschbäume und zertrampelten die Erdbeerbeete. Na, die verließen uns ja bald wieder. Aber die anderen... verließen uns nicht mehr. Jedes Haus wurde belegt mit einer oder mehreren Familien. Sie bewohnten unsere besten Zimmer, nicht nur die besten Möbel nahmen sie sich, auch etwa noch vorhandenes Vieh sowie Kleidungsstücke, Werkzeuge; es gehörte ihnen eben alles, was bis dahin noch unser Eigentum gewesen. Eines nur nahmen sie uns nicht weg, die Arbeit. Arbeiten durften und mußten wir.

Bald wurde auch eine polnische Verwaltung eingeführt, ohne daß es der deutschen Bevölkerung irgendwie bekanntgegeben wurde. Für uns genügte, daß man uns diese bald spüren ließ. Alle deutsche Schrift mußte verschwinden. Die deutschen Ortsnamen wurden in zungenbrecherische polnische umgewandelt. Die Wegweiser erhielten neue Beschriftung in polnischer Sprache. Kaum, daß man sich in seiner Heimat zurechtfinden konnte.

---
[1]) Abgedruckt unter Nr. 117 (Bd. I, 1).

Vf. berichtet kurz über das Gehabe der neuen Ortsgewaltigen und fährt fort: Die Erntezeit kam heran. Da erschien ein russischer Zivilkommissar mit Maschinenpistole und trieb die deutschen Bauern zur Arbeit an. (Nach kurzer Zeit wurde dieser durch ein Militärkommando abgelöst.) Ein deutscher Bauer brauchte noch nie zur Arbeit angetrieben werden. Trotzdem unsere Zugtiere fast alle geraubt waren und alles mit der Hand gemäht werden mußte, wurde die Ernte geborgen. Wir schwitzten und mühten uns ab... Die russischen Militärkommandos drängten auf beschleunigtes Dreschen. Bald fuhren Lastautos durch die Dörfer, um unser Brotgetreide abzufahren. 50 Prozent der Ernte gehörte der Roten Armee. Das Restliche fraß das polnische...

Es kamen schreckliche Meldungen aus den benachbarten Dörfern des Kreises Neiße. Leider waren es nicht Parolen, wie wir uns wieder einreden wollten. Nein! Es war bittere Tatsache, die „Austreibung". Die deutsche Bevölkerung, die seit Generationen ansässigen fleißigen Bauern, Arbeiter und Handwerker wurden von polnischer Soldateska und Bandaska aus ihren Häusern und zu ihrem Dorf hinausgetrieben wie eine Viehherde, nicht wissend, wohin und zu welchem Zweck. Ein Dorf nach dem anderen kam an die Reihe. Wir wissen bis heute nicht, wohin sie kamen und was aus ihnen geworden ist [1]).

Dieses Verbrechen an unschuldigen Menschen griff bald auf unseren Kreis über. Wir sahen mit Entsetzen, wie die Deutschen aus Lindenau abtransportiert wurden. Lobedau hatte das Schicksal vorher ereilt. — Unsere schwarzen Tage in dieser Zeit waren sonderbarerweise immer die Freitage. Doch der schwärzeste Freitag war der 24 August. Wir waren ahnungslos und hatten nichts davon gemerkt, daß Autos aller möglicher Typen eingetroffen waren und Miliz ausgeladen hatten.

Nach der verrichteten Arbeit wollten wir uns eben hungrig an den Mittagstisch setzen, als ein Bandit in Zivilkleidung und mit umgehängtem Karabiner eintrat und uns aufforderte, binnen einer halben Stunde das Haus zu verlassen. Auf meine Frage nach dem Warum nicht eingehend, plünderte er für sich privat etwas in den Schubladen und Schrankfächern.

Das war die Austreibung. Schon am frühen Vormittag war das Dorf umstellt von Miliz, die jede Flucht unmöglich machte. — Der alte Korbmacher Scheurell wurde bei dem Versuch angeschossen und mußte verbluten. Wagner, dem vorher die Frau gestorben war, erhängte sich aus Verzweiflung. — Uns blieb zum Essen keine Zeit. Nur schnell die notwendigsten Sachen zusammengerafft und fort aus dem Haus, denn schon kamen betrunkene Milizsoldaten, um uns mit Gummiknüppeln hinauszutreiben. Unser Handwagen wurde von diesen schon im Hofe durchsucht, meinem Schwager der Rock vom Leibe gezogen. Hätten wir uns nicht beeilt, wir wären noch vor dem Betreten der Straße ausgekleidet worden. — In Fingers großem Hof wurden alle Dorfbewohner zusammengetrieben. Einigen war es geglückt, sich im Stroh oder sonst wo zu verbergen und so dieser Austreibung zu entgehen.

---
[1]) s. die vorangestellten Berichte.

Wir standen nun stundenlang scharf bewacht im Hofe. Russische Soldaten kamen, um sich Arbeitskräfte zu kapern für ihre Dreschkommandos, hauptsächlich hübsche junge Mädels. Da diese freiwillig nicht gingen, wurden sie eben von ihrer Familie weggerissen. Wir anderen mußten nun einzeln antreten vor dem Seitenhaus, Gepäck vor der Tür ablegen und eintreten, Männer links, Frauen rechts über die Treppe. Drinnen erfolgte die Leibesvisitation, aber gründlich, mit Boxhieben und Ohrfeigen. Den Spürhunden entging nichts. Mir nahmen sie so ziemlich alles ab, Tabak und Pfeife, Spiegel und Kamm, auch das Geld. So ausbaldowert kam ich heraus und suchte nach meinem Rucksack, den ich leer am Boden liegen sah: Der hatte auch eine gründliche Visitation erlebt. Daneben lag noch ein halbes Brot und meine Schnitzmesser. Der weitere Inhalt war fort. Schlafdecke, Arbeitshose, Strümpfe, Handtuch und Seife, alles war weg. Nun hatte ich leichtes Gepäck. Mancher hatte sich noch zu den Russenkommandos gemeldet, um den polnischen Folterungen zu entgehen. Wir anderen wurden unter Bewachung zum Dorf hinausgetrieben, während Lastautos den Raub nach Grottkau abfuhren...

Unser Trauerzug bewegte sich langsam nach Lärchenhain, jetzt Ciescowice benannt. Vor dem alten Schloß, dem Raubnest der Miliz, wurde haltgemacht und abgezählt. Die Frauen und Kinder kamen alle zusammen in den großen Saal, die Männer wurden in den Keller gesperrt. Und in was für einen Keller! Das altertümliche Gewölbe ohne Seitenwände war niedrig, das kleine, vergitterte Fensterloch ließ fast gar kein Licht herein, die Luft war moderig, kaum zum Atmen. Darin hockten wir nun, 60 Männer, weil man weder stehen noch sitzen konnte. Dieser Keller diente nicht zum ersten Mal als Gefängnis. *Hier waren wenige Wochen vorher alle Männer des Ortes, die einmal der Partei angehört hatten, vor ihrer Überführung in das Gefängnis nach Grottkau von polnischen Milizsoldaten grausam gequält worden.*

Nachdem wir nun drei Tage in diesem Verließ gehockt hatten, ohne Verpflegung von Seiten der Polen, wurde unsere Unterkunft von einem Russen besichtigt. Dieser war entrüstet und erhob schreiend und schimpfend lauten Protest wegen der menschenunwürdigen Unterbringung, worauf wir dann alle, auch Frauen und Kinder, nach dem Ochsenstall umquartiert wurden. Hier war es nun einigermaßen erträglich. Um unsere Verpflegung kümmerte sich niemand. Doch gestattete uns die Räubermiliz großmütig, daß die Deutschen des Dorfes uns Essen brachten. Auch die Bewachung war weniger streng, daß bei vielen gelang, von hier aus zu entfliehen. Es hatte sogar den Anschein, als ob die Flucht durch Unaufmerksamkeit der Posten begünstigt wurde. Andere wurden von den Polen ihres Hauses zur Arbeit zurückgefordert. Unsere Zahl wurde immer geringer. Ein Angebot, mich durch den Verrat versteckter Sachwerte loszukaufen, verschmähte ich. Nach unserer Ansicht war mit der fünftägigen Durchplünderung unserer leerstehenden Wohnungen der Zweck der Austreibung erfüllt. Aber wir sollten uns getäuscht haben. Mein Vorsatz, am Mittag die Flucht zu riskieren, kam nicht mehr zur Ausführung. Die Bewachung wurde plötzlich verschärft. Leiterwagen fuhren vor, auf die wir verladen wurden, und es ging fort. Unter Begleitung bewaffneter Miliz fuhren wir nach einem unbekannten Ziel. An der Wegrichtung erkannten wir, daß es unserer Kreisstadt Grottkau entgegenging.

Außerhalb der Stadt Grottkau liegt auf freiem Gelände der Gebäudekomplex der ehemaligen Prov. Erziehungs-Anstalt. Dorthin wurden wir nun geführt. Die erste Nacht verbrachten wir in einem großen Raum, der früher als Turnhalle gedient, und worin auch die Gottesdienste stattgefunden hatten. In früher Morgenstunde des nächsten Tages erschienen drei Milizer mit Gummiknüppeln, um uns nochmals zu berauben. Doch unseren geleerten Taschen war nichts mehr zu entlocken. Mit vieler Mühe fanden wir eine Unterkunft, ein Zimmer ohne Fensterscheiben, in der Decke ein Granatloch. Etwas Besseres war nicht aufzutreiben, denn jeder Keller und jeder Boden war mit Gefangenen belegt. Wo früher 400 Zöglinge untergebracht waren, mußten nun 2 000 Menschen Platz finden.

Die deutschen Bewohner der Stadt Grottkau befanden sich restlos in diesem Lager[1]), sowie die der Dörfer Lobedau, Lindenau, Petersheide, Breitenfeld und Hennersdorf, soweit sie noch nicht dem Hungertyphus erlegen waren. Was man hier zu sehen bekam, war Elend. Abgemagerte Menschen! Müde und kraftlos schlichen sie dahin.

Vor dem angrenzenden Wirtschaftsgebäude erhielten wir Stroh für unser Lager. Tisch und Sitzgelegenheit gab es nicht. Von 19 Zimmerinsassen hatten zum Schlafen nur 16 Platz, wenn wir uns ganz dicht zusammendrängten, drei von uns mußten im Vorraum bei Grottkauern schlafen. Unsere Schlafdecken waren uns geraubt worden, wir bedeckten uns unser drei mit einem alten zerlöcherten Fransentuch. Alle, die noch nicht auf dem Krankenlager dahinsiechten, mußten früh um 7.00 Uhr zur Arbeit antreten. In langen Kolonnen wurden wir wie Verbrecher unter Bewachung nach der Stadt geführt. Es erinnerte an den Sklavenhandel des Mittelalters, wenn wir auf dem Platz angetreten standen. Wie Ware wurden wir gemustert ..., um gut genug befunden zu werden, die niedrigsten Arbeiten zu verrichten. Unsere Verpflegung bestand aus drei Scheiben Brot täglich, dazu ein halber Liter lauwarmes Wasser, genannt Kartoffelsuppe, weil zum Wasser ein Zusatz von alten Kartoffeln kam, die in dieser Jahreszeit schon stinkig waren. Aber Hunger ist der beste Koch. An den Sonntagen gab es überhaupt nichts. Dieser Verpflegungssatz war für alle gleich, für Erwachsene, Kinder und Säuglinge. Kein Wunder, daß die Sterblichkeitsziffer ständig stieg. Der Hungertyphus wütete. Vor den Aborten, die in hygienischer Hinsicht jeder Beschreibung spotteten, mußte man Schlange stehen. Fürchterlich war die Fliegenplage, die Läuseplage und die russische Krätze ...

Die Menschen welkten dahin, die Kinder starben massenweise. Die Leichen wurden verpackt in Papier oder alte Säcke. Den Transport der Leichen zum Friedhof versah ein Mann mit einem Handwagen, so kurz, daß die Beine nachschleiften. Wenn nötig, packte er zwei auf einen Wagen, wie ja auch im Grab immer eine Anzahl übereinander gelegt wurde. So sah es aus in dem Hungerlager von Grottkau. Die Parteigenossen im Gefängnis von Grottkau hatten es besser als wir.

---

[1]) Vgl. den unter Nr. 232 (Bd. I, 2) abgedruckten Bericht.

So vergingen die erste und die zweite Woche. Wir hofften auf ein Wunder. Aber es kam nicht. So etwas müßten die Engländer sehen! Aber sie sahen es nicht. Die dritte Woche kam. Man fühlte, wie allmählich die Kräfte schwanden. So konnte es nicht weitergehen. Auf Hilfe von außen war nicht zu rechnen. Dem Hungertyphus aber wollte ich nicht zum Opfer fallen, lieber auf der Flucht den Tod erleiden, das ging schneller, als dieser langsame Mord auf gemeinste Art.

Anschließend berichtet Vf. über seine gelungene Flucht aus dem Lager und die Rückkehr in sein Heimatdorf, nachdem ihm der russische Kommandant in Karlshöh seinen Beistand gegenüber den Polen zugesichert hatte. — Bald danach gelang auch den anderen Dorfbewohnern die Flucht.

Die Polen waren seit unserer Austreibung viel rabiater und frecher als vorher im Bewußtsein ihrer Macht als „Siegervolk". Unsere Bauern mußten froh sein, wenn sie auf ihrem Hof, ihrem Grund und Boden als Knecht und Magd geduldet wurden. Die Behandlung war sehr verschiedenartig. Einer hatte mehr zu leiden, der andere weniger. Die Polen hatten eine eigenartige Verwaltung. Ohne einheitliches System machte sich jeder Kreis und jede Gemeinde sein Gesetz nach eigener Laune, und jeder Hof hatte seine eigenen Schikanen. Zwar durften die Bauern in der Mehrzahl wieder in ihrem Haus wohnen, hatten aber mehr oder weniger den Befehlen ihrer polnischen Hausgenossen Folge zu leisten. Und alle anderen, von zehn Jahren an bis zum Greisenalter, mußten täglich früh um 7.00 Uhr vor der Kanzlei zur Arbeit antreten. Dort suchten sich die Polen ihre Arbeitskräfte aus, genau so wie auf dem Sklavenmarkt zu Grottkau. Wer nicht in der Landwirtschaft beschäftigt wurde, mußte Schutt räumen, Schützengräben zuschaufeln oder im Wald Bäume fällen und Brennholz machen. Ein polnischer Förster war natürlich auch da. Wer sich zu drücken versuchte, wurde mit dem Gummiknüppel herausgeholt...

Unsere Schule war polnisch geworden. Den deutschen Kindern wurde das Betreten der Straße verboten, während die polnischen Rüpel nicht gehindert wurden, deutsche Frauen und Kinder auf dem Wege von und zur Arbeit zu belästigen oder mit Stöcken zu schlagen. Beschwerderecht gab es nicht für Deutsche. Wir waren wehrlos und schutzlos dem Pöbel ausgeliefert. Das Banditenunwesen auf den Straßen nahm zu. Ging man über Land, mußte man damit rechnen, bis aufs Hemd ausgekleidet zu werden. Dieses Gesindel war unersättlich,... Wir mußten zusehen, wie sie in unseren Anzügen und Kleidern gingen, auf unseren Fahrrädern spazierenfuhren und mit anderen Dingen, die unser Eigentum waren, protzen wollten. Alles, was sie besaßen, war gestohlen, war durch deutschen Fleiß und durch deutsche Arbeit entstanden. Auch das, was sie in unseren deutschen Läden für polnische Złotys verkauften. Daß sie uns damit imponieren könnten, glaubten sie wohl selbst nicht.

Anschließend berichtet Vf. noch über weitere Demütigungen der Deutschen und Schikanen der polnischen Ortsgewaltigen.

Das Jahr 1945, das uns so viel Not bereitet hatte, ging nun zu Ende. Wir bauten unsere Hoffnung auf das neue Jahr. Der Winter war ausnahmsweise mild, ein Glück für das hungernde deutsche Volk, das nur noch unzureichende Kleidung und kein Geld für Brennstoff hatte. Der Arbeitszwang blieb bestehen und wurde mit Beginn des Frühlings noch verschärft.

Bei der Arbeitsverschickung nach Ehrenforst am 11. Januar 1946 wurden hauptsächlich Frauen und Mädchen betroffen, deren Anwesenheit am Orte unerwünscht war. Die ahnungslosen Opfer der Denunziation wurden plötzlich und unvorbereitet auf Lastautos verfrachtet mit unbekanntem Reiseziel. Rücksichtslos wurden Mütter von ihren Kindern gerissen und Kinder von ihren Eltern getrennt. Viele Wochen vergingen in Ungewißheit über das Schicksal der Verschleppten.

Unter den unzureichenden Lebensbedingungen häuften sich die Todesfälle. Auch auf dem Lande wütete der Hungertyphus. Je länger die Marter unter dem bolschewistisch-polnischen Joch dauerte, um so mehr sank unser Mut. Die Wende, die der Monat Mai bringen sollte, trat nicht ein, wenigstens nicht in dem erwarteten Sinne [1]). Daß die Verwaltung der Polen nach einem Jahr abgelaufen sei, bewahrheitete sich ebensowenig. Was war nicht alles in diesem Jahr an Parolen verzapft worden! Und doch sollen diese nicht total verurteilt werden. Ohne diese Hoffnungsfünkchen, die immer wieder ausgestreut wurden und von Mund zu Mund liefen, wären die meisten von uns schon längst der Verzweiflung anheimgefallen. Doch die Zeit machte und allmählich mürbe und stur. Der Glaube schwand, die Hoffnung erlosch. Das Gebahren der Polen ließ nicht darauf schließen, daß sie das Verlassen des Landes überhaupt in Erwägung zogen. Und die Ausweisung der deutschen Bevölkerung der Kreise Glatz und Frankenstein stand im krassen Gegensatz zu den schön schlingenden Parolen. Warum das geschah und wohin die Menschen geschafft wurden, war uns unklar. Von Breslau hörten wir ähnliche Meldungen. So brachte der Monat Mai auch uns die Entscheidung, jedoch anders als wir erwartet hatten. Ein öffentlicher Anschlag in deutscher und polnischer Sprache brachte uns die amtliche Bekanntgabe unserer Ausweisung. Über den Zeitpunkt herrschten Unklarheiten, wobei die Meinung vorherrschte, daß noch Wochen oder Monate darüber vergehen könnten. Aber es kam plötzlich. Am 23. Mai, gegen 10.00 Uhr, wurden wir aufgefordert, um 13.00 Uhr mit Handgepäck zum Abmarsch fertig zu sein. Es blieb uns noch so viel Zeit, die schon länger als ein Jahr unter der Diehlung ruhenden Sachen hervorzukramen. Sie waren nun so oder so verloren. Zum dritten Male verließen wir nun unsere Heimat, die uns längst keine Heimat mehr war. Sie gehörte uns nicht mehr, wie wir überhaupt nichts mehr besaßen, und konnte uns nichts mehr bieten. Wir hatten nichts mehr zu verlieren, und deshalb wurde uns der Abschied diesmal nicht schwer. Wenn es nur auf Wahrheit beruhte, daß die Reise nach Deutschland, wie auf dem Plakat zu lesen stand, und nicht nach Sibirien ging! Zu oft schon waren wir belogen worden.

---

[1]) Mit dem Jahrestag der Kapitulation erhofften sich die Deutschen allenthalben ein Ende der bisherigen Schreckenszeit: Auflösung der Lager, Ende der polnischen „Verwaltung" usw.

So standen wir zum dritten Mal zum Abmarsch aus der Heimat bereit. Der Weg zum Verladebahnhof Grottkau betrug 23 Kilometer und mußte zu Fuß zurückgelegt werden. Unsere Handwagen durften wir nicht mitnehmen. Das war die letzte Schikane, ... Die aufgefahrenen sechs Pferdegespanne erweckten in uns die Hoffnung, daß wenigstens die Kranken, Alten — Gebrechlichen und Kinder zur Bahn transportiert würden. Aber auch darin hatten wir uns getäuscht. Nicht einmal diese selbstverständlichste Menschenpflicht besaßen unsere Polen.

Vor dem Abmarsch wurden einzelne Deutsche mit Namen vorgerufen und vor die Wahl gestellt, ob sie bleiben oder fahren wollten — eine großmütige Gunstbezeugung gegenüber denen, die sich durch gute Arbeitsleistung ausgezeichnet hatten! Die Auserwählten legten aber auf ihre Bevorzugung keinen Wert, sondern erklärten einstimmig, nicht zurückbleiben zu wollen. Darüber mißlaunig, rief der Vogt: „Na, dann fahren!" Wir waren froh über diesen Entscheid, denn wir hatten befürchtet, daß wir gewaltsam zurückgehalten werden könnten als Arbeitssklaven. Wir nahmen unser Gepäck, unser letztes Hab und Gut, befehlsgemäß von den Handwagen, und was nun unsere zwei Hände nicht fassen konnten, mußte liegen bleiben. Unter Zurücklassung vieler lebenswichtiger Dinge verließen wir nun zum dritten Male die Heimat.

Langsam setzte sich der lange Zug in Bewegung zu dem beschwerlichen, bitteren Marsch, auf dem wir noch einmal die ganze feige Brutalität der niederen polnischen Gesinnung zu spüren hatten. Es war zwar erlaubt worden, an notwendigen Dingen und Lebensmitteln so viel, als jeder tragen konnte, mitzunehmen, und so hatte jeder das Bestreben gehabt, so viel als möglich fortzubringen, und sich über seine Kraft belastet. Vielen kam nach den ersten hundert Metern schon die Erkenntnis von der Unmöglichkeit, alles Gepäck 23 Kilometer weit zu tragen. Jetzt schon traten die Schweißtropfen auf die Stirn. Da rollte der erste Bettensack in den Straßengraben. Dann ein Brot und dann ein Päckchen. Die letzten Habseligkeiten, die uns später sehr fehlen sollten, wurden weggeworfen wie überflüssiger, wertloser Ballast. Nun kamen die Polen mit den Pferdegespannen, überholten uns im Trab, dichte Staubwolken aufwirbelnd, um auf der Rückfahrt die weggeworfenen Gepäckstücke aufzuladen und sich anzueignen. Längeres Rasten erlaubte die uns begleitende Miliz nicht, um unsere Kräfte schnell zu erschöpfen und dadurch ihre Beute zu vergrößern. Es ging unter der Last aber nur langsam vorwärts. Immer hundert Schritt und wieder hundert Schritte, und immer wieder hieß es: „Dawai!" So wurde Kilometer um Kilometer zurückgelegt unter Seufzen, Schweiß und bitteren Tränen. Unter äußerster Kraftanstrengung kamen wir doch langsam vorwärts. Die Stunden vergingen, und es ging immer weiter mit Aufbietung aller Willenskraft. Die Hände schmerzten, die Füße wollten den Dienst versagen. Allmählich brach die Dämmerung an. Keuchend unter der Last ging es weiter. Wir wurden von Fahrzeugen überholt, die aus den Nachbardörfern kamen, wo die ausgewiesenen Deutschen in dieser Hinsicht menschlicher behandelt und nicht so abgequält wurden wie wir. Doch die berüchtigte Miliz von Endersdorf befahl diesen Halt. Sie mußten ausladen und die restlichen acht Kilometer mit Handgepäck zu Fuß gehen, genau so wie wir abgequälte Menschen. Auch sie hatten nun ihren Tribut zahlen müssen, von ihrem letzten Gepäck. Ganze Berge blieben liegen auf der Wiese von Endersdorf.

Der Abend war hereingebrochen. Nun war die große Hitze weg, aber auch unsere Kräfte schwanden aus den ohnehin schon ausgemergelten Körpern. Die letzte Kraft mußte aufgeboten werden. Mühsam schleppten wir uns vorwärts, Schritt für Schritt! Der Zug war aufgelöst ohne Zusammenhang. Einzeln quälten wir uns weiter, wortlos, jeder hatte mit sich zu tun. In vollständiger Dunkelheit kam ich bis Halbendorf. In dem Bestreben, meine Leute, von denen ich im Wirrwarr von Endersdorf getrennt wurde, wieder einzuholen, war ich von den anderen abgekommen und allein, als ich von Banditen überfallen wurde. Ein Glück war, daß nach mir neue Gruppen kamen und mir nichts geraubt wurde außer meiner in das Taschentuch eingenähten Armbanduhr. Erschöpft kam ich mit meinen letzten Sachen nach dem Kasernenhof, wo immer eins nach dem anderen eintraf und wir uns alle wiederfanden. Übermüdet hockten oder lagen alle bei ihren Sachen auf dem Erdboden. Alle hatten wir eine Leistung vollbringen müssen, die ans Übermenschliche grenzt, eine körperliche und seelische Marter, einen wahren Kreuzweg.

Wie wir auf dem Hofe hörten, stand unser Transportzug schon bereit und sollte früh um 5.00 Uhr planmäßig abfahren. Nur mußten wir alle vorher mit unserem Gepäck ins Haus zwecks Registrierung und Gepäckkontrolle. Die Eintragung in Transportlisten machten Deutsche, die Visitation des Gepäcks und der Taschen aber Polen. Was bei dem Personal Gefallen fand, wurde uns abgenommen. Wir hätten von unserem Letzten, was wir mit so großer Mühsal bis hierher geschleppt hatten, nicht viel herübergerettet, wenn nicht die Umstände uns begünstigt hätten. ... Die schlechte Beleuchtung auf dem langen Korridor, der von Menschen wimmelte und mit Gepäckstücken angefüllt war, das Durcheinander der vielen Menschen und die knappe Zeit, die bis zur Abfahrt des Zuges noch verblieb, war für uns günstig, und im Schutze der Dunkelheit entkamen wir ziemlich ungeschoren dem Anschlag dieser Spitzbuben auf unser letztes Eigentum. Der Weg zum Bahnhof war nicht weit, und dank der Organisation, die in deutschen Händen lag, kamen wir bald in unseren Wagen. Zum Transport von Deutschen waren Viehwaggons gut genug, was uns nicht so wichtig war. Uns war die Hauptsache, daß es nun bald fortging. ...

Befreit atmeten wir auf, als der Zug sich in Bewegung setzte. Die Polen hatten uns den Abschied von der Heimat durch ihr Verhalten leicht gemacht. Fast freuten wir uns darüber.

Abschließend berichtet Vf. über den Transportweg und die schwierige Lage der Vertriebenen in Westdeutschland.

Nr. 344

Bericht des Pfarrers und Dekans Mittel-Schlesiens Lic. Dr. Ulrich Bunzel aus Breslau.
Photokopie, 1. Juli 1949. Bericht für die Kanzlei der Evangelischen Kirche in Deutschland.

Allgemeine Vorgänge bei den polnischen Ausweisungs-Aktionen in Mittel-Schlesien bis Ende 1946 (mit charakteristischen Beispielen).

1. Erschwert wurde die Evakuierung den davon Betroffenen, weil die Maßnahmen ohne Ordnung durchgeführt wurden, bald wurde nur kurze Zeit von etwa zwei Stunden Frist gegeben, bald angeordnete Evakuierungen nicht durchgeführt, so daß die gepackten Sachen nach kurzer Zeit gestohlen wurden. Es gelang manchem, der sich der Evakuierung entziehen wollte, sich trotz Absperrung der betreffenden Straßen oder Ortschaften an dem betreffenden Tage zu verstecken. Es fiel nicht sonderlich auf, als ich nach einer Evakuierung, der ich mich hatte entziehen können, um bei den Gemeinden zu bleiben, doch wieder in meinem Pfarrhause war. Eine tapfere Pfarrfrau meldete sich bei den Russen als Landarbeiterin, um von den Polen nicht weggebracht werden zu können. Sie konnte auf diese Weise der Restgemeinde weiter mit dem Worte dienen.

2. Die Unordnung wurde oft zur Willkür, da eine Gesamtordnung weder in Zusammenarbeit von Russen und Polen noch unter den Polen selbst bestand. Eine Gemeinde in der Nähe der Stadt Goldberg wurde schon Juni 1945 von den Polen ausgewiesen (um die zurückgelassene Habe um so ungestörter plündern zu können). Nachdem der Treck einige Kilometer weit gewandert war, ließen die Russen ihn nicht weiterziehen. Ich habe die armen Menschen aufgesucht, die in strömendem Regen auf den Feldern standen oder in Ruinen Unterschlupf suchten. Noch deutlicher trat die Willkür zutage, wenn einzelne der Gewalthaber die armen Menschen heraustrieben, andere der Miliz einzelne (nach Zahlung eines größeren Wertes) zum Schutz vor weiteren Plünderungen begleiteten.

3. Eben angedeutete Fälle von Bestechung kamen sehr oft vor. Dem Juden- und Künstlertreck Breslaus wurde erklärt, sie brauchten nicht in die „Kontrolle", wenn sie eine hohe Summe zahlen würden. Durch Sammlung kam der Betrag zusammen. Nach langem Warten wurde der Treck doch ausgeplündert. Viel wertvoller Besitz der Kirche, Dokumente etc., konnten nur dadurch gerettet werden, daß er unter Umgehung der Kontrolle in den Zug heimlich gebracht wurde. In einem Falle beobachtet, mußte der Betreffende eine hohe Summe zahlen, um nicht eingesperrt zu werden. Diese Summe mußte aber heimlich in einem Trümmerhause ausgezahlt werden, damit die anderen Mitglieder der Miliz es nicht merkten und sich ihrerseits den Raub nahmen.

Daß nach dem eben Angedeuteten die Evakuierung in aller Pietätlosigkeit vorgenommen wurde, bedarf nicht vieler Belege. Als ich Karfreitag 1946 in einem Außendorf zum Gottesdienst geradelt kam, war die Kirche verschlossen, die Gemeindeglieder mußten seit frühem Morgen im Schnee vor den Häusern stehen oder waren an einem Sammelplatz gebracht, wo ich ihnen dann in Gegenwart der Miliz einen Gottesdienst hielt. ... Als ich in Frankenstein am Zuge noch eine Andacht (im Talar mit meinem Kreuz auf der Brust) hielt, wurde ich während des Vaterunserbetens von einem Milizsoldaten abgeführt.

5. Die Waggons wurden gelegentlich auf Anraten Wohlwollender von den Insassen verdrahtet, um vor neuen Überfällen und Mißhandlungen geschützt zu sein. Neulich war ein Evakuierter bei mir, der schwerhörig an Epilepsi leidet infolge der vielen Schläge, die er von den Polen erhalten. Ich selbst habe die Spuren des Schädelbruchs, den ich bei der letzten Russenbegegnung Herbst 1946 auf der Landstraße davongetragen habe, noch heute; bin wiederholt niedergeschlagen worden, bald wurde nach mir geschossen, als ich im Talar mit meinem Kreuz von Gemeinde zu Gemeinde fuhr.

6. Im Vorhergehenden wurden Plünderungen wiederholt angedeutet. Diese wurden bei der „Kontrolle" systematisch durchgeführt, indem bei denen, die genau durchsucht wurden, das wertvolle Besitztum, Wäsche, elektrische Apparate, Uhren etc. genommen wurden. Gelegentlich hieß es auch, nur ein bestimmtes Gewicht, etwa 25 Kilo, dürfte mitgenommen werden. Der Rest wurde unkontrolliert zurückbehalten.

7. Die Plünderungen wurden fast systematisch zu Überfällen. In Breslau mußten die zu Evakuierenden gewöhnlich bis zum Abend in der „Kontrolle" bleiben. Wenn dann der Treck in der Dunkelheit den Weg von 20 Minuten zum Bahnhof gehen mußte, wurde man sehr oft von Milizsoldaten, die aus den Trümmern herauskamen, geplündert. Der Treck, in dem eine meiner Töchter von Münsterberg aus evakuiert wurde, wurde bei einem Walde auf dem Wege zum Bahnhof nach Frankenstein angehalten. Die Miliz erklärte, eine zweite Kontrolle sei nötig. Wer sich dieser Kontrolle fügte — und das taten bei der Verängstigung und der Unsicherheit die meisten —, wurde noch einmal gründlich ausgeplündert.

8. Als man bei meiner Evakuierung merkte, daß ich Geistlicher bin, wurde die Kontrolle besonders boshaft vorgenommen. Jedes Stück von Wäsche, Radschlauch, Uhr etc. wurde unter Gejohl „Vom Pfaffen", „Kziask" herumgezeigt. Der Wahrheit gemäß sage ich auch, daß ein anderer Pole mir heimlich manches von dem Weggenommenen wieder in meine Behältnisse tat.

9. Meine Tochter hatte zehn Kinder teils aus den Trümmern in unsere Wohnung genommen, um sie vor der Verelendung zu bewahren. Wir mußten diese Kinder „schwarz" über die Grenze schaffen, d. h. sie anderen, die trecken mußten, mitgeben, weil die Polen die Kinder, die ihre Eltern nicht einwandfrei nachweisen konnten, als Polenkinder mitnahmen. Ich habe selbst einmal sehr ernst mit einer Polin, die zu diesem Zweck meine Tochter aufsuchte, verhandelt. Ein evangelischer polnischer Lehrer sagte mir einst, er habe ein großes Waisenhaus zu betreuen. Als ich ihn verwundert fragte, ob es denn so viele polnische Waisenkinder hier gäbe, erklärte er treuherzig oder töricht, es seien so viel Kinder, von denen man nicht wisse, ob es Waisenkinder seien. Diese sammele er, und wenn das Waisenhaus in Frankenstein (Bezirk Breslau) gefüllt sei, kämen die Kinder ins Innere Polens.

10. Es wurde uns gesagt, für Verpflegung unterwegs sei gesorgt. Wir haben in dem Treck, in dem ich Dezember 1946 herausgebracht wurde, innerhalb von acht Tagen für je vier Personen einen Salzhering erhalten und einen Löffel voll rohes Malzmehl. Zu trinken erhielten wir einmal etwas warmen (sogenannten) Kaffee. Sonst haben wir auf den Bahnhöfen aus den Krähnen, aus denen die Lokomotiven mit Wasser gespeist wurden, uns Wasser geholt, und es in den Waggons verteilt. Ich selbst hatte von den Ärzten nach meinem Schädelbruch die Weisung erhalten, mich auf Monate sehr zu schonen, jede Aufregung zu vermeiden. Die Schonung bestand darin, daß ich mit einem der berüchtigsten Dezembertrecks (noch verbunden) aus der Heimat herausgejagt wurde.

Meine Tochter hatte meistens arme Menschen, die trecken mußten, aber keinen Platz im Waggon fanden, bei uns aufgenommen. Erschütterndes haben wir dabei oft erlebt. Eine Frau wurde über all dem namenlosen Leid geisteskrank. Mit zwei Mann mußten wir sie noch in nächtlicher Stunde gewaltsam festhalten. Als meine Tochter sie am nächsten Morgen zur Kontrolle brachte, lag sie zu Evakuierender als Leiche im Zimmer. Als ich mittags noch einmal sehen ging, was aus der armen Frau geworden war, lag ein anderes [Menschenkind], das über all dem Furchtbaren an Herzschlag gestorben war, in dem Zimmer tot. Ein Mann lag tot an der Straße. Er hatte über dem Schrecken eines Raubüberfalls einen Schlaganfall bekommen.

Nr. 345

Erlebnisbericht der Pfarrersfrau Alice Trogisch aus G l a t z i. Niederschles.
Photokopie, ohne Datum.

Vertreibungen in Glatz und Umgebung, Abtransport in den Wintermonaten Anfang 1946.

Nachdem die Russen die Bevölkerung von Glatz immer wieder in Angst und Schrecken versetzt hatten und eines Tages auch die Ausweisung der Bevölkerung forderten, die aber nach einem Bittgesuch der Bevölkerung beim russischen Kommandanten noch einmal zurückgezogen wurde, übernahmen im Juni 1945 die Polen die Verwaltung der Stadt. Wir bekamen bald auch die Grausamkeiten zu spüren. Neben unserem Haus hatten sie im Keller ein Gefängnis für Deutsche eingerichtet, die oft wirklich nichts verbrochen hatten. Aber, um einen Grund zu haben, sie abführen zu können, hatten ihnen die Polen einen verbotenen Gegenstand in die Wohnung gelegt, der bei der Haussuchung ihnen dann zum Verhängnis wurde. Wir hörten abends oft im Gefängnishof Kommandorufe und sahen, wie aus dem Hinterhaus des Gefängnisses Polenmädchen hinaussahen und lachten und sich freuten. Wem das alles galt, wußten wir erstmals, als wir von unserem Bodenfenster die deutschen Gefangenen sahen, die im Hof herumgeführt wurden. Es waren abgemagerte elende Gestalten, die vor Schwäche kaum stehen konnten und nun turnerische Übungen ausführen sollten, zu denen sie nicht mehr fähig waren. Immer wieder sauste der Gummiknüppel über sie hinweg, auch als sie die polnische Schrift nicht entziffern konnten, die ihnen auf einem weißen Bogen vorgehalten wurde. Wir waren erschüttert und tieftraurig nach diesem Erlebnis, das einen nicht mehr losließ. Nachts wurde oft das Radio nebenan im Gefängnis laut eingestellt. Kurz bevor es ertönte, hörte ich einmal die furchtbaren Schreie eines Mannes, und ich wußte nun, daß das Radio den Zweck hatte, diese Schreie zu übertönen. So war das Leben für uns voller Aufregungen, und es wurde auch immer wieder von der Ausweisung gesprochen. Wir konnten und wollten es aber nicht glauben, da die Polen deutsches Hab und Gut immer wieder nach Polen verschickten. Selbst Schaufensterscheiben, Fensterscheiben und Fensterkreuze wurden abtransportiert. Wenn die Polen die Absicht hatten zu bleiben, konnten sie das doch nicht alles abmontieren und wegschicken. Die Deutschen wurden immer wieder aus ihren Wohnräumen herausgejagt und geplündert. Selbst nachts war keiner davor sicher. Auch wurde nachts geschossen, um die Menschen zu erschrecken. Die Miliz verlangte nachts Ausweise, um gleichzeitig zu plündern und Menschen einzusperren.

Nach der Schilderung einer Gewalttat russischer Einquartierung fährt Vfn. fort:

Nachdem die Russen neben uns den Raum verlassen hatten, belegte ihn ein polnischer Arzt. Er hatte wohl drei Wochen bei uns gewohnt, als eines Tages die polnische Miliz zu sechs Mann erschien und uns innerhalb einer Viertelstunde aus dem Haus jagte. Sie schlossen die Schränke ab, nahmen uns die schon gepackten Rucksäcke weg, auch nichts von wenigen Lebensmitteln durften wir mitnehmen, nicht einmal das fertige Mittagessen einnehmen, das auf dem Herd bereitstand. So standen wir im Winter als Bettler auf der Straße. Zum Glück fanden wir noch im Pfarrhaus Aufnahme, das schon manchen aufgenommen hatte und zuletzt vollbesetzt war von Obdachlosen. Insgesamt waren wir zu 30 Personen auf neun Räume verteilt. Wir waren dort etwas sicherer als in den anderen Wohnungen, wenn wir auch von Haussuchungen nicht verschont blieben....

Im Winter begannen die Ausweisungen zunächst aus den umliegenden Dörfern. Die Menschen wurden wie Viehherden bei Schneetreiben und Kälte in die Stadt getrieben und mußten auf dem Hof des Durchgangslagers oft noch stundenlang warten, bis sie im Lager Aufnahme fanden. Dort wurden ihre wenigen Habseligkeiten einer Kontrolle unterzogen, das meiste wurde abgenommen. Im Durchgangslager wurden die Menschen, die zu Transporten zusammengestellt wurden, manchmal bis zu zehn Tagen festgehalten. Da jegliche sanitären Einrichtungen fehlten, und auch die Räume jeglicher Einrichtung entbehrten, so daß die Menschen auf den Fußböden hockten oder liegen mußten, war das Warten auf den Abtransport eine Qual. Das Durchgangslager durfte von Pfarrern und Gemeindeschwestern besucht werden. Es fanden dort Gottesdienste und erhebende Abendmahlsfeiern statt, die manch einem Stärkung auf dem Weg ins Ungewisse gaben, den Gott allein kannte, und unter dessen Führung wir auch jetzt standen. Die Schwestern konnten noch manche Hilfe bringen und die Verbindung zwischen Angehörigen herstellen, die sonst kaum möglich war, da in den Lagern kein Unbefugter hineinkam. Vom Boden des Pfarrhauses sah ich oft die langen

Züge von Menschen, die unter Begleitung von Polen zur Bahn gebracht wurden. Es war ein trauriger Zug, der einen erbarmte, und ganz besonders schnitt es einem ins Herz, wenn man die Frauen mit Kinderwagen sah, die sie mühsam vor sich herschoben. Was für Aufregungen und Entbehrungen hatten sie wohl schon hinter sich, und nun kamen Tage, ja Wochen, die sie im Güterwagen verbringen mußten, einem ungewissen Ziel entgegen. Anfangs hatten die Güterwagen Öfen, die aber bald von den Polen entfernt wurden, so daß die Menschen in der Kälte ausharren mußten und nichts Warmes zu sich nehmen konnten. Viele fanden dadurch den Tod.

Anfang Februar waren große Plakate in der Stadt angebracht worden, auf denen von der Repatriierung der Deutschen aus Glatz zu lesen war. Die Stadt war in größter Aufregung. Noch am Abend desselben Tages wurde mit der Ausweisung begonnen. Straßenweise ging sie vor sich. Innerhalb einer halben Stunde mußte die Menschen aus den Häusern heraus sein und wurden ins Durchgangslager gebracht, wo es ihnen ebenso erging wie der Landbevölkerung vorher. So mußten auch wir im März 1946 unsere liebe Heimatstadt verlassen. ... auf den Lippen die Lieder der Heimat und im Herzen ihr Bild, ihr unvergeßliches Bild.

Nr. 346

Erlebnisbericht des Hauptlehrers i. R. Ernst Zöfelt aus G r o ß k n i e g n i t z , Kreis R e i c h e n b a c h i. Niederschles.
Original, 8. Juni 1950, 9 Seiten. Teilabdruck.

Vorgänge bei der Vorbereitung und Durchführung eines Ausweisungstransportes Mitte April 1946.

Im ersten Teil seines Berichts schildert Vf. die Evakuierung der Heimatgemeinde vor dem Einbruch der Roten Armee und die Rückkehr der Hälfte ihrer Bewohner nach der Kapitulation. Im zweiten Teil berichtet Vf. von Drangsalen, die die Zurückgekehrten unter russischer Besatzung und durch polnische Gewalttaten und „Verwaltungsmaßnahmen" zu erdulden hatten. Eine beigefügte Totenliste zeigt, daß die Sterblichkeit in der Heimatgemeinde im Laufe des Jahres 1945 das Fünffache normaler Zeiten überstieg.

Am 17. April 1946 früh um 5.00 Uhr hatte sich die Bevölkerung vor der „Neuen Schule" einzufinden. Hier wurde bekanntgegeben, daß am 18. April um 6.00 Uhr der erste Transport nach dem Westen gehen sollte. Außer kleinem Handgepäck habe jeder ein Bett mitzunehmen, da sonst der Engländer die Aufnahme in seiner Zone verweigere. Verpflegung sei für 14 Tage zu rechnen. Ein Geldbetrag bis zu 400 RM dürfe mitgeführt werden. Von Wertgegenständen sei nur die Mitnahme von Uhr, Ring und offen getragenem Schmuck erlaubt.

Für den ersten Transport waren in erster Linie die Bauern und solche Personen bestimmt, die nicht als landwirtschaftliche Arbeitskräfte verwendet werden konnten. Die Landarbeiter und Handwerker wurden zurückgehalten. An eine Verschickung nach Westdeutschland glaubte zunächst niemand. Vielmehr wurden Befürchtungen laut, daß es in sogenannte Vernichtungslager oder nach Rußland gehen würde. Die von den Polen genährte Meinung, daß nur eine vorübergehende Ausweisung erfolge, wurde kaum geglaubt, obgleich die Polen immer wieder versicherten, daß sie nach kurzer Zeit das Gebiet wieder verlassen müßten.

Am Nachmittag des 17. April betteten wir noch die am Vortage von ihrem Leiden erlöste Frau Stache in heimischer Erde zur letzten Ruhe. Mit Abschiedsbesuchen und Reisevorbereitungen waren die letzten Stunden des Tages und der Nacht ausgefüllt, und am 18. April versammelten sich die Ausgewiesenen mit ihrer dürftigen Habe am Dorfausgange. Nach vielem Widerstreben war endlich erlaubt worden, daß mit Kastenwagen der früheren Besitzer die Vertriebenen nach Reichenbach gefahren werden durften, sonst wäre wohl recht wenig von dem Gepäck nach Reichenbach gelangt.

Als sich der Zug der Vertriebenen endlich in Bewegung setzte, den ein Rudel polnischer Radfahrer begleitete, wollte wohl manchem das Herz schwer werden! Aber aller Rührung und den beutelüsternen Polen zum Trotz erklang zum Abschied noch einmal das Lied: „Im schönsten Wiesengrunde", — und das geliebte Heimatdorf lag bald hinter uns. Ob für immer? — In den Ortschaften, die wir durchfuhren, standen die Menschen mit teilnehmenden und bangen Gesichtern vor ihren Häusern. Nachdem wir Senitz durchfahren hatten, ging der alte Überschär in die Scheune und erhängte sich. Er glaubte, das drohende Schicksal der Vertreibung von seiner Scholle nicht ertragen zu können.

In Reichenbach, wo wir gegen 13.00 Uhr eintrafen, ging es durch die Kontrolle ins Lager, das durch bewaffnete Posten von der Außenwelt abgeriegelt wurde. Hier brachten wir die Zeit bis zum nächsten Tage zu. Die Nacht im Massenquartier schenkte verständlicherweise nur wenig Schlaf.

Wagengemeinschaften wurden zusammengestellt, Wagenälteste bestimmt, und gegen 17.00 Uhr wurde das Lager verlassen und der Marsch zum Bahnhof angetreten. Die Gepäckstücke schob man auf kleinen Wagen, die von Reichenbacher Einwohnern zur Verfügung gestellt worden waren. Die bereitstehenden Viehwagen mußten erst gründlich gereinigt werden, dann bezogen die Wagengemeinschaften die ihnen zugewiesenen Waggons (rund 30 Personen je Wagen) und versuchten, sich mit dem Gepäckstück einigermaßen erträglich einzurichten. Kreideaufschriften an und in den Wagen verrieten, daß diese schon zu Transporten nach dem Westen gedient hatten, und so wurde manches Herz wieder zuversichtlicher gestimmt.

Die Abfahrt erfolgte erst gegen 5.00 Uhr nachts und ging in langsamem Tempo über Schweidnitz nach Königszelt. Hier stand der Zug von etwa 8.00 Uhr bis nachts 1.00 Uhr. Die Wagen durften verlassen werden, und man konnte sich auf dem Bahnsteige ergehen. Einem Schicksalsgefährten wurde dabei von einem russischen Soldaten die Taschenuhr geraubt und der Überfallene zu Boden geschlagen. Der polnische Begleitoffizier unseres Zuges versuchte zwar, beim russischen Kommandanten die Feststellung des Täters zu erreichen, doch verlief die Fahndung erfolglos. Als abends die Wagen wieder bestiegen wurden, erging seitens des polnischen Offiziers die

Anordnung, alle Türen von innen zu sichern und keinesfalls bei Klopfen zu öffnen, da mit nächtlichen Raubüberfällen durch russische Soldaten zu rechnen sei. Diese Warnung war nicht unbegründet; denn trotz der Zugwache wurde ein Wagen geöffnet, und die Insassen büßten einen erheblichen Teil ihrer Koffer ein. Über Striegau gelangten wir dann nach Maltsch, wo wir gegen 5.30 Uhr eintrafen und bis 11.30 Uhr hielten. Es war der erste Osterfeiertag, und Pastor Schulz, Peilau, der zu den Zuginsassen gehörte, hielt eine schlichte, ergreifende Andacht auf der freien Strecke im Angesicht der Türme von Maltsch. Die Weiterfahrt über Liegnitz, Haynau, Bunzlau schenkte uns noch einmal einen prachtvollen, wenn auch wehmütigen Anblick des Riesengebirges. Im Walde bei Siegersdorf wurde wieder eine lange Rast gehalten, die auch zum Kochen und Waschen benutzt wurde.

Am Morgen ging die Fahrt gegen 7.40 Uhr weiter nach Kohlfurt, wo wir 8.30 Uhr eintrafen. Hier übernahm uns eine englische Kommission. Es erfolgte eine allgemeine Entlausung, Verpflegungsausgabe und Betreuung kleiner Kinder, für die Badegelegenheit und Trockenmilch zur Verfügung gestellt wurden.

Auf einer Zusammenkunft aller Wagenältester erfuhren diese zwecks Weitergabe an ihre Gefährten folgendes:

1. Der Zug wird nach der Provinz Hannover weitergeleitet, wo wir in ein bis zwei Tagen anlangen.
2. Für eine gerechte Verteilung der vorhandenen und zusätzlich ausgegebenen Lebensmittel sind die Wagenältesten verantwortlich.
3. Die Verpflegung muß noch für vier Tage ausreichen.
4. Alle Kinder bis zu zwei Jahren und über zwei Jahre sind festzustellen zwecks Zuteilung von Trockenmilch. Für Kleinstkinder findet sich beim „Roten Kreuz" Badegelegenheit.
5. Den einzelnen Wagen werden noch Deutsche zugewiesen, die sich bis Kohlfurt durchgeschlagen haben und englischen Schutz in Anspruch nehmen.
6. Eine Trennung von Familien ist verboten. Zurückhaltung von Familienangehörigen ist zu melden.
7. Beim englischen Büro sind schriftlich Beschwerden einzureichen in folgenden Fällen:
   a) wenn für die Evakuierung zu wenig Zeit zur Verfügung stand,
   b) wenn Plünderungen, Erpressungen und körperliche Mißhandlungen vorgenommen wurden,
   c) wenn zu lange Abmärsche verlangt worden waren und die Benutzung von Handwagen unterbleiben mußte.

Befreit atmeten alle auf. Nun hatte alle Bedrückung und Schikane und Unruhe ein Ende! 13.45 Uhr setzte sich der Zug wieder in Bewegung, und 14.05 Uhr überfuhren wir die Neiße. Die Polenherrschaft lag hinter uns!

Anschließend bezeichnet Vf. noch den weiteren Transportweg.

Nr. 347

Bericht des E. K. aus L a n d e s h u t i. Niederschles.
Original, Sommer 1946, 158 Seiten. Teilabdruck. Der Bericht stützt sich auf Tagebuchnotizen.

Austreibungen vor dem Potsdamer Abkommen, Abwanderung unter dem Druck polnischer Zwangsmaßnahmen, systematische Ausweisung der Stadt- und Kreisbevölkerung im Mai 1946.

Die gesamten Aufzeichnungen beziehen sich auf Vorgänge in Stadt und Kreis Landeshut in der Zeit vom Eintreffen der ersten Flüchtlinge Ende Januar 1945 bis zur Ausweisung durch die polnischen Verwaltungsbehörden im Mai 1946. Drei Kapitel befassen sich mit der Aufnahme und Unterbringung der Vertriebenen in Westdeutschland.

Nachfolgender Abdruck enthält die Abschnitte über den Vertreibungsvorgang.

Seit drei Wochen sitzt der Pole in Landeshut. Da holt er zu einem Hauptschlage gegen uns und die umliegenden Orte aus.

Am Nachmittage[1]) dringt die polnische Miliz in die Häuser ein und treibt die Deutschen mit wenig Gepäck, das viele erst in Eile zusammenraffen müssen, hinaus auf die Straße. „Richtung Bahnhof, heim nach Deutschland!" heißt es. Bewacht von polnischer Miliz, die immer wieder mit der Waffe droht, geht der Zug, dem weiterhin neue Opfer zugeführt werden, auf den Bahnhof zu, doch nicht zur Bahn selbst. Seitwärts geht es Schreibendorf zu. Nur wenige können unterwegs entrinnen. Wie schwer wird das Gepäck, wenn man es Kilometer um Kilometer schleppen muß! Man hatte doch nur mit einem Marsch bis zum Bahnhof gerechnet. Immer wieder nach kaum 100 Metern muß man erschöpft absetzen, und der Pole drängt und treibt. In Pfaffendorf, wo noch die Wittgendorfer, Hartmannsdorfer und Ruhbanker hinzustoßen, darf man in Scheunen und auf Heuböden Nachtquartier suchen. Obwohl schwer gedroht wird, jeden, der entflieht, zu erschießen, entfliehen doch hier und weiterhin etliche und kehren nach Landeshut zurück. Die meisten wollen gar nicht fort, sie hängen an ihrer Heimat und an ihrem Besitz, sie hoffen, daß England und Amerika ihren Willen durchsetzen werden, so daß der Pole Schlesien verlassen muß. Die Mehrzahl der Zusammengetriebenen wird in tagelangen Märschen bei wenig Nahrung und schlechten Nachtquartieren bis über die Neiße getrieben und dem Schicksal überlassen.

Am 20. November stellt der Pole einen Zug für die Deutschen, die sich zur Abwanderung gemeldet haben, bereit. Der Zug ist nicht voll. Da greift der Pole nachmittags die Menschen von der Straße auf und zwingt die gänzlich Unvorbereiteten zur Mitfahrt, so daß die Ihren oft nicht wissen, wo sie hin sind. Man reißt Mütter und Väter von ihren unversorgten Kindern, die Kinder von den Eltern. Nachts holt man noch welche aus den Häusern, selbst aus den Betten, läßt ihnen kaum Zeit, sich ordentlich anzuziehen und einige Sachen mitzunehmen. Beim Morgengrauen geht die Fahrt in unge-

---
[1]) Nach den Tagebuchnotizen: 7. Juli 1945.

heizten Viehwagen ohne Sitzgelegenheit der russischen Zone zu. Nur wenige können zurück, doch ihre Wohnungen sind ausgeräumt, versiegelt oder von Polen besetzt. Sie müssen sich längere Zeit verborgen halten [1]).

Von Woche zu Woche wird der Druck, der auf den Deutschen lastet, immer schwerer, immer geringer werden die Arbeits- und Verdienstmöglichkeiten, immer weiter steigen die Preise.

Es folgen einige Beispiele, die die wachsende Not veranschaulichen.

Arbeitslosigkeit, schwere Sorgen um die notwendigsten Lebensmittel, die immer wieder drohende Austreibung aus den Wohnungen, die Ausplünderungen in den Wohnungen, die Gefahr, ohne jeden Grund verprügelt und wochenlang eingesperrt zu werden und im Gefängnis lebensgefährlichen Mißhandlungen ausgesetzt zu sein, kann das Leben für die Deutschen zur Unerträglichkeit machen. Die Zahl derer, die Landeshut den Rücken kehrten, wuchs, obwohl die Gefahr bei einer Abwanderung ständig stieg. Der Landeshuter Arzt Dr. Hauffe, der ein Russen- oder Polenauto für seine Reise nach Sachsen gemietet hatte, wurde samt seiner Schwiegermutter bei Hirschberg ausgeplündert und tot aufgefunden. Nur mit dem Rucksack beladen zogen jüngere Leute los, um schwarz über die Neiße zu kommen. Daß sie ausgeraubt, eingesperrt oder beschossen wurden, war nicht selten. Russenautos wurden von zehn, zwölf oder mehr Personen, die jede etwa 1 000 Złoty zahlten, gemietet. Mehrmals wurden die Insassen unterwegs von den Russen ausgeladen und verloren ihre Sachen, die sie retten wollten. Eine solche Reisegesellschaft wurde schon in Landeshut selbst von den Polen, die wahrscheinlich mit den Russen den Raub teilten, aus dem Wagen herausgeholt.

Ein Jahr unter den Polen, und fast jeder Monat brachte wieder neue ungeahnte Drangsale. Unsere Rechtlosigkeit in bezug auf unsern Besitz und unser Leben nahm immer schlimmere Formen an. Da kam Anfang April das Grauenhafteste, die sogenannte Friedhofaktion [2]), die uns unsere Quäler in ihrer ganzen teuflischen Rohheit und Grausamkeit zeigte. War das möglich, konnte auch noch Schlimmeres kommen. Die Hoffnungsfreudigsten, die bisher immer noch auf die Hilfe der Westmächte zu Gunsten Schlesiens vertraut hatten, verloren den Glauben an den guten Willen und an die Kraft Englands, das Geschick unserer Heimat in absehbarer Zeit zu ändern.

---

[1]) Über diese irregulären Austreibungen im Kreise Landeshut berichtet auch der Landwirt A. F. aus Michelsdorf: „Im Juli 1945 fand schon einmal eine Austreibung statt. Ein großer Teil der Bewohner wurde eines Morgens aus den Häusern geholt, mit Stockhieben zusammengetrieben und sollte in einem großen Treck über die Oder-Neiße-Grenze gebracht werden. Ein altes Ehepaar, das sich weigerte, sein Haus zu verlassen, wurde kaltblütig erschossen. Die meisten haben sich unterwegs vom Treck gelöst und kehrten wieder zurück. Viele erst nach Tagen, einzelne nach Wochen. Im November 1945 wurden abermals Leute aus allen Gemeinden der Umgegend wahllos von der Miliz, wie sie von dieser auf der Straße oder irgendwo angetroffen wurden, zusammengeholt, in Landeshut wie Vieh in Güterwagen verladen und in tagelangem Transport bei etwa 10° Frost in ein Lager in Mecklenburg gebracht. In diesem Lager und während des Transportes sind eine große Anzahl durch Kälte und Hunger umgekommen." — Nach Angaben des Bauern K. G. aus Ober-Zieder, der am Abend des 20. November mit etwa 50 weiteren Einwohnern seines Heimatdorfes durch polnische Miliz innerhalb von zehn Minuten aus dem Hause getrieben und dann nach Landeshut geschafft wurde, zählte der Transport ca. 1 300 Personen.

[2]) vgl. den unter Nr. 236 (Bd. I, 2) abgedruckten Bericht.

Landeshut war reif für die Abwanderung.

Unser schlesischer Gebirgsbauer hängt, wie aus der hohen Zahl alterbgesessener Bauernfamilien hervorgeht, fest an seiner Scholle und an seiner Heimat. Aber auch die Weber, die in unserem Kreise den Hauptteil der nichtbäuerlichen Bevölkerung ausmachen, sind stark heimatverbunden.

Und doch hat fast die ganze Bevölkerung aus Stadt und Kreis Landeshut in den 16 Tagen vom 8. bis 24. Mai 1946 Haus und Hof, Wohnung und Habe, — alles, alles — verlassen, ohne eine Träne im Auge. Sie gaben ihre schöne Heimat, das Land ihrer Väter auf, weil die Heimat ihnen durch die Polen zur Hölle gemacht worden war.

Nur einige Stichwörter sollen hier nochmals das Martyrium andeuten:

Tag und Nacht in Unruhe, selbst des Lebens nicht sicher; immer wieder aus der Wohnung vertrieben, oft vier-, sechs-, ja zwölfmal; immer wieder ausgeplündert; keinen Augenblick sicher, das Wenige, was man gestern rettete, heute oder morgen zu verlieren; ohne Lohn zu Robotarbeit getrieben; selbst Frauen und Kinder zur schlechtesten Arbeit gezwungen; auf der Straße und in der Wohnung mißhandelt; ohne Grund monatelang gefangengesetzt; im Gefängnis halb erfroren, geschlagen, getreten, wohl gar erschlagen. —

Ein kleiner Teil war schon dieser Hölle entronnen und über die Neiße entwichen. Wir anderen waren bereit zu gehen. Ausdrücklich bemerkt: Wir sind trotz aller Not und Drangsal nicht selbst gegangen; wir wurden ausgetrieben. Nicht Flüchtlinge sind wir, sondern Kriegsvertriebene, für die der Tag der Heimkehr kommen muß.

Aus dem Glatzer Lande, dem Reichenbacher und Waldenburger Kreise war der Hauptteil der deutschen Bewohner schon abtransportiert worden [1]).

Nun war Landeshut an der Reihe. Ein deutscher Ausschuß wurde gebildet, der die Betreuung der „Auswanderer" übernehmen sollte. Dieser Ausschuß erhielt von dem polnischen Starosten folgende Mitteilung: Die Verschickung der Deutschen über Kohlfurt nach der britischen Zone beginnt in wenigen Tagen. Die Bauvereinshäuser an der Trautenauer Straße, wo an der Ziedertalbahn eine Laderampe erbaut worden ist, sind als Sammelstelle für den ganzen Kreis eingerichtet. Jede Person darf 500 RM mitnehmen und soviel Gepäck, als der einzelne tragen kann. Es erfolgt eine Zollkontrolle, wobei die Polen Sachen beschlagnahmen dürfen. Deutsche sollen freiwillig ihre Brüder betreuen.

Da es unbestimmt ist, wo und wann die Vertreibung anfängt, beginnt überall ein Aussuchen unter den geretteten Sachen, ein Ein- und Auspacken und neues Auspacken. Das Gepäck erscheint zu schwer, es wird aussortiert. „Das hier aber ist doch auch noch nötig!" und kommt neu hinzu. Kleine Gepäckstücke wachsen sich wieder zu großen aus. Das Packen und Umpacken will nicht enden. Wo bringen wir etwas mehr Geld unter, als erlaubt ist, wo Schmucksachen? Heute steckt Geld zwischen der Wäsche, morgen früh im Schuh, abends ist es irgendwo eingenäht. Schmucksachen sind eingebacken. Die Kontrollen beweisen, daß kein Ort sicher ist, daß aber auch

[1]) Vgl. die voranstehenden Berichte.

jeder Ort sicher sein kann, wenn man Glück hat. Wie gern möchte man noch dies oder das mitnehmen, doch es ist unmöglich. Mancher, der sich bisher nicht von seinen Sachen trennen konnte und lieber hungerte, verkauft jetzt rasch, wenn auch der Pole noch so wenig bietet, um Geld einzutauschen. Alle verkaufen, was irgend möglich ist und leben einige Tage etwas besser. Man ißt auf, was man an Eßbarem noch besitzt, und doch bleibt beim Auszuge den Polen noch so vieles, was einem lieb ist, was eine geschickte Hausfrau noch immer gut verwenden könnte! Und wären es Stoffreste, die einem bald gar sehr fehlen werden. Dazu kommt eine neue Sorge: „Wenn du jetzt nicht mit hinauskommst, wovon sollst du leben, wenn du nichts mehr zum Verkaufen hast?"

Werden sich Deutsche finden, die die Betreuung im Lager unter polnischer Oberleitung übernehmen und dadurch den Polen die viele Arbeit und Organisation abnehmen, wozu der Pole nicht fähig ist? Wir arbeiten im Büro der Krankenabteilung, in der Küche usw., weil wir nicht wollen, daß unseren deutschen Brüdern und Schwestern die letzten Tage in der Heimat zur Qual gemacht werden. Wir halten trotz mancher Schwierigkeiten und Schikanen aus, bis uns der letzte, der 16. Zug, selbst mitnimmt. Wenn nach der Ansicht des deutsch-feindlichen Lagerleiters etwas nicht klappte, waren stets wir Helfer schuld, und er drohte immer wieder, uns einzusperren und uns von der Abreise auszuschließen. Es klappte tatsächlich nicht alles wie am Bändchen, was bei einer Neueinrichtung, bei der täglich 1 600 bis 2 000 Menschen abzufertigen waren, nicht wundernehmen darf.

Am gröbsten Ärger, dessen Ursache wir nicht beseitigen konnten, waren die Polen selbst schuld. Es war bekannt, daß die Wasserleitung der Bauvereinshäuser schon früher nicht recht ausgereicht hatte. Wie sollte sie jetzt genügen! Die Abortanlagen, die nie in Ordnung waren und behelfsmäßig für russische Soldaten in alten Schuppen errichtet wurden, sollen jetzt von einer Überzahl von Menschen benützt werden, für die die Anlagen viel zu klein sind. Jedenfalls waren die Leiter der deutschen Hilfskräfte jedesmal Blitzableiter für den Ärger des polnischen Lagergewaltigen. Ich selber war noch keine Stunde Lagerhelfer, als ich wegen der schlecht gebauten und nun eingebrochenen Laderampe das erstemal eingesperrt werden sollte.

Es war Dienstag, nachmittags (7. Mai), als ein langer Zug Pferdefuhrwerke, die mit Koffern, Säcken, Ballen, Eimern u. a. beladen waren, die Stadt passierten. Den Wagen folgten Frauen mit Kinderwagen, Männer mit Leiterwägelchen oder Zweirädern. Hier verlor ein Paket seinen Halt, dort kippte ein Wägelchen um, oder es brach ein Rad. „Zieht etwa gar ein Teil der Polen aus?" fragten einige erstaunt. Nein, die Menschen im Zuge tragen weiße Binden: Es sind Deutsche.

Vor wenigen Stunden wurden 1 500 Deutsche aus Görtelsdorf, Kindelsdorf und Neuen zusammengetrieben. Nun sind sie im Lager, das sie nicht verlassen dürfen. Zu 30 bis 34 werden sie waggonweise unter einem deutschen Gruppenführer auf die einzelnen Wohnungen verteilt, erhalten Kaffee, der in den heißen Tagen sehr begehrt ist, dürfen in den Küchen der Wohnungen kochen und können auf ihrem Gepäck sitzend oder liegend mehr oder weniger gut eine Nacht oder zwei schlafen. Sie werden im deutschen Büro für bestimmte Wagen genau eingetragen und erhalten entsprechend Nummern. Sie können sich in Hof und Garten frei bewegen. Der Hof schwirrt von Berichten, was jeder erlebt und von Polen und Russen erlitten hat.

Am nächsten Morgen — etwas nach 8.00 Uhr — treten die Wagen ein bis vier als erste zur Kontrolle an. Die einzelnen werden im Kontrollraum nach ihrem Gelde gefragt, einige auch bis auf die Haut durchsucht. Hartgeld, fremdes Geld, Geld über 500 RM, Sparkassenbücher, Goldsachen und anderer Schmuck werden gegen Quittung abgenommen. Es geht weiter zur Gepäckkontrolle. Besonders scharf ist man hier auf neue Kleiderstoffe, neue Kleider, neue Schuhe; aber auch gebrauchte Sachen werden abgenommen, auch Eßwaren, Tabak usw. Für manche Sachen erhält man Bescheinigungen, für andere, die den Kontrolleuren besonders gefallen, nicht. Bei manchen werden nur geringe Stichproben vorgenommen, andere werden ohne jede Kontrolle durchgelassen, bei anderen wird das Gepäck bis auf den Grund durchwühlt; da ist nachher kein Stück, das nicht auf dem Fußboden herumliegt. Eine mühsame Arbeit, alles wieder zusammenzupacken und unterzubringen! Der Pole treibt und drängt! Selbst beim letzten, beim 16. Zuge, hätte kein deutscher Helfer, wenn er auch noch so oft Alten und Kranken durch die Kontrolle geholfen hatte, sagen können, nach welchen Grundsätzen die Kontrolle erfolgte. Einen Tag war sie vormittags viel schärfer als nachmittags; einer kam in Baracke I schlechter weg als ein anderer in Baracke II. Gestern trennte man Puppenbälge nach Gold auf, heute durchsucht man Betten genau, morgen werden Schuhsohlen abgetrennt.

Die Kontrolle wurde von einigen auswärtigen Kontrollbeamten geleitet. Ausgeführt wurde sie von den berüchtigten Mitgliedern der „Rausschmeißkommandos", der Wohnungsräumungskommissionen, die jetzt nichts zu tun hatten, da mit einem Schlage Hunderte von Wohnungen frei wurden. Auch die Milizposten im Lager gehörten zu diesen Kommissionen. Es muß festgestellt werden, daß sich die Polen im Lager im Gegensatz zu ihrem sonstigen Verhalten durchaus anständig gegen die „Auswandernden" im Lager verhielten. Da gab es kein Lärmen, Fluchen oder Drohen mit der Waffe. Auch bei der Kontrolle fiel kein böses oder höhnisches Wort, sie mochten finden, was sie wollten. Es schien zu stimmen, daß die Vertriebenen, sobald sie im Lager waren, unter dem besonderen Schutz Englands stünden.

Nach der Kontrolle lagerten die Geprüften und „Gerupften" auf dem Wiesenplan unter den Kontrollbaracken. Sobald der erste Zugteil ankam, konnten sie zum Einsteigen in die Güterwagen abrücken. Nachmittags wurden noch der zweite und dritte Zugteil gefüllt und nach dem Hauptbahnhof gebracht. Zu einem Zuge vereinigt, verließ um 10.30 Uhr abends der 16. Transport die Heimat. 50 Güterwagen mit Kriegsvertriebenen zählte er, zwei Sanitätswagen und einen Wagen für polnisches Begleitpersonal. Die einzelnen Wagen beherbergten fast immer über 30 Personen, die einzelnen Züge 1 600, einer z. B. 1 675 Vertriebene.

15 Züge waren vorgesehen. Es wurde aber noch ein 16. zugegeben, so daß in 16 Tagen 16 mal 1 600, also rund 26 000 die Heimat verlassen mußten. Zu den letzten Zügen drängten die Landeshuter aus den Straßen, die von

der Miliz noch nicht erfaßt waren und zuletzt auch nicht mehr erfaßt wurden, freiwillig heran. Sie standen stundenlang wartend am Eingange und kamen meist nicht mit. Wer eine weiße Arbeitskarte hatte, d. h. in Betrieben arbeitete, die von den Polen als wichtig angesehen wurden, durfte nicht mit. Einigen glückte es, doch noch mitzukommen, wenn sie nicht im letzten Augenblick noch aus dem Zuge herausgeholt wurden.

Einige Orte wurden bei der Maiaustreibung fast ganz von Deutschen frei gemacht. In Reußendorf z. B. blieben vier deutsche Familien mit zusammen zwölf Personen. Orte mit Industrie behielten mehr Deutsche, weil der Russe oder Pole sie brauchte.

In anschließenden Betrachtungen bedenkt Vf. die Folgen der Vertreibungen.

Nr. 348

Erlebnisbericht des Pfarrers Wilhelm Stosch aus Rudelstadt, Kreis Landeshut i. Niederschles.
Original, August 1947, 8 Seiten. Teilabdruck.

Kurzfristige Ausweisung Mitte Mai 1946.

Auf den ersten Seiten berichtet Vf. über den Durchzug von Flüchtlingstrecks während der letzten Kriegswochen, die Verhältnisse in den Ortschaften seiner Kirchengemeinde kurz vor der Kapitulation (zögernde Fluchtvorbereitungen) und die allerorts üblichen Vorgänge beim Einmarsch der russischen Truppen.

Anschließend schildert Vf. ausführlich die allgemeinen Lebensbedingungen für die deutsche Bevölkerung unter den Zwangsmaßnahmen polnischer Verwaltungsbehörden, die kirchlichen Verhältnisse und das religiöse Leben in seiner Gemeinde bis Anfang 1946.

In den Tagen vom 9. bis 11. Mai häuften sich die Gerüchte über eine Evakuierung der Deutschen aus Schlesien. Das Glatzer und Waldenburger Land wurde zuerst genannt. Bestätigungen der Gerüchte blieben aus; man wußte nicht, was wahr und was falsch war; man konnte sich überhaupt keine Vorstellung davon machen, daß wir etwa die Heimat verlassen müßten. Aber nur zu bald wurde es bitterer Ernst. Am 14. Mai erschienen Anschläge an der Tafel bei der Kirchbrücke, daß in den nächsten Tagen die Evakuierung auch unseres Ortes vor sich gehen würde, und es war angegeben, was jeder mit sich nehmen dürfe. Wir wollten es noch immer nicht glauben, sondern meinten, die Polen wollten die Deutschen nur wieder mal in Angst versetzen. Aber schon am folgenden Tage, dem 15. Mai, zu früher Stunde, erhielt der größte Teil der Bewohner von Rudelstadt, Merzdorf und Rohnau die Aufforderung, sich zum Abtransport bzw. Abmarsch in kürzester Frist bereitzumachen. Manche wurden schon früher aus ihren Häusern gejagt, hatten zuweilen nur wenige Minuten Zeit und mußten den Weg nach Landeshut (zwölf Kilometer) zu Fuß zurücklegen. Ich hatte am Sonntag zuvor durch Sonderboten des Superintendenten einen vom **Starosten** (polnischer Landrat) ausgestellten Schein erhalten, demzufolge ich weder evakuiert noch aus der Wohnung gesetzt noch ausgeplündert werden dürfe. Den Polen, die am 15. Mai zu mir kamen, zeigte ich den Schein vor, worauf sie erklärten, ich solle hierbleiben. Da man aber den Polen nie trauen darf, packten wir das Notwendigste zusammen, und zwar nur so viel, wie wir tragen konnten.

Am nächsten Morgen, Donnerstag, dem 16. Mai 1946, verlautete es, es müßten noch mehr Rudelstädter fort, weil an der für die Evakuierung geforderten Zahl die fehlten, die sich schon vorher davon gemacht hatten. So traf das Los auch uns trotz des Bleibescheines. Kurz vor 9.00 Uhr kamen zwei Polen und erklärten, wir müßten binnen einer Stunde zum Abtransport bei der Schule sein. Die Berufung auf die Bescheinigung des Starosten nützte nichts; man wollte mich, wie der polnische Förster sagte, loswerden, offenbar weil ich zu viel Einfluß auf die Gemeinde besaß. Es blieb nichts übrig, als die letzten Vorkehrungen zu treffen. Viel Zeit zum Überlegen war nicht gegeben, und dabei ist natürlich vieles Wichtige übersehen worden. Ich hatte nicht nur an mich zu denken, sondern auch an die Alten und Kranken, für die niemand mehr sorgen konnte. Ich ließ sie alle im Pfarrhaus zusammenlegen; sie mußten unter der Obhut der beiden Hospitalschwestern zurückbleiben. Angeblich bestand bei den Polen die Absicht, sie mittels Krankentransportes bald fortzubringen. Es hat aber noch sehr lange gedauert, bis das geschah.

Wir waren an 40 Menschen, die am 16. Mai abgefahren wurden, dazu kamen einige aus Merzdorf und Rohnau. Etwa 100 blieben in Rudelstadt zurück, weil sie von den Polen zur Arbeit gebraucht wurden. Im Lager zu Zieder bei Landeshut trafen wir einen großen Teil der am Tage zuvor Ausgetriebenen an, verbrachten die Nacht im Lager und wurden erst am nächsten Abend in Güterwagen verladen und aus der Heimat fortgebracht. Ich wurde zum Transportführer bestimmt und hatte somit die Verantwortung für 1 891 Menschen, die in 54 Güterwagen in die Fremde geschafft wurden. Die Fahrt dauerte sechs Tage und fünf Nächte und vollzog sich mit mehreren Kontrollunterbrechungen ziemlich glatt. Aber was diese Ausreise aus der Heimat für uns bedeutete, können nur solche wohl ermessen, die das gleiche Schicksal erlebt haben.

Nr. 349

Erlebnisbericht des Pfarrers G. S. aus N e u m a r k t i. Niederschles. Beglaubigte Abschrift eines Berichts an die vorgesetzte Dienststelle, 27. Mai 1950, 10 Seiten. Teilabdruck.

Austreibungsversuch Ende Juni 1945 (der „Haynauer Treck"); Lebensverhältnisse bis zur Ausweisung Ende Mai 1946.

Nach ausführlicher Schilderung der Evakuierung nach Nordböhmen, der dortigen Vorgänge bei der Kapitulation und der Rückkehr im Juni 1945[1]*) berichtet Vf. über seine Erlebnisse unter polnischer Herrschaft.*

---
[1]) Abgedruckt unter Nr. 124 (Bd. I, 1).

Kaum hatten wir aber mit Hilfe treuer Gemeindeglieder begonnen, das Chaos wieder in Ordnung und Sauberkeit umzuwandeln, die ersten 14 Tage waren noch nicht vergangen, als plötzlich eines Morgens um 5.00 Uhr — es war der 26. Juni — polnische Miliz mit dem Karabiner an die Haustüren donnerte und die erschreckten Deutschen aus dem Schlafe riß mit dem Befehl, binnen zwei Stunden mit allem Gepäck auf einem Sammelplatz zu erscheinen, um die Stadt zu verlassen. Auch die Alten und Gebrechlichen waren nicht ausgenommen. Die gesamte deutsche Bevölkerung aus der Stadt und den angrenzenden Dörfern wurde zusammengetrommelt. Aber erst zu Mittag begann der sogenannte „Haynauer Treck" oder „Hitler-Marsch", eine brutale Willkürmaßnahme der Polen, die maßlose Anstrengungen mit sich brachte und viele Opfer forderte.

Mit Pferde- oder Ochsengespannen einiger Landwirte, unzähligen Handwagen und Karren setzte sich der Elendszug mehrerer tausend Menschen unter Begleitung polnischer Miliz mit aufgepflanztem Seitengewehr nach Westen zu in Bewegung. Am ersten Tage kam er nur zwei Ortschaften weit; unter freiem Himmel wurde abgekocht und das Nachtlager aufgeschlagen — „die Sterne hielten Wacht". Am zweiten Tage wurde die Masse zu einem Gewaltmarsch von 30 Kilometern vorwärtsgetrieben, kam nach einem Wolkenbruch und wiederholter Ausplünderung durch Russen völlig durchnäßt und verfroren in verzweifelter Stimmung in Liegnitz an und wurde dort in engen Baracken zusammengepfercht. An solchen schwarzen Tagen kam zum Vorschein, was im Menschen ist: viel Rücksichtslosigkeit, aber auch manche warmherzige Hilfsbereitschaft. ... Nach einem Ruhetag ging es weiter nach Haynau, wo der Marsch zunächst sein Ende erreichte. Massen- und Einzelquartiere wurden gesucht und erobert, auch die Kirche war voll belegt. Meine Familie fand freundliche Aufnahme im katholischen Pfarrhause; das evangelische war ausgebrannt.

In den nächsten Tagen entstand große Ratlosigkeit, da die polnischen Begleitmannschaften spurlos verschwunden waren, widersprechende Gerüchte sich ablösten und keiner wußte, ob wir weiter nach dem Westen wandern sollten oder nach Neumarkt zurückkehren durften. An der Neiße bei Görlitz, so hieß es, lagern und hungern etwa 80 000 Flüchtlinge und werden nicht hinübergelassen [1]). Trotzdem zogen einige Familien nach Westen ab. Auch wir versuchten einen ganzen Tag auf dem Haynauer Bahnhof, zwischen den Schienen kampierend und abkochend, mit irgendeinem polnischen Zuge nach Westen abzureisen — vergebens! Mehrmals wieder zurückgewiesen, u. a. aus einem russischen Lazarettzug, landeten wir spät abends todmüde wieder in unserem Quartier und stellten am nächsten Tage mit Schrecken fest, daß der Parkplatz leer war und die Neumarkter ohne unser Wissen heimwärts abgerückt waren. Nach mühseligen Verhandlungen schlossen wir uns einigen Zurückgebliebenen an und folgten einen Tag später den nach Neumarkt Zurückgewanderten. Nach mancherlei Abenteuern, einmal durch polnische Insurgenten, die uns sieben Stunden zur Arbeit festhielten, ein anderes Mal durch russische Banditen, die von unserem Gespann

---

[1]) Vgl. den unter Nr. 302 (Bd. I, 2) abgedruckten Bericht.

eine Kuh ausspannten und uns wahrscheinlich völlig ausgeplündert hätten, wenn nicht auf unsere Hilferufe vorbeifahrende russische Offiziere eingegriffen hätten, langten wir stark erschöpft in Neumarkt an.

Es stellte sich nun bald heraus, daß diese zwölftägige willkürliche Austreibung von den Polen als eine Gelegenheit zu ungestörtem Plündern benutzt worden war. Hartnäckig sich haltende Gerüchte von einer baldigen Wiederholung der Ausweisung, welche die verängstigte Gemeinde quälten, veranlaßten uns bald darauf zu einer gemeinsamen Petition der beiden evangelischen und des katholischen Geistlichen an den polnischen Bürgermeister. Dieser ließ uns durch die jüdische, übrigens uns Deutschen wohlgesinnte Dolmetscherin schon damals erklären, die Evakuierung der gesamten deutschen Bevölkerung sei eine von höheren Regierungsstellen beschlossene unabänderliche Maßnahme, wenn auch der Zeitpunkt noch nicht festliege. Doch sicherte er uns auf unsere Bitte zu, es werde nach Möglichkeit „menschlich" verfahren und Rücksicht auf kranke, schwache und gebrechliche Personen und Kinder genommen werden. Wir sahen darin schon einen gewissen Erfolg unserer Bemühungen und dankten Gott mit der Gemeinde.

Zu einer Ausweisung kam es zunächst nicht, doch wurde die Bevölkerung durch immer wieder auftauchende Gerüchte in ständiger Unsicherheit, Angst und Spannung gehalten; es war ein regelrechter Nervenkrieg. Oft kam es auch zu Tätlichkeiten und Mißhandlungen deutscher Männer und Frauen. Bald da, bald dort wurde eine Familie willkürlich aus ihrer Wohnung verjagt; von der Einrichtung durfte nichts mitgenommen werden. Wenn polnische Miliz oder eine „Möbelbeschaffungskommission" sich sehen ließ, brach eine Angstpsychose aus. Wegen geringer Vergehen wurden oft Männer, auch Frauen, eingesperrt und geprügelt, mußten schwer arbeiten und hungern. Rechtlos wie gehetztes Wild waren wir Deutschen geworden.

Nur langsam gewöhnte man sich an diesen Zustand der Unsicherheit und Armseligkeit. Das „einfache Leben", das wir zu führen gezwungen waren, verlief in sehr primitiven Formen. Jeden Morgen um 7.00 Uhr mußten sich sämtliche deutschen Männer und Frauen mit weißen Armbinden auf dem Marktplatz versammeln und wurden durch die deutschen kommunistischen „Bürgermeister" zur Arbeit eingeteilt. Nur die Arbeitenden erhielten Essenmarken und dafür mittags aus einer Volksküche die dünne „Polensuppe" und ein Stück Brot. Geradezu unmenschlich war es, daß die Kinder leer ausgingen. Sie hielten sich dafür an die russische Militärküche und bekamen, wenn sie Glück hatten, ab und zu etwas. Es konnte ihnen aber auch passieren, daß der Koch, war er schlecht gelaunt, einen großen Kübel mit Essen vor ihren Augen wegschüttete. So blieb nichts übrig als zu betteln oder sich irgendwo etwas zu besorgen. Auch versuchten wir nach und nach, einige Kleidungsstücke und sonstige Gegenstände zu versetzen, um einige Zlotys in die Hand zu bekommen. Die zerbrochenen Möbel und Schulbänke wurden täglich zu Brennholz zerspalten, wobei auch die Kinder fleißig halfen. Unsere 14jährige Tochter half außerdem eifrig durch Strickarbeiten für polnische Familien, etwas Geld oder Lebensmittel zu verdienen, während die 11jährige vorübergehend in einem polnischen Geschäft eine kleine Beschäftigung fand.

Meine Frau war zunächst zu Aufräumungsarbeiten eingeteilt, denn eine Zeitlang als Bedienungsfrau beim polnischen Vizestarosten (stellv. Landrat) beschäftigt und später wochenlang von morgens bis abends beim Kartoffelschälen in der russischen Militärküche angestellt. Das war, so anstrengend diese Tätigkeit auch war, doch ein begehrter Posten, denn es gab wenigstens so viel Essen, daß auch die übrige Familie davon zehren konnte. Dann und wann erhielt ich aus der Gemeinde für meinen Dienst Spenden an Brot, Mehl, Sirup u. a., so daß bei aller Knappheit immer wieder der Hunger gestillt werden konnte. Und doch führte die fast fettlose Ernährung allgemein zu einer zunehmenden Entkräftung.

So wuchs die Zahl der Krankheitsfälle schließlich zu einer regelrechten Hungertyphusepidemie an, die in Stadt und Land zahlreiche Todesopfer, auch unter der Jugend, forderte. Ich allein hatte im zweiten Halbjahr 1945 über hundert Beerdigungen zu halten; bei meinem Amtsbruder werden es wohl ebenso viel gewesen sein. Bei der schon stark zusammengeschmolzenen Seelenzahl war das ein außergewöhnlich hoher Prozentsatz. Traurig und armselig war die äußere Form dieser Bestattungsfeiern. Ein Sarg durfte nur in seltenen Fällen und nur mit Erlaubnis der polnischen Behörden geliefert werden. Manchmal halfen sich die Angehörigen mit einem aus Schrankbrettern roh zusammengeschlagenen Sarg, oft mußten aber die Toten ohne Sarg, nur in eine Decke gehüllt, ins Grab gesenkt werden, bisweilen mehrere zusammen in ein Gemeinschaftsgrab. Ab und zu traten russische Soldaten während der Feier neugierig und schwatzend ans Grab, wenn auch ernstliche Störungen kaum vorkamen. Erstaunlich war, daß einzelne, meist ältere Soldaten bei der Begegnung mit einem deutschen Leichenzug grüßend die Mütze abnahmen; doch blieben das freilich Ausnahmen.

Als später allgemeine Schutzimpfungen der Bevölkerung durchgeführt wurden, ließ die Typhusseuche allmählich nach. Doch klagte der einzige deutsche Arzt, der zurückgeblieben und in aufopfernder Arbeit tätig war, über den immer stärker werdenden Mangel an Medikamenten, der auch durch Restbestände aus einem Heeressanitätspark nur sehr unvollkommen ausgefüllt werden konnte.

Anschließend berichtet Vf. über seine pfarramtliche Tätigkeit, deren Erschwerung durch polnische Verordnungen und das kirchliche Leben in seiner Gemeinde.

Unter mancherlei Beschwerden und Nöten verging der Winter. Der Frühling belebte die Hoffnung, daß uns die Heimat vielleicht doch noch erhalten bleiben könnte. An den Sonntagen Judica und Palmarum konnte ich in drei Gemeinden Konfirmationsfeiern halten, am ersten Sonntag auch meine älteste Tochter einsegnen.

Aber nun mehrten sich die Anzeichen der bevorstehenden Evakuierung. Am Himmelfahrtstage — es sind gerade vier Jahre her — durfte ich zum letzten Male mehreren Gemeinden mit Gottesdiensten und Besuchen dienen. Am Abend zurückgekehrt, erfuhr ich, daß die amtliche Ausweisung von etwa 1 600 Neumarktern für den nächsten Tag festgesetzt war. Längere Zeit vorher hatte man uns zugesichert, daß die Geistlichen erst mit den letzten Deutschen ausgewiesen werden sollten. Nun aber kam ich mit meiner Familie schon beim ersten Transport an die Reihe. Zum Trost erklärte mir der polnische Vizestarost, in dessen Händen der Abtransport lag, ich müsse ja schon aus dem Grunde nach Deutschland, weil meine Kinder wieder eine deutsche Schule besuchen müßten. Mit diesem Manne, der auch religiöses Verständnis besaß, hatten sich doch trotz aller Spannungen gewisse menschliche Beziehungen angebahnt. Ich meine, man muß dankbar sein auch für ein solches leises Zeichen einer ersehnten Völkerversöhnung.

Am Tage nach Himmelfahrt Christi, dem 31. Mai 1946, erfolgte der Aufbruch zum Sammellager Stephansdorf; es war ein anstrengender Gepäckmarsch, der fast über unsere Kräfte ging. Am nächsten Tage mußten wir noch eine scharfe Gepäckkontrolle, zum Teil auch Leibesvisitation über uns ergehen lassen, dann kam das Verladen in die Güterwaggons.

Am Sonntag Exaudi, dem 2. Juni, rollte der Transportzug aus dem Bahnhof. Der Turm der Heimatkirche grüßte zum Abschied aus der Ferne. „Nun ade, du mein lieb Heimatland", schallte es wehmütig aus allen Wagen, aber heiße Tränen erstickten bald den Gesang. Am Abend, als etwa zehn Kilometer vor der Neißelinie noch einmal haltgemacht wurde, hielt ich auf einem Bahnhof zwischen den Geleisen, zum letzten Male auf schlesischem Heimatboden, vor der großen Schar der Leidensgefährten eine Abschiedsandacht. Am nächsten Tage wurde dann unser Transport in Kohlfurt von der britischen Kontrollkommission übernommen. Der Kontrolloffizier erklärte uns zwar, als er unseren mit frischem Grün geschmückten Zug sah, wir hätten keinen Anlaß zum Jubeln, denn wir kämen auch hier in kein Paradies, aber wir waren doch im tiefsten Herzen froh, der polnischen Quälerei entronnen zu sein, und atmeten auf, als der Zug über die Neiße rollte.

Eine Schlußbemerkung enthält die Angabe des weiteren Transportweges.

Nr. 350

Erlebnisbericht des Landwirts Theodor Schmusch aus D i r s c h e l, Kreis L e o b -
s c h ü t z i. Oberschles.
Original, 31. Juli 1952.

Vertreibung aus dem Heimatdorf, Ausweisungstransport Ende Juli 1946.

Dem nachfolgenden Abdruck gehen einige Angaben voran über Gewalttaten und Verschleppung mehrerer Personen unter russischer Besatzung.

Anfang Juli 1945 kamen einige Polen mit wenigen Habseligkeiten ins Dorf und besetzten leerstehende Besitzungen. Dann kamen immer neue Transporte, jeder Pole suchte sich selbst den Besitz aus, was ihm gefiel, und dem deutschen Besitzer wurde eine Kammer zugewiesen, und der Pole sagte: „Das ist mein." Sobald sie Besitz ergriffen hatten, gaben sie jungen Bürschchen deutsche Gewehre in die Hand, und wir wurden bewacht wie

Kriegsgefangene; keiner durfte ohne Begleitung von so einem Lausejungen auf sein eigenes Feld gehen, um sich ein paar selbstgebaute Kartoffeln zu holen.

Das ging bis 11. September. Nachmittags gegen 4.00 Uhr kam polnische Miliz in jedes Haus und forderte jeden Deutschen auf, binnen fünf Minuten das Haus zu verlassen. Ohne eine Ahnung zu haben, um was es sich handelt, wurden alle Deutschen — über 900 Personen — ins Schloß (Lager) getrieben und wurden bis 15. Oktober stark bewacht und sehr mangelhaft beköstigt. ... Während der Lagerzeit haben die Polen von dem gesamten Hab und Gut Besitz ergriffen, und uns blieb nichts mehr übrig, als das, [was] wir in den fünf Minuten, die uns gelassen wurden, bevor wir ins Lager gingen, gerettet haben. Am 15. Oktober wurde das Lager aufgelöst, und jeder Pole konnte sich Deutsche zur Arbeit nehmen, wie er wollte. Es waren auch solche Polen, die keinen Deutschen mehr ins Haus genommen haben. Unter diesen Lumpen war auch der, der von meinem Haus Besitz ergriffen hat, und [ich] mußte in einem fremden Haus in einer Dachkammer mit meiner Familie unterkommen. ...

Was die „polnische Verwaltung" zu bedeuten [hat] und deren Auswirkung, ist uns damals nicht bekannt gewesen. Wir waren bloß auf Gerüchte angewiesen; die lauteten, daß die Polen bloß vorübergehend da bleiben. Von einer Aussiedlung war uns nichts bekannt, bis am 25. Juni 1946 große Plakate hingen in deutscher Schrift: Die Aussiedlung der Deutschen ist von den Alliierten beschlossen, wir werden in die englische Zone gebracht, gute Reise und Behandlung wird gewährt, jeder Transport hat zwei Sanitätswagen und Begleitpersonal, die Alten und Kranken werden gesondert im Lazarettzug befördert. — So haben wir von einem Tag auf den anderen gewartet auf Befehl zum Abmarsch. Am 6. Juli wurden sämtliche Beamte und Geistliche aus dem ganzen Kreis abgeschoben, in den nächsten Tagen kam Nachricht aus den Nachbardörfern, daß die Aussiedlung weiter geht. Am 23. Juli abends kam Befehl: Morgen, 6.00 Uhr, alles am Turnplatz mit Gepäck, bloß, was jeder tragen kann; Fuhrwerk darf nicht benutzt werden.

Der Abtransport zum Kontrollager — 25 Kilometer zur Kreisstadt Leobschütz — dauerte am 24. von morgens 7.00 Uhr bis abends 9.00 Uhr, und [wir] wurden eingeteilt waggonweise zu 35 Personen. Am 25. früh kam Befehl: Antreten zur Kontrolle. Das dauerte bis gegen Mittag. Da wurde uns das letzte Brauchbare abgenommen, bis aufs Hemd nach Geld oder Wertsachen untersucht und blieben im Hof (Kloster Mariazell) liegen bis abends 9.00 [Uhr]. Dann konnten wir zum Bahnhof abrücken. Dort kam ich unglücklicherweise in einen Wagen zu 70 Personen. Dabei hatte ich meine Schwiegereltern über 80 Jahre [und] krank, die laut Anordnung per Sanitätszug fahren sollten, wurden aber alle zusammengestopft. Als ich bei einem längeren Aufenthalt den Transportführer bat, die alten Leute in Sanitätswagen [zu] nehmen (von sanitären Sachen nichts zu sehen), bekam ich den Bescheid, es liegen hier welche zum Sterben (was ich selbst gesehn habe), und er habe die Anweisung bekommen, wenn einer stirbt, rauszuschmeißen und um nichts mehr kümmern.

Unter dieser Behandlung, ohne Verpflegung, kamen wir am 30. Juli in Helmstedt an, wo wir die erste Verpflegung erhielten, und fuhren weiter; am 31. früh in Hameln und gleich mit Auto in die neue Heimat, die uns aber nie eine wird.

Nr. 351

Erlebnisbericht des Pfarrers W. B. aus dem Kreis B r e s l a u - L a n d.
Original, Sommer 1949, 6 Seiten. Teilabdruck.

Vertreibung der Deutschen aus dem Landkreis Breslau; Ausweisungstransport im Juli 1946.

Vf. schildert zunächst die Verhältnisse nach der Rückkehr im Mai 1945 und die ersten Maßnahmen polnischer Verwaltungsbehörden gegenüber der deutschen Bevölkerung.

Schon im Februar 1946 erreichte uns das Gerücht, daß eine große Evakuierung der Deutschen aus der Grafschaft Glatz nach dem Westen Deutschlands stattfinden sollte und daß einige davon aus Westfalen nach Hause geschrieben hätten. (Eine langsame und seltene Postzustellung war inzwischen in Gang gekommen. Vorher mußten Briefe aus unserer Heimat, besonders solche, die Suchanträge enthielten, in Bündeln zu Fuß nach Breslau gebracht und dort heimlich durch besondere Vertrauenspersonen kirchlicher Stellen ins Reich befördert werden.) Aber die wenigsten von uns glaubten an die Wahrheit solcher Gerüchte. Immer wieder klammerte man sich an die Hoffnung, daß die Polen bald wieder abrücken und die alte Ordnung wieder hergestellt würde. Wie es im Reich aussah und erging, erfuhr fast niemand.

Im April hörten wir von der Räumung der Nachbarkreise Frankenstein und Reichenbach i. E.[1]), in denen Verwandte unserer Gemeindemitglieder davon mitbetroffen wurden, und man mußte an den Ernst der Lage glauben. Ja, es entstand bei vielen sogar das Verlangen, dieses unerträglich gewordene Leben verlassen zu dürfen. Wir waren gleichsam zu Fremden gemacht worden in der Heimat.

Im Juli 1946 erschienen rote Plakate mit Richtlinien über Evakuierung und Expatriierung[2]). Nun begann man von der sowieso schon geringen Habe das Allernotwendigste zusammenzupacken, denn es konnte der Befehl zum Abtransport ganz plötzlich erfolgen. Jeder wollte erfahren, ob er unter den zuerst Ausgewiesenen sein würde, aber die Liste wurde vom polnischen Bürgermeister geheim gehalten. Der Ortspfarrer stellte seinen Antrag auf Zurückstellung von der Evakuierung, bis der Großteil der Gemeinde abtransportiert sei. Es erwies sich aber, daß dieser Antrag nicht genehmigt wurde, denn er wurde mit den Seinigen sofort mit der ersten, etwa 100 Seelen zählenden Gruppe des Kirchdorfes ausgewiesen.

---
[1]) Vgl. die unter Nr. 353 und Nr. 346 (Bd. I, 2) abgedruckten Berichte.
[2]) Nach einer Abschrift des G. K. aus Breslau lautete der deutsche Text auf der rechten Seite der Plakate:

Anschließend schildert Vf. noch kurz die Konfirmationsfeier im Juni.
Am 15. Juli 1946 erfolgte plötzlich durch einen Boten von Haus zu Haus die Bekanntmachung der Evakuierung von etwa 100 aus R. Hatte sich auch so mancher mit dem Gedanken vertraut gemacht, die Heimat bald verlassen zu müssen, ja, sich in die Freiheit aus der Knechtschaft herausgesehnt, so traf diese Mitteilung doch alle wie ein harter Schlag, und viele Tränen wurden geweint. 24 Stunden Frist bis zum Abmarsch wurden gewährt. Noch einmal wurde das Gepäck geordnet und geprüft, Wertvolles darin sorgfältig versteckt. Noch einmal wurde stiller Abschied genommen von Haus und Hof, Garten und Feld, auch von lieben Gräbern. Einige vergruben noch ein paar Besitztümer in der Hoffnung, sie später wieder holen zu können aus ihrem Versteck.

Auch der Pfarrer hat zwei große silberne Abendmahlskelche in einem Einmannloch im Pfarrgarten versteckt, da er sie nicht mitnehmen konnte. Schweren Herzens nahm er Abschied von seiner Kirchenruine, der Stätte seines 31jährigen Wirkens, von seinem Pfarrhause, seinem Garten, seinen 30 dicken Bänden Kirchenbücher, die von 1602 an lückenlos bis zur Gegenwart reichten, und von denen er zehn nicht mehr vorgefunden hatte. Sie waren ihm eine Fundgrube für die alte Geschichte seiner Gemeinde gewesen. Er empfahl sie mit einem angehefteten Zettel dem Wohlwollen derer, die sie in Besitz nehmen würden. Was aus diesem unersetzlichen Schatz geworden ist, hat sich bis heute nicht ermitteln lassen und gleicherweise nicht das Schicksal des Pfarrhauses, der Kirche und des Friedhofes.

Wrocław, 7. lutego 1946.
Bekanntmachung

Auf Grund des Beschlusses der interalliierten Kontrollkommission in Deutschland wird in den nächsten Tagen mit der Repatriation der deutschen Bevölkerung Niederschlesiens nach der englischen Okkupationszone begonnen. Die Transporte werden mit der polnischen Eisenbahn direkt zur englischen Okkupationszone geleitet. Damit der Transport der deutschen Bevölkerung reibungslos und bequem vorgenommen werden kann, werden Sammelpunkte eingerichtet, um von diesen aus dann die Einwaggonisierung vornehmen zu können. Zu jedem Eisenbahnzug sind zwei Eisenbahnwaggons für sanitäre Zwecke vorgesehen. Jeder Zug wird durch eine polnische Militärabteilung gesichert. Die Teilnehmer der Fahrt dürfen mitnehmen außer der Bekleidung, die sie selbst tragen, auch Gepäckstücke, die jeder persönlich tragen kann, wobei Lebensmittel inbegriffen sind. Da Lebensmittel unterwegs nicht zu haben sein dürften, wird empfohlen, sich für ungefähr 4 Tage mit Lebensmitteln einzudecken. Handwagen jeder Art können nicht mitgenommen werden, um den Teilnehmern eine möglichst bequeme Fahrt zu verschaffen. Schmuck- und Wertgegenstände normalen eigenen Bedarfs, Urkunden und eigene Dokumente sowie deutsches Geld kann mitgenommen werden. Dagegen sind von der Mitnahme ausgeschlossen: Andere Valuten, Wertpapiere, Kunstgegenstände. Eine Gepäckkontrolle kann nur an den Sammelpunkten und nur bei Tageslicht vorgenommen werden. Jede Beschädigung wie auch Vernichtung der zurückgelassenen Gegenstände der abreisenden Deutschen sowie Beschädigung und Aneignung des hinterlassenen Vermögens wie auch der Versuch, das zugelassene Ausreisegut abzunehmen, wird standrechtlich bestraft. Die deutsche Bevölkerung wird dringend in eigenem Interesse ersucht, während der Repatriation stets Ruhe und Ordnung zu bewahren.

Pełnomoznik Rzadu R. P.
na Okreg Administracyjny Dolnego Śląska
Mgr. Stanislaw Jorczyko

Übrigens waren auch die evangelischen Kirchen der Nachbargemeinden ... mehr oder weniger zerstört. Der evangelische Friedhof von W. soll eingeebnet worden sein.

Am 16. Juli 1946 früh 7.00 Uhr versammelte sich die 100köpfige Schar der Exulanten auf dem Platze in der Mitte des Dorfes mit ihrem Reisegepäck, von dem manche mehrere Zentner, andere wieder nur das Allernötigste mit sich führten. Viele besaßen Handwagen. Das übrige Gepäck wurde auf Ernte- und Lastwagen geladen, die von den Polen gestellt wurden. Da diese Wagen nicht ausreichten, ließen die Polen nach längerem Zögern noch einige herholen. Auch die Alten und Schwachen durften auf den Wagen Platz nehmen. Polnische Milizsoldaten beaufsichtigten die Menge und begleiteten sie auf dem Marsche. Von irgendwelchen Ausschreitungen ihrerseits gegen die Ausziehenden ist nichts bekannt geworden. Sie waren im Gegenteil ein Schutz vor etwaigen Plünderungen durch die Polen der Dörfer, die der Zug passierte.

Zu den Ausgewiesenen aus R. gesellten sich noch viele andere aus den Dörfern des Kirchspiels, so aus ... Einigen von diesen wurden keine Pferdegespanne gestellt, so daß sie den 16 Kilometer langen Weg bis zur Bahnstation ihr Gepäck nur auf Handwagen fahren oder es tragen mußten.

Viele der zurückbleibenden Dorfgenossen umstanden die Gruppe der Auswanderer und nahmen bewegten Abschied von ihnen.

Schweigend setzte sich der Zug 7.30 Uhr in Bewegung. Es war ein herrlicher Sommermorgen, und die Heimat mit ihren Fluren und dem nahen Wahrzeichen Schlesiens, dem hochragenden Zobtenberge, zeigte sich noch einmal in ihrer ganzen Schönheit. Immer wieder gingen die Blicke rückwärts, abschiednehmend. In den Dörfern, die der Zug, der sich durch Zuzug öfters vergrößerte, passierte, standen die Gemeindeglieder und Heimatgenossen an den Straßen und grüßten die Ausziehenden, desselben Schicksals gewärtig. Manchmal sang die an der Spitze marschierende Jugend ein Wanderlied.

Am Nachmittag langte der Zug im Städtchen K. an, das an der Bahnstrecke Breslau — Görlitz liegt, die wieder betriebsfähig gemacht worden war. Hier stießen noch andere Wanderzüge hinzu. Unsere Hoffnung auf baldigen Abtransport erfüllte sich nicht, sondern die etwa 1 500 Menschen wurden für zwei Tage und Nächte in den Gebäuden der geräumigen Stadtbrauerei untergebracht, in denen sie sich mit ihrem Gepäck in den Gasträumen, Kellern und Dachböden in drangvoll fürchterlicher Enge eine Unterkunft herrichten mußten. An irgendwelchen hygienischen Einrichtungen war nichts vorhanden. Die Verpflegung mußte jeder aus eigenem Vorrat bestreiten.

Endlich erschien der Tag der Kontrolle. Vormittags 7.00 Uhr hatten sich die vielen Hunderte mit ihrem Gepäck im großen Brauereihof aufzustellen, aber nur ganz langsam schoben sich die Reihen die Rampe zum Saale empor. Schwachen leistete man bereitwillig Hilfe seitens ihrer Schicksalsgenossen, bis sie den Eingang zum Gebäude erreicht hatten. Eine sengende

Hitze brütete den ganzen Tag über dem Hofe mit der vielhundertköpfigen Menge der Wartenden, von denen die Letzten erst um 7.00 Uhr abends bei der Kontrolle an die Reihe kamen. Diese Kontrolle war nichts anderes als eine unter dem Schein des Rechts vorgenommene Ausplünderung, die vielen der Unsrigen große Verluste ihrer letzten Habe kostete. Kleidung, Wäsche, Schuhwerk, Betten, Urkunden, Sparkassenbücher, Barmittel, alles wurde weggenommen, soweit es den Kontrolleuren gefiel. Es ging dabei ganz willkürlich zu; etliche behielten alles, darunter auch der Ortspfarrer, der aber sehr wenig mit sich führte, weil er nur wenig in die erste Evakuierung in die Grafschaft Glatz mitgenommen und in seinem zerstörten Pfarrhause nicht mehr vorgefunden hatte.

Die bereits Kontrollierten lagerten auf einer hinter der Brauerei liegenden Wiese, bis um 7.00 Uhr abends die Kontrolle zu Ende war. Gespanne fuhren alsdann für teure Bezahlung das Gepäck zum weit entfernt liegenden Bahnhof, wo die Nacht im Freien verbracht werden mußte, ohne Dach und Fach. Ein durchdringender starker Gewitterregen durchnäßte bis zum Morgen des nächsten Tages Menschen und Gepäck, bis endlich der aus vielen Viehwagen bestehende Transportzug anrollte, in dessen Waggons die etwa 1500 Menschen zählende Menge sich mühsam einrichtete.

Die Fahrt verlief über Breslau, dessen Ruinen traurig stimmten, Liegnitz, Sagan, Sorau nach Kohlfurt, der Grenzstation, wo die erste Einpulverung (Entlausung) stattfand. — Das sonst so sorgfältig bestellte Fruchtland Mittel- und Niederschlesiens bot meist ein trauriges Bild, große Flächen waren mit Unkraut bedeckt. Man sah nur wenige Menschen an der Feldarbeit; ab und zu weidete eine Frau eine Kuh, die sie an einem Strick führte.

Als der Zug die Lausitzer Neiße passierte, verspürten alle ein großes Aufatmen; die polnische Knechtschaft lag hinter ihnen.

Nachfolgend berichtet Vf. noch über die Aufnahme und Unterbringung der Ausgewiesenen in Westdeutschland.

Nr. 352

Erlebnisbericht des ehemaligen Bürgermeisters L. R. aus dem Kreis L ö w e n b e r g i. Niederschles.
Original, 8. Januar 1953, 11 Seiten. Teilabdruck.

Vorgänge bei der Ausweisung im Juli 1946, Ausplünderung der Vertriebenen.

Im ersten Teil seines Berichtes schildert Vf. die Verhältnisse in seiner Heimatgemeinde unter russischer Besatzung und polnischer Verwaltung [1]*.*

Am 12. Juli 1946 plötzlich abends gegen 8.30 Uhr kam der Befehl, das Dorf X. zu verlassen, nur einige Familien waren davon ausgenommen und zwar solche, die [bei] den Polen arbeiten mußten oder deren Töchter sich mit den Polen abgaben oder gar später für Polen optierten. Um 3.00 Uhr

---

[1] Abgedruckt unter Nr. 237 (Bd. I, 2).

früh sollten wir im Kretscham, dem Sammelplatz sein. Zugesichert wurde, Invaliden und Kranke und das Gepäck würden gefahren. Übrigens dürfte jeder nur so viel Gepäck mitnehmen, was er tragen konnte; Bedingung war, jeder muß sein Bett mitnehmen.

Nun gings mit zwei Pferde- und einem Ochsengespann, die Kranke und ihr Gepäck beförderten, über ... bis Z. Hier wurde ein Pferdegespann ausgesetzt und dessen Gepäck umgeladen, wobei einige Pakete, und zwar die wertvollsten, verschwunden waren. Dann ging der Marsch weiter über A., B. und C. Am Ausgang von C. versagte das Ochsengespann, und die darauf befindlichen Pakete wurden abgeladen, sie lagen im Straßengraben, und nun: Hilf dir selber! Einige konnten durch Fürsprache ein Polenfuhrwerk gegen Zahlung von Hunderten von Zloty bekommen, andere mußten mit kleinen Handwägelchen weiterfahren. Viele polnische Fuhrwerksbesitzer fuhren nicht.

Meine Frau, meine Tochter und ich hatten unser spärliches Gut auf zwei Wägelchen. Es ging über S. Hier brachen mir die Räder zusammen. Nach vielen Mühen gelang es mir, einen polnischen Fahrer durch vieles Bitten und gegen hohe Bezahlung zu bewegen, mich nach Plagwitz in das Sammellager zu fahren, wo wir gegen 1.00 Uhr nachts ankamen. Es war in der Nacht von Freitag zu Sonnabend. In Plagwitz erhielten wir am Sonnabend und den folgenden Tag Verpflegung, täglich drei Mahlzeiten, bestehend aus Suppe und Brot. Küchenhanddienste mußten unsere deutschen Frauen und Mädel verrichten.

Am Sonntag früh wurde angetreten in einer Schlange zur Kontrolle. An mehreren Tischen im Vorhof der Heil- und Pflegeanstalt Plagwitz a. Bober erfolgte die Kontrolle. Letztere bestand darin, uns Ausgetriebenen alles wegzunehmen, was neu war oder noch gut erhalten. Alles was wir hatten, wurde durchstöbert. Neu war, daß uns diesmal die Uhren und Trauringe belassen wurden. Viele besaßen keine Uhren und Trauringe mehr. Taschen wurden aufgeschnitten, teilweise auch Betten; Sparkassenbücher und Dokumente wurden abgenommen, sogar Kleidung und Wäsche, soweit sie noch gut war, verschwand in den Händen der Polen. Etliche mußten sich einer Leibesvisitation unterziehen. Diese Kontrolle dauerte den ganzen Tag. Die kontrollierten Personen wurden im Hof der Heil- und Pflegeanstalt zusammengepreßt. Ein heilloser Gestank war in der ganzen Heil- und Pflegeanstalt, da alles voll Schmutz und Unrat war. Hier mußten wir den ganzen Nachmittag und auch die folgende Nacht unter freiem Himmel zubringen. Gegen 5.00 Uhr erfolgte ein geschlossener Marsch zum Bahnhof von Plagwitz. Von dem Wenigen, das wir bis Plagwitz gebracht hatten, war uns ein großer Teil abgenommen worden.

Auf dem Bahnhof wurden wir in Güterwagen verladen, unsere Fahrt ging zunächst ostwärts bis Liegnitz. Die ehemaligen fruchtbaren Äcker und Wiesen waren über und über Distelfelder geworden. Dann ging unser Zug wieder westwärts bis Kohlfurt. Kurz vor Kohlfurt versuchten Polen und Russen, unsere Wagentüren aufzubrechen. Bei einzelnen Türen war ein gewaltsames Öffnen derselben möglich. Aus diesen Wagen wurde herausgerissen, was die Plünderer erreichen konnten. Betten, Kleidung, Körbe mit Wäsche und Proviant fielen in ihre Hände. Inhaber der geraubten

Sachen suchten sich den Banditen entgegenzustellen. Die Folge war, daß einzelne Deutsche mit Brettern und Leisten ins Gesicht geschlagen wurden und Wunden davontrugen.

In Kohlfurt erhielten wir Verpflegung, auch erfolgte hier eine formelle Entlausung. In den frühen Morgenstunden des folgenden Tages erreichten wir das Auffanglager Uelzen bei Hannover.

Abschließend berichtet Vf. über Aufnahme und Unterbringung der Vertriebenen in Westdeutschland.

Nr. 353

Bericht des Pfarrers der Kirchengemeinde R o s e n b a c h , Kreis F r a n k e n s t e i n i. Niederschles.
Original, 22. August 1949, 8 Seiten. Teilabdruck.

Ausweisungen in der Zeit von Februar bis Ende August 1946.

Auf den ersten Seiten berichtet Vf. über die Evakuierung seiner Gemeinde im Februar 1945 und die Rückkehr nach der Kapitulation, das Willkürregiment der provisorischen polnischen Miliz und die ständig wachsende Not der Deutschen unter den Drangsalen der polnischen Verwaltung.

Es wird verständlich sein, daß unter den oben geschilderten Umständen die Gemeindeglieder, lange Zeit zum unbedingten Ausharren auf der Väter Hof entschlossen, schließlich doch zu seufzen begannen, wo das Maß der von den polnischen Hofherren ihnen zudiktierten Arbeit bei aller, von geheimen Befreiungshoffnungen zehrenden Willigkeit nicht mehr erträglich blieb, wo die Mißhandlungen auch vor Frauen und Alten nicht haltmachten oder wo außer dem, was man unter allen Umständen behalten wollte, nichts Versetzbares mehr aufzutreiben war, was zur bittersten Not wurde, da bei uns ein Brot zuletzt den wahnwitzigen Preis von 100 Złoty, d. h. 200 Mark, kostete und da der Wert der in den Kommissionsgeschäften von den Deutschen angebotenen Sachen schon um die Jahreswende 1945/46 ganz empfindlich gefallen war. Kein Wunder, daß durch all das ein seelisches Ermüden hervorgepreßt wurde!

Und doch wirkte es wie ein Keulenschlag, als im Februar 1946 die Kunde von ersten Ausweisungen Deutscher aus den Kreisen Glatz und Habelschwerdt, südlich von uns, uns erreichte. Keiner wollte es glauben, und wenn schon in den bisherigen Monaten das natürlich stets optimistisch gefärbte Gerücht eine unheimliche Rolle gespielt hatte, so schoß es nun noch viel üppiger ins Kraut. Und doch ließ es sich nicht mehr hinwegparolisieren, daß Mitte März auch in unserer Kreisstadt Frankenstein offenkundig die üblichen Einrichtungen für Massenausweisungen auftauchten. Bald darauf, Anfang April 1946, wurden erste Dorfnamen aus unserem Kreise genannt, als die Kirchgänger vor dem Gottesdienst beieinander standen und in begreiflicher tiefster Erregung die nun unmittelbar drohende Gefahr besprachen.

In einer Vorahnung des Kommenden verlegten wir die sonst zu Palmarum gefeierte Konfirmation auf Laetare vor, und es war noch einmal eine unvergeßliche Stunde. Am Palmsonntag [1]) selbst brach das Unheil dann über uns herein. Der ganz ungewöhnlich schwache Kirchenbesuch erklärte sich bald mit der Feststellung der beunruhigenden Tatsache, daß sämtliche Zugänge unseres Dorfes seit den frühen Morgenstunden mit Doppelposten besetzt waren. Als dann stundenlang nichts geschah, wollte man schon nach anderen Erklärungen für die auffällige Unruhe der Polen suchen. Dann aber wurde am späten Nachmittag doch noch in alle Häuser hineingebrüllt: „In einer halben Stunde — in 20 Minuten fertig sein!" Auch durch das Pfarrhaus gellte dieser Ruf, der jählings zur Tatsache machte, was zuletzt so drückend in der Luft gelegen und uns alle veranlaßt hatte, schon alles für den Ernstfall vorzubereiten, was sich irgend vorbereiten ließ. Die kargen letzten Minuten waren dann immer noch zur Genüge erfüllt von allen möglichen, fieberhaft eiligen Verrichtungen. Wie mochte es dabei in all den Häusern zugehen, wo ein Schwarm von argwöhnisch zuschauenden Polen alles verfolgte, um immer wieder dies und das noch schnell den verzweifelt und kopflos Umherrennenden zu entreißen?

Vor den Häusern hatte man dann die endgültige Entscheidung der Ausweisungskommission abzuwarten. Da man zu dem etwas abseits liegenden Pfarrhaus erst zu allerletzt kam, war es nicht einmal möglich, zu übersehen, was unterdessen vor sich ging und wer alles betroffen wurde, an einen letzten seelsorgerischen Dienst an den Scheidenden war schon gar nicht zu denken. Die abendliche Sperrstunde brach herein, ehe die Kommission im Vorübergehen zu uns hereinrief, wir wären n i c h t dabei und hätten sofort ins Haus zu verschwinden.

Erst am nächsten Vormittag war es möglich, bei einem Gange von Haus zu Haus festzustellen, wieviele Familien hinausgetrieben worden waren, und ein Gang durch Schönheide zeigte das gleiche schmerzliche Bild, dessen Schmerzlichkeit dadurch noch vertieft wurde, daß auch alle diese lieben Gemeindeglieder ohne jeden Abschied hatten gehen müssen.

Am späten Abend des Dienstags hieß es, am nächsten Morgen kämen die Reichenbacher Dörfer Habendorf und Kittlitzheide zur Ausweisung, und ein eiliger Gang in der Frühe des 17. April bestätigte nur zu hart diese Kunde. In nicht endender Reihe, fast ausnahmslos Haus um Haus, zogen sie alle zum Oberdorf herauf, um vor der polnischen Bürgermeisterei sich registrieren zu lassen und dann den Weg zur Kreisstadt und in die so ungewisse Zukunft anzutreten. Unvergeßlich diese Abschiedsminuten, da sich noch einmal all die vielen Hände ausstreckten und letzte Worte gewechselt wurden. Die Öde, die nach dem Verschwinden des letzten Wagens zurückblieb, war entsetzlich, denn nur ein Bruchteil der deutschen Bevölkerung war noch da, sonst nur Polen, wegen der Unversehrtheit der Gegend auf manchem der Höfe gleich zwei, drei Familien.

Am 29. und 30. April die zweite Welle für Schönheide und Rosenbach, die gleichen schmerzlichen Erlebnisse — nur mit dem Unterschiede, daß in Schönheide den Abschiedsgängen des Seelsorgers sehr bald ein Ende gesetzt

[1]) 14. April 1946.

wurde durch das Dazwischentreten einer polnischen Hilfspolizeistreife und deren knurrendes, von nicht mißzuverstehenden Gebärden mit den Schußwaffen begleitetes: „Du sofort nach Hause, sonst——! Du politisch!" Aber ein Versuch, am nächsten Tage die Scheidenden wenigstens am Frankensteiner Bahnhof in ihren Viehwagen noch einmal zu sehen, gelang nach verschiedentlichem Einschreiten der Milizsoldaten doch noch, sehr zur Freude der Gemeindeglieder.

Während der nun folgenden vier Monate bis zur Austreibung des noch verbliebenen letzten Fünftels der Gemeinde, während denen die Ausweisungsmaschinerie durch die nördlicheren und westlicheren Kreise der Provinz weiterstampfte, um nach einer kurzen Pause dann erneut vom Glatzer Kessel her auf uns zuzuwalzen, zeigte sich an zahlreichen Beispielen, welche verheerenden Folgen die Vertreibung der deutschen Bevölkerung für das bisher so blühende, so wohlgepflegte Land zwangsläufig nach sich zog.

Die große Masse der z. T. freiwillig gekommenen, z. T. halb und halb gewaltsam hereingeführten polnischen Zuwanderer stammte aus Industriestädten und besaß weithin nicht die geringsten Kenntnisse oder Erfahrungen für landwirtschaftliche Arbeiten. ... Kein Wunder, daß unter den von Russen bereits in brutalster Weise aufs Mindestmaß herabgesetzten Viehbestand immer und immer wieder neue Lücken gerissen wurden, weil die arme Kreatur nur ausgenutzt, nicht aber auch gepflegt wurde. Kein Wunder, daß auf den Feldern bald die lächerlichsten Kulturmethoden zu beobachten waren, zu denen die Bekämpfung der Unkräuter und das Ablesen der Steine allerdings nur in seltensten Fällen gehörten. Kein Wunder, daß an Gebäuden, Mauern und Zäunen, an Gärten, Wegen und Straßen und vor allem an den wertvollen Landmaschinen bald der mannigfaltige Verfall sich zeigte.

Allzuviel der kostbaren Zeit wurde von den nunmehrigen Alleinherren damit zugebracht, immer wieder und überall nach vergrabenen oder eingemauerten Werten zu suchen und diese dann sofort in Geld, oft genug in Wodka umzusetzen. Wer begriff, daß trotzdem ständiger Geldmangel herrschte? Als die Ernte noch nicht völlig gereift war, floß sie schon durch die dabei gleich serienweise zuschanden gehenden Dreschmaschinen und von dort sofort zu den Händlern in die Stadt, und doch war längst nicht alles durch die hohen Ablieferungsforderungen der Behörden veranlaßt. Wohin sollte diese Art Bewirtschaftung eigentlich führen? Waren die nach den Anweisungen unbewohnt gelassenen Häuser, die schon nach kurzer Zeit völlig ausgeraubt waren, ein Vorzeichen dessen, was früher oder später dem ganzen Lande beschieden sein würde?

Ende Mai 1946 endlich gelangte zum ersten Male Post in unsere Gegend und brachte uns nächst den ersten Nachrichten von den bisher Ausgewiesenen die langersehnte Verbindung mit dem Deutschland jenseits der Neißebarriere. Zu unserer Überraschung schrieb man uns von drüben, auch unsere Tage in der schlesischen Heimat wären gezählt, wir sollten uns bereithalten. Also war wohl doch den sich jagenden Alarmnachrichten und wilden Gerüchten, die nervenzerreibend unter uns umgingen, mehr Bedeutung beizumessen als den ebenfalls jetzt geradezu grassierenden Trostbotschaften. Als schließlich Anfang August erneut in der Grafschaft Glatz der große Besen angesetzt wurde, da handelte es sich auch für uns nur noch um das W a n n, und es war ziemlich klar, daß dieses Mal nur die für die Polen noch unentbehrlichen Facharbeiter noch einige Chancen zu verzeichnen hatten. Wenn sie keinen Wert darauf legten, davon Gebrauch zu machen, weil sie nur zu genau wußten, wie einsam sie nach der Ausweisung der Letzten sein würden, so gibt das noch keinem ein Recht zu der Behauptung, wir Ostdeutschen hätten uns nicht genügend darum bemüht, unsere Ausweisung zu verhindern, hätten sie gar durch unnötige Provokationen der Polen selbst heraufbeschworen, hätten nicht genug Standhaftigkeit bewiesen und was dergleichen wirklich abgeschmackte Verdrehungen des klaren geschichtlichen Tatbestandes sonst noch sind.

Wir sind nicht freiwillig herausgegangen! Es hat sich vielmehr einzig und allein um brutale Gewalt und nacktes Unrecht gehandelt, dem wir zähneknirschend, aber ohnmächtig haben weichen müssen. Wieviel lieber wären wir geblieben, wo unsere Väter seit Jahrhunderten gesessen hatten. Es ist sinnlos, zu glauben, daß auch nur einer von denen, die irgendwie Besitz lassen mußten, als ihnen das harte Geschick der Ausweisung widerfuhr, „gern" herausgegangen sei. Standen jene Menschen etwa anders zu ihrem Hab und Gut, als die Leute allüberall sonst dazu stehen? In wie bescheidenem Umfange durften sie sich der Hoffnung hingeben, im längst dicht besiedelten Westen des Vaterlandes auch nur einen kleinsten Ersatz zu erhalten. Und blutete ihnen nach dem erhaltenen Anschauungsunterricht nicht das Herz bei dem Gedanken, wie nach ihrer Ausweisung der allgemeine Verfall weitergehen würde?

Wer hat sich in jenen Monaten n i c h t gegen das drohende Unheil gestemmt? Aber aller äußerer oder innerer Protest wurde unerbittlich durch die Tatsachen erstickt, die zuletzt doch vor uns aufwuchsen. In der Frühe des 22. August 1946 stand ich zum zweiten Male in Habendorf und ließ die lange, lange Kette der hochbepackten Handwagen an mir vorüberziehen. Die dicht dabei stehende Miliz duldete schweigend das Abschiednehmen, verbot aber mit aller Schroffheit jegliches Helfen. Auch unsere tapfere Habendorfer Diakonisse war unter den Scheidenden. Und wer war nun noch übrig? Höchstens zehn Arbeiterfamilien aus dem sehr langgestreckten Dorfe. Diese wenigen wurden durch die Russen zur Arbeit auf den drei großen Gütern festgehalten. Ich mußte ihnen sagen, daß nun auch wir in Rosenbach und Schönheide wohl dicht davorstünden, da auch in Frankenstein wieder alles in Betrieb sei.

Schon drei Tage darauf, am 25. August 1946, ... war es dann soweit. Gott sei Dank! Es wurden auch dieses Mal, wenn auch nach langen, wortreichen, für uns nervenaufpeitschenden Meinungsverschiedenheiten der unser Häuflein umringenden Polen für den 14 Kilometer weiten Weg nach Frankenstein einige Fuhrwerke gestellt. Wenigstens die Alten und Gebrechlichen konnten also fahren, und auch ein Teil unseres Gepäcks fand sogar noch Platz. Wir anderen spannten uns vor unseren Handwagen. Das von den Fuhrleuten angeschlagene eilige Tempo ließ uns nicht viel Zeit zum Zurückschauen, und die bald schwer anhängenden Lasten forderten alle Kräfte.

Schließlich gestattete man uns sogar, die Handwagen an die Fuhrwerke anzuhängen.

In eiliger Fahrt ging es durch Schönheide, wo auch alles bereits vor den Häusern des Abmarschbefehls wartete. Ein Rufen und Winken herüber und hinüber, aber nur kein Zurückbleiben! In Frankenstein würden wir uns ja alle noch einmal sehen. — Gleich darauf wurde mehrfach in scharfen Trab übergegangen, so daß man nur mit Mühe neben seinem Wagen herkeuchend ein Herunterstürzen der armseligen Besitzreste verhindern konnte — dieser aufregende Zwischenakt übrigens eine Wiederholung dessen, was man auch mit den früher Ausgewiesenen exerziert hatte. Immerhin, wie unerwartet „gnädig" kamen wir noch davon, etwa im Vergleich zu denjenigen Schicksalsgenossen aus anderen Orten unseres Kreises, die einen noch beträchtlich weiteren Weg ohne jedes Fahrzeug, auch ohne Handwagen, hatten zurücklegen müssen und bei denen man streng darauf geachtet hatte, daß nur soviel an Gepäck mitgenommen wurde, wie jeder eben tragen konnte.

In Frankenstein brachte man uns auf den eigentlich schon überfüllten Hof einer Speditionsfirma, und es galt nun, sich zwischen Aberhunderten von Handkarren aller Kaliber, von fahrbar gemachten Reise- oder Wäschekörben und den Tausenden von dazugehörigen Menschen irgendwie einzuschachteln und der Dinge zu warten. Es würde an uns die Reihe erst frühestens am Nachmittag des folgenden Tages kommen, soviel war bald klar. Denn die hier rund um uns her Wartenden stammten zum großen Teile noch vom Vortage oder gar vom Freitag, und an dem Tage unseres Aufbruchs wurden, so wurde weiterhin bekannt, die noch verbliebenen Deutschen aus insgesamt 26 Dörfern für den Abtransport herangeführt. Also bedurfte es schon einer Menge Geduld, vor allem dann, wenn der frühmorgens noch strahlende Himmel sich immer mehr verdunkelte, um uns und unsere Habseligkeiten mit Regen zu besprühen.

Wie lang wurde uns die Nacht. Gut, daß es geglückt war, den 78jährigen Küster, die Pfarrfrau und unser elf Monate altes Töchterchen für die Nacht in der Wohnung des Superintendenten unterzubringen, wo man ebenfalls für den nächsten Tag beordert war. Hier draußen war derweil Wachsamkeit sehr geboten. Wenn schon bei Tage fortwährend bewaffnete Burschen uns umstrichen und im Handumdrehen das Gewehr herunter hatten, wo sie etwas besonders Begehrenswertes erspäht hatten, so wurde es während der Dunkelheit vollends lebendig. Wie mancher, der sich vor der empfindlichen Nachtkühle in einem der Möbelwagen verkrochen hatte, mußte morgens bei seiner Rückkehr zu seinem Gepäck höchst unliebsame Entdeckungen machen!

In der Frühe des Montag lief dann der Apparat der sogenannten Kontrolle und des Abtransportes zu den Viehwagen endlich wieder an. Durch heißen Kaffee vom Roten Kreuz wieder erfrischt, hatten wir nun die letzte erregende Phase vor uns, die Kontrolle. Der Weg zu dem Waggon, dessen Nummer ein jeder bereits seit dem Vortage angeheftet trug, führte nur über den langen, schmalen Nachbarhof, vorüber an den dort harrenden langen Tischen. Es gingen allerlei nicht eben beruhigende Gerüchte um. Sie entsprachen dem, was unser Superintendent als Mitglied eines bei den Ausweisungen eingesetzten Hilfskomitees durch Wochen beobachtet und dann uns Pastoren erzählt hatte. Man würde also sehr froh sein dürfen, wenn einem nicht gar zuviel abgenommen würde.

Am Nachmittag endlich, bis dahin habe ich tatsächlich unsere lieben Schönheider, unter ihnen unsere zweite Diakonisse, wiedergesehen, kommt unser Dorf endlich an die Reihe. Im Schneckentempo winden wir uns zuerst aus dem riesenhaften Hofe zur Straße hinauf. Noch ehe wir das Tor erreicht hatten, gibt es eine unerwartete Stockung. Unser Oberbürgermeister, der über den sechs Dörfern unserer Kreisecke der Vorgesetzte der polnischen Bürgermeister gewesen ist, ist erschienen. Als Nationalpole ist er mehrfach von den kommunistischen Elementen wegen Deutschfreundlichkeit beim Starosten angezeigt worden. Er hat sich aber immer wieder aus der Affäre ziehen können und hat seine Haltung allen Bespitzelungen zum Trotz bisher nicht geändert. Was er jetzt unternimmt, ist wiederum typisch für die vornehme Sinnesart dieses Mannes. Außer der Reihe ruft er sein Dorf heran, setzt sich an seine Spitze und verschwindet. Später hören wir mit Staunen, daß auf seine Anordnung nicht ein einziger von den Raudnitzern kontrolliert worden ist.

Als wir selbst dann an die Reihe kommen, sehen wir aus der Nähe, daß es auch umgekehrt gehen kann und daß es auch eine Art „Gegensprache" geben muß. Wer in seinem Dorf unter den Polen einen besonderen Widersacher gehabt hat, dem ist dieser bis hierher nachgefahren. So kommt es, daß aus manchem Koffer oder Sack gleich eine ganze Serie von Sachen blitzschnell und ohne Beachtung von Bitten und Protesten in die Ecke hinüberfliegt, wo schon Haufen von Kleidungs- und Wäschestücken, von Schuhen und Stiefeln, von Decken, Ledersachen, Elektrogeräten u. v. a. m. sich türmen. Andere kommen unerwartet glimpflich davon. Auch Leibesvisitationen gibt es, das erfahre ich sofort beim Betreten des Kontrollhofes in ein dafür bestimmtes Kämmerchen gedrängt. Die abtastenden Hände sind verblüffend schnell bei ihrem Werke. Bei der Rückkehr zu unserem Gepäck höre ich, noch ehe die große Wühlerei beginnt, als erstes die Frage, ob ich etwa Kirchengeräte mitführe. Die habe ich schweren Herzens zu Hause gelassen, schwereren Herzens noch als unsere kostbaren Kirchenbücher.

Und dann ist der ganze Spuk vorüber, und tief aufatmend zieht man an dem Schlußposten vorbei zum Hintertor hinaus und zum Gleisanschluß, wo der ellenlange Güterzug unser wartet, um uns „nach Deutschland zurückzubringen", wie die polnischen Behörden es nennen. Es sind z. T entsetzlich schmutzige Viehwagen, in deren jeden 36 Personen mit Gepäck hineingepreßt werden, ob es nun lange oder kurze Wagen sind. Stroh ist gar nicht oder nur in spärlichem Umfange vorhanden. Wir sehen es kaum und finden uns auch mit den anderen Mängeln und Unbequemlichkeiten ab. Schließlich und endlich haben wir uns doch so einigermaßen eingeschachtelt.

Am 27. August 1946 morgens um zwei Uhr setzte sich unser Zug rumpelnd und polternd in Bewegung. Die Fahrt ging über Reichenbach — Schweidnitz — Striegau — Jauer — Liegnitz — Lüben — Glogau — Sagan nach Kohlfurt. Als wir schon bei Tageslicht kurz hinter Schweidnitz die Türen aufschoben, begannen die Bilder der Verwüstung: Ruinen, Trümmer,

Brandstätten, erschütternder aber als diese die endlosen, völlig verunkrauteten, völlig verödeten Flächen zwischen den Städten. Wir haben während der ganzen langen Nacht bis zur Neiße nur ganz wenige Menschen gesehen. Noch Ende August 1946 waren alle diese Gebiete, deren Bevölkerung in den ersten vier Monaten des Schicksalsjahres 1945 dicht vor der Kriegsnot her hatte fliehen müssen völlig unbesiedelt, leer und todesstarr. Nur in dem vom Kriege verschont gebliebenen Teil der Provinz, aus dem wir herkamen, waren die polnischen Neuansiedler in großen Massen und viel zu großer Dichte angekommen. Hier fuhren wir an Tausenden und Abertausenden von Morgen brachliegenden, ja versteppten Kulturlandes vorüber. Immer das gleiche Bild bis Kohlfurt.

Müßte über solchen Eindrücken nicht schon jetzt die Frage nach dem Sinn und Recht der Ausweisung, die vor uns und nach uns noch Ungezählten widerfuhr, dringlich sich erheben?

Anschließend folgen noch einige persönliche Erwägungen des Vfs. zu dieser Frage.

Nr. 354

Erlebnisbericht des Pfarrers F. B. aus dem Kreis S t r e h l e n i. Niederschles. Original, 5. August 1949, 7 Seiten. Teilabdruck. Verfaßt auf Grund einer Verfügung der Kanzlei der Evangelischen Kirche in Deutschland.

Ausweisung einer Gemeinde aus dem Kreise Strehlen (August 1946).

Vf. berichtet zunächst über die Evakuierung seiner Heimatgemeinde (Ende Januar 1945) nach Bad Langenau / Grafschaft Glatz, über die erste Begegnung mit russischen Truppen und die Rückkehr in den Heimatkreis, wo sich bereits polnische Miliz festgesetzt hatte. Anschließend schildert er das kirchliche Leben und die Leiden der deutschen Bevölkerung unter Zwangsmaßnahmen des polnischen Willkürregiments.

Wohl mit dem 20. Februar 1946 setzten die offiziellen Ausweisungen gemäß dem Potsdamer Abkommen auch für Schlesien ein. Eine Kreisstadt nach der andern wurde von der Ausweisung deutscher Menschen im Laufe der Monate betroffen. Schon schlug es da und dort um Strehlen herum ein. Der Kreis Reichenbach kam in der Mitte des Monats April 1946 an die Reihe. Noch immer war der Strehlener Kreis von der Ausweisung verschont geblieben. Die Gemüter wurden von Hoffen und Bangen hin- und hergerissen. Schwer war es uns allen, fast von der ganzen Außenwelt abgeschnitten zu sein ...

Weil es keine Zeitung gab und weil wir Deutschen keinen Rundfunk besitzen durften, gingen in jenen Zeiten mancherlei Gerüchte um, die nicht selten für wahr gehalten wurden. „Die Ausweisung hat aufgehört, aus dem Kreis Strehlen wird niemand ausgewiesen." Oder es hieß in der ersten Hälfte eines Monats: „Die Polen müssen raus, die Deutschen bleiben weiterhin", aber in der zweiten Monatshälfte: „Die Deutschen müssen raus, Schlesien ist polnisches Land geworden." So gingen sechs Monate — vom

20. Februar bis 17. August 1946 — für uns in großer Ungewißheit dahin. —
Da, es war am Sonntagabend, dem 4. August, gegen 22.00 Uhr, wurde es plötzlich bekannt, daß auch für P. und Umgegend die Ausweisung angeordnet worden sei. Wie ich alsbald erfuhr, sollte ich mit etlichen Gemeindegliedern mich noch nicht unter den Auszuweisenden befinden. Ein Schrecken jedoch bekamen die anderen, die von der Ausweisung namentlich betroffen wurden. Der im Pfarrhaus seinerzeit untergebrachte Flüchtling mit seiner Familie war auch dabei. Aber bald zeigten sich die Betroffenen gefaßt. Die Nacht hindurch wurde gepackt. Grundsätzlich durfte allerdings niemand mehr als 40 Kilo Handgepäck mitnehmen — wieviel er zu tragen vermochte. Doch es wurde mit einem schwereren Gepäck versucht. Äußerstenfalls konnten die Polen bei der Kontrolle das Mehr an Gewicht mitnehmen.

Am nächsten Tage um 9.00 Uhr vormittags mußten die Ausgewiesenen auf der Dorfstraße zum Aufbruch — zunächst nach der Kreisstadt Strehlen — marschbereit stehen. Es war ein recht warmer Sommertag. Heiß brannte die Sonne vom Himmel hernieder, und der Abschied von der teuren Heimat für alle Beteiligten war überaus schwer. Wer an jenem Vormittag seine Wohnung zum Aufbruch verlassen hatte, durfte sie nicht mehr betreten, wenn er zurückkam, um noch etwas zu holen, was er in seinem Abschiedsweh vergessen hatte. Die Wohnung war inzwischen von der polnischen Ausweisungskommission versiegelt und zum Teil schon geplündert worden. Zunächst wollten die Polen alle Ausgewiesenen zu Fuß nach Strehlen wandern lassen — 10 Kilometer weit; dann aber ließen sie sich umstimmen, und besonders die Alten und Gebrechlichen durften auf Wagen zur Kreisstadt fahren. Dort wurde sogleich nach der Ankunft stichprobenweise genaue Gepäckkontrolle, bei manchen auch Leibesvisitation vorgenommen, dabei dieses und jenes noch weggenommen. Als dann der Zeitpunkt der Abfahrt des Zuges gekommen war, nahm er die heimatlos Gewordenen auf und fuhr sie nach dem Westen hin. Im Kreis Lüneburg fanden sie schließlich ihr jetziges Unterkommen.

Zwölf Tage später — am 17. August 1946 — mußte ich selber mit meiner Ehefrau und weiteren Gemeindegliedern das Los der Ausweisung aus P. erfahren. Am Tage zuvor, an einem Freitagnachmittag, hatte sich gegen 17.00 Uhr die polnische Ausweisungskommission im Pfarrhaus bei mir eingefunden; sie sah sich die Wohnung genau an. Der „wojt" (polnischer Amtsvorsteher) als Vorsitzender der Kommission sagte mir daraufhin, daß ich morgen — also am 17. August — mit anderen Dorfbewohnern ausgewiesen werde, und verlangte den Kirchenschlüssel zur Besichtigung des evangelischen Gotteshauses. Die altehrwürdige Kirche, die vor ca. 700 Jahren erbaut wurde, gefiel der Kommission recht gut und wurde von ihr sogleich für die Polen beschlagnahmt und abgeschlossen. Mit Gemeindegliedern, die auf die Kunde von der bevorstehenden Ausweisung am Abend zu mir herüberkamen, gedachten wir fürbittend vor Gottes Angesicht unserer lieben Heimat, von der es nun auch für uns galt, in den nächsten Stunden Abschied zu nehmen. Ich dankte dem Herrn der Kirche, daß ich so lange noch in der lieben Heimat unter den Restgemeinden hatte amtieren dürfen, war doch im Laufe der Monate und Wochen in Schlesien ein Amtsbruder nach dem anderen mit vielen seiner Gemeindeglieder ausgewiesen worden. Kurz vor Mitternacht zum 17. August ging ein Gerücht im Dorfe um, eine Ausweisung der Deutschen finde nicht statt. Ich traute solcher Kunde nicht, hielt sie vielmehr für ein Täuschungsmanöver, das die Absicht habe, die betreffenden Auszuweisenden vom Fertigmachen ihres Gepäcks abzubringen. Als nach kurzem nächtlichen Schlummer der Morgen anbrach, erging gegen 8.30 Uhr der offizielle Ausweisungsbefehl. Auf Listen waren die Namen der in Betracht Kommenden bekanntgegeben; sie hatten um 9.00 Uhr auf der Dorfstraße nach Strehlen marschbereit zu stehen. Da gab es ein schweres Abschiednehmen von dem geliebten Schlesierlande, in dem ich 17 Jahre lang der Gemeinde P. als Pfarrstelleninhaber mit dem Wort des Lebens hatte dienen dürfen, von den Gemeindegliedern, die in geringer Zahl als Landarbeiter in der Heimat zurückbleiben sollten. Ein Trost war es für mich, daß die beiden Diakonissen, die im Pfarrhaus wohnten, noch eine geraume Zeit zurückbleiben durften; so konnten sie gerade auch die Kranken daheim betreuen und geistlich versorgen. Ein Blick noch einmal in die lauschigen Winkel und Zimmer der heimatlichen Wohnung, an die uns soviel freundliche Erinnerungen knüpfen, und wir verließen das Haus, die Heimstätte freudigen und treulichen Schaffens jahraus, jahrein! So bitter schwer uns auch der Abschied wurde, wir zeigten uns dennoch gelassen und getrost; die Polen sollten sich nicht in Schadenfreude an uns weiden dürfen.

Um 9.00 Uhr standen wir auf der Dorfstraße marschbereit da zum Aufbruch, zunächst zur 10 Kilometer entfernten Kreisstadt Strehlen. Es war auch diesmal, wie am 5. August, ein recht warmer Sommertag. Auch diesmal brannte die Sonne heiß vom Himmel hernieder. So weit wie möglich konnten Wagen zum Aufbruch benutzt werden. Abschiedsworte wechselten wir mit den Zurückbleibenden, ein fester Händedruck noch — und der Zug der Ausgewiesenen setzte sich in Bewegung. Immer wieder schweiften unsere Blicke über das liebe Kirchdorf hin, bis es unseren Augen entschwand. „Grüß dich Gott, du teure Heimat! Wir hoffen, dich noch einmal wiederzusehen!" So zog es durch unsere Seelen.

In der Hölle von Strehlen wurde das Gepäck so mancher Gemeindeglieder, deren Namen auf einer besonderen Liste verzeichnet standen, nach wertvollen Sachen von Polen durchsucht, die sich dabei roh und brutal gebärdeten. Gute Bekleidungs- und Wäschestücke wurden auf die Straße geworfen. Meinem alten, kranken Schwiegervater rissen sie den Pelz vom Leibe, den er trotz der Hitze angezogen hatte, um ihn vor dem Diebstahl seitens der Polen zu bewahren. Ich selbst wurde zweimal leibesvisitiert. Aus meinem Koffer wurde mir u. a. der kleine Krankenkommunionskelch gestohlen; auch davor machten die Polen nicht halt. Betten, die ich noch für meine beiden Söhne mitgenommen hatte, wurden mir auch entwendet.

Spätnachmittags hatten wir in den bereitgestellten Zug einzusteigen, der uns Ostvertriebene nach dem Westen fahren sollte. Es waren Stunden großer Unruhe und des Entsetzens, die wir am 17. August 1946 infolge der Ausweisung durchlebten; aber wir wußten uns doch dabei in Gottes Hand und Hut, der Gedanken des Friedens über uns hat und nicht des Leides.

Nr. 355

Erlebnisbericht des Landwirts Erich Sydow aus B u s c h e n, Kreis W o h l a u i. Niederschles.

Beglaubigte Abschrift, 4. Oktober 1948, 11 Seiten. Teilabdruck. Verfaßt zur Vorlage beim Military Tribunal IV in Nürnberg.

Maßnahmen der polnischen Behörden bei der Ausweisung im Oktober 1946.

Im ersten Teil seines Berichts schildert Vf. die allgemeinen Verhältnisse und seine persönlichen Erlebnisse unter russischer Besatzung und polnischer Verwaltung bis zum Herbst 1946 [1]*).*

Zuerst nahmen wir an, daß man „oben" allmählich einsehen würde, daß es ohne uns nicht geht. Schließlich aber stellte sich heraus, daß tatsächlich nach und nach alle Deutschen aus Schlesien verdrängt wurden. Die Abtransporte vollzogen sich wie folgt:

Meistens kam abends der polnische Bürgermeister und verkündete den mehr oder weniger ahnungslosen Deutschen, sie müßten am nächsten Tage zum Abtransport zur nächsten Sammelstelle bereit sein. Am nächsten Morgen erschien dann die örtliche Kontrollkommission und nahm eine Vorbesichtigung des Gepäcks vor. Das war die erste mehr oder weniger gründliche Plünderung. Dann ging es ins Sammellager. Hier mußten die Unglücklichen hinter Stacheldraht unter freiem Himmel solange warten, bis die große Gepäckkontrollkommission eintraf. Manchmal dauerte das mehrere Tage und Nächte. Trat gerade Regenwetter ein, so war der Zustand der Wartenden fürchterlich. Todesfälle, hauptsächlich bei Kleinkindern, waren nicht selten.

Ich und meine Familie kamen im Oktober 1946 an die Reihe. Uns Domänenarbeiter hatte unsere Generalverwaltung immer noch zurückstellen lassen, weil sie gute und billige Arbeiter an uns hatten. Auch jetzt versuchte sie, uns wieder zurückzubehalten, aber die politische Leitung setzte ihren Willen durch, und wir wurden abtransportiert.

Da wir zufällig zu dem letzten Transport gehörten, der Wohlau in diesen Tagen verließ, wurden wir bald nach unserer Ankunft im Sammellager von der Generalkommission untersucht, schon in der ersten Nacht auf der Bahn verladen und abgerollt. Die sogenannte Gepäckuntersuchung geschah in rücksichtslosester Weise. Die Zugänge zu dem Untersuchungsraum waren so eng, daß man jedes Gepäckstück einzeln hineinschleppen mußte. Hatte man alle seine Sachen glücklich ohne Verluste im Untersuchungsraum beisammen, so wurden Säcke und Koffer kurzerhand ausgeschüttet und durchstöbert. Was der Kommission begehrenswert erschien, wurde weggenommen und auf einen besonderen Haufen geworfen. Die kläglichen Reste mußte man so gut wie möglich zusammenraffen und mit ihnen schleunigst den Raum verlassen. Meine Schwester und meine Schwiegermutter wurden noch in einer Sonderzelle einer allerdings erfolglosen genauen Leibesvisitation unterzogen.

---
[1]) Abgedruckt unter Nr. 225 (Bd. I, 2).

Da lagen wir nun im Dunkeln mit unserer letzten kläglichen Habe buchstäblich auf der Straße und wußten nicht, wie wir sie zur Bahn bekommen sollten, wohin noch ein Fußmarsch von einer Viertelstunde zu machen war. Nachdem dies mit vieler Mühe endlich gelungen war, wurden wir zu 68 Menschen in einen sogenannten großen Güterwagen gepfercht und rollten aus der Heimat in neues, unabsehbares Elend.

Nr. 356

Erlebnisbericht des Superintendenten Hans Horter aus M a s s e l , Kreis T r e b n i t z i. Niederschles.
Beglaubigte Abschrift, 31. Oktober 1947, 11 Seiten[1]). Teilabdruck.

Ausweisung der Bevölkerung des Kirchenkreises Trebnitz in der Zeit von Ende Juni 1945 bis August 1947.

Im ersten Teil seines Berichtes über seine Erlebnisse und Erfahrungen während „27 Monaten im abgetrennten Schlesien" schildert Vf. neben dem kirchlichen Leben die allgemeinen Verhältnisse unter polnischer Verwaltung, vor allem die systematische Polonisierung des Landes durch Zwangsmaßnahmen polnischer Behörden gegenüber der deutschen Bevölkerung und deren gewaltsamer Verdrängung durch einströmende polnische Siedler.

Anfang Juni 1945 waren wir nach Massel zurückgekehrt und vor uns und nach uns Zehntausende von Volksgenossen in die schlesische Heimat. Wir alle mit der Gewißheit, daß wir unter einer vorübergehenden polnischen Verwaltung würden in der Heimat bleiben können. Wir ahnten nichts von den Potsdamer Beschlüssen. Darum ging ein jeder mit Feuereifer daran, Wohnung und Haus instand zu setzen, Garten und Feld zu bestellen. Da traf uns wie ein Blitz aus heiterem Himmel am 29. Juni die Schreckens-Nachricht: Heute vormittag sind die Deutschen aus Trebnitz (Kreisstadt) und Jeschütz (Nachbardorf) evakuiert worden! Bald folgten andere Dörfer in der näheren und weiteren Umgebung. Nun mußten auch wir täglich damit rechnen. Aber wann würde die bittere Stunde kommen? Wieviel würden wir von unseren Sachen mitnehmen können? Wie würde es uns unterwegs ergehen? Und wie würde sich unser Leben „drüben" im Reich gestalten? Diese Fragen bewegten uns Tag und Nacht.

Was sollten wir tun? Lohnte es sich noch zu arbeiten? Ich gab immer wieder den Rat: Wir müssen uns auf beides einrichten. Wir müssen täglich mit einem baldigen Abtransport rechnen — also müssen wir uns genau überlegen, was wir mitnehmen, müssen alles Mitzunehmende stets griffbereit haben. Zugleich aber müssen wir uns auf einen monate-, ja vielleicht auch jahrelangen Aufenthalt in der Heimat einrichten — also Wohnung und Haus instand setzen, Gemüse, Getreide und Kartoffeln anbauen, Brennholz sammeln und Wintervorräte sammeln. Wie gut war es, daß wir im Pfarrhaus unseren Acker und Garten bestellt hatten. Denn wir mußten ja noch über zwei Jahre dableiben.

---

[1]) Auch abgedruckt im Heimatbrief 6 vom 22. November 1947, S. 29—34.

Natürlich war dieses zweigleisige Leben nicht so einfach. Immer wieder mußte etwas von den eingepackten Sachen herausgeholt werden, weil es gebraucht wurde, und wie oft legte sich der Gedanke lähmend über die Arbeit: Lohnt es sich auch? Werden nicht andere ernten? Niemand wußte, wann er ausgewiesen werden würde. Wie oft wurden uns Termine genannt! Aber meistens waren es nur leere Worte, mit denen manche uns Mut, andere uns Angst machen wollten. Ja, sollten wir uns auf die Evakuierung freuen und alles tun, um sie zu beschleunigen, oder sollten wir uns davor fürchten und sie mit allen Mitteln zu verhindern oder wenigstens hinauszuschieben suchen? Beides war in uns lebendig und wogte durcheinander, die Liebe zur Heimat und der Wunsch nach einem Leben ohne Unsicherheit und Bedrängnis, die Sehnsucht nach den Lieben im „Reich" — und die Angst vor der Enge und dem Mangel drüben.

Am 1. Dezember 1945 wurden große Teile unserer vier Gemeinden evakuiert, aus Deutsch-Hammer allein 700! Wir verloren damals auch unsern Organisten. Aber niemand aus Massel kam hinaus. Mitte und Ende November 1946 wurden sämtliche Nachbarorte evakuiert, aber Massel blieb wieder davon verschont. Wenn ich mich am Sonntagmittag aufmachte zum Gottesdienst in einer Nachbargemeinde, wußte ich nie, ob ich die dortigen Gemeindeglieder noch antreffen würde.

Anfang Januar 1947 eröffnete uns der polnische Bürgermeister — es war an einem Dienstagabend —, daß wir am Freitag „repatriiert" würden. Wir konnten also in aller Ruhe packen, haben vieles weggegeben, manches verkauft und vieles verbrannt. Und am Donnerstagabend erfahren wir amtlich, daß der Abtransport wegen Kälte verschoben sei. Damals waren wir darüber nicht erfreut. Also wieder auspacken und weiter warten! Als aber in den nächsten Tagen die Kälte zunahm, waren wir doch dankbar, daß wir noch daheim bleiben konnten. Erst Mitte Mai d. J. kam der erste Schub aus Massel hinaus, 42 Personen, kinderreiche Familien und alte Leute.

Die Gemeinden waren nun klein geworden. Würden diese wenigen Menschen, denen man das meiste genommen, und die z. T. so wenig verdienten, würden sie weiter die Kirche unterhalten können? Es war anzunehmen, daß der nächste Transport erst nach der Ernte gehen würde.

Mitte August hörten wir, daß wir auch bald drankommen würden, aber Genaues war nicht zu erfahren. Am Sonntag, dem 17. August, kam früh vor dem Gottesdienst eine Frau aus einem entfernten Dorf zu uns ins Pfarrhaus mit der Nachricht, daß die Deutschen ihres Ortes am Mittwoch (20. 8.) abtransportiert werden sollten. In Gottesdiensten an diesem Sonntag konnte ich den Gemeinden nur sagen, daß auch sie mit einem Abschied in dieser Woche rechnen müßten. Aber einen feierlichen Abschieds-Gottesdienst zu halten, wagte ich noch nicht, weil ich mich schon zweimal in solchen Erwartungen getäuscht hatte. Obwohl unser Bürgermeister behauptete, nichts zu wissen, haben wir doch am Montag gepackt. Der Dienstag war ein Tag wechselnder widersprechender Gerüchte. Bald hieß es: Alle kommen hinaus; bald: Ein Teil und der Pastor bleiben da; bald: Es geht in den nächsten Tagen hinaus; bald: Erst nach der Ernte (nach welcher Ernte?). Mittags fuhr unser Bürgermeister in die Stadt, um sich Bescheid zu holen

(Fernsprechverkehr war noch nicht möglich). Bei seiner Rückkehr erklärte er, er bekäme erst am Abend Bescheid. Am späten Nachmittag erschien der polnische evangelische Pastor, um die kirchlichen Gebäude und Grundstücke zu übernehmen. Vergeblich warteten wir auf einen amtlichen Evakuierungsbefehl. Als wir schon zu Bett gegangen waren, schickte der Bürgermeister einen Boten: morgen früh um 7.00 Uhr Abtransport! Dabei wußten wir im Pfarrhause nicht, wer von den anderen Gemeindegliedern mit dabei sein würde.

Am nächsten Morgen wurden wir, nur 18 aus unserem Dorf — gegen 50 mußten zurückbleiben, die Handwerker und die Gutsarbeiter — mit drei Gespannen nach der Kreisstadt gefahren. Wir hatten keine Gelegenheit, uns von den Zurückbleibenden zu verabschieden. Mit mir mußten alle meine Mitarbeiter den Ort verlassen trotz der feierlichen Zusage hoher Regierungsstellen, daß — solange evangelische Deutsche in Schlesien wären, die nötigen Geistlichen dableiben sollten. So war der Gottesdienst am Sonntag wohl nicht nur der letzte, den ich hielt, sondern wahrscheinlich auch der allerletzte evangelische Gottesdienst in deutscher Sprache. Das Ende einer 355-jährigen Geschichte.

Als wir in Trebnitz ankamen, war unser Transportzug schon weg! Und wir mußten auf eigene Kosten nach Breslau fahren. Dort kamen wir ins „Lager Paulinenschule". In fürchterlicher Enge und von Wanzen gepeinigt, brauchten wir dort nur zwei Tage zuzubringen. Am Sonnabend früh schleppten wir unser Gepäck durch die halbe Stadt zum Bahnhof. Stundenlang lagen wir vor dem Bahnhofsgebäude, bis wir endlich durch die gefürchtete „Kontrolle" gingen. Hier hatten schon viele von uns ihre letzte Habe verloren. Uns Masselern hat man nichts genommen. Wir bestiegen nun unseren Zug, Viehwagen, ohne Stroh und ohne Sitzgelegenheit. Am Sonntag (24. 8.) in der Morgendämmerung verließ unser Transportzug — 50 Waggons mit je 30 Ausgewiesenen — die Stadt Breslau.

Hier ist meine Mutter geboren, hier mein Vater aufgewachsen, hier haben manche Vorfahren gelebt und geschafft, hier sind ihre Gräber, hier habe ich studiert, hier bin ich ordiniert worden, hier begann ich meinen kirchlichen Dienst. Breslau bedeutet für mich mehr als die Hauptstadt von Schlesien. Breslau ist ein Stück Heimat, ja ein Stück meines Lebens. Ob wir sie noch einmal wiedersehen werden? Das steht in Gottes Hand.

Der Bericht endet mit einigen Angaben über den weiteren Transportweg und einer religiösen Betrachtung über künftige Aufgaben.

IV. Ausweisungsaktionen im Verlauf des Jahres 1947.

1. Vertreibung aus Ostpreußen.

Nr. 357

Erlebnisbericht von Richard Bandusch aus D ö n h o f s t ä d t, Kreis R a s t e n b u r g
i. Ostpr.
Original, 30. November 1951, 16 Seiten. Teilabdruck.

Ausweisungstransporte aus dem Kreis Rastenburg.

Vf. war aus Dönhofstädt in den Danziger Raum geflohen, schließlich nach dem weiteren Vordringen der Russen in seinen ostpreußischen Heimatort zurückgekehrt und hatte dort die Zeit der russischen und polnischen Herrschaft erlebt. Nach ausführlicher Schilderung dieser Ereignisse und der allgemeinen Zustände fährt er fort:

Am 6. Dezember 1946 wurde ein Transport Deutscher nach dem Reich zusammengestellt. 25 Glückliche aus Dönhofstädt waren auch dabei, darunter auch mein alter Freund Heinrich Morscheck, mit dem ich zusammen wohnte. Die Auswahl der Personen war ganz willkürlich, man kann wohl sagen nach Gunst. Der Transport fiel in eine sehr kalte Zeit, und es war gut, daß wenig Kinder und gebrechliche Personen dabei waren.

Im Laufe der Zeit wurde dann oft von den Polen das Gerücht verbreitet, daß wieder ein Transport nach dem Reich bevorsteht, damit recht viel Möbel, Betten u. dgl. von den Deutschen zu billigem Preis verkauft würden. Tatsächlich haben es manche getan und litten hernach Not. Man hörte es zu gern, wurde nachher mißtrauisch und glaubte gar nicht mehr daran.

Der Winter und Frühling 1946/47 verging unter allerlei Arbeiten. Polnische Arbeiter kamen im April aus verschiedenen Gegenden, einige Familien aus der Lubliner Gegend, andere von Krakau. Es waren einige darunter, die als Emigranten in verschiedenen Teilen Deutschlands jahrelang gelebt hatten und die entsprechenden deutschen Dialekte redeten. Aus der Gegend von Warschau jüngere männliche Personen, die etwas von Motoren und Maschinen verstehen wollten, diese standen, wenn ein Schlepper streikte, da herum, und es gab ein großes Palaver. Saufen verstanden sie besser. Jeden Sonntag machten sie Tanzvergnügen, zum Schluß Schlägerei. Nur wenige deutsche Mädchen haben an diesen Vergnügen teilgenommen.

Am 11. Mai 1947 ging wieder ein Transport, leider kamen nur zwei Frauen und zwei Kinder von Dönhofstädt mit. Am 30. Juni 1947 [ging] ein Transport [von] 25 Personen aus Dönhofstädt, diesmal [waren] mehr alte arbeitsunfähige Leute dabei. Die beiden Frauen, die für mich solange gesorgt hatten, waren nun auch weg, und die Schwägerin derselben hat dieses dann bis zum Schluß getan. Den ganzen Sommer 1947 war es still geworden mit Transporten, wir sparten unser übriges Getreide auf und hofften, im kommenden Winter Vorrat zu haben, leider. Hätten wir lieber alles verkauft und teure Hemden oder Speck gekauft. So kam unser Abtransport wie ein Dieb in der Nacht. Am 3. September in der Nacht kam polnische Miliz aus Barten und sagten: „Heute noch nach Deutschland fahren, schnell einpacken!" und überwachten zum Teil noch die Packerei. Wenn man auch einen Teil unserer Lumpen schon immer gepackt hatte, die Vorräte an Getreide mußten stehenbleiben. Einige Familien versuchten noch in dieser Nacht, Brot zu backen, es wurde nicht mehr gar. Dazu hatten wir für Monat August noch kein Geld bekommen, es waren über 1 000 Zloty. Auch dieses erhielten wir nicht mehr. Überall Betrug. Die polnischen Direktoren und Verwalter steckten das Geld ein. Der polnische Verwalter vom Gut Kolbiehnen kam nach Barten nachgefahren und zahlte dort seinen deutschen Arbeitern dieses Geld aus. Warum konnten es die andern nicht auch so machen?

Die Bummelei mit dem Transport begann bereits, als wir auf den bereitgestellten Wagen (Pferdewagen) Platz genommen hatten. Bis zum Morgen des 4. September hatten wir acht Kilometer bis Barten zurückgelegt. Dort absteigen. Stundenlange Pause. Nachher Verlesen der Listen, ein Ehepaar Kossack aus Dönhofstädt war durch Einschüchterung nicht mitgekommen. Sie sind wohl heute noch dort, wie ich aus dem Briefwechsel sehe, den ich mit einer Familie in Ostpreußen führe. Eine Frau Morzick war mit ihren drei Kindern schon auf dem Transportwagen, wurde aber heruntergeholt, weil sie, um ihre Kinder besser pflegen zu könen, für Polen optiert hatte. Nach Verlesung brachten uns die Fuhrwerke nach Rastenburg zur Kreisstadt. Dort erhielten wir Unterkunft im Amtsgericht und Verpflegung. Nach einer ausgiebigen Zollkontrolle am 6. September wurde mir ein noch gebliebenes Sparkassenbuch genommen. Manchem nahm man neue Kleidung. Wäsche, Wolle oder Erbsen. Je nachdem es den Zollbeamten oder Beamtinnen gefiel, wurden wir mit LKW. zum Bahnhof befördert.

Am 7. September gab es Marschverpflegung, und um die Mittagszeit setzte sich unser Zug in Bewegung. Über Korschen, Allenstein, Thorn, Posen, Gnesen, Teplitz. In Teplitz standen schon zwei Transportzüge, wo ich Anverwandte traf. Es ging weiter über Forst, Leipzig bis Altenburg, wo wir entlaust, d. h. mit weißem Pulver eingestäubt wurden. Am nächsten Tag bis Sonneberg, Süd Thüringen, in ein Quarantänelager zwölf Tage. Dort begann der Hunger bei den dünnen Suppen. Auf der Fahrt konnte man sich nicht beklagen, außerdem besaßen die meisten etwas Vorrat an Lebensmitteln. Hätten natürlich mehr gehabt, wenn der Rausschmiß nicht so unverhofft gekommen wäre. Von Sonneberg wurden wir verteilt, nach Wunsch aufs Land oder in Städte der Ostzone.

Es folgen abschließend Angaben über das fernere Ergehen des Vfs. sowie über Schicksale von Bekannten aus Ostpreußen.

Nr. 358

Erlebnisbericht von Frau Clara Richter aus **Johannisburg** i. Ostpr.
Original, 8. Januar 1953, 16 Seiten. Teilabdruck.

Ausweisungen aus Johannisburg im Juni 1947.

V/n. war im Juni 1944 nach Mecklenburg evakuiert worden, kehrte auf russischen Befehl im Sommer 1945 nach Johannisburg zurück und lebte hier bis 1947 unter Russen und Polen. Nach Schilderung dieser Erlebnisse fährt sie fort:

Im Juni 1947 kam die Ausweisung. Ganz unverhofft erschien die Kommission. Der polnische Bürgermeister sagte, ich könnte auch unterschreiben [1]). Ich sagte: „Nein" und mußte mich schnellstens beeilen. Sie stellten mir zur Aufsicht einen polnischen Soldaten in meine Wohnung. Dieser entfernte sich und schloß mich ein. Ich wurde dann von zwei bewaffneten Soldaten abgeholt. Die Polenfrauen, die mit mir im Hause wohnten, kamen aus ihren Wohnungen und weinten. Ja, sie steckten meinem fünfjährigen Sohn sogar 300 Złoty in die Hand. Der Abschied mußte sehr schnell vorangehen, da die Soldaten drängten. Auch uns fiel es recht schwer. — Wir mußten die Nacht in dem Hause von Kaufmann Graade, Lindenstraße, zubringen. Am Sonntag vormittag wurden wir mit LKW. nach Sensburg gebracht. Für unsere Reise mußte ich in Sensburg 1 500 Złoty zahlen. Zum Glück hatte ich das Geld zusammen.

In Sensburg wurden wir drei Tage festgehalten und vollständig ausgeplündert. Man untersuchte uns bis aufs Hemd. Ich hatte hierbei ein ganz besonderes Pech, weil ich nur deutsch antwortete.

Hinterher wurden wir entlaust. Am nächsten Tage gab es Papiere. Hier fiel mein Name auf. Ein Pole sagte: „Dein Mann war bei der Polizei, du kommst nicht mit." Aber die andern schoben mich ab. — Wir bekamen Verpflegung und mußten zu Fuß zur Bahn. Die älteren Leute wurden gefahren. Ein jeder bekam eine Nummer, und wir wurden mit 36 Personen im Güterwagen verladen. Wir waren an 1 500 Personen von überall zusammengeholt. Wir wurden unterwegs viel kontrolliert. Kurz vor der Grenze nahm noch einige junge Leute der Pole fort. Es war ein trauriges Ereignis. In Cottbus haben wir diesen Fall sofort gemeldet. Als wir endlich die Grenze hinter uns hatten, fiel ein jedem ein Alpdruck vom Herzen. Herzlich wurden wir in Cottbus willkommen geheißen. Endlich wieder frei zu sein! Nach reichlicher Verpflegung ging der Transport über Frankfurt/Oder — Dessau nach Ilsenburg/Harz, russische Zone.

---

[1]) Gemeint ist die Annahme der polnischen Staatsbürgerschaft, wozu besonders die Masuren gedrängt wurden, weil sie von den Polen als „Autochthone" betrachtet wurden.

2. Vertreibung aus Westpreußen.

Nr. 359

Erlebnisbericht der Landwirtin Agnes Ohl aus F e l d h e i m (Pólko) Kreis B e r e n t i. Westpr.
Original, 30. Mai 1952.

Ausweisung im Juni 1947 aus dem Kreis Stuhm; Strapazen auf dem Transport, Beraubung bei der Gepäckkontrolle.

Am 15. Juni erhielt ich ganz unvorbereitet um 8.00 Uhr morgens durch den polnischen Bürgermeister Jeziolowic, Mirahnen, einen roten Ausweisungsschein. Darin war angegeben, daß ich mich am 16. Juni früh um 8.00 Uhr auf dem Kasernenhof in Stuhm zu stellen hatte. Gepäck etwa 30 Kilo, Lebensmittel für 14 Tage, 500 Złoty und 500 RM könnten mitgenommen werden. Ich lag noch zu Bett, da ich mich nach der doppelseitigen Lungenentzündung, die wir ohne Arzt und Medikamente behandeln mußten, noch elend und schwach fühlte. Meine Schwester riet ab, zu fahren, da ich einen Rückfall erleben könnte. Ich sagte aber, es ist ein Ruf, eine Gelegenheit, rauszukommen. ...

Ich packte meine wenigen Habseligkeiten zusammen. Ich war ja nur zum Besuch gefahren und hatte mir nichts mitgenommen, handarbeitete mir von geschenkten Sachen inzwischen Notdürftiges, und das war wertvoll genug, es als Erinnerung an diese zweieinhalb Jahre mitzunehmen. Meinen Pelz, den Koffer, die Handtasche hatten die Russen mir gestohlen, meinen Trauring zogen sie mir mit Gewalt herunter. Nun bat ich meine Schwester um ein Bett, denn ich wagte nicht, so abzufahren; sie bezogen mir eines und wickelten es so zusammen, daß alles in einem Seesack Platz hatte. Ein Netz mit Lebensmitteln und ein Netz mit Dosen Fett und Kaffee, Milch, Marmelade und Honig — es war gerade kurz vorher ein Paket aus Amerika von meinem Bruder angekommen —, das war der eiserne Bestand, sollten wir keine Verpflegung bekommen.

Mein Neffe lief nun in dem Dorf herum, um Pferd, Wagen und Geschirr zu borgen, auf unserm Hof war z. Z. noch nichts, und so verabschiedete ich mich am Montag um 6.00 Uhr früh bei strömendem Regen, sah die Güter leer und wie ausgestorben, sah elende, magere Pferde auf den Wiesen, einige schon verendet an Rotz, es waren die von der UNRRA gelieferten, die schon angesteckt auf den Sammelplätzen in Gotenhafen den Keim mitbrachten. Auch das Pferd meines Neffen ging nach einiger Zeit daran ein. Ich sah Pestlin, die Kirche und den Friedhof und winkte nur den Gräbern unserer Lieben zu, denn das Unwetter wurde immer heftiger.

Die Wirtschaften rechts und links waren bis zur Stadt recht verwahrlost, viele ausgebrannt. Die Vorstadt hatte auch gelitten und der Markt und die Straßen kaum wiederzuerkennen; ich kannte jedes Haus von früher und sah es nun zum erstenmal wieder! Die Kirchen standen, und weiter zum Bahnhof auch etliche Häuser, die Kasernen und das Krankenhaus. Als wir das Tor erreichten, sahen wir schon viele angereiht. Der polnische Posten ließ sich die Papiere vorzeigen, und so ging es nur langsam voran trotz des Wolkenbruchs. Wir waren samt Gepäck durchnäßt. Da ich hilflos dastand, weil ich nichts tragen konnte, bat ich meinen Neffen, mir bis ins Gebäude zu helfen. Erst Geschimpfe und viel Reden, er sollte dann auch gleich dableiben und rauswandern. Dann aber ließ der Posten sich erbitten, als ich polnisch sprach, und ließ meinen Neffen durch, aber er behielt ihn immer im Auge!

Es waren nach meiner Schätzung ca. 800 Menschen, die weinten, zitterten und sich irgendwie zusammenschlossen, je nach Bekanntschaft oder Orten. Ich saß verlassen da, mein Neffe versprach, mir solange weiterzuhelfen, bis ich im Zuge sitzen würde. Er beobachtete es vom Haus vis-à-vis, wo er Schutz suchte. Erst nach 4.00 Uhr wurde auf dem Exerzierplatz angetreten, und es ging in Reihen zum Bahnhof. Ich wartete auf meinen Neffen, er schlängelte sich durch die Reihen und nahm mein Gepäck und mich an den Arm, und so kamen wir zum Güterzug. Er stand dort, wo die Güter verladen werden. Große Erdhaufen, vom Kartoffelverladen, vor den Waggons, Schmutz und Wasser im Waggon, es regnete mit Druck weiter, auch durch die Decke, und wir wußten nicht, wie wir uns schützen sollten.

Ich hatte ein Opernstühlchen mit, das mir auf allen Wegen gute Dienste leistete, so brauchte ich nicht zu stehen. Die andern setzten sich auf ihre Säcke, und nun nahm ich Abschied von meinem Neffen, der von den Milizen, die den Transport begleiteten, schon allerhand häßliche Redensarten einstecken mußte. Nochmals wurden die Papiere geprüft, und dann setzte sich der Zug in Bewegung. Wir standen an der offenen Waggontür, um noch das Letzte von der Heimat zu sehen, sangen tränenerstickt: „Nun ade, du mein lieb Heimatland", kauerten uns dann eng zusammen, um uns zu wärmen, es rieselte weiter auf unsere Köpfe.

In Marienwerder mußten wir alle aussteigen, die Miliz trieb uns binnen drei Minuten aus den Waggons, was nicht so schnell ging, denn Familien, die noch fünf bis acht Kopf groß waren, hatten auch Lasten mit. Es wurde geflucht und mit dem Gewehr hantiert, bis alle zusammen auf dem Perron standen. Ich rührte mich nicht, saß auf meinem Stühlchen, die anderen marschierten schon los. Da sah ich noch gebrechliche Männer und Frauen liegen, die auch warteten, daß man ihnen half. Es kam dann ein Lastwagen, und wir alle wurden aufgelesen, verladen und zur Kaserne gebracht. Dort wurde der Transport auf Zimmer verteilt.

Als wir vorfuhren, wurde der Verschlag vom Lastwagen aufgerissen, und wir fielen als erstes aufs Pflaster, da wir so vorn und eng standen und uns nicht halten konnten. Vor mir lag ein Mann und eine alte Frau mit blutender Stirn. Es kamen schnell ein paar Frauen von unsern Leuten und holten uns rein in die Kaserne. Ich lag auf Zimmer 20, mit Leuten aus Reichandres, Christburg und Polixen.

Es folgen die Namen der Zimmermitbewohner.

Wir kauerten durchnäßt auf dem Fußboden, wußten nicht, wie lange wir auf die Weiterfahrt warten mußten, packten nichts aus, sondern ruhten auf dem Gepäck aus. Es war eine schreckliche Nacht. Die Miliz kam alle Stunde mit einer Blendlaterne und leuchtete uns ins Gesicht, sie glaubten, daß wir fliehen würden.

Am Morgen wurden wir früh rausgetrieben: Mit Gepäck antreten auf dem Exerzierplatz. Da standen wir fast bis zum Abend in Pfützen und wurden wieder naß und kalt.

Vfn. zählt eine Reihe von Leidensgefährten namentlich auf.

Unsere Frauen und Mädchen mußten die verschmutzte Kaserne reinigen und wischen, aber nichts war da, weder Besen noch Eimer noch Wischtuch. Unkraut wurde gebündelt und damit gefegt, und eigne Eimer und Lappen dienten dazu, denn die „deutsche Schweinerei" sollten wir bereinigen. Wir dachten anders!

Jeden Morgen traten wir wieder an, immer mit dem Gepäck, weil wir ja nicht wußten, wann es losgeht oder wozu das war! Inzwischen schien die Sonne, und alle breiteten nun ihre Betten und Kleider auf dem Hof aus, um sie zu trocknen. Man sah verstockte, schwarze Wäsche, stinkende Kleider, alles schon verbrüht durch die Nässe.

Wir wurden nun in Reihen zu vier, zu zwei, zu eins auf dem Hof in Marsch gesetzt, mußten mal rechts, mal links marschieren, und der Befehlshaber des Lagers schrie und fluchte, wenn es nicht ging. Die Menschen schleppten ihre Habe, stöhnten. Stunden vergingen so, und dann wurden wir durch die Unteroffiziersschule geschleust. In fünf Räumen, zwei Etagen hoch, war je eine Kommission. Sie sahen die Ausweisungspapiere, dann unsere Pässe, dann war eine Bank, mehrere Bankbeamte und eine Dame dahinter, die verlangten die polnischen Złotys, 500 Złoty hatten wir frei, die nahmen sie uns ab. Wir bekamen einen kleinen Zettel als Quittung.

Dann ging's in Revision vom Gepäck. Da war ein Tumult, die Zollbeamten suchten nach Werten. Neue Pelze oder Stoffe, Gold- und Wertsachen, auch Anzüge, Wäsche, Betten wurden rausgerissen und in einen Raum nebenan geworfen. Da türmte sich die Habe, das Letzte, was man retten wollte. So sah ich mich einmal um nach der Bank, die Frau war nicht mehr zu sehen, gedeckt von Złoty-Scheinen!

Weiter ging's in der Untersuchung, wir wurden wegen Ungeziefer vollständig bestaubt. Dort zogen sich etliche Frauen erst wieder an, die eine Leibesvisitation hinter sich hatten, wegen versteckten Werten. Dann ging's weiter, mit einer Nummer versehen, auf den Hof, wir mußten wieder antreten und wurden in die andere Kaserne geführt, die wieder verschmutzt war. Wir mußten sie reinigen wie die erste, inzwischen war ein großer Müllhaufen aufgeworfen wie ein Berg, Dosen, Papiere, Drähte, Kartons, Dreck.

Die Miliz trieb nun jeden Tag die Arbeitsfähigen dorthin, sie mußten alles wieder sortieren. Dabei platzte eine Granate, und eine Frau und deren Kind waren sofort tot. Ich saß im Raum oben und sah mir alles vom Fenster aus an, schrieb meine Tagebuchblätter oder gab Nachricht nach Mirahnen.

Meine Briefe wurden durchs eiserne Tor an Passanten, die noch deutsch sprachen, gegeben, die sie beförderten; andere Möglichkeiten waren nicht, wir durften nicht heraus, die Posten standen an jedem Ausgang.
Einige Menschen wurden krank, da kam eine polnische Schwester, sie ließ sich Frau Dr. titulieren, und unsere Rote-Kreuz-Schwester Hulda Friedrich brachte sie zu den Kranken; da sie absolut kein deutsches Wort sprach und letztere wieder nichts Polnisches verstand, holten sie mich als Dolmetscherin. Ich sah nun zu, wie die Wunden, offenen Beine, Furunkel, Verletzungen verbunden wurden, Fieberkranke und erkältete Personen Tabletten bekamen, die Krätze-Behafteten wurden in andere Räume verlegt und auch die Verlausten, meist waren es Männer, die nur mit einem Sträflingsanzug und Hemd angezogen waren; sie hatten schon viele Gefängnisse und Lager hinter sich. Ich erinnere mich an einen Mann mit Namen Franz Gomm, Regierungssekretär aus Königsberg, der schüttelte die Läuse aus dem Anzug. Wir liefen fort aus seiner Nähe, er sah verkommen aus, saß wie blöde da, ewig am Scheuern. Er hatte mit einem gelähmten Mann, der sich gar nicht bewegen konnte, einen Raum für sich, er betreute den Alten dabei. Wir reichten ihnen das Essen rein und legten noch Brot von unserer Ration dazu, weil sie hungerten.

Morgens gab es für sieben Menschen ein Vierpfund-Brot den Tag und schwarzen dünnen Kaffee, mittags meist Sauerkohl mit Pferdefleischwürfel, abends nur Kaffee oder heißes Wasser; damit brühten die Frauen sich meist ihren eigenen Tee oder Kaffee auf. Viele hatten Mehl oder Grütze und Speck und Fleisch mit. Sie gingen mit einem Kochtopf hinter die Kaserne, kochten sich ein Gericht. Oft bekam ich auch eine Tasse ab, denn ich war leer und fror.

Inzwischen sammelte sich in der ersten Kaserne ein neuer Transport von Marienwerder und Rehhof — ca. 1 000 Menschen. Nun sahen sich viele Bekannte, aber es wurde untersagt, mit ihnen zu sprechen. Auf dem Abort, einer breiten, tiefen, offenen Grube, über die Bretter gelegt waren, trafen sich Menschen, klagten sich ihr Leid. Es war bald bemerkt worden, und dann wurde die Anlage durch die Hitze so widrig, daß sie nicht mehr benutzt wurde; sie wurde eigeebnet und eine andere Stelle angewiesen. Man fürchtete, daß Typhus ausbrechen könnte, weil viele schon klagten.

Jeden Tag war Antreten auf dem Hof. Die Namen wurden aufgerufen, und stundenlang standen alle, während der Lagerkommandant, ein Jude, den ich schon als Anpeitscher, Lügner und Begleiter des russischen Kommandanten von Niklaskirchen in Mirahnen kennengelernt habe. Bei denen muß er in Ungnade gefallen sein, da hat er sich bei den Polen in Dienst gestellt. So quälte er uns noch bis zum letzten Tag, sagte, wenn die Aufstellung in Reihen nicht schnell genug klappte, auf deutsch: „Ich war 27 Jahre k. k. Feldwebel in Galizien, aber so ein doofes Volk habe ich nie gesehen!", fuchtelte mit einem Stock in der Luft herum und schrie weiter! Wir alle waren schon satt und kaputt von diesen Tagen und sehnten uns nach der Abfahrt.

Am 25. Juni war Proviantverteilung, drei Mann = ein Brot, eine Dose Bohnen, ein Löffel Salz, ein Löffel Kaffeeschrot, 100 Gramm Zucker, ein

Beutelchen Schiffszwieback. Dann wurde gepackt und angetreten und in Reihen zum Bahnhof abmarschiert, erst Marienwerder, dann Stuhm. Eine Familie Blank nahm mein Gepäck mit, und ich ging langsam seitlich vom Zug, setzte mich ab und zu auf mein Stühlchen, wurde angeschrien, wenn ich klagte: „Ich kann nicht, hab Kreuzschmerzen." Die Miliz sagte wörtlich: „Bekommst paar mit dem Knüppel ins Kreuz, dann kannst krepieren, altes Hitlerweib." Erschöpft kam ich am Bahnhof an, und da halfen mir Menschen in den Viehwaggon. Zu essen bekamen wir nichts an dem Tage, tranken Wasser von der Pumpe. Nun kam ein Zollbeamter und nahm uns die Quittungszettel ab, wir waren die 500 Zloty los ohne Ersatz.

Um Mitternacht setzte sich der Zug endlich in Bewegung, es ging Richtung Graudenz, Thorn, Gnesen, Posen. Dort gab das Rote Kreuz uns um 7.30 Uhr Kaffee, wir kauften uns ein Weizenbrot für 50 RM, eine Rolle Drops = 100 RM, denn wir hatten ja nur noch deutsches Geld und zahlten pari mit dem Zloty, da wir nichts wußten. Es ging weiter bis Rothenburg, unterwegs war die Maschine heißgelaufen, sie mußte zur Reparatur, wir standen auf freiem Feld und hatten Ruhe, stiegen aus den Wagen ins Freie, wuschen uns im Graben, pflückten Sauerampfer und kochten uns eine Suppe. Es gab sonst nichts, wir sonnten und schliefen, wischten den Waggon, schmückten ihn mit Buchen- und Eichenlaub und hofften, daß es bald weitergehen würde.

Am 27. Juni kam die Maschine, und es ging weiter in Richtung Kreuzburg.

Nr. 360

Erlebnisbericht der Landarbeitersfrau G. S. aus G r. B e l l s c h w i t z , Kreis R o s e n b e r g i. Westpr.
Original, 19. November 1952, 16 Seiten. Teilabdruck.

Ausweisung im Sommer 1947 nach verweigerter Option für Polen.

Nachdem Vfn. über ihre Flucht nach Pommern im Januar 1945, die Rückkehr nach Gr. Bellschwitz und die folgende Zeit unter Russen und Polen berichtet hat, heißt es in der Schilderung weiter:

Im Sommer 1947 hatte der Pole in Gr. Bellschwitz 17 Morgen bebaut. Das andere war alles Ödland. Anders war es in den Bauerndörfern. Da hat jeder, soviel er konnte, bestellt. Die Polen hatten sich mit uns gut befreundet.

Als wir am 24. September 1947 abfuhren, haben die nicht gearbeitet, nur uns nachgejammert. Wir sollten zehn Minuten vor der Abfahrt Bescheid bekommen, so daß wir gar nichts mitnehmen sollten. Unser Chef konnte dieses nicht und sagte uns schon einen Tag vorher, daß es los ging. Wir konnten uns nun etwas Lebensmittel von den Polen besorgen. Butter, Brot und Kleinigkeiten gaben sie uns zum Abschied mit.

Im Mai fuhr ein Transport ab. Wir blieben 18 Personen zum nächsten zurück. Unser tägliches Morgen- und Abendgebet war, wann fahren wir. Kurz vorher wurden wir zum Nachbarort gefahren und sollten uns einpolen lassen. Es wurde uns viel vorerzählt. Als letztes sagte man mir, ich würde in Deutschland mit meinen Kindern verhungern. Meine Antwort war: „Bin ich deutsch geboren, will ich deutsch verhungern, wenn die Herren es meinen. Aber Pole werde ich nicht." „Bockig", sagte der Landrat, „na, dann fahr man schon."

Die Leute, die ein „ki" am Ende hatten, zum Beispiel Ligowski, mußten dableiben. Die waren nach ihrer Ansicht Polen. Viele ältere Leute ließen sich auch einpolen, die blieben dann auf ihrem Hof.

Wir fuhren mit dem Trecker nach Deutsch Eylau. Hier wurden wir untersucht, registriert und immer zu 30 Mann in Viehwaggons verladen. Wir waren 3 000 aus Kreis Rosenberg, Allenstein und Osterode. Verpflegung bekamen wir und fuhren nun nach Bitterfeld ins Lager. Hier machten wir in Sachsen Quarantäne vier Wochen durch. Dann fuhr jeder, wohin er Zuzug hatte.

Es folgen abschließend einige Angaben der Vfn. über den Zustand der Heimat im Jahre 1947.

3. Vertreibung aus Pommern.

Nr. 361

Bericht des R. P. aus Sellin, Kreis Rummelsburg i. Pom.
Original, 4. April 1951.

Das Schicksal des Ausweisungstransports Rummelsburg vom 4. Januar 1947; Zustände in den Lagern Stettin-Frauendorf und Schivelbein.

Der Transport von etwa 2 500 Deutschen, die aus dem polnisch besetzten Kreis und [der] Stadt Rummelsburg (Ostpommern) über die Oder befördert werden sollten, war für den 4. Januar angesetzt, die vorgesehenen Teilnehmer hierzu für 9.00 Uhr vormittags auf den Bahnhof bestellt.

Am 3. Januar wurden plötzlich alle Teilnehmer noch für denselben Abend an den Bahnhof beordert und mußten hier auf dem Sammelplatz in ausgebrannten Häusern ohne Türen und Fenster, also gewissermaßen im Freien, bei grimmiger Kälte von 25 Grad die Nacht zubringen. Dabei wurden während der Dunkelheit von polnischen Banditen zahlreiche Raubüberfälle auf die wehrlosen Deutschen gemacht und ihr Gepäck gestohlen, wobei die polnische Miliz, die eigentlich für Ordnung sorgen sollte, wie immer diese Dinge stillschweigend duldete und förderte oder sogar dabei mithalf. Diese Beraubungen während der Nacht waren auch der eigentliche Grund, weshalb die Deutschen einen Tag zu früh an den Sammelplatz bestellt worden waren.

Durch die grausame Kälte waren viele Menschen, besonders alte Leute und kleine Kinder, schon bei Beginn der Reise mit der Bahn, die am 4. Januar nachmittags endlich erfolgte, völlig verklamt und dem Tode nahe. Auf der zweitägigen Bahnfahrt bis Stetin gab es in den ungeheizten Viehwagen eine ganze Anzahl Erfrorene. Bei der Ankunft in dem großen polnischen Durchgangslager Stettin-Frauendorf mußten die Transportteilnehmer nochmals einen vollen halben Tag bei grimmiger Kälte ohne warme Verpflegung nach allen diesen Strapazen der Reise im Freien stehen, bis ihre Einweisung in ebenfalls wieder ausgebrannte Häuser ohne Fenster und Türen oder zementene Luftschutzkeller erfolgte. Bis zum Abend des Ankunftstages waren so bereits 28 Menschen an reiner Erfrierung gestorben. Drei Tage lang mußten die Transportteilnehmer in diesen kalten Räumlichkeiten ohne Verabreichung von Verpflegung hausen, bis ihre Registrierung und Einweisung in die eigentlichen Gebäude des Flüchtlingslagers erfolgt war.

Bis hierher beruht der Bericht auf den übereinstimmenden Aussagen und Erzählungen der Reiseteilnehmer, da ich selbst die Fahrt bis Stettin nicht mit dem Transport mitgemacht habe. Ich selbst kam am 3. Februar, also etwa vier Wochen später, durch Vermittlung des polnischen Roten Kreuzes als Einzelfahrer bis in das Flüchtlingslager Stettin-Frauendorf und wurde hier dem beschriebenen Rummelsburger Transport zugeteilt. Von hier ab berichte ich also aus eigenem Erleben.

Die Flüchtlinge lagen im Stettiner Lager, immer in Erwartung ihres Weitertransports, in völlig überfüllten Räumen, die nur notdürftig heizbar waren, bei dauernder starker Kälte und ganz unzureichender Verpflegung und sehr trüben sanitären Verhältnissen (eine einzige Wasserentnahmestelle für 4 000 Menschen, schlechte Latrinenverhältnisse, mangelnde Medikamente usw.). Unter diesen traurigen Umständen sind in dem einen Monat bis zum 7. Februar an den Folgen des Transportes bei der grausigen Kälte, der Unterernährung und den sonstigen Lagerkrankheiten etwa 200 Menschen gestorben. Diese Zahl beruht auf einer mir persönlich gemachten Angabe des amtlichen Lagersanitäters und kann als authentisch angesehen werden, zumal sie angegeben wurde, um überspannten Lagergerüchten entgegenzutreten.

Inzwischen war durch die britische Militärregierung die Durchführung weiterer Transporte wegen der großen Kälte gesperrt worden. Trotzdem wurde durch die Polen am 7. Februar — wieder bei grimmiger Kälte — etwa die Hälfte der Lagerinsassen des Lagers Stettin-Frauendorf, im ganzen etwa 1 700 Personen, zu einem Transport zusammengestellt und etwa 100 Kilometer nach Osten in das Flüchtlings-Durchgangslager der mittelpommerschen Stadt Schivelbein gebracht. In der Hauptsache wurden hierzu die Familien mit vielen Kindern und wenigen arbeitsfähigen Personen, alte Leute usw. ausgewählt, hierbei auch die gesamte Sanitätsstation des Lagers, soweit die Patienten irgend transportfähig waren, ferner die gesamten Insassen des Altersheimes der ehemaligen Kückenmühler Provinzial-Heil- und Pflegeanstalten (rund 50 Greise und Greisinnen). Der Grund, weshalb diese Rückführung nach Osten erfolgte, ist uns nie gesagt worden. Wir vermuten jedoch wohl nicht mit Unrecht, daß die Zustände im Lager Stettin-Frauendorf, die vor allem wegen der Überfüllung immer unerträglicher wurden, seitens der englischen Kontrollkommission, die jede Woche einmal das Lager kontrollierte, zu stark beanstandet wurden. Deshalb mußten die ärgsten Steine des Anstoßes verschwinden, und hierfür war es auf einmal nicht zu kalt, obwohl wieder eine grimmige Kältewelle herrschte.

Die Abfahrt erfolgte am 7. Februar nachmittags, die Ankunft in Schivelbein etwa um Mitternacht. Die Waggons konnten nicht beheizt werden, da wohl kleine eiserne Öfen und Kohlen, aber kein Anmacheholz in den Waggons vorhanden war, so daß die Steinkohlen nicht in Glut zu bekommen waren. Dies war beabsichtigt, da die zugeteilten Kohlen seitens der Transportleitung verschoben werden sollten, was durch spätere amtliche Untersuchung, bei der ich als Zeuge vernommen wurde, festgestellt wurde. Ebenfalls wurden große Teile der mitgegebenen Transportverpflegung verschoben, so erhielten drei Waggons (150 Menschen) überhaupt keine Transportverpflegung, und von 60 Zentnern mitgegebenen Heringen lagerten nur ganze sechs Zentner im Lager Schivelbein an, die übrigen 54 Zentner wurden verschoben. Doch dies waren nur die kleinen Blüten am Rande. Was diesen kurzen Transport zu einem wahren „Totentransport" machte, waren viel grausigere Ereignisse.

Als wir um Mitternacht auf dem Bahnhof Schivelbein ankamen, herrschten 22 bis 25 Grad Kälte. Die Menschen wurden sofort nach Ankunft von der Miliz aus den Waggons gejagt, obwohl der Zug nachher bis zum Morgen auf dem Gleis stehen blieb. Es zeigte sich bald, daß seitens der Leitung des Lagers Schivelbein keinerlei Vorkehrungen für den Empfang des Transports getroffen waren, denn diese war, wie mir der Lagerleiter später persönlich sagte, überhaupt nicht von unserem Eintreffen in dieser Nacht benachrichtigt worden. Die vielen alten und kranken Leute, die nicht allein gehen und ihr umfangreiches Flüchtlingsgepäck die drei Kilometer bis zum Lager schleppen konnten, blieben einfach auf dem Bahnsteig liegen und waren der grausigen Kälte schutzlos ausgesetzt. Was ich in dieser Nacht an grauenhaftem Elend bei den hiervon betroffenen Kranken, Gelähmten und 70- bis 90jährigen Greisen miterlebt habe, ist nicht zu beschreiben. Viele sind buchstäblich so, wie sie auf die Ladestraße des Güterbahnhofs hingesetzt wurden, erfroren.

Ich selbst habe bis zum Morgen zusammen mit den beiden Diakonen des Altersheims, die als Pfleger mitgekommen waren, zu retten versucht, was in unseren Kräften stand, aber wir standen diesem Massenelend hilflos gegenüber. Von denen, die sich zu Fuß aufgemacht hatten, um das Lager zu erreichen, brachen viele vor Entkräftung und Kälte unterwegs zusammen, eine willkommene Beute für polnische Diebe und Räuber, die den hilflosen Leuten ihre letzten Habseligkeiten raubten. Immer wieder wurden sie dabei von der begleitenden Miliz mit dem Gummiknüppel weitergetrieben, bis sie schließlich gänzlich zusammenbrachen.

Etwa um 4.00 oder 5.00 Uhr morgens erschien ein Einspännerwagen aus dem inzwischen alarmierten Lager auf dem Bahnhof, der jedoch nicht die vor Kälte sterbenden, hilflosen Kranken und Greise abtransportierte, sondern nur die von Stettin mitgekommenen Verpflegungsvorräte abfuhr. Erst von 8.00 Uhr morgens ab wurde dann mit dem Abtransport der hilflosen Menschen begonnen, wiederum nur mit diesem einzigen Einspänner-Panjewagen. Bis nachmittags um 15.00 Uhr hat es so gedauert, bis die letzten Menschen endlich ins Lager gebracht wurden. Auf dem ganzen Wege dorthin lagen alle 50 bis 100 Meter die Elendshaufen der zusammengebrochenen Menschen mit oder ohne ihr Gepäck, stöhnend oder nur noch schwach wimmernd oder bereits erfroren, eine Straße des Grauens. Das Ergebnis dieser Nacht waren 26 Tote, die an reiner Erfrierung starben (amtsärztlich festgestellte Todesursache auf dem Totenschein) und ein Massensterben, das in den folgenden Wochen an den Folgekrankheiten der Kältenacht vor sich ging, unterstützt durch die im Lager Schivelbein selbst herrschenden trostlosen Zustände.

Hier lagen die Flüchtlinge noch enger zusammengepfercht als in Stettin in leicht gebauten Baracken, die undicht und nur schlecht zu beheizen waren, so daß das blanke Eis auf dem Fußboden, auf dem man liegen mußte, stellenweise wochenlang nicht auftaute. Die durchschnittliche Belegung betrug eine Barackenstube von vier mal fünf Meter 30 Personen mit ihrem gesamten Flüchtlingsgepäck. Die Räume waren damit so vollgepfercht, daß nicht einmal nachts sich alle Menschen zum Schlafen hinlegen konnten, sondern immer ein Teil die Nacht auf dem Gepäck sitzend zubringen mußte. Was dies bedeutet, wenn Männer, Frauen und Kinder, Gesunde und Kranke Tag und Nacht so zusammengepfercht hausen mußten, besonders nachts, wenn die vielen an Ruhrdurchfall Erkrankten fünf- bis sechsmal austreten mußten und dies wegen der Kälte nicht draußen tun konnten, vermag man sich nicht vorzustellen. Unter diesen Verhältnissen haben die Menschen zweieinhalb Monate leben müssen.

Die Verpflegung im Lager betrug: Täglich morgens Kaffee und 200 Gramm Brot, mittags einen halben Liter Wassersuppe, abends lediglich einen Becher Kaffee. Ab und zu wurde je nach Person ein halber Eßlöffel Zucker und alle ein bis zwei Wochen einmal auf sieben Personen ein Hering verausgabt. Brotaufstrich und Fleisch fehlten gänzlich. Daß hierbei jeder Mensch bald verhungern muß, liegt auf der Hand. Wer noch irgend etwas besaß, was er an die Polen im Schwarzhandel verkaufen konnte, mußte hier sein Letztes versetzen, um sich die notwendigsten Nahrungsmittel zukaufen zu können. Wer sich nichts nebenbei besorgen konnte, mußte glatt verhungern, wie ich es in vielen Fällen miterlebt habe. Diese Zwangslage der deutschen Flüchtlinge wurde natürlich von den Polen gründlich ausgenutzt, am schamlosesten jedoch von dem polnischen Amtsarzt des Lagers, Dr. Adamski. Dieser veranlaßte die Sperrung der bis dahin in beschränkter Zahl ausgegebenen Stadtausgangsscheine und ordnete gleichzeitig an, daß nur noch an ihn von den Deutschen Sachen verkauft werden dürften. Daß er bei diesem Zwangsmonopol den Flüchtlingen lächerliche Preise zahlte und Riesengeschäfte machte, ist selbstverständlich.

Die sanitären Verhältnisse im Lager spotteten jeder Beschreibung. Auch hier wegen Einfrierens der Leitungen nur eine Wasserentnahmestelle für 3 000 Menschen Als Latrine diente eine einzige genau vier Meter lange Sitzstange im Freien, die bei ständig 15 bis 22 Grad Kälte dem Ostwind ausgesetzt war und von Männern, Frauen und Kindern gemeinsam benutzt werden mußte. Erst nach drei bis vier Wochen wurde eine behelfsmäßige Latrine fertiggestellt. Daß unter diesen Umständen im Lager kein Typhus ausgebrochen ist, dürfte wohl nur auf die andauernde strenge Kälte zurückzuführen sein. Umso mehr starben die Leute aber an Erkältungskrankheiten wie Lungenentzündung, Grippe, Bronchitis usw., häufig verbunden mit Herzschwäche infolge der Unterernährung. In drei Fällen wurden Frauen irrsinnig infolge der katastrophalen Verhältnisse im Lager. Medikamente mangelten auch hier stark, so daß der deutsche Lagerarzt und die deutschen Schwestern bei aller aufopfernden Mühe oft genug machtlos dastanden.

Zu den üblen geschilderten Zuständen im Lager kamen dann noch die andauernden kleinen und großen Schikanen der polnischen Lagerbeamten und besonders der Miliz, die hier nur flüchtig nebenbei mit erwähnt werden können. Aber hier war man ja vor einem Besuch durch alliierte Kommissionen sicher und konnte sich daher alles erlauben. Besondere Erbitterung hat z. B. die Vorschrift seitens der Lagerverwaltung ausgelöst, daß bei

Beerdigung von Verstorbenen immer nur ein Angehöriger je Leiche mit zum Friedhof gehen durfte. Auf diese Weise konnten Eltern nicht einmal gemeinsam ihr verstorbenes Kind zu Grabe tragen. Alle Bitten der Flüchtlinge und des Lagerpfarrers, doch wenigstens zwei Angehörige mitzulassen, wurden rundweg abgelehnt.

Die Hoffnung, Anfang oder Mitte März aus diesem Elend erlöst zu werden und abtransportiert zu werden, wie es zuerst geheißen hatte, erfüllte sich leider nicht. Auch in der ersten Hälfte des April rührte sich noch nichts. Scheinbar wurde das Ergebnis der Moskauer Konferenz abgewartet, denn erst nach deren Beendigung[1]), am 20. April, gingen die Transporte wieder los, nunmehr jedoch mit großer Beschleunignug, so daß sämtliche Lagerinsassen bis zum 1. Mai abtransportiert waren. Sämtliche Transporte gingen in die russische Zone.

Das traurige Endergebnis der Leidenszeit in Schivelbein waren im ganzen 183 Tote. Rechnet man die eingangs erwähnten 200 Toten aus Stettin dazu und rechnet ferner für die in Stettin verbliebene Hälfte des Rummelsburger Transportes für diese Zeit nur zwei Drittel unserer eigenen Totenzahl, obwohl dort im März der Typhus tatsächlich ausbrach, so ergibt sich für den beschriebenen Rummelsburger Transport eine Gesamtzahl von rund 500 Toten, das sind 20 Prozent des Anfangsbestandes von 2 500 Personen. Eine solche Zahl dürfte ... es erklärlich machen, daß wir Teilnehmer hierfür die Bezeichnung „Rummelsburger Totentransport" geprägt haben.

Soweit die nüchternen Tatsachen und Zahlen, für die ich volle Bürgschaft hinsichtlich der Richtigkeit übernehme und die durch die Aussagen der anderen Teilnehmer erhärtet und von mir und anderen in tausend Einzelheiten ergänzt werden können, die hier zu weit führen würden.

Nr. 362

Erlebnisbericht des Konrektors i. R. Karl Rosenow aus Rügenwalde, Kreis Schlawe i. Pom.
Original, 7. Juni 1952. Vf. stützt sich auf Tagebuchaufzeichnungen.

Ausweisungstransport im Juli 1947 aus dem Kreis Schlawe.

Am 6. Juli 1947, einem Sonntagvormittag nach 10.00 Uhr, kamen plötzlich drei polnische Kommissare zu unserer Wohnung herauf und erklärten: Wir hätten die Wohnung sofort zu räumen und uns in den Hof der Rüwag (Rügenwalder Fleischwaren Aktien-Gesellschaft) zu begeben. Sie erlaubten uns noch, das aufgesetzte Mittagessen in der Küche zu nehmen, schlossen sich aber gleich in unserer Wohnung ein, so daß wir keinen Zutritt mehr hatten.

Mit Unterstützung unseres Nachbars Knobloch brachten wir unsern Bettsack, einen kleineren Sack, zwei Rucksäcke und drei Pakete zur Rüwag, wo sich allmählich gegen 500 Personen versammelten. Hier mußten wir uns

---
[1]) Die Moskauer Außenministerkonferenz war vom 10. März bis 24. April 1947.

einen Paßausweis von einem Polen ausstellen lassen, was für mich, im Besitz einer Kennkarte 100 Złoty, für meine Frau aber 200 Złoty kostete. In diesem Hofe mußten wir den ganzen Nachmittag und die Nacht bis 2.00 Uhr zubringen ohne Schutz vor Regenschauern. Ständig kamen russische Offiziere und Mannschaften und suchten nach Deutschen, die bei ihnen arbeiteten, aber diese Gelegenheit benutzen wollten, um ins Reich zu kommen, was etwa 20 Personen auch gelang: Männern in Frauenkleidung.

Nachts um 1.30 Uhr hieß es: Antreten zum Bahnhof! Jeder Erwachsene mußte 40 Złoty, Kinder die Hälfte zahlen für die Fahrt nach Schlawe. (Man denke: für eine Transportfahrt, zu der wir gezwungen wurden.) ... Manche hatten keinen Złoty bei sich, für den andere einspringen mußten, ohne Geld kam keiner vom Hofe. Zwei Züge um 2.00 und 3.00 Uhr wurden abgelassen. Wir kamen mit dem ersten Zuge mit, der aus fünf alten Viehwagen bestand und in einiger Entfernung vom Binnenhafen hielt. Es war dunkel, und ich mit dem Roller, auf dem der Bettsack festgebunden war, ein Rucksack, ein Paket und Schirm beladen, meine Frau und die anderen ebenso, so daß wir oft zusammenstießen und ich und andere hinstürzten, bis wir uns im Viehwagen wieder zusammenfanden.

In Schlawe ging es sehr beschwerlich aus dem Zuge auf einem Fußsteige hinter dem Bahnhofe, und wir erfuhren, daß wir nach dem Barackenlager hinter der Höpnerschen Ziegelei eine halbe Meile marschieren mußten. Meine Frau gab einem polnischen Fuhrmann 200 Złoty, wofür er den Roller und ein Paket mitnahm. Aber der Pole kehrte nach kurzer Zeit wieder um. Er hatte die ganze Fracht einfach hinter der Ziegelei in den Chausseegraben geworfen. Wir waren tief erschrocken und dachten, nun sind wir beides los, fanden es aber noch im Graben und mußten einem polnischen Jungen ebenfalls 200 Złoty zahlen, daß er mit seinem Ziehwagen uns zum Lager half. So wurden wir noch bis zum Lager ausgepreßt.

Das Schlawer Barackenlager war für eine Pionierabteilung bestimmt gewesen, diente nun aber als Sammellager für Ausgetriebene. Es fanden sich noch einige Zurückgebliebene vom vorigen Transport vor, Rügenwalder, Bauern von Wusterwitz und Göritz und Lischen von Jershöft. Wir fanden Unterkunft in Baracke 5. Nachmittags war Schutzimpfung aller 16- bis 60jährigen, abends 8.30 Uhr Versammlung: Bekanntmachung mit der Lagerordnung und Einteilung aller Ausgetriebenen in Gruppen von 33 Personen. Mittagessen hatte es nicht gegeben.

Dienstag, den 8. Juli, morgens 6.30 Uhr: Antreten nach Gruppen in fünf Reihen vor dem polnischen Landrat, was über eine Stunde geübt werden mußte, da wir von früher gewohnt waren, in drei Reihen anzutreten. Den Gruppen wurden Bahnwagen zugeteilt, unsere Gruppe bekam Nummer 13. „Eine Unglückszahl", hieß es sogleich. Auf Mittag trafen noch Ausgetriebene von Pollnow und Nachbardörfern ein. Nachmittags: Fortsetzung der Schutzimpfung gegen Typhus, auch wir Älteren mußten antreten, um nach der Untersuchung einen Vermerk auf unserer Meldekarte zu empfangen. Dann wurden die Bahnkarten verteilt. Gruppe 13 mußte nach Baracke 4 umsiedeln. Gruppenführer wurde Tischlermeister Max Stüwe aus Rügenwalde. Zur Gruppe gehörten 24 Erwachsene, darunter 5 männliche, 19 weibliche. Dazu kamen 9 Kinder, wovon 5 Geschwister ostpreußischer Flüchtlinge waren, die durch ihr wildes, ungezogenes Betragen viele Störungen verursachten. Unter den 5 männlichen Personen waren Albert Witt und ich wegen unseres hohen Alters arbeitsunfähig. Die arbeitsfähigen Männer mußten während der Nacht am Drahtzaun Wache halten. Mittagessen hatte es wieder nicht gegeben.

Mittwoch, den 9. Juli: Um 6.30 Uhr Versammlung nach Gruppen, Bekanntmachungen des Landrats, der niemals seine Zigarette ausgehen ließ. Dann begann von 9.00 bis 18.00 Uhr eine strenge Kontrolle aller Lagerinsassen. Sie wurde vom Landrat mit 16 Zollbeamten und 4 Frauen sehr genau und rücksichtslos durchgeführt und dauerte für mich und meine Frau über eine halbe Stunde unter persönlicher Aufsicht des Landrats. Ich vermute, daß ich wieder bei ihm denunziert worden war. Wir mußten unser ganzes polnisches Geld, etwa 2 000 Złoty abgeben, durften aber das deutsche behalten. Man hatte uns doch heilig und teuer versichert, daß jede Person 40 Kilo Gepäck, 1 000 Złoty und 600 RM mitnehmen dürfe. Wir sollten durchaus Gold und Dollarnoten haben. „Wo ist Ihr Gold, Ihre Dollarnoten?" donnerte er mich an. Zweimal wurde ich von oben bis unten genau untersucht, aber sie fanden nichts, trotzdem sie alles befühlten und herauszogen, weil ich eben nichts mehr hatte, auch meinen goldenen Trauring nicht. Ebenso erging es meiner Frau, der man aber ihren goldenen Trauring und eine silberne Halskette ließ. Dann mußten wir den Roller, Rucksäcke und die Pakete öffnen. Als meine Frau beim letzten fragte: „Auch dies noch?" donnerte er wieder: „Reden Sie nicht so viel! Es gilt Ihr Leben!" Wir hatten beide zusammen nur ein Deckbett und eine Schlafdecke. Ein Stück sollten wir abgeben. Wir gaben die Schlafdecke. Außerdem nahmen sie meine Aktentasche, einen Briefumschlag mit meinen seltensten Briefmarken, die ich bisher gerettet hatte, und eine Gummi-Wärmeflasche, die mir der Landrat aber wieder zurückwarf, nachdem er sich überzeugt hatte, daß nichts darin war.

Dann mußten wir alle unsere ausgekramten Siebensachen aus dem Fenster werfen, um Platz zu machen. Draußen mußten wir alles wieder zusammensuchen, einpacken und zusammenschnüren, was gegen zwei Stunden dauerte, obgleich uns die Fräulein Schwarz getreulich dabei halfen. Nicht bei allen wurde so genau verfahren, dann hätte man trotz des vielen Personals wohl tagelang mit dieser Kontrolle zu tun gehabt. Vigola wurde bei dieser Gelegenheit auch 1 000 Złoty los, die er im Stiefel versteckt hatte.

Am Nachmittag gab es dann seit drei Tagen das erste Mittagessen: Kartoffelsuppe mit etwas Konservenfleisch. Es folgte dann eine Versammlung der etwa 50 Gruppenleiter, die mit Begleiterinnen zum Bahnhof mußten, um die Viehwagen zu reinigen. Es fanden sich noch vertriebene Einwohner aus den Stranddörfern ein, so daß Nummer 13 wieder nach Baracke 3 umziehen mußte. Die Unglückszahl begann sich zu bewähren.

Donnerstag, den 10. Juli: Um 3.00 Uhr wurde aufgestanden. Noch herrschte Dämmerung, als eine halbe Stunde später der Aufbruch begann und bald ein fürchterliches Durcheinander aller Gruppen herrschte. Die Einteilung war noch zu frisch, die Zugehörigkeit hatte sich noch nicht durchgesetzt und die Führer nicht die nötige Autorität. Besonders die Frauen ließen sich nicht halten. Sie eilten aus dem Lager hinaus und achteten nicht auf die Führer, sie mochten rufen oder brüllen, soviel sie wollten. Die Kinder schrien und heulten dazu, es war ein Höllenkonzert. Bei der Ziegelei war es mit jeder Ordnung vorbei.

Von hier ging es nicht auf der früheren Chaussee sondern einen näheren Weg durch die Wiesen zum Bahnhof. Der führte über Gleise hinauf und hinunter und schließlich an einen Bach mit lehmigem Untergrund ohne Brücke oder Steg. Da standen alle still wie Israel am Roten Meer. Hinüber mußten wir. Jeder mußte zupacken und helfen, wo er stand, damit auch ihm geholfen wurde. Meine langen Stiefel bewährten sich aufs beste dabei; aber manche versanken bis an die Knie, und manches Paket ging verloren, ehe Leute Bretter heranschleppten.

In wilder Hast wurde hinter dem Bach nach dem Bahndamm mit dem wartenden Zuge gestürmt. Dieser Weg mag wohl näher gewesen sein, aber dafür war er umso beschwerlicher und hatte längeren Aufenthalt an dem Bache verursacht. Meine Frau hatte diesen Weg nicht mitgemacht. Das hätten ihre kranken Füße nicht ausgehalten. Sie war mit anderen alten Frauen — krank durfte keiner sein, sonst mußte er zurückbleiben — auf einem Fuhrwerk zum Bahnhof gelangt, wofür sie wieder 100 RM oder 500 Złoty zahlen sollte. Złoty hatte sie nicht mehr, also wieder einen Hunderter heraus. So holte man immer neues Geld aus uns armen Vertriebenen heraus.

Auf dem Bahnhof hielten um 8.00 Uhr auf dem ersten Gleise 30 und auf dem zweiten 24 = 54 Wagen, und hier bewährte sich das Gruppensystem; denn jeder Wagen trug seine weithin sichtbare Nummer. Wir sammelten uns also vor dem Wagen Nr. 13. Es war ein ausgedienter Viehwagen mit großen Löchern im Fußboden und oben an der Decke und breiten Rissen an den Seitenwänden. Die ostpreußischen Jungen kletterten ohne weiteres auf das Dach, auf dem sie einen Freudentanz aufführten. In dem Wagen mußten wir uns nun für die nächsten Tage einrichten. Vom Bahnhofe wurde kochendes Wasser geholt, Kaffee-Ersatz hineingetan und getrunken. Einige Frauen hatten ihre Złotys gerettet und kauften Brot und Semmeln. Auf Veranlassung der Polen war gestern der Wagen mit grünen Sträuchern geschmückt worden. Jetzt mußten diese auf Befehl der Polen wieder entfernt werden und wurden gleich zu Kehrbesen umgewandelt, wie sie im Lager gebraucht wurden. Dann erhielt jede Gruppe von 33 Personen 8 Brote, 23 Salzheringe und 800 Gramm Zucker. Die Verteilung war äußerst schwierig, doch Fräulein Pfeifer gelang dies Kunststück, weil einige sich Salzheringe mitgebracht hatten und verzichteten, so daß jeder einen ganzen Salzhering erhielt. Der Zucker wurde löffelweise abgegeben. Eine Sanitäterin streute jedem vorne und hinten am Halse noch Insektenpulver ein. Es wurden mit diesem Transporte 1 479 Ausgetriebene, darunter etwa 500 Rügenwalder und das Sanitätspersonal befördert.

Um 12.00 Uhr begann die Abfahrt, und Regen setzte ein, der durch die Löcher in der Decke und die Risse in den Seitenwänden drang. Schirme wurden aufgespannt und Gefäße zum Auffangen des Regens aufgestellt. Es nutzte wenig, bald waren wir völlig durchnäßt. Von der Umwelt sahen wir wenig durch eine zurückgeschobene Schiebetür; viele zerstörte Gehöfte als

Ruinen, unbestellte Äcker, keine Viehherden, nur vier einsame Kühe zwischen Köslin und Stargard. In Belgard aßen wir den Salzhering, hatten aber kein Wasser. Dann hielt der Zug auf freiem Felde, um Bedürfnisse zu befriedigen.

Um 7.00 Uhr waren wir in Stargard und sahen viele ausgebrannte Häuser, auch den ruinenhaften Dom. Heftiger Platzregen setzte ein, der wieder alles durchnäßte. Das Wasser floß durch die Löcher im Boden ab. Der Zug verfolgte jetzt nicht mehr die Richtung nach Stettin, sondern südlich über Arnswalde mit seinen Ruinen durch die Neumark.

Freitag, den 11. Juli: Die Fahrt ging weiter durch [die Provinz] Posen. Viele Züge fuhren in der Nacht an uns vorüber. Die Stationen glitten so schnell an uns vorüber, daß ich ihre Namen nur schwer entziffern konnte, doch konnte ich Mokoz und Wronke lesen. Ohne Frühstück und Mittag — nur einem Eimer Kaffee bekamen wir — ging es auf Poznań, wo wir einen langen Aufenthalt hatten.

Hier schiebt Vf. eine kurze Schilderung der Reiseeindrücke ein.

Die Not um Trinkwasser wird immer größer, nur ein Eimer für 33 Personen. Dagegen haben wir drei neue Regengüsse aushalten müssen. Der Zugführer gibt selber zu, Nr. 13 ist der schlechteste von allen Wagen. Es beginnt ein großes Rätselraten: Wann werden wir die Reichsgrenze erreichen.

Sonnabend, den 12. Juli: Morgens die Sachen wieder umgestellt und getrocknet, um 8.00 Uhr eine ärztliche Besichtigung, diesmal ohne Insektenpulver, und dann heißes Wasser zum Kaffeetrinken. Dann ist Grünberg erreicht. Für 30 Złoty kann man hier eine Tasse heißen Kaffee kaufen, aber wir haben keine Złoty mehr, die hat der Pole in Schlawe. In Treplage gibt es um 1.00 Uhr heißen Kaffee. Hier findet eine Kontrolle der Personenzahl durch Zollbeamte statt.

Von den 54 Wagen sind einige für das Sanitätspersonal und zur Mitnahme von Lebensmitteln bestimmt. Über die Versorgung mit Lebensmitteln gibt es nur eine einzige Klage. Es hieß: Säcke mit Lebensmitteln wären vor Überfahren der Görlitzer Neiße abhanden gekommen.

Um 6.00 Uhr waren wir endlich auf deutschem Boden in Forst angekommen. An den Häusern hießen uns Plakate „Herzlich willkommen!" Ein reichliches Mittagessen, für Kinder Grützsuppe mit Milch, war vorbereitet. Ein Gewitter mit Wolkenbruch und Hagel richtete eine kleine Überschwemmung an, ein zweites von kürzerer Zeit folgte. Doch daran hatten wir uns gewöhnt: Überall bot man uns zum Kaufe an: deutsche Briefmarken, Kalender, Landkarten und auch Ersatzbier. Dann erhielt jede Gruppe zugewiesen: Brote, ein Kilo Butter, Margarine, zwei Kilo Fleischkonserven, 800 Gramm Zucker und Salz. Kaffee konnte jeder trinken, soviel er wollte. Endlich wurden wir in dieser Woche satt. Nun konnte ich auch zeigen, daß ich ein Tagebuch führte, was ich bisher in der größten Heimlichkeit hatte tun müssen, nur einige Rügenwalder wußten darum und umgaben mich immer wie eine Schutzwache, wenn Polen nahten.

V. Ausweisungsaktionen in den Jahren 1948/49.

Nr. 363

Erlebnisbericht von Frau Frieda Ratmann aus T a p i a u , Kreis W e h l a u i. Ostpr.
Original, 28. Mai 1951, 8 Seiten. Teilabdruck.

Ausweisungsformalitäten, Transport aus Tapiau über Königsberg im April 1948.

Nachdem Vfn. einleitend angegeben hat, daß sie nach Flucht und Rückkehr in einer Kolonne von Deutschen in Tapiau zur Arbeit für die Russen eingesetzt war, berichtet sie weiter:

Im Frühjahr 1947 hieß es, alle Deutschen, welche das russische Reichsgebiet verlassen wollen, müssen einen Fragebogen ausfüllen und mit einem Gesuch (Antrag) und Lichtbild auf der Polizei abgeben. Die Russen mögen gedacht haben, vielleicht wollen fünf Leute aus Tapiau fort, aber wie staunten sie, als restlos alle Deutschen das Paradies verlassen wollten, sogar unsere Kommunisten konnten dem Land ihrer Sehnsucht nicht schnell genug den Rücken kehren. Sie meinten, was sie hier erlebten, das wäre kein Kommunismus, nicht die Lehre Lenins.

Es folgt die Wiedergabe einiger Einzelerlebnisse, Darlegung von Stimmungen und Gefühle der Deutschen, dann fährt der Bericht fort:

1947 war es endlich so weit, und die ersten Deutschen wurden auf die große Reise geschickt. Eine bestimmte Anzahl wurden von den Kolchosen und andern Einheiten auf LKW. verladen bis Königsberg, dort wurde ein Güterzug zusammengestellt und fort ging es. Ich war wohl bei dem ersten Transport nicht dabei, aber ich war glücklich, daß es endlich los ging. ...

Im April 1948 war auch endlich an mich die Reihe gekommen. Registriert wurden wir wohl oft, aber nun kam eine russische Ärztin zur Schule und sagte, in etwa vier Tagen geht ein Transport, wir sollten uns bereit halten, unsere Wäsche waschen — daß wir keine Läuse hätten, sehe sie uns schon an — und für zehn Tage Verpflegung mitnehmen. Der Tag kam, an dem wir unsere Fahrscheine in Empfang nehmen sollten, natürlich strömte alles herbei, was laufen konnte. Der Dolmetscher trat vor die Tür und sagte, es wäre nicht nötig, daß alle hier herumständen, er werde eine Liste verlesen, und wer gerufen wird, bleibt stehen und empfängt dann später im Zimmer seinen Schein, und die anderen können nach Hause gehen, fahren mit dem nächsten Transport, der etwa nach vier Wochen geht. Die Belegschaft der Schule wurde aufgerufen außer dem Heizer, unserm lieben Fritz, der bei München beheimatet war und den es doch ganz besonders nach Hause zu den Eltern zog. Wir fuhren doch in die Fremde ins Ungewisse, aber Fritz fuhr „nach Hause". Er ist im Herbst 1948 doch noch gut heimgekommen.

Wir stellten uns an, um unsern Schein zu empfangen, es war schön, nur drei Personen standen vor uns. Da erschien der einarmige Direktor Nikolai Iwanowitsch, funkelte uns böse an und fragte, warum wir hier herumstanden, wir sollten an unsere Arbeit gehen. Wir erklärten ihm, daß wir unsern Fahrschein empfangen wollten und am nächsten Tag abfahren. Er stampfte mit dem Fuß auf und brüllte: „Aber ihr sollt doch nicht fahren!" Darauf wandte er sich an den Beamten: „Kapitan, ich habe Ihnen doch gesagt, daß die Deutschen aus der Schule noch nicht fahren sollen." Der Kapitan reagierte nicht darauf, sagte nur „ladno"¹) und fertigte uns bangenden, zitternden Kreaturen den Fahrschein aus, und als wir den in Händen hielten, wollten wir ihn gegen alle Teufel verteidigen. Nikolai Iwanowitsch gab sich nicht zufrieden, ging ins Nebenzimmer und rief dem Beamten zu: „Kapitan, auf eine Minute bitte!" Der erwiderte: „Nachher."

Glücklich, unsern Propusk in den Händen, zogen wir der Schule zu, um die letzten Vorbereitungen für die Reise zu treffen. An Arbeit dachte niemand mehr, aber unsere Freude sollte noch einen Dämpfer erfahren. Wir besprachen noch die Ereignisse der letzten Stunde, da erschien der russische Dolmetscher und meinte, den Fahrschein von der Familie Liedtke müßte er noch mal haben, da wäre etwas nicht in Ordnung. Die Familie Liedtke protestierte und gab ihn natürlich nicht her. Ich wollte nun Gewißheit haben, kam aus dem Nebenzimmer und fragte: „Willst Du meinen auch haben?" „Nein", sagte er, „Dein Schein ist in Ordnung." Da wurde mir doch erheblich leichter ums Herz. Er verlangte immer wieder den Fahrschein, aber Liedtkes gaben ihn nicht heraus, und wir sagten ihm, daß nur der Direktor die Sache rückgängig gemacht hat, was er auch nicht abstritt. Nach vielem Hin und Her sagte der Dolmetscher zu Liedtkes: „Ist gut, wenn Ihr mir den Schein nicht geben wollt, dann behaltet ihn, aber fahren dürft Ihr doch nicht. Wenn Ihr auf den Bahnhof kommt und in den Zug steigt, werdet Ihr herausgeworfen und dann könnt Ihr sehen, wo Ihr bleibt."

Wir waren entsetzt über so viel Gemeinheit, Papa Liedtke war wütend, die Mutti weinte, und das dreijährige Enkelchen stand sprachlos dabei, es wußte ja noch nicht, worum es ging. Nikolai Iwanowitsch erschien auf der Bildfläche und versuchte die Familie zu trösten, jetzt wäre es doch noch zu kalt für das kleine Kind, diesmal würde es ein großes Gedränge geben, weil der Transport so sehr groß wird, aber über vier Wochen geht wieder ein Transport, und dann dürften sie mit, wenn der Papa Liedtke die neuen Schulbänke fertig hätte, und es wäre doch sonst noch so viel zu tun. Liedtke war Tischlermeister und reparierte hauptsächlich Schulbänke, welche die Engel im Paradies demolierten, und Spezialisten wurden von den Russen gern zurückgehalten.

Wir waren ratlos, ich war ja nun dafür, trotz allem zu versuchen, aber man konnte den Russen nicht trauen, vielleicht machten sie ihre Drohung wahr. Papa Liedtke kannte einen russischen Offizier sehr gut, mit dem wollte er mal sprechen, ob der ihm nicht helfen könnte. Der Offizier konnte nicht Deutsch und Liedtke zu wenig Russisch, um ihm die Sache klar zu machen, und so bin ich mitgegangen, um zu helfen. Ich hatte wenig Hoffnung, aber man wollte nichts unversucht lassen. Der Offizier bedauerte sehr herzlich Liedtkes Geschick, bemerkte aber, daß er auf der Polizei vollkommen unbekannt sei und nicht helfen könnte, was ich sehr verständlich fand. Ein Offizier wird sich doch nie für einen deutschen Menschen einsetzen, das wäre doch Landesverrat, so mußte die Familie Liedtke noch bis Mitte August 1948 dort bleiben.

¹) Im Sinne von „ist in Ordnung", „ist schon gut".

Nach Schilderung eines Erlebnisses mit einer Russin fährt Vfn. mit ihrer Darstellung des Ausweisungsvorgangs fort:

Am 6. April nahmen wir Abschied von den zurückbleibenden Deutschen, der Direktor mit Vertreterin und Arbeitskommandant sowie mehrere Mädel aus dem Internat, meinem Arbeitsbereich, hatten sich eingefunden, um uns gute Reise zu wünschen. Den Mädeln, denen ich bei den deutsch-russischen Übersetzungen geholfen hatte, habe ich noch versprochen, zu schreiben, habe aber es nie getan. Als der Arbeitskommandant mir die Hand reichte, sagte ich zu ihm: „Nun bist du glücklich, daß du die Sarasa (Pest) los bist." Er lächelte ganz verlegen und sagt: „Aber nein, nein."

Am Bahnhof stand ein Güterzug, in den wir ohne Kontrolle einsteigen durften, von benachbarten Kolchosen trafen noch Deutsche ein, und so füllte sich der Zug. Ein Trupp „wandelnder Leichen", könnte man sagen, ging den Bahnsteig entlang, ich hatte sie noch nie im Straßenbild von Tapiau gesehen, es waren mehrere Frauen mit Kindern. Die Russen wurden aufmerksam und steckten die Leute in einen schadhaften leeren Waggon. Was aber aus den Leuten geworden ist, kann ich nicht sagen, denn ich habe sie nie wieder gesehen. Nicht in Königsberg, wo wir uns stundenlang in einer großen Halle herumdrückten, wo es alle Lebensmittel zu kaufen gab, noch auf der Fahrt, wenn der Zug auf offener Strecke hielt und wir den Acker düngen durften. Es war ein seltenes Bild, wenn sich so 2 300 Menschen auf das Feld verteilten, denn auf Bahnhöfen hielt der Zug nicht. Ich glaube fast, man hat die Leute irgendwo zurückgehalten.

Unser Zug blieb die Nacht über noch auf dem Bahnhof in Tapiau stehen und fuhr am 7. April morgens nach Königsberg. Wir wurden in eine Halle geschleust, wo wir unsern Rubel an den Mann bringen mußten, denn mitnehmen durften wir keine und hatten auch kein Verlangen danach. Danach ging es durch die Kontrolle. Ich wurde nach Geld gefragt, ich hatte 700 RM, durfte 200 behalten und bekam eine weiße Quittung, daß mir laut Devisengesetz 300 RM (!) abgenommen wurden und ich innerhalb sechs Monaten dagegen Einspruch erheben kann. Ich fragte: „Warum nehmt ihr uns das Geld fort, wir brauchen es doch", meinte er: „Das ist Gesetz" und schob mir einen 50-RM-Schein hin. Er faßte in meine Tasche und holte mein Sparbuch heraus, in dem noch Fotos und Adressen waren und warf alles in eine große Kiste, wo schon vieles drin lag. „Ich brauche die Adressen", sagte ich. „In Deutschland ist ein Suchdienst, da kannst du alles haben", erwiderte er. „Ich möchte aber das Foto." „War da ein Soldat oben?" fragte er, ich sagte: „Ja"; „dann darf ich es nicht geben", sagte er, und damit war meine Kontrolle beendet. Andere mußten Leibesvisitationen über sich ergehen lassen, und es gab manchen Krach.

An einem andern Tisch mußten wir unsern Fahrschein abgeben, und wir wurden auf einer Liste registriert, auf der schon die Waggonnummer oben war. Wir traten an eine Sperre, wurden laut Liste gerufen und einem Soldaten mit Gewehr vorgezählt, und der führte uns dorthin mit der strengen Weisung, ihn nicht zu verlassen. — So füllte sich langsam der Zug, in jedem Waggon waren etwa 40 bis 50 Personen. Es war schon ganz dunkel, da hieß es, alle Deutschen sollten ohne Gepäck den Waggon verlassen und davor stehen bleiben. Wir waren mißtrauisch, aber als dann ein Offizier mit zwei Soldaten kam, mußten wir wohl gehorchen. Die Russen kletterten hinein und durchsuchten den Wagen nach Spionen oder blinden Passagieren, darauf nahm der Offizier die Liste, und wer gerufen wurde, mußte einsteigen. Der Offizier gab dem Soldaten die strenge Weisung, gut achtzugeben und nur keinen Unbefugten einsteigen zu lassen. Als alle eingestiegen waren, wurde nochmal gezählt, und es stimmte. Der Offizier sagte uns, daß er den Zug bis Pasewalk begleiten würde, aber in was für ein Lager wir kämen, wüßte er nicht. Die Wagen wurden fest verschlossen und die Nacht über streng bewacht, wir hörten die Posten an beiden Seiten des Zuges entlanggehen, sogar über die Waggondächer gingen sie.

Am 8. April morgens fuhr der Zug von Königsberg ab, die Wagen blieben geschlossen, bis wir über Pr. Eylau hinaus waren auf polnischem Gebiet. Durch Spalten in den Waggons sahen wie hindurch und sahen nichts, nur verödetes, verkrautetes Land, wo einst mit Roggen bebautes Land war. Dasselbe Bild wie in Tapiau. Die Heimat war uns unter russischem Regime keine traute Heimat mehr, sie sah uns vielmehr mit traurigen Augen an, und trotz allem Schweren, das wir dort erleben mußten, fiel uns der Abschied nicht leicht.

Hier folgen noch einige persönliche Bemerkungen der Vfn.

Nr. 364

Erlebnisbericht von Frau A. F. aus K ö n i g s b e r g i. Ostpr.
Original, 21. November 1952, 28 Seiten. Teilabdruck.

Ausweisung aus Königsberg im März 1948.

Die ersten Seiten des Berichts geben eine eingehende Schilderung von Erlebnissen und allgemeinen Zuständen in Königsberg seit Anfang des Jahres 1945 [1]*). Nachdem Vfn. berichtet hat, daß es ihr weder gelang, für die im Mai und Juni 1947 abgehenden ersten Transporte noch für die Transporte im Oktober 1947 eine Genehmigung der russischen Behörden zu bekommen* [2]*), fährt sie fort:*

In der zweiten Hälfte des Monat März 1948 hieß es, es gehen wieder Transporte. Überall ging die Miliz aufschreiben. Nicht immer war es die Miliz. Es kamen auch andere unter dem Vorwand der Eintragung, um zu sehen, was wir noch besitzen. Eine deutsche Frau, die neben uns im Keller

---

[1]) Abgedruckt unter Nr. 29 (Bd. I, 1).
[2]) Der erste kleine Transport verließ Königsberg am 1. April 1947. Bis Ende Juni 1947 hatten ca. 2 300 Personen mit solchen Transporten, für die täglich 50 Anträge bei der russischen Behörde angenommen wurden, die Ausreise erreicht. Bei der zu diesem Zeitpunkt einsetzenden Ausreisesperre lagen noch etwa 1 000 Anträge bei der Annahmestelle vor; fast 15 000 weitere Personen hatten sich zur Abgabe von Anträgen gemeldet. — Im Oktober 1947 wurde die Sperre aufgehoben, und am 22. Oktober verließ der erste Großtransport von 2 000 Personen Königsberg. s. Hugo Linck: Königsberg 1945—1948, Oldenburg [1950], S. 107 ff, 136 ff, 146 ff; Hans Deichmann: Ich sah Königsberg sterben, Aachen 1949, S. 33 und 39.

wohnte, hatte Beziehungen zur Miliz und erklärte uns, daß wir schon alle vorgemerkt sind, wir brauchen uns nicht aufschreiben zu lassen. Als die ersten Transporte schon fort waren und wir immer noch keinen Propusk hatten, wurden wir doch unruhig. Wir gingen nun selbst zur Miliz und hatten Glück, daß der Kapitän uns persönlich aufschrieb. Dieses bedeutete noch nicht, daß wir nun tatsächlich den Propusk bekommen. Wir konnten vor Unruhe und Angst, daß wir wieder nicht dabei sind, nicht mehr schlafen. Kaum waren noch Deutsche auf der Straße zu sehen. Wir fühlten uns in unseren Quartieren nicht mehr sicher. Die Russenkinder warfen Steine in die Fenster. Auf der Straße pöbelten sie uns an oder versuchten auch Überfälle. Besonders in den Abendstunden. Das Leben wurde immer unerträglicher. Russen kamen und wollten von uns noch einiges kaufen, aber wir hatten nichts mehr zu verkaufen. Selbst Russen wunderten sich, daß wir noch hier sind. Sie sagten zu uns: „Frau, Du noch hier, warum nicht fahren nach Germanien?" Nach Berlin wollten sie gerne, aber Zivilrussen kamen nicht ins Reich, auch nicht nach Berlin. Wer das Glück hatte, durfte nichts ausgefressen haben.

Am Osterfeiertag vormittags gingen zwei Frauen von uns zur Miliz und brachten tatsächlich für uns den Propusk. Unsere Freude kannte keine Grenzen. Ein Mann und eine Frau, die sich auf die Nachbarin vollkommen verlassen hatten und ihr schon im voraus eine Gegenleistung gegeben hatten, waren ganz unglücklich, daß sie nichts von dieser Frau hörten. Eine von unseren Frauen besaß noch eine goldene Brosche für die größte Not. Diese war sie bereit zu opfern, wenn diesen beiden Menschen dadurch der Propusk beschafft werden kann. Sie ging mit ihnen zur Miliz, und auch ohne diese Hilfsbereitschaft bekamen diese beiden Menschen den Propusk. Wer wußte, was denen blühte, die tatsächlich noch zurückbleiben mußten. ...

Man sprach davon, daß die, die jetzt nicht rauskamen, aus den Quartieren gesammelt werden sollen und in ein Lager kommen. Ob das geschehen ist, weiß ich nicht.

Am Montag früh gingen wir schon zeitig zur Miliz, wo wir uns versammeln sollten. Alle in großer freudiger Erregung. Aus dem Lautsprecher erklangen deutsche Heimatlieder. ... Auf Maschinen (Lastwagen) wurden wir zur Bahn gefahren. Zum letztenmal fuhren wir durch die Ruinenstraßen unserer Heimatstadt. Ein kurzer Augenblick der inneren Einkehr als wir am Kaiser-Wilhelm-Platz vorbeifuhren. Das Denkmal Kaiser Wilhelm I. stand unzerstört. Mit erhobenem Schwert grüßte uns zum letztenmal der alte Kaiser, als wollte er uns auf den Weg geben: „Ich halte Wacht, bis ihr wiederkommt." Weiter ging es in schneller Fahrt. Auf dem Rangierbahnhof angekommen, sahen wir schon viele Deutsche. Wer noch Rubel hatte, konnte noch Wurst, Brot, gute Seife, Zigaretten, Schokolade, Zucker, Lederschuhe usw. einkaufen. Diese Stände waren aber nur für Deutsche.

Impfungen fanden auf dem Bahnhof auch statt. Vor der Ausreise mußten wir auch noch zur ärztlichen Untersuchung, ob wir frei von Ungeziefer sind. Der Schein hierüber mußte mit dem Propusk vorgelegt werden. Auf dem Bahnhof gab es noch mal eine Ladung Läusepulver in den Nacken gestreut. Dann ging es zur Kontrolle. Verdächtige Personen mußten zur

Leibesvisitation. Unser Zug hatte ca. 42 Waggons. Alles große Güterwagen, 50 Tonnen. In jedem Waggon waren 40 bis 45 Personen, in der Mitte stand ein eiserner Ofen. Meine Schwägerin war schon seit Sonnabend auf dem Bahnhof, aber fuhr auch erst mit unserem Zug. Für Verpflegung mußten wir selber sorgen. Montagabend verließ der Zug Königsberg. Auch jetzt kein Trennungsschmerz. ...
Die Waggons wurden geschlossen, aber nicht verplombt wie bei früheren Transporten. Bei wunderbarem Frühlingswetter sind wir abgefahren. Ostpreußische Fluren und Felder sahen wir fast unbestellt. Südlich ging es jetzt durch das polnisch besetzte Ostpreußen. Hier waren die Felder etwas mehr bestellt. Über Thorn, Bromberg usw. auf Umwegen über Berlin bis rauf nach Pasewalk ging die Fahrt. In Pasewalk wird jeder Transport registriert. Dann fuhren wir wieder zurück über Berlin bis Storkow. wo wir nachts ausgeladen wurden. Wer nicht mehr weiter konnte, wurde mit Lastautos nach Küchensee ins Quarantänelager gefahren. Die andern mußten zu Fuß gehen. Nach sechstägiger Reise hatten wir das Ziel erreicht.

Abschließend gibt Vfn. einen Überblick über ihr weiteres Ergehen in Berlin, bis sie im Juli 1948 nach Schleswig-Holstein gelangte.

Nr. 365

Erlebnisbericht von Frau G. K. aus K ö n i g s b e r g i. Ostpr.
Original, August 1951, 31 Seiten. Teilabdruck.

Ausreisebestrebungen; Ausweisung im September 1948 aus Königsberg.

Vfn. hatte die Ereignisse in Königsberg seit der Einschließung und der Einnahme der Stadt durch die Russen mitgemacht und war nach zahlreichen schweren Erlebnissen als Hilfsschwester in einem Königsberger Krankenhaus angestellt worden. Nach einer Schilderung ihrer Lebensverhältnisse fährt sie fort:

Durch Vermittlung der deutschen Ärztin war ich wieder ins Krankenhaus als Hilfsschwester gekommen. Die Zahl der Deutschen war aber im Krankenhaus schon sehr klein geworden. Es waren sicher viele gestorben. Aber inzwischen hatten auch schon manche Transporte stattgefunden. Wir verzweifelten bald, weil wir nicht auch an die Reihe kamen. Dieses Warten und diese Ungewißheit zermürbten und zehrten stark an unserer Nervenkraft. Wer den Willen zum Leben verlor, war rettungslos nach kurzer Zeit dem Tode anheimgefallen. Zwar wurde man immer wieder für den Abtransport registriert. Die Abreise ging nach wie vor meist überraschend vor sich.
Das Weihnachtsfest 1947 nahte heran. Noch lebten wir immer in der Stadt, die unsere Heimat war. Nun war es aber doch ein Leben in der Fremde! Eigenartig, wie diese Wandlung vor sich gegangen war. Alles strebte nach dem Westen. Hier waren wir tatsächlich nicht mehr zu Hause. Der Kreis der Deutschen wurde auch immer kleiner. Alle deutschen Ärzte des Krankenhauses waren weg; nur eine deutsche Ärztin war noch bei uns. Wir bildeten eine immer engere Gruppe von Deutschen im Krankenhaus von

etwa 200 Personen. Aber es gab auf Grund der dauernden Nervenspannung auch wohl unliebsame Auseinandersetzungen. So war der Kontakt zu den Russen verschieden. Manche versuchten, durch Schnaps und Geld die Abreisepapiere schneller zu erhalten. Wer irgend konnte, fand hier jedes Mittel recht. So übergaben wir einem russischen Rechtsanwalt einige Bücher, für die er uns die Ausweise für einen bestimmten Tag besorgen wollte. (Bücher, in denen Bilder waren, nahmen die Russen überhaupt sehr gern als Tauschobjekt.) Als der Tag des angeblichen Abtransportes herankam, für den wir nach Aussage des Russen vorgesehen waren, blieben wir sieben Mann enttäuscht zurück. Wir wurden nicht aufgerufen.

Nachdem Vfn. eingehend ihr Erleben des Weihnachtsfestes 1947 sowie einige Begebenheiten mit Patienten ihres Krankenhauses geschildert hat, fährt sie fort:

Die Straßenbahn war seit 1947 auf einer durchgehenden Linie in Betrieb genommen worden. Allerdings war es meist lebensgefährlich, damit zu fahren; denn stets war eine beängstigende Fülle darin. Auf Trittbrettern und Puffern saßen die Menschen. Anfangs hatte sie deutsche Bedienung, später waren Russen eingesetzt worden. Die Anzahl der Deutschen war auch auf der Straße geringer geworden. Königsberg bot immer mehr den Anblick einer sterbenden Stadt. Es kam ja auch nicht im geringsten ein wirtschaftliches Leben in Gang. Die wenigen Deutschen, die noch verblieben waren oder verbleiben mußten, vegetierten so dahin. Uns wenige erfaßte ob der ungewissen Zukunft eine große Niedergeschlagenheit.

Dann hieß es eines Tages wieder, daß wir nun alle wegkämen und neu registriert würden. Da das schon oft geschehen war, nahmen wir es gar nicht mehr recht ernst. Viele gingen nicht hin. Ich blieb auch fern, weil ich wußte, daß mein Paß in Schönfließ war. Da wir auch nichts mehr hatten, um uns unsere Ausweise zu erbetteln und einzutauschen, hatten wir allen Mut mal wieder verloren. Als eines Tages auch die Helferinnen der Küche verschwunden waren, zählten wir noch 16 im Krankenhaus. Wir hatten aber nicht mehr die Kraft, bei den Russen zu betteln. So hörten wir von einem Mädchen, das bei einem Russen Gehör gefunden hatte, daß es den Ausweis eines anderen Mädchens bekommen hatte. Als Letztere davon hörte, gab es erregte Auseinandersetzungen. Schließlich gab das erstere Mädchen den Ausweis heraus. Wir begleiteten diesen Transport nach dem Bahnhof. Aber es wurden wieder viele zurückgewiesen, so daß wir anschließend wieder 70 Personen im Krankenhaus waren. Ich wurde von verschiedenen Abreisenden bedauert, daß ich nicht auch mitfahren könnte. Aber die Russen wollten mich wohl gern noch behalten. Mehrfach hatte ich nämlich erleben müssen, wie die russischen Schwestern wegen schlechter Arbeit beschimpft wurden und ich ihnen als Vorbild hingestellt wurde. Die russische Sprache hatte ich inzwischen, soweit sie zur Verständigung notwendig war, mir angeeignet. Solche Vorfälle ließen aber bei mir Zweifel aufkommen, ob ich durch meine Bereitschaft zum Arbeiten mir nicht meine Abreise verzögerte oder gar verhinderte.

Wir Zurückgebliebenen mußten am anderen Tage die Möbel von der Zimmern der Abgereisten in das russische Magazin bringen, Tische, Stühl und Schränke. Die Pässe nahmen sie uns wieder ab, so daß wir mit dunkle

Ahnungen einhergingen, ob sie uns nicht doch noch nach dem Osten schaffen würden. Ich arbeitete dann auf Station, wo russische und deutsche Kranke durcheinander lagen. Eine russische Ärztin wollte, daß ich ihre Wohnung betreuen sollte. Ich mochte aber nicht, weil ich fürchtete, dann überhaupt nicht fortzukommen.

Es folgen Bemerkungen zu den Ernährungs- und Arbeitsverhältnissen in Königsberg, dann heißt es weiter:
Wir glaubten im Sommer 1948 nicht mehr an die Heimfahrt. Es hieß nur, daß auf dem flachen Lande wohl noch Transporte zusammengestellt würden. So ging der Sommer zu Ende, und wir mußten mal wieder eine so lang gehegte Hoffnung begraben. Wir dachten schon mit Grauen an den nächsten Winter. Da kam am 28. September abends der russische Sanitäter mit der Buchhalterin zu mir auf das Zimmer und sagte mir auf russisch, indem die Buchhalterin mir um den Hals fiel, daß wir am nächsten Tag alle nach Deutschland kämen. Die Papiere wären fertig. Als sie dann aber sagten, daß sie gekommen wären, um mein gutes Liegesofa abzuholen, wurde ich jedoch unsicher. Aber tatsächlich bekamen wir unsere Pässe zugestellt. Die Russen holten dann bei Nacht mein Liegesofa ab. Wir schickten noch zu Richard, dem Sanitäter im anderen Krankenhaus, der uns immer so schön die Schuhe gemacht hatte, daß er uns beim Einpacken helfen sollte. Er sollte vor allem das abholen, was wir hinterließen und er in Rubel umsetzen konnte. Da wir schon mehrere Transporte bis zum Bahnhof begleitet hatten, besaßen wir etwas Erfahrung. Erstaunt waren wir, daß einige erklärten, nicht mitzufahren. Bei einzelnen wußten wir, daß sie freundschaftlichen Verkehr mit den Russen angefangen hatten; bei anderen vermuteten wir Krankheit als Ursache. Zwei Diakonissen blieben bei einer Leprakranken zurück.

Am anderen Morgen mußten wir einkaufen, schon, um noch alle Rubel abzusetzen. Am 29. September fuhr dann ein Pferdegespann vor dem Krankenhaus vor, auf das wir unsere Sachen laden konnten. Bis zur Prinzenstraße gingen wir zu Fuß. Dort nahmen uns Lastwagen auf, die uns zum Bahnhof brachten.

Beim Abschied vor dem Krankenhaus winkte mir die Oberschwester und ihre Schwester nach. Ich hatte doch einen guten Kontakt zu ihnen bekommen. Man fühlte das erst jetzt beim Abschied. Oft war ich ja ihre Dolmetscherin gewesen. Eine Russin weinte, als sie sich von mir verabschiedete.

Beim Verladen auf die Lastwagen hatte ein Russe einer Mutter den Sohn wieder vom Wagen geholt. Wir waren schon am Abfahren, als auf das Rufen der Mutter der gerade ankommende Vorgesetzte den Wagen wieder anhalten ließ. Der Russe mußte den Jungen wieder hergeben.

So kamen wir zum Ostbahnhof. In der Halle mußten wir uns sammeln. Es war etwa 13.00 Uhr. Bereits in der Prinzenstraße waren wir namentlich aufgerufen worden. Da erschien plötzlich unsere Buchhalterin vom Krankenhaus und übergab uns noch den restlichen Lohn. Ich erhielt nochmals 500 Rubel. Ich kaufte mir dafür am Bahnhof Stoff, Butter und Schokolade. Wir waren etwa 3 000 Menschen, die hier zu einem Transport zusammengestellt wurden. Die meisten kamen aus der Provinz und hatten kein Geld. Sie waren teilweise nur dürftig gekleidet und mit wenigen Lebensmitteln versehen. Sie waren auf Kolchosen gewesen. Dieses Schicksal war mir also damals erspart geblieben; denn sie hatten auch sehr schlechte Ernährung gehabt. Vor allem hatte man ihnen nie Fett gegeben. So konnte ich doch dankbar sein, das letzte Jahr besser überstanden zu haben. Wir halfen mehreren von ihnen noch mit Geld und Lebensmitteln aus.

Der Zug enthielt Personen- und Güterwagen. Ich bekam in einem Personenwagen am Fenster einen Platz. Wir mußten vorher unsere Pässe abgeben und erhielten dafür den Durchlaßschein. Ich hatte bei mir zwei Holzkoffer, einen Rucksack und ein Bett. Soldaten prüften das Gepäck. Man nahm uns aber nichts ab. Manche mußten sich ausziehen, weil man Schmuck vermutete. Bei einigen hielt die Kontrolle lange auf. Auch ich mußte wegen des vielen Gepäcks eingehende Durchsuchungen vornehmen lassen. Vor allem durften wir kein Geld mitnehmen. Ein Junge half mir, die Sachen in den Zug zu tragen. Als wir endlich so nach Stunden der Spannung zum Sitzen kamen, merkten wir erst, welche Strapazen wir durchgemacht hatten. Aber wir kamen nicht zur Ruhe, weil uns im Zuge die Flöhe so furchtbar plagten.

In der Nacht ging der Zug bei Mondenschein ab. Ich stand am Fenster und nahm Abschied von Königsberg. Ich war doch sehr wehmütig. Lasse ich hier meinen Mann zurück? Treffe ich meine Verwandten wirklich im Westen? Hier hatte ich die Jugendzeit und einige Ehejahre verlebt. Auch die letzten Jahre waren ja ein tiefes Erlebnis für mich. Nun mußte ich Abschied nehmen — — —!

Wir waren schon manche Stunde gefahren, als wir anhielten. Wir mußten den Zug verlassen und uns draußen aufstellen. In der Zeit ging polnisches Militär durch den Zug und durchsuchte ihn. Auf den Wagen und unter den Wagen wurde alles abgesucht. Dann rief uns ein Pole einzeln auf, und wir konnten wieder einsteigen. Hier hatten die Russen alles durcheinander geworfen. Jedoch fehlte nichts. Die Station war Pr. Eylau gewesen. Am Morgen kamen wir nach Bartenstein. Ein Pole, der auf unsern Wunsch hin eine Flasche Wasser holte, fragte uns, warum wir nicht für Polen optieren wollten...

Von Bartenstein ab hatten wir deutsche Lokomotivführer und Zugschaffner. Im Zuge befanden sich eine Ärztin und 25 Schwestern. So fuhren wir über Stolp, Stettin und Prenzlau. In Pasewalk wurden wir zur Bekämpfung von Läusen und Flöhen mit Pulver bespritzt. Hier gab es auch für alte Leute und Kinder Kaffee und Suppe. Über Stendal und Magdeburg kamen wir nach einer Gesamtfahrzeit von sechs Tagen am 5. Oktober in Dessau an. In Dessau wurden wir hin- und herrangiert, sodaß schon wieder manche meinten, daß es zurückginge. Schließlich hielten wir. Eisenbahner kletterten am Zuge entlang und teilten uns mit, daß wir am Ziele wären.

Abschließend berichtet Vfn. über Erlebnisse im Quarantäne- und Flüchtlingslager und die Übersiedlung nach Westdeutschland.

Nr. 366

Erlebnisbericht von Frau M. P. aus **Hagenwalde, Kreis Labiau i. Ostpr.**
Original, 28. Dezember 1951, 55 Seiten. Teilabdruck.

Ausweisung aus dem Kreis Labiau im Oktober 1948 über Königsberg nach Pirna in Sachsen.

Vfn. hat eingehend über die Zeit von der Flucht im Januar 1945 bis zum Herbst 1948 im Kreis Labiau berichtet. Am Ende ihrer Ausführungen heißt es:

In Zeitabständen von einigen Wochen drang immer wieder die Kunde zu uns, es gingen nach dem Reich Transporte ab. Einmal von Tilsit, dann wieder von Scharlack, von Nautzken, Liebenfelde u. s. f. Russen flüsterten uns zu, wir kämen auch bald fort, sie hätten es im Hauptkontor gehört. Wir freuten uns und warteten voller Erregung, doch dann hieß es wieder: „Der Direktor hat Euch reklamiert, er braucht Arbeitskräfte." Wir hätten vor Wut streiken mögen, doch dann wären wir wohl in entgegengesetzter Richtung gefahren. So wurden wir noch des öfteren rumgenarrt.

Doch schließlich erhielten wir am Sonntag, dem 10. Oktober 1948, den Befehl, unsere Sachen zu packen und in 20 Minuten zum Abmarsch fertig zu sein. Dann mußten wir uns in Gr. Baum an der Kirche sammeln. Beim Verlassen unseres Zimmers standen die drei Russenfamilien, die inzwischen in unserm Hause einquartiert waren und auch schon Wanzen eingeschleppt hatten, und noch einige Russen von außerhalb bereit, um über die paar Möbel und Habseligkeiten herzufallen, die wir zurückließen. Noch einmal schauten wir uns um. Ein Schaudern lief uns durch den Körper, wie wüst sah unsere Heimat aus.

An der Kirche hatte sich schon der größte Teil der Deutschen versammelt. Niemanden fiel der Abschied schwer. Dann fuhren die Autos vor, mit denen wir so lange Holz gefahren hatten. Wir kamen mit dem ersten Schub mit. Noch einmal umfaßte unser Blick die Kirche, von außen fast unbeschädigt, doch drinnen hatte diese Meute sich einen Kino- und Tanzsaal hergerichtet. Das Kreuz droben auf dem Turm hatte sie gestört, und so hatten sie 1 000 Rubel ausgesetzt demjenigen, der das Kreuz herunterholte. Doch da sich niemand darauf meldete, hatte man es einfach abgeschossen.

Unsere Autos setzten sich in Bewegung. Still und ohne Tränen verließen wir unsere Heimat. Im Labiauer Schloß wurden wir ausgeladen und mußten hier alle noch eine Nacht zubringen. Am nächsten Tage wurde uns noch unser rückständiger Arbeitslohn ausgezahlt, und dann gings weiter nach Königsberg zum Güterbahnhof. Hier waren in der Vorhalle Stoffe, Schuhe, Lebensmittel und allerlei Sachen ausgestellt, die wir in all den Jahren nicht gesehen hatten. Hier hieß es, in 20 Minuten einkaufen, die Rubel müßten hier alle ausgegeben werden. Wenn auch alles sehr teuer war, so konnten wir doch manches notwendige Stück erstehen und auch einige langentbehrte Sachen wie Schinken und Käse einkaufen. Dann hieß es, durch die Sperre gehen. Wir waren voller Mißtrauen, wir dachten, hier würde uns doch wieder alles abgenommen. Doch so schlimm war es nicht. Vater durfte unbehelligt durchgehen. Meine beiden Schwestern und ich mußten unsere Rucksäcke durchsuchen lassen und wurden am ganzen Körper abgetastet, dann durften wir auch gehen. Auf dem Bahnhof stand ein Güterzug bereit, dort wurden wir 46 Personen in einen Waggon gesteckt. Dann standen wir noch einen Tag lang und am andern Morgen setzte sich der Zug in Bewegung. Kurz vor der polnischen Grenze wurde der Zug verplombt. Nach siebentägiger Fahrt gelangten wir über Pasewalk in Pommern nach Pirna in Sachsen. Hier mußten wir nun noch eine 14tägige Quarantänezeit durchmachen.

Nr. 367

Erlebnisbericht des Ernst Wegner aus G u m b i n n e n i. Ostpr.
Beglaubigte Abschrift, März 1950, 11 Seiten. Teilabdruck.

Ausweisung aus dem Kreis Gumbinnen im Frühjahr 1948.

Nachdem Vf. von seiner Flucht nach Vorpommern zurückgekehrt war, wurde er zu verschiedenen Arbeiten auf Sowchosen im Kreis Gumbinnen eingesetzt bis zum Frühjahr 1948 [1]*).*

Ende März 1948 erfuhren wir zum Teil von Zivilrussen, daß wir nun bald fortkommen würden, und es dauerte auch nur noch einige Tage, als ein russischer Polizeioffizier mit einem Dolmetscher von Gumbinnen in Nemmersdorf eintraf, um die Personalien der Heimkehrer für die Transportliste fertigzustellen.

Schon zwei Tage danach begab ich mich mit gepacktem Rucksack und aufgerollter Schlafdecke mit meinem Wanderstab nach Nemmersdorf. Von hier aus erfolgte der Abtransport mit Lastkraftwagen über Stobricken, Kampischkehmen und Fichtenwalde nach der Verladerampe Goldaperstraße[2]). Auf dieser Abschiedsfahrt habe ich unseren herrlichen Fichtenwald wohl zum letzten Male gesehen. Dort wächst nur noch Gestrüpp, Unkraut und dazwischen stehen vereinzelt Laubbäume. Inmitten des ausgestorbenen Waldes steht einsam und verlassen das bekannte Mahnmal: „Schonet den deutschen Wald, er bietet dir Erholung und schattigen Aufenthalt." Auch hier haben die Kulturbringer des Ostens Bauschutt und sonstiges Gerümpel fuhrenweise abgeladen. Die Gaststätte Jodlack und die danebenliegende Schule sind gänzlich ausgebrannt. Die neue Artillerie-Kaserne dagegen ist unbeschädigt und ist von russischen Soldaten belegt. Das Kraftwerk ist stark beschädigt.

Bei unserer Ankunft auf der Verladerampe stand schon der Transportzug — bestehend aus geschlossenen Viehwagen ohne Sitzgelegenheiten — für unsere Abreise bereit. Eine Anzahl Gumbinner Landsleute hatten sich eingefunden, um sich von uns zu verabschieden. Am Abend des gleichen Tages ging die Fahrt bis Königsberg. Hier mußte alles aussteigen und sich nach einer nahegelegenen Halle zur Paßkontrolle begeben. Einzeln mußten wir

---

[1]) abgedruckt unter Nr. 180 (Bd. I, 2).
[2]) in Gumbinnen.

durch eine Sperre, die von Zollbeamten besetzt war und hier unsern russischen Ausweis, sowie die Brieftasche zur Einsichtnahme abgeben. Es sollte hier festgestellt werden, ob man noch alte Reichsbanknoten und sonstige verdächtige Papiere bei sich hatte. Wer größere Altgeldbeträge bei sich trug, [dem] wurden diese Geldscheine, ohne ein Wort zu sagen, von den Zollbeamten eingezogen. Sogar Sparkassenbücher wurden den ahnungslosen Menschen gestohlen.

Nach Erledigung all dieser Formalitäten durften wir dann abgezählt zu je 30 Personen die vorgeschriebenen numerierten Personenwagen besteigen. Für jeden dieser Wagen wurde ein Transportführer bestimmt, der für Ordnung und Sauberkeit zu sorgen hatte. Daraufhin wurde der Wagen abgeschlossen und verplombt. Russische Posten mit aufgepflanztem Gewehr patrouillierten zu beiden Seiten, bis der Zug sich in Bewegung setzte.

Noch am Abend des gleichen Tages verließen wir den Ponarther Bahnhof. Der Hauptbahnhof ist zerstört. Die Fahrt ging über Braunsberg — Allenstein — Osterode bis hinaus nach Pasewalk (Pom.). Dort wurden wir erstmalig auf deutschem Boden vom Roten Kreuz verpflegt. Es war ein eigenartiges Gefühl, nach jahrelanger Trennung jetzt mit freien Menschen über die Verhältnisse im übrigen Reich offen sprechen zu können. Eine andere Welt tat sich vor unseren Augen auf. Die Kinder, Kranken und alten Leute wurden hier in rührender Weise von den Helferinnen des DRK. betreut.

Dann ging die Fahrt über Berlin-Potsdam bis zum Quarantänelager Suhl (Thür.). In den zwei Wochen Quarantänezeit versuchte nun jeder, Verbindung mit seinen Angehörigen zu bekommen. Da ich trotz vieler Bemühungen noch immer kein Lebenszeichen von meinen Angehörigen erhalten konnte, ließ ich dem Schicksal freien Lauf und fand mich noch einigen Landsleuten in Langensalza (Thür.) Unterkunft. Von hier aus setzte ich meine Bemühungen fort und erfuhr, daß meine Familie sich noch in Dänemark aufhielt. Im Laufe des Spätsommers 1948 konnte ich dann in Zwiefaltendorf (Kreis Ehingen) mit meinen Angehörigen das langersehnte Wiedersehen feiern.

Nr. 368

Erlebnisbericht von Frau Paula Koerth aus E x i n (Kcynia), Kreis S c h u b i n i. Posen.
Original, 3. Juni 1952, 6 Seiten. Teilabdruck.

Verzögerung der Ausweisung, Abtransport im Herbst 1948 vom Lager Potulice in die Sowjetzone.

Vfn. schildert zunächst die Flucht über Frankfurt a. d. O. nach Dresden, den großen Luftangriff auf Dresden, die Rückkehr in die Heimat nach dem Einmarsch der Russen und die schwere Arbeit als Landarbeiterin und Köchin bei den Polen.

Als ich Ende 1945 einen Antrag stellte, daß ich auf eigene Kosten rausfahren wollte, und zur Kreisstadt nach Schubin zum Landratsamt kam, sagte man mir, es käme gar nicht in Frage, ich müßte erst helfen die Kriegsschulden abarbeiten, und man sperrte mich noch obendrein für 24 Stunden ins Gefängnis, und meine kleine Tochter, die ich noch stillte, wartete zu Haus. Aber hier darf ich es wohl wieder als eine Fügung Gottes ansehen, denn als ich dann später meinen Namen und Geburtsnamen angeben mußte, hörte dies eine Polin, die meinen Vater in Thorn gut kannte, bestätigte, daß mein Vater keinem Polen etwas getan hat, und so durfte ich dann wieder zu meinen Kindern, ca. 16 Kilometer, gehen. Ich sollte von meinen Kindern getrennt sein. Vom Rausfahren nach Deutschland wurde aber nichts. Da aber inzwischen so verschiedene Deutsche türmen gingen, wurden uns Frauen am 24. September 1946 die Haare ganz kurz mit der Haarmaschine abgeschnitten. Mein Gutsherr sagte: „Das ist Euer Ausweis."

Vfn. berichtet anschließend von der Einweisung der deutschen Bevölkerung von Exin ins Lager Potulice im Juli 1947 und ihrem Einsatz zur Landarbeit auf einem Staatsgut.

Am 31. Oktober 1947 bekamen wir unsere Aussiedlungspapiere, und es wurde uns auch versprochen, wir kommen nun bald raus. Leider ging es nicht so schnell, wie wir es hofften, und so mußten wir dann noch bis September 1948 schwere Feldarbeit verrichten. Es wurde nichts danach gefragt, wie das Wetter ist, sondern die Arbeit mußte gemacht werden, ob Regen oder Sonnenschein, Frost oder Schnee. Da wir weiter keine Sachen zum Wechseln hatten, mußten wir oft die Sachen am Leibe trocknen lassen.

Am 11. September 1948 kamen wir ganz plötzlich zum Lager Potulice zurück. Dort wurden alle unsere Sachen noch einmal durchsucht, ob wir noch Wertsachen versteckt haben. Dann kamen wir alle zusammen, Groß und Klein, unter die Dusche. Danach wurden wir wieder in einzelne Arbeitsgruppen zusammengestellt. Ich mußte nun in einer Tischlerei arbeiten. Gisela, meine älteste Tochter, sechs Jahre alt, kam nun in eine Jugendbaracke und durfte nur sonntags zwei Stunden zu mir kommen. Sie wollte dann immer am liebsten bei mir bleiben, aber es half nichts, sie mußte zurück und dort marschieren und polnische Lieder lernen.

Am 22. Oktober 1948 kamen wir dann aus dem Lager raus, mußten unter schärfster Bewachung bis Nakel marschieren. Dort bekamen wir noch einmal Verpflegung und wurden dann mit einem Transportzug nach Deutschland in die russische Zone befördert. Da mein Mann aber in der Westzone war, machte ich mich bald auf den Weg und ging mit meinen Kindern an der Hand bei Nacht und Nebel schwarz über die Zonengrenze und kam am 28. November 1948 müde und erschöpft in Varel an.

Vfn. nennt abschließend eine Anzahl bekannter Personen, die zu ihren Leidensgefährten zählten und z. T. während dieser Zeit in Polen starben.

Photokopie.

Nr. 369

Ausweisungsurteil für Wanda Jeske aus dem Kreis T u r e k i. Polen.

Übersetzung.

Kreisstarost von Turek   Turek, den 15. September 1949.
Nr. A 5/21/49

U r t e i l s s p r u c h .

Auf Grund der Art. 1 und 7 des Dekrets vom 13. September 1946 über die Ausschließung von Personen deutschen Volkstums aus der polnischen Gesellschaft (Ges.Bl. der Rep. Polen Nr. 55, Pos. 310) entziehe ich auf Grund eines Antrages des Kreisamtes für Öffentliche Sicherheit in Turek vom 14. September 1949 Nr. 2130/49 der WANDA JESKE, geb. am 29. September 1891 in Szadow-Panski, Kreis Turek, Tochter des Ferdinand und der Sofie [1]), geb. Opitz, die polnische Staatsbürgerschaft.

Gleichzeitig verfüge ich die Aussiedlung der Obengenannten aus dem Gebiet des polnischen Staates und erkläre ihr Vermögen für verfallen zu Gunsten des polnischen Staatsschatzes: Wohnhaus, Scheune, Viehstall zusammen mit Pferdestall und Speicher, Schuppen und 1,40 Hektar Land in Turek.

B e g r ü n d u n g .

Das Kreisamt für Öffentliche Sicherheit in Turek beantragte unter Anlehnung an die Vorschriften der Art. 7 und 1 des Dekrets vom 13. September 1946 über die Ausschließung von Personen deutschen Volkstums aus der polnischen Gesellschaft (Ges.Bl. der Rep. Polen Nr. 55, Pos. 310) die Entziehung der polnischen Staatsbürgerschaft.

Auf Grund der Ergebnisse durchgeführter Ermittlungen wurde der folgende Tatbestand festgestellt: Wanda Jeske betrachtete sich noch vor 1939 als Deutsche. Zu Haus bediente sie sich der deutschen Sprache. In allen Dokumenten erklärte sie ihre deutsche Volkszugehörigkeit. Während der Okkupation erklärte sie freiwillig ihre Zugehörigkeit zum deutschen Volkstum. In der Wohnung der Wanda Jeske fanden Versammlungen deutscher Organisationen statt. Zu der polnischen Bevölkerung war sie feindlich eingestellt, wofür sie durch Spruch des Bezirksgerichts zu drei Jahren Gefängnis und Verlust der öffentlichen und bürgerlichen Ehrenrechte auf die Dauer von drei Jahren verurteilt wurde.

Den oben geschilderten Tatbestand nach den Vorschriften des Art. 1 des Dekrets vom 13. September 1946 bewertend, mußten als Beweise angesehen werden, daß Wanda Jeske durch ihr Verhalten tatsächlich ihre deutsche nationale Eigenart bewiesen hat. Es bestanden daher die gesetzlichen Hand-

---

[1]) Erlebnisbericht der Genannten, abgedruckt unter Nr. 92 (Bd. I, 1).

haben zur Anwendung des Dekrets vom 13. September 1946, welche die Entziehung der Staatsbürgerschaft (Art. 1), die Aussiedlung (Art. 4) und den Verfall des Vermögens (Art. 5) für begründet halten.

Gegen diesen Urteilsspruch haben die Parteien das Recht, das Bezirksgericht in Kalisch anzurufen, welcher Antrag durch den Kreisstarosten in Kalisch im Laufe von sieben Tagen vom Tage des Ergehens des Spruches an gestellt werden muß.

Amtssiegel

Der Kreisstarost
In Stellvertretung: Kopacz
(Kopacz T.)
Stellvertretender Starost

Hierdurch erkläre ich, daß ich auf das mir im Laufe von sieben Tagen, vom Tage der Einhändigung dieses Spruches an gerechnet, zustehende Recht der Berufung verzichte.

W a n d a   J e s k e
(Unterschrift)

Nr. 370

Erlebnisbericht des B. R. aus P a n t a u (Pamietowo), Kreis T u c h e l i. Westpr. Original, 28. Oktober 1952, 12 Seiten. Teilabdruck.

Entlassung aus dem Lager Potulice und Abfahrt nach Deutschland im Juli 1949.

Im vorhergehenden Teil des Berichts hat Vf. eingehend seine Erlebnisse in verschiedenen Lagern sowie während der Zwangsarbeit in der Umgebung Thorns geschildert. Im Sommer 1949 wurde Vf. in das Hauptlager Potulice übergeführt, um von da aus entlassen zu werden.

Endlich kamen wir der Entlassung näher. Wir wurden zum Transport aufgeschrieben, mußten aber eine Erklärung unterschreiben, daß wir in der russischen Zone unsere Angehörigen haben, dort wohnen und arbeiten werden [1]. Das Gegenteil war der Fall, denn meine Töchter arbeiteten schon seit

---

[1] Anders als in den Jahren 1945/46 waren die Polen im Jahre 1949 weniger gern zur Ausweisung der Deutschen bereit, da sie mit ihnen wertvolle Arbeitskräfte verloren. In der Anordnung, daß nur solche Personen entlassen werden dürfen, die in der sowjetischen Zone Deutschlands bleiben wollten, zeigt sich das Bestreben, diese deutschen Arbeitskräfte, wenn schon nicht in Polen, so doch wenigstens in einem der Ostblockstaaten zu behalten.

1946 in der britischen Zone. Ein alter, gebrechlicher Mann, der erklärte, er wolle in die britische Zone, wurde zurückgestellt. Ich redete ihm noch vor, er solle doch sagen, daß er auch in die russische Zone wolle. Er meinte aber, er könne nicht lügen.

So zählten wir schon die Tage. Schikanen gab es nicht mehr. Nach der Arbeitszeit durften diese Tausende bis 9.00 Uhr auf dem Freiplatz des Lagers promenieren. Wieviel Liebespärchen konnte man per Arm sehen. Kein Milizant kümmerte sich darum. O, wie schwer ist hier gelitten worden, und jetzt war das Lager wie ein Erholungsheim. Es fehlte nur noch eine Musikkapelle, die konzertieren tat. Und dann eine Aufnahme dieser mit frohen Gesichtern wandelnden Menschen, die alles bisherige Leid vergessen hatten, diese Propaganda ins Ausland brachten und damit besagten, wie gut es die Deutschen im polnischen Arbeitslager hatten. Auch Nachtstörungen kamen nicht mehr vor. Es wurde sogar versucht, abends in der Baracke zu singen, was zuvor unmenschlich schwer bestraft wurde. Auch konnten die alten Personen, die durch Überfüllung des Lagers in letzter Zeit nicht mehr zur Arbeit herangezogen wurden, auf ihrer Schlafstelle während des Tages ruhen.

Endlich kam der Tag, wo ich mit meinem Sohn in die Isolierbaracke kam, die nach einer Woche zum Transport kam. Die Grenzzollbehörde war gekommen und untersuchte unsere wenigen Sachen. So gingen die Vorbereitungen zum Transport weiter. Mit Lausepulver wurden wir von hinten und von vorn, von unten und oben eingepudert. Sehr notwendige, aber doch minderwertige Kleidungsstücke wurden empfangen. In Waggons wurden wir eingeteilt. So vergingen die letzten acht Tage. Arbeiten durften wir nicht mehr. Zu dem Transport kamen 1 600 Personen, ein Viertel Männer, ein Viertel Kinder, zwei Viertel Frauen. Den letzten Tag wurden wir noch waggonweise aufgestellt, damit das Durchschleusen durch das Lagertor, das nachts um 12.00 Uhr begann, reibungslos stattfinden konnte. Der Transport vom ersten bis zum letzten Waggon war alphabetisch eingeteilt und am Tor auch so aufgerufen. Es klappte gut. Aus dem Lager waren wir entlassen! Das Rote Kreuz hat uns übernommen. Nun aber Mund halten, noch keinem erzählen, nach welcher Zone ich will, denn Spitzel sind unter uns. Es ist vorgekommen, daß vom Bahnhof noch welche zurückkamen, da sie in ihrem Freudentaumel gesagt hatten: „Ich reise doch in die britische Zone. [!"] Polnische Miliz begleitete uns als „Schutzengel", denn das polnische Zivilvolk könnte uns ausgemarterte und wehrlose Menschen überfallen. Die dachten aber gar nicht daran. Um 5.00 Uhr morgens kamen wir dann langsam auf dem Bahnhof in Nakel an. Hier wurden wir verladen. Am Sonntag, dem 17. Juli 1949, verließ unser Zug als 16. Transport den Bahnhof Nakel[1]).

---

[1]) Es handelt sich um einen der Ausweisungstransporte von Entlassenen aus polnischen Zwangsarbeitslagern, die im Jahre 1949 erfolgte. Die Auflösung der Lager, Entlassung und Ausweisung der Deutschen begann in Einzelfällen schon in den Jahren 1947/48, erreichte im Jahre 1949 den Höhepunkt und wurde in den Jahren 1950/51 zu Ende geführt.

Nr. 371

Brief aus Schlawe.
Beglaubigte Abschrift, 18. März 1950, 2 Seiten. Teilabdruck.

Transporte aus Pommern im Februar/März 1950 im Rahmen der Aktion „Link"[1]).

Der erste Transport mit 180 Personen ging am 26. Februar hier ab, wie es hieß, in die russische Zone. Der Zug kam von Stettin, bestand aus 40 Waggons, darunter war ein Sanitätsabteil mit Ärzten und Pflegepersonal, ein Küchenwagen; hier in Schlawe gab es gerade Mittag, es wurden gutgekochte Erbsen verteilt. In jedem Waggon waren acht Betten, je zwei übereinander, in jeden Waggon kamen 15 Personen. In Stolp wurden noch einmal Leute eingeladen, dann ging der Transport bis Gotenhafen. Dort war Kontrolle, sehr oberflächlich, es wurden z. T. nur Stichproben gemacht. Am 28. Februar ging der Transport ab. Wohin, weiß ich bisher nicht. Die Nachrichten kommen erst später hier an.

Jetzt am 12. März geht der erste Transport in die englische Zone. Von Schlawe sind 171 Personen in der Liste verzeichnet. Aus dem Spital kommen sieben Personen mit.

Die übrigen Personen sind von den russischen und polnischen Gütern. Aber nun kommt schon der Knalleffekt, die Russen lassen die Leute, die von ihren Angehörigen aus dem Reich über das DRK. angefordert sind, nicht los. Bei dem vorigen Transport sind einige Familien von den russischen Kolchosen Quatzow und Wusterwitz heimlich bei Nacht ausgerückt. Aus dem Lager durfte der Russe sie nicht mehr holen. Jetzt darf die polnische Behörde die Leute von den russischen Kolchosen nur mitnehmen, wenn sie einen Entlassungschein vom russischen Kommandanten vorlegen. Natürlich gibt der Russe keine Entlassungsscheine. Es sind Familien von Kusserow, Hanshagen, Soltikow, Segenthin dabei, die alle nicht mitkommen.

Die polnischen Güter machen es nach russischem Muster genau so. In Natzlaff ist die Verwaltung über 18 Güter; dieser Güterdirektor läßt auch seine Leute nicht mit. Es kam hier eine Familie an, die einzige, die von dieser Natzlaffschen Verwaltung entlassen wurde, weil sie nur eine Arbeitskraft stellten, eine 50jährige Frau.

Eine andere Familie aus Natzlaff mit sechs schulpflichtigen Kindern wurde nicht mitgelassen, außerdem eine Familie aus Datzow und eine Familie von einem andern Gut derselben Verwaltung.

So kommen höchstens die Hälfte von den 170 Personen, die für den Transport vorgesehen und in der Transportliste aufgeführt sind, mit. Außerdem waren in der Liste eine ganze Reihe Personen aufgeführt, die schon

---

[1]) Die Aktion „Link" war unter Vermittlung des Deutschen Roten Kreuzes zustandegekommen und sollte der Übersiedlung derjenigen Deutschen aus den polnisch verwalteten Gebieten dienen, deren Angehörige bereits in Deutschland waren. Im Zuge dieser Aktion sind von Ende Februar 1950 bis Ende April 1951 44 000 Deutsche aus den polnisch verwalteten Gebieten nach der Bundesrepublik transportiert worden, darunter 4 000 aus Pommern.

längst im Reich sind. Auch inzwischen Verstorbene sind in der Liste drin. So wird hier registriert, das ist polnische Arbeit. Wenn die Leute inzwischen verzogen sind, nichts wird gemeldet.

Nun heißt es, der Russe stört und sabotiert die Transporte vom DRK. Es sollen bald große Transporte gehen, mit denen die alten und nicht arbeitsfähigen Leute abtransportiert werden sollen. Die jungen und arbeitsfähigen Leute werden hier behalten. Dann sperrt der Engländer diese Transporte wieder, und wir bleiben wieder hier. Keiner hat Macht hinter dem Eisernen Vorhang, diesen hier beizukommen. So treiben sie Schindluder mit uns [1]).

Anschließend werden die Zustände im Schlawe im Jahre 1950 geschildert.

---

[1]) In der Tat ergab es sich bei der Ankunft der Transporte in der Bundesrepublik, daß es sich bei nur 25 % der im Rahmen der Aktion „Link" nach Deutschland Gekommenen um Personen handelte, die zum Zweck der Familienzusammenführung über das DRK. angefordert waren. Die anderen waren meist Kranke und nicht arbeitsfähige Deutsche, auf deren Verbleiben in Polen von sowjetischer und polnischer Seite kein Wert gelegt wurde. Diese Nichteinhaltung der britisch-polnischen Abmachungen führte im Frühjahr 1950 zu einer Weigerung der britischen Besatzungsbehörden in Deutschland, weitere Transporte in das Gebiet der Bundesrepublik hereinzulassen. Auf Intervention deutscher Stellen wurde jedoch bald erreicht, daß sämtliche Ankömmlinge aus den polnisch verwalteten Gebieten in der Bundesrepublik Aufnahme fanden.

VI. Erzwungene Option der deutschen Bevölkerung Südostpreußens für den polnischen Staat[1]).

---

[1]) Die Berichte in den nachfolgenden Briefen aus dem Kreise Sensburg veranschaulichen beispielhaft die Vorgänge bei den Zwangsoptionen und den damit zusammenhängenden Maßnahmen der polnischen Behörden während der Zeit von 1949 bis 1952 im südlichen Teil der unter polnischer Verwaltung stehenden Gebiete von Ostpreußen (Reg.-Bez. Allenstein). — Eine Anzahl entsprechender Briefe liegen vor aus den Kreisen Osterode, Allenstein, Rössel, Ortelsburg, Lötzen, Lyck und Treuburg.

Nr. 372

Brief der E. B. aus dem Dorf A., Kreis S e n s b u r g i. Ostpr.
Beglaubigte Abschrift, Mai 1949.

Erzwungene Option für den polnischen Staat unter Mißhandlungen und Gewaltmaßnahmen der polnischen Verwaltungsbehörden im Februar 1949.

Den Februar dieses Jahres werde ich nie vergessen. Bis dahin zählte unser Kreis Sensburg noch über 12 000 Deutsche. Dann wurden überall Werbeversammlungen abgehalten, in denen uns, falls wir nicht optierten, das Ein- und Verkaufen sowie überhaupt das Verlassen unserer Ortschaften streng verboten wurde. Auch den Polen und Masuren war Strafe angedroht, wenn sie von oder für uns Deutsche etwas kauften. Die Polizei führte in den Geschäften und auf dem Markt Kontrollen durch und schleppte die wenigen, die sich noch in die Stadt gewagt hatten und keinen Masurenschein besaßen, ins Revier. Doch brachte auch diese Maßnahme nicht den gewünschten Erfolg.

Nun fuhren die Werber mit bewaffneten Polizisten in die einzelnen Dörfer, wo alle Deutschen von 14 bis 100 Jahren in Eile bestellt wurden, um zu unterschreiben. Wer krank im Bett lag, zu dem gingen die Herren ins Haus. Wer sich versteckte, der wurde aufgestöbert und auf die Behörde geführt. Bei uns weigerte sich das ganze Dorf, zu optieren. So wurden 28 von uns aufs Auto geladen und nach Sensburg gefahren. Ich gehörte auch dazu. Außerdem waren Männer und Frauen verschiedenen Alters, sogar eine Mutter mit acht kleinen Kindern, wovon das jüngste fünf Jahre alt ist. Die Zurückgebliebenen erhielten den Befehl, sich nach zwei Tagen beim Amtsvorsteher zu melden, sonst würden sie geholt.

Wir wurden nun in Sensburg ausgeladen, und die Hälfte lieferte man bei der politischen Polizei (UB.), uns andern vorläufig bei der Miliz ein. Anfangs wurden wir in einen zementierten Kellerraum eingesperrt. In kurzen Zwischenräumen kam ein Polizist uns fragen, wer sich schon besonnen hat. Später führte er uns, wahrscheinlich um uns bequemer überwachen zu können, in ein Zimmer neben der Wachstube, wo wir uns wenigstens auf den Dielen hinsetzen konnten. Verpflegt wurden wir aber dort nicht.

Am zweiten Abend sagte uns der Beamte, wir sollten vernünftig sein und unterschreiben; denn im Januar sei eine Konferenz in Warschau gewesen, an der Vertreter der russischen, polnischen, amerikanischen und englischen Regierung teilnahmen und beschlossen haben, daß kein Deutscher mehr hinter die Oder fahren kann, weil dort die Hungers- und Wohnungsnot zu groß ist. Vielmehr müßten alle, die hierher gehören, aus dem Reich zurückkommen; denn es sei endlich Zeit, daß die Familien zusammenkommen. Da wir aber in Polen, denn das ist jetzt hier Polen, als Deutsche nicht leben dürften, müßten wir optieren; dann haben wir die gleichen Rechte wie die Polen und in vier Tagen bis vier Wochen sind die Männer aus dem Reich bei ihren Familien.

Viele Frauen sagten, wenn sie optierten, kämen sie mit ihren Männern nie zusammen; denn die ließen sich von ihnen scheiden, und sie hätten sich all die Jahre hier umsonst gequält, um die Kinder zu versorgen. Da wurde ihnen gesagt, die Männer werden aufgefordert zu kommen, und falls sie sich weigern, hat die Frau einen Scheidungsgrund und kann einen Polen heiraten! Auch die Zuzugspapiere schützten nicht vor der Unterschrift. Diese Zumutung erregte die Gemüter so, daß drei mit Herzanfällen ins Krankenhaus kamen. Ich kam am nächsten Tag auf die UB. in eine mit Ziegeln ausgelegte Zelle zu anderen Leidensgefährtinnen. Dort nahm man uns alles weg: Decken, Tücher, Schals, Gürtel, Taschen, Hand- und Taschentücher, Seife und Kämme, sogar die Schnürsenkel. Die Männer mußten noch Mützen und Hosenträger abliefern. (Als wir unterschrieben hatten, bekamen [wir] die Sachen zurück.) Zum Waschen und Kämmen gab man uns während der ganzen Woche nichts. Nur als wir zum Unterschreiben gingen, sollten wir das Versäumte nachholen, worauf ich aber dann verzichtete. Beköstigt wurden wir hier ausreichend.

Eine Frau erzählte mir in der Zelle, daß sie in den drei ersten Tagen in Einzelhaft im Kohlenkeller sich aufhalten mußte und sich nicht hinsetzen konnte wegen dem vielen Kohlengrus; zu essen bekam sie nichts. Als sie in die Zelle kam, in der ich sie antraf, brauchte sie fast einen ganzen Tag, um wieder warm zu werden, so erstarrt waren ihre Glieder. Sie ist im Rheinland verheiratet und wollte mit ihren drei Kindern zum Mann fahren — und mußte optieren. Es wurde uns gesagt, auch wenn jetzt Amerikaner oder Afrikaner dabei wären, so müßten wir auch optieren. — Eine Mutter war mit ihrer 16jährigen Tochter in der Zelle. Die erzählte, wie die letzte Nacht auf der Polizeiwache ihres Dorfes gewesen ist: Alle Arrestanten mußten sich um Mitternacht bis auf Hemd und barfuß ausziehen und so eine Stunde lang im eisigen Februarwind draußen stehen. Wer unterschreiben will, darf reinkommen, hieß es. Sie blieben alle draußen. Als sie zurückkamen, mußten sie die Kleider in den Hausflur legen und bis morgens 8.00 Uhr so nackend im kalten Zimmer sitzen. Die Frau ist 55 Jahre alt. Sie unterschrieben erst mit der Tochter, als ihre Rücken ganz wund waren von den Gummiknüppeln. Die Frau hatte außerdem das Gesicht ganz schwarz unterlaufen von den Schlägen. Sie konnte weder liegen noch sitzen.

Wir wurden immer wieder gefragt, warum wir nicht unterschreiben wollen. Unsere Antworten waren überzeugend und begründet genug, und doch hat niemand das Gebäude verlassen, der nicht zur Unterschrift gezwungen wurde. Immer wieder wurde uns gesagt, dieses Land ist vor 700 Jahren polnisch gewesen, und die Leute, die hier wohnen, müssen zurückgegliedert werden zu Polen, weil das ihre Stammeseltern waren. Deutsche seien hinter der Oder.

Als ich dann persönlich gefragt wurde, sagte ich, daß ich nicht optieren könne, da ich im Reich geboren bin. Da stutzte man und fragte nach den Geburtsorten meiner Eltern und Großeltern, die ebenfalls aus dem Reich stammen. Ich habe hier nie Verwandte gehabt. Erst wurde ich ratlos angesehen, und dann sagte man mir, ich soll unterschreiben, dann bekomme ich Papiere und kann gleich fahren. Darauf erklärte ich, wenn [ich] als Deutsche nicht in meine Heimat fahren [kann], so will ich es auch nicht als Polin. — Dann käme ich ins Zwangsarbeitslager, sagte man mir. — Hiermit war ich einverstanden, desgleichen alle anderen, denen dieses Ansinnen gestellt wurde. Als man sah, daß es uns hiermit ernst war, hieß es, wir könnten in der Zelle verfaulen, aber optieren müßten wir. Ich wurde noch einige Male ins Einzelverhör genommen und erklärte auf wiederholte Fragen: „Mein Gewissen läßt das nicht zu. Ich war deutsch, als es mir gut ging, und will es bleiben auch in Notzeiten, selbst wenn es mein Leben kostet." Dafür gabs Ohrfeigen. Der Werber bedrohte mich: „Ich gebe Ihnen den Befehl, Sie müssen unterschreiben und nicht als Masurin, sondern als Polin." Darauf ich: „Sie legen mir eine Frage vor, die ich mit ja oder nein beantworten soll, und ich kann sie nicht mit ja beantworten und will alles tragen, was daraus entsteht." Wieder Ohrfeigen! Nun wurde mir das Gesangbuch vorgelegt: Ob ich das lesen kann, es sei evangelisch. — Ich verneinte, da ich die polnische Sprache nicht lesen kann. Es gab wieder Ohrfeigen mit den Worten: „Hier ist Polen! Hier ist Polen!" Als ich auch jetzt noch nicht optierte, herrschte man mich an, ich soll meinen Mantel und die Oberkleider ausziehen, während der „Herr" die Tür zuschloß. Dann mußte ich mich über einen Stuhl beugen und wurde nun mit dem Gummiknüppel geschlagen; dazwischen wurde ich immer höhnisch gefragt, ob es schmerzt. Aber ich biß die Zähne zusammen und gab keinen Laut von mir. Es waren noch zwei Beamte im Zimmer, alle drei trugen Zivil. Mir gegenüber saß einer von ihnen, der den ganzen Akt mit hämischem Grinsen verfolgte.

Es wäre mir wohl noch übler ergangen, aber jemand begehrte Einlaß. Ich mußte mich wieder anziehen und wurde mit fünf anderen Frauen, denen es nicht viel besser ergangen war als mir, in die Zelle zurückgeführt, wo wir nun 21 Frauen waren. Aber in der folgenden Nacht wurde alle Viertelstunde eine rausgeholt. Am nächsten Morgen blieben nur noch acht von uns übrig. Alle andern hatten sich schon der Gewalt gebeugt. Einzelne kamen noch zurückgewankt, um den Verwandten zu sagen, daß sie optiert haben. Des Postens wegen durften wir nicht fragen, aber wir sahen, was sie durchgemacht haben. Wir acht wurden angeschrien: Wenn wir nicht bald von selbst kämen, würden wir sehen, was nach drei Stunden geschieht. Wir sahen zwar die Aussichtslosigkeit, warteten aber doch, bis man uns rief. Da setzten wir dann unseren Namen unter ein Schriftstück, auf dem vorgedruckt stand: „Ich bitte um die polnische Staatsangehörigkeit und verspreche, dem polnischen Staat Treue und Gehorsam zu leisten." Uns war zu Mute, als haben wir unser eigenes Todesurteil unterschrieben.

Den Männern ging es noch schlimmer. Sie waren in einem Raum untergebracht, der dick mit Kalkstaub belegt war. Hier mußten die Armen nun Tag und Nacht rumwandern und dabei die Hosen in der Hand tragen; denn die Hosenträger hatte man ihnen fortgenommen. Hinlegen und sitzen war verboten und wurde stark kontrolliert. Um ihre Notdurft zu verrichten, wurden sie in 24 Stunden nur einmal rausgelassen ohne Rücksicht auf Alte und Kranke. Viele Männer und Frauen waren herz-, nieren- oder blasenleidend oder von Rheuma geplagt und hatten große Schmerzen zu ertragen. Frauen wurden täglich dreimal rausgelassen. Bei den Vernehmungen gab es Fausthiebe, Kinnhaken und Fußtritte in rauhen Mengen.

Mein Pflegevater ist 60 Jahre alt. Er wurde mehrere Male, einmal von 7.00 bis 11.00 Uhr in „Behandlung" genommen. Dabei wurde er immer mit dem Kopf gegen die Wand gestoßen. Als er sagte, sie sollen ihn lieber erschießen, reichte man ihm einen Strick, er soll sich aufhängen oder vom dritten Stockwerk aus dem Fenster springen, eine Kugel sei für ihn zu schade. Schließlich mußte er seinen Unterkörper ganz entblößen und sich über einen Stuhl legen. Doch ehe er den Gummiknüppel zu fühlen bekam, wurde er ohnmächtig; denn er ist herzleidend. — Man schrak auch nicht davor zurück, Frauen und Mädchen auf den nackten Körper zu schlagen.

Wir haben schon viel Schweres durchgemacht, aber jetzt hat man uns die größte Gewalt angetan. Wir haben nur den einen Wunsch, aus diesen zerrütteten Verhältnissen hier herauszukommen zu unsern deutschen Menschen ins Reich.

Nr. 373

Brief des G. S. aus dem Dorf B., Kreis S e n s b u r g i. Ostpr.
Photokopie, 22. Mai 1949, 5 Seiten. Teilabdruck.

Versprechungen, Drohungen und Foltermethoden der polnischen Verwaltungsbehörden zur Erzwingung der Option für Polen im Februar 1949.

Am Anfang des Briefes stehen Mitteilungen und Bitten an den Adressaten.

Am Dienstag, dem 8. Februar, kam von soltys (Bürgermeister) ein Junge: Ich sollte mich gleich zum soltys melden, es ist einer, der auf mich wartet; es war in früher Morgenstunde. Wir haben unser Frühstück beendet und gingen hin. In der Schlafstube war ein junger Mann, ca. 30 Jahre. Er stellte sich vor als UB.-Mann (Geheime Staatsgewalt), einer aus Allenstein. Er war bereits am Schreiben. Nach der Vorstellung und Erklärung seines Kommens frug er mich, weshalb ich mich nicht unterschreibe; ich erklärte, daß ich in Westfalen geboren wäre, meine Verwandtschaft und mein ältester Sohn ist dort, wie soll ich hier bleiben und unterschreiben. Auch machte er Fragen, behauptete, daß wir heimlich zusammenkämen, was doch verboten ist. Ich sagte, ich stelle das ganze Dorf als Zeugen, daß ich keine Zusammenkünfte mache. Zwei Stunden war die Bearbeitung mit guten und bösen Drohungen. Er versprach mir Rente, Rückgabe von Pferd und Kuh und Freiheit zu predigen. Ich sollte nur mit meiner Familie als erster unterschreiben und dann alle werben. Ich blieb immer fest, ich kann es mit meinem Gewissen nicht vereinbaren. Er frug und schrieb noch meinen Lebenslauf auf; dann ein anderes Schreiben aller meiner Verwandtschaft, besonders hier am Ort, und dann ein Schreiben: Verpflichtung. Auf alle drei sollte ich mich unterschreiben, was ich nicht tat. Wie er sehr drang, berief ich mich auf meine Töchter zur Besprechung, und dann entließ er mich, ich sollte um 2.00 Uhr in B., acht Kilometer weit, auf der Gmina (Amtsbüro des Verwaltungsbezirks) mich melden.

Um 3.00 Uhr war ich vorgerufen; es waren mehrere dort aus andern Dörfern. Ob ich mit meinen Töchtern gewillt bin, zu unterschreiben. Es war derselbe und noch einer. Hart nahmen sie mich vor, aber nach kurzer Qual mit dem Bemerken: J. und ich sollten uns um 8.00 Uhr abends auf dem Büro wieder melden. Ich sagte, ich habe kranke Beine, es ist sehr glatt und dunkel. Ich sollte jeden Tag morgens und abends mit J. mich stellen. Wir gingen nicht.

Am 10. kam der „gute Mann" zum M. an und ließ mich wieder holen; wieder dasselbe Dringen und Quälen. Auch kam er selbst in unser Haus, erzählte den Mädels auch alles und sagte, daß, wenn wir nicht unterschreiben, sie mich nicht sehen werden, es werden schwere Foltern sein. Am Abend war eine Versammlung aller Deutschen beim M.; ich sollte als erster unterschreiben und alle werben. Er hielt lange Reden und betonte öfters, wir kommen nach Mrągowo (Sensburg), und wenn wir dann zurückkommen, sind wir unter Garantie unterschrieben. Aber alles blieb fest, trotz ein jeder selbst Erklärung abgeben mußte; es waren schwere Stunden. Ich frug in aller Gegenwart, ob ich Versammlungen abhalte und Leuten abrede. — Nein. —

Am nächsten Morgen nahmen sie J. und mich mit Fuhrwerk und W. und B. zu Fuß nach B., dort wieder genötigt. Abends per Bahn nach Mrągowo auf die UB. und in Keller gesperrt. Am Sonntag, dem 19. Februar, waren schon etliche schwer mißhandelt. Es waren die Tage harter Frost, in dem Keller waren wir neun Mann, ungeheizter Keller, es konnten nur vier auf der Pritsche liegen. Am Montag nahmen sie mich mit bis auf den dritten Stock. Sie nötigten mich, alsdann forderten sie mich auf, den Pelz auszuziehen; ich weigerte mich. Es waren der Mörder vier. Sie schlugen gewaltig auf den Kopf von allen Seiten, zogen den Pelz aus und schlugen mit Gummiknütteln. Nach einer Weile zogen sie mich bis auf die Hosen aus und bearbeiteten auf dem nackten Körper besonders Herzseite, daß ich bis heute noch Schmerzen in der Rippengegend habe; nachdem ich ohnmächtig war und wieder zu mir kam, frugen sie, ob ich unterschreibe. Alsdann schlugen sie auf die Fußsohlen mit zwei Mann. Einer hielt den Mund zu mit dem Taschentuch. War wieder ohnmächtig. Nachdem sagte ich ihnen, sie sollten lieber totschlagen nicht so quälen. so brachten sie eine Schnur, taten um den Hals, schnürten zu, ich sollte mich erhängen. Dann boxten sie mich mit Fäusten, stellten an die Wand und schlugen mit Hochkanthand auf Hals und Wirbelsäule und Genick, bis man zusammenbrach. So setzten sie mich auf einen Stuhl und zwangen [mich] zur Unterschrift bei großen Schmerzen. Dann halfen sie mir mit Anziehen, Pelz und Hemd waren zerrissen. Eine lange Zeit setzten sie mich in ein kaltes Zimmer zum Abkühlen, und am Dienstag war ich entlassen, auch der W. und B. So zwangen sie uns unter Marter zur Unterschrift.

Nr. 374

Brief des R. G. aus dem Dorfe C., Kreis S e n s b u r g i. Ostpr.
Original, 11. März 1949, Brief an einen Freund.

Methoden polnischer Behörden zur Erzwingung der Option für den polnischen Staat.

Es war am Sonntag, dem 6. Februar 1949, zu nachmittags 5.00 Uhr für uns Deutsche in C. eine Magistratsversammlung anberaumt, auf der ein ansässiger Lehrer (genannt Pan Professor), ein Oberförster, ein Parteimensch mit dem Bürgermeister uns diese Nachricht übermittelten. „Nach einem Abkommen mit den Besatzungsmächten werden jetzt nie mehr von hier Deutschentransporte hinter die Oder fahren. Wir wollen dieses Euch im guten raten, die polnische Staatsangehörigkeit zu vollziehen [1]), zumal ihr vier Jahre Zeit dazu hattet. Wir treten an Euch das letzte Mal heran ohne Zwang, auch ohne Schlagen: schreibt Euch noch heute unter!" — Da aber kein einziger dieses tat, anberaumten sie noch eine Versammlung zu Dienstag, dem 8. Februar. Herr Landrat, ein Poruznik (Art eines Hauptmanns mit zwei Sternen) von der geheimen Polizei (UB. genannt), auch der evgl. Pfarrer erschien um 10.00 Uhr vormittags. Der Pastor sprach: „Mich hat der Magistrat auch geladen, um einige Sätze zu Euch zu sprechen: Wenn jemand einen Hof besitzt, so sieht er auf Ordnung und fegt ihn sauber und rein und so muß auch der junge polnische Staat sein Reich säubern, was in vier Jahren noch verabsäumt wurde. Seht, Joseph mit Maria sind soweit gegangen, um sich auch eintragen zu lassen; so müßt Ihr auch tun."

Herr Starost sagte: „Ich verlange, daß bis morgen Abend 6.00 Uhr kein Deutscher in C. sein darf. Dadurch erlangt ihr dieselben Rechte, ja noch bessere wie jeder andere Pole. Ihr könnt euch Grundstücke hier aussuchen und erhaltet ein Pferd, eine Kuh und Beihilfen, ja ihr könnt evtl. Eure Grundstücke zurückerhalten. Wer unterstützungsbedürftig ist, erhält sie, ebenso auch Renten." Diese Lockmittel zogen auch nicht.

Nächsten Tag um 2.00 Uhr nachmittags erschien der Kommandant und ein Miliziant in meiner Wohnung und nahmen mich mit meiner Frau zum Magistrat zum Verhör vor dem Hauptmann: „Nein, wir schreiben nicht unter!" — „Warum denn nicht?" — „Wir haben vier erwachsene Kinder im Reich und wollen auf alte Tage zu ihnen."

Es ist [ein] kleines Lastauto am Magistrat stehengeblieben. Als meine Frau vernommen wurde, sagte sie: Wie mein Mann macht, so wird sie auch tun. — Die Frau entließen sie nach Hause, während sie mich ins Auto verfrachteten. Hinzu kam auch B. und St. sowie ein 19jähriger Treckerführer G. Da sind wir etwa um 4.00 Uhr abends in Sensburg angekommen und auf

---

[1]) In einem Brief vom 4. Juli 1949 schreibt Vf. hierzu erläuternd, daß die Deutschen im Jahre 1946 vom polnischen Landrat einen Ausweis erhielten, der sie als deutsche Staatsangehörige bezeichnete und bis zum 1. Februar 1949 seine Gültigkeit hatte. Jetzt sollten sie zur Annahme der polnischen Staatsangehörigkeit veranlaßt werden.

der UB. im Keller eingesperrt. Nächsten Tag wurde der 78jährige B. verhört, natürlich wieder alles verweigert. Da bekam er paar Mutsköpfe[1]) und mit dem Lineal auf die Hände, wieder zurück in Keller.

Von allen kann ich Dir, lieber Freund Fritz, nicht schreiben, weil es vom 8. Februar bis etwa 25. Februar Tag und Nacht so hantiert wurde. Deshalb will ich mich nur auf mich beschränken. Bin auch am zweiten Tag nach oben raufgeholt. Hier saßen drei in Zivil feingekleidete Herren, etwa 22 bis 30 Jahre, bieten mir einen Stuhl an, der eine setzt sich dicht vor mir mit einer Zigarette in der Fresse und frägt, warum ich in vier Jahren nicht unterschrieben habe. Antwort: „Mein Vater ist deutsch gewesen, konnte kein Wort Polnisch, so will auch ich treu deutsch bleiben. Übrigens würde er sich im Grabe umdrehen, wenn ich das täte; ich will nur auf alte Tage ins Reich zu meinen Kindern, damit ich nicht so schwer arbeiten brauch wie hier..."
— Da erhielt ich paar Backpfeifen. Dann mußte ich die fünf Finger der beiden Hände zusammenballen, wo einer mich mit dem Lineal auf die Spitzen und auf die kahle Kopfplatte schlug. — „Schreibst unter?" — „Jetzt erst recht nicht!" — Wieder eingesperrt.

So erhielt ich die Prügel dreimal. Zum zweitenmal war aber schlimmer. Da mußte ich zuerst die Stiefel und Strümpfe ausziehen, die nackten Füße auf einen Fußstuhl aufstellen, da schlugen sie mich mit Gummischläuchen auf die Sohlen, daß sie schwarz waren, immer aber zwei Mann. Dann mußte ich die Hosen und Unterhosen runterlassen, da gabs wieder eine Auflage. Kannst Dir denken, wenn zwei Mann von jeder Seite, wie ich über den Stuhl lag, einhauen... Dann mußte ich mich auf die Dielen hinsetzen, [sie] nahmen mich an die Schläfenhaare und hoben mich hoch auf die Beine. Dann schlugen sie mich auf die Halssehnen mit Fäusten und zuletzt mit dem Rücken zur Wand so, daß sie mich am Kinn faßten und mit dem Hinterkopf gegen die Wand stoßten, so zehn- bis zwölfmal. Dieser Akt dauerte über eine Stunde, so daß ich ganz beschwiemt war.

Als ich noch nicht unterschrieb, da sagten sie: „Nach einer Stunde kommst wieder." — Zum vierten Male hatte ich davor, krüpplich geschlagen oder zu Tode gemartert zu werden, Angst und schrieb nach fünf Tagen und fünf Nächten unter.

Jetzt bin ich so herzkrank. Bin beim polnischen Arzt gewesen, der gleich sagte, ob ich auch eine Wucht erhielt? Stellte mir ein Attest aus, daß ich nur leichte Arbeiten verrichten kann.

Wir haben nur den einen Wunsch, dieses an die Öffentlichkeit zu bringen, damit wir doch noch rauskönnten. Die Unterschriften müssen keine Geltung finden. Es ging so mit etwa 13 000 Deutschen im Kreise Sensburg zu. Viele hatten Arm- und Beinbrüche. Sorgt, daß die Unterschriften im Februar ungültig werden. Warum sind so viele Transporte rausgefahren und wir, der Rest, nicht? Wir wissen ja absolut nicht, was gespielt wird.

Nun seid alle, alle recht herzlich gegrüßt von uns versklavten Deutschen aus C. Auf ein Wiedersehen darf man wohl nicht rechnen.

---

[1]) Ohrfeigen.

Nr. 375

Brief der H. W. aus dem Dorf D., Kreis S e n s b u r g i. Ostpr.
Beglaubigte Abschrift, Mai 1949.

Vorgänge bei den Aktionen zur Erzwingung der Option für den polnischen Staat im Februar 1949.
An deutsche Behörden.
Wie die Deutschen für ihr Deutschtum kämpften, aber doch zur Unterschrift gezwungen wurden!
Bericht über Erlebnisse, von mir selbst und andern Mitmenschen!

Als wenn der Teufel aus der Hölle losgelassen wurde, tobt und wütet, genau so fingen die Polen an zu toben, [zu] schikanieren und die Deutschen zur Unterschrift zu zwingen. Alle Deutschen wurden kopflos, einer rannte zum andern, aber nur heimlich, denn die Polen hatten uns streng verboten, von einem Ort in den andern zu gehen. Auch durften wir nichts kaufen, auch kein Pole durfte einem Deutschen etwas schenken. Wir sollten verhungern oder unterschreiben. — Dieses konnte uns nicht erschüttern, denn als Deutsche haben wir schon größere Not mitgemacht. Deutsch waren wir, wie es uns gut ging, deutsch bleiben wir, auch wenn es uns schlecht geht.

Man hörte, wie die Schikanen dörferweise durchgeführt wurden. Und dörferweise haben die Deutschen unterschrieben. Man hat sich immer gesagt, warum halten die Deutschen nicht stand. Viele saßen im Keller, aber sie haben alle kleingekriegt. Mit Gummiknüppeln, Drahtseilen und Eisenstangen. Es wurden extra Polen angestellt, die Deutschen zu schlagen, bekamen pro Tag 13 000 Złoty.

Plötzlich kam auch in unserm Dorf Befehl: Alle Deutschen sofort zur Versammlung. Wurden von fünf Leuten von der Behörde und Polizei (Miliz und UB.) empfangen. Und das Martern begann. Ich wurde gefragt: „Werden Sie sich als Polin unterschreiben," — „Nein!" — „Warum nicht?" — „Weil ich eine Deutsche bin!" — Wo ist geboren bin, Kreis und Provinz? — „Kreis sowieso und Provinz Ostpreußen!" — „Sie sind in Polen-Masuren geboren." — „Nein!" — „Wo ist Ihre Mutter?" — „Die liegt krank!" — „Die ist auch hier geboren?" — „Ja!" — „Die ist auch eine Polin und Sie auch." — „Nein, ich bin eine Deutsche und von einer deutschen Mutter geboren." — „Hier ist Polen, und wer hier geboren ist, ist Pole!" — „Ich bin keine Polin; als ich geboren wurde, gehörte alles zum Deutschen Reich." — Da schrie er, ich soll nicht so frech sein. Gleich komme ich mit zur Polizei. Wo mein Vater ist? — „Er ist am 23. März 1945 von Polen erschossen!" — Das soll ich nicht noch einmal sagen. Nicht Polen, sondern Banden. — „Ich unterschreibe nicht, ich will raus hinter die Oder, wo alle Deutschen sind." — Mit nach dem Keller! —

Unser Dorf umfaßte 80 Deutsche, und alle bleiben standhaft. Raus und aufs Auto. Die nicht reiningen, wurden weiter gezwiebelt. Einige haben dann auch unterschrieben. Wir kamen auf der Polizei in den Keller. Und alle paar Minuten wurden wir verhört und uns eingeredet, wir sollen und müssen unterschreiben. Alle Nein!

Im Keller kamen wir mit Frauen zusammen, die saßen schon acht Tage ohne Verpflegung. Etliche hatten Zuzugsgenehmigung und alle Papiere fertig zur Ausreise zu ihren Männern. Auf diese Frauen hatten sie es ganz besonders abgesehen. — „Raus kommt keiner. Wenn Ihr nicht unterschreibt, kommt Ihr nach Warschau und Sibirien in Zwangslager!" — Das wollten wir auch, aber als Deutsche. Da wurden wir härter angefaßt. Alle sollten wir zur UB., und die werden uns schon kleinkriegen.

Dann sagten sie uns: „Es ist ein Befehl aus Moskau gekommen, und es müssen alle Deutschen unterschreiben. Die Westmächte sind sich einig, und die Engländer und Amerikaner sind in Warschau gewesen und haben bestätigt, sie wollen von den Deutschen hier in Polen nichts wissen, nehmen keinen Deutschen mehr auf, denn dort ist eine zu große Hungersnot; auch werden alle Ostpreußen ausgewiesen nach hier. Und wenn wir nicht unterschreiben, kommen wir nicht mit heiler Haut raus." — Das wurde uns unter so einem Gebrüll eingeschrien, daß unsere Nerven es nicht aushielten und wir mit mehreren Frauen zusammenbrachen.

Da war große Not, wir sollten nach dem Krankenhaus. Als ich zu mir kam, wollte ich nicht; ich war mit meinem Leben einig und wollte als Deutsche sterben. Aber unsere Stimmen waren ihnen von großem Wert, und wir wurden nach dem Krankenhaus gebracht. Dort brach ich wieder zusammen. Aber durch Tropfen, Spritzen und Tabletten kam ich wieder zu mir. Nach drei Tagen wurden wir von der Polizei abgeholt und wie die schlimmsten Verbrecher durch die Stadt zurück zum Keller geführt. So krank wie wir waren, wurden wir wieder in die kalte Zelle hinter starke Eisengitter gesteckt. Hier ging es bunt zu. Alle paar Stunden verhört.

Es waren viele Männer vom Jüngling bis zum Greis, denen haben sie die Kleider vom Leibe gerissen und auf dem bloßen Körper mit Drahtseilen, Stöcken und Eisenstangen bearbeitet. Ein Vater saß mit zwei Söhnen. Die Söhne haben sie nicht geschlagen, den Vater so, daß er zusammenbrach, dann ein Eimer Wasser auf den Kopf und noch eine Schicht. Vierzehn Tage hielt der Mann es aus. Dann kam er zu seiner Nachbarsfrau und sagte, er hat unterschrieben. Gewalt bricht Eisen!

Zu einer 65jährigen Mutter kam die Tochter, die außerhalb eingesperrt war, und erzählte uns, daß eine junge Frau und ein junges Mädchen nach dem Wald rausgebracht wurden und vergewaltigt. Danach haben sie unterschrieben und alles zur Anzeige gebracht. Jetzt hörte ich, ist diese Frau in der Nacht von einem Auto abgeholt worden, und keiner weiß ihren Verbleib.

Frauen erzählten uns, sie mußten im Hemd draußen stehen, junge Mädchen mußten nackt Wasser tragen, es war Februar. Man hat uns belogen und immer wieder gesagt, als Deutsche kommen wir nicht aus dem Keller. — So kam es auch. Die letzte Nacht von den acht Tagen, wo ich saß, war die Hölle auf Erden. Die Männer wurden so geschlagen, daß sie es nicht aushalten konnten und am Morgen alle unterschrieben haben. Frauen wurden angeschnallt und geschlagen, daß das Blut zur Decke spritzte. Man sah ein, es ist zwecklos. Wem ist damit geholfen, wenn sie uns die Knochen kaputtschlagen, und am Ende müssen wir doch unterschreiben.

Ich hatte besonders viel zu leiden, weil ich kein Wort Polnisch konnte und immer einen Dolmetscher brauchte, das brachte sie noch mehr zum Haß. Hab immer gesagt: „Kann kein Wort Polnisch, und wenn ich unterschreib, sperrt ihr mich doch immer in den Keller." — „Nein. Jetzt", sagten sie, „wird das nicht mehr gemacht." — Aber heute sperren sie wieder ein, wer Deutsch spricht. Sie behaupteten, Polnisch ist unsere Muttersprache, Deutsch die Fremdsprache.

Ich war so krank, wußte nicht aus noch ein. Die haben es gemerkt, sagten, warum ich mit meiner Gesundheit so spiele. Ich soll unterschreiben, und dann wird mir Hilfe geleistet. Darauf habe ich ja nun gar nicht geachtet, denn man kennt ihre Hilfe. — Mit Gutem und Bösem, einige Stöße und Schläge ins Gesicht, wurde ich dann gezwungen, zu unterschreiben.

Habe von allen Personen, die von unserem Dorf genommen wurden, als letzte unterschrieben. Kam nach Haus und brach wieder zusammen, lag drei Stunden ohne Bewußtsein, 14 Tage lang schwer krank. Kann mich bis heute noch nicht erholen und beruhigen, daß ich unterschreiben mußte. Auf dem Schein, den ich unterschreiben mußte, stand: Ich bitte um die polnische Staatsangehörigkeit. Auch mußte ich zwei Zeugen angeben, daß es auf Wahrheit beruht. Es war eine große Erpressung und keine Bitte. Es war unmöglich, diesem Zwang Widerstand zu leisten.

Kreis Sensburg umfaßte 12 000 Deutsche und heute paar alte Vereinzelte. Kreis Ortelsburg wurde auch gezwungen. Die Schikanen waren noch schlimmer. Die Deutschen wurden durchs Messer gejagt und mit Nadeln gestochen. Viele Leute haben es mit ihrem Leben bezahlt, sind irre geworden, haben sich aus Verzweiflung erhängt und sind an den Schlägen verstorben.

Nun wollte ich anfragen, können wir von dem großen Unrecht, das man uns angetan hat, nicht befreit werden? Hat man wirklich uns arme Deutsche vergessen? ... Wenn wir auch unterschreiben mußten, unser Herz und Blut ist deutsch und schreit zu euch und gen Himmel nach Hilfe und Befreiung. Erbarmt euch unsrer Not!

Nr. 376

Briefe des M. E. aus dem Dorf E., Kreis S e n s b u r g i. Ostpr.
Photokopie, 1949, 2 Seiten. Teilabdruck.
Photokopie, 1950, 4 Seiten. Teilabdruck.

Die Lage der in Ostpreußen unter polnischer Verwaltung verbliebenen deutschen Bevölkerung und ihre Befürchtungen in den Jahren 1949/50.

1949

Mit zunehmender Besorgnis verglichen wir Pressenotizen längerer Zeiträume miteinander und mußten feststellen, daß sie die vorherigen Erklärungen wissender Kreise bestätigten. Denn es wurde bereits im Juli erklärt, daß wir gar nicht daran zu denken brauchten, über Hamburg umgesiedelt zu werden. Man kann sich ruhig nach Hamburg melden, raus kommt doch niemand. Und in der Tat sitzen wir alle auch heute noch in Polen. Es ist für uns so verzweifelnd, daran glauben zu müssen, was die Polen erklären, man will uns in Deutschland nicht haben; laut internationaler Vereinbarung müssen wir Polen werden. Wir sträuben uns, daran zu glauben, daß auch gewisse deutsche Kreise ¹) an der Ablehnung unserer Umsiedlung beteiligt sein sollen... Nach all dem Anfachen der Hoffnung, der Enttäuschung und Vertröstung sowie Wiederanfachung der Hoffnung scheint uns diese Version beinahe glaubhaft, die dahin lautet, daß man uns durch Versprechungen und Vertröstungen so lange hinhalten will, bis man den Polen, wie im Februar dieses Jahres, weitere Vollmachten zu unserer zwangsweisen Einpolung geben wird, um dann bedauernd die Achseln zu zucken und zu sagen, nun ist nichts mehr zu machen...

Unsere Lage ist eine sehr, sehr schwere. Am 7. April 1946 ist uns unser Gehöft in Brand geschossen. Dadurch verloren wir alles, was uns nach vierwöchentlicher Flucht und Ausplünderung noch übriggeblieben war. Das viele Geld zur Schwarzfahrt nach Deutschland aufzubringen, war völlig unmöglich. Jahrelang lebten wir nun bei allerschwerster Arbeit ohne Pferd und Kuh, ohne Schaf noch Schwein, ohne Fett und Milch, von Kartoffeln und Schwarzbrot in mangelhafter Kleidung. In Deutschland gab man uns auf das Bitten unserer Angehörigen keine Zuzugsgenehmigung, das Permit Office verlangte eine Zuzugsgenehmigung. Es schien ein vereinbartes Trickspiel. Dafür duldeten, darbten und litten wir, daß man uns in Deutschland die Türe verschloß. Dafür sind zwei Söhne und Bruder gefallen, daß wir nun betteln müssen, um nach jahrelangem Leiden als Deutsche nach Deutschland zu gelangen. Als wir uns der international vereinbarten polnischen Februarfolter dieses Jahres beugen mußten, wandten wir uns auf Anraten der Arbeitsgemeinschaft der freien Wohlfahrtsverbände in Hamburg an das polnische Außenministerium — unter Hinweis auf unsere Erpressung — mit unserem Bekenntnis zu Deutschland und der Bitte um Ausweisung aus Polen über deutsche Dienststellen. Mehr konnten wir nach menschlichem Ermessen für die Erhaltung unseres Deutschtums nicht tun.

1950

In mehreren Anträgen vom vorigen Jahre und zu Beginn dieses Jahres wiesen wir schon darauf hin, daß wir mit Versprechungen und Vertröstungen solange hingehalten werden sollen, bis man den Polen, unsere zwangsweise Einpolung betreffend, weitere Vollmachten geben wird (wie bei der Februarfolter 1949), um dann bedauernd die Achseln zu zucken und zu sagen: Nun ist nichts mehr zu machen, wir wollten euch ja umsiedeln, aber nun geht es nicht mehr, ihr seid euch selber schuld. — Dann ist man auf sogenannte anständige Weise die überschüssigen Deutschen losgeworden, die das Verbrechen begangen haben, mit Spaten Felder umzugraben oder für Polen zu unterschreiben, um nicht zu verhungern.

Als vor mehr als einem Jahre die international festgelegte und vom Westen gebilligte polnische Februarfolter 1949 gegen uns einsetzte, der wir uns nach dreiwöchentlichem Wehren doch beugen mußten, erklärte man uns

---

¹) des kommunistischen Regimes in der Sowjetzone Deutschlands.

und unseren Angehörigen in Deutschland dutzend Male: Nein, nein, diese Unterschriften gelten nicht, um nun im Frühjahr dieses Jahres von deutscher Seite zu erklären, die Frage der Zwangsoptierten steht noch offen. — Wir sind nicht schlechtweg zwangsoptiert, sondern nach internationaler Festlegung Foltererpreßte. Aus dieser deutschen Stellungnahme läßt sich vieles erklären, was uns als Zukunft vorausgesagt wird.

Es wird uns bedeutet, daß die Umsiedlungstransporte im Oktober-November sehr schleppend gehen werden, daß sie im Dezember gänzlich einschlafen werden, bis dann Mitte Januar 1951, mit Einsetzen der starken Frostperiode, die deutsche Propaganda [1]) mit allen Mitteln von der bevorstehenden, nun wirklich ernst gemeinten Umsiedlung der restlichen Deutschen sprechen wird, die aber — ganz aus menschlichen Gründen — des starken Frostes wegen um wenige Tage verschoben werden muß. Ab Mitte Februar—März 1951 wird alles wieder ganz still sein um unsere Umsiedlung. Ende April — Anfang Mai 1951 wird in der deutschen Presse eine ganz unscheinbare amtliche deutsche Notiz an unauffälliger Stelle erscheinen, die besagen soll, daß die restlichen Deutschen nunmehr umgesiedelt sind, daß es keine Deutschen in Polen mehr gebe, daß diejenigen, die zurückgeblieben sind, aus eigenem Wollen bei Polen geblieben sind.

Wir erklären hier zum wiederholten Male, was wir in früheren Anträgen ausführlich darlegten, daß wir nicht aus eigenem Wollen oder Verschulden in Polen geblieben sind, sondern daß wir von allen Stellen mit Versprechungen und Vertröstungen hingehalten und von allen Stellen nicht nach Deutschland gelassen wurden.

Was wir bei unserer Lage zu den Zukunftsvorhersagen empfinden müssen, brauchen wir wohl nicht näher darlegen. Es ist uns in all diesen Jahren überhaupt nichts erspart geblieben, alles, was hier nur überhaupt durchzustehen war, haben wir tragen müssen, aber all das ist nichts gegen diese Grausamkeit, die man uns nun unter Mitwissen und Mithilfe von deutschen Stellen anzutun sich anschickt. Haben wir darum jahrelang als Deutsche für Deutschland so unsäglich gelitten, um nun von Deutschland den Eselstritt zu erhalten? Wenn jemand ein moralisches Recht hat auf Umsiedlung nach Deutschland, dann glauben wir, es zu besitzen.

Wir erklären, daß wir bis zum heutigen Tage dem polnischen Staate nicht in der geringsten Kleinigkeit verpflichtet sind, daß wir mit dem polnischen Staat nicht die geringste Bindung eingegangen sind, daß wir vom polnischen Staate nicht die geringste Kleinigkeit annahmen, erhielten oder verlangten. Wir haben lediglich jahrelang in vielen, vielen schriftlichen und mündlichen Gesuchen um unsere Umsiedlung gebeten, die uns sehr, sehr oft zugesichert wurde, die bis heute nicht Tatsache ist.

Wir gehören zu jener deutschen Volksgruppe im Süden Ostpreußens, der die Kreise Sensburg, Ortelsburg und Johannisburg umfaßt, die sich der

---

[1]) der Sowjetzonen-Regierung.

weltgeschichtlich und kulturgeschichtlich einmalig dastehenden, international festgelegten und vom Westen gebilligten polnischen Februarfolter 1949 beugen mußte. Die Tatsachen dieser Aktion, die nur in der Inquisition und den Hexenprozessen des finsteren Mittelalters ihre Parallele hat, sind in Deutschland sehr gut bekannt. Wir haben uns mehrfach beschwerdeführend an das polnische Außenministerium sowie alle untergeordneten polnischen Dienststellen gewandt, außerdem an das Internationale Rote Kreuz in Warschau, Genf, in Deutschland und Schweden. Alles erfolglos. Sollen wir denn auch das glauben, was man uns hier immer wieder bedeutete, daß wir für Geld verkauft sind, so wie man Vieh verkauft? Warum beachtet man unsere Bitten all die Jahre nicht? Wir wissen nach all den vielen Anfragen, Bitten und Gesuchen immer noch nicht, was wir eigentlich sind. Sind wir einer unter der Hand verkauften deutschen Menschengruppe angehörig? Sind wir als lebendes Inventar Deutschlands Reparationsmaterial geworden? Sind wir Demontagedeutsche (wie die Fabriken)? Sind wir Verbannte? Sind wir Gefangene? Oder sind wir alles zusammen?

Polen können wir beim besten Willen nicht werden, weil wir nach Abstammung zu dem Slaventum auch nicht die geringste Beziehung haben. Warum will man uns unter allen Umständen gegen unseren Willen auch von deutscher Seite aus den Polen überantworten? Haben wir darum all die Jahre so unendlich als Deutsche gelitten, um nun den Polen verkauft zu werden? Wir hätten uns darum jahrelang nicht so quälen brauchen, es wäre ja viel einfacher gewesen. Aber es ist entsetzlich, von denen solange hingehalten und vertröstet zu werden, um derentwegen man so litt und die uns das antun wollen, als Eselstritt, weil wir in der allertiefsten Zeit an Deutschland glaubten und bis zum heutigen Tage Deutschland die Treue hielten. Wir wissen, daß es auch noch in diesem Deutschland Männer gibt, die sich um unsere Umsiedlung nach Deutschland ernstlich mühen, daß es auch andere gibt, beweist die Tatsache, daß man uns den Polen überantworten will [1]).

Kann es etwas Furchtbareres geben, als sich sagen zu müssen, daß wir nach Anschein der Dinge diese Jahre als Narren gekämpft haben und darum gestorben sind, weil man die Angehörigen um ihre Treue zu Deutschland zu Narren gemacht hat? Kann es noch etwas Furchtbareres geben, als diesen Gedanken zu Ende zu denken? — Wir haben das Schwerste in all diesen Jahren nur ertragen können, weil wir an Deutschland glauben konnten, weil wir die Hoffnung hatten, einmal kommen wir nach Deutschland, vielleicht nächste Woche, nächsten Monat, im Frühjahr, im Sommer, im Herbst, nächstes Jahr! Nun sind Glaube und Hoffnung zuschande, weil jene Recht behalten haben, die das voraussagten, was wir fürchteten, und die uns für die Zukunft nur die Überantwortung an Polen prophezeien.

---
[1]) Vgl. die Regierungserklärung des Ministerpräsidenten der DDR. vom 12. Oktober 1949 und das Warschauer Abkommen zwischen der „Provisorischen Regierung der Deutschen Demokratischen Republik" und der „Regierung der Republik Polen" vom 6. Juni 1950, „die festgelegte, zwischen den beiden Ländern bestehende, unantastbare Friedens- und Freundschaftsgrenze an Oder und Lausitzer Neiße zu markieren."

Nr. 377

Brief von Frau K. M. aus dem Dorf F., Kreis Sensburg i. Ostpr.
Photokopie, 18. März 1951.

Zwangsmaßnahmen der polnischen Verwaltungsbehörden zur erneuten Herbeiführung der Unterschriftsleistung der deutschen Bevölkerung im März 1951.

Will Dir heute wieder ein paar Zeilen zukommen lassen. Nun stehen wir wieder vor dem Osterfeste, und man weiß gar nicht, wie die Zeit verläuft. Doch statt daß es uns besser gehen sollte, wird es immer schlechter.

Wir sind jetzt wieder mal zu einer Unterschrift gezwungen worden. Wir mußten eben unterschreiben, daß wir zu Polen gehören. Freiwillig hat es niemand getan, aber was nützt das alles, wenn wieder Zwang ausgeübt wurde genau wie vor zwei Jahren. Wer nicht hingehen wollte, wurde einfach geholt, aber polizeilich; und wenn er noch nicht unterschrieben hat, wurde er zur Polizei nach H. gebracht. Da wird schon manches an ihm versucht, und wenn er noch nicht willig ist, dann gehts noch nach Sensburg, und da ist er erledigt. Und ohne Unterschrift lassen sie niemanden raus. Unsre Hanna saß auch eine Nacht und einen Tag auf der Polizei und kam ohne Unterschrift nicht raus. Sie wird Dir sicher selbst schreiben, wie ihr da gegangen ist.

Das nennt man Freiheit des Volkes, und täglich wird vom Frieden erzählt. Aber wir merken hier nicht viel von dem allen, so daß man sich schon gar nicht traut, wo rauszugehen. Unsere Nerven, die sind schon längst erledigt, man bringt uns lebendig ins Grab. Man hat überhaupt nichts mehr vom Leben als nur noch ewige Sorgen und Not.

Immer haben wir noch gehofft, daß wir vielleicht einmal noch rauskommen, auch diese Hoffnung hat man uns jetzt genommen. Man frägt sich bloß immer wieder, wie lange noch? Gibt es denn überhaupt keine Rettung mehr für uns? Wir können das gar nicht mehr beschreiben, was wir für Sklaven sind, und niemand frägt nach uns.

Nr. 378

Zwei Briefe des J. I. aus dem Dorf G., Kreis Sensburg i. Ostpr.
Photokopie, 25. März 1951.

Vorgänge bei der im März 1951 von den polnischen Behörden geforderten Unterschriftsleistung.

18. März 1951

Nach persönlichen Mitteilungen an den in Westdeutschland lebenden Adressaten schreibt Vf. weiter:

Die Attacke mit den Unterschriften ist jetzt in vollem Gange. Es geht schlimmer zu wie 1949. Es wird den Menschen eingeredet, daß es sich nur um einen Ausweis handelt. Dazu wurden drei Formblätter mit Fragen über Namen, Geburtstag, Jahr und Ort ausgefüllt. Auch Namen des Vaters und der Mutter sowie deren Geburtsnamen. — Auf der Rückseite steht noch

Staatszugehörigkeit. Da hab ich Deutscher eingetragen. Der M. holte nämlich die Blätter selbst. Unterschrieben hab ich noch nicht. Ich will abwarten, daß ich dazu aufgefordert werde. Am besten, man wird dazu gezwungen. — Frau B. wurde bei der Bestellung nicht angetroffen, da bekam sie eine Aufforderung, bis 13.00 Uhr auf dem Amt zu sein, andernfalls drei Tage Haft oder 30 Złoty Strafe. In A. bei der Miliz war der Keller immer voll. Verschiedene Frauen saßen da drei bis fünf Tage. Schließlich unterschrieben sie doch. J. wurde durch UB. und Miliz nach A. geholt und saß dort einen Tag. Dann wurde er entlassen mit der Weisung, nächsten Tag bis 3.00 Uhr zu unterschreiben, andernfalls er nach Sensburg zur UB. hingebracht wird. Es ist ein wahrer Jammer. Eine Frau bekam hier auf dem Amt Weinkrämpfe. — Bis zum 20. März soll es wohl erledigt sein, hörte ich.

Herr H. hat auch letztens unterschrieben. Fr. N. will gar nicht ausfüllen, vielleicht rutscht sie durch. O. und P. sollen gar nicht aufgefordert sein. Dann gibt [es] für jeden eine Ausweiskarte, die muß man haben, aber da schreiben sie dann aus: polnischer Staatsangehöriger. Dann ist man Pole.

25. März 1951

Der siebente Osterfeiertag, wo wir unter fremder Herrschaft leben, und noch kein Zeichen vom Besserwerden. Im Gegenteil, es verschlechtert sich immer mehr. Die große Attacke ist noch nicht beendet. Das ist jetzt wohl dies automatische Polenwerden, was vor längerer Zeit vorhergesagt wurde. Dazu werden drei Fragezettel ausgefertigt mit Namen, Wohnort, Geburtstag und Jahr, Geburtsort, Name des Vaters, der Mutter, deren Familiennamen, ob Soldat gewesen mit Truppengattung, Beruf früher und jetzt, Staatszugehörigkeit usw. Es heißt, wegen Ausstellung eines Ausweises. — Zwei von diesen Zetteln werden unterschrieben. Das wäre ja ganz harmlos, aber dann gibt [es] den Ausweis mit den gleichen Angaben und Staatszugehörigkeit natürlich Pole. Wir haben unsere Zettel selbst ausgefüllt und hingeschickt. Ich schrieb bei Staatszugehörigkeit „Deutscher", auch hinter jeder Unterschrift dasselbe. Unsere Ausweise haben wir noch nicht erhalten. Freiwillig nehmen wir sie nicht.

Beim Empfang des Ausweises schreiben sie noch in ein dickes Buch. Was auf der Titelseite des Buches steht, hat wohl bis jetzt noch niemand von den Unterschriebenen gelesen. Die Keller bei der Miliz und hier auf dem Amt sind fast dauernd gefüllt gewesen mit denen, die sich weigerten, zu unterschreiben, und die UB. ist immer in Tätigkeit gewesen. Auf dem Amt wird fieberhaft bis 22.00 Uhr gearbeitet. Herr S. wurde dreimal bestellt, dann ging er hin unterschreiben. Die Unterschrift in dem Buch wird ja der Zweck der ganzen Aufmachung sein.

Ich nehm den Ausweis nur, wenn ich da als Deutscher aufgeführt bin. Auf unsere Eingabe zwecks Streichung der s. Z. geleisteten Unterschrift an die Regierung in Allenstein, wurde der M. vorige Woche nach Sensburg vorgeladen. Dort wurde alles zu Protokoll genommen, auch wo die Familienangehörigen sind und warum die nicht kommen. Der M. sagt: „Die kommen nicht." Da meint die betr. Person: „Dann werden wir man sehen, ob sie nicht kommen."

Nun wollen sie versuchen, die Personen von dort herzuziehen. Aus der russischen Zone wird [es] ihnen vielleicht auch teils gelingen, falls auch dort

Druck ausgeübt wird. — Einige Frauen waren damals auch dort. Die meinten nachträglich, sie werden ihren Männern schreiben, daß sie nur dort bleiben.

Es folgen noch einige persönliche Mitteilungen an die Angehörigen.

Nr. 379

Brief von Frau A. K. aus dem Dorf H., Kreis S e n s b u r g i. Ostpr. Photokopie, 18. März 1951. Brief an den in Westdeutschland lebenden Ehemann.

Erneute Aktionen der polnischen Behörden im März 1951 zur Erzwingung von Unterschriftsleistungen; Not und Verzweiflung der Deutschen.

Nach einleitenden persönlichen Mitteilungen fährt Vfn. fort:
Vergangenen Sonntag war ich im Begriff zu schreiben, habe mir Schreibpapier vorgelegt, und in dem Moment kam ein Auto mit Polizisten und UB.-Soldaten zum soltys. Derselbe hat sich bei der Behörde beschwert über uns arme Kreaturen, daß wir uns weigern auf die Formulare zur Eintragung in den polnischen Staat. — Dieses ist aber geheim. Es wird uns von der Polizei bloß gesagt, daß es ein An- und Abmeldeschein ist, darauf wir die Angaben machen sollen und auch unterschreiben. Die Polizisten sind nun von Haus zu Haus gegangen und haben alle zur Versammlung zusammengerufen. Ich bin aber nicht hingegangen. Welche nun da waren, wurden gleich bewacht und kamen nicht davon. Zwei Frauen wurden gleich mit dem Auto abtransportiert, und die übrigen, die sich geweigert haben, in ein kaltes Zimmer eingeschlossen. Kinder, die den Frauen nachher noch durchs Fenster Essen und warme Kleider brachten, haben [sie dies] auch gleich weggenommen, und so mußten die armen Frauen die ganze Nacht sitzen und die einen auch noch bis Mittag. Bis sie sich auch endlich entschlossen haben vor Müdigkeit und Grimm.

Am Montag ging die Jagd noch weiter. Viele haben sich abgeschlossen und ließen nicht rein. Ich habe mich bis zum Abend auch zugeschlossen, aber hernach kam Onkel M. mit seinen Schwestern auf den Hof gefahren, und aus dem Grunde war ich dann auch geliefert. Ach, dieser Grimm, der uns schon ganz zu Grunde gerichtet hat, gegen dieses Volk! Ja, mein P., wie Du mir in einem Brief geschrieben hast, daß manche Menschen schon gesprochen haben, wir im Osten sind geschützter als drüben im Westen, wenn es losgehen wird, denjenigen wünsche ich bloß, gleich zu kommen und die herrlichen Bratäpfel zu schmecken!

Wir sitzen jetzt schon zwischen den Feinden, das kann niemand ahnen, wie es uns geht, es wird immer schlimmer, denn es heißt immer: wir sind freiwillig geblieben, und in vier Jahren haben sie das Recht, uns als Bürger zu machen. Mich hat jetzt alles so [zu] Grunde gerichtet, daß mir das Leben nun eine Last ist. Die Hoffnung ist in mir zusammengebrochen. Unser Leben war nur ein Nichts. — Mittwoch und Donnerstag war ich nach der Aufregung sehr krank, daß mich die Glieder nicht tragen wollen. Die Verzweiflung stand vor mir. Aber die Pflicht ist doch stärker, und man muß doch vergessen. — Gott vergelte ihnen, was sie getan haben.

Nr. 380
Briefe der Geschwister M. aus dem Dorf J., Kreis Sensburg i. Ostpr.
Photokopie, 5. April 1951. Teilabdruck. Brief an die Schwester in Westdeutschland.

Not und Verzweiflung unter den im Kreise Sensburg zurückgehaltenen und von polnischen Behörden drangsalierten Deutschen.

Der Brief beginnt mit persönlichen Mitteilungen an die Adressatin.

Es wird uns hier die polnische Staatsangehörigkeit aufgezwungen, eine Menschenjagd, wie Ihr sie nicht kennt! Die Menschen irren umher und wollen sich dem Zwang entziehen. Wer erwischt wird, wird eingesperrt, solange bis er unterschreibt. Glaubt ja nicht, daß ein einziger dies aus freien Stücken tut, doch dem Zwang entgeht keiner. Viele haben schon unterschrieben, die restlichen werden weiter gequält. Unser lieber Vater saß heute auch im Keller, nun hat er 24 Stunden Bedenkzeit. Wir warten von einer Morgenwache zur andern auf Hilfe und Rettung, nur sie kommt nicht. Wir haben alle keinen Mut und Lust zum Leben und Arbeiten, sind nur immer froh, wenn ein Tag wieder ruhig vergangen ist. Gott hat ja bestimmt auch für uns noch eine Hilfe, doch uns ist nur das Warten lang.

Ob Ihr da drüben denn nichts von uns hört, daß Menschen es fertigbringen, von „Deutsch-Polnischer Freundschaft"[1] zu reden und an sie zu glauben? Die reinen Satans werden auf die Menschen losgelassen und Gott schweigt und wartet.

Unsere Eltern waren noch nicht dran zur Unterschrift, man weiß nicht, was sie dann anstellen werden. Mutti liegt krank, Papa ist auf Touren, Ida auf der Flucht, nach Ida suchen sie schon rum. Mutti und Kinder von Ida versorgen wir nach Möglichkeit mit Martha.

Das ganze Volk schreit hier: „Nur raus, raus von hier!" — und die brüllen auf uns wie die Löwen: „Es kommt keiner raus!" Was Mütter und Frauen um ihre Kinder hier erdulden, ist einmalig... Die Aktionen reißen nicht ab, schon stehen uns neue bevor.

Ich habe Dir ja bis jetzt nie geklagt, um Dir das Herz nicht schwer zu machen. Darum verzweifle nicht auch über diesen Brief, denn wir müssen tragen, was wir verdient haben, denn so viel andere Menschen kamen weg und leben heute auch, aber wir haben uns umgeschaut wie Lots Weib nach der Heimat, und heute ist es nur noch ein einziger Schrei um Hilfe. Was in unsern Kräften steht, tun wir für die Eltern und Schwestern, und Ihr könnt höchstens nur noch für uns beten.

Es grüßt Dich recht innig Deine Schwester H.

Meine liebe Schwester!

Auch ich will paar Worte schreiben, aber dies sind heute Worte voller Schmerz und Weh. Drei Wochen bin ich schon nicht zu Hause bei meinen Lieben. — Seit dem 15. Februar geht wieder eine Aktion gegen uns Arme los, die nicht in Worte zu fassen ist, die Hölle auf Erden. Wir dachten, um diese Zeit die Heimat verlassen zu können, aber nun werden uns wieder andere Riegel vorgeschoben. Wo bleiben die Abkommen, die getroffen worden sind, wo bleibt alles menschliche Recht, wo bleiben alle „Deutsch-

---
[1] Gemeint sind die Parolen der kommunistischen Sowjetzonenregierung.

Polnischen Freundschaften", und was sonst noch alles ist? Für ewig wollen sie uns versklaven, glaubt nur nicht all dem Schwindel, der bei Euch getrieben wird, wie gut es hier in diesem Paradies ist. In friedlicher Zeit so ein Nervenkrieg! Man betet hier bald nicht mehr um Frieden. Wir haben das Leben so satt.

Menschen, die unschuldig sind, nichts verbrochen haben, davon wird durch Kellereinsperren ihre Staatsangehörigkeit abgezwungen und dafür die eigenhändige Unterschrift erpreßt. Im tiefsten Winter im kalten Keller mürbe gemacht, und dann geh und unterschreib, daß ist doch kein Zwang, nur freiwillig!! — Kein Mensch würde hier bleiben, wenn der Weg offen wär. Ihr könnt Euch gar kein Bild davon machen, aber wenn es Eure Zeitungen berichten, dann glaubts schon.

Für heute gute Nacht, unsre Augen sind ganz müde von Tränen.

Gruß Deine Schwester I.

Nr. 381

Brief des M. E. aus dem Dorf E., Kreis Sensburg i. Ostpr.
Photokopie, 25. Januar 1952.

Befürchtung erneuter Zwangsmaßnahmen der polnischen Behörden im Zusammenhang mit der Ausstellung von Personalausweisen Anfang 1952.

Es ist noch nicht ein Jahr her seit der zweiten Aktion [1]), die die polnischen Behörden auf höheren Befehl gegen uns Deutsche durchführten, um die erfolterten Ergebnisse der polnischen Februarfolter 1949 durch neue Folteraktionen zu legalisieren.

Nun gehen wir in den nächsten Wochen der dritten Folteraktion der polnischen Regierung entgegen, die, als Gesetz eingekleidet, uns zu endgültigen polnischen Staatsangehörigen machen will. Am 22. Oktober 1951 ist folgendes Gesetz (veröffentlicht im Gesetzblatt: Dz. Ust. Nr. 55) herausgegeben, wonach jeder polnische Einwohner des Landes (Każdy obywatel polski zamieszkaty wkraju) verpflichtet ist, einen Personalausweis zu besitzen, wenn er das 18. Lebensjahr überschritten hat, unter bestimmten Voraussetzungen schon von 16 Jahren. Diese Ausweise werden von den zuständigen Polizeistellen herausgegeben. Dazu müssen folgende Papiere als Unterlagen beigebracht werden:

1. Geburtsurkunde oder eine andere Urkunde, die diese vertreten kann, aus der Ort und Datum der Geburt hervorgehen.
2. Militärpapiere, soweit sie in Frage kommen.
3. Die Meldekarte mit den Personalangaben. (Im März/April 1951 wurden die Eintragungen und Unterschriften der Meldekarte Anlaß zu der Legalisierungsfolteraktion 1951. Jeder Deutsche, der nicht unterschreiben wollte, daß er die polnische Staatsangehörigkeit erworben hat, wurde in die Folterkeller gesperrt und wieder so lange gefoltert, bis er unterschrieb, daß er die polnische Staatsangehörig-

[1]) Februar 1951.

keit besitzt. Viele Menschen konnten sich durch wochenlange Flucht in die Wälder vor der Folterunterschrift retten.)
4. Berufsnachweis.
5. Drei Lichtbilder.
6. Ausgefüllter Vordruck.

Für polnische Staatsangehörige ist dieser Lichtbildausweis für fünf Jahre berechnet. Jugendliche von 16 bis 18 Jahren sind verpflichtet, sich einen Lichtbildausweis zu beschaffen, sofern sie im Schul- oder Arbeitsverhältnis stehen. Neben diesem Personalausweis (dowód osobisty) sieht das Gesetz eine vorläufige Identitätsbescheinigung vor (tymczasowe zaswiadczenie tożsamości). Diese Identitätsbescheinigung sollen erhalten Jugendliche von 16 bis 18 Jahren, die nicht beim Erziehungsberechtigten wohnen, ferner Personen, deren Staatsangehörigkeit oder Identität nicht klar ist. Für diese Gruppe gilt der Ausweis nur für ein Jahr, für die Jugendlichen bis zur Vollendung des 18. Lebensjahres.

Wer sich der Ausstellung dieser Ausweise entzieht, hat Haftstrafen bis zu drei Jahren zu erwarten.

Unsere Situation ist nun folgende: Die polnischen Regierungsstellen sowie alle untergeordneten Stellen betrachten das Gebiet Südostpreußen als polnisch, weil es von einem „polnischen Stamm", den Masuren, bewohnt ist. Die Polen sagen: Weil es der deutschen Regierung gelungen ist, aus einem polnischen Stamm deutsche Staatsbürger zu erziehen, wird es ihnen auch möglich werden, diese in Polen zurückzuverwandeln.

Vf. bemerkt an dieser Stelle noch, daß die Masuren 1945 von der polnischen Verwaltung durch große Versprechungen zur Annahme des sog. Masurenscheines veranlaßt wurden, der ihnen eine Sonderstellung geben sollte. Etwa 70 Prozent der Masuren meldeten sich aber später zur Umsiedlung in die deutschen Gebiete westlich der Oder-Neiße-Linie [1]*).*

Die kommenden Wochen werden sehr schwer werden. Wir weigern uns gegen die Ausstellung der Ausweise, die uns zu Polen machen wollen und verlangen, daß man uns zunächst den Ausweis für ein Jahr ausstellt, der für Ausländer ausgestellt wird. Wir bitten, uns rechtzeitig zu unterstützen und alles einzusetzen, um uns vor Folterzwang und Gewaltpolonisierung zu bewahren, denn es geht das gleiche nunmehr ins achte Jahr.

---

[1]) Hierzu schreibt eine Masurendeutsche in einem Brief vom 6. Februar 1950: „Dasz wir Masuren sind, leugnen wir nicht ab, wir sind aber deutsche Masuren, dasz haben wir 1920 bewiesen, und nicht wie der Pole sagt: ‚Masuren sind Polen' — Wir haben unserer Heimat 5 Jahre trotz schwerster Bedrängnisz die Treue gehalten, in der Hoffnung, dasz wir wenigstens deutsche Schulen und deutsche Verwaltung bekommen, aber wir sind in unserer Hoffnung bitter enttäuscht worden. Unsere Kinder werden gezwungen, die polnische Schule zu besuchen, und wir werden so mit Steuern belastet, dasz es unter keinen Umständen möglich ist, dieses Leben fortzusetzen ... Wir sind nackend und barfusz, und so geht das Leben nicht weiter. Wir sind gewillt, in jedem andern Land zu siedeln oder Sklaven zu spielen, wir wollen uns jeder Nation unterwerfen, aber nicht hier als Geiszeln bleiben, wie es 1939 in Bromberg und Soldau war. Den Bolschewismus haben wir so kennen gelernt, dasz wir nicht gewillt sind, es noch einmal zu erleben, was wir schon erlebt haben. Wenn wir in Deutschland sind, bringen wir das Beste, was wir von hier bringen können. Nur mein eigenes Erleben müszte genügen, dem letzten Kommune die Augen zu öffnen."

Nr. 382

Brief des K. M. aus dem Dorf K., Kreis Sensburg i. Ostpr.
Photokopie, 24. Januar 1952.

Hilferuf gegen jahrelange Polonisierungsversuche polnischer Behörden in Ostpreußen.

In höchster Not wenden wir uns an unsere Landsmannschaft und teilen mit, daß wir Deutschen hier wieder neuen Gewaltmaßnahmen zur Einpolonisierung entgegengehen. Wir wissen aus jahrelanger Erfahrung, daß die polnischen Behörden uns mit allen Mitteln der List und des Betruges und unmenschlicher Gewalt zu Polen machen wollen. Wir fürchten, daß sich die grausamen Geschehnisse wiederholen könnten.

Es handelt sich diesmal um Lichtbildausweise mit Fingerabdruck, die jeder haben muß. Die Aktion liegt in Händen der Polizei, wer sich weigert, wird bestraft.

Solange wir gezwungen sind, noch hier leben zu müssen, erkennen wir auch die Notwendigkeit von Ausweisen an: Wenn sie unsere deutsche Staatsangehörigkeit nachweisen, weil wir Deutsche sind und bleiben wollen. Polen wird uns aber niemals solche ausstellen.

Polnische Ausweise, die uns zu Polen machen, verweigern wir, und so werden wir wohl wieder in die Gefängnisse geschleppt werden, wo uns die unmenschlichsten Grausamkeiten erwarten, wie bei der Februarfolter 1949, die trotz all unserer Proteste immer noch als gültige Option betrachtet wird.

Wie lange müssen wir noch diesen dauernden Verfolgungen schutzlos ausgesetzt sein? Warum läßt man nicht unsern freien Willen entscheiden, sondern behandelt uns wie Sklaven? ....

Durch das nervenzerreißende Leben der letzten Jahre hat unser Gesundheitszustand sehr gelitten. Um deutsch zu bleiben, haben wir uns unseren Hof 1945 enteignen lassen, für den Polen umsonst gearbeitet, wurden bestohlen, beschimpft, geschlagen, mißhandelt, haben gehungert, gedarbt, in Lumpen gehüllt bei fremden Menschen gelebt. Wir haben uns in unserer verzweifelten Lage an die Regierung der DDR[1]) gewandt, versprechen uns aber keinen Erfolg davon. Unsere Anträge auf Umsiedlung sowie Proteste gegen die Folteroption 1949 an alle zuständigen polnischen Behörden wurden uns jetzt unbegründet zurückgesandt. — Sind wir für immer verurteilt, in diesen zermürbenden Verhältnissen hier zu leben, und sollen wir niemals mit unseren Angehörigen in Deutschland vereinigt werden? Wir sind doch nicht freiwillig hier geblieben, möchten aber, solange wir noch auf unsere Umsiedlung warten müssen, als Deutsche leben. Wir sind an den polnischen Staat durch nichts gebunden. Den von der Bundesregierung Deutschland ausgestellten Heimatschein erkennen die polnischen Behörden als Ausweis nicht an.

Wie es aussieht, sind wir auch diesmal der polnischen Willkür schutzlos preisgegeben, wenn nicht bald von irgendwo Hilfe kommt.

---

[1]) Deutsche Demokratische Republik.